登黄山偶感

黄山乃天下奇山，余心向往久之，终未能如愿。辛巳四月廿五，始得成行。先登后山，再攀前峰，一览妙绝风光。见杜鹃红艳，溪水清澈，奇松异石，和风丽日，山峦起伏，峭壁峥嵘，云变雾幻，豁然开朗，此黄山之大观也。江山如画，令人心旷神怡，更感祖国河山之秀美，特书七绝登黄山偶感一首以记之。

安徽统计年鉴

ANHUI STATISTICAL YEARBOOK

2001

（总第13期 NO. 13）

安徽省统计局 编
Compiled by
Statistical Bureau of Anhui

中国统计出版社
China Statistics Press

（京）新登字041号

图书在版编目（CIP）数据
安徽统计年鉴 2001／安徽省统计局编。
—北京：中国统计出版社，2001.7
ISBN 7—5037—3504—X
Ⅰ. 安…
Ⅱ. 安…
Ⅲ. 社会经济统计—统计资料—安徽省—2001—年鉴
Ⅳ. C832.54—54
中国版本图书馆CIP数据核字（2001）第028979号

安徽统计年鉴—2001

作　　者：安徽省统计局
责任编辑：蔡启新、吴　敏、田　野、翟晓琴
E-mail:　yearbook@stats.gov.cn
出版发行：中国统计出版社
通信地址：北京市西城区三里河月坛南街75号　中国统计出版社
电　　话：（010）63262295
印　　刷：安徽省统计局印刷厂
彩页承制：安徽久久广告有限责任公司
经　　销：新华书店
开　　本：889×1194毫米
字　　数：140万字
印　　章：黑白47印张　　彩色106面
印　　数：3000册
版　　别：2001年7月第1版
版　　次：2001年7月合肥第1次印刷
书　　号：ISBN 7—5037—3504—X／C.1876
定　　价：260.00元

本书附同版本CD—ROM一张，光盘内容以书面文字为准。

奋进中的安徽省统计局

安徽省统计工作在省委、省政府和国家统计局的正确领导下，以党的十五届四中、五中全会精神和江总书记“三个代表” 重要思想为指导，坚持以提高统计数据质量为中心，大力推进统计改革和建设，在圆满完成国家统计局布置的各项工作任务的同时，较好地完成了省委、省政府部署的全省农村税费改革等一系列统计调查和监测，取得了一定成绩，在全省改革开放和社会主义现代化建设中发挥了积极作用。

2001年全省统计工作，将根据省委六届十二次全会精神和国家统计局的部署，按照“快、精、准”的要求，继续以提高统计数据质量为中心，加快统计改革和建设步伐，进一步强化统计服务功能，为实现“加快发展、富民强省”的战略目标，充分发挥统计的信息、咨询、监督作用。

统计局办公大楼

省委书记王太华（右一）在省统计局局长胡连松（中）、副局长骆飞陪同下莅临“两会”服务现场

省长许仲林（中）、省人大主任孟富林（右一）在省统计局长胡连松陪同下亲临“两会”统计信息咨询现场

省委常委、常务副省长张平等领导同志亲临省统计局视察工作

全省统计局长会议于2001年2月24日在合肥召开，常务副省长张平（左四）到会作重要讲话

安徽省人口

国务院决定2000年进行第五次全国人口普查。我省第五次人口普查工作，自1998年下半年启动以来，在各级党委、政府重视支持下，在有关部门密切配合和协作下，通过全省近50万普查大军艰苦努力，圆满完成了普查机构组建、人员抽调、物资准备、宣传发动、普查试点、户口整顿、人员培训、调查摸底、现场登记、复查抽查、普查表编码、数字处理等项任务，全省人口普查工作取得圆满成功。目前，我省人口普查快速汇总结果已通过国务院人普办验收。普查快速汇总结果显示，2000年11月1日安徽总人口为6278万，常住人口为5986万，各种人口结构符合安徽实际，普查数据质量准确可靠。

普查办公室

① 为强化政府行为和责任意识，常务副省长、省“五普”领导小组组长张平（前排右一）代表省政府与各地签订人口普查工作责任状

② 普查登记期间，常务副省长、省“五普”领导小组组长张平（右三）率省“五普”领导小组部分成员在基层视察普查现场登记工作

③ 省政府召开人口普查政策新闻发布会

④ 各地人口普查数据处理工作紧张有序

⑤ 为做好普查区域划分，各地认真进行勘界工作

⑥ 宣传月期间，各地人口普查宣传掀起高潮，为普查登记顺利进行创造了良好的环境

⑦ 田间地头话“五普”

⑧ 成千上万张普查表发往各地

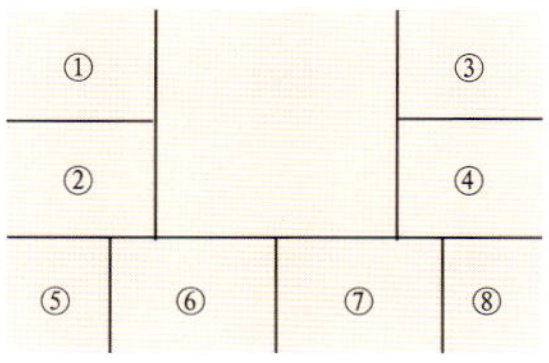

安徽电力股份有限公司

法人代表：钱发龙

安徽电力股份有限公司通过对淮南田家庵电厂整体改制和重组，1999年2月8日成立。它是国家电力公司先改制后上市的第一家企业，是华东电力系统第一家拟发行A股的预选企业。

安徽电力股份有限公司拥有发电总装机容量790兆瓦，总资产18亿元，净资产6.25亿元。注册资本4.1亿元，总股本41000万股，其中：安徽省电力公司25420万股，占62%，安徽力源电力发展有限责任公司11529.2万股，占28.12%，安徽康源电热有限公司1713.8万股，占4.18%，安徽省能源投资总公司1558万股，占3.8%，淮南市投资公司779万股，占1.9%。

安徽电力股份有限公司在改制、设立和运营中，严格按照建立现代企业制度的要求规范运作，建立健全法人治理结构，制订、执行各项规章制度，加强经营管理。所属田家庵发电厂2000年被国家电力公司命名为“一流火电企业”。

安徽电力股份有限公司的宗旨是为安徽经济发展和人民生活服务。新世纪，公司将进一步深化改革、务实创新、规范运作、强化管理，为实现2001年成功上市，建设一个独立的发电集团公司和一流公司而努力。

安徽电力股份有限公司
第一届董事会第三次会议

安徽电力股份有限公司
1999 年度股东大会

厂区新貌

国家电力 STATE POWER
双文明单位
(1998 — 1999)
国家电力公司

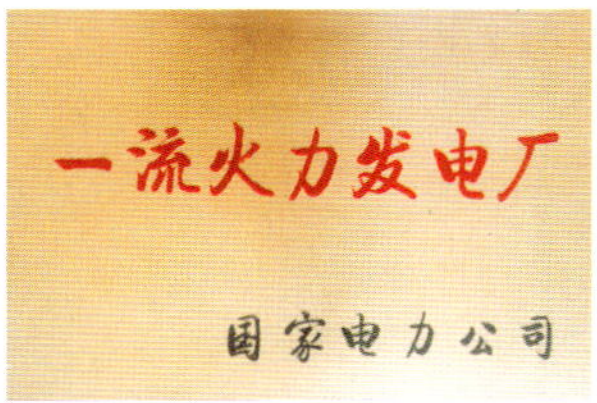
一流火力发电厂
国家电力公司

全国电力行业
质量效益型先进企业
中国水利电力质量管理协会
二〇〇〇年四月

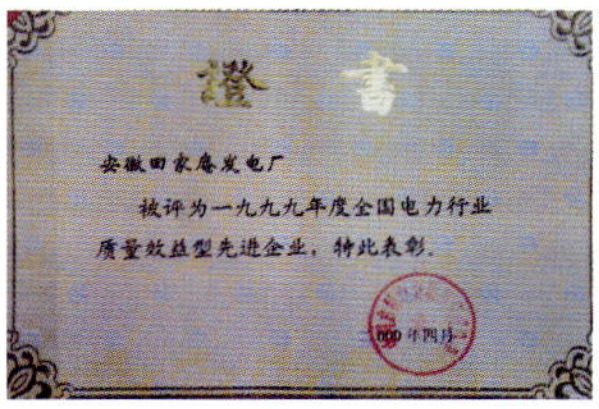
證書
安徽田家庵发电厂
被评为一九九九年度全国电力行业
质量效益型先进企业，特此表彰。

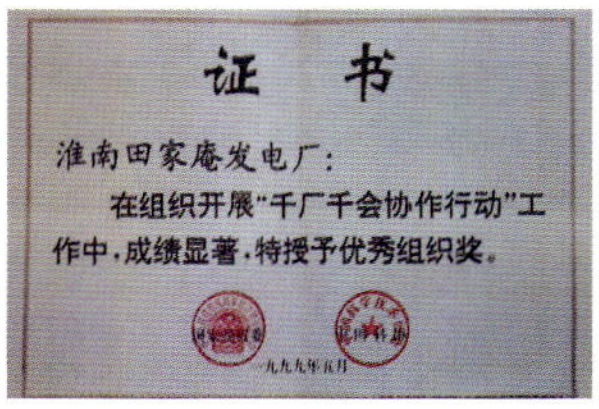
证书
淮南田家庵发电厂：
在组织开展“千厂千会协作行动”工作中，成绩显著，特授予优秀组织奖。
一九九九年五月

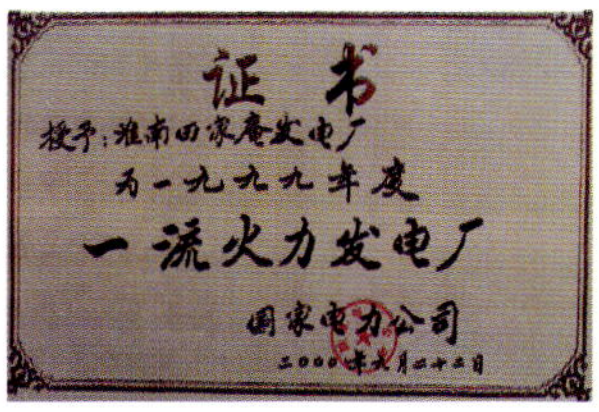
证书
授予：淮南田家庵发电厂
为一九九九年度
一流火力发电厂
国家电力公司

芜湖华侨房地产公司

总经理：钱金龙

芜湖市华侨房地产开发有限公司成立于1999年12月，是具有三级房地产开发资质的企业，注册资金1600万元，是集房地产开发销售、建筑装饰、水电安装施工及设备、配件销售等为一体的综合性私营企业。2000年被评为芜湖市市级重点私营企业的纳税大户及"重合同、讲信用"企业。企业现已开发的中山大厦是芜湖市政府第一次以出让竞买形式的土地。中山大厦位于芜湖市中山路步行街，一至二层商业网点，三层高档大型酒店，四至八层高级住宅，四楼平台有2000余平方屋顶花园，是家居、休闲、散步的理想环境。本公司立足于芜湖，寻找新的商机。

地址：芜湖市中山路步行街银座大厦六楼

邮编：241000

电话：0553-3862888

传真：0553-3822140

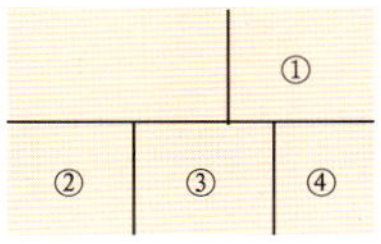

① 中山大厦屋顶花园
② 宽敞豪华的客厅
③ 温馨典雅的卧室
④ 现代化的厨房

安庆石油化工总厂

安庆石化总厂鸟瞰

安庆石化总厂隶属于中国石油化工集团公司。自1974年建厂以来，安庆石化总厂经过几代石化人的不懈奋斗，现已发展成为以油、化、纤为主体的现代化大型联合企业。至2000年底，总厂拥有职工12778人，各类专业技术人员3822人，各类直属企事业单位15个，企业固定资产原值达89亿元；拥有大型石油化工生产装置38套，原油年加工能力380万吨，合成氨年生产能力33万吨，尿素52万吨，丙烯腈5万吨，腈纶7万吨。主要生产装置实现了计算机自动化控制(DCS)，工艺技术居国内领先地位。通过实施名牌战略，安庆石化总厂已形成了“双环”、“双铃”、“黄山”牌为主的油品、化工、化纤三大品牌系列30余种产品，其中15种产品获省优、部优及名牌产品、免检产品等称号，与14个国家建立了良好的贸易关系。

尿素包装线

安庆石化总厂具有自成体系、设施完备的供电、供热、供水、污水处理、产品储运、科研设计、建筑安装、机械制造、设备检修及信息发布等生产辅助系统。安庆石化总厂十分重视环保工作，已建成环保装置57套，完成三废治理技改技措项目146项，是全国绿化先进单位，安徽省环保先进单位。

安庆石化总厂始终以科学技术为第一生产力，以市场为导向，以效益为中心，优化资源配置，狠抓技术改造、挖潜增效工作，使企业步入了快速发展的轨道，2000年加工原油343.9万吨，实现工业总产值91.1亿元，固定资产投资完成1.26亿元，各项技术经济指标创总厂历史之最。

石化生活区绿化小景

污水处理物

安徽省人民检察院

宋孝贤检察长向省人大作工作报告

宋孝贤检察长接待来访群众

讨论分析案情

反贪干警正在询问犯罪嫌疑人

2000年，安徽省检察机关以邓小平理论和“三个代表”重要思想为指导，认真贯彻党的十五大和十五届五中全会精神，坚持“32字”工作思路，紧紧围绕大局，加大办案力度，强化诉讼监督，深化检察改革，加强队伍建设，为维护我省社会政治稳定、保障改革和建设发挥了积极作用。

严肃查处职务犯罪，办案力度进一步加大，2000年全省立案侦查贪污贿赂、渎职犯罪2109人，为国家和集体挽回巨大经济损失。

严厉打击刑事犯罪，维护社会政治稳定。2000年全省刑事案件立案12.22万件，查处治安案件16.71万件。

强化诉讼监督，努力维护司法公正。全省办理立案监督案件1888件，监督公安机关立案1624件。

充分发挥检察职能，积极为大局服务。在预防金融领域、建筑领域、国企领域犯罪方面取得重大成绩，积极配合农村税费改革。

不断开拓进取，深化检察改革。积极推行主诉（主办）检察官办案责任制，全面实行竞争上岗、双向选择等人事制度改革。健全侦查指挥协作机制，初步形成了信息畅通、指挥有力的全省侦查指挥网络。

狠抓基层，进一步加强队伍建设。全省以提高队伍素质为核心，以“521工程”为载体，加强思想政治工作，加大教育培训力度，检察队伍出现勃勃生机，有48个院达到了“五好”标准，省院连续两年被评为“三优”文明单位。

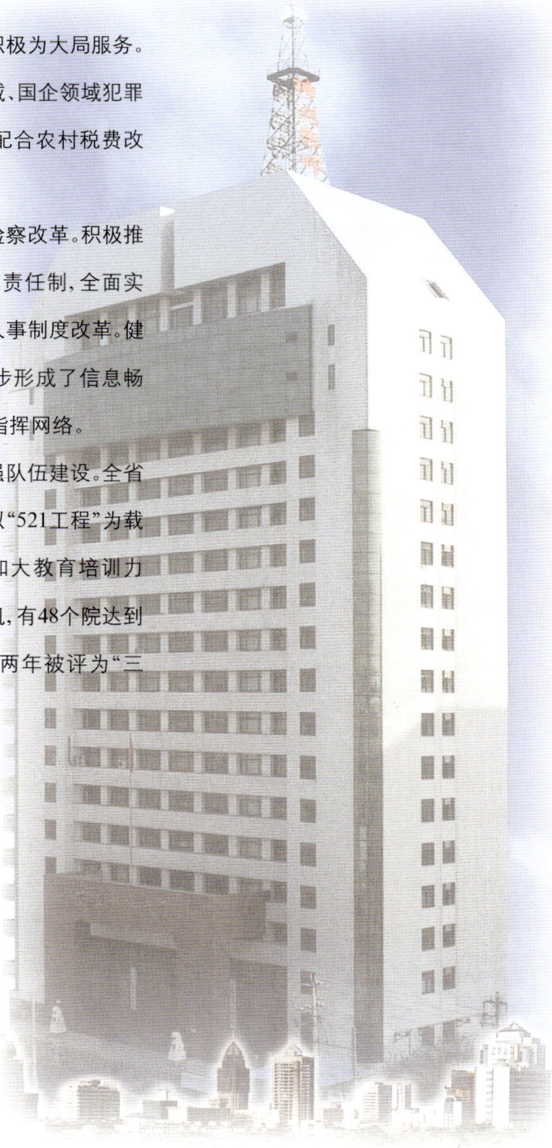

安徽省人民政府外事办公室
安徽省人民政府侨务办公室

安徽省人民政府外事办公室、安徽省人民政府侨务办公室是安徽省外事工作、侨务工作归口管理部门，是省政府主管外事侨务工作的直属机构。其主要职能是负责贯彻执行党和国家的对外方针政策、侨务方针政策；负责党和国家等重要来访外宾的接待工作、外国专家及来我省采访的外国记者的管理工作；综合管理全省因公出国境工作；管理友好城市交往、邀请来访工作；负责处理我省因公赴香港、澳门特别行政区的审批、发证和签注工作；办理重大涉外事务；依法保护归侨、侨眷的合法利益；负责接待华侨、华人来访和与华侨华人的交往事宜。

2000年安徽省外事侨务工作快速发展。对外交往空前活跃，刚果总统、肯尼亚议长、马达加斯加前总理、泰国前国会议长、美籍著名科学家杨振宁相继来访。国际交流渠道进一步拓宽，到目前为止，我省与国外20多个国家的省、州、县、大区、城市建立了35对友好省际关系和友好城市关系。省外办、省侨办牵线搭桥促成的项目10多个，争取和接受的捐赠700多万，引进来我省进行专业考察、学术文化交流、人才培训、技术服务的外国专家学者和技术人才2000人次，对外新闻、文化交流丰富多彩。继1999年组织黄梅戏赴美国演出之后，2000年又成功地组织了赴澳大利亚访问演出。外事管理日益规范化、制度化、科学化。外事侨务工作为推动安徽的对外开放和经济发展做出了积极的贡献。

王太华书记与南非北方省长互换安徽省与北方省缔结友好关系协议书

许仲林省长会见欧盟使节团长葡萄牙大使卡塔里诺

刚果(布)总统萨苏一行参观合肥日立挖掘机有限公司

原省外办郭万清主任会见外宾

安徽省林业厅

党组书记、厅长：唐怀民

“九五”期间，安徽林业建设继续保持了持续、快速、健康发展的良好态势。一是林业生态建设成绩斐然。完成造林606万亩，封山育林593万亩，建设万里绿色长廊工程总任务完成70%，城镇、村庄、道路、河渠等绿化水平进一步提高。全省有林地面积已达到4978万亩，活立木蓄积量达1.15亿立方米，森林覆盖率达到27.95%。二是森林资源得到有效保护。《安徽省全民义务植树条例》、《安徽省林地保护条例》等林业地方法规、规章及规范性文件先后发布，林业执法进一步加强，5年查处各类林业案件近1.9万起。森林火灾受害率年均0.129‰，比“八五”期间下降62.8%。全省没有发生大面积森林病虫灾害，松材线虫病扩散的势头得到遏制；三是林业经济实力不断壮大。建成了一大批高产、优质、高效经济林和商品用材林基地。休宁、金寨、广德、宁国、青阳5个县（市）先后被列为全国山区综合开发示范县，山区林业综合开发取得了显著的经济和社会效益，林业工业化水平进一步提高。

城市绿化

片林

农田林网

四是林业对外开放步伐不断加快。引进一大批国外先进实用技术和植物优良品种；实施林业外资项目10个，引用外资1亿多美元。五是科技兴林成效显著。重点推广了15项林业科技成果和先进技术，实施了林业科技经济一体化七亿元工程，推广面积427.1万亩，累计新增经济效益17.79亿元。六是林业基层基础建设不断完善。初步形成了集生产、科研与科技推广、林业执法于一体的林业管理体系。

“十五”期间，全省林业将紧紧围绕加快发展、富民强省，努力把安徽建成全国生态环境最好的省份之一这一目标，推进建设比较完备的林业生态网络体系和比较发达的林业产业体系，实现林业生态、社会和经济三大效益，突出六大重点林业工程，强化九大举措，使全省有林地面积增加到5200万亩、活立木蓄积量增加到1.25亿立方米，森林覆盖率达到30%；新建一批骨干林业工程和项目，努力实现安徽山川秀美。

省林业厅领导班子唐怀民、王文、程鹏、刘永春、时思玉

淮北绿色长廊

封山育林

项目造林

安徽省工商行政管理局

党组书记、局长:吴子波

工商行政管理机关是政府主管市场监督管理和行政执法的重要部门。近年来,全省各级工商行政管理机关认真履行职能,在加强各类市场主体登记管理、支持国有企业改革、大力促进个体私营经济发展,运用商标、广告策略、合同帮扶、推进名牌工程实施,打击各类经济违法违章行为、保护消费者合法权益,维护公平、公正、竞争有序的市场经济秩序,开展精神文明创建工作,促进地方经济发展等方面作出了积极的贡献。

2000年,全省各级工商行政管理机关扎实、有效地开展"整顿市场秩序,整顿队伍作风"活动,并以此为契机,大力加强班子建设,加强队伍建设,努力开创工作新局面,树立工商新形象。在整顿市场秩序方面,狠抓人民群众关注的热点、焦点问题,如重拳打击油耗子等假冒伪劣行为和集中整治变相传销活动等,受到了广大消费者的称赞;在整顿队伍作风方面,重点整顿以权谋私、徇私枉法、野蛮粗暴等不廉洁、不公正、不文明执法行为,严厉查处一批违法违纪人员,努力建设一支廉洁、勤政、务实、高效的工商行政管理队伍。同时,狠抓普法教育和法制建设,在省人大组织的"三五"普法和依法行政检查验收工作中,受到了省人大领导的高度评价。

省政府召开的"两整顿"电视电话会议现场

省局领导班子

吴子波局长在滁州调研

局领导检查文明市场创建工作

在街头开展法律咨询活动

全省工商系统党风廉政建设工作会议

安徽省信息产业厅

厅长：郑世陶

信息产业厅挂牌成立

2000年12月8日，安徽省信息产业厅(安徽省无线电管理委员会办公室)正式揭牌运转。作为全省信息产业的主管部门，肩负着指导全省电子信息产品制造业、软件业、通信业的发展和推进国民经济信息化的重任。

近年来，我省信息产业的发展日新月异。电子信息产品制造业产值增幅连续两年高居全省各工业部门之首。2000年更是保持加速发展的势头。以电工簿膜、铜材深加工、磁性材料等为代表的一批电子元器件基础材料产品在国内优势明显。一些家电企业依托“名牌”，走出了一条大规模现代化生产之路。电子信息技术加速渗入机械、化工、轻工等行业，发挥着日益突出的经济倍增效应；通信业的发展正沿着一条高投入、高产出、高回报的良性循环的道路发展；软件业异军突起，成为安徽信息产业的新亮点，一些主要软件产品的技术处于国际领先水平。国家火炬计划软件开发生产基地--合肥软件园的建设，标志着我省软件业正在形成规模化优势；国民经济和社会服务信息化工作也迅速由点及面，由浅入深地进行着。网络基础建设走在中西部省市前列，政府上网、电子商务等得到全面开展。

沐浴改革的春风，崭新的安徽省信息产业厅决心再展雄图，更立新功，初步提出的“十五”发展思路和目标是：以大力推进国民经济和社会信息化以及跨越式发展信息产业为宗旨，利用国家启动西部大开发和加入世界贸易组织的机遇，努力跟踪国内外市场发展趋势，合理布局，突出重点，在充分发挥我省现有优势的同时，大力引进国内外先进技术、资金和人才，在发展中打基础，在创新中上规模，争取用五年左右的时间，重点建设高速宽带信息网络，合理利用无线电频谱资源，推动电信、电视、计算机三网融合，促进公用与专用网互联，推进信息技术对国民经济和社会的全面渗透，以信息化带动工作化，确保建成具有安徽特色的信息产业技术创新体系、规模化生产基本构架和高速宽带信息服务网络，把信息产业培育成为安徽国民经济的重要支柱产业。

新领导班子

安徽省经济体制改革委员会

改革开放以来，我省加大改革力度，使经济的市场化程度和开放度不断提升，经济运行机制发生了巨大变化，社会主义市场经济体制框架日益显现。

新世纪的元年，省体改委将认真贯彻党的十五届五中全会精神，紧紧抓住发展的主题和经济结构调整的主线，以调整完善所有制结构为切入口，在推进股份制改革加快建立现代企业制度上突破，在放小扶小大力发展个体私营经济上突破，在小城镇改革发展尽快提高城镇化水平上突破，加速全省国民经济市场化进程，加快完善新体制的步伐。

2000年新年，省体改委主任周古廉（中）向省领导汇报有关情况并赠送自己的改革专著——《琅琊论语》

全省体改干部十五大精神学习座谈会 上，副省长张平（中）在作辅导讲话

安徽省卫生厅

厅长：戴光强

安徽省医疗卫生事业在“九五”期间有了长足的发展。

——城乡卫生网络巩固发展，医疗卫生服务水平迅速提高，较好地保障了人民群众的身体健康。全省男性平均期望寿命为68.33岁，女性平均期望寿命为72.14岁，高于全国平均水平。

——普及农村初级卫生保健，农村卫生工作进一步加强。“九五”期间，继续在农村实施“2000年人人享有卫生保健的规划目标”，有71个县市区达到了初级卫生保健“合格”标准，超额完成了省政府确定的任期目标。

——贯彻“预防为主”方针，预防保健工作取得明显成效，实现了“大灾之后无大疫”的目标，1998年、1999年，安徽省连续遭受特大洪涝灾害，2000年部分地区又遭受严重旱灾，卫生部门全力以赴投入救灾防病工作，有效控制了传染病疫情。地方病防治成效显著，实现了血吸虫病防治规划目标和2000年消除碘缺乏病目标。行政执法水平提高，公共卫生监督力度加大。

——发挥中医药的特色和优势，中医机构的内涵建设得到进一步加强，中医事业发展迅猛。

销毁赈灾假药现场

戴光强厅长陪同副省长蒋作君（左三）视察灾区改水改厕工作

安徽省审计厅

厅长：桂建平

扬正义之戈，挥反腐之剑。近年来，我省各级审计机关认真贯彻朱镕基总理“全面审计、突出重点、注意发现大要案线索”的指示精神，加大审计执法力度，严肃查处经济领域各种违纪违规行为和违法犯罪活动，取得了辉煌成就。省审计厅连续8年被评为省政府目标考核优秀单位。

2000年，全省审计机关审计了6597个单位（项目），查处违规行为资金99.6亿元，应交财政3.3亿元，应减少财政拨款和补贴1.5亿元，应归还原渠道资金8亿元，促进增收节支1.8亿元。查处100万元以上违规行为单位174个，向司法机关移送案件47件，协助纪检等有关部门查处案件72件。提交审计报告、信息4901篇，审计为维护经济秩序，促进党风廉政建设，保障我省经济持续快速健康发展作出了积极贡献。

全省审计工作会会场

安徽省农业委员会

省农委主任：王立祝

安徽农业和农村经济经过二十年的改革，尤其是"九五"时期的发展，进入了一个新的发展阶段。

一是农业综合生产能力显著提高。全省主要农产品稳定增长，基本形成供求平衡、丰年有余。全省粮食综合生产能力达540亿斤、棉花550万担、油料4100万担、肉类298万吨、禽蛋102万吨、水产品154万吨。农产品的产量在全国的位次上升。

二是农业结构调整发生了积极变化。1995-1999年，全省种植业结构变化较大，粮食面积减少，经济作物和其它作物面积上升，优质农产品发展较快。高档优质米、优质油菜、优质小麦面积分别占15.5%、30.1%、和6.6%。养殖业比重增加，品种结构多样化。区域化生产特征趋于明显。江淮之间的六安、巢湖、合肥成为全省油菜籽主产区，阜阳市和亳州市成为全国黄牛饲养第一大区，砀山、肖县成为全国知名的水果主产区。

三是农业科技进步成效显著。"九五"期间，我省实施科技兴农战略，农业科技水平进一步提高，获省、部级农业科技成果奖198项，全省农业科技贡献率达到42%以上。

四是农业产业化经营稳步推进。到1999年底，全省与农户结成紧密型和半紧密型的产业化经营组织2300个，其中加工型龙头企业815个，中介服务组织800个，专业市场417个。

五是农业基础建设逐步加强。"九五"期间，由农业部门安排的农业基本建设投资8.34亿元。农业利用外资1.9亿美元。重点开展了种子工程、动植物保护工程、农产品商品基地、农技推广体系等方面的建设。

六是乡镇企业稳步发展。乡镇企业已成为我省国民经济的重要支柱。1999年，乡镇企业实现增加值786亿元，占国内生产总值的27%。

七是农村经济全面发展。1995-1999年，农业总产值由508.0亿元增加到680.7亿元，农业劳动生产率由1959元／人年提高到2448元／人年，农民人均收入由1302.9元增加到1900.2元。

面向新世纪，着力抓好以下几项工作：1.强化对农业和农村工作指导服务工作，提高农业生产组织化程度。2.大力调整优化农业和农村产业结构，努力促进农民增收。3.加快发展小城镇建设，促进农村经济结构的转化升级。4.全面推进科教兴农，实现农业可持续发展 5.多渠道增加农业投入，努力加强农业基础设施建设。6.继续深化农村改革，落实党在农村的各项政策。

省农委机关干部大会
新世紀大厦會議中心
王军
王文有
武忠群
新世紀大厦會議中心

省农委机关人员定岗分流动

安徽省文化厅

厅长、党组书记：赵世对

2000年安徽文化事业，按照省委、省政府提出的“打好徽字牌，唱响黄梅戏，建设文化强省”的发展战略，以繁荣文艺为中心，增强精品意识，以深化改革为动力，加强管理；以实施建设为重点，加大工作力度；推进文化事业持续、健康、快速发展，为开创21世纪我省文化事业的新局面奠定了坚实的基础。

狠抓艺术生产，实现“梅开三度”。2000年，全省文化艺术工作围绕实现“梅开三度”，成功地举办了第六届安徽省艺术节，推出了一批优秀作品。黄梅戏《徽州女人》荣获“文华新剧目奖”并在第六届中国艺术节中获大奖。优秀黄梅戏演员韩再芬喜获第17界中国戏剧“梅花奖”和第十届“文华表演奖”。

发展社会文化，繁荣文化生活。文化先进县(市)创建活动取得新进展，省、市、县三级“杜鹃花工程”继续向前推进。合肥市中市区、宣州市获全国文化先进县(市、区)光荣称号；怀远县、界首市被文化部命名为“中国民间艺术之乡”；少儿节目《我和小鸟拉勾勾》、《我真棒》获首届全国“蒲公英”演出金奖、创作金奖。

加大“扫黄打非”力度，文化市场健康有序。我厅一举查获了“322”贩卖淫秽光盘案，并配合有关部门在“4.12“、”6.30“扫黄行动中收缴大量淫秽光盘等音像制品和电脑软件，净化了文化市场。

文博事业稳步发展，考古发掘捷报频传。淮北市柳孜随唐大运河遗址被国家评为99年度“全国十大考古新发现”，含山凌家滩新石器遗址发掘保护工作，受到省政府表彰，黟县西递和宏村被联合国教科文组织批准为世界文化遗产。

突出重点，分步实施，文化基础设施建设迈上新台阶。省图书馆、省直文化系统高知楼、安徽黄梅戏艺术馆等一批重点项目陆续竣工，一批市、县级公共图书馆、文化馆等基层文化设施相继建成，文化设施建设长期落后的局面得到改善。

第六届安徽省艺术节开幕式演出盛况

省图书馆新貌

黄梅戏电视MTV《天仙配》拍摄现场

安徽省纺织工业协会

会长：刘德华

新中国成立后的安徽纺织工业，经历了从无到有，从小到大，从弱到强的发展历程，逐步形成了棉、毛、麻、丝、印染、针织、服装等完整的纺织工业体系，成为具有相当规模和特色优势的安徽经济发展的支柱产业之一。

90年代初，随着我国社会主义市场经济的逐步建立，传统的纺织工业受到严峻的考验，我省纺织行业提出"外树形象，内强自身，奋斗三年，实现国有纺织企业整体扭亏为赢"的目标，经过多年的艰苦奋斗，顽强拼搏，结束了连续多年的亏损历史。1999年，省纺织总会荣获全国突出贡献奖，省政府给予通报表彰和奖励。

2000年，全省纺织行业继续深化改革，加大调整力度，保持了健康、快速发展的良好态势，全省纺织工业累计完成总产值117.19亿元，完成出口交货值40.18亿元，实现利润3.09亿元，实现利税7.77亿元。全省纺织工业经济效益在突破成果的基础上又有了新的提高，再创近十年来的最好水平。

2001年，全省纺织工业将努力在制度创新、技术创新和管理创新方面取得新突破，在产业结构、企业结构和产品结构调整方面取得新成效，在提高经济运行质量与效益和增强企业竞争力方面取得新进展，巩固和发展国有企业改革与脱困成果，实现新世纪纺织经济的良好开局。

安徽华源发展公司车间

安徽省总工会

省委副书记王昭耀在华茂集团考察厂务公开工作

安徽省总工会成立于1953年。目前，全省基层以上工会组织约3万个，工会会员326万余人。

2000年安徽省各级工会以邓小平理论和党的基本路线为指导，认真学习贯彻“三个代表”重要思想，巩固和发展“三讲”教育成果，以改革的精神加强工会自身建设，推动了工会各项工作的开展，一是加快新建企业工会组建步伐。全年新建工会约1.4万家，发展会员44万人。二是大力实施送温暖工程，“两节”期间，全省各级工会筹集送温暖资金5200万元，慰问救助特困职工15.6万户。省总和17个市工会开通工会“151”服务热线电话，随时受理广大职工的求助。三是积极推行厂务公开制度和民主评议企业领导干部工作。全省有6703家企事业单位实行了厂务公开，7966家企事业单位开展了民主评议，评议中层以上领导干部83760人。四是继续推行平等协商和签订集体合同制度。全省有9268家企业签订了集体合同。五是积极推动公司制企业职工代表依法进入董事会、监事会。六是大力选树和表彰先进模范人物，深入开展群众性建功立业活动。全省评选出全国劳动模范和先进工作者100名。七是贯彻落实中央政治工作会议精神，大力开展创建文明行业工作。

省委副书记王昭耀，副省长黄岳忠、中组部、中纪委、全国总工会等有关负责同志出席全省厂务公开会议

省总工会主席高前清陪同省委常委、省委宣传部长骆惠宁在淮北市窗口单位参观、指导

以总书记马赫久布为团长的伊朗工人之家代表团来我省访问

工会组织开展“育才关怀行动”资助下岗特困职工子女上大学

安徽省妇女联合会

2000年，安徽省各级妇联在邓小平理论和江泽民总书记"三个代表"重要思想的指导下，认真贯彻落实党的十五届四中、五中全会精神，以教育、发展、维权为主线，以实施巾帼科技致富工程、巾帼社区服务工程、家庭文明工程、女性素质工程为重点，围绕中心，服务基层，上下联动，整体推进，全省妇女工作取得了新的成绩。一是围绕中心，进一步推动了妇女的经济参与；二是扩大宣传，切实加强了妇女的思想道德教育；三是维护权益，推动妇女、儿童"两纲"目标基本实现；四是强化基层，不断增强妇联组织的实力和活力；五是加强统战联谊，扩大了妇联的对外交往。

① 全国妇联表彰安徽省在"情系西部共享母爱"活动中做出的贡献，全国妇联副主席顾秀莲（中）向省委书记王太华（左）颁发荣誉证书

② 省妇联主席高福明在"三八"节纪念大会上讲话

③ 省妇联领导班子

④ 安徽省妇女考察团访问比利时布鲁塞尔

安徽省计划生育委员会

主任：陈兆钧

“九五”期间，全省计生系统按照国家提出的“33321”总体思路，坚持既要抓紧又要抓好的工作方针和求真务实的工作作风，强化改革抓机制，夯实基础抓队伍，科学管理抓规范，巩固阵地抓服务，加快工作思路与工作方法的“两个转变”，全省人口与计划生育工作取得了显著的成绩。

——平稳渡过第三次人口出生高峰，圆满完成“九五”人口计划，有利促进了社会经济的协调发展。“九五”期末，全省总人口6278万人，比省“九五”计划控制目标少124万人。

——认真落实“三为主”方针，全面加强基层基础工作，计划生育管理方式实现了由孕后粗放型向孕前规范型转变。县、乡、村三级计划生育服务网络基本健全，全省98%的乡（镇）、村建立了计划生育服务所（室），避孕节育措施的及时率、有效率不断提高。

——整顿生育秩序，完善分类管理，计划生育宏观指导逐步由抓后进转化向抓两头带中间转变。始终把农村地区、淮河以北及百万人口大县的计划生育工作作为重点。扎扎实实开展“三项清理”，使一些“老地方、老问题”得到了解决。

——加强民主法制建设，基层计划生育工作初步实现由简单行政手段向依法行政，文明执法转变；计生工作重点由农村向城乡一体转变。“九五”期间，省人大两次修订了《安徽省计划生育条例》，出台了地方性法规《安徽省禁止非医学需要鉴定胎儿性别和选择性终止妊娠的规定》和政府规章《安徽省流动人口计划生育工作管理实施办法》，对降低出生婴儿性别比、改善人口结构和进一步加强流动人口计划生育管理起到了积极的推动作用。在城市加强了对失业下岗、离婚再婚、未婚先孕等特殊人群的计划生育管理。

——实施“精兵战略”，依靠科技进步，计划生育工作正在向寓管理于服务转变。各级计生部门采取公开招考、择优录用、竞争上岗等方法选贤任能，优化组合，提高了全省计生干部的整体素质。坚持以育龄群众为中心，以技术服务为重点，引进推广避孕节育新技术、新药具，普遍开展优生优育、避孕节育、生殖保健的优质服务。

“雄关漫道真如铁，而今迈步从头越”。“十五”期间，我省的人口与计划生育工作将以全面贯彻落实中央《决定》总揽全局，以稳定低生育水平，提高出生人口素质为核心，以人的全面发展为根本，以综合治理、宣传教育、依法行政为主线，继续实施“学赶战略”，全面推行优质服务，为经济社会和资源环境的可持续发展创造良好的环境。

流动人口计划生育管理考核组入户调查

乡村两级人口学校向育龄群众宣传计划生育科普知识

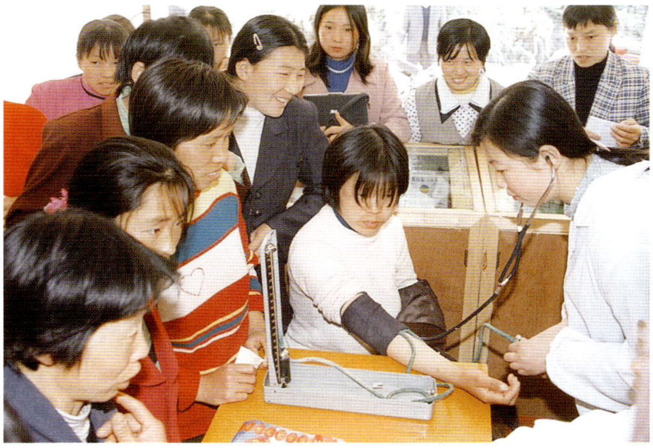

为育龄妇女普查普治妇科疾病

计生协会办的企业吸收自觉实行计划生育的育龄妇女就业

以生动活泼的文艺形式宣传计划生育政策和婚育科普知识

安徽省消防总队

2000年1月11日晨，省消防总队总队长屠国华在合肥市城隍庙庐阳宫火灾现场指挥灭火战斗

省消防总队政委董福存在检查公共娱乐场所消防安全工作

积极参与社会抢险救援，是《消防法》赋予消防部队的重要任务。图为消防部队开展防化抢险演练

消防部队是一支同火灾作斗争的队伍，同时承担着大量的抢险救援任务。在日趋复杂的火灾形势下，我省消防部队苦练精兵，把一些容易酿成恶性火灾的石化行业火灾、高层与地下建筑火灾、公共娱乐场所火灾扑灭在初起阶段，使我省火灾连续十几年处于全国最低省份之列，连续十几年没有发生群死群伤恶性火灾事故，为我省经济建设创造了良好的消防安全环境。

省消防总队党委遵照江总书记“政治合格、军事过硬、作风优良、纪律严明、保障有力”的要求，坚持政治思想建设这个中心，用邓小平理论和党的十五大精神武装全体官兵的头脑，深入开展我军优良传统教育、法制教育和世界观、人生观、价值观教育，保证了全省消防部队在政治上始终与党中央保持高度一致。同时，狠抓管理与训练，全面落实中央军委颁布的《共同条令》和公安部颁布的《执勤条令》，坚持一日生活条令化，着力培养部队令行禁止的作风，正规化管理水平不断提高。根据当前火灾特点，全省消防部队开展等级达标训练，对消防保卫重点单位制订灭火作战计划、组织战术研讨和灭火演练，针对特殊火灾和抢险救援开展特勤业务训练，充分做好打大仗、打恶仗的准备。1994年，我省总结火场战斗经验，率先在全国编制了模拟火场实战需要的22个灭火应用项目，并加强训练，使广大官兵在实战中更加得心应手，灭火成功率一直保持在98%以上。九五期间，全省消防部队共接警出动1.9万余次，出动官兵23.8万余人次、车辆4.4万余辆次，抢救群众近千人，保护物资价值260多亿元。2000年1月11日，合肥城隍庙庐阳宫发生火灾，市消防支队接警后，3分钟赶到现场，在狭小的地带迅速展开灭火战斗，指战员正确运用灭火战术，成功地控制了火势，保住了周围建筑的安全。消防官兵行动迅速、英勇顽强、业务娴熟的战斗风貌受到了各级领导和人民群众的高度赞扬。

消防部队是扑救火灾的主力军，同时积极参与社会抢险救援，支援地方经济建设。在我省连年发生的洪涝灾害面前，消防官兵与当地军民一道，奋力投入抗洪抢险斗争。仅1998年，全省消防官兵就出动抗洪抢险138次，投入警力1万余人次，抢救群众6540多人，抢救物资224吨，涌现出石台县城大营救、和县陈桥州灾民大转移等英雄事迹，用血肉之躯筑起了一道道冲不垮的大堤，向党和人民递交了一份合格的答卷。最近几年盛夏，我省部分地区久旱无雨，当地消防官兵夜以继日地为灾民运送饮用水，红色的消防车成为老百姓心中永不干涸的甘泉。1996年8月14日，合肥农药厂发生毒氯泄漏，消防战士第一个冲进现场，把危险留给自己，把安全奉献给群众。2000年10月28日，合肥市濉溪路四河小区四幢发生爆炸，消防官兵第一个赶到现场，不顾房屋随时倒塌的危险，靠手扒肩扛，苦战6个多小时，搜寻到21名被困群众和遇难人员……

多年来，我省消防部队沿着“119”这条生命线，出色地完成了无数次急、难、险、重的任务，赢得了党和人民的信赖。

↑ 全省各地消防部队每年对辖区重点保护单位灭火作战计划都要进行一至二次演练。图为高层灭火救生演练

在久旱不雨的盛夏，消防车是老百姓心中永不干涸的甘泉

近年来，各地消防部门开展消防教育进社区、进学校活动，提高全民消防意识。图为消防警官在小学上消防安全教育课

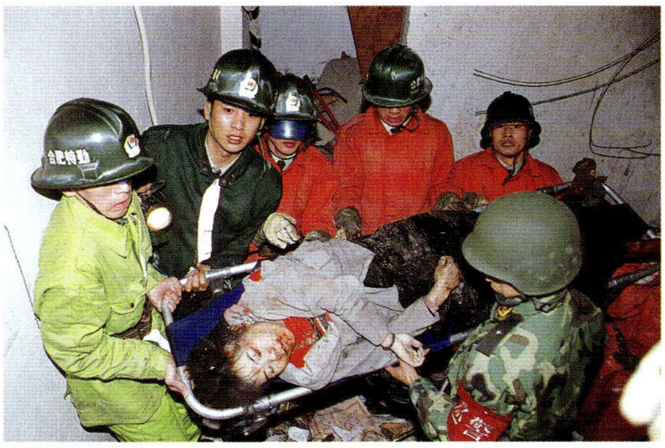

2000年10月28日下午，合肥市濉溪路四河小区四幢发生爆炸，市消防支队官兵迅速赶到现场展开抢救

合肥城隍庙“1.11”火灾现场，消防官兵在狭小的空间有效展开扑救，成功地保护了庐阳宫周围建筑

安徽大学

领导视察

学习何家庆同志先进事迹座谈会

在安徽省委、省政府关心和大力支持下，安徽大学通过实施“211工程”建设，综合实力显著增强，现有国家“211工程”建设重点学科项目5个；徽学研究中心是教育部首批15个人文社会科学重点研究基地之一，“计算智能和信号处理”实验室被列为教育部重点建设实验室；博士、硕士点40个和一个法律硕士专业学位点。该校是全国33个大学生文化素质教育基地之一，国家84所接收公费留学生高校和22个国家华文教育基地之一，全国首批15个大学科技园建设单位之一。“九五”期间共承担国家自然科学基金8项、社会科学基金等国家级项目56项。该校45岁以下教师中有硕士、博士学位的占52.56%。有1人入选国家百千万人才工程，34人入选为省跨世纪学术和技术带头人，88人成为省高校中青年学科带头人和骨干教师培养对象。建立了校园计算机网和图书文献资料现代化管理系统以及一批基础和重点实验室。是“全国、全省党建和思想政治工作先进高校”、“民主管理先进单位”。

安徽教育学院

安徽教育学院创建于1955年，是一所省属师范类成人本科高校。学校设有教育管理、中文、政法、历史、外语、数学、物理、化学、生物、电子、艺术等11个系44个专业。安徽省教育厅教育管理干部培训中心、安徽省中小学教师培训中心也设在该院。在籍学生8200多人，为全省“先进办学基地”。

学院设有各类实验室、电教室、语音室28个，图书馆藏书（音像）30余万册（件）；《安徽教育学院学报》、《中学数学教学》等刊物面向国内外发行。

新的世纪里，师生员工正以崭新姿态为把学院建成现代化的师训干训基地而努力奋斗。

院党政领导规划学院发展蓝图

新区教学楼

安徽省社会科学界联合会

党组书记、副主席：马康盛

副主席：陈先书

2000年，省社联以江泽民总书记“三个代表”的重要思想为指导，富有成效地开展了如下工作：

——认真贯彻“三个代表”重要思想，贴近实际，突出创新，开展理论下基层工作。在充分调研、精心选题的基础上，省社联确定了“无神论与辩证唯物主义”、“民私营经济与安徽发展”、“资本运营与安徽国企改革”等三个宣讲主题，并组织有关学会的专家学者在铜陵、池州、马鞍山等市共举办了11场理论报告会，其中，刘志迎教授主讲的“民私营经济与安徽发展”被省委宣传部评为“最佳一堂课”。

——紧扣现实，结合安徽改革与发展的新形势开展学术研讨活动。一是组织开展思想文化倾向性问题调研，二是省属学会、研究会紧贴改革与发展的实际开展活动。经济学会、金融学会、《资本论》研究会等社科团体分别就我省经济发展、金融、农业等面临的机遇和挑战进行研讨，受到省有关领导的高度称赞；城乡劳动力资源开发研究会就农村劳动力转移、哲学学会围绕创新与社会发展、新四军历史研究会还就抗美援朝50周年和皖南事变等专题开展研讨活动。

——抓住热点，科学有序地组织实施重点科研课题。省社联在“九五”科研规划框架内精心制定年度课题计划，组织并实施了《无神论与科学精神》、《私营经济新论》、《挑战新经济——安徽上市公司发展潜力研究》三个代表性的科研项目。

——夯实基础，切实改进管理手段和工作方法。省社联在充分论证的基础上，制定了《安徽省社会科学界联合会“十五”规划纲要》。完成了机关局域网建设工程。省社联还成功地举办学会骨干班，40多个学会的会长、秘书长或专职干部参加了培训。

安徽省测绘总院

国家测绘局局长陈邦柱（左）向省委常委、常务副省长张平赠送铜版《中华人民共和国地形全图》

全国建设系统劳动模范余建平同志（左三）与同事们一起研究绘图软件的开发

2000年安徽省政府机构改革中，省土地局、省地矿局、省测绘局共同组建省国土资源厅，同时，在原省测绘局的基础上重新组建安徽省测绘总院，为省国土资源厅管理的副厅级事业单位，承担全省测绘事业发展、测绘科技进步、测绘产品质量监督检验等组织实施工作。

原省测绘局成立27年以来，先后完成中等比例尺航空摄影15.1万Km^2,大比例尺航空摄影1265Km^2,测制1:1万比例尺基础图6000余幅；编制、印刷各种地图、图册277万幅（张、册）。完成了高等级公路测量和大中城市1700多Km^2的大比例尺地图、地籍图、房产图测量，为安徽省国民经济和社会发展提供了及时的服务。

十五期间，安徽省测绘总院将致力于测绘事业的发展，运用“3S”(GPS、PS、GIS、RS)技术，以生产4D产品（数字线划图DLG、数字正射影像图DOM、数字高程模型DEM、数字栅格图DRG）、提供国家地理空间信息数据框架为主要内容，继续承担全省基础测绘、地籍测绘、行政区域界线测绘和其他重大测绘项目的实施工作。安徽省测绘总院全体职工将以无私奉献的行业精神，扎实工作，以更加优异的成绩跨入二十一世纪。

安徽省测绘总院数字化生产基地一角

测绘技术人员运用GPS（全球定位系统）进行控制点测

安徽省农业机械管理局

省委宣传部召开农机化形势报告会，向中央驻皖新闻单位、省直及合肥市主要新闻单位记者介绍全省农机化发展情况

为适应农业和农村经济战略性调整的要求，2000年，省农业机械管理局以农业增效，农民增收，农机户增收为核心，突出农机装备结构调整和服务的社会化，产业化，创新思路，创新科技，创新举措，使全省农机化结构调整进一步优化，大中型机械保有量明显增长；作业面积，尤其是复试作业面积的明显增加，新技术新机具推广应用范围明显扩大，农机服务半径明显扩张，全省种植业综合机械化水平达到70%。

局领导在推介新型农机具

我省跨区作业队奔赴湖北收割小麦

水稻机械化栽插

安徽省药品监督管理局

黄岳忠副省长为安徽省药品监督管理局挂牌

安徽省药品监督管理局于2000年3月底组建，8月22日正式挂牌。安徽省药品监督管理局的成立，标志着安徽省药品监督管理进入集中、统一、权威的新时期。

安徽省药品监督管理局组建期间把内部建设和加强药品监督管理作为工作重点。机关工作人员通过党风廉政等系列教育，提高了政治思想水平，做到了转变观念、转变职能、转变作风，树立了新局新形象；通过岗位法律法规知识培训和政风建设教育，提高了法制观念和执法水平；通过各项规章制度，建立了“依法监督、科学公正、廉洁高效、行为规范”的药品监督管理新体制。在药品监督管理上首创了药品生产企业监督员制度；开展了全省基层用药质量监督检查、整顿药品经营秩序和严厉打击制售假劣药品、一次性输液器专项斗争，全省取缔无证或证照不全的药品经营户540个，取缔挂靠经营户1130个，取缔药品集贸市场5个，端掉制假售假窝点18个，查处假劣药品案件1298起，查处假劣药品和一次性输液器标值775万余元；全省药品生产、经营企业的抽验覆盖面达100%和98%。

安徽省药品监督管理局将贯彻落实“以监督为中心，监、帮、促相结合”的工作方针，不断加大药品行政监督的力度，完善药品技术监督手段，构建符合安徽实际、高效快捷、行为规范的省以下垂直管理系统，组建一支高素质的药品监督管理队伍，保证人民群众用药安全有效，促进安徽医药经济的发展。

工欲善其事，必先利其器

全省开展处方药与非处方药分类管理宣传周活动

团结求实、勤勉廉政的局领导班子

安徽省盐务管理局
安徽省盐业总公司

开拓进取的领导班子

安徽省盐务管理局、盐业总公司为一个机构、两块牌子。省盐务局是省政府盐业行政主管机构，负责全省盐政管理、计划管理和碘盐管理等，总公司负责组织全省约70万吨民食工需用盐的计划运销。

省盐务局、盐业总公司直属企业有安徽银华工贸有限责任公司、盐业运销公司、皖味香商店、质检站等

安徽银华工贸有限责任公司是在原皖盐食品包装厂基础上，通过资产重组，由省、市(县)26家盐业公司投资参股组建，公司具有国内先进水平的塑料复合膜包装生产线已投入生产。

绿色的环境

安徽银华工贸有限责任公司

塑料复合膜包装生产线

安徽省体育局

许仲林省长(右二)、蒋作君副省长(右一)、省体育局张荣国局长和许海峰亲切交谈

2000年，我省体育事业呈现出新局面。

——成功举办省九运会。全省17个市、地代表团5000多名运动员参加了22个竞赛项目401个小项的比赛，本届省运会共有1人次超世界纪录，2人次超世界青年纪录，108人(队)次破省纪录和省青少年纪录。

——竞技体育止滑攀升。2000年我省在国际、国内一系列重大比赛中，共获得25枚金牌、31枚银牌、36枚铜牌。在悉尼举行的第27届奥运会上，我省古典式摔跤运动员盛泽田勇夺一枚铜牌，这是他第三次夺得奥运会铜牌并连续十多年保持我国古典摔跤项目在世界的最好成绩。在宁波2000年全国体育大会上，首次以安徽省体育总会名义组团的安徽代表团，夺取5枚金牌、5枚银牌、8枚铜牌，总分137分。金牌列第12位。

蓬勃发展的全民健身活动

——群众体育成绩斐然。全省各地以“健康迈向21世纪”为主题，举办了全民健身系列活动，如以民族传统体育板块为主、职工体育板块、学校体育板块等九大板块为主题的系列健身活动，影响广泛，成为精神文明建设的热点。我省有12个县(市)被国家体育总局、农业部、财政部正式命名为全国体育先进县。在第五届全国残疾人运动会上，获得3枚金牌，3人打破全国纪录。在第11届悉尼残奥会上，获得2枚金牌、2枚银牌、1枚铜牌，名列全国第9位。

省九运会田径比赛

——体育产业稳步推进。电脑型中国体育彩票顺利实现上市销售。全省17个市共有1100个销售点。

——设施建设再上台阶。省政府筹资1亿元改建、新建了省体育馆、省人民体育场、省跳水游泳馆、省射击馆和1万平方米综合训练馆。

——考核各市体育工作。经省人民政府批准，省体育局会同省委宣传部、省委办公厅、省人事厅、省教育厅、省财政厅等部门对全省16个市(除亳州市)的体育工作进行了考核。这是50年来省政府第一次对各市政府体育工作进行考核。

——全面推进依法行政。积极试行政务公开制，依法加强体育社团的管理。加快体育立法步伐。省政府第72次常务会议审议通过了《安徽省优秀运动员选招、培养、退役安置管理办法》。

省九运会拳击比赛

省九运会开幕式

安徽省博物馆

外宾来馆参观

《孙中山与华侨》展览

安徽省博物馆建于1956年，是一座大型地方综合性博物馆，馆舍建筑总面积11580平方米，展厅使用面积7826平方米。

安徽省博物馆馆藏十分丰富，现有各类藏品23万件，主要包括青铜、陶瓷、书画、徽州民间工艺、文房四宝、近现代文物、古籍善本、旅法画家潘玉良作品及古生物化石标本，具有重要的历史、科学、艺术价值和鲜明的地方特色。被安徽省人民政府和国家文物局授予"爱国主义教育基地"、"青少年科技教育基地"。

安徽省博物馆十分重视文物保护科技工作，在青铜器防腐蚀，漆木器脱水等方面取得了丰硕成果。"激光全息无损文物检测"科研项目，获文化部和省政府奖励。

安徽省博物馆积极开展对外文化交流，《安徽古代文房四宝展》、《安徽古代工艺美术展》、《胡开文古墨展》、《潘玉良画展》、《佛教艺术展》曾赴德国、日本、新加坡、泰国、台湾等国家和地区展出，为弘扬祖国优秀传统文化作出了贡献。

安徽省博物馆还编辑出版了《寿县蔡侯墓出土遗物》、《明清徽州社会经济资料丛编》、《安徽省博物馆藏青铜器》、《潘玉良美术作品选集》、《安徽省博物馆藏品选》等70多部专著及各种展览图录。

博物馆夜景

中国人寿保险公

副总经理：管向东

2000年，人寿保险公司以提高效益为中心、以强化管理为基础，进一步增强了公司的整体素质和实力。

业务发展势头良好——全省各级公司进一步优化险种结构，提高服务质量，各项业务持续、健康发展，全年实现保费收入23.75亿元。

经营管理进一步规范——对市地分公司的年度经营考核办法进行了改革，年终按综合绩效指数进行奖励。制定实行了全省统一单证管理制度。全面推行以“一卡三志”为主要内容的个人代理管理办法；进一步规范营销报表统计工作；重新组建了营销讲师团。对13个市地分公司69个达标的农村代理网点进行检查验收，落实了农村代理网点建设补贴费用。加强电子信息技术的开发和应用，完善了CBPS代理人管理软件功能；启动全省办公自动化系统。对全省核保核赔、财务、电脑人员进行了岗位资格考试，合格者持证上岗。对违规经营的单位进行了稽核审计。

继续深化“三项制度”改革——省公司机关处室负责同志进行了公开述职和民主测评。

多数市分公司对中层干部岗位及县、区公司经理职务实行竞聘上岗，员工实行双向选择，待岗培训，下岗分流。推行了“工效”挂钩为主要内容的分配改革。对所需的业务、财务、精算、电脑和法律等专业人才采取考试录用。

加强队伍建设——调整部分市地分公司主要领导人员，选拔一批年富力强，德才兼备的中青干部充实各级公司班子。加强员工教育培训，其中全省首期市地分公司总经理培训、综合业务处理系统培训，产生较大的反响。按照中央金融工委的统一部署，认真开展职工职业道德教育活动；召开全省思想政治工作会议，以推动全省系统“双文明”和企业文化建设进一步发展。

树立良好的企业形象——各级公司利用节假日组织多种形式的保险宣传活动，8月19日的新险种宣传日将整个宣传活动推向高潮；省公司独家承保安徽省第九届运动会5000名运动员、教练员和裁判员意外伤害保险附加医疗保险，全部竞赛项目冠名“中国人寿保险杯”。

人类即将进入新的世纪，公司将以振兴民族寿险业为己任，以创建一流的现代化寿险公司为目标，努力开创各项工作新局面，以崭新的姿态进入21世纪。

①

司安徽分公司

① 办公楼夜景

② 中国人寿安徽省分公司独家赞助省九运会全部竞赛项目，省委常委、省纪委书记杨多良和公司副总经理管向东为省九运会优胜代表团颁奖

③ 全省系统开展了大规模的宣传咨询活动

④ 在全省保险周知识竞赛活动中，中国人寿安徽省分公司代表队获竞赛一等奖和二等奖

⑤ 省公司营业部售后服务人员登门与保户进行亲切交谈

⑥ 中国人寿安徽省分公司重视思想政治工作，积极推进“双文明”和企业文化建设

安徽省农业委员会畜牧局

王昭耀副书记视察全省最大的畜牧良种企业——安徽省畜禽品种改良站

畜牧局局长周世其(中) 副局长钱东方(左) 董卫星(右)

“九五”期间,我省实施畜牧业进位工程,畜产品总量规模迅猛扩张,肉蛋奶总产在全国排名由1995年的12位跃居第7位,畜牧业成为我省农业和农村经济的重要支柱产业和农民增收新的增长点。2000年我省畜牧业抓住畜产品市场好转,政策环境良好的有利时机,加快发展步伐。优化结构、扩大规模、开拓市场,呈现出数量、质量、效益同步提高的好势头。据统计全年肉蛋奶总产423万吨。畜牧业产值占农业总产值的28.2%,农民人均牧业纯收入占农民人均纯收入总增长的一半。

“十五”期间,省委、省政府决定,在胜利完成“九五”进位工程的基础上,组织实施畜牧业富民工程。总体发展思路是:以市场为导向,以结构调整为主线,以科技为手段,以农民增收为核心,加快畜牧产业化进程,把畜牧业建成一个优质、高产、高效、低耗的致富产业。具体目标是:到2005年全省肉蛋奶总产量在保证质量不断优化的前提下达到520万吨;畜牧业产值占农业总产值35%左右,畜产品优质率达60%以上;畜产品省外市场销售率达50%以上;畜产品加工、制造业增加值达到畜牧业产值的50%;农民人均牧业纯收入450元,力争500元,实现翻番;力争跨入全国畜牧业强省行列。

家禽养殖

安徽省农业委员会渔业局

“九五”以来，全省各地按照省政府确定的“面向市场、加快发展、创出特色、提高效益”的发展思路，精心组织实施渔业致富工程。

——水产品产量稳步增长，争先进位。2000年，全省水产品总量160万吨，是1995年的1.13倍，连续五年在全国淡水渔业产量中位居第4。

——水产品质量明显提高，特色增加。2000年，全省名特优水产品产量达33.6万吨，占水产品总产量的21%，其中，虾、蟹占名特优产量的44.3%。

——渔业增收增效，贡献突出。2000年全省渔业总产值141亿元，县级渔业特产税收入年均超亿元。

——渔业基础得到夯实，后劲增强。2000年全省各地利用低洼荒地新建精养鱼池10万亩，累计面积138万亩；发展网箱养鱼5503亩，围栏网195万亩；新建2个国家级原种场、15个省级水产良种场；国有水产企业改革不断深入，一批水产龙头企业崭露头角。

——水产品市场繁荣，质优价廉。2000年，全省人均占有水产品25公斤，比1995年翻一番。

“十五”期间主要设想：实施“品种更新工程”，加快养殖品种结构调整；发展生态渔业，加快开发绿色水产品；强化监管职能，创新管理体制；加快鱼市建设，推进产业结构调整；创新科技体制，加快发展第一生产力；培育龙头企业，推进产业化经营。努力实现渔业资源大省向渔业经济大省的跨越。

围网养鱼

规模化特种养殖

商品成蟹

四大淡水湖之一——巢湖

安徽省农业科学院

院长：程剑

安徽省农科院辖水稻、作物、园艺、茶叶、烟草、棉花、植物保护、土壤肥料、畜牧兽医、水产、蚕桑、绿色食品工程，原子能应用，农业技术情报等14个专业研究所，为适应新的农业科技革命的需要，安徽省农科院已建成国家级水稻遗传育种重点开放实验室、安徽省农业辐照中心、院农业生物工程中心等综合性科研创新机构。

该院在职职工1014人，高级专业技术人才192人，列入政府专家人才库129人，国家级和省级有突出贡献专家10人。

阳春乍落一片雪
——油菜理想当家品种C022隔离制种

随风潜入夜，润物细无声
——专家把农业科技知识传授给山村乡亲

一片冰心在玉壶
——应用生物工程开展工厂化脱毒育苗

安徽省建设监理公司

张平副省长（左二）在视察中听取公司总经理陈磊（右一）汇报

安徽省建设监理公司于1993年成立，是首批国家甲级资质监理单位，并具有安徽省建设工程招标代理资质（暂甲级）和工程造价咨询单位资质（乙级），隶属于安徽省建设厅，为“全国先进监理单位”，“安徽省百家最佳优质服务单位”。累计承接近500项工程监理项目，已竣工工程合格率100%，优良率65%以上。荣获国家“鲁班奖”的合肥新火车站、合肥琥珀山庄小区，荣获安徽省人民政府《嘉奖令》的上海裕安大厦，荣获省优“黄山杯”的阜阳商厦，荣获合肥市人民政府通报表彰的合肥二环路南淝河大桥，荣获厦门市人大表彰的中国最大的国际投资博览会基地——厦门国际会展中心。创优良工程的亚洲最大的索道——黄山太平索道和玉屏索道。承建国家“八五”重点工程——安徽铜陵水泥厂，四星级宾馆安徽饭店和合肥古井假日大酒店；承建高层建筑主要有：上海“汇景苑”、合肥市公安局通讯指挥中心、安徽图书城。工业建筑主要有：苏州工业园区污水处理厂、合肥美菱冰箱二厂和洗衣机厂、合肥日立挖掘机厂、合肥太古可口可乐厂。市政道桥工程有：合肥黄山路、黄山体育馆、安庆体育馆；装饰工程有：合肥稻香楼宾馆、合肥盛安大厦。

厦门国际会展中心

安 徽 省 水 文 局

安徽省水文局(水环境监测中心)隶属于安徽省水利厅,省局机关内设10个职能处室、下辖10个市水文水资源局(水环境监测中心)。全省现有在职职工864人,委托观测员901人,技术干部385人,各类高级技术职务51人,全省建立各类水文测站1194个,形成了一套较完整的水文站网体系。

建国以来,安徽省水文局收集各类水文资料16万多册,为我省水利、交通、城建及国民经济发展提供了依据,在历年防汛抗旱、防灾减灾斗争中发挥了重要作用,省水文局曾多次受到各级政府的表彰,先后数次获得国家抗洪先进集体、全国水利系统先进集体称号。

千年更替,我国水资源面临着洪涝灾害、干旱缺水和生态环境恶化三大威胁,水利工作正由工程水利向资源水利转变,安徽水文面临难得的发展机遇和挑战,党的十五届三中全会强调:"进一步健全气象、水文、防汛服务体系。"安徽水文将以社会办水文、水文服务社会为宗旨,一如既往地为社会提供更加优质的服务。

地址:合肥市桐江路19号

电话:0551-3632356

局长:贺泽群

水环境监测人员正在采集水质水样

合肥水文水资源局水位自记井

黄山水文水资源局渔梁水位自记井

↑ 滁州水文水资源局小柳巷水文站测流双舟

安徽省高等学校招生办公室

省招委主任、教育厅厅长陈贤忠在2000年招生工作会议上作重要讲话

2000年安徽省普通高校招生工作，在省招委、教育厅的直接领导下，坚持改革，稳重求进，精心组织，强化管理，监督有力，圆满完成了各项招生任务。

2000年全省报考总人数为18.31万人，高考成绩比上年有所提高，理工类600分以上1519人，最高分705分，文史类580分以上237人，最高分653分。全国近600所高校在皖计划招生8.63万，比上年增加2.85万，增幅49.3%。2000年招生录取工作得到了各级领导的重视关怀，录取期间，省政府副省长蒋作君亲临录取现场看望慰问录取工作人员。省招委主任、教育厅厅长陈贤忠，省招委副主任、教育厅副厅长金辉先后两次深入录取现场检查指导，为招生录取工作的顺利实施和圆满完成提供了重要的保证。录取期间监察部驻教育部监察局局长王明真一行三人对我省录取全程进行了检查，并给予了高度评价，认为安徽的招生录取工作领导高度重视，管理严格，措施得力，查处违纪问题认真，录取工作效率高，有章法、有规矩、有经验。

1、加强考试管理，严肃考风考纪。主要采取了四项措施：一是以省政府名义召开全省考风考纪电视电话会。二是省招委、省教育厅、省监察厅联合发文，进一步要求各级招委和教育行政部门采取切实可行的措施，做好高考实施工作，严肃考风考纪。三是加强对重点地区的重点防范、重点检查。四是继续加大巡查督考的力度。

2、狠抓阅卷管理，确保阅卷质量。把"四严管理"贯穿于阅卷程序的全过程，即，严格阅卷教师的选聘和培训管理，严格阅卷程序管理，严格阅卷标准管理，严格复查管理。经复查，7门学科的阅卷质量全部达到教育部考试中心所规定的标准和要求。通过考生查分查卷发现的差错控制在十万分之一点九八。

3、进一步深化改革，调整政策，确保招生公平，公正原则落实到实处。近年来，我省对艺术体育专业考试进行了一系列改革尝试，从1997年起改变分校命题、分校考试的办法，实行全省统一命题、统一考试、统一录取。军事院校录取实行了三项改革。公安院校的面试、体能测试工作由省公安厅和招生学校共同组织进行，保证了招生质量，抵制了不正之风。

4、采取得力措施，维护高分考生利益。主要措施有：一是二志愿设立三个平行志愿，高分考生优先选择，使得一部分一志愿撞车的高分考生有更多的选择空间和机会，从而在二志愿中找到合适的位置。同时加快了档案运转速度，提高了工作效率。二是把好退档关，防止高分考生流失。三是动员生源集中的名牌院校在皖增招，多吸纳一些高分考生。四是鼓励生源不足的名牌院校优先录取高分考生。

5、强化录取管理，净化录取环境。省招委、省教育厅专门下文制发了《普通高校招生录取场地封闭式管理和安全保卫工作的规定》及《普通高校招生录取工作人员守则》，并与省监察厅共同制发《普通高校招生录取场地新闻采访规定》，省招生办制定了录取场地各组岗位职责和招生人员"十不准"规定。

6、纪检监察工作有力，保证招生考试健康有序运行。2000年高校录取工作中，招生监察工作从完善管理制度入手，研究制定了《安徽省教育厅关于普通高校招生监察工作暂行规定》，进一步明确了招生监察工作的指导思想、原则、工作机制、职责权限、监察事项、制度和要求，为做好以后的招生监察工作，提供了制度保证。

7、主动热情做好服务工作。2000年高考填报志愿咨询会在合肥逍遥津公园举行，为高校宣传、指导考生填报志愿提供了方便，加强了考生和高校的联系。

省招委副主任、教育厅副厅长金辉在2000年春季招生工作会议上讲话

2000年高考填报志愿咨询会在合肥逍遥津公园举行

2000年春季普通高校招生录取工作协调会

安徽省劳教局

党委书记：芮正金

局长：王贤和

快速出击

威武、文明的干警风彩

安徽省劳教局成立10年来，在省司法厅党委的直接领导下，加强党委和机关建设，管大事、抓基层、打基础，坚持依法治所、文明执法，认真贯彻党的劳教工作方针政策，努力把劳教人员改造成为遵纪守法、尊重公德、热爱祖国、具有一定文化知识和生产技能的社会主义建设有用之才。10年中共收容数万名劳教人员，为维护社会稳定，促进安徽经济发展作出了贡献。

——管教质量在提高。坚持依法、严格、科学、文明管理，健全制度，实现管教工作规范化。1995年4月省人大常委会通过的《安徽省劳动教养实施条例》，开全国劳动教养工作地方立法之先河。开展以防逃跑、防重大责任事故、防非正常死亡、防重大生产安全事故的安全竞赛活动，推行领导安全责任制，着力建立长效的安全防范机制，劳教人员的逃跑率1999年下降为历史上最低点。1999年省劳教局被评为全国劳教系统“四防”工作先进局，并获全国“百日安全竞赛”先进局称号，4个劳教所实现了“四无”。切实保障劳教人员的合法权益，不断完善劳教人员生活医疗条件。

——经济工作在发展。劳教经济的发展紧扣教育改造这个主题，力求生产劳动的教育改造功能和生产经济效益的最佳结合，生产总值1999年比1990年增长7.5倍，生产结构由单一的农副业逐渐发展到农业、工业和商业齐头并进。

——场所规模在扩大。场所布局趋于合理，收容规模不断扩大。由1个劳教场所发展到8个劳教场所；原集中在长江以南地区，现发展到江淮之间、淮河以北；原集中在丘陵山区，现扩展到城市近郊。全省场所收容规模可达8000人。

——坚持改革在深化。在办好劳动教养学校的基础上，对劳教人员实行分类管理、民主管理，推行“两公开一监督”。有条件的劳教单位实行劳教人员家属探视同居，实行所务公开，实施联合帮教等；实行干警责任制、劳动用工合同制、效益工资制。

——干警素质在增强。坚持从严治警、从优待警的方针，重点抓主官，建班子带队伍。通过开展反腐倡廉、文明执法年、教育整顿、“三讲”教育等活动，局所两级班子战斗力、凝聚力进一步提高。涌现出一大批先进集体和个人，个人立功70人次，受厅(局)以上表彰的137人；集体立功18人，受厅(局)以上表彰的114个。

千帆竞发，百舸争流，劳动教养工作任重道远。省劳教局将在司法厅的领导下，坚持“教育、感化、挽救”的方针，以维护场所秩序稳定为大任，不断探索管理教育新方法、新经验、提高教育改造质量；坚持以改革为动力，大力发展劳教经济，壮大经济实力，促进创建工作快速发展；坚持以人为本，抓主官带班子，抓班子带队伍，抓本级带下级，抓机关带基层，开创安徽劳教事业的新纪元！

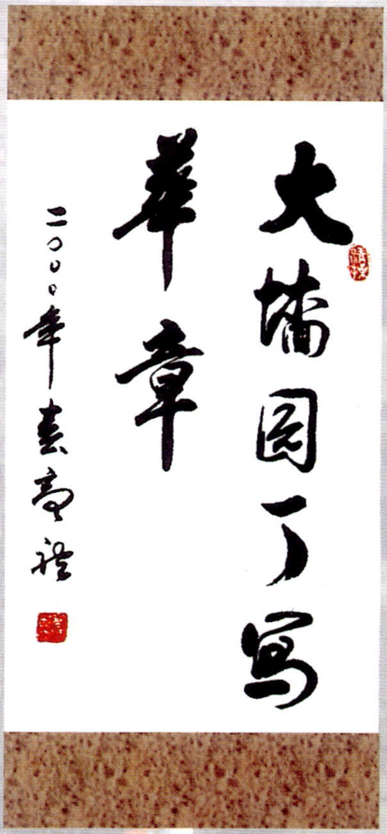

丰富多彩的教育活动，提高教育改造质量

全国劳教系统个别教育能手韩林与学员谈心

教育、感化、挽救，重造社会新人

安徽省电信公司
中国电信集团

省委副书记、省政协主席方兆祥与在街头进行业务咨询的安徽省电信公司总经理朱高山亲切握手

电信工作人员向用户介绍可视电话业务

2000年，安徽电信广大员工在省委、省政府和集团公司的领导下，正确处理改革、发展、稳定三者之间的关系，凝心聚力，锐意进取，各项工作取得了显著成绩。**企业改革取得新突破**，组织实施了省邮电管理局政企分开，成立了安徽省电信公司。公司成立后，积极推进主实业分离改革，成立了安徽电信国脉实业有限责任公司。**经营工作取得新成效**，全省共完成固定电话放号141.8万，全省新增数据业务用户23.7万户，完成全省所有县以上政府上网工作。**服务质量有了新改善**，各市局成立了服务质量监督检查部门，省公司成立了集团客房服务中心。各地相继开通"总经理热线"，全面推行首问负责制。**通信能力达到新水平**，全省新增局用交换机184万门；新增长途电话交换机2.27万路端。**网络运行质量取得新提高**，全面完成了各项运行维护指标，取得了全年一级干线无全阻的好成绩。加强了应急通信的管理，全年共完成7次重要通信保障任务。**内部管理取得新进展**，全面实施市县财务一体化管理，加大企业内部审计力度，加强企业法制工作，在各级企业中深入开展了学习《电信条例》的活动。**企业面貌呈现新气象**，各级党组织以"三个代表"重要思想为指导，加强自身组织建设和党风廉政建设，深入扎实地开展反腐倡廉的警示教育，认真落实党风廉政建设责任制。各级工会不断加强职工参与民主决策、民主管理和民主监督的力度，全面推行局务公开；大力开展文明创建，把创建的中心由营业窗口延伸到装维部门，促进了服务水平的提高。

中国电信集团安徽省电信公司正式成立

电话进农家　老农笑哈哈

安徽省移动通信公司

安徽省移动通信公司隶属中国移动通信集团公司，于1999年7月从安徽省邮电管理局分离组建而成。下辖16个地市分公司、62个县（市）分公司和合肥营销中心等5个直属单位，现有员工2800多人，固定资产52.3亿元。公司主要经营数字移动电话以及与此相关的数据、IP电话和多媒体业务，具有国际互联网络经营权。拥有"全球通"和"神州行"两大著名品牌，"全球通"网号139、138、137、136、135更是家喻户晓。网络覆盖全省各市县及绝大部分乡镇、公路铁路沿线、旅游风景区，网络容量200.1万门，全球通用户总数突破130万。自动漫游通达国内所有地市和96%以上的县（市），并与世界56个国家和地区的95个运营商开通了国际漫游业务。公司还开通了全球通IP电话、WAP业务、缴费卡业务、神州行预付费业务、漫游服务、短消息服务、来电显示服务、多方通话服务、语音信箱服务、呼叫转移业务、呼叫等待业务以及1860客户服务热线等业务。

新世纪，信息化的浪潮正席卷全球，移动通信作为信息产业的一颗明珠必将放射出耀眼的光芒。面对机遇与挑战，安徽省移动通信公司将按照现代企业制度的要求，深化改革，增强创新能力，努力建设精品网络，为客户提供优质服务，创造安徽移动通信的辉煌。

地址：合肥市淮河路303号

电话：0551—2681541

总经理：张道德

省人大吴昌期副主任（左二），省政协王鹤龄副主席（右一）为公司成立揭牌

富有现代气息的合肥四牌楼营业厅

加强售后服务，维修人员经常开展免费维修手机活动

安徽移动通信公司首届MBA培训班

优质的服务引来众多的用户

1860客户服务中心

安徽教育出版社

安徽省新闻出版局副局长黄书元(右三),安徽教育出版社社长曹露明(右二),原总编罗法新(左三),副总编邢广义(左二),鲍康健(左一),副社长吴寿兵(右一)

安徽教育出版社成立于1982年,以出版教育类图书为主。年出书千余种,总印数逾亿册。下设6个编辑室、7个职能科室,以及书店、广告设计、照排制版、文化商贸、物业管理等经济实体。

建社以来,该社始终不渝地坚持党的出版方针政策,把社会效益放在首位,努力实现社会效益和经济效益的最佳结合。在切实安排好教材及教辅用书出版任务的同时,出版了一大批高品位、高质量的学术著作以及雅俗共赏、图文并茂的科普读物和儿童文学作品,如《朱光潜全集》、《宗白华全集》、《中国诗学通论》、《中国解放区邮票史》、《心灵长城——中华爱国主义传统》、《中华三德歌》、《院士思维》、《当代学者自选文库》、《图书角丛书》、《少年家庭科学院丛书》、《中华鲟儿童文学新作丛书》等。有500多种图书获得包括"五个一工程"奖、国家图书奖、中国图书奖、冰心儿童图书奖等在内的各类优秀图书奖,与海外达成版权贸易数10项。出版社恪守"以人为本"的宗旨,注重经营与管理,经济效益连续多年位居于安徽省出版系统榜首和全国出版社前列。先后荣获省及全国"先进集体"、"良好出版社"等数10种荣誉称号。

近期,将陆续推出《李鸿章全集》、《胡适全集》、《朱熹全书》、《周祖谟全集》、《冯沅君陆侃如合集》、《正史地理志汇释丛刊》、《二十世纪中国文学研究丛书》等一批重点图书,努力在规模、特色、实力和影响诸方面不断迈上新台阶。

社长:曹露明　　图书发行部地址:合肥市桐城路145号　　邮编:230061

电话:0551-2651321

安 徽 教 育 出 版 社 精 品 荟 萃

《起点——中国农村改革发端纪实》	窦永记主编	本书荣获中宣部第七届“五个一工程”奖、并获第十一届中国图书奖
《中国诗学通论》	袁行霈主编	本书荣获第二届国家图书奖提名奖
《朱光潜全集》(20卷)	朱光潜著	本书荣获第八届中国图书奖
《院士思维》(2卷)	卢嘉锡等主编	本书荣获第三届安徽图书奖一等奖
《中华三德歌》	本书编写组编	本书荣获中宣部第六届“五个一工程”奖
《宗白华全集》(4卷)	宗白华著	本书荣获第二届国家图书奖
《中国解放区邮票史》(8卷)	中华全国集邮联编	本书荣获第十届中国图书奖
《当代学者自选文库》(19卷)	季羡林、张岱年、李学勤等著	其中《傅璇琮卷》荣获第三届安徽图书奖一等奖

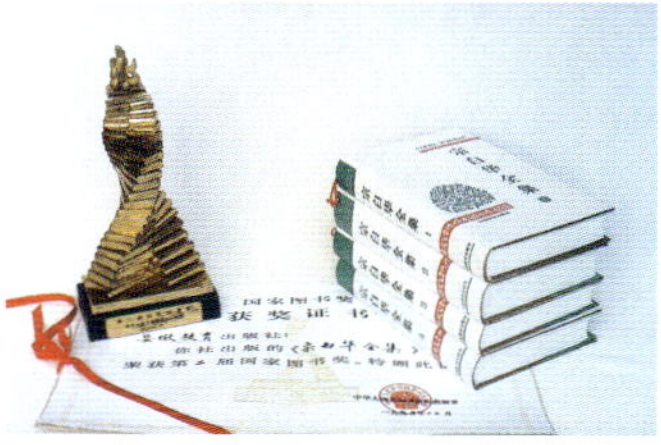

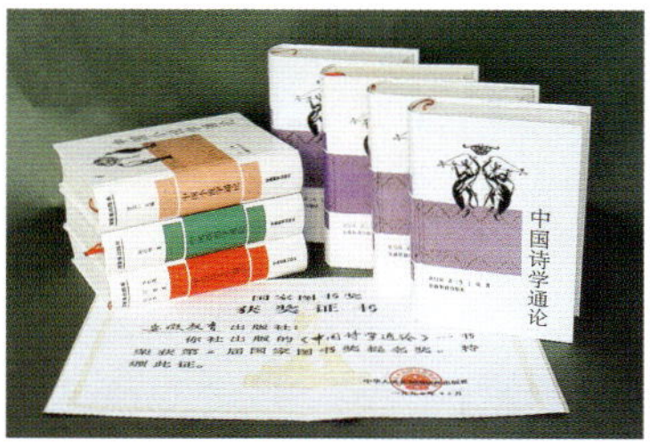

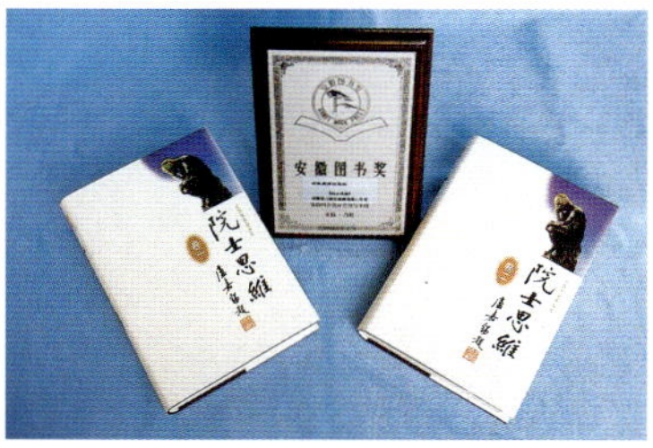

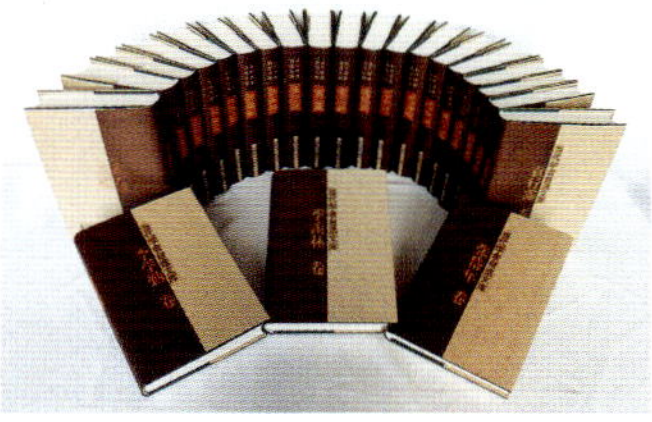

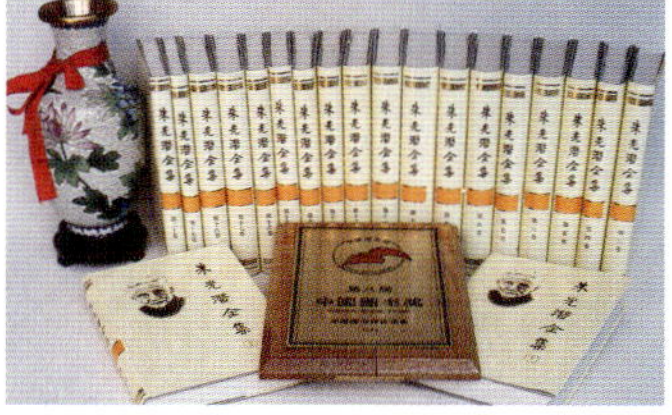

部分获奖图书

服务教育　倾情学术　为营造书香世界孜孜以求

中国科学院等离子体物理研究所

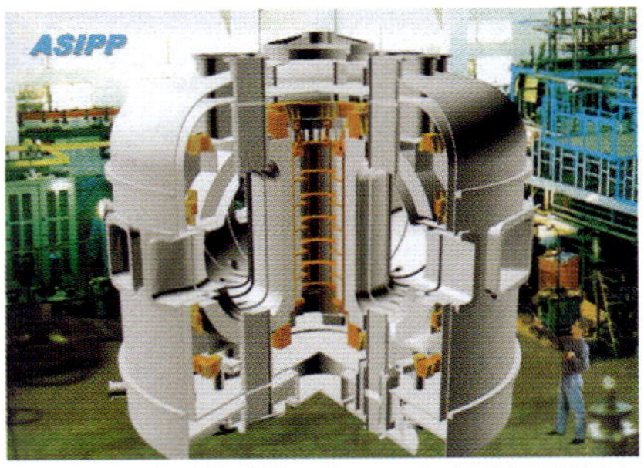

建设中的国家重大科学工程HT-7U大型非圆截面全超导托卡马克核聚变实验装置

我国第一个超导托卡马克HT-7核聚变实验装置

中国科学院等离子体物理研究所于1978成立。经过多年的努力，形成了以核聚变科学研究为主，以离子束生物工程、强磁场科学和技术、应用等离子体研究多学科发展的格局，为我国主要的核聚变研究基地。

1998年9月24日上午中共中央总书记，国家主席江泽民同志来我所视察工作。该所在科研工作中取得了许多重要成果。建设了我国第一个超导托卡马克HT-7装置，建成了总功率达20万千瓦的交直流脉冲电源系统，建成了兆瓦级的波加热系统和兆瓦级的低杂波驱动电流系统，建成了我国场强最高的20万高斯混合磁体和我国最大规模的低温液氮液氦系统，建成了先进的计算机控制和数据采集及处理系统。获院部级以上重要科研成果奖达50多项。

该所与世界26个国家和地区建有国际合作交流关系，是世界实验室的核聚变研究中心，第三世界科学院优秀研究中心。

该所获安徽省文明单位和安徽省先进集体称号。

法人代表：王绍虎　　电话：0551-5591309

安徽省科技咨询中心

省科协主任：陈步德

纪念安徽省科技咨询中心成立十五周年座谈会

安徽省科技咨询中心于1984年成立，主要为政府部门提供决策咨询、规划论证，面向社会，大力开展技术转让、技术开发、技术咨询、技术服务等科技咨询活动。具有国家计委工程咨询甲级资格，建设部批准的工程造价咨询甲级资格，国家环保局批准的环境评价甲级资格，省建设厅核准的房地产评估乙级资格。

主要业务范围：对部门、行业或地区的发展规划、国土及自然资源的综合开发利用、城乡建设发展规划和环境保护等进行技术、经济论证和评价；对工程建设、技术改造、技术引进、科研等项目进行可行性研究，提供合理方案和综合评价论证；开展技术开发、技术培训、合资经营、技术承包、科技翻译等多种形式的 咨询服务；接受委托为有关部门、单位或个人的技术成果组织鉴定、推广和转让，开展专业技术较强的测量、检测、检验、评估、审核、污水处理等技术服务；承接工民建设计及造价咨询；承接涉外咨询项目；为社会各方面提供管理咨询、信息咨询及技术更新和技术改造的工程建设、新产品开发等领域的综合性、系统性服务。

该中心两次获中国科技咨询工作“金牛奖”；两次获国家科委全国技术市场“金桥奖”。

安徽省教育科学研究所

安徽省教育科学研究所是1981年在省教委教材编审室基础上建立的，设有与基础教育、职业教育相关的12个研究室，承担省教育科学规划、艺术教育、中小学教材审查等办公室日常工作。拥有一批中、高级专业研究人员，承接多项国家级、省级教育科研课题，承担着全省基础教育、职业教育的教育科研及其管理，教学研究，教学指导，教学业务管理以及课程教材建设等方面的工作。

近年来完成了10余项国家级、省级教育科研课题，以及《安徽省教育志》、《安徽省教育人物传略》等编纂出版工作，编写了《小学思想品德》、《初中物理》、《中学劳动技术》、《高中艺术欣赏》等10余种教材，组织了400余项教材教法改革实验，其中合肥一中外语教改实验受到李岚清副总理的肯定，组织了全省40余万中小学中青年教师岗位练兵活动，为全省“普九”和推进素质教育培训近万名骨干教师。

省教科所所长何润伟在全省素质教育会议上讲话

国家教育部把省教科所列为全国2家省级教研室试点单位之一，并进行检查评估

省教科所视导组视察小学的活动课

省教科所组织全省教坛新星评审，共评出308名省级教坛新星，省教育厅厅长陈贤忠参加评审

安徽省公益性项目建设管理中心

安徽省体育场

为改革公益性项目建设投资管理运作方式，安徽省计委根据国家投资体制改革的总体要求，向省政府建议在省直公益性项目建设上推行“交钥匙”工程，即成立一个专门机构，作为政府投资的责任主体，按照省计委批准的扩初设计，在确保工程总投资、总工期和质量的前提下，组织实施项目的建设，建成并验收合格后移交给使用单位。1998年3月，安徽省公益性项目建设管理中心应运而生。截止到2000年底，该中心承担了13项，12.6万平方米建筑面积，32331万元总投资建设任务，有效地实现了“质量、工期、投资”三控制的目标。

主任：项世顺　　副主任：夏水新　王瑚新

地址：合肥市庐江路124号　　邮编：230001　　电话：0551-2645958　　传真：0551-2626211

安徽省综合训练馆

安徽省跳水、游泳馆内景

安徽省射击馆

安徽省体育馆

合肥钢铁集团有限公司

董事长：杨复强

总经理：王庐嘉

合肥钢铁集团有限公司是1958年建成投产的安徽省地方骨干钢铁联合企业，是国家冶金工业大型钢铁联合企业，截止2000年底，公司拥有资产31亿元，占地面积644万平方米，在岗职工14142人。

公司具有系统的从采、选、烧结、焦化、耐火材料到冶炼、轧制等钢铁生产工艺。年综合生产能力为钢80万吨，生铁70万吨，钢材70万吨。有优钢、普钢两大系列，能冶炼200个钢种，钢材以建筑用材为主，圆、板、管、螺纹、线材五大钢种，1000多个规格品种。钢材销往全国15个省、市、自治区。

合钢奉行"以人为本，以质取胜，诚实信用，用户至尊"的宗旨，先后有9项产品获省、部优称号，45#优质炭结扁钢获国家银牌奖，开发的高精度冷拔管属国内首创，列为"国家级新产品"。ISO9002质量体系认证的通过，表明合钢的质量管理达到新的水平。目前，具有九十年代先进技术水平的投资近4亿元的小型连轧即将建成投产，投资8亿多元的大焦炉工程正在建设之中。企业具有广阔的发展前景。

地址：合肥市东市区和平路1号

邮编：230011

电话：0551-4401241

小型轧钢厂线材生产线

炼铁厂高炉夜景

原料混匀料场

安徽省高速公路总公司

①

②
③
④

安徽省高速公路总公司成立于1992年12月。"八五"期间，安徽省高速公路总公司先后建成了合(肥)巢(湖)芜(湖)高速公路，合宁高速公路大龙段、合(肥)铜(陵)二级汽车专用公路。"九五"期间，又建成了陇西互通立交枢纽和高(河埠)界(子墩)高速公路，经过多年的艰苦创业、开拓发展，省高速公路总公司所辖的营运里程已达526公里，其中高速公路420公里。目前，公司所辖的合(肥)安(庆)、合(肥)徐(州)、连霍公路安徽段等高速公路正在加快建设，在建里程为500公里，总投资120亿元。2000年底安徽省高速公路总公司总资产达到122亿元。

1996年11月安徽省高速公路总公司以合宁高速公路的全部资产为国有股股本发起设立安徽皖通高速公路股份有限公司，在香港成功挂牌上市，成为第一家H股公路上市企业。皖通公司上市后，运作资金11.3亿元，先后收购了205国道天长段新线、高河至界子墩高速公路、318国道宣州至广德段高速公路。皖通公司成为安徽省规模最大的交通企业。

1998年6月，省委、省政府为加快我省高速公路事业的迅猛发展，将安徽省高速公路总公司晋升为大型一类企业，加速了公司改革的步伐。以总经理王水同志为首的领导班子在公司系统内全面实行了人事、用工、分配制度的改革。近年来公司在做好公路建设和管理工作的同时，积极向其他行业发展，走生产经营和资本经营相结合的道路，建立全方位、跨行业的开发战略并取得了显著成绩，2000年王水同志被省政府授予有突出贡献的企业经营人才"贡献奖"金质奖章和省劳动模范称号。

本世纪初，安徽省高速公路总公司将依托高速公路发展成为集建设和管理、工程监理、施工、设计，科技开发、生物和信息工程、加工生产为一体的企业集团。

⑤

⑥

⑦

⑧

⑨

① 总公司党委领导班子凝心聚力谋发展
② 省委书记王太华慰问高速公路建设者
③ 省长许仲林视察高速公路
④ 副省长黄岳忠询问工程质量
⑤ 陇西互通立交
⑥ 整洁通畅的高速公路
⑦ 皖通公司股东周年大会
⑧ 现代化的高速公路信息中心
⑨ 收费站夜色

安 徽 省 注 册

①

②

③

1998年以来，安徽省注册会计师事业健康、规范、稳步发展，经过全省注册会计师行业全体同志的共同努力，全面系统地按照中国注协的部署完成了对我省注册会计师行业的清理整顿，取得了显著成效。按期完成了会计师（审计）事务所脱钩改制工作。全面发展了经济鉴证类社会中介机构的清理整顿工作，逐步规范了中介服务市场的秩序，受到社会的普遍关注。

会 计 师 协 会

① 省委副书记、常委副省长汪洋在1999年度全国注册会计师考试现场巡视检查

② 省政府副秘书长陈兰志和省财政厅副厅长项仕安为安徽华普会计师事务所揭牌

③ 1998年5月，安徽省注册会计师协会第二次理事会在合肥召开

④ 省清理整顿经济鉴证类社会中介机构领导小组组长、省财政厅厅长朱玉明在会议上讲话

⑤ 1999年6月30日，全省会计师（审计）事务所脱钩改制工作会议在合肥召开

⑥ 对原霍邱县审计事务所和原无为县审计事务所所撤销的行政处罚举行听证会

④

⑤

中国东方航空股份有限公司安徽分公司

倾力为安徽架起连接世界的空中金桥

中国东方航空股份有限公司安徽分公司组建于1991年，是安徽省境内唯一的一家航空公司。目前该公司拥有9架享有“空中王子”美誉的波音MD-90客机并湿租了2架先进的ATR-72支线飞机，锻炼出一批思想过硬、作风严谨、技术精湛、训练有素的飞行、机务队伍，具备了年运送旅客260万人次的运输能力。

该公司本着“立足安徽、依托上海、辐射全国、飞向东南亚”的企业经营目标，以合肥、上海为基地，航班辐射到北京、上海、广州、大连、成都、福州、桂林、深圳、海口等50多个城市和香港地区以及日本、韩国等国家，并承担包机、专机任务，多年来该公司一直致力于创造一流的安全和服务水平，为推进安徽航空事业和地区经济的发展作出了积极的贡献。2000年7月20日，该公司胜利实现了安全飞行16周年目标，并创下了自70年代末开始安徽民航运输飞行事业以来一直保证了航班飞行安全的骄人业绩。公司曾获得省级“文明单位“、“安徽省优秀企业”等荣誉称号，“皖燕”乘务组荣获全国级“青年文明号”称号、“黄山”乘务组与合肥售票处也获得省级“青年文明号”称号。

为适应市场竞争的需要，该公司积极发展第三产业，现主要经营分公司所属航线机上的餐食、供应品的生产与销售及航空食品、纯净水的市场开发与销售，承接各类媒体的经营广告业务及航空旅游、货运销售代理、花卉、商贸等与市场紧密相关的经营项目。

在新世纪到来之际，中国东方航空股份有限公司安徽分公司愿以安全优质的服务欢迎海内外各界朋友飞临安徽！

安徽安凯汽车集团有限公司

董事长：王一荃

鞠躬尽瘁为用户

安凯牌HFF6100豪华大客车

安凯牌HFF6890豪华旅游大客车

安凯牌HFF6120GD豪华大客车

安徽安凯汽车集团有限公司是省级大型企业集团。集团核心企业安徽安凯汽车集团有限公司是在原合肥淝河汽车制造厂的基础上改制组建的，是以股份上市公司为依托，以客车产品为龙头，拥有资产19亿元，员工5000多名的现代化大型企业。

公司拥有10家全资控股企业。主要生产安凯牌系列高中档豪华客车、长途卧铺客车、城市公交客车及底盘、华夏牌中巴车、江淮牌系列专用改装车、以及大中型客车系列车桥和工程系列车桥。年综合生产客车及底盘5500辆。安凯豪华客车及底盘荣获安徽省名牌产品、省免检产品的殊荣，底盘获得国家汽车工业科技二等奖，高档豪华大客车连续三届获得中国城市旅游汽车豪华高档最佳推荐产品，并创造了160万公里无大修的优秀品质。

合肥市市容环境卫生管理委员会

2000年，市容委系统5000多名环卫工作者团结奋斗，强化管理，市容管理水平跃上了一个新台阶。

一、认真落实“门前三包”责任制，全市“门前三包”签订率、履约率达到95%，清除乱张贴、乱涂写、乱刻画800多万个，暂停违章通讯工具701部；设置了1337个便民公共广告栏，开展整治空调压缩机、换气扇活动，全市沿街2048台空调压缩机全部达到规范设置要求。

二、不断提高清扫保洁质量，全市道路清扫保洁总面积达980万平方米。开展垃圾袋装战役，大力提高垃圾袋装质量和垃圾袋装率。新建2座垃圾转运站，全市21座垃圾转运站设施完好；新改建公厕9座，并认真组织实施一环内消灭旱厕工程，兑现了市政府消灭旱厕的承诺。出台实施《合肥市征收生活垃圾处理费暂行规定》，依法征收生活垃圾处理费。

三、坚持依法行政，文明执法，全年共办理警告案件5788件，行政罚款案件1301件，没有一件被提起行政诉讼或行政复议。

四、加大体制改革和机制创新力度。制定《合肥市市容环卫事业改革构想》，新增环卫作业任务量实行市场化运行。接受规划局、市政、园林、交警、工商、环保等六个部门委托执法，综合执法切实迈出步伐。

在新的一年里，将进一步发扬成绩，扎扎实实地做好市容环卫各项管理工作，为建设现代化大城市作出新的贡献。

地址：合肥市阜南路40号富康大厦8楼

电话：0551-2678716

传真：0551-2654555

荣誉奖杯

中国建设银行
安徽省分行营业部

总经理：范绍杰

中国建设银行安徽省分行营业部坚持以市场为导向，以客户为中心，稳健经营，规范管理，依托科技，积极创新，实施重点营销策略，不断巩固和发展公司业务、个人业务、中间业务和房地产金融业务。2000年，各项存款突破110亿元，向重点行业、重点客户和个人消费投放贷款30亿元，实际利润超亿元。

建行省分行营业部所辖营业机构83个，网点遍布合肥地区。系统内异地银行业务结算、汇划资金清算2小时到帐，形成以先进的城市综合网络为基础、全国大中城市龙卡联网为依托的现代化支付结算系统，为客户提供综合化、系统化服务。继1998年在全省率先推出个人住房贷款、公积金组合贷款、汽车消费贷款、个人电子汇兑等业务之后，2000年又陆续推出了耐用消费品贷款、个人消费额度贷款、二手房贷款、机械设备按揭贷款、企业银行系统等业务新品种。

2001年是跨入新世纪的第一年，建行省分行营业部将继续以充分满足客户需求为经营宗旨，不断创新金融产品，改进经营管理体制和窗口服务程序，为更广泛地客户群体提供多功能、全方位的服务。

"中国建设银行、建设现代生活"，是中国建设银行服务国家、服务社会、服务客户的真挚承诺；"令人信赖的服务质量、令人赞许的服务效率、令人满意的服务态度"，是建行人真诚服务客户的不懈追求。

明亮整洁的营业大厅

办公楼夜景

安徽皖宝矿业股份有限公司

董事长、总经理：刘章斌

公司创建于1997年，为省级规范化现代企业制度试点企业之一。

公司主要生产经营溶剂石灰石、白云石、方解石、石英石、铁矿石、锰矿石、硫矿石等矿产品。

公司全面推行质量管理，严格按ISO9002质量保证体系组织生产、经营、销售。2000年共销售矿产品80万吨，实现营业收入4200万元，创利税650万元，企业综合经济效益指数达136%。

办公大楼

地　址：安徽省池州市秋浦东路
电　话：0566-2043394
传　真：0566-2038992
E-mail: wbky@mail.hf.ah.cn

皖宝集团公司领导班子：董事长兼总经理刘章斌(右二)，党总支副书记朱海全(右一)，副总经理曹正平(左二)，副总经理章平(左一)

安徽中国青年旅行社有限公司

安徽中国青年旅行社有限责任公司，是由中国青年旅行总社、共青团安徽省委员会和安徽古井酒店(集团)有限责任公司共同投资，由安徽古井酒店(集团)有限责任公司主导经营的安徽省内第一家股份制国际旅行社。

安徽中青旅拥有一批经验丰富的经营管理人员和年轻精干的外联导游队伍，以立足安徽，发挥安徽特色为主，同时放眼全国，全方位开展国内旅游、出入境旅游、票务代理和酒店预定等业务。开业仅一年，公司组织的各类旅游游客人数已跃居省城旅行社前列。深受游客的赞许和好评。

办公室

公司外景

合肥市审计局

自1995年《审计法》正式实施以来，合肥市审计机关紧紧围绕经济工作中心，认真履行审计监督职责，求真务实，开拓进取。全市共审计1890个单位，累计为国家增加财政收入近3亿元；向上级党政机关提交审计报告、审计信息1200余篇；向被审计单位提出整改意见4000余条。为严肃财经纪律，促进廉政建设，振兴合肥经济作出了积极贡献。合肥市审计局荣获全国审计系统先进集体，连续5年被评为全省审计系统先进单位，全省审计系统精神文明先进集体，受到市政府通令嘉奖，局长、党组书记姚厚贵荣立"二等功"。

党委书记：吴成忠

站长：程先东

合　肥　站

合肥站是淮南线上客、货、行综合一等站，辖六站一所（即合肥新客站、合肥东站、合肥南站、合肥北站、钟油坊站、桃花店站和罗岗线路所），现有员工1136人，直接担负着合肥地区及周边17个县市五千多家物资单位的货物运输，以及安徽、江苏、河南等省沿线旅客的输送任务。2000年发送旅客为365万人，货物发送约120万吨，运输收入约2.7亿元。

合肥新火车站站房总面积33182m²，设备一流，功能齐全

合肥市总工会

省总副主席、市总主席宣国英

宣国英主席，新站开发区管委会副书记夏毓平为瑶海街道工会成立揭牌

省总副主席、市总主席宣国英接到孤儿程芳的求助信，当即批转市总保障部，图为程芳从宣主席手中接过800元助学款时，激动得热泪盈眶

2000年，合肥市总工会以实施“庐阳职工经济技术创新工程”为目标，开展适应社会主义市场经济要求的劳动竞赛，合理化建议，技术革新，技术比武，岗位练兵，技术协作等群众性经济技术活动，动员广大职工在两个文明建设中充分发挥主力军作用。

积极宣传贯彻党的十五届四中全会，五中全会精神，市总工会与各级工会组织全市90%以上的职工参加由全国总工会等主办的党的十五届四中全会《决定》知识竞赛，市总工会荣获全国优秀组织奖。以职工职业道德建设为重点，组织职工开展创建文明行业，文明企业，文明班组和争当文明职工活动，表彰了247家创建文明行业活动达标单位，选树了5家创建文明行业先进典型。

工会重点工作“五突破一加强”有了开拓性的进展。

（一）积极协助党政做好国有企业减员增效，下岗职工基本生活保障和再就业，深入实施“送温暖工程”，对特困职工承担“第一责任人”的工作有新突破。

（二）坚决维护职工的经济利益，进一步理顺劳动关系，推行平等协商和集体合同制度的工作有新突破。

（三）切实保障职工的民主权利，坚持和完善以职工代表大会为基本形式的企业民主管理制度，实行厂务公开和民主评议企业领导干部工作有新突破。

（四）推动国有独资和国有控股公司不断完善法人治理结构，建设全心全意依靠职工办好企业的领导班子，董事会，监事会都有职工代表参加的工作有新突破。

（五）新建企业工会组建步伐有了实质性进展，截止2000年底，全市新建企业组建工会3695家。

坚持依法治会，切实加强工会自身改革与建设。

市委、市人大等有关领导出席合肥市总工会“五突破一加强”工作动员大会

安徽不夜城广告公司

策划部人员正在讨论策划方案

安徽不夜城广告公司是一家集广告策划、创意、设计、制作、影视制作和媒体代理为一体的综合性广告公司。公司拥有国际一流的大型广告制作设备，固定资产1000多万元，美国3M、日本山本广告材料特约代理及加工制造商。

公司本着以人为本的经营理念，为客户提供富有创造性的设计和策划，为树立企业形象、提高企业知名度、创造企业品牌做了大量工作，赢得了客户的信赖。

公司愿与广大企业界朋友携手并进，共创辉煌!

地址：中国合肥市六安路65号　电话：0551-2641073　2641751

传真：0551-2641751　E-mail：hjbnt@990.net

由我公司承办的2000年安徽戛纳国际广告巡展暨高级广告研讨会在合肥举行，会议特邀了戛纳广告节评委黄清河、劳双恩(如图)等广告专家前来评点

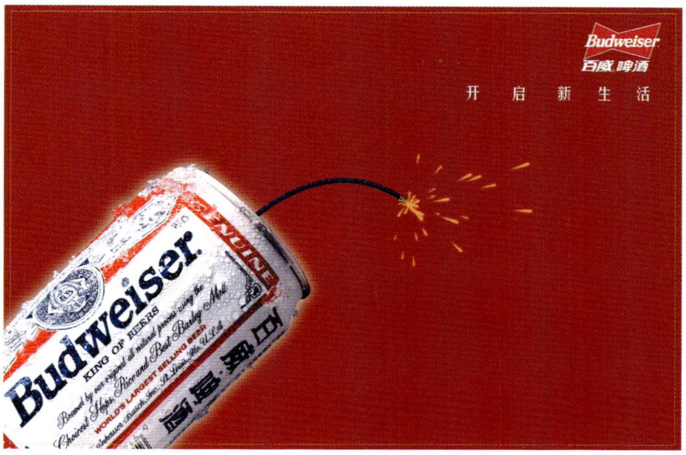

第七届中国广告大奖铜奖作品［平面类］

第七届中国广告大奖银奖作品［平面类］

合肥新站

管委会主任：李碧传

合肥新站综合开发试验区是1995年4月经安徽省人民政府批准设立的省级开发区和1996年2月经国家建设部批准的全国首家城市综合开发试点区。规划总面积10平方公里，其中集中开发面积6平方公里，行使市级经济管理权限。

新站试验区重点扶持以现代商贸为龙头，以房地产、旅游休闲、金融保险、交通运输、信息咨询等为主要内容的新型第三产业。

现已建成五洲商城、新鸿安商城、中州农资市场、瑶海摩托车市场、安徽大市场、天香(国际)电子城、宝文(国际)装饰广场等10多个规模化、专业化、规范化的市场，初步形成大、中、小设施配套，高、中、低档次俱全，多层次多功能的市场网络和安徽最大的市场群体，吸引了国内外众多客商的投资。现有490家法人企业在区内投资经营，引进投资开发项目70余个，总投资额36亿元人民币。胡锦涛、万里等中央领导同志及国家计委、财政部等部门的领导同志视察后均给予了高度的评价，并对试验区探索城市建设改革的路子予以充分肯定。

新站试验区在财税、土地、水电、资金、人才引进等方面实行一系列优惠政策，本着求实、创新、博纳、进取的精神，创建和优化投资环境，以完善的基础配套设施和优质高效的服务吸引优秀项目安家落户。

黄岳忠副省长视察指导工作

汕头市副市长考察试验区

安徽大市场成为闻名全国的商品集散地

综合开发试验区

新站广场举办《共和国之声》大型歌舞晚会

试验区管委会党政一班人在胜利路义务植树

鸟瞰试验区一角

品种齐全的宝文(国际)装饰广场

胜利广场

淮南矿业（集团）有限

年产400万吨的现代化矿井谢桥矿

现代化综采工作面

责 任 公 司

应用新技术施工的现代化井塔

淮南矿业(集团)有限责任公司拥有总资产140多亿元，具备年产2000万吨原煤、500万吨炼焦精煤的生产能力，是以煤为主，集建筑建材、机械加工、煤矿化工、电力、公用事业、轻工制药、交通运输、商贸餐饮、医疗卫生、文化教育及种植养殖于一体的大型企业集团。淮南矿业集团现已探明煤炭储量300多亿吨，其中可采储量175亿吨，占华东地区煤炭储量的50%。

下属生产矿井有：新庄孜矿、谢家集第一煤矿、谢家集第二煤矿、李郢孜第一煤矿、李郢孜第二煤矿、孔集煤矿、李嘴孜煤矿、潘集第一煤矿、潘集第二煤矿、潘集第三煤矿、谢桥煤矿、张集煤矿。

下属子公司有：淮南国能建设工程有限责任公司、淮南矿业集团机械有限责任公司、淮南矿业集团水泥有限责任公司、淮南矿业集团化工有限责任公司、淮南矿业集团电力有限责任公司、淮南矿业集团公用事业有限责任公司、淮南矿业集团铁路运输有限责任公司、淮南煤矿勘察设计院等。

50年来建成13座大中型现代化矿井，6座选煤厂，通过科学研究和技术革新活动获得科技成果450项。改革开放使淮南煤矿焕发了勃勃生机，从90年代起，淮南煤矿成为全国煤炭采选业利税10强企业之一，被国家确定为重点支持的300家“双保”企业，入围全国最大500家工业企业。

地址：淮南市洞山

邮编：23200

电话：0554-7624694

国家重点工程张集矿井

潘一矿选煤厂

安徽省省直机关房屋统建办公室

统建办领导商议开发事宜

安徽省省直机关房屋统建办公室隶属安徽省省直机关事务管理局，主要负责省直机关办公和住宅用房建设，同时对社会承担代建、开发业务，近年来，统建开发办公用房和住宅20多万平方米。承建的省直机关太湖东路住宅小区是列入国家计划的安居工程，它由省广电厅等15个厅局参加集资兴建，占地95亩，建筑规模约8万平方米，其中有110、90、80平方米等多种套型，小区设有煤气、暖气、幼儿园、商业网点、物管中心等配套设施，该住宅小区，交通方便、环境优美。

国家安居工程——省直机关太湖东路住宅小区

芜湖市市政工程管理处

办公大楼

芜湖市市政工程管理处为市政行业主管部门，行使市政设施管理和市区防汛排涝的职能。主要承担下列市政设施的管理和养护任务：北京路、劳动路、长江路、团结路、九华山路等29条主要道路及23座桥梁；234.33公里下水管道、40公里明渠、33902座窨井和雨水井的排水设施；路灯线路245.6公里，路灯9198盏，开关箱128座的路灯设施；18座排水泵站。并对各区管理的市政设施进行监督。

芜湖市市政工程管理处将本着“热情服务、严格管理、精心养护、无私奉献”的精神，积极为政府分忧、为市民解难，努力为芜湖市基础设施建设多作贡献。

芜湖市袁泽桥

北京路路灯夜景

维修加固后的中江桥桥面

改造后的芜纺路

排水所职工休息日在立交桥下清淤

芜湖锅炉厂

芜湖锅炉厂始建于1958年，是全国18家拥有B级锅炉制造许可证厂家之一，拥有AR2级压力容器制造许可证，国家大型(二类)企业。

芜湖锅炉厂现自行开发研制出适应多种燃料的蒸气、热水锅炉、余热锅炉、循环流化床锅炉。产品容量范围有0.5-75T/H，额定压力0.4-10.0Mpa，两种参数的不同组合形成了DZL、SZL、DHL、SHL、SHF、WNS、WHG等多种系列150个品种。产品远销全国28个省、市、自治区。

1996年芜湖锅炉厂通过了ISO9001《质量管理与质量保证体系》认证，并获得"安徽省质量管理奖"证书。2000年初已通过美国ASME认证，获得美国ASME证书。

地址：芜湖市长江路224号

邮编：241001

电话：0553-5841554

传真：0553-5842150

党委书记，厂长：赵苏来

厂区一瞥

芜湖铁路高级技术学校
芜湖铁路成人中专学校

芜湖铁路高级技术学校、芜湖铁路成人中专学校，前身是芜湖铁路运输技工学校，始建于1980年，是"国家重点技工学校"。

学校坚持服务铁路、面向社会的办学原则，集专科、中专、高级技工、技工教育及职前、职后教育为一体，学历教育与长短期培训相结合的多层次办学模式。学校设置铁道运输、铁道工程、铁道信号、计算机及应用、机电技术应用、电工电子、电子信息等专业，是上海铁路局计算机培训基地。

建校20年来，先后为铁路、地方经济建设培养和输送了万余名各类合格人才，受到用人单位的普遍欢迎，2000年被安徽省授予"全省技工学校先进单位"称号。

校长：钟元富　　党委书记：韩春宇　　地址：芜湖市营盘山路343号　　邮编：241000　　电话：0553-2861331

学校领导班子成员在研究学校发展规划

铁道运输专业的行车模拟教学沙盘

铁道信号专业现场教学

中国港湾建设(集团)总公司
第二航务工程局第四工程公司

经理、高级工程师：刘先鹏

交通部长黄镇东到江阴大桥工地检查工程质量

中国港湾建设(集团)总公司第二航务工程局第四工程公司，成立于1959年，是国家一级工程施工企业。公司主业承建航务水工工程，各级公路工程和桥梁、隧道工程，同时承担市政工程、给排水工程、水电设备和二类压力容器、钢结构和网架工程的制作安装。现有各类工程技术人员360名，其中120余名具有中、高级技术职称。拥有成套大型的沥青搅拌系统及摊铺设备、先进的大型砼搅拌系统及摊铺机械和泵送系统、架桥机、大型钻机、悬浇挂篮、爬模、大型起重设备和大型工程船舶。

本着"争科技领先，创管理一流"的企业精神，公司利用科研、人才和设备的优势，在湘、鄂、苏、皖、豫、粤、桂、闽、沪等地先后承建了一批国家及省市重点工程。其中广州新沙港格型钢板桩码头基础的施工工艺为国内首创，填补了我国港口建设技术的空白，获交通部科技进步二等奖；中国第一桥——江阴长江公路大桥的大直径超长群桩基础为国内第一，获全国工程建设优秀QC小组奖；深圳盐田港码头堆场和江阴大桥等工程获交通部优质混凝土奖；盐田港二期堆场及芜湖朱家桥外贸码头等工程获交通部优质工程奖。1999年通过了GB/T19002-1994idtISO9002：1994标准质量体系认证。

该公司为"全国交通系统两个文明建设先进单位"、"安徽省文明单位"、"安徽省先进建筑企业"、"省级重合同守信用企业"。

芜湖裕溪口煤码头二期工程

承建的江阴长江大桥是中国第一大桥，世界第四大桥

芜湖微特电机有限公司

总经理：刘建生

芜湖微特电机有限公司创建于1995年。专业生产优质工缝电机和分马力电机。产品造型美观、性能优越、工艺精湛、品种齐全，达国内外先进水平。电机畅销全国各地，并批量出口。企业荣获市"民营科技企业"称号。

公司坚持"以人为本、品质至上"的宗旨，"科学管理、精益求精"的质量方针。以质量为生命，以信誉赢市场。企业产量年年递增，市场不断扩展，成为同行中一颗璀璨的明星。

公司方针：制造一流产品，创造一流企业

经营宗旨：质量第一、用户至上、诚信待客

技术宗旨：精益求精、追求卓越

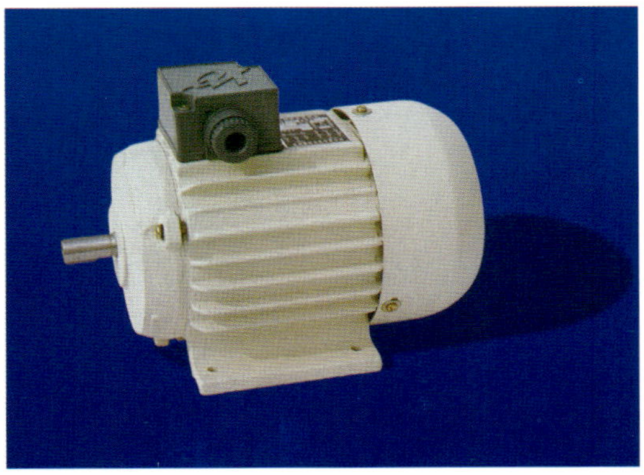

三相分马力电机

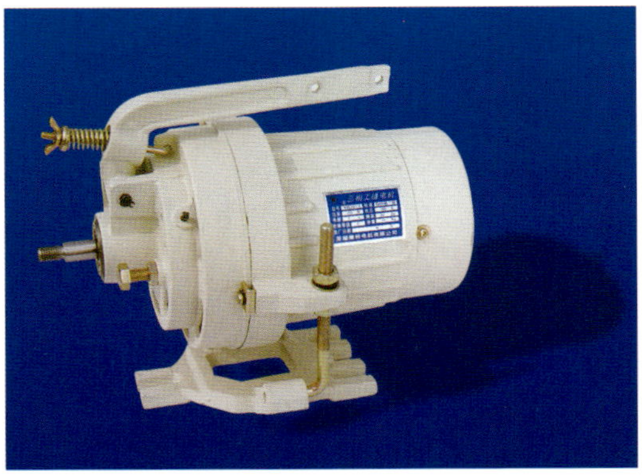

高合器电机

芜湖市镜湖区人民政府

区长：李志国

镜湖区是老城区，辖6个街道办事处，总面积16.2平方公里，人口17万多人。

镜湖区襟江带河，“十里长街，物流中枢”；“张恒春”国药、“马宜兴”清真、“耿福兴”菜馆，均为百年老店；“铁为肌骨画为魂”的芜湖铁画更是“巧前代所未有”，是中外艺苑的奇葩。古八景“镜湖细柳”、“神山时雨”，使人流连忘返。

改革开放的春风使这座古城更加生机盎然。经济建设快步发展，现有工业企业150家，主要产品有箱包、电表、光学仪器、针织服装、工艺美术制品、建材、日用精铝及搪瓷制品和电子元件等。旅游商品经济园区开发正在加快建设，商贸业迅速崛起，区域经济已形成特色。城市建设日新月异，中山路步行街被誉为“安徽第一街”。

芜湖宏威起重建筑机械厂

厂长：肖培志

芜湖宏威起重建筑机械厂始建于1954年，国有企业，系中国桥式起重机专业协会成员厂.生产各类起重机已有35年的历史。主要产品：5-50/10T桥式起重机“85贯标”系列产品获安徽省新产品证书，1-10T单梁起重机获安徽省优质产品证书，新产品QTZ800型、QTZ630型、QTZ500型塔式起重机1994年经国家级专家鉴定通过，达到国内先进水平，填补了我省空白。QTZ630型塔机获安徽省新产品证书,QTZ800型塔机获国家级新产品证书。桥式与塔式起重机经劳动部安全检测取得安全认可证。

芜湖宏威起重建筑机械厂从技术管理、质量管理、设备管理到经营管理，都符合行业管理要求，“X”光探伤、超声波探伤等检测设备齐全，检测手段在同行业中处先进水平，产品整机结构新颖、造型美观、操作灵活平稳、安全可靠、制作精良，畅销全国各省市及东南亚地区。企业还生产破碎机、卷扬机等矿山设备与轻型钢屋架、网架结构产品，提供设计、制造、安装“一条龙”服务。

地址：芜湖市棠梅路85号　　电话：2831408　　传真：2831860

安徽中伟房地产开发建设集团

安徽中伟房地产开发建设(集团)有限公司主要从事商住楼、办公楼、综合楼、专业市场开发建设、销售及相关配套服务，集房地产、建材、商贸为一体的省级民企集团。下辖五家公司，拥有总资产1.8亿元.年房地产开发能力超过10万m^2，为市级纳税大户，是A级资信单位。安徽中伟集团总部设在芜湖，市场遍及安徽、江西、上海等省市。

总经理：叶庭贵

董事长：吴玉德
总经理：叶庭贵
地址：芜湖市吉和街168号
邮编：241000
电话：0553-3871888
传真：0553-3879888

安徽省长江河道管理局

团结奋进的领导班子

安徽省长江河道管理局成立于1961年，隶属于安徽省水利厅，负责安徽省境内416公里长江干流河道的统一管理工作，具体担负长江干流上的堤防、涵闸等工程管理和防汛、岁修任务，河道保护以及岸线、河口等的管理，负责安徽省境内长江河道上的水行政管理。

该局始终以长江河道管理为中心，坚持工程除险加固，加高培厚堤防，整修改建涵闸，开展堤防绿化，增强堤防的抗洪能力。进行河道整治，修建控导工程，实施崩岸治理，进一步控制河势，确保了岸线稳定和堤防安全。初步建成的比较完整的长江防洪工程体系，战胜了建国以来长江的历次大洪水，发挥了巨大的抗灾减灾效益。

该局先后获"全国水利系统抗洪抢险先进集体"、"全国测绘行业先进班组"、"长江流域抗洪抢险先进集体"、"全省造林绿化先进单位"等荣誉。

裕溪闸枢纽工程全貌

经济龙头企业芜湖长江宾馆

芜湖市汽车制动阀厂

法人代表：张武江

芜湖市汽车制动阀厂是中国汽车工业公司定点生产汽车制动元件的专业企业，系全国汽车零配件双百推展工作委员会成员单位。先后加入中国重型汽车集团、安徽"安凯"、"江淮"汽车集团和全国微型车配件共同体。安徽汽车制动元件产品质量监督检测站设在本企业。

企业技术力量雄厚，拥有"CAD"、"PDM'设计和管理。产品有"JN162"、"ST"、"CAT"、"东风"、"解放"、"SH361"、"HFC"等十几个系列200多个品种的气制动元件、真空助力器和液压制动元件."980S"、"XM60"加力泵，95年、98年分别被列为国家级新产品。企业99年被安徽省确定为"高新技术企业"。

地址：芜湖市康复路24号　　邮编：241000　　电话：0553-2864706（总机）　0553-2861953
传真：0553-2862914　　http://www.wh-abv.com　　E-mail:whabv@mail.ahwhptt.net.cn

装配线

工程机械产品

高新技术企业认定证

芜湖九华电子集团

集团董事长、无线电三厂厂长：陈肥生

金通电子、尼康电子总经理：史贤豹

宇和电子总经理：查全顺

九华电子集团由自身发展的多家独立法人的工厂、公司组成的紧密型的电子集团。主要产品为金属化膜系列和铝电解系列电容器及电容器用锌铝复合金属化膜及铝电解电容器引出线。

集团内各工厂，公司的主要关键设备均为国外进口的具世界先进水平的一流设备。加上集国外和自身30多年的电容器的生产经验。生产的产品质量一流、产量规模不断扩大，集团产品的商标JHC享誉市场。

芜湖市无线电三厂是九华电子集团的核心企业，主要生产交流电动机电容器、空调、洗衣机、风扇等家电用电容器。

地址：芜湖三山里18号　　电话：0553-3115212

芜湖市金通电子有限责任公司以电容器专用的锌铝金属化膜为主导产品。

地址：芜湖三山里18号　　电话：0553-3111214

尼康电子有限公司是芜湖无线电三厂与香港南辉实业公司的合资企业，专门生产收录机、彩色电视机及各种电子设备配套的铝电解电容器。

地址：芜湖三山里19号　　电话：0553-3118733

中外合资宇和电子有限公司是1988年由芜湖市无线电三厂与香港南辉实业有限公司合资兴办的，是国内最早生产CP引出线的专业厂家之一，专门为各种规格的铝电解容器配套。

地址：芜湖三山里18号　　电话：0553-3115606

张恒春药业有限公司

制剂大楼

芜湖张恒春药业有限公司，始创于清朝嘉庆年间。企业现系通化金马药业（集团）的全资子公司。公司现拥有现代化中成药生产线6条，8种剂型68个品种，其中主要产品恒春奇圣胶囊系全国独家生产的补肾良药，恒制咳喘胶囊、黄杨宁片，全龟胶囊系国家中药保护品种，断血流胶囊系国家级新药，42个品种列入国家基本药物，38个品种列入国家基本医疗保险药品目录。恒春产品在国内外市场上具有较高的知名度和美誉度。

电话：0553－2961029

传真：0553－2864743

http://www.zhanghengchun.com

E-mail:zhcpt@ mail.ch whptt. net.cn

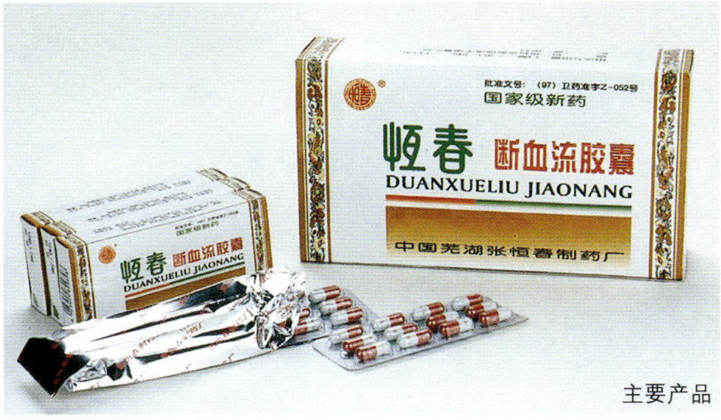

主要产品

高速压片机

高新技术企业认定证书
企业名称：芜湖张恒春制药厂
统一编号：15-10246
安徽省科学技术委员会
1995年12月25日

自动热封传送机

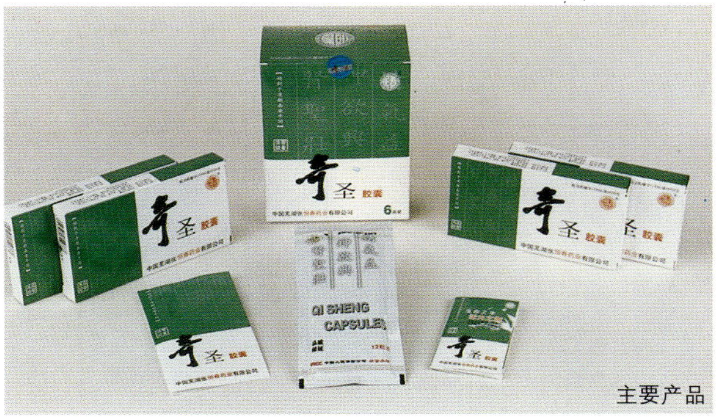

主要产品

三丸电气(芜湖)有限公司

总裁:平野力

香港三丸有限公司与芜湖宏远无线电厂于1998年10月20日签约成立中外合资企业三丸电气(芜湖)有限公司。

三丸电气(芜湖)有限公司为生产加工基地,主要产品是最新型的彩色电视机及彩色显示器。产品远销欧美、东南亚等国,并和全国数家一级企业合作生产名牌产品,年生产能力50万台。

公司具有可靠的质量认证体系。有中国电工产品认证委员会颁发的21″、25″、29″型产品认证书,建立TQC全面质量管理体系,严把产品质量关,多种长寿命设计大大提高了使用年限。

公司具有雄厚的科研开发能力。与德国METZ公司合作开发,采用电脑模块结构和全数字处理技术,产品技术处于世界领先水平。

公司具有雄厚的商业资本。耗资300万元与美国图象研究(PW)公司在国内首家推出世界上最薄TFT壁挂式(6cm厚)彩电/彩显兼容机新品。

三丸电气(芜湖)有限公司运用超前的经营理念和全新的市场观念建立一个完整的营销体系和售后服务体系,三丸MITSUMARU以规模化、系列化、科学化的企业最新形象进入行业竞争强林之中。

地址:芜湖二环路48号

邮编:241000

电话:0553-2873170

传真:0553-2861146

质量检测

公司大楼

现代化生产线

芜湖钢铁厂

厂区新貌

厂长: 孙沪生

芜湖钢铁厂始建于1958年, 为安徽省主要炼铁基地。现有职工5200人, 各类科学技术人员540人, 下设炼铁、烧结、焦化等13个分厂单位。拥有1×300立方米高炉; 2×120立方米高炉; 2×29平方米烧结机; 2×3000千瓦煤气发电机组; HB4.3-90型1×27孔焦炉。具有年产生铁50万吨, 烧结矿80万吨, 焦炭20万吨, 发电4500万千瓦时的生产能力, 拥有自营进出口权。主产品生铁畅销上海、江苏、浙江等省市, 远销日本、韩国等。

面对跨世纪挑战, 芜钢人坚持强化管理, 苦练内功, 深化改革, 面向市场的治企方针, 以人为本, 以提高职工的整体素质为主线, 剥离辅助, 精干主体, 下岗分流, 加快改制步伐; 坚持学邯钢, 以财务管理为核心, 实行成本否决, 促进效益提高; 坚持技术进步, 进行技改技措, 充分发挥现有设备能力; 坚持内引外联, 吸取先进经验, 聘请专家驻厂指导, 使企业取得了长足的进步。2000年工业总产值, 主产品(生铁)产量, 实现利税分别比1999年增长4%, 3%, 75%, 96年、99年荣获"安徽省百家最佳经济效益企业"。

在立足当前的同时, 抢抓机遇, 积极探索与国内外大公司、大集团合资、合作的新路子, 拓展企业生存发展的空间, 走有芜钢特色的企业发展之路。

厂区远眺

省优产品

芜湖市第二十九中学

校长：韦仕玖

学校有34个教学班，学生2020人，教职工132人，其中高级教师26人，中级教师36人。拥有全省首家多媒体地理实验室、较高档次的生物解剖室、一类标准的理化生实验室、微机室、语音室、多媒体综合电教室、美工室、音乐室、体育活动室等。学校还建有440平方米的学生和教师分设的图书室与阅览室。藏书4万多册，报刊杂志350多种。

学校始终坚持"加强管理、深化改革、提高质量、创建一流"的奋斗目标；注重"分层教学、分类指导、全程负责、全面提高"的教学实验；逐步形成了"团结、文明、进取、实干"的校风、"严、紧、实、改"的教风、"刻苦、勤思、多练、活用"的学风。连续六年，考取省、市重点中学的学生人数，居全市普通中学之首。1997年被国家教育部首批确认为"全国现代教育技术实验学校"，1994年被省教委命名为"安徽省示范初级中学"，连续三次被芜湖市教委授予实施中学生行为规范"示范学校"、"德育先进学校"。

团结务实的领导班子

校园全貌

校园有线电视台直播现场

芜湖市华润规划建筑设计公司

公司董事长、总经理
国家一级注册建筑师
高易华

芜湖市华润规划建筑设计公司成立于1993年，具备乙级建筑设计资质。公司办公条件优越，人均占有办公面积大，硬件设施强。公司全部使用电脑绘图，配置有最新式的喷墨绘图仪、无氨晒图机、彩喷打印机、数码相机、扫描仪、可擦写光驱等一系列现代化的工程技术设备。公司技术力量雄厚，现有高级工程师5人，工程师13人，其中一部分员工取得了国家注册执业资格。公司高级职称、执业资格人数在同行业中占有比例首屈一指。

2000年公司承担设计任务260余项，建筑面积约35万多平方米，签订合同35项，办理合同鉴证28项。总设计产值200余万元。

工程名称：芜湖新时代广场

工程名称：芜湖职业技术学院实训中心

芜湖起重运输机器厂

引进、消化国外先进技术

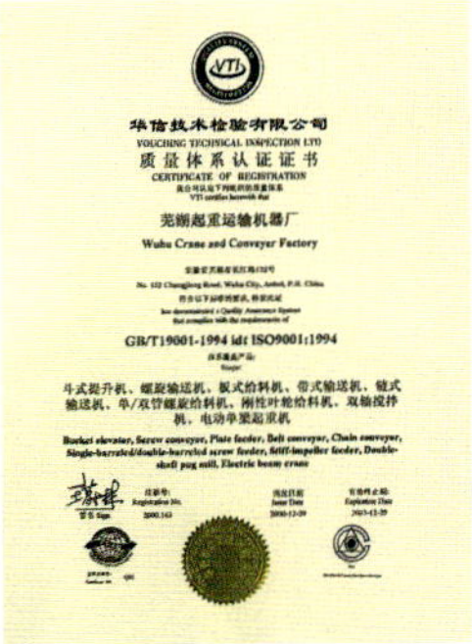

芜湖起重运输机器厂是生产起重、输送、给料设备专业厂，为中国重型机械工业协会理事，输送机给料机分会理事长单位。在全国输送机行业属龙头企业。主导系列产品有斗式提升机、螺旋输送机、板式给料机、带式输送机等。工厂曾荣获安徽省工业50强，省、市最佳经济效益企业、市十大利税大户之一等称号。

工厂设计、开发、制造力量雄厚，产品技术水平居同行业之首。曾受机械部委托负责编写了JB/3926-1999“垂直斗式提升机”和JB/T7679-95“螺旋输送机”部颁标准。国内自行研制的最大规格的斗式提升机和螺旋输送机的诞生地。率先研制出TH,THG,TB,TD,NE型斗式提升机；LS,LSⅡ,PS型螺旋输送机；BQ,B型板式给料机；MU型链式输送机，大倾角皮带机等产品，其中TH400型斗式提升机获部优，并填补国内空白。产品广泛用于宝钢，三峡、海螺等国家重点工程。

著名商标“奇威”牌产品销往全国32个省市并出口东南亚，非洲，中东，欧洲等几十个国家。

研究开发中心

中国工商银行马鞍山市分行

中国工商银行马鞍山市分行下辖1个营业部、8个城市办事处、1个县支行、50个储蓄所(含联、代办所),其中亿元储蓄所9家,外币储蓄网点10个,柜员制储蓄所15家。1999年综合排名进入全国二级分行20强,列居11位。

行长:刘军

营业大楼

马鞍山华德制衣有限公司

公司远景

制衣流水线

马鞍山华德制衣有限公司系马鞍山市经济开发区首家日商独资企业,主要生产中高级男女服装,产品100%远销日本,是一家纯出口型企业。

公司现有员工300多名,技术管理力量雄厚,既有本地管理人员,又有上海华德制衣有限公司长期派遣的技术人员及生产管理人员,公司制定了各种规章、制度,以加强管理。

公司现有生产流水线8条,从日本引进兄弟牌高速平缝机180台、套结机、圆头眼机、平头眼机、撬脚机、订扣机、粘合机等服装专用设备。

地址:马鞍山市东环路中段

电话:0555-2222617

马鞍山市兴马房屋开发公司

富圆商城

马鞍山市兴马房屋开发公司成立于1992年，是三级开发资质企业。公司现有职工40人，中高级技术人员占总人数的60%。公司成立9年来，开发了杨秣住宅小区、采秣住宅小区、富圆商城、娱乐大世界等项目，总建筑面积达15万平方米，第三个住宅小区生化新村正在开发中。公司多次荣获省市“安居杯”先进单位和质量优胜单位称号。

随着市场经济的深入发展，兴马公司将继续发扬“求真务实，锐意进取”的公司精神，求得更大的发展。

法人代表：滕脉峰

地　　址：马鞍山市雨山东路采秣新村

电　　话：0555-2336774

杨秣小区模型

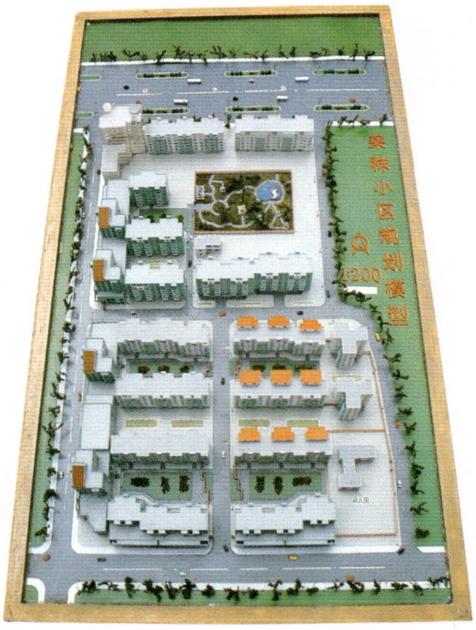

采秣小区模型

马鞍山市地税局

马鞍山市地税局成立以来，全局上下同心同德，围绕税收中心工作，以提高队伍素质为根本，以规范税收征管为目标，以强化职业道德建设、深化优质服务为载体，坚持依法治税，推进征管改革，圆满完成各项税收任务，截至1999年底，累计组织地方税收入32.7亿元，位居全省前列，为促进地方经济的发展作出了积极贡献。被授予全省“十佳征收单位”称号。

营业大厅

办公大楼

安徽省马鞍山实验小学

安徽省马鞍山实验小学创建于1960年，系安徽省文明单位、安徽省实验小学之一。学校现有36个教学班，学生2285名，教职工113名，教师的年龄、学历、职称结构合理。学校教学设备齐全，达到国家一类标准。设有语音室、实验室、音乐室、美术室、图书室、阅览室、多媒体微机室。40多年来，学校取得了瞩目的成绩，为“全国中小学生读书活动先进集体”、“全国语言文字工作先进集体”、“安徽省现代教育技术实验学校”、“安徽省田径运动传统项目学校”、“马鞍山市健康教育示范单位”、“安徽省花园式学校”。

丰富多彩的校园文化生活

安庆市玻璃

董事长、总经理、高级经济师：昂朝荣

安庆市玻璃有限责任公司为国家大型二档企业，安徽省技术中心企业，安徽省高新技术企业，有权自营进出口企业，ISO9001质量体系国际认证企业。公司始建于1956年，1997年改制为股份合作制企业。现有总资产1.5亿元，年生产日用玻璃10万吨，民用灯泡1000万只，厂区占地31.4万平方米，共有7个主要生产车间、二个分厂、一座容器为8000吨的燃油储运站，公司产品主要有玻璃瓶罐包装、日用器皿、电光源三大系列，销往全国14个省、市，部分产品打入国际市场。其中：AQ牌玻璃输液瓶获安徽省名牌产品，全国用户满意产品称号，公司近几年来积极采用现代化技术改造传统行业，强化管理，狠抓质量，努力开拓市场，经济效益和社会效益逐年提高，2000年实现销售收入11005万元，实现利税1020万元，连续三年荣获“安徽省百家最佳经济效益企业”称号，成为全省同行业排头兵，处全国同行业先进水平。

“十五”期间，公司将加快建立现代企业制度，坚持多品种、高档次、集团化发展方向，利用资源和技术优势，加快技术改造步伐，实施“退二进三”发展战略；以新技术为依托，加强与国内外厂商的投资与合作，力争实现年生产日用玻璃20万吨，销售收入3亿元的目标。

地址：安庆市华中西路334号

邮编：246003

电话：0556-5513676

有限责任公司

CAD辅助工艺设计

成品检验包装

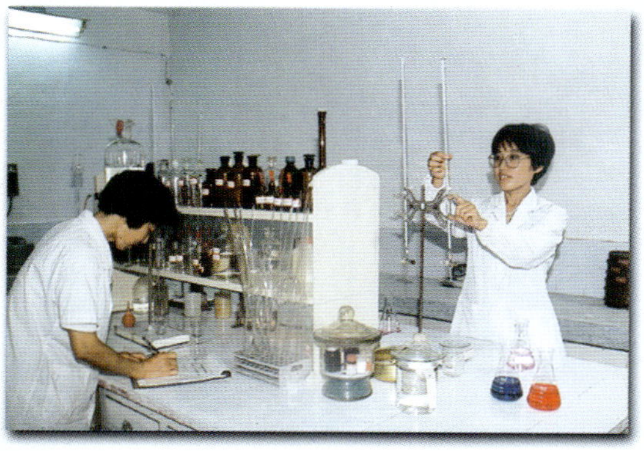

检测化验中心

公司员工合唱《安玻之歌》

制瓶生产线

新厂区一角

安庆市宜龙房地

总经理：许得权

公司领导班子在研究新点的开发

安庆市宜龙房地产开发有限责任公司，是一家三级资质企业。注册资金824万元，现有职工58人，拥有各类技术人员34人。

公司自1993年11月成立以来，通过不断深化企业内部改革，转换经营机制，取得了良好的社会效益和经济效益。近几年，公司有了跳跃式的发展，累计开发施工面积12万平方米，为安庆老城改造、美化市容市貌、改善居民生活环境做出了突出的贡献。1999年被农行安徽省分行授予“AA级信用企业”。

公司在总经理许得权的带领下，励精图治，艰苦奋斗，获得了极大的发展，逐渐走出了“一业为主，多业经营”的集团式经营之路。公司目前拥有四个经营性下属单位：1个三级建安公司、1个物业公司、1个门窗装潢公司和1个大型农贸市场。

公司继续遵循“质量第一，信誉第一，用户至上”的服务宗旨，竭诚为广大客户提供优质、全面、完善的服务，为创建文明城市和经济建设作出应有的贡献。

地址：安庆市双井街144号

电话：0556-5576699

传真：0556-5576548

公司总部办公楼

龙门小区效果图

产有限责任公司

↓ 新建的龙门口街立面景观

县下坡一条街街景

龙门小区

安庆白鳍豚水泥有限公司

原安徽省省委书记回良玉来公司视察并与领导班子成员合影

公司全景

该公司是安徽省建材行业重点骨干企业之一，现有总资产15986万元，年水泥生产能力65万吨。企业曾7次位居安庆市利税五强、省百家最佳经济效益单位，先后荣获国家环保先进企业、省管理示范企业等殊荣，产品、质量管理体系双双通过ISO9002标准认证，主导产品普硅425水泥和普硅525R水泥为省、国家建材局和国家建设部名优推荐产品，广泛用于公路、桥涵、机场、高层建筑等重点工程，注册商标“白鳍豚”被评为省著名商标。

董事长：董玉钱

地　址：安庆市集贤北路263号

邮　编：246005

电　话：0556-5367803

传　真：0556-5367449

铜峰电子

TONGFENG ELECTRONICS

"铜峰电子"4000万A股在上交所成功上市

- 国家大型一档企业
- 国家二级企业
- 国家重点高新技术企业
- 中国电子元件百强企业
- 全国先进基层党组织
- 全国"电工三膜"研究、开发与生产基地

董事长致辞:

站在二十一世纪的门坎,
放眼全球经济一体化的国际市场,
铜峰电子将立足主业,
依托高新技术和科学管理,
借助资本市场的力量,
做大优秀产品的规模和市场,
全面提升公司的核心竞争能力,
建成世界一流的薄膜电容器和相关电子材料
的研究、开发与生产基地,
创造良好的业绩,
回报股东和社会。
衷心感谢广大股东和社会各界的鼎力支持!

董事长: 陈升斌

电容器用聚丙烯薄膜生产线

金属化薄膜生产线

交流、电力电容器生产线

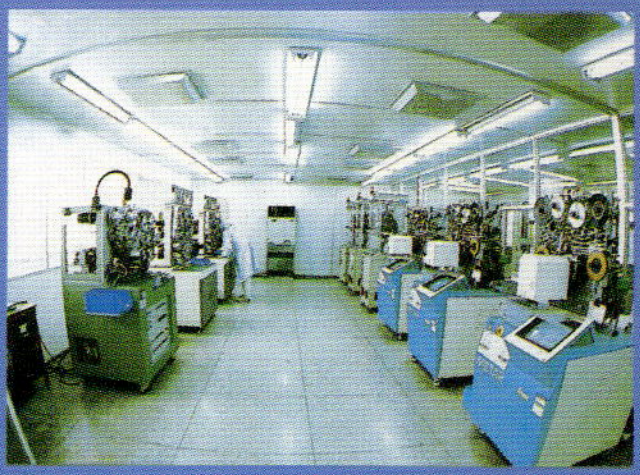

直流薄膜电容器生产线

产品荣誉

* 边缘加厚金属化膜、安全型金属化膜、9um超薄型粗化膜和CBB65防爆电容器分别荣获"国家重点新产品"称号。
* 主导产品均为省名牌产品。
* 主导产品在同行中首批通过ISO9002、VDE、CB、UL、长城等质量认证。
* 边缘加厚金属化膜、自愈式交流电力电容器为重点国家级火炬计划项目。
* "铜峰"牌商标为安徽省著名商标。

地址: 中国安徽铜陵市石城路168号　邮编: 244000
集团公司电话: 0562-2819266　传真: 0562-2819260
股份公司电话: 0562-2819195　传真: 0562-2831965
http://www.tfe.com.cn　E-mail:ahtfe@mail.ahwhptt.net.cn

马钢江东冶金材料总厂
马鞍山马钢江东开元发展有限公司

马钢江东冶金材料总厂(原马钢江东第三轧钢厂)是马钢于1979年底创办。全厂占地面积5万平方米,工业建筑面积达1万平方米。拥有固定资产1700多万元。

该厂下设金属加工分厂、冶辅分厂、冶金分厂、商业总公司四个分支机构和一个直属建安工程队。产品以轧钢为主,生产直径12—25圆钢、螺纹钢、3—5角钢、主营耐火材料、冶金辅助材料等。企业拥有各种设备114台套、冶金辅助生产线一条、各种起重运输设备9台,L50装载机2台,ZL—15G装载机1台,切削设备8台、锻压设备3台、管理设备(微机)14台。

为了适应企业机制转换,新办股份制公司:马鞍山马钢江东开元发展有限公司。共募集资金158万元。新建铁水预处理脱硫粉剂生产线一条,生产经营化工产品、耐火材料等。

从90年代开始,企业步入良性循环发展之路,管理水平逐年提高,具备完善的质量保证体系和齐全的检测手段,生产经营显现生机,经济效益稳定增长。被马鞍山市政府命名为"经济效益十佳先进企业"。

地址:马鞍山市马钢大道三钢南路　　邮编:243011
电话:0555—2883219　　传真:0555—2882703
网址:JSZ5686@mail.ahuhptt.net.cn

厂长:张庆平

团结奋进的领导班子

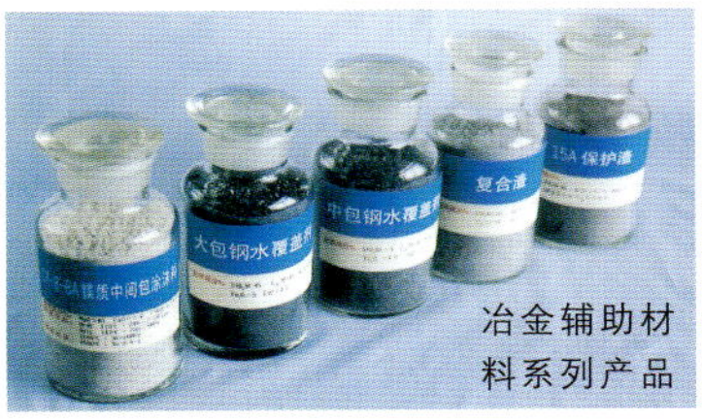
冶金辅助材料系列产品

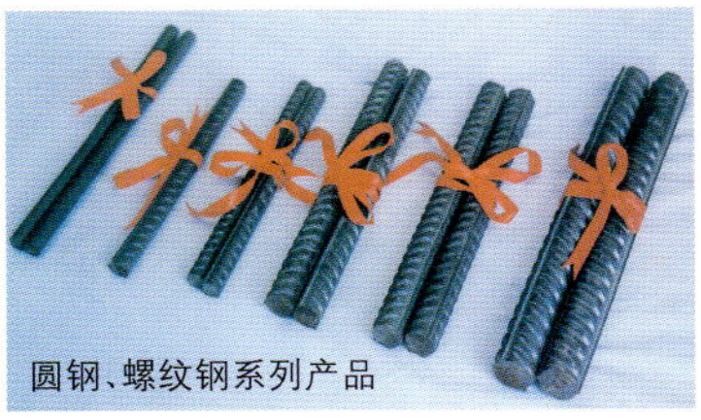
圆钢、螺纹钢系列产品

生产车间

安徽省宣城印刷包装有限公司

董事长、总经理：马胜奎

安徽省宣城印刷包装有限公司始建于1948年，总资产1000万元，职工260人，下设2个二级法人实体：物资公司和纸箱厂，年产值600万元，利税60万元，连续数年被宣城地区评为重合同守信用单位，被省国税、地税局列为发票承印单位，被省工商行政管理局列为指定商标承印单位。

公司本着注重质量、恪守信誉的原则，以可信的资质、优良的产品质量、合理的价格，为广大客户提供精美的印艺服务。

地址：宣城市中山路71号

邮编：242000

电话：0563-3022525

传真：0563-3022526

电脑房

改建的新厂区

公司大门

宣城市新华书店

总经理：孙俊秀

宣城市新华书店始建于1950年，自建立以来，努力为广大读者服务，年发行各类图书、音像制品近2000万元，为宣城市文化和精神文明建设作出了应有的贡献。1998年动工兴建的“图书发行大厦”，高五层，建筑面积为2500平方米，大大改善了购书环境。

为迎接新世纪挑战，宣城市新华书店将不断深化改革，以雄厚的财力、人力和网点优势，积极参与市场竞争，努力创造更新的成绩。

图书发行大楼

音像磁带展销厅

各类图书展销厅

宣城市宣州区自来水公司

水口取水泵房

鳌峰水厂二级供水泵房

宣州区自来水公司创建于1965年，公司下辖两个水厂。投产供水30多年来，供水设施日趋完善，供水规模逐年扩大，年供水量达900多万吨，日最高供水量为4.5万吨，是皖东南地区最大的供水企业。

2000年全年供水980万吨，实现利税120万元。公司在抓物质文明的同时，致力了精神文明的建设，2000年荣获省第四届”文明单位“称号。

鳌峰水厂净水处理系统之一

宣州市建设总公司

宣城地区“云岭杯”工程：宣城地委党校群楼

宣城地区“云岭杯”工程：宣州市法院审判楼

优良工程：宣城市供电局供电微波楼

宣州市建设总公司，全民二级企业，可承担30层以下、30米跨度以内的建筑物、高度100米以内的构筑物建筑施工。总公司下设一、二、三、四分公司，马鞍山分公司，装璜公司，预制构件厂，机修厂，建材商场。总公司注册资金1520余万元，自有流动资金580余万元。年平均职工人数2000余人，具有各类专业技术人员160人，持证上岗率达100%。

近几年来，承建的各项工程竣工合格率100%。优良工程40项，优良率达45%。获部优工程2项，获“黄山杯”工程1项，获“云岭杯”工程4项，“文明标准化工地”10项。在省和地区工程质量检查中，连续多年被评为“宣城地区质量先进单位”、“宣城地区安全先进集体”、“宣城地区外向型企业”、“宣州市重合同守信用企业”。

总经理：王汝喜

宣城市公路管理局

2000年，宣城市公路系统广大干部职工坚持以改革为动力，以规费征收为重点，以规范建设市场管理为基础，加强工程质量管理，克服困难，齐心协力，扎实工作，实现了两个文明协调发展。全市重点工程——“131”工程进展顺利，宣(州)南(陵)路、宣(州)泾(县)路相继建成通车，宣(州)宁(国)路路基全线贯通。公路养护和路政管理成绩骄人，在全省年终检查评比中，分别名列全省第四位和第三位。安全形势良好，“安全四项”指数比去年下降。以“减员增效”为主题的养护机制改革任务基本完成，分局机关分流人员32.5%，道班人员精简50%，为下一步深化公路体制改革奠定了基础。文明创建活动结出丰硕成果，在全省“四十佳”评比活动中，泾县公路分局及其石山工区分别被评为十佳分局、十佳工区；广宜收费站被评为十佳收费站；章观顺同志被评为十佳道工；泾县、绩溪2个分局建成省级文明单位；广德公路分局稽征股、205国道泾县收费站被评为全省公路系统文明示范窗口；泾县董村女子道班被评为全国百佳职业道德先进集体。

局长：赵德成

泾县山口大桥

新建的322省道宣(州)泾(县)段二级公路

新建的318国道宣(州)南(陵)段一级公路

中国农业发展银行宣城市分行

党委书记、行长：黄远辉

中国农业发展银行宣城市分行是国家农业政策性银行。2000年，该行在安徽省分行和宣城市委、市政府的正确领导下，在各级人民银行的大力支持和粮棉企业的积极配合下，坚持执行以“三项政策、一项改革”为主要内容的国家粮食流通体制改革和棉花流通体制改革政策，坚持以收购资金封闭管理为中心，提高思想认识，强化内部管理，从严加强监管，努力改进服务，在严格执行收购资金封闭管理各项行之有效的规章制度的同时，努力做好收购资金的供应和管理工作，积极开展“三讲”活动和职工道德教育，全面加强党的建设、干部队伍建设和精神文明建设，各项工作取得了明显成绩。

党委书记、行长：黄远辉

副　行　长：金长远、何柳森

地　　址：宣城市鳌峰东路1号

电　　话：0563-3019660

传　　真：0563-3019662

全区农业发展银行思想政治工作理论研讨会会场

《中华人民共和国人民币管理条例》宣传活动现场

全区农业发展银行行长会议会场

铜陵市人民防空办公室

2000年铜陵市人民防空办公室在组织铜陵人防建设中取得了骄人的成绩。为提高铜陵市战时抗毁能力，组织编订了《铜陵市防空袭预案》，并在全省率先编制和实施了市级“防空警报网建设规划”，结合防空警报试鸣，进行了较大规模的防空综合演练。为适应全市经济建设和人防自身发展需要，以民防“化救”工作为突破口，推进了从指挥机构、专家组、专业救援队伍到“化救”数据库的全面建设，出台了有关“化救”工作的规范性文件，进行并即将完成“民防指挥中心”重点工程建设，运行了民防“化救”工作的正常机制。重点加强了人防“结建”管理和人防自筹经费筹集工作，2000年度人防“结建”易地建设费较上年度增长23.4%；人防自筹经费也稳步增长，为落实各项人防建设创造了条件。人防教育全面推开，市各级领导和广大市民“人防意识”有较大提高；“三防”教育综合受教率已达75%以上，提前达到了“十五”计划目标。

主任：骆昌汉

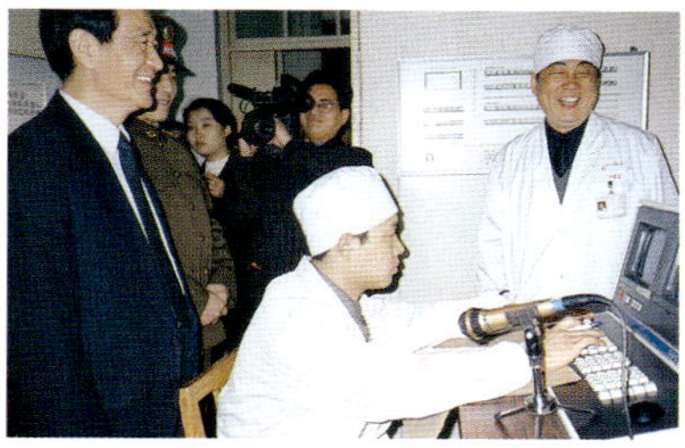

省领导杨多良同志视察铜陵地下战备医院

民防专业救援队伍正接受检阅

街头法律咨询

利辛县环保局

县人大、政府、政协的领导上街宣传环境保护

局长孙帮杰到群众家查灾情送温暖

现场检查企业污染

6月5日世界环境日全局职工上街宣传

安徽华康粮油食品集团

总裁：方方

国际一流的设备

安徽华康粮油食品集团由六安市华康粮油食品有限公司、金谷食品有限责任公司、华康饲料有限公司、黑龙江省嫩江油脂有限责任公司等紧密层企业组成。形成年产12万吨二级植物油、12万吨精炼油、5000吨食品和6万吨饲料的生产能力，是全省粮油食品行业中规模最大的国家大型企业。

华康集团稳步推进内部改革，依靠科技进步，强化企业管理，促进了企业快速滚动发展。2000年产值达25215万元、利税1204万元，取得了良好的经济效益和社会效益。由于恪守“质量第一，信誉至上”宗旨，产品质量稳步提高，拥有2个省优、1个部优，其中部优产品产值率达83%以上。“艳宾”牌被评为“安徽省著名商标”。“艳宾”牌植物烹调油为首批“安徽名牌”产品。“华康宝”牌色拉油1999年被评为“全国质量达标食品”，畅销京、津、沪、豫、鄂、陕、苏、赣等13个省市，精制挂面被评为“安徽省质量信得过产品”。

华康为“安徽省100家最佳经济效益企业”，经济效益连续11年居全省同行业首位，并跻身全国同行业先进行列。被省政府确立为全省50家现代企业制度试点企业和56家扶优扶强企业，1999年，企业获得了进出口经营自主权。

整洁的厂区

安徽豪顿啤酒厂

董事长：张经时

安徽豪顿啤酒厂是国家大型二档企业，安徽省重点挂牌保护企业。职工600余人，工程技术人员115人，年产12万吨啤酒的生产能力。

质量体系认证证书

安徽豪顿啤酒厂

GB/T19002.94–ISO9002.94标准

在市场经济大潮下，企业抓住机遇，大胆改革，勇于开拓，锐意创新，成功地走出了“质量、规模、品牌、效益”之路。经济效益和社会效益逐年大幅度增长。2000年销售啤酒8万吨，实现销售收入1.2亿元，实现利税2836万元。企业先后获得省优质啤酒、省质量免检产品、省质量管理奖、省著名商标称号，并通过ISO9002质量保证体系国际认证和产品质量方圆标志认证。“豪顿“牌啤酒荣获1999年安徽名牌产品殊荣。

世纪之交，千年跨越。企业以“团结、拼搏、务实、进取”为企业精神，实施名牌战略，以质量造就名牌，以名牌驾驭市场，以崭新姿态向更高目标奋进。

地址：六安市酒厂路　　电话：0564-3214307、3283519　　传真：0564-3215640

豪士产豪顿，豪顿跨豪门

厂区一角

先进的生产流水线

安徽省东至纺织股份有限公司

法人代表：杨满锡

安徽省东至纺织股份有限公司为国家大型二档企业，拥有5.2万锭环锭纺、864头气流纺，以及48台剑杆织机牛仔布生产线和2条针织布生产线的规模，固定资产2.5亿元。主要产品“双江”牌60S以下精、普梳纱线和牛仔布。

该企业为“全省工业企业100强”、“全国纺织工业500强”。

地址：东至县东流镇　　邮编：247230

电话：0566-8121212　　传真：0566-8121319　　电挂：4791

公司远眺

设备精良的纺织车间

安庆市私立龙门高级中学

该校座落在市区壕埂街20号，环境优美，体育场地、理化生实验设备、微机室、图书阅览室、学生宿舍、食堂齐全。现有12个教学班，600余名学生。教师实行聘任制，优中选优，竞争上岗，师资力量雄厚，水平整齐。

2000年参加高考的同学达到大学本科分数线的占36%，达到大学专科分数线的占65%，达到录取分数线的高达90%。

“私立学校的师资水平，公立学校的收费标准，重点中学的教育质量”，这是社会对龙门高中的赞誉。

董事长：许谦明

校　长：华文龙

电　话：0556-5517542

朝气蓬勃

专心致志

《安徽统计年鉴—2001》编辑委员会

徐铁军　　省测绘总院院长
陈　真　　省农机局局长
刘自林　　省药品监督管理局局长
汤德喜　　省盐务管理局局长
张荣国　　省体育局局长
管向东　　省人寿保险公司总经理
周世其　　省畜牧局局长
陈　磊　　省建设监理公司总经理
胡欣民　　省博物馆馆长
洪祥生　　省教育学院院长
孙　昕　　省电力设计院院长
贺泽群　　省水文局局长
程　剑　　省农科院院长
王俊修　　省政府水产局局长
刘有鹏　　省高校招生办主任
王贤和　　省劳教局局长
朱高山　　省电信公司总经理
张道德　　省移动通信公司总经理
刘祥荣　　省电力股份公司总经理
丁光教　　省直机关房屋统建办主任
曹露明　　省教育出版社社长
陈步德　　省科技咨询中心主任
何润伟　　省教育科学研究所所长
项世顺　　省公益项目管理中心主任
王绍虎　　中科院安徽分院等离子物理研究所所长
喻道成　　安庆石化总厂厂长
王　水　　安徽省高速公路总公司总经理
王庐嘉　　合肥钢铁集团公司总经理
罗祥学　　安徽皖宝矿业股份公司总经理
张　剑　　省青年旅行社总经理
王一荃　　安凯汽车集团总经理

Xu Tiejun   Director of the Provincial Surveying and Mapping Institute
Chen Zhen   Director of the Provincial Agricultural Machinery Bureau
Liu Zilin   Director of the Provincial Supervisory Administration of Medicines
Tang Dexi   Director of the Provincial Administration of Salt Business
Zhang Rongguo   Director of the Provincial Physical Culture and Sports Bureau
Guan Xiangdong   General Manager of Life Insurance Company of Anhui
Zhou Shiqi   Director of the Provincial Animal Husbandary Bureau
Chen Lei   General Manager of the Provincial Construction Supervisory Company
Hu Xinmin   Director of the Museum of Anhui
Hong Xiangsheng   Director of the Provincial Educational Institute
Sun Xin   Director of the Provincial Power Designing Institute
He Zequn   Director of the Provincial Hydrological Bureau
Cheng Jian   Director of the Provincial Agricultural Research Institute
Wang Junxiu   Director of the Provincial Aquartic Products Bureau
Liu Youpeng   Director of the Provincial Admissions Office of Institutions of Higher Education
Wang Xianhe   Director of the Provincial Bureau of Reform-through-Labor
Zhu Gaoshan   General Manager of the Provincial Telecommunication Company
Zhang Daode   General Manager of the provincial Mobile Communication Company
Liu Xiangrong   General Manager of the Provincial Power Stock Company
Ding Guangao   Director of the Building Construction Office of Departments Under the Provincial Government
Cao Luming   Director of the Provincial Educational Publishing House
Chen Bude   Director of the Provincial S&T Consultancy Center
He Runwei   Director of the Provincial Educational Science Research office
Xiang Shishun   Director of Administration of Public Welfare Projects
Wang Shaohu   Director of Plasme Research Office in Anhui Branch of the Chinese Acadmy of Science
Yu Daocheng   Director of Anqing Petrochemical Plant
Wang Shui   General Manager of the Provincial Express Highway Company
Wang Lujia   General Manager of Hefei Iron and Steel Group Company
Luo Xiangxue   General Manager of Anhui Wanbao Mining Industry Stock Company
Zhang Jian   General Manager of the Provincial Youth Travel Service
Wang Yiquan   General Manager of AnKai Automobile Group

徐国荣	安徽万友集团公司总经理
姚厚贵	合肥市审计局局长
干兴初	合肥联合大学校长
宣国英	合肥市总工会主席
赵玉华	东航安徽公司总经理
袁开茂	合肥市容委主任
王金海	合肥市社保局局长
潘松林	省水产学校校长
刘维昌	安徽新鑫股份有限公司总经理
叶学斌	安徽省合肥林业学校校长
齐守俊	省不夜城广告公司总经理
李碧传	合肥新站开发区管委会主任
赵苏来	芜湖锅炉厂厂长
钟元富	芜湖铁路高级学校校长
钱金龙	芜湖华侨房地产公司总经理
陈肥生	芜湖九华电子集团总经理
刘先鹏	芜湖中港二航局四公司总经理
李志国	芜湖市镜湖区人民政府区长
刘建生	芜湖微特电机公司总经理
肖培志	芜湖宏威建筑机械厂厂长
张颖驹	芜湖市政工程管理处处长
吴玉德	芜湖中伟集团总经理
董光琳	安徽省长江河道管理局局长
张武江	芜湖汽车制动阀厂厂长
顾志诚	芜湖三九电气公司总经理
邹中旺	芜湖张恒春制药公司总经理
李　静	芜湖起重机械厂厂长
孙沪生	芜湖钢铁厂厂长
刘　军	马鞍山市工商银行行长
杨　燕	马鞍山师范附小校长
张希宇	马鞍山华德制衣公司总经理

Xu Guorong General Manager of Wanyou Group

Yao Hougui Director of Hefei Audit Bureau

Gan Xingchu President of Hefei Joint College

Xuan Guoying Chairman of All-Hefei Federation of Trade Unions

Zhao Yuhua General Manager of Anhui Branch of Dongfang Airline

Yuan Kaimao Director of Hefei Commission of Appearance of the City

Wang Jinhai Director of Hefei Bureau of Social Security

Pan Songglin Chancellor of the Provincial Marine Products Institute

Liu Weichang General Manager of Anhui Xinxin Co. Ltd.

Ye Xuebing Chancellor of Anhui Hefei Forestry Institute

Qi Shoujun General Manager of the Provincial Buyecheng Advertising Company

Li Bichuan Director of the Administration of Hefei New Railway Station Development District

Zhao Sulai Director of Wuhu Boiler Factory

Zhong Yuanfu Headmaster of Wuhu Advanced Railway School

Qian Jinlong Wuhu Huaqiao Real Estate Company

Chen Feisheng General Manager of Wuhu Jiuhua Electron Group

Liu Xianpeng Manager of No. 4 Company of the Second Voyage Bureau of Center Port Authority

Li Zhiguo Head of Jinghu District, Wuhu City

Liu Jiansheng General Manager of Wuhu Weite Electrical Machinery Company

Xiao Peizhi Director of Wuhu Hongwei Building Machinery Plant

Zhang Yingju Director of Wuhu Administrative Division of Municipal Engineering Projects

Wu Yude General manager of Wuhu Zhongwei Group

Dong GuangLing Director of Wuhu Changjiang River Administration

Zhang Wujiang Director of Wuhu Automobile Brake Plant

Gu Zhicheng General Manager of Wuhu Sanwan Electricity Company

Zou Zhongwang General Manager of Wuhu Zhang Hengchun Pharmaceutical Company

Li Jing Director of Wuhu Crane machinery Plant

Sun Husheng Director of Wuhu Iron and Steel Mill

Liu Jun Director of Maanshan Industrial and Commercial Bank

Yang Yan Headmaster of Maanshan Affiltated Primary School of Normal School

Zhang Xiyu General Manager of Maanshan Huade Clothing-made Company

张庆平	马鞍山市第三轧钢厂厂长
刘永华	马鞍山市地税局局长
侯其山	铜峰电子集团总经理
蒋利华	铜陵华厦建安公司总经理
董玉钱	安庆白鳍豚水泥公司总经理
许谦明	安庆市私立龙门高中校长
昂朝荣	安庆玻璃有限公司总经理
丁守凤	安庆殡仪馆馆长
黄远辉	宣城农发行行长
孙俊秀	宣城市新华书店总经理
顾权魁	宣城市宣州区自来水公司总经理
马胜奎	宣城印刷包装公司总经理
赵德成	宣城公路管理局局长
王汝喜	宣城市建总公司总经理
何成付	省广播电视设备器材公司总经理
张文焕	省注册会计师协会会长
杨满锡	安徽东至纺织股份公司总经理

Zhang Qingping　Director of Maanshan No. 3 Steel Rolling Mill

Liu Yonghua　Director of Maanshan Local Tax Bureau

Hou Qishan　General Manager of Tongfeng Electron Group

Jiang Lihua　General Manager of Tongling Huasha Construction and Installation Company

Dong Yuqian　General Manager of Anqing Baiqitun Cement Company

Xu Qianming　Headmaster of Anqing Private Longmen Senior School

Ang Chaorong　General Manager of Anqing Glassware Co. Ltd.

Ding Shoufeng　Director of Anqing Funeral Parlor

Huang Yuanhui　Director of Xuancheng Agricultural Development Bank

Sun Junxiu　General manager of Xuancheng Xinhua Bookstore

Gu Quankui　General Manager of Xuancheng Tap Water Company of Xuanzhou District

Ma Shengkui　General Manager of Xuancheng Printing & Packing Company

Zhao Decheng　Director of Xuancheng Administration of Highway

Wang Ruxi　General Manager of Xuancheng Constuction Company

He Chengfu　General Manager of Broadcast and Telecast Supplies Corporation

Zhang Wenhuan　Presiden of the Union of Registered Accountant of Anhui

Yang Manxi　General Manager of Anhui Dongzhi Textile Stock Company

《安徽统计年鉴—2001》编辑部

Editorial Department

Editor-in-Chief: Wang Weixiang

Associate Editors-in-Chief: Hu Jiabao Wu Min

Coordinators: Wu Min Tian Ye Zhai Xiaoqin

Editorial Staff: (in order of Strokes of Chinese Surname)

Wang Dan	Wang yongming	Wang Ailan	Wang Xiaolan	Wang Xiaomei
Wang Wei	Deng Hong	Mao Fangyou	Niu Jiwu	Feng Hui
Ji Xiaojun	Xu Wei	Liu Gang	Liu Lijuan	Guo Jinsong
Li Fangqi	Li Yingwen	LI Zhiying	Li Daopei	Li Yi
Wn Jiguang	Wu Jun	Wu Qi	Chen Zhengbao	Yang Yajian
Su Xiaobing	He Ning	Lin Mousheng	Zhang Chengmei	Zhang Shanghuang
Zhang Haitao	Hu Yongjin	Hu Jianmin	Gao Wendong	Tao Jiong
Xu Jingwen	Xu Chengzhou	Huang Donglian	Huang Zhijian	Peng Yuxin
Cheng Jun	Cheng Gang	Cheng Min	Chu Bin	

Layout Staff: Tian Ye

English Translators: Zhou Wenwen Sun Naijing

Color Picture Proofreaders: Zhai Xiaoqin

CD－ROM Design: LI Zhiying

Editorial Adviser: Wang Yifan

Distribution Staff: Wang Jian

编 辑 说 明

一、《安徽统计年鉴—2001》是一部全面反映安徽省国民经济和社会发展情况的资料性年刊。本书收录了全省及各市、县2000年经济和社会各方面大量的统计数据，重点突出“九五”计划时期的全省主要统计数据。是一本了解安徽，总结“九五”建设成就，顺利完成“十五”计划不可忽缺的重要参考资料。

二、《安徽统计年鉴—2001》为适应改革开放的需要，首次实现全书中英文对照和配套出版磁质光盘。新增了第五次人口普查情况、教育经费、技术市场、开发区、公、检、法案件、社会环境、农业现代化建设、农业水利建设、财政状况等内容。同时刊登了展示各部门、企业新世纪新风采的彩色图片。

三、全书内容共分21个篇章和附录，即：行政区划和自然资源；综合；国民经济核算；人口；从业人员和职工工资；固定资产投资；能源生产和消费；财政金融；物价指数；城乡人民生活；城市概况；农业；工业；建筑业；交通运输、邮电通信业；批发零售贸易和餐饮业；对外经济贸易和旅游业；教育、科学技术和文化；体育、卫生、社会福利和其他；现代企业制度、集团、企业景气调查；省级和县级主要经济指标及位次。附录部分有：安徽农村小康评价；贫困县监测情况；企事业简介。为了进一步帮助读者理解和使用有关数据，各篇章附有简要说明和主要指标解释，介绍了统计范围和统计方法。

四、本年鉴资料主要来自全省国民经济社会统计报表和部分抽样调查资料。

五、本年鉴中使用的度量衡单位均采用国际统一标准计量单位。

六、本年鉴中部分合计数或相对数的单位因取舍不同产生计算误差未作机械调整。

七、本年鉴符号使用说明：“…”表示该数据不足本表最小计量单位数；“空格”表示该项无统计数据；“#”表示其中的主要项。

八、本年鉴的编辑出版得到有关方面的大力支持和帮助，在此谨致谢意！

Preface

Ⅰ. Anhui Statistical Yearbook 2001 is an annual statstics publication, which covers mainly statistics in 2000 at provincial level and local levels of city and county, laying stress on statistics during the period of "Ninth five-year-plan" at provincial level, therefore, reflects various aspects of Anhui Province's social and economic development and is an indispensible important reference material to reep abreast of Anhui, sum up the achievements of the "Ninth Five-Year-Plan" and fulfil the "Tenth Five-Year-Plan".

Ⅱ. To suit the needs of reform and opening to the outside world, for the first time, all of this yearbook is compiled in Chinese-English bilingual way and magnetic CD-ROM is pulished to form a complete set. Newly added content includes: the fifth Population Census, educational fund, technical market, development district, cases handled in public security organ, procurator's office and courts, social environment, agricultural modernization, construction on irrigation and water conservancy and financial status. Moreover, colorful photoes are carried to show the fine style of various of departments and enterprises in the new century.

Ⅲ. The book contains the following twenty-one parts and appendix. Division of Administrative Areas and Natural Resources; General Survey; National Accounts; Population; Employment and Wages; Investment in Fixed Assets; Production and Consumption of Energy; Government Finance; Price Indices; People's Livelihood; General Survey of Cities; Agriculture; Industry; Construction; Transportation, Postal and Telecommunication Services; Wholesale, Retail Sale and Catering Trade; Foreign Trade and Tourism; Education, Science and Culture; Sports, Public Health, Social Welfare and Others; Modern Enterprise System, Group and Business Survey of Enterprises; Main Economic Indicators and Their Orders of Precdence of Provinces and Counties. The appendix inclueds: the assessment of well-to-do in rural areas of Anhui, observation and survey of poor counties and brief introduction of Enterprises and Institutions. To help readers further understand and make use of the data, each part is supplemented by brief introduction and explanatory note on main statistical indicators, introducing statistical coverage and statistical methods.

Ⅳ. Data in this yearbook are mainly obtained from regular statistical reports on national economy in the province and part of sample surveys.

Ⅴ. The units of measurement used in this book are internationally standard measurement units.

Ⅵ. Statistical discrepancies due to rounding are not adjusted in this book.

Ⅶ. Notations used in this book: "…" indicates that figure is not large enough to be measured with the smallest unit in the table; " (blank)" indicates that data not available; "#" indicates the major items of the total.

Ⅷ. During the compilation of the yearbook, we have got the support from related units. We express our thanks to all of them here.

目　　　　录
CONTENTS

三、国民经济核算
National Accounts

四、人　口
Population

五、从业人员和职工工资
Employment and Wages

六、固定资产投资
Investment in Fixed Assets

七、能源生产和消费
Production and Consumption of Energy

八、财政、金融、保险
Finance, Banking and Insurance

九、物价指数
Price Indices

十、城乡人民生活
Livelihood of Urban and Rural People

十一、城市概况
General Survey of Cities

十二、农　业
Agriculture

十三、工　业
Industry

十四、建 筑 业
Construction

十五、交通运输、邮电通讯业
Transportation, Postal and Telecommunication Services

十六、批发、零售贸易和餐饮业
Wholesale, Retail Trade and Catering

十七、对外经济贸易和旅游业
Foreign Trade and Tourism

十八、教育、科技、文化
Education, Science and Culture

十九、体育、卫生、社会福利和其他
Sports, Public Health, Social Welfare and Others

二十、现代企业制度、集团、企业景气调查
Modern Enterprise System, Enterprise Group and Business Survey of Enterprises

二十一、省级和县级主要经济指标及位次
Main Economic Indicators and Their Orders of Precedence of Province and County

附　录
Appendix

安徽省统计局关于2000年国民经济和社会发展情况的统计公报

2000年，全省人民在省委、省政府的正确领导下，认真贯彻落实党中央、国务院关于扩大内需、调整结构、深化改革等一系列促进经济增长的政策措施，团结奋斗，扎实工作，保持了国民经济持续稳定发展，提高了整体经济运行质量，推动了各项社会事业全面进步。

一、综　　合

国民经济稳步回升，运行质量继续提高。全年国内生产总值完成3030亿元，按可比价格计算，比上年增长8.3%。其中，第一产业增加值732亿元，增长1.2%；第二产业增加值1297亿元，增长9.9%；第三产业增加值1001亿元，增长10.3%。国内生产总值中三次产业比例为24.2:42.8:33.0。全年全社会劳动生产率8848元，按可比价格计算，比上年增长7.1%。

2000年是实施“九五”计划的最后一年。“九五”期间，我省经受了亚洲金融危机和连续三年严重水旱灾害等考验，经济建设和社会发展取得重大成就，调整后的“九五”计划目标胜利实现。五年间，全省国内生产总值年均增长10.4%，其中第一产业年均增长5.7%，第二产业年均增长11.4%，第三产业年均增长12.2%。投资建设取得突破性进展，增强了经济发展后劲。五年累计完成固定资产投资3671亿元，是“八五”时期的2.3倍，集中建设了一批交通、水利、能源、城市基础设施和工业技改等重大项目。市场规模不断扩大，买方市场初步形成。五年累计实现社会消费品零售总额4545亿元，是“八五”时期的2.4倍，年均增长12.4%。外向型经济发展较快，全方位对外开放格局初步形成。五年累计进出口总额128.5亿美元，其中出口81.9亿美元，分别是“八五”时期的1.8倍和1.6倍；实际利用外资34.7亿美元，是”八五”时期的1.6倍。在经济总量不断扩大、综合竞争力进一步增强的同时，人民生活水平逐步提高，生活质量不断改善。“九五”时期，全省城镇居民人均可支配收入和农民人均纯收入分别年均增长7%和8.2%。2000年末城乡居民储蓄存款余额比1995年末增长1.1倍。

国民经济和社会发展中存在的主要问题是：经济结构不合理，产业层次低的矛盾仍没有得到根本解决；国有企业机制转换滞后，部分企业生产经营比较困难；农村经济在发展中遇到一些新的矛盾；城乡居民收入增长趋缓，下岗职工基本生活保障压力较大，就业矛盾较为突出等。

二、农　　业

农业生产保持稳定，农作物种植结构继续得到调整。

粮食在大灾之年有所减产。2000年我省大部分地区遭遇严重旱灾，粮食生产受到较大影响。全年粮食总产量2472.1万吨，比上年减产299.1万吨，下降10.8%。其中，夏粮产量737.9万吨，下降17.6%；早稻153.1万吨，增长5.6%；秋粮1581.1万吨，下降8.6%。

经济作物产量有增有减。全年油料产量285.1万吨，比上年增长6.3%，又创历史新高。棉花产量27万吨，增长12.1%。茶叶产量4.3万吨，下降11.7%。水果产量110.6万吨，增长15%。烤烟产量3.2万吨，下降38.8%。

林、牧、渔业生产保持稳定增长。当年全省造林面积75.7千公顷，幼林抚育作业面积582.4千公顷；全年肉类总产量309万吨，比上年增长3.5%；水产品产量160万吨，增长4%。

农业机械化和农田水利建设继续得到加强。2000年末，全省农业机械总动力2975.9万千瓦，比上年增长7.6%。全年化肥施用量(折纯)253.2万吨，下降1%。农村用电量45.8亿千瓦小时，增长4.3%。全省有效灌溉面积达3197千公顷，新增40千公顷。

三、工业和建筑业

工业生产稳步回升。2000年，全部工业增加值完成1101亿元，比上年增长9.2%。其中，国有和年产品销售收入500万元及以上的非国有工业企业(简称规模以上工业企业，下同)实现增加值547.6亿元，增长11.4%，增幅较上年提高3.2个百分点。在规模以上工业中，国有及国有控股企业完成增加值359.7亿元，增长9.1%；集体企业66.3亿元，增长4.2%；外商及港澳台投资企业60.5亿元，增长25.4%；其他经济类型企业19.2亿元，增长14.5%。

工业结构调整加快。全省纺织压锭、关闭煤矿小井、压缩冶金、小水泥等行业的生产能力等继续取得成效，市场供大于求的一般消费品、部分机电产品生产有所减缓，原材料基本呈全面增长之势。全年铁、钢、钢材等产量保持增长；化纤、布等纺织类产品出现较快增长；彩电、冰箱分别增长81.7%和22.9%。当年新产品产值率为10.5%，比上年提高1.6个百分点。

工业经济效益有较大改善。全省规模以上工业企业经济效益综合指数达91.9，比上年提高10.8个百分点；产品销售率为98.5%，提高1.3个百分点；实现销售收入1564.8亿元，增长12.5%；实现利润34.3亿元，增长1.7倍，为1997年以来最好水平；亏损企业亏损额19.3亿元，比上年减少40.5%，企业亏损面下降2.1个百分点。国有企业改革和脱困三年目标基本实现。

建筑业保持快速发展。2000年，全省建筑业完成增加值196亿元，比上年增长15.5%。四级及以上建筑企业实现利税总额11.7亿元，增长11.2%。施工工程个数3.15万个，其中投标承包工程1.4万个；房屋建筑施工面积4452.2万平方米，比上年增加208.6万平方米，其中投标承包的房屋施工面积2546.5万平方米，增加433.6万平方米；房屋竣工面积2460.7万平方米，增加211万平方米。

地质勘查工作取得新进展。2000年，全省地质勘查部门开展各类地质(科研)项目131项，完成机械岩芯钻探工作量3.3万米，完成1:5万区域地质调查320平方公里，完成1:25万国土资源大调查16500平方公里，新发现矿产地3处，新增探明储量矿种7个。全年完成货币工作量3.4亿元。

四、固定资产投资

固定资产投资增长较快。2000年，我省积极落实国家扩大内需的各项政策措施，抓住发展机遇，加大基础设施等投资力度。全年全社会固定资产投资完成866.7亿元，比上年增长12%。其中，国有单位投资576.2亿元，增长16.1%；城乡集体单位投资114.9亿元，增长0.9%；城乡居民个人投资163.7亿元，增长3.9%。

投资结构继续改善。在国有单位投资中，基本建设投资320.4亿元，增长15.1%；更新改造投资152.8亿元，增长22.5%，继续高于基建投资增幅；房地产开发投资88.1亿元，增长15.8%。水利、交通、能源等基础设施建设进一步加快。全年农林牧渔水利业投资34亿元，比上年增长41.6%；交通运输和邮电通信业投资140.6亿元，增长50.1%。

重点项目建设取得突破性进展。当年列入考核的省重点项目41个，建成或基本建成的重大项目和单项工程共有15个。芜湖长江大桥胜利通车，淮北二电厂、合肥二电厂一号机组、安徽汽车零部件一期、铜陵电子覆铜板、祁南煤矿、淮南化工总厂尿素扩建工程等一批重点项目投入使用。港口湾水库、合徐公路南段、沪蓉公路合安段、蚌埠机场等项目进展顺利。

小城镇建设成效显著。到2000年底，全省小城镇数量3021个，其中建制镇911个，农村集镇2110个。当年全省小城镇建设总投入达80.6亿元，其中县城以下建制镇为50.8亿元，一般农村集镇为29.8亿元。全省小城镇规划编制调整完善比率为92.8%。省政府确定的200个中心镇规划编制调整完善比率达100%，镇区道路铺装率56%，总投入42.4亿元。

五、交通和邮电

交通运输业稳定增长，邮电通信业发展步伐继续加快。全年运输邮电业实现增加值179亿元，比上年增长11.8%。

全年各种运输方式完成货物运输周转量1040.9亿吨公里，比上年增长6.5%。其中，铁路622.3亿吨公里，增长8.3%；公路230亿吨公里，增长3.2%；水运188.3亿吨公里，增长5%；民航0.3亿吨公里，增长8.3%。完成旅客运输周转量530.9亿人公里，比上年增长5.3%。其中，铁路202.1亿人公里，增长8.7%；公路310亿人公里，增长3%；水运3.7亿人公里，增长3.6%；民航15.1亿人公里，增长9.7%。

邮电部门全年完成邮电业务总量95.5亿元(不含寻呼)，比上年增长21%。其中，中央国有业务总量88.6亿元，增长19.7%；地方国有业务总量6.9亿元，增长39.8%。年末市内电话户数272.9万户，农村电话户数210.8万户，移动电话户数144.6万户(不含联通)，分别比上年增长22.8%、76.5%和67%。农村已基本实现村村通电话。电信数据通信用户29万户，其中计算机互联网用户达26.9万户。

六、国内贸易和市场物价

市场销售稳中趋升。近年来国家先后出台的增加工资、延长节假日等刺激消费的政策措施，以及商家灵活多样的促销方式，带动了城乡市场的活跃。全年社会消费品零售总额达1054.3亿元，比上年增长7.7%，考虑价格下降因素，实际增长9.9%，是近几年增幅最高的一年。分城乡看，城市消费品零售额499亿元，增长8.3%；县及县以下为234.5亿元和320.8亿元，分别增长7.2%和7%。分行业看，批发零售贸易业增长7.4%，餐饮业增长26.7%，制造业增长1.7%，农业生产者零售增长1.6%。城乡集市贸易稳定发展，全年商品成交额967.7亿元，比上年增长6%。

大型商业企业整体效益明显改善。列入统计的40多家重点零售商店全年销售收入净额42.4亿元，比上年增长25.1%；实现利润3973万元，增长28.8%；毛利率9.1%，比上年上升0.9个百分点；费用率4.46%，下降0.5个百分点。

市场价格总水平基本保持稳定。居民消费价格总水平扭转了连续两年多的下降局面，比上年上升0.7%，其中服务项目价格上升17.5%，食品价格下降2.8%，衣着价格下降2%，家庭设备及用品价格下降1.4%，交通和通讯工具价格下降6.2%。全年商品零售价格总水平比上年下降2%。

七、对外经济和旅游业

外贸进出口快速增长。随着世界经济的回升及国家各项鼓励出口政策效应的显现，外贸进出口呈现出较强的恢复性增长。据海关统计，全年进出口总额完成33.3亿美元，比上年增长25.7%。其中，出口总额21.6亿美元，增长29%；进口总额11.7亿美元，增长20.1%。分贸易方式看，一般贸易出口增长33.3%，占全部出口总额的比重由上年的75.9%提高到78.4%；加工贸易出口增长15.3%。分地区看，对亚洲、北美洲和大洋洲的出口增长较快，增速分别为30.1%、49.7%和31.6%，对欧洲和非洲的出口分别增长19.8%和7%。外商投资企业进出口仍保持较快增长，全年进出口额达 9.5 亿美元,比上年增长 14.2%;其中出口 4 亿美元,占全部出口总额的 18.5%。

直接利用外资取得进展。全年利用外资协议额 7.52 亿美元,比上年下降 12.1%,其中外商直接投资 6.36 亿美元,增长 13.8%;实际利用外资 4.15 亿美元,下降 36.8%,其中外商直接投资 3.18亿美元,下降 11.9%。当年全省新批"三资"企业 247 家,比上年增加 48 家。

对外承包工程和劳务合作发展迅速。全年对外承包工程和劳务合作新签合同金额 1.76 亿美元,比上年增长 1.1 倍;完成营业额 1.03 亿美元,增长 4.3%。

旅游业继续保持快速增长。全年旅游总收入完成 159.9 亿元,比上年增长 12.7%。其中,旅游外汇收入 1.13 亿美元,增长 25.3%;国内旅游收入 150.5 亿元,增长 12%。接待海外游客 31.8 万人次,增长 26.8%;接待国内游客 2973.8 万人次,增长 11.5%。

八、财政、金融和保险业

财政金融运行态势基本平稳。全年财政收入 290.4 亿元,按可比口径计算,比上年增长 8%;财政支出 324 亿元,增长 13.8%,财政对基建、教育及社会保障等方面的支持力度明显加大,其中社会保障补助支出增长 81.6%。2000 年末,全省金融机构各项存款余额 2485.5 亿元,比上年末增加 281.9 亿元。其中,企业存款 761.9 亿元,增加 89 亿元;城乡居民储蓄存款 1447.2 亿元,增加 144.3 亿元。金融机构各项贷款余额为 2384.9 亿元,比上年末增加 215.3 亿元。其中,短期贷款 1652.8 亿元,增加 128.6 亿元;中长期贷款 543.8 亿元,增加 61.9 亿元。

证券市场稳步发展。2000 年,全省在上海、深圳证券交易所发行新股 6 只(A 股),配股 6 只,共筹集资金 39.2 亿元。

保险事业继续发展。全年全省保险系统保费收入 38.2 亿元,比上年增长 8%,其中财产险保费收入 14.4 亿元,寿险保费收入 23.8 亿元。赔款和给付 12.3 亿元,下降 23%,其中财产险业务赔款支出 7.7 亿元,寿险业务赔款和给付支出 4.6 亿元。

九、科学技术和教育

科技队伍不断壮大。2000 年末,全省共有各类专业技术人员 97 万人,比上年末增长 3.3%。有县以上独立研究开发机构 249 个,高等院校办研究与发展机构 40 个,大中型工业企业办技术开发机构 430 多个;从事科技活动人员 7.2 万人,其中科学家和工程师 4.3 万人,均比上年增长 2.1%。全省有民营科技企业 3629 家,从业人员 6.5 万人,技工贸总收入 60 亿元。

科技经费投入增加。全年全省科技机构、高等院校、大中型工业企业等单位用于科技活动的经费支出为 31.7 亿元,比上年增长 12%,其中用于研究与发展经费 13.3 亿元,增长 15%。

科学研究和技术开发不断取得新成果。全年共取得省部级以上重大科技成果 511 项。主要科技成果有:皖麦 38、皖稻 34、重组人生长激素、KD 系列汉语文语转换系统等。当年全省安排省自然科学基金项目 90 项,省级星火计划项目 55 项,火炬计划项目 56 项,成果推广计划项目 8 项,总投资近 8 亿元。到年底,有国家重点实验室 3 个,省级重点试验室 4 个,省部共建实验室 5 个,新建国家级工程技术研究中心 1 个,省级工程技术研究中心 3 个,企业技术中心 132 个。

专利申请稳定发展,技术监督与质量服务工作进一步加强。全年共受理专利申请 1877 件,授权专利 1482 件。共签订各类技术合同 3184 项,金额 6.1 亿元。年末全省共有县以上产品质量监督检验机构 100 个,其中省级产品质量监督检验机构 6 个。

测绘事业稳步推进。全年省测绘档案资料馆为社会各界提供各种比例尺地形图 9865 张,大地点成果 6307 个(点),利用档案资料 49 卷(盒),底片60筒(卷),像片374张。省测绘总院所属生产单位完成测绘产值837万元。完成的主要测绘项目有:外业控制953幅,调绘463幅,测绘各种比例尺地形图1695幅,编制各种地图15幅(册),完成淮河流域1:1万比例尺数字化基础图更新420幅,1:1万比例尺数字高程模型420幅,满足了社会各界对测绘的需求。

各级各类教育事业获得较大发展,素质教育得到重视。2000年末,全省共有普通高校42所,当年招生7.6万人,较上年增加2.5万人,在校生18.2万人。研究生培养单位17个,当年招生2522人,其中地方所属院校招收研究生778人;在学研究生5820人,其中地方所属院校1747人。各类普通中等职业学校854所,在校学生68.7万人,其中普通中专学校在校生19.2万人,职业中学初、高中在校生为29.7万人和15.6万人,技工学校在校生4.2万人。普通中学3767所,在校学生358.3万人,其中高中在校生54.1万人,初中在校生304.2万人。小学24281所,在校学生644.2万人。初中阶段适龄人口入学率为97.1%,小学学龄儿童入学率为99.7%;普通初中和小学学生辍学率分别为1.98%和0.36%。成人教育和技术培训进一步发展。全年成人高等教育机构招收本专科学生6.2万人,在校学生12.3万人。成人中等专业学校在校生4.4万人,成人技术培训学校培训学员405.8万人次。全年共扫除文盲20.4万人。

十、文化、卫生和体育

文化事业健康发展。2000年末,全省共有艺术表演团体93个,文化馆102个,公共图书馆83个,博物馆36个。省图书馆扩建工程基本完成。有各级各类档案馆138个,档案馆馆藏档案资料410万卷册,库馆总建筑面积13.6万平方米。广播电台15座,中波发射台和转播台23座;电视台17座,电视发射台和转播台350座;有线电视台15座,有线电视用户达190.7万户;另有县级广播电视台50座。广播人口覆盖率为94.8%,比上年增加3个百分点;电视人口覆盖率为93.8%,比上年增加4.1个百分点。全年出版报纸100种62712万份,期刊(杂志)160种4886万册,图书2613种29876万册。

卫生事业不断进步。2000年末,全省共有卫生机构(含诊所、卫生所室、个体开业)6705个。其中,医院、卫生院2953个,卫生防疫防治机构229个,妇幼保健机构110个。医院、卫生院共有床位11.5万张。共有专业卫生技术人员15.4万人,其中医院、卫生院12.7万人,卫生防疫防治机构0.87万人,妇幼保健机构0.23万人。在医院、卫生院专业卫生技术人员中,有医生5.47万人,护师、护士3.69万人。

体育事业取得成绩。2000年,我省运动员在国际和国内的重大比赛中,奋勇拼搏,共获得25枚金牌、31枚银牌和36枚铜牌,其中盛泽田在第27届奥运会上获得1枚铜牌。运动健将发展数为31人,一级运动员发展数为69人;国家级裁判员发展数为15人,一级裁判员发展数为176人;社会体育指导员已发展到5477人,其中国家级36人,一级266人。拥有各类体育场地14096个,其中体育馆40个,标准体育场32个,省九运会竞赛场馆、黄山体育馆竣工使用。全民健身活动进一步开展。据初步统计,全年参加全民健身活动的人数达300万人次,大型活动项目67项次。

残疾人体育和农民体育也取得好成绩。2000年,我省残疾人运动员在第11届残疾人奥运会上获得2枚金牌、2枚银牌和1枚铜牌,在第5届全国残疾人运动会上获得3枚金牌、6枚银牌和5枚铜牌。农民运动员在第4届全国农民运动会上获得3枚金牌、1枚银牌和5枚铜牌。

十一、环境保护

环保事业加快发展。2000年末,全省环境保护系统共有职工4104人,省市县级环境监测站75个,国家、省级自然保护区23个。到2000年末,已在全省11个城市中建成107个烟尘控制区，面积达452平方公里，在11个城市中建成了74个环境噪声达标区，面积达233平方公里。全省基本完成了国务院确定的“一控双达标”工作任务，列入2000年达标排放名录的6275家重点企业已达标6232家，达标完成率99.3%，其中1070家重点企业已有1045家实现达标，达标完成率97.7%。合肥市的大气环境质量达到国家规定的标准，地面水环境质量基本符合国家规定的要求。全省污染物排放总量基本控制在1995年的水平上，其中COD、二氧化硫等主要污染物的削减率为20%左右，高于全国平均水平。争取国家”三河、三湖”国债项目投资成绩显著，国家追加投资1.24亿元。我省采取建立自然保护区、封山育林、小流域治理和生态示范区建设等多种措施，对生态环境进行保护和建设，逐步恢复生态环境良性循环机制。

2000年全省发生火灾事故6099起，发生交通事故25241起。

十二、人民生活与就业

居民生活水平稳步提高。2000年全省职工工资总额289.4亿元，比上年增长3.9%，其中在岗职工工资总额275.8亿元，增长3.2%；在岗职工平均工资6993元，增长7.3%。据抽样调查，全省城镇居民人均可支配收入5293.6元，比上年增长4.5%，扣除物价因素，实际增长3.6%；人均消费性支出4233元，增长8.5%；城镇居民恩格尔系数为45.7%，比上年下降1.6个百分点。全省农民人均纯收入1934.6元，增长1.8%，考虑价格下降因素，实际增长2.6%；农民人均生活消费支出1321.5元，增长1.5%；农村居民恩格尔系数为54%，比上年下降0.4个百分点。居民住宅条件继续改善。全省城乡建成住宅6705.8万平方米，其中城镇1825.3万平方米，农村4880.5万平方米。

劳动力结构进一步调整。年末全省从业人员3450.8万人，比上年增加52.2万人。其中，第一产业2024.6万人，占58.7%；第二产业627.4万人，占18.2%；第三产业798.8万人，占23.1%。年末全省在岗职工392.8万人，比上年减少16.1万人；城乡私营企业从业人员和个体劳动者达401.6万人，比上年增加9.1万人。据劳动部门统计，2000年城镇登记失业率为3.4%，比上年上升0.2个百分点。

社会保障事业稳步发展。年末全省98%的国有企业职工已签订了劳动合同，通过多种渠道分流安置国有企业下岗职工11.95万人。全省已有320万职工参加基本养老保险，93万企业离退休人员享受养老保险待遇，129万职工参加了基本医疗保险。失业保险经办机构直接为10余万人发放了失业救济金。

劳动就业服务体系进一步完善。年末全省劳动部门办的公共职业介绍机构1707个，建立乡镇劳动服务机构1546个，全年城镇新安排就业12.5万人。

社会福利事业继续发展。2000年，全省各类社会福利院床位5.3万张，收养4.2万人。全省已有49.7% 的乡镇建立了农村社会保障网络。城市(镇)社会服务网络建设也有较大进展，已建立起各种社区服务设施1.2万个，其中社区服务中心282个。全年销售社会福利彩票9629万元，筹集社会福利资金1916万元。

注：1、公报中数字均为初步统计数。

2、国内生产总值和各产业增加值按当年价格计算，增长幅度按可比价格计算。

Statistical Communique on national economy and social development of Anhui Province in 2000 Published by Statistical Bureau of Anhui

In 2000, under the leadership of Anhui Provincial Party Committee and the Provincial Government, people in the whole province carried out a system of policies about enlarging domestic needs, readjusting the structure and deepening the reform formulated by the Central Committee of Party and the State Council, united as one and worked in a down-to-earth manner. The national economy grew constantly and steadily, the move quality of the whole economy was improved and various social undertaking advanced to the full.

I: General Outlook

The national economy grew steadily and the move quality kept on improving. The gross domestic product of the year was 303 billion yuan, up 8.3% at the comparable price. Of the total, the value-added of the primary industry was 73.2 billion yuan, up 1.2%, the value-added of the secondary industry was 129.7 billion yuan, increased 9.9%, and the value-added of tertiary industry was 100.1 billion yuan, increased 10.3%. In the gross domestic product, the structure of three industries was 24.2:42.8:33.0. Overall labor productivity was 8848 Yuan, up 7.1% at comparable price.

The year 2000 is the last year of the "Ninth five-year plan". During the period of the "Ninth five-year plan", we stood up to the tests of the Asian financial crisis and severe flood and drought for three years in a row. Great achievements were made in economic construction and social development and the adjusted objects of the "Ninth five-year plan" was successfully realized. During the five years, the GDP annually rose by 10.4% on the average. Of which, the primary industry annually rose by 5.7%, the secondary industry annually rose by 11.4% and the tertiary industry annually rose by 12.2% on the average. Decisive progress was made in investment and so was more endurance in economic development. In the five years, the investment in fixed assets totaled 367.1 billion yuan, 2.3 times of which during the "Eighth five-year plan". A group of weighty projects of communication, water conservancy, energy, basic facility in the city and industrial technical innovation were assembly constructed. The market scale continuously enlarged and the buyer's market was initially formed. In the five years, retail sales of consumer goods totaled 454.5 billion yuan, 2.4 times of which during the "Eighth five-year plan", and annually up 12.4% on an average. External economy grew rapidly and the patterns of multi-direction in the opening to the outside world was formed. In the five years, the total import and export was USD 12.85 billion, of which the export was USD 8.19 billion, respectively being 1.8 times and 1.6 times of which during the "Eighth five-year plan". Actually utilized foreign capital was USD 3.47 billion, 1.6 times of which during the "Eighth five-year plan". While the economic gross enlarged and general competitive capacity was enhanced, the living standard of people was improved progressively and life quality continuously promoted. During the period of the "Ninth five-year plan", disposable income of urban resident and net income of rural resident annually rose by 7% and 8.2% on the average repectively. Saving deposits by urban and rural residents at the end of 2000 rose by 1.1 times than that at the end of 1995.

The main problems of the nation economy and social development are: the contradiction of the unreasonable industrial structure has not been resolved completely, the mechanism change of the state-owned enterprises was held up and some enterprises met with difficulties in production and management, there were some new contradictions in agricultural development, the growing speed of the urban and rural residents' income was slowed down, the pressure of the fundamental life ensure of laid-off staff and workers was great and the contradiction of employment was prominent.

II: Agriculture

Agriculture product was stable and the planting structure of the crops was kept on adjusted.

In 2000, the grain yields dropped because of the severe drought in most area in Anhui. The output of grain was 24721 thousand tons, 2991 thousand tons less than the the previous year, or down 10.8 %. Of which, the output of summer grain was 7379 thousand tons, down 17.6%; the output of early rice was 1531 thousand tons, up 5.6% and the output of autumn grain was 15811 thousand tons, down 8.6%.

There were both increase and reduction in production of economic crops. The output of oil-bearing crops was 2851 thousand ton, up 6.3% over 1999, reaching the historical peak once again. The output of cotton was 270 thousand tons, up 12.1% compared with that of the previous year. The output of tea was 43 thousand tons, down 11.7%. That of fruits was 1106 thousand tons, up 15%. That of Flue-cured tobacco was 32 thousand tons, down 38.8% over 1999.

Stable growth was achieved in forestry, animal husbandry and fishery. The year 2000 saw a completed area of 75.7 thousand hectares of afforesting and 5824 thousand hectares of tending young forest. The total meat production was 3090 thousand tons, up 3.5% and the output of aquatic products was 1600 thousand tons, up 4.0% compared with that of the previous year.

Agricultural mechanization, farmland and water conservancy kept being enhanced. At the end of 2000, the total agriculture machinery power reached 29795 thousand KW, up 7.6%. The consumption of chemical fertilizer (calculated with discount net approach) was 2532 thousand tons, down 1%. The electricity consumed in rural areas was 4.58 billion KWH, up 4.3% and a total of 3197 thousand hectares of effective irrigating areas were under irrigation system, newly increased 40 thousand hectares.

III: Industry and Construction

The industrial production kept steady growth. In 2000, the value-added of industry reached 110.1 billion yuan, up 9.2%. Of which, the value-added of state-owned industrial enterprises and non-state-owned enterprises with an annual sales revenue over 5 million yuan totaled 54.76 billion yuan, up 11.4%, or 3.2 percentage points higher than the figure for the previous year. Of the enterprises over designated size, the value-added created by state-owned and state holding the controlling gshare was 35.97 billion yuan, up 9.1%, that of collective-owned enterprises was 6.63 billion yuan, up 4.2%, that of foreign funded enterprises or enterprises with investment from Hong Kong, Macao. Taiwan investment was 6.05 billion yuan, up 25.4% and that of other types of enterprises was 1.92 billion yuan ,up 14.5%.

The adjustment of industrial structure was quicken. There was improvement in reduction of textile spindles, closing up small coal mine and reduction smelting and small cement. The production of consumer goods supply exceeding demand and some mechanical and electrical products was slowed down, and raw materials was in an overall increase. Production of steel, steel product, iron kept steady increase. High growth was registered in the production of textile such as chemical fiber and clothes. The production of color TV, refrigerator was respectively up 81.7% and 22.9%. The percentage of output value of new products was 10.5%, or 1.6 percentage point hither compared with the previous year.

The economic efficiency of industry was highly improved. The overall efficiency index for state-owned industrial enterprises and non stated-owned industrial enterprises over designated size was 91.9, 10.8 percentage point higher than that in previous year; Sales ratio was 98.5, 1.3 percentage point higher than that in 1999. Sales revenue reached 156.48 billion yuan, up 12.5%, profits reached 3.43 billion yuan, up 1.7 times reaching the highest since 1997. The loss of loss-making enterprises was 1.93 billion yuan, down 40.5%. The percentage of loss-making enterprises was 2.1 percentage point lower than that in 1999.

The construction industry developed quickly. In 2000, the value-added of construction enterprises was 19.6 billion yuan, up 15.5%. The total profits of construction enterprises at and above grade four was 1.17 billion yuan, up 11.2%. The total number of projects under construction was 31500, of which 14000 projects were constructed through the bidding system. Floor space of building under construction was 44522 thousand square meters, increased 2086 thousand square meters. Of which, 25465 thousand square meters was constructed through the bidding system, increased 4336 thousand square meter. Floor space of building was 24607 thousand square meters, increased 2110 thousand square meters.

New achievement was obtained in geological prospecting of minerals. In 2000, the geological prospecting of minerals in Anhui was 131. The enterprises completed a total of 33 thousand meters of drilling. Geological survey was carried to cover 320 square kilometers of areas, the geological features of which were illustrated on 1:50000 scale maps and territory resource survey was carried to cover 16500 square kilometers of areas, the geological features of which were illustrated on 1:250000 scale maps. Three minors were newly discovered and seven ore were found. 0.34 billion yuan work amount was finished in the whole year.

IV: Investment in Fixed Assets

The total size of investment registered a quick growth. In 2000, we grasped the opportunity of development, enlarged investment power in capital construction. The completed investment in fixed assets of Anhui was 86.67 billion yuan, up 12%. Of the total, investment of state-owned units was 57.62 billion yuan, up 16.1%, investment of collective-owned units of urban and rural was 11.49 billion yuan, up 0.9%, private investment of urban and rural 16.37 billion yuan, up 3.9%.

The structure of investment was improved. In investment of state-owned units, capital construction investment was 32.04 billion yuan, up 15.1%. Investment in innovation was 15.28 billion yuan, up 22.5%, higher than the speed of capital construction. Investment of real estate development was 8.81 billion yuan, up 15.8%. Investment in essential facilities such as water conservancy, transportation and energy increased quickly. Investment of farming, forestry, animal husbandry, fishing and water conservancy was 3.4 billion yuan, up 41.6%. Investment of transportation and postal and telecommunication services was 14.06 billion yuan, up 50.1%.

The construction of key projects was strengthened, Of the 41 provincial key projects under examination, 15 key projects had been finished. The year 2000 saw the completion of Wuhu Changjiang River Bridge, the operation of key projects such as Huaibei No.2 Power Plant and No.1 Machinery of Hefei Power Plant, Anhui Automobile factory (first phase). Gangkouwan Reservoir, Hean Section of Hexu Hiaghway and Bengbu Airport advanced smoothly.

The construction of small towns made notable progress. At the end of 2000, the numbers of small towns was 3021. Of the total, the number of towns was 911, the number of rural market towns was 2110. In 2000, total investment of small towns construction 8.06 billion yuan. Of the total, investment of county grade and lower grade establish towns were 5.08 billion yuan, investment of ordinary towns were 2.98 billion yuan. The proportion of small towns adjusted and completed was 92.8%. The proportion of adjusted and completed of the 200 central towns determined by the provincial government was 100%. The proportion of town areas with paved roads was 56% and the total investment was 4.24 billion yuan.

V: Transportation, Postal and Telecommunications

Transportation made steady growth. Postal and telecommunication developed quickly. The value-added of transportation, postal and telecommunication services was 17.9 billion yuan, up 11.8%.

The volume of freight transportation was 104.09 billion ton-km, up 6.5%. Of which, railway: 62.23 billion ton-km, up 8.3%; highway: 23 billion ton-km, up 3.2%; waterway: 18.83 billion ton-km, up 5% and civil aviation: 0.03 billion ton-km, up 8.3%. The volume of passenger transportation was 53.09 billion person-km, up 5.3%. Of which, railway: 20.21 billion person-km, up 8.7%; highway: 31 billion person-km, up 3%; waterway: 0.37 billion person-km, up 3.6% and civil aviation: 1.51

billion person-km, up 9.7%.

The business transaction of postal and telecommunication services (not included call) totaled 9.55 billion yuan, up 21% compared with that of previous year. Of which, that of central state-owned was 8.86 billion yuan, up 19.7%, that of local state-owned was 0.69 billion yuan, increased 39.8%. The year saw 2.729 millions of urban telephone users, 2.108 millions of rural telephone users and 1.446 millions of mobile telephone users (excluding Unicom), respectively up 22.8%, 76.5% and 67% over 1999. Almost every village was with access to telephone. The number of data telecommunication services users reached 290 thousand, of which, the number of internet users reached 269 thousand.

VI: Domestic Trade and Price

Market sales stably increased. Under a series of policies such as adding wages, extending holidays and various of promoting manners of the traders, the markets sale was active. The total retail sales of consumer goods reached 105.43 billion yuan, up 7.7%. Considering the price factor, actually up 9.9%, being the highest in these years. Total retail sales of consumer goods in urban area reach 49.9 billion yuan, up 8.3%, that of county grade and lower were 23.45 and 32.08 billion yuan respectively, up 7.2% and 7% respectively. By sectors, the total wholesale and retail sale increased by 7.4%, catering trade and manufacturing increased by 26.7% and 1.7% respectively, retail sales of agricultural producers increased by 1.6%. Exchanging of free market of urban and rural was stable. Transaction of business was 96.77 billion yuan, up 6%.

The whole efficiency of large size commercial enterprises improved apparently. The net sales revenue of more than 40 key retail sale store was 4.24 billion yuan, up 25.1%, the profits reached 39370 thousand yuan, up 28.8%; raw profit rate was 9.1%, 0.9 percentage point higher than that of previous year. Charge rate was 4.46%, decreased 0.5 percentage point.

The total level of price kept stable. Price of consumption of residents increased by 0.7%. Of which, service: increased by 17.5%, food: decreased by 2.8%, clothing: decreased by 2%; household facilities: decreased by 1.4%; utensils of transportation and communications: decreased by 6.2%. The price of retail sales goods decreased by 2% compared with that of the previous year.

VII: Foreign Trade and Tourism

Fast growth was registered in import and export. As the government increased the rate of refund fax of export and fasted the refund tax of export policy, the value of import and export increased. The total value of import and export goods of foreign trade reached US $ 3.33 billion in the whole year, up 25.7%. Of the total, the value of export was US $ 2.16 billion, up 29%, and the value of import were US $ 1.17 billion, up 20.1%. Normal export value increased by 33.3% and the proportion to the total export increased from 75.9% to 78.4%. The export to Asia, North America and Oceania increased by 30.1%, 49.7% and 31.6% respectively. The export to Europe, and Africa increased by 19.8% and 7% respectively. The total value of import and export goods of foreign-funded enterprises still kept faster increasing, reached US $ 950 million, up 14.2%. Of which, export value was US $ 400 million, and the proportion to total export vale was 18.5%.

The foreign capital actually utilized made progress. Amount of agreement utilization of foreign capital was US $ 752 million, down 12.1%, of which, the foreign direct investment reach US $ 636 million, up 13.8%; actually foreign capital utilized was US $ 415 million, down 36.8%, of the total, amount of foreign direct investment was US $ 318 million, down 11.9%. The number of newly-approved foreign funded enterprises was 247, increased 48 compared with that of the previous year.

Fast progress was made in the economic cooperation with foreign countries. In 2000, the contracted value in foreign contracted projects and labor cooperation was US $ 176 million, up 110% over 1999, and the business revenue was US $ 103 million, up 4.3%.

Tourism kept up a continuous developing state. The total income of tourism was 15.99 billion yuan, up 12.7% compared with that of the previous years. Of which, income of foreign exchange was US $ 113 million, up 25.3%. Income of domestic tourism was 15.05 billion yuan, up 12%. The number of foreign tourists were 318 thousand, up 26.8%. The number of domestic tourists was 29.738 million, up 11.5%.

VIII: Finance, Banking and Insurance

Finance and Banking was stable. Financial Revenue was 29.04 billion yuan, up 8% over 1999. Financial expenditure was 32.4 billion yuan, up 13.8%. The support to capital construction, education, social ensure and others from finance was enlarged. Of which, social ensure expenditure increase by 81.6%. At the end of 2000, deposits in various forms was 248.55 billion yuan, increase 28.19 billion yuan compared with that of end of previous year. Of which, the deposits of enterprises was 76.19 billion yuan, increased 8.9 billion yuan. The saving deposits by urban and rural residents was 144.72 billion yuan, increased 14.43 billion yuan compared with that of end of previous year. Loans in various forms was 238.49 billion yuan, increased 21.53 billion yuan compared with that of end of previous year. Of the total, 165.28 billions yuan was granted in the form of short-term loans, increased 12.86 billion yuan, and 54.38 billion yuanin the form of mid-term and long-term loans, increased 6.19 billion yuan.

Security market developed stably. In 2000, six new shares (A share) were issued, six old shares were distributed and 3.92 billion yuan was collected.

Stable progress was scored in insurance service. In 2000, the insurance premium totaled 3.82 billion yuan, up 8%. Of the total, the premium of property insurance was 1.14 billion yuan and that of life insurance was 2.38 billion yuan. The insurance companies paid an indemnity of 1.23 billion yuan as reparations in insurance programs, of which the indemnity of property insurance was 0.77 billion yuan, and 0.46 billion yuan was paid as reparation in life insurance programs.

IX: Science, Technology and Education

Overall strength of science and technology was further strengthened. Anhui had 970 thousand technicians, up 3.3% over 1999. There were 249 independent research and development institutions, science-technology information and literature institutions at and above county level. 40 research institutions affiliated to institutions of higher education, and more than 430 technological development institutions affiliated to large and medium industrial or construction enterprises. A total of 72 thousand people were engaged in scientific and technological activities, of which there were 43 thousand of scientists and engineers, up 2.1%. The year 2000 saw 3629 civilian – run scientific and technological enterprises, with a total of 650 thousand employees and 6 billion yuan of revenue.

The investment in S&T increased. The expenditure for scientific and technological activities in institution, colleges and large and medium industrial enterprises totaled 3.17 billion yuan, up 12%. Of which, involving R&D expenditure of 1.13 billion yuan, up 15%.

Scientific research and technology development made new achievements. In 2000, some 511 key scientific and technical results were registered at and above provincial level. Here are Main technical research science achievement items: Wan Wheat 38, Wan Rice 34, reorganizing of human's growth hormone, KD series language system and so on. About 90 projects were listed as natural science prize items, 55 were listed as "Spark Program", 56 were listed as "Torch Program", 8 achievement was listed as widen program, the total of investment was 0.8 billion yuan. There were 3 national key labs, 4 provincial key labs and 5 cooperation labs by the province and department. One national engineering research center, three provincial engineering research center and 132 enterprise engineering technical research centers were newly constructed.

Patent application stably developed and technical services were reinforced. A total of 1877 applications to patent were received and 1482 patents were authorized. The year 2000 saw 3184 signed contracts of technology, involving a transaction value of 0.61 billion yuan. There were altogether 100 products that were responsible for the inspection and supervision of the quality of manufactured, of which 6 were at provincial level.

The undertaking of surveying and mapping was developed. The surveying and mapping center prepared 9865 maps of various scales, 6307 achievement, 49 cases of files, 60 rolls of negative films and 374 pieces of photos. The units under the Surveying and Mapping bureau of Anhui province had finished survey and mapping work totaled 8370 thousand yuan. Here are main survey and drawing finished items: 953 outside controlling maps, 463 adjusted survey and drawing maps, 1695 maps of various scales, 15 adapted maps, 420 maps of 1:10000 scale, 420 models, satisfying the needs of society.

The education kept big development. At the end of 2000, there were 42 colleges and universities in the whole province, the number of new students enrollment were 76 thousand, increased 25 thousand. The number of students enrollment were 182 thousand. There were 17 universities or institutions that offered course leading to postgraduate degrees, number of new graduates enrollment were 2522. Of which, 778 were belonged to local untis. The number of graduates enrollment of colleges and universities was 5820, of the total, the number of graduates enrollment of colleges and universities was 1747. The number of all type of secondary professional schools was 854, the number of students enrollment was 687 thousand, of the total, the number of students enrollment of secondary specialized schools was 192 thousand, the number of students enrollment of profession junior and senior schools were 297 thousand and 156 thousand. The number of students enrollment of technical worker schools were 42 thousand. The number of middle schools were 3767, the number of students enrollment was 3583 thousand, of the total, the number of senior students was 541 thousand, the number of junior students was 3042 thousand. There were 24281 primary schools with 6442 thousand of pupils enrollment. The proportion of school-age children in junior schools was 97.1% and that of school-age children in primary schools was 99.7%. The leaving ratio of junior schools and primary schools were 1.98% and 0.36% respectively. Adult education and technical training had gained much better effect. The number of new students enrollment of adult high education institutions was 62 thousand and that of students enrollment was 123 thousand. The number of students enrollment of adult specialized secondary schools were 44 thousand, the number of trained students of adult technical training schools were 4058 thousand person times and the illiteracy decreased 204 thousand.

X: Culture, Public Health and Sports

Cultural undertakings were healthly developed. At the end of 2000, there were 93 art – performing groups, 102 culture centers, 83 public libraries and 36 museums. The expansion of Provincial Library as almost completed. There were 138 filing centers, with 4.10 millions of volumes and the areas were 136 thousand square meters. There were 15 broadcasting stations, 23 medium wave emission stations and relay stations ,17 TV stations ,350 TV emission and relaying stations, 15 cable TV stations with 1907 thousand of users. There were also 50 broadcasting and TV stations at county level. Radio programes covered 94.8% of the total population and TV programes covered 93.8%, up 3 and 4.1 percentage point respectively. Newspaper issued a total of 100 types, 62,172 copies; magazines: 160 types and 48.86 million copies; books: 2613 types and 298.67 million copies.

Health undertakings had made unceasing improvement. At the end of 2000, the number of health institutions (including health offices and individual) was 6705, Of the total, the number of hospitals and clinics were 2953, The number of anti – epidemic clinics was 229, the number of maternity and children care centers was 110. There were 115 thousand beds in health institutions and 154 thousand health workers. Of the total, the number of health workers in hospitals and institutions was 127 thousand, and that of anti-epidemic clinics was 8.7 thousand, and that of them in maternity and children care centers was 2.3 thousand. Of the health workers, there were 54.7 thousand of doctors and 369 thousand of nurses.

Development was scored in sports. In 2000, athletes from Auhui Province won 25 golden medals, 31 silver medals and 36 bronze medals at domestic and international major sports games. Sheng Zetian won a bronze medal at the 27th Olympic Game. There were 31 new athletes, 69 new first grade athletes, 15 new national grade judges, 176 new first grade judges. There were 5477 social sport guides, of which, number of national grade were 36, and that of first grade guides was 266. There were 14096 sports fields, of the total, the number of sport centers was 40, the number of stadiums was 32. The gymnasium of "the 9th sports game in the province" and Huangshan Gym were put into operation.

The deformed and peasant athletes made good scores. In 2000, the deformed athletes won 2 golden medals, 2 silver medals and one bronze medal at the 11th Olympic Game for the deformed persons, they also won 3 golden medals, 6 silver medals and 5 bronze medals at the 5th National Sports Game for the deformed persons. The peasant athletes won 3 golden medals, 1 silver medal and 5 bronze medals at the 4th National Peasant Sports Game.

XI: Environmental Protection

Some progress was made in environment protection. At the end of 2000, the number of staff and workers of environment protection system were 4104, the number of province, prefecture, county grade environment monitor stations was 75, the number of state, province grade natural protection regions were 23. By 2000, 107 soot emission zones had been established in 11 cities, covering an area of 452 square kilometers. And there were another 74 zones covering 233 square kilometers, where ther noise pollution was put under specified level. The object of "one controlling and double standard-reaching" was in the main completed. 6232 of the 6275 enterprises listed under controlling had reached the standard, and the proportion was 99.3%. Of the 1070 key enterprises, 1045 of them had reached the standard, and the proportion was 99.7%. In Hefei, the atmosphere quality had reached the national standard and water quality met the requirement in the main. The emission volume was controlled at the same standard as that in 1995. Volume of COD, SO2 was decreased by 20%, better than the average standard in the country. The state also added investment of 124 million yuan to "Three rivers and three lakes" national debt project. Many measures were adopted to protect and construct the ecological environment.

There were 6,099 fire disasters and 25,241 traffic accidents in 2000.

XII : People's Livelihood and Employment

Living standard of residents increased steadily. In 2000, the total wages of staff and workers were 28.94 billion yuan, up 3.9% over 1999. Of the total, wages of staff and workers at their posts were 27.58 billion yuan, up 3.2%. Average wage of staff and workers were 6,993 yuan, up 7.3%. According to sampling survey, per capita disposible income of residents in urban area were 5293.6 yuan, up 4.5%, discounting the price factor actually increased 3.6%. Per capita expenditure of consumption was 4233, up 8.5% Engel coefficient of urban residents was 45.7%, 1.6 percentage point lower than that of previous year. Per capita net income of rural residents was 1934.6 yuan, increased 1.8%, discounting the price factor, actually increased 2.6%. Per capita expenditure of consumption of rural residents was 1321.5 yuan, up 1.5%. Engle coefficient was 54%, 0.4 percentage point lower than that of previous year. The housing condition got better continuously. The new dwelling of urban and rural were 67,058 thousand square meters, of the total, that of urban was 18,253 thousand square meters, and that of rural was 488,05 thousand square meters.

The structure of labor force adjusted continuously. At the end of 2000, the number of employs were 34,508 thousand, increased 525 thousand. Of the total, the number of employs of the primary industry were 20,246 thousand, the proportion was 58.7%, The number of employs of the secondary industry were 6,274 thousand, the proportion was 18.2%. The number of employs of the tertiary industry were 7,988 thousand, the proportion of total were 23.1%. At the end of 2000, the number of staff and workers at their posts were 3,928 thousand, decreased 161 thousand compared with that of the previous year. The number of staff and workers of private enterprises and individuals self-employs were 4,016 thousand, increase 91 thousand. According to statistics by labor department, in 2000, registered unemployment ratio was 3.4%, increased 0.2 percentage point.

The social security system developed steadily. In the whole province, 98% of the staff and workers of state – owned units signed the labor contract, 119.5 thousand of laid – off staff and workers in state – owned units were arranged. 3.2 million of staff and workers participated in fundamental pension insurance. The number of retired staff and workers enjoyed the pension insurance was 0.93 million. The number of staff and workers participated in medical insure was 1.29 million. The institutions of unemployed insurance set relief funds for 100 thousand unemployed persons.

The number of labor exchanges run by labor departments was 1707. Of the total, the number of employment services in township was 1546, the number of newly-employed person in urban area was 125 thousand.

Social welfare work developed continuously. There were 53 thousand beds in social warfare institutions of various types and 42 thousand inmates. Social guarantee network facilities were established in 49.7% township. The year also saw 12,000 community service facilities in urban areas, including 282 community service centers. The sales of social welfare lottery ticket totaled 96.29 million yuan and 19.16 million yuan of welfare fund was raised.

Notes: 1) All figures in the communique are preliminary statistics. 2) Figures in value terms on Gross domestic product (GDP) and value-added of various sectors are calculated at current prices, whereas growth rates are calculated at comparable prices.

一、行政区划和自然资源

ADMINISTRATIVE DIVISIONS AND NATURAL RESOURCES

简要说明

一、本篇主要包括我省行政区划、自然状况以及自然资源的开发和利用情况等内容。

二、自然状况包括地域、气象状况。自然资源包括土地、气候、林木、水资源。

1. 林木资料来自省林业厅；

2. 水资源资料由省水利厅和省水产局提供；

3. 气象资料由省气象中心整理提供。

三、皖政秘（2000）100号文调整阜阳行政区划设立地级亳州市。

皖政秘（2000）140号文撤消池州地区，设立地级池州市。

皖政秘（2000）141号文撤消宣城地区，设立地级宣城市。

本篇责任编辑：吴　敏

Brief Introduction

I. This chapter mainly covers Data on Annuli's divisions of administrative areas, natural conditions and the exploitation and utilization of the natural resources.

II. Natural conditions cover region and meteorological conditions. Natural resources cover land, climate, forest and water resources.

1. Data on forest are provided by the Department of Forestry of Anhui Province.

2. Data on water conservancy are provided by the Water Conservancy Department and the Marine Products Bureau of Anhui Province.

3. The meteorological data are provided by the Provincial Meteorological Center.

III. According to Anhui (2000) No. 100 classified documents, the Divisions of Fuyang was adjusted and Bozhou City (at prefectural level) was set up.

According to Anhui (2000) No. 140 classified documents, Chizhou Prefecture was canceled and Chizhou City (at prefectural level) was set up.

According to Anhui (2000) No. 141 classified documents, Xuancheng Prefecture was canceled and Xuancheng City (at prefectural level) was set up.

1—1 全 省 行 政 区 划(2000年末)
Administrative Divisions in Anhui (End of 2000)

单位:个 (unit)

市 名 称 Names of City	市 级 Number of Cities	县 级 Number of Counties			乡 镇 数 Number of Towns and Townships		
		合 计 Total	县级市 Cities At County Level	县 Counties	合 计 Total	镇 Towns	乡 Townships
总 计 Total	**17**	**61**	**5**	**56**	**1841**	**941**	**900**
合 肥 市 Hefei	1	3		3	108	43	65
淮 北 市 Huaibei	1	1		1	32	23	9
亳 州 市 Bozhou	1	3		3	101	79	22
宿 州 市 Suzhou	1	4		4	107	69	38
蚌 埠 市 Bengbu	1	3		3	72	29	43
阜 阳 市 Fuyang	1	5	1	4	172	110	62
淮 南 市 Huainan	1	1		1	40	20	20
滁 州 市 Chuzhou	1	6	2	4	169	86	83
六 安 市 Luan	1	5		5	188	110	78
马鞍山市 Maanshan	1	1		1	31	16	15
巢 湖 市 Chaohu	1	4		4	126	72	54
芜 湖 市 Wuhu	1	3		3	70	45	25
宣 城 市 Xuancheng	1	6	1	5	170	62	108
铜 陵 市 Tongling	1	1		1	20	9	11
池 州 市 Chizhou	1	3		3	95	35	60
安 庆 市 Anqing	1	8	1	7	204	95	109
黄 山 市 Huangshan	1	4		4	136	38	98

1—2 全省县以上行政区划（2000年末）

Administrative Divisions of Counties and Above in Anhui (End of 2000)

省 辖 市 City Under Province Administation	所 辖 县（市） 名 称 Names of County Or City Under Administative
合 肥 市 Hefei	长丰县、肥东县、肥西县 Changfeng, Feidong, Feixi
淮 北 市 Huaibei	濉溪县 Suixi
亳 州 市 Bozhou	涡阳县、蒙城县、利辛县 Guoyang, Mengcheng, Lixin
宿 州 市 Suzhou	砀山县、萧 县、灵璧县、泗 县 Dangshan, Xiaoxian, Lingbi, Sixian
蚌 埠 市 Bengbu	怀远县、五河县、固镇县 Huaiyuan, Wuhe, Guzhen
阜 阳 市 Fuyang	界首市、临泉县、太和县、阜南县、颍上县 Jieshou, Linquan, Taihe, Funan, Yingshang
淮 南 市 Huainan	凤台县 Fengtai
滁 州 市 Chuzhou	天长市、明光市、来安县、全椒县、定远县、凤阳县 Tianchang, Mingguang, Laian, Quanjiao, Dingyuan, Fengyang
六 安 市 Luan	寿 县、霍邱县、舒城县、金寨县、霍山县 Shouxian, Huoqiu, Shucheng, Jinzhai, Huoshan
马鞍山市 Maanshan	当涂县 Dangtu
巢 湖 市 Chaohu	庐江县、无为县、含山县、和 县 Lujiang, Wuwei, Hanshan, Hexian
芜 湖 市 Wuhu	芜湖县、繁昌县、南陵县 Wuhu, Fanchang, Nanling
铜 陵 市 Tongling	宁国市、郎溪县、广德县、泾 县、绩溪县、旌德县 Ningguo, Langxi, Guangde, Jingxian, Jixi, Jingde
宣 城 市 Xuancheng	铜陵县 Tongling
池 州 市 Chizhou	东至县、石台县、青阳县 Dongzhi, Shitai, Qingyang
安 庆 市 Anqing	桐城市、怀宁县、枞阳县、潜山县、太湖县、宿松县、望江县、岳西县 Tongcheng, Huaining, Zongyang, Qianshan, Taihu, SuSong, Wangjiang, Yuexi
黄 山 市 Huangshan	歙 县、休宁县、黟 县、祁门县 Shexian, Xiuning, Yixian, Qimen

1—3 自　然　资　源
Natural Resources

项　目	Item		2000
气　候	**Climate**		
年平均气温（℃）	Annual Average Temperature	(℃)	
淮北地区	Huaibei Area		15.6
江淮地区	JiangHuai Area		16.6
沿江地区	Along Chang Jiang River		17.1
江南地区	Lying South of Chang Jiang		16.4
年平均降水量（mm）	Annual Average Precipitation	(mm)	
淮河以北	Lying North of Huai He		1172.8
江淮之间	Between Chang jiang and Huai He		945.4
沿江地区	Along Chang Jiang River		1152.7
江南地区	Lying South of Chang Jiang		1400.4
土地资源	**Land Resources**		
土地总面积（平方公里）	Total Land Area	(sq. km)	139427
山地（平方公里）	Mountain	(sq. km)	41162
平原（平方公里）	Plain	(sq. km)	34608
丘陵（平方公里）	Hills	(sq. km)	40448
圩区（平方公里）	Low-lying Paddy Fields	(sq. km)	12097
洼地（平方公里）	Low-lying Land	(sq. km)	5256
水面（平方公里）	Water Surface	(sq. km)	5866
耕地面积（千公顷）	Area of Cultivated Land	(1000 hectares)	4229.6
林业用地面积	Area of Afforestated Land		
造林面积（千公顷）	Area of Afforesded Hilly Area	(1000 hectares)	75.70
果园面积（千公顷）	Area of Orchard	(1000 hectares)	84.78
茶园面积（千公顷）	Area of Tea Plantations	(1000 hectares)	108.37
林木资源	**Forest Resources**		
活立木总蓄积量（亿立方米）	Total Standing Stock Volume	(100 million cu. m)	1.26
森林面积（千公顷）	Forest Area	(1000 hectares)	331.9
森林覆盖率（%）	Forest-cover Rate	(%)	27.95
水资源	**Water Resources**		
水资源总量（亿立方米）	Total Resources	(100 million cu. m)	592.53
淮河流域	Drainage Area of Huaihe River		246.20
长江流域	Drainage Area of Chang Jiang River		297.34
新安江流域	Drainage Area of Xinanjiang River		48.99
地表水资源（亿立方米）	Surface Water	(100 million cu. m)	554.62
淮河流域	Drainage Area of Huaihe River		212.83
长江流域	Drainage Area of Chang Jiang River		292.85
新安江流域	Drainage Area of Xinanjiang River		48.94
地下水资源（亿立方米）	Shallow Ground Water	(100 million cu. m)	188.74
淮河流域	Drainage Area of Huaihe River		124.83
长江流域	Drainage Area of Chang Jiang River		58.16
新安江流域	Drainage Area of Xinanjiang River		5.75
水资源蕴藏量（亿立方米）	Hydropower Resources	(100 million cu. m)	177.43
淮河流域	Drainage Area of Huaihe River		90.75
长江流域	Drainage Area of Chang Jiang River		82.53
新安江流域	Drainage Area of Xinanjinag River		4.15
淡水面积（千公顷）	Freshwater Area	(1000 hectares)	1054
#养殖面积（千公顷）	Cultivated Area	(1000 hectares)	549

1—4 主要城市平均气温(2000年)
Monthly Average Temperature in Major Cities (2000)

单位：摄氏度 (℃)

城市 City		1月 Jan.	2月 Feb.	3月 Mar.	4月 Apr.	5月 May.	6月 June	7月 July	8月 Aug.	9月 Sept.	10月 Oct.	11月 Nov.	12月 Dec.	年平均 Annual Average
合肥市	Hefei	1.5	4.4	12.0	17.9	23.4	26.2	29.9	27.8	23.6	17.4	9.4	7.2	16.7
淮北市	Huaibei	−0.1	3.4	11.3	16.8	22.0	25.5	28.0	27.0	22.7	15.8	7.7	5.2	15.4
亳州市	Bozhou	−0.9	3.5	11.6	17.2	22.4	25.7	28.1	27.1	22.5	15.7	7.8	5.2	15.5
宿州市	Suzhou	0.3	3.2	10.8	16.8	22.3	25.6	28.2	27.2	23.0	16.3	7.9	5.5	15.6
蚌埠市	Bengbu	0.8	3.4	11.3	17.5	23.0	25.6	28.9	27.4	23.1	17.0	8.6	6.4	16.1
阜阳市	Fuyang	−0.4	3.6	11.1	16.9	22.4	25.2	28.1	27.0	22.1	16.0	7.8	5.8	15.5
淮南市	Huainan	0.9	4.0	11.9	17.9	23.4	25.9	29.8	28.0	23.5	17.1	9.0	6.8	16.5
滁州市	Chuzhou	1.6	3.8	11.1	17.1	22.6	25.3	28.9	27.5	23.4	17.4	9.5	6.8	16.3
六安市	Luan	1.1	4.4	12.3	18.2	23.7	25.9	29.9	27.8	23.2	16.9	8.7	7.0	16.6
马鞍山市	Maanshan	2.4	4.2	11.4	17.4	22.9	25.8	29.6	28.0	23.8	18.1	10.3	7.5	16.8
巢湖市	Chaohu	2.1	4.2	11.6	17.6	23.2	26.2	30.1	28.1	23.8	17.9	9.9	7.3	16.8
芜湖市	Wuhu	2.9	4.6	11.5	17.8	23.4	26.3	30.1	28.3	24.3	18.5	10.6	7.9	17.2
宣城市	Xuancheng	2.7	4.1	10.9	16.9	22.4	25.4	29.1	27.4	23.4	18.1	10.1	7.5	16.5
铜陵市	Tongling	2.4	4.5	11.5	17.3	23.0	25.8	30.0	27.8	23.8	17.9	9.9	7.6	16.8
池州市	Chizhou	2.8	4.5	11.7	17.5	23.1	26.1	30.4	27.8	24.0	18.2	10.2	7.5	17.0
安庆市	Anqing	3.2	5.3	12.3	18.1	23.7	26.6	30.7	28.4	24.6	18.6	10.6	7.9	17.5
黄山市	Huangshan	4.8	5.2	11.4	16.9	22.6	24.7	28.8	27.2	23.5	19.0	11.1	7.8	16.9

1—5 主要城市降水量(2000年)
Monthly Precipitation in Major Cities (2000)

单位：毫米 (millimeters)

城市 City		1月 Jan.	2月 Feb.	3月 Mar.	4月 Apr.	5月 May.	6月 June	7月 July	8月 Aug.	9月 Sept.	10月 Oct.	11月 Nov.	12月 Dec.	全年 Annual Total
合肥市	Hefei	69.6	23.7	12.7	27.4	51.2	216.5	51.4	142.4	96.6	108.4	79.6	22.4	901.9
淮北市	Huaibei	29.8	7.7	0.2	2.1	35.0	247.3	318.7	116.7	81.0	90.8	59.3	13.3	1001.9
亳州市	Bozhou	36.3	11.0	0.4	4.5	35.6	405.3	312.0	69.2	135.1	84.8	60.9	9.5	1164.6
宿州市	Suzhou	36.9	14.0	0.5	2.2	42.3	415.0	174.7	65.0	141.8	96.0	62.9	13.4	1064.7
蚌埠市	Bengbu	41.2	23.1	6.0	8.6	49.6	386.8	93.1	106.7	156.0	88.6	70.0	19.6	1049.3
阜阳市	Fuyang	55.2	15.3	2.8	3.3	70.9	584.4	185.2	101.5	203.3	134.6	69.3	27.5	1453.3
淮南市	Huainan	53.3	21.9	9.2	30.2	46.0	278.8	6.6	96.7	153.6	133.2	72.9	17.0	919.4
滁州市	Chuzhou	73.6	34.9	21.7	26.8	96.7	198.0	92.9	212.8	52.8	107.6	79.5	19.3	1016.6
六安市	Luan	80.5	35.5	14.7	18.5	67.5	153.8	8.2	77.6	124.4	121.0	75.6	25.5	802.8
马鞍山市	Maanshan	73.3	32.0	31.0	46.2	91.7	153.9	64.1	222.1	81.8	84.1	75.4	20.9	976.5
巢湖市	Chaohu	78.6	35.2	32.6	41.5	138.4	141.0	60.8	179.8	62.6	73.8	72.6	21.5	938.4
芜湖市	Wuhu	111.2	48.7	51.0	45.2	166.7	182.7	73.8	98.3	46.4	72.5	114.6	25.0	1036.1
宣城市	Xuancheng	130.0	67.6	66.8	57.1	218.7	72.8	86.3	176.0	64.4	99.4	111.0	35.8	1185.9
铜陵市	Tongling	116.8	51.7	58.0	115.2	197.7	104.0	32.1	92.3	46.0	93.2	115.5	29.9	1052.4
池州市	Chizhou	149.2	67.5	71.4	70.9	243.2	107.0	31.6	131.0	32.1	123.0	111.6	27.1	1165.6
安庆市	Anqing	138.4	65.8	71.4	83.6	243.2	122.6	17.6	135.2	48.0	91.5	83.2	19.0	1119.5
黄山市	Huangshan	123.3	136.5	143.9	92.8	166.6	254.4	57.0	149.1	43.5	71.7	137.3	27.0	1403.1

1—6 各市水资源总量(2000年)
Water Resources by Region (2000)

单位：亿立方米 (100 million cu. m)

地区 Region	年降水量 Annual Precipitation	地表水资源量 Volume of Surface Water	地下水资源量 Volume of Ground Water	重复计算量 Volume of Repeat Calculation	总水资源量 Total Water Resources	产水系数 Coefficient of Generated Precipitation	产水模数 (万 m²/km²) Ratio of Precipitation to Area (10000 m²/km²)
总计 Total	**1575.47**	**554.62**	**188.74**	**150.83**	**592.53**	**0.38**	**42.48**
合肥市 Hefei	59.60	14.56	4.56	4.14	14.98	0.25	20.62
淮北市 Huaibei	28.64	8.54	6.98	5.09	10.43	0.36	38.28
亳州市 Bozhou	98.22	29.37	21.03	14.82	35.58	0.36	42.49
宿州市 Suzhou	103.19	29.55	22.62	16.57	35.60	0.34	36.13
蚌埠市 Bengbu	69.32	22.72	16.04	11.33	27.43	0.40	45.63
阜阳市 Fuyang	121.32	39.31	27.46	19.30	47.47	0.39	48.18
淮南市 Huainan	22.20	6.55	5.50	4.18	7.87	0.35	36.76
滁州市 Chuzhou	125.44	27.56	6.14	5.29	28.41	0.23	21.32
六安市 Luan	188.45	59.21	16.01	12.25	62.97	0.33	34.14
马鞍山市 Maanshan	16.47	4.69	0.54	0.54	4.69	0.28	27.85
巢湖市 Chaohu	88.03	24.70	5.86	5.55	25.01	0.28	26.88
芜湖市 Wuhu	35.93	14.01	3.57	3.29	14.29	0.40	43.08
宣城市 Xuancheng	160.70	70.23	13.24	11.52	71.95	0.45	58.31
铜陵市 Tongling	12.09	4.10	1.13	0.88	4.35	0.36	39.08
池州市 Chizhou	112.27	52.40	10.82	10.42	52.80	0.47	62.65
安庆市 Anqing	183.88	71.15	15.79	14.26	72.68	0.40	46.99
黄山市 Huangshan	149.72	75.97	11.45	11.40	76.02	0.51	77.34

1—7 流域分区水资源总量(2000年)
Water Resources by Area of Rivers (2000)

单位：亿立方米 (100 miliion cu. m)

地区 Region	年降水量 Annual Precipitation	地表水资源量 Volume of Surface Water	地下水资源量 Volume of Ground Water	重复计算量 Volume of Repeat Calculation	总水资源量 Total Water Resources	产水系数 Coefficient of Generated Precipitation	产水模数 (万 m²/km²) Ratio of Precipitation to Area (10000 m²/km²)
总计 Total	**1575.47**	**544.62**	**188.74**	**150.83**	**592.53**	**0.38**	**42.48**
淮河流域 Huaihe River Basin	711.70	212.83	124.83	91.46	246.20	0.35	36.95
淮北西部 West of North of Huaihe River	245.43	76.60	54.03	38.36	92.27	0.38	45.01
淮北东部 East of North of Huaihe River	182.04	54.88	43.44	31.40	66.92	0.37	39.55
淮南西部 West of South of Huaihe River	200.59	58.62	21.17	16.37	63.42	0.32	31.26
淮南东部 East of South of Huaihe River	83.64	22.73	6.19	5.33	23.59	0.28	26.46
长江流域 Changjiang River Basin	765.23	292.85	58.16	53.67	297.34	0.39	44.77
江北西部 West of North of Changjiang River	173.16	68.93	15.79	14.26	70.46	0.41	48.18
江北东部 East of North of Changjiang River	203.44	51.46	7.95	7.64	51.77	0.25	24.06
江南西部 West of South of Changjiang River	125.65	55.37	13.10	12.69	55.78	0.44	60.30
江南东部 East of South of Changjiang River	262.98	117.09	21.32	19.08	119.33	0.45	56.77
新安江流域 Xinanjiang River Basin	98.54	48.94	5.75	5.70	48.99	0.50	76.07

1—8 各市全年降水量(2000年)
Total Precipitation by Region (2000)

地区 Region	年降水量 Precipitation 毫米 0.001(m)	年降水量 Precipitation 亿立方米 (100 million cu. m)	多年平均降水量(亿立方米) Avevage Precipitation in Many Years (100 million cu. m)	与上年比较 Compared With Last Year (±%)	与多年平均比较 Compared With The Average Precipitation of Many Years (±%)
总计 Total	**1129.6**	**1575.47**	**1590.30**	**-15.1**	**-0.9**
合肥市 Hefei	820.3	59.60	65.30	-0.3	-8.7
淮北市 Huaibei	1051.1	28.64	23.20	74.6	23.4
亳州市 Bozhou	1172.9	98.22	70.80	79.6	38.7
宿州市 Suzhou	1047.3	103.19	84.80	63.3	21.7
蚌埠市 Bengbu	1153.1	69.32	53.10	64.3	30.5
阜阳市 Fuyang	1231.4	121.32	84.90	90.8	42.9
淮南市 Huainan	1036.9	22.20	18.80	50.0	18.1
滁州市 Chuzhou	941.2	125.44	128.40	14.1	-2.3
六安市 Luan	1021.7	188.45	213.10	-5.3	-11.6
马鞍山市 Maanshan	978.2	16.47	18.20	-26.8	-9.5
巢湖市 Chaohu	946.3	88.03	102.30	-27.8	-13.9
芜湖市 Wuhu	1083.3	35.93	41.30	-39.2	-13.0
宣城市 Xuancheng	1302.3	160.70	170.00	-37.6	-5.5
铜陵市 Tongling	1086.3	12.09	14.50	-42.4	-16.6
池州市 Chizhou	1332.1	112.27	129.00	-41.8	-13.0
安庆市 Anqing	1188.9	183.88	206.40	-39.7	-10.9
黄山市 Huangshan	1523.2	149.72	166.20	-40.7	-9.9

1—9 流域分区全年降水量(2000年)
Total Precipitation by Area of Rivers (2000)

流域分区 River Area	年降水量 Precipitation 毫米 0.001 (m)	年降水量 Precipitation 亿立方米 (100 million cu. m)	多年平均降水量(亿立方米) Avevage Precipitation in Many Years (100 million cu. m)	与上年比较 Compared With Last Year (±%)	与多年平均比较 Compared With The Average Precipitation of Many Years (±%)
总计 Total	**1129.6**	**1575.47**	**1590.30**	**-15.1**	**-0.9**
淮河流域 Huaihe River Basin	1068.2	711.70	630.60	39.1	12.9
淮北西部 West of North of Huaihe River	1197.2	245.43	174.90	83.0	40.3
淮北东部 East of North of Huaihe River	1075.8	182.04	145.70	65.9	24.9
淮南西部 West of South of Huaihe River	988.7	200.59	225.30	1.1	-11.0
淮南东部 East of South of Huaihe River	938.1	83.64	84.70	20.2	-1.3
长江流域 Changjiang River Basin	1152.3	765.23	852.50	-35.2	-10.2
江北西部 West of North of Changjiang River	1184.1	173.16	192.90	-40.4	-10.2
江北东部 East of North of Changjiang River	945.6	203.44	228.60	-18.0	-11.0
江南西部 West of South of Changjiang River	1358.4	125.65	141.80	-41.9	-11.4
江南东部 East of South of Changjiang River	1251.0	262.98	289.20	-38.2	-9.1
新安江流域 Xinanjiang River Basin	1530.1	98.54	107.20	-39.9	-8.1

注：多年平均为1956年至1979年平均降水量。

a) "In many years" refers to the average precipitation from 1956 to 1979.

主要统计指标解释

森林面积　指生长着乔木和竹林，郁闭度在0.3以上（不包括0.3）的林地面积，即有林地面积。它是反映森林资源总面积的重要指标。森林面积包括天然林面积和人工林面积。但不包括灌木林地和疏林地面积。

森林覆盖率　通常是指森林面积以及四旁树木的覆盖面积与土地总面积之比。森林覆盖率，是反映一个国家或地区森林资源和绿化水平的重要指标。计算公式：

$$森林覆盖率（\%）=\frac{森林面积}{土地总面积}\times 100\%$$

活立林总蓄积量　指全部土地上树木蓄积的总量。包括森林蓄积、疏林蓄积、散生木蓄积和四旁树蓄积。

森林蓄积量　指森林面积上生长着林木树干材积总量。它是反映一个国家或地区森林资源总规模和水平的重要指标。

水资源总量　指辖区内降水形成的地表、地下水量，不包括入境水量。水资源总量＝地表水资源量＋地下水资源量－重复量部分。

地表水资源量　指地表水体的动态水量，即河川径流量。

地下水资源量　指与降水、地表水有直接补排关系的动态地下水量。

降水量　指降水深度，即降水平铺在地域面积上的深度。

降水总量　即降水深度（mm）×地域面积

水资源蕴藏量　指水资源总量中可以开采的水量。

Explanatory Notes for Major Statistical Indicators

Forest Area refers to the area of forest land where trees, and bamboo grow with canopy density above 0.3, including land of natural woods and planted woods but excluding bush land and thin forest land, which reflects the total ares of afforestation.

Forestry Coverage-rate refers to the ratio of area of afforested land to total area of land(measured in percent). According to regulations of the country, when calculating Forestry Cover-rate, in addition to afforested land, bush land, forestry land inside farmland and along sides should be taken into account. This indicator reflects forestry resources and afforestation progress of a country or region. The statistics of Forestry Cover-rate in this statistical year book is calculated as follows:

$$\text{Forestry Cover-rate}(\%) = \frac{\text{Area of Forestry Land}}{\text{Area of Total Land}} \times 100\%$$

Total Standing Stock Volume refers to the total stock volume of trees growing in land, including trees in forest, tress in sparse forest, scattered trees and trees planted by the side of farm houses and along the roads, rivers and fields.

Stock Volume of Forest refers to total stock volume of wood growing in forest area, which shows the total size and level of forest resources of a country or a region.

Total Water Resources refers to surface water volume and shallow groand water volume by precipitation in the area, not include water from other area. Total water resouroes = Surface water volume + Shallow ground water-repeat part.

Volume of Surface Water refers to the dynamic volume of surface water body, or the volume of runoff of rivers.

Volume of Ground Water refers to ground water flow, related to precipitation and surface water.

Precipitation refers to deep of precipitation, the deep of the area by precipitation.

Total Precipitation refers to deep × area.

Total Water Resources Stock Volume refers to the water volume that can be developed.

二、综　　　合

GENERAL SURVEY

简要说明

一、本篇包括国民经济综合资料等内容。

二、国民经济综合资料中的“各部门机构数”统计口径同第一次基本单位普查范围；国民经济总量、速度、结构、比例和效益指标均来自本年鉴各篇。

三、国民经济综合资料由省统计局综合处整理。

本篇责任编辑：黄志坚、徐澄洲

Brief Introduction

I. This chapter covers the summary data on national economy.

II. Data on "the number of grassroots units in various sectors" are the same as the first basic unit census. Data on the total value, speed, structure, ratio and effects on the national economy are extracted from the concerned data in other chapters in this yearbook.

III. The summary data on national economy are prepared by the Division of Integrated Statistics of Anhui Statistical Bureau.

安徽经济的发展
ECONOMIC DEVELOPMENT OF ANHUI

		1991－2000年平均增长（%）1991－2000 Average Annual Growth Rate（%）
国内生产总值	Gross Domestic Products	12.2
第一产业	Primary Industry	4.9
第二产业	Secondary Industry	15.4
#工　业	Industry	15.2
第三产业	Tertiary Industry	14.7
财政收入	Total Revenue	18.6
财政支出	Total Expenditures	18.0
全社会固定资产投资	Total Investment in Fixed Assets	21.6
社会消费品零售总额	Total Retail Sales of Consumer Goods	16.6
进出口总额	Total Exports and Imports	16.3
#出　口	Exports	12.8
城镇居民人均可支配收入	Per Capita Annual Disposable Income of Urban Households	14.6
农民人均纯收入	Per Capita Net Income of Rural Residents	13.6

安徽的一天
ONE DAY IN ANHUI

国内生产总值	Gross Domestic Products	8.32	亿元	(100 million yuan)
第一产业	Primary Industry	2.00	亿元	(100 million yuan)
第二产业	Secondary Industry	3.55	亿元	(100 million yuan)
#工　业	Industry	3.02	亿元	(100 million yuan)
第三产业	Tertiary Industry	2.77	亿元	(100 million yuan)
财政收入	Total Revenue	7956	万元	(10000 yuan)
财政支出	Total Expenditures	8877	万元	(10000 yuan)
全社会固定资产投资	Total Investment in Fixed Assets	2.37	亿元	(100 million yuan)
社会消费品零售总额	Total Retail Sales of Consumer Goods	2.89	亿元	(100 million yuan)
进出口总额	Total Exports and Imports	917	万美元	(USD 10000)
实际利用外资	Foreign Capital Actually Utilized	113.8	万美元	(USD 10000)
海外旅游人数	Number of Tourists From Abroaad	871	人次	(person)

安 徽 的 地 位
POSITION OF ANHUI IN THE COUNTRY

		居全国位次 Order of Precedence in the Country
国内生产总值	Gross Domestic Products	14
第一产业	Primary Industry	8
第二产业	Secondary Industry	14
#工 业	Industry	14
第三产业	Tertiary Industry	15
粮食产量	Output of Grain	8
棉花产量	Output of Cotton	7
油料产量	Output of Oil-Bearing Crops	4
全社会固定资产投资	Total Investment in Fixed Assets	15
社会消费品零售总额	Total Retail Sales of Consumer Goods	15
进出口总额	Total Exports and Imports	11
#出 口	Exports	11
城镇居民人均可支配收入	Per Capita Annual Disposable Income of Urban Households	20
农民人均纯收入	Per Capita Net Income of Rural Residents	19

安 徽 的 人 口
POPULATION OF ANHUI

年末人口	Population(year-end)	6278	万人	(10000 persons)
#市镇人口	Urban	1758	万人	(10000 persons)
从业人员	Employment	3451	万人	(10000 persons)
#职工人数	Staff and Workers	470	万人	(10000 persons)
出生人数	Births	81.54	万人	(10000 persons)
死亡人数	Deaths	34.52	万人	(10000 persons)
结婚人数	Marriages	49.20	万对	(10000 couples)
离婚人数	Divorces	4.27	万对	(10000 couples)
人口密度	Density of Population	450	人/平方公里	(person/sq.km)

2—1 各行业机构单位数（2000年）
Number of Grass Root Units in Various Sectors (2000)

单位：个 (unit)

行业类别	Industrial Category	单位数 Numbe of Units	法人单位 Legal units
合 计	**Total**	**267840**	**164218**
农、林、牧、渔业	Farming, Forestry, Animal Husbandry and Fishery	14221	7206
农 业	Farming	1050	725
林 业	Forestry	2841	1721
畜牧业	Animal Husbandry	662	594
渔 业	Fishery	1407	1178
农、林、牧、渔服务业	Agricultural Services	8261	2988
采掘业	Mining and Quarrying	3283	3021
煤炭采选业	Coal Mining and Dressing	540	458
石油和天然气开采业	Extraction of Petroleum and Natural Gas	1	
黑色金属矿采选业	Mining and Dressing of Ferrous Metals	178	161
有色金属矿采选业	Mining and Dressing of Nonferrous Metals	258	240
非金属矿采选业	Mining and Dressing of Nonmetal Minerals	2132	2059
其他矿采选业	Mining and Dressing of Other Minerals	21	20
木材及竹材采运业	Logging and Transport of Wood and Bamboo	153	83
制造业	Manufacturing	43367	40105
食品加工业	Food Processing	7424	6926
食品制造业	Food Production	1267	1083
饮料制造业	Beverages	1617	1505
烟草加工业	Tobacco	31	26
纺织业	Textiles	1524	1361
服装及其他纤维制品制造业	Garments and Other Fiber Products	753	682
皮革、毛皮、羽绒及其制品业	Leather, Furs, Down and Related Products	441	419
木材加工及竹、藤、棕、草制品业	Timber Processing, Bamboo, Cane, Palm Fiber and Straw Products	1805	1691
家具制造业	Furniture Manufacturing	737	702
造纸及纸制品业	Papermaking and Paper Products	1047	981
印刷业，记录媒介的复制业	Printing and Record Medium Reproduction	1140	1006
文教体育用品制造业	Cultural, Educational and Sports Goods	442	412
石油加工及炼焦业	Petroleum Processing and Coking	64	52
化学原料及化学制品制造业	Raw Chemical Materials and Chemical Products	1956	1772
医药制造业	Medical and Pharmaceutical Products	356	323
化学纤维制造业	Chemical Fiber	102	94
橡胶制品业	Rubber Products	297	268
塑料制品业	Plastic Products	1798	1688
非金属矿物制品业	Nonmetal Mineral Products	10675	10231
黑色金属冶炼及压延加工业	Smelting and Pressing of Ferrous Metals	260	227
有色金属冶炼及压延加工业	Smelting and Pressing of Nonferrous Metals	267	253
金属制品业	Metal Products	2021	1870
普通机械制造业	Ordinary Machinery	2006	1853
专用设备制造业	Equipment for Special Purposes	1201	1069
交通运输设备制造业	Transport Equipment	1307	1063
电气机械及器材制造业	Electric Equipment and Machinery	1127	999
电子及通信设备制造业	Electronic and Telecommunications Equipment	335	315
仪器仪表及文化、办公用机械制造业	Instruments, Meters, Cultural and Office Machinery	243	217
其他制造业	Other Manufacturing	1124	1017
电力、煤气及水的生产和供应业	Production and Supply of Electric Power, Gas and Water	1933	1082
电力、蒸汽、热水的生产和供应业	Production and Supply of Electric Power, Steam and Hot Water	1381	612
煤气生产和供应业	Production and Supply of Gas	91	65
自来水的生产和供应业	Production and Supply of Tap Water	461	405

2—1 续表1 continued

单位：个 (unit)

行业类别	Industrial Category	单位数 Numbe of Units	法人单位 Legal units
建筑业	Construction	6500	5358
土木工程建筑业	Civil Engineering Construction	5047	4208
线路、管道和设备安装业	Installation of lines, Pipelines and Equipment	610	411
装修装饰业	Fitting and Decoration	843	739
地质勘探业、水利管理业	Geological Prospecting and Water Conservancy	2735	1070
地质勘探业	Geological Prospecting	130	82
水利管理业	Water Conservancy	2605	988
交通运输、仓储及邮电通信业	Transportation, Storage, Postal and Telecommunications Services	6203	2542
铁路运输业	Railway Transport	268	42
公路运输业	Highway Transport	1327	967
管道运输业	Pipeline Transport		
水上运输业	Waterway Transport	364	316
航空运输业	Air Transport	9	8
交通运输辅助业	Transport Subsidiary Services	1453	638
其他交通运输业	Other Transportation	15	11
仓储业	Storage	333	210
邮电通信业	Postal and Telecommunications Services	2434	350
批发和零售贸易、餐饮业	Wholesale & Retail Trade and Catering Services	42910	20311
食品、饮料、烟草和家庭日用品批发业	Wholesale Trade of Food, Beverage, Tobacco and Household Articles	11010	4981
能源、材料和机械电子设备批发业	Wholesale Trade of Energy, Materials and Electronic Equipment	5364	4076
其他批发业	Other Wholesale Trade	5172	1855
零售业	Retail Trade	18727	7862
商业经纪与代理业	Commercial Brokerage and Agencies	108	86
餐饮业	Catering Trade	2529	1451
金融、保险业	Banking and Insurance	10012	2926
金融业	Banking	9728	2713
中央银行	Central Bank	123	64
商业银行	Commercial Bank	4214	449
其他银行	Other Banks	241	81
信用合作社	Credit Cooperatives	4877	1981
信托投资业	Trust Investment	26	18
证券经纪与交易业	Securities Brokage and Transaction	76	40
其他非银行金融业	Other Non-bank Finance	171	80
保险业	Insurance	284	213
房地产业	Real Estate	2121	1580
房地产开发与经营业	Real Estate DEvelopment and Operation	1025	941
房地产管理业	Real Estate Management	932	517
房地产代理与经纪业	Real Estate Brokerage and Agencies	164	122
社会服务业	Social Services	8431	5726
公共设施服务业	Public Services	1010	764
市内公共交通业	Public Transportation of City	198	133
园林绿化业	Gardens and Afforestation	151	132
自然保护区管理业	Management of Natural Protection District	20	17
环境卫生业	Environmental Sanitation	173	135
市政工程管理业	Management of Municipal Projects	161	125
风景名胜区管理业	Management of Scenic Spots	28	22
其他公共服务业	Other Public Services	279	200
居民服务业	Resident Srevices	1400	892

2—1　续表 2　continued

单位：个　　(unit)

行业类别	Industrial Category	单位数 Numbe of Units	法人单位 Legal units
旅馆业	Hotel	1745	1097
租赁服务业	Contractual and Leasing Service	98	66
旅游业	Tourisum	276	231
娱乐服务业	Entertaiment Services	290	191
信息、咨询服务业	Information and Consultancy Services	2286	1662
广告业	Advertisment	503	459
咨询服务业	Consultancy Services	793	583
其他类未包括的信息咨询服务业	Others	990	620
计算机应用服务业	Computer Application Services	264	246
其他社会服务业	Other Social Services	1062	577
卫生、体育和社会福利业	Health Care, Sports and Social Welfares	20299	8621
卫　生	Health Care	18885	7941
医　院	Hospitals	14914	5990
疗养院	Sanatoriums	25	15
专科防治所（站）	Specialized Prevention & Treatment Stations	137	84
卫生防疫站	Sanitation and Antiepidemic Stations	222	157
妇幼保健所（站）	Maternity and Childcare Centers	375	117
药品检验所（室）	Medicine Inspection Stations	56	54
其他卫生	Other Health Care	3156	1524
体　育	Sports	78	61
社会福利保障业	Social Welfare Establishments	1336	619
社会福利业	Social Welfare	1107	457
社会保险和救济业	Social Insurance and Disaster Reliefs	152	127
其他类未包括的社会福利保障业	Others	77	35
教育、文化艺术及广播电影电视业	Education, Culture, Art, Broadcasting, Film and TV	39425	15920
教　育	Education	35095	14301
高等教育	High Education	156	113
中等教育	Secondary Education	5009	3930
初等教育	Primary Education	28360	9466
学前教育	Education Before School	1062	442
特殊教育	Special Education	58	48
其他教育	Other Education	450	302
文化艺术业	Culture and Art	2164	1006
广播电影电视业	Broadcasting, Film and TV	2166	613
科学研究和综合技术服务业	Scientific Research and Gneral Technogical Services	1827	1433
科学研究业	Scientific Research	320	277
自然科学研究	Natural Scientific Research	193	179
社会科学研究	Social Scientific Research	54	37
其他科学研究	Other Scientific Research	73	61
综合技术服务业	General Technological Services	1507	1156
气　象	Meteorology	71	69
地　震	Seismology	48	33
测　绘	Survey and Mapping	67	51
技术监督	Technical Supervision	383	246
海洋环境	Oceanic Environment	1	1
环境保护	Environment Protection	209	128
技术推广和科技交流服务业	Technology Application & Dissemination as Well as Science & Technology Exchange Services	239	206
工程设计业	Engineering Design	312	266
其他综合技术服务业	Other General Technological Services	177	156
国家机关、政党机关和社会团体	Governments, Parties and Social Organizations	62416	46108
#基层群众自治组织	Mass Autonomy Organs	33323	32233
居民委员会	Resident's Committees	2858	2798
村民委员会	Villager's Committees	30465	29435
其他行业	Other	2157	1209

2—2 国民经济和社会发展总量与速度指标

指 标		Item		总量指标 1985	1990
人口与就业		**Population and Employment**			
人 口		**Population**			
年底总人口	(万人)	Population at the Year-end	(10000 persons)	5156	5661
市镇人口		Urban		822	1016
乡村人口		Rural		4334	4645
男性人口		Male		2683	2934
女性人口		Female		2473	2727
出生人口	(万人)	Births	(10000 persons)	80.1	136.3
死亡人口	(万人)	Deaths	(10000 persons)	26.4	34.8
人口密度	(人/平方公里)	Density of Population	(person/sq. km)	368	399
年末总户数	(万户)	Total Number of Households at the Year-end	(10000 households)	1174	1445
#乡村户数		Numbers of Rural Households		992.0	1200.4
就 业	**(万人)**	**Employment**	**(10000 persons)**		
经济活动人口		Economically Active Population			
从业人员		Employment		2420.6	2807.6
国有经济		State-owned Units			
城镇集体经济		Urban Collective Owned Units			
其他经济合计		Units of Other Types of Ownership			
内 资		Domestic-funded Units			
港澳台投资经济		Economic Units Funded by Entreneurs from Hong Kong, Macao and Taiwan			
外商投资经济		Foreign Funded Units			
城镇私营经济		Urban Private Enteprises			
城镇个体		Urban Self-employed Individuals			
职工人数		Staff and Workers		420.8	484.8
国有经济		State-owned Units		286.5	329.4
城镇集体经济		Urban Collective Owned Units		134.0	154.2
其他经济合计		Units of Other Types of Ownership		0.3	1.2
城镇登记失业人数		Registered Unemployed in Urban Areas		20.9	28.7
宏观经济		**Macroeconomic Indicator**			
国民经济核算	**(亿元)**	**National Accounting**	**(100 million yuan)**		
国内生产总值		Gross Domestic Product		331.2	658.0
第一产业		Primary Industry		141.0	246.1
第二产业		Secondary Industry		117.8	251.5
#工 业		Industry		101.4	223.3
第三产业		Tertiary Industry		72.4	160.4
支出法国内生产总值		Gross Domestic Expenditures		331.3	658.0
#最终消费		Total Consumption		218.0	433.8
居民消费		Resident Consumption		187.3	373.0
政府消费		Public Consumption		30.7	60.8
资本形成总额		Total Investment		113.3	204.7
固定资本形成		Fixed Assets		86.3	138.2
存货增加		Stock		27.0	66.5
固定资产投资	**(亿元)**	**Investment in Fixed Assets**	**(100 million yuan)**		
全社会固定资产投资总额		Total Investment in Fixed Assets		80.7	123.0
#国有单位		State-owned Units		41.7	65.8
集体单位		Collective-owned Units		5.9	12.2
个体经济		Individuals		33.1	45.0
固定资产投资按性质分		Grouped by Type of Construction			
基本建设		Capital Construction		27.1	38.6
更新改造		Innovation		12.6	23.1
房地产开发		Real Estate Development			
其 他		Others		41.1	61.2
国有投资新增固定资产		Newly Increased Fixed Assets			
商品房屋销售额		Total Sales of Commercial Houses			
商品房屋销售面积	(万平方米)	Floor Space of Selling House	(10000 sq. m)		

Principal Aggregate Indicators On National Economic and Social Development and Their Related Indices and Growth Rates

Aggregate Data			速度指标（%） Indices and Growth Rates						
			指数 Index（2000比以下各年）(2000 as Percentage of the Following Years)				平均增长速度 Average Annual Growth Rate		
1995	1999	2000	1985	1990	1995	1999	1986－1990	1991－1995	1991－2000
6000	6206	6278	121.8	110.9	104.6	101.2	1.9	1.2	1.0
1145	1614	1758	213.9	173.0	153.5	108.9	4.3	2.4	5.6
4855	4592	4520	104.3	97.3	93.1	98.4	1.4	0.9	－0.3
3116	3220	3258	121.4	111.0	104.6	101.2	1.8	1.2	1.1
2884	2986	3020	122.1	110.7	104.7	101.1	2.0	1.1	1.0
96.2	93.8	81.5	101.7	59.8	84.7	86.9	11.2	－6.7	－5.0
38.4	40.4	34.5	130.7	99.1	89.8	85.4	5.7	2.0	－0.1
428	443	448	121.7	112.3	104.7	101.1	1.6	1.4	1.2
1551	1632.6	1656.1	141.1	114.6	106.8	101.4	4.2	1.4	1.4
1244.3	1266.2	1294.6	130.5	107.8	104.0	102.2	3.9	0.7	0.8
	3445.8	3530.9				102.5			
3206.9	3398.6	3450.7	142.6	122.9	107.6	101.5	3.0	2.7	2.1
380.1	330.4	314.8			82.8	95.3			
126.3	99.1	91.2			72.2	92.0			
2608.3	2800.6	2872.3			110.1	102.6			
16.3	76.3	67.8			416.0	88.9			
2.8	2.6	2.3			82.1	88.5			
3.8	4.3	3.8			100.0	88.4			
10.1	32.8	37.6			372.3	114.6			
81.9	135.7	134.8			164.6	99.3			
502.8	483.7	470.0	111.7	96.9	93.5	97.2	2.9	0.7	－0.3
363.7	314.9	307.8	107.4	93.4	84.6	97.7	2.8	2.0	－0.7
123.1	94.7	89.1	66.5	57.8	72.4	94.1	2.8	－4.4	－5.3
16.0	74.1	73.1	24366.7	6091.7	456.9	98.7	32.0	67.9	50.8
29.9	28.0	31.6	151.2	110.1	105.7	112.9	6.5	0.8	1.0
2003.6	2908.6	3038.2	419.7	316.2	163.7	108.3	5.8	14.1	12.2
581.2	741.2	732.2	175.0	161.3	131.8	101.2	1.6	4.1	4.9
869.9	1218.9	1296.3	656.6	417.3	170.4	109.9	9.5	19.6	15.4
767.3	1046.0	1100.5	684.2	410.6	168.6	109.2	10.8	19.5	15.2
552.5	948.5	1009.7	581.8	395.3	179.1	110.3	8.0	17.2	14.7
2003.6	2908.6	3041.2	419.7	316.2	163.8	108.3	5.8	14.1	12.2
1174.7	1861.2	1947.8	368.4	275.8	169.2	108.3	6.0	10.3	10.7
996.1	1559.1	1615.4	337.9	249.3	160.9	105.3	6.3	9.1	9.5
178.6	302.1	332.3	537.3	438.5	206.1	120.0	4.1	16.3	15.9
824.6	1050.0	1095.0	563.3	432.4	158.1	108.2	5.4	22.3	15.8
619.1	839.3	928.1	589.1	519.9	163.7	112.5	2.5	26.0	17.9
205.5	210.7	166.9	473.7	250.7	137.7	92.9	13.6	12.7	9.6
532.5	773.9	866.7	1074.0	704.6	162.8	112.0	8.8	34.1	21.6
266.2	351.4	431.1	1033.8	655.2	161.9	122.7	9.6	32.2	20.7
96.5	129.0	124.7	2113.6	1022.1	129.2	96.7	15.6	51.2	26.2
124.8	167.8	169.3	511.5	376.2	135.7	100.9	6.3	22.6	14.2
170.0	277.4	320.4	1182.3	830.1	188.5	115.5	7.3	34.5	23.6
96.4	124.8	152.8	1212.7	661.5	158.5	122.4	12.9	33.1	20.8
36.1	76.1	87.9			243.5	115.5			
230.0	295.6	305.6	743.6	499.3	132.9	103.4	8.3	30.3	17.4
182.0	226.7	349.1			191.8	154.0			
22.4	56.1	65.2			291.1	116.2			
220.4	459.4	536.2			243.3	116.7			

2—2 续表1

指　　标	Item	总量指标 1985	1990
财　　政　　(亿元)	**Public Finance　　(100 million yuan)**		
财政收入	Total Revenue	30.2	52.9
中　　央	Central Government		
地　　方	Local Governments	30.2	52.9
#增 值 税	Value-added Tax		
营 业 税	Operation Tax		
企业所得税	Enterprises' Income Tax		
财政支出	Total Expenditures	33.9	61.6
中　　央	Central Government		
地　　方	Local Governments	33.9	61.6
#基建支出	Expenditure for Capital Construction		3.4
科技三项费用	Expenditure for Scientific and Technological Promotion		0.3
文教科卫事业费	Operating Expenses for Culture, Education Science & Health Care		17.1
物价总指数　　(上年=100)	**Price Indices　　(preceding year=100)**		
商品零售价格总指数	General Retail Price Index	106.4	101.9
居民消费价格总指数	General Consumer Price Index	107.1	102.7
农产品收购价格总指数	General Farm and Sideline Products Purchasing Price Index	105.2	96.2
利用外资　　(万美元)	**Utilization of Foreign Capital　　(USD 10000)**		
签订利用外资协议额	Amount of Foreign Capital for Utilization Through Signed Contracts or Agreements	2846	8721
实际利用外资额	Amount of Foreign Capital Actually Utilized	1870	5027
外商直接投资	Foreign Direct Investments	785	1920
能源生产与消费　　(万吨标准煤)	**Production and Consumption of Energy　　(10000 tons of SCE)**		
能源生产总量	Total Energy Production	2086	2306
能源消费总量	Total Energy Consumption		
产　　业	**Industry**		
农　　业	**Agriculture**		
乡村劳动力　　(万人)	Number of Rural Laborers　　(10000 persons)	1974.0	2301.5
#农林牧渔劳动力	Number of Persons Engaged in Farming, Forestry, Animal Husbandry and Fishery	1726.7	1923.2
耕地面积　　(千公顷)	Cultivated Areas　　(1000 hectares)	4421.9	4365.5
总播种面积　　(千公顷)	Total Sown Area　　(1000 hectares)	8186.1	8313.6
#粮食播种面积	Sown Area of grain Crops	5898.6	6246.0
农林牧渔业总产值　　(亿元)	Gross Output Value of Farming, Forestry, Animal Husbandry and Fishery　　(100 million yuan)	198.2	370.9
农林牧渔业总产值指数　　(上年=100)	Indices of Gross Output of Farming, Forestry, Animal Husbandry and Fishery　　(preceding year=100)	111.71	104.11
主要农产品产量	Output of Major Farm Products		
粮　　食　　(万吨)	Grain　　(10000 tons)	2168.0	2520.1
棉　　花　　(万吨)	Cotton　　(10000 tons)	16.7	23.6
油　　料　　(万吨)	Oil-bearing Crops　　(10000 tons)	145.7	129.1
黄 红 麻　　(万吨)	Jute and Ambary Hemp　　(10000 tons)	48.8	16.3
烤　　烟　　(万吨)	Flue-Cured Tobacco　　(10000 tons)	7.6	7.5
茶　　叶　　(万吨)	Tea　　(10000 tons)	4.3	5.4
猪　　肉　　(万吨)	Pork　　(10000 tons)	66.9	84.8
牛　　肉　　(万吨)	Beef　　(10000 tons)	2.5	9.8
羊　　肉　　(万吨)	Mutton　　(10000 tons)	2.0	3.0
肉猪出栏　　(万头)	Number of Slaughtered Fattened Hogs　　(10000 heads)	879.0	1032.7
水 产 品　　(万吨)	Aquatic Products　　(10000 tons)	17.3	29.1
农业机械总动力　　(万千瓦)	Total Agricultural Machinery Power　　(10000 kw)	833.0	1307.3
化肥使用量　　(万吨)	Consumption of Chemical Fertilizers　　(10000 tons)	113.6	144.5
有效灌溉面积　　(千公顷)	Irrigated Area　　(1000 hectares)	2106.0	2633.0
农村用电量　　(亿千瓦时)	Electricity Consumed in Rural Areas　　(100 million kwh)	13.5	23.6

continued

Aggregate Data			速度指标 (%) Indices and Growth Rates						
			指数 Index (2000比以下各年) (2000 as Percentage of the Following Years)				平均增长速度 Average Annual Growth Rate		
1995	1999	2000	1985	1990	1995	1999	1986－1990	1991－1995	1991－2000
147.0	280.8	290.4	961.6	549.0	197.6	103.4	11.9	22.7	18.6
63.2	106.6	111.7			176.7	104.8			
83.8	174.3	178.7	591.7	337.8	213.2	102.5	11.9	9.6	12.9
14.7	24.5	26.3			178.9	107.3			
16.1	29.4	32.0			198.8	108.8			
11.3	17.0	23.4			207.1	137.6			
135.9	288.6	322.4	951.0	523.4	237.2	111.7	12.7	17.1	18.0
135.9	288.6	344.4	951.0	523.4	237.2	111.7	12.7	17.1	18.0
8.3	35.1	40.1		1179.4	483.1	114.2		19.5	28.0
0.7	2.3	2.1		700.0	300.0	91.3		18.5	21.5
40.6	66.3	75.0		438.6	184.7	113.1		18.9	15.9
112.7	96.6	98.0	292.9	174.5	98.9	98.0	10.9	12.0	5.7
114.8	97.8	100.7	354.6	210.3	109.6	100.7	11.0	13.9	7.7
119.0	85.0	93.2	215.1	131.8	69.7	93.2	10.3	13.6	2.8
133856	85506	75154	2640.6	861.8	56.1	87.9	25.1	72.7	24.0
76749	65661	41521	2220.4	826.0	54.1	63.2	21.9	72.5	23.5
120640	55868	63602	8102.2	3312.6	52.7	113.8	19.6	128.9	41.9
3188	3354	3427	164.3	148.6	107.5	102.2	2.0	6.7	4.0
4218	4666	4921			116.7	105.5			
2592.2	2724.3	2797.8	141.7	121.6	107.9	102.7	3.1	2.4	2.0
1930.3	1991.1	2001.8	115.9	104.1	103.7	100.5	2.2	0.1	0.4
4291.1	4242.5	4229.6	95.7	96.9	98.6	99.7	-0.3	-0.3	-0.3
8354.2	8582.0	8418.0	102.8	101.3	100.8	98.1	0.3	0.1	0.1
5852.5	5934.9	5565.6	94.4	89.1	95.1	93.8	1.2	-1.3	-1.1
980.3	1234.3	1220.0	214.2	186.3	136.2	101.7	2.8	6.5	6.4
114.24	108.20	101.70	214.2	186.3	136.2	101.7	2.8	6.5	6.4
2652.7	2771.2	2472.0	114.0	98.1	93.2	89.2	3.1	1.0	-0.2
30.1	24.1	28.5	170.7	120.8	94.7	118.3	7.2	5.0	1.9
191.8	268.1	285.1	195.7	220.8	148.6	106.3	-2.4	8.2	8.2
8.1	2.9	2.2	4.5	13.5	27.2	75.9	-19.7	-13.1	-18.1
4.3	5.2	3.1	40.8	41.3	72.1	59.6	-0.3	-10.5	-8.5
4.6	4.9	4.5	104.7	83.3	97.8	91.8	4.7	-3.2	-1.8
136.7	192.5	198.5	296.7	234.1	145.2	103.1	4.9	10.0	8.9
23.8	32.6	31.9	1276.0	325.5	134.0	97.9	31.4	19.4	12.5
5.3	10.1	11.2	560.0	373.3	211.3	110.9	8.4	12.1	14.1
1674.6	2316.1	2393.2	272.2	231.7	142.9	103.3	3.3	10.2	8.8
75.2	153.9	159.8	923.7	549.1	212.5	103.8	11.0	20.9	18.6
1836.0	2766.2	2975.9	357.3	227.6	162.1	107.6	9.4	7.0	8.6
203.3	255.7	253.2	222.9	175.2	124.5	99.0	4.9	7.1	5.8
2933.7	3156.8	3197.4	151.8	121.4	109.0	101.3	4.6	2.2	2.0
37.4	43.9	45.8	339.3	194.1	122.5	104.3	11.8	9.6	6.9

2—2 续表2

指　　标		Item		总量指标	
				1985	1990
工　　业		**Industry**			
工业企业单位数	(个)	Number of Industrial Enterprises	(unit)	477033	553301
#大型企业		Large			69
中型企业		Medium-sized			313
工业总产值	(亿元)	Gross Industrial Output Value	(100 million yuan)	277.3	670.3
内资企业		Domestic-funded Enterprises			
国有及国有控股企业		State-owned Enterprises (including enterprises with controlling share hold by the state)			
集体企业		Collective-owned Enterprises			
股份合作企业		Cooperative Enterprises			
联营企业		Joint Ownership Enterprises			
有限责任公司		Limited Liability Corporations			
股份有限公司		Share-holding Corporations			
私营企业		Private Enterprises			
其他企业		Other Enterprises			
港澳台商投资企业		Enterprises Funded by Entrepreneurs from Hong Kong, Macao and taiwan			
外商投资企业		Foreign Funded Enterprises			
工业总产值指数	(上年=100)	Indices of Gross Industrial Output Value	(preceding year=100)	125.0	107.3
工业增加值	(亿元)	Value Added of Industry	(100 million yuan)		
工业企业资产总计	(亿元)	Total Assets	(100 million yuan)		
工业企业负债合计	(亿元)	Total Liabilities			
工业企业销售收入	(亿元)	Sales Revenue	(100 million yuan)		
工业企业利润总额	(亿元)	Total Profits	(100 million yuan)		
建 筑 业		**Construction**			
建筑企业单位数	(个)	Number of Enterprises	(unit)	3701	57797
建筑企业从业人员	(万人)	Number of persons Engaged	(10000 persons)	70.4	104.9
建筑业总产值	(亿元)	Gross output Value	(100 million yuan)	31.9	81.6
房屋施工房屋面积	(万平方米)	Floor Space of Buildings Under Construction	(10000 sq. m)	1227.5	1075.3
房屋竣工房屋面积	(万平方米)	Floor Space of Buildings Completed	(10000 sq. m)	574.6	512.6
#住宅面积		Residential Buildings		253.3	212.3
交通运输		**Transportation**			
货 运 量	(万吨)	Freight Traffic	(10000 tons)	12775	44643
铁　　路		Railways		4452	4189
公　　路		Highways		6117	35427
水　　运		Waterways		2206	5027
空　　运		Civil Aviation			0.1
客 运 量	(万人)	Passenger Traffic	(10000 persons)	27212	39530
铁　　路		Railways		2818	2342
公　　路		Highways		22926	35706
水　　运		Waterways		1465	1470
空　　运		Civil Aviation		3	12
主要港口货物吞吐量	(万吨)	Volume of Freight handled in Major Ports	(10000 tons)	2206	5027
公路里程	(公里)	Total Length of Highways	(km)	26988	30126
等级路里数	(公里)	Length of Expressway and Class I to IV Highway	(km)	20246	25872
邮电通信业		**Postal and Telecommunications Services**			
邮电业务总量(1990年不变价)	(亿元)	Total Business Revenue(1990 constant prices)	(100 million yuan)	1.55	3.40
函　　件	(亿件)	Number of Letters Delivered	(100 million pieces)	1.42	1.65
报刊期发数	(万份)	Number of Newspapers and Magazines Distributed	(10000 copies)	706.0	454.0
交换机容量	(万门)	Capacity of Office Telephone Exchanges	(10000 lines)	19.1	34.1
城　　市		Urban		10.0	22.9
农　　村		Rural		9.1	11.2
电 话 机	(万部)	Number of Telephone Sets	(10000 units)	8.37	29.93
城　　市		Urban		6.17	24.90
农　　村		Rural		2.20	5.03
本地电话用户	(万户)	Local Telephone Subscribers	(10000 subscribers)	8.73	16.88

continued

Aggregate Data			速度指标 (%) Indices and Growth Rates						
			指数 Index (2000 比以下各年) (2000 as Percentage of the Following Years)				平均增长速度 Average Annual Growth Rate		
1995	1999	2000	1985	1990	1995	1999	1986－1990	1991－1995	1991－2000
421662	376059	373649	78.3	67.5	88.6	99.4	3.0	－5.3	－3.8
138	198	193		279.9	139.9	97.5		14.9	10.8
525	473	436		139.3	83.0	92.2		10.9	3.4
2232.2	3284.2	3371.2	1029.7	556.1	180.1	109.9	13.1	26.2	18.7
	1383.7	1448.2				5.0			
	590.7	514.2				－16.8			
	199.6	177.7				－8.1			
	68.1	62.6				－2.9			
	12.0	9.6				－15.9			
	288.3	348.7				16.0			
	173.8	248.6				47.3			
	46.7	77.2				71.8			
	4.5	9.7				75.0			
	45.6	60.8				48.2			
	104.6	152.4				51.7			
117.1	106.1	109.9	1029.7	556.1	180.1	109.9	13.1	26.2	18.7
	494.5	507.1				102.5			
	2797.4	2977.9				106.5			
	1775.4	1855.1				104.5			
	1488.3	1688.1				113.4			
	12.8	38.2				298.4			
75321	46793	40785	1102.0	70.6	54.1	87.2	73.3	5.4	－3.4
177.3	133.9	125.6	178.4	119.7	70.8	93.8	8.3	11.1	1.8
582.1	573.8	532.0	1667.7	652.0	91.4	92.7	20.7	48.1	20.6
1985.4	4243.6	4631.3	377.3	430.7	233.3	109.1	－2.6	13.0	15.7
853.3	2249.7	2595.3	451.7	506.3	304.1	115.4	－2.3	10.7	17.6
389.6	1328.5	1448.0	571.7	682.1	371.7	109.0	－3.5	12.9	21.2
40462	41124	44518	348.5	99.7	110.0	108.3	28.4	－1.9	－0.03
5103	5856	6455	145.0	154.1	126.5	110.2	－1.2	4.0	4.4
30236	29894	32740	535.2	92.4	108.3	109.5	42.1	－3.1	－0.8
5122	5371	5320	241.2	106.8	103.9	99.1	17.9	0.4	0.7
1.0	2.5	2.5		2500.0	250.0	100.0		58.5	38.0
57881	61004	62033	228.0	156.9	107.2	101.7	7.8	7.9	4.6
2537	2855	2994	106.2	127.8	118.0	104.9	－3.6	1.6	2.5
54153	57120	58026	253.1	162.5	107.2	101.6	9.3	8.7	5.0
1098	882	860	58.7	58.5	78.3	97.5	0.1	－5.7	－5.2
93	147	153	5100.0	1275.0	164.5	104.1	32.0	50.6	29.0
5122	6862	7114	322.5	141.5	138.9	103.7	17.9	0.4	3.5
35178	40857	44493	164.9	147.7	126.5	108.9	2.2	3.1	4.0
32102	38701	42579	210.3	164.6	132.6	110.0	5.0	4.4	5.1
22.65	82.19	102.14	6589.7	3004.1	450.9	124.3	17.0	46.1	40.5
2.43	1.68	1.93	135.9	117.0	79.4	114.9	3.0	8.0	1.6
708.0	787.3	929.8	131.7	204.8	131.3	118.1	－8.5	9.3	7.4
249.0	498.7	717.1	3754.5	2102.9	288.0	143.8	12.3	48.8	35.6
204.5	314.4	376.2	3762.0	1642.8	184.0	119.7	18.0	54.9	32.3
44.5	184.3	340.9	3746.2	3043.8	766.1	185.0	4.2	31.8	40.7
124.05	338.81	505.72	6042.1	1689.7	407.7	166.5	29.0	32.9	32.7
102.96	219.24	293.80	4761.8	1179.9	285.4	159.5	32.2	32.8	28.0
21.08	119.57	211.92	9632.7	4213.1	1005.3	177.2	18.0	33.2	45.4
124.05	425.4	438.8	5541.8	2866.1	390.0	113.6	14.1	49.0	39.9

2—2 续表3

指标	Item	总量指标 1985	1990
国内商业	**Domestic Trade**		
批发贸易业法人企业数 （个）	Number of Corporation Unit Engaged in Wholesale Trade (unit)		
零售贸易业法人企业数 （个）	Number of Corporation Unit Engaged in Retail Trade (unit)		
社会消费零售总额 （亿元）	Total Retail Sales of Consumer Goods (100 million yuan)	119.9	226.5
贸易业	Wholesale and Retail Trade	91.1	156.6
餐饮业	Catering Trade	4.8	10.6
制造业	Manufacturing	10.7	22.2
其他	Others	13.3	37.1
批发零售贸易业购进总额 （亿元）	Total Goods Purchases of Enterprises in Wholesale and Retail Sale Trade (100 million yuan)	119.0	268.3
批发零售贸易业销售总额 （亿元）	Total Sales of Enterprises in Wholesale and Retail Sale Trade (100 million yuan)	128.7	256.5
#批发额		37.6	99.8
零售额	Retail Trade	91.1	156.6
批发零售贸易业库存总额 （亿元）	Total Inventory of Enterprises in Wholesale and Retail Sale Trade (100 million yuan)	70.4	141.0
集市贸易成交额 （亿元）	Value of Transaction in Fair Trade (100 million yuan)	33.7	99.9
对外经济贸易	**Foreign Trade**		
进出口总额 （万美元）	Total Exports and Imports (USD 10000)	43013	73668
进口额	Imports	12320	8259
出口额	Exports	30693	65409
国际旅游	**International Tourism**		
旅游人数 （万人次）	Total Number of Tourists (10000 persons)	3.9	11.5
#外国人	Foreigners		3.13
旅游外汇收入 （万美元）	Foreign Exchange Earnings from Tourism (USD 10000)	117.0	620.0
涉外饭店数 （个）	Number of Foreign Affairs Hotels (unit)		65
金融保险	**Finance and Insurance**		
金融机构存款数 （亿元）	Deposits of National Banking System (100 million yuan)	107.3	293.4
#企业存款	Deposits of Enterprises	40.2	81.0
居民储蓄存款	Saving Deposits of Residents	38.4	163.1
定期	Fixed Deposits		
活期	Current Deposits		
金融机构贷款数 （亿元）	Loans of National Banking System (100 million yuan)	180.3	446.0
#工业贷款	Industrial Loans		118.4
商业贷款	Commercial Loans		178.2
农业贷款	Agricultural Loans		20.6
保险公司保额 （亿元）	Insurance Premium of Insurance Companies (100 million yuan)		
保险公司赔款及给付 （亿元）	Amount Reparations of Insurance Companies (100 million yuan)		
教育、科技、文化	**Education, Science and Technology and Culture**		
教育	**Education**		
幼儿园数 （个）	Number of Kindergartens (unit)		1763
入园儿童数 （万人）	Student Enrollment in Kingdergartens (10000 persons)		49.61
学龄儿童入学率 （%）	Percentage of School-Age Children Enrolled (%)	94.80	98.20
专任教师数 （万人）	Full-time Teachers (10000 persons)		
普通高等学校	Regular Institutions of Higher Education	1.03	1.17
中等专业学校	Specialized Secondary Schools	0.60	0.78
普通中学	Regular Secondary Schools	10.25	12.71
#高中	Senior Secondary Schools		2.05
职业中学	Vocational Secondary Schools	0.58	1.09
小学	Primary Schools	26.47	27.09

continued

Aggregate Data			速度指标 （%） Indices and Growth Rates						
			指数 Index （2000 比以下各年） (2000 as Percentage of the Following Years)				平均增长速度 Average Annual Growth Rate		
1995	1999	2000	1985	1990	1995	1999	1986－1990	1991－1995	1991－2000
	475	463				97.5			
	204	188				92.2			
586.5	979.1	1054.3	879.3	465.5	179.8	107.7	13.6	21.0	16.6
386.5	620.0	666.2	731.3	425.4	173.4	107.5	11.4	19.8	15.6
36.4	92.4	117.0	2437.5	1103.8	321.4	126.6	17.2	28.0	27.1
59.8	83.9	85.3	797.2	384.2	142.6	101.7	15.7	21.9	14.4
103.8	182.9	185.8	1397.0	500.8	179.0	101.6	22.8	22.8	17.5
1026.3	1060.4	1901.1	1597.6	708.6	185.2	179.3	17.7	30.8	21.6
1078.4	1050.3	1764.0	1370.6	687.7	163.6	168.0	14.8	33.3	21.3
848.1	730.0						21.6	53.4	
230.3	320.4	105.6					11.4	8.0	
226.6	225.7	393.8	559.4	279.3	173.8	174.5	14.9	10.0	10.8
411.2	913.1	967.7	2871.5	968.7	235.3	106.0	24.3	32.7	25.5
200739	264894	334689	778.1	454.3	166.7	126.3	11.4	22.2	16.3
61381	97237	117483	953.6	1422.5	191.4	120.8	－7.7	49.7	30.4
139358	167657	217206	707.7	332.1	155.9	129.6	16.3	16.3	12.8
14.3	25.1	31.8	815.4	276.5	222.4	126.7	24.1	4.5	10.7
7.28	13.83	16.79		536.4	230.6	121.4		18.4	18.3
4435.9	9015.8	11296.5	9655.1	1822.0	254.7	125.3	39.6	48.2	33.7
111	196	241		370.8	217.1	123.0		11.3	14.0
1111.7	2186.5	2485.5	2316.4	847.1	223.6	113.7	22.3	30.5	23.8
308.2	652.8	761.9	1895.3	940.6	247.2	116.7	15.0	30.6	25.1
683.9	1302.9	1447.2	3768.8	887.3	211.6	111.1	33.5	33.2	24.4
	1018.6	1091.4				107.1			
	284.3	355.7				125.1			
1279.3	2180.9	2384.9	1322.7	534.7	186.4	109.4	19.9	23.5	18.3
273.3	418.9	398.6		336.7	145.8	95.2		18.2	12.9
416.0	715.0	679.8		381.5	163.4	95.1		18.5	14.3
22.9	172.1	181.1		879.1	790.8	105.2		2.1	24.3
	1969.6	2796.5				142.0			
	12.7	12.3				96.9			
2243	3314	3932		223.0	175.3	118.6		4.9	8.4
104.48	111.61	116.19		234.2	112.3	104.1		15.8	8.9
99.70	99.55	99.67	105.1	101.5	100.0	100.1	0.7	0.3	0.1
1.16	1.24	1.51	146.6	129.1	130.2	121.8	2.6	－0.2	2.6
0.85	0.99	0.88	146.7	112.8	103.5	88.9	5.4	1.7	1.2
14.03	15.29	15.81	154.2	124.4	112.7	103.4	4.4	2.0	2.2
2.04	2.61	2.92		142.4	143.1	111.9		－0.1	3.6
1.65	1.99	1.94	334.5	178.0	117.6	97.5	13.4	8.6	5.9
26.73	27.66	27.37	103.4	101.0	102.4	99.0	0.5	－0.3	0.1

2—2 续表4

指标		Item		总量指标 1985	1990
在校学生招生数	(万人)	New Student Enrollment	(10000 persons)		
普通高等学校		Regular Institutions of Higher Education		2.02	1.98
中等专业学校		Specialized Secondary Schools		2.29	2.67
普通中学		Regular Secondary Schools		70.59	77.13
#高　中		Senior Secondary Schools			9.45
职业中学		Vocational Secondary Schools		4.70	6.27
小　学		Primary Schools		130.38	98.51
在校学生数	(万人)	Student Enrollment	(10000 persons)		
普通高等学校		Regular Institutions of Higher Education		5.67	6.24
中等专业学校		Specialized Secondary Schools		5.86	8.22
普通中学		Regular Secondary Schools		212.73	218.18
#高　中		Senior Secondary Schools			27.45
职业中学		Vocational Secondary Schools		10.25	16.27
小　学		Primary Schools		727.85	633.22
在校学生毕业生数	(万人)	Graduates of Student Enrollment	(10000 persons)		
普通高等学校		Regular Institutions of Higher Education		1.20	2.15
中等专业学校		Specialized Secondary Schools		1.56	2.38
普通中学		Regular Secondary Schools		52.78	62.75
#高　中		Senior Secondary Schools			8.82
职业中学		Vocational Secondary Schools		1.87	4.68
小　学		Primary Schools		102.51	102.99
教育经费支出	(亿元)	Government Expenditures on Education	(100 million yuan)		10.69
科　技		**Science and Technology**			
科学家、工程师数	(万人)	Number of Scientists and Engineers	(10000 persons)	1.70	2.81
研究发展经费支出	(亿元)	Expenditures on Research and Development	(100 million yuan)	0.29	0.87
技术市场成交额	(亿元)	Volume of Transaction in Technical Markets	(100 million yuan)		
文　化		**Culture**			
出版数量		Publications			
图　书	(万册)	Number of Books Published	(10000 copies)	20708	22117
杂　志	(万册)	Number of Magazines issued	(10000 copies)	2375	1825
报　纸	(万份)	Number of Newspapers Issued	(10000 copies)	43826	32258
公共图书馆	(个)	Number of Public Libraries	(unit)	82	84
公共图书馆藏书量	(万册)	Total Collections of Public Libraries	(10000 volumes)	651	681
电搬节目制作时间	(小时)	Production Hours of TV Programs	(hours)		2429
广播覆盖率	(%)	Broadcast Covering Rate	(%)	65.0	82.5
电视覆盖率	(%)	TV Covering Rate	(%)	70.0	79.0
家庭、生活、环境		**Family, People's Livelihood and Environment**			
家　庭		**Family**			
家庭总户数	(万户)	Total Number of Households	(10000 households)	1174	1445
城镇居民平均每户人口	(人)	Average Household Size in Urban Areas	(person)	3.84	3.51
农村居民平均每户人口	(人)	Average Household Size in Rural Areas	(person)		4.99
婚　姻	**(万对)**	**Marriages and Divorces**	**(10000 couple)**		
结婚数		Number of marriages		28.09	46.58
离婚数		Number of Divorces		1.12	2.33
居　住	**(平方米)**	**Housing**	**(sq.m)**		
城市居民人均使用面积		Per Capita Gross Floor Space of Urban Residents			
城市居民人均居住面积		Per Capita Net Floor Space of Urban Residents		8.02	10.56
农村居民人均居住面积		Per Capita Net Floor Space of Rural Residents		13.19	15.83
生　活		**People's Livelihood**			
城镇居民人均可支配收入	(元)	Per Capita Annual Disposable Income of Urban Households	(yuan)	634	1355
城镇居民人均消费性支出	(元)	Per Capita Annual Living Expenditures of Urban Residents	(yuan)	566	1182
#食品支出		Food		323	683
农村居民人均纯收入	(元)	Per Capita Net Income of Rural Residents	(yuan)	369.4	539.2
农村居民人均生活费支出	(元)	Per Capita Annual Living Expenditures of Rural Residents	(yuan)		514.9
#食品支出		Food			298.1
城乡储蓄存款余额	(亿元)	Saving Deposits in Urban and Rural Areas	(100 million yuan)	38.4	163.1

continued

Aggregate Data			速度指标 (%) Indices and Growth Rates						
			指数 Index (2000 比以下各年) (2000 as Percentage of the Following Years)				平均增长速度 Average Annual Growth Rate		
1995	1999	2000	1985	1990	1995	1999	1986－1990	1991－1995	1991－2000
2.94	5.17	7.62	377.2	384.8	259.2	147.4	－0.4	8.2	14.4
4.41	8.47	4.92	214.8	184.3	111.6	58.1	3.1	5.6	6.3
105.23	122.87	129.75	183.8	168.2	123.3	105.6	1.8	6.4	5.3
11.44	17.08	21.96		232.4	191.6	128.6		3.9	8.8
14.47	16.73	15.59	331.7	248.6	107.7	93.2	5.9	18.2	9.5
119.94	113.99	116.60	89.4	118.4	97.2	102.3	－5.5	4.0	1.7
8.80	13.30	18.24	321.7	292.3	207.3	137.1	1.9	7.1	11.3
12.08	20.52	19.19	327.5	233.5	158.9	93.5	7.0	8.0	8.8
281.53	339.85	358.32	168.4	164.2	127.3	105.4	0.5	5.2	5.1
28.94	45.38	54.14		197.2	187.1	119.3		1.1	7.0
35.14	46.70	45.28	441.8	278.3	128.9	97.0	9.7	16.6	10.8
606.88	641.92	644.24	88.5	101.7	106.2	100.4	－2.7	－0.8	0.2
2.90	2.31	2.59	215.8	120.5	89.3	112.1	12.4	6.2	1.9
3.20	4.80	6.04	387.2	253.8	188.8	125.8	8.8	6.1	9.8
71.26	98.50	102.31	193.8	163.0	143.6	103.9	3.5	2.6	5.0
7.37	11.15	13.15		149.1	178.4	117.9		－3.5	4.1
7.02	14.90	14.83	793.0	316.9	211.3	99.5	20.1	8.4	12.2
103.24	120.02	121.20	118.2	117.7	117.4	101.0	0.1	0.05	1.6
27.03	46.33	53.99		505.1	199.7	116.5		20.4	7.2
3.84	3.32						10.6	6.4	
2.74	11.52						24.6	25.8	
	4.86	6.10				125.5			
27555	34952	30992	149.7	140.1	112.5	88.7	1.3	4.5	3.4
3197	4685	7736	325.7	423.9	242.0	165.1	－5.1	11.9	15.5
47569	62682	76083	173.6	235.9	159.9	121.4	－5.9	8.1	9.0
83	83	84	102.4	100.0	101.2	101.2	0.5	－0.2	平
752.4	785.1	787.4	121.0	115.6	104.7	100.3	0.9	2.0	1.5
13719	21781	24833		1022.4	181.0	114.0		41.4	26.2
82.5	91.8	94.8	145.8	114.9	114.9	103.3	4.9	平	1.4
79.0	89.7	93.8	134.0	118.7	118.7	104.6	2.4	平	1.7
1551	1632.6	1656.1	141.1	114.6	106.8	101.4	4.2	1.4	1.4
3.18	3.07	3.08	80.2	87.7	96.9	100.3	－1.8	－2.0	－1.3
4.44	4.28	4.18		83.8	94.1	97.7		－2.3	－1.8
60.96	54.64	49.20	175.2	105.6	80.7	90.0	10.6	5.5	0.5
2.99	3.76	4.27	381.3	183.3	142.8	113.6	15.8	5.1	6.2
10.40	11.79	12.13			116.6	102.9			
11.61	13.32	14.76	184.0	139.8	127.1	110.8	5.7	1.9	3.4
17.82	21.37	22.16	168.0	140.0	124.4	103.7	3.7	2.4	3.4
3779	5065	5294	835.0	390.7	140.1	104.5	16.4	22.8	14.6
3161	3902	4233	747.9	358.1	133.9	108.5	15.9	21.7	13.6
1698	1845	1935	599.1	331.9	114.0	104.9	16.2	20.0	12.7
1302.8	1900.3	1934.6	523.7	358.8	148.5	101.8	7.9	19.3	13.6
1070.6	1302.5	1321.5		256.7	123.4	101.5		15.8	9.9
625.4	708.3	693.2		232.5	110.8	97.9		16.0	8.8
683.9	1302.9	1447.2	3768.8	887.3	211.6	111.1	33.5	33.2	24.4

2—2 续表5

指标	Item	总量指标 1985	1990
工资和福利	Wages and Welfare		
职工工资总额 （亿元）	Total Wages (100 million yuan)	38.66	86.66
国有单位	State-owned Units	29.03	66.76
城镇集体单位	Urban Collective-ownad Units	9.61	19.68
其他单位	Units of Other Types of Ownership	0.02	0.22
职工平均工资 （元）	Average Wage of Staff and Workers (yuan)	950	1827
职工保险、福利费 （亿元）	Insurance and Welfare Funds for Staff and Workers (100 million yuan)	5.50	12.94
离休、退休、退职职工人数 （万人）	Number of Retired & Resigned Staff and Workers (10000 persons)	46.70	69.25
离休、退休、退职费 （亿元）	Pensions for Retired Staff and Workers (100 million yuan)	3.36	12.33
卫　生	Health Care		
卫生机构数 （个）	Number of Health Institutions (unit)	7113	7336
医院、卫生院	Hospitals	3098	3128
卫生防疫站	Sanitation and Antiepidemic Agencies	126	126
妇幼保健站	Maternity and Child Care Centers	116	110
卫生机构床位数 （张）	Number of Beds in Health Institutions (10000 units)		107817
#医院、卫生院	Hospital	83999	95769
卫生机构人员数 （人）	Number of Persons Engaged in Health Institutions	150836	165687
医院、卫生院技术人员 （人）	Number of Technical Personnel in Hospitals		100255
#医　生	Doctors	46452	58580
护师、护士	Senior and Junior Nurses	21433	31566
市政建设	City Construction		
供水管道长度 （公里）	Length of Water Supply Pipelines (km)	1348	2075
供水总量 （万吨）	Total Annual Volume of Water Supply (10000 tons)	38819	237322
#生活用水	For Residential Use	16520	35095
用水人口 （万人）	Number of Residents with Access to Tap Water (10000 persons)	280.5	513.3
煤气供气量 （万立方米）	Coal Gas Supply (10000 cu. m)	4238	18607
#家庭用量	Consumption of Coal gas for Residential Use	3143	12507
液化石油气供气量 （吨）	Liquefied Petroleum Gas (ton)	3341	96949
#家庭用量	Consumption of Liquefied Gas for Residential Use	3321	15485
污水排放量 （万吨）	Volume of Sewage Discharged (10000 tons)		
污水处理量 （万吨）	Volume of Sewage Treated (10000 tons)		
排水管长度 （公里）	Length of Drainage (km)	691	1214
生活垃圾清运量 （万吨）	Volume of Garbage Swept Away (10000 tons)	74	160
生活垃圾处理量 （万吨）	Volume of Garbage Treated (10000 tons)		
公共汽（电）车总数 （辆）	Total Number of Public Buses and Trolley Buses (unit)	1137	1383
出租汽车数 （辆）	Number of Taxis (unit)	138	336
铺装道路长度 （公里）	Length of Paved Roads (km)	1440	3426
公园面积 （公顷）	Area of Parks (hectare)	745	2076
绿地面积 （公顷）	Areas of Green Land (hectare)	5416	17543
建成区绿化覆盖率 （%）	Afforestation Covering Rate in the Constructed Area (%)		24.1
环境、灾害	Environment and Disaster		
污染治理项目本年完成投资额 （万元）	Actual Investment in Implementation of the Project for Pollution Treatment in the Year (10000 yuan)	4456	12021
环境污染与破坏次数 （起）	Number of Pollution Accidents (instance)		
环境污染直接经济损失 （万元）	Losses Converted into Cash (10000 yuan)		
环境污染事故赔罚金额 （万元）	Amount of Reparations and Fines (10000 yuan)		
火灾事故发生数 （起）	Number of Fire Disasters (cases)		1334
火灾伤亡人数 （人）	Number of Casualties in Fire Disasters (person)		
火灾损失金额 （万元）	Fire Loss (10000 yuan)		1217
交通事故发生数 （起）	Number of Traffic Accidents (cases)		7399
交通受伤人数 （人）	Number of Injured in Traffic Accidents (person)		
交通死亡人数 （人）	Number of Death in Traffic Accidents (person)		
交通事故损失金额 （万元）	Loss of traffic Accidents (10000 yuan)		949

continued

Aggregate Data			速度指标 (%) Indices and Growth Rates						
			指数 Index (2000 比以下各年) (2000 as Percentage of the Following Years)				平均增长速度 Average Annual Growth Rate		
1995	1999	2000	1985	1990	1995	1999	1986－1990	1991－1995	1991－2000
228.13	278.49	289.16	748.0	333.7	126.8	103.8	17.5	21.4	12.8
179.28	204.11	209.26	720.8	313.5	116.7	102.5	18.1	21.8	12.1
37.44	33.92	34.12	355.0	173.4	91.1	100.6	15.4	13.7	5.7
11.41	40.46	45.79	228950	20814	401.3	113.2	61.5	120.3	70.5
4609	5767	6145	646.8	336.3	133.3	106.6	14.0	20.3	12.9
22.22	20.01						18.7	11.4	
95.17	117.98	122.20	261.7	176.5	128.4	103.6	8.2	6.6	5.8
42.84	83.22	91.43	2721.1	741.5	213.4	109.9	29.7	28.3	22.2
6593	6778	6705	94.2	91.4	101.7	98.9	0.6	－2.1	－0.9
3243	2972	2953	95.3	94.4	91.1	99.4	0.2	0.7	－0.6
132	164	166	131.7	131.7	125.8	101.2	平	0.9	2.8
109	107	110	94.8	100.0	100.9	102.8	－1.1	－0.2	平
119846	122853	123873		114.9	103.4	100.8		2.1	1.4
109516	113602	114921	136.8	120.0	104.9	101.2	2.7	2.7	1.8
184884	187653	188278	124.8	113.6	101.8	100.3	1.9	2.2	1.3
117342	126226	127457		127.1	108.6	101.0		3.2	2.4
66714	68951	69943	150.6	119.4	104.8	101.4	4.7	2.6	1.8
36308	40056	41226	192.3	130.6	113.5	102.9	8.0	2.8	2.7
3164	5984	6236	462.6	300.5	197.1	104.2	9.0	8.8	11.6
192887	194832	200918	517.6	84.7	104.2	103.1	43.6	－4.1	－1.7
46778	60687	61398	371.7	174.9	131.2	101.2	16.3	5.9	5.8
660	769	794.1	283.1	154.7	120.3	103.3	12.8	5.2	4.5
36444	27773	22996	542.6	123.6	63.1	82.8	34.4	14.4	2.1
21315	19730	17054	542.6	136.4	80.0	86.4	31.8	11.3	3.1
194213	374899	458621	13727.1	473.1	236.1	122.3	96.1	14.9	16.8
80750	152266	167146	5033.0	1079.4	207.0	109.8	36.1	39.1	26.9
99382	111813	104871			105.5	93.8			
26849	49298	40660			151.4	82.5			
3008	3998	4200	607.8	346.0	139.6	105.1	11.9	19.9	13.2
193	327	327	441.9	204.3	169.4	100.0	16.7	3.8	7.4
	165	165				100.0			
3027	5840	6359	559.3	459.8	210.1	108.9	4.0	17.0	16.5
12565	30891	31998	23187.0	9523.2	254.7	103.6	19.5	106.3	57.7
4799	5774	5954	413.5	173.8	124.1	103.1	18.9	7.0	5.7
3004	3424	3472	466.0	167.2	115.6	101.4	22.7	7.7	5.3
26556	31317	32852	606.6	187.3	123.7	104.9	26.5	8.6	6.5
26.8	26.3	27.1		112.4	101.1	103.0		2.1	1.2
44948	43543	56470	1267.3	469.8	125.6	129.7	22.0	30.2	16.7
	51	66				120.0			
	1049.0	802.0				76.5			
	62.5	170.3				272.5			
2012	6289	6099		457.2	303.1	97.0		8.7	16.4
	222	227				102.3			
2946	3754	5704		468.7	193.6	151.9		19.3	16.7
4137	8235	25809		348.8	623.8	313.4		－11.0	13.3
	6730	20096				298.6			
	2952	3782				128.1			
1698	3446	7970		839.8	469.4	231.5		12.3	23.7

2—3 国民经济和社会发展结构指标
Structural Indicators on National Economic and Social Development

单位：(%) (%)

指 标	Item	1985	1990	1995	1999	2000
人口与就业	**Population and Employment**					
人 口	**Population**					
城乡结构	Urban and Rural Structure					
城 镇	Urban	14.0	14.9	17.4	19.4	28.0
乡 村	Rural	86.0	85.1	82.6	80.6	72.0
性别结构	Sexual Structure					
男	Male	52.0	51.8	51.9	51.9	51.9
女	Female	48.0	48.2	48.1	48.1	48.1
就 业	**Employment**					
产业结构	Industrial Structure					
第一产业	Primary Industry	72.2	69.2	60.7	59.1	58.5
第二产业	Secondary Industry	15.2	15.8	17.9	16.6	17.0
第三产业	Tertiary Industry	12.6	15.0	21.4	24.3	24.5
宏观经济	**Macro Economy**					
国民核算	**National Accounting**					
国内生产总值产业结构	Industrial Structure					
第一产业	Primary Industry	42.5	37.4	29.0	25.5	24.1
第二产业	Secondary Industry	35.6	38.2	43.4	41.9	42.7
第三产业	Tertiary Industry	21.9	24.4	27.6	32.6	33.2
投 资	**Investment**					
全社会固定资产投资结构	Structure of Total Investment in Fixed Assets					
基本建设	Capital Construction	33.5	31.4	31.9	35.9	37.0
更新改造	Innovation	15.6	18.8	18.1	16.1	17.6
房地产开发	Real Estate Development			6.8	9.8	10.1
其他投资	Other Investment	50.9	49.8	43.2	38.2	35.3
资金来源结构	Structure of Funded Sources					
国家预算内资金	State Budgetary Appropriation	13.4	7.5	3.4	6.0	6.3
国内贷款	Domestic Loans	17.0	19.6	27.5	16.2	18.4
利用外资	Foreign Investment	0.2	1.1	5.5	1.8	2.5
自筹和其他投资	Fundraising	69.4	71.8	63.6	76.0	72.8
财 政	**Government Finance**					
财政收入结构	Structure of Government Revenue					
中 央	Central Government			43.0	37.9	38.5
地 方	Local Governments	100.0	100.0	57.0	62.1	61.5
财政支出结构	Structure of Government Expenditures					
中 央	Central Government					
地 方	Local Governments					
利用外资	**Utilization of Foreign Capital**					
实际利用外资结构	Structure of Foreign Capital Actually Utilized					
对外借款	Loans from Abroad	58.8	73.1	37.1	38.9	16.7
外商直接投资	Direct Investment by Foreign Entrepreneurs	8.7	19.1	62.9	55.0	76.7
外商其他投资	Other Investment by Foreign Entrepreneurs	32.5	7.8		6.1	6.6
能源生产与消费	**Energy Production and Consumption**					
能源生产总量结构	Structure of Total Energy Production					
原 煤	Coal		99.4	99.5	99.3	99.8
水 电	Hydropower		0.6	0.5	0.7	0.2

2—3 续表 1 Continued

指标	Item	1985	1990	1995	1999	2000
产　业	**Industrial**					
农　业	**Agriculture**					
农林牧渔业产值结构	Structure of Gross Output Value					
农　业	Farming	73.3	70.3	65.1	57.3	55.4
林　业	Forestry	4.1	4.6	4.0	4.9	5.2
牧　业	Animal Husbandry	20.6	22.2	25.1	27..6	28.6
渔　业	Fishery	2.0	3.0	5.8	10.3	10.8
工　业	**Industry**					
全部工业总产值结构	Structure of Gross Output Value of Industry					
轻工业	Light Industry	52.2	51.9	52.4	51.3	50.7
重工业	Heavy Industry	47.8	48.1	47.6	48.7	49.3
建筑业	**Construction**					
建筑业总产值结构	Structure of Gross Output Value of Construction Enterprises					
土木工程建筑业	Civil Engineering Construction			88.6	91.8	91.8
线路管理设备安装业	Line and Equipment Installation			10.7	7.8	7.4
建筑物装修装饰业	Building Decoration			0.7	0.4	0.8
运输业	**Transportation**					
货运量结构	Structure of Freight Traffic					
按运输方式分	By Means of Transportation					
铁　路	Railways	34.8	9.4	12.6	14.2	14.5
公　路	Highways	47.9	79.3	74.7	72.7	73.5
水　运	Waterways	17.3	11.3	12.7	13.1	12.0
民用航空	Civil Aviation					
国内商业	**Domestic Trade**					
社会消费品零售总额构成	Composition of Retail Sales of Consumer Goods					
市	Cities	35.4	44.7	48.4	47.1	47.3
县	Counties	23.8	22.5	22.4	22.3	22.2
县以下	Below Counties	40.8	32.8	29.2	30.6	30.5
对外经济贸易	**Foreign Trade**					
出口商品结构	Structure of Exports					
初级产品	Primary Goods				15.5	13.3
工业制成品	Manufactured Goods				84.5	86.7
进口商品结构	Structure of Imports					
初级产品	Primary Goods				31.2	38.9
工业制成品	Manufactured Goods				68.8	61.1
国际旅游	**International Tourism**					
来华旅游人数结构	Structure of Tourists					
外国人及华侨	Foreigners and Overseas Chinese		28.5	52.2	56.7	52.7
港澳台同胞	Compatriots form Hong Kong, Macao and Taiwan		71.5	47.8	43.3	47.3
金融保险业	**Finance and Insurance**					
金融机构资金来源结构	Structure of Sources of Funds in State Banks					
#各项存款	Deposits					99.1
金融债券	Bonds					
对国际金融机构负债	Liabilities to International Financial Institutions					
货币流通量	Currency in Circulation					
其　他	Others					0.6
金融机构资金运用结构	Structure of Fund Uses in State Banks					
#各项贷款	Loans					95.1
有价证券及投资	Securities and Investment					2.7
在国际金融机构资产	Assets in International Financial Institutions					
金银占款	Purchase of Gold and Silver					0.1
外汇占款	Purchase of Foreign Exchanges					0.1
财政借款	Government Debt					
教育、科技、文化	**Education, Science and Culture**					
教　育	**Education**					
在校学生结构	Structure of Student Enrollment					
大学生	College and University Students	0.6	0.7	0.9	1.3	1.7
中学生	Secondary School Students	23.8	27.5	34.8	38.3	38.9
小学生	Primary School Students	75.6	71.8	64.3	60.4	59.4

2—3 续表 2 Continued

指 标	Item	1985	1990	1995	1999	2000
专任教师结构	Full-time Teachers by Type					
大 学	College and Universities	2.7	2.7	2.6	2.6	3.2
中 学	Secondary Schools	29.3	34.0	37.2	38.7	39.2
小 学	Primary Schools	68.0	63.3	60.2	58.7	57.6
生活、环境	**Family, People's Livelihood and Environment**					
生 活	**People's Livelihood**					
城镇居民消费结构	Consumption Structure of Urban Residents					
食 品 类	Food	57.1	57.8	53.7	47.3	45.7
衣 着 类	Clothing	14.2	12.3	13.4	11.0	10.3
用品及其他	Articles for Daily Use and Others	24.3	26.4	26.2	33.6	35.2
居 住	Residence	4.4	3.5	6.7	8.1	8.8
农村居民消费结构	Consumption Structure of Rural Residents					
食 品 类	Food		57.9	58.4	54.4	52.5
衣 着 类	Clothing		7.7	6.6	5.3	5.4
用品及其他	Articles for Daily Use and Others		20.3	19.5	25.4	29.9
居 住	Residence		14.1	15.5	14.9	12.2
福 利	**Social Welfare**					
职工保险福利费结构	Structure of Insurance Contribution and Welfare Funds of Stuff and Workers					
国有单位	State-owned Units	91.4	83.1	85.1	74.4	73.3
城镇集体单位	Urban Collective Owned Units	8.5	16.1	11.1	11.4	16.1
其他单位	Others	0.1	0.8	3.8	14.2	10.6
离退休人员结构	Structure of Retired Staff and Workers					
国有单位	State-owned Units	72.2	71.4	75.4	65.5	66.4
城镇集体单位	Urban Collective Owned Units	27.8	28.5	19.9	22.8	24.2
其他单位	Others		0.1	4.7	11.7	9.4
卫 生	**Health Care**					
医生结构	Doctors by Type					
中 医	Doctors of Traditional Chinese Medicine	21.4	18.4	15.6	13.6	13.2
西 医 师	Doctors of Western Medicine	49.0	63.5	64.2	64.9	65.1
西 医 士	Paramedics of Western Medicine	29.6	18.1	20.2	21.5	21.7
医院床位结构	Hospital Beds by Area					
市 医 院	Hospitals at City Level		46.2	49.4	53.2	53.8
县 医 院	Hospitals at County Level		53.8	50.6	46.8	46.2
环境、灾害	**Environment and Disasters**					
治理污染资金使用结构	Uses of Funds in Pollution Treatment					
治理废水	Waste Water Treatment	58.1	55.2	57.2	54.9	46.7
治理废气	Waste Gas Treatment	26.6	28.3	25.8	34.2	45.4
治理固体废物	Solid Wastes Treatment	7.0	3.6	7.9	5.8	3.8
治理噪声	Noise Abatement	3.6	1.9	1.6	0.5	0.7
其 他	Others	4.7	11.0	7.5	4.6	3.4
火灾事故损失额结构	Structure of Fire Losses Converted into Cash					
特 大	Extraordinarily Serious Fires		18.1	10.6	3.5	41.6
重 大	Serious Fires		33.1	39.6	11.0	6.3
一 般	Ordinary Fires		48.8	49.8	85.5	52.1
交通事故损失额结构	Structure of Losses of Traffic Accidents Converted into Cash					
特 大	Extraordinarily Serious Accidents		4.2	11.6	5.5	3.8
重 大	Serious Accidents		12.6	40.2	36.2	19.9
一 般	Ordinary Accidents		83.2	48.2	58.3	76.3

2—4　国民经济和社会发展比例和效益指标
Indicators on Proportions and Efficiency in National Economic and Social Development

单位：（%）　　　　(%)

指　标	Item	1985	1990	1995	1999	2000
人口与就业	**Population and Employment**					
人　口	**Population**					
出生率（‰）	Birth Rate (‰)	15.6	24.47	16.07	15.10	
死亡率（‰）	Death Rate (‰)	5.4	6.25	6..41	6.50	
自然增长率（‰）	Natural Growth Rate (‰)	10.2	18.22	9.66	8.60	
就　业	**Employment**					
城镇就业者负担人口	Dependency Ratio		2.8	3.1	3.2	3.3
三次产业从业者比例（以第一产业为100）	Employment Ratio by Type of Industry (Employment in primary industry=100)					
第一产业	Primary Industry	100.0	100.0	100.0	100.0	100.0
第二产业	Secondary Industry	21.0	22.7	29.5	28.1	29.0
第三产业	Tertiary Industry	17.5	21.7	35.3	41.1	42.0
城镇失业率（%）	Unemployment Rate in Urban Areas (%)			3.1	3.2	3.3
宏观经济	**Macro Economy**					
国民核算	**National Accounting**					
三次产业增加值比例（以第一产业为100）	Ratio of Value-added by Type of Industry (Value added in primary industry=100)					
第一产业	Primary Industry	100.0	100.0	100.0	100.0	100.0
第二产业	Secondary Industry	83.5	102.2	149.7	164.4	177.0
第三产业	Tertiary Industry	51.3	65.2	95.1	128.0	137.9
全社会劳动生产率（元/人）	Overall Labor Productivity (yuan/person)	1400	2379	6332	8582	8805
第一产业	Primary Industry	798	1286	3018	3691	3627
第二产业	Secondary Industry	3729	5728	15139	21608	22167
第三产业	Tertiary Industry	2550	3883	8042	11483	11921
人均国内生产总值（元）	Per Capita GDP (yuan)	646	1182	3357	4707	4867
固定资产投资	**Investment in Fixed Assets**					
全社会固定资产投资相当于国内生产总值比例（%）	Proportion of Investment in fixed Assets to GDP (%)	24.4	18.7	26.6	26.6	28.5
全社会房屋建筑面积竣工率（%）	Rate of Total Floor Space of Buildings Completed in Construction (%)	88.5	90.0	82.7	81.4	83.2
基本建设固定资产交付使用率（%）	Rate of Fixed Assets Completed in Capital Construction and Put into Use (%)	81.4	66.6	59.6	60.5	92.1
基本建设项目建成投产率（%）	Rate of Projects Completed in Capital Construction and Put into Use (%)	46.3	47.7	58.7	51.1	54.1
财　政	**Finance**					
财政收入相当于国内生产总值比例（%）	Proportion of Government Revenue to GDP (%)	9.1	8.0	7.3	9.7	9.6
财政支出相当于国内生产总值比例（%）	Proportion of Government Expenditures to GDP (%)	10.2	9.4	6.8	9.9	10.6
地方收入相当于中央财政收入比例（%）	Proportion of Local Government Revenue to Central Government Revenue (%)			132.7	163.6	160.0
物价指数	**Price Index**					
工农商品综合比价（1978=100）	Overall Industrial and Farm Products Price Parity Index (use 1978=100 index)	71.5	70.0	60.5	80.6	84.0
利用外资	**Utilization of Foreign Capital**					
实际利用外资额相当于签订利用外资额比例（%）	Proportion of Foreign Capital Actually Used to Total Amount of Foreign Capital for Utilization by Signed Contracts or Agreements (%)	65.7	57.6	57.3	76.8	55.2
能源生产与消费	**Production and Consumption of Energy**					
能源生产弹性系数	Elasticity Ratio of Energy Production			0.67	0.29	0.26
能源消费弹性系数	Elasticity Ratio of Energy Consumption			0.90	0.29	0.66
每万元国内生产总值消耗的能源（吨）	Energy Consumption per 10 000 yuan GDP (ton)			2.1	1.6	1.6

2—4 续表 1 Continued

指标	Item	1985	1990	1995	1999	2000
产业	**Industries**					
农业	**Agriculture**					
人均耕地面积（公顷）	Per Capita Cultivated Land (hectare)	0.09	0.08	0.07	0.07	0.07
农业从业者人均耕地面积（公顷）	Cultivated Land per Agricultural Laborer (hectare)	0.25	0.23	0.22	0.21	0.21
每公顷耕地农业机械总动力（千瓦）	Total Power of Agricultural Machinery per Hectare of Cultivated Land (kw)	1.88	2.99	4.28	6.51	7.04
每公顷耕地用电量（千瓦小时）	Electric Power Consumption per hectare of Cultivated Land (kwh)	306	540	871	1034	1083
每公顷耕地化肥施用量（公斤）	Chemical Fertilizer Consumption per Hectare of Cultivated Land (kg)	257	331	474	602	599
每公顷耕地生产的农业产值（万元）	Agricultural Output Value per Hectare of Cultivated Land (10000 yuan)	0.33	0.60	1.49	1.66	1.64
农业从业者人均农产品产量（公斤）	Output of Farm Products per Agricultural Laborer (kg)					
粮食	Grain	1242	1331	1383	1391	1235
棉花	Cotton	10	12	16	12	14
油料	Oil-bearing Crops	83	68	100	135	142
肉类	Meat	50	63	103	150	156
水产品	Aquatic Products	10	15	39	77	80
每公顷播种面积农产品产量（公斤）	Output of Farm Crops per Hectare of Sown Area (kg)					
粮食	Grain	3675	4035	4533	4669	4442
棉花	Cotton	705	810	680	795	867
油料	Oil-bearing Crops	1335	1290	1518	2009	1956
工业企业效益	**Economic Efficiency of Industry**					
总资产贡献率（%）	Ratio of Total Assets to Industrial Output Value (%)					7.09
资产负债率（%）	Assets-Liability Ratio (%)				64.47	63.19
成本费用利润率（%）	Ratio of Profits to Industrial Cost (%)					2.40
流动资产周转次数（次/年）	Number of Times of Annual of Turnover Circulating Funds (times/year)				1.47	1.43
全员劳动生产率（元/人．年）	Overall Labor Productivity (yuan/person-year)				28867	31203
建筑业	**Construction**					
技术装备率（元/人）	Value of Machinery per Laborer (yuan/person)		2499	4252	4106	4570
产值利税率（%）	Ratio of Per-tax Profits to Gross Output Value (%)	7.05	3.86	2.97	3.80	4.16
全员劳动生产率（按总产值计算）（元/人）	Overall Labor Productivity (yuan/person) (in terms of gross output value per employee)	6365	11066	36080	39614	42406
交通运输业	**Transportation**					
客运量弹性系数	Elasticity of Passenger Traffic	0.01	15.00	2.20	0.33	0.20
货运量弹性系数	Elasticity of Freight Traffic	0.22	71.86	-0.49	1.27	0.99
铁路网密度（公里/万平方公里）	Railway Density (km/10000 sq. km)	103	110	126	155	155
公路网密度（公里/万平方公里）	Highway Density (km/10000 sq. km)	1936	2161	2524	2931	3187
铁路货运密度（吨/公里）	Railway Freight Traffic Density (ton/km)		20033	19477	18679	20178
公路货运密度（吨/公里）	Highway Freight Traffic Density (ton/km)	2267	11760	8595	7317	7358
邮电通信业	**Postal and Telecommunications Services**					
邮电业务总量弹性系数	Elasticity of Postal and Telecommunications Services	1.26	6.10	3.20	4.65	3.19
全省电话普及率（部/百人）	Access to Telephones, National (set/100 persons)	0.31	0.53	1.73	6.92	11.38
城市电话普及率（部/百人）	Access to Telephones, Urban (set/100 persons)					
国内商业	**Domestic Trade**					
批零和餐饮业人均消费品零售额（元）	Per Capita Retail Sales of Consumer Goods (yuan)	187	300	708	1153	1255
对外经济贸易	**Foreign Trade**					
进出口总额相当于国内生产总值比例（%）	Proportion of Total Imports & Exports to GDP (%)	3.5	4.2	8.3	7.6	9.1
国际旅游	**International Tourism**					
每一来华游客花费（美元）	Expenditure per International Tourist in China (USD)	30	54	311	359	355

2—4 续表2 Continued

指　标	Item	1985	1990	1995	1999	2000
金融保险	**Finance and Insurance**					
金融机构存款相当于国内生产总值比例 (%)	Bank Deposits as Percentage of GDP (%)	32.4	44.6	55.5	75.2	81.8
金融机构贷款相当于国内生产总值比例 (%)	Bank Loans as Percentage of GDP (%)	54.4	67.8	63.8	75.0	78.5
金融机构现金支出相当于收入比例 (%)	Bank of Cash Outlay to Cash Receipt in State Banking System (%)	108	105.5	99.3	99.7	98.9
教育、科技、文化	**Education, Science and Technology and Culture**					
教　育	**Education**					
学龄儿童入学率 (%)	Rate of School-age Children Enrollment (%)	94.8	98.2	99.7	99.6	99.7
小学升学率 (%)	Rate of Graduates of Primary Schools Entering Junior Secondary Schools (%)	61.8	68.5	98.8	97.0	97.6
初中升学率 (%)	Rate of Graduates of Junior Secondary Schools Entering Senior Secondary Schools (%)	28.3	26.6	31.6	31.9	33.5
学校教师负担系数 (%)	Student-teacher Ratio (in percentage) (%)					
高等学校	Colleges and Universities	5.5	5.3	7.6	10.8	12.1
中等学校	Secondary Schools	20.0	16.6	19.9	22.3	22.7
小学学校	Primary Schools	27.5	23.4	22.7	23.2	23.5
科　技	**Science and Technology**					
研究与开发经费支出相当于国内生产总值比例 (%)	R&D Expenditures as Percentage of GDP (%)			0.14	0.40	
文　化	**Culture**					
每百万人有艺术表演团体 (个)	Number of Troupes per Million Persons (unit)	2.4	1.7	1.5	1.5	1.5
每百万人有公共图书馆 (个)	Number of Public Libraries per Million Persons (unit)	1.6	1.5	1.4	1.3	1.3
每百万人有博物馆 (个)	Number of Museums per Million Persons (unit)	0.3	0.5	0.5	0.6	0.6
家庭、生活、环境	**Family, People's Livelihood and Environment**					
家　庭	**Family**					
负担少儿系数 (%)	Dependency Ratio of Children (%)	47.2	42.9	41.5	36.2	38.1
负担老年系数 (%)	Dependency Ratio of the Aged (%)	7.2	8.2	10.2	10.9	11.1
婚　姻	**Marriages and Divorces**					
离婚率 (‰)	Divorce Rate (‰)	39.9	50.0	49.0	68.8	86.8
生　活	**People's Livelihood**					
城镇与农村居民收入增长率比例 (1980=100)	Proportion of Growth Rate of Annual Income of Urban Residents to the Growth Rate of Annual Net Income of Rural Residents (1980=100)	0.80	1.17	1.35	1.24	1.03
福　利	**Welfare**					
职工保险福利相当于工资总额比例 (%)	Insurance & Welfare Funds of Staff and Workers as Percentage of Total Wages (%)	14.2	14.9	9.7	7.2	
离退休退职相当于在职人数比例 (%)	Proportion of the Number of Workers Who Have Retired or Resigned to the Number of Employed Ones (%)	11.1	14.3	18.9	28.9	29.9
卫　生	**Health Care**					
每万人医院数 (个)	Number of Hospitals per 10000 Persons (unit)	0.6	0.6	0.5	0.5	0.5
每万人医生数 (人)	Number of Doctors per 10000 Persons (person)	9.0	10.3	11.1	11.1	11.2
每万人医院床位数 (张)	Number of Hospital Beds per 10000 Persons (unit)	16.3	16.9	18.2	18.3	19.7
医院病床使用率 (%)	Utilization Rate of Hospital Beds (%)	80.6	80.9	66.2	58.9	50.5
市政建设	**City Construction**					
城市自来水普及率 (%)	Percentage of Households with Access to Tap Water (%)	76.8	92.9	93.3	92.8	95.8
城市用气普及率 (%)	Percentage of Households with Access to Tap Gas (%)	11.4	26.8	55.6	73.2	77.0
人均公共绿地面积 (平方米)	Public Green Areas per Persons (sq.m)	2.5	5.9	6.1	6.7	7.0
环境、灾害	**Environment and Disasters**					
平均每起火灾损失 (万元)	Average Loss of per Fire Disaster (10000 yuan)		0.91	1.46	0.60	0.94
平均每起交通事故损失 (万元)	Average Loss of per Traffic Accident (10000 yuan)		0.13	0.41	0.42	0.31
平均每起环境污染事故直接经济损失 (万元)	Average Loss per Pollution Accident Direct Economic Losses (10000 yuan)				20.6	12.2

2—5 平均每天主要社会经济活动
Selected Indicators on Average Daily Social and Economic Activities

指标		Item		1985	1990	1995	1999	2000
每天创造的财富		**Daily Production**						
国内生产总值	(万元)	Gross Domestic Product	(10000 yuan)	9075	18028	54893	79687	83238
第一产业		Primary Industry		3862	6744	15924	20305	20060
第二产业		Secondary Industry		3229	6890	23833	33395	35516
工　业		Industry		2777	6118	21022	28658	30150
建筑业		Construction		451	772	2373	3916	5366
第三产业		Tertiary Industry		1984	4394	15137	25986	27663
#运输邮电		Transportation, Postal & Telecommunications Services		426	887	2524	4464	4927
商　业		Commerce		583	1204	4259	7768	8630
工农业总产值	(万元)	Gross Output Value of Industry and Agriculture	(10000 yuan)	13028	28528	88014	123795	125786
农业总产值		Gross Output Value of Agriculture		5431	10163	26858	33817	33425
工业总产值		Gross Output Value of Industry		7596	18365	61156	89978	92361
财政收入	(万元)	Government Revenue	(10000 yuan)	826	1449	4027	7695	7956
粮　食	(吨)	Grain	(ton)	59397	69044	72678	75923	67726
棉　花	(吨)	Cotton	(ton)	457	647	825	660	781
油　料	(吨)	Oil-Bearing Crops	(ton)	3992	3538	5254	7345	7811
原　煤	(万吨)	Coal	(10000 ton)	8.0	8.8	12.2	12.8	13.1
发电量	(亿千瓦时)	Electricity	(100000000 kwh)	0.37	0.53	0.85	0.87	1.01
钢	(万吨)	Steel	(10000 tons)	0.53	0.68	0.89	1.16	1.26
成品钢材	(万吨)	Rolle Steel(final products)	(10000 tons)	0.38	0.52	0.73	1.07	1.18
家用电冰箱	(台)	Household Refrigerator	(unit)	66	945	4121	3786	4655
家用洗衣机	(台)	Household Washing Machines	(unit)	362	932	3499	3992	3608
每天消费量		**Daily National Consumption**						
居民消费总额	(万元)	Resident consumption	(10000 yuan)	5132	10219	27290	42715	44258
农　民		Peasants Consumption		4052	7396	17598	26532	26425
非农业居民		Non-agriculturl Residents' Consumption		1080	2823	9692	16183	17834
政府消费总额	(万元)	Government consumption expenditure	(10000 yuan)	840	1665	4892	8276	9104
每天其他经济活动		**Other Daily Economic Activities**						
货物运输量	(万吨)	Volume of Freight Traffic	(10000 tons)	35.0	122.3	110.9	112.7	122.0
旅客运输量	(万人)	Volume of Passenger Traffic	(10000 persons)	74.6	108.3	158.6	167.1	170.0
邮电业务总量(1990年不变价)	(万元)	Business Volume of Postal and Telecommunications Services (1990 constant prices)	(10000 yuan)	42	93	621	2162	2735
出版图书	(万册)	Books published	(10000 copies)	57	61	75	96	85
出版杂志	(万册)	Magzines published	(10000 copies)	7	5	9	13	21
出版报纸	(万份)	Newspaper published	(10000 copies)	120	88	130	172	208
实际利用外资额	(万美元)	Foreign Capital Actually Used	(USD 10000)	5.1	13.8	210.3	179.9	113.8
海外旅游人数	(人次)	Number of Tourists from Abroad	(Person)	106	314	391	688	871
每天人口变动和婚姻		**Daily Population Changes and Marriages**						
出　生	(人)	Births	(Person)	2184	3666	2622	2570	2234
死　亡	(人)	Deaths	(Person)	751	1036	1047	1106	946
结　婚	(对)	Marriages	(couple)	770	1276	1670	1497	1348
离　婚	(对)	Divorces	(couple)	31	64	82	103	117

2—6　主要年份按人口平均的国民经济主要指标
Per Capita Main Indicators of National Economy in Major Years

指　标　Item	1985	1990	1995	1999	2000
国内生产总值　(元/人) Gross Domestic Product　(Yuan/person)	646	1182	3357	4707	4867
工农业总产值　(元/人) Gross Output Value of Industry and Agriculture　(yuan/person)	927	1871	5255	7313	7355
农业总产值　(元/人)　Gross Output Value of Agriculture　(yuan/person)	386	667	1642	1998	1955
工业总产值　(元/人)　Gross Output Value of Industry　(yuan/person)	541	1204	3613	5315	5400
主要农产品产量　Output of Farm Products					
粮　食　(公斤/人)　Grain　(kg/person)	423	453	444	448	396
棉　花　(公斤/人)　Cotton　(kg/person)	3.3	4.2	5.1	3.9	4.6
油　料　(公斤/人)　Oil-Bearing Crops　(kg/person)	28.3	23.2	32.0	43.4	45.7
黄红麻　(公斤/人)　Fiber Crops　(kg/person)	19.0	5.8	1.4	0.5	0.4
烤　烟　(公斤/人)　Flue-cured Tobacco　(kg/person)	1.5	1.4	0.7	0.8	0.5
猪、牛、羊肉　(公斤/人)　Pork, Beef and Mutton　(kg/person)	13.9	17.5	27.8	38.1	38.7
水产品　(公斤/人)　Aquatic Products　(kg/person)	3.4	5.1	12.5	24.9	25.6
主要工业产品产量　Output of Major Industrial Products					
家用电冰箱　(台/万人)　Household Refrigerators　(unit/10000 persons)	4.6	61.9	251.9	223.7	272.2
电视机　(台/万人)　TV Sets　(unit/10000 persons)	52.3	130.4	132.4	150.8	255.8
#彩色电视机　Color TV set	9.7	16.2	34.0	139.0	250.1
家用洗衣机　(台/万人)　Household Washing Machines　(unit/10000 persons)	25.7	61.2	214.0	235.8	211.0
纱　(公斤/人)　Yarn　(kg/person)	2.6	3.1	3.7	4.2	4.4
原　煤　(公斤/人)　Coal　(kg/person)	566.4	576.0	744.5	756.9	767.4
发电量　(千瓦时/人)　Electricity　(kmh/person)	263.0	349.0	519.9	516.8	589.7
钢　(公斤/人)　Steel　(kg/person)	37.9	44.6	54.5	68.7	73.8
基本建设投资额　(元/人) Total Investment in Capital Construction　(yuan/person)	52.8	69.4	284.8	448.9	513.3
社会消费品零售总额 (元/人) Total Value of Retail Sales　(yuan/person)	233.8	400.2	982.6	1584.6	1689.0
财政收入　(元/人) Government Revenue　(yuan/person)	58.8	95.0	246.3	454.5	465.2
财政支出　(元/人) Government Expenditures　(yuan/person)	66.0	110.7	227.3	466.8	519.1
城乡居民储蓄存款余额 (元/人) Saving Deposit of Urban and Rural Households　(yuan/person)	74.9	289.6	1145.8	2108.6	2318.5
高等学校在校学生　Student Enrollment in Institutions of Higher Education　(人/万人)　(person/10000 persons)	11.0	11.0	14.6	21.5	29.2
中等专业学校在校学生　Student Enrollment in Specialized Secondary Schools　(人/万人)　(person/10000 persons)	11.4	14.8	20.2	33.2	30.7
医院床位数　(张/万人) Number of Hospital Beds　(unit/10000 persons)	16.3	16.9	18.2	18.4	18.4
卫生技术人员数　(人/万人) Number of Professional Medical Persons　(person/10000 persons)	23.8	24.0	25.1	24.8	24.6

主要统计指标解释

可比价格 指计算各种总量指标所采用的扣除了价格变动因素的价格，可进行不同时期总量指标的对比。按可比价格计算总量指标有两种方法：一种是直接用产品产量乘某一年的不变价格计算；另一种是用价格指数进行缩减。

不变价格 指以同类产品某年的平均价格作为固定价格，用于计算各年的产品价值。按不变价格计算的产品价值消除了价格变动因素，不同时期对比可以反映生产的发展速度。新中国成立后，随着工农业产品价格水平的变化，国家统计局先后五次制定了全国统一的工业产品不变价格和农业产品不变价格。从1952年到1957年使用1952年工（农）业产品不变价格，从1957年到1970年使用1957年不变价格，从1971年到1980年使用1970年不变价格，从1981年到1990年使用1980年不变价格，从1991年开始使用1990年不变价格。

平均增长速度 国计算平均增长速度有两种方法：一种是习惯上经常使用的“水平法”，又称几何平均法，是以间隔期最后一年的水平同基期水平对比来计算平均每年增长（或下降）速度；另一种是“累计法”，又称代数平均法或方程法，是以间隔期内各年水平的总和同基期水平对比来计算平均每年增长（或下降）速度。在一般正常情况下，两种方法计算的平均每年增长速度比较接近；但在经济发展不平衡、出现大起大落时，两种方法计算的结果差别较大。

本《年鉴》内所列的平均增长速度，除固定资产投资用“累计法”计算外，其余均用“水平法”计算。从某年到某年平均增长速度的年份，均不包括基期年在内。如建国四十三年的平均增长速度是以1949年为基期计算的，则写为1950－1992年平均增长速度，其余类推。

企业（单位）登记注册类型 是以在工商行政管理机关登记注册的各类企业为划分对象，以工商行政管理部门对企业登记注册的类型为依据，将企业登记注册类型分为内资企业、港澳台商投资企业和外商投资企业三大类。内资企业包括国有企业、集体企业、股份合作企业、联营企业、有限责任公司、股份有限公司、私营公司和其他企业；港澳台商投资企业和外商投资企业分别包括合资经营企业、合作经营企业、独资经营企业和股份有限公司。对不在工商行政管理部门进行登记注册的行政机关、事业单位和社会团体，主要按其经费来源和管理方式进行划分。

国有企业 指企业全部资产归国家所有，并按《中华人民共和国企业法人登记管理条例》规定登记注册的非公司制的经济组织。不包括有限责任公司中的国有独资公司。

集体企业 指企业资产归集体所有，并按《中华人民共和国企业法人登记管理条例》规定登记注册的经济组织。

股份合作企业 指以合作制为基础，由企业职工共同出资入股，吸收一定比例的社会资产投资组建，实行自主经营，自负盈亏，共同劳动，民主管理，按劳分配与按股分红相结合的一种集体经济组织。

联营企业 指两个及两个以上相同或不同所有制性质的企业法人或事业单位法人，按自愿、平等、互利的原则，共同投资组成的经济组织。联营企业包括国有联营企业、集体联营企业、国有与集体联营企业和其他联营企业。

有限责任公司 指根据《中华人民共和国公司登记管理条例》规定登记注册，由两个以上、五十个以下的股东共同出资，每个股东以其所认缴的出资额对公司承担有限责任，公司以其全部资产对其债务承担责任的经济组织。有限责任公司包括国有独资公司以及其他有限责任公司。

股份有限公司 指根据《中华人民共和国公司登记管理条例》规定登记注册，其全部注册资本由等额股份构成并通过发行股票筹集资本，股东以其认购的股份对公司承担有限责任，公司以其全部资产对其债务承担责任的经济组织。

私营企业 指由自然人投资设立或由自然人控股，以雇佣劳动为基础的营利性经济组织。包括按照《公司法》、《合伙企业法》、《私营企业暂行条例》规定登记注册的私营有限责任公司、私营股份有限公司、私营合伙企业和私营独资企业。

其他内资企业 指上述企业之外的其他内资经济组织。

与港澳台商合资经营企业 指港澳台地区投资者与内地企业依照《中华人民共和国中外合资经营企业法》及有关法律的规定，按合同规定的比例投资设立、分享利润和分担风险的企业。

与港澳台商合作经营企业 指港澳台地区投资者与内地企业依照《中华人民共和国中外合作经营企业法》及有关法律的规定，依照合作合同的约定进行投资或提供条件设立、分配利润和分担风险的企业。

港澳台商独资经营企业 指依照《中华人民共和国外资企业法》及有关法律的规定，在内地由港澳台地区投资者全额投资设立的企业。

港澳台商投资股份有限公司 指根据国家有关规定，经外经贸部依法批准设立，其中港、澳、台商的股本占公司注册资本的比例达 25% 以上的股份有限公司。凡其中港、澳、台商的股本占公司注册资本的比例小于 25%的，属于内资企业中的股份有限公司。

中外合资经营企业　指外国企业或外国人与中国内地企业依照《中华人民共和国中外合资经营企业法》及有关法律的规定，按合同规定的比例投资设立、分享利润和分担风险的企业。

中外合作经营企业　指外国企业或外国人与中国内地企业依照《中华人民共和国中外合作经营企业法》及有关法律的规定，依照合作合同的约定进行投资或提供条件设立、分配利润和分担风险的企业。

外资企业　指依照《中华人民共和国外资企业法》及有关法律的规定，在中国内地由外国投资者全额投资设立的企业。

外商投资股份有限公司　指根据国家有关规定，经外经贸部依法批准设立，其中外资的股本占公司注册资本的比例达 25% 以上的股份有限公司。凡其中外资股本占公司注册资本的比例小于 25%的，属于内资企业中的股份有限公司。

行政机关、事业单位和社会团体　参照企业登记注册类型，主要按其经费来源和管理方式划分。具体规定如下：

⑴行政机关：包括国家机关和政党机关，原则上均列为“国有”。但有特殊规定的，如供销社等，则列为“集体”。

⑵事业单位：包括经国家机构编制部门和有关业务主管部门批准成立的各类事业单位，不包括实行企业化管理的事业单位。事业单位的划分办法如下：

①由国家财政预算拨款或列入财政预算外资金管理以及经费主要来源于国有主管部门或国有上级单位的事业单位，列为“国有”。

②经费主要来源于集体单位的事业单位，列为“集体”。

③公民个人（或个人合伙）开办的事业单位，列为“私营”。

④上述以外的其他事业单位，如果其经费来源不明确，按管理方式进行归类。

⑶社会团体：包括经民政部门批准成立以及未纳入社会团体管理条例范围的工会、妇联等各类社会团体。社会团体的划分办法如下：

①未纳入民政部社会团体管理条例范围的工会、妇联、共青团、青联、工商联、科协、侨联等社会团体，国家拨款设立的基金会或基金管理组织以及经费主要来源于国有业务主管部门或国有上级单位的社会团体，列为“国有”。

②经费主要来源于集体单位的社会团体，列为“集体”。

③公民个人（或个人合伙）开办的社会团体，划为“私营”。

④上述以外的其他社会团体，如果其经费来源不明确，改按管理方式进行归类。

Explanatory Notes for Major Statistical Indicators

Comparable Prices refer to prices that are used to remove the factors of price change in calculating economic aggregates, so as to facilitate comparison of aggregates over time. Two methods are used for calculating economic aggregates at comparable prices: 1. Multiplying the output of products by their constant prices of certain year; 2. Deflation of data at current prices by relevant price index.

Constant Price refers to the average price of a given product in certain year, which is used for comparison of output value over time. As the output value at constant prices removes the factor of price changes, it reflects the trend of production development over time. Since 1949, with the changes in general price level, the State Statistical Bureau has issued nationally unified constant prices five times: the 1952 constant prices for 1949 – 1957; the 1957 constant prices for 1957 – 1971; the 1970 constant prices for 1971 – 1981; the 1980 constant prices for 1981 – 1990; and the 1990 constant prices have been used since 1991.

Average Annual Growth Rate Two methods for calculating average annual growth rate are applied in China, one is often called "level approach" or the method of calculating geometric average, which is derived by comparing the level of the last year of the interval with that of the beginning year; the other is called "accumulative approach" or algebraic average or equation method, which is derived by the summation of the actual figure of each year in the interval divided by the figure in the base year.

Usually the results calculated by the two methods are fairly close, but they differed sharply when uneven economic development occurred with striking fluctuations in growth.

The average annual growth rates listed in this statistical yearbook are calculated by level approach except for the growth rate of investment in fixed assets. The base years are not listed when the years are listed for average annual growth rates. For instance, the average annual growth rate of 43 years since 1949 is listed as average annual growth rate of 1950 – 1992 without listing the base year 1949. And the analogy of this is also the same for the rest of the years.

Registration Status of Enterprises Enterprises are classified into 3 categories, namely domestic-funded enterprises, enterprises with investment from Hong Kong, Macao and Taiwan, and enterprises with foreign investment, in the light of the registration status of an enterprise in industrial and commercial administration agencies. Domestic-funded enterprises include state – owned enterprises, collective-owned enterprises, cooperative enterprises, joint ownership enterprises, limited liability corporations, share-holding corporations Ltd., private enterprises and other enterprises. Included in the enterprises with investment from Hong Kong, Macao and Taiwan and enterprises with foreign investment are joint – venture enterprises, cooperative enterprises, sole investment enterprises and share-holding corporations Ltd. For government agencies, institutions and social organizations which are not requested to be registered in industrial and commercial administration agencies, they are classified mainly by their sources of funds and way of management.

State-owned Enterprises refer to non-corporation economic units where the entire assets are owned by the state and which have registered in accordance with the Regulation of the People's Republic of China on the Management of Registration of Corporate Enterprises. Excluded from this category are sole state-funded corporations in the limited liability corporations.

Collective-owned Enterprises refer to economic units where the assets are owned collectively and which have registered in accordance with the Regulation of the People's Republic of China on the Management of Registration of Corporate Enterprises.

Cooperative Enterprises refer to a form of collective economic units (enterprises) where capitals come mainly from employees as their shares, with certain proportion of capital from the outside, where production is organized on the basis of independent operation, independent accounting for profits and losses, joint work, democratic management, and a distribution system that integrates remuneration according to work with dividend according to capital share.

Joint Ownership Enterprises refer to economic units established by two or more corporate enterprises or corporate institutions of the same or different ownership, through joint investment on the basis of equality, voluntary participation and mutual benefits. They include state joint ownership enterprises, collective joint ownership enterprises, joint state-collective enterprises, other joint ownership enterprises.

Limited Liability Corporations refer to economic units established with investment from 2 – 50 investors and registered in accordance with the Regulation of the People's Republic of China on the Management of Registration of Corporations, each investor bearing limited liability to the corporation depending on its share of investment, and the corporation bearing liability to its debt to the maximum of its total assets. Limited liability corporations include exclusive state-funded limited liability corporations and other limited liability corporations.

Share-holding Corporations Ltd. refer to economic units registered in accordance with the Regulation of the People's Republic of China on the Management of Registration of Corporations, with total registered capitals divided into equal shares and raised through issuing stocks. Each investor bears limited liability to the corporation depending on the holding of shares, and the corporation bears liability to its debt to the maximum of its total assets.

Private Enterprises refer to profit-making economic units invested and established by natural persons, or controlled by natural persons using employed labour. Included in this category are private limited liability corporations, private share-holding corporations Ltd., private partnership enterprises and private-funded enterprises registered in accordance with the Corporation Law, Partnership Enterprises Law and Interim Regulations on Private Enterprises.

Other Domestic-funded Enterprises refer to domestic-funded economic units other than those mentioned above.

Joint-venture Enterprises with Funds from Hong Kong, Macao and Taiwan refer to enterprises jointly established by investors from Hong Kong, Macao and Taiwan with enterprises in the mainland of China in accordance with the Law of the People's Republic of China on Sino-foreign Joint Venture Enterprises and other relevant laws, where the share of investment, profits and risks is stipulated in the contract.

Cooperative Enterprises with Funds from Hong Kong Macao and Taiwan, established by investors from Hong Kong, Macao and Taiwan with enterprises in the mainland of China in accordance with the Law of the People's Republic of China on Sino-foreign Cooperative Enterprises and other relevant laws, where the investment or provision of facilities, and the share of profits and risks is stipulated in the cooperative contract.

Enterprises with Sole (exclusive) Investment from Hong Kong, Macao and Taiwan refer to enterprises established in the mainland of China with exclusive investment from investors from Hong Kong, Macao and Taiwan in accordance with the Law of the Peoples Republic of China on Foreign – Funded Enterprises and other relevant laws.

Share-holding Corporations Ltd. with Investment from Hong Kong, Macao and Taiwan refer to share-holding corporations Ltd. established with the approval from the Ministry of Foreign Trade and Economic Relations in line with relevant state regulations, where the share of investment from Hong Kong, Macao or Taiwan businessmen exceeds 25% of the total registered capital of the corporation. In case the share of investment from Hong Kong, Macao or Taiwan is less than 25% of the total registered capital, the enterprise is to be classified as domestic-funded share-holding corporation Ltd.

Joint-venture Enterprises with Foreign Investment refer to enterprises jointly established by foreign enterprises or foreigners with enterprises in the mainland of China in accordance with the Law of the People's Republic of China on Sino-foreign Joint Venture Enterprises and other relevant laws, where the share of investment, profits and risks is stipulated in the contract.

Cooperation Enterprises with Foreign Investment refer to enterprises jointly established by foreign enterprises or foreigners with enterprises in the mainland of China in accordance with the Law of the People's Republic of China on Sino-foreign Cooperative Enterprises and other relevant laws, where the investment or provision of facilities, and the share of profits and risks is stipulated in the cooperative contract.

Enterprises with Sole (exclusive) Foreign Investment refer to enterprises established in the mainland of China with exclusive investment from foreign investors in accordance with the Law of the People's Republic of China on Foreign-Funded Enterprises and other relevant laws.

Share-holding Corporations Ltd. with Foreign Investment refer to share-holding corporations Ltd. established with the approval from the Ministry of Foreign Trade and Economic Relations in line with relevant state regulations, where the share of investment from foreign investors exceeds 25% of the total registered capital of the corporation. In case the share of foreign investment is less than 25% of the total registered capital, the enterprise is to be classified as domestic-funded share-holding corporation Ltd.

Government Agencies, Institutions and Social Organizations are classified into following categories by source of funds and way of management taking reference of the registration status of enterprises:

(1) Government agencies: include state and party agencies, classified in principle as "state-owned". There are exceptions, such as supply and marketing cooperatives which are classified as "collective".

(2) Institutions: include institutions of various types established with the approval by organization and staffing departments of the government, but exclude institutions where enterprise management system is introduced. Institutions are further classified as follows:

(a) Institutions whose main budget is listed in the government budget appropriations or extra-budget funds, or allocated from the budget of their competent government agencies. Such institutions are classified as "state-owned".

(b) Institutions whose budget mainly comes from collective units. Such institutions are classified as "collective".

(c) Institutions other than those mentioned above whose source of budget is not clear. Such institutions are classified by way of management.

(3) Social organizations: include social organizations established with the approval from the Ministry of Civil Affairs, and organizations that are not covered by social organization management regulations such as trade unions, women's federations etc. Social organizations are further classified as follows:

(a) Social organizations that are not covered by social organization management regulations of the Ministry of Civil Affairs such as trade unions, women's federations, communist youth leagues, youth associations, industrial and commerce associations, scientists associations, overseas Chinese associations, etc., foundations and fund management organizations established with funds from the state, and social organizations whose funds mainly come from the budget of their competent government agencies. Such institutions are classified as "state-owned".

(b) Social organizations whose budget mainly comes from collective units. Such institutions are classified as "collective".

(c) Social organizations established by individual or a group of citizens, which are classified as "private".

(d) Social organizations other than those mentioned above whose source of budget is not clear. Such organizations are classified by way of management.

三、国民经济核算

NATIONAL ACCOUNTS

简要说明

一、本篇包括国民经济核算资料等内容。

二、居民消费水平是按人口平均计算的居民消费额，它综合反映一个国家（或地区）人民物质文化生活水平。居民消费额是所有常住居民在核算期内对货物和服务的全部最终消费支出。全省居民消费水平分为农业居民消费水平和非农业居民消费水平，农业居民和非农业居民的划分是以公安部门的户籍人口分类为基础，再将部队人数和农转非的人数归到非农业人口中。

三、国民经济核算资料主要包括国内生产总值表、资金流量表和资产负债综合表。

四、1993－1999年全省及各市、县GDP数据，按照国统字［2000］38号《关于印发〈规模以下工业数据由全面统计向抽样调查过渡的调整方法〉的通知》要求，根据全省规模以下工业抽样调查数据，进行相应调整。

五、国民经济核算资料由省统计局国民经济核算处按照国家统计局《中国国民经济核算综合报表制度》对全省社会经济活动进行核算后提供。

本篇责任编辑：王永明

Brief Introduction

I. This chapter covers Data on national accounts.

II. Consumption level of residents is average consumption value by population, and reflects people's standard of material and culture life in a country (region). Consumption value refers to total final consumption expenditure for goods and services of all the residents during the accounting period. The consumption level of residents is classified into consumption level of agricultural residents and consumption level of non-agricultural residents. The classification of agricultural and non-agricultural population is on the basis of residence population classfied by the department of public security and groups armymen and those changed from their registered rural residence to urban residence into non-agricultural population.

III. Statistics on national accounts include mainly gross domestic product table, flow of fund table, assets and liability table and input-output table.

IV. The data on GDP between 1993 and 1999 has been adjusted in according with the document issued by State Statistics Bureau, 《the data adjusting methods depending on changes from census to sample》(State Statistics[2000]38), and Anhui Province sampling data of non-state industry enterprises below designed size.

V. Data on national accounts are tabulated and prepared by the Division of National Economic Accounting, Anhui Statistical Bureau, in accordance with the "Comprehensive National Economic Accounts Reporting System" edited by the National Statistics Bureau.

3—1 国 内 生 产 总 值
Gross Domestic Product

本表按当年价格计算。 Data in value terms in this table are calculated at current prices.

年 份 Year	国内生产总值(亿元) Gross Domestic Products (100 million yuan)	第一产业 Primary Industry	第二产业 Secondary Industry			第三产业 Tertiary Industry			人均国内生产总值(元/人) Per Capita GDP (yuan)
				工 业 Industry	建筑业 Construction		交通运输仓储邮电通信业 Transportation, Storage, Post and Telecommunications	批发和零售贸易餐饮业 Wholesale, Retail Trade and Catering Trade	
1978	113.96	53.77	40.51	36.26	4.25	19.68	3.67	7.38	244
1980	140.88	64.68	50.06	44.09	5.97	26.14	4.98	10.30	291
1985	331.24	140.97	117.84	101.37	16.47	72.43	15.56	21.27	646
1990	658.00	246.10	251.50	223.30	28.20	160.40	32.40	43.90	1182
1991	663.60	190.50	280.30	245.30	34.90	192.80	44.00	50.50	1161
1992	801.20	230.50	333.00	293.00	40.00	237.70	48.00	67.30	1382
1993	1069.80	284.00	484.90	426.90	58.00	300.90	56.60	93.40	1824
1994	1488.50	336.70	714.20	635.80	78.40	437.60	82.99	129.91	2521
1995	2003.60	581.20	869.90	767.30	102.60	552.50	101.31	165.14	3357
1996	2339.25	665.35	1021.30	906.10	115.20	652.60	120.42	209.97	3881
1997	2669.95	732.25	1162.90	1027.00	135.90	774.80	147.18	249.14	4390
1998	2805.45	739.65	1204.60	1034.00	170.60	861.20	161.47	274.19	4576
1999	2908.60	741.20	1218.90	1046.00	172.90	948.50	173.94	302.70	4707
2000	3038.24	732.20	1296.31	1100.45	195.86	1009.73	179.85	315.00	4867

3—2 国 内 生 产 总 值 构 成
Composition of Gross Domestic Product

本表按当年价格计算。 (单位:%) Data in value terms in this table are calculated at current prices. (%)

年 份 Year	国内生产总值 Gross Domestic Products	第一产业 Primary Industry	第二产业 Secondary Industry			第三产业 Tertiary Industry		
				工 业 Industry	建 筑 业 Construction		交通运输仓储邮电通信业 Transportation, Storage, Post and Telecommunications	批发和零售贸易餐饮业 Wholesale, Retail Trade and Catering Trade
1978	100	47.18	35.55	31.82	3.73	17.27	3.22	6.48
1980	100	45.91	35.54	31.30	4.24	18.55	3.53	7.31
1985	100	42.56	35.57	30.60	4.97	21.87	4.70	6.42
1990	100	37.40	38.22	33.94	4.28	24.38	4.92	6.67
1991	100	28.71	42.24	36.97	5.26	29.05	6.63	7.61
1992	100	28.77	41.56	36.57	4.99	29.67	5.99	8.40
1993	100	26.55	45.32	39.90	5.42	28.13	5.29	8.73
1994	100	22.62	47.98	42.71	5.27	29.40	5.58	8.73
1995	100	29.01	43.42	38.30	5.12	27.57	5.06	8.24
1996	100	28.45	43.65	38.73	4.92	27.90	5.15	8.98
1997	100	27.43	43.55	38.47	5.09	29.02	5.51	9.33
1998	100	26.37	42.93	36.86	6.08	30.70	5.76	9.77
1999	100	25.48	41.91	35.96	5.94	32.61	5.98	10.41
2000	100	24.10	42.67	36.22	6.45	33.23	5.92	10.37

3—3 国内生产总值指数
Indices of Gross Domestic Product

本表按可比价格计算。 (上年=100) The indices in this table are calculated at comparable price. (preceding year=100)

年份 Year	国内生产总值 Gross Domestic Products	第一产业 Primary Industry	第二产业 Secondary Industry	工业 Industry	建筑业 Construction	第三产业 Tertiary Industry	交通运输仓储邮电通信业 Transportation, Storage, Post and Telecommunications	批发和零售贸易餐饮业 Wholesale, Retail Trade and Catering Trade	人均国内生产总值 Per Capita GDP
1978	100.39	96.89	115.47	115.87	112.79	91.79	91.46	80.21	98.78
1980	102.38	93.74	112.17	109.11	133.94	118.41	144.79	111.39	100.38
1985	115.45	109.12	121.67	122.46	117.72	120.99	123.74	113.35	114.32
1990	102.87	104.45	107.05	106.39	112.62	94.84	95.74	80.12	100.17
1991	99.07	77.21	109.74	109.90	108.87	115.91	121.91	116.57	96.70
1992	116.77	116.94	118.70	117.97	124.10	113.72	109.37	119.60	115.22
1993	120.98	111.88	130.40	130.33	130.97	115.95	114.81	122.89	119.36
1994	120.65	103.02	129.49	129.84	126.85	123.19	131.82	117.39	119.40
1995	114.36	117.56	111.37	111.02	113.90	117.22	122.71	117.22	113.43
1996	114.41	107.64	117.04	118.15	108.88	115.44	121.12	114.28	113.29
1997	112.71	109.22	114.01	114.01	114.01	113.17	115.25	118.27	111.69
1998	108.47	102.60	109.15	108.71	112.74	111.75	116.07	108.72	107.61
1999	108.13	108.01	106.40	105.45	113.88	111.22	116.00	109.99	107.24
2000	108.27	101.20	109.94	109.17	115.54	110.31	111.39	109.68	107.20

3—4 国内生产总值指数
Indices of Gross Domestic Product

本表按可比价格计算。 (1978=100) The indices in this table are calculated at comparable price. (1978=100)

年份 Year	国内生产总值 Gross Domestic Products	第一产业 Primary Industry	第二产业 Secondary Industry	工业 Industry	建筑业 Construction	第三产业 Tertiary Industry	交通运输仓储邮电通信业 Transportation, Storage, Post and Telecommunications	批发和零售贸易餐饮业 Wholesale, Retail Trade and Catering Trade	人均国内生产总值 Per Capita GDP
1979	109.90	110.91	109.56	110.21	105.10	106.68	93.57	111.51	107.82
1980	112.51	103.97	122.89	120.26	140.76	126.33	135.48	124.21	108.23
1985	218.52	173.54	261.13	251.12	329.17	312.39	393.57	226.25	198.77
1990	290.09	188.30	410.88	418.48	359.24	459.71	672.20	288.82	243.21
1991	287.40	145.39	450.91	459.90	391.08	532.84	819.50	336.68	235.19
1992	335.58	170.02	535.21	542.54	485.35	605.97	896.27	402.68	270.99
1993	405.99	190.21	697.93	707.08	635.67	702.61	1029.03	494.86	323.46
1994	489.84	195.95	903.77	918.10	806.37	865.56	1356.48	580.92	386.21
1995	560.16	230.36	1006.53	1019.30	918.47	1014.64	1664.59	680.95	438.07
1996	640.88	247.95	1178.08	1204.27	1000.00	1171.28	2016.10	778.20	496.30
1997	722.30	270.82	1343.08	1372.94	1140.13	1325.49	2323.65	920.39	554.32
1998	783.45	277.86	1465.94	1492.50	1285.35	1481.22	2697.10	1000.66	596.50
1999	847.13	300.11	1559.70	1573.82	1463.69	1647.40	3128.63	1100.66	639.71
2000	917.15	303.72	1714.69	1718.14	1691.21	1817.33	3484.93	1207.24	685.77

3—5 第 三 产 业 增 加 值
Value-added of the Tertiary Industry

本表按当年价格计算。 (单位：亿元) Data in value terms in this table are calculated at current prices. (100 million yuan)

行业	Sector	1990	1995	1999	2000
总计	**Total**	**160.4**	**552.5**	**948.5**	**1009.7**
农、林、牧、渔服务业	Farming, Forestry, Animal Husbandry and Fishery	1.2	2.9	5.5	9.8
地质勘探业水利管理业	Geological Prospecting and Water Conservancy	2.8	6.4	10.9	12.4
交通运输、仓储及邮电通信业	Transport, Storage Post and Telecommunications	32.4	101.3	173.9	179.9
交通运输和仓储业	Transport and Storage		85.6	141.4	145.0
邮电通信业	Post and Telecommunications		15.7	32.5	34.9
批发和零售贸易餐饮业	Wholesale and Retail Trade and Catering Services	43.9	165.1	302.7	315.0
金融保险业	Banking and Insurance	23.7	108.4	95.3	100.0
房地产业	Real Estate	15.5	45.4	100.0	114.3
社会服务业	Social Services	7.3	33.9	92.5	98.2
卫生体育和社会福利业	Health Care, Sports and Social Welfare	4.7	13.8	33.5	35.1
教育、文艺艺术及广播电影电视业	Education, Culture and Arts, Radio Film and Television	12.3	32.2	67.9	72.6
科学研究综合和综合技术服务业	Scientific Research and Polytechnical Services	1.3	4.7	8.0	8.4
国家机关、政党机关和社会团体	Government Agencies, Parties and Social Organizations	14.2	35.4	54.7	59.5
其他行业	Others	1.1	2.9	3.5	4.7

3—6 第 三 产 业 增 加 值 构 成
Composition of Value-added of the Tertiary Industry

本表按当年价格计算。 (单位:%) Data in value terms in this table are calculated at current prices. (%)

行业	Sector	1990	1995	1999	2000
总计	**Total**	**100.0**	**100.0**	**100.0**	**100.0**
农、林、牧、渔服务业	Farming, Forestry, Animal Husbandry and Fishery	0.7	0.5	0.6	1.0
地质勘探业水利管理业	Geological Prospecting and Water Conservancy	1.7	1.2	1.1	1.2
交通运输、仓储及邮电通信业	Transport, Storage Post and Telecommunications	20.2	18.3	18.3	17.8
交通运输和仓储业	Transport and Storage		15.5	14.9	14.4
邮电通信业	Post and Telecommunications		2.8	3.4	3.5
批发和零售贸易餐饮业	Wholesale and Retail Trade and Catering Services	27.4	29.9	31.9	31.2
金融保险业	Banking and Insurance	14.8	19.6	10.0	9.9
房地产业	Real Estate	9.7	8.2	10.5	11.3
社会服务业	Social Services	4.6	6.1	9.8	9.7
卫生体育和社会福利业	Health Care, Sports and Social Welfare	2.9	2.5	3.5	3.5
教育、文艺艺术及广播电影电视业	Education, Culture and Arts, Radio Film and Television	7.7	5.8	7.2	7.2
科学研究综合和综合技术服务业	Scientific Research and Polytechnical Services	0.8	0.8	0.8	0.8
国家机关、政党机关和社会团体	Government Agencies, Parties and Social Organizations	8.9	6.4	5.8	5.9
其他行业	Others	0.7	0.5	0.4	0.5

3—7 第三产业增加值指数
Indices of Value-added of the Tertiary Industry

本表按可比价格计算。 (上年=100) The indices in this table are calculated at comparable price. (preceding year=100)

行业	Sector	1990	1995	1999	2000
总计	**Total**	**94.84**	**117.22**	**111.22**	**110.31**
农、林、牧、渔服务业	Farming, Forestry, Animal Husbandry and Fishery		107.50	112.50	109.30
地质勘探业水利管理业	Geological Prospecting and Water Conservancy		105.49	108.33	112.78
交通运输、仓储及邮电通信业	Transport, Storage Post and Telecommunications	95.74	122.71	116.00	111.39
交通运输和仓储业	Transport and Storage		125.44	113.21	107.70
邮电通信业	Post and Telecommunications		131.44	130.48	128.00
批发和零售贸易餐饮业	Wholesale and Retail Trade and Catering Services	80.12	117.22	109.99	109.68
金融保险业	Banking and Insurance	92.58	116.91	96.72	106.79
房地产业	Real Estate	114.31	118.20	112.33	115.64
社会服务业	Social Services	106.41	121.94	115.78	107.84
卫生体育和社会福利业	Health Care, Sports and Social Welfare	100.43	114.45	116.13	108.14
教育、文艺艺术及广播电影电视业	Education, Culture and Arts, Radio Film and Television	107.05	107.22	114.65	109.03
科学研究综合和综合技术服务业	Scientific Research and Polytechnical Services	122.64	112.62	113.64	107.06
国家机关、政党机关和社会团体	Government Agencies, Parties and Social Organizations	124.23	109.64	108.99	110.99
其他行业	Others		108.52	101.67	104.92

3—8 各市国内生产总值和指数
Gross Domestic Product and Its Indices by Region

本表绝对数按当年价格计算，指数按可比价格计算。

Absolute figures in this table are calculated at current prices while indices are calculated at comparable prices.

地区 Region		国内生产总值 (万元) Gross Domestic Product (10000 yuan)				指数 (上年=100) Indices (preceding year=100)			
		1990	1995	1999	2000	1990	1995	1999	2000
合肥市	Hefei	581918	1675816	2944484	3247340	101.7	120.4	111.3	110.5
淮北市	Huaibei	272712	717811	927083	989529	106.5	111.1	107.1	106.9
亳州市	Bozhou	378971	1198511	1624879	1601006		119.2	96.8	99.6
宿州市	Suzhou	390156	1090758	1612376	1780334	105.1	117.0	108.5	108.1
蚌埠市	Bengbu	425739	942858	1554231	1596623	103.3	111.2	102.8	106.0
阜阳市	Fuyang	442012	1703837	2253648	2004995		119.7	99.8	92.1
淮南市	Huainan	306605	834994	1238310	1259965	109.4	114.6	104.0	102.5
滁州市	Chuzhou	539726	1559090	2435104	2557255	108.7	118.6	107.8	108.2
六安市	Luan	394158	1206000	1669352	1709000	107.0	108.5	106.2	100.8
马鞍山市	Maanshan	294504	802935	1190502	1261744	105.6	112.3	108.3	108.0
巢湖市	Chaohu	372476	1228500	1784673	1902267	101.6	112.7	106.3	107.8
芜湖市	Wuhu	339396	1008828	1891770	2005754	98.9	123.9	109.0	108.8
宣城市	Xuancheng	296284	1206762	559045	1604387	103.2	131.9	93.4	102.6
铜陵市	Tongling	146849	442654	685354	733027	109.9	115.7	108.4	109.1
池州市	Chizhou	145764	427277	569689	581223	107.0	108.4	102.0	103.5
安庆市	Anqing	528624	1691412	2282255	2524416	104.3	113.3	103.4	107.1
黄山市	Huangshan	180039	466037	760711	813108	106.1	116.4	109.0	108.5

3—9 各市国内生产总值(2000年)
Gross Domestic Product by Region (2000)

绝对数按当年价格计算，指数按可比价格计算。

Absolute figures in this table are calculated at current prices while indices are calculated at comparable prices.

地区 Region		国内生产总值(亿元) Gross Domestic Product (100 million yuan)	第一产业 Primary Industry	第二产业 Secondary Industry	工业 Industry	建筑业 Construction	第三产业 Tertiary Industry
合肥市	Hefei	324.73	37.02	157.87	135.39	22.48	129.84
淮北市	Huaibei	98.95	15.47	48.53	38.50	10.03	34.95
亳州市	Bozhou	160.10	66.34	41.62	32.76	8.86	52.14
宿州市	Suzhou	178.03	81.24	39.69	26.72	12.97	57.10
蚌埠市	Bengbu	159.66	40.50	62.61	49.87	12.74	56.55
阜阳市	Fuyang	200.50	84.04	52.18	39.05	13.13	64.28
淮南市	Huainan	126.00	17.42	58.67	40.81	17.86	49.91
滁州市	Chuzhou	255.73	71.36	103.48	87.70	15.78	80.89
六安市	Luan	170.90	64.01	53.92	46.00	7.92	52.97
马鞍山市	Maanshan	126.17	12.56	74.32	64.60	9.72	39.29
巢湖市	Chaohu	190.23	54.61	73.47	58.86	14.61	62.15
芜湖市	Wuhu	200.58	22.84	105.02	91.19	13.83	72.72
宣城市	Xuancheng	160.44	38.06	61.20	50.11	11.09	61.18
铜陵市	Tongling	73.30	4.98	40.74	34.32	6.42	27.58
池州市	Chizhou	58.12	17.37	20.39	15.10	5.29	20.36
安庆市	Anqing	252.44	59.36	112.66	93.15	19.51	80.42
黄山市	Huangshan	81.31	18.74	24.22	18.90	5.32	38.35

地区 Region		农林牧渔服务业 Farming, Forestry, Husbadry and Fishery Services	地质勘探业水利管理业 Geological Prospecting and Water Conservancy	交通运输仓储及邮电通信业 Transportation, Storage, Postal and Telecommunications Services	批发零售贸易及餐饮业 Wholesale, Retail Trade and Catering Services	金融保险业 Banking and Insurance	房地产业 Real Estate Trade
合肥市	Hefei	0.30	1.01	24.91	36.83	19.03	9.05
淮北市	Huaibei	0.43	0.38	9.73	9.83	2.16	2.81
亳州市	Bozhou	0.32	0.29	12.20	18.10	3.82	5.40
宿州市	Suzhou	0.43	0.41	11.22	13.25	5.10	8.70
蚌埠市	Bengbu	0.50	0.89	19.47	13.42	3.51	4.28
阜阳市	Fuyang	0.75	0.38	13.11	15.57	4.97	8.98
淮南市	Huainan	0.13	0.68	13.52	12.43	6.92	1.91
滁州市	Chuzhou	0.75	1.76	19.97	25.58	5.49	9.82
六安市	Luan	0.87	0.80	9.52	13.34	4.59	9.61
马鞍山市	Maanshan	0.13	0.59	7.78	8.80	6.96	6.97
巢湖市	Chaohu	0.68	0.92	13.35	17.86	5.54	6.98
芜湖市	Wuhu	0.21	0.63	29.14	14.39	3.41	5.92
宣城市	Xuancheng	0.65	0.21	18.66	16.64	2.94	9.46
铜陵市	Tongling	0.04	0.21	5.30	8.66	5.50	3.09
池州市	Chizhou	0.56	0.15	4.70	5.70	0.76	2.51
安庆市	Anqing	1.38	1.29	12.79	22.53	11.77	9.55
黄山市	Huangshan	0.21	0.15	7.08	10.68	2.23	4.93

3—9 续表 continued

地　区 Region		社会服务业 Social Services	卫生体育和社会福利业 Health Care, Sports and Social Welfare	教育、文艺艺术及广播电影电视业 Education, Culture, Art, Radio, Film and Television	科学研究和综合技术服务业 Scientific Research and Polytechnical Services	国家机关、政党机关和社会团体 Government Agencies, Parties and Social Organizations Organizations	其　他 Others
合肥市	Hefei	15.11	2.52	9.44	3.04	5.99	2.61
淮北市	Huaibei	2.25	1.63	2.52	0.43	2.14	0.64
亳州市	Bozhou	4.62	1.24	3.04	0.07	3.00	0.04
宿州市	Suzhou	3.37	3.36	5.46	0.34	4.76	0.70
蚌埠市	Bengbu	3.17	2.39	3.89	0.78	3.95	0.30
阜阳市	Fuyang	7.43	2.11	4.88	0.36	5.63	0.11
淮南市	Huainan	2.31	1.83	2.54	0.18	4.44	3.02
滁州市	Chuzhou	4.23	2.33	4.82	0.19	5.27	0.68
六安市	Luan	2.17	1.18	4.56	0.21	5.28	0.84
马鞍山市	Maanshan	1.91	1.30	2.36	0.40	1.61	0.48
巢湖市	Chaohu	2.99	1.59	6.29	0.19	5.48	0.28
芜湖市	Wuhu	5.08	3.08	5.38	0.42	4.04	1.02
宣城市	Xuancheng	3.32	1.67	2.98	0.12	3.77	0.76
铜陵市	Tongling	1.35	0.98	1.03	0.16	1.02	0.24
池州市	Chizhou	0.81	0.82	2.20	0.06	1.72	0.37
安庆市	Anqing	4.92	2.55	6.02	0.33	6.05	1.24
黄山市	Huangshan	6.00	1.96	2.16	0.05	2.77	0.13

地　区 Region		构　成　(%) Composition			指　数 Indices 1999=100				人均国内生产总值(元/人) Per Capita GDP (yuan)
		第一产业 Primary Industry	第二产业 Secondary Industry	第三产业 Tertiary Industry	国内生产总值 Gross Domestic Product	第一产业 Primary Industry	第二产业 Secondary Industry	第三产业 Tertiary Industry	
合肥市	Hefei	11.4	48.6	40.0	110.5	101.0	112.5	110.5	7481
淮北市	Huaibei	15.6	49.1	35.3	106.9	104.0	104.2	110.4	5125
亳州市	Bozhou	41.4	26.0	32.6	99.6	99.0	90.5	113.2	3059
宿州市	Suzhou	45.6	22.3	32.1	108.1	105.5	110.9	109.9	3101
蚌埠市	Bengbu	25.4	39.2	35.4	106.0	100.0	106.9	110.1	4786
阜阳市	Fuyang	41.9	26.0	32.1	92.1	89.0	92.0	97.3	2299
淮南市	Huainan	13.8	46.6	39.6	102.5	97.2	98.8	109.7	6162
滁州市	Chuzhou	27.9	40.5	31.6	108.2	101.3	111.2	109.3	6060
六安市	Luan	37.4	31.6	31.0	100.8	90.9	107.2	106.8	2594
马鞍山市	Maanshan	10.0	58.9	31.1	108.0	101.4	107.1	111.9	10640
巢湖市	Chaohu	28.7	38.6	32.7	107.8	103.5	109.4	109.6	4254
芜湖市	Wuhu	11.3	52.4	36.3	108.8	106.1	110.6	105.9	9224
宣城市	Xuancheng	23.7	38.2	38.1	102.6	109.5	97.7	106.5	5846
铜陵市	Tongling	6.8	55.6	37.6	109.1	108.4	109.4	108.6	10664
池州市	Chizhou	29.9	35.1	35.0	103.5	103.4	100.2	108.8	3789
安庆市	Anqing	23.5	44.6	31.9	107.1	109.7	107.5	104.4	4210
黄山市	Huangshan	23.0	29.8	47.2	108.5	102.0	108.7	110.9	5547

3—10 国内生产总值项目结构
Structure of Gross Domestic Product

本表按当年价格计算。 Data in value terms in this table are calculated at current prices.

年份 Year	国内生产总值(亿元) Gross Domestic Product (100 million yuan)	劳动者报酬 Compensation of Laborers	固定资产折旧 Depreciation of Fixed Assets	生产税净额 Net Taxes on Production	营业盈余 Operating Surplus
1978	113.96	71.32	11.38	12.12	19.14
1980	140.88	90.23	13.28	16.19	21.18
1985	331.24	210.24	31.33	37.57	52.10
1990	658.02	430.53	74.40	91.33	61.76
1991	663.60	379.28	81.92	72.38	130.02
1992	801.16	447.60	100.15	102.22	151.19
1993	1069.84	617.98	141.82	151.14	158.90
1994	1488.47	742.38	181.58	217.09	347.42
1995	2003.58	1047.52	227.87	268.94	459.25
1996	2339.25	1222.66	283.07	277.75	555.77
1997	2669.95	1360.24	298.29	324.67	686.75
1998	2805.45	1486.85	368.75	400.25	549.60
1999	2908.59	1534.20	398.73	415.50	560.16
2000	3038.24	1629.00	433.07	430.06	546.11

3—11 支出法国内生产总值
Gross Domestic Product by Expenditure Approach

本表按当年价格计算。 Data in value terms in this table are calculated at current prices.

年份 Year	支出法国内生产总值(亿元) Gross Domestic Product by Expenditure Approach (100 million yuan)	最终消费 Final Consumption Expenditure	资本形成总额 Gross Captital Formation	货物和服务净出口 Net Export of Goods and Services	资本形成率(投资率)(%) Capital Formation Rate (%)	最终消费率(消费率)(%) Final Consumption Rate (%)
1978	113.96	88.75	24.02	1.19	21.08	78.92
1980	140.88	119.12	28.17	-6.41	20.00	80.00
1985	331.27	217.99	113.28		34.20	65.80
1990	658.02	433.77	204.70	19.55	31.11	68.89
1991	663.60	466.38	208.39	-11.17	31.40	68.60
1992	801.16	515.22	272.06	13.88	33.96	66.04
1993	1069.84	664.74	413.59	-8.49	38.66	61.34
1994	1488.47	882.64	598.87	6.96	40.23	59.77
1995	2003.58	1174.65	824.61	4.32	41.16	58.84
1996	2339.25	1368.54	976.31	-5.60	41.74	58.26
1997	2669.68	1612.22	1064.27	-6.81	39.86	60.14
1998	2805.45	1690.36	1117.86	-2.77	39.75	60.25
1999	2908.59	1861.17	1049.96	-2.54	36.10	63.90
2000	3041.24	1947.78	1094.97	-1.50	36.00	64.05

3—12 支出法国内生产总值结构

Structure of Gross Domestic Product Calculated by Expenditure Approach

本表按当年价格计算。

Data in value terms in this table are calculated at current prices.

年份 Year	最终消费 Final Consumption Expenditure 绝对数（亿元）Absolute Figure (100 million yuan) 居民消费 Household Consumption Expenditure	农村居民 Rural House	城镇居民 Urban House	政府消费 Government Consumption Expenditure	比重 Proportion 最终消费=100 Final Consumption Expenditure=100 居民消费 Household Consumption Expenditure	政府消费 Government Consumption Expenditure	居民消费=100 Household Consumption=100 农村居民 Rural Households	城镇居民 Urban Households	资本形成总额 Gross Capital Formation 绝对数（亿元）Absolute Figure (100 million yuan) 固定资本形成总额 Gross Fixed Capital Formation	存货增加 Changes in Inventories	比重（资本形成总额=100）Proportion (Gross Capital Formation=100) 固定资本形成总额 Gross Fixed Capital Formation	存货增加 Changes in Inventories
1978	77.17	62.03	15.14	11.58	86.95	13.05	80.38	19.62	15.85	8.17	65.99	34.01
1980	106.93	85.91	21.02	12.19	89.77	10.23	80.34	19.66	18.24	9.93	64.75	35.25
1985	187.32	147.90	39.42	30.67	85.93	14.07	78.96	21.04	86.31	26.97	76.19	23.81
1990	373.01	269.95	103.06	60.76	85.99	14.01	72.37	27.63	138.18	66.52	67.50	32.50
1991	389.38	270.79	118.59	77.00	83.49	16.51	69.54	30.46	150.85	57.54	72.39	27.61
1992	440.45	291.03	149.42	74.77	85.49	14.51	66.08	33.92	200.30	71.76	73.62	26.38
1993	569.62	342.21	227.41	95.12	85.69	14.31	60.08	39.92	324.83	88.76	78.54	21.46
1994	740.27	476.40	263.87	142.37	83.87	16.13	64.35	35.65	474.00	124.87	79.15	20.85
1995	996.10	642.33	353.77	178.55	84.80	15.20	64.48	35.52	619.07	205.54	75.07	24.93
1996	1172.15	738.39	433.76	196.39	85.65	14.35	62.99	37.01	710.63	274.68	72.12	27.88
1997	1383.48	893.60	489.88	228.74	85.81	14.19	64.60	35.40	779.21	285.06	73.22	26.78
1998	1453.35	920.87	532.48	237.01	85.98	14.02	63.36	34.64	822.73	295.13	73.60	26.40
1999	1559.10	968.43	590.67	302.07	83.77	16.23	62.11	37.89	839.29	210.67	79.94	20.06
2000	1615.43	964.49	650.95	332.34	82.94	17.06	59.70	40.30	928.09	166.88	84.76	15.24

3—13 居民消费水平

Household Consumption

本表绝对数按当年价格计算，指数按可比价格计算。

Absolute figures in this table are calculated at current prices while indices are calculated at comparable prices.

年份 Year	绝对数（元）Value (yuan) 全省居民 All Households	农村居民 Agricultural Households	城镇居民 Non-agricultural Households	城乡消费水平对比（农民=1）Urban/Rural Consumption Ratio (Agricultural Households=1)	指数（上年为100）Index (Preceding year=100) 全省居民 All Households	农村居民 Agricultural Households	城镇居民 Non-agricultural Households	指数（1978年为100）Index (1978=100) 全省居民 All Households	农村居民 Agricultural Households	城镇居民 Non-agricultural Households
1978	165	149	306	2.05	93.82	93.46	94.78	100.00	100.00	100.00
1980	221	200	387	1.94	109.09	108.48	108.81	124.14	125.17	115.53
1985	365	333	570	1.71	106.77	106.75	104.90	168.03	171.33	139.40
1990	670	570	1236	2.17	96.68	95.48	100.16	210.03	199.30	206.34
1991	683	559	1379	2.47	117.01	103.33	124.84	245.77	205.94	257.60
1992	762	597	1646	2.76	102.81	102.21	122.55	252.66	210.49	315.69
1993	973	700	2389	3.41	105.96	103.65	100.74	267.71	218.18	318.03
1994	1251	969	2671	2.76	105.74	103.69	114.23	283.07	226.22	363.27
1995	1669	1300	3441	2.65	107.20	109.43	101.84	303.45	247.55	369.95
1996	1945	1488	4073	2.74	113.12	112.85	111.64	343.26	279.37	413.02
1997	2275	1796	4429	2.47	114.34	118.52	106.02	392.48	331.12	437.90
1998	2370	1845	4675	2.53	107.10	106.20	107.05	420.06	351.40	468.78
1999	2523	1939	4985	2.57	106.60	104.70	107.40	447.96	367.83	503.34
2000	2588	1922	5323	2.77	104.30	100.70	108.00	466.94	370.43	543.36

3—14 各地区（市、县）国内生产总值及指数（2000年）
Gross Domestic Product and Indices by Regions (City, County) (2000)

本表按当年价格计算。 Data in value terms in this table are calculated at current prices.

地区	Region	国内生产总值(亿元) Gross Domestic Product (100 million yuan)	第一产业 Primary Industry	第二产业 Secondary Industry	第三产业 Tertiary Industry	国内生产总值指数(%) Indices of Gross Domestic Product (1999=100)	第一产业 Primary Industry	第二产业 Secondary Industry	第三产业 Tertiary Industry	人均国内生产总值(元) Per Capita GDP (yuan)
长丰县	Changfeng	19.90	10.68	4.82	4.40	102.4	101.0	104.1	103.8	2057
肥东县	Feidong	30.57	12.67	7.06	10.84	102.7	97.7	97.2	111.1	2792
肥西县	Feixi	20.40	9.29	5.26	5.85	104.7	96.1	112.3	110.9	2138
濉溪县	Suixi	30.37	12.98	6.26	11.13	104.0	103.2	101.0	105.9	2648
涡阳县	Guoyang	36.79	17.58	8.73	10.48	95.6	96.6	94.4	94.8	2730
蒙城县	Mengcheng	26.01	14.76	3.59	7.66	92.5	95.1	80.8	96.0	1915
利辛县	Lixin	35.59	17.05	7.90	10.64	95.2	94.6	88.1	104.4	3092
砀山县	Dangshan	28.24	14.15	5.92	8.17	106.4	111.0	100.4	103.8	3184
萧　县	Xiaoxian	31.43	13.10	8.19	10.14	106.6	106.8	110.8	102.4	2495
灵璧县	Lingbi	32.18	18.57	5.85	7.76	106.3	105.1	105.4	109.6	2912
泗　县	Sixian	23.53	14.51	4.26	4.76	105.3	107.0	98.9	108.1	2837
怀远县	Huaiyuan	38.62	15.82	11.91	10.89	102.8	100.5	101.7	107.9	3060
五河县	Wuhe	23.61	11.65	5.36	6.60	106.5	102.7	110.3	110.9	3437
固镇县	Guzhen	22.77	10.56	6.13	6.08	104.0	100.5	105.9	108.2	3620
界首市	Jieshou	27.61	8.08	9.07	10.46	93.0	95.6	85.0	102.1	3807
临泉县	Linquan	30.89	14.18	7.55	9.16	84.0	79.0	83.0	98.2	1681
太和县	Taihe	33.54	15.11	6.26	12.17	94.0	91.0	90.6	101.4	2246
阜南县	Funan	26.44	14.59	3.41	8.44	85.9	91.5	66.5	87.5	1829
颍上县	Yingshang	30.69	14.65	6.19	9.85	93.9	94.0	87.6	99.0	2097
凤台县	Fengtai	27.53	8.57	8.72	10.24	104.0	96.9	104.6	109.2	4970

3—14 续表1 continued

地 区 Region		国内生产总值(亿元) Gross Domestic Product (100 million yuan)	第一产业 Primary Industry	第二产业 Secondary Industry	第三产业 Tertiary Industry	国内生产总值指数(%) Indices of Gross Domestic Product (1999=100)	第一产业 Primary Industry	第二产业 Secondary Industry	第三产业 Tertiary Industry	人均国内生产总值(元) Per Capita GDP (yuan)
天长市	Tianchang	40.90	10.94	18.20	11.76	104.1	102.0	102.1	111.1	6754
明光市	Mingguang	35.79	10.34	14.90	10.55	106.3	103.1	105.8	112.5	5778
来安县	Laian	27.40	8.55	10.47	8.38	104.5	103.7	102.6	109.7	5734
全椒县	Quanjiao	32.13	9.26	13.16	9.71	102.7	100.9	101.7	106.3	7127
定远县	Dingyuan	38.44	15.17	11.75	11.52	101.6	98.0	100.8	110.6	4324
凤阳县	Fengyang	33.81	10.17	13.41	10.23	101.0	98.8	98.4	110.6	4866
寿　县	Shouxian	29.11	11.80	9.12	8.19	93.9	80.5	103.6	105.9	2317
霍邱县	Huoqiu	29.95	12.94	8.55	8.46	95.0	80.2	107.4	107.1	2049
舒城县	Shucheng	24.64	8.23	9.06	7.35	100.2	99.6	94.3	109.8	2513
金寨县	Jinzhai	16.01	5.70	6.13	4.18	103.1	96.4	105.0	110.8	2519
霍山县	Huoshan	16.43	3.66	8.70	4.07	106.2	97.1	111.0	106.5	4507
当涂县	Dangtu	25.65	11.17	6.22	8.26	105.6	101.2	109.9	106.7	3859
庐江县	Lujiang	27.36	14.57	5.14	7.65	85.1	88.8	77.5	88.3	2243
无为县	Wuwei	43.69	16.99	12.77	13.93	106.0	102.9	106.7	109.0	3190
含山县	Hanshan	17.83	6.26	6.35	5.22	103.5	103.0	103.1	104.6	4083
和　县	Hexian	20.41	7.99	6.24	6.18	107.0	106.1	107.3	107.7	3168
芜湖县	Wuhu	18.55	8.00	4.36	6.19	111.6	113.0	109.2	112.4	3460
繁昌县	Fanchang	20.70	5.10	8.83	6.77	107.7	100.8	111.1	106.3	4530
南陵县	Nanling	16.51	5.90	5.10	5.51	101.1	92.2	109.8	103.7	3053

3—14 续表 2 continued

地区 Region		国内生产总值(亿元) Gross Domestic Product (100 million yuan)	第一产业 Primary Industry	第二产业 Secondary Industry	第三产业 Tertiary Industry	国内生产总值指数(%) Indices of Gross Domestic Product (1999=100)	第一产业 Primary Industry	第二产业 Secondary Industry	第三产业 Tertiary Industry	人均国内生产总值(元) Per Capita GDP (yuan)
宁国市	Ningguo	33.17	6.59	14.97	11.61	106.5	105.5	105.6	109.8	8707
郎溪县	Langxi	12.11	4.50	3.95	3.66	109.3	119.5	102.9	106.9	3637
广德县	Guangde	25.77	5.50	9.26	11.01	100.9	101.5	97.6	105.1	5081
泾　县	Jingxian	19.42	4.27	7.99	7.16	101.4	103.9	96.7	109.2	5408
旌德县	Jingde	6.10	2.29	1.95	1.86	86.0	112.9	72.0	86.0	4616
绩溪县	Jixi	9.23	2.81	3.23	3.19	103.4	101.1	102.8	107.9	5056
铜陵县	Tongling	15.42	3.91	6.50	5.01	103.6	110.2	102.8	100.4	4497
东至县	Dongzhi	17.99	6.59	5.60	5.80	106.5	104.8	109.1	105.0	3387
石台县	Shitai	2.40	1.03	0.52	0.85	102.6	100.8	106.5	102.2	2166
青阳县	Qingyang	9.88	2.98	3.68	3.22	100.1	98.2	96.4	110.3	3569
桐城市	Tongcheng	35.75	8.91	16.10	10.74	107.9	104.5	107.0	113.5	4623
怀宁县	Huaining	29.12	9.29	11.19	8.64	107.0	102.6	107.1	111.5	3727
枞阳县	Zongyang	24.91	9.78	7.23	7.90	106.3	113.0	101.0	106.2	2621
潜山县	Qianshan	19.58	4.98	7.13	7.47	105.3	103.7	103.1	110.5	3456
太湖县	Taihu	16.87	7.56	3.54	5.77	104.2	105.3	93.3	112.8	2991
宿松县	Susong	19.81	8.08	5.05	6.68	116.1	126.8	116.6	106.7	2508
望江县	Wangjiang	14.54	5.18	4.72	4.64	109.0	105.8	111.9	113.4	2416
岳西县	Yuexi	10.94	4.09	3.18	3.67	107.8	105.8	108.9	108.4	2729
歙　县	Shexian	22.38	4.48	8.84	9.06	108.6	103.0	106.6	114.2	4457
休宁县	Xiuning	11.28	4.25	2.74	4.29	107.0	102.7	105.0	111.2	4116
黟　县	Yixian	3.87	1.43	1.24	1.20	107.5	102.9	115.1	104.3	3959
祁门县	Qimen	8.88	2.28	2.76	3.84	101.3	104.0	96.8	104.4	4804

注：本表按当年价格计算，指数按可比价格计算。

a) Absolute number at current prices, indices are based on comparable prices.

3—15 资金流量表(实物交易)(1999年)

单位:亿元

交易项目 Transaction		非金融企业部门 Non-financial Enterprises 使用 Utilization	非金融企业部门 Non-financial Enterprises 来源 Source	金融机构部门 Financial Institutions 使用 Utilization	金融机构部门 Financial Institutions 来源 Source
净出口	Net Exports				
增加值	Value Added		1612.26		37.24
劳动者报酬	Compensation of Laborers	796.02		15.26	
生产税净额	Net Taxes on Production	266.88		14.73	
财产收入	Income from Properties	135.02	57.25	134.53	134.53
初次分配总收入	Total Income from Primary Distribution		471.59		7.25
经常转移	Current Transfer	35.79		1.52	
可支配总收入	Total Disposable Income		435.80		5.73
最终消费	Final Consumption Expenditure				
居民消费	Household Consumption				
政府消费	Government Consumption				
总储蓄	Savings		435.80		5.73
资本转移	Capital Transfer		57.63		
投资性补助			57.63		
其　他	Other				
资本形成总额	Gross Capital Formation	706.63		14.58	
固定资本形成总额	Gross Fixed Capital Formation	585.54		14.58	
存货增加	Changes in Inventories	121.09			
其他非金融资产获得减处置	Minus Items from Other Non-financial Investment				
净金融投资	Net Finanicial Investment	-213.20		-8.85	
统计误差	Statistical Discrepancy				

Flow of Funds Table (Physical Transaction, 1999)

(100 million yuan)

政府部门 Goverments		住户部门 Households		省内合计 Regional Sum		国内省外 Outside Province		国外部门 Overseas		合计 Total	
使用 Utilization	来源 Source	使用 Utilization	来源 Source	使用 Utilization	来源 Source	使用 Utilization	来源 Source	使用 Utilization	来源 Source	使用 Utilization	来源 Source
									2.54		2.54
	153.19		1105.90		2908.59						2908.59
142.53		580.39	1534.20	1534.20	1534.20					1534.20	1534.20
1.21	234.63	58.37		341.19	234.63		106.56			341.19	341.19
	11.15		66.62	135.02	135.02					135.02	135.02
	255.23		2067.96		2802.03		106.56		2.54		2911.13
54.57	287.80	139.59	105.17	231.47	392.97	161.50				392.97	392.97
	488.46		2033.54		2963.53		-54.94		2.54		2911.13
302.07		1559.10		1861.17						1861.17	
		1559.10		1559.10						1559.10	
302.07				302.07						302.07	
	186.39		474.44		1102.36		-54.94		2.54		1049.96
75.34	17.71			75.34	75.34					75.34	75.34
75.34	17.71			75.34	75.34					75.34	75.34
79.98		248.77		1049.96						1049.96	
79.98		159.19		839.29						839.29	
		89.58		210.67						210.67	
48.78		225.67		52.40		-54.94		2.54			

3—16 资 产 负 债 综 合 表（1999 年末）

单位：亿元

项　目	Items	非金融企业部门 Non-financial Enterprises 使用 Utilization	非金融企业部门 Non-financial Enterprises 来源 Source	金融机构部门 Financial Institutions 使用 Utilization	金融机构部门 Financial Institutions 来源 Source
非金融资产	**Non-financial Assets**	**3710.08**		**79.45**	
固定资产	Fixed Assets	2639.36		72.10	
固定资产净值	Net Fixed Assets	2335.94		64.38	
固定资产原值	Ordinary Fixed Assets	3184.85		84.35	
减：累计折旧	Total Depreciation	848.91		19.97	
在建工程	Constructing Project	291.09		7.67	
固定资产清理	Inventory of Fixed Assets	4.82		0.04	
待处理固定资产净损失	Net Loss of Fixed Assets	7.51		0.01	
存　货	Inventory	943.98			
#产成品和商品库存	Products and Inventory	524.16			
其他非金融资产	Other Non-financial Assets	126.74		7.35	
#无形资产	Intangible Assets	73.64		1.87	
金融资产与负债	**Financial Assets and Liabilities**	**1476.66**	**3000.68**	**2004.38**	**2071.83**
国内金融资产与负债	Domestic Financial Assets and Liabilities	1476.66	2781.81	2004.38	2071.83
通　货	Current in Circulation	68.01		20.86	
存　款	Savings Deposits	652.78		12.23	2012.61
短期存款	Short Period Savings Deposits	512.58		3.89	851.77
#财政存款	Financial Savings Deposits				40.70
长期存款	Long Period Savings Deposits	140.20		8.34	1160.84
贷　款	Loans		1838.49	1873.79	1.18
短期贷款	Short-term Loans		1491.45	1515.83	0.51
#财政借款	Government Loans				
长期贷款	Long-term Loans		347.04	357.96	0.67
股票及其他股权	Stocks and Other Stock Rights	299.52	412.16	16.78	
证券（不含股票）	Securities (Not Including Stocks)	20.30	10.00	38.11	
短期证券	Short Period Security	9.96	3.31	9.35	
#政府债券	Government Bonds	5.30		8.24	
长期证券	Long Period Security	10.34	6.69	28.76	
#政府债券	Government Bonds	6.15		24.39	
保险准备金	Insurance Reserve Funds	8.90			39.98
其　他	Other	427.15	521.16	42.61	18.06
国外金融资产与负债	Foreign Financial Assets and Liabilities		218.87		
短期资本	Short-term Capital				
长期资本	Long-term Capital		218.87		
资产负债差额	**Balance Between Assets and Liabilities**		**2186.06**		**12.00**

Assets and Liabilities Table (end of 1999)

(100 million yuan)

政府部门 Goverments		住户部门 Households		省内合计 Regional Sum		国内省外 Outside Province		国外部门 Overseas		总　计 Total	
使用 Utilization	来源 Source	使用 Utilization	来源 Source	使用 Utilization	来源 Source	使用 Utilization	来源 Source	使用 Utilization	来源 Source	使用 Utilization	来源 Source
461.13		**2187.76**		**6438.42**						**6438.42**	
448.83		1578.79		4739.08						4739.08	
372.40		1578.79		4351.51						4351.51	
406.81		2376.17		6052.18						6052.18	
34.41		797.38		1700.67						1700.67	
76.43				375.19						375.19	
				4.86						4.86	
				7.52						7.52	
8.80		600.28		1553.06						1553.06	
		339.89		864.05						864.05	
3.50		8.69		146.28						146.28	
				75.51						75.51	
153.95	**55.66**	**1630.59**	**30.69**	**5265.58**	**5158.86**	**108.75**	**434.34**	**218.87**		**5593.20**	**5593.20**
153.95	55.66	1630.59	30.69	5265.58	4930.99	108.75	434.34			5374.33	5374.33
10.99		191.03		290.89			290.89			290.89	290.89
56.95		1302.88		2024.84	2012.61		12.23			2024.84	2024.84
54.89		284.30		855.66	851.77		3.89			855.66	855.66
40.70				40.70	40.70					40.70	40.70
2.06		1018.58		1169.18	1160.84		8.34			1169.18	1169.18
	10.90		24.24	1873.79	1874.81	1.02				1874.81	1874.81
	9.58		15.31	1515.83	1516.85	1.02				1516.85	1516.85
	1.32		8.93	357.96	357.96					357.96	357.96
29.38		40.58		386.26	412.16	45.90	20.00			432.16	432.16
1.67		61.14		121.22	10.00		111.22			121.22	121.22
0.90		15.85		36.06	3.31		32.75			36.06	36.06
0.14		12.01		25.69			25.69			25.69	25.69
0.77		45.29		85.16	6.69		78.47			85.16	85.16
0.09		43.64		74.27			74.27			74.27	74.27
		31.08		39.98	39.98					39.98	39.98
54.96	44.76	3.88	6.45	528.60	590.43	61.83				590.43	590.43
					218.87			218.87		218.87	218.87
					218.87			218.87		218.87	218.87
	559.42		**3787.66**		**6545.14**		**-325.59**		**218.87**		**6438.42**

主要统计指标解释

国民生产总值（GNP） 指一个国家（或地区）所有常住单位在一定时期内收入初次分配的最终结果。一国常住单位从事生产活动所创造的增加值在初次分配中主要分配给该国的常住单位，但也有一部分以生产税及进口税（扣除生产和进口补贴）、劳动者报酬和财产收入等形式分配给非常住单位；同时，国外生产所创造的增加值也有一部分以生产税及进口税（扣除生产和进口补贴）、劳动者报酬和财产收入等形式分配给该国的常住单位，从而产生了国民生产总值的概念。它等于国内生产总值加上来自国外的净要素收入。与国内生产总值不同，国民生产总值是个收入概念，而国内生产总值是个生产概念。

国内生产总值（GDP） 指一个国家（或地区）所有常住单位在一定时期内生产活动的最终成果。国内生产总值有三种表现形态，即价值形态、收入形态和产品形态。从价值形态看，它是所有常住单位在一定时期内生产的全部货物和服务价值超过同期中间投入的全部非固定资产货物和服务价值的差额，即所有常住单位的增加值之和；从收入形态看，它是所有常住单位在一定时期内创造并分配给常住单位和非常住单位的初次收入分配之和；从产品形态看，它是所有常住单位在一定时期内最终使用的货物和服务价值与货物和服务净出口价值之和。在实际核算中，国内生产总值有三种计算方法，即生产法、收入法和支出法。三种方法分别从不同的方面反映国内生产总值及其构成。

三次产业 是根据社会生产活动历史发展的顺序对产业结构的划分，产品直接取自自然界的部门称为第一产业，对初级产品进行再加工的部门称为第二产业，为生产和消费提供各种服务的部门称为第三产业。它是世界上较为通用的产业结构分类，但各国的划分不尽一致。

我国的三次产业划分是：

第一产业：农业（包括种植业、林业、牧业和渔业）。

第二产业：工业（包括采掘业，制造业，电力、煤气及水的生产和供应业）和建筑业。

第三产业：除第一、第二产业以外的其他各业。由于第三产业包括的行业多、范围广，根据我国的实际情况，第三产业可分为两大部分：一是流通部门，二是服务部门。具体又可分为四个层次：

第一层次：流通部门，包括交通运输、仓储及邮电通信业，批发和零售贸易、餐饮业。

第二层次：为生产和生活服务的部门，包括金融、保险业，地质勘查业、水利管理业，房地产业，社会服务业，农、林、牧、渔服务业，交通运输辅助业，综合技术服务业等。

第三层次：为提高科学文化水平和居民素质服务的部门，包括教育、文化艺术及广播电影电视业，卫生、体育和社会福利业，科学研究业等。

第四层次：为社会公共需要服务的部门，包括国家机关、政党机关和社会团体以及军队、警察等。

支出法国内生产总值 指一个国家（或地区）所有常住单位在一定时期内用于最终消费、资本形成总额，以及货物和服务的净出口总额，它反映本期生产的国内生产总值的使用及构成。

最终消费 指常住单位在一定时期内对于货物和服务的全部最终消费支出，也就是常住单位为满足物质、文化和精神生活的需要，从本国经济领土和国外购买的货物和服务的支出；不包括非常住单位在本国经济领土内的消费支出。最终消费分为居民消费和政府消费。

居民消费 指常住住户对货物和服务的全部最终消费支出。居民消费按市场价格计算，即按居民支付的购买者价格计算。购买者价格是购买者取得货物所支付的价格，包括购买者支付的运输和商业费用。居民消费除了直接以货币形式购买货物和服务的消费之外，还包括以其他方式获得的货物和服务的消费支出，即所谓的虚拟消费支出。居民虚拟消费支出包括以下几种类型：单位以实物报酬及实物转移的形式提供给劳动者的货物和服务；住户生产并由本住户消费了的货物和服务，其中的服务仅指住户的自有住房服务；金融机构提供的金融媒介服务；保险公司提供的保险服务。

政府消费 指政府部门为全社会提供公共服务的消费支出和免费或以较低价格向住户提供的货物和服务的净支出。前者等于政府服务的产出价值减去政府单位所获得的经营收入的价值，政府服务的产出价值等于它的经常性业务支出加上固定资产折旧；后者等于政府部门免费或以较低价格向住户提供的货物和服务的市场价值减去向住户收取的价值。

资本形成总额 指常住单位在一定时期内获得的减去处置的固定资产加存货的变动，包括固定资本形成总额和存货增加。

固定资本形成总额 指常住单位购置、转入和自产自用的固定资产，扣除固定资产的销售和转出后的价值，分有形固定资产形成总额和无形固定资产形成总额。有形固定资产形成总额包括一定时期内完成的建筑工程、安装工程和设备工器具购置（减处置）价值，以及土地改良、新增役、种、奶、毛、娱乐用牲畜和新增经济林木价值。无形固定资产形成总额包括矿藏的勘探、计算机软件、娱乐和文学艺术品原件等获得减处置。

存货增加 指常住单位存货实物量变动的市场价值，即期末价值减期初价值的差额。存货增加可以是正值，也可以是负值；正值表示存货上升，负值表示存货下降。它包括生产单位购进的原材料、燃料和储备物资等存货，以及生产单位生产的产成品、在制品等存货等。

货物和服务净出口 指货物和服务出口减货物和服务进口的差额。出口包括常住单位向非常住单位出售或无偿转让的各种货物和服务的价值；进口包括常住单位从非常住单位购买或无偿得到的各种货物和服务的价值。由于服务活动的提供与使用同时发生，因此服务的进出口业务并不发生出入境现象，一般把常住单位从国外得到的服务作为进口，非常住单位从本国得到的服务作为出口。货物的出口和进口都按离岸价格计算。

劳动者报酬 指劳动者因从事生产活动所获得的全部报酬。包括劳动者获得的各种形式的工资、奖金和津贴，既包括货币形式的，也包括实物形式的；还包括劳动者所享受的公费医疗和医药卫生费、上下班交通补贴和单位支付的社会保险费等。对于个体经济来说，其所有者所获得的劳动报酬和经营利润不易区分，这两部分统一作为劳动者报酬处理。

生产税净额 指生产税减生产补贴后的余额。生产税指政府对生产单位生产、销售和从事经营活动以及因从事生产活动使用某些生产要素（如固定资产、土地、劳动力）所征收的各种税、附加费和规费。生产补贴与生产税相反，指政府对生产单位的单方面收入转移，因此视为负生产税，包括政策亏损补贴、粮食系统价格补贴、外贸企业出口退税收入等。

固定资产折旧 指一定时期内为弥补固定资产损耗按照核定的固定资产折旧率提取的固定资产折旧，或按国民经济核算统一规定的折旧率虚拟计算的固定资产折旧。它反映了固定资产在当期生产中的转移价值。各类企业和企业化管理的事业单位的固定资产折旧是指实际计提并计入成本费中的折旧费；不计提折旧的政府机关、非企业化管理的事业单位和居民住房的固定资产折旧是按照统一规定的折旧率和固定资产原值计算的虚拟折旧。原则上，固定资产折旧应按固定资产的重置价值计算，但是目前我国尚不具备对全社会固定资产进行重估价的基础，所以暂时只能采用上述办法。

营业盈余 指常住单位创造的增加值扣除劳动者报酬、生产税净额和固定资产折旧后的余额。它相当于企业的营业利润加上生产补贴，但要扣除从利润中开支的工资和福利等。

直接消耗系数 指某一个部门生产单位总产出需要直接消耗各部门产品和服务的数量，也称为投入系数。它反映该部门与其他部门之间直接的技术经济联系和直接依赖关系。

完全消耗系数 指增加某一个部门单位总产出需要完全消耗各部门产品和服务的数量。完全消耗系数等于直接消耗系数和全部间接消耗系数之和，它是全面揭示国民经济各部门之间技术经济的全部联系和相互依赖关系的主要指标。

机构单位 指能以自己的名义拥有资产、发生负债、从事经济活动并与其他实体进行交易的经济实体。根据机构单位在生产、消费、融资活动中所起的不同作用，资金流量核算将常住单位区分为如下四类机构单位：非金融企业、金融机构、政府单位、住户和国外。

机构部门 将相同性质的机构单位归并在一起，就形成机构部门。资金流量核算中区分了如下几类机构部门：非金融企业部门、金融机构部门、政府部门、住户部门。

非金融企业与非金融企业部门 非金融企业指主要从事市场货物生产和提供非金融市场服务的常住企业，它主要包括各类法人企业。所有非金融企业归并在一起，就形成非金融企业部门。

金融机构与金融机构部门 金融机构指主要从事金融中介以及与金融中介密切相关的辅助金融活动的常住单位，它主要包括中央银行、商业银行和政策性银行、非银行信贷机构和保险公司。所有金融机构归并在一起，就形成金融机构部门。

政府单位与政府部门 政府单位指在我国境内通过政治程序建立的、在一特定区域内对其他机构单位拥有立法、司法和行政权的法律实体及其附属单位。政府单位的主要职能是利用征税和其他方式获得的资金向社会和公众提供公共服务。通过转移支付，对社会收入和财产进行再分配。它主要包括各种行政单位和事业单位。所有政府单位归并在一起，就形成政府部门。

住户与住户部门 住户指共享同一生活设施、部分或全部收入和财产集中使用、共同消费住房、食品和其他消费品与消费服务的常住个人或个人群体。所有住户归并在一起，就形成住户部门。

非常住单位与国外部门 所有不具有常住性的机构单位都是非常住单位。将所有与我国常住单位发生交易的非常住单位归并在一起，就形成国外部门。

初次分配总收入 初次分配指以劳动者报酬、固定资产折旧、生产税及财产收入等形式对增加值进行的分配。初次分配形成的收入余额为初次分配总收入。

经常转移 指部门间以实物和资金方式实现的单方面转让。包括社会保险付款、社会补助、侨汇、无偿捐赠、赔偿等。

可支配总收入 指各机构部门在初次分配总收入基础上通过经常转移后所获得的收入。这部分收入用于最终消费和储蓄。

总储蓄 指可支配总收入扣除最终消费后的余额。

资本转移 指一个部门无偿地向另一个部门支付用于资本形成的资金，是一种不从对方获取任何对应物作为回报的交易。资本转移具有不同于经常转移的两个特征，一是转移的目的是用于投资，而不是用于消费；二是资产所有权的转移，而不仅仅是使用权的转移。资本转移包括投资性补助和其他资产转移，根据我国目前的实际情况，投资性补助是指财政投资性拨款，即财政拨款中用于基本建设、更新改造和其他固定资产投资的部分。

净金融投资 从实物交易角度看，它是指总储蓄加资本转移收入减资本转移支出减资本形成总额后的余额。从金融交易角度看，它是金融资产的增加额减金融负债的增加额之后的余额。

通货 指以现金形式存在于市场流通领域中的货币，包括辅币和纸币。

存款 指以各种形式存在的所有存款，包括活期存款、定期存款、住户储蓄存款、财政存款、外汇存款和其他存款。

贷款 指金融机构向非金融部门提供的各种形式的所有贷款，包括短期贷款、中长期贷款、财政贷款、外汇贷款和其他贷款。

证券 包括债券和股票。

保险准备金 指对人寿保险准备金和养恤基金的净权益、保险费预付款和未结索赔准备金。

结算资金 指银行的汇兑在途资金。

金融机构往来 指各机构之间的资金往来，包括同业存放款和同业拆借款。

准备金 指各金融机构在中央银行的存款及缴存中央银行的法定准备金。

中央银行贷款 指中央银行向各金融机构的贷款。

经常项目 包括货物、服务、收益及经常性转移。

货物 指通过我国海关进出口的货物，以海关进出口统计资料为基础，并根据国际收支统计口径的要求，出口、进口都以商品所有权变化为原则进行调整。出口和进口金额均按离岸价格统计。

服务 包括运输、旅游、通讯、建筑、保险、国际金融服务、计算机和信息服务、专有权力使用费和特许费、各种商业服务、个人文化娱乐服务以及政府服务。

收益 包括职工报酬和投资收益。投资收益包括直接投资、证券投资和其它投资的收益和支出以及直接投资收益的再投资。

资本项目 包括移民转移、债务减免等资本性转移。

金融项目 包括直接投资、证券投资和其它投资。

直接投资 指外国、港澳台地区在我国和我国在外国、港澳台地区以独资、合资、合作及合作勘探开发方式进行的投资。

证券投资 指外国、港澳台地区购买（或我国买回）我国（包括地方政府和企业）发行的股票、债券等有价证券和我国（政府、企业、私人）买卖外国、港澳台地区发行的股票、债券等有价证券。

其它投资 包括外国提供给我国和我国提供给外国的贸易信贷、贷款、货币和存款以及其它资产。

储备资产增减额 指我国在黄金储备、外汇储备、在国际货币基金组织的储备头寸、特别提款权、使用基金信贷等方面本年末与上年末余额之间的差额。储备资产增加用负号表示。

Explanatory Notes for Major Statistical Indicators

Gross Nationam Product (GNP) refers to the final result of the primary distribution of the income created by all the resident units of a country (or a region) during a certain period of time. The value-added created by the resident units of a country engaged in production activities is mainly distributed to the resident units of that country while a part of it is distributed to the non-resident units in the form of production tax and import duties (minus subsidies to production and import), remuneration for the labourers and property income. At the meantime, a part of the value-added created abroad is distributed to the resident units of the country in the form of production tax and import duties (minus subsidies to production and import), remuneration for the labourers and property income. Thus the concept of gross national product is formed, which equals to gross domestic product plus net factor income from abroad. Unlike gross domestic product which is a concept of production, gross national product is a concept of income.

Gross Domestic Product (GDP) refers to the final products of all resident units in a country (or a region) during a certain period of time. Gross domestic product is expressed in three different forms, i. e. value, income, and products respectively. The form of value refers to the total value of all products and services produced by all resident units during a certain period of time minus total value of intimidate input of materials and services of the nature of non-fixed assets or the summation of the value-added of all resident units; the form of income includes all the income created by all resident units and distributed primarily to all resident and non-resident units; the form of products refers to the value of all final goods and services for final use by all resident units plus the value of net exports of goods and services during a given period of time. In the practice of national accounting, gross domestic product is calculated with three approaches, i. e. production approach, income approach, and expenditure approach, which reflect gross domestic product and its composition from different aspects.

Three Industries Industrial structure has been classified according to the historical sequence of development. Primary industry refers to extraction of natural resources; secondary industry involves processing of primary products; and tertiary industry provides services of various kinds for production and consumption. The above classification is universal although it varies to some extent form country to country. Industry in China comprises:

Primary industry: agriculture (including farming, forestry, animal husbandry and fishery).

Secondary industry: industry (including mining and quarrying, manufacturing, production and supply of electricity, water and gas)and construction.

Tertiary industry: all other industries not included in primary or secondary industry.

Due to the fact that tertiary industry involves in a large variety of industries in China, it is divided into two sectors: circulation sector and service sector and further into four levels:

The first level: circulation sector, including transportation, storage, postal and telecommunications, wholesale and retail trade, and catering trade.

The second level: service sector providing services for production and consumption, including banking, insurance, geological survey, water conservancy management, real estates, service for residents, service for agriculture, forestry, animal husbandry, fishery, subsidiary services for transportation and communications, comprehensive technical services, etc.

The third level: service sector for upgrading scientific, educational and cultural level of the people, including education, culture and arts, broadcasting, film, television, public health, sports, social welfare and scientific research, etc.

The fourth level: sector providing services for public needs, including government agencies, political parties, social organizations, military and police service.

GDP Calculated with Expenditure Approach refers to total expenditure on final consumption, total capital formation and net export of goods and services by resident units of a country in a certain period of time. It reflects the composition of GDP by its use.

Final Consumption refers to the total expenditure of resident units on final consumption of goods and services in a certain period, namely the expenditure of the resident units for purchases of goods and services from domestic economic territory and abroad to meet the requirements of material, cultural and spiritual life. It excludes the expenditure of non-resident units on consumption in the economic territory of the country. The final consumption is classified into household consumption and government consumption.

Households consumption refers to the total expenditure of resident households on the final consumption of goods and services. The households consumption is calculated at market prices, namely the purchaser's prices which the households pay; the purchasers prices of goods are the prices the households pay when they obtain the goods, including the transport and commercial expenses paid by the households. In addition to the consumption of goods and services bought by the households directly with money, the expenditure on goods and services obtained by the households in other ways, i.e. the so-called imputed expenditure on consumption, is also included in the households consumption. The imputation expenditure of the households on consumption includes the following types: (a) the goods and services provided to the households by the units in the form of payment in kind and transfer in kind; (b) the goods and services produced and consumed by the households themselves, in which the services refer only to the services provided by the residential buildings owned by the households; (c) the services of financial intermediary provided by the financial institutions; (d) the insurance services provided by the insurance companies.

Government Consumption refers to the expenditure on the consumption of the public services provided by the government to the whole society and the net expenditure on the goods and services provided by the government to the households at free charge or lower prices. The former equals to the output value of the government services minus the value of operating income obtained by the government departments. (The output value of the government services equals to its current operating expenditure plus depreciation of fixed assets). The latter equals to the market value of the goods and services provided by the government free of charge or at low prices to the households minus the value received by the government from the households.

Total Capital Formation refers to the fixed assets acquired minus those disposed and the change in inventory, including the total fixed assets formation and the increase in inventory.

Total Fixed Capital Formation refers to the value of fixed assets purchased, transferred in by the resident units and those produced and used by themselves deducting the value of fixed assets sold and transferred out. It can be classified into total tangible assets formation and total intangible assets formation. The total tangible assets formation include the value of the construction projects, installation projects completed and the equipment, apparatus and instruments purchased as well as the value of land improved, the value of draught animals, breeding stock, milk, wool and recreational animals and the newly increased economic forest in a certain period. The total intangible assets formation includes the prospecting of minerals, the acquisition of computer software, the originals of recreational works and works of literature and arts minus the disposal of them.

Increase in Inventory refers to the market value of the change in inventory, i.e. the difference of value between the beginning and the end of the period. The increase in inventory can be positive or negative. A positive value indicates the increase in inventory while a negative value indicates the decrease in stock. The inventory includes the raw materials, fuels and reserve materials purchased by the production units as well as the inventory of finished products, semi-finished products, work-in-progress, etc.

Net Export of Goods and Services refers to the difference of the exports of goods and services minus the imports of goods and services. The imports include the value of various goods and services sold or gratuitously transferred by the resident units to the non-resident units. The imports include the value of various goods and services purchased or gratuitously acquired by the resident units from the non-resident units. Because the provision of services and the use of them happen simultaneously, the import and export of services do not appear to have the phenomena of crossing the border of the country. The acquisition of services by the resident units from abroad is usually treated as import while the acquisition of services by non-resident units in this country is usually treated as export. The export and import of goods are calculated at FOB.

Labourers' Remuneration refers to the whole payment of various forms earned by the labourers from the productive activities they are engaged in. It includes wages, bonuses and allowances the labourers earned in monetary form and in kind. It also includes the free medical services provided to the labourers and the medicine expenses, traffic subsidies and social insurance fee paid by the labourers working units for them. As the individual economy is concerned, since the labourers remuneration is not easily distinguished from the operating profit, both are treated as labourers remuneration.

Net Taxes on Production refers to the residual of the taxes on production minus the subsidies on production. The taxes on production refers to the various taxes, extra charges and fees levied on the production units on their production, sale and business activities as well as on some factors of production, such as fixed assets, land and labour force, used in the production activities they are engaged in. In contrast to the taxes on production, the subsidies on production refer to the unilateral transfer of part of the government's revenue to the production units and is therefore regarded as negative taxes on production. They include subsidies on the loss due to implementation of government policies, price subsidies to the grain institutions, foreign trade corporations receipts from drawback, etc.

Depreciation of Fixed Assets refers to the depreciation of fixed assets of a given period, drawn in accordance with the stipulated depreciation rate for the purpose of compensating the wear loss of the fixed assets or the depreciation of fixed assets calculated in a fictitious way in accordance with the stipulated unified depreciation rate in the national economic accounting system. It reflects the value of transfer of the fixed assets in the production of the current period. The depreciation of fixed assets in various enterprises and institutions managed as enterprises refers to the depreciation expenses actually drawn and calculated as part of theterprises which do not draw the depreciation expenses, as well as for the houses of residents, the depreciation of fixed assets is the imputed depreciation, which is calculated in accordance with the stipulated unified depreciation rate. In principle, the depreciation of fixed assets should be calculated on the basis of the re-purchased value of the fixed assets. However, there is no actual condition to re-evaluate all the fixed assets in China. Therefore, the above－mentioned methods are temporarily adopted at present.

Operating Surplus refers to the balance of the value added created by the resident units deducting the labourers remuneration, net taxes on production and the depreciation of fixed assets. It is equivalent to the business profit of the enterprises plus subsidies on production, but the wages and welfare expenses paid from the profits should be deducted.

Direct Input Coefficient refers to the volume of products and services of all sectors consumed directly by a certain sector's productive units, which are needed for their total output. It is also named as technical coefficient. It represents the direct technical economical ties and direct interdependence between the sector and other sectors.

Total Input Coefficient refers to the volume of products and services of all sectors needed for a certain sectors productive units to increase their total output. Total input coefficient is equal to the sum of direct input coefficient and total indirect input coefficient. It is a major indicator to disclose the technical economical ties and interdependence between sectors of the national economy.

Institutional Units refer to economic entities that are in a position to own assets and incur liabilities in their own name, and to engage in economic activities and conduct transactions with other entities. Depending on their different role in production, consumption and financing, 4 groups of resident institutional units are identified in the flow of fund tables, namely, non-financial corporations, financial institutions, governments, households and the rest of the world.

Institutional Sectors refer groups of institutional units that are classified by their nature. Following groups (or institutional sectors) are identified in the flow of fund accounts: the sector of non-financial corporations, the sector of financial institutions, the sector of governments and the sector of households.

Non-Financial Corporations and the Sector of Non-Financial Corporations Non-financial corporations refer to resident corporations that are engaged in the production of goods and the provision of non financial services in the market, mainly covering corporate enterprises of various types. All non-financial corporations make up the sector of non-financial corporations.

Financial Institutions and the Sector of Financial Institutions Financial institutions refer to resident institutions that are engaged in the financial services or auxiliary financial activities, mainly covering central banks, commercial banks, policy-related banks, non-banking credit institutions and insurance companies. All financial institutions make up the sector of financial institutions.

Government Units and the Sector of Governments Government units refer to legal entities and their auxiliary units within the territory of China that are established through political process and are empowered with legislative, administrative or judicial rights over other institutional units in a given region. The main function of government units is to acquire funds through taxation or other means, to provide public services to the society and households, and to conduct redistribution of income and properties of the society through transfer payment. Government units cover mainly administrative and institutional units of various types. All government units make up the sector of governments.

Households and the Sector of Households Households refer to resident individuals or groups of resident individuals who share common living facilities, pool together entire or part of their income and properties at their common disposal, and share their housing, food and other consumer goods and services. All households make up the sector of households.

Non-resident Units and the Sector of the Rest of the World Non-resident units refer to of units that are of a non-resident nature. All non-resident units that have transactions with resident units make up the sector the rest of the world.

Total Income of Primary Distribution Primary distribution refers to the distribution of value－added in the form of compensation for labours, depreciation of fixed assets, production taxes and property income. The sum of income obtained through primary distribution is called the total income of primary distribution.

Current Transfers refers to one-way transfers with physical and fund form in sectors. include payment to social securities, social allowances remittance from overseas Chinese, grants, donations and reparations and so on.

Total Disposable Income refers to income received by institutional sectors on the basis of total income of primary distribution and through current transfers. This is the income that is used for final consumption and savings.

Total Savings is the difference between total disposable income and the final consumption.

Capital Transfer refers to the free payment from one sector to another sector for capital formation, and is a transaction that seeks no return from the recipient. The capital transfer differs from the current transfer in 2 aspects. Firstly, the objective of the transfer is investment rather than consumption. Secondly, capital transfer features the transfer of the ownership of the capital rather than the utilization right of the capital. Capital transfer in cludes investment subsidies and other capital transfers. Under the current situation in China, investment subsidies refer to investment allocations from government finance, i. e. the financial allocations that are used for capital construction, updating and transformation projects and other investment in fixed assets.

Net Financial Investment refers to total savings plus the net income from capital transfer minus the gross capital formation from the point of view of physical transaction. In terms of monetary transaction, it is the increased value of financial assets minus the increase of the financial liabilities.

Currency in Circulation refers to currency that is in circulation in the market, including notes and fractional currency.

Savings Deposit refers to deposits of all types, including current deposit, fixed deposit, household savings deposit, government deposit, foreign exchange deposit and other deposits.

Loans refer to loans of all forms provided by financial institutions to non-financial sectors, including short-term loans, medium and long-term loans, government loans, foreign exchange loans and other loans.

Securities include bonds and stocks.

Insurance Reserve Funds refer to reserve fund for life insurance, the net pension fund, advance payment of premium and non-claimed reserves.

Settlement Fund refers to bank fund that is in the process of remittance.

Transactions Between Financial Institutions refer to flow of capital between financial institutions, including inter-bank deposits and loans.

Reserve Funds refer to savings of financial institutions in the central bank and designated reserves to the central bank.

Loans from the Central Bank refer to loans from the central bank to financial institutions.

Current Account includes goods, services, earnings and current transfers.

Goods refer to imported or exported goods through Chinese customs. Figures in the Yearbook are based on customs statistics, adjusted in line with the concepts and definitions of the balance of payment statistics and with the change in the ownership of commodities. Statistics on both exports and imports are valued at f.o.b. prices.

Services include transportation, tourism, communications, construction, insurance, international financial services, computer and information service, royalty for patent, trademarks and other special rights, commercial services, personal cultural and recreational services and government services.

Earnings include compensation of employees and earnings from investment (including earnings from and expenses on direct investment, security investment and other investment, as well as reinvestment of earnings from direct investment).

Capital Account includes capital transfers such as immigration transfer, reduction or exemption of debts, etc.

Financial Account includes direct investment, security investment and other investments.

Direct Investment refers to investment, made in forms of exclusive investment, joint investment, contracted operation and co-operative development, by foreign investors or investors from Hong Kong, Macao and Taiwan in China, or by Chinese investors in foreign countries or in Hong Kong, Macao and Taiwan.

Security Investment refers to the purchase of stocks and securities issued by central and local governments and enterprises in China by institutions or individuals of foreign countries or from Hong Kong, Macao and Taiwan (and the re-purchase by Chinese institutions), and the purchase and selling of stocks and securities issued in foreign countries and in Hong Kong, Macao and Taiwan by Chinese governments, enterprises and individuals.

Other Investment includes trade credits, loans, currency, savings and other assets, provided by foreign countries to China and by China to foreign countries.

Reserve Assets, Net Increase refers to the net balance between the end of the reference year and the end of the previous year, in the gold reserve, foreign exchange reserve, reserve and special drawing rights in the International Monetary Fund, and the use of the Fund's credits. The increase in the reserve assets is expressed as a negative figure.

四、人　　　口

POPULATION

简要说明

一、本篇资料反映我省2000年及主要年份人口方面的基本情况，包括全省主要人口统计数据，主要指标有：家庭户规模、性别比、少年儿童系数、老年系数、老少比、文化程度状况、少年儿童抚养系数、老年抚养系数、抚养系数等。

二、本篇资料来源主要有以下三个方面：

1. 有关家庭户数据、人口性别比、人口受教育程度、抚养系数等资料是根据第五次全国人口普查快速汇总数据整理的。

2. 有关历史上四次人口普查资料，是根据历次人口普查资料整理的。

3. 有关户籍人口、非农业人口、农业人口、出生人口、死亡人口、迁移人口，是根据省公安厅提供的2000年度户籍人口统计年报资料整理的。

三、本篇资料均由省统计局人口社科处整理编制。

本篇责任编辑：李方启

Brief Introduction

I. Data in this chapter show the basic conditions of Anhui's population in 2000, including the main data of population statistics of the whole province, such as family size, sex ratio, children ratio, the aged ratio, ratio of the aged to children, educational level, children dependency ratio, the aged dependency ratio, and total dependency ratio.

II. There are three main sources for Data published in this chapter.

1. Data on family size, sex ratio, educational level and dependency ratio are tabulated in accordance with the rapid collection of the fifth population census.

2. The historical data of the four population censuses are prepared in accordance with the previous population censuses.

3. Data of residence, non-agricultural and agricultural population, number of births, deaths and migrated are collected in accordance with the annual statistical report on residence population in 2000 by the Department of Public Security of the province.

III. Data in this chapter are prepared by the Division of Population, Anhui Statistical Bureau.

4—1 人口数及构成
Population and Its Composition

单位：万人　　(10000 persons)

年份 Year	年底总人口 Total Population (year－end)	按性别分 By Sex 男 Male 人口数 Population	比重（%）Proportion	女 Female 人口数 Population	比重（%）Proportion	按城乡分 By Residence 市镇总人口 Urban 人口数 Population	比重（%）Proportion	乡村总人口 Rural 人口数 Population	比重（%）Proportion
1978	4713	2439	51.75	2274	48.25	595	12.62	4118	87.38
1980	4893	2530	51.71	2363	48.29	652	13.33	4241	86.67
1985	5156	2683	52.04	2473	47.96	822	15.95	4334	84.05
1990	5661	2934	51.83	2727	48.17	1016	17.94	4645	82.06
1991	5744	2977	51.83	2767	48.17	1032	17.96	4712	82.04
1992	5817	3015	51.83	2802	48.17	1059	18.20	4758	81.80
1993	5870	3044	51.86	2826	48.14	1085	18.48	4785	81.52
1994	5938	3081	51.89	2857	48.11	1115	18.78	4823	81.22
1995	6000	3116	51.93	2884	48.07	1145	19.09	4855	80.91
1996	6054	3144	51.93	2910	48.07	1314	21.71	4740	78.29
1997	6109	3171	51.91	2938	48.09	1345	22.02	4764	77.98
1998	6152	3191	51.87	2961	48.13	1374	22.33	4778	77.67
1999	6206	3220	51.89	2986	48.11	1614	26.00	4592	74.00
2000	6278	3258	51.89	3020	48.11	1758	28.00	4520	72.00

注：1985－1989年数据是根据1982年、1990年两次人口普查数据调整的，1990年以后人口数据为户籍统计数，市镇、乡村人口数为人口变动抽样调查调整数。

a) Data in 1985－1989 were adjusted on the basis of the 1982 and 1990 National Population Censuses. Since 1990, data have been taken from the annual Reports of the Department of Public Security and have been adjusted on the basis of the National Sample Surveys on Population Changes.

4—2 人口抚养系数
Dependency Ratio of Population

年份 Year	少年儿童系数（%）Ratio of Children（%）	老年系数（%）Retio of the Aged（%）	老少比（%）Ratio of the Aged to Children（%）	年龄中位数（岁）Median of Age (Year)	少年儿童抚养系数（%）Chilren Dependency Ratio（%）	老年抚养系数（%）The Aged Dependency Ratio（%）	抚养系数（%）Dependency Ratio（%）
1990	28.39	5.41	19.04	24.02	42.89	8.16	51.05
1991	28.23	5.94	21.05	24.82	42.88	9.03	51.91
1992	27.96	6.09	21.78	25.16	42.40	9.24	51.64
1993	26.56	6.32	23.80	25.28	39.57	9.42	48.99
1994	26.60	6.40	24.06	25.39	39.70	9.55	49.25
1995	27.33	6.73	24.61	26.38	41.45	10.20	51.65
1996	26.63	6.50	24.41	27.95	39.82	9.72	49.54
1997	26.04	6.71	25.77	28.35	38.72	9.98	48.70
1998	24.95	7.02	28.14	29.52	36.67	10.32	46.99
1999	24.60	7.38	30.00	30.63	36.17	10.85	47.03
2000	25.52	7.45	29.17		38.08	11.11	49.18

注：1990年、2000年为普查数据，其余年份为人口变动抽样调查数。

a) Data in 1990 and 2000 are taken from National Population Censuses and data of other years were taken from the annual National Sample Surveys on Population Changes.

4—3 四次全省人口普查人口基本情况（年中数）
Basic Statistics on National Population Census in 1953, 1964, 1982 and 1990 (Middle of Year)

单位：人 (Persons)

指标	Item	1953	1964	1982	1990
总人口	**Total Population**	**30663271**	**31241184**	**49665947**	**56181005**
男	Male	16106644	16181690	25763836	29026412
女	Female	14556627	15059494	23902111	27154593
育龄妇女（15－49岁）	Women at Childbearing Age (Age 15－49)	7053844	7412103	11507636	14987773
总户数 （户）	**Total Number of Households (household)**	**7131617**	**7651656**	**10522144**	**13376524**
家庭户	Family Households			10470792	13320101
集体户	Non-family Households			51352	56423
各年龄组人口	**Population by Age**				
0－6岁	Age 0－6	6247323	5426677	6799411	7815199
7－14岁	Age 7－14	4809567	6575789	11153620	8134356
劳动年龄人口	Population within Working Age	16492739	16576287	26159090	33367260
男60岁、女55岁以上人口	Males Aged 60 and Females Aged 55 and Over			4256908	5771210
民族人口	**Nationality Population**				
汉族	Han Nationality	30526985	31085840	49404136	55856653
少数民族	Minority Nationalities	136286	155344	261811	324352
15岁及以上人口	**Marital Status of Population Aged 15 and Over**			**31712887**	**40231450**
未婚	Unmarried			9545661	11124726
有配偶	Married			19593007	26419190
丧偶	Widowed			2372058	2477003
离偶	Divorced			202161	210531
6岁及以上人口	**Population Aged 6 and Over by Educational Level**		**25869597**	**43914081**	**49301034**
大专以上	Colleges and Over		80658	202617	495885
高中	Senior Secondary School		315385	1975047	2829793
初中	Junior Secondary School		1206329	7070630	11219078
小学	Primary School		6031834	14758903	19495406
不识字或识字很少	Illiterate and Semi-Illiterate		18235391	19906884	15260872
在业人口	**Employed Population**			**26020892**	**33465671**
不在业人口	**Unemployed Population**			**5691995**	**6765779**
市镇县人口	**Population of Cities, Towns and Counties**				
市	City	1124648	2147093	4885043	6921432
镇	Town	1537947	1467423	2197321	3102612
县	County	28000676	27626668	42583583	46156961

4—4 各市人口基本情况
Basic Conditions of Population by Region

地 区 Region	家庭户人口占总人口比重(%) Proportion of Family Members to the Total Population (%)	平均每个家庭户人口规模(人/户) Average Family Size (person/household)	人口性别比(女=100) Sex Ratio (Female=100)	汉族人口占总人口比重(%) Proportion of the Han People to the Total (%)	少数民族人口占总人口比重(%) Proportion of Minority Nationality People to the Total (%)
总 计 Total	**97.78**	**3.51**	**106.61**	**99.37**	**0.63**
合肥市 Hefei	93.84	3.38	110.63	99.17	0.83
淮北市 Huaibei	96.01	3.56	106.30	99.84	0.16
亳州市 Bozhou	99.51	3.76	109.02	99.09	0.91
宿州市 Suzhou	98.61	3.68	104.52	99.77	0.23
蚌埠市 Bengbu	97.61	3.73	107.76	98.96	1.04
阜阳市 Fuyang	99.09	3.66	106.36	99.13	0.87
淮南市 Huainan	97.18	3.56	109.17	98.49	1.51
滁州市 Chuzhou	98.70	3.56	105.43	98.95	1.05
六安市 Luan	98.45	3.51	108.13	99.28	0.72
马鞍山市 Maanshan	97.52	3.23	106.67	99.36	0.64
巢湖市 Chaohu	98.04	3.53	107.16	99.78	0.22
芜湖市 Wuhu	96.00	3.21	107.58	99.60	0.40
宣城市 Xuancheng	97.75	3.30	109.64	99.76	0.24
铜陵市 Tongling	96.30	3.12	107.42	99.65	0.35
池州市 Chizhou	97.40	3.29	103.05	99.78	0.22
安庆市 Anqing	97.07	3.36	100.43	99.73	0.27
黄山市 Huangshan	97.30	3.09	103.98	99.93	0.07

注：4—4 表至 4—7 表为第五次人口普查快速汇总资料。

a) Table 4－4 to 4－7 are fast colleted data of the Fifth Population Census.

4—5 各市 6 岁及以上各种文化程度人口占总人口比重及文盲率
Proportion of People Aged Six and Over With Various Educational Level to the Total by Region

单位：% (%)

地 区 Region	大专及以上 College and Higher Level	高中和中专 Senior Secondary School	初 中 Junior Secondary School	小 学 Prinary School	扫盲班 Literacy Class	未上过学 Never Been at School	粗文盲率 Crude Illiterate Ratio	文盲率 Illiterate Ratio
总 计 Total	**2.30**	**7.63**	**32.78**	**37.34**	**2.67**	**10.17**	**10.06**	**13.51**
合肥市 Hefei	6.97	12.76	34.15	29.27	1.93	7.92	7.69	9.92
淮北市 Huaibei	2.86	9.19	39.13	31.07	1.82	8.68	8.42	11.35
亳州市 Bozhou	0.88	4.69	33.90	39.42	3.30	10.92	10.70	14.65
宿州市 Suzhou	1.40	6.55	36.83	35.34	1.93	10.54	10.28	14.34
蚌埠市 Bengbu	2.87	8.94	32.31	35.70	2.32	10.89	10.60	14.37
阜阳市 Fuyang	1.10	5.15	32.85	40.08	2.17	11.49	11.23	15.61
淮南市 Huainan	3.91	11.80	36.08	31.46	1.70	8.53	8.32	10.97
滁州市 Chuzhou	1.66	7.03	30.57	39.49	2.61	10.82	10.77	14.62
六安市 Luan	1.37	6.04	33.47	39.29	3.06	9.63	9.75	13.04
马鞍山市 Maanshan	4.76	12.09	32.01	32.71	2.74	8.91	8.87	11.35
巢湖市 Chaohu	1.35	6.07	31.23	41.10	4.07	8.80	8.75	11.63
芜湖市 Wuhu	4.47	11.06	30.47	34.32	3.03	10.47	10.81	13.71
宣城市 Xuancheng	1.65	7.36	34.14	38.03	3.45	9.03	8.88	11.19
铜陵市 Tongling	5.12	15.58	31.53	28.80	1.91	10.45	10.76	13.51
池州市 Chizhou	2.13	7.78	28.41	39.22	4.01	11.28	11.29	14.81
安庆市 Anqing	2.04	7.78	27.23	40.37	3.05	11.74	11.84	16.33
黄山市 Huangshan	2.55	8.98	30.80	41.47	1.99	8.31	8.35	10.69

4—6 各市每十万人拥有的各种受教育程度人口
Population by Educational Level and Region Per 100 thousand Persons

单位：人 (person)

地　区 Region	大专及以上 College and Higher Level	高中和中专 Senior Secondary School	初　中 Junior Secondary School	小　学 Primary School
总　计 Total	**2297**	**7625**	**32780**	**37342**
合肥市 Hefei	6974	12755	34145	29272
淮北市 Huaibei	2860	9194	39133	31067
亳州市 Bozhou	879	4694	33898	39417
宿州市 Suzhou	1404	6547	36832	35337
蚌埠市 Bengbu	2871	8935	32314	35704
阜阳市 Fuyang	1101	5151	32848	40076
淮南市 Huainan	3908	11802	36083	31456
滁州市 Chuzhou	1659	7031	30565	39489
六安市 Luan	1374	6042	33472	39285
马鞍山市 Maanshan	4760	12093	32009	32707
巢湖市 Chaohu	1354	6071	31231	41104
芜湖市 Wuhu	4472	11058	30473	34322
宣城市 Xuancheng	1650	7365	34144	38033
铜陵市 Tongling	5125	15580	31529	28796
池州市 Chizhou	2133	7777	28408	39216
安庆市 Anqing	2043	7775	27232	40373
黄山市 Huangshan	2554	8980	30803	41474

4—7 各市人口抚养系数
Dependency Ratio of Population by Region

单位:% (%)

地　区 Region	少年儿童系数 Ratio of Children	老年系数 Retio of the Aged	老少比 Ratio of the Aged to Children	少年儿童抚养系数 Chilren Dependency Ratio	老年抚养系数 The Aged Dependency Ratio	抚养系数 Dependency Ratio
总　计 Total	**25.52**	**7.45**	**29.17**	**38.08**	**11.11**	**49.18**
合肥市 Hefei	22.46	6.95	30.95	31.82	9.85	41.67
淮北市 Huaibei	25.78	6.79	26.35	38.24	10.07	48.31
亳州市 Bozhou	27.01	7.40	27.40	41.18	11.28	52.47
宿州市 Suzhou	28.27	7.89	27.92	44.29	12.36	56.66
蚌埠市 Bengbu	26.21	7.77	29.63	39.71	11.77	51.47
阜阳市 Fuyang	28.06	7.27	25.93	43.39	11.25	54.64
淮南市 Huainan	24.13	7.15	29.64	35.10	10.40	45.51
滁州市 Chuzhou	26.30	7.76	29.48	39.89	11.76	51.65
六安市 Luan	25.24	7.16	28.37	37.34	10.59	47.93
马鞍山市 Maanshan	21.82	7.40	33.90	30.82	10.45	41.27
巢湖市 Chaohu	24.76	7.54	30.47	36.57	11.14	47.72
芜湖市 Wuhu	21.16	7.48	35.37	29.65	10.49	40.14
宣城市 Xuancheng	20.65	7.78	37.66	28.85	10.86	39.71
铜陵市 Tongling	20.31	6.69	32.94	27.83	9.17	36.99
池州市 Chizhou	23.78	7.72	32.49	34.71	11.28	45.99
安庆市 Anqing	27.50	7.41	26.93	42.25	11.38	53.63
黄山市 Huangshan	21.83	8.60	39.39	31.37	12.36	43.73

4—8 各市、县、区户数、人口数（2000年）

Total Number of Households and Population by City, County and Region (2000)

单位：万人 (10000 persons)

地区	Region	总户数（万户）Total Number of Households (10000 households)	总人口数 Population	女 Female	户规模（人/户）Family Size (person/household)	性别比例（女=100）Sex Ratio (Female=100)	农业人口 Agricultural Population
总计	**Total**	**1656.1**	**6278.4**	**3020.3**	**3.79**	**107.87**	**5048.0**
合肥市	**HeFei**	**116.3**	**438.2**	**208.1**	**3.77**	**110.53**	**295.1**
市辖区	Reigon of City	38.4	134.5	63.6	3.50	111.55	27.0
东市区	East District	6.8	23.2	10.7	3.42	116.70	
中市区	Middle District	7.7	26.8	13.1	3.49	104.14	
西市区	West District	8.8	35.8	16.1	4.05	122.86	
郊区	Suburban District	15.2	48.7	23.7	3.21	105.66	27.0
长丰县	ChangFeng	24.8	97.9	47.1	3.95	107.67	88.8
肥东县	FeiDong	27.9	110.1	52.2	3.95	111.07	94.9
肥西县	FeiXi	25.2	95.7	45.2	3.79	111.43	84.5
淮北市	HuaiBei	**53.0**	**196.3**	**95.7**	**3.70**	**105.08**	**122.8**
市辖区	Reigon of City	23.2	79.5	38.4	3.42	106.94	19.9
杜集区	DuJi District	9.7	32.2	15.6	3.33	106.53	12.4
相山区	XiangShan District	8.4	30.4	14.9	3.61	104.40	5.1
烈山区	LieShan District	5.2	16.9	8.0	3.29	112.47	2.4
濉溪县	SuiXi	29.8	116.8	57.3	3.92	103.84	102.9
亳州市	**BoZhou**	**126.4**	**525.5**	**252.9**	**4.16**	**107.81**	**466.6**
谯城区	QiaoCheng District	34.5	138.1	66.8	4.00	106.72	112.5
涡阳县	GuoYang	32.0	135.3	65.7	4.23	105.93	122.0
蒙城县	MengCheng	28.0	115.7	55.4	4.13	108.92	103.8
利辛县	LiXin	31.8	136.5	65.0	4.29	109.87	128.3
宿州市	**SuZhou**	**143.7**	**577.6**	**283.4**	**4.02**	**103.83**	**510.1**
埇桥区	YongQiao District	44.6	167.1	81.7	3.75	104.65	132.3
砀山县	DangShan	22.8	89.3	44.1	3.91	102.65	80.7
萧县	XiaoXian	31.5	126.6	62.5	4.02	102.60	115.9
灵璧县	LingBi	25.5	111.1	54.5	4.36	104.03	103.6
泗县	SiXian	19.3	83.4	40.7	4.32	105.11	77.6
蚌埠市	**BengBu**	**86.3**	**337.2**	**162.8**	**3.91**	**107.13**	**256.3**
市辖区	Reigon of City	22.3	76.4	37.1	3.43	106.01	23.3
东市区	East District	5.9	21.4	10.2	3.64	109.29	0.8
中市区	Middle District	4.2	14.2	7.0	3.35	102.50	0.3
西市区	West District	5.6	18.7	9.1	3.31	104.26	1.1
郊区	Suburban District	6.5	22.1	10.7	3.39	106.69	21.0
怀远县	HuaiYuan	31.1	128.3	61.4	4.12	109.03	115.9
五河县	WuHe	17.3	69.2	33.7	4.00	105.43	61.3
固镇县	GuZhen	15.6	63.3	30.6	4.05	106.53	55.8
阜阳市	**FuYang**	**219.8**	**878.6**	**424.4**	**4.00**	**107.02**	**788.6**
市辖区	Reigon of City	46.6	176.5	85.2	3.79	107.20	143.2
颍州区	YingZhou District	14.8	56.8	27.9	3.83	103.86	41.5
颍东区	YingDong District	15.3	57.2	27.3	3.75	109.80	48.3
颍泉区	YingQuan District	16.5	62.5	30.1	3.78	107.93	53.4
临泉县	LinQuan	41.8	186.2	90.8	4.45	105.19	175.5
太和县	TaiHe	38.5	150.4	72.3	3.91	107.88	138.0
阜南县	FuNan	35.5	145.2	70.9	4.09	104.86	134.9
颍上县	YingShang	37.9	147.4	69.9	3.89	110.93	134.5
界首市	JieShou	19.5	72.8	35.3	3.72	106.18	62.6

注：公安户籍年报统计数。

a) Data in this table are taken from the annual reports of the Department of Puplis Security.

4—8 续表1 continued

单位：万人 (10000 persons)

地区 Region		总户数(万户) Total Number of Households (10000 households)	总人口数 Population	女 Female	户规模(人/户) Family Size (person/household)	性别比例(女=100) Sex Ratio (Female=100)	农业人口 Agricultural Population
淮南市	**HuaiNan**	**55.5**	**206.1**	**97.6**	**3.72**	**111.17**	**113.8**
市辖区	Reigon of City	37.4	137.9	65.5	3.69	110.70	53.7
大通区	DaTong District	4.0	13.0	6.3	3.26	105.67	6.7
田家庵区	TianJaAn District	10.9	40.3	19.1	3.71	111.39	5.3
谢家集区	XieJiaJi District	7.4	25.8	12.3	3.50	110.32	3.7
八公山区	BaGongShan District	4.6	16.4	7.7	3.53	111.61	3.0
潘集区	PanJi District	10.5	42.5	20.1	4.03	111.52	35.1
凤台县	FengTai	18.1	68.2	32.1	3.78	112.14	60.1
滁州市	**ChuZhou**	**113.9**	**424.9**	**205.4**	**3.73**	**106.83**	**330.4**
市辖区	Reigon of City	14.6	49.0	24.0	3.35	104.28	29.0
琅琊区	LangYa District	6.9	22.2	10.9	3.22	102.99	5.2
南谯区	NanQiao District	7.7	26.8	13.0	3.46	105.37	23.7
来安县	LaiAn	13.1	47.9	23.3	3.67	105.84	40.0
全椒县	QuanJiao	12.2	45.1	21.7	3.71	108.21	32.3
定远县	DingYuan	22.6	89.2	42.6	3.95	109.44	73.7
凤阳县	FengYang	17.5	70.1	33.4	3.99	109.67	60.3
天长市	TianChang	17.2	61.0	30.0	3.54	103.14	44.1
明光市	MingGuang	16.7	62.6	30.5	3.75	105.51	51.0
六安市	**LuAn**	**179.2**	**662.1**	**313.3**	**3.69**	**111.36**	**567.0**
市辖区	Reigon of City	48.5	174.8	82.3	3.60	112.29	144.1
金安区	JinAn District	23.2	82.5	39.1	3.55	111.01	64.8
裕安区	YuAn District	25.3	92.3	43.3	3.65	113.44	79.3
寿县	ShouXian	33.2	127.0	60.1	3.83	111.34	109.9
霍邱县	HuoQiu	41.5	161.9	76.8	3.90	110.84	143.0
舒城县	ShuCheng	27.7	98.3	46.8	3.55	110.06	82.7
金寨县	JinZhai	18.2	63.5	29.8	3.49	113.16	55.7
霍山县	HuoShan	10.1	36.5	17.4	3.62	109.71	31.5
马鞍山市	**MaAnShan**	**35.3**	**119.0**	**57.2**	**3.37**	**108.17**	**68.2**
市辖区	Reigon of City	16.3	52.0	25.1	3.20	107.42	10.8
金家庄区	JinJiaZhuang District	2.2	7.4	3.3	3.36	122.97	
花山区	HuaShan District	5.2	17.2	8.3	3.31	106.56	
雨山区	YuShan District	3.6	12.3	5.8	3.47	111.82	0.2
向山区	XiangShan District	5.3	15.0	7.6	2.83	98.19	10.7
当涂县	DangTu	19.1	67.0	32.1	3.51	108.75	57.3
巢湖市	**ChaoHu**	**123.3**	**448.9**	**214.5**	**3.64**	**109.24**	**375.6**
居巢区	JuChao District	25.6	84.5	41.5	3.30	103.62	54.6
庐江县	LuJiang	30.5	118.5	55.8	3.88	112.46	105.0
无为县	WuWei	37.2	137.4	65.5	3.69	109.83	124.0
含山县	HanShan	12.5	43.8	20.8	3.50	110.31	36.3
和县	HeXian	17.4	64.6	30.9	3.72	109.00	55.6
芜湖市	**WuHu**	**66.4**	**218.5**	**104.6**	**3.29**	**108.82**	**146.9**
市辖区	Reigon of City	21.2	64.6	31.2	3.05	106.87	13.1
镜湖区	JingHu District	5.9	17.2	8.6	2.93	99.80	0.7
马塘区	MaTang District	3.7	10.4	5.0	2.83	107.74	3.5
新芜区	XinWu District	6.8	22.1	10.6	3.25	107.67	0.8
鸠江区	JiuJiang District	4.8	14.9	7.0	3.08	113.72	8.1
芜湖县	WuHu	15.1	53.7	25.6	3.54	109.61	47.5
繁昌县	FanChang	13.8	45.9	21.9	3.33	109.54	37.8
南陵县	NanLing	16.3	54.4	25.9	3.34	109.76	48.4

4—8　续表2　continued

单位：万人　　(10000 persons)

地　区 Region		总户数(万户) Total Number of Households (10000 households)	总人口数 Population	女 Female	户规模(人/户) Family Size (person/household)	性别比例(女=100) Sex Ratio (Female=100)	农业人口 Agricultural Population
宣城市	**XuanCheng**	**79.0**	**274.7**	**131.2**	**3.47**	**109.28**	**217.5**
宣州区	XuanZhou District	24.0	83.1	40.0	3.46	107.70	59.9
郎溪县	LangXi	9.1	33.4	15.9	3.68	110.21	28.3
广德县	GuangDe	14.4	50.8	24.2	3.52	110.20	44.8
泾县	JingXian	11.2	35.9	17.1	3.22	110.02	29.7
旌德县	JingDe	4.3	15.2	7.3	3.53	109.21	13.0
绩溪县	JiXi	5.4	18.2	8.8	3.38	107.16	14.6
宁国市	NingGuo	10.7	38.1	18.0	3.56	111.10	27.1
铜陵市	**TongLing**	**20.4**	**69.0**	**33.1**	**3.38**	**108.30**	**33.5**
市辖区	Reigon of City	10.4	34.8	16.5	3.36	110.86	4.2
铜官山区	TongGuanShan District	7.0	24.5	11.5	3.49	112.77	0.4
狮子山区	ShiZiShan District	1.8	5.3	2.4	2.97	115.79	0.6
郊区	Suburban District	1.6	5.1	2.6	3.24	97.59	3.2
铜陵县	TongLing	10.0	34.2	16.6	3.41	105.75	29.3
池州市	**ChiZhou**	**41.9**	**153.7**	**74.4**	**3.67**	**106.46**	**126.1**
贵池区	GuiChi District	16.3	61.5	29.9	3.78	105.65	45.4
东至县	DongZhi	14.0	53.1	25.8	3.80	106.04	47.5
石台县	ShiTai	3.2	11.1	5.3	3.43	108.24	9.2
青阳县	QingYang	8.4	28.0	13.4	3.32	108.34	24.0
安庆市	**AnQing**	**151.2**	**601.3**	**290.0**	**3.98**	**107.36**	**512.1**
市辖区	Reigon of City	17.4	57.8	28.5	3.32	102.49	20.9
迎江区	YingJiang District	4.4	15.2	7.5	3.42	101.76	
大观区	DaGuan District	5.7	18.2	8.9	3.22	105.19	0.4
郊区	Suburban District	7.3	24.3	12.1	3.33	100.97	20.5
怀宁县	HuaiNing	19.1	78.4	38.2	4.10	105.48	70.2
枞阳县	ZongYang	23.9	95.5	45.9	3.99	107.91	87.0
潜山县	QianShan	14.3	57.0	27.4	3.98	107.77	52.5
太湖县	TaiHu	13.8	56.4	27.0	4.09	108.84	51.4
宿松县	SuSong	19.4	79.2	37.4	4.08	111.96	72.0
望江县	WangJiang	14.5	59.7	29.1	4.13	104.92	54.4
岳西县	YueXi	10.1	40.1	18.9	3.98	111.50	36.1
桐城市	TongCheng	18.7	77.4	37.5	4.14	106.17	67.6
黄山市	**HuangShan**	**44.3**	**146.7**	**71.5**	**3.31**	**105.19**	**117.4**
市辖区	Reigon of City	12.7	40.8	20.0	3.22	104.49	26.2
屯溪区	TunXi District	4.5	14.9	7.5	3.33	99.83	5.6
黄山区	HuangShan District	5.3	16.2	7.8	3.08	108.22	13.2
徽州区	HuiZhou District	3.0	9.7	4.7	3.29	105.69	7.5
歙县	SheXian	15.3	50.2	24.4	3.28	106.03	44.4
休宁县	XiuNing	7.9	27.4	13.4	3.46	104.79	24.0
黟县	YiXian	3.1	9.7	4.8	3.15	105.12	8.0
祁门县	QiMen	5.3	18.5	9.0	3.47	105.08	14.6

4—9 各市、县、区人口变动数（2000年）
Population Changes by City, County and Region (2000)

单位：人 (person)

地区	Region	出生人口 Number of Birth	死亡人口 Number of Death	省内迁入 Immigrant Population From this Province	省外迁入 Immigrant Population from Other Provinces	迁往省内 Emigrant Population to this Province	迁往省外 Emigrant Population to Other Province
总计	**Total**	**815352**	**345171**	**715149**	**82863**	**596291**	**99318**
合肥市	**HeFei**	**56460**	**19842**	**77640**	**10309**	**50570**	**11971**
市辖区	Reigon of City	16166	5728	51977	8727	20347	9211
东市区	East District	2092	1143	6213	598	1147	894
中市区	Middle District	2286	1170	4349	982	881	1422
西市区	West District	2874	1089	20653	4984	7942	4735
郊区	Suburban District	8914	2326	20762	2163	10377	2160
长丰县	ChangFeng	15895	4518	6034	823	8132	650
肥东县	FeiDong	13028	4994	13191	329	13321	1183
肥西县	FeiXi	11371	4602	6438	430	8770	927
淮北市	**HuaiBei**	**38178**	**9966**	**19287**	**2819**	**10455**	**3277**
市辖区	Reigon of City	20445	4361	11759	1866	5185	2031
杜集区	DuJi District	12045	2053	3087	264	1187	404
相山区	XiangShan District	5717	1460	5666	1306	2820	1339
烈山区	LieShan District	2683	848	3006	296	1178	288
濉溪县	SuiXi	17733	5605	7528	953	5270	1246
亳州市	**BoZhou**	**72157**	**27864**	**82933**	**5170**	**82221**	**6228**
谯城区	QiaoCheng District	18272	7836	64838	757	66464	2725
涡阳县	GuoYang	18927	7034	5964	1308	5428	1452
蒙城县	MengCheng	15998	5954	3409	2441	3267	1216
利辛县	LiXin	18960	7040	8722	664	7062	835
宿州市	**SuZhou**	**79872**	**28777**	**39254**	**5100**	**28545**	**6141**
埇桥区	YongQiao District	23265	8839	18297	1621	11976	2027
砀山县	DangShan	12144	4226	4771	805	3744	961
萧县	XiaoXian	16897	5988	5542	924	4398	1216
灵璧县	LingBi	15107	5127	5773	647	4170	814
泗县	SiXian	12459	4597	4871	1103	4257	1123
蚌埠市	**BengBu**	**71636**	**17794**	**57705**	**8128**	**46787**	**5345**
市辖区	Reigon of City	8593	4154	39325	2831	32467	2928
东市区	East District	1831	1065	14723	1975	10977	1491
中市区	Middle District	1233	837	7243	316	4339	503
西市区	West District	2021	870	12712	416	9212	724
郊区	Suburban District	3508	1382	4647	124	7939	210
怀远县	HuaiYuan	40527	6655	9278	3922	7809	994
五河县	WuHe	12721	3553	4925	746	3334	740
固镇县	GuZhen	9795	3432	4177	629	3177	683
阜阳市	**FuYang**	**133313**	**45754**	**52657**	**10338**	**50547**	**7881**
市辖区	Reigon of City	27631	9313	12731	3528	11124	1498
颍州区	YingZhou District	9439	2930	6790	2708	6429	454
颍东区	YingDong District	9783	2937	3106	520	2215	495
颍泉区	YingQuan District	8409	3446	2835	300	2480	549
临泉县	LinQuan	33690	8483	9405	1694	9335	1526
太和县	TaiHe	24922	8482	15861	2146	15785	1585
阜南县	FuNan	20715	7139	2515	903	2446	1343
颍上县	YingShang	18194	8395	8537	834	8466	1135
界首市	JieShou	8161	3942	3608	1233	3391	794

注：公安户籍年报统计数。

a) Data in this table are taken from the annual reports of the Department of Puplis Security.

4—9　续表 1　continued

单位：人　(person)

地区	Region	出生人口 Number of Birth	死亡人口 Number of Death	省内迁入 Immigrant Population From this Province	省外迁入 Immigrant Population from Other Provinces	迁往省内 Emigrant Population to this Province	迁往省外 Emigrant Population to Other Province
淮南市	**HuaiNan**	**25412**	**11178**	**44949**	**3478**	**38458**	**5719**
市辖区	Reigon of City	17183	7122	39224	2998	34546	5272
大通区	DaTong District	1701	665	1481	106	2569	318
田家庵区	TianJaAn District	4828	1781	25221	1814	18744	2692
谢家集区	XieJiaJi District	3308	1237	4924	466	5981	1321
八公山区	BaGongShan District	1983	798	1628	159	2323	393
潘集区	PanJi District	5363	2641	5970	453	4929	548
凤台县	FengTai	8229	4056	5725	480	3912	447
滁州市	**ChuZhou**	**49926**	**20437**	**59534**	**11640**	**41527**	**7472**
市辖区	Reigon of City	5576	2074	19330	1274	8670	1030
琅琊区	LangYa District	2781	777	10775	551	6339	581
南谯区	NanQiao District	2795	1297	8555	723	2331	449
来安县	LaiAn	5871	2754	2846	814	2501	1553
全椒县	QuanJiao	4787	2235	3776	390	3024	629
定远县	DingYuan	9511	3470	7733	1247	6845	877
凤阳县	FengYang	7828	3525	9639	976	6380	1198
天长市	TianChang	7132	3628	5075	5232	4301	1093
明光市	MingGuang	9221	2751	11135	1707	9806	1092
六安市	**LuAn**	**79435**	**39095**	**67559**	**5006**	**53670**	**5899**
市辖区	Reigon of City	19018	9303	24302	1311	20837	1824
金安区	JinAn District	9388	4154	9739	788	16425	987
裕安区	YuAn District	9630	5149	14563	523	4412	837
寿县	ShouXian	21696	8225	16424	841	10511	698
霍邱县	HuoQiu	17280	7957	9602	962	7139	1151
舒城县	ShuCheng	10814	6330	8049	1035	7635	1078
金寨县	JinZhai	6901	4446	6339	598	4832	843
霍山县	HuoShan	3726	2834	2843	259	2716	305
马鞍山市	**MaAnShan**	**13854**	**7275**	**19065**	**1711**	**15536**	**3538**
市辖区	Reigon of City	6074	3257	12215	1169	6979	2432
金家庄区	JinJiaZhuang District	870	523	1733	177	313	170
花山区	HuaShan District	1801	789	3974	431	2050	1417
雨山区	YuShan District	1344	705	1536	280	481	574
向山区	XiangShan District	2059	1240	4972	281	4135	271
当涂县	DangTu	7780	4018	6850	542	8557	1106
巢湖市	**ChaoHu**	**46305**	**25457**	**47246**	**4126**	**47468**	**7875**
居巢区	JuChao District	8915	4217	11867	974	9643	1415
庐江县	LuJiang	12661	7474	14891	1163	17376	1812
无为县	WuWei	13318	7738	9598	1143	9708	2397
含山县	HanShan	4455	2433	5257	334	4721	690
和县	HeXian	6956	3595	5633	512	6020	1561
芜湖市	**WuHu**	**21228**	**14012**	**47261**	**3608**	**32653**	**5396**
市辖区	Reigon of City	5398	5225	31766	1992	20840	3169
镜湖区	JingHu District	1289	1758	8024	336	5752	459
马塘区	MaTang District	1042	546	2695	271	1048	250
新芜区	XinWu District	1614	2055	14486	481	9285	1874
鸠江区	JiuJiang District	1453	866	6561	904	4755	586
芜湖县	WuHu	5119	2882	3073	359	3773	659
繁昌县	FanChang	4673	2867	5314	360	3485	766
南陵县	NanLing	6038	3038	7108	897	4555	802

4—9 续表 2 continued

单位：人 (person)

地区	Region	出生人口 Number of Birth	死亡人口 Number of Death	省内迁入 Immigrant Population From this Province	省外迁入 Immigrant Population from Other Provinces	迁往省内 Emigrant Population to this Province	迁往省外 Emigrant Population to Other Province
宣城市	**XuanCheng**	**24658**	**16139**	**32934**	**2475**	**32915**	**5514**
宣州区	XuanZhou District	8312	4510	11976	1100	12144	1675
郎溪县	LangXi	3413	1730	3632	314	2762	927
广德县	GuangDe	4643	2605	2730	297	2665	1200
泾县	JingXian	2747	2845	2897	251	2738	582
旌德县	JingDe	1064	921	800	87	983	221
绩溪县	JiXi	1388	1128	1569	131	1624	371
宁国市	NingGuo	3091	2400	9330	295	9999	538
铜陵市	**TongLing**	**7817**	**3924**	**13361**	**778**	**8722**	**1497**
市辖区	Reigon of City	4383	1571	9837	526	2989	1092
铜官山区	TongGuanShan District	2564	1114	6801	405	2201	891
狮子山区	ShiZiShan District	695	219	2515	98	226	145
郊区	Suburban District	1124	238	521	23	562	56
铜陵县	TongLing	3434	2353	3524	252	5733	405
池州市	**ChiZhou**	**16210**	**10482**	**17430**	**1816**	**15439**	**2727**
贵池区	GuiChi District	6848	3705	9539	950	7155	987
东至县	DongZhi	5131	3609	5162	528	5401	1104
石台县	ShiTai	1301	1133	815	75	822	163
青阳县	QingYang	2930	2035	1914	263	2061	473
安庆市	**AnQing**	**66068**	**36876**	**22839**	**5109**	**29096**	**9822**
市辖区	Reigon of City	7108	3216	9380	868	5801	1599
迎江区	YingJiang District	1628	644	3235	280	2041	444
大观区	DaGuan District	1994	862	4400	344	3243	763
郊区	Suburban District	3486	1710	1745	244	517	392
怀宁县	HuaiNing	9079	4336	2108	521	2787	936
枞阳县	ZongYang	12811	5595	1450	887	4193	1555
潜山县	QianShan	5543	3567	2993	292	2738	705
太湖县	TaiHu	4624	3902	737	364	2582	990
宿松县	SuSong	8523	5073	2610	706	4999	1610
望江县	WangJiang	6603	3032	596	328	1595	895
岳西县	YueXi	3776	3052	723	198	1194	301
桐城市	TongCheng	8001	5103	2242	945	3207	1231
黄山市	**HuangShan**	**12823**	**10299**	**13495**	**1252**	**11682**	**3016**
市辖区	Reigon of City	3900	2913	6335	466	4302	1039
屯溪区	TunXi District	1706	763	3880	282	2297	410
黄山区	HuangShan District	1338	1544	1685	92	1364	464
徽州区	HuiZhou District	856	606	770	92	641	165
歙县	SheXian	3980	3492	3928	478	3739	1267
休宁县	XiuNing	2258	1896	1499	158	1956	327
黟县	YiXian	839	704	591	38	747	88
祁门县	QiMen	1846	1294	1142	112	938	295

主要统计指标解释

人口数　指一定时点、一定地区范围内的有生命的个人的总和。

粗文盲率　15 岁及以上不识字人数与总人口数的比例。

文盲率　15 岁及以上不识字人数与 15 岁及以上人口数的比例。

出生率（又称粗出生率）　指在一定时期内（通常为一年）平均每千人所出生的人数的比率，一般用千分率表示。计算公式为：

$$出生率=\frac{年出生人数}{年平均人数}\times 1000‰$$

式中：出生人数指活产婴儿，即胎儿脱离母体时（不管怀孕月数），有过呼吸或其他生命现象。年平均人数指年初、年底人口数的平均数，也可用年中人口数代替。

死亡率（又称粗死亡率）　指在一定时期内（通常为一年）一定地区的死亡人数与同期平均人数（或期中人数）之比，一般用千分率表示。计算公式为：

$$死亡率=\frac{年死亡人数}{年平均人数}\times 1000‰$$

人口自然增长率　指在一定时期内（通常为一年）人口自然增加数（出生人数减死亡人数）与该时期内平均人数（或期中人数）之比，一般用千分率表示。计算公式为：

$$人口自然增长率=\frac{(本年出生人数-本年死亡人数)}{年平均人数}\times 1000‰$$
$$=人口出生率-人口死亡率$$

在业人口（又称就业人口）　指十五周岁及十五周岁以上人口中从事一定的社会劳动并取得劳动报酬或经营收入的人口。

不在业人口　指十五周岁及十五周岁以上人口中未从事社会劳动的人口，包括在校学生、料理家务、待升学、市镇待业、离退休、退职、丧失劳动能力等非在业人口。

抚养系数　指被抚养人口（0－14 岁和 65 岁以上人口）与 15－64 岁人口的比例。计算公式为：

$$抚养系数=\frac{被抚养人口}{15-64岁人口}\times 100\%$$

老年抚养系数　指老年人口（65 岁以上人口）与 15－64 岁人口的比例。计算公式为：

$$老年抚养系数=\frac{老年人口}{15-64岁人口}\times 100\%$$

少年儿童抚养系数　指少年儿童与 15－64 岁人口的比例。计算公式为：

$$少年儿童系数抚养=\frac{少年儿童人口}{15-64岁人口}\times 100\%$$

Explanatory Notes for Major Statistical Indicators

Total Population refers to the total number of people alive at a certain point of time within a given area.

Crude Illiterate Ratio refers to the ratio of the number of illiterate people aged 15 and over to total population.

Illiterate Ratio refers to the ratio of the number of illiterate people aged 15 and over to total number of people aged 15 and over.

Birth Rate or (Crude Birth Rate) refers to the ratio of the number of births to the average population during a certain period of time (usually a year) which is often expressed in‰. The following formula is used:

$$\text{Birth Rate} = \frac{\text{Number of Births}}{\text{Average Number of Population}} \times 1000‰$$

Number of births refers to live births i.e. the births when babies had showed any vital phenomena regardless of the length of pregnancy.

Annual Average Number of Population is the average of the number of population at the beginning of the year and that at the end of the year. Sometimes it is substituted for with the mid year population.

Death Rate(or Crude Death Rate) refers to the ratio of the number of deaths to the average population (or mid year population) during a certain period of time (usually a year) which is often expressed in‰. The following formula is used:

$$\text{Death Rate umber of Deaths} = \frac{\text{Number of Deaths}}{\text{Annual Average Number of Population}} \times 1000‰$$

Natural Growth Rate of Population refers to the ratio of natural increase in population (number of births minus number of deaths) in a certain period of time (usually a year) to the average population (or mid year population) of the same period which is often expressed in‰. The following formulas are applied:

$$\text{Natural Growth of Population} = \frac{\text{Number of Births} - \text{Number of Deaths}}{\text{Average Number of Population}} \times 1000‰$$

Natural Growth Rate of Population = Birth Rate-Death Rate

Employed Population refers to population aged 15 or over engaging in social labour which generates income.

Unemployed Population refers to population aged 15 or over not engaging in any social labour which generates income, including students enrolled in schools, house wives students waiting for entering schools with higher level, urban job seekers, retirees, job quitters, disabled, etc.

Total Dependency Ratio refers to the ratio of number of dependents to the total population aged 15 - 64, the number of dependents being population aged 0 - 14 and population aged 65 and over. The total dependency ratio is calculated as follows:

$$\text{Total Dependency Ratio} = \frac{\text{Number of dependents}}{\text{Population aged 15} - 64} \times 100\%$$

The Aged Dependency Ratio refers to the ratio of the number of the aged population to the total population aged 15 - 64, the aged being population aged 65 and over. The aged dependency ratio is calculated as follows:

$$\text{The Aged Dependency Ratio} = \frac{\text{Number of the aged population}}{\text{Population aged 15} - 64} \times 100\%$$

The Juvenile and Children Dependency Ratio refers to the ratio of the number of the juvenile and children to the total population aged 15 - 64, the juvenile and children being population aged 0 - 14. The juvenile and children dependency ratio is calculated as follows:

$$\text{The Juvenile and Children Dependency Ratio} = \frac{\text{Number of juvenile and children}}{\text{Population aged 15} - 64} \times 100\%$$

五、从业人员和职工工资

EMPLOYMENT AND WAGES

简要说明

一、本篇资料反映我省2000年及主要年份劳动经济方面的基本情况，包括全省和17个市及铁四局、在皖非军籍单位（表中以“其他”表示）的主要劳动统计数据，主要指标有：从业人员、城镇私营和个体从业人员、城镇登记失业人员及失业率、单位从业人员、其他从业人员、职工、在岗职工、单位从业人员增减变动情况、职工工资总额和职工平均工资等。

二、本篇资料来源主要有四个方面：

1. 职工人数、工资总额、平均工资及单位从业人员增减变动情况，是根据《2000年度全省劳动统计年报》汇总整理提供的。

2. 私营企业和个体从业人员，是根据省工商局提供的资料整理的。

3. 城镇失业人员新就业人数、城镇登记失业人数、城镇登记失业率、职业介绍机构情况和劳动部门职业介绍工作情况，是根据省劳动和社会保障厅提供的资料整理的。

4. 从业人员情况是根据全省劳动统计年报、全省第五次人口普查快速汇总资料、省统计局农业统计年报、省工商统计年报、省乡镇企业统计年报等综合编制的。

三、本篇资料均由省统计局人口社科处整理编制。

本篇责任编辑：程　钢

Brief Introduction

I. Data in this chapter show the basic conditions of Anhui's labor economy in 2000 and the mainly previous years, including the main data of labor statistics of the whole province and 17 prefectures or cities and No. 4 Railway Bureau and Non-army Units (they are tabulated as "others" in the table), such as number of the employed persons, number of persons employed in the urban private enterprises and self-employment, registered urban unemployed persons and unemployment rate, number of employment in units, number of other employed persons, number of staff and workers, number of on-post staff and workers, increase and decrease in the number of the employed persons, total wages and average wages of the staff and workers.

II. There are four main sources for Data published in this chapter.

1. Data on number of staff and workers, total wages and average wages of the staff and workers and increase and decrease in the number of the employed persons are tabulated and provided in accordance with "the Annual Labor statistical Report of Anhui Province in 2000".

2. Data on the number of person employed in private enterprises and self-employed persons are tabulated in accordance with the data supplied by the Provincial Administration for Industry and Commerce.

3. Data on newly employed unemployees in urban area, registered urban unemployed persons and unemployment rate and employment services and situations in employment services of labor departments are tabulated in accordance with data supplied by the Department of Labor and Social Insurance.

4. Data on persons employed are provided in accordance with the Provincial Annual Labour Statistical Report, Data of rapid collection of the population census, annual agricultural statistical report of Anhui Statistical Bureau, annual statistical report of industry and commerce and annual statistical report of township and village enterprises.

III. Data in this chapter are prepared by the Division of Population, Anhui Statistical Bureau.

5—1 就业基本情况
Basic Conditions of Employment

项目	Item	1995	1996	1997	1998	1999	2000
从业人员合计 （万人）	**Total Number of Employed Persons （10000 persons）**	**3206.9**	**3257.7**	**3322.1**	**3379.3**	**3398.6**	**3450.7**
第一产业	Primary Industry	1945.3	1968.6	1979.2	2007.8	2008.5	2018.9
第二产业	Secondary Industry	574.6	563.6	553.9	559.0	564.1	584.8
第三产业	Tertiary Industry	687.0	725.5	789.0	812.5	826.0	847.0
从业人员构成（合计=100）	**Composition of Employed Persons（total=100）**						
第一产业	Primary Industry	60.7	60.4	59.6	59.4	59.1	58.5
第二产业	Secondary Industry	17.9	17.3	16.7	16.5	16.6	16.9
第三产业	Tertiary Industry	21.4	22.3	23.7	24.1	24.3	24.6
按城乡分从业人员 （万人）	**Number of Employed Persons by Urban and Rural Areas （10000persons）**						
城镇从业人员	Urban Employed Persons	614.7	627.8	647.3	661.8	674.3	652.9
#国有单位	State-owned Units	380.1	382.0	367.7	344.0	330.4	314.8
城镇集体单位	Urban Collective Owned Units	126.3	122.9	121.3	106.6	99.1	91.2
股份合作单位	Share Holding Units				8.8	9.1	8.4
联营单位	Joint Owned Units	0.7	0.7	0.8	0.8	1.1	1.2
有限责任公司	Limited Liability Corporations				23.3	38.6	38.0
股份有限公司	Share-holding Corporations Ltd.				20.2	19.8	20.2
私营企业	Private Enterprises	10.1	12.6	17.8	26.2	32.8	37.6
港澳台商投资单位	Units Funded by Entrepreneurs from Hong Kong, Macao & Taiwan	2.8	2.2	2.3	2.4	2.6	2.3
外商投资单位	Foreign Funded Units	3.8	3.5	4.0	3.7	4.3	3.8
个　体	Self-employed Individuals	81.9	94.3	109.9	125.0	135.7	134.8
乡村从业人员	Rural Employed Persons	2592.2	2629.9	2674.8	2717.5	2724.3	2797.7
#乡镇企业	Township and Village Enterprises	773.9	795.5	417.0	566.6	496.1	479.8
私营企业	Private Enterprises				16.4	22.3	27.6
个　体	Self-employed Individuals				179.4	201.7	201.6
职工人数 （万人）	**Number of Staff and Workers （10000 persons）**	**502.8**	**502.5**	**502.6**	**495.3**	**483.7**	**470.0**
国有单位	State-owned Units	363.7	366.8	353.1	331.9	314.9	307.8
城镇集体单位	Urban Collective Owned Units	123.1	120.2	119.7	104.8	94.7	89.1
其他单位	Units of Other Types of Ownership	16.0	15.5	29.8	58.6	74.1	73.1
城镇单位女性从业人员 （万人）	**Number of Female Employment in Urban Units （10000 persons）**		**192.9**	**191.6**		**149.0**	**143.0**
城镇登记失业人数 （万人）	**Number of Registered Unemployed Persons in Urban Areas （10000 persons）**	**29.9**	**30.2**	**31.7**	**27.6**	**28.0**	**31.6**
城镇登记失业率 （%）	**Registered Unemployment Rate in Urban Areas （%）**	**3.1**	**3.1**	**2.9**	**3.2**	**3.2**	**3.3**

5—2 按三次产业分的从业人员数
Number of Employed Persons by Type of Industry

年份 Year	经济活动人口（万人） Economically Active Population (10000 persons)	从业人员（万人） Total (10000 persons)	第一产业 Primary Industry	第二产业 Secondary Industry	第三产业 Tertiary Industry	构成（合计 total=100） Composition in Percentage 第一产业 Primary Industry	第二产业 Secondary Industry	第三产业 Tertiary Industry
1980		2002.1	1627.5	210.3	164.3	81.3	10.5	8.2
1985		2420.6	1748.1	366.5	306.0	72.2	15.1	12.7
1990		2807.6	1943.7	442.0	421.9	69.2	15.7	15.1
1995		3206.9	1945.3	574.6	687.0	60.7	17.9	21.4
1996		3257.7	1968.6	563.6	725.5	60.4	17.3	22.3
1997	3352.4	3322.1	1979.2	553.9	789.0	59.6	16.7	23.7
1998	3438.1	3379.3	2007.8	559.0	812.5	59.4	16.5	24.1
1999	3445.8	3398.6	2008.5	564.1	826.0	59.1	16.6	24.3
2000	3530.9	3450.7	2018.9	584.8	847.0	58.5	16.9	24.6

5—3 各市按三次产业分的从业人员数（2000年）
Number of Employed Persons by Type of Industry and Region (2000)

地区 Region	从业人员（万人） Total (10000 persons)	第一产业 Primary Industry	第二产业 Secondary Industry	第三产业 Tertiary Industry	构成（合计 total=100） Composition in Percentage 第一产业 Primary Industry	第二产业 Secondary Industry	第三产业 Tertiary Industry
总计 Total	**3450.7**	**2018.9**	**584.8**	**847.0**	**58.5**	**16.9**	**24.6**
合肥市 Hefei	237.3	118.7	53.0	65.6	49.9	22.4	27.7
淮北市 Huaibei	97.2	47.2	29.5	20.5	48.6	30.3	21.1
亳州市 Bozhou	292.1	195.0	34.8	62.3	66.8	11.9	21.3
宿州市 Suzhou	300.6	223.9	28.6	48.1	74.5	9.5	16.0
蚌埠市 Bengbu	182.4	114.0	29.3	39.1	62.5	16.1	21.4
阜阳市 Fuyang	495.3	311.6	61.5	122.2	62.9	12.4	24.7
淮南市 Huainan	114.3	43.0	40.4	30.9	37.6	35.3	27.1
滁州市 Chuzhou	221.0	141.6	33.2	46.2	64.1	15.0	20.9
六安市 Luan	354.7	206.0	46.3	102.4	58.1	13.0	28.9
马鞍山市 Maanshan	65.2	24.6	25.1	15.5	37.7	38.5	23.8
巢湖市 Chaohu	238.2	140.7	37.5	60.0	59.0	15.8	25.2
芜湖市 Wuhu	137.5	52.5	36.1	48.9	38.2	26.3	35.5
宣城市 Xuancheng	160.6	94.5	27.1	39.0	58.8	16.9	24.3
铜陵市 Tongling	40.1	11.3	16.3	12.5	28.3	40.5	31.2
池州市 Chizhou	87.7	49.0	11.7	27.0	55.9	13.3	30.8
安庆市 Anqing	330.7	189.4	59.9	81.4	57.3	18.1	24.6
黄山市 Huangshan	92.0	55.9	12.2	23.9	60.7	13.2	26.0
其他 Others	3.8	…	2.3	1.5	0.2	61.6	38.2

5—4 按城乡分的从业人员数
Number of Employed Persons by Residence in Urban and Rural Areas

单位：万人　　　　(10000 persons)

年份 Year	合计 Total	城镇 Urban Area						
		小计 Sub-total	国有单位 State-owned Units	集体单位 Collective-owned Units	股份合作单位 Share Holding Units	联营单位 Joint-owned Units	有限责任公司 Limited Liability Corporations	股份有限公司 Share Holding Corpara-tions Ltd.
1980	2002.1	346.8						
1985	2420.6	461.0						
1990	2807.6	520.9						
1995	3206.9	614.7	380.1	126.3		0.7		
1996	3257.7	627.8	382.0	122.9		0.7		
1997	3322.1	647.3	367.7	121.3		0.8		
1998	3379.3	661.8	344.0	106.6	8.8	0.8	23.3	20.2
1999	3398.6	674.3	330.4	99.1	9.1	1.1	38.6	19.8
2000	3450.7	652.9	314.8	91.2	8.4	1.2	38.0	20.2

年份 Year	城镇 Urban Area				乡村 Rural Area			
	私营企业 Private Enterprises	港澳台商投资单位 Economic Units Funded by Entrepreneurs from Hong Kong, Macao and Taiwan	外商投资单位 Foreign Funded Economic Units	个体 Self-employed Individuals	小计 Sub-total	乡镇企业 Township and Village Enterprises	私营企业 Private Enterprises	个体 Self-employed Individuals
1980					1655.3	86.4		
1985					1959.6	346.2		
1990					2286.7	462.3		
1995	10.1	2.8	3.8	81.9	2592.2	773.9		
1996	12.6	2.2	3.5	94.3	2629.9	795.5		
1997	17.8	2.3	4.0	109.9	2674.8	417.0		
1998	26.2	2.4	3.7	125.0	2717.5	566.6	16.4	179.4
1999	32.8	2.6	4.3	135.7	2724.3	496.1	22.3	201.7
2000	37.6	2.3	3.8	134.8	2797.7	479.8	27.6	201.6

5—5 各市按城乡分的从业人员数（2000年）
Number of Employed Persons by Residence in Urban and Rural Areas and Region (2000)

单位：人 (person)

地区 Region		合计 Total	城镇 Urban Area 小计 Sub-total	国有单位 State-owned Units	集体单位 Collective-owned Units	股份合作单位 Share Holding Units	联营单位 Joint-owned Units	有限责任公司 Limited Liability Corporations	股份有限公司 Share Holding Corpara-tions Ltd.
总计	**Total**	**34506546**	**6528919**	**3148055**	**912146**	**83819**	**11504**	**380118**	**201515**
合肥市	Hefei	2373348	711223	375297	78165	6018	2241	51992	20317
淮北市	Huaibei	971257	412771	230899	60771	6	2505	2168	1664
亳州市	Bozhou	2920219	341529	126744	43475	1468	205	9630	7412
宿州市	Suzho	3005795	345723	210381	57175	1248		6644	2844
蚌埠市	Bengbu	1823953	408237	208983	74573	1052	676	32333	7261
阜阳市	Fuyang	4953168	495615	252029	55398	2722	295	11302	3898
淮南市	Huainan	1142502	501434	138961	74051	20836	605	127303	36777
滁州市	Chuzhou	2210313	385651	190246	48505	15278	956	16638	16797
六安市	Luan	3547298	449163	217312	65709	3063		8117	2059
马鞍山市	Maanshan	651839	276728	118052	53244	285	325	8698	48816
巢湖市	Chaohu	2382299	349340	152417	51030	3980	1354	23448	19042
芜湖市	Wuhu	1375155	471557	196233	78281	8521	975	22192	1707
宣城市	Xuancheng	1606011	271371	127074	30726	4026	82	12178	3979
铜陵市	Tonglin	401453	214033	127555	30522	3667	161	5683	7903
池州市	Chizhou	877269	130916	64711	14317	5096	203	11680	4603
安庆市	Anqin	3306692	534940	289108	71478	6142	414	25738	9369
黄山市	Huangshan	919670	190383	94744	24726	411	507	4374	7067
其他	Others	38305	38305	27309					

地区 Region		城镇 Urban Area 私营企业 Private Enterprises	港澳台商投资单位 Economic Units Funded by Entrepreneurs from Hong Kong, Macao and Taiwan	外商投资单位 Foreign Funded Economic Units	个体 Self-employed Individuals	乡村 Rural Area 小计 Sub－total	乡镇企业 Township and Village Enterprises	私营企业 Private Enterprises	个体 Self-employed Individuals
总计	**Total**	**375760**	**23427**	**37587**	**1347892**	**27977627**	**4797500**	**276232**	**2015679**
合肥市	Hefei	57696	2421	13656	103222	1662125	318250	47662	123340
淮北市	Huaibei	25902	468	11	88282	558486	110118	7292	20596
亳州市	Bozhou	13050	412	416	138717	2578690	390424	13405	197901
宿州市	Suzho	8403	110	615	57533	2660072	378054	7368	134023
蚌埠市	Bengbu	23228	4707	354	55070	1415716	250815	4019	83761
阜阳市	Fuyang	19468	1390	3010	145975	4457553	469027	13771	287275
淮南市	Huainan	26325	2842	635	73099	641068	156009	1355	30273
滁州市	Chuzhou	16292	3311	5652	71976	1824662	347194	25040	129755
六安市	Luan	15572	274		136331	3098135	499539	14060	243847
马鞍山市	Maanshan	15305	330	2163	29510	375111	90892	7312	25659
巢湖市	Chaohu	17644	1334	869	78222	2032959	352601	23693	167524
芜湖市	Wuhu	53238	2764	1227	106419	903598	188601	19660	87919
宣城市	Xuancheng	15246	89	3145	74826	1334640	322620	39638	149695
铜陵市	Tonglin	14979	857	1321	21385	187420	79837	3906	16857
池州市	Chizhou	5122	452	469	24263	746353	123489	6112	66741
安庆市	Anqin	25484	345	3018	103844	2771752	585951	28325	202346
黄山市	Huangshan	16810	1321	1026	39218	729287	134079	13614	48167
其他	Others	5996							

5—6 分行业从业人员数
Number of Employed Persons by Sector

单位：万人 (10000 persons)

年 份 Year	合 计 Total	农、林、牧、渔业 Farming, Forestry, Animal Husbandry and Fishery	采掘业 Mining and Quarrying	制造业 Manufacturing	电力、煤气及水的生产和供应业 Production and Supply of Electricity Gas and Water	建筑业 Construction	地质勘查业水利管理业 Geological Prospecting and Water Conservancy	交通运输仓储和邮电通信业 Transport, Storage, Post & Telecommunications
1980	2002.1	1627.5		166.6			43.7	30.0
1985	2420.6	1748.1		284.7		78.7	3.1	47.3
1990	2807.6	1943.7		331.1		110.8	2.7	63.7
1995	3206.9	1945.3	39.2	372.0	7.5	155.9	5.0	84.4
1996	3257.7	1968.6	64.1	329.9	7.6	162.0	4.8	85.0
1997	3322.1	1979.2	38.1	344.2	8.1	163.5	4.9	88.7
1998	3379.3	2007.8	37.2	335.7	8.4	177.7	5.5	93.0
1999	3398.6	2008.5	35.1	336.0	8.5	184.5	5.2	95.9
2000	3450.7	2018.9	33.4	336.7	8.5	206.2	5.3	99.7

年 份 Year	批发零售贸易和餐饮业 Wholesale and Retail Trade & Catering Services	金融、保险业 Banking and Insurance	房地产业 Real Estate Trade	社会服务业 Social Services	卫生体育和社会福利业 Health Care, Sports & Social Welfare	教育、文化艺术和广播电影电视业 Education, Culture and Art, Broadcasting, Film and Television	科学研究和综合技术服务业 Scientific Research and Polytechnical Services	国家机关、政党机关和社会团体 Government Agencies, Parties and Social Organizations	其他 Others
1980	60.7	3.3				52.7	1.5	16.1	
1985	112.3	4.8		13.0	18.4	53.7	3.5	26.2	26.8
1990	134.1	7.5	0.8	18.8	21.4	61.6	4.3	32.6	74.5
1995	203.6	8.7	1.7	41.5	14.9	57.0	4.2	39.4	226.6
1996	200.7	9.1	1.7	47.3	15.2	71.0	4.2	39.9	246.6
1997	246.2	9.8	2.0	52.9	16.1	64.2	4.1	39.5	260.6
1998	269.9	9.7	2.2	60.9	16.2	63.8	3.9	40.3	247.1
1999	253.7	11.5	2.4	40.3	16.8	64.7	3.9	40.7	290.9
2000	262.7	10.5	2.6	41.7	16.8	60.6	3.7	41.1	302.3

5—7 各市分行业从业人员数（2000年）

Number of Employed Persons by Sector and Region (2000)

单位：人 (person)

地　区	Region	合　计 Total	农、林、牧、渔业 Farming, Forestry, Animal Husbandry and Fishery	采掘业 Mining and Quarrying	制造业 Manufacturing	电力、煤气及水的生产和供应业 Production and Supply of Electricity Gas and Water	建筑业 Construction	地质勘查业水利管理业 Geological Prospecting and Water Conservancy	交通运输仓储和邮电通信业 Transport, Storage, Post & Telecommunications
总　计	**Total**	**34506546**	**20188823**	**334359**	**3366770**	**84610**	**2062391**	**53283**	**997478**
合肥市	Hefei	2373348	1186605	1734	303971	8448	216343	11569	80167
淮北市	Huaibei	971257	471871	114005	111275	5535	63771	3727	16876
亳州市	Bozhou	2920219	1949800	547	215418	2983	128880	2104	82575
宿州市	Suzhou	3005795	2238650	2021	159852	5442	118597	1321	52836
蚌埠市	Bengbu	1823953	1139887	135	208688	3631	80437	4592	60128
阜阳市	Fuyang	4953168	3115877		351308	5881	257652	2181	121781
淮南市	Huainan	1142502	429525	153825	155609	10670	83705	1876	49281
滁州市	Chuzhou	2210313	1416441	7194	216538	3984	104664	3957	61623
六安市	Luan	3547298	2060277	602	229535	7444	225106	6043	76598
马鞍山市	Maanshan	651839	245888	26142	160544	4113	60179	2662	19882
巢湖市	Chaohu	2382299	1406989	1299	194691	2840	176809	3348	64205
芜湖市	Wuhu	1375155	525318	1155	274242	5363	80698	2956	72965
宣城市	Xuancheng	1606011	944832	5073	173151	3231	89227	489	57360
铜陵市	Tongling	401453	113582	12277	123060	3045	24389	1596	15479
池州市	Chizhou	877269	490603	3341	68059	2827	42659	1048	26602
安庆市	Anqing	3306692	1893969	3292	346130	6667	242952	3069	113219
黄山市	Huangshan	919670	558619	1717	74082	2506	43325	745	25881
其　他	Others	38305	90		617		22998		20

地　区	Region	批发零售贸易和餐饮业 Wholesale and Retail Trade & Catering Services	金融、保险业 Banking and Insurance	房地产业 Real Estate Trade	社会服务业 Social Services	卫生体育和社会福利业 Health Care, Sports & Social Welfare	教育、文化艺术和广播电影电视业 Education, Culture and Art, Broadcasting, Film and Television	科学研究和综合技术服务业 Scientific Research and Polytechnical Services	国家机关、政党机关和社会团体 Government Agencies, Parties and Social Organizations	其　他 Others
总　计	**Total**	**2627164**	**105218**	**25797**	**417387**	**168388**	**606474**	**36759**	**411395**	**3020250**
合肥市	Hefei	235151	11373	3069	51435	21320	63244	16835	42196	119888
淮北市	Huaibei	72941	3938	417	45380	4555	17080	604	9576	29706
亳州市	Bozhou	202670	5245	1692	32936	8458	44532	681	25780	215918
宿州市	Suzhou	155544	7091	1622	16009	11933	55536	1140	30703	147498
蚌埠市	Bengbu	148235	7189	1828	21681	13263	31743	4188	18810	79518
阜阳市	Fuyang	334127	8744	2555	31940	15767	72848	1992	45807	584708
淮南市	Huainan	131258	6823	1046	30839	5925	19328	1274	15612	45906
滁州市	Chuzhou	153751	6143	1784	16961	11688	38282	1165	29647	136491
六安市	Luan	241481	6025	2014	30080	11774	58632	1892	37760	552035
马鞍山市	Maanshan	60579	4574	839	14063	3937	12461	1236	10406	24334
巢湖市	Chaohu	186357	5593	1027	20535	10923	37959	1076	19535	249113
芜湖市	Wuhu	186965	6437	2332	26039	9736	25857	1154	16348	137590
宣城市	Xuancheng	117589	5358	715	20163	8237	25702	615	26747	127522
铜陵市	Tongling	48999	2725	868	6888	3583	8614	393	7434	28521
池州市	Chizhou	51197	3283	603	6471	4448	16237	304	12251	147336
安庆市	Anqing	232777	9827	2224	25478	16186	60253	1556	44142	304951
黄山市	Huangshan	64667	4850	1162	19647	6286	17865	654	18547	79117
其　他	Others	2876			842	369	301		94	10098

5—8 分 行 业 职 工 人 数
Number of Staff and Workers by Sector

单位：万人 (10000 persons)

年 份 Year	合 计 Total	农、林、牧、渔业 Farming, Forestry, Animal Husbandry and Fishery	采掘业 Mining and Quarrying	制造业 Manufacturing	电力、煤气及水的生产和供应业 Production and Supply of Electricity Gas and Water	建筑业 Construction	地质勘查业水利管理业 Geological Prospecting and Water Conservancy	交通运输仓储和邮电通信业 Transport, Storage, Post & Telecommunications
1980	342.3	21.9		141.9		36.6		25.9
1985	420.8	21.3		179.2		38.5	3.1	28.7
1990	484.8	20.5		214.9		36.8	2.7	31.7
1995	502.8	14.2	38.4	185.3	7.5	32.5	4.8	28.5
1996	502.5	14.5	37.8	174.6	7.6	33.8	4.8	28.5
1997	502.6	13.8	37.1	168.2	8.1	32.1	4.9	28.5
1998	495.3	13.9	35.0	163.6	8.3	30.9	5.5	27.5
1999	483.7	14.9	34.3	157.0	8.4	27.8	5.1	26.7
2000	470.0	14.6	32.8	147.3	8.4	28.8	5.2	25.8

年 份 Year	批发零售贸易和餐饮业 Wholesale and Retail Trade & Catering Services	金融、保险业 Banking and Insurance	房地产业 Real Estate Trade	社会服务业 Social Services	卫生体育和社会福利业 Health Care, Sports & Social Welfare	教育、文化艺术和广播电影电视业 Education, Culture and Art, Broadcasting, Film and Television	科学研究和综合技术服务业 Scientific Research and Polytechnical Services	国家机关、政党机关和社会团体 Government Agencies, Parties and Social Organizations	其 他 Others
1980	50.4	3.3		3.4		41.3	1.5	16.1	
1985	61.9	4.5		7.9	12.8	36.3	2.8	23.9	
1990	70.3	6.6		11.5	14.1	42.8	3.2	29.8	
1995	65.1	8.5	1.5	12.6	14.7	45.8	4.2	38.4	0.8
1996	68.4	8.9	1.7	13.5	15.0	48.5	4.1	39.4	1.4
1997	69.6	9.5	2.0	15.2	15.8	53.2	4.1	39.0	1.8
1998	66.4	9.2	2.2	15.5	15.9	56.2	3.9	39.7	1.7
1999	63.9	9.1	2.3	14.7	16.1	57.7	3.8	39.6	2.3
2000	59.9	9.3	2.5	14.3	16.4	58.4	3.6	40.5	2.2

5—9 分登记注册类型和细行业职工人数（2000 年）
Number of Staff and Workers by Status of Registration and Sector in Detail (2000)

单位：人　　　　(person)

项　目	Item	合　计 Total	国有单位 State-owned Units	城镇集体单位 Urban Collective-owned Units	其他单位 Units of Other Types of Ownership
总　计	**Total**	**4699782**	**3078424**	**890872**	**730486**
按企、事业和机关分组	**Grouped by Enterprises, Institutions and Agencies**				
企　业	Enterprises	3280894	1728983	823619	728292
事　业	Institutions	1028403	963704	62505	2194
机　关	Agencies & Organizations	390485	385737	4748	
按国民经济行业分组	**Grouped by Sector**				
农、林、牧、渔业	**Farming, Forestry, Animal Husbandry and Fishery**	**146338**	**139216**	**4759**	**2363**
农　业	Farming	79478	78431	279	768
林　业	Forestry	17069	15573	1477	19
畜牧业	Animal Husbandry	4357	3590	690	77
渔　业	Fishery	4198	3042	302	854
农、林、牧、渔服务业	Services	41236	38580	2011	645
采掘业	**Mining and Quarrying**	**327724**	**160224**	**36811**	**130689**
制造业	**Manufacturing**	**1473253**	**706211**	**333520**	**433522**
电力、煤气及水的生产和供应业	**Production and Supply of Electricity, Gas and Water**	**83965**	**75691**	**1340**	**6934**
建筑业	**Construction**	**287542**	**157721**	**106600**	**23221**
土木工程建筑业	Civil Engineering	246847	123301	101998	21548
线路管道和设备安装业	Circuit, Pipelines and Equipment Installation	31376	27079	2877	1420
装修装饰业	Buildings Fitting up and Decoration	9319	7341	1725	253
地质勘查业水利管理业	**Geological Prospecting and Water Conservancy**	**51634**	**51141**	**468**	**25**
地质勘查业	Geological Prospecting	19944	19842	102	
水利管理业	Water Conservancy	31690	31299	366	25
交通运输、仓储及邮电通信业	**Transport, Storage, Post and Telecommunications**	**257858**	**163346**	**64882**	**29630**
铁路运输业	Railway Transport	47372	45481	1891	
公路运输业	Highway Transport	89898	31389	37640	20869
水上运输业	Water Way Transport	32022	9497	17520	5005
航空运输业	Air Transport	2171	1329		842
交通运输辅助业	Transport Supporting and Auxiliary Services	42233	34670	6106	1457
其他交通运输业	Other Transport	1616	272	984	360
仓储业	Storage	9741	8784	207	750
邮电通信业	Post and Telecommunications	32805	31924	534	347
批发和零售贸易餐饮业	**Wholesale and Retail Trade & Catering Services**	**599239**	**308106**	**212738**	**78395**
食品、饮料、烟草和家庭日用品批发业	Wholesale Trade of Food, Beverages, Tobacco and Household Goods	227863	163537	45139	19187
能源、材料和机械电子设备批发业	Wholesale Trade of Energy, Materials and Electronic Equipment	65587	42792	9336	13459
其他批发业	Other Wholesale Trade	67613	9805	52872	4936
零售业	Retail Trade	216635	85473	96269	34893
商业经纪与代理业	Commercial Brokerage and Agencies	500	392	86	22
餐饮业	Catering Services	21041	6107	9036	5898
金融、保险业	**Finance and Insurance**	**92516**	**65153**	**22673**	**4690**
金融业	Finance	84603	59745	22531	2327
保险业	Insurance	7913	5408	142	2363

5—9 续表 continued

单位：人 (person)

项　目	Item	合　计 Total	国有单位 State-owned Units	城镇集体单位 Urban Collective-owned Units	其他单位 Units of Other Types of Ownership
房地产业	**Real Estate Trade**	**25375**	**18604**	**2033**	**4738**
房地产开发与经营业	Real Estate Development and Operation	14542	8115	1793	4634
房地产管理业	Real Estate Management	10337	10055	184	98
房地产代理与经纪业	Real Estate Brokerage and Agencies	496	434	56	6
社会服务业	**Social Services**	**143487**	**88304**	**40089**	**15094**
公共设施服务业	Public Facilities Services	57689	50289	4497	2903
居民服务业	Resident Services	32615	4541	26727	1347
旅馆业	Hotels	39942	24219	6232	9491
租赁服务业	leasing Services	89	44	16	29
旅游业	Tourism	1136	885	60	191
娱乐服务业	Recreational Services	807	401	126	280
信息、咨询服务业	Information and Consultancy Services	4873	3837	815	221
计算机应用服务业	Computer Application Services	423	99		324
其他社会服务业	Other Social Services	5913	3989	1616	308
卫生体育和社会福利业	**Health Care, Sporting and Social Welfare**	**163881**	**110136**	**53626**	**119**
卫　生	Health Care	157937	104555	53329	53
体　育	Sports	1730	1666	64	
社会福利保障业	Social Welfare	4214	3915	233	66
教育、文化艺术及广播电影电视业	**Education, Culture and Arts, Broadcasting, Film and Television**	**584315**	**579679**	**4492**	**144**
教　育	Education	549037	547345	1661	31
#普通高等学校	Regular Institution of Higher Education	27405	27405		
普通中学	Regular Secondary Schools	174548	174500	48	
小 学 校	Primary Schools	294047	292885	1162	
文化艺术业	Culture and Arts	16943	15829	1114	
广播电影电视业	Broadcasting, Film and Television	18335	16505	1717	113
科学研究和综合技术服务业	**Scientific Research and Polytechnical Services**	**36178**	**35770**	**309**	**99**
科学研究业	Scientific Research	13578	13525	53	
自然科学研究	Natural Scientific Research	9126	9087	39	
社会科学研究	Social Scientific Research	493	493		
其他科学研究	Other Scientific Research	3959	3945	14	
综合技术服务业	Polytechnical Services	22600	22245	256	99
#气　象	Meteorology	1466	1466		
地　震	Seismology	400	400		
测　绘	Survey and Mapping	1762	1728	34	
技术监督	Technological Supervision	4692	4683	9	
环境保护	Environmental Protection	2099	2099		
技术推广和科技交流服务业	Technology Application & Dissemination as well as Science & Technology Exchange Services	2676	2672	4	
工程设计业	Engineering Design	6932	6690	150	92
其他综合技术服务业	Other Polytechnical Services	2573	2507	59	7
国家机关、政党机关和社会团体	**Government Agencies, Party Agencies and Social Organizations**	**404875**	**400611**	**4264**	
#国家机关	Government Agencies	382719	378679	4040	
政党机关	Party Agencies	16873	16873		
其　他	**Others**	**21602**	**18511**	**2268**	**823**
#企业管理机构	Enterprise Management Organizations	14589	13169	1356	64

5—10 各市分行业职工人数（2000 年）

Number of Staff and Workers by Sector and Region (2000)

单位：人 (person)

地区 Region	合计 Total	农、林、牧、渔业 Farming, Forestry, Animal Husbandry and Fishery	采掘业 Mining and Quarrying	制造业 Manufacturing	电力、煤气及水的生产和供应业 Production and Supply of Electricity Gas and Water	建筑业 Construction	地质勘查业水利管理业 Geological Prospecting and Water Conservancy	交通运输仓储和邮电通信业 Transport, Storage, Post & Telecommunications
总计 Total	**4699782**	**146338**	**327724**	**1473253**	**83965**	**287542**	**51634**	**257858**
合肥市 Hefei	540467	5058	35	197158	8019	44278	10293	32304
淮北市 Huaibei	293630	1844	112928	73284	5524	25013	3726	5092
亳州市 Bozhou	185562	4828		37832	2982	5538	2099	5822
宿州市 Suzhou	272758	11217	1867	64397	5438	9630	1319	11470
蚌埠市 Bengbu	324209	7158	135	127053	3631	17776	4589	33128
阜阳市 Fuyang	325223	10344		57871	5865	16673	2181	22258
淮南市 Huainan	397098	7725	152795	84626	10670	30002	1873	18361
滁州市 Chuzhou	291373	15380	6863	93462	3982	12662	3943	12598
六安市 Luan	290053	14056	559	69582	7433	13748	5968	8938
马鞍山市 Maanshan	227827	1075	26124	110328	4112	22834	2659	7901
巢湖市 Chaohu	244581	11901	1245	80605	2840	17059	3325	11314
芜湖市 Wuhu	303603	1787	703	145537	5357	14170	2860	32722
宣城市 Xuancheng	177117	13997	4693	51858	3198	5717	445	6611
铜陵市 Tongling	175882	5358	12136	95038	3045	8988	1596	7169
池州市 Chizhou	99138	4823	3294	23840	2808	3828	1048	8799
安庆市 Anqing	393137	25202	2664	125999	6560	12324	2978	24438
黄山市 Huangshan	131749	4585	1683	34783	2501	5815	732	8933
其他 Others	26375					21487		

地区 Region	批发零售贸易和餐饮业 Wholesale and Retail Trade & Catering Services	金融、保险业 Banking and Insurance	房地产业 Real Estate Trade	社会服务业 Social Services	卫生体育和社会福利业 Health Care, Sports & Social Welfare	教育、文化艺术和广播电影电视业 Education, Culture and Art, Broadcasting, Film and Television	科学研究和综合技术服务业 Scientific Research and Polytechnical Services	国家机关、政党机关和社会团体 Government Agencies, Parties and Social Organizations	其他 Others
总计 Total	**599239**	**92516**	**25375**	**143487**	**163881**	**584315**	**36178**	**404875**	**21602**
合肥市 Hefei	62044	10832	3035	22951	20756	61081	16569	41845	4209
淮北市 Huaibei	15049	3482	400	14951	4506	16928	593	9314	996
亳州市 Bozhou	37845	4504	1680	4019	8307	43301	679	25747	379
宿州市 Suzhou	54320	6815	1611	4515	11795	54454	1137	30302	2471
蚌埠市 Bengbu	46028	6297	1748	9047	13068	31572	4091	18685	203
阜阳市 Fuyang	55909	7807	2534	9525	15548	70310	1982	45745	671
淮南市 Huainan	23382	4552	1043	19546	5765	19137	1232	15334	1055
滁州市 Chuzhou	49127	5786	1769	6652	11443	36552	1161	29253	740
六安市 Luan	46799	5440	1986	7428	11633	56012	1870	37212	1389
马鞍山市 Maanshan	17050	2984	827	5237	3791	11727	1223	9924	31
巢湖市 Chaohu	41198	5166	1017	5412	10521	32695	1075	19130	78
芜湖市 Wuhu	30838	5554	2294	9761	9048	25345	1071	15305	1251
宣城市 Xuancheng	22031	4867	698	2688	7939	25162	610	26057	546
铜陵市 Tongling	15168	2075	842	3508	3515	8565	393	7407	1079
池州市 Chizhou	11266	2843	591	2194	4427	15687	302	12121	1267
安庆市 Anqing	54996	9051	2182	7948	15466	57880	1539	43109	801
黄山市 Huangshan	16189	4461	1118	8105	6009	17606	651	18291	287
其他 Others					344	301		94	4149

5—11 各市国有单位分行业职工人数（2000 年）
Number of Staff and Workers in State-owned Units by Sector and Region (2000)

单位：人 (person)

地区 Region	合计 Total	农、林、牧、渔业 Farming, Forestry, Animal Husbandry and Fishery	采掘业 Mining and Quarrying	制造业 Manufacturing	电力、煤气及水的生产和供应业 Production and Supply of Electricity Gas and Water	建筑业 Construction	地质勘查业水利管理业 Geological Prospecting and Water Conservancy	交通运输仓储和邮电通信业 Transport, Storage, Post & Telecommunications
总计 Total	**3078424**	**139216**	**160224**	**706211**	**75691**	**157721**	**51141**	**163346**
合肥市 Hefei	367821	3757	35	98749	8010	29719	10293	24082
淮北市 Huaibei	227520	1838	111727	35148	5204	20179	3726	3090
亳州市 Bozhou	124477	4609		14332	2947	1002	2099	2379
宿州市 Suzhou	206895	11217	1721	42849	4344	4766	1319	2437
蚌埠市 Bengbu	205483	6934		59671	2800	7962	4589	5077
阜阳市 Fuyang	247987	9444		37860	5344	4923	2181	16177
淮南市 Huainan	137265	6147	239	34561	7793	20607	1873	8024
滁州市 Chuzhou	186020	14984	6236	31647	3982	5801	3943	8607
六安市 Luan	212633	13752	193	37139	6087	4132	5906	5843
马鞍山市 Maanshan	114596	1075	25455	20853	4112	14823	2659	4301
巢湖市 Chaohu	144241	11543	438	30244	2679	1828	3230	5109
芜湖市 Wuhu	191293	1760	640	72799	5087	9214	2765	24349
宣城市 Xuancheng	123898	13467	3660	22730	2925	1293	445	4744
铜陵市 Tongling	126452	5260	4766	71859	3045	1551	1596	5071
池州市 Chizhou	63430	4656	1040	8324	2463	1022	864	4635
安庆市 Anqing	279066	24189	2481	72395	6452	4755	2921	12226
黄山市 Huangshan	92972	4584	1593	15051	2417	2657	732	7653
其他 Others	26375					21487		

地区 Region	批发零售贸易和餐饮业 Wholesale and Retail Trade & Catering Services	金融、保险业 Banking and Insurance	房地产业 Real Estate Trade	社会服务业 Social Services	卫生体育和社会福利业 Health Care, Sports & Social Welfare	教育、文化艺术和广播电影电视业 Education, Culture and Art, Broadcasting, Film and Television	科学研究和综合技术服务业 Scientific Research and Polytechnical Services	国家机关、政党机关和社会团体 Government Agencies, Parties and Social Organizations	其他 Others
总计 Total	**308106**	**65153**	**18604**	**88304**	**110136**	**579679**	**35770**	**400611**	**18511**
合肥市 Hefei	27155	8707	2847	16732	16017	60710	16322	41508	3178
淮北市 Huaibei	8565	2773	335	4222	3032	16904	590	9199	988
亳州市 Bozhou	15756	2646	1056	3543	4623	42826	679	25747	233
宿州市 Suzhou	33221	4022	1368	3947	5267	54242	1109	30029	2397
蚌埠市 Bengbu	27450	3906	1594	6059	8799	31215	4087	18262	176
阜阳市 Fuyang	31218	5377	1034	6684	9292	70254	1954	45687	558
淮南市 Huainan	7543	3375	616	5193	5065	18962	1232	15141	894
滁州市 Chuzhou	25529	4612	994	5369	6974	36464	1152	29080	646
六安市 Luan	26220	4109	1681	6404	6845	55832	1870	35328	1292
马鞍山市 Maanshan	8300	2284	566	4422	2895	11678	1223	9919	31
巢湖市 Chaohu	23126	3439	688	3660	5815	32322	1036	19031	53
芜湖市 Wuhu	12838	4927	2142	5456	8340	24244	1043	15212	477
宣城市 Xuancheng	10861	3087	647	2380	5701	25148	610	25680	520
铜陵市 Tongling	8114	1777	607	2735	2957	8294	393	7407	1020
池州市 Chizhou	5088	1756	307	1109	2995	15670	296	12121	1084
安庆市 Anqing	27530	5369	1441	6463	10732	57098	1528	42885	601
黄山市 Huangshan	9592	2987	681	3926	4443	17515	646	18281	214
其他 Others					344	301		94	4149

5—12 各市城镇集体单位分行业职工人数（2000年）
Number of Staff & Workers in Collective-owned Units by Sector and Region (2000)

单位：人 (person)

地 区 Region	合 计 Total	农、林、牧、渔业 Farming, Forestry, Animal Husbandry and Fishery	采掘业 Mining and Quarrying	制造业 Manufacturing	电力、煤气及水的生产和供应业 Production and Supply of Electricity Gas and Water	建筑业 Construction	地质勘查业水利管理业 Geological Prospecting and Water Conservancy	交通运输仓储和邮电通信业 Transport, Storage, Post & Telecommunications
总 计 Total	**890872**	**4759**	**36811**	**333520**	**1340**	**106600**	**468**	**64882**
合肥市 Hefei	76681	264		28013		10181		5806
淮北市 Huaibei	59396		1201	36790		4834		941
亳州市 Bozhou	42130	219		7310	35	4406		3375
宿州市 Suzhou	53692		146	16283		4864		3782
蚌埠市 Bengbu	73595	96	135	34313		9292		9032
阜阳市 Fuyang	54587	670		7084		10206		6081
淮南市 Huainan	72366	1578	28721	12340	12	6763		4293
滁州市 Chuzhou	47163	396	287	17319		4790		3991
六安市 Luan	63915	304	21	20336	916	9110	62	3095
马鞍山市 Maanshan	52860		669	31980		7918		3600
巢湖市 Chaohu	50485	281		16751		9496	95	2209
芜湖市 Wuhu	76474	27	63	38976	91	4884	70	8309
宣城市 Xuancheng	29954	160	126	9902	152	4226		1761
铜陵市 Tongling	30130	79	4531	14059		4445		1315
池州市 Chizhou	13710	167	853	3743	124	1321	184	771
安庆市 Anqing	69631	518		27585		6846	57	5475
黄山市 Huangshan	24103		58	10736	10	3018		1046

地 区 Region	批发零售贸易和餐饮业 Wholesale and Retail Trade & Catering Services	金融、保险业 Banking and Insurance	房地产业 Real Estate Trade	社会服务业 Social Services	卫生体育和社会福利业 Health Care, Sports & Social Welfare	教育、文化艺术和广播电影电视业 Education, Culture and Art, Broadcasting, Film and Television	科学研究和综合技术服务业 Scientific Research and Polytechnical Services	国家机关、政党机关和社会团体 Government Agencies, Parties and Social Organizations	其他 Others
总 计 Total	**212738**	**22673**	**2033**	**40089**	**53626**	**4492**	**309**	**4264**	**2268**
合肥市 Hefei	21965	903	62	3522	4739	319	194	337	376
淮北市 Huaibei	3000	709	65	10232	1474	24	3	115	8
亳州市 Bozhou	20011	1825	201	443	3684	475			146
宿州市 Suzhou	19063	1858	13	568	6528	212	28	273	74
蚌埠市 Bengbu	12866	1287	118	1403	4269	357	4	423	
阜阳市 Fuyang	20260	2430	50	1295	6256	56	28	58	113
淮南市 Huainan	4597	809		12067	700	132		193	161
滁州市 Chuzhou	13274	1174	362	737	4469	88	9	173	94
六安市 Luan	20515	1331	305	1024	4735	180		1884	97
马鞍山市 Maanshan	6298	453	261	731	896	49		5	
巢湖市 Chaohu	13455	1686	10	1302	4706	373		99	22
芜湖市 Wuhu	16684	627	94	3987	708	1059	28	93	774
宣城市 Xuancheng	9036	1762		174	2238	14		377	26
铜陵市 Tongling	4001	268	98	512	492	271			59
池州市 Chizhou	3658	989	22	354	1432	17	6		69
安庆市 Anqing	18845	3088	370	927	4734	782	4	224	176
黄山市 Huangshan	5210	1474	2	811	1566	84	5	10	73

5—13 各市其他单位分行业职工人数（2000 年）
Number of Staff & Workers in Units of Other Types of Ownership by Sector and Region (2000)

单位：人 (person)

地区 Region	合计 Total	农、林、牧、渔业 Farming, Forestry, Animal Husbandry and Fishery	采掘业 Mining and Quarrying	制造业 Manufacturing	电力、煤气及水的生产和供应业 Production and Supply of Electricity Gas and Water	建筑业 Construction	地质勘查业水利管理业 Geological Prospecting and Water Conservancy	交通运输仓储和邮电通信业 Transport, Storage, Post & Telecommunications
总计 Total	**730486**	**2363**	**130689**	**433522**	**6934**	**23221**	**25**	**29630**
合肥市 Hefei	95965	1037		70396	9	4378		2416
淮北市 Huaibei	6714	6		1346	320			1061
亳州市 Bozhou	18955			16190		130		68
宿州市 Suzhou	12171			5265	1094			2611
蚌埠市 Bengbu	45131	128		33069	831	522		2117
阜阳市 Fuyang	22649	230		12927	521	1544		
淮南市 Huainan	187467		123835	37725	2865	2632		6044
滁州市 Chuzhou	58190		340	44496		2071		
六安市 Luan	13505		345	12107	430	506		
马鞍山市 Maanshan	60371			57495		93		
巢湖市 Chaohu	49855	77	807	33610	161	5735		3996
芜湖市 Wuhu	35836			33762	179	72	25	64
宣城市 Xuancheng	23265	370	907	19226	121	198		106
铜陵市 Tongling	19300	19	2839	9120		2992		783
池州市 Chizhou	21998		1401	11773	221	1485		3393
安庆市 Anqing	44440	495	183	26019	108	723		6737
黄山市 Huangshan	14674	1	32	8996	74	140		234

地区 Region	批发零售贸易和餐饮业 Wholesale and Retail Trade & Catering Services	金融、保险业 Banking and Insurance	房地产业 Real Estate Trade	社会服务业 Social Services	卫生体育和社会福利业 Health Care, Sports & Social Welfare	教育、文化艺术和广播电影电视业 Education, Culture and Art, Broadcasting, Film and Television	科学研究和综合技术服务业 Scientific Research and Polytechnical Services	其他 Others
总计 Total	**78395**	**4690**	**4738**	**15094**	**119**	**144**	**99**	**823**
合肥市 Hefei	12924	1222	126	2697		52	53	655
淮北市 Huaibei	3484			497				
亳州市 Bozhou	2078	33	423	33				
宿州市 Suzhou	2036	935	230					
蚌埠市 Bengbu	5712	1104	36	1585				27
阜阳市 Fuyang	4431		1450	1546				
淮南市 Huainan	11242	368	427	2286		43		
滁州市 Chuzhou	10324		413	546				
六安市 Luan	64				53			
马鞍山市 Maanshan	2452	247		84				
巢湖市 Chaohu	4617	41	319	450			39	3
芜湖市 Wuhu	1316		58	318		42		
宣城市 Xuancheng	2134	18	51	134				
铜陵市 Tongling	3053	30	137	261	66			
池州市 Chizhou	2520	98	262	731				114
安庆市 Anqing	8621	594	371	558			7	24
黄山市 Huangshan	1387		435	3368		7		

5—14 在岗职工人数(2000年)
Number of Staff and Workers at Their Posts (2000)

单位：人 (persons)

项目 Item		合计 Total	国有经济单位 State-owned Units	城镇集体经济单位 Urban Collective-owned Units	其他经济单位 Units of Other Types of Ownership
总计	**Total**	**3927068**	**2690530**	**661367**	**575171**
企业	Enterprises	2527365	1358144	596141	573080
事业	Institutions	1012801	949801	60909	2091
机关	Agencies	386902	382585	4317	
农、林、牧、渔业	Farming, Forestry, Animal Husbandry and Fishery	136793	129992	4665	2136
采掘业	Mining and Quarrying	289861	145865	35741	108255
制造业	Manufacturing	1047362	500263	211054	336045
电力、煤气及水的生产和供应业	Electricity, Gas and Water Production and Supply	82321	74340	1321	6660
建筑业	Construction	228609	118962	91345	18302
地质勘查业、水利管理业	Geological Prospecting and Water Conservancy	47028	46535	468	25
交通运输、仓储及邮电通信业	Transportation, Storage, Post and Telecommunication	214777	147000	45886	21891
批发和零售贸易、餐饮业	Wholesale and Retail Trades and Catering Services	432706	227948	147031	57727
金融、保险业	Banking and Insurance	90842	63548	22607	4687
房地产业	Real Estate Trade	24622	18244	1931	4447
社会服务业	Social Services	132568	81992	36670	13906
卫生、体育和社会福利业	Health Care, Sports and Social Welfare	161761	109369	52273	119
教育、文化艺术和广播电影电视业	Education, Culture and Arts, Broadcasting, Film and Television	580463	576027	4313	123
科学研究和综合技术服务业	Scientific Research and Polytechnical Services	35471	35070	302	99
国家机关、政党机关和社会团体	Government Agencies, Parties and Social Organizations	402087	398090	3997	
其他行业	Others	19797	17285	1763	749

5—15 各市在岗职工人数(2000年)
Number of Staff and Workers at Their Posts by Region (2000)

单位：人 (persons)

地区	Region	合计 Total	国有经济单位 State-owned Units	城镇集体经济单位 Urban Collective-owned Units	其他经济单位 Units of Other Types of Ownership
总计	**Total**	**3927068**	**2690530**	**661367**	**575171**
合肥市	Hefei	427800	307900	47095	72805
淮北市	Huaibei	267779	206342	55922	5515
亳州市	Bozhou	172024	119031	36030	16963
宿州市	Suzhou	230316	181482	38590	10244
蚌埠市	Bengbu	247949	170010	43693	34246
阜阳市	Fuyang	291985	229613	42024	20348
淮南市	Huainan	313225	116902	57916	138407
滁州市	Chuzhou	254112	168663	37859	47590
六安市	Luan	244964	191015	43203	10746
马鞍山市	Maanshan	180085	94220	31598	54267
巢湖市	Chaohu	208037	128843	40913	38281
芜湖市	Wuhu	238733	157928	55381	25424
宣城市	Xuancheng	159039	112223	25387	21429
铜陵市	Tongling	141820	103052	23485	15283
池州市	Chizhou	86805	58174	11442	17189
安庆市	Anqing	325321	237941	53768	33612
黄山市	Huangshan	111427	81544	17061	12822
其他	Others	25647	25647		

5—16 分登记注册类型和细行业女性从业人员占全部从业人员比重（2000年） Proportion of Female Employed by Registration Status and Sector in Detail (2000)

（以本类型从业人员为100） 单位：% (Total Number of This Item Employed=100 %)

项目	Item	合计 Total	国有单位 State-owned Units	城镇集体单位 Urban Collective-owned Units	其他单位 Units of Other Types of Ownership
总计	**Total**	**35.5**	**33.8**	**41.9**	**36.2**
按企、事业和机关分组	**Grouped by Enterprises, Institutions and Agencies**				
企业	Enterprises	37.4	36.0	41.6	36.2
事业	Institutions	35.8	35.3	45.1	37.8
机关	Agencies & Organizations	22.3	22.1	38.7	
按国民经济行业分组	**Grouped by Sector**				
农、林、牧、渔业	**Farming, Forestry, Animal Husbandry and Fishery**	**38.9**	**39.2**	**35.5**	**30.3**
农业	Farming	44.7	44.8	45.6	34.0
林业	Forestry	42.0	39.7	65.4	21.1
畜牧业	Animal Husbandry	36.6	40.7	17.2	25.0
渔业	Fishery	29.6	31.5	36.3	20.1
农、林、牧、渔服务业	Services	27.7	28.0	18.4	37.9
采掘业	**Mining and Quarrying**	**24.6**	**21.9**	**49.8**	**19.9**
制造业	**Manufacturing**	**42.7**	**41.2**	**53.4**	**38.3**
电力、煤气及水的生产和供应业	**Production and Supply of Electricity, Gas and Water**	**31.5**	**31.3**	**28.7**	**34.5**
建筑业	**Construction**	**19.4**	**20.9**	**17.6**	**19.0**
土木工程建筑业	Civil Engineering	18.5	20.4	16.8	17.5
线路管道和设备安装业	Circuit, Pipelines and Equipment Installation	26.4	24.1	41.1	39.2
装修装饰业	Buildings Fitting up and Decoration	20.8	17.3	35.7	19.8
地质勘查业水利管理业	**Geological Prospecting and Water Conservancy**	**24.9**	**24.9**	**33.3**	**23.8**
地质勘查业	Geological Prospecting	25.2	25.1	52.9	
水利管理业	Water Conservancy	24.8	24.7	27.8	23.8
交通运输、仓储及邮电通信业	**Transport, Storage, Post and Telecommunications**	**27.6**	**26.0**	**30.7**	**32.1**
铁路运输业	Railway Transport	20.9	19.8	45.5	
公路运输业	Highway Transport	30.8	31.1	28.3	34.6
水上运输业	Water Way Transport	29.3	23.6	34.9	22.9
航空运输业	Air Transport	25.9	26.3		25.3
交通运输辅助业	Transport Supporting and Auxiliary Services	24.9	24.5	25.1	35.6
其他交通运输业	Other Transport	36.1	18.5	42.0	33.2
仓储业	Storage	38.1	38.6	63.2	26.6
邮电通信业	Post and Telecommunications	30.3	30.3	25.5	39.8
批发和零售贸易餐饮业	**Wholesale and Retail Trade & Catering Services**	**43.7**	**42.4**	**41.4**	**54.7**
食品、饮料、烟草和家庭日用品批发业	Wholesale Trade of Food, Beverages, Tobacco and Household Goods	40.4	40.3	39.7	42.8
能源、材料和机械电子设备批发业	Wholesale Trade of Energy, Materials and Electronic Equipment	39.0	36.4	43.7	44.5
其他批发业	Other Wholesale Trade	38.5	41.9	37.4	43.5
零售业	Retail Trade	49.9	49.0	44.0	66.2
商业经纪与代理业	Commercial Brokerage and Agencies	43.8	37.9	66.7	
餐饮业	Catering Services	50.9	55.0	45.6	54.1
金融、保险业	**Finance and Insurance**	**42.0**	**40.1**	**42.6**	**61.6**
金融业	Finance	40.8	39.4	42.8	55.1
保险业	Insurance	50.6	45.0	7.2	65.9

5—16 续表 continued

单位：人 (person)

项　目	Item	合　计 Total	国有单位 State-owned Units	城镇集体单位 Urban Collective-owned Units	其他单位 Units of Other Types of Ownership
房地产业	**Real Estate Trade**	**33.0**	**31.7**	**42.8**	**34.0**
房地产开发与经营业	Real Estate Development and Operation	31.7	28.3	42.1	33.8
房地产管理业	Real Estate Management	34.5	34.1	53.0	42.4
房地产代理与经纪业	Real Estate Brokerage and Agencies	40.1	40.5	39.3	16.7
社会服务业	**Social Services**	**46.4**	**46.3**	**42.7**	**56.1**
公共设施服务业	Public Facilities Services	45.6	45.4	46.2	47.7
居民服务业	Resident Services	37.5	33.5	37.3	60.8
旅馆业	Hotels	59.0	56.7	69.4	59.7
租赁服务业	leasing Services	41.8	63.3	27.3	23.1
旅游业	Tourism	40.9	40.8	41.7	41.0
娱乐服务业	Recreational Services	52.5	40.8	47.7	72.4
信息、咨询服务业	Information and Consultancy Services	33.7	32.1	40.9	36.9
计算机应用服务业	Computer Application Services	28.5	38.4		25.5
其他社会服务业	Other Social Services	37.3	31.0	51.7	51.9
卫生体育和社会福利业	**Health Care, Sporting and Social Welfare**	**51.6**	**54.4**	**45.9**	**33.9**
卫　生	Health Care	52.0	55.0	45.8	53.4
体　育	Sports	28.6	27.6	69.0	
社会福利保障业	Social Welfare	47.7	47.3	65.2	16.7
教育、文化艺术及广播电影电视业	**Education, Culture and Arts, Broadcasting, Film and Television**	**32.9**	**32.8**	**44.5**	**32.0**
教　育	Education	32.6	32.6	52.7	37.8
#普通高等学校	Regular Institution of Higher Education	35.8	35.8		
普通中学	Regular Secondary Schools	26.7	26.7	51.9	
小 学 校	Primary Schools	34.7	34.7	46.6	
文化艺术业	Culture and Arts	39.4	39.4	39.5	
广播电影电视业	Broadcasting, Film and Television	35.2	34.9	39.2	30.0
科学研究和综合技术服务业	**Scientific Research and Polytechnical Services**	**33.0**	**33.1**	**25.1**	**40.4**
科学研究业	Scientific Research	36.0	36.0	29.1	
自然科学研究	Natural Scientific Research	35.9	35.9	32.5	
社会科学研究	Social Scientific Research	33.7	33.7		
其他科学研究	Other Scientific Research	36.5	36.6	20.0	
综合技术服务业	Polytechnical Services	31.3	31.3	24.5	40.4
#气　象	Meteorology	28.7	28.7		
地　震	Seismology	20.1	20.1		
测　绘	Survey and Mapping	31.4	31.2	41.2	
技术监督	Technological Supervision	28.9	28.9	22.2	
环境保护	Environmental Protection	39.4	39.4		
技术推广和科技交流服务业	Technology Application & Dissemination as well as Science & Technology Exchange Services	34.2	34.2	33.3	
工程设计业	Engineering Design	29.7	29.9	19.9	40.2
其他综合技术服务业	Other Polytechnical Services	33.4	33.5	30.5	42.9
国家机关、政党机关和社会团体	**Government Agencies, Party Agencies and Social Organizations**	**22.6**	**22.4**	**38.4**	
#国家机关	Government Agencies	22.6	22.4	39.3	
政党机关	Party Agencies	18.5	18.5		
其　他	**Others**	**37.3**	**36.7**	**42.5**	**38.1**
#企业管理机构	Enterprise Management Organizations	31.2	30.7	36.1	22.2

5—17 在岗职工中专业技术人员年末人数（2000）
Number of Scientific and Technical Personnel (2000)

单位：人 (persons)

项　目	Item	合　计 Total	国有单位 State-owned Units	城镇集体单位 Urban Collective-owned Units	其他单位 Units of Other Types of Ownership
总　计	**Total**	**1069678**	**884209**	**101040**	**84429**
按企、事业和机关分组	**Grouped by Enterprises, Institutions and Agencies**				
企　业	Enterprises	376659	232535	60256	83868
事　业	Institutions	649749	609205	39983	561
机　关	Agencies & Organizations	43270	42469	801	
按国民经济行业分组	**Grouped by Economic Sector**				
农、林、牧、渔业	Farming, Forestry, Animal Husbandry and Fishery	27023	25412	1191	420
采掘业	Mining and Quarrying	31522	16900	924	13698
制造业	Manufacturing	137173	69589	18892	48692
电力、煤气及水的生产和供应业	Production and Supply of Electricity, Gas and Water	18555	16677	174	1704
建筑业	Construction	45180	29813	12379	2988
地质勘查、水利管理业	Geological Prospecting and Water Conservancy	12424	12366	39	19
交通运输、仓储及邮电通信业	Transport, Storage, Post and Telecommunications	27913	21454	3220	3239
批发和零售贸易餐饮业	Wholesale and Retail Trade & Catering Services	51478	30337	12429	8712
金融、保险业	Banking and Insurance	45905	35833	8807	1265
房地产业	Real Estate Trade	6716	4910	479	1327
社会服务业	Social Services	15036	11044	2130	1862
卫生体育和社会福利业	Health Care, Sports and Social Welfare	113731	76529	37152	50
教育、文化艺术和广播电影电视业	Education, Culture and Arts, Broadcasting, Film and Television	462092	459945	2096	51
科学研究和综合技术服务业	Scientific Research and Polytechnical Services	20023	19848	111	64
国家机关、政党机关和社会团体	Government Agencies, Party Agencies and Social Organizations	50155	49493	662	
其　他	Others	4752	4059	355	338

5—18 各市在岗职工中分行业专业技术人员年末人数（2000年）
Number of Technical Personnel by Sector and Region at the Year-end (2000)

单位：人 (person)

地区 Region	合计 Total	农、林、牧、渔业 Farming, Forestry, Animal Husbandry and Fishery	采掘业 Mining and Quarrying	制造业 Manufacturing	电力、煤气及水的生产和供应业 Production and Supply of Electricity Gas and Water	建筑业 Construction	地质勘查业水利管理业 Geological Prospecting and Water Conservancy	交通运输仓储和邮电通信业 Transport, Storage, Post & Telecommunications
总计 Total	**1069678**	**27023**	**31522**	**137173**	**18555**	**45180**	**12424**	**27913**
合肥市 Hefei	137629	1430		24367	1745	6478	2943	4780
淮北市 Huaibei	43306	274	8165	4825	1160	3461	1061	689
亳州市 Bozhou	49747	1381		4283	293	776	370	437
宿州市 Suzhou	79314	1642	22	6174	899	1191	298	1149
蚌埠市 Bengbu	66998	959		9817	798	2988	1462	3046
阜阳市 Fuyang	94877	2530		5792	1055	3591	362	2511
淮南市 Huainan	60748	1050	13737	6246	2992	4986	227	1424
滁州市 Chuzhou	62762	2477	743	7967	932	1416	714	972
六安市 Luan	84241	3032	49	6506	1481	1919	853	1031
马鞍山市 Maanshan	42483	188	6558	10142	1104	3129	1169	1099
巢湖市 Chaohu	45477	2005		5550	539	1643	467	1206
芜湖市 Wuhu	53471	328	112	10914	1263	2590	817	2569
宣城市 Xuancheng	50411	2119	498	6262	940	724	113	668
铜陵市 Tongling	26562	1342	616	10359	640	771	324	334
池州市 Chizhou	28759	1187	355	2657	681	528	241	1702
安庆市 Anqing	101232	4324	386	12081	1538	1663	837	2912
黄山市 Huangshan	34520	755	281	3231	495	1195	166	1384
其他 Others	7141					6131		

地区 Region	批发零售贸易和餐饮业 Wholesale and Retail Trade & Catering Services	金融、保险业 Banking and Insurance	房地产业 Real Estate Trade	社会服务业 Social Services	卫生体育和社会福利业 Health Care, Sports & Social Welfare	教育、文化艺术和广播电影电视业 Education, Culture and Art, Broadcasting, Film and Television	科学研究和综合技术服务业 Scientific Research and Polytechnical Services	国家机关、政党机关和社会团体 Government Agencies, Parties and Social Organizations	其他 Others
总计 Total	**51478**	**45905**	**6716**	**15036**	**113731**	**462092**	**20023**	**50155**	**4752**
合肥市 Hefei	8254	5279	1136	3312	14585	46367	10855	4527	1571
淮北市 Huaibei	1303	2063	138	891	3503	14067	287	1228	191
亳州市 Bozhou	2479	1892	336	342	4541	28516	209	3804	88
宿州市 Suzhou	3241	3025	380	409	8275	47548	442	4283	336
蚌埠市 Bengbu	3681	3084	462	921	9498	26659	2395	1171	57
阜阳市 Fuyang	5129	3318	428	1340	9200	55606	633	3195	187
淮南市 Huainan	1605	3063	373	1250	4484	15906	710	2489	206
滁州市 Chuzhou	2771	2539	341	657	9058	28841	410	2847	77
六安市 Luan	3725	2889	404	573	7909	47615	685	5153	417
马鞍山市 Maanshan	1766	2195	305	609	2956	10094	733	426	10
巢湖市 Chaohu	2065	2095	223	434	5263	22386	253	1348	
芜湖市 Wuhu	1332	2941	447	862	6482	20693	445	1507	169
宣城市 Xuancheng	3039	2587	305	415	6205	20963	330	5137	106
铜陵市 Tongling	1043	853	300	321	2547	6332	237	367	176
池州市 Chizhou	1612	1735	244	433	3568	12038	151	1202	425
安庆市 Anqing	6725	3935	623	1155	10882	45120	913	7989	149
黄山市 Huangshan	1708	2412	271	1112	4508	13170	335	3401	96
其他 Others					267	171		81	491

5—19 私营企业年底从业人员数
Number of Employed Persons in Private Enterprises at the Year-end

单位：户、人 (enterprise, person)

年份 Year	合计 Total			城镇 Urban Areas			乡村 Rural Areas		
	户数 Number of Enterprises	从业人数 Number of Employed Persons	投资者 Employers	户数 Number of Enterprises	从业人数 Number of Employed Persons	投资者 Employers	户数 Number of Enterprises	从业人数 Number of Employed Persons	投资者 Employers
1997	20862	294347	50860	13775	178203	34457	7087	116144	16403
1998	28697	425646	70951	19252	262292	48898	9445	163354	22053
1999	37020	550694	91476	23891	327911	62297	13129	222783	29179
2000	46934	651992	110350	28495	375760	72252	18439	276232	38098

5—20 各市私营企业年末从业人员数（2000年）
Number of Employed Persons in Private Enterprises at the Year-end by Region (2000)

单位：户、人 (enterprise, person)

地区 Region		合计 Total			城镇 Urban Areas			乡村 Rural Areas		
		户数 Number of Enterprises	从业人数 Number of Employed Persons	投资者 Employers	户数 Number of Enterprises	从业人数 Number of Employed Persons	投资者 Employers	户数 Number of Enterprises	从业人数 Number of Employed Persons	投资者 Employers
总计	**Total**	**46934**	**651992**	**110350**	**28495**	**375760**	**72252**	**18439**	**276232**	**38098**
合肥市	Hefei	8767	105358	20417	5010	57696	12111	3757	47662	8306
淮北市	Huaibei	1871	33194	3582	1460	25902	2795	411	7292	787
亳州市	Bozhou	1791	26455	4159	981	13050	2274	810	13405	1885
宿州市	Suzhou	1274	15771	2851	788	8403	2057	486	7368	794
蚌埠市	Bengbu	2131	27247	4500	1835	23228	3961	296	4019	539
阜阳市	Fuyang	2749	33239	7012	1665	19468	4565	1084	13771	2447
淮南市	Huainan	2262	27680	6199	2189	26325	6011	73	1355	188
滁州市	Chuzhou	2754	41332	6222	1059	16292	2904	1695	25040	3318
六安市	Luan	1607	29632	3459	872	15572	1982	735	14060	1477
马鞍山市	Maanshan	2666	22617	5464	1736	15305	4102	930	7312	1362
巢湖市	Chaohu	2452	41337	6265	1013	17644	2722	1439	23693	3543
芜湖市	Wuhu	5485	72898	11568	4123	53238	9030	1362	19660	2538
宣城市	Xuancheng	3245	54884	5962	1099	15246	2525	2146	39638	3437
铜陵市	Tongling	1063	18885	5836	788	14979	5243	275	3906	593
池州市	Chizhou	620	11234	1655	306	5122	905	314	6112	750
安庆市	Anqing	2930	53809	8626	1691	25484	4775	1239	28325	3851
黄山市	Huangshan	2615	30424	5121	1228	16810	2838	1387	13614	2283
其他	Others	652	5996	1452	652	5996	1452			

5—21 个体年末从业人员数
Number of Self-Employed Individuals at the Year-end

单位：户、人 (enterprises, persons)

年份 Year	合计 Total 户数 Number of Enterprises	合计 Total 从业人数 Number of Employed Individuals	城镇 Urban Areas 户数 Number of Enterprises	城镇 Urban Areas 从业人数 Number of Employed Individuals	乡村 Rural Areas 户数 Number of Enterprises	乡村 Rural Areas 从业人数 Number of Employed Individuals
1997	1204936	2657856	486885	1099184	718051	1558672
1998	1335341	3044121	547761	1249659	787580	1794462
1999	1460932	3374010	611439	1356851	849493	2017159
2000	1489085	3363571	627100	1347892	861985	2015679

5—22 各市个体年末从业人员数（2000 年）
Number of Self-Employed Individuals at the Year-end by Region (2000)

单位：户、人 (enterprises, persons)

地区 Region	合计 Total 户数 Number of Enterprises	合计 Total 从业人数 Number of Employed Individuals	城镇 Urban Areas 户数 Number of Enterprises	城镇 Urban Areas 从业人数 Number of Employed Individuals	乡村 Rural Areas 户数 Number of Enterprises	乡村 Rural Areas 从业人数 Number of Employed Individuals
总计 Total	**1489085**	**3363571**	**627100**	**1347892**	**861985**	**2015679**
合肥市 Hefei	104200	226562	47128	103222	57072	123340
淮北市 Huaibei	48731	108878	41023	88282	7708	20596
亳州市 Bozhou	150505	336618	68441	138717	82064	197901
宿州市 Suzhou	97644	191556	28610	57533	69034	134023
蚌埠市 Bengbu	65853	138831	25128	55070	40725	83761
阜阳市 Fuyang	173710	433250	65410	145975	108300	287275
淮南市 Huainan	40831	103372	28476	73099	12355	30273
滁州市 Chuzhou	82778	201731	30633	71976	52145	129755
六安市 Luan	138910	380178	58561	136331	80349	243847
马鞍山市 Maanshan	37500	55169	21928	29510	15572	25659
巢湖市 Chaohu	109007	245746	36280	78222	72727	167524
芜湖市 Wuhu	101305	194338	53989	106419	47316	87919
宣城市 Xuancheng	102980	224521	36598	74826	66382	149695
铜陵市 Tongling	19997	38242	10443	21385	9554	16857
池州市 Chizhou	43719	91004	11465	24263	32254	66741
安庆市 Anqing	119564	306190	41566	103844	77998	202346
黄山市 Huangshan	51851	87385	21421	39218	30430	48167

5—23 单位从业人员变动情况（2000年）
Changes of Units Employment (2000)

单位：人 (person)

项目	Item	本年增加人数合计 Total Increase in Employment	从农村招收 Recruited From Rural Area	从城镇招收 Recruited From Urban Area	录用的复员转业军人 Demobilized Armymen
总计	**Total**	**175703**	**20491**	**16372**	**10670**
国有经济单位合计	**State-owned Units**	**121791**	**9673**	**7250**	**8376**
按企业、事业、机关分组	Grouped by Enterprises, Institutions and Agencies				
企业	Enterprises	62426	6015	5245	3946
#地方	Local Government	41671	4789	4740	2454
事业	Institutions	43751	3368	1431	2555
#地方	Local Government	42233	3332	1419	2436
机关	Agencies and Organizations	15614	290	574	1875
#地方	Local Government	15339	278	566	1840
城镇集体经济单位	**Urban Collective-owned Units**	**20518**	**5385**	**2965**	**797**
其它各种经济类型单位	**Units of Other Types of Ownership**	**33394**	**5433**	**6157**	**1497**

项目	Item	录用的大中专技工毕业 Graduates from Universities, Secondary Technical School and Worker Training Schools	调入 Transfered Into	由外省区、市 From Other Provine or City	其他 Others
总计	**Total**	**51261**	**40174**	**433**	**36735**
国有经济单位合计	**State-owned Units**	**41141**	**31637**	**344**	**23714**
按企业、事业、机关分组	Grouped by Enterprises, Institutions and Agencies				
企业	Enterprises	15312	16332	162	15576
#地方	Local Government	10070	8460	106	11158
事业	Institutions	21176	8877	140	6344
#地方	Local Government	20488	8336	100	6222
机关	Agencies and Organizations	4653	6428	42	1794
#地方	Local Government	4588	6371	42	1696
城镇集体经济单位	**Urban Collective-owned Units**	**3041**	**4323**	**36**	**4007**
其它各种经济类型单位	**Units of Other Types of Ownership**	**7079**	**4214**	**53**	**9014**

5—23 续表 continued

单位：人 (person)

项　目	Item	本年减少人数合计 Total Diminish in Employment	离休退休离　职 Retired and Resigned	开除除名辞　职 Expelled and Discharged	终止合同 Termination of Contract
总　计	**Total**	**313818**	**58880**	**16340**	**57787**
国有经济单位合计	**State-owned Units**	**197162**	**42799**	**7288**	**32155**
按企业、事业、机关分组	Grouped by Enterprises, Institutions and Agencies				
企　业	Enterprises	145927	21719	4273	28607
#地　方	Local Government	119073	18363	3510	25063
事　业	Institutions	39508	16359	2408	2865
#地　方	Local Government	36342	15438	2176	2793
机　关	Agencies and Organizations	11727	4721	607	683
#地　方	Local Government	11367	4616	599	674
城镇集体经济单位	**Urban Collective-owned Units**	**67440**	**9743**	**5669**	**13318**
其它各种经济类型单位	**Units of Other Types of Ownership**	**49216**	**6338**	**3383**	**12314**

项　目	Item	离开本单位仍保留劳动关　系 Workers Leaving Self Units but Still Keeping Labor Contract	调　出 Transfered Out	调到外省区、市 To Other Province or City	其　他 Others
总　计	**Total**	**113127**	**37594**	**1430**	**30090**
国有经济单位合计	**State-owned Units**	**69427**	**27949**	**1228**	**17544**
按企业、事业、机关分组	Grouped by Enterprises, Institutions and Agencies				
企　业	Enterprises	66555	15641	542	9132
#地　方	Local Government	55925	8751	337	7461
事　业	Institutions	2368	8059	634	7449
#地　方	Local Government	1808	7427	499	6700
机　关	Agencies and Organizations	504	4249	52	963
#地　方	Local Government	497	4185	49	796
城镇集体经济单位	**Urban Collective-owned Units**	**23674**	**6894**	**44**	**8142**
其它各种经济类型单位	**Units of Other Types of Ownership**	**20026**	**2751**	**158**	**4404**

5—24 各市单位从业人员变动情况（2000 年）
Changes of Units Employment by Region (2000)

单位：人 (person)

地区 Region		本年增加人数合计 Total Increase in Employment	从农村招收 Recruited From Rural Area	从城镇招收 Recruited From Urban Area	录用的复员转业军人 Demobilized Armymen
总计	**Total**	**175703**	**20491**	**16372**	**10670**
合肥市	Hefei	26334	3338	2234	1388
淮北市	Huaibei	13230	679	535	647
亳州市	Bozhou	6340	762	337	532
宿州市	Suzhou	10313	1500	1033	498
蚌埠市	Bengbu	14108	317	1038	907
阜阳市	Fuyang	12639	2967	1360	970
淮南市	Huainan	15717	1458	2255	597
滁州市	Chuzhou	9799	1469	1448	823
六安市	Luan	10649	1012	614	638
马鞍山市	Maanshan	7667	798	1442	378
巢湖市	Chaohu	6915	1050	573	815
芜湖市	Wuhu	5661	304	710	428
宣城市	Xuancheng	6207	1330	658	407
铜陵市	Tongling	11548	572	744	304
池州市	Chizhou	4072	980	282	182
安庆市	Anqing	9542	1032	644	868
黄山市	Huangshan	4098	918	454	211
其他	Others	864	5	11	77

地区 Region		录用的大中专技工毕业 Graduates from Universities, Secondary Technical School and Worker Training Schools	调入 Transfered Into	由外省区、市 From Other Provine or City	其他 Others
总计	**Total**	**51261**	**40174**	**433**	**36735**
合肥市	Hefei	7058	5461	115	6855
淮北市	Huaibei	2925	2399	38	6045
亳州市	Bozhou	2418	1196	8	1095
宿州市	Suzhou	3509	2577	8	1196
蚌埠市	Bengbu	3952	5635	19	2259
阜阳市	Fuyang	4320	2073	28	949
淮南市	Huainan	2775	2643	24	5989
滁州市	Chuzhou	2554	2357	26	1148
六安市	Luan	3828	1561	26	2996
马鞍山市	Maanshan	1857	999	14	2193
巢湖市	Chaohu	2308	1646	7	523
芜湖市	Wuhu	2071	1247	19	901
宣城市	Xuancheng	2243	1181	6	388
铜陵市	Tongling	2770	4837	27	2321
池州市	Chizhou	751	1457	7	420
安庆市	Anqing	4308	1838	36	852
黄山市	Huangshan	884	1026	5	605
其他	Others	730	41	20	

5—24 续表 continued

单位：人 (person)

地 区 Region	本年减少人数合计 Total Diminish in Employment	离休退休离职 Retired and Resigned	开除除名辞职 Expelled and Discharged	终止合同 Termination of Contract
总 计 Total	**313818**	**58880**	**16340**	**57787**
合肥市 Hefei	55293	8608	1431	10598
淮北市 Huaibei	21060	2475	847	3188
亳州市 Bozhou	7100	2023	307	1707
宿州市 Suzhou	14920	2688	873	1436
蚌埠市 Bengbu	28632	5394	957	6916
阜阳市 Fuyang	22500	3886	3172	5529
淮南市 Huainan	24294	3764	3625	3514
滁州市 Chuzhou	16005	3474	762	3129
六安市 Luan	14192	3672	362	3374
马鞍山市 Maanshan	15197	3137	312	1986
巢湖市 Chaohu	16231	3456	264	958
芜湖市 Wuhu	22695	4752	707	4547
宣城市 Xuancheng	10615	2441	573	2964
铜陵市 Tongling	12347	2009	509	1514
池州市 Chizhou	5238	1114	259	1532
安庆市 Anqing	19481	4008	1013	3463
黄山市 Huangshan	6743	1607	234	1303
其 他 Others	1275	372	133	129

地 区 Region	离开本单位仍保留劳动关系 Workers Leaving Self Units but Still Keeping Labor Contract	调 出 Transfered Out	调到外省区、市 To Other Province or City	其 他 Others
总 计 Total	**113127**	**37594**	**1430**	**30090**
合肥市 Hefei	22947	4974	197	6735
淮北市 Huaibei	10722	2148	161	1680
亳州市 Bozhou	1449	947	7	667
宿州市 Suzhou	6939	2317	47	667
蚌埠市 Bengbu	9541	4398	156	1426
阜阳市 Fuyang	4525	2446	153	2942
淮南市 Huainan	4720	5786	140	2885
滁州市 Chuzhou	5216	1949	65	1475
六安市 Luan	2957	1187	34	2640
马鞍山市 Maanshan	7258	1022	101	1482
巢湖市 Chaohu	8639	1272	32	1642
芜湖市 Wuhu	9394	1219	78	2076
宣城市 Xuancheng	3181	1001	34	455
铜陵市 Tongling	4014	3184	74	1117
池州市 Chizhou	1211	987	18	135
安庆市 Anqing	7741	1813	71	1443
黄山市 Huangshan	2093	888	39	618
其 他 Others	580	56	23	5

5—25 主要年份职工工资总额和指数
Total Wages of Staff and Workers and Related Index in Major Years

年份 Year	工资总额（万元） Total Wages (10000 yuan)				指数（上年=100） Index (Preceding year=100)			
	合计 Total	国有单位 State-owned Units	城镇集体单位 Urban Collective-owned Units	其他单位 Units of Other Types of Ownership	合计 Total	国有单位 State-owned Units	城镇集体单位 Urban Collective-owned Units	其他单位 Units of Other Types of Ownership
1980	226752	176660	50092		121.0	120.3	123.7	
1985	386571	290250	96109	212	116.3	115.8	117.8	143.2
1990	866607	667593	196802	2213	114.4	114.8	112.6	141.5
1991	947046	727796	216360	2890	109.3	109.0	109.9	130.6
1992	1121163	875070	241310	4783	118.4	120.2	111.5	165.5
1993	1338455	1079291	248184	10980	119.4	123.3	102.8	229.6
1994	1843550	1457668	306222	79660	137.7	135.1	123.4	725.5
1995	2281335	1792794	374403	114138	123.7	123.0	122.3	143.3
1996	2561976	2031093	411474	119409	112.3	113.3	109.9	104.6
1997	2737847	2121533	433653	182661	106.9	104.5	105.4	153.0
1998	2712588	2025067	362712	324809	99.1	95.5	83.6	177.8
1999	2784854	2041089	339152	404613	102.7	100.8	93.5	124.6
2000	2891628	2092576	341160	457892	103.8	102.5	100.6	113.2

5—26 各市职工工资总额和指数（2000年）
Total Wages of Staff and Workers and Related Index by Region (2000)

地区 Region	工资总额（万元） Total Wages (10000 yuan)				指数（上年=100） Index (Preceding year=100)			
	合计 Total	国有单位 State-owned Units	城镇集体单位 Urban Collective-owned Units	其他单位 Units of Other Types of Ownership	合计 Total	国有单位 State-owned Units	城镇集体单位 Urban Collective-owned Units	其他单位 Units of Other Types of Ownership
总计 Total	**2891628**	**2092576**	**341160**	**457892**	**103.8**	**102.5**	**100.6**	**113.2**
合肥市 Hefei	413271	307882	28544	76845	104.9	105.9	99.0	103.5
淮北市 Huaibei	196166	171139	22573	2454	101.4	101.7	108.2	58.1
亳州市 Bozhou	98155	70218	16847	11090	97.9	95.7	99.7	111.2
宿州市 Suzhou	127838	105982	14615	7241	104.9	104.0	95.7	153.7
蚌埠市 Bengbu	185839	141485	21994	22360	103.9	101.3	96.0	138.2
阜阳市 Fuyang	169892	139253	18258	12381	96.1	96.6	81.8	121.4
淮南市 Huainan	233238	94253	24575	114410	110.7	100.4	96.8	125.2
滁州市 Chuzhou	153151	110346	16512	26293	101.0	99.4	93.1	115.1
六安市 Luan	154162	128539	20098	5525	105.5	107.4	99.1	89.5
马鞍山市 Maanshan	181644	94033	18779	68832	106.7	105.8	97.2	110.8
巢湖市 Chaohu	139331	94799	20211	24321	105.0	100.3	108.1	124.6
芜湖市 Wuhu	217168	144609	49231	23328	95.6	88.5	113.9	113.6
宣城市 Xuancheng	116176	88798	14076	13302	106.1	114.1	94.6	79.1
铜陵市 Tongling	119704	94960	13518	11226	105.9	104.3	117.5	107.3
池州市 Chizhou	58202	41757	5742	10703	112.1	111.1	105.7	120.6
安庆市 Anqing	220603	175520	25708	19375	108.1	108.3	106.6	108.6
黄山市 Huangshan	79907	61822	9879	8206	100.9	104.5	85.9	96.3
其他 Others	27181	27181			114.4	114.4		

5—27 在岗职工工资总额(2000年)
Total Wages of Staff and Workers at Their Posts (2000)

单位：万元 (10000 yuan)

项目	Item	合计 Total	国有经济单位 State-owned Units	城镇集体经济单位 Urban Collective-owned Units	其他经济单位 Units of Other Types of Ownership
总计	**Total**	**2755252**	**2015830**	**317435**	**421987**
企业	Enterprises	1674907	975794	278645	420468
事业	Institutions	756948	719509	35920	1519
机关	Agencies	323397	320527	2870	
农、林、牧、渔业	Farming, Forestry, Animal Husbandry and Fishery	68907	65721	2041	1145
采掘业	Mining and Quarrying	238994	135461	15410	88123
制造业	Manufacturing	698020	339209	102545	256266
电力、煤气及水的生产和供应业	Electricity, Gas and Water Production and Supply	81497	74455	521	6521
建筑业	Construction	142769	88383	43751	10635
地质勘查业、水利管理业	Geological Prospecting and Water Conservancy	33841	33543	289	9
交通运输、仓储及邮电通信业	Transportation, Storage, Post and Telecommunication	160647	127196	20192	13259
批发和零售贸易、餐饮业	Wholesale and Retail Trades and Catering Services	203273	114323	59532	29418
金融、保险业	Banking and Insurance	80717	59499	17031	4187
房地产业	Real Estate Trade	18769	15211	1030	2528
社会服务业	Social Services	85100	57959	18123	9018
卫生、体育和社会福利业	Health Care, Sports and Social Welfare	130446	99958	30390	98
教育、文化艺术和广播电影电视业	Education, Culture and Arts, Broadcasting, Film and Television	426171	423742	2345	84
科学研究和综合技术服务业	Scientific Research and Polytechnical Services	34641	34365	207	69
国家机关、政党机关和社会团体	Government Agencies, Parties and Social Organizations	335105	332378	2727	
其他行业	Others	16355	14427	1301	627

5—28 各市在岗职工工资总额(2000年)
Total Wages of Staff and Workers at Their Posts by Region (2000)

单位：万元 (10000 yuan)

地区 Region	合计 Total	国有经济单位 State-owned Units	城镇集体经济单位 Urban Collective-owned Units	其他经济单位 Units of Other Types of Ownership
总计 Total	**2755252**	**2015830**	**317435**	**421987**
合肥市 Hefei	385633	292824	25025	67784
淮北市 Huaibei	190060	165456	22279	2325
亳州市 Bozhou	97164	69503	16638	11023
宿州市 Suzhou	125405	104318	14057	7030
蚌埠市 Bengbu	174792	134333	20268	20191
阜阳市 Fuyang	167690	137721	17772	12197
淮南市 Huainan	217356	90469	24005	102882
滁州市 Chuzhou	149396	108136	16117	25143
六安市 Luan	150262	126149	18853	5260
马鞍山市 Maanshan	172035	89231	15604	67200
巢湖市 Chaohu	134269	92364	19309	22596
芜湖市 Wuhu	196396	133784	42722	19890
宣城市 Xuancheng	113129	86645	13570	12914
铜陵市 Tongling	111366	88679	12387	10300
池州市 Chizhou	56273	40793	5527	9953
安庆市 Anqing	210013	168557	24106	17350
黄山市 Huangshan	77079	59934	9196	7949
其他 Others	26934	26934		

5—29 职工平均工资及指数
Average Wage of Staff and Workers and Related Indices

年份 Year	平均货币工资（元） Average Wage in Monetary Terms (yuan)				指数（上年=100） Indices (preceding year=100)			
	合计 Total	国有单位 State-owned Units	城镇集体单位 Urban Collective-owned Units	其他单位 Units of Other Types of Ownership	合计 Total	国有单位 State-owned Units	城镇集体单位 Urban Collective-owned Units	其他单位 Units of Other Types of Ownership
1980	684	739	541		115.3	115.5	111.5	
1985	950	1044	747	752	111.1	110.7	112.5	94.0
1990	1827	2061	1318	1838	112.5	113.7	109.2	112.5
1995	4609	4994	3107	7361	121.5	120.1	124.9	115.0
1996	5175	5600	3522	7680	112.3	112.1	113.4	104.3
1997	5492	6039	3692	6139	106.1	107.8	104.8	79.9
1998	5491	6121	3461	5563	100.0	101.4	93.7	90.6
1999	5767	6509	3556	5474	105.0	106.3	102.7	98.4
2000	6145	6797	3821	6237	106.6	104.4	107.5	113.9

5—30 各市职工平均工资及指数（2000年）
Average Wage of Staff and Workers and Related Indices by Region (2000)

地区 Region	平均货币工资（元） Average Wage in Monetary Terms (yuan)				指数（上年=100） Indices (preceding year=100)			
	合计 Total	国有单位 State-owned Units	城镇集体单位 Urban Collective-owned Units	其他单位 Units of Other Types of Ownership	合计 Total	国有单位 State-owned Units	城镇集体单位 Urban Collective-owned Units	其他单位 Units of Other Types of Ownership
总计 Total	**6145**	**6797**	**3821**	**6237**	**106.6**	**104.4**	**107.5**	**113.9**
合肥市 Hefei	7556	8282	3724	7799	110.6	110.3	108.1	110.7
淮北市 Huaibei	6711	7515	3901	3656	105.5	102.0	123.3	82.3
亳州市 Bozhou	5314	5663	4023	5894	96.6	93.6	102.8	104.6
宿州市 Suzhou	4734	5189	2717	6038	104.6	104.1	96.6	136.5
蚌埠市 Bengbu	5641	6764	2913	4996	106.9	107.1	101.5	116.5
阜阳市 Fuyang	5216	5625	3298	5439	98.1	96.4	95.5	109.3
淮南市 Huainan	5806	6895	3224	6059	113.9	101.2	101.9	129.4
滁州市 Chuzhou	5306	5958	3634	4535	104.2	106.1	96.0	105.4
六安市 Luan	5333	6056	3150	4247	105.4	106.5	100.0	97.1
马鞍山市 Maanshan	7999	8270	3525	11455	108.3	107.8	100.4	110.2
巢湖市 Chaohu	5667	6547	4036	4768	107.4	105.2	112.6	115.8
芜湖市 Wuhu	7156	7563	6428	6540	104.2	95.1	129.3	122.6
宣城市 Xuancheng	6557	7132	4798	5700	112.6	112.8	111.9	102.4
铜陵市 Tongling	6832	7552	4459	5862	106.6	106.5	110.9	107.8
池州市 Chizhou	5882	6610	4193	4848	114.2	113.8	111.6	117.7
安庆市 Anqing	5623	6307	3716	4317	107.5	107.9	107.6	103.9
黄山市 Huangshan	6071	6630	4141	5653	108.4	108.6	104.4	103.1
其他 Others	10733	10733			74.7	74.7		

5—31 分行业职工平均工资
Average Wage of Staff and Workers by Sector

单位：元 (yuan)

年份 Year	合计 Total	农、林、牧、渔业 Farming, Forestry, Animal Husbandry and Fishery	采掘业 Mining and Quarrying	制造业 Manufacturing	电力、煤气及水的生产和供应业 Production and Supply of Electricity Gas and Water	建筑业 Construction	地质勘查业水利管理业 Geological Prospecting and Water Conservancy	交通运输仓储和邮电通信业 Transport, Storage, Post & Telecommunications
1980	684	528		716		772	913	707
1985	950	758		971		1181	1385	963
1990	1827	1387		1940		2090	2440	1914
1995	4609	3416	7115	4246	7567	5066	5254	4722
1996	5175	3997	7942	4751	7727	5207	5849	5408
1997	5492	4342	7891	4891	8472	5424	6219	5758
1998	5491	4621	7017	4650	8351	5494	6014	5624
1999	5767	4538	6885	4808	9111	5371	6396	6235
2000	6145	4782	7548	5265	9871	5331	6704	6470

年份 Year	批发零售贸易和餐饮业 Wholesale and Retail Trade & Catering Services	金融、保险业 Banking and Insurance	房地产业 Real Estate Trade	社会服务业 Social Services	卫生体育和社会福利业 Health Care, Sports & Social Welfare	教育、文化艺术和广播电影电视业 Education, Culture and Art, Broadcasting, Film and Television	科学研究和综合技术服务业 Scientific Research and Polytechnical Services	国家机关、政党机关和社会团体 Government Agencies, Parties and Social Organizations	其他 Others
1980	602	682		586	622	645	710	743	
1985	799	945		863	892	970	1037	941	
1990	1444	1748		1598	1814	1820	2109	1844	
1995	3289	6487	4947	3904	4976	4642	6358	4813	4600
1996	3765	7259	5685	4525	5787	5308	7186	5535	6546
1997	4019	7868	6285	5018	6398	5888	7805	6379	6071
1998	3723	8243	6890	5142	7093	6564	8290	7027	7900
1999	3666	8567	7484	5386	7918	7141	8788	7846	7166
2000	3672	8824	7474	6026	8019	7374	9583	8351	7886

5—32 各市分行业职工平均工资（2000年）
Average Wage of Staff and Workers by Sector and Region (2000)

单位：元　　(yuan)

地区	Region	合计 Total	农、林、牧、渔业 Farming, Forestry, Animal Husbandry and Fishery	采掘业 Mining and Quarrying	制造业 Manufacturing	电力、煤气及水的生产和供应业 Production and Supply of Electricity Gas and Water	建筑业 Construction	地质勘查业水利管理业 Geological Prospecting and Water Conservancy	交通运输仓储和邮电通信业 Transport, Storage, Post & Telecommunications
总计	**Total**	**6145**	**4782**	**7548**	**5265**	**9871**	**5331**	**6704**	**6470**
合肥市	Hefei	7556	6298	905	6489	12539	5051	6769	8041
淮北市	Huaibei	6711	5321	8772	5020	11288	4318	5828	6489
亳州市	Bozhou	5314	6051		4980	7925	4949	6463	6245
宿州市	Suzhou	4734	3717	4096	3381	11012	3636	5479	5974
蚌埠市	Bengbu	5641	5078	3406	4024	9215	4267	7140	8344
阜阳市	Fuyang	5216	5015		4873	8166	5052	6829	4933
淮南市	Huainan	5806	3968	6719	3140	10079	5797	7561	5351
滁州市	Chuzhou	5306	4482	5499	4306	8282	4847	5295	5041
六安市	Luan	5333	4119	5311	3800	7928	4347	7113	5397
马鞍山市	Maanshan	7999	5152	11342	7981	12984	4349	7087	6113
巢湖市	Chaohu	5667	6104	2514	4660	8984	4576	7029	5593
芜湖市	Wuhu	7156	5021	7321	6322	8443	7196	7922	7801
宣城市	Xuancheng	6557	4638	6060	5777	9280	5232	6646	5539
铜陵市	Tongling	6832	4387	3538	7158	11410	5328	7774	5268
池州市	Chizhou	5882	5181	5359	4228	8366	4841	5534	5338
安庆市	Anqing	5623	4652	3533	4554	9941	3917	6107	5277
黄山市	Huangshan	6071	5127	3557	4129	9751	4771	6146	6517
其他	Others	10733					11035		

地区	Region	批发零售贸易和餐饮业 Wholesale and Retail Trade & Catering Services	金融、保险业 Banking and Insurance	房地产业 Real Estate Trade	社会服务业 Social Services	卫生体育和社会福利业 Health Care, Sports & Social Welfare	教育、文化艺术和广播电影电视业 Education, Culture and Art, Broadcasting, Film and Television	科学研究和综合技术服务业 Scientific Research and Polytechnical Services	国家机关、政党机关和社会团体 Government Agencies, Parties and Social Organizations	其他 Others
总计	**Total**	**3672**	**8824**	**7474**	**6026**	**8019**	**7374**	**9583**	**8351**	**7886**
合肥市	Hefei	5002	10849	10238	7940	9660	9988	11032	10774	10704
淮北市	Huaibei	3439	8307	7436	3912	6377	6668	7643	8335	8015
亳州市	Bozhou	3589	8175	6797	4594	6573	5461	6768	6492	7701
宿州市	Suzhou	2260	9530	6833	4465	5942	5717	7194	7520	7556
蚌埠市	Bengbu	3533	9376	8966	6093	8155	8377	8635	9158	9711
阜阳市	Fuyang	2948	8700	4044	5605	6167	5361	8842	6918	6130
淮南市	Huainan	2914	8404	8176	5563	7463	8054	9124	9479	9441
滁州市	Chuzhou	3445	8020	6515	5208	7884	7095	6754	7990	4839
六安市	Luan	2679	7275	5889	4166	7688	7360	7051	7643	4594
马鞍山市	Maanshan	3956	10704	9283	7813	9968	9571	10516	10593	13484
巢湖市	Chaohu	3643	8354	7334	4913	8345	8064	6576	8424	7000
芜湖市	Wuhu	6809	8581	8621	8220	8883	8651	8331	9061	6377
宣城市	Xuancheng	3943	8899	8724	6109	8392	8487	10160	8747	7755
铜陵市	Tongling	5195	8756	9028	6634	9486	8399	10621	10198	9144
池州市	Chizhou	3994	7864	7978	5919	9008	7228	8221	8088	5611
安庆市	Anqing	3549	7817	6416	6235	8295	7488	8817	7945	7135
黄山市	Huangshan	3448	8982	6861	6754	9061	7807	8284	8475	7359
其他	Others					18669	16099		22500	7648

5—33 各市国有单位分行业职工平均工资（2000 年）
Average Wage of Staff and Workers in State-owned Units by Sector and Region (2000)

单位：元 (yuan)

地区	Region	合计 Total	农、林、牧、渔业 Farming, Forestry, Animal Husbandry and Fishery	采掘业 Mining and Quarrying	制造业 Manufacturing	电力、煤气及水的生产和供应业 Production and Supply of Electricity Gas and Water	建筑业 Construction	地质勘查业水利管理业 Geological Prospecting and Water Conservancy	交通运输仓储和邮电通信业 Transport, Storage, Post & Telecommunications
总计	**Total**	**6797**	**4789**	**8680**	**5383**	**9987**	**6096**	**6710**	**8012**
合肥市	Hefei	8282	5668	905	6200	12544	5461	6769	8631
淮北市	Huaibei	7515	5318	8784	6080	11528	4137	5828	9239
亳州市	Bozhou	5663	6108		4487	7932	6732	6463	8522
宿州市	Suzhou	5189	3717	4287	3534	10626	4795	5479	8192
蚌埠市	Bengbu	6764	5122		4546	9010	4948	7140	11108
阜阳市	Fuyang	5625	5177		4862	7942	5659	6829	6060
淮南市	Huainan	6895	4340	6005	4182	10048	7155	7561	9049
滁州市	Chuzhou	5958	4465	5677	4212	8282	4803	5295	6330
六安市	Luan	6056	4121	6197	4381	8866	4948	7140	6564
马鞍山市	Maanshan	8270	5152	11522	4719	12984	4885	7087	8321
巢湖市	Chaohu	6547	6176	7391	4518	8982	4181	7065	7741
芜湖市	Wuhu	7563	5048	7508	6433	8445	7449	7992	8320
宣城市	Xuancheng	7132	4649	6361	6083	9557	2852	6646	5995
铜陵市	Tongling	7552	4377	4012	7775	11410	4589	7774	5430
池州市	Chizhou	6610	4995	4251	3925	8818	4291	5398	6696
安庆市	Anqing	6307	4667	3465	5189	10008	2510	6072	7242
黄山市	Huangshan	6630	5127	3706	3809	9794	5040	6146	6708
其他	Others	10733					11035		

地区	Region	批发零售贸易和餐饮业 Wholesale and Retail Trade & Catering Services	金融、保险业 Banking and Insurance	房地产业 Real Estate Trade	社会服务业 Social Services	卫生体育和社会福利业 Health Care, Sports & Social Welfare	教育、文化艺术和广播电影电视业 Education, Culture and Art, Broadcasting, Film and Television	科学研究和综合技术服务业 Scientific Research and Polytechnical Services	国家机关、政党机关和社会团体 Government Agencies, Parties and Social Organizations	其他 Others
总计	**Total**	**4005**	**9159**	**8125**	**6760**	**9133**	**7391**	**9616**	**8371**	**8120**
合肥市	Hefei	6054	11433	10259	8708	10591	10013	11097	10808	12028
淮北市	Huaibei	3590	8918	8065	6341	7410	6668	7611	8347	7983
亳州市	Bozhou	3875	9081	7265	4495	7065	5478	6768	6492	8283
宿州市	Suzhou	2561	9479	6877	4846	7652	5719	7221	7533	7650
蚌埠市	Bengbu	3787	9234	9240	6951	9792	8426	8635	9169	9661
阜阳市	Fuyang	3212	8981	4560	6176	7602	5364	8918	6922	5899
淮南市	Huainan	4328	9016	7940	7420	7761	8079	9124	9525	10614
滁州市	Chuzhou	3815	8283	7019	5165	9229	7101	6781	7991	4662
六安市	Luan	3130	7386	6394	4345	8698	7367	7051	7732	4362
马鞍山市	Maanshan	4730	10753	11256	8430	10304	9589	10516	10593	13484
巢湖市	Chaohu	4172	9136	7757	5623	9975	8100	6600	8419	6111
芜湖市	Wuhu	6657	8459	8624	8222	8943	8788	8290	9060	6735
宣城市	Xuancheng	4294	9196	8900	6463	9235	8490	10160	8809	7717
铜陵市	Tongling	5366	8830	9830	7081	9890	8449	10621	10198	9254
池州市	Chizhou	4879	7635	9007	6267	10028	7230	8226	8088	5446
安庆市	Anqing	3704	8310	7132	6404	8971	7512	8831	7945	7248
黄山市	Huangshan	3902	9179	7924	6451	9844	7814	8300	8475	7991
其他	Others					18669	16099		22500	7648

5—34 各市城镇集体单位分行业职工平均工资（2000 年）
Average Wage of Staff and Workers in Urban Collective-owned Units by Sector and Region (2000)

单位：元　　(yuan)

地区	Region	合计 Total	农、林、牧、渔业 Farming, Forestry, Animal Husbandry and Fishery	采掘业 Mining and Quarrying	制造业 Manufacturing	电力、煤气及水的生产和供应业 Production and Supply of Electricity Gas and Water	建筑业 Construction	地质勘查业水利管理业 Geological Prospecting and Water Conservancy	交通运输仓储和邮电通信业 Transport, Storage, Post & Telecommunications
总计	**Total**	**3821**	**4458**	**3850**	**3522**	**3950**	**4295**	**6162**	**3377**
合肥市	Hefei	3724	10655		3622		3644		2406
淮北市	Huaibei	3901		7678	3947		5045		3122
亳州市	Bozhou	4023	4863		3283	7382	4549		4671
宿州市	Suzhou	2717		1993	2694		2610		2994
蚌埠市	Bengbu	2913	7580	3406	2082		3710		2719
阜阳市	Fuyang	3298	3850		2552		4561		2219
淮南市	Huainan	3224	2342	3653	1317	4583	3101		2281
滁州市	Chuzhou	3634	5122	2074	3501		4672		2143
六安市	Luan	3150	4050	4571	2533	2895	4023	4548	3250
马鞍山市	Maanshan	3525		4703	3347		3458		3399
巢湖市	Chaohu	4036	3996		3767		4885	5785	4075
芜湖市	Wuhu	6428	3148	5508	6020	8559	6765	6676	6250
宣城市	Xuancheng	4798	6149	4397	4715	6204	5956		4346
铜陵市	Tongling	4459	3725	4221	3992		5185		5034
池州市	Chizhou	4193	10389	4052	2535	4331	4855	6167	2464
安庆市	Anqing	3716	4851		3057		4527	7877	3091
黄山市	Huangshan	4141		672	3925	5700	4447		3605

地区	Region	批发零售贸易和餐饮业 Wholesale and Retail Trade & Catering Services	金融、保险业 Banking and Insurance	房地产业 Real Estate Trade	社会服务业 Social Services	卫生体育和社会福利业 Health Care, Sports & Social Welfare	教育、文化艺术和广播电影电视业 Education, Culture and Art, Broadcasting, Film and Television	科学研究和综合技术服务业 Scientific Research and Polytechnical Services	国家机关、政党机关和社会团体 Government Agencies, Parties and Social Organizations	其他 Others
总计	**Total**	**3033**	**7597**	**5099**	**4440**	**5725**	**5256**	**6606**	**6507**	**6406**
合肥市	Hefei	2973	6923	5661	5684	6497	5113	6577	6560	7066
淮北市	Huaibei	2580	5856	4185	3070	4256	6625	14000	7325	16000
亳州市	Bozhou	3373	6902	5128	5196	5962	3983			6766
宿州市	Suzhou	1571	7420	10000	1883	4558	5250	6143	6151	4554
蚌埠市	Bengbu	2959	9314	5109	4407	4792	4133	8000	8667	
阜阳市	Fuyang	2473	8080	4460	3242	4020	2482	3679	4293	7265
淮南市	Huainan	1890	5348		4732	5326	4573		5858	3169
滁州市	Chuzhou	2576	6991	5718	4772	5778	4580	3333	7815	6032
六安市	Luan	2091	6926	3115	3056	6239	5095		5979	7732
马鞍山市	Maanshan	3058	10489	4996	4121	8883	5224		11800	
巢湖市	Chaohu	2740	6683	6100	2845	6334	5237		9242	8955
芜湖市	Wuhu	6785	9493	7989	8184	8180	5698	9926	9226	6162
宣城市	Xuancheng	3487	8313		2799	6241	3357		4504	8500
铜陵市	Tongling	4581	8078	6942	4375	7072	6890			7254
池州市	Chizhou	3291	8350	6304	5317	6878	5125	8000		9116
安庆市	Anqing	3013	7237	4813	4173	6755	5707	8250	7955	6761
黄山市	Huangshan	2428	8586	3500	3996	6837	6702	6200	6700	5411

5—35 各市其他单位分行业职工平均工资（2000 年）

Average Wage of Staff and Workers in Units of Other Types of Ownership by Sector and Region (2000)

单位：元 (yuan)

地区 Region	合计 Total	农、林、牧、渔业 Farming, Forestry, Animal Husbandry and Fishery	采掘业 Mining and Quarrying	制造业 Manufacturing	电力、煤气及水的生产和供应业 Production and Supply of Electricity Gas and Water	建筑业 Construction	地质勘查业水利管理业 Geological Prospecting and Water Conservancy	交通运输仓储和邮电通信业 Transport, Storage, Post & Telecommunications
总　计 Total	**6237**	**4987**	**7304**	**6390**	**9750**	**4900**	**3680**	**4822**
合肥市 Hefei	7799	7471		7993	8000	5394		16605
淮北市 Huaibei	3656	6167		3622	7154			2102
亳州市 Bozhou	5894			6193		4671		5882
宿州市 Suzhou	6038			4198	12488			6082
蚌埠市 Bengbu	4996	734		5097	9937	5425		4231
阜阳市 Fuyang	5439	1791		6147	10457	6039		
淮南市 Huainan	6059		7515	2788	10188	2393		2927
滁州市 Chuzhou	4535		5300	4679		5359		
六安市 Luan	4247		4861	4135	5343	5533		
马鞍山市 Maanshan	11455			11806		1767		
巢湖市 Chaohu	4768	2558	17	5225	9026	4233		3599
芜湖市 Wuhu	6540			6434	8304	3319	3680	8609
宣城市 Xuancheng	5700	3557	5131	5944	6496	6025		6137
铜陵市 Tongling	5862	9571	1561	7275		5915		4606
池州市 Chizhou	4848		6965	4965	5591	5176		4092
安庆市 Anqing	4317	3752	4459	4354	5944	7245		3441
黄山市 Huangshan	5653	3000	1344	4918	8919	6263		13447

地区 Region	批发零售贸易和餐饮业 Wholesale and Retail Trade & Catering Services	金融、保险业 Banking and Insurance	房地产业 Real Estate Trade	社会服务业 Social Services	卫生体育和社会福利业 Health Care, Sports & Social Welfare	教育、文化艺术和广播电影电视业 Education, Culture and Art, Broadcasting, Film and Television	科学研究和综合技术服务业 Scientific Research and Polytechnical Services	其他 Others
总　计 Total	**4089**	**10214**	**5812**	**6154**	**8723**	**6371**	**6980**	**6974**
合肥市 Hefei	6196	9552	12336	6198		8038	7830	7139
淮北市 Huaibei	3824			3744				
亳州市 Bozhou	3508	7879	6463	7061				10037
宿州市 Suzhou	3904	14925	6391					
蚌埠市 Bengbu	3579	10259	8882	4387				
阜阳市 Fuyang	3276		3544	5196				
淮南市 Huainan	2358	9510	8515	5778		7419		
滁州市 Chuzhou	3566		5982	6367				7042
六安市 Luan	4469				8106			
马鞍山市 Maanshan	3635	10648		7774				
巢湖市 Chaohu	3682	10854	6462	4886			6000	
芜湖市 Wuhu	8586		9517	8611		3690		
宣城市 Xuancheng	4055	10278	6510	4090				12000
铜陵市 Tongling	5540	10500	7030	6352	9169			
池州市 Chizhou	3277	7091	6915	5684				
安庆市 Anqing	4233	6260	5209	7799			6000	5088
黄山市 Huangshan	3994		5187	7775		3167		

5—36 在岗职工平均工资(2000年)
Average Wage of Staff and Workers at Their Posts (2000)

单位:元 (yuan)

项目	Item	合计 Total	国有经济单位 State-owned Units	城镇集体经济单位 Urban Collective-owned Units	其他经济单位 Units of Other Types of Ownership
总计	**Total**	**6989**	**7471**	**4762**	**7310**
企业	Enterprises	6567	7104	4630	7311
事业	Institutions	7521	7624	5932	6983
机关	Agencies	8396	8415	6716	
农、林、牧、渔业	Farming, Forestry, Animal Husbandry and Fishery	5018	5028	4529	5426
采掘业	Mining and Quarrying	8111	9261	3909	8087
制造业	Manufacturing	6620	6699	4872	7592
电力、煤气及水的生产和供应业	Electricity, Gas and Water Production and Supply	9976	10087	3959	9933
建筑业	Construction	6146	7167	4844	5700
地质勘查业、水利管理业	Geological Prospecting and Water Conservancy	7030	7040	6162	3680
交通运输、仓储及邮电通信业	Transportation, Storage, Post and Telecommunication	7397	8604	4269	6014
批发和零售贸易、餐饮业	Wholesale and Retail Trades and Catering Services	4660	4961	4027	5074
金融、保险业	Banking and Insurance	8879	9235	7611	10218
房地产业	Real Estate Trade	7635	8230	5320	6071
社会服务业	Social Services	6377	7134	4731	6485
卫生、体育和社会福利业	Health Care, Sports and Social Welfare	8103	9178	5848	8723
教育、文化艺术和广播电影电视业	Education, Culture and Arts, Broadcasting, Film and Television	7403	7418	5414	6852
科学研究和综合技术服务业	Scientific Research and Polytechnical Services	9731	9765	6714	6980
国家机关、政党机关和社会团体	Government Agencies, Parties and Social Organizations	8388	8404	6803	
其他行业	Others	8363	8515	7390	7343

5—37 各市在岗职工平均工资(2000年)
Average Wage of Staff and Workers at Their Posts by Region (2000)

单位:元 (yuan)

地区 Region	合计 Total	国有经济单位 State-owned Units	城镇集体经济单位 Urban Collective-owned Units	其他经济单位 Units of Other Types of Ownership
总计 Total	**6989**	**7471**	**4762**	**7310**
合肥市 Hefei	8881	9361	5255	9187
淮北市 Huaibei	7076	7996	3972	4164
亳州市 Bozhou	5694	5892	4642	6545
宿州市 Suzhou	5478	5776	3672	7012
蚌埠市 Bengbu	6965	7762	4494	6157
阜阳市 Fuyang	5733	6000	4167	6004
淮南市 Huainan	6825	7750	3877	7358
滁州市 Chuzhou	5923	6422	4439	5286
六安市 Luan	6158	6618	4366	5145
马鞍山市 Maanshan	9487	9432	4817	12368
巢湖市 Chaohu	6353	7097	4707	5625
芜湖市 Wuhu	8257	8499	7705	7957
宣城市 Xuancheng	7088	7644	5432	6073
铜陵市 Tongling	7768	8531	5166	6671
池州市 Chizhou	6515	7021	4913	5845
安庆市 Anqing	6458	7107	4496	5043
黄山市 Huangshan	6908	7308	5438	6284
其他 Others	10820	10820		

5—38 各县(市)职工年末人数(2000年)

Number of Staff and Workers at the Year-end by County (City) (2000)

单位：人 (person)

县(市)	County (city)	合计 Total	在岗 At Their Posts	国有单位 State-owned Units	在岗 At Their Posts	城镇集体单位 Urban Collective-owned Units	在岗 At Their Posts	其他单位 Units of Other Types of Ownership	在岗 At Their Posts
长丰县	ChangFeng	31510	28224	23872	21674	6876	5941	762	609
肥东县	FeiDong	35361	29710	24579	21924	9517	7003	1265	783
肥西县	FeiXi	35349	28903	23851	21657	11346	7139	152	107
濉溪县	SuiXi	36280	33563	26185	24800	9724	8481	371	282
谯城区	QiaoCheng District	59373	56785	36275	34618	13352	12601	9746	9566
涡阳县	GuoYang	47308	44210	34517	33335	10733	9373	2058	1502
蒙城县	MengCheng	41658	38490	27510	26340	9151	8061	4997	4089
利辛县	LiXin	37223	32539	26175	24738	8894	5995	2154	1806
埇桥区	YongQiao District	74546	60359	55067	46476	17566	12164	1913	1719
砀山县	DangShan	45121	36978	33532	28567	9760	7649	1829	762
萧县	XiaoXian	49295	41262	38431	33704	9767	6629	1097	929
灵璧县	LingBi	37500	34131	28220	26911	8991	7061	289	159
泗县	SiXian	31228	25862	23847	21002	7357	4836	24	24
怀远县	HuaiYuan	45888	41167	32645	29777	11555	9764	1688	1626
五河县	WuHe	31625	28051	23366	21688	7862	6057	397	306
固镇县	GuZhen	30514	26643	22435	19221	8079	7422		
界首市	JieShou	30715	28230	27319	25784	2744	1861	652	585
临泉县	LinQuan	35411	32308	30289	27610	5075	4651	47	47
太和县	TaiHe	45464	39460	32297	30077	10951	7738	2216	1645
阜南县	FuNan	36213	34555	28440	27451	6504	6202	1269	902
颍上县	YingShang	38153	33565	30960	28517	6836	4815	357	233
凤台县	FengTai	44291	38676	24601	21655	7195	5038	12495	11983
天长市	TianChang	37237	34117	22490	21263	6441	5764	8306	7090
明光市	MingGuang	38223	31314	23997	21482	9119	6074	5107	3758
来安县	LaiAn	27003	21373	15690	13618	3210	2814	8103	4941
全椒县	QuanJiao	37548	33317	25774	23611	7269	6225	4505	3481
定远县	DingYuan	40777	36915	26578	25009	7812	6854	6387	5052
凤阳县	FengYang	32583	27252	25668	22068	5213	3601	1702	1583
金安区	JinAn District	32020	25643	21160	17987	10423	7226	437	430
裕安区	YuAn District	28140	19799	19086	15961	9054	3838		
寿县	ShouXian	42862	39683	34677	32484	5549	4885	2636	2314
霍邱县	HuoQiu	45371	37357	34612	32451	8627	3454	2132	1452
舒城县	ShuCheng	37209	33575	20481	19606	16728	13969		
金寨县	JinZhai	27661	24604	15430	14630	6793	6166	5438	3808
霍山县	HuoShan	22509	18586	15068	13680	4856	2441	2585	2465
叶集区	YeJi District	4439	3640	3529	3155	857	432	53	53

5—38 续表 continued

单位：人 (person)

县（市）	County (city)	合计 Total	在岗 At Their Posts	国有单位 State-owned Units	在岗 At Their Posts	城镇集体单位 Urban Collective-owned Units	在岗 At Their Posts	其他单位 Units of Other Types of Ownership	在岗 At Their Posts
当涂县	DangTu	27514	20254	16092	14309	9097	4912	2325	1033
居巢区	JuChao District	36531	28950	21782	18126	10241	7131	4508	3693
庐江县	LuJiang	51649	40681	28557	25535	8998	5466	14094	9680
无为县	WuWei	55232	50801	33022	30096	19666	18694	2544	2011
含山县	HanShan	27212	24339	15457	14549	3985	3507	7770	6283
和县	HeXian	27692	23563	15273	14440	5675	4195	6744	4928
芜湖县	WuHu	19456	15629	15435	12433	3562	2984	459	212
繁昌县	FanChang	19883	16039	15246	12834	4637	3205		
南陵县	NanLing	17792	16504	9396	9047	4815	4577	3581	2880
宣州区	XuanZhou	39219	35442	26694	24413	9897	8682	2628	2347
宁国市	NingGuo	32612	30549	15619	14335	6055	5486	10938	10728
郎溪县	LangXi	18303	16036	14578	13003	2281	1801	1444	1232
广德县	GuangDe	19624	17334	16077	14964	3547	2370		
泾县	JingXian	24002	21243	14221	12989	3835	3324	5946	4930
旌德县	JingDe	10948	9626	8038	7280	2714	2182	196	164
绩溪县	JiXi	12858	12071	9046	8435	1104	1036	2708	2600
铜陵县	TongLing	21203	16486	15585	12654	4903	3130	715	702
贵池区	GuiChi	27231	23240	16613	15489	4122	3196	6496	4555
东至县	DongZhi	29262	26620	19570	18448	6278	5416	3414	2756
青阳县	QingYang	13000	11379	8981	8116	1150	1060	2869	2203
石台县	ShiTai	8157	6924	5945	5269	1335	1003	877	652
桐城市	TongCheng	32709	28775	23605	21710	7121	5584	1983	1481
怀宁县	HuaiNing	26024	22488	20509	18535	5474	3939	41	14
枞阳县	ZongYang	28254	27218	18654	18249	8679	8157	921	812
潜山县	QianShan	21032	19219	17968	16495	2532	2292	532	432
太湖县	TaiHu	23037	19865	13349	12623	5972	5180	3716	2062
宿松县	SuSong	36934	30632	31157	25713	5777	4919		
望江县	WangJiang	27659	25357	17538	16407	8317	7367	1804	1583
岳西县	YueXi	19974	18363	14027	13304	3663	3132	2284	1927
屯溪区	TunXi District	10682	7118	5331	4214	4574	2230	777	674
黄山区	HuangShan District	13797	12541	9620	8767	2389	2067	1788	1707
徽州区	HuiZhou District	6144	5348	3900	3622	742	561	1502	1165
歙县	SheXian	26039	20940	17615	15004	5815	3804	2609	2132
休宁县	XiuNing	15371	14208	11968	11155	3013	2663	390	390
黟县	YiXian	8137	6785	6232	5315	1687	1268	218	202
祁门县	QiMen	18855	15351	12779	11134	3917	2517	2159	1700

5—39 各县(市)职工工资总额(2000年)

Total Wages of Staff and Workers by County (City) (2000)

单位：千元 (1000 yuan)

县(市)	County (city)	合计 Total	在岗 At Their Posts	国有单位 State-owned Units	在岗 At Their Posts	城镇集体单位 Urban Collective-owned Units	在岗 At Their Posts	其他单位 Units of Other Types of Ownership	在岗 At Their Posts
长丰县	ChangFeng	182453	179640	157611	154833	21938	21920	2904	2887
肥东县	FeiDong	220130	208217	173643	168449	41563	35962	4924	3806
肥西县	FeiXi	187032	185320	158205	157008	27993	27516	834	796
濉溪县	SuiXi	162470	158333	129885	126768	32081	31097	504	468
谯城区	QiaoCheng District	398819	393091	256027	251613	64099	62806	78693	78672
涡阳县	GuoYang	230948	229312	183997	182784	39762	39431	7189	7097
蒙城县	MengCheng	206526	204904	147091	146083	40924	40712	18511	18109
利辛县	LiXin	145252	144329	115063	114544	23680	23433	6509	6352
埇桥区	YongQiao District	306269	299513	249908	244603	46543	45482	9818	9428
砀山县	DangShan	212022	208000	173039	170469	34761	34287	4222	3244
萧县	XiaoXian	196930	195101	168935	167368	23347	23147	4648	4586
灵璧县	LingBi	172144	166117	143845	141947	26534	22795	1765	1375
泗县	SiXian	121031	119683	107798	106562	13153	13041	80	80
怀远县	HuaiYuan	237158	227195	175657	169653	45869	42298	15632	15244
五河县	WuHe	166177	160529	137498	133717	27501	25784	1178	1028
固镇县	GuZhen	152888	152888	122203	122203	30685	30685		
界首市	JieShou	147928	147265	136561	136016	8454	8400	2913	2849
临泉县	LinQuan	156728	155720	134309	133720	22154	21735	265	265
太和县	TaiHe	226678	223802	182506	180543	35463	34803	8709	8456
阜南县	FuNan	151754	150465	132121	131426	18096	17790	1537	1249
颍上县	YingShang	163228	159775	148076	146007	14686	13351	466	417
凤台县	FengTai	278933	275264	136809	135017	22441	21823	119683	118424
天长市	TianChang	198302	194079	133595	131568	27035	26568	37672	35943
明光市	MingGuang	182158	176940	137628	134131	25281	24659	19249	18150
来安县	LaiAn	131278	125947	88794	86125	14974	14615	27510	25207
全椒县	QuanJiao	180415	176384	138324	135567	26276	25424	15815	15393
定远县	DingYuan	194936	193048	146931	145731	26923	26694	21082	20623
凤阳县	FengYang	149672	147727	130763	129121	10471	10274	8438	8332
金安区	JinAn District	165304	162052	132798	130094	31626	31080	880	878
裕安区	YuAn District	140991	137857	124050	122185	16941	15672		
寿县	ShouXian	225129	222730	187865	186182	23701	23524	13563	13024
霍邱县	HuoQiu	252451	249736	228266	227521	16971	15385	7214	6830
舒城县	ShuCheng	185433	179269	119467	117828	65966	61441		
金寨县	JinZhai	130415	127301	85347	84513	24519	23859	20549	18929
霍山县	HuoShan	114366	110304	87816	86883	14828	11796	11722	11625
叶集区	YeJi District	26042	25253	22951	22549	2710	2323	381	381

5—39 续表 continued

单位：千元 (1000 yuan)

县（市）	County (city)	合计 Total	在岗 At Their Posts	国有单位 State-owned Units	在岗 At Their Posts	城镇集体单位 Urban Collective-owned Units	在岗 At Their Posts	其他单位 Units of Other Types of Ownership	在岗 At Their Posts
当涂县	DangTu	141744	132830	105970	102680	30348	25651	5426	4499
居巢区	JuChao District	203639	188402	142020	134318	42471	37014	19148	17070
庐江县	LuJiang	249717	242126	187625	182937	22835	22029	39257	37160
无为县	WuWei	301644	296938	204424	201157	86174	84916	11046	10865
含山县	HanShan	153600	150946	99185	98181	19557	19277	34858	33488
和县	HeXian	146817	142627	102361	101198	20581	19360	23875	22069
芜湖县	WuHu	117734	113274	103759	100178	13464	12604	511	492
繁昌县	FanChang	124519	120321	106888	103444	17631	16877		
南陵县	NanLing	108753	105952	74857	73429	19705	19215	14191	13308
宣州区	XuanZhou	252976	247294	192071	187956	48327	47438	12578	11900
宁国市	NingGuo	246937	242302	134719	131226	35828	35162	76390	75914
郎溪县	LangXi	101501	98796	87011	84820	9207	9040	5283	4936
广德县	GuangDe	128920	124733	115930	113565	12990	11168		
泾县	JingXian	147458	141933	103994	101527	16402	15439	27062	24967
旌德县	JingDe	59837	58447	49855	48946	9408	8957	574	544
绩溪县	JiXi	76541	74830	56805	55578	5066	5010	14670	14242
铜陵县	TongLing	118265	113706	96877	93053	16789	16067	4599	4586
贵池区	GuiChi	160984	156987	116815	115252	17568	17034	26601	24701
东至县	DongZhi	152693	147439	110821	107986	24584	23278	17288	16175
青阳县	QingYang	83826	80784	64864	62839	6963	6884	11999	11061
石台县	ShiTai	40148	39486	33304	33000	4054	3996	2790	2490
桐城市	TongCheng	195793	190817	158464	156454	27698	26158	9631	8205
怀宁县	HuaiNing	148824	145517	128973	127259	19765	18180	86	78
枞阳县	ZongYang	162369	161157	122269	121725	37243	36610	2857	2822
潜山县	QianShan	119134	116660	105531	103396	11323	11104	2280	2160
太湖县	TaiHu	127666	125266	91323	90682	27821	27375	8522	7209
宿松县	SuSong	196016	190320	170429	165444	25587	24876		
望江县	WangJiang	136687	133598	102711	101293	27668	26374	6308	5931
岳西县	YueXi	108308	106465	88354	87200	15418	15210	4536	4055
屯溪区	TunXi District	54137	47602	33949	31836	17072	12784	3116	2982
黄山区	HuangShan District	91410	89600	69920	68431	12268	12133	9222	9036
徽州区	HuiZhou District	33995	32993	23715	23453	2876	2732	7404	6808
歙县	SheXian	148776	143353	114379	110775	20351	19091	14046	13487
休宁县	XiuNing	86678	84937	71846	70456	13376	13025	1456	1456
黟县	YiXian	43590	41993	36539	35257	5829	5598	1222	1138
祁门县	QiMen	98659	95237	79027	76427	11226	10851	8406	7959

5—40 各县(市)职工平均工资(2000)
Average Wage of Staff and Workers by County (City) (2000)

单位：元 (yuan)

县（市）	County (city)	合计 Total	在岗 At Their Posts	国有单位 State-owned Units	在岗 At Their Posts	城镇集体单位 Urban Collective-owned Units	在岗 At Their Posts	其他单位 Units of Other Types of Ownership	在岗 At Their Posts
长丰县	ChangFeng	5865	6423	6699	7217	3203	3693	3962	4969
肥东县	FeiDong	6301	7110	7154	7792	4421	5222	3902	4861
肥西县	FeiXi	5351	6415	6676	7238	2514	3876	6780	8122
濉溪县	SuiXi	4647	4733	5055	5144	3591	3653	1487	1581
谯城区	QiaoCheng District	6776	7013	7142	7391	4809	5019	8131	8283
涡阳县	GuoYang	4943	5240	5392	5546	3762	4227	3540	4808
蒙城县	MengCheng	4920	5320	5253	5509	4522	5108	3761	4492
利辛县	LiXin	3910	4466	4421	4685	2651	3883	2979	3458
埇桥区	YongQiao District	4189	4990	4685	5324	2608	3682	5111	5456
砀山县	DangShan	4722	5574	5171	5829	3606	4678	2352	4390
萧县	XiaoXian	4071	4808	4425	5046	2576	3580	4095	4843
灵璧县	LingBi	4569	4925	5181	5357	2758	3221	6107	8648
泗县	SiXian	3867	4637	4512	5080	1783	2712	3077	3077
怀远县	HuaiYuan	5133	5415	5333	5589	3960	4242	9305	9364
五河县	WuHe	5141	5663	5782	6163	3376	4062	2967	3359
固镇县	GuZhen	5048	5680	5470	6250	3866	4167		
界首市	JieShou	4890	5310	5083	5376	3096	4545	4461	4887
临泉县	LinQuan	4396	4820	4439	4849	4139	4635	6023	6023
太和县	TaiHe	5055	5745	5744	6112	3246	4469	4056	5191
阜南县	FuNan	4248	4416	4684	4829	2830	2914	1372	1659
颍上县	YingShang	4286	4769	4791	5130	2152	2777	1305	1790
凤台县	FengTai	6420	7249	5645	6310	3229	4526	9760	10076
天长市	TianChang	5379	5727	6005	6232	4231	4650	4577	5087
明光市	MingGuang	4805	5683	5737	6244	2829	4136	3863	4916
来安县	LaiAn	4940	5907	5729	6401	4887	5498	3434	4840
全椒县	QuanJiao	4839	5343	5333	5727	3729	4237	3679	4609
定远县	DingYuan	4858	5326	5620	5922	3447	3936	3419	4249
凤阳县	FengYang	4766	5669	5122	5897	2491	3944	5056	5358
金安区	JinAn District	5154	6320	6273	7236	3022	4297	2014	2042
裕安区	YuAn District	4981	6915	6444	7582	1870	4103		
寿县	ShouXian	5244	5564	5417	5735	4220	4465	5151	5663
霍邱县	HuoQiu	5581	6713	6622	7042	1974	4489	3329	4656
舒城县	ShuCheng	5049	5450	5957	6148	3957	4475		
金寨县	JinZhai	4748	5231	5536	5812	3619	3880	3896	5189
霍山县	HuoShan	5199	6105	5852	6384	3111	5017	5273	5517
叶集区	YeJi District	5836	6873	6432	7036	3200	5505	8106	8106

5—40 续表 continued

单位：元 (yuan)

县（市）	County (city)	合计 Total	在岗 At Their Posts	国有单位 State-owned Units	在岗 At Their Posts	城镇集体单位 Urban Collective-owned Units	在岗 At Their Posts	其他单位 Units of Other Types of Ownership	在岗 At Their Posts
当涂县	DangTu	5167	6595	6582	7214	3369	5263	2333	4355
居巢区	JuChao District	5640	6591	6551	7448	4271	5399	4271	4619
庐江县	LuJiang	4733	5724	6437	6928	2520	3984	2699	3585
无为县	WuWei	5514	5896	6278	6762	4467	4636	3870	4728
含山县	HanShan	5648	6176	6409	6723	4946	5536	4488	5268
和县	HeXian	5058	5467	6424	6588	3484	3943	3324	3793
芜湖县	WuHu	6058	7250	6731	8062	3783	4220	1113	2321
繁昌县	FanChang	6255	7486	7034	8063	3742	5204		
南陵县	NanLing	6110	6434	7952	8140	4094	4200	3973	4634
宣州区	XuanZhou	6477	6986	7192	7688	4971	5512	4781	5079
宁国市	NingGuo	7590	7999	8655	9186	5955	6418	6973	7211
郎溪县	LangXi	5337	5891	5991	6542	3940	4863	2447	2535
广德县	GuangDe	6328	6894	6844	7170	3784	4957		
泾县	JingXian	6174	6710	7311	7798	4428	4846	4544	5047
旌德县	JingDe	5586	6057	6274	6652	3688	4249	2670	2973
绩溪县	JiXi	5916	6147	6248	6516	4686	4946	5302	5413
铜陵县	TongLing	5553	6790	6192	7236	3421	5093	6181	6274
贵池区	GuiChi	5893	6775	7119	7502	4221	5285	3941	5385
东至县	DongZhi	5234	5586	5668	5861	3963	4475	5061	5841
青阳县	QingYang	6484	7148	7259	7784	6097	6544	4210	5081
石台县	ShiTai	4961	5756	5658	6338	3041	3992	3192	3819
桐城市	TongCheng	5989	6668	6688	7239	3934	4723	4919	5601
怀宁县	HuaiNing	5787	6554	6380	6969	3618	4628	2098	5571
枞阳县	ZongYang	5778	5959	6618	6745	4279	4473	3095	3475
潜山县	QianShan	5631	6161	5800	6337	4472	4851	5302	6545
太湖县	TaiHu	5674	6398	6971	7318	4843	5496	2330	3268
宿松县	SuSong	5332	6221	5502	6458	4425	5001		
望江县	WangJiang	5026	5362	5965	6289	3380	3645	3514	3768
岳西县	YueXi	5560	5937	6385	6647	4254	4919	2249	2358
屯溪区	TunXi District	4979	6493	6175	7280	3694	5558	4138	4532
黄山区	HuangShan District	6620	7089	7243	7700	5148	5881	5204	5347
徽州区	HuiZhou District	5501	6127	6044	6434	3835	4853	4916	5784
歙县	SheXian	5657	6770	6450	7336	3434	4878	5320	6241
休宁县	XiuNing	5619	5963	5983	6303	4419	4866	3733	3733
黟县	YiXian	5384	6235	5890	6680	3480	4457	5631	5662
祁门县	QiMen	5344	6313	6192	6824	3059	4627	4147	5165

5—41 主要年份各县（市）职工平均工资

Average Wage of Staff and Workers in Major Years by County (City)

单位：元 (yuan)

县（市）	County (city)	1995	1996	1997	1998	1999	2000
长丰县	ChangFeng	3653	4068	5038	5019	5427	5865
肥东县	FeiDong	3440	4130	4520	4614	5157	6301
肥西县	FeiXi	4079	4289	4994	4596	5114	5351
濉溪县	SuiXi	4028	4246	4418	4265	4557	4647
谯城区	QiaoCheng District	4646	5554	6085	6215	6814	6776
涡阳县	GuoYang	3483	3968	4786	4947	5220	4943
蒙城县	MengCheng	3914	4072	4848	5043	5278	4920
利辛县	LiXin	3341	4019	4489	4543	4261	3910
埇桥区	YongQiao District	3356	3659	3758	3788	3986	4189
砀山县	DangShan	3587	4154	4342	4518	4672	4722
萧县	XiaoXian	3194	3673	3926	4049	4026	4071
灵璧县	LingBi	3814	3845	4015	4324	4503	4569
泗县	SiXian	3323	3634	3779	3753	3841	3867
怀远县	HuaiYuan	3174	4304	4840	4767	5048	5133
五河县	WuHe	3182	3881	4469	4727	5039	5141
固镇县	GuZhen	3014	3449	4060	4381	4832	5048
界首市	JieShou	3989	4560	4600	4862	5128	4890
临泉县	LinQuan	3289	4060	4167	3722	4608	4396
太和县	TaiHe	3652	4371	4533	4813	5062	5055
阜南县	FuNan	3421	3878	4509	4279	4608	4248
颍上县	YingShang	3347	4141	5014	5076	5345	4286
凤台县	FengTai	3014	3945	4495	6096	6284	6420
天长市	TianChang	3813	4490	4858	4942	5093	5379
明光市	MingGuang	3300	3828	3931	3984	4540	4805
来安县	LaiAn	3678	4338	4549	4560	4749	4940
全椒县	QuanJiao	3797	4460	5013	4750	4918	4839
定远县	DingYuan	3109	4009	4271	4372	4622	4858
凤阳县	FengYang	3333	4072	4344	4427	4650	4766
金安区	JinAn District	3532	4049	4774	4446	4735	5154
裕安区	YuAn District						4981
寿县	ShouXian	3430	4195	4738	4746	5403	5244
霍邱县	HuoQiu	3605	3911	4208	4419	5136	5581
舒城县	ShuCheng	3515	3899	3960	4252	4758	5049
金寨县	JinZhai	3223	3677	3999	4153	4522	4748
霍山县	HuoShan	3913	4724	4811	4636	4999	5199
叶集区	YeJi District					4902	5836

5—41 续表 continued

单位：元 (yuan)

县（市）	County (city)	1995	1996	1997	1998	1999	2000
当涂县	DangTu	3741	4012	4660	4772	5232	5167
居巢区	JuChao District	4569	4303	5454	4634	5180	5640
庐江县	LuJiang	3529	3728	3963	4404	4655	4733
无为县	WuWei	3825	4485	4833	4849	4882	5514
含山县	HanShan	4180	4612	5099	5008	5623	5648
和县	HeXian	3717	4619	4355	4277	4680	5058
芜湖县	WuHu	3794	4724	5271	5267	5515	6058
繁昌县	FanChang	4135	5362	5718	5751	6102	6255
南陵县	NanLing	4417	4922	5406	5494	5885	6110
宣州区	XuanZhou	4676	5372	5473	5609	5884	6477
宁国市	NingGuo	5514	5675	5733	5873	6164	7590
郎溪县	LangXi	3377	3541	4527	5098	5145	5337
广德县	GuangDe	3824	4918	4442	5115	5577	6328
泾县	JingXian	3953	4283	4843	4755	5544	6174
绩溪县	JingDe	4395	5226	5317	5620	5594	5586
旌德县	JiXi	4222	4710	4861	5040	5557	5916
铜陵县	TongLing	4324	5144	5346	5086	5446	5553
贵池区	GuiChi	3998	4411	4698	4910	5423	5893
东至县	DongZhi	3849	4194	4457	4615	4863	5234
石台县	QingYang	3897	4934	4699	4471	3932	4961
青阳县	ShiTai	4142	4349	4491	4701	4872	6484
桐城市	TongCheng	3245	3987	4469	4923	5360	5989
怀宁县	HuaiNing	3922	4453	5068	4863	5211	5787
枞阳县	ZongYang	3924	4402	4773	5043	5483	5778
潜山县	QianShan	3671	3961	4412	5046	5322	5631
太湖县	TaiHu	3357	4497	4891	5197	5611	5674
宿松县	SuSong	3779	4182	4469	4674	4600	5332
望江县	WangJiang	3769	4465	4701	4762	4941	5026
岳西县	YueXi	4092	4149	4470	4752	5122	5560
屯溪区	TunXi District	3931	4299	4518	4608	4736	4979
黄山区	HuangShan District	4472	4805	5321	5432	5996	6620
徽州区	HuiZhou District	4245	4499	4763	4949	5222	5501
歙县	SheXian	3920	4295	4571	4832	5321	5657
休宁县	XiuNing	3948	4432	5049	5023	5294	5619
黟县	YiXian	3840	4167	4394	4396	4841	5384
祁门县	QiMen	3573	4142	4433	4312	4659	5344

5—42 职业介绍机构基本情况
Basic Conditions of Employment Services

年　份 Year	本年末职业介绍机构个数（个）Number of Labour Exchanges	劳动保障部门办 Run by Labor Departments	其他组织办 Run by Other Organs	公民个人办 Run by Private	本年末职业介绍机构人数（人）Staff and Workers (person)	劳动保障部门办 Run by Labor Departments	其他组织办 Run by Other Organs	公民个人办 Run by Private
1995	1688	1497	119	72				
1996	1652	1353	226	73	4195	3000		1195
1997	1987	1667	155	115	4420	2854		1566
1998	2214	1791	158	205	5360	3109		2251
1999	1823	1036	549	238	4721	2952	1128	641
2000	1885	1113	544	228	5039	3186	1245	608

5—43 劳动部门职业介绍工作情况
Situations in Employment Services of Labor Departments

单位：万人　　(10000 persons)

年　份 Year	本年登记招聘人数 Total Registered Recruitment	本年登记求职人数 Registered Persons in This Year	下岗职工 Laid-off Workers	失业人员 Former Unemployed	获得职业资格人员 Person with Certificates	本年介绍成功人数 Number of Persons Actually Employed	下岗职工 Laid-off Workers	失业人员 Former Unemployed	获得职业资格人员 Person with Certificates
1996	34.5	52.2	1.7	6.5		29.9		5.1	
1997	32.8	60.9	3.5	9.8		24.4	5.3	7.4	
1998	33.3	56.0	3.6	6.9		26.3	1.2	6.9	
1999	29.3	43.6	11.2	15.0	3.7	24.2	5.7	8.6	2.2
2000	23.9	55.1	8.3	12.7	2.9	24.7	5.0	6.4	1.8

5—44 城镇登记失业人数及失业率
Number of Registered Urban Unemployed Persons and Unemployment Rate

单位：万人　　(10000 persons)

年　份 Year	本年失业人数 Number of Unemployed Persons in this year	本年失业人员新就业人数 Number of Unemployed Reemployees in this Year	年末实有失业人数 Number of Unemployed Persons (Year-end)	女　性 Female	城镇失业率(%) Urban Unemployed Ratio (%)
1985	20.89	14.61	5.30		
1990	28.71	12.01	15.25		2.80
1995	29.86	14.48	14.31	6.96	3.10
1996	30.19	14.18	14.87	8.47	3.10
1997	31.72	14.28	16.30	8.91	2.91
1998	27.55	11.27	15.34	8.12	3.20
1999	28.00	10.70	17.30	9.10	3.20
2000	31.59	12.26	16.52	9.12	3.30

主要统计指标解释

从业人员 指从事一定社会劳动并取得劳动报酬或经营收入的全部劳动力。包括：1、全部职工；2、城镇私营企业从业人员；3、城镇个体劳动者；4、农村社会劳动者；5、其他社会劳动者。这一指标反映了一定时期内全部劳动力资源的实际利用情况，是研究基本国情国力的重要指标。

各单位的从业人员 指在各级国家机关、政党机关、社会团体及企业、事业单位中工作，取得工资或其他形式的劳动报酬的全部人员。包括在岗职工、再就业的离退休人员、民办教师以及在各单位中工作的外方人员和港澳台方人员、兼职人员、借用的外单位人员和第二职业者。不包括离开本单位仍保留劳动关系的职工。各单位的从业人员反映了各单位实际参加生产或工作的全部劳动力。

城镇私营和个体从业人员 城镇私营从业人员指在工商管理部门注册登记，其经营地址设在县城关镇（含城关镇）以上的私营企业从业人员；包括私营企业投资者和雇工。城镇个体从业人员指在工商管理部门注册登记，并持有城镇户口或在城镇长期居住，经批准从事个体工商经营的从业人员；包括个体经营者和在个体工商户劳动的家庭帮工和雇工。

城镇登记失业人员 指有非农业户口，在一定的劳动年龄内，有劳动能力，无业而要求就业，并在当地就业服务机构进行求职登记的人员。

城镇登记失业率 指城镇登记失业人数同城镇从业人数与城镇登记失业人数之和的比。计算公式为：

城镇登记失业率

$$=\frac{\text{城镇登记失业人数}}{(\text{城镇从业人数}+\text{城镇登记失业人数})}\times 100\%$$

职工 指在国有经济、城镇集体经济、联营经济、股份制经济、外商和港、澳、台投资经济、其他经济单位及其附属机构工作，并由其支付工资的各类人员，不包括返聘的离退休人员、民办教师、在国有经济单位工作的外方人员和港、澳、台人员（1998年以后的数据均为在岗职工数据，其他相关指标如职工工资总额，职工平均工资等指标也从1998年按此口径进行了相应调整）。

国有单位职工 指在国有经济单位及其附属机构工作，并由其支付工资的各类人员。

城镇集体单位职工 指在城镇集体经济单位及其管理部门工作，并由其支付工资的各类人员。

其他单位职工 指在联营经济、股份制经济、外商投资经济、港、澳、台投资经济单位工作，并由其支付工资的各类人员。

在岗职工 指在本单位工作并由单位支付工资的人员，以及有工作岗位，但由于学习、病伤产假等原因暂未工作，仍由单位支付工资的人员。

离开本单位仍保留劳动关系的职工 指由于各种原因，已经离开本人的生产或工作岗位，并已不在本单位从事其他工作，但仍与用人单位保留劳动关系的职工。

专业技术人员 指从事专业技术工作的人员以及从事专业技术管理工作且已在1983年以前评定了专业技术职称或在1984年以后聘任了专业技术职务的人员。

专业技术人员具体指工程技术人员、农业技术人员、科研人员（含自然科学研究、社会科学研究及实验技术人员）、卫生技术人员、教学人员（含高等院校、中等专业学校、技工学校、中学、小学）、民用航空飞行技术人员、船舶技术人员、经济人员、会计人员、统计人员、翻译人员、图书资料、档案、文博人员、新闻、出版人员、律师、公证人员、广播电视播音人员、工艺美术人员、体育人员、艺术人员及政工人员。

专业技术管理人员具体指企业、事业单位的领导；企业、事业单位下设的职能机构、企业的生产车间和辅助车间（或附属辅助生产单位）中从事生产、技术、经济管理和政治工作的人员。

按照公务员管理或参照公务员管理的人员不统计为专业技术人员。

增加人数 指在报告期内，本单位招收、录用和调入的全部人员。

减少人数 指在报告期内，离开本单位且不再由本单位支付工资的人员。

职工工资总额 指各单位在一定时期内直接支付给本单位全部职工的劳动报酬总额。

工资总额的计算应以直接支付给职工的全部劳动报酬为依据。各单位支付给本单位全部职工的劳动报酬，不论是计入成本还是不计入成本，不论是以货币形式支付还是以实物形式支付，不论是单位自筹的资金还是上级（或政府财政部门）下拨的资金，不论是厂级单位筹集的资金还是下属车间（科室）及附属经营单位筹集的资金，均应列入工资总额计算的范围。

工资总额的统计应按国务院1989年9月30日批准、国家统计局1990年1月1日发布的《关于工资总额组成的规定》执行。

职工平均工资 指企业、事业、机关单位的职工在一定时期内平均每人所得的货币工资额。它表明一定时期职工工资收入的高低程度，是反映职工工资水平的主要指标。计算公式为：

$$\text{职工平均工资}=\frac{\text{报告期实际支付的全部职工工资总额}}{\text{报告期全部职工平均人数}}$$

Explanatory Notes for Major Statistical Indicators

Employed Persons refers to the persons who are engaged in social labor and receive remuneration payment or earn business income, including: (1)Total staff and woekers; (2)Employed persons in private enlerprises in urban areas; (3)Self-employed individuals in urban areas; (4)Social laborers in rural areas; (5)Other social laborers. It reflects the utilization of toal labor force during a given period of time.

Persons Employed in Various Units refer to all the persons working in government agencies of various levels, political and party organizations, social organizations, enterprises and institutions, and receiving wages or other forms of payment. They include fully-employed staff and workers, re-employed retirees, teachers in schools run by the local people, foreigners and Chinese compatriots from Hong Kong, Macao, and Taiwan working in various units, part-time employees, employees of other units working temporarily at current posts, and employees holding the second job, but exclude staff and workers who have left their working units while keeping their labour contract (employment relation) unchanged. This indicator reflects the total number of laborers actually engaged in production or other operations in various units.

Persons Employed in Private Enterprises and Self-Employed Individuals in Urban Areas Persons employed in private enterprises refer to the persons employed in the private enterprises which have been registered at the departments of industrial and commercial administration and are situated at a county town (i. e. a town where the county government is located) for business operation or at urban areas with the level higher than a county town. The self-employed individuals in urban areas refer to persons who hold the certificates of residence in urban areas or have resided in the urban areas for a long time and have been registered at the departments of industrial and commercial administration and approved to be engaged in individual industrial or commercial business, including self-employed persons as well as helpers and hired labourers who work in the individual households engaged in industrial or commercial business.

Registered Urban Unemployed Persons The registered unemployed persons in urban areas refer to the persons who are registered as permanent residents in the urban areas engaged in non-agricultural activities, aged within the range of working age, capable to labour, unemployed but desirous to be employed and have been registered at the local employment service agencies to apply for a job.

Registered Urban Unemployment Rate Registered unemployment rate in urban areas refers to the ratio of the number of the registered unemployed persons to the sum of the number of employed persons and the registered unemployed persons. The formula is as follows:

$$\text{Registered urban unemployment rate} = \frac{\text{number of registered urban unemployed persons}}{\text{urban employed person number} + \text{registered urban unemployed person number}} \times 100\%$$

Staff and Workers refer to the persons who work in (and receive payment therefrom) enterprises and institutions of state ownership, collective ownership, joint ownership, share holding, foreign ownership, and ownership by entrepreneurs from Hong Kong, Macao, and Taiwan, and other types of ownership and their affiliated units, excluding the retired persons invited to work in the units again, teachers in the schools run by the local people and foreigners and persons coming from Hong Kong, Macao and Taiwan and working in the state-owned economic units. (The figures since 1998 refer to those of fully employed staff and workers. Other relative figures since 1998, such as total wages of staff and workers, average wage of staff and workers, etc., were adjusted according to the standard).

Staff and Workers in State-owned Economic Units refer to the persons who work in the state-owned economic units or their attached units and are listed in their payrolls.

Staff and Workers of Collective Owned Units in Urban Areas refer to the persons who work in collective owned units in urban areas and their administration departments and receive payment therefrom.

Staff and Workers in Units of Other types of Ownership refer to those who work in (and receive payment therefrom) enterprises and institutions of joint ownership, share holding, foreign ownership, and ownership by entrepreneurs from Hong Kong, Macao, and Taiwan.

Fully Employed Staff and Workers refer to persons who work in, and receive wages from their working units, as well as persons who have their work posts, but are temporarily absent from work for reasons of study or on sick, injury or maternal leave and still receive wages from their working units.

Staff and Workers Who have Left Self-units But Still Remain the Labor Relationship with the Units refer to those who have left the production and working posts caused by various reasons and are not taking other positions in the same units, but whose labor relation still remained with units.

Professional and Technical Personnel refers to professional, technical and managerial staff members in instiutions who were rated professional and technical titles before 1983 or appoined professional and technical posts after 1984.

Professional and technical personnel includes the following: Engineering, Agricultnre, Scientific Research (including natural science, social science and laboratory technigue), Health care, Teaching, civil aviation, shipping, economics, accounting, statistics, translating, archives, publishing, lawyer, broadcasting, craft, physical culture, art and political workers.

Managerial staff refers to the leadership of enterprises and institutions and persons engaged in production, technology, economic management and political work in functioning organizations under enterprises or insttitutions and workshop of enterprises.

Public servants or the personnel in light of public service are not included.

Increase of Employment refers to the persons recruited taken on or transfered in to this unit during the reporting period.

Decrease of Employment refers to the persons left this unit and no longer got payment from this unit during the reporting period.

Total Wages of Staff and Workers refer to the total remuneration payment to staff and workers in various units during a certain period of time.

The calculation of total wages is based on the total remuner ation payment to the staff and workers. Therefore, all the wages and salaries and other payments to staff and workers are included in the total wages regardless of their sources, category and forms.

Total wages should be counted in accordance with "the Regulation of the constitution of Total Wages" issued by NBS appoved by the State Council on September 30, 1989.

Average Wage of Staff and Workers refers to the average wage in money terms per person during a certain period of time for staff and workers in enterprises, institutions, and government agencies, which reflects the general level of wage income during a certain period of time and is calculated as follows:

$$\text{Average Wage of Staff and Workers} = \frac{\text{Total Wages of Staff and Workers in Reference Period}}{\text{Average Number of Staff and Workers in Reference Period}}$$

六、固定资产投资

INVESTMENT IN FIXED ASSETS

简要说明

一、固定资产投资统计的范围包括：基本建设投资，更新改造投资，房地产开发投资，其他固定资产投资。从登记注册类型来看，包括内资、港澳台商投资及外商投资。

二、固定资产投资统计资料来源为：跨地区项目资料来自省直有关部门；农村个人固定资产投资由省农村经济抽样调查队根据乡村社会经济调查资料整理提供；此外固定资产投资统计资料均由省统计局投资处整理提供。

三、固定资产投资统计的调查方法，除农村个人固定资产投资统计采用抽样调查方法外，其他均为全面统计报表。

四、国家制度自 1997 年起，除房地产开发投资、农村集体投资、个人投资及城镇工矿区私人建房投资外，基本建设、更新改造和其他固定资产投资的统计起点由 5 万元提高到 50 万元。本篇固定资产投资中仍包括 5 万元至 50 万元投资额。

本篇责任编辑：许　伟、吉小军

Brief Introduction

I. The statistics of the investment in fixed assets cover the investment in capital construction, investment in innovation, investment in real estate development and investment in other fixed assets. By the registration, they include domestic investment, investment from Hong Kong, Macao and Taiwan and investment from foreign countries.

II. Data sources for the statistics of investment in fixed assets are as follows: Data on the trans-regional projects are provided by the various departments under the Provincial Government. Data on the investment in fixed assets by individuals in rural areas are prepared and provided by Anhui Rural Socio-Economic Survey Organization on the basis of data collected by the survey on the rural social and economic development. The other statistical data on the investment in fixed assets are prepared and provided by the Division of Statistics of Investment in Fixed Assets, Anhui Statistical Bureau.

III. Method of data collection: All Data on the investment in fixed assets are collected by the statistical reporting scheme with the coverage of complete enumeration, with the only exception that data on the investment in fixed assets by individuals in rural areas are collected by sample surveys.

IV. According to the national system, since 1997, the cut-off point of projects to be covered in the investment statistics are modified from an investment of 50, 000 yuan to 500, 000 yuan in the statistics of investment in capital construction, investment in innovation and other investments, while the cut-off point of projects in the statistics of investment in real estate development, individual investment in rural area and private investment in house construction in urban areas industrial and mining areas remain unchanged. Data of investment from 50, 000 yuan to 500, 000 yuan are also included in this chapter.

6—1 全社会固定资产投资
Total Investment in Fixed Assets

指　　标	Item	1995	1996	1997	1998	1999	2000
投资总额　(万元)	**Total Investment　(10000 yuan)**	**5325424**	**6141800**	**6873048**	**7290313**	**7738756**	**8666667**
按经济类型分	Grouped by Ownership						
国有经济	State-Owned Units	2661739	2995303	2869016	3300475	3514277	4311079
集体经济	Collective－Owned Units	964692	1297785	1423501	1419855	1289933	1246991
#农　村	Rural	781392	1103225	1241671	1171829	1034305	1064861
个体经济	Individuals	1247623	1297713	1520205	1609754	1677745	1693002
#农　村	Rural	1036075	1055230	1195094	1182700	1148972	1206437
联营经济	Joint-Ownership Economic Units	21780	5483	7193	12381	16700	64789
股份制经济	Share Holding Economic Units	178778	255098	627545	506392	577200	625138
外商投资经济	Foreign Funded Economic Units	192830	212004	371861	222782	446800	353036
港澳台投资经济	Economic Units Funded by Entrepreneurs from Hong Kong, Macao and Taiwan	23808	63294	34240	133636	95200	116670
其他经济	Others	34174	15120	18487	85038	120901	255962
按管理渠道分	Grouped by Channel of Management						
基本建设	Capital Construction	1699943	1966078	2172761	2520093	2773803	3203593
更新改造	Innovation	964086	1023487	1153284	1096528	1247650	1528306
房地产开发	Real Estate Development	361015	424172	475927	578239	761217	879261
其他投资	Others	2300380	2728063	3071076	3095453	2956086	3055507
按资金来源分	Grouped by Source of Funds						
国家预算内资金	State Budgetary Appropriation	179033	211654	273969	246228	465928	546533
国内贷款	Domestic Loans	1482079	1588604	1118426	1387013	1254882	1592274
利用外资	Foreign Investment	306259	442394	550514	304671	137193	217262
自筹资金	Fundraising	2738886	3235441	3968954	4009343	4438538	4647474
其他资金	Others	634816	651748	957975	1189306	902064	1532662
按构成分	Grouped by Use of Funds						
建筑安装工程	Construction and Installation	3388229	3654143	4401273	4990669	5104804	5620873
设备工具器具购置	Purchase of Equipment and Instruments	1488909	1831762	1776905	1582849	1716151	2039620
其他费用	Others	448286	655895	694870	716795	917801	1006174
房屋建筑面积(万平方米)	**Floor Space of Buildings**　(10000 sq. m)						
施工面积	Floor Space Under Construction	8002.8	7899.1	9049.8	9144.1	9421.3	10091.4
竣工面积	Floor Space Completed	6614.8	6503.3	7457.6	7390.4	7673.6	8397.1
#住　宅	Residential Buildings	4930.4	4857.3	5676.0	5964.7	6164.6	6782.9

6—2 全社会固定资产投资（按经济类型分）
Total Investment in Fixed Assets by Ownership

年 份 Year	总 计 Total	国有经济 State-owned Units	集体经济 Collective-owned Units	个体经济 Individuals	其他各种经济 Other Types of Ownership
投资额 （万元）					
Investment （10000 yuan）					
1982	339853	208387	46884	84582	
1985	807377	416976	59305	331096	
1990	1229788	657761	121990	450037	
1991	1372568	822832	124235	425501	
1992	2148412	1276000	253919	618493	
1993	3210428	1875452	570809	647516	116651
1994	3995361	1984162	689138	913428	408633
1995	5325424	2661739	964692	1247623	451370
1996	6141800	2995303	1297785	1297713	550999
1997	6873048	2869016	1423501	1520205	1060326
1998	7290313	3165546	1261528	1609754	1253485
1999	7738756	3514277	1289933	1677745	1256801
2000	8666667	4311079	1246991	1693002	1415595
增长速度 （上年＝100）					
Growth Rate （previous year＝100）					
1982	116.19	37.49	731.13		
1985	29.76	32.34	－26.33	46.10	
1990	7.51	5.72	－0.47	12.75	
1991	11.61	25.10	1.84	－5.45	
1992	56.53	55.07	104.39	45.36	
1993	49.43	46.98	124.80	4.69	
1994	24.45	5.80	20.73	41.07	250.30
1995	33.29	34.15	39.99	36.59	10.46
1996	15.35	12.53	34.53	4.01	22.32
1997	11.89	－4.22	9.69	17.14	92.05
1998	6.07	10.34	－11.38	5.89	18.22
1999	6.15	11.02	2.25	4.22	0.26
2000	11.99	22.67	－3.33	0.91	12.63

6—3 全社会固定资产投资（按资金来源和构成分）

Total Investment in Fixed Assets by Source of Finance and Use of Fund

年份 Year	按资金来源分 Grouped by Source of Finance				按构成分 Grouped by Use of Funds		
	国家预算内资金 State Budgetary Appropriation	国内贷款 Domestic Loans	利用外资 Foreign Investment	自筹和其他资金 Fundraising and Others	建筑安装工程 Construction and Installation	设备工具器具购置 Purchase of Equipment and Instruments	其他费用 Others
投资额 （万元）							
Investment （10000 yuan）							
1982	83313	55370	120	195744	273062	46732	20059
1985	108580	137127	1770	523193	543647	217506	46224
1990	91635	240815	13918	779521	859610	303791	66387
1991	118753	341507	14033	733139	1329428	908608	323500
1992	144406	585372	31479	1140350	1362150	536314	177927
1993	165242	854444	101482	1569429	1832003	867592	283742
1994	158592	1013101	184484	2055391	2324430	1109060	329531
1995	179033	1482079	306259	2738886	3388229	1488909	448286
1996	211654	1588604	442394	3235441	3654143	1831762	655895
1997	273969	1118426	550514	3968954	4401273	1776905	694870
1998	246228	1387013	304671	4009343	4990669	1582849	716795
1999	465928	1254882	137193	4438538	5104804	1716151	917801
2000	546533	1592274	217262	4647474	5620873	2039620	1006174
构 成 （%）							
Percentage							
1982	24.51	16.29	0.04	57.60	80.35	13.75	5.90
1985	13.45	16.98	0.22	64.80	67.33	26.94	5.73
1990	7.45	19.58	1.13	63.39	69.90	24.70	5.40
1991	8.65	24.88	1.02	53.41	96.86	66.20	23.57
1992	6.72	27.25	1.47	53.08	63.40	24.96	8.28
1993	5.15	26.61	3.16	48.89	57.06	27.02	8.84
1994	3.97	25.36	4.62	51.44	58.18	27.76	8.25
1995	3.36	27.83	5.75	51.43	63.62	27.96	8.42
1996	3.45	25.86	7.20	52.67	59.49	29.82	10.68
1997	3.99	16.27	8.01	57.75	64.04	25.85	10.11
1998	3.38	19.03	4.18	55.00	68.46	21.71	9.83
1999	6.02	16.22	1.77	57.35	65.96	22.18	11.86
2000	6.31	18.37	2.51	53.62	64.86	23.53	11.61

6—4 按经济类型分的全社会固定资产投资（2000年）
Total Investment in Fixed Assets by Ownership (2000)

单位：万元 (10000 yuan)

指标	Item	总计 Total	国有单位 State-owned Units	集体单位 Collective-owned Units	个体经济 Individuals
投资总额 (万元)	**Total Investment (10000 yuan)**	**8666667**	**4311079**	**1246991**	**1693002**
按资金来源分	**Grouped by Source of Funds**				
国家预算内资金	State Appropriations	546533	413767	101537	40
国内贷款	Domestic Loans	1592274	1072992	126157	90877
利用外资	Foreign Investment	217262	76043	49490	
自筹资金	Fundraising	4647474	1887544	667416	1508415
其他资金	Others	1532662	769962	272859	45698
按构成分	**Grouped by Use of Funds**				
建筑安装工程	Construction and Installation	5620873	2791528	806124	1333001
设备、工具、器具购置	Purchase of Equipment and Instruments	2039620	1134727	285823	219268
其他费用	Others	1006174	384824	155044	140733
房屋建筑面积 (万平方米)	**Floor Space of Buildings (10000 sq.m)**				
施工面积	Floor Space Under Construction	10091.37	1781.68	1134.88	6069.34
竣工面积	Floor Space Completed	8397.11	1020.06	925.25	5961.33
#住宅	Residential Buildings	6782.89	596.02	316.60	5541.69

指标	Item	联营单位 Joint-owned Economic Units	股份制经济 Share Holding Economic Units	外商投资经济 Foreign-funded Economic Units	港澳台商投资单位 Economic Units Funded by Entrepreneurs From Hong Kong, Macao and Taiwan	其他经济 Economic Units of Other Types of Ownership
投资总额 (万元)	**Total Investment (10000 yuan)**	**64789**	**625138**	**353036**	**116670**	**255962**
按资金来源分	**Grouped by Source of Funds**					
国家预算内资金	State Appropriations	5290	22283	2820		796
国内贷款	Domestic Loans	7250	135379	112572	13836	33211
利用外资	Foreign Investment	60	28789	43576	19304	
自筹资金	Fundraising	41185	343088	66794	57204	75828
其他资金	Others	11510	159488	137696	39364	96085
按构成分	**Grouped by Use of Funds**					
建筑安装工程	Construction and Installation	29493	338634	66828	77145	178120
设备、工具、器具购置	Purchase of Equipment and Instruments	22778	194680	142759	19286	20299
其他费用	Others	12518	91824	143449	20239	57543
房屋建筑面积 (万平方米)	**Floor Space of Buildings (10000 sq.m)**					
施工面积	Floor Space Under Construction	56.56	514.35	75.39	149.37	309.81
竣工面积	Floor Space Completed	37.70	223.42	26.66	70.03	132.65
#住宅	Residential Buildings	14.41	165.27	8.20	45.12	95.58

6—5 国有经济按各种分组的固定资产投资
Investment in Fixed Assets of State-owned Units

指标	Item	1995	1999	2000
投资总额 (万元)	**Total Investment (10000 yuan)**	**2661739**	**3514277**	**4311079**
按资金来源分	Grouped by Source of Funds			
国家预算内资金	State Budgetary Appropriation	152142	366533	413767
国内贷款	Domestic Loans	860996	729490	1072992
利用外资	Foreign Investment	107274	25490	76043
自筹资金	Fundraising	1141273	1642722	1887544
其他资金	Others	361445	576480	769962
按构成分	Grouped by Use of Funds			
建筑安装工程	Construction and Installation	1612483	2446899	2791528
设备工具器具购置	Purchase of Equipment and Instruments	734803	772639	1134727
其他费用	Others	314453	294739	384824
按建设性质分	Grouped by Type of Construction			
#新　建	New Construction	900314	1347061	1608768
扩　建	Expansion	969167	1033984	1484375
改　建	Reconstruction	478473	698687	719008
按国民经济主要行业分	Grouped by Main Sector			
#农　业	Agriculture	13720	42219	33433
工　业	Industry	1491371	1062711	1152217
#能源工业	Energy	768722	552282	542457
运输邮电业	Transportation, Postal and Telecommunications Services	308320	941001	1356975
新增固定资产 (万元)	**Newly Increased Fixed Assets (10000 yuan)**	**1819927**	**2266781**	**3491278**
房屋建筑面积 (万平方米)	**Floor Space of Buildings (10000 sq.m)**			
施工面积	Floor Space Under Construction	1813.81	2127.77	1781.68
竣工面积	Floor Space Completed	866.39	1201.52	1020.06
#住　宅	Residential Buildings	823.17	745.09	596.02

6—6 基本建设投资
Investment in Capital Construction

单位:万元 (10000 yuan)

指标	Item	1990	1995	1999	2000
总　　计	**Total**	**386224**	**1699943**	**2773803**	**3203593**
按资金来源分	**Grouped by Source of Funds**				
国家预算内投资	State Budgetary Appropriation	78251	141606	413891	397750
国内贷款	Domestic Loans	113781	571691	584970	672860
利用外资	Foreign Investment	10223	171014	55480	124820
自筹和其他投资	Fundraising and Others	183969	815632	1719462	2008163
按国民经济主要行业分	**Grouped by Main Sector**				
农林牧渔业	Farming, Forestry, Animal Husbandry and Fishery	8561	9086	32276	39888
工　业	Industry	220368	863773	931594	829291
建筑业	Construction	2761	65061	92537	98765
地质勘探业和水利管理业	Geological Prospecting and Water Conservancy	27517	71162	160814	303074
交通运输、仓储和邮电通信业	Transportation, Storage, Postal and Telecommunications Services	53868	282442	627692	849174
批发和零售贸易、餐饮业	Wholesale & Retail Trade and Catering Services	10639	69558	71901	76371
房地产业	Real Estate	287	3209	77207	44099
教育、文化艺术及广播电影电视业	Education, Culture and Arts, Broadcasting, Film and Television	20492	74328	152616	201535
科研和综合技术服务业	Scientific Research and Polytechnical Services	2351	7533	16598	14562
国家行政机关和社会团体及其他	Governments, Parties and Social Organizations & Others	39380	253791	610568	746834
基本建设投资新增固定资产	Newly Increased Fixed Assets Through Capital Construction	257302	1012562	1678600	2951333
固定资产交付使用率 (%)	Ratio of Projects of Fixed Assets Completed and Put into Operation (%)	66.6	59.6	60.5	92.1

6—7 国民经济各行业按建设性质分的基本建设投资（2000 年）
Investment in Capital Construction by Type of Construction and by Sector (2000)

单位：万元 (10000 yuan)

行业	Sector	投资额 Investment	新建 New Construction	扩建 Expansion	改建 Reconstruction
全省总计	**Provincial Total**	**3203593**	**1911419**	**844403**	**288246**
农、林、牧、渔业	**Farming, Forestry, Animal Husbandry and Fishery**	**39888**	**23011**	**11289**	**5153**
农业	Farming	13610	7059	1103	5098
林业	Forestry	8283	7222	1061	
畜牧业	Animal Husbandry	615	287	328	
渔业	Fishery	55			55
农林牧渔服务业	Agricultural Services	17325	8443	8797	
采掘业	**Mining and Quarrying**	**104526**	**29557**	**66604**	
煤炭采选业	Coal Mining and Dressing	78417	27737	47834	
黑色金属矿采选业	Mining and Dressing of Ferrous Metals	6967	1600		
有色金属矿采选业	Mining and Dressing of Nonferrous Metals	315	220	93	
非金属矿采选业	Mining and Dressing of Nonmetal Minerals	18827		18677	
制造业	**Manufacturing**	**324403**	**222040**	**72386**	**5401**
食品加工业	Food Processing	5030	1042	1762	1026
食品制造业	Food Production	14482	13429	280	342
饮料制造业	Beverages	2305	1272	192	
烟草加工业	Tobacco	3086	769	1802	
纺织业	Textiles	7354	2904		480
服装及纤维制品制造业	Garments and Other Fiber Products	480	480		
皮革毛皮羽绒及其制品业	Leather, Furs, Down and Related Products	86	86		
木材加工及竹藤棕草制品业	Timber Processing, Bamboo, Cane, Palm Fiber and Straw Products	1082	1012		
家具制造业	Furniture Manufacturing	1105	1105		
造纸及纸制品业	Papermaking and Paper Products	3190	2990	200	
印刷业、记录媒介的复制	Printing and Record Medium Reproduction	3692	1769		
石油加工及炼焦业	Petroleum Processing and Coking	3500		3500	
化学原料及化学制品制造业	Raw Chemical Materials and Chemical Products	48769	1697	44462	
医药制造业	Medical and Pharmaceutical Products	10892	8750	1011	
橡胶制品业	Rubber Products	18925	17084	1841	
塑料制品业	Plastic Products	1246	976		270
非金属矿物制品业	Nonmetal Mineral Products	55339	51954	735	498
黑色金属冶炼及压延加工业	Smelting and Pressing of Ferrous Metals	1875		1875	
有色金属冶炼及压延加工业	Smelting and Pressing of Nonferrous Metals	7465	7465		
金属制品业	Metal Products	3896	3565		
普通机械制造业	Ordinary Machinery	7670	1693	1724	75
专用设备制造业	Equipment for Special Purposes	13346	240	10127	2000
交通运输设备制造业	Transport Equipment	68740	63634	2136	500
电气机械及器材制造业	Electric Equipment and Machinery	31215	29301	739	
电子及通信设备制造业	Electronic and Telecommunications Equipment	7985	7175		210
仪器仪表及文化办公用机械制造业	Instruments, Meters, Cultural and Office Machinery	910	910		
其他制造业	Other Manufacturing	738	738		
电力、煤气及水的生产和供应业	**Production and Supply of Power, Gas and Water**	**400362**	**296104**	**57239**	**44654**
电力、蒸汽、热水生产和供应业	Production and Supply of Power, Steam and Hot Water	363350	276018	42427	43792
煤气的生产和供应业	Production and Supply of Gas	4003	1526	971	254
自来水的生产和供应业	Production and Supply of Tap Water	33009	18560	13841	608
建筑业	**Construction**	**98765**	**39307**	**7171**	**44219**
土木工程建筑业	Civil Engineering Construction	97246	37993	7171	44219
线路、管道和设备安装业	Installation of lines, Pipelines and Equipment	1049	844		
装修装饰业	Fitting and Decoration	470	470		

6—7 续表 continued

单位：万元 (10000 yuan)

行业	Sector	投资额 Investment	新建 New Construction	扩建 Expansion	改建 Recon-struction
地质勘查、水利管理业	**Geological Prospecting and Water Conservancy**	**303074**	**97470**	**117958**	**77737**
地质勘查业	Geological Prospecting	1701	645		286
水利管理业	Water Conservancy	301373	96825	117958	77451
交通运输、仓储及邮电通信业	**Transportation, Storage, Postal and Telecommunications Services**	**849174**	**602801**	**181881**	**45312**
铁路运输业	Railway Transport	139926	59411	66927	
公路运输业	Highway Transport	396169	362885	16484	15166
水上运输业	Waterway Transport	1060	1000	60	
航空运输业	Air Transport	3564	2927	637	
交通运输辅助业	Transport Subsidiary Services	124041	68386	27699	27598
其他交通运输业	Other Transport	3620	3220	400	
仓储业	Storage	21554	10456	10897	
邮电通信业	Postal and Telecommunications Services	159240	94516	58777	2548
批发和零售贸易餐饮业	**Wholesale & Retail Trade and Catering Services**	**76371**	**38884**	**30729**	**5960**
食品饮料烟草和家庭用品批发业	Wholesale Trade of Food, Beverage, Tobacco and Household Articles	28570	9844	18106	620
能源材料和机械电子设备批发业	Wholesale Trade of Energy, Materials and Electronic Equipment	10518	2846	7029	
其他批发业	Other Wholesale Trade	2487	1744	743	
零售业	Retail Trade	20312	9966	4851	5340
商业经纪与代理业	Commercial Brokerage and Agencies	29	29		
餐饮业	Catering Trade	14455	14455		
金融、保险业	**Banking and Insurance**	**35380**	**12790**	**9341**	**4621**
金融业	Banking	31189	9802	8948	3921
保险业	Insurance	4191	2988	393	700
房地产业	**Real Estate**	**44099**	**28236**	**7250**	**5404**
房地产开发与经营业	Real Estate Development and Operation	33174	18300	7200	4550
房地产管理业	Real Estate Management	10025	9036	50	854
房地产代理与经纪业	Real Estate Brokerage and Agencies	900	900		
社会服务业	**Social Services**	**269672**	**159090**	**82684**	**20422**
公共设施服务业	Public Services	232163	138480	69708	19676
居民服务业	Resident Services	1803	300	1228	
旅馆业	Hotels	12214	2383	9085	746
旅游业	Tourism	2786	2286	500	
娱乐服务业	Recreational Services	6790	6790		
信息、咨询服务业	Information and Consultancy Services	1717	1445		
计算机应用服务业	Computer Application Services	2130		1900	
其他社会服务业	Other Social Services	10069	7406	263	
卫生体育和社会福利业	**Health Care, Sports and Social Welfare**	**59447**	**28599**	**19526**	**3593**
卫　生	Health Care	40944	19497	11874	3593
体　育	Sports	16047	7280	7302	
社会福利保障业	Social Welfare and Social Security	2456	1822	350	
教育、文化艺术和广播电影电视业	**Education, Culture and Arts, Broadcasting, Film and Television**	**201535**	**107531**	**68393**	**4736**
教　育	Education	162482	87341	58540	3981
文化艺术业	Culture and Arts	23844	12239	5712	650
广播、电影、电视业	Broadcasting, Film and Television	15209	7951	4141	105
科学研究和综合技术服务业	**Scientific Research and Polytechnical Services**	**14562**	**7370**	**2077**	**50**
科学研究业	Scientific Research	8009	4981	1648	
综合技术服务业	Polytechnical Services	6553	2389	429	50
国家机关、政党机关和社会团体	**Governments, Parties and Social Organizations**	**337900**	**176798**	**107766**	**20814**
#国家机关	Governments	318726	166040	106225	14234
政党机关	Parties	6889	5446	1331	25
社会团体	Social Organizations	5865	5002	210	445
基层群众自治组织	Primary Mass Autonomous Organizations	6420	310		6110
其他行业	**Other Sectors**	**44435**	**41831**	**2109**	**170**

6—8 国民经济各行业基本建设新增固定资产
Newly Increased Fixed Assets Through Capital Construction by Sector

单位：万元 (10000 yuan)

年份 Year	合计 Total	农、林、牧、渔业 Farming, Forestry, Animal Husbandry and Fishery	采掘业 Mining and Quarrying	制造业 Manufacturing	电力、煤气及水的生产和供应业 Production and Supply of Electricity Gas and Water	建筑业 Construction	地质勘查业水利管理业 Geological Prospecting and Water Conservancy	交通运输仓储和邮电通信业 Transport, Storage, Post & Telecommunications
1985	220429	1868	32920	50454	44527	2442	8547	15350
1990	257302	6698	34391	58008	45717	2322	23283	32915
1991	264896	3877	38625	33609	54924	1622	28367	25603
1992	491831	5055	113762	57382	137050	4850	27740	48795
1993	503753	3200	88800	55500	91600	2800	10000	106753
1994	867306	3500	71000	317000	111100	9700	17400	122406
1995	1012562	10900	120400	152000	61400	34800	58300	247162
1996	1763786	5500	210900	480600	344300	65600	31200	237586
1997	1850786	16600	404500	328400	270100	16500	39200	230886
1998	1286047	18380	44756	172498	175656	51783	71698	201103
1999	1678600	24554	22465	384981	177428	62661	82925	229171
2000	2951333	28275	173441	380467	601078	39528	152352	786176

年份 Year	批发零售贸易和餐饮业 Wholesale and Retail Trade & Catering Services	金融、保险业 Banking and Insurance	房地产业 Real Estate Trade	社会服务业 Social Services	卫生体育和社会福利业 Health Care, Sports & Social Welfare	教育、文化艺术和广播电影电视业 Education, Culture and Art, Radio, Film and Television	科学研究和综合技术服务业 Scientific Research and Polytechnical Services	国家机关、政党机关和社会团体 Government Agencies, Party Agencies and Social Organizations	其他 Others
1985	5329	742	19968	7381	2943	15586	2016	8944	1412
1990	6655	3112	227	6760	3790	20857	856	11205	506
1991	11588	6195	660	12221	5375	18593	10530	12904	203
1992	12512	6298	577	16108	7207	27111	3920	22238	1226
1993	20400	7800	900	38400	7500	25900	19200	22000	3000
1994	37400	14200	1400	44600	14700	34100	5800	41300	21700
1995	44400	36300	2200	42700	16800	46200	7300	118800	12900
1996	74600	25500	4600	81000	25800	69700	2000	104200	700
1997	72600	30900	15400	129000	17200	94600	7300	161600	16000
1998	50384	34619	9836	148946	19821	88328	6942	177213	14084
1999	66902	26793	32391	142179	52015	130369	17242	205229	21295
2000	64339	44067	24649	166412	53563	156291	6803	234857	39035

6—9 各市国民经济各行业基本建设新增固定资产（2000 年）
Newly Increased Fixed Assets Through Capital Construction by Sector and Region (2000)

单位：万元　　(10000 yuan)

地　区 Region		合　计 Total	农、林、牧、渔业 Farming, Forestry, Animal Husbandry and Fishery	采掘业 Mining and Quarrying	制造业 Manufacturing	电力、煤气及水的生产和供应业 Production and Supply of Electricity Gas and Water	建筑业 Construction	地质勘查业水利管理业 Geological Prospecting and Water Conservancy	交通运输仓储和邮电通信业 Transport, Storage, Post & Telecommunications
总　计	**Total**	**2951333**	**28275**	**173441**	**380467**	**601078**	**39528**	**152352**	**786176**
合肥市	Hefei	422187	4635		47901	25761	5547	343	35355
淮北市	Huaibei	502569	1335	135277	13877	295043	4165	2703	13521
亳州市	Bozhou	36001	500		975	272		900	6113
宿州市	Suzhou	49415	221		6185	809	670	13289	6092
蚌埠市	Bengbu	134029	5100		39914	10457	610	22235	7991
阜阳市	Fuyang	292045			4880	78458	1076	27591	136192
淮南市	Huainan	72453		30354	15211	7072	5270	2821	60
滁州市	Chuzhou	48351	900	220	6414	540	769	3406	9570
六安市	Luan	74605	598		585	2802	13988	12846	12849
马鞍山市	Maanshan	64042	863	6865	870	9522	225	6079	5586
巢湖市	Chaohu	168905	7005	150	52439	3841		31044	45437
芜湖市	Wuhu	676595		482	171310	7993	380	410	429545
宣城市	Xuancheng	30888	798	93	3337		922		3849
铜陵市	Tongling	175395			9112	147658		6655	
池州市	Chizhou	19135	977		413	215	350	795	3169
安庆市	Anqing	115228	4849		6359	8781	5206	19728	30439
黄山市	Huangshan	38218	494		685	1854	350	1507	9136
跨地区	Trans-regional	31272							31272

地　区 Region		批发零售贸易和餐饮业 Wholesale and Retail Trade & Catering Services	金融、保险业 Banking and Insurance	房地产业 Real Estate Trade	社会服务业 Social Services	卫生体育和社会福利业 Health Care, Sports & Social Welfare	教育、文化艺术和广播电影电视业 Education, Culture and Art, Radio, Film and Television	科学研究和综合技术服务业 Scientific Research and Polytechnical Services	国家机关、政党机关和社会团体 Government Agencies, Party Agencies and Social Organizations	其　他 Others
总　计	**Total**	**64339**	**44067**	**24649**	**166412**	**53563**	**156291**	**6803**	**234857**	**39035**
合肥市	Hefei	34958	28125	9424	75659	26692	46269	4431	61161	15926
淮北市	Huaibei	256	1650		2310		8960		5472	18000
亳州市	Bozhou	2410	346	300	2962	2127	4584		14352	160
宿州市	Suzhou	1645	149	1545	2304	210	6103		10193	
蚌埠市	Bengbu	8882	4125	113	6499	1780	14956	1248	10119	
阜阳市	Fuyang	2454	5670	2070	5394	1383	7018		19859	
淮南市	Huainan				894	1027	5155		4589	
滁州市	Chuzhou	1020		500	604	1551	5967	285	16005	600
六安市	Luan	1315	220	3095	9405	835	10870		4954	243
马鞍山市	Maanshan		152	1904	13651	4500	4695	389	8629	112
巢湖市	Chaohu	2807	635	4712	2393	1035	9365	300	7742	
芜湖市	Wuhu	4990	90		24762	2250	5907	150	26012	2314
宣城市	Xuancheng	437	61		7903	205	4684		8199	400
铜陵市	Tongling			116	4795	623	3361		3075	
池州市	Chizhou	1092	129		2090	784	4178		4943	
安庆市	Anqing	1011	2265	370	3877	4319	8664		18080	1280
黄山市	Huangshan	1062	450	500	910	4242	5555		11473	

6—10 基本建设施工、投产项目个数和新增固定资产
Number of Capital Construction Projects Under Construction and Put into Use and Newly Increased Fixed Assets

年份 Year	施工项目（个） Number of Projects under Construction (unit)	全部建成投产项目（个） Number of Projects Completed and Put into Use (unit)	项目建成投产率（%） Ratio of Projects Completed and Put into Use (%)	新增固定资产（万元） Newly Increased Fixed Assets (10000 yuan)	固定资产交付使用率（%） Ratio of Fixed Assets Put into Use (%)
1985	3138	1453	46.3	220429	81.4
1990	2205	1051	47.7	257302	66.6
1991	2455	1138	46.4	264896	55.1
1992	2776	1510	54.4	491831	68.8
1993	2704	1456	53.8	503753	49.2
1994	2703	1411	52.2	867306	65.4
1995	2811	1650	58.7	1012562	59.6
1996	3087	1811	58.7	1763786	89.7
1997	3354	1853	55.2	1850786	85.2
1998	3243	1659	51.2	1286047	51.0
1999	3241	1657	51.1	1678600	60.5
2000	2953	1599	54.1	2951333	92.1

6—11 各市基本建设施工、投产项目个数和新增固定资产（2000年）
Number of Capital Construction Projects Under Construction and Put into Use and Newly Increased Fixed Assets by Region (2000)

地区 Region	施工项目（个） Number of Projects under Construction (unit)	全部建成投产项目（个） Number of Projects Completed and Put into Use (unit)	项目建成投产率（%） Ratio of Projects Completed and Put into Use (%)	新增固定资产（万元） Newly Increased Fixed Assets (10000 yuan)	固定资产交付使用率（%） Ratio of Fixed Assets Put into Use (%)
总计 Total	**2953**	**1599**	**54.1**	**2951333**	**92.1**
合肥市 Hefei	489	245	50.1	422187	59.6
淮北市 Huaibei	132	73	55.3	502569	251.2
亳州市 Bozhou	81	64	79.0	36001	110.4
宿州市 Suzhou	165	65	39.4	49415	68.3
蚌埠市 Bengbu	200	140	70.0	134029	82.3
阜阳市 Fuyang	183	123	67.2	292045	123.1
淮南市 Huainan	45	24	53.3	72453	64.8
滁州市 Chuzhou	189	118	62.4	48351	74.2
六安市 Luan	202	102	50.5	74605	61.7
马鞍山市 Maanshan	100	52	52.0	64042	74.1
巢湖市 Chaohu	235	135	57.4	168905	77.4
芜湖市 Wuhu	132	71	53.8	676595	176.2
宣城市 Xuancheng	168	98	58.3	30888	30.2
铜陵市 Tongling	75	39	52.0	175395	174.6
池州市 Chizhou	110	51	46.4	19135	49.1
安庆市 Anqing	285	141	49.5	115228	61.6
黄山市 Huangshan	153	58	37.9	38218	38.5
跨地区 Trans-regional	9			31272	11.3

6—12 各市按项目规模分的基本建设投资及项目个数（2000年）
Investment and Number of Capital Construction Projects by Project Size and Region (2000)

地　区 Region	项目投资（万元） Investment in Projects (10000 yuan)		施工项目（个） Number of Projects under Construction		全部建成投产项目（个） Number of Projects Completed and Put into Use	
	大中型 Large and Medium Sized	小型 Small Sized		大中型 Large and Medium Sized		大中型 Large and Medium Sized
总　计 Total	**810325**	**2351447**	**2953**	**39**	**1599**	**7**
合肥市 Hefei	170142	499253	489	5	245	1
淮北市 Huaibei	88835	110570	132	2	73	2
亳州市 Bozhou	1200	31412	81	1	64	
宿州市 Suzhou		72317	165		65	
蚌埠市 Bengbu	22849	140008	200	1	140	
阜阳市 Fuyang		236586	183		123	
淮南市 Huainan	69704	42141	45	3	24	1
滁州市 Chuzhou	7971	57224	189	1	118	
六安市 Luan	12275	108600	202	2	102	
马鞍山市 Maanshan	13083	73027	100	2	52	
巢湖市 Chaohu		217961	235		135	
芜湖市 Wuhu	57544	325437	132	3	71	1
宣城市 Xuancheng	41331	60949	168	1	98	
铜陵市 Tongling	63826	36640	75	8	39	2
池州市 Chizhou	5400	33548	110	1	51	
安庆市 Anqing	22403	164436	285	3	141	
黄山市 Huangshan		99239	153		58	
跨地区 Trans-regional	233762	42099	9	6		

6—13 各市基本建设房屋建筑面积（2000年）
Floor Space of Buildings Through Capital Construction by Region (2000)

单位：平方米　　　　(sq. m)

地　区 Region	施工面积 Floor Space of Buildings Under Construction	住宅 Residential Buildings	竣工面积 Floor Space of Buildings Completed	住宅 Residential Buildings
总　计 Total	**12291360**	**5185721**	**7689494**	**3746913**
合肥市 Hefei	2583287	799826	1379109	527294
淮北市 Huaibei	1033370	572460	705839	444688
亳州市 Bozhou	441267	242444	395182	224444
宿州市 Suzhou	554214	273643	359250	181232
蚌埠市 Bengbu	1170298	518615	689800	309696
阜阳市 Fuyang	955968	509345	652512	377487
淮南市 Huainan	297630	70730	183280	52610
滁州市 Chuzhou	578702	290947	415361	214171
六安市 Luan	550564	198974	373246	135724
马鞍山市 Maanshan	475038	323019	342149	256599
巢湖市 Chaohu	696788	366902	463248	270438
芜湖市 Wuhu	782090	103638	338499	55822
宣城市 Xuancheng	350223	118285	221302	100357
铜陵市 Tongling	165802	45064	97223	40100
池州市 Chizhou	352312	234739	243080	181758
安庆市 Anqing	801360	325067	603094	269134
黄山市 Huangshan	361831	81022	178709	60665
跨地区 Trans-regional	140616	111001	48611	44694

6—14 各市按资金来源和隶属关系分的基本建设投资（2000年）
Investment in Capital Construction by Source of Funds and Administrative Relationship and Region (2000)

单位：万元 (10000 yuan)

地区 Region	按资金来源分 By Source of Funds					按隶属关系分 By Administrative Relationship	
	国家预算内资金 State Budgetary Appropriations	国内贷款 Domestic Loans	利用外资 Foreign Investment	自筹资金 Fund-Raising	其他资金 Others	中央项目 Central Government Projects	地方项目 Local Projects
总计 Total	**397750**	**672860**	**124820**	**1206795**	**801368**	**469253**	**2734340**
合肥市 Hefei	112927	120220	35892	291614	147424	62084	645993
淮北市 Huaibei	27547	68206	3294	27739	73245	15237	184794
亳州市 Bozhou	900	3229	300	19764	8419	567	32045
宿州市 Suzhou	5538	8936	3000	35568	19275	2070	70247
蚌埠市 Bengbu	23489	53254	3055	63269	19790	21172	141685
阜阳市 Fuyang	7276	80823	3154	75869	70154	78856	158420
淮南市 Huainan	15600	15730	2440	25863	52212	8295	103550
滁州市 Chuzhou	11597	4507		31974	17117	759	64436
六安市 Luan	21647	23314	9640	37441	28833	10578	110297
马鞍山市 Maanshan	11526	15683		41329	17902	15144	71296
巢湖市 Chaohu	10952	21780	28150	86047	71392	45382	172939
芜湖市 Wuhu	2852	65326	7523	250332	57987	120114	263906
宣城市 Xuancheng	24768	8246	275	41101	27890	781	101499
铜陵市 Tongling	3871	41780	3320	18615	32880		100466
池州市 Chizhou	6361	875	198	11538	19976	965	37983
安庆市 Anqing	60231	26361	2036	56499	41806	17078	169855
黄山市 Huangshan	10271	23090	255	45165	20458	19161	80078
跨地区 Trans-regional	40397	91500	22288	47068	74608	51010	224851

6—15 各市按构成和建设性质分的基本建设投资（2000年）
Investment in Capital Construction by Use of Funds and Type of Construction and Region (2000)

单位：万元 (10000 yuan)

地区 Region	投资额 Investment	按构成分 By Use of Funds			按建设性质分 By Type of Construction		
		建筑安装工程 Construction and Installation	设备、工器具购置 Purchase of Equipment and Instruments	其他费用 Others	新建 New Construction	扩建 Expansion	改建 Reconstruction
总计 Total	**3203593**	**2242375**	**523562**	**437656**	**1911419**	**844403**	**288246**
合肥市 Hefei	708077	393459	187603	127015	443721	191490	8729
淮北市 Huaibei	200031	98938	31984	69109	163307	25009	3737
亳州市 Bozhou	32612	28913	821	2878	15340	8160	8047
宿州市 Suzhou	72317	62093	3696	6528	60815	2150	9267
蚌埠市 Bengbu	162857	137509	18770	6578	70294	50143	17119
阜阳市 Fuyang	237276	178827	49532	8917	108380	79694	41788
淮南市 Huainan	111845	68833	19380	23632	16828	89610	4775
滁州市 Chuzhou	65195	59121	4435	1639	49204	8816	5626
六安市 Luan	120875	108277	2681	9917	57114	18570	44851
马鞍山市 Maanshan	86440	53955	17328	15157	44486	4147	21681
巢湖市 Chaohu	218321	150654	58644	9023	89670	66360	51427
芜湖市 Wuhu	384020	257850	67052	59118	258445	98767	23236
宣城市 Xuancheng	102280	59793	2721	39766	69548	14263	14593
铜陵市 Tongling	100466	67603	12145	20718	63493	32668	3985
池州市 Chizhou	38948	35439	909	2600	19877	9449	8571
安庆市 Anqing	186933	147715	15806	23412	62285	102014	18736
黄山市 Huangshan	99239	69015	18968	11256	79322	17522	2078
跨地区 Trans-regional	275861	264381	11087	393	239290	25571	

6—16 基本建设新增主要产品生产能力
Newly Increased Production Capacity Through Capital Construction

能力名称 Item	1996	1997	1998	1999	2000
原煤开采 (万吨/年) Coal Mining (10000 tons/year)	571	550	45		180
洗煤 (万吨/年) Coal Washing (10000 tons/year)		300			
石油加工: Petroleum Processing:					
蒸馏设备 (万吨/年) Distillation Equipment (10000 tons/year)	20				
裂化设备 (万吨/年) Fission Equipment (10000 tons/year)	40				
铁合金 (吨/年) Iron Alloy (ton/year)		1			
钢材 (万吨/年) Steels (10000 tons/year)		9			
热轧钢材 (万吨/年) Hot-rolling Steel (10000 tons/year)		9			
线材 (万吨/年) Wire Rod (10000 tons/year)		9			
铜采矿(原矿) (万吨/年) Copper Mining (Crude ore) (10000 tons/year)		9.04			
铜选矿: Copper Dressing:					
处理原矿 (万吨/年) Crude Ore Dressing (10000 tons/year)		9.04			
铜含量 (吨/年) Copper Content in Concentrate Ore (ton/year)		1063			
铜冶炼 (吨/年) Copper Smelting (ton/year)		100000			
#电解铜 Copper Eletrolyisis		100000			
发电机组容量 (万千瓦) Capacity of Power Generating Sets (10000 kw)	70.00	32.73	30.00	30.00	90.05
水力发电 (万千瓦) Hydropower	1.00	0.13			0.05
火力发电 (万千瓦) Thermal Power	69.00	32.60	30.00	30.00	90.00
输电线路长度(11万伏及以上) (公里) Length of Power Line (110 KV and Over) (km)	255.00	418.32	174.00	413.00	130.00
变电设备能力(11万伏及以上) (万千伏安) Capacity of Converting Facilities (110 KV and Over) (10000 KVA)	945	343	252	100	120
水泥 (万吨/年) Cement (10000 tons/year)		10	25		30
纤维板 (万立方米/年) Fiberboard (10000 cu.m /year)	5				
刨花板 (万立方米/年) Shavings Board (10000 cu.m /year)		1.50	1.00		
硫酸 (吨/年) Sulfuric Acid (ton/year)		375000			
合成氨 (吨/年) Synthetic Ammonia (ton/year)	2000	3000			180000
农用氮、磷、钾化学肥 (吨/年) Chemical Fertilizer for Agricultural Use (ton/year)		480000			
氮肥 (吨/年) Nitrogenous Fertilizer		480000			142000
塑料树脂及共聚物 (吨/年) Plastic Resin and Copolymer (ton/year)			1000		
合成纤维单体 (吨/年) Synthetic Fiber (ton/year)	50000				
汽车制造 (辆/年) Motor Vehicles Manufacturing (unit/year)			1000		50000
轿车制造 (辆/年) Auto Manufacturing					50000
其它汽车制造 (辆/年) Other Vehicles Manufacturing			1000		
摩托车制造 (辆/年) Motorcycles Manufacturing (unit/year)	5000				
彩色电视机 (万部/年) Color TV Sets (10000 units/year)			40		
化学纤维 (吨/年) Chemical Fiber (ton/year)	50000			20000	
#合成纤维 Artificial Fiber				20000	

6—16 续表 1 continued

能力名称 Item	1996	1997	1998	1999	2000
棉纺锭 (万锭) Cotton Spindles (10000 units)		1.80			
棉布织机 (台) Cotton Loom (unit)		44			
肉加工品 (吨/年) Processed Meat Products (ton/year)			300		
塑料制品 (万吨/年) Plastic Products (10000 tons/year)	3000				
家用空气调节器 (万台/年) Air conditioner for Domestic Use (10000 units/year)			36	15	
新建铁路主线正线交付运营里程 (公里) Length of Newly Built Railways Put into Operation (km)	19				
新建公路 (公里) Length of New Highways (km)	151.00	702.30	477.00	290.00	187.25
二级公路 (公里) Second-Grade Highways				22.00	31.15
改建公路 (公里) Length of Reconstructed Highways (km)	678.00	985.80	993.00	656.00	519.90
#高速公路 (公里) Expressway			8		
一级公路 (公里) First-Grade Highways			6		52
二级公路 (公里) Second-Grade Highways				15	210.90
新建独立公路桥梁 (延长米) New Independent Highway Bridge (Extending Meter)	3115	561	1076	3960	6420
新建独立公路桥梁 (座) New Independent Highway Bridge (Unit)	7	9	14	7	10
新（扩）建港口码头 (年吞吐量：万吨) Newly Built or Expanded Ports Annual Handing capacity (10000 tons)	30	30		4	130
新（扩）建港口码 (泊位：个) Newly Built or Expanded Ports Number of Berths (unit)	6	2		1	5
船舶购置 (艘) Purchase of Vessels (unit)	5				
船舶购置 (载重量：吨位) Purchase of Vessels (Loading Capacity：Tonnage)	4000				
船舶购置 (拖轮功率：千瓦) Purchase of Vessels (Power：kw)	5208				
改善内河航道里程 (公里) Improved Length of Navigable Inland Waterways (km)		19		1	
新(扩)建客、货运站 (个) Newly Built or Expanded Stations (unit)	2	4		1	
新（扩）建客、货运站 (平方米) Newly Built or Expanded Stations (sq. m)	3665	9260		6000	
民航机场跑道 (条) Runway of Civil Airport (unit)			1		
民航机场跑道 (米) Runway of Civil Airport (m)			2400		
航空油库 (吨) Aviation Fuel Depot (ton)			2750		
航空油库 (立方米) Aviation Fuel Depot (cu. m)			3200		
候机楼 (座) Waiting Room (unit)			1		
候机楼 (平方米) Waiting Room (sq. m)			6267		
长途电缆 (延长公里) Long-distance Power Cable (Extending km)	43	300	183		
新建微波电路 (公里) New Microwave Circuit (km)	25				
耕地面积 (万亩) Cultivated Land Area (10000 Mu)					3.45
造林面积 (万亩) Afforestation Area (10000 Mu)		1.80	12.00	18.00	16.38
水库容量（总库容）(亿立方米) Capacity of Reservoirs (100 Million Cu. m)		0.15			
有效灌溉面积 (万亩) Irrigated Area (10000 Mu)	19.00	19.14	14.00	28.00	25.50
除涝面积 (万亩) Flooded or Water Logged Area Under Control (10000 Mu)	14.00	14.37	50.00	243.00	246.05

6—16 续表 2 continued

能力名称 Item	1996	1997	1998	1999	2000
排灌装机 (万千瓦) Irrigation and Drainage Capacity (10000 kw)		17.50			0.25
物资储备石油库 (万立方米) Petroleum Tanks in Materials Warehouse System (10000 Cu. m)			1		
粮食仓库 (万公斤) Grain Storehouses (10000 kg)	8580.00	1787.36	4155.00	33715.00	16050.00
粮食仓库 (平方米) Grain Storehouses (sq. m)	2350	11270	19893	138544	38446
高等院校：学生席位 (个) Universities and colleges: Enrollment (seat)	3100		2300	4862	13002
建筑面积 (平方米) Construction Area (sq. m)	6245		16133	15948	61141
中等学校：学生席位 (个) Secondary Schools: Enrollment (seat)	119401	212051	83569	55039	63760
建筑面积 (平方米) Construction Area (sq. m)	216545	429265	201689	155231	172788
小学校：学生席位 (个) Primary Schools: Enrollment (seat)	54710	98123	80493	41297	36342
建筑面积 (平方米) Construction Area (sq. m)	104568	198778	165195	87572	110062
其他学校：学生席位 (个) Other Schools: Enrollment (seat)		3940	2800	820	5480
建筑面积 (平方米) Construction Area (sq. m)		15610	6683	6223	13997
公共图书馆：藏书量 (万册、件) Public Libraries: Total Collection (10000 volumes)	90.00	0.90	29.00	81.00	
阅览室座席 (个) Seating Capacity of Reading Rooms (seat)	3820	90	370	1100	
建筑面积 (平方米) Construction Area (sq. m)	1274	1460	2217	5380	
影剧院：座席 (个) Seating Capacity of Theatres (seat)		928		1100	
影剧院：座席 (平方米) Seating Capacity of Theatres (sq. m)		3052		4450	
医院病床 (张) Number of Hospital Beds (unit)	3295	1970	1230	2495	3418
疗养院、所病床 (张) Number of Sanatorium Beds (unit)		140		198	
宾馆、旅馆、招待所客房数 (间) Rooms in Hotel (unit)		160	267	772	98
宾馆、旅馆、招待所客房数 (平方米) Rooms in Hotel (sq. m)		5685	7050	46681	6700
城市自来水供水能力 (万吨/日) Tap Water Supply Capacity (10000 tons /day)	30.00	21.50	35.00	4.00	2.40
城市自来水管道长度 (公里) Length of Tap Water Pipes (km)	28.50	24.77	33.00	2.00	61.15
城市煤气生产能力 (万立方米/日) Gas Production Capacity (10000 cu. m /day)		1.10	10.00	5.00	5.40
城市公共交通车辆购置 (辆) Purchase of Urban Public Transports Vehicles (unit)	33		313	128	89
城市道路扩建长度 (公里) Length of Urban Expanded Roads (km)	110.00	104.00	72.00	73.00	51.65
城市道路扩建面积 (万平方米) Area of Urban Expanded Roads (10000 sq. m)	393.00	150.91	176.00	146.00	126.99
城市排水管道铺设长度 (公里) Length of Urban Drainage Pipes (km)	44.00	26.19	38.00	6.00	14.43
城市污水处理能力 (万吨/日) Urban Waster Water treatment Capacity (10000 tons/day)		15	15		
城市永久性桥梁 (座) Permanent Bridges in the City (unit)	5	7	3		3
城市防洪堤长度 (公里) Length of City's Floodwalls (km)	666.00	0.98	12.00	25.00	40.77
移动电话机（手持机）(部/年) Mobile Telephone (unit/year)					11760
移动通信基站设备 (信道/年) Basic Equipment of Mobile Communication (Information route/year)					784
程控交换机 (万线/年) Program-Controlled telephone Exchanges (10000 Lines/year)					26.40
电话单机 (万部/年) Telephone (10000 units/year)					2

6—17 各县(市)主要年份基本建设投资

Investment in Capital Construction in Major Years by County (city)

单位：万元 (10000 yuan)

县（市） County (city)	1990	1995	1999	2000
合肥市辖区 HeFei Reigon of City	39626	221918	625245	645451
长丰县 ChangFeng	559	2757	18948	14457
肥东县 FeiDong	819	3237	8323	27521
肥西县 FeiXi	1075	6645	10602	20648
淮北市辖区 HuaiBei Reigon of City	25927	73262	229524	192486
濉溪县 SuiXi	1926	2337	3908	7545
亳州市辖区 Bozhou Reigon of City	861	8125	24390	15330
涡阳县 GuoYang	1773	4332	9108	7868
蒙城县 MengCheng	426	6710	5618	5829
利辛县 LiXin	144	240	7899	3585
宿州市辖区 SuZhou Reigon of City	4755	61900	32655	39545
砀山县 DangShan	446	4032	7818	8423
萧县 XiaoXian	1194	8159	7994	8717
灵璧县 LingBi	449	10677	9824	5296
泗县 SiXian	241	4041	10186	10336
蚌埠市辖区 BengBu Reigon of City	14600	52414	92875	123953
怀远县 HuaiYuan	574	2189	21976	22922
五河县 WuHe	503	6950	6673	6959
固镇县 GuZhen	925	6225	5394	9023
阜阳市辖区 FuYang Reigon of City	10606	34696	101510	195933
界首市 JieShou	223	2210	9549	2424
临泉县 LinQuan	330	6725	11678	9844
太和县 TaiHe	227	12840	17360	17390
阜南县 FuNan	259	907	6275	3975
颍上县 YingShang	304	5410	30692	7710
淮南市辖区 HuaiNan Reigon of City	80763	219027	80061	110595
凤台县 FengTai	3082	3395	4134	1250
滁州市辖区 ChuZhou Reigon of City	4403	13347	33700	33763
天长市 TianChang	511	3494	4663	5234
明光市 MingGuang	1345	2164	3761	5504
来安县 LaiAn	2551	3201	2683	3860
全椒县 QuanJiao	1428	1364	4757	6407
定远县 DingYuan	1729	1740	12450	5937
凤阳县 FengYang	655	2078	3449	4490
六安市辖区 LuAn Reigon of City	3991	8281	31754	32680
寿县 ShouXian	1991	7886	25308	25888
霍邱县 HuoQiu	1656	8531	27375	22758
舒城县 ShuCheng	723	4351	15894	15320
金寨县 JinZhai	716	5879	16506	15883

6—17 续表 continued

单位：万元 (10000 yuan)

县（市）County (city)		1990	1995	1999	2000
霍山县	HuoShan	518	5828	8170	8346
马鞍山市辖区	MaAnShan Reigon of City	24458	138563	75125	72638
当涂县	DangTu	619	3013	7867	13802
巢湖市辖区	ChaoHu Reigon of City	2859	14228	79972	137248
庐江县	LuJiang	2365	7765	14119	12337
无为县	WuWei	1049	7139	28641	31116
含山县	HanShan	1011	4914	11805	12408
和县	HeXian	1087	3456	12892	25212
芜湖市辖区	WuHu Reigon of City	20852	94230	341548	353009
芜湖县	WuHu	679	3387	8352	8022
繁昌县	FanChang	236	8529	6948	10985
南陵县	NanLing	287	2600	11011	12004
宣城市辖区	XuanCheng Reigon of City	5069	15188	34508	32589
宁国市	NingGuo	427	15814	34181	48415
郎溪县	LangXi	406	1568	1491	2264
广德县	GuangDe	1266	1738	6762	7700
泾县	JingXian	645	1666	2971	3718
旌德县	JingDe	328	750	3991	4647
绩溪县	JiXi	161	1734	2398	2947
铜陵市辖区	TongLing Reigon of City	18940	107606	90191	87949
铜陵县	TongLing	292	2859	7460	12517
池州市辖区	ChiZhou Reigon of City	2637	7090	20103	22212
东至县	DongZhi	1403	2946	5436	10858
石台县	ShiTai	260	753	1950	2585
青阳县	QingYang	1492	2047	3575	3293
安庆市辖区	AnQing Reigon of City	13740	197545	133650	88659
桐城市	TongCheng	794	2680	15103	14645
怀宁县	HuaiNing	347	6265	9451	17606
枞阳县	ZongYang	757	2906	11263	21025
潜山县	QianShan	644	2980	10402	6731
太湖县	TaiHu	741	4311	5509	9489
宿松县	SuSong	510	2768	5482	14641
望江县	WangJiang	416	5594	5963	10915
岳西县	YueXi	368	2460	2773	3222
黄山市辖区	HuangShan Reigon of City	5636	33115	47353	85480
歙县	SheXian	534	2946	4129	4577
休宁县	XiuNing	175	1291	3869	5012
黟县	YiXian	73	846	1442	1680
祁门县	QiMen	306	832	2055	2490
不分地区	Not Classified by Region	57521	162287	111373	275861

6—18 主要年份更新改造投资
Investment in Innovation in Major Years

单位：万元 (10000 yuan)

指标	Item	1985	1990	1995	1999	2000
总计	**Total**	**126009**	**231089**	**964086**	**1247650**	**1528306**
按隶属关系分	Grouped by Administrative Relationship					
中央项目	Central Government Projects	32776	80707	312420	329697	490731
地方项目	Local Projects	93233	150382	651666	917953	1037575
按资金来源分	Gronped by Source of Funds					
国家预算内投资	State Budgetary Appropriations	4199	2723	3157	25204	40656
国内贷款	Domestic Loans	59321	76927	284742	371448	510055
利用外资	Foreign Investment	38	2253	66932	26630	23529
债券	Bonds			65961	71309	14822
自筹投资	Fundraising	60184	128398	508314	696374	876078
其他投资	Others	2267	20788	34980	56685	63166
按构成分	Grouped by Use of Funds					
建筑安装工程	Construetion and Installation	56402	94162	359561	431267	467186
设备工器具购置	Purchase of Equipment and Instruments	58825	120989	551474	748156	969612
#用于更新的设备	Renovating Equipment	15692	40831	215358	199531	301074
其他费用	Others	10782	15938	53051	68227	91508
按建设性质分	Grouped by Type of Construction					
#新建	New Construction	5485	6493	81838	142833	154770
扩建	Expansion	65663	122124	454349	594242	863718
改建	Reconstruction	49484	90513	401779	488305	463544
按用途分	Grouped by Purpose					
增产	Increasing Production	48422	76238	395710	575521	551484
节约能源	Energy Saving	6551	15904	41996	77573	136635
其他节约	Other Saving Measures	413	1104	17689	8596	19985
增加品种	Increasing Product Variety	17748	34217	157435	78747	124972
提高产品质量	Improving Product Quality	6118	20235	86103	120598	177206
三废治理	Environmental Protection	2019	3538	7790	27188	26615
其他	Others	44738	79853	257363	359427	491409
新增固定资产	**Newly Increased Fixed Assets**	**88739**	**202853**	**828023**	**1038557**	**1096324**

6—19 国民经济各行业按建设性质分的更新改造投资（2000年）
Investment in Innovation by Type of Construction and by Sector (2000)

单位：万元 (10000 yuan)

行业	Sector	投资额 Investment	新建 New Construction	扩建 Expansion	改建 Reconstruction
全省总计	**Provincial Total**	**1528306**	**154770**	**863718**	**463544**
农、林、牧、渔业	**Farming, Forestry, Animal Husbandry and Fishery**	**1756**	**960**	**500**	**296**
农业	Farming	246			246
畜牧业	Animal Husbandry	1360	960	400	
农林牧渔服务业	Agricultural Services	150		100	50
采掘业	**Mining and Quarrying**	**72276**	**3651**	**18732**	**47382**
煤炭采选业	Coal Mining and Dressing	50910	1301	5189	42467
黑色金属矿采选业	Mining and Dressing of Ferrous Metals	5591	1900		3691
有色金属矿采选业	Mining and Dressing of Nonferrous Metals	13251	450	11828	473
非金属矿采选业	Mining and Dressing of Nonmetal Minerals	2524		1715	751
制造业	**Manufacturing**	**587545**	**63401**	**356526**	**156002**
食品加工业	Food Processing	16299	4123	11342	834
食品制造业	Food Production	18425	13095	2536	2142
饮料制造业	Beverages	31617	6287	24025	800
烟草加工业	Tobacco	13580		8876	4704
纺织业	Textiles	31386	786	12669	17242
服装及纤维制品制造业	Garments and Other Fiber Products	11150		11100	
木材加工及竹藤棕草制品业	Timber Processing, Bamboo, Cane, Palm Fiber and Straw Products	7555	6684	871	
家具制造业	Furniture Manufacturing	920	20	900	
造纸及纸制品业	Papermaking and Paper Products	8816	460	5657	2699
印刷业、记录媒介的复制	Printing and Record Medium Reproduction	4921	2240	2681	
文教体育用品制造业	Cultural, Educational and Sports Goods	355	124	231	
石油加工及炼焦业	Petroleum Processing and Coking	11042	420	10167	300
化学原料及化学制品制造业	Raw Chemical Materials and Chemical Products	101999	3106	87663	10503
医药制造业	Medical and Pharmaceutical Products	24410	10900	5568	2892
化学纤维制造业	Chemical Fiber	9984		470	9284
橡胶制品业	Rubber Products	2700	883	1817	
塑料制品业	Plastic Products	19729	300	14449	4980
非金属矿物制品业	Nonmetal Mineral Products	47706	2813	38238	6633
黑色金属冶炼及压延加工业	Smelting and Pressing of Ferrous Metals	77083		24755	52328
有色金属冶炼及压延加工业	Smelting and Pressing of Nonferrous Metals	14846	1522	11496	1559
金属制品业	Metal Products	1495	100	120	1145
普通机械制造业	Ordinary Machinery	36334	1929	18357	15948
专用设备制造业	Equipment for Special Purposes	10285	1176	4908	4081
交通运输设备制造业	Transport Equipment	32874	3418	27734	772
电气机械及器材制造业	Electric Equipment and Machinery	39851	2350	26303	9541
电子及通信设备制造业	Electronic and Telecommunications Equipment	8338		813	7215
仪器仪表及文化办公用机械制造业	Instruments, Meters, Cultural and Office Machinery	1026	536	490	
其他制造业	Other Manufacturing	964	129	435	400

6—19 续表 continued

单位：万元 (10000 yuan)

行业	Sector	投资额 Investment	新建 New Construction	扩建 Expansion	改建 Recon-struction
电力、煤气及水的生产和供应业	**Production and Supply of Electric Power, Gas and Water**	**299203**	**37541**	**120638**	**134598**
电力、蒸汽、热水生产和供应业	Production and Supply of Electric Power, Steam and Hot Water	284720	29458	115286	133550
煤气的生产和供应业	Production and Supply of Gas	4009	1817	2024	168
自来水的生产和供应业	Production and Supply of Tap Water	10474	6266	3328	880
建筑业	**Construction**	**9720**			**6808**
土木工程建筑业	Civil Engineering Construction	9720			6808
地质勘查、水利管理业	**Geological Prospecting and Water Conservancy**	**4108**	**649**	**2440**	**1019**
水利管理业	Water Conservancy	4108	649	2440	1019
交通运输、仓储及邮电通信业	**Transportation, Storage, Postal and Telecommunications Services**	**505241**	**43017**	**358037**	**83754**
铁路运输业	Railway Transport	14419			14124
公路运输业	Highway Transport	1948		100	
水上运输业	Waterway Transport	183			183
航空运输业	Air Transport	311		311	
交通运输辅助业	Transport Subsidiary Services	27229		4089	22919
其他交通运输业	Other Transport	100			100
邮电通信业	Postal and Telecommunications Services	461051	43017	353537	46428
批发和零售贸易餐饮业	**Wholesale & Retail Trade and Catering Services**	**5121**	**3125**	**130**	**1816**
食品饮料烟草和家庭用品批发业	Wholesale Trade of Food, Beverage, Tobacco and Household Articles	1710	1280		380
能源材料和机械电子设备批发业	Wholesale Trade of Energy, Materials and Electronic Equipment	1476	510	130	836
零售业	Retail Trade	1835	1335		500
餐饮业	Catering Trade	100			100
金融、保险业	**Banking and Insurance**	**200**	**200**		
保险业	Insurance	200	200		
房地产业	**Real Estate**	**400**			**400**
房地产管理业	Real Estate Management	400			400
社会服务业	**Social Services**	**8694**	**700**	**241**	**6345**
公共设施服务业	Public Services	2638	100	150	980
居民服务业	Resident Services	370			370
旅馆业	Hotels	3865			3865
旅游业	Tourism	691	600	91	
其他社会服务业	Other Social Services	1130			1130
卫生体育和社会福利业	**Health Care, Sports and Social Welfare**	**1303**			**456**
卫　生	Health Care	1303			456
教育、文化艺术和广播电影电视业	**Education, Culture and Arts, Broadcasting, Film and Television**	**8019**	**1526**		**6493**
教　育	Education	106			106
文化艺术业	Culture and Arts	461	350		111
广播、电影、电视业	Broadcasting, Film and Television	7452	1176		6276
国家机关、政党机关和社会团体	**Governments, Parties and Social Organizations**	**22400**		**6474**	**15855**
#国家机关	Governments	22400		6474	15855
其他行业	**Other Sectors**	**2320**			**2320**

6—20 各市国民经济各行业更新改造投资（2000 年）
Investment in Innovation by Sector and Region (2000)

单位：万元 (10000 yuan)

地 区 Region	合 计 Total	农、林、牧、渔业 Farming, Forestry, Animal Husbandry and Fishery	采掘业 Mining and Quarrying	制造业 Manufacturing	电力、煤气及水的生产和供应业 Production and Supply of Electricity Gas and Water	建筑业 Construction	地质勘查业水利管理业 Geological Prospecting and Water Conservancy	交通运输仓储和邮电通信业 Transport, Storage, Post & Telecommunications
总 计 Total	**1528306**	**1756**	**72276**	**587545**	**299203**	**9720**	**4108**	**505241**
合肥市 Hefei	180601			66931	12444	1038	1426	92985
淮北市 Huaibei	96269		43017	11543	21056			20023
亳州市 Bozhou	49734			11773	18344			18375
宿州市 Suzhou	93268			24368	13980			46279
蚌埠市 Bengbu	91148	960		49394	13605			20419
阜阳市 Fuyang	134832			14235	27580			91804
淮南市 Huainan	98788		7893	50804	24340	1308		14443
滁州市 Chuzhou	109029		971	37799	25485	320	1184	34674
六安市 Luan	71917			26123	15065			30418
马鞍山市 Maanshan	108522	400	5591	80602	2903			18010
巢湖市 Chaohu	79146			25801	26977	5500	1498	18587
芜湖市 Wuhu	88925		85	62491	8938	1316		16095
宣城市 Xuancheng	69482	190		26605	16501	110		23035
铜陵市 Tongling	67817		12946	40301	2266	128		10464
池州市 Chizhou	31947		153	6488	15044			9018
安庆市 Anqing	105069			39683	42704			20990
黄山市 Huangshan	37688	206	1620	12604	11971			5498
跨地区 Trans-regional	14124							14124

地 区 Region	批发零售贸易和餐饮业 Wholesale and Retail Trade & Catering Services	金融、保险业 Banking and Insurance	房地产业 Real Estate Trade	社会服务业 Social Services	卫生体育和社会福利业 Health Care, Sports & Social Welfare	教育、文化艺术和广播电影电视业 Education, Culture and Art, Broadcasting, Film and Television	国家机关、政党机关和社会团体 Government Agencies, Party Agencies and Social Organizations	其 他 Others
总 计 Total	**5121**	**200**	**400**	**8694**	**1303**	**8019**	**22400**	**2320**
合肥市 Hefei							5777	
淮北市 Huaibei	630							
亳州市 Bozhou	70			980		192		
宿州市 Suzhou				93		350	8198	
蚌埠市 Bengbu	1280					5490		
阜阳市 Fuyang				370	406		437	
淮南市 Huainan								
滁州市 Chuzhou	830					984	6562	220
六安市 Luan		200				111		
马鞍山市 Maanshan				1016				
巢湖市 Chaohu	150			172	284	106	71	
芜湖市 Wuhu								
宣城市 Xuancheng				941				2100
铜陵市 Tongling	1335			377				
池州市 Chizhou	566			115	563			
安庆市 Anqing	60				50	627	955	
黄山市 Huangshan	200		400	4630		159	400	

6—21 各市按资金来源和隶属关系分的更新改造投资（2000 年）
Investment in Innovation by Source of Funds and Administrative Relationship and Region (2000)

单位：万元 (10000 yuan)

地区 Region	按资金来源分 By Source of Funds					按隶属关系分 By Administrative Relationship	
	国家预算内资金 State Budgetary Appropriations	国内贷款 Domestic Loans	利用外资 Foreign Investment	自筹资金 Fund-Raising	其他资金 Others	中央项目 Central Government Projects	地方项目 Local Projects
总计 Total	**40656**	**510055**	**23529**	**876078**	**77988**	**490731**	**1037575**
合肥市 Hefei	5791	74825	5164	86718	8103	104146	76455
淮北市 Huaibei		21816		60612	13841	26830	69439
亳州市 Bozhou		21099		26288	2347	15635	34099
宿州市 Suzhou	6900	27910		46721	11737	5950	87318
蚌埠市 Bengbu		29260		61888		22538	68610
阜阳市 Fuyang	280	23971		97825	12756	88709	46123
淮南市 Huainan		22974		71013	4801	24977	73811
滁州市 Chuzhou	7415	26859		72403	2352	12458	96571
六安市 Luan	5611	20313	2792	42117	1084	32628	39289
马鞍山市 Maanshan	3370	28219	6420	70513		20251	88271
巢湖市 Chaohu	5845	41565		31736		29395	49751
芜湖市 Wuhu	70	18848	3132	62447	4428	22215	66710
宣城市 Xuancheng		30673		33156	5653	16159	53323
铜陵市 Tongling	980	33495		33342		1040	66777
池州市 Chizhou	1671	18314		9486	2476	10070	21877
安庆市 Anqing	1916	56998	4341	37511	4303	37183	67886
黄山市 Huangshan	707	12916	1680	18278	4107	6423	31265
跨地区 Trans-regional	100			14024		14124	

6—22 各市按构成和建设性质分的更新改造投资（2000 年）
Investment in Innovation by Use of Funds and Type of Construction and Region (2000)

单位：万元 (10000 yuan)

地区 Region	投资额 Investment	按构成分 By Use of Funds			按建设性质分 By Type of Construction		
		建筑安装工程 Construction and Installation	设备、工器具购置 Purchase of Equipment and Instruments	其他费用 Others	新建 New Construction	扩建 Expansion	改建 Reconstruction
总计 Total	**1528306**	**467186**	**969612**	**91508**	**154770**	**863718**	**463544**
合肥市 Hefei	180601	54727	122532	3342	300	170964	8299
淮北市 Huaibei	96269	19602	55370	21297	2925	28386	59166
亳州市 Bozhou	49734	17002	32519	213	12924	21190	15620
宿州市 Suzhou	93268	28011	64158	1099	11374	52136	29665
蚌埠市 Bengbu	91148	21033	63267	6848	22926	35104	33118
阜阳市 Fuyang	134832	35087	99589	156		107668	20264
淮南市 Huainan	98788	29447	52547	16794		78512	15323
滁州市 Chuzhou	109029	39412	63958	5659	20107	33538	50514
六安市 Luan	71917	23309	46881	1727	13206	32490	25869
马鞍山市 Maanshan	108522	38241	59836	10445	12363	29005	64158
巢湖市 Chaohu	79146	29697	48320	1129	6932	40705	30982
芜湖市 Wuhu	88925	28505	51778	8642	5997	56443	19536
宣城市 Xuancheng	69482	23259	44866	1357	16007	37429	15870
铜陵市 Tongling	67817	27736	36869	3212	5124	41395	15446
池州市 Chizhou	31947	9437	20476	2034	3480	13388	9995
安庆市 Anqing	105069	23998	74514	6557	9359	74236	21314
黄山市 Huangshan	37688	14435	22256	997	11746	11129	14281
跨地区 Trans-regional	14124	4248	9876				14124

6—23　国民经济各行业更新改造投资和新增固定资产（2000年）
Investment in Innovation and Newly Increased Fixed Assets by Sector (2000)

行　业	Sector	投资额（万元）Investment (10000 yuan)	新增固定资产（万元）Newly Increased Fixed Assets (10000 yuan)	固定资产交付使用率（%）Rate of Fixed Assets Put into Use (%)
全省总计	**Provincial Total**	**1528306**	**1096324**	**71.7**
农、林、牧、渔业	**Farming, Forestry, Animal Husbandry and Fishery**	**1756**	**356**	**20.3**
林　业	Forestry	246	206	83.7
畜牧业	Animal Husbandry	1360		
农林牧渔服务业	Agricultural Services	150	150	100.0
采掘业	**Mining and Quarrying**	**72276**	**55113**	**76.3**
煤炭采选业	Coal Mining and Dressing	50910	41500	81.5
黑色金属矿采选业	Mining and Dressing of Ferrous Metals	5591	5591	100.0
有色金属矿采选业	Mining and Dressing of Nonferrous Metals	13251	5698	43.0
非金属矿采选业	Mining and Dressing of Nonmetal Minerals	2524	2324	92.1
制造业	**Manufacturing**	**587545**	**379185**	**64.5**
食品加工业	Food Processing	16299	18330	112.5
食品制造业	Food Production	18425	7111	38.6
饮料制造业	Beverages	31617	24392	77.1
烟草加工业	Tobacco	13580	22177	163.3
纺织业	Textiles	31386	17673	56.3
服装及纤维制品制造业	Garments and Other Fiber Products	11150	12790	114.7
木材加工及竹藤棕草制品业	Timber Processing, Bamboo, Cane, Palm Fiber and Straw Products	7555	3180	42.1
家具制造业	Furniture Manufacturing	920	20	2.2
造纸及纸制品业	Papermaking and Paper Products	8816	4773	54.1
印刷业、记录媒介的复制	Printing and Record Medium Reproduction	4921	4711	95.7
文教体育用品制造业	Cultural, Educational and Sports Goods	355	81	22.8
石油加工及炼焦业	Petroleum Processing and Coking	11042	14744	133.5
化学原料及化学制品制造业	Raw Chemical Materials and Chemical Products	101999	71409	70.0
医药制造业	Medical and Pharmaceutical Products	24410	20585	84.3
化学纤维制造业	Chemical Fiber	9984	4904	49.1
橡胶制品业	Rubber Products	2700	1652	61.2
塑料制品业	Plastic Products	19729	16140	81.8
非金属矿物制品业	Nonmetal Mineral Products	47706	40944	85.8
黑色金属冶炼及压延加工业	Smelting and Pressing of Ferrous Metals	77083	20817	27.0
有色金属冶炼及压延加工业	Smelting and Pressing of Nonferrous Metals	14846	4831	32.5
金属制品业	Metal Products	1495	1119	74.8
普通机械制造业	Ordinary Machinery	36334	10502	28.9
专用设备制造业	Equipment for Special Purposes	10285	8823	85.8
交通运输设备制造业	Transport Equipment	32874	7685	23.4
电气机械及器材制造业	Electric Equipment and Machinery	39851	33637	84.4
电子及通信设备制造业	Electronic and Telecommunications Equipment	8338	4078	48.9
仪器仪表及文化办公用机械制造业	Instruments, Meters, Cultural and Office Machinery	1026	306	29.8
其他制造业	Other Manufacturing	964	631	65.5

6—23 续表 continued

行业	Sector	投资额（万元）Investment (10000 yuan)	新增固定资产（万元）Newly Increased Fixed Assets (10000 yuan)	固定资产交付使用率（%）Rate of Fixed Assets Put into Use (%)
电力、煤气及水的生产和供应业	**Production and Supply of Electric Power, Gas and Water**	**299203**	**210326**	**70.3**
电力、蒸汽、热水生产和供应业	Production and Supply of Electric Power, Steam and Hot Water	284720	203350	71.4
煤气的生产和供应业	Production and Supply of Gas	4009	3169	79.0
自来水的生产和供应业	Production and Supply of Tap Water	10474	3807	36.3
建筑业	**Construction**	**9720**	**9364**	**96.3**
土木工程建筑业	Civil Engineering Construction	9720	9364	96.3
地质勘查、水利管理业	**Geological Prospecting and Water Conservancy**	**4108**	**2965**	**72.2**
水利管理业	Water Conservancy	4108	2965	72.2
交通运输、仓储及邮电通信业	**Transportation, Storage, Postal and Telecommunications Services**	**505241**	**401484**	**79.5**
铁路运输业	Railway Transport	14419	9229	64.0
公路运输业	Highway Transport	1948	1948	100.0
水上运输业	Waterway Transport	183		
航空运输业	Air Transport	311	14	4.5
交通运输辅助业	Transport Subsidiary Services	27229	27143	99.7
其他交通运输业	Other Transport	100	100	100.0
邮电通信业	Postal and Telecommunications Services	461051	363050	78.7
批发和零售贸易餐饮业	**Wholesale & Retail Trade and Catering Services**	**5121**	**3171**	**61.9**
食品饮料烟草和家庭用品批发业	Wholesale Trade of Food, Beverage, Tobacco and Household Articles	1710	390	22.8
能源材料和机械电子设备批发业	Wholesale Trade of Energy, Materials and Electronic Equipment	1476	846	57.3
零售业	Retail Trade	1835	1835	100.0
餐饮业	Catering Trade	100	100	100
金融、保险业	**Banking and Insurance**	**200**	**200**	**100**
保险业	Insurance	200	200	100
房地产业	**Real Estate**	**400**	**400**	**100**
房地产管理业	Real Estate Management	400	400	100
社会服务业	**Social Services**	**8694**	**7674**	**88.3**
公共设施服务业	Public Services	2638	2108	79.9
居民服务业	Resident Services	370	480	129.7
旅馆业	Hotels	3865	3265	84.5
旅游业	Tourism	691	691	100
其他社会服务业	Other Social Services	1130	1130	100
卫生体育和社会福利业	**Health Care, Sports and Social Welfare**	**1303**	**1303**	**100**
卫　生	Health Care	1303	1303	100
教育、文化艺术和广播电影电视业	**Education, Culture and Arts, Broadcasting, Film and Television**	**8019**	**7044**	**87.8**
教　育	Education	106	106	100
文化艺术业	Culture and Arts	461	561	121.7
广播、电影、电视业	Broadcasting, Film and Television	7452	6377	85.6
国家机关、政党机关和社会团体	**Governments, Parties and Social Organizations**	**22400**	**15419**	**68.8**
#国家机关	Governments	22400	15419	68.8
其他行业	**Other Sectors**	**2320**	**2320**	**100**

6—24 各市国民经济各行业更新改造新增固定资产（2000年）
Newly Increased Fixed Assets through Innovation by Sector and Region (2000)

单位：万元　　　　(10000 yuan)

地区 Region	合计 Total	农、林、牧、渔业 Farming, Forestry, Animal Husbandry and Fishery	采掘业 Mining and Quarrying	制造业 Manufacturing	电力、煤气及水的生产和供应业 Production and Supply of Electricity Gas and Water	建筑业 Construction	地质勘查业水利管理业 Geological Prospecting and Water Conservancy	交通运输仓储和邮电通信业 Transport, Storage, Post & Telecommunications
总计 Total	**1096324**	**356**	**55113**	**379185**	**210326**	**9364**	**2965**	**401484**
合肥市 Hefei	105326			30509	11904	1038	183	55915
淮北市 Huaibei	59263		26607	12104	11923			7667
亳州市 Bozhou	48845			15103	11444			18375
宿州市 Suzhou	73997			24637	15035			28325
蚌埠市 Bengbu	76260			40149	15137			19791
阜阳市 Fuyang	116536			9604	16278			90654
淮南市 Huainan	61296		14893	29044	4732	1308		11319
滁州市 Chuzhou	79232		551	15698	24082	320	1734	31258
六安市 Luan	63295			20539	15319			27126
马鞍山市 Maanshan	59616		5591	33773	2843			16393
巢湖市 Chaohu	81733			28930	26384	5500	1048	19088
芜湖市 Wuhu	77828		839	51692	8964	1198		15135
宣城市 Xuancheng	38469	150		14090	4983			18555
铜陵市 Tongling	31159		4859	10058	1966			10464
池州市 Chizhou	19219		153	3187	7859			6776
安庆市 Anqing	62714			29927	21285			10411
黄山市 Huangshan	32602	206	1620	10141	10188			5298
跨地区 Trans-regional	8934							8934

地区 Region	批发零售贸易和餐饮业 Wholesale and Retail Trade & Catering Services	金融、保险业 Banking and Insurance	房地产业 Real Estate Trade	社会服务业 Social Services	卫生体育和社会福利业 Health Care, Sports & Social Welfare	教育、文化艺术和广播电影电视业 Education, Culture and Art, Broadcasting, Film and Television	国家机关、政党机关和社会团体 Government Agencies, Party Agencies and Social Organizations	其他 Others
总计 Total	**3171**	**200**	**400**	**7674**	**1303**	**7044**	**15419**	**2320**
合肥市 Hefei							5777	
淮北市 Huaibei								
亳州市 Bozhou	70			700		192		
宿州市 Suzhou				93		450	3380	
蚌埠市 Bengbu						6000		
阜阳市 Fuyang				480	406		297	
淮南市 Huainan								
滁州市 Chuzhou	830						4539	220
六安市 Luan		200				111		
马鞍山市 Maanshan				1016				
巢湖市 Chaohu	150			172	284	106	71	
芜湖市 Wuhu								
宣城市 Xuancheng				691				2100
铜陵市 Tongling	1335			377				
池州市 Chizhou	566			115	563			
安庆市 Anqing	60				50	26	955	
黄山市 Huangshan	160		400	4030		159	400	

6—25 更新改造新增主要产品生产能力
Newly Increased Production Capacity Through Innovation

能力名称		Item		1996	1997	1998	1999	2000
原煤开采	(万吨/年)	Coal Mining	(10000 tons/year)			11.50		
洗　煤	(万吨/年)	Coal Washing	(10000 tons/year)		60.00		60.00	279.50
焦　炭	(万吨/年)	Coke	(10000 tons/year)					20.00
油罐容量	(万立方米)	Capacity of Oil Tank	(10000 cu. m)					5.20
铁矿石原矿开采	(万吨/年)	Primary Iron Ore Mining	(10000 tons/year)	2		130		
人造富铁矿	(万吨/年)	Man-made Rich Iron Ore	(10000 tons/year)		4.00			30.00
#烧结铁矿		Sintering Iron Ore			4.00			
炼　铁	(万吨/年)	Iron Smelting	(10000 tons/year)		30.00		2.01	
连　铸	(万吨/年)	Casting	(10000 tons/year)				60	
钢　材	(万吨/年)	Steels	(10000 tons/year)		15.00		1.00	
热轧钢材		Hot-rolling Steel			15.00			
冷加工钢材		Cold Working Steels					1.00	
铜采矿（原矿）	(万吨/年)	Copper Mining (Crude Ore)	(10000 tons/year)					15.00
铜选矿:		Copper Dressing:		17	4747			
处理原矿	(万吨/年)	Crude Ore Dressing	(10000 tons/year)					
铜加工	(吨/年)	Copper Processing	(ton/year)	1500	4000	5000		
铅锌采矿（原矿）	(万吨/年)	Lead and Zinc Mining (Crude Ore)	(10000 tons/year)				15.00	
铅冶炼	(吨/年)	Lead Smelting	(ton/year)		1000			
锌冶炼	(吨/年)	Zinc Smelting	(ton/year)				8000	10000
#电解锌		Zinc Eletrolyisis					8000	10000
电解铝	(吨/年)	Aluminum Eletrolyisis			1500			
铝加工	(吨/年)	Aluminum Processing	(ton/year)		3700			
硫铁矿开采	(万吨/年)	Iron Sulphide Ore Mining	(10000 tons/year)					30
发电机组容量	(万千瓦)	Capacity of Power Generating Sets	(10000 kw)	32.00	1.50	24.70	2.55	0.25
水力发电		Hydropower				22.00		0.25
火力发电		Thermal Power		32.00	1.50	2.40	2.40	
其他发电		Other Power				0.30	0.15	
输电线路长度（11万伏及以上）	(公里)	Length of Power Line (110 KV and Over)	(km)	1013.00		320.60	120.50	32.00
变电设备能力（11万伏及以上）	(万千伏安)	Capacity of Converting Facilities (110 KV and Over)	(10000 KVA)	24.00	22.00	7.50	3.55	3.15
水　泥	(万吨/年)	Cement	(10000 tons/year)	190.00	86.45	54.50	53.20	105.00
平板玻璃	(万重量箱/年)	Plate Glass	(10000 wt. Cases /year)			4.00	6.00	
石墨及炭素制品	(吨/年)	Graphite and Carbon Products	(ton/year)		3000			
胶合板	(万立方米/年)	Plywood	(10000 cu. m /year)				1.00	
纤维板	(万立方米/年)	Fiberboard	(10000 cu. m /year)			91.50		
刨花板	(万立方米/年)	Shavings Board	(10000 cu. m /year)					2.00
人造板装饰加工板	(万立方米/年)	Artificial Furnishing Board	(10000 cu. m /year)		1.50			
硫　酸	(吨/年)	Sulfuric Acid	(ton/year)	20000				25000
浓硝酸	(吨/年)	Dense Nitric Acid	(ton/year)	10000				20000
烧　碱	(吨/年)	Caustic Soda	(ton/year)	27000				
合成氨	(吨/年)	Synthetic Ammonia	(ton/year)	187004	215200	81500	72000	
农用氮、磷、钾化学肥	(吨/年)	Chemical Fertilizer for Agricultural Use	(ton/year)	123761	96000	43048	128	
氮　肥		Nitrogenous Fertilizer		70761	66000	3000	120	40000
磷　肥		Phosphate Fertilizer		53000	30000	40048	8	500
化学农药	(吨/年)	Chemical Pesticide for Agricultural Use	(ton/year)	2500	1200	5800	1186	50
油　漆	(吨/年)	Paint	(ton/year)	1000				
染　料	(吨/年)	Dye	(ton/year)			800		
炭　黑	(吨/年)	Charcoal	(ton/year)	15000	1500	15000		
塑料树脂及共聚物	(吨/年)	Plastic Resin and Copolymer	(ton/year)	300	11000	120	6500	6000
合成纤维聚合物	(吨/年)	Synthetic Fiber Polymer	(ton/year)				14000	

6—25 续表 1 continued

能力名称 Item	1996	1997	1998	1999	2000
轮胎外胎 (万条/年) Rubber Tire (10000 units/year)	10			20	
化学原料药 (吨/年) Chemical Raw Medicine (ton/year)	6000	60		180	
中成药 (吨/年) Proprietary Chinese Medicine (ton/year)	418	2400	10500	150	885
金属切削机床制造 (台/年) Metal-processing Machine Tool (unit/year)			120		
汽车制造 (辆/年) Motor Vehicles Manufacturing (unit/year)	31000	106000	100000		1000
载货汽车制造 Truck Manufacturing	31000	100000	100000		
其它汽车制造 Other Vehicles Manufacturing		6000			1000
化学纤维 (吨/年) Chemical Fiber (ton/year)	1500		2400		
棉纺锭 (万锭) Cotton Spindles (10000 units)	1.00	2.84	3.50		1.96
棉布织机 (台) Cotton Loom (unit)		66	40	180	452
棉印染 (万米/年) Cotton Printing and Dyeing (10000m/year)	2088	1300	850	1257	240
毛纺锭 (锭) Wool Spindles (unit)	240	3400	600		
丝织机 (台) Silk Loom (unit)	116	10		104	
桑蚕缫丝机 (绪) Reeling Machine (unit)	400				4800
食用植物油 Edible Vegetable Oil (日处理原料：吨) (Processed Material Per Day：Ton)	5525	238	520	18	2193
食用植物油 (日精炼油：吨) Edible Vegetable Oil (Refined Oil：Ton)	320	54	180	0.30	520
肉加工品 (吨/年) Processed Meat Products (ton/year)	14620	10000		25	
#熟肉加工 Cooked Meat	9620	10000			
糖　果 (吨/年) Candy (ton/year)				10	
饼　干 (吨/年) Biscuit (ton/year)	8640				
乳制品 (吨/年) Dairy Products (ton/year)		4000			
其他乳制品 Other Dairy Products		4000			2000
酒 (吨/年) Liquor (ton/year)	96503	359360	137165	5032	
啤　酒 Beer	85503	335500	115000	325000	50000
白　酒 White Spirit	11000	23860	22120	5000	
其他酒 Other Liquor			45		
卷　烟 (箱/年) Cigarette (case/year)	80000	73000	202000	150000	28800
机制纸浆 (万吨/年) Machine-made Paper Pulp (10000 tons/year)	2.00		0.50	4.60	
肥　皂 (万吨/年) Soap (10000 tons/year)	1.00	1.80			
合成洗涤剂 (吨/年) Synthetic Detergents (ton/year)		25500	65000		500
皮　鞋 (万双/年) Leather Shoes (10000 pairs/year)	70				
服　装 (万件/年) Clothes (10000 units/year)		29.60			
塑料制品 (万吨/年) Plastic Products (10000 tons/year)	1.00	1.10	2.33	0.24	
日用玻璃制品 (万吨/年) Glass Ware (10000 tons/year)	2000	0.90	3.00		3.70
保温瓶 (万个/年) Thermos Bottles (10000 units/year)	200				
家用电冰箱 (万台/年) Household Refrigerator (10000 units/year)		25	140	155	30
铁路货车购置 (辆) Purchase of Goods Train (unit)	12				
新建公路 (公里) Length of New Highways (km)			12	52	57.30
#高速公路 Expressway					23
二级公路 Second-Grade Highways					34.30
改建公路 (公里) Length of Reconstructed Highways (km)	2	147	184	114	16
一级公路 First-Grade Highways		18		17	
二级公路 Second-Grade Highways				23	
新（扩）建港口码头 Newly Built or Expanded Ports (年吞吐量：万吨) Annual Handing capacity (10000 tons)	20				
新（扩）建港口码头 Newly Built or Expanded Ports (泊位：个) Number of Berths (unit)	2.00				
船舶购置 (艘) Purchase of Vessels (unit)	5.00	12.00		9.00	1.00
船舶购置 (载重量：吨位) Purchase of Vessels (Loading Capacity：Tonnage)	900	1800		500	5.00
船舶购置 (载客量：客位) Purchase of Vessels (Seating Capacity：Seat)				1000	
船舶购置 (拖轮功率：千瓦) Purchase of Vessels (Power：kw)		368		900	

6—25 续表2 continued

能力名称 Item	1996	1997	1998	1999	2000
长途电缆（延长公里）Long-distance Power Cable (Extending km)	141	566	4169	425	1800
新建微波电路（公里）New Microwave Circuit (km)			8.00	360	120
造林面积（万亩）Afforestation Area (10000 Mu)	1.00			2.00	
水库容量(总库容)（亿立方米）Capacity of Reservoirs (100 Million Cu. m)			0.15		
有效灌溉面积（万亩）Irrigated Area (10000 Mu)		0.50		0.50	
除涝面积 Flooded or Water Logged Area Under Control（万亩）(10000 Mu)	1.00	5.26	0.40	2.18	
排灌装机（万千瓦）Irrigation and Drainage Capacity (10000 kw)	194	0.13	0.05	0.03	
物资储备石油库 Petroleum Tanks in Materials Warehouse System（万立方米）(10000 Cu. m)		0.80			
粮食仓库（万公斤）Grain Storehouses (10000 kg)		330	1570		
粮食仓库（平方米）Grain Storehouses (sq. m)		1640	3885		
中等学校:学生席位（个）Secondary Schools: Enrollment (seat)	15835				
建筑面积（平方米）Construction Area (sq. m)	55000				
小学校:学生席位（个）PrimarySchools: Enrollment (seat)	750		1125		
建筑面积（平方米）Construction Area (sq. m)	5404		3628		
其他学校:学生席位（个）Other Schools: Enrollment (seat)			270		
建筑面积（平方米）Construction Area (sq. m)			1805		
影剧院:座席（个）Seating Capacity of Theatres (seat)			428		
影剧院:座席（平方米）Seating Capacity of Theatres (sq. m)			1300		
宾馆、旅馆、招待所客房数（间）Rooms in Hotel (unit)		264		150	
宾馆、旅馆、招待所客房数 Rooms in Hotel（平方米）(sq. m)		5000		3000	
城市自来水供水能力（万吨/日）Tap Water Supply Capacity (10000 tons/day)	11		1.00	0.65	6.00
城市自来水管道长度（公里）Length of Tap Water Pipes (km)	4.00			7.69	7.00
城市煤气生产能力 Gas Production Capacity（万立方米/日）(10000 cu. m /day)		5.00			
城市天然气储气能力 City Storage Capacity of Natural Gas（万立方米/日）(10000 cu. m /day)				5.40	
城市液化石油气储气能力 City Storage Capacity of Liquefied Petroleum Gas（吨）(ton)		20	5000		
城市供热能力:蒸汽（吨/小时）City Steam Heating Supply Capacity (ton/hour)			54		
城市公共交通车辆购置 Purchase of Urban Public Transports Vehicles（辆）(unit)		69	31	79	96.00
城市道路扩建长度（公里）Length of Urban Expanded Roads (km)	60.00	7.00	12.90	1.00	1.80
城市道路扩建面积（万平方米）Area of Urban Expanded Roads (10000 sq. m)	40.00	30.50	41.80	5.80	2.70
城市排水管道铺设长度（公里）Length of Urban Drainage Pipes (km)		8.20		6.00	
城市污水处理能力 Urban Waster Water treatment Capacity（万吨/日）(10000 tons/day)				5.64	0.41
城市防洪堤长度（公里）Length of City's Floodwalls (km)			25		
煤 炭（万吨/年）Coal (10000 tons/year)		1.60			
由于余热利用而节约的 Economized from Utilization of Remaining Heat		1.60			
焦 炭（吨/年）Coke (ton/year)		2500			
硫 酸(折合100%)（吨/年）Sulfuric Acid (100%) (ton/year)			20000		
精甲醇（吨/年）Defined Methanol (ton/year)					20000
化学药制剂: Pharmacentical Preparation:				1000	
输 液（万瓶/年）Infusion (10000 Bottles/year)					
胶囊剂（万粒/年）Capsule (10000 units/year)				50000	
光纤通讯电缆（芯公里）Optical-Fiber Cable (km)					45
软饮料（吨/年）Soft Drink (ton/year)					5.00
机制纸（万吨/年）Machine-made Paper (10000 tons/year)					3.00
灯 泡（万只/年）Bulb (10000 units/year)	112	700	800	5000	10000
移动电话机(手持机)（部/年）Mobile Telephone (unit/year)				7300	3600
移动通信基站设备 Basic Equipment of Mobile Communication（信道/年）(Information route/year)				34000	25675
程控交换机 Program-Controlled telephone Exchanges（万线/年）(10000 Lines/year)				5.06	20.83
电话单机（万部/年）Telephone (10000 units/year)					0.96

6—26 各县（市）更新改造投资和新增固定资产（2000 年）
Investment in Innovation and Newly Increased Fixed Assets by County（city）(2000)

单位：万元 (10000 yuan)

县（市）		本年完成投资 Investment	本年新增固定资产 Newly Increased Fixed Assets	县（市）		本年完成投资 Investment	本年新增固定资产 Newly Increased Fixed Assets
合肥市辖区	HeFei Reigon of City	146526	72494	马鞍山市辖区	MaAnShan Reigon of City	108522	59616
长丰县	ChangFeng	9625	8382	当涂县	DangTu		
肥东县	FeiDong	6777	6777	巢湖市辖区	ChaoHu Reigon of City	34388	38771
肥西县	FeiXi	17673	17673	庐江县	LuJiang	12558	10782
淮北市辖区	HuaiBei Reigon of City	90051	50654	无为县	WuWei	15148	15128
濉溪县	SuiXi	6218	7647	含山县	HanShan	6628	6628
亳州市辖区	Bozhou Reigon of City	14509	13534	和县	HeXian	10424	10424
涡阳县	GuoYang	14944	14149	芜湖市辖区	WuHu Reigon of City	50627	33077
蒙城县	MengCheng	15453	13373	芜湖县	WuHu	4925	4925
利辛县	LiXin	4828	4828	繁昌县	FanChang	29432	35885
宿州市辖区	SuZhou Reigon of City	50440	34005	南陵县	NanLing	3941	3941
砀山县	DangShan	12270	9470	宣城市辖区	XuanCheng Reigon of City	32459	18547
萧县	XiaoXian	11508	6640	宁国市	NingGuo	12240	8614
灵璧县	LingBi	9462	12217	郎溪县	LangXi	4463	4010
泗县	SiXian	9588	9588	广德县	GuangDe	8058	4159
蚌埠市辖区	BengBu Reigon of City	66778	58883	泾县	JingXian	6223	2760
怀远县	HuaiYuan	10286	10560	旌德县	JingDe	1099	1099
五河县	WuHe	7764	7764	绩溪县	JiXi	4940	1380
固镇县	GuZhen	6320	3870	铜陵市辖区	TongLing Reigon of City	66816	28508
阜阳市辖区	FuYang Reigon of City	86714	76851	铜陵县	TongLing	1001	551
界首市	JieShou	19263	19263	池州市辖区	ChiZhou Reigon of City	20154	11849
临泉县	LinQuan	13861	15161	东至县	DongZhi	6125	5705
太和县	TaiHe	6444	6444	石台县	ShiTai	1579	99
阜南县	FuNan	5750		青阳县	QingYang	3974	1451
颍上县	YingShang	2800		九华山区	JinHuaShan	115	115
淮南市辖区	HuaiNan Reigon of City	88562	44195	安庆市辖区	AnQing Reigon of City	52255	33590
凤台县	FengTai	10226	17101	桐城市	TongCheng	11428	2175
滁州市辖区	ChuZhou Reigon of City	34915	25112	怀宁县	HuaiNing	8811	4695
天长市	TianChang	9782	9782	枞阳县	ZongYang	10358	7653
明光市	MingGuang	10391	10391	潜山县	QianShan	3114	
来安县	LaiAn	9403	9403	太湖县	TaiHu	2569	2569
全椒县	QuanJiao	21924	3765	宿松县	SuSong	6633	2481
定远县	DingYuan	9453	9433	望江县	WangJiang	3965	3965
凤阳县	FengYang	13161	11346	岳西县	YueXi	5936	5586
六安市辖区	LuAn Reigon of City	24271	20305	黄山市辖区	HuangShan Reigon of City	18067	12614
寿县	ShouXian	12226	10211	歙县	SheXian	4791	5703
霍邱县	HuoQiu	13114	16414	休宁县	XiuNing	5089	5069
舒城县	ShuCheng	8400	3300	黟县	YiXian	2023	2023
金寨县	JinZhai	3474	3536	祁门县	QiMen	7718	7193
霍山县	HuoShan	10432	9529	不分地区	Not Classified by Region	14124	8934

6—27 基本建设大中型及更新改造限额以上项目一览表（2000年）

单位：万元

建设项目名称	Item	国民经济行业	Sector
基本建设大中型项目	**Capital Construction Project of Large and Medium Size**		
中国科技大学国家同步辐射实验楼	University of Science and Technology of China (USTC)-National Synchrotron Radiation Laboratory	普通高等教育	General Higher Education
合肥市污水处理管理处二期工程	Hefei Administrative Sector of Sewage Disposal-Second Phase	市政工程管理业	Administration of Municipal Engineer Projects
中国科学院等离子体所 ht－7v 超导托卡马克	Plasma Office of the Chinese Academy of Science ht-7v Superconductive Material	自然科学研究	Natural Scientific Research
合肥第二发电厂	Hefei No. 2 Power Plant	火力发电业	Thermal Power
中国科技大学211工程建设	"211" Project of USTC	普通高等教育	General Higher Education
芜湖长江大桥	Wuhu ChangJiang Bridge	铁路运输业	Railway Transportation
芜湖发电厂四期扩建	Wuhu Power Plant-Fourth Expansion	火力发电业	Thermal Power
芜湖市垃圾处理厂生活垃圾处理	Wuhu Garbage Disposal Plant-Living Waste Disposal	市政工程管理业	Administration of Municipal Engineer Projects
蚌埠机场指挥部机场新建	Bengbu Airport Headquarters-Newly Constructed	交通运输辅助业	Auxiliary Transportation
安徽淮化集团有限公司18万合成氨	Huaihua Group of Anhui-180,000 Tons of Synthetic Ammonia	氮肥制造业	Nitrogenous Fertilizer Manufacturing
淮南矿业集团基建	Huainan Mining Industry Group-Capital Construction	煤炭开采业	Coal Mining
洛河电厂二期工程	Luohe Power Plant-Second Phase	火力发电业	Thermal Power
马鞍山生物化学有限公司4万吨柠檬酸	Maanshan Biochemical Co. Ltd. -40,000 Tons of Citric Acid	柠檬酸制造业	Citric Acid Manufacturing
马钢总公司高村铁矿	Maanshan Iron and Steel Corporation-Gaocun Iron Mine	铁矿采选业	Iron Ore Mining and Dressing
淮北国安电力有限公司二电厂	Huaibei Guoan Electric Power Co. Ltd. - Second Power Plant	火力发电业	Thermal Power
众城水泥集团1000T水泥熟料生产线	Zhongcheng Cement Group-1,000 Tons Production Line of Pressed Cement	水泥制造业	Cement Manufacturing
铜陵市公路管理局沿江快速通道	Tongling Administration of Highway-High-speed Passageway Along the River	交通运输辅助业	Auxiliary Transportation
铜陵市城市道路指挥部天桥路－湖东路	Tongling City Road Headquarters-Tianqiao Road-Hudong Road	市政工程管理业	Administration of Municipal Engineer Projects
铜陵市新桥矿新桥二期扩建	Tongling Xinqiao Mine-Second Expansion	硫矿采选业	Sulphur Ore Mining and Dressing
铜陵市华讯电子材料有限责任公司覆铜层压扳	Tongling Huaxun Electronic Material Co. Ltd. -Rolling Covered with Copper	有色金属压延加工业	Nonferrous Metal Rolling and Processing
铜陵城市道路指挥部环湖综合治理	Tongling City Road Headquarters-Comprehensive Treatment Around the Lake	市政工程管理业	Administration of Municipal Engineer Projects
铜陵供电局城网改造	Tongling Power Supply Bureau-Urban Network Reform	电力供应业	Electric Power Supplying
铜陵市深能发电有限公司电厂四期扩建	Tongling Shenneng Power Co. Ltd. -Fourth Expansion of the Power Plant	火力发电业	Thermal Power
铜陵市市直机关事务管理局市行政中心	Tongling Administration of General Affairs of Departments Directly Under the City-Executive Center	国家机关	Government Office
安庆市水利局安庆江堤加固工程	Anqing Bureau of Water Conservancy-Reinforce Project of Anqing Dykes	水利管理业	Water Conservancy
安庆市水利局广济江堤加固工程	Anqing Bureau of Water Conservancy-Reinforce Project of Guangji Dykes	水利管理业	Water Conservancy
安庆石油化工总厂80万吨加氢精制装置	Anqing Petrochemical Corporation-Refined Installation of Adding Hydrogen	原油加工业	Crude Petroleum Processing
滁州市外环路工程	Chuzhou Outer Ringroad	市政工程管理业	Administration of Municipal Engineer Projects
寿县水利局寿西淮堤退建	Shouxian Bureau of Water Conservancy-Shouxihuai Dykes	水利管理业	Water Conservancy
舒城杭埠段建设工程	Shucheng-Construction Project of Hangbu Section	汽车运输业	Automobile Transportation
中华药都投资公司中药交易中心二期工程	China Yaodu Corporation-Second Phase of the Trade Center of Chinese Traditional Medicine	日用品批发业	Wholesale of Articles of Daily Use
贵池区水电局长江江堤建设	Guichi Bureau of Water Conservancy-Changjiang Dye	水利管理业	Water Conservancy
港口湾水库指挥部港口湾水库	Gangkouwan Reservoir Headquaters-Gangkouwan Reservoir	水利管理业	Water Conservancy
界史杭灌区续建配套	Pishihang Irrigated District-Extending Construction	水利管理业	Water Conservancy
京福公路合肥至西泉街段	Jingfu Highway-Hefei to Linquan Section	汽车运输业	Automobile Transportation
怀洪新河	Huaihong New River	水利管理业	Water Conservancy
沪蓉公路合肥至安庆段	Hurong Highway-Hefei to Anqing Section	汽车运输业	Automobile Transportation
连霍公路萧县段	Lianhuo Highway-Xiaoxian Section	汽车运输业	Automobile Transportation
京福公路西泉街至朱围子段	Jingfu Highway-Xiquan Street to Zhuweizi Section	汽车运输业	Automobile Transportation

List of Investment in Capital Construction of Large and Medium Size and Above Quota Innovation Projects (2000)

(10000 yuan)

隶属关系 Administrative Relationship	建设性质 Type of Construction	计划总投资 Total Investment Planned	自开始建设至本年底累计完成投资 Accumulative Investment Actually Made Since Starting of Construction Up to the End of This Year	建设规模和新增能力(或效益) Scale of Construction and Newly Increased Capacity (Efficiency) 生产能力(或效益)名称 Name of Production Capacity (efficiency)	计量单位 Unit of Measurement	建设规模 Scale of Construction	累计新增 Accumulative Newly Increased Capacity
中央 Central	扩建 Expansion	11800	10567				
市属 City	新建 New	41926	19243		万吨/日 10000 tons/day	15	
中央 Central	新建 New	16500	2324	城市污水处理能力 Urban Waste Water Treatment Capacity			
市属 City	新建 New	463900	463900		万千瓦 10000 kw	70	
中央 Central	改建 Reform	13223	11067				
中央 Central	新建 New	454649	419426	火力发电 Thermal Power	延长米 Extending M	5529	5529
中央 Central	扩建 Expansion	82997	82997				
市属 City	新建 New	22000	8800	新建独立公路桥梁 New Independent Highway Bridge			
市属 City	新建 New	59320	33549				
市属 City	扩建 Expansion	123498	123653		万吨/年 10000 tons/year	18	18
省属 Provincial	扩建 Expansion	50000	47080	合成氨 Synthetic Ammonia			
中央 Central	扩建 Expansion	255967	229503		万千瓦 10000 kw	60	
市属 City	新建 New	19878	12218	火力发电 Thermal Power			
市属 City	新建 New	41500	43742	铁矿石原矿开采 Iron Ore Mining	万吨/年 10000 tons/year	130	
中央 Central	新建 New	294963	294963	火力发电 Thermal Power	万千瓦 10000 kw	60	60
中央 Central	新建 New	22043	19780	水泥 Cement	万吨/年 10000 tons/year	30	30
省属 Provincial	新建 New	18000	12964	新建公路 New Highway	公里 km	42	
市属 City	新建 New	36327	19110	城市道路扩建面积 Area of Urban Expanded Roads	万平方米 10000 sq. m	55	18
市属 City	扩建 Expansion	66092	45455	硫铁矿开采 Iron Sulphide Ore Mining	万吨/年 10000 tons/year	90	
市属 City	新建 New	8843	8843				
市属 City	新建 New	34998	11583	城市道路扩建面积 Area of Urban Expanded Roads	万平方米 10000 sq. m	9	6
省属 Provincial	改建 Reform	12300	5002				
省属 Provincial	扩建 Expansion	147658	147658	火力发电 Thermal Power	万千瓦 10000 kw	30	30
市属 City	新建 New	9900	1000				
市属 City	扩建 Expansion	45000	11678				
市属 City	扩建 Expansion	35000	10225	加氢精制设备 Refined Installation			
中央 Central	扩建 Expansion	16132	500		万吨/年 10000 tons/year	80	
市属 City	新建 New	77770	7971				
县属 County	新建 New	29750	14920				
中央 Central	新建 New	24000	7000				
市属 City	新建 New	13000	1200				
县属 County	改建 Reform	7928	5400	新建公路 New Highway			
市属 City	新建 Nwe	110340	76456				
省属 Provincial	新建 Nwe			新建公路 New Highway			
省属 Provincial	新建 Nwe	206201	192392	新建公路 New Highway	公里 km	105	
中央 Central	新建 Nwe	145667	132256	新建公路 New Highway			
省属 Provincial	新建 Nwe	376219	215182		公里 km	153	
省属 Provincial	新建 Nwe	131090	91632		公里 km	54	
省属 Provincial	新建 Nwe	381000	45344		公里 km	168	

6—27 续表1

单位：万元

建设项目名称	Item	国民经济行业	Sector
更新改造限额以上项目	**Above Quota Innovation Projects**		
安徽叉车集团公司技改	Anhui Fork Truck Group Corporation-Technical Reform	设备制造业	Equipment Manufacturing
安徽安凯汽车集团豪华大客车及客车专用底盘	Anhui Ankai Automobile Group-Splendid Coach and Special Chassis for Coach	载重汽车制造业	Truck Manufacturing
合肥荣事达集团有限责任公司技改	Hefei Rongshida Group Co. Ltd.-Technical Reform	洗衣机制造业	Washing Machine Manufacturing
合肥美菱注塑中心塑胶门窗	Hefei Meiling Plastic Pouring Center-Plastic and Rubber Door and Window	其他塑料制品业	Other Plastic Products
合肥荣事达集团有限责任公司仿生洗衣机技改项目	Hefei Rongshida Group Co. Ltd.-Technical Reform of Bionical Washing Machine	洗衣机制造业	Washing Machine Manufacturing
合肥钢铁公司小型连轧	Hefei Iron and Steel Corporation-Small-sized Rolling	钢压延加工业	Steel Rolling Processing
合肥江淮汽车制造厂客车专用底盘及客车"九五"技改	Hefei Jianghuai Automobile Factory-Special Chassis for Coach and Technical Reform of Coach During the Period of "Ninth Five-year-plan"	载重汽车制造业	Truck Manufacturing
合肥电信局市话线路工程	Hefei Telecommunications Bureau-Local Telephone Line Project	电信业	Telecommunication
合肥电信局市话交换工程	Hefei Telecommunications Bureau-Local Exchange Equipment	电信业	Telecommunication
合肥电信局传输工程	Hefei Telecommunications Bureau-Conveying Project	电信业	Telecommunication
合肥市煤气总公司技改	Hefei Gas Corporation-Technical Reform	煤气生产业	Gas Production
合肥江淮汽车制造厂技改	Hefei Jianghuai Automobile Factory-Technical Reform	载重汽车制造业	Truck Manufacturing
安徽皖西机械厂82系列生产线技术改造项目	Anhui Wanxi Mechanical Plant-Technical Reform of 82 Series Production Line	专用设备制造业	Special Equipment Manufacturing
合肥美菱股份有限公司冰柜生产线建设	Hefei Meiling Co. Ltd.-Icebox Production Line	电冰箱制造业	Refrigerator Manufacturing
合肥市移动电话GSM工程网络优化	Hefei Mobile Phone-Net Optimization of GSM Project	电信业	Telecommunication
江淮航空仪表厂11#工程	Jianghuai Aviation Instrument and Meter Plant-No.11 Project	飞机制造业	Airplane Manufacturing
安徽省电信公司技术改造	Anhui Telecommunication Corporation-Technical Reform	电信业	Telecommunication
安徽联通合肥通信局技改	Anhui Unicom-Technical Reform of Hefei Communication Bureau	电信业	Telecommunication
安徽开元轮胎股份有限公司技改	Anhui Kaiyuan Tire Co. Ltd.-Technical Reform	轮胎制造业	Tire Manufacturing
合肥四方化工集团有限公司扩建工程	Hefei Sifang Chemical Group Co. Ltd.-Expansion Project	无机盐制造业	Inorganic Salts Manufacturing
芜湖美的物业公司美的工业园	Wuhu Meide Property Management Corporation-Meide Industrial Garden	空调器制造业	Air Conditioner Manufacturing
芜湖银广厦公司银广厦一期工程	Wuhu Yinguangsha Corporation-First Phase of Yinguangsha Project	玻璃制品业	Glass Ware
芜湖长信薄膜公司设备购置	Wuhu Changxin Film Corporation-Purchase of Equipment	塑料薄膜制造业	Plastic Film Manufacturing
芜湖造纸网总厂年产15万平方米聚脂多层网	Wuhu Paper Net Plant-Annual Production of 150,000 Square Meters of Polyester Multi-level Net	专用设备制造业	Special Equipment Manufacturing
安徽鑫科材料股份公司稀土光亮铜杆连铸连轧改造	Anhui Xinke Material Co. Ltd.-Reform of Rare－earth Shinning Copper Pole Casting and Rolling	有色金属加工业	Nonferrous Metal Processing
芜湖市万通公司瑞士政府贷款扩优技改	Wuhu Wantong Corporation-Technical Reform from the Loan of Swiss Government	电动机制造业	Electromotor Manufacturing
扬湾水泥厂杨湾水泥厂	Yangwan Cement Plant	水泥制造业	Cement Manufacturing
蚌埠卷烟厂引进GDX设备5号机	Bengbu Tobacco Factory-Imported No.5 Machine of GDX Equipment	卷烟制造业	Tobacco Manufacturing
蚌埠卷烟厂引进GDX设备6号机	Bengbu Tobacco Factory-Imported No.6 Machine of GDX Equipment	卷烟制造业	Tobacco Manufacturing
蚌埠市广播电视中心设备	Bengbu Broadcasting and Television Center-Equipment	电视	TV Sets
蚌埠市华光玻璃集团公司玻璃深加工	Bengbu Huaguang Glass Group Corporation-Glass Deeply Processing	玻璃制品业	Glass Ware
蚌埠市灯芯绒集团公司弹力免烫灯芯绒	Bengbu Corduroy Group Corporation-Stretch and do-not Press Corduroy	印染业	Printing and Dying
蚌埠市丰原生物化学集团有限公司10万吨淀粉糖	Bengbu Fengyuan Biochemical Group Co. Ltd. -100,000 Tons of Starch Sugar	柠檬酸制造业	Citric Acid Manufacturing
蚌埠市联通公司GSM四期工程	Bengbu Unicom-Fourth Phase of GSM Project	电信业	Telecommunication
蚌埠市丰原化工集团有限公司二期改造工程	Bengbu Fengyuan Biochemical Group Co. Ltd. -Second Phase of Reform Project	柠檬酸制造业	Citric Acid Manufacturing
蚌埠市淮丰大市场新建	Bengbu Huaifeng Marketplace-Newly Built	日用品批发业	Wholesale of Articles of Daily Use

continued

(10000 yuan)

隶属关系 Administrative Relationship	建设性质 Type of Construction	计划总投资 Total Investment Planned	自开始建设至本年底累计完成投资 Accumulative Investment Actually Made Since Starting of Constrution Up to the End of This Year	建设规模和新增能力(或效益) Scale of Construction and Newly Increased Capacity (Efficiency)			
				生产能力(或效益)名称 Name of Production Capacity (efficiency)	计量单位 Unit of Measurement	建设规模 Scale of Construction	累计新增 Accumulative Newly Increased Capacity
省属 Provincial	扩建 Expansion	8000	6429				
省属 Provincial	扩建 Expansion	27000	26777				
市属 City	扩建 Expansion	134142	33019	叉车 Fork Truck	台/年 unit/year	2000	
省属 Provincial	扩建 Expansion	16800	3500	客车制造 Coach Manufacturing	辆/年 unit/year	3500	
市属 City	扩建 Expansion	14200	1000	家用电冰箱 Househdd Refrigerator	万台/年 10000 units/year	100	
市属 City	扩建 Expansion	39600	25061				
省属 Provincial	扩建 Expansion	22780	10197	家用洗衣机 Household Washing Machine	万台/年 10000 units/year	20	
				连铸 casting	万吨/年 10000 tons/year	40	
中央 Central	扩建 Expansion	24850	15836				
中央 Central	扩建 Expansion	16176	12383				
中央 Central	扩建 Expansion	7559	7559				
市属 City	扩建 Expansion	9600	6559				
省属 Provincial	扩建 Expansion	7500	4080				
省属 Provincial	改建 Reform	4292	1430				
市属 City	新建 Nwe	3000	300				
中央 Central	扩建 Expansion	12420	12420				
中央 Central	改建 Reform	5610	2750				
中央 Central	扩建 Expansion	24130	23280				
中央 Central	扩建 Expansion	42847	14578				
市属 City	扩建 Expansion	19659	55				
市属 City	扩建 Expansion	4670	526				
市属 City	扩建 Expansion	6000	6000	轮胎外胎 Rubber Tire	万条/年 10000 units/year	20	
				纯碱 Soda Ash	万吨/年 10000 tons/year	10	
市属 City	扩建 Expansion	15200	6751				
市属 City	扩建 Expansion	5000	2406				
市属 City	扩建 Expansion	8363	1647				
省属 Provincial	改建 Reform	6504	3188				
市属 City	扩建 Expansion	9300	15325				
县属 County	扩建 Expansion	31500	24978				
中央 Central	改建 Reform	4320	4320				
中央 Central	改建 Reform	4320	4320	水泥 Cement	万吨/年 10000 tons/year	75	75
				卷烟 Tobacco	万箱/年 10000 cases/year	21000	21000
市属 City	改建 Reform	6000	6000				
市属 City	扩建 Expansion	4800	5625				
市属 City	改建 Reform	8153	270				
市属 City	新建 Nwe	8000	5500				
				棉印染 Cotton Printing and Dying	万米/年 10000 m/year	950	
市属 City	扩建 Expansion	22352	6000				
市属 City	新建 Nwe	7725	5800				
县属 County	新建 Nwe	5738	450				

6—27 续表2

单位：万元

建设项目名称	Item	国民经济行业	Sector
蚌埠市电信局胜利路通信楼	Bengbu Telecommunications Bureau-Communication Building，Shengli Road	电信业	Telecommunication
淮南平圩发电厂更新改造	Huainan Pingwei Power Plant-Innovation	火力发电业	Thermal Power
安徽淮化集团有限公司更改	Anhui Huaihua Group Co. Ltd. -Innovation	氮肥制造业	Nitrogenous Fertilizer Manufacturing
淮南矿业集团更改	Huainan Mining Industry Group-Innovation	氮肥制造业	Nitrogenous Fertilizer Manufacturing
中国联通公司扩容改造	China Unicom-Expansion	电信业	Telecommunication
淮南移动通讯公司五期工程	Huainan Mobile Communication Corporation-Fifth Phase	电信业	Telecommunication
洛河发电厂1号机组改造	Luohe Power Plant-No. 1 Unit Reform	火力发电业	Thermal Power
淮南供电局电网改造	Huainan Power Supply Bureau-Electrified Wire Netting Reform	电力供应业	Electric Power Supplying
马鞍山市造纸厂8万吨牛皮箱板纸技改	Maanshan Paper Mill-Technical Reform of 80，000 tons of Kraft Paper Case	机制纸制造业	Machine-made Paper Manufacturing
青啤马鞍山有限公司年产10万吨啤酒生产线	Maanshan Qingpi Co. Ltd. -Production line of Beer with Annual Production of 100，000 tons	啤酒制造业	Beer Manufacturing
马钢股份公司平改转工程	Maanshan Iron and Steel Co. Ltd. -Ping to Zhuan Project	炼钢业	Steel-smelting
马鞍山钢铁总公司桃冲水泥厂	Maanshan Iron and Steel Corporation-Taochong Cement Plant	铁矿采选业	Iron Ore Mining and Dressing
马鞍山钢铁股份有限公司TRT余压发电工程	Maanshan Iron and Steel Co. Ltd. -TRT Power-generating Project with the Remaining Voltage	炼铁业	Iron-smelting
马鞍山钢铁股份有限公司全连铸棒材工程	Maanshan Iron and Steel Co. Ltd. -Rolling Stick Material Project	炼钢业	Steel-smelting
马鞍山钢铁股份有限公司3.5万立方米制氧机工程	Maanshan Iron and Steel Co. Ltd. -Machine Making 35，000 Cubic Meters of Oxygen	炼钢业	Steel-smelting
马鞍山钢铁股份有限公司煤气锅炉工程	Maanshan Iron and Steel Co. Ltd. -Gas Boiler Project	炼钢业	Steel-smelting
马鞍山钢铁股份有限公司中板精整改造工程	Maanshan Iron and Steel Co. Ltd. -Refining and Reform Project of Middle Plate	炼钢业	Steel-smelting
安徽飞亚纺织集团有限公司高档服装面料生产线	Anhui Feiya Textile Group Co. Ltd. -High-grade Clothing Surface Fabric Production Line	棉纺业	Cotton Spinning
铜陵市华源麻业有限公司高档麻纺织染整生产改造	Tongling Huayuan Flax Co. Ltd. -Reform Project of High-grade Flax Dying and Production	化纤浆粕制造业	Chemical Fiber Pulp and Dross Manufacturing
铜陵市磷铵厂磷铵技改工程	Tongling Phosphorus Ammonium Plant-Technical Reform of Phosphorus Ammonium	磷肥制造业	Phosphate Fertilizer Manufacturing
铜陵铜峰集团锌铅金属化膜生产线改造	Tongling Tongfeng Group-Metalize Film Production Line of Lead and Zinc	电子元件制造业	Electronic Component Manufacturing
铜陵市金昌冶炼厂主工艺改造	Tongling Jinchang Smeltery-Principal Technological Reform	铜冶炼业	Copper-smelting
铜陵市铜矿冬瓜山工程	Tongling-Dongguashan Copper Mine Project	铜矿采选业	Copper Ore Mining and Dressing
安徽省朝阳微电机厂太阳能光伏水泵建设工程	Anhui Chaoyang Micro Electrical Machinery Plant-Solar Water Pump	微电机制造业	Micro Electrical Machinery Manufacturing
全椒县全柴集团柴油机改造	Quchai Group-Diesel Engine Reform	内燃机制造业	Internal-combustion Engine Manufacturing
阜阳市纺织集团高档针织面料	Fuyang Textile Group-High-grade Knit Surface Fiber	棉纺业	Cotton Spinning
阜阳市电信局线路技改工程	Fuyang Telecommunication Bureau-Technological Reform of Telephone Line	电信业	Telecommunication
阜阳市电信局交换设备扩容工程	Fuyang Telecommunication Bureau-Expansion of Exchange Equipment	电信业	Telecommunication
阜阳市卷烟厂制丝线工程	Fuyang Tobacco Factory-Production Project of Pipe Tobacco	卷烟制造业	Tobacco Manufacturing
皖维公司水泥扩产	Wanwei Corporation-Expansion of Cement Production	合成纤维制造业	Synthetic Fiber Manufacturing
六安汽车齿轮箱总厂6万台汽车叉车变速器技改项目	Luan Automobile Gear Case Plant-Reform of Speed Variator of 60，000 Motor Vehicles and Fork Trucks	汽车配件制造业	Automobile Fittings Manufacturing
宣城飞彩股份有限公司农用车技改	Xuancheng Feicai Co. Ltd. -Reform of Vehicles for Agricultural Use	特种车辆制造业	Special Vehicles Manufacturing
中国联通宣城分公司GSM五期工程	Chian Unicom Xuancheng Branch-Fifth Phase of GSM Project	邮电业	Post and Telecommunication
中国联通宣城分公司GSM四期工程	Chian Unicom Xuancheng Branch-Fourth Phase of GSM Project	邮电业	Post and Telecommunication
宁国市中化司尔特化肥厂三期技改	Ningguo Zhonghua Sierte Chemical Fertilizer Plant-Third Phase of Technical Reform	复合肥料制造业	Compound Fertilizer Manufacturing

continued

(10000 yuan)

隶属关系 Administrative Relationship	建设性质 Type of Construction	计划总投资 Total Investment Planned	自开始建设至本年底累计完成投资 Accumulative Investment Actually Made Since Starting of Construtionn Up to the End of This Year	建设规模和新增能力(或效益) Scale of Construction and Newly Increased Capacity (Efficiency)			
				生产能力(或效益)名称 Name of Production Capacity (efficiency)	计量单位 Unit of Measurement	建设规模 Scale of Construction	累计新增 Accumulative Newly Increased Capacity
中央 Central	新建 New	4500	445				
中央 Central	扩建 Expansion	5118	5040				
市属 City	扩建 Expansion	8885	4879	浓硝酸 Dense Nitric Acid	万吨/年 10000 m/year	6	
省属 Provincial	扩建 Expansion	36000	35730				
省属 Provincial	扩建 Expansion	4375	2624				
中央 Central	扩建 Expansion	3829	3829				
中央 Central	改建 Reform	17424	5000				
省属 Provincial	扩建 Expansion	36831	16331				
市属 City	扩建 Expansion	19900	3200	机制纸板 Machine－made Paper Board	万吨/年 10000 tons/year	8	
市属 City	扩建 Expansion	12196	9100	啤酒 Beer	吨/年 ton/year	10	5
市属 City	改建 Reform	56278	30273	炼钢 Steel－smelting	万吨/年 10000 tons/year	90	
市属 City	改建 Reform	8000	13121	水泥 Cement	万吨/年 10000 tons/year	25	25
市属 City	改建 Reform	3422	2324				
市属 City	改建 Reform	58942	62639				
市属 City	改建 Reform	29827	29390				
市属 City	扩建 Expansion	3600	1850				
市属 City	扩建 Expansion	3800	3625	中厚钢板 Middle Thick Steel Plate	万吨/年 10000 tons/year	6	
市属 City	改建 Reform	8580	2776	棉布织机 Cotton Loom	台 unit	204	
市属 City	改建 Reform	11800	4850				
市属 City	扩建 Expansion	41475	20473	磷肥 Phosphate Fertilizer	万吨/年 10000 tons/year	24	
市属 City	改建 Reform	7143	4000				
省属 Provincial	扩建 Expansion	24793	1332				
省属 Provincial	扩建 Expansion	162400	29530	铜采矿(原矿) Copper Mining (Crude Ore)	万吨/年 10000 tons/year	30	
县属 County	新建 New	9870	3850				
县属 County	改建 Reform	18000	15034				
市属 City	改建 Reform	4320	1151				
中央 Central	扩建 Expansion	65820	41765				
中央 Central	扩建 Expansion	38594	30655				
中央 Central	扩建 Expansion	4400	3087				
省属 Provincial	扩建 Expansion	7000	13115	水泥 Cement	万吨/年 10000 tons/year	30	30
省属 Provincial	扩建 Expansion	5996	2276				
市属 City	扩建 Expansion	19988	15330				
中央 Central	新建 New	11841	1374				
中央 Central	新建 New	9739	8562	移动通信基站设备 Basic equipment of Mobile Communication	信道/年 Information Route/year	25000	25000
县属 County	扩建 Expansion	5900	5880				

6—28 房地产开发主要指标
Main Indicators of Real Estate Development

指标	Item	1996	1997	1998	1999	2000
企业个数 (个)	**Number of Enterprises**	**594**	**653**	**824**	**847**	**988**
内资	Domestic Funded	522	582	727	760	901
#国有	State-owned Enterprises	299	283	295	290	298
集体	Collective Enterprises	138	132	180	169	148
港、澳、台投资	Funded by Entrepreneurs from Hong Kong, Macao and Taiwan	20	19	67	60	65
外商投资	Foreign Funded	52	52	30	27	22
平均从业人数 (万人)	**Average Number of Employed Persons** (10000 persons)	**16118**	**18488**	**22128**	**25472**	**27839**
内资	Domestic Funded	14702	16476	20142	23718	26005
#国有	State-owned Enterprises	8993	9003	8767	9917	9378
集体	Collective Enterprises	3510	3539	5051	4865	3848
港、澳、台投资	Funded by Entrepreneurs from Hong Kong, Macao and Taiwan	395	414	1354	1261	1386
外商投资	Foreign Funded	1021	1598	632	493	448
本年完成投资额 (万元)	**Investment Completed This Year** (10000 yuan)	**424172**	**475927**	**578239**	**761217**	**879261**
#住宅	Residential Buildings	233351	270586	368969	491312	575174
#经济适用房屋	Economical Houses	27153	57211	73057	136386	169288
土地开发及购置 (平方米)	**Land Development and Purchase** (sq.m)					
本年土地开发面积	Land Space Developed This Year	2043733	1474333	2347793	3404384	4280140
本年土地购置面积	Land Space Purchased This Year	1913623	2114022	3249598	5865399	6413040
资金来源小计 (万元)	**Source of Funds** (10000 yuan)	**507223**	**554359**	**679736**	**760321**	**977459**
#国内贷款	Domestical Loans	119672	137670	155774	174029	185685
利用外资	Foreign Investment	23142	18149	20654	9133	19163
自筹资金	Fundraising	131327	146997	164051	214575	325053
房屋建筑面积 (平方米)	**Floor Space of Buildings** (sq.m)					
施工面积	Floor Space under Construction	9949230	10776807	12285846	14282760	16933598
竣工面积	Floor Space Completed	4060028	4934350	5541578	6546724	7593316
本年新开工面积	Floor Space Started This Year	4194792	4652678	6005751	6731662	9005778
#住宅	Residential Buildings	3179084	3441775	4865429	5556465	7131671
#经济适用房屋	Economical Houses	572616	587498	1259983	1754858	2409170
商品房屋销售面积 (平方米)	**Floor Space of Selling House** (sq.m)	**2536565**	**2722327**	**4051862**	**4594136**	**5361992**
#住宅	Residential Buildings	2146340	2143816	3528869	3954882	4628177
#经济适用房屋	Economical Houses	271438	382619	772269	1295322	1429700
商品房屋销售价格（元/平方米）	Selling Price of House	1009	1131	1120	1221	1193
#住宅	Residential Buildings	869	962	997	1055	1040
#经济适用房屋	Economical Houses	824	749	874	891	878
实收资本合计 (万元)	**Total Capital Hold** (10000 yuan)	**310346**	**374899**	**471136**	**531348**	**801091**
#国家资本金	State Capital		151382	178364	18005	28926
资产负债率（%）	Ratio of Liabilities to Assets	75	75	73	72	68
经营总收入 (万元)	**Total Revenue** (10000 yuan)	**294363**	**331355**	**505641**	**568277**	**701896**
#土地转让收入	Land Transferred	8367	13446	13181	8940	12293

6—29 房地产开发投资(2000年)
Investment in Real Estate Development (2000)

分组	Sector	企业数 (个) Number of Enterprises (unit)	实际需要总投资 (万元) Total Investment Actually Needed (10000 yuan)	累计完成投资 (万元) Accumulative Investment Actually Made (10000 yuan)	累计新增固定资产 (万元) Accumulatively Newly Increased Fixed Assets (10000 yuan)	本年完成投资 (万元) Investment Completed in this Year (10000 yuan)	商品房建设投资额 Investment in Construction of Commercial Houses
总计	**Total**	**988**	**3091218**	**1531393**	**813331**	**879261**	**681867**
按经济类型分	**Grouped by Ownership**						
内资	Domestic Funded	901	2689425	1325569	724301	777553	603065
#国有	State-owned	298	1194129	560816	321935	308254	250475
集体	Collective-owned	148	274880	151085	93246	89979	70738
港、澳、台投资	Funded by Entrepreneurs from Hong Kong, Macao and Taiwan	65	281426	141406	64808	77855	61991
外商投资	Foreign Funded	22	120367	64418	24222	23853	16811
按隶属关系分	**Grouped by Administrative Relationship**						
中央	Central Government	10	116856	47406	13985	15863	10396
省	Province	66	171722	110431	36136	52497	43043
地区	Prefecture	360	1457016	703178	381354	402681	311302
县	County	252	453393	261395	174519	167234	136359
乡镇企业	Township and Village Enterprises	83	106083	68699	43952	51051	39875
其他	Other	217	786148	340284	163385	189935	140892

分组	Sector	土地开发投资额 Investment in Land Development	本年新增固定资产 (万元) Newly Increased Fixed Assets in this Year (10000 yuan)	本年完成开发土地面积 (平方米) Land Space Developed This Year (sq.m)	正在开发的土地面积 (平方米) Land Space Under Development (sq.m)	待开发土地面积 (平方米) Land Space Needed to be Developed (sq.m)	本年购置土地面积 (平方米) Land Space Purchased This Year (sq.m)
总计	**Total**	**101208**	**620729**	**4280140**	**2976919**	**3437740**	**6413040**
按经济类型分	**Grouped by Ownership**						
内资	Domestic Funded	93415	554780	3989161	2833908	3284762	5705461
#国有	State-owned	25743	242314	1365162	1455086	1405018	2031821
集体	Collective-owned	10877	71391	378037	165156	495604	606094
港、澳、台投资	Funded by Entrepreneurs from Hong Kong, Macao and Taiwan	5781	52240	104219	83925	113177	610451
外商投资	Foreign Funded	2012	13709	186760	59086	39801	97128
按隶属关系分	**Grouped by Administrative Relationship**						
中央	Central Government	2197	8706	32800	18204	3500	48830
省	Province	3325	22815	203670	57792	87829	289671
地区	Prefecture	52867	286941	2103791	1729218	1912431	2556713
县	County	16073	149406	706720	448995	642513	1200932
乡镇企业	Township and Village Enterprises	5229	36111	170755	147101	265824	537974
其他	Other	21517	116750	1062404	575609	525643	1778920

6—30 各市房地产开发企业（单位）个数（2000年）
Number of Enterprises for Real Estate Development by Region (2000)

单位：个 (unit)

地区 Region	企业个数 Number of Enterprises	内资企业 Domestic Funded Enterprises	国有 State-owned	集体 Collective-owned	港、澳、台投资企业 Funded by Entrepreneurs from Hong Kong, Macao and Taiwan	外商投资企业 Foreign Funded Enterprises
总计 Total	**988**	**901**	**298**	**148**	**65**	**22**
合肥市 Hefei	258	217	66	18	29	12
淮北市 Huaibei	42	42	17	2		
亳州市 Bozhou	18	17	8	2		1
宿州市 Suzhou	29	29	18	4		
蚌埠市 Bengbu	70	64	22	10	6	
阜阳市 Fuyang	23	20	9	7	2	1
淮南市 Huainan	32	29	8	3	3	
滁州市 Chuzhou	51	50	17	4	1	
六安市 Luan	34	32	18	8	2	
马鞍山市 Maanshan	46	44	11	10	1	1
巢湖市 Chaohu	62	60	13	25	2	
芜湖市 Wuhu	82	74	18	16	5	3
宣城市 Xuancheng	45	43	13	8		2
铜陵市 Tongling	41	35	10	7	5	1
池州市 Chizhou	31	27	7	6	3	1
安庆市 Anqing	72	69	25	11	3	
黄山市 Huangshan	52	49	18	7	3	

6—31 各市房地产开发企业（单位）从业人数（2000年）
Number of Employed Persons in Enterprises for Real Estate Development by Region (2000)

单位：人 (person)

地区 Region	平均从业人数 Average Number of Employed Persons	内资企业 Domestic Funded Enterprises	国有 State-owned	集体 Collective-owned	港、澳、台投资企业 Funded by Entrepreneurs from Hong Kong, Macao and Taiwan	外商投资企业 Foreign Funded Enterprises
总计 Total	**27839**	**26005**	**9378**	**3848**	**1386**	**448**
合肥市 Hefei	5693	4810	1912	314	604	279
淮北市 Huaibei	1170	1170	391	79		
亳州市 Bozhou	822	812	384	35		10
宿州市 Suzhou	1202	1202	554	238		
蚌埠市 Bengbu	1450	1337	635	170	113	
阜阳市 Fuyang	516	462	178	203	38	16
淮南市 Huainan	1171	1063	171	82	108	
滁州市 Chuzhou	1523	1496	575	76	27	
六安市 Luan	2564	2493	1051	101	71	
马鞍山市 Maanshan	1075	1027	365	276	30	18
巢湖市 Chaohu	1874	1818	245	889	56	
芜湖市 Wuhu	2218	2083	882	268	79	56
宣城市 Xuancheng	1743	1713	381	293		30
铜陵市 Tongling	1433	1316	376	171	91	26
池州市 Chizhou	515	443	147	70	59	13
安庆市 Anqing	2008	1964	774	467	44	
黄山市 Huangshan	862	796	357	116	66	

6—32 各市房地产开发建设投资总规模及完成投资（2000年）
General Scale of and Actually Completed Investment in Real Estate Development by Region (2000)

单位：万元 (10000 yuan)

地　区 Region		实际需要总投资 Total Investment Actually Needed	自开始建设至本年底累计完成投资 Accumulative Investment Actually Made Since Starting of Construction up to the End of This Year	本年完成投资 Investment Made This Year	全部建成尚需投资 Further Invesment Required for the Completion of Construction
总　计	Total	**3091218**	**1531393**	**879261**	**1559825**
合肥市	Hefei	1010432	481073	228873	529359
淮北市	Huaibei	85269	36799	26459	48470
亳州市	Bozhou	128489	41631	27626	86858
宿州市	Suzhou	37931	28253	22757	9678
蚌埠市	Bengbu	119732	81884	47682	37848
阜阳市	Fuyang	92305	51178	28073	41127
淮南市	Huainan	143452	64047	31742	79405
滁州市	Chuzhou	105253	62773	36807	42480
六安市	Luan	88890	47465	34667	41425
马鞍山市	Maanshan	171045	85150	55285	85895
巢湖市	Chaohu	89645	53189	34385	36456
芜湖市	Wuhu	343365	152955	96274	190410
宣城市	Xuancheng	114814	52963	38628	61851
铜陵市	Tongling	199501	106090	54822	93411
池州市	Chizhou	40212	25289	20698	14923
安庆市	Anqing	132613	63001	43588	69612
黄山市	Huangshan	188270	97653	50895	90617

6—33 各市按用途分的房地产开发企业（单位）完成投资额（2000年）
Actually Completed Investment of Enterprises for Real Estate Development by Region and by Use (2000)

单位：万元 (10000 yuan)

地　区 Region		本年完成投资额 Investment Made This Year	住宅 Residential Buildings	别墅、高档公寓 Villas and Good Apartments	经济适用房屋 Economical Houses	办公楼 Office Buildings	商业营业用房 Houses for Business Use	其他 Other
总　计	Total	**879261**	**575174**	**13362**	**169288**	**48313**	**160520**	**95254**
合肥市	Hefei	228873	128507	8051	21408	27149	36012	37205
淮北市	Huaibei	26459	22610		9823	430	2387	1032
亳州市	Bozhou	27626	17484		16655	70	7042	3030
宿州市	Suzhou	22757	17052		5770	1240	3528	937
蚌埠市	Bengbu	47682	29240	100	6287	3793	8605	6044
阜阳市	Fuyang	28073	17907	1506	6870	60	9906	200
淮南市	Huainan	31742	20479		16090	1263	3986	6014
滁州市	Chuzhou	36807	30642	420	13214	713	3284	2168
六安市	Luan	34667	26072	1369	9015	482	5800	2313
马鞍山市	Maanshan	55285	48696		11363	490	5196	903
巢湖市	Chaohu	34385	27794	110	7333	522	5532	537
芜湖市	Wuhu	96274	59180	1000	13834	1481	22812	12801
宣城市	Xuancheng	38628	28793		8861	830	6605	2400
铜陵市	Tongling	54822	38388	56	11863	6069	6193	4172
池州市	Chizhou	20698	16742	100	860	603	2825	528
安庆市	Anqing	43588	26043	163	6038	750	11852	4943
黄山市	Huangshan	50895	19545	487	4004	2368	18955	10027

6—34 各市房地产开发建设房屋建筑面积和造价（2000 年）
Floor Space of Buildings and their Cost in Real Estate Development by Region (2000)

地　　区　　Region	施工房屋面积（平方米）Floor Space of Buildings under Construction (sq. m)	竣工房屋面积（平方米）Floor Space of Buildings Completed (sq. m)	房屋建筑面积竣工率（%）Rattio of Floor Space of Buildings Completed (%)	竣工房屋价值（万元）Value of Buildings Completed (10000 yuan)	竣工房屋造价（元/平方米）Cost of Buildings Completed (yuan/sq. m)
总　计　Total	**16933598**	**7593316**	**44.8**	**531122**	**699**
合 肥 市　Hefei	3481557	1298581	37.3	127388	981
淮 北 市　Huaibei	676639	180561	26.7	12185	675
亳 州 市　Bozhou	516279	270176	52.3	15134	560
宿 州 市　Suzhou	432566	373009	86.2	19623	526
蚌 埠 市　Bengbu	1348970	633922	47.0	38897	614
阜 阳 市　Fuyang	514699	230872	44.9	14045	608
淮 南 市　Huainan	832344	319357	38.4	22022	690
滁 州 市　Chuzhou	705307	351435	49.8	23867	679
六 安 市　Luan	591297	294384	49.8	17987	611
马鞍山市　Maanshan	1129914	469175	41.5	28716	612
巢 湖 市　Chaohu	760549	400663	52.7	25886	646
芜 湖 市　Wuhu	1723661	805699	46.7	53502	664
宣 城 市　Xuancheng	696139	296477	42.6	21386	721
铜 陵 市　Tongling	1091342	553921	50.8	41744	754
池 州 市　Chizhou	471606	218979	46.4	12333	563
安 庆 市　Anqing	1155757	567463	49.1	33325	587
黄 山 市　Huangshan	804972	328642	40.8	23082	702

6—35 各市按用途分的房地产开发企业（单位）新开工房屋面积（2000 年）
Floor Space Started in Real Estate Development by Region and by Use (2000)

单位：平方米　　　　(sq. m)

地　　区　　Region	本年新开工房屋面积 Floor Space Started This Year	住　宅 Residential Buildings	别墅、高档公寓 Villas and Good Apartments	经济适用房屋 Economical Houses	办公楼 Office Buildings	商业营业用房 Houses for Business Use	其　他 Other
总　计　Total	**9005778**	**7131671**	**97247**	**2409170**	**312556**	**1356697**	**204854**
合 肥 市　Hefei	1606389	1175187	57461	234359	124530	192141	114531
淮 北 市　Huaibei	363252	331538		182268		31714	
亳 州 市　Bozhou	368420	272845		262782	1300	94275	
宿 州 市　Suzhou	248678	198616		70400	3700	46262	100
蚌 埠 市　Bengbu	645046	485366	4000	147622	49190	103924	6566
阜 阳 市　Fuyang	302027	267871	6000	91353	5000	29156	
淮 南 市　Huainan	490473	404178		319075	20500	60904	4891
滁 州 市　Chuzhou	430381	364289	4580	135892	13820	51958	314
六 安 市　Luan	404084	334334	9610	143298	8888	55912	4950
马鞍山市　Maanshan	725790	661397		198952	1243	55905	7245
巢 湖 市　Chaohu	493272	432671	1490	116592	7500	51101	2000
芜 湖 市　Wuhu	819418	618973		197785	3293	149885	47267
宣 城 市　Xuancheng	469760	399681		107735	3307	66772	
铜 陵 市　Tongling	495594	353593	932	93910	39317	93178	9506
池 州 市　Chizhou	239600	212664		2000	1970	24966	
安 庆 市　Anqing	638909	415633	500	69931	26191	189601	7484
黄 山 市　Huangshan	264685	202835	12674	35216	2807	59043	

6—36 各市商品房屋销售情况（2000 年）
Selling of Commercial Houses by Region (2000)

地　区 Region	房屋销售面积（平方米）Floor Space of Selling House (sq. m)	住　宅 Residential Buildings	个人购买商品住宅（平方米）Commerical Houses Purchased by Individuals (sq. m)	商品房销售额（万元）Total Sales of Commerical Houses (10000 yuan)	住　宅 Residential Buildings
总　计 Total	**5361992**	**4628177**	**4201128**	**639840**	**481422**
合肥市 Hefei	1004166	888373	768557	181221	142334
淮北市 Huaibei	67118	63598	36632	8471	6935
亳州市 Bozhou	210511	151837	150691	20239	10378
宿州市 Suzhou	255865	213457	213457	21180	15211
蚌埠市 Bengbu	385420	325380	310437	58576	35707
阜阳市 Fuyang	142028	129449	129449	12318	9806
淮南市 Huainan	217800	184438	174855	26454	18768
滁州市 Chuzhou	253560	240504	225034	22784	19837
六安市 Luan	274770	232660	232660	21731	17010
马鞍山市 Maanshan	270258	239567	204928	37325	31989
巢湖市 Chaohu	271637	241117	236117	23251	18883
芜湖市 Wuhu	677924	604675	528690	74513	58573
宣城市 Xuancheng	271225	231042	231042	23715	17441
铜陵市 Tongling	337333	319419	226090	38120	34741
池州市 Chizhou	152767	133446	133446	12712	9628
安庆市 Anqing	323536	261883	259913	30494	20108
黄山市 Huangshan	246074	167332	139130	26736	14073

6—37 各市按用途分的商品房屋实际销售面积（2000 年）
Floor Space of Commercial Houses Actually Sold by Use and Region (2000)

单位：平方米　　(sq. m)

地　区 Region	房屋销售面积 Floor Space Sold	住　宅 Residential Buildings	别墅、高档公寓 Villas and Good Apartments	经济适用房屋 Economical Houses	办公楼 Office Buildings	商业营业用房 Houses for Business Use	其　他 Other
总　计 Total	**5361992**	**4628177**	**61649**	**1429700**	**132474**	**584135**	**17206**
合肥市 Hefei	1004166	888373	41922	194620	49717	64722	1354
淮北市 Huaibei	67118	63598		5968	210	3310	
亳州市 Bozhou	210511	151837	1146	140634		58654	20
宿州市 Suzhou	255865	213457		16300	9955	32453	
蚌埠市 Bengbu	385420	325380		78202	8428	51612	
阜阳市 Fuyang	142028	129449	4620	52830		12579	
淮南市 Huainan	217800	184438		136294	6000	27176	186
滁州市 Chuzhou	253560	240504		68195	456	12237	363
六安市 Luan	274770	232660	7741	133465	4500	36110	1500
马鞍山市 Maanshan	270258	239567		70960	5000	25691	
巢湖市 Chaohu	271637	241117		62784	10332	18788	1400
芜湖市 Wuhu	677924	604675	2280	207852	10959	58345	3945
宣城市 Xuancheng	271225	231042		78876	2107	38076	
铜陵市 Tongling	337333	319419		105374	1971	12143	3800
池州市 Chizhou	152767	133446		9313	4147	14626	548
安庆市 Anqing	323536	261883	1300	22162	2510	57097	2046
黄山市 Huangshan	246074	167332	2640	45871	16182	60516	2044

6—38 各市按用途分的商品房屋平均销售价格（2000年）
Average Selling Price of Commercial Houses by use and by Region (2000)

单位：元/平方米 (yuan/sq. m)

地区 Region	房屋销售价格 Selling Price of Houses	住宅 Residential Builings	别墅、高档公寓 Villas and Good Apartments	经济适用房屋 Economical Houses	办公楼 Office Buildings	商业营业用房 Houses for Bussiness use	其他 Other
总计 Total	**1193**	**1040**	**2581**	**878**	**1744**	**2286**	**1032**
合肥市 Hefei	1805	1602	3163	1119	2444	4094	1750
淮北市 Huaibei	1262	1090		965	2000	4514	
亳州市 Bozhou	961	683	1108	692		1681	1500
宿州市 Suzhou	828	713		730	1116	1497	
蚌埠市 Bengbu	1520	1097		863	2244	4065	
阜阳市 Fuyang	867	758	1457	870		1997	
淮南市 Huainan	1215	1018		1005	1500	2485	1774
滁州市 Chuzhou	899	825		683	3136	2226	2204
六安市 Luan	791	731	1097	704	662	1191	813
马鞍山市 Maanshan	1381	1335		1178	1300	1824	
巢湖市 Chaohu	856	783		757	868	1789	779
芜湖市 Wuhu	1099	969	2395	929	1444	2387	1085
宣城市 Xuancheng	874	755		655	1068	1589	
铜陵市 Tongling	1130	1088		957	1593	2205	1018
池州市 Chizhou	832	721		612	793	1864	511
安庆市 Anqing	943	768	1062	615	1673	1714	880
黄山市 Huangshan	1087	841	1201	785	1326	1710	827

6—39 各市房地产开发企业（单位）的资产负债（2000年）
Assets and Liabilities of Enterpises for Real Estate Development by Region (2000)

单位：万元 (10000 yuan)

地区 Region	实收资本合计 Total Capital Hold	国家资本金 State Capital	资产总计 Total Assets	累计折旧 Total Depreciation	本年折旧 Depreciation This Year	负债总计 Total Liabilities	所有者权益 Creditors Equity	资产负债率(%) Ratio of Liabilities to Assets
总计 Total	**801091**	**28926**	**2471288**	**51914**	**11650**	**1685674**	**785614**	**68.2**
合肥市 Hefei	320627	16403	968042	10736	3571	620077	347965	64.1
淮北市 Huaibei	22012	260	75159	1414	376	64194	10965	85.4
亳州市 Bozhou	16388		46540	662	177	28116	18424	60.4
宿州市 Suzhou	9716		37084	778	187	19209	17875	51.8
蚌埠市 Bengbu	53860		116206	2484	578	87594	28612	75.4
阜阳市 Fuyang	18956		75785	341	65	44681	31104	59.0
淮南市 Huainan	36524	255	105617	1494	376	74734	30883	70.8
滁州市 Chuzhou	24989	2027	71996	1710	397	46633	25363	64.8
六安市 Luan	17598		46753	446	110	33327	13426	71.3
马鞍山市 Maanshan	27347	1027	128577	3159	408	102254	26323	79.5
巢湖市 Chaohu	44247	3349	97090	15026	2756	59923	37167	61.7
芜湖市 Wuhu	70356	250	237773	2327	479	182576	55197	76.8
宣城市 Xuancheng	24659	55	76764	6634	1247	52130	24634	67.9
铜陵市 Tongling	34084	4719	114923	1469	224	81485	33438	70.9
池州市 Chizhou	7137	117	33195	478	89	27198	5997	81.9
安庆市 Anqing	42575	284	155618	1869	396	106476	49142	68.4
黄山市 Huangshan	30016	180	84166	887	214	55067	29099	65.4

6—40 各市房地产开发经营情况（2000 年）
Real Estate Development and Management by Region (2000)

单位：万元 (10000 yuan)

地 区 Region	经营总收入 Total Revenue	土地转让收入 Land Transferred	商品房屋销售收入 Commercial Houses Sold	房屋出租收入 Houses Leased	其他收入 Others	经营税金及附加 Business Tax and Extra Charges	营业利润 Operating Surplus
总 计 Total	**701896**	**12293**	**651655**	**1781**	**36167**	**38186**	**-14439**
合肥市 Hefei	214307	3014	198778	768	11747	12608	-3356
淮北市 Huaibei	11530		8471	8	3051	542	-1120
亳州市 Bozhou	18434		18423	9	2	825	1257
宿州市 Suzhou	20623	750	19751		122	823	426
蚌埠市 Bengbu	41823		41705	10	108	2175	-7785
阜阳市 Fuyang	14063	17	12446		1600	587	-90
淮南市 Huainan	37261		35148	57	2056	1855	-89
滁州市 Chuzhou	24820	90	24428	82	220	1358	477
六安市 Luan	21753	73	21052	68	560	1257	1007
马鞍山市 Maanshan	38430		36857	534	1039	2142	971
巢湖市 Chaohu	26428	4051	22326	17	34	1335	471
芜湖市 Wuhu	85518	26	73702	46	11744	5365	-7004
宣城市 Xuancheng	28339	3928	23608	18	785	1685	197
铜陵市 Tongling	35623	58	34398	57	1110	1677	1346
池州市 Chizhou	14090		13844	13	233	783	2
安庆市 Anqing	40168		39503	71	594	1811	298
黄山市 Huangshan	28686	286	27215	23	1162	1358	-1447

6—41 各市城镇和工矿区个人建房（2000 年）
Building Construction by Individuals in Cities and Towns and in Industrial and Mining Areas by Region (2000)

地 区 Region	城镇工矿区个数（个） Number of Cities, Towns, Industrial and Mining Areas	建房户数（户） Number of Households with Building Construction	竣工房屋建筑面积（万平方米） Floor Space of Buildings Completed (10000 sq. m)	住宅 Residential Buildings	竣工房屋价值（万元） Value of Buildings Completed (10000 yuan)	住宅 Residential Buildings
总 计 Total	**862**	**85101**	**983.66**	**814.40**	**394678**	**317762**
合肥市 Hefei	49	6266	62.16	55.57	26507	22077
淮北市 Huaibei	25	4444	38.70	31.00	17555	13448
亳州市 Bozhou	79	10679	93.75	62.98	35018	20485
宿州市 Suzhou	75	6412	92.35	76.83	30842	24539
蚌埠市 Bengbu	13	1553	25.66	24.94	10399	10093
阜阳市 Fuyang	119	10567	126.68	106.54	45341	36325
淮南市 Huainan	28	1250	25.26	19.98	12254	8653
滁州市 Chuzhou	31	3864	45.97	41.53	21988	19520
六安市 Luan	104	9126	90.77	71.90	35370	27225
马鞍山市 Maanshan	14	263	3.83	2.98	1548	1200
巢湖市 Chaohu	73	10370	132.40	105.44	54432	45953
芜湖市 Wuhu	44	3082	38.28	33.94	18544	16812
宣城市 Xuancheng	66	4078	54.34	43.27	25544	20052
铜陵市 Tongling	8	941	5.76	5.58	2214	2214
池州市 Chizhou	37	1969	31.27	25.46	10123	8606
安庆市 Anqing	89	9360	102.70	93.53	40009	34235
黄山市 Huangshan	8	877	13.78	12.93	6990	6325

主要统计指标解释

全社会固定资产投资 固定资产投资是社会固定资产再生产的主要手段。通过建造和购置固定资产的活动,国民经济不断采用先进技术装备,建立新兴部门,进一步调整经济结构和生产力的地区分布,增强经济实力,为改善人民物质文化生活创造物质条件。这对我国的社会主义现代化建设具有重要意义。

固定资产投资额是以货币表现的建造和购置固定资产活动的工作量,它是反映固定资产投资规模、速度、比例关系和使用方向的综合性指标。全社会固定资产投资按经济类型可分为国有、集体、个体、联营、股份制、外商、港澳台商、其他等。按照管理渠道,全社会固定资产投资总额分为基本建设、更新改造、房地产开发投资和其他固定资产投资四个部分。

基本建设投资 基本建设指企业、事业、行政单位以扩大生产能力或工程效益为主要目的的新建、扩建工程及有关工作。其综合范围为总投资50万元以上(含50万元,下同)的基本建设项目。具体包括:(1)列入中央和各级地方本年基本建设计划的建设项目,以及虽未列入本年基本建设计划,但使用以前年度基建计划内结转投资(包括利用基建库存设备材料)在本年继续施工的建设项目;(2)本年基本建设计划内投资与更新改造计划内投资结合安排的新建项目和新增生产能力(或工程效益)达到大中型项目标准的扩建项目,以及为改变生产力布局而进行的全厂性迁建项目;(3)国有单位既未列入基建计划,也未列入更新改造计划的总投资在50万元以上的新建、扩建、恢复项目和为改变生产力布局而进行的全厂性迁建项目,以及行政、事业单位增建业务用房和行政单位增建生活福利设施的项目。

更新改造投资 更新改造指企业、事业单位对原有设施进行固定资产更新和技术改造,以及相应配套的工程和有关工作(不包括大修理和维护工程)。其综合范围为总投资50万元以上的更新改造项目。具体包括:(1)列入中央和各级地方本年更新改造计划的投资单位(项目)和虽未列入本年更新改造计划,但使用上年更新改造计划内结转的投资在本年继续施工的项目;(2)本年更新改造计划内投资与基本建设计划内投资结合安排的对企、事业单位原有设施进行技术改造或更新的项目和增建主要生产车间、分厂等其新增生产能力(或工程效益)未达到大中型项目标准的项目,以及由于城市环境保护和安全生产的需要而进行的迁建工程;(3)国有企、事业单位既未列入基建计划也未列入更新改造计划,总投资在50万元以上的属于改建或更新改造性质的项目,以及由于城市环境保护和安全生产的需要而进行的迁建工程。

房地产开发投资 指房地产开发公司、商品房建设公司及其他房地产开发法人单位和附属于其他法人单位实际从事房地产开发或经营的活动单位统一开发的包括统代建、拆迁还建的住宅、厂房、仓库、饭店、宾馆、度假村、写字楼、办公楼等房屋建筑物和配套的服务设施,土地开发工程(如道路、给水、排水、供电、供热、通讯、平整场地等基础设施工程)的投资;不包括单纯的土地交易活动。

其他固定资产投资 指全社会固定资产投资中未列入基本建设、更新改造和房地产开发投资的建造和购置固定资产的活动。具体包括:

⑴国有单位按规定不纳入基本建设计划和更新改造计划管理,计划总投资(或实际需要总投资)在50万元以上的以下工程:①用油田维护费和石油开发基金进行的油田维护和开发工程;②煤炭、铁矿、森工等采掘采伐业用维简费进行的开拓延伸工程;③交通部门用公路养路费对原有公路、桥梁进行改建的工程;④商业部门用简易建筑费建造的仓库工程。

⑵城镇集体固定资产投资:指所有隶属城市、县城和经国务院及省、自治区、直辖市批准建制的镇领导的集体单位(乡镇企业局管理的除外)建造和购置固定资产计划总投资(或实际需要总投资)在50万元以上的项目。

⑶除上述以外的其他各种企、事业单位、个体建造和购置固定资产总投资在50万元以上的、未列入基本建设计划和更新改造计划的项目。

城镇和工矿区私人建房投资和农村个人投资 城镇和工矿区私人建房包括市、县城、镇、工矿区所辖范围内的全部私人建房,不论其房主是否系本地的常住户口均应包括。农村个人投资包括农村个人建房及购置生产性固定资产的投资。

固定资产投资的资金来源 根据固定资产投资的资金来源不同,分为国家预算内资金、国内贷款、利用外资、自筹资金和其他资金来源。

⑴国家预算内资金:指中央财政和地方财政中由国家统筹安排的基本建设拨款和更新改造拨款,以及中央财政安排的专项拨款中用于基本建设的资金和基本建设拨款改贷款的资金等。

⑵国内贷款:指报告期内企、事业单位向银行及非银行金融机构借入的用于固定资产投资的各种国内借款。包括银行利用自有资金及吸收的存款发放的贷款、上级主管部门拨入的国内贷款、国家专项贷款(包括煤代油贷款、劳改煤矿专项贷款等)、地方财政专项资金安排的贷款、国内储备贷款、周转贷款等。

⑶利用外资:指报告期内收到的用于固定资产投资的国外资金,包括统借统还、自借自还的国外贷款,中外合资项目中的外资,以及对外发行债券和股票等。国家统借统还的外资指由我国政府出面同外国政府、团体或金融组织签订贷款协议、并负责偿还本息的国外贷款。

⑷自筹资金:指建设单位报告期内收到的,用于进行固定资产投资的上级主管部门、地方和企、事业单位自筹资金。

⑸其他资金来源:指报告期内收到的除以上各种拨款、

固定资产投资按国民经济行业分建设项目归哪个行业，按其建成投产后的主要产品或主要用途及社会经济活动性质来确定。基本建设按建设项目划分国民经济行业，更新改造、国有单位其他固定资产投资及城镇集体投资根据整个企业、事业单位所属的行业来划分。一般情况下，一个建设项目或一个企业、事业单位只能属于一种国民经济行业。为了更准确地反映国民经济各行业之间的比例关系，联合企业（总厂）所属分厂属于不同行业的，原则上按分厂划分行业。

固定资产投资按建设性质分　建设项目的性质一般分为新建、扩建、改建、迁建、恢复。基本建设按建设项目划分建设性质，更新改造、国有单位其他固定资产投资及城镇集体投资等按整个企业、事业单位的建设情况确定建设性质，房地产开发单位、农村投资、城镇工矿区私人建房等投资不划分建设性质。

⑴新建：一般是指从无到有、“平地起家”新开始建设的单位。有的单位原有的基础很小，经过建设后其新增加的固定资产价值超过原有固定资产价值（原值）三倍以上的也算新建。

⑵扩建：一般是指为扩大原有产品的生产能力，在厂内或其他地点增建主要生产车间（或主要工程）、独立的生产线或分厂的企业；事业单位和行政单位在原单位增建业务用房（如学校增建教学用房、医院增建门诊部或病床用房、行政机关增建办公楼等）也作为扩建。

⑶改建：一般是指现有企业、事业单位为了技术进步，提高产品质量，增加花色品种，促进产品升级换代，降低消耗和成本，加强资源综合利用和三废治理、劳保安全等，采用新技术、新工艺、新设备、新材料等对现有设施、工艺条件进行技术改造或更新（包括相应配套的辅助性生产、生活福利设施）。有的企业为充分发挥现有生产能力，进行填平补齐而增建不增加本单位主要产品生产能力的车间等，也属于改建。

固定资产投资按构成分　固定资产投资活动按其工作内容和实现方式分为建筑安装工程，设备、工具、器具购置，其他费用三个部分。

⑴建筑安装工程（建筑安装工作量）：指各种房屋、建筑物的建造工程和各种设备、装置的安装工程。包括各种房屋建造工程，各种用途设备基础和各种工业窑炉的砌筑工程；为施工而进行的各种准备工作和临时工程以及完工后的清理工作等；铁路、道路的铺设，矿井的开凿及石油管道的架设等；水利工程；防空地下建筑等特殊工程；以及各种机械设备的安装工程；为测定安装工程质量，对设备进行的试运工作。在安装工程中，不包括被安装设备本身的价值。

⑵设备、工具、器具购置：指购置或自制达到固定资产标准的设备、工具、器具的价值，固定资产的标准按财务部门规定。新建单位、扩建单位的新建车间按照设计和计划要求购置或自制的全部设备、工具、器具，不论是否达到固定资产标准均计入“设备、工具、器具购置”中。

⑶其他费用：指在固定资产建造和购置过程中发生的，除建筑安装工程和设备、工具、器具购置以外的各种应摊入固定资产的费用。

基本建设项目按大中小型划分　基本建设划分大中小型项目原则上应按照上级批准的设计任务书或初步设计所确定的总规模或总投资划分，没有正式批准设计任务书或初步设计的，按国家或省、自治区、直辖市年度基本建设投资计划中所列的总规模或总投资划分。上述两条均不具备的，按本年计划施工工程的建设总规模或总投资划分。生产单一产品的工业项目，按产品的设计能力划分；生产多种产品的工业项目，按其主要产品的设计能力划分。品种繁多，难以按生产能力划分的，按全部计划投资额划分。划分标准以国家颁发的《大中小型建设项目划分标准》为依据。国家曾在1953年、1962年、1972年、1977年和1979年先后五次修订《大中小型建设项目划分标准》，因此各历史时期的大中型项目数不完全可比。

施工项目　指报告期内曾进行建筑或安装工程施工活动的建设项目，包括报告期内新开工项目、报告期以前开工跨入报告期继续施工的项目以及报告期施过工并在报告期内全部建成投产或停缓建的项目。

全部建成投产项目　工业项目是指设计文件规定形成生产能力的主体工程及其相应配套的辅助设施全部建成，经负荷试运转，证明具备生产设计规定合格产品的条件，并经过验收鉴定合格或达到竣工验收标准，与生产性工程配套的生活福利设施可以满足近期正常生产的需要，正式移交生产的建设项目。非工业项目是指设计文件规定的主体工程和相应的配套工程全部建成，能够发挥设计规定的全部效益，经验收鉴定合格或达到竣工验收标准，正式移交使用的建设项目。

新增生产能力　指通过固定资产投资活动而增加的设计能力或工程效益，它是用实物形态表示的固定资产投资的成果。新增生产能力的计算，是以能独立发挥生产能力或工程效益的单项工程（或项目）为对象。当单项工程（或项目）建成，经有关部门鉴定合格，正式移交投入生产，即可计算新增生产能力。

新增生产能力或工程效益有以下几种表现形式：

⑴以建设项目或单项工程建成后的年产能力表示，如煤炭开采、石油开采等。

⑵以建设项目或单项工程建成后处理原料的能力表示，如选矿工程的年处理矿石能力、洗煤厂年洗原煤能力等。

⑶以新增的主要设备数量或容量表示，如棉纺锭锭数、发电机组容量等。

⑷以建筑物容积、容量、面积或长度表示，如水库容量、铁路公路里程等。

新增生产能力的数量一般按设计能力计算。设计能力是指设计文件中规定的在正常情况下能够达到的生产能力，而不论投产后的实际产量如何。以设备数量、建筑物容积、面积、长度等表示的新增生产能力或工程效益，则按建成的实际数量计算。

房屋建筑面积　指从房屋外墙线算起的各层平面面积的总和，包括可供使用的有效面积和房屋结构（如柱、墙）占用的面积。多层建筑按各层（包括地下室）面积总和计算。

住宅建筑面积　指施工和竣工房屋建筑面积中供居住用的施工和竣工房屋建筑面积。

施工面积　指报告期内施工的全部房屋建筑面积。包括本期新开工的面积、上期跨入本期继续施工的房屋面积、上期停缓建在本期恢复施工的房屋面积、本期竣工的房屋面积及本期施工后又停缓建的房屋面积。

竣工面积　指在报告期内房屋建筑按照设计要求已全部完工,达到住人和使用条件,经验收鉴定合格,正式移交使用单位的建筑面积。

房屋建筑面积竣工率　指一定时期内房屋竣工面积占同期房屋施工面积的比率。它是从房屋建筑施工速度的角度反映投资效果和建筑业经济效益的指标。

新增固定资产　指通过投资活动所形成的新的固定资产价值,包括已经建成投入生产或交付使用的工程价值和达到固定资产标准的设备、工具、器具的价值及有关应摊入的费用。它是以价值形式表示的固定资产投资成果的综合性指标,可以综合反映不同时期、不同部门、不同地区的固定资产投资成果。

建设项目投产率　指一定时期内全部建成投入生产项目个数与同期正式施工项目个数的比率。它是从项目建设速度的角度反映投资效果的指标。

固定资产交付使用率　指一定时期新增固定资产与同期完成投资额的比率。它是反映各个时期固定资产动用速度,衡量建设过程中投资效果的一个综合性指标。

Explanatory Notes for Major Statistical Indicators

Total Investment in Fixed Assets in the Whole Country Investment in fixed assets is the essential means for social reproduction of fixed assets. By means of construction and purchase of fixed assets, more advanced technologies and equipment are adopted in the national economy, and new sectors are established, which promote the adjustment of economic structure and the regional distribution of productive forces and enhance the economic strengths so as to provide the material conditions for improving peoples livelihood. This is significant for speeding up the drive of socialist modernization in China.

Amount of investment in fixed assets refers to the volume of activities in construction and purchases of fixed assets in monetary terms. It is a comprehensive indicator which shows the size, pace, proportional relations and use orientation of the investment in fixed assets. Total investment in fixed assets in the whole country includes, by status of economic ownership, the investment by the state-owned units, collective units, individuals, joint ownership units, share-holding units, as well as investment by businessmen from foreign countries and from Hong Kong, Macao and Taiwan, and by other units. According to China's current management system, the investment in fixed assets in the whole country is classified into the following four parts: investment in capital construction, investment in innovation, investment in real estates development and other investment in fixed assets.

Investment in Capital Construction Capital construction refers to the new construction projects or extension projects and the related work of the enterprises, institutions or administrative units mainly for the purpose of expanding production capacity or improving project efficiency covering only projects each with a total investment of 500,000 RMB yuan and over. It includes: (1) projects listed in the capital construction plan of the current year of the central government and the local governments at various levels as well as the projects, though not listed in the capital construction plan of the current year, but continued to be constructed in this year, using the investment listed in the plan of capital construction of previous years and carried forward to this year (also using the equipment and materials kept in stock of the capital construction); (2) new construction projects arranged both in the plan of capital construction and the plan of innovation; extension projects with the newly increased production capacity (or project efficiency) up to the standard of a large and medium-sized project; and the projects of moving the whole factory to a new site so as to improve the distribution of productive forces; (3) new construction projects, extension projects or restoration projects with the total investment of 500,000 RMB yuan and over by the state-owned units, though listed neither in the plan of capital construction nor in the plan of innovation; the projects in the state-owned units of moving the whole factory to a new site so as to improve the distribution of productive forces; and the projects of building additional business houses by the administrative units and institutions and building welfare facilities by the administrative units.

Investment in Innovation Innovation refers to the renewal of fixed assets and technological innovation of the original facilities by the enterprises and institutions as well as the corresponding supplementary projects and the related work (excluding major overhaul and maintenance projects) covering only projects each with a total investment of 500,000 RMB yuan and over. It includes: (1) projects listed in the innovation plan of the current year of the central government and the local governments at various levels as well as the projects, though not listed in the innovation plan of the current year, but continued to be constructed in this year, using the investment listed in the plan of innovation of previous years and carried forward to this year; (2) projects of technological innovation or renewal of the original facilities, arranged both in the plan of innovation and in the plan of capital construction; extension projects (main workshops or a branch of the factory) with the newly increased production capacity (or project efficiency) not up to the standard of a large and medium-sized project; and the projects of moving the whole factory to a new site so as to meet the requirements of urban environmental protection or safe production; (3) projects of reconstruction or technological innovation with the total investment of 500,000 RMB yuan and over by the state-owned units, though listed neither in the plan of capital construction nor in the plan of innovation; the projects in the state-owned units of moving the whole factory to a new site so as to meet the requirements of urban environmental protection or safe production.

Investment in Real Estate Development It includes the investment by the real estate development companies, commercial buildings construction companies and other real estate development units of various types of ownership in the construction of house buildings, such as residential buildings, factory buildings, warehouses, hotels, guesthouses, holiday villages, office buildings, and the complementary service facilities and land development projects, such as roads, water supply, water drainage, power supply, heating, telecommunications, land leveling and other projects of infrastructure. It excludes the activities in simple land transactions.

Other Investment in Fixed Assets refers to the construc ion and purchases of fixed assets not listed in the investment in capital construction, investment in innovation and investment in real estate development. It includes:

A) The following projects of the state-owned units with the total planned (or actually needed) investment of 500,000 yuan and over, which are not included in the plan of capital construction and the plan of innovation: (1) projects of oil fields maintenance and exploitation with the oil fields maintenance funds and petroleum development funds; (2) opening and extending projects with the maintenance funds in coal, ore and other mining enterprises and logging enterprises; (3) project of reconstruction of the original highways and bridges with the highway maintenance funds in the department of communication; (4) projects of construction of warehouses with the funds of simple construction in the commercial department.

B) The investment in fixed assets by urban collective units: refer to projects of construction and purchases of fixed assets with the planned total investment of 500,000 yuan and over by all collective units in cities and county towns and in townships which are approved by the State Council or provincial governments, excluding investment by collective units under township enterprise administration offices.

C) The projects of construction and purchases of fixed assets by the enterprises, institutions or individuals other than those mentioned above with total investment of 500,000 yuan and over, which are not included in the plan of capital construction and the plan of innovation.

Private Investment in House Construction in Urban Areas, Industrial and Mining Areas and Individual Investment in Rural Areas The private house construction in the urban areas and industrial and mining areas includes all the private house construction under the jurisdiction of cities, counties, towns and industrial and mining areas, no matter whether the owner of the house is registered as the permanent resident in the locality or not. The individual investment in the rural areas includes the investment in house construction and purchase of productive fixed assets by the individuals in the rural areas.

Sources of Funds for Investment in Fixed Assets state budgetary appropriation, domestic loans, foreign investment, self-raised funds, and others.

(1)State budgetary appropriation refers to appropriation in the budget of the central and local governments earmarked for capital construction and for innovation projects, and the special appropriation from the budget of the central government for capital construction and for the transfer fund to banks to be issued as loans for capital construction projects.

(2)Domestic loans refer to various funds borrowed by enterprises and institutions from banks and non-bank financial institutions during the reference period for the purpose of investment in fixed assets, including loans issued by banks from their self-owned funds and deposit, loans appropriated by higher responsible authorities, special loans by government (including loan for replacing petroleum with coal, special loan for reform-through-labour coal mines), loans arranged by local government from special funds, domestic reserve loan, and working loan, etc.

(3) Foreign Investment refers to foreign funds received during the reference period for the purpose of investment in fixed assets, including foreign funds borrowed and managed by the government, by individual units, foreign fund in joint venture program, and issue of bonds and stocks at the international financial markets. The foreign funds borrowed and managed by the government refer to foreign loans borrowed by the government from foreign governments, organizations, or financial institutions under official agreements signed by both parties, under which government is responsible for the repayment of both the principal and interests of the foreign loans.

(4)Self-raised funds refer to funds received by construction enterprises from their higher responsible authorities, local governments, or raised by enterprises or institutions themselves for the purpose of investment in fixed assets during the reference period.

(5) Others refer to funds received during the reference period which are not included in the above-mentioned sources.

Investment in Fixed Assets by Sector The classification of construction projects by sector is determined by the major products or the purpose of the projects when they are put into production or use, and by the nature of their social economic activities. The investment in capital construction is classified by construction projects, while investment in innovation, other investment by state-owned units and urban collective units are classified according to the sector which the whole enterprise or institution belongs to. In general, one project or one enterprise or institution can only belong to one sector. In order to reflect more accurately the proportions among various sectors, the branch factories of integrated complex are classified into different sectors according to their economic activities.

Investment in Fixed Assets by Type of Construction The construction projects in general can be classified by the type of construction into new construction, expansion, reconstruction and moving away. In capital construction, the type of construction is determined by the condition of the project. In investment in innovation, in other investment by state-owned units and investment by collective-owned units, the type of construction is determined by the condition of the whole enterprise or institutions. Investment by type of construction is not applied to investment by real-estate development units, investment in rural areas and investment in housing by urban individuals.

(1) New construction in general refers to newly constructed units. In the case in which the value of the original fixed assets is quite small, and the value of newly added fixed assets exceeds the original ones by three times, the expansion construction is considered as new construction.

(2) Expansion refers to construction of new major production workshop or independent production line within a factory or in other locations, or construction of a branch factory so as to increase the production capacity of the original products. Newly constructed business houses in institutions and administrative organizations (such as the newly constructed teaching buildings in schools, clinics or bed building in hospitals, and office buildings in administrative agencies, etc.) are also classified as expansion.

(3) Reconstruction refers to technical innovation and transformation of the existing equipment and technical conditions undertaken by enterprises and institutions for the purposes of technological advancement, improvement in product quality, enlarging variety of products, promoting new generation of products, reducing production consumption and cost, promoting comprehensive utilization of resources, strengthening treatment of waste gas, waste water and solid wastes, and safety in production, etc. through application of new technologies and techniques, use of new equipment and new materials (including accessory facilities for production or for living and welfare purposes). Construction of new workshops for improving existing production capacity rather than increasing production capacity is also considered as reconstruction.

Investment in Fixed Assets by Structure refers to the three major parts of investment activities, i.e. construction and installation, purchase of equipment and instrument, and other expenses.

(1) Construction and installation (work volume of construction and installation) refers to the construction of various houses and buildings and installation of various kinds of equipment and instruments, including construction of various houses, equipment foundations and industrial kilns and stoves, preparation works for project construction, and clearing up works post project construction, pavement of railways and roads, drilling of mines and putting up of oil pipes, construction of projects of water conservancy, construction of underground air-raid shelters and construction of other special projects, installation of various machinery equipment, testing operation for pre-testing the quality of installation projects. The value of equipment installed is not included in the value of installation projects.

(2) Purchase of equipment and instruments refers to the total value of equipment, tools, and vessels purchased or self-produced which come up to standards for fixed assets. Equipment, tools and vessels purchased or selfproduced for new workshops by newly established or expanded units are categorized aspurchase of equipment and instruments no matter whether they come up to the standards for fixed assets or not.

(3) Other expenses refer to expenses occurring during the construction or purchase of fixed assets other than construction, installation or purchase of equipment and instruments.

Capital Construction Projects by Size The classification of size of capital construction projects should be determined according to the total scale or total investment set in the approved construction plan by higher responsible authorities or in the tentative design, otherwise according to the total scale or total investment set in the current capital construction plan of the state, provinces, autonomous regions, and municipalities directly under central government. Industrial projects which produce unitary products are classified according to its design capacity of products; projects which produce multi-products are classified by the design capacity of the major product or by the total planned investment. Standards for the Classification of Construction Projects into large, medium-sized and small ones issued by the government are the base for size division of construction projects, which was revised five times in 1958, 1962, 1972, 1977, and 1979 respectively and therefore, data on projects by size are not entirely comparable from year to year.

Projects Under Construction refer to projects having construction and installation activities undertaken in the reference period, including projects started in the reference period, or continued from the previous period, or completed and put into production or suspended in the reference period.

Projects Completed and Put into Use Industrial projects refer to the major projects and accessory facilities completed which result in forming production capacity and have been checked and accepted while the living and welfare facilities have been completed and can ensure normal production and formally put into production. Non-industrial projects refer to the major projects and accessory facilities completed which possess the designed capacity and have been checked, accepted and formally put into production.

Newly Increased Production Capacity refers to the increase of designed capacity and project efficiency through investment in fixed assets, which reflects the accomplishment of investment in fixed assets in kind. The calculation of newly increased production capacity is based on individual project which operates independently and efficiently. When an individual project is completed and checked and accepted and put into production, it is counted as newly increased production capacity.

The newly increased production capacity and project efficiency are usually expressed in one of the following forms:

(1)annual production capacity, such as extraction of coal and petroleum;

(2)raw material processing capacity, such as ore dressing capacity of ore dressing projects, the dressing capacity of a coal washery;

(3)number or capacity of major equipment increased, such as the number of cotton spindles increased and the capacity of generating sets increased;

(4)physical measures of construction, such as volume, capacity, area, and length, for instance, the capacity of reservoirs, the length of railways or highways.

Newly increased production capacity in terms of quantity is calculated in designed capacity in general, which refers to the production capacity of a project under normal conditions designed in construction documents regardless of the actual output.

Floor Space of Buildings Under Construction and Completed refers to total floor space in each story of buildings calculated from the outside line of building walls, including both usable space and the space occupied by constructions like pillars or walls. The floor space of multi-story buildings includes the total floor space of each story (including basement).

Floor Space of Residential Buildings refers to the floor space of the residential buildings under construction and completed among the total space of buildings under construction and completed.

Floor Space Under Construction refers to total floor space of all buildings under construction during the reference period, including floor space of newly started buildings during the reference period, floor space of construction extended from the previous period to the current period, floor space of construction suspended during the previous period and resumed in the current period, floor space of construction completed in the current period, and floor space of construction started and then suspended in the current period.

Floor Space of Buildings Completed refers to the floor space of buildings completed in the reference period, which have come up to the designed standards and have been put into use.

Completion Rate of Floor Space of Buildings refers to the ratio of the floor space of buildings completed in certain period of time to the floor space of buildings under construction in the same period, which reflects the investment result and economic efficiency of the construction industry from the angle of the speed of project construction.

Newly Increased Fixed Assets refer to the newly increased value of fixed assets through investment, including the value of projects completed and put into production, the value of equipment, tools, and vessels considered as fixed assets, as well as the relevant expenses as investment in fixed assets. This is a comprehensive indicator of investment in fixed assets, reflecting the achievements of investment in fixed assets in different periods, different sectors, and different regions.

Rate of Construction Projects Completed and Put into Use refers to the ratio of the number of construction projects completed and put into use in certain period of time to the number of projects under construction in the same period. This reflects the investment efficiency from the angle of the speed of projects construction.

Rate of Projects of Fixed Assets Completed and Put into Operation refers to the ratio of the newly increased fixed assets to the total investment made in the same period. This is a comprehensive indicator, reflecting the speed of the employment of fixed assets and the investment efficiency.

七、能源生产和消费

PRODUCTION AND CONSUMPTION OF ENERGY

简要说明

一、本篇包括的主要内容有：能源生产、消费及品种构成，能源生产和消费弹性系数，近年来综合能源平衡表和电力平衡表，分行业分主要能源品种的消费量等。

二、分行业主要能源品种消费量为全部国有及年销售收入500万元以上工业企业。

三、本篇资料取自省统计局工业交通处，是按照国家统计局报表制度逐级汇总整理。

四、关于数据口径与计算的说明

1. 一次能源生产量与工业统计数据一致。

2. 行业分类采用现行统一的国民经济行业分类国家标准。

3. 能源生产与消费弹性系数分别以能源生产、消费增长速度与国内生产总值增长速度相比求得。

本篇责任编辑：陈正报

Brief Introduction

I. Data in this chapter cover mainly the energy production, consumption and their composition, the elasticity ratio of energy production and consumption, the overall balance of energy and the balance of electricity, the consumption of energy by sector and by main variety.

II. The consumption of energy by sector and by main variety includes all state-owned industrial enterprises and the industrial enterprises with yearly sales revenue over five million yuan.

III. Data in this chapter are prepared and provided by the Division of Industrial and Transport Statistics, Anhui Statistical Bureau, in accordance with the national reporting system.

IV. Coverage and calculation of data:

1. Data on the production of primary energy are the same as the concerned data of the industrial statistics.

2. The state classification of national economic sectors is used in the classification of sectors.

3. The elasticity ratio of energy production is calculated as the quotient of the growth rate of energy production divided by the growth rate of GDP; and the elasticity ratio of energy consumption is calculated as the quotient of the growth rate of energy consumption divided by the growth of GDP.

7—1 能源生产和消费总量及电力生产和消费量
Total Production and Consumption of Energy and Electricity

单位：万吨标准煤 (10000 tons of SCE)

年份 Year	能源生产总量 Total Energy Production	电力生产量 Electricity	能源消费总量 Total Energy Consumption	电力消费量 Electricity
1991	2221.68	264.86	2910.52	246.03
1992	2419.74	290.28	3138.28	267.09
1993	2572.99	327.71	3396.68	282.04
1994	2910.86	366.72	3738.14	320.98
1995	3188.35	380.17	4217.82	355.14
1996	3646.93	400.44	4531.32	378.65
1997	3509.49	404.74	4414.93	387.93
1998	3278.11	382.83	4557.7	379.99
1999	3354.43	388.82	4665.72	384.63
2000	3426.98	448.13	4921.08	416.53

注：电力生产量为水电和火电的发电量。能源生产和消费量按当量热值计算。

a) Electricity production is the output of Hydropower and Thermal Power. The production and consumption of energy are calculated on the basis of equal caloric value.

7—2 综合能源平衡表
Overall Energy Balance

单位：万吨标准煤 (10000 tons of SCE)

项目	Item	1995	1996	1997	1998	1999	2000
可供消费的能源总量	**Total Energy Available for Consumption**						
一次能源生产量	Primary Energy Output	3188.35	3646.93	3509.49	3278.11	3354.43	3426.98
能源消费总量	**Total Energy Consumption**						
在总量中：	Consumption by Sector						
农、林、牧、渔、水利业	Farming, Forestry, Animal Husbandry, Fishery and Water Conservancy	112.84	118.99	125.80	130.34	119.56	120.86
工业	Industry	3536.02	3851.57	3699.97	3787.74	3935.96	4124.62
建筑业	Construction	39.25	40.22	40.28	43.10	44.46	46.43
交通运输和邮电通讯业	Transportation, Post and Telecommunications Services	149.06	154.05	156.10	172.00	170.85	169.94
商业、饮食、物资供销和仓储业	Commerce, Catering Services, Materials Supply, Marketing and Storage	30.33	34.00	36.78	39.75	44.27	45.77
其他	Others	22.91	23.73	27.95	26.25	29.86	32.43
生活消费	Residential Consumption	297.04	308.73	328.07	358.52	320.78	381.03
在总量中：	Consumption by Usage						
终端消费	Final Consumption	3316.52	3573.00	3507.88	3707.43	3775.1	3985.23
#工业	Industry	2665.11	2893.25	2792.92	2937.47	3045.34	3188.77
加工转换损失量	Losses in Processing and Transformation	870.91	958.32	907.05	850.27	890.62	935.85
#炼焦	Coking	11.64	32.36	10.18	52.79	74.63	64.45
炼油	Petroleum Refining	7.47	32.52	24.76	40.84	18.20	51.56
损失量	Other Losses	30.39	29.77	29.95	29.36	29.36	28.03
平衡差额	**Balance**	**6.75**	**7.03**	**12.66**	**20.00**	**24.3**	**8.54**

注：村办工业包括在工业中（下同）。

a) Data on industry include the data of village-run industry (The same as in the following tables).

7—3 电 力 平 衡 表
Electricity Balance Sheet

单位：亿千瓦小时 (100 million kwh)

项 目	Item	1995	1996	1997	1998	1999	2000
可供量	**Total Energy Available for Consumption**						
生产量	Output	309.33	325.82	329.32	311.50	316.37	364.63
水 电	Hydropower	11.39	11.64	9.69	9.90	10.71	4.58
火 电	Thermal Power	297.94	314.18	319.63	301.60	305.66	360.05
消费量	**Total Energy Consumption**	**288.97**	**308.10**	**315.65**	**309.19**	**312.96**	**338.92**
在消费量中	Consumption by Sector						
农、林、牧、渔、水利业	Farming, Forestry, Animal Husbandry, Fishery and Water Conservancy	23.85	24.56	23.11	20.79	21.47	21.31
工 业	Industry	190.69	229.61	228.96	220.50	220.44	238.26
建筑业	Construction	3.00	2.99	3.49	3.58	3.59	3.75
交通运输和邮电通讯业	Transportation, Post and Telecommunications Services	2.96	2.94	3.32	3.75	3.79	4.22
商业、饮食、物资供销和仓储业	Commerce, Catering Services, Materials Supply, Marketing and Storage	2.87	3.33	4.16	4.50	5.09	5.74
其 他	Others	8.03	7.88	10.71	9.88	11.42	12.61
生活消费	Residential Consumption	32.84	36.79	41.90	46.14	47.16	53.03
在消费量中	Consumption by Usage						
终端消费	Final Consumption	264.24	283.88	291.28	309.19	312.96	338.92
#工 业	Industry	190.69	229.61	228.96	220.55	220.44	238.26
输配电损失量	Losses in Transmission	24.73	24.22	24.37	23.89	22.81	22.81

7—4 平均每天各种能源消费量
Average Daily Energy Consumption by Variety

能源品种		Item		1990	1995	1997	1998	1999	2000
合 计	**(万吨标准煤)**	**Total**	**(10000 tons of SCE)**	**7.59**	**11.56**	**12.10**	**12.49**	**12.78**	**13.48**
原 煤	(万吨)	Coal	(10000 tons)	10.28	13.84	14.96	14.76	14.97	15.96
焦 炭	(万吨)	Coke	(10000 tons)	0.71	1.21	1.32	1.41	1.45	1.46
原 油	(万吨)	Crude Oil	(10000 tons)	0.71	0.76	0.82	0.78	0.80	0.94
燃料油	(万吨)	Fual Oil	(10000 tons)	0.12	0.13	0.15	0.14	0.14	0.13
汽 油	(万吨)	Gasoline	(10000 tons)	0.12	0.16	0.16	0.18	0.18	0.19
柴 油	(万吨)	Diesel Oil	(10000 tons)	0.21	0.29	0.33	0.36	0.38	0.39
电 力	(亿千瓦小时)	Electricity	(100 million kwh)	0.51	0.79	0.86	0.85	0.86	0.93

7—5 能源生产弹性系数
Elasticity Ratio of Energy Production

年份 Year	能源生产比上年增长% Growth Rate of Energy Production over Preceding Year (%)	电力生产比上年增长% Growth Rate of Electricity Production over Preceding Year (%)	国内生产总值比上年增长% Growth Rate of Gross Domestic Product (GDP) over Preceding Year (%)	能源生产弹性系数 Elasticity Ratio of Energy Production	电力生产弹性系数 Elasticity Ratio of Electricity Production
1992	8.91	9.60	16.8	0.53	0.57
1993	6.33	12.89	21.0	0.30	0.61
1994	13.13	11.91	20.7	0.63	0.58
1995	9.53	3.67	14.3	0.67	0.26
1996	14.38	5.33	14.4	1.00	0.37
1997	-3.77	1.07	12.7	-0.30	0.08
1998	-6.59	-5.41	8.5	-0.78	-0.64
1999	2.33	1.56	8.1	0.29	0.19
2000	2.16	15.25	8.3	0.26	1.84

7—6 能源消费弹性系数
Elasticity Ratio of Energy Consumption

年份	能源消费比上年增长% Growth Rate of Energy Consumption over Preceding Year (%)	电力消费比上年增长% Growth Rate of Electricity Consumption over Preceding Year (%)	国内生产总值比上年增长% Growth Rate of Gross Domestic Product (GDP) over Preceding Year (%)	能源消费弹性系数 Elasticity Ratio of Energy Consumption	电力消费弹性系数 Elasticity Ratio of Electricity Consumption
1992	7.83	8.56	16.8	0.47	0.51
1993	8.23	5.60	21.0	0.39	0.27
1994	10.05	13.80	20.7	0.49	0.67
1995	12.83	10.64	14.3	0.90	0.74
1996	7.43	6.62	14.4	0.52	0.46
1997	-2.57	2.45	12.7		0.19
1998	3.23	-2.05	8.5	0.38	-0.24
1999	2.37	1.22	8.1	0.29	0.15
2000	5.47	8.29	8.3	0.66	1.02

7—7 分行业能源消费总量和主要能源品种消费量（2000 年）

行　　业	Sector	原煤消费量（吨）Raw Coal Consumption（ton）
消　费　总　量	**Total Consumption**	**33784908**
煤炭采选业	Coal Mining and Dressing	8390564
石油和天然气开采业	Petroleum and Natural Gas Extraction	
黑色金属矿采选业	Ferrous Metals Mining and Dressing	15172
有色金属矿采选业	Nonferrous Metals Mining and Dressing	5665
非金属矿采选业	Nonmetal Minerals Mining and Dressing	63002
其他矿采选业	Other Minerals Mining and Dressing	
木材及竹材采运业	Logging and Transport of Wood and Bamboo	
食品加工业	Food Processing	188730
食品制造业	Food Production	77519
饮料制造业	Beverage Production	293253
烟草加工业	Tobacco Processing	56569
纺织业	Textile Industry	411956
服装及其他纤维制品制造	Garments and Other Fiber Products	6284
皮革毛皮羽绒及其制品业	Leather, Furs, Down and Related Products	10204
木材加工及竹藤棕草制品业	Timber Processing, Bamboo, Cane, Palm Fiber & Straw Products	40747
家具制造业	Furniture Manufacturing	304
造纸及纸制品业	Papermaking and Paper Products	315644
印刷业记录媒介的复制	Printing and Record Medium Reproduction	3270
文教体育用品制造业	Cultural, Educational and Sports Articles	2740
石油加工及炼焦业	Petroleum Processing and Coking	957248
化学原料及制品制造业	Raw Chemical Materials and Chemical Products	2879543
医药制造业	Medical and Pharmaceutical Products	115130
化学纤维制造业	Chemical Fiber	250554
橡胶制品业	Rubber Products	28282
塑料制品业	Plastic Products	20509
非金属矿物制品业	Nonmetal Mineral Products	3504045
黑色金属冶炼及压延加工业	Smelting and Pressing of Ferrous Metals	1389127
有色金属冶炼及压延加工业	Smelting and Pressing of Nonferrous Metals	97572
金属制品业	Metal Products	35441
普通机械制造业	Ordinary Machinery	34378
专用设备制造业	Equipment for Special Purposes	11747
交通运输设备制造业	Transportation Equipment	46145
电气机械及器材制造业	Electric Equipment and Machinery	19795
电子及通信设备制造业	Electronic and Telecommunications Equipment	4299
仪器仪表文化办公用机械	Instruments, Meters, Cultural and Office Machinery	367
其他制造业	Other Manufacturing Industry	2048
电力蒸汽热水生产供应业	Production and Supply of Electric Power, Steam and Hot Water	14501334
煤气的生产和供应业	Production and Supply of Gas	5721
自来水的生产和供应业	Production and Supply of Tap Water	

Consumption of Total Energy and its Main Varieties by Sector (2000)

洗精煤消费量（吨）Washed and Refined Coal Consumptiom (ton)	焦炭消费量（吨）Coke Consumption (ton)	原油消费量（吨）Crude Oil Consumption (tons)	汽油消费量（吨）Gasoline Consumption (tons)	柴油消费量（吨）Diesel Oil Consumption (tons)	燃料油消费量（吨）Fuel Oil Consumption (tons)	电力消费量（万千瓦小时）Electricity Consumption (10000 kwh)
3995974	**2515180**	**3441652**	**40239**	**109965**	**186471**	**1654218**
	716	4	5554	8986	26	160039
	184		1487	6319		34334
	32		226	171		10430
			197	5295		2215
			39			3
	548	18	1569	1529	68	30518
			603	296		21607
			801	907		19353
			179	438		12568
1532	194		1605	676		94290
13			200	191		1974
	30		66	34		1519
			49	183	1	3565
			5	32		242
	886		705	1221		25092
			190	40		16932
			145	271		1154
699104		3438639	704	1208	39964	71234
324352	4445	2771	2206	7792	7911	272994
		14	395	2105		11913
	43531		37	172		28366
	5		568	86		4838
88		40	647	521	32	19370
21229	225	150	4416	17277	93105	206541
2940193	2337865		1915	6518	1900	235977
808	73697		2514	5157	40401	105158
	5408		349	1390	844	10722
1043	37316	2	2150	3895		21603
71	3802		1083	1594	14	7209
1899	5340		1431	3120	194	16365
62	951	14	5542	1168		9021
	5		244	563	1945	6326
45			35	10		948
30			201	357		641
			1863	29795	66	164821
5505			127	599		629
			192	49		23707

主要统计指标解释

能源生产总量　指一定时期内全国一次能源生产量的总和，是观察全国能源生产水平、规模、构成和发展速度的总量指标。一次能源生产量包括原煤，原油，天然气，水电、核能及其他动力能（如风能、地热能等）发电量，不包括低热值燃料生产量、生物质能、太阳能等的利用和由一次能源加工转换而成的二次能源产量。

能源消费总量　指一定时期内全国物质生产部门、非物质生产部门和生活消费的各种能源的总和，是观察能源消费水平、构成和增长速度的总量指标。能源消费总量包括原煤和原油及其制品、天然气、电力，不包括低热值燃料、生物质能和太阳能等的利用。能源消费总量分为终端能源消费量、能源加工转换损失量和损失量三部分。

⑴终端能源消费量：指一定时期内全国生产和生活消费的各种能源在扣除了用于加工转换二次能源消费量和损失量以后的数量。

⑵能源加工转换损失量：指一定时期内全国投入加工转换的各种能源数量之和与产出各种能源产品之和的差额，是观察能源在加工转换过程中损失量变化的指标。

⑶能源损失量：指一定时期内能源在输送、分配、储存过程中发生的损失和由客观原因造成的各种损失量，不包括各种气体能源放空、放散量。

能源生产弹性系数　是研究能源生产增长速度与国民经济增长速度之间关系的指标。计算公式为：

$$能源生产弹性系数=\frac{能源生产总量年平均增长速度}{国民经济年平均增长速度}$$

国民经济年平均增长速度，可根据不同的目的或需要，用国民生产总值、国内生产总值等指标来计算，本年鉴是采用国内生产总值指标计算的。

电力生产弹性系数　是研究电力生产增长速度与国民经济增长速度之间关系的指标。一般来说，电力的发展应当快于国民经济的发展，也就是说电力应超前发展。计算公式为：

$$电力生产弹性系数=\frac{电力生产量年平均增长速度}{国民经济年平均增长速度}$$

能源消费弹性系数　是反映能源消费增长速度与国民经济增长速度之间比例关系的指标。计算公式为：

$$能源消费弹性系数=\frac{能源消费量年平均增长速度}{国民经济年平均增长速度}$$

电力消费弹性系数　反映电力消费增长速度与国民经济增长速度之间比例关系的指标。计算公式为：

$$电力消费弹性系数=\frac{电力消费量年平均增长速度}{国民经济年平均增长速度}$$

能源加工转换效率　指一定时期内能源经过加工、转换后，产出的各种能源产品的数量与同期内投入加工转换的各种能源数量的比率。它是观察能源加工转换装置和生产工艺先进与落后、管理水平高低等的重要指标。计算公式为：

$$能源加工转换效率=\frac{能源加工、转换产出量}{能源加工、转换投入量}\times 100\%$$

Explanatory Notes for Major Statistical Indicators

Total Energy Production refers to the total production of primary energy by all energy producing enterprises in the country in a given period of time. It is a comprehensive indicator to show the capacity, scale, composition and development of energy production of the country. The production of primary energy includes that of coal, crude oil, natural gas, hydro－power and electricity generated by nuclear energy and other means such as wind power and geothermal power. However, it excludes the production of fuels of low calorific value, bio-energy, solar energy and the secondary energy converted from the primary energy.

Total Domestic Energy Consumption refers to the total consumption of energy of various kinds by material production sectors, non material production sectors and households in the country in a given period of time. It is a comprehensive indicator to show the scale, composition and development of energy consumption. The total energy consumption includes that of coal, crude oil and their products, natural gas and electricity, However, it excludes the consumption of fuel of low calorific value, bio-energy and solar energy. Total domestic energy consumption can be divided into three parts:

(1)Final Energy Consumption: It refers to the total energy consumption by material production sectors, non material production sectors and households in the country(region)in a given period of time, but excludes the consumption in conversion of the primary energy into the secondary energy and the loss in the process of energy conversion.

(2)Loss During the Process of Energy Conversion: It refers to the total input of various kinds of energy for conversion, minus the total output of various kinds of energy in the country in a given period of time. It is an indicator to show the loss that occurs during the process of energy conversion.

(3)Loss: It refers to the total of the loss of energy during the course of energy transport, distribution and storage and the loss caused by any objective reason in a given period of time. The loss of various kinds of gas due to gas discharges and stocktaking is excluded.

Elasticity Ratio of Energy Production is an indicator to show the relationship between the growth rate of energy production and the growth rate of the national economy. The formula is:

Elasticity Ratio of Energy Production = Average Annual Growth Rate of Energy Production ÷ Average Annual Growth Rate of National Economy

The average annual growth rate of the national economy can be shown by the gross national product, gross domestic product and other indicators, depending upon the purposes or needs. The gross domestic product is used in calculation of the ratio in this chapter.

Elasticity Ratio of Electricity Production is an indicator to show the relationship between the growth rate of electricity production and the growth rate of the national economy. Generally speaking, the growth rate of electricity production should be higher than that of the national economy.

Its formula is:

Elasticity Ratio of Electricity Production = Average Annual Growth Rate of Electricity Production ÷ Average Annual Growth Rate of National Economy

Elasticity Ratio of Energy Consumption is an indicator to show the relationship between the growth rate of energy consumption and the growth rate of the national economy. The formula is:

Elasticity Ratio of Energy Consumption = Average Annual Growth Rate of Energy Consumption ÷ Average Annual Growth Rate of National Economy

Elasticity Ratio of Electricity Consumption is an indicator to show the relationship between the growth rate of electricity consumption and the growth rate of the national economy. The formula is:

Elasticity Ratio of Electricity Consumption = Average Annual Growth Rate of Electricity ÷ Average Annual Growth Rate of National Economy

Efficiency of Energy Processing and Conversion refers to the ratio of the total output of energy products of various kinds after processing and conversion and the total input of energy of various kinds for processing and conversion in the same reference period. It is an important indicator to show the current conditions of energy processing and conversion equipment, production technique and management. The formula is:

Efficiency of Energy Processing & Conversion = Output of Energy After Processing & Conversion ÷ Input of Energy for Processing & Conversion × 100%

八、财政、金融、保险

FINANCE, BANKING AND INSURANCE

简要说明

一、本篇反映全省财政收支、金融保险业发展状况。

二、财政收支资料来源于省财政厅财政决算。

三、金融保险业资料有以下三个部分：一是反映金融机构、国有独资商业银行、农村信用社等信贷收支情况，资料由中国人民银行合肥中心支行提供；二是反映保险业务情况，资料由中国保险监督管理委员会合肥特派员办事处提供；三是反映股票发行及筹资情况，资料由中国证券监督管理委员会合肥特派员办事处提供。

本篇责任编辑：林谋生

Brief Introduction

I. Data in this chapter show the provincial government revenue and expenditure and the development of banking and insurance.

II. Data on the government revenue and expenditure come from the Department of Finance in the province. Data are based on the final financial accounts.

III. Data of banking and insurance include the following three parts:

1. Data on the credit funds revenue and expenditure of banking institutions, national banks and rural credit cooperatives are provided by Hefei Branch Office of the People's Bank of China.

2. Data on the business of insurance are provided by Hefei Specially Appointed Office of the Insurance Regulatory Commission of China.

3. Data on issuing summary for stocks are provided by Hefei Specially Appointed Office of the Securities Regulatory Commission of China.

8—1 财政收支总额及增长速度
Total Government Revenue and Expenditures and Their Increase Rate

年　份 Year	财政收入 (万元) Toatl Revenue (10000 yuan)	财政支出 (万元) Total Expenditures (10000 yuan)	增长速度 (%) Increase Rate (%) 财政收入 Toatl Revenue	增长速度 (%) Increase Rate (%) 财政支出 Total Expenditures
1980	202818	166632	-3.9	-18.1
1985	301578	338757	23.7	43.8
1990	528866	615702	0.9	11.4
1991	481769	813906	-8.9	32.2
1992	551395	741097	14.5	-8.9
1993	732092	720085	32.8	-2.8
1994	1087602	932746	48.6	29.5
1995	1469994	1358776	35.2	45.7
1996	1931403	1787143	31.4	31.5
1997	2308100	2115260	19.5	18.4
1998	2620687	2420656	13.5	14.4
1999	2808495	2886031	7.2	19.2
2000	2904229	3224688	8.0	11.7

注：2000年财政收入增长速度按可比口径计算。

a) The increase rate of total revenue in 2000 is calculated according to comparable requirement.

8—2 财政收入占国内生产总值的比重
Government Revenue as Percentage to Gross Domestic Product

年　份 Year	财政收入 (万元) Total Revenue (10000 yuan)	国内生产总值 (万元) Gross Domestic Product (10000 yuan)	财政收入占国内生产总值的比重 (%) Percentage of Government Revenue to GDP (%)
1980	202818	1408800	14.4
1985	301578	3312400	9.1
1990	528866	6580200	8.0
1991	481769	6636000	7.3
1992	551395	8011600	6.9
1993	732092	10698400	6.8
1994	1087602	14884700	7.3
1995	1469994	20035800	7.3
1996	1931403	23392500	8.3
1997	2308100	26699500	8.6
1998	2620687	28054500	9.3
1999	2808495	29085900	9.7
2000	2904229	30302100	9.6

8—3 中央和地方财政收入及比重
Total Revenue and Proportion of Central and Local Governments

年 份 Year	绝对数 (万元) Total Revenue (10000 yuan)			比 重 (%) Proportion (%)	
	全 省 Total	中 央 Central Government	地 方 Local Governments	中 央 Central Government	地 方 Local Governments
1994	1087602	540816	546786	49.7	50.3
1995	1469994	631740	838254	43.0	57.0
1996	1931403	785469	1145934	40.7	59.3
1997	2308100	902884	1405216	39.1	60.9
1998	2620687	1028825	1591862	39.3	60.7
1999	2808495	1065578	1742917	37.9	62.1
2000	2904229	1117042	1787187	38.5	61.5

8—4 税收收入和非税收入及比重
Total Revenue and Proportion of Tax and Non-tax

年 份 Year	绝对数 (万元) Total Revenue (10000 yuan)			比 重 (%) Proportion (%)	
	合 计 Total	税收收入 Tax Revenue	非税收入 Non-tax Revenue	税收收入 Tax Revenue	非税收入 Non-tax Revenue
1994	546786	523518	23268	95.7	4.3
1995	838254	728977	109277	87.0	13.0
1996	1145934	992418	153516	86.6	13.4
1997	1405216	1208054	197162	86.0	14.0
1998	1591862	1295979	295883	81.4	18.6
1999	1742917	1365847	377070	78.4	21.6
2000	1787187	1445761	341426	80.9	19.1

8—5 各 项 税 收 收 入
Government Tax Revenue

单位：万元 (10000 yuan)

年 份 Year	合 计 Total	增值税 Value-added Tax	营业税 Operation Tax	农业各税 Agricultural and Related	企业所得税 Enterprises' Income Tax	个人所得税 Individual Income Tax
1994	523518	122076	125081	101107	77334	8883
1995	728977	147115	161039	138894	112559	28802
1996	992418	184061	201348	189856	139454	65463
1997	1208054	217705	253477	214664	172868	104653
1998	1295979	232721	284583	222750	176677	116532
1999	1365847	245176	293954	223954	169767	96737
2000	1445761	262559	319719	324944	233524	94675

注：农业各税包括农业税、农业特产税、牧业税、耕地占用税、契税。

a) Agricultural and related taxes includes agricultural tax, tax on special agricultural products, animal husbandary tax, tax on occupancy of cultivated land and contact tax.

8—6 地方财政主要支出项目
Government Expenditures by Accounting Item

单位：万元 (10000 yuan)

年份 Year	基本建设支出 Expenditure for Capital Construction	企业挖潜改造资金 Expenditure for Innovation	科技三项费用 Expenditure for Science and Technology Promotion	支援农村生产支出 Expenditure for Supporting Agriculture Production	农业综合开发支出 Expenditure for Comprehensive Development of Agriculture	农林水气等部门事业费 Expenditure for Operating Expenses of Agriculture, Forestry, Water Conservancy and Meteorology	文体广播事业费 Expenditure for Operating Expenses of Departments of Culture, Sport & Broadcasting	教育事业费 Expenditure for Operating Expenses of Education
1990	34213	17514	2583	16113	15611	25963	22724	106890
1991	39618	48415	3103	21337	13722	48295	24415	117355
1992	37655	32913	3115	17626	12276	29919	27979	140836
1993	44587	15217	3234	18390	12732	31109	28285	156861
1994	67338	28272	4734	23634	18820	40844	34577	210552
1995	83416	59547	7085	38528	29928	57696	45818	270292
1996	121416	111646	10256	49128	41723	65467	53596	330249
1997	149498	126566	16268	63479	52312	75657	62206	370951
1998	237498	156995	16131	65736	43378	95180	58640	392305
1999	350633	132375	23192	67570	47217	98499	70807	463349
2000	400853	137764	21049	65691	40684	99562	79151	539913

年份 Year	科学事业费 Expenditure for Operating Expenses of Department of Science	卫生经费 Expenditure for Public Health	抚恤和社会福利救济费 Pensions and Relief Funds for Social Welfare	行政事业单位离退休经费 Expenditure for Retired Persons in Administratve Department	社会保障补助支出 Expenditure on Subsidies to Social Security Programs	行政管理费 Expenditure for Government Administration	城市维护费 Expenditure for City Maintenance	政策性补贴支出 Expenditure for Price Subsidies	支援不发达地区支出 Expenditure for Supporting Underdeveloped Areas
1990	3978	37258	18760	1836	278	61930	28901	115104	2601
1991	4573	42203	89038	1991	285	70090	31817	142030	2843
1992	5094	48347	28743	2403	241	90591	35215	115212	2518
1993	5420	49795	21581	2595	234	98652	39173	46500	2383
1994	7099	68696	24484	3651	166	137787	43053	47115	3185
1995	9444	80506	33917	4725	147	177261	73070	85046	2703
1996	11120	87955	44093	28633	175	210821	111771	112856	23369
1997	10467	101035	48937	74456	887	237065	110992	114979	28473
1998	12736	104229	54898	112410	35537	233633	104285	168394	35747
1999	14462	114139	71878	146004	105641	299491	104764	199275	44072
2000	13907	117124	79268	181575	192444	347527	105081	155154	53346

8—7 地方财政收支情况
Revenue and Expenditure of Local Governments

单位：万元

指标	Item	2000年
收入合计	**Total Revenue**	**1787187**
增值税	Value-added Tax	262559
营业税	Operation Tax	319719
企业所得税	Enterprises' Income Tax	233524
企业所得税退税	Return for Enterprises' Income Tax	-4865
个人所得税	Individual Income Tax	94675
资源税	Resources Tax	18343
固定资产投资方向调节税	Tax on the Adjustment of the Investment in the Fixed Assets	3274
城市维护建设税	Tax on Town Maintenance and Construction	88339
房产税	Tax on Real Estates	46044
印花税	Stamp Tax	9275
城镇土地使用税	Tax on the Use of urban Land	33532
土地增值税	Land Value Added Tax	3529
车船使用和牌照税	Tax on the Use of Vehicles and Ships	7683
屠宰税	Slaughter Tax	5186
筵席税	Feast Tax	
农业税	Agricultural Tax	260827
农业特产税	Tax on Special Agricultural Products	30003
牧业税	Animal Husbandry Tax	
耕地占用税	Tax on the Occupancy of Cultivated Land	10621
契　税	Contract Tax	23493
国有资产经营收益	Stated-owned Assets Profit	13026
国有企业计划亏损补贴	Planning Subsidies to Loss-suffering Stated-owned Enterprises	-26703
行政性收费收入	Income from Adiministrative fees	179404
罚没收入	Penalty and Confiscatory Income	69858
海域场地矿区使用费收入	Income on the Use of Sea Area and Mining Area	222
专项收入	Expert Project income	48925
其他收入	Other Income	56694

8—7 续表 continued

单位：万元 (10000 yuan)

指标	Item	2000年
支出合计	**Total Expenditure**	**3224688**
基本建设支出	Expenditure for Capital Construction	400853
企业挖潜改造资金	Expenditure for Innovation	137764
地质勘探费	Expenditure for Geological Exploration	20709
科技三项费用	Expenditure for Science and Technology Promotion	21049
流动资金	Current Funds	
支援农村生产支出	Expenditure for Supporting Agriculture Production	65691
农业综合开发支出	Expenditure for Comprehensive Development of Agriculture	40684
农林水利气象等部门的事业费	Expenditure for Operating Expenses of Agriculture, Forestry, Water Conservancy and Meteorology	99562
工业交通等部门的事业费	Expenditure for Operating Expenses of Departments of Industry & Transportation	22626
流通部门事业费	Expenditure for Operating Expenses of Department of Commerce	3549
文体广播事业费	Expenditure for Operating Expenses of Departments of Culture, Sport & Broadcasting	79151
教育事业费	Expenditure for Operating Expenses of Education	539913
科学事业费	Expenditure for Operating Expenses of Department of Science	13907
卫生经费	Expenditure for Public Health	117124
税务等部门的事业费	Expenditure for Operating Expenses of Department of Tax, etc.	116467
抚恤和社会福利救济费	Expenditure for Pensions and Relief Funds for Social Welfare	79268
行政事业单位离退休经费	Expenditure for Retired Persons in Administratve Department	181575
社会保障补助支出	Expenditure on Subsidies to Social Security Programs	192444
国防支出	Expenditure for National Defense	3704
行政管理费	Expenditure for Government Administration	347527
外交外事支出	Expenditure for Foreign Affairs	3498
武装警察部队支出	Expenditure for Armed Police Troops	2632
公检法司支出	Expenditure for Public Security Agency Procuratorial Agency and Court of Justice	189001
城市维护费	Expenditure for City Maintenance	105081
政策性补贴支出	Expenditure for Price Subsidies	155154
支援不发达地区支出	Expenditure for Supporting Underdeveloped Areas	53346
海域开发建设和场地使用费支出	Expenditure for Developing Sea Area	43
专项支出	Expenditure for Special Items	44881
其他支出	Other Expenditure	187485

8—8 各市财政收入(2000年)
Final Statement of Government Revenue by Region (2000)

单位：万元 (10000 yuan)

地区 region		收入合计 Total Revenue	增值税 Value-added Tax	营业税 Operation Tax	企业所得税 Enterprises' Income Tax	企业所得税退税 Return for Enterprises' Income Tax	个人所得税 Individual Income Tax	资源税 Resources Tax
合肥市	Hefei	243797	43359	83160	20513	-3366	17436	148
淮北市	Huaibei	65355	17903	10412	4927		3501	2193
亳州市	Bozhou	84318	7189	8330	10691		5540	137
宿州市	Suzhou	82076	7917	8680	2756		6065	448
蚌埠市	Bengbu	91391	16798	17089	4893	-27	4700	82
阜阳市	Fuyang	99023	10366	12647	6729		4934	159
淮南市	Huainan	71835	21880	14519	2026		3948	2160
滁州市	Chuzhou	113921	12473	14950	13107		6627	1081
六安市	Luan	119857	8720	15201	3820		8413	518
马鞍山市	Maanshan	94321	28927	16014	8438	-5	3056	5108
巢湖市	Chaohu	80654	9017	15272	5087		6666	1124
芜湖市	Wuhu	105213	27083	23530	15542		3890	1813
宣城市	Xuancheng	64750	10685	11014	6454		5184	1269
铜陵市	Tongling	52022	9872	12970	8886	-1	2649	654
池州市	Chizhou	33203	3601	6435	3074		2314	687
安庆市	Anqing	144935	21819	23361	12802		6537	549
黄山市	Huangshan	54837	4636	12151	10019	-1466	2999	190

地区 region		固定资产投资方向调节税 Tax on the Adjustment of the Investment in the Fixed Assets	城市维护建设税 Tax on Town Maintenance and Construction	房产税 Tax on Real Estates	印花税 Stamp Tax	城镇土地使用税 Tax on the Use of Urban Land	土地增值税 Land Value Added Tax	车船使用和牌照税 Tax on the Use of Vehicles and Ships
合肥市	Hefei	482	17941	12004	2755	3008	249	773
淮北市	Huaibei	74	4538	2240	302	2700	25	209
亳州市	Bozhou	360	2808	1511	229	1044	44	804
宿州市	Suzhou	185	1994	1130	190	915	25	1224
蚌埠市	Bengbu	116	9292	2183	572	1530	135	482
阜阳市	Fuyang	450	4336	1819	245	1597	41	451
淮南市	Huainan	141	5465	3542	390	4610	38	368
滁州市	Chuzhou	277	3796	2606	497	2259	116	358
六安市	Luan	483	2426	1765	388	1259	101	521
马鞍山市	Maanshan	330	8308	4757	896	4157	5	335
巢湖市	Chaohu	75	2292	1945	357	1587	37	332
芜湖市	Wuhu	34	8825	2143	642	1577	325	385
宣城市	Xuancheng	36	2328	1777	314	1219	430	352
铜陵市	Tongling	31	2863	1592	326	2264	39	203
池州市	Chizhou	64	772	767	173	497	70	150
安庆市	Anqing	72	7765	2682	752	2812	1519	552
黄山市	Huangshan	41	1359	1507	174	467	330	184

8—8 续表 continued

单位：万元 (10000 yuan)

地区 region		屠宰税 Slaughter Tax	农业税 Agricultural Tax	农业特产税 Tax on Special Agricultural Products	耕地占用税 tax on the Occupancy of Cultivated Land	契税 Contract Tax	国有资产经营收益 Stated-owned Assets Profit
合肥市	Hefei	340	14860	426	475	8519	100
淮北市	Huaibei	59	7346	197	777	315	11
亳州市	Bozhou	703	29122	238	562	356	465
宿州市	Suzhou	267	28690	5577	434	303	884
蚌埠市	Bengbu	127	15498	935	183	1608	93
阜阳市	Fuyang	352	34659	434	452	682	132
淮南市	Huainan	174	5725	95	67	580	47
滁州市	Chuzhou	290	22320	835	487	631	427
六安市	Luan	802	22746	6607	788	474	586
马鞍山市	Maanshan	62	3784	1096	60	1357	8
巢湖市	Chaohu	359	23010	1322	298	744	60
芜湖市	Wuhu	70	8137	1026	805	2833	414
宣城市	Xuancheng	726	10683	2439	144	1149	806
铜陵市	Tongling	22	1252	39	20	873	1229
池州市	Chizhou	128	5810	1733	209	436	46
安庆市	Anqing	619	24341	3719	1104	1672	2245
黄山市	Huangshan	86	2844	3285	240	961	3433

地区 region		国有企业计划亏损补贴 Planning Subsidies to Loss-suffering Stated-owned Enterprises	行政性收费收入 Income from Adiministrative Fees	罚没收入 Penalty and Confiscatory Income	海域场地矿区使用费收入 Income on the use of Sea Area and Mining Area	专项收入 Expert Project income	其他收入 Other Income
合肥市	Hefei	-9321	13522	5758		7793	2863
淮北市	Huaibei	-1161	3735	2427		2591	34
亳州市	Bozhou	-12	6424	2775		1319	3679
宿州市	Suzhou		4899	6190		1613	1690
蚌埠市	Bengbu	-390	7298	4540	109	2839	706
阜阳市	Fuyang	-160	9300	4576		2000	2822
淮南市	Huainan	-480	981	2925		2495	139
滁州市	Chuzhou	-6	24202	4244		1916	428
六安市	Luan		32938	5585		1383	4333
马鞍山市	Maanshan	-370	417	2082		5499	
巢湖市	Chaohu		5767	3311		1937	55
芜湖市	Wuhu	-8256	4551	1566		3842	4436
宣城市	Xuancheng	-5	3086	2036		1409	1215
铜陵市	Tongling	-1242	1684	1186		2891	1720
池州市	Chizhou	-19	3592	1481	113	635	435
安庆市	Anqing	-2374	13942	5332		4487	8626
黄山市	Huangshan		4973	1809		930	3685

8—9 各市财政支出(2000年)
Final Statement of Government Expenditure by Region (2000)

单位：万元 (10000 yuan)

地区 region		支出合计 Total Expenditure	基本建设支出 Expenditure for Capital Construction	企业挖潜改造支出 Expenditure for Innovation	科技三项费用 Expenditure for Science and Technology Promotion	支援农村生产支出 Expenditure for Supporting Agriculture Production	农业综合开发支出 Expenditure for Comprehensive Development of Agriculture
合肥市	Hefei	257798	28699	15700	3798	6690	2525
淮北市	Huaibei	75787	2955	3047	385	1958	892
亳州市	Bozhou	104887	4330	1899	322	2594	1312
宿州市	Suzhou	119994	681	1465	541	2499	899
蚌埠市	Bengbu	108423	281	991	482	3826	810
阜阳市	Fuyang	163861	3179	583	122	1710	489
淮南市	Huainan	78228	516	1216	947	939	307
滁州市	Chuzhou	161767	575	8212	1164	4812	1733
六安市	Luan	181874	4075	529	554	4449	813
马鞍山市	Maanshan	90281	4324	7502	1019	2702	565
巢湖市	Chaohu	117895	631	2380	818	1304	1039
芜湖市	Wuhu	146092	25505	15548	1060	3064	625
宣城市	Xuancheng	101737	3986	3425	548	2708	428
铜陵市	Tongling	61093	5261	7403	545	1197	98
池州市	Chizhou	57753	446	660	169	2533	159
安庆市	Anqing	212230	2768	7837	936	3475	2117
黄山市	Huangshan	86108	1541	5203	748	4336	458

地区 region		农林水利气象等部门事业费 Expenditure for Operating Expenses of Agriculture, Forestry, Water Conservancy and Meteorology	工业交通等部门事业费 Expenditure for Operating Expenses of Departments of Industry & Transportation	流通部门事业费 Expenditure for Operating Expenses of Department of Commerce	文体广播事业费 Expenditure for Operating Expenses of Departments of Culture, Sport & Broadcasting	教育事业费 Expenditure for Operating Expenses of Education	科学事业费 Expenditure for Operating Expenses of Department of Science	卫生经费 Expenditure for Public Health
合肥市	Hefei	4233	1308	307	4947	41530	418	11286
淮北市	Huaibei	1658	758	47	2438	13134	193	3614
亳州市	Bozhou	5465	324		3566	25597	110	3864
宿州市	Suzhou	5395	1603	122	4725	32516	270	3684
蚌埠市	Bengbu	2754	592	144	4128	24477	267	5773
阜阳市	Fuyang	10138	1892	655	6086	43769	429	6320
淮南市	Huainan	1765	536	25	1564	13903	147	4347
滁州市	Chuzhou	9487	1411	47	5283	38710	546	7862
六安市	Luan	8700	1024	317	5070	50199	361	7747
马鞍山市	Maanshan	1302	118	91	1735	10301	197	3487
巢湖市	Chaohu	5121	1837	111	4163	33365	161	5970
芜湖市	Wuhu	2602	1041	90	2381	18324	155	6279
宣城市	Xuancheng	5393	353	118	3720	24678	227	6184
铜陵市	Tongling	1620	204	135	1678	7445	241	3644
池州市	Chizhou	3357	982	428	1695	15334	105	3410
安庆市	Anqing	8892	1472	385	6964	57393	446	12937
黄山市	Huangshan	3103	298	253	2714	15533	221	4115

8—9 续表 continued

单位：万元 (10000 yuan)

地区 region		税务等部门的事业费 Expenditure for Operating Expenses of Department of Tax, etc.	抚恤和社会福利救济费 Expenditure for Pensions and Relief Funds for Social Welfare	行政事业单位离退休经费 Expenditure for Retired Persons in Administratve Department	社会保障补助支出 Expenditure on Subsidies to Social Security Programs	国防支出 Expenditure for national Defense	行政管理费 Expenditure for Government Administration	外交外事支出 Expenditure for Foreign Affairs	武装警察部队支出 Expenditure for Armed Police Troops
合肥市	Hefei	4999	7081	778	24442	173	21992	415	807
淮北市	Huaibei	3275	2704	5827	4421	49	10202		
亳州市	Bozhou	3946	3459	11381	508	10	21191		18
宿州市	Suzhou	7163	5531	13095	4664	363	16228	1	74
蚌埠市	Bengbu	3415	4459	11437	7991	82	14125	40	
阜阳市	Fuyang	4682	7027	18895	3211	38	26201		278
淮南市	Huainan	2506	2599	8178	10039	60	10634		15
滁州市	Chuzhou	4878	6069	7682	5972	152	24834	2	
六安市	Luan	4971	8262	18730	6040	107	23585		170
马鞍山市	Maanshan	2167	2348	5977	8815	243	8946		
巢湖市	Chaohu	6131	5963	12130	4660	399	14115	7	127
芜湖市	Wuhu	1732	3522	11954	11410	82	14093	215	
宣城市	Xuancheng	3555	4467	5106	2957	101	16688	49	
铜陵市	Tongling	1419	1252	2130	6224		6855	558	143
池州市	Chizhou	2717	2164	618	2049	56	12568		136
安庆市	Anqing	6669	7668	11979	11132	22	29099	109	
黄山市	Huangshan	3011	2362	9005	2710	38	10384	52	17

地区 region		公检法司支出 Expenditure for Public Security Agency Procuratorial Agency and Court of Justice	城市维护费 Expenditure for City Maintenance	政策性补贴支出 Expenditure for Price Subsidies	支援不发达地区支出 Expenditure for Supporting Underdeveloped Areas	海域开发建设和场地使用费 Expenditure for Developing Sea Area	专项支出 Expenditure for Special Items	其他支出 Other Expenditure
合肥市	Hefei	20163	21183	1586	659		6542	25537
淮北市	Huaibei	5899	6211	991	60		2899	2170
亳州市	Bozhou	5718	3011	44	29		1093	5096
宿州市	Suzhou	8614	3860	390	227		1440	3944
蚌埠市	Bengbu	8580	6840	559	162	15	2895	3298
阜阳市	Fuyang	10818	7283	198	634		1803	7421
淮南市	Huainan	6137	5039	1491	147		2695	2476
滁州市	Chuzhou	11155	5124	501	245	4	1644	13663
六安市	Luan	11229	3296	615	910		1117	19004
马鞍山市	Maanshan	5123	8216	427		18	6869	7789
巢湖市	Chaohu	6010	3064	247	366		1638	6138
芜湖市	Wuhu	5742	8784	75	131	6	3689	7983
宣城市	Xuancheng	5344	1755	449	348		1287	7863
铜陵市	Tongling	3868	3334	675	60		2603	2501
池州市	Chizhou	3640	1353	254	176		733	2011
安庆市	Anqing	11312	10186	1252	1005		4246	11929
黄山市	Huangshan	4713	4464	222	583		668	9356

8—10 各县(市)财政收入(2000年)

Final Statement of Government Revenue by County (city) (2000)

单位:万元 (10000 yuan)

县(市) County (city)	收入合计 Total Revenue	增值税 Value-added Tax	营业税 Operation Tax	个人所得税 Individual Income Tax	城市维护建设税 Tax on Town Maintenance and Construction	农业各税 Agricultural and Related	企业收入 Enterprises' Income	其他各项收入 Other Income
合肥市辖区 HeFei Reigon of City	150584	32751	59075	11353	17255	8455	3371	18324
长丰县 ChangFeng	12975	534	2061	569	96	4562	998	4155
肥东县 FeiDong	18383	1513	4492	781	327	5122	798	5350
肥西县 FeiXi	15435	1191	3065	1250	263	5353	325	3988
淮北市辖区 HuaiBei Reigon of City	38181	14110	4724	945	4241	863	2506	10792
濉溪县 SuiXi	16805	1079	1913	681	297	7083	608	5144
亳州市辖区 Bozhou Reigon of City								
涡阳县 GuoYang	17148	1347	1607	1664	393	8180	1340	2617
蒙城县 MengCheng	20740	784	2089	1301	291	7960	686	7629
利辛县 LiXin	11606	469	1126	492	86	6785	41	2607
宿州市辖区 SuZhou Reigon of City	5384	1255	808	125	395	7	729	2065
砀山县 DangShan	12401	708	826	574	269	6839	266	2919
萧县 XiaoXian	15812	831	1619	715	178	6925	1248	4296
灵璧县 LingBi	14105	659	828	1475	134	7406	586	3017
泗县 SiXian	9462	477	780	701	100	5045	417	1942
蚌埠市辖区 BengBu Reigon of City	43759	12300	8403	1288	8497	1479	3467	8325
怀远县 HuaiYuan	14662	1460	1830	718	465	7201	331	2657
五河县 WuHe	10817	711	1318	391	251	4130	156	3860
固镇县 GuZhen	10540	376	1215	292	79	4380	49	4149
阜阳市辖区 FuYang Reigon of City	21321	5284	4794	623	2755	547	2863	4455
界首市 JieShou	13868	1120	1079	399	695	2994	2096	5485
临泉县 LinQuan	12724	671	1183	654	258	7885	439	1634
太和县 TaiHe	15714	958	1421	998	214	6625	760	4738
阜南县 FuNan	11262	410	1199	408	60	6151	222	2812
颍上县 YingShang	12130	843	1361	746	156	5773	121	3130
淮南市辖区 HuaiNan Reigon of City	38110	14216	6934	753	3586	567	415	11639
凤台县 FengTai	14189	3081	2722	1007	666	3342	366	3005
滁州市辖区 ChuZhou Reigon of City	19001	3207	3879	1480	1877	548	2859	5151
天长市 TianChang	15601	2290	2119	751	702	3778	2297	3664
明光市 MingGuang	15395	891	1321	901	312	3782	724	7464
来安县 LaiAn	8974	872	1282	494	155	2699	595	2877
全椒县 QuanJiao	15507	1473	1238	1201	257	2654	3704	4980
定远县 DingYuan	18436	991	2419	685	181	5417	427	8316
凤阳县 FengYang	13604	1142	1730	664	238	3456	1334	5040
六安市辖区 LuAn Reigon of City	14864	2394	2026	617	741	1141	1057	6888
寿县 ShouXian	21342	887	2474	1296	213	5292	627	10553
霍邱县 HuoQiu	21821	850	2067	1922	302	7170	639	8871
舒城县 ShuCheng	18010	1274	2674	994	315	4548	288	7917

8—10 续表 continued

单位：万元 (10000 yuan)

县（市） County (city)	收入合计 Total Revenue	增值税 Value-added Tax	营业税 Operation Tax	个人所得税 Individual Income Tax	城市维护建设税 Tax on Town Maintenance and Construction	农业各税 Agricultural and Related	企业收入 Enterprises' Income	其他各项收入 Other Income
金寨县 JinZhai	10816	657	1062	674	123	2907	811	4582
霍山县 HuoShan	9801	1457	985	848	448	1641	623	3799
马鞍山市辖区 MaAnShan Reigon of City	76058	26450	11559	1298	8145	1250	6884	20472
当涂县 DangTu	11570	1305	1551	1078	163	4752	700	2021
巢湖市辖区 ChaoHu Reigon of City	11062	1938	2758	437	745	364	1761	3059
庐江县 LuJiang	18668	1698	3237	1877	294	6531	1003	4028
无为县 WuWei	19771	2064	3963	1761	430	7643	984	2926
含山县 HanShan	9507	1243	1527	495	311	2384	346	3201
和县 HeXian	11472	797	2219	876	236	4448	405	2491
芜湖市辖区 WuHu Reigon of City	54650	19750	11224	1279	6906	2186	4527	8778
芜湖县 WuHu	10312	1330	2064	268	318	3308	322	2702
繁昌县 FanChang	11649	1703	1933	727	312	2184	1324	3466
南陵县 NanLing	10591	705	1151	427	93	3623	345	4247
宣城市辖区 XuanCheng Reigon of City	4721	1373	696	197	338		1348	769
宁国市 NingGuo	14308	3505	1725	1381	645	1407	2078	3567
郎溪县 LangXi	4453	408	669	372	69	2066	103	766
广德县 GuangDe	9045	1224	1481	1047	215	2313	551	2214
泾县 JingXian	7344	1149	985	533	226	1817	1420	1214
旌德县 JingDe	3059	318	404	238	53	1037	209	800
绩溪县 JiXi	4422	589	707	335	162	789	326	1514
铜陵市辖区 TongLing Reigon of City	38534	8140	8715	1222	2583	795	7403	9676
铜陵县 TongLing	8575	950	2027	421	280	1319	1075	2503
池州市辖区 ChiZhou Reigon of City	5247	980	1710	243	175	146	553	1440
东至县 DongZhi	8886	797	1379	605	161	2955	615	2374
石台县 ShiTai	1547	160	122	110	25	628	208	294
青阳县 QingYang	5589	392	1053	446	96	1643	225	1734
安庆市辖区 AnQing Reigon of City	47559	14081	6910	1029	5963	1129	6266	12181
桐城市 TongCheng	17850	1301	3541	1190	243	4296	1750	5529
怀宁县 HuaiNing	14713	1264	2090	1090	308	4262	501	5198
枞阳县 ZongYang	10042	678	1816	633	69	4468	476	1902
潜山县 QianShan	8776	817	1684	303	162	2795	746	2269
太湖县 TaiHu	10470	401	1046	558	118	2600	1355	4392
宿松县 SuSong	10105	515	1654	303	125	4847	94	2567
望江县 WangJiang	10781	635	1186	492	172	4269	594	3433
岳西县 YueXi	6258	488	629	194	108	1390	732	2717
黄山市辖区 HuangShan Reigon of City	12794	1115	4148	492	422	352	4399	1866
歙县 SheXian	13882	927	1938	704	258	2137	3396	4522
休宁县 XiuNing	6815	419	1221	238	127	1539	1698	1573
黟县 YiXian	3037	271	365	117	52	706	268	1258
祁门县 QiMen	5857	451	542	502	84	965	833	2480

8—11 各县（市）财政支出（2000年）

Final Statement of Government Expenditure by County (city) (2000)

单位：万元 (10000 yuan)

县（市） County (city)	支出合计 Total Expenditure	基本建设支出 Expenditure for Capital Construction	支援农村生产支出 Expenditure for Supporting Agriculture Production	农林水气事业费 Expenditure for Operating Expenses of Agriculture, Forestry, Water Conservancy and Meteorology	教育事业费 Expenditure for Operating Expenses of Education	社会保障补助支出 Expenditure on Subsidies to Social Security Programs	行政管理费 Expenditure for Government Administration	公检法司支出 Expenditure for Public Security Agency Procuratorial Agency and Court of Justice	其他各项支出 Other Expenditure
合肥市辖区 HeFei Reigon of City	140158	19552	1916	823	10920	23030	7929	13857	62131
长丰县 ChangFeng	21331	192	474	1041	5984	300	2297	1776	9267
肥东县 FeiDong	27800	2160	1096	706	9256	483	4483	1570	8046
肥西县 FeiXi	24010	842	1734	1039	6781	335	2779	1527	8973
淮北市辖区 HuaiBei Reigon of City	38575	2800	870	444	2912	3681	4758	2935	20175
濉溪县 SuiXi	24286	155	564	1020	6567	676	2963	1706	10635
亳州市辖区 Bozhou Reigon of City	2035								
涡阳县 GuoYang	20144	495	393	974	4888	25	3937	1312	8120
蒙城县 MengCheng	25137	2133	1028	1307	5983	105	6409	1068	7104
利辛县 LiXin	19028	1020	38	1036	5216	40	3670	936	7072
宿州市辖区 SuZhou Reigon of City	15697	470	110	494	1474	1146	2860	1381	7762
砀山县 DangShan	20656	161	283	1055	5287	723	2992	1037	9118
萧县 XiaoXian	21701		1133	1026	7451	420	3284	1439	6948
灵璧县 LingBi	19200	30	712	901	5435	346	1714	1289	8773
泗县 SiXian	12881	20	106	830	3453	413	1447	1158	5454
蚌埠市辖区 BengBu Reigon of City	42526	278	318	468	4458	6599	3016	4212	23177
怀远县 HuaiYuan	18856		1482	582	4894	598	3308	1113	6879
五河县 WuHe	15397	1	350	699	4466	214	2701	1550	5416
固镇县 GuZhen	15514	2	830	748	4970	232	2118	927	5687
阜阳市辖区 FuYang Reigon of City	34272	1750	297	3103	1805	1731	6002	2916	16668
界首市 JieShou	19183	390	97	1102	4091	64	2498	1692	9249
临泉县 LinQuan	21940	137	39	989	8823	341	3907	1674	6030
太和县 TaiHe	22541	478	368	1792	7189	326	3315	1464	7609
阜南县 FuNan	18960	57	278	634	6304	50	3692	1114	6831
颍上县 YingShang	18118	268	460	1017	6333	220	2691	1084	6045
淮南市辖区 HuaiNan Reigon of City	41555	270	378	768	3973	9781	4304	3057	19024
凤台县 FengTai	16975	128	279	778	4616	250	2763	837	7324
滁州市辖区 ChuZhou Reigon of City	31856	410	1083	1771	2784	2255	3714	3442	16397
天长市 TianChang	19657		326	975	5666	549	3033	1654	7454
明光市 MingGuang	20918		1076	1731	5770	709	4154	1087	6391
来安县 LaiAn	13817	165	247	610	4177	564	2226	1014	4814
全椒县 QuanJiao	20160		326	1208	4580	581	2420	1472	9573
定远县 DingYuan	23473		1090	1852	5134	480	4974	1169	8774
凤阳县 FengYang	19411		419	775	7085	508	2275	843	7506
六安市辖区 LuAn Reigon of City	23177	668	507	1054	2366	1666	3868	1715	11333
寿县 ShouXian	28315	211	696	1062	6568	666	2686	1396	15030
霍邱县 HuoQiu	29738	635	755	1370	9920	566	2889	2129	11474
舒城县 ShuCheng	27199	1830	327	871	9444	652	3948	1591	8536

8—11 续表 continued

单位：万元 (10000 yuan)

县（市） County (city)	支出合计 Total Expenditure	基本建设支出 Expenditure for Capital Construction	支援农村生产支出 Expenditure for Supporting Agriculture Production	农林水气事业费 Expenditure for Operating Expenses of Agriculture, Forestry, Water Conservancy and Meteorology	教育事业费 Expenditure for Operating Expenses of Education	社会保障补助支出 Expenditure on Subsidies to Social Security Programs	行政管理费 Expenditure for Government Administration	公检法司支出 Expenditure for Public Security Agency Procuratorial Agency and Court of Justice	其他各项支出 Other Expenditure
金寨县 JinZhai	19823	150	225	1083	6554	598	2836	1306	7071
霍山县 HuoShan	15845	410	496	790	4628	427	2351	910	5833
马鞍山市辖区 MaAnShan Reigon of City	66105	4155	2218	305	4305	8491	5486	3917	37228
当涂县 DangTu	15359	169	484	699	3888	324	1679	777	7339
巢湖市辖区 ChaoHu Reigon of City	15983	103	47	590	1407	1545	2650	960	8681
庐江县 LuJiang	25361	150	549	809	9010	487	2435	1183	10738
无为县 WuWei	30223	10	133	979	9740	1076	3099	1525	13661
含山县 HanShan	14131	208	217	486	3146	557	2046	702	6769
和县 HeXian	14882	160	118	1648	3694	430	1865	942	6025
芜湖市辖区 WuHu Reigon of City	78062	20231	876	558	4186	8412	5119	2380	36300
芜湖县 WuHu	16383	1210	432	635	3654	494	2220	754	6984
繁昌县 FanChang	15831	68	195	688	3522	413	2078	881	7986
南陵县 NanLing	16873	1664	808	570	3939	440	1977	983	6492
宣城市辖区 XuanCheng Reigon of City	11656	1215	49	446	527	562	1699	655	6503
宁国市 NingGuo	19140	2085	237	949	4048	349	2423	905	8144
郎溪县 LangXi	8599		155	420	2670	290	1700	562	2802
广德县 GuangDe	14498		375	857	4097	320	2946	652	5251
泾县 JingXian	12276	76	580	652	2770	473	1707	434	5584
旌德县 JingDe	5964	94	376	387	1468	166	1112	322	2039
绩溪县 JiXi	8112	10	357	483	2342	275	1392	441	2812
铜陵市辖区 TongLing Reigon of City	42056	4223	408	549	2811	5523	3072	2658	22812
铜陵县 TongLing	13189	53	714	1001	4027	541	2293	663	3897
池州市辖区 ChiZhou Rigon of City	9339	421	97	590	377	433	3455	721	3245
东至县 DongZhi	14997	25	781	840	4716	436	2981	766	4452
石台县 ShiTai	4839		204	259	1210	186	896	466	1618
青阳县 QingYang	10131		538	664	2744	412	2114	673	2986
安庆市辖区 AnQing Reigon of City	55625	2032	709	1630	3868	6365	5354	3477	32190
桐城市 TongCheng	24371	12	510	1419	10324	336	2966	1411	7393
怀宁县 HuaiNing	21846	6	223	1117	8949	552	2518	828	7653
枞阳县 ZongYang	17505	64	127	688	5692	578	2604	1001	6751
潜山县 QianShan	16213		87	564	5458	877	2139	684	6404
太湖县 TaiHu	16829	6	1002	628	5325	598	2944	1028	5298
宿松县 SuSong	16990		406	860	5458	571	3100	1118	5477
望江县 WangJiang	16861		77	645	4055	540	2111	557	8876
岳西县 YueXi	12440		88	497	4945	356	2387	698	3469
黄山市辖区 HuangShan Reigon of City	18676	1488	559	519	1614	771	2198	1420	10107
歙县 SheXian	20936		2036	750	5043	418	2126	755	9808
休宁县 XiuNing	11149		553	373	2254	220	1187	728	5834
黟县 YiXian	5687	6	143	231	1116	162	924	315	2790
祁门县 QiMen	9651		291	476	2011	415	1156	463	4839

8—12 金融机构信贷资金平衡表（资金来源）
Credit Funds Balance Sheet of Finanical Institutions (Sources of Funds)

（年末余额） 单位：万元 (year-end) (10000 yuan)

项 目	Item	2000
资金来源合计	**All Sources**	**25076834**
各项存款	Deposits	24855412
企业存款	Deposits of Enterprises	7619018
财政存款	Treasury Deposits	550890
机关团体存款	Deposits of Government Agencies and Organizations	281060
城乡储蓄存款	Urban and Rural Savings Deposits	14471539
农业存款	Agricultural Deposits	402429
信托存款	Trust Deposits	131204
委托存款	Commission Deposits	609634
其他存款	Other Deposits	789637
金融债券	Bonds	243
证券业务款项	Security Items	531097
所有者权益	Creditors' Equity	-442259
其 他	Others	132341

注：金融机构包括中国人民银行、政策性银行、国有独资商业银行、邮政储汇局、其他商业银行、城市商业银行、农村信用社、城市信用社、信托投资公司。

a) Financial Institutions include Chinese Peope's Bank, policy banks, state-sole-owned commercial banks, savings deposit agencies of postal officies, rural credit cooperative banks, urban credit cooperatives and financial trust investment agencies.

8—13 金融机构信贷资金平衡表（资金运用）
Credit Funds Balance Sheet of Finanical Institutions (Uses of Funds)

（年末余额） 单位：万元 (year-end) (10000 yuan)

项 目	Item	2000
资金运用合计	**All Uses**	**25076834**
各项贷款	Loans	23849450
短期贷款	Short-term Loans	16528116
工业贷款	Industrial Loans	3985802
商业贷款	Commercial Loans	6797567
建筑业贷款	Construction Loans	270998
农业贷款	Agricultural Loans	1811153
乡镇企业贷款	Loans to Township Enterprises	1107502
私营企业及个体贷款	Loans to Private Enterprises and Individuals	100377
三资企业贷款	Loans to Sino-foreign Joint Venture and Cooperative Enterprises and Foreign-funded Enterprises	379119
其他短期贷款	Other Short-term Loans	2075599
中期流动资金贷款	Medium-term Working Capital Loans	914654
中长期贷款	Medium-term & Long-term Loans	5438051
信托贷款	Trust Loans	96189
融资租赁	Capital Blending and Leasing	1263
委托贷款	Commission Loans	545175
逾期类贷款	Overdue Loans	326001
国家投资债券贷款	State-funded Bond Loans	7387
有价证券及投资	Securities & Investment	677647
证券业务占款	Purchase of Security Business	92656
委托投资	Commission Investment	93579
金银占款	Purchase of Gold & Silver	17860
外汇占款	Purchase of Foreign Exchanges	27624
库存现金	Cash Stock	310632

注：本表逾期贷款不含中国工商银行、中国农业银行、中国银行、中国建设银行、农业发展银行、农村信用社。

a) Overdue loans in this table exclude China Industrial and Commercial Bank, Agricultural Bank of China, Bank of China, China Construction Bank, Agricultural Development Bank and Rural Credit Cooperative.

8—14 金融机构现金收入
Cash Income of Financial Institutions

单位：万元 (10000 yuan)

项目	Item	2000
收入合计	**Total Income**	**54124477**
商品销售收入	Income from Commodity Sales	8939287
服务业收入	Income from Service Trade	3531073
税款收入	Income from Taxes	643309
城乡个体经营收入	Income from Urban and Rural Individual Business	2240978
储蓄存款收入	Income from Savings Deposits	31980776
其他金融机构收入	Income from other Financial Institutions	926977
居民归还贷款收入	Income from Repayment of Loans by Residents	1701958
汇兑收入	Income from Remittances	905193
有价证券收入	Income from Securities	353581
其他收入	Other Income	2901345
#兑换外币收入	Income from Exchange of Foreign Currencies	21079

8—15 金融机构现金支出
Cash Expenditures of Financial Institutions

单位：万元 (10000 yuan)

项目	Item	2000
支出合计	**Total**	**53544668**
工资性支出	Wages	4999012
农副产品采购支出	Purchases of Agricultural and Sideline Products	2740843
工矿及其他产品采购支出	Expenditure for Purchases of Industrial and Mineral Products	1652073
行政企事业管理费支出	Government and Enterprises Overhead	3340945
城乡个体经营支出	Expenditure for Individual Business	2435329
储蓄存款支出	Expenditure for Savings Deposits	32083618
其他金融机构支出	Expenditure for Other Financial Institutions	696297
居民提取贷款支出	Expenditure for Loans by Residents	1638653
汇兑支出	Expenditure for Remittances	954313
有价证券支出	Expenditure for Securities	188880
其他支出	Other Expenditure	2814705
#兑换外币支出	Expenditure from Exchange of Foreign Currencies	8167

8—16 金融机构现金投放回笼差额
Cash Statistics of Finacial Institutions

单位：万元 (10000 yuan)

年份 Year	现金收入 Cash Income	现金支出 Cash Expenditures	投放（+） 回笼（-） Currency Issued（+） Currency Recalled（-）
1980	651042	692977	41935
1985	1628700	1758500	129800
1990	4450423	4695717	245294
1991	5058935	5385024	326089
1992	6938878	7317753	378875
1993	10206562	10610656	404094
1994	14776159	15263811	487652
1995	21571432	21411267	-160165
1996	26056670	25898508	-158162
1997	29536739	29626126	89387
1998	44550454	44329206	-221248
1999	48976296	48914773	-61523
2000	54124477	53544668	-579809

注：1980—1997年数据系"国家银行"口径，包括人民银行、工商银行、农业银行、中国银行、建设银行、交通银行、中信银行、农业发展银行、邮政储汇局。

a) Data from 1980 to 1997 were about "national banks", including People's Bank, Industral and Commercial Bank, Agricultural Bank, Bank of China, Construction Bank, Communication Bank, Credit Bank, Agricultural Bank and Savings Deposit Agencies of Post Offices.

8—17 农村信用社机构、人员数
Number of Institutions and Staff and Workers in Rural Credit Cooperation

项目	Item	1990	1995	1999	2000
机构数（个）	**Number of Institutions (unit)**	**5752**	**5599**	**5375**	**5160**
独立核算机构	Indenpendant Accounting Institntions	3512	1995	1989	1948
农村信用社	Rural Credit Cooperative			1905	1864
农村信用联社	Rural Credit Joint Cooperative			84	84
非独立核算机构	Non-independent Accounting Institutions	2240	3604	3386	3212
联社营业部	Sales Department of Joint Cooperative			84	84
信用分社	Branches of Credit Cooperative			2091	2032
储蓄所	Savings Department			1211	1096
信用代办站（个）	**Credit Agencies (unit)**	**6094**	**2524**	**360**	
信用社在职职工人数（人）	**Staff and Workers on Active Duty in Credit Cooperative (person)**	**20650**	**24046**	**23514**	**23031**
固定职工	Regular Staff and Workers	12240	10566	8999	8503
合同职工	Contract Staff and Workers	8410	13480	14515	14528
信用代办站业务员人数（人）	**Number of Vocational Staff in Credit Agencies (person)**	**10409**	**5606**	**774**	

8—18 国有独资商业银行信贷收支情况
Credit Income and Expenditure of State Banks

（年末余额） 单位：万元 (year-end) (10000 yuan)

项　　目	Item	2000
各项存款	Deposits	**15567520**
企业存款	Deposits of Enterprises	5648856
#定期存款	Fixed Deposits	1225712
城镇储蓄存款	Urban Saving Deposits	9001211
#定期储蓄存款	Fixed Deposits	6878062
农业存款	Rural Deposits	61197
信托存款	Trust Deposits	268
其他存款	Other Deposits	855988
各项贷款	**Loans**	**12928784**
短期贷款	Short-term Loans	8873505
工业贷款	Industrial Loans	3682939
商业贷款	Commercial Loans	2482419
#收购贷款	Purchasing Loans	232728
建筑业贷款	Construction Loans	238354
农业贷款	Agricultural Loans	367718
乡镇企业贷款	Loans to Township Enterprises	505030
私营企业及个体贷款	Loans to Individual Enterprises	32844
三资企业贷款	Loans to Sino-foreign Joint Venture and Cooperative Enterprises and Foreign-funded Enterprises	336733
贴　现	Discount	63380
其他短期贷款	Other Short-term Loans	1164688
中长期贷款	Medium-term and Long-term Loans	3171538
基本建设贷款	Capital Construction Loans	1287155
技术改造贷款	Innovation Loans	1028475
其他中长期贷款	Other Medium-term and Long-term Loans	855908
信托贷款	Trust Loans	3687
逾期类贷款	Overdue Loans	
中期流动资金贷款	Medium-term Working Capital Loans	880054

注：本表机构包括中国工商银行、中国农业银行、中国银行、中国建设银行。

a) Institutions in this table include China Industrial and Commercial Bank, Agriculral Bank of China, Bank of China and China Construction Bank.

8—19 农村信用社信贷收支情况
Credit Income and Expenditure of Rural Credit Cooperatives

（年末余额） 单位：万元 (year-end) (10000 yuan)

项目	Item	2000
各项存款	Deposits	**3717811**
企业存款	Deposits of Enterprises	46493
活期存款	Current Deposits	
定期存款	Fixed Deposits	46493
农村储蓄存款	Urban Saving Deposits	3272198
活期储蓄存款	Current Saving Deposits	826367
定期储蓄存款	Fixed Deposits	2445831
农业存款	Rural Deposits	341072
信托存款	Trust Deposits	
其它存款	Other Deposits	58048
各项贷款	**Loans**	**2460830**
短期贷款	Short-term Loans	2427853
工业贷款	Industrial Loans	
商业贷款	Commercial Loans	
#收购贷款	Purchasing Loans	
建筑企业贷款	Construction Loans	
农业贷款	Agricultural Loans	1444035
乡镇企业贷款	Loans to Township Enterprises	596597
三资企业贷款	Loans to Sino-foreign Joint Venture and Cooperative Enterprises and Foreign-funded Enterprises	
个体工商业贷款	Loans to Individual Enterprises	
贴　现	Discount	11627
其它短期贷款	Other Short-term Loans	375594
中长期贷款	Medium-term and Long-term Loans	32977
基本建设贷款	Capital Construction Loans	
技术改造贷款	Innovation Loans	
其他中长期贷款	Other Medium-term and Long-term Loans	32977
逾期类贷款	Overdue Loans	
信托类贷款	Trust Loans	
中期流动资金贷款	Medium-term Working Capital Loans	

8—20 城市商业银行信贷收支情况
Credit Income and Expenditure of City Commercial Banks

（年末余额） 单位：万元 (year-end) (10000 yuan)

项　　目	Item	2000
各项存款	Deposits	**983052**
企业存款	Deposits of Enterprises	752437
活期存款	Current Deposits	623291
定期存款	Fixed Deposits	129146
城镇储蓄存款	Urban Saving Deposits	190445
活期储蓄存款	Current Saving Deposits	70466
定期储蓄存款	Fixed Deposits	119979
农业存款	Rural Deposits	152
信托存款	Trust Deposits	
其它存款	Other Deposits	40018
各项贷款	**Loans**	**599591**
短期贷款	Short-term Loans	420273
工业贷款	Industrial Loans	110692
商业贷款	Commercial Loans	75626
建筑贷款	Construction Loans	31929
农业贷款	Agricultural Loans	
乡镇企业贷款	Loans to Township Enterprises	5278
私营企业及个体贷款	Loans to Individual Enterprises	38737
三资企业贷款	Loans to Sino-foreign Joint Venture and Cooperative Enterprises and Foreign-funded Enterprises	8863
贴　　现	Discount	34514
其他短期贷款	Other Short-term Loans	114634
中长期贷款	Medium-term and Long-term Loans	87350
基本建设贷款	Capital Construction Loans	11455
技术改造贷款	Innovation Loans	1639
其他中长期贷款	Other Medium-term and Long-term Loans	74256
信托贷款	Trust Loans	
逾期类贷款	Overdue Loans	91518
中期流动资金贷款	Medium-term Working Capital Loans	450

8—21 城市信用社信贷收支情况

Credit Income and Expenditure of City Credit Cooperatives

（年末余额） 单位：万元　　（year-end）（10000 yuan）

项目	Item	2000
各项存款	Deposits	**317398**
企业存款	Deposits of Enterprises	177060
活期存款	Current Deposits	150838
定期存款	Fixed Deposits	26222
城镇储蓄存款	Urban Saving Deposits	135615
活期储蓄存款	Current Saving Deposits	38707
定期储蓄存款	Fixed Deposits	96908
农业存款	Rural Deposits	8
信托存款	Trust Deposits	
其它存款	Other Deposits	4715
各项贷款	**Loans**	**201114**
短期贷款	Short-term Loans	137206
工业贷款	Industrial Loans	21969
商业贷款	Commercial Loans	37707
#收购贷款	Purchasing Loans	
建筑企业贷款	Construction Loans	148
农业贷款	Agricultural Loans	
乡镇企业贷款	Loans to Township Enterprises	597
三资企业贷款	Loans to Sino-foreign Joint Venture and Cooperative Enterprises and Foreign-funded Enterprises	
私营企业及个体贷款	Loans to Individual Enterprises	
贴现贷款	Discount	28007
其它短期贷款	Other Short-term Loans	344
中长期贷款	Medium-term and Long-term Loans	48434
基本建设贷款	Capital Construction Loans	3729
技术改造贷款	Innovation Loans	
其他中长期贷款	Other Medium-term and Long-term Loans	37
信托类贷款	Trust Loans	3692
逾期类贷款	Overdue Loans	60179
中期流动资金贷款	Medium-term Working Capital Loans	

8—22 安徽省上市公司数量
Number of Listed Companies of Anhui

单位：个 (unit)

年份 Year	全省合计 Provincial Total	上交所 Shanghai Stock Exchange	深交所 Shenzhen Stock Exchange	仅发A股公司 A Share Only	发A、H股公司 A&H Share	发A、B股公司 A&B Share	仅发B股公司 B Share Only	仅发H股公司 H Share Only
1993	3	1	2	2	1			
1994	3	1	2	2	1			
1995	3	1	2	2	1			
1996	10	3	6	5	1	2	1	1
1997	14	4	8	8	1	3		2
1998	19	6	11	13	1	3		2
1999	20	6	12	14	1	3		2
2000	26	9	15	20	1	3		2

8—23 安徽省股票发行及筹资情况
Issuing Summary for Stocks of Anhui

年份 Year	股票发行额 (万股) Amount Issued (10000 shares)			股票筹资额 (万元) Raised Capital (10000 yuan)			
	A股 A Shares	B股 B Shares	H股 H Shares	A股 A Shares	B股 B Shares	H股 H Shares	配股筹资 Shares Rights Issued
1993	94781		173000	309194		437690	
1994							10115
1996	11319	24000	49301	67745	73640	93179	7946
1997	19500		36000	119345		88000	16040
1998	27500			148600			61886
1999	6000			39000			25074
2000	27300			226602			165139

8—24 各市股票发行情况(截止2000年)
Issuing Summary for Stocks by Region (Up to 2000)

地区 Region	股票发行 Indicators on Issued Shares				总股本(万股) Total Issued Capital (10000 share)	流通股本 Negotiable Shares
	上市公司(家) Number of Listed Companies (unit)	发行股票(只) Number of Listed Shares (unit)	发行股数(万股) Number of Issued Stock (10000 share)	发行金额(万元) Amount of Money issued (10000 yuan)		
总计 Total	**26**	**30**	**468701**	**1602995**	**1262908**	**453382**
合肥市 Hefei	8	9	106320	316208	282132	90601
淮北市 Huaibei						
亳州市 Bozhou	1	2	8000	40480	23500	8000
宿州市 Suzhou	1	1	4000	40320	9400	4000
蚌埠市 Bengbu	1	1	6000	39000	14698	6000
阜阳市 Fuyang	1	1	6500	37050	19000	6500
淮南市 Huainan						
滁州市 Chuzhou	1	1	6000	34080	20000	6000
六安市 Luan						
马鞍山市 Maanshan	1	2	241781	674984	645530	241781
巢湖市 Chaohu	3	3	15500	118550	40500	15500
芜湖市 Wuhu	3	3	40700	133996	112848	40700
宣城市 Xuancheng	1	1	4000	26720	16000	4000
铜陵市 Tongling	2	2	7100	46915	24000	7500
池州市 Chizhou						
安庆市 Anqing	1	1	5000	21650	17000	5000
黄山市 Huangshan	2	3	17800	73042	38300	17800

8—25 保险公司业务经济技术指标（2000年）
Main Professional Technical Indicators of Insurance Companies (2000)

单位：万元 (10000 yuan)

项目	Item	承保额（万元）Amount Insured (10000 yuan)	承保人员（人次）People Insured (person-time)	保费收入（万元）Income From Premium (10000 yuan)	赔付（万元）Claim and Payment (10000 yuan)
合计	**Total**	**27964989**	**8197699**	**382051**	**122539**
财产保险公司	**Property Insurance Companies**	**27964989**		**144605**	**76954**
企业财产险	Enterprise Property Insurance	14622943		32402	13207
家庭财产险	Family Property Insurance	686555		2617	795
机动车辆险	Motor Vehicle Insurance	7209221		95392	56551
货物运输险	Freight Transport Insurance	3010183		6650	1650
建筑、安装工程险	Construction and Installation Projects Insurance and Related Liability Insurance	42847		133	140
船舶险	Ship Insurance	163542		1457	1238
一般责任险	Liability Insurance	853895		4363	1522
保证保险	Guarantee Insurance	637622		470	29
出口信用险	Export Credit Insurance	4787		166	314
农业险	Agriculture Insurance	121184		571	370
其他险	Other Insurance	612210		384	1138
人寿保险公司	**Life Insurance Companies**		**8197699**	**237446**	**45585**
寿险	Life Insurance		1743998	208255	31818
健康险	Health Insurance		1116876	5136	3359
人身意外伤害险	Unforeseen Human Injury Insurance		5336825	24055	10408

主要统计指标解释

财政收入 指国家财政参与社会产品分配所取得的收入，是实现国家职能的财力保证。财政收入所包括的内容几经变化，目前主要包括：

（1）各项税收：包括增值税、营业税、消费税、土地增值税、城市维护建设税、资源税、城市土地使用税、印花税、个人所得税、企业所得税、关税、农牧业税和耕地占用税等。

（2）专项收入：包括征收排污费收入、征收城市水资源费收入、教育费附加收入等。

（3）其他收入：包括基本建设贷款归还收入、基本建设收入、捐赠收入等。

（4）国有企业计划亏损补贴：这项为负收入，冲减财政收入。

财政支出 国家财政将筹集起来的资金进行分配使用，以满足经济建设和各项事业的需要，主要包括：

（1）基本建设支出：指按国家有关规定，属于基本建设范围内的基本建设有偿使用、拨款、资本金支出以及经国家批准对专项和政策性基建投资贷款，在部门的基建投资额中统筹支付的贴息支出。

（2）企业挖潜改造资金：指国家预算内拨给的用于企业挖潜、革新和改造方面的资金。包括各部门企业挖潜改造资金和企业挖潜改造贷款资金，为农业服务的县办“五小”企业技术改造补助，挖潜改造贷款利息支出。

（3）地质勘探费用：指国家预算用于地质勘探单位的勘探工作费用，包括地质勘探管理机构及其事业单位经费、地质勘探经费。

（4）科技三项费用：指国家预算用于科技支出的费用，包括新产品试制费、中间试验费、重要科学研究补助费。

（5）支援农村生产支出：指国家财政支援农村集体（户）各项生产的支出。包括对农村举办的小型农田水利和打井、喷灌等的补助费，对农村水土保持措施的补助费，对农村举办的小水电站的补助费，特大抗旱的补助费，农村开荒补助费，扶持乡镇企业资金，农村农技推广和植保补助费，农村草场和畜禽保护补助费，农村造林和林木保护补助费，农村水产补助费，发展粮食生产专项资金。

（6）农林水利气象等部门的事业费用：指国家财政用于农垦、农场、农业、畜牧、农机、林业、森工、水利、水产、气象、乡镇企业的技术推广、良种推广（示范）、动植物（畜禽、森林）保护、水质监测、勘探设计、资源调查、干部训练等项费用，园艺特产场补助费，中等专业学校经费，飞播牧草试验补助费，营林机构、气象机构经费，渔政费以及农业管理事业费等。

（7）工业交通商业等部门的事业费：指国家预算支付给工交商各部门用于事业发展的经费，包括勘探设计费、中等专业学校经费、技术学校经费、干部训练费。

（8）文教科学卫生事业费：指国家预算用于文化、出版、文物、教育、卫生、中医、公费医疗、体育、档案、地震、海洋、通讯、电影电视、计划生育、党政群干部训练、自然科学、社会科学、科协等项事业的经费支出和高技术研究专项经费。主要包括工资、补助工资、福利费、离退休费、助学金、公务费、设备购置费、修缮费、业务费、差额补助费。

（9）抚恤和社会福利救济费：指国家预算用于抚恤和社会福利救济事业的经费。包括由民政部门开支的烈士家属和牺牲病残人员家属的一次性、定期抚恤金，革命伤残人员的抚恤金，各种伤残补助费，烈军属、复员退伍军人生活补助费，退伍军人安置费，优抚事业单位经费，烈士纪念建筑物管理、维修费，自然灾害救济事业费和特大自然灾害灾后重建补助费等。

（10）国防支出：指国家预算用于国防建设和保卫国家安全的支出，包括国防费、国防科研事业费、民兵建设以及专项工程支出等。

（11）行政管理费：包括行政管理支出，党派团体补助支出，外交支出，公安安全支出，司法支出，法院支出，检察院支出和公检法办案费用补助。

信贷资金 指金融机构以信用方式积聚和分配的货币资金。金融机构信贷资金的来源有各项存款、对国际金融机构负债、流通中货币、银行自有资金及当年结益等；信贷资金的运用有各项贷款、黄金占款、外汇占款、财政借款及在国际金融机构中的资产等。

存款 指企业、机关、团体或居民根据资金必须收回的原则，把货币资金存入银行或其他信用机构保管并取得一定利息的一种信用活动形式。根据存款对象的不同可划分为企业存款、财政存款、机关团体存款、基本建设存款、城镇储蓄存款、农村存款等科目。它是银行信贷资金的主要来源。

贷款 指银行或其他信用机构根据资金必须归还的原则，按一定利率，为企业、个人等提供资金的一种信用活动形式。我国银行贷款分为流动资金贷款、固定资产贷款、城乡个体工商户贷款以及农业贷款等科目。

承保额 又叫保险金额。它是指保险人承担赔偿或者给付保险金责任的最高限额。

保费 指投保人为取得保险人在约定范围内所承担赔偿责任而支付给保险人的费用。

赔款 指保险人根据保险合同的规定，向被保险人支付的赔偿保险责任损失的金额。

给付 包括死伤医疗给付和满期给付。死伤医疗给付是指保险人根据人寿保险及长期健康保险合同的规定，因被保险人在保险期内发生保险责任范围内的保险事故支付给被保险人（或受益人）的金额。满期给付是指被保险人生存期满，保险人按人寿保险合同规定支付给被保险人的满期保险金额。

Explanatory Notes for Major Statistical Indicators

Government Revenue refers to the revenue of the government finance by means of participating in the distribution of the social products, which is the financial resources for ensuring the government to function. The contents of government revenue have been changed several times. Now it includes the following main items:

(1) Various tax revenues, including value added tax, business tax, consumption tax, land value added tax, tax on city maintenance and construction, resources tax, tax on use of urban land, stamp tax, personal income tax, enterprise income tax, tariff, tax on agriculture and animal husbandry and tax on occupancy of cultivated land, etc.

(2) Special revenues, including revenue collected from imposing fee on sewage treatment, revenue collected from imposing fee on urban water resources, and extra-charges for education, etc.

(3) Other revenues, including revenue from the repayment of capital construction loan, revenue from capital construction projects, and donations and grants.

(4) Planned subsidies for the losses of the state-owned enterprises. This is an item of negative revenue, used to eat up part of the government revenue.

Government Expenditure refers to the distribution and use of the funds the government finance has raised, so as to meet the needs of economic construction and various causes. It includes the following main items:

(1) Expenditure for capital construction: It refers to the non-gratuitous use and appropriation of funds for capital construction in the range of capital construction, outlay of capital as well as the loans on capital construction approved by the government for special purpose or policy purpose and the expenditure with discount paid in an overall way within the amount of the funds appropriated to the departments for capital construction.

(2) Innovation funds of the enterprises: They refer to the funds appropriated from the government budget for the enterprises to tap the latent power, upgrade the technology and carry out innovation, including the innovation fund of the departments, loan of the enterprises for innovation, subsidies on the innovation of the small fertilizer plant, small cement plant, small coal mines, small machinery plant and small steel plant, the expenditure of interest for the loan for innovation.

(3) Geological prospecting expenses: They refer to the expenses appropriated from the government budget to the geological prospecting units for the expenditure of the prospecting work, including the expenditures of the administrative agencies for geological prospecting and their institutional units as well as the geological prospecting expenditure.

(4) expenditures for science and technology promotion: They refer to the expenses appropriated from the government budget for the scientific and technological expenditure, including new products development expenditure, expenditure for intermediate trial and subsidies on important scientific researches.

(5) Expenditure for supporting rural production: It refers to the expenditures appropriated from the government budget for supporting the various expenditures of the rural collective units or households for production, including the subsidies to the small water conservancy projects and well drilling, sprinkling irrigation projects run by the villages; subsidies on the rural water and soil conserving measures; subsidies to the small power stations run by the villages; subsidies to the expenditure for fighting against particularly severe draughts; subsidies on the rural waste land exclamation; fund for supporting the township enterprises; subsidies to the expenditure for popularization of the agricultural technologies and plant protection in the rural areas; subsidies to the expenditure for the protection of grasslands and cattle and fowls; subsidies on afforestation and forest protection in rural areas; subsidies on the rural aquatic products industry; special fund for developing grain production.

(6) Operating expenses of the departments of farming, forestry, water conservancy and meteorology etc.: They refer to the expenses appropriated from the government budget for the expenditures of agricultural exclamation, farms, agriculture, animal husbandry, agricultural machinery, forestry, timber industry, water conservancy, aquatic products industry, meteorology, technology

popularization in township enterprises, popularization (demonstration) of improved varieties, plant (cattle and fowls, forest) protection, water quality monitoring, prospecting and designing, resources investigation, cadres training, subsidies to horticulture gardens, expenditure of specialized secondary schools, subsidies on the experiments of sowing herbage seeds by flights, expenditures of afforestation agencies and meteorology agencies, expenses for fishery administration and operating expenses for agricultural administration, etc.

(7) Operating expenses of the departments of industry, transport and commerce: They refer to the expenses appropriated from the government budget to the departments of industry, transport and commerce for the expenditure of business development, including expenses for prospecting and designing, expenditures of specialized secondary schools, expenditures of the technical training schools and expenditures for cadres training, etc.

(8) Operating expenses of the departments of culture, eduation, science and public health: They refer to the expenses appropriated from the government budget for the expenditures of the causes of culture, publication, cultural relics, education, public health, traditional Chinese medical science, free medical services, sports, archives, earthquake, ocean, communications, broadcasting, film and television, family planning; expenditure for training of cadres of government, party and mass organization; expenditures for natural sciences, social sciences, associations for science and technology and the special expenditure for the high – tech researches. They include mainly wages, extra wages, welfare funds, pension for the retirees, stipend, expenses for official business, expenses for equipment purchases, expenses for repairs, business expenses and subsidies to the units which are unable to support their expenditures by their own earnings.

(9) Pension for the disabled or for the families of the bereaved and relief funds for social welfare: They refer to the funds appropriated from the government budget for the expenditures of pension for the disabled or for the families of the bereaved and relief funds for social welfare, including the lump-sum or regular pension paid by the departments of civil affairs to the members of martyrs families and families of those who died for the public interest, pension to the revolutionary disabled, subsidies for permanent disability of various kinds, subsidies to the military martyrs dependents and the demobilized servicemen, expenditure for settling down the demobilized servicemen, operating expenses of the consoling institutions, expenses for management and repair of the commemorative buildings for the martyrs, the expenses managed by the departments of civil affairs for the retirees and those who have quitted their work, expenses for social relief in rural and urban areas, operating expenses for providing relief to the areas of natural calamity and subsidies on the reconstruction after the particularly severe natural calamities, etc.

(10) Expenditures for national defence: They refer to the funds appropriated from the government budget for the expenditures for building up national defence and safeguarding national security, including expenses of national defence, expenses of scientific researches on national defence, expenses for building up peoples militia and expenditure for special projects, etc.

(11) Administrative expenses: They include expenditure for administration, subsidies to the parties and mass organizations, diplomatic expenditure, expenditure for public security, judicial expenditure, law court expenditure, procuratorial expenditure and subsidies to the expenses for treating the cases by the public security departments, procuratorial organs and law courts.

Credit Funds refer to the funds issued as loans by banking institutions. The sources of credit funds of the banking institutions included deposits, liabilities to international financial institutions, currency in circulation, self-owned funds and current retained profits, etc. The credit funds can be used in forms of loans, gold, foreign exchange, government debt and assets in the international financial institutions.

Deposit is a form of credit by which enterprises, institutions, organizations or households can put money into banks and other credit institutions for safekeeping and interest earning under the principle of free withdrawal. According to different depositors, deposits are divided into enterprise deposits, treasury deposits, deposits of government agencies and organizations, capital construction deposits, urban savings deposits, rural deposits and other deposits. Deposits are major sources of the credit funds of banks.

Loan is a form of credit by which banks and other credit institutions provide funds at certain interest rate to enterprises and individuals in the light of the principle of unconditional repayment. Loans from Chinese banks include circulating capital loans, fixed assets loans, loans to urban and rural individuals engaged in industrial and commercial business and agricultural loans.

Amount Insured refers to the maximum that the insurant will get for the claim of the case insured.

Premium is the fee paid by the insurant to the insurer to obtain the obligation of compensation from the insurance within the agreed terms.

Settled Claim is the compensation paid by the insurer to the insurant in accordance with the insurance contract.

Payment includes payment for death, injury or medical treatment and mature payment. Payment for death, injury or medical treatment refers to the money paid to the insurant (or the beneficiary) in accordance with the life or health insurance contract when the insurant encounters accidents within the insured period covered in the contract. Mature payment refers to the mature payment to the insurant in accordance with the life insurance contract at the end of the insured period.

九、物价指数

PRICE INDICES

简要说明

一、本篇价格指数资料，反映生产、流通、消费与投资等环节的价格变动趋势和变动幅度。主要包括居民消费价格指数、商品零售价格指数、农业生产资料价格指数、农产品收购价格指数、工业品出厂价格指数（生产者价格指数）、原材料燃料动力购进价格指数、固定资产投资价格指数。

二、价格指数统计由省城市社会经济调查队组织实施，各市、县城调队依据国家统计局统一制定的价格统计调查制度向基层采集原始数据汇总后上报。

三、消费、零售价格指数都是采用分层抽样调查方法编制的，以样本推断总体。抽选出的调查市、县18个。编制过程有五大要素：

1. 调查地区和调查点的选择。调查地区选择的方法参照住户调查方法的第一阶段，在此基础上选定经营规模大、商品种类多的商场（包括集市）作为主要调查点。

2. 代表商品和代表规格品的选择。代表商品由国家城调总队统一规定，代表规格品由省市城调队自行确定，代表规格品确定的原则：（1）与社会生产和人民生活关系密切；（2）销售数量（金额）大；（3）市场供应保持稳定；（4）价格变动趋势有代表性。

3. 价格调查方式。采用派员直接到调查点登记调查，聘请辅助调查员协助登记调查。

4. 权数的确定。商品零售价格指数的计算权数是根据省商品零售额统计确定的，居民消费价格指数的计算权数是根据城乡居民家庭消费支出构成计算。

5. 计算公式的选择。商品零售价格指数和居民消费价格指数都是采用综合公式（$K=\Sigma P_1Q_1/\Sigma P_0Q_1$）编制的。

四、工业品价格统计采用重点调查方法，固定资产投资价格指数采用重点调查与典型调查相结合的方法。调查范围包括抽中的各种经济类型的工业、建筑业企业及建设单位。

本篇责任编辑：邓　泓、何　凝、张应文

Brief Introduction

I. Data on the price indices in this chapter show the changing trend and change rates in production, circulation, consumption and investment, etc., including mainly consumer price indices of residents, retail price indices, price indices of agricultural means of production, purchasing price indices of farm products, producers price indices of industrial products, purchasing price indices of raw materials, fuels and power, and prices of investment in fixed assets.

II. The statistics of price indices is organized by the Urban Socio-Economic Survey Organization, Anhui Statistical Bureau. The urban socio-economic survey organizations of the selected cities and counties collect statistical data from the grassroots units in accordance with the scheme of prices survey stipulated by the State Statistical Bureau, tabulate them and report them to higher agencies.

III. Data for calculation of the consumer price indices of residents and the retail price indices are collected with the stratified sampling method. Data on the population are estimated on the basis of the sample. 18 cities and counties have been selected for this purpose. Following are five major points in the process of calculation of the price indices.

1. The selection of the areas and places for survey. The method of selecting the sample areas refers to the first step of the method of households survey. When the sample areas are selected, large-scale shops and market (including fairs) with great varieties of commodities are selected as the survey places.

2. The selection of the representative commodities and their specifications or varieties. The representative commodities are prescribed by the Urban Socio-Economic Survey Organization, State Statistical Bureau and the representative specifications or varieties are determined by the Urban Socio-Economic Survey Organization of the provinces or cities. In principle, only those specifications or varieties of the commodities can be selected:

(1) Being closely related with social production and people's livelihood;

(2) With large volume of sales;

(3) With stable supply;

(4) The changing tendency of price is typical.

3. Survey way: Enumerators are sent to the survey places to take the records of the price and assistant enumerators are invited to assist the survey work.

4. The determination of the weights. The weights for calculation of the retail price indices are determined according to the total retail of commodities in the province. The weights for calculation of the consumer price indices are determined according to the composition of the consumption expenditures of urban and rural households.

5. The selection of the calculation formula. Both consumer price indices of residents and retail price indices are calculated in accordance with the comprehensive formula ($k=\Sigma p1q1/\Sigma p0q1$)

IV. Data for the calculation of the price indices of industrial products are collected by the key unit survey. Data for the calculation of the price indices of the investment in fixed assets are collected by the survey on key units and typical units. The coverage of the survey includes the industrial and construction enterprises and construction units.

9—1 各 种 价 格 总 指 数
General Price Indices

(上年=100) (preceding year=100)

年份 Year	商品零售价格指数 General Retail Price Index	居民消费价格指数 General Consumer Price Index	城市居民消费价格指数 Urban Areas	农村居民消费价格指数 Rural Areas	农产品收购价格指数 General Purchasing Price Index of Farm Products	农村工业品零售价格指数 General Rural Retail Price Index of Industrial Products	工农业商品综合比价指数 General Price Parity Index of Industrial and Farm Products
1978	100.0				103.0		
1980	103.4	104.1	104.1		105.3	100.7	97.4
1985	106.4	107.1	107.8	106.4	105.2	102.3	97.2
1990	101.9	102.7	102.6	102.8	. 96.2	103.6	107.7
1991	105.7	106.1	107.4	104.1	102.2	102.3	100.1
1992	106.6	108.2	108.8	108.0	98.2	104.6	106.5
1993	112.9	114.7	114.4	115.4	114.2	113.4	99.3
1994	123.2	126.9	127.4	126.3	138.7	118.8	85.7
1995	112.7	114.8	115.9	113.7	119.0	113.3	95.2
1996	107.1	109.9	110.1	109.7	100.8	105.8	105.0
1997	99.4	101.3	101.9	100.7	93.6	99.4	106.2
1998	98.1	100.0	100.3	99.9	93.2	99.0	106.2
1999	96.6	97.8	97.6	98.0	85.0	95.7	112.6
2000	98.0	100.7	100.9	100.5	93.2	97.1	104.2

9—2 各 种 价 格 总 指 数
General Price Indices

(1978年=100) (1978=100)

年份 Year	商品零售价格指数 General Retail Price Index	居民消费价格指数 General Consumer Price Index	城市居民消费价格指数 Urban Areas	农产品收购价格指数 General Purchasing Price Index of Farm Products	农村工业品零售价格指数 General Rural Retail Price Index of Industrial Products	工农业商品综合比价指数 General Price Parity Index of Industrial and Farm Products
1978	100.0	100.0	100.0	100.0	100.0	100.0
1980	105.6	106.8	106.8	140.7	101.6	83.7
1985	119.0	123.3	124.1	177.5	109.6	71.5
1990	199.6	209.0	208.0	289.7	175.1	70.0
1991	210.9	221.8	223.4	296.1	179.1	70.1
1992	224.9	240.0	243.0	290.8	187.3	74.7
1993	253.9	275.3	278.0	332.1	212.4	74.2
1994	312.8	349.3	354.2	460.6	252.4	63.6
1995	352.5	401.0	410.5	548.1	285.9	60.5
1996	377.5	440.7	451.9	552.5	302.5	63.5
1997	375.2	446.4	460.5	517.1	300.7	67.4
1998	368.1	446.4	461.9	482.0	297.7	71.6
1999	355.6	436.6	450.8	409.7	284.9	80.6
2000	348.5	439.7	454.9	381.8	276.6	84.0

9—3 居民消费价格分类指数（2000年）
Consumer Price Indices by Category (2000)

（上年＝100） (preceding year＝100)

类别	Item	全省 Provincial Indices	城市 Urban Indices	农村 Rural Indices
居民消费价格指数	**General Consumer Price Index**	100.7	100.9	100.5
食　品	**Food**	97.2	97.0	97.4
粮　食	Grain	85.0	85.0	84.9
细　粮	Flour and Rice	84.8	84.8	84.8
粗　粮	Coarse Food Grain	96.8	96.2	97.6
淀粉及薯类	Starches and Tubers	98.9	97.5	99.9
干豆类及豆制品	Bean and Its Products	100.0	99.4	100.5
油脂	Oil or Fat	83.8	81.5	85.9
肉禽及其制品	Meal, Poultry and Their Products	101.9	100.3	103.8
蛋	Eggs	84.7	84.0	85.6
水产品	Aquatic Products	102.6	102.4	102.7
菜	Vegetables	108.0	110.2	105.3
鲜　菜	Fresh Vegetables	108.9	111.0	106.1
干　菜	Dried Vegetables	100.1	98.3	101.5
菜制品	Vegetable Products	101.5	105.2	98.9
调味品	Flavoring	102.3	101.4	103.3
糖	Carbohydrate	102.6	102.3	102.8
食　糖	Sugar	105.1	106.7	104.4
糖　果	Candy	101.1	100.4	101.6
烟　草	Tobacco	96.9	96.5	97.3
酒和饮料	Liquor and Beverages	98.4	97.5	99.1
干鲜瓜果	Dried and Fresh Melons and Fruits	94.5	93.7	95.5
鲜　果	Fresh Fruits	93.4	93.1	93.7
干　果	Dried Fruits	98.5	96.2	100.7
糕　点	Cake	98.6	98.8	98.4
奶及奶制品	Milk and Its Products	99.1	100.5	97.2
其他食品	Other Food	98.5	98.4	98.6
饮食业	Catering Trade	98.1	98.3	97.9
主　食	Staple Food	98.2	98.5	97.7
炒　菜	Fried Dishes	97.8	97.9	97.4
地方小吃	Local Snack	99.7	99.5	100.1
衣　着	**Clothing**	98.0	98.1	97.8
服　装	Garments	97.7	97.9	97.4
衣着材料	Clothing Material	97.3	96.7	97.5
棉　布	Cotton Cloth	98.0	97.7	98.1
棉花化纤混纺布	Blend Cloth	97.3	97.2	97.3
化纤布	Chemical Fiber Cloth	96.8	94.5	97.8
呢　绒	Woolen Fabric	97.4	98.1	97.0
绸　缎	Silk	96.9	95.7	97.8
毛　线	Knitting Wool	97.6	98.7	97.1

9—3 续表 continued

(上年=100) (preceding year=100)

类别	Item	全省 Provincial Indices	城市 Urban Indices	农村 Rural Indices
鞋袜帽及其他衣着	Footwear, Hats & Other Clothing	99.1	99.4	98.7
鞋	Shoes	98.9	99.2	98.5
袜子	Socks and Stockings	101.6	101.8	101.5
帽子	Hats	103.5	107.4	100.6
其他衣着	Other Clothing	98.6	99.5	98.3
家庭设备及用品	**Household Facilities and Articles**	98.6	98.8	98.3
耐用消费品	Durable Consumer Goods	98.1	98.3	97.8
家具	Furniture	99.3	99.2	99.4
家庭设备	Household Facilities	97.6	98.0	97.2
室内装饰品	Interior Decorations	97.5	98.3	95.9
床上用品	Bed Articles	98.6	99.7	97.8
家庭日用杂品	Daily Use Household Articles	98.7	98.6	98.8
其他日用品	Other Articles for Daily Use	100.1	100.4	99.7
医疗保健用品	**Medicine and Medical Articles**	101.8	103.0	100.9
医疗器具及保健用品	Medical Appliances and Articles	99.0	99.0	98.9
中药材及中成药	Traditional Chinese Medicine	105.9	108.8	103.7
西药	Western Medicine	98.9	99.0	98.8
交通和通讯工具	**Means of Transportation and Communication**	93.8	90.7	95.9
交通工具	Means of Transportation	95.8	93.3	96.7
通讯工具	Means of Communication	90.5	88.6	92.9
娱乐教育文化用品	**Recreation, Education and Culture Articles**	96.6	96.8	96.4
文娱用耐用消费品	Durable Consumer Goods for Recreational Use	92.2	92.8	91.8
教材及参考书	Teaching Materials and Reference Books	102.4	102.1	102.6
文化娱乐用品	Cultural and Recreational Articles	100.9	100.7	101.1
文娱用品	Cultural and Recreational Articles	100.1	100.1	100.1
书报杂志	Newspapers and Magazines	101.8	101.3	102.1
居住	**Residence**	104.4	107.6	101.5
住房	Housing	101.6	106.4	98.5
建筑材料	Building Materials	97.8	98.0	97.7
房租	Rent	106.9	113.6	100.3
水电燃料	Water, Electricity and Fuels	106.8	108.4	105.2
服务项目	**Services**	117.5	115.9	119.4
电讯费	Telecommunication	98.7	98.8	98.0
邮费	Postage	106.7	106.3	106.9
交通费	Traffic	103.9	105.8	101.8
洗理美容费	Bathing and Haircut	101.4	102.2	99.8
文娱费	Recreation	102.8	104.2	100.6
学杂保育费	Tuition and Child Care	135.8	134.2	137.6
修理及其他服务费	Repair and Other Services	100.7	100.8	100.6
医疗保健服务费	Medical and Health Care Services	104.1	106.5	102.7

9—4 商品零售价格分类指数（2000年）

Retail Price Indices by Category of Commodities (2000)

（上年＝100） (preceding year＝100)

类别	Item	全省 Provincial Indices	城市 Urban Indices	农村 Rural Indices
商品零售价格指数	**General Retail Price Index**	**98.0**	**97.9**	**98.0**
食品	**Food**	**96.8**	**96.4**	**97.1**
粮食	Grain	86.5	87.4	85.7
细粮	Flour and Rice	84.7	85.3	84.2
粗粮	Coarse Food Grain	105.6	108.1	103.2
油脂	Oil or Fat	84.0	81.8	86.0
肉禽蛋	Meal, Poultry and Eggs	98.9	97.4	100.1
水产品	Aquatic Products	102.7	103.3	102.2
鲜菜	Fresh Vegetables	108.1	110.3	106.5
干菜	Dried Vegetables	99.1	97.9	99.6
鲜果	Fresh Fruits	92.9	92.4	93.3
干果	Dried Fruits	98.5	95.8	100.6
其他食品	Other Food	100.5	100.6	100.5
调味品	Condiments	102.3	101.7	102.9
食糖	Sugar	105.0	107.1	104.0
糖果	Candy	100.6	99.5	101.3
糕点	Cake	98.7	98.7	98.7
奶及奶制品	Milk and Its Products	98.9	100.4	97.4
罐头	Canned Food	98.2	98.4	98.1
饮食业	Catering Trade	98.1	98.4	97.8
主食	Staple Food	97.8	98.1	97.6
炒菜	Fried Dishes	97.9	98.3	97.5
地方小吃	Local Snack	99.6	99.5	99.7
饮料烟酒	**Beverages, Tobacco and Liquor**	**97.8**	**97.1**	**98.3**
饮料	Beverages	97.9	97.2	98.5
烟酒	Tobacco and Liquor	97.7	97.1	98.2
服装鞋帽	**Garments, Shoes and Hats**	**98.4**	**98.7**	**98.1**
服装	Garments	97.4	97.6	97.2
鞋	Shoes	99.2	99.4	99.0
其他衣着	Other Clothing	100.7	102.3	99.8
纺织品	**Textiles**	**97.7**	**97.7**	**97.7**
棉布	Cotton Cloth	98.1	97.7	98.4
棉花化纤混纺布	Blend Cloth	97.5	97.5	97.4
化纤布	Chemical Fiber Cloth	97.3	96.0	98.3
呢绒	Woolen Fabric	97.8	98.7	97.0
绸缎	Silk	97.9	97.9	97.9
其他纺织品	Other Textiles	97.9	98.9	97.1
中西药品	**Traditional Chinese and Western Medicines**	**101.9**	**102.7**	**101.2**
中药	Traditional Chinese Medicine	106.4	108.8	104.3
西药	Western Medicine	98.8	98.8	98.8
医疗用品	Medical Articles	99.4	99.4	99.4
化妆品	**Cosmetics**	**99.1**	**99.5**	**98.6**
书报杂志	**Newspapers and Magazines**	**101.4**	**101.5**	**101.2**
文化体育用品	**Cultural and Sports Goods**	**99.6**	**99.2**	**99.9**
文化用品	Cultural Goods	99.3	99.2	99.5
体育用品	Sports Goods	100.1	99.4	100.6
日用品	**Articles for Daily Use**	**98.8**	**98.6**	**99.0**
一般日用品	Ordinary Articles for Daily Use	98.2	97.7	98.8
家具	Furniture	99.6	99.6	99.5
日用杂品	Sundries for Daily Use	99.1	99.8	98.8
家用电器	**Household Appliances**	**94.9**	**95.7**	**94.1**
首饰	**Jewelry**	**99.4**	**99.4**	**99.4**
燃料	**Fuels**	**111.5**	**111.5**	**111.7**
建筑装璜材料	**Building Decoration Materials**	**97.2**	**96.5**	**97.7**
机电产品	**Mechanical and Electrical Products**	**94.7**	**94.6**	**94.9**

9—5 调查市、县居民消费价格分类指数（2000年）
Consumer Price Indices by Category and by Surveyed City and County (2000)

（上年＝100） （preceding year＝100）

市县 Surveyed City and County	总指数 General Index	食品 Food	粮食 Grain	油脂 Oil or Fat	肉禽及其制品 Meat and Poultry	蛋 Eggs	水产品 Aquatic Products	菜 Vegetables	酒和饮料 Liquor and Beverages
合肥市 Hefei	101.3	97.3	88.4	81.6	102.1	83.9	99.6	108.5	93.0
淮南市 Huainan	101.6	97.4	81.0	80.5	101.9	82.2	95.1	115.0	101.7
安庆市 Anqin	101.1	97.3	82.1	81.0	99.5	98.9	105.3	110.4	96.7
芜湖市 Wuhu	100.8	96.0	82.1	79.7	96.9	83.9	102.3	111.1	102.6
蚌埠市 Bengbu	102.0	96.6	83.1	79.0	98.1	84.5	102.4	113.4	100.4
亳州市 Bozhou	97.6	95.8	93.9	85.7	100.8	88.1	105.0	97.6	98.6
淮北市 Huaibei	99.6	97.4	94.5	82.0	100.7	80.7	111.8	109.1	100.7
马鞍山市 Maanshan	102.5	97.0	90.1	83.4	99.7	82.6	99.0	108.7	97.3
铜陵市 Tonglin	99.8	97.5	82.9	78.6	100.3	83.3	109.9	111.1	95.8
黄山市 Huangshan	102.4	98.1	83.1	93.1	99.9	81.9	104.7	110.6	98.7
阜阳市 Fuyang	100.8	97.5	85.6	85.3	103.7	80.2	104.6	110.7	97.1
滁州市 Chuzhou	100.9	95.3	84.1	82.6	95.5	83.4	100.6	105.2	93.9
歙县 Shexian	100.8	97.8	85.6	87.8	102.0	82.0	108.1	108.1	94.4
桐城市 Tongcheng	99.3	96.9	82.2	76.8	99.7	89.5	106.2	109.5	102.1
贵池市 Guichi	99.1	98.2	90.5	91.4	102.5	92.9	98.7	100.8	103.7
宣城市 Xuancheng	100.2	96.6	79.6	83.0	109.4	76.5	109.0	102.9	99.5
巢湖市 Chaohu	98.7	97.3	84.5	96.7	99.0	86.4	94.9	112.6	94.8
宿州市 Suzhou	104.8	94.9	82.8	78.4	101.6	85.8	97.4	106.4	97.4

市县 Surveyed City and County	干鲜瓜果 Melons and Fruits	饮食业 Catering Trade	衣着 Clothing	家庭设备及用品 Household Appliances	医疗保健用品 Health Care	交通和通讯工具 Means of Transportation & Communication	娱乐教育文化用品 Recreational, Educational & Cultural Goods	居住 Housing	服务项目 Services
合肥市 Hefei	90.5	98.2	95.9	99.1	99.8	85.5	95.7	102.8	120.2
淮南市 Huainan	96.4	99.6	97.8	96.5	106.8	86.7	98.1	104.7	117.9
安庆市 Anqin	95.9	96.8	99.2	98.9	101.7	93.3	99.8	107.7	117.9
芜湖市 Wuhu	91.1	97.3	100.2	97.8	101.8	95.8	95.5	114.1	109.2
蚌埠市 Bengbu	91.6	100.0	99.8	98.5	106.8	95.5	98.2	104.0	130.3
亳州市 Bozhou	93.0	97.8	99.2	97.3	105.7	96.5	94.4	99.1	104.9
淮北市 Huaibei	89.7	100.0	98.8	99.4	99.2	96.7	99.3	109.9	103.0
马鞍山市 Maanshan	95.4	95.9	97.8	102.3	111.0	86.0	96.9	118.4	116.5
铜陵市 Tonglin	95.9	96.7	98.9	103.0	100.5	91.5	95.8	104.3	107.5
黄山市 Huangshan	98.4	100.0	98.8	100.3	104.3	99.2	97.6	104.8	113.8
阜阳市 Fuyang	100.8	97.8	97.2	98.2	98.1	90.8	96.4	101.7	118.6
滁州市 Chuzhou	102.4	100.0	98.2	97.6	99.3	98.5	96.6	108.9	118.0
歙县 Shexian	108.6	95.3	91.9	95.9	102.4	86.7	96.2	99.5	129.6
桐城市 Tongcheng	98.9	100.0	97.9	97.6	102.4	97.6	95.3	100.2	112.4
贵池市 Guichi	93.2	98.3	99.2	99.9	100.4	100.0	98.4	101.6	100.5
宣城市 Xuancheng	81.7	96.2	99.8	100.2	104.0	99.4	98.1	101.4	115.7
巢湖市 Chaohu	97.9	99.0	97.3	99.2	97.6	90.9	96.2	103.1	104.4
宿州市 Suzhou	94.5	97.4	98.1	97.4	98.6	98.9	95.2	103.1	158.2

9—6 调查市、县商品零售价格分类指数（2000 年）
Retail Price Indices by Category of Commodities and Surveyed City and County (2000)

（上年＝100） (preceding year＝100)

市 县 Surveyed City and County		总指数 General Index	食品 Food	粮食 Grain	油脂 Oil or Fat	肉禽蛋 Meat, Poultry & Eggs	水产品 Aquatic Products
合肥市	Hefei	97.2	96.3	89.9	81.6	98.8	100.6
淮南市	Huainan	98.3	97.1	90.5	81.3	96.9	95.2
安庆市	Anqin	98.3	96.6	82.7	81.0	99.4	105.8
芜湖市	Wuhu	98.1	95.4	84.4	79.7	94.7	103.2
蚌埠市	Bengbu	98.7	95.9	83.3	79.6	95.5	102.9
亳州市	Bozhou	96.3	95.6	92.4	84.0	98.5	104.1
淮北市	Huaibei	98.8	96.9	85.6	81.6	97.4	112.2
马鞍山市	Maanshan	99.0	96.4	91.1	83.4	97.3	100.1
铜陵市	Tonglin	97.9	96.2	84.1	78.9	95.7	111.0
黄山市	Huangshan	99.7	96.5	83.5	93.1	96.4	104.3
阜阳市	Fuyang	97.7	97.9	86.3	85.3	98.7	105.6
滁州市	Chuzhou	97.3	95.1	85.4	82.9	94.6	101.1
歙县	Shexian	97.0	99.3	86.0	86.6	97.8	108.1
桐城市	Tongcheng	98.6	96.7	82.9	78.2	97.1	105.4
贵池市	Guichi	98.5	97.5	90.5	91.1	101.1	97.6
宣城市	Xuancheng	98.5	95.6	81.3	83.3	103.8	107.9
巢湖市	Chaohu	97.7	97.9	83.9	97.2	97.1	95.0
宿州市	Suzhou	96.5	94.7	83.6	78.4	98.1	98.2

市 县 Surveyed City and County		鲜菜 Fresh Vegetables	干菜 Dried Vegetables	鲜果 Fresh Fruits	干果 Dried Fruits	其他食品 Other Food	奶及奶制品 Milk and Its Products	饮食业 Catering Trade
合肥市	Hefei	108.7	99.9	89.3	95.7	99.9	99.6	98.2
淮南市	Huainan	114.7	99.2	97.6	93.3	101.2	101.0	99.6
安庆市	Anqin	111.4	98.5	95.1	98.4	102.5	102.7	96.9
芜湖市	Wuhu	110.1	100.3	89.2	98.1	102.4	103.6	97.7
蚌埠市	Bengbu	114.0	90.4	89.3	97.6	101.1	99.9	100.0
亳州市	Bozhou	98.6	89.3	91.7	102.5	95.9	89.9	97.7
淮北市	Huaibei	109.6	96.5	95.5	98.0	101.4	100.4	100.0
马鞍山市	Maanshan	109.3	94.0	91.4	97.2	99.6	98.6	95.9
铜陵市	Tonglin	111.6	99.1	95.2	95.1	105.4	116.4	98.1
黄山市	Huangshan	112.9	97.5	102.3	82.6	101.3	97.3	100.0
阜阳市	Fuyang	111.5	94.8	99.0	95.8	98.9	100.0	97.5
滁州市	Chuzhou	105.3	104.8	99.7	98.9	97.1	93.7	100.0
歙县	Shexian	109.8	102.0	110.6	102.4	103.4	94.9	95.5
桐城市	Tongcheng	110.4	99.6	97.5	102.4	100.9	94.2	99.9
贵池市	Guichi	100.7	100.7	90.4	101.3	100.6	99.3	98.8
宣城市	Xuancheng	103.1	92.5	76.9	91.3	98.6	98.3	95.6
巢湖市	Chaohu	116.5	98.6	97.4	104.5	102.2	117.9	100.0
宿州市	Suzhou	106.8	98.1	90.5	102.4	101.9	100.0	97.4

9—6 续表 continued

(上年=100) (preceding year=100)

市 县 Surveyed City and County	饮料、烟酒 Beverages, Tobacco and Liquor	服装鞋帽 Clothing, Shoes and Hats	纺织品 Textiles	中西药品 Traditional Chinese & Western Medicines	化妆品 Cosmetics	书报、杂志 Newspapers and Magazines
合肥市 Hefei	95.9	96.8	100.2	99.9	98.8	100.7
淮南市 Huainan	96.9	99.5	93.4	106.4	98.7	101.1
安庆市 Anqin	96.5	100.0	92.8	101.3	100.8	101.3
芜湖市 Wuhu	98.8	100.9	99.5	101.4	99.4	101.4
蚌埠市 Bengbu	100.0	99.8	100.0	105.9	100.6	101.4
亳州市 Bozhou	97.2	97.9	96.5	105.5	98.4	99.7
淮北市 Huaibei	99.1	98.4	99.6	100.1	102.5	102.6
马鞍山市 Maanshan	95.8	100.8	90.9	110.6	102.6	102.6
铜陵市 Tonglin	96.8	99.8	96.4	100.3	96.9	103.2
黄山市 Huangshan	98.9	98.9	100.0	104.0	100.1	100.3
阜阳市 Fuyang	95.1	96.9	100.3	97.5	98.9	101.4
滁州市 Chuzhou	93.9	98.7	97.0	99.5	97.7	105.3
歙县 Shexian	96.4	91.9	92.3	102.5	100.5	100.9
桐城市 Tongcheng	99.8	98.5	97.6	102.5	98.6	101.2
贵池市 Guichi	99.0	99.7	98.3	99.9	101.0	100.2
宣城市 Xuancheng	97.6	100.5	97.9	103.3	98.2	101.7
巢湖市 Chaohu	95.8	98.7	98.6	99.2	93.4	104.7
宿州市 Suzhou	97.8	98.5	98.3	99.8	91.1	101.4

市 县 Surveyed City and County	文化体育用品 Cultural and Sports Goods	日用品 Articles for Daily Use	家用电器 Household Appliances	首饰 Jewelry	燃料 Fuels	建筑装璜材料 Building Decoration Materials	机电产品 Mechanical and Electrical Products
合肥市 Hefei	99.4	98.9	97.2	98.6	109.7	92.6	93.9
淮南市 Huainan	95.0	97.1	93.7	95.0	122.1	98.9	94.2
安庆市 Anqin	99.9	99.4	98.6	94.8	115.2	97.3	97.0
芜湖市 Wuhu	98.1	97.0	93.0	101.6	113.8	101.7	98.9
蚌埠市 Bengbu	100.4	99.4	95.2	99.7	107.5	99.5	98.7
亳州市 Bozhou	98.1	97.6	89.7	98.0	95.3	93.6	94.4
淮北市 Huaibei	102.3	100.8	96.4	97.8	108.3	101.2	95.4
马鞍山市 Maanshan	101.8	100.1	98.8	107.3	106.2	97.6	92.0
铜陵市 Tonglin	97.5	98.5	97.8	100.5	111.3	97.0	98.7
黄山市 Huangshan	100.0	99.9	97.9	103.8	119.7	100.5	99.2
阜阳市 Fuyang	98.8	98.2	94.3	94.8	109.4	99.0	89.2
滁州市 Chuzhou	99.9	98.8	92.4	95.6	113.6	96.7	99.5
歙县 Shexian	98.8	95.7	90.9	102.3	108.8	96.9	89.6
桐城市 Tongcheng	99.0	100.3	94.2	99.0	116.4	97.7	98.5
贵池市 Guichi	100.0	98.9	98.1	96.8	103.2	98.9	100.0
宣城市 Xuancheng	99.6	100.8	98.1	101.7	114.9	100.1	95.8
巢湖市 Chaohu	102.7	98.1	91.1	102.5	114.2	99.2	85.5
宿州市 Suzhou	98.6	98.7	94.3	94.0	113.4	93.4	89.1

9—7 调查市、县服务项目价格分类指数（2000年）
Retail Price Indices by Category of Commodities and Surveyed City and County (2000)

（上年＝100） (preceding year＝100)

市 县 Surveyed City and County	总指数 General Index	电讯费 Telecommunication	邮费 Postage	交通费 Transportation	洗理美容费 Bathing and Haircut	文娱费 Recreation	学杂保育费 Tuition and Children Care	修理及其他服务费 Repair and Other Services	医疗保健服务费 Medical & Health Care Services
合肥市 Hefei	120.2	98.9	106.7	100.3	97.6	107.9	146.0	100.5	117.0
淮南市 Huainan	117.9	100.0	103.5	100.0	100.0	105.1	138.3	104.5	105.9
安庆市 Anqin	117.9	95.3	105.5	119.7	102.5	107.1	130.9	98.6	112.7
芜湖市 Wuhu	109.2	98.0	106.0	100.2	100.0	99.4	121.6	96.7	100.0
蚌埠市 Bengbu	130.3	98.7	106.0	100.0	100.0	100.0	177.6	100.0	100.0
亳州市 Bozhou	104.9	91.8	104.0	100.3	105.5	100.0	104.8	99.6	133.4
淮北市 Huaibei	103.0	97.5	100.0	106.0	121.8	105.3	106.8	100.0	100.0
马鞍山市 Maanshan	116.5	101.1	107.0	124.1	98.7	103.3	134.0	100.8	100.5
铜陵市 Tonglin	107.5	93.1	105.2	116.9	106.4	103.8	113.7	101.7	100.2
黄山市 Huangshan	113.8	98.7	106.4	101.2	96.9	88.2	134.0	101.8	100.0
阜阳市 Fuyang	118.6	99.1	107.3	100.0	116.6	107.5	136.7	103.4	102.7
滁州市 Chuzhou	118.0	98.6	106.8	100.9	107.8	102.5	146.0	100.0	100.0
歙县 Shexian	129.6	98.6	106.3	101.4	100.0	94.7	157.3	100.6	101.6
桐城市 Tongcheng	112.4	98.7	108.9	102.2	102.6	104.9	123.1	103.2	100.0
贵池市 Guichi	100.5	98.7	107.7	100.0	97.6	100.5	100.9	99.7	100.2
宣城市 Xuancheng	115.7	98.6	106.3	101.2	100.5	98.3	131.8	99.4	101.8
巢湖市 Chaohu	104.4	92.7	100.0	100.3	100.0	109.8	107.6	100.0	102.1
宿州市 Suzhou	158.2	98.7	106.1	102.9	98.7	98.8	208.5	101.1	108.8

9—8 农业生产资料价格分类指数
Price Indices of Agricultural Means of Production by Category

（上年＝100） (preceding year＝100)

类别	Item	1995	1996	1997	1998	1999	2000
总指数	**General Index**	**128.0**	**107.2**	**98.9**	**94.8**	**95.3**	**98.2**
小农具	Small Farm Tools	122.9	112.3	102.9	101.0	97.4	100.5
饲料	Forage	137.0	116.1	89.3	102.1	97.7	94.0
幼禽家畜	Young Livestock & Fowls	126.5	110.2	136.1	86.0	83.3	111.8
半机械化农具	Semi-mechanized Farm Tools	110.0	107.2	101.0	99.2	97.6	97.6
机械化农具	Mechanized Farm Machinery	119.8	99.4	95.8	95.6	96.2	96.0
化学肥料	Chemical Fertilizer	138.5	108.5	93.5	90.5	92.6	92.2
农药及农药械	Pesticide & Its Appliances	112.9	107.9	99.4	99.1	93.5	97.1
农机用油	Oil for Farm Machinery	107.3	104.2	106.8	92.8	106.0	122.0

9—9 农产品收购价格分类指数
Purchasing Price Indices of Farm Products by Category of Commodities

(上年=100) (preceding year=100)

年份 Year	总指数 General Index	粮食 Grain	小麦 Wheat	籼稻 Rice	玉米 Corn	薯干 Dried Potato	黄豆 Soybeans	经济作物 Industrial Crops	食用植物油及油料 Edibae Vegetable Oil and Oil Bearing Crops
1978	103.0	100.7	100.0	100.0				106.1	100.0
1980	105.3	100.1	100.0	103.1				106.4	100.0
1985	105.2	100.2						101.5	103.0
1990	96.2	89.5	79.2	93.4	87.6	90.6	87.8	111.4	95.6
1991	102.2	98.1	101.7	100.6	93.0	78.2	111.4	103.3	93.1
1992	98.2	98.4	107.7	83.0	101.9	106.4	121.8	98.3	98.7
1993	114.2	115.1	110.6	125.3	133.6	108.4	130.5	113.7	114.6
1994	138.7	151.6	137.7	196.1	142.9	148.7	113.6	144.0	162.4
1995	119.0	137.7	156.0	110.9	158.0	175.6	117.3	113.4	96.5
1996	100.8	94.5	95.1	83.7	62.5	73.8	130.5	99.6	100.9
1997	93.6	85.1	90.6	92.9	112.4	79.2	100.4	97.0	114.0
1998	93.2	102.9	99.8	110.6	107.0	113.2	80.8	90.1	102.8
1999	85.0	89.7	88.2	90.2	80.0	152.9	86.8	80.8	73.7
2000	93.2	84.0	81.8	84.4	91.3	61.6	107.7	103.2	104.5

年份 Year	棉花 Cotton	麻 Jute and Ambary Hemp	烟叶 Tobacco	茶叶 Tea	竹木材 Bamboo	工业用油漆 Oil and Lacquer for Industrial Use	禽畜产品 Livestock Products, Poultry and Eggs	肉畜 Livestock for Slaughtering	肥猪 Fattened Hogs	禽蛋 Poultry Eggs
1978	109.7	100.0	104.5	111.0	100.0	115.0	100.9	100.9		101.6
1980	110.0	115.3	100.0	100.0	100.0	103.2	101.3	100.1		106.2
1985	97.6	95.4	100.0	129.0	112.7	89.7	131.3	122.0		106.5
1990	147.0	103.6	117.2	97.0	74.2	68.3	91.5	95.0	96.8	98.9
1991	105.9	117.5	149.0	134.3	97.1	112.2	106.1	102.5	101.5	104.6
1992	102.7	290.3	77.5	89.2	109.7	92.4	98.2	107.5	100.6	89.6
1993	110.9	93.1	130.8	114.3	115.4	103.9	111.2	107.7	110.1	112.0
1994	151.4	130.2	107.7	102.4	103.0	165.6	126.4	153.4	151.5	124.5
1995	138.5	148.5	127.8	117.4	108.4	93.1	116.9	105.1	110.9	109.4
1996	100.7	117.4	80.8	99.9	107.3	157.3	106.9	105.6	104.4	118.3
1997	98.3	94.9	72.2	77.8	100.9	99.0	100.9	122.7	127.9	70.8
1998	89.4	39.9	100.0	103.9	104.2	49.2	88.4	83.4	83.4	99.4
1999	73.5	137.9	104.5	104.9	117.3	102.3	85.2	80.9	77.4	95.0
2000	100.8	101.0	131.1	99.5	86.5	88.2	96.8	96.5	103.6	85.4

9—9 续表 continued

(上年=100) (preceding year=100)

年 份 Year	鸡 蛋 Chicken Eggs	皮 张 Hides and Skins	鬃 毛 Bristles	蚕茧蚕丝 Silkworn Cocoons and Silk	干 鲜 果 Dried and Fresh Fruits	干鲜菜及调味品 Dried and Fresh Vegetables and Condiments	鲜 菜 Fresh Vegetables	药 材 Crude Drugs	土副产品 Local Products	水 产 品 Aquatic Products
1978		100.0	100.0	100.0	108.7	108.4	91.4	100.4	102.3	100.0
1980		113.5	100.0	100.0	114.0	121.6	120.5	99.8	114.7	100.0
1985		230.7	180.0	101.5	116.6	125.0	138.6	105.3	96.7	217.9
1990	100.0	96.2	85.1	100.9	81.2	93.4	92.2	99.6	90.6	91.2
1991	104.0	132.7	121.1	113.1	121.6	123.6	126.9	122.2	105.9	106.0
1992	86.1	80.7	118.0	72.0	136.2	102.1	97.7	112.2	115.5	102.3
1993	109.6	111.3	123.1	128.7	86.2	130.5	120.9	129.0	109.0	126.2
1994	113.7	104.6	97.6	158.5	109.2	107.4	125.9	97.9	151.9	112.5
1995	116.4	145.7	119.0	52.7	117.2	107.6	118.3	121.0	117.5	117.5
1996	119.2	104.6	64.5	73.0	119.5	115.2	120.3	108.0	153.2	123.6
1997	62.2	93.4	85.9	127.8	85.2	84.6	82.1	97.9	97.4	101.3
1998	103.5	90.4	92.0	85.4	94.5	104.4	110.8	106.1	60.7	95.0
1999	89.9	85.0	82.7	88.5	57.9	89.1	86.0	98.0	109.0	74.8
2000	80.2	100.9	108.3	148.3	70.7	90.9	93.2	100.3	102.6	104.0

9—10 农贸市场农产品成交价格指数
Price Indices of Farm Products in Rural Market

(上年=100) (preceding year=100)

年 份 Year	总指数 General Index	粮 食 Grain	油 脂 Oil or Fat	肉禽蛋 Meat, Poultry & Eggs	水产品 Aquatic Products	鲜 菜 Fresh Vegetables	干 菜 Dried Vegetables	鲜 果 Fresh Fruits	干 果 Dried Fruits
1990	94.8	80.8	98.1	98.0	97.6	85.2	96.6	103.1	92.8
1991	103.8	96.9	94.7	98.2	100.8	124.3	103.5	110.9	99.5
1992	100.3	105.7	90.0	104.0	108.0	92.3	109.4	85.7	104.3
1993	111.2	113.8	118.9	109.3	120.5	117.0	111.4	100.2	115.7
1994	134.6	161.3	169.1	141.0	119.3	127.1	111.6	114.1	119.7
1995	114.9	134.6	105.3	119.4	107.7	114.5	107.4	117.8	118.0
1996	101.2	103.7	89.1	106.1	95.7	108.9	114.8	93.5	103.7
1997	90.1	78.7	101.0	98.5	100.8	77.8	81.9	83.3	110.6
1998	91.3	103.6	102.0	88.3	92.1	96.1	79.5	93.5	87.4
1999	88.0	96.4	92.2	89.0	87.0	80.7	99.9	92.8	92.3
2000	92.9	82.6	80.0	96.2	102.0	99.6	96.6	90.1	97.1

9—11 调查市、县农业生产资料价格指数（2000年）
Price Indices of Agricultural Means of Production by Category and Surveyed City and County (2000)

（上年＝100） (preceding year＝100)

市县 Surveyed City and County	总指数 General Index	小农具 Small Farm Tools	饲料 Forage	幼禽家畜 Young Livestock & Fowls	半机械化农具 Semi-mechanized Farm Tools	机械化农具 Mechanized Farm Machinery	化学肥料 Chemical Fertilizer	农药及农药械 Pesticide & Its Appliances	农机用油 Oil for Farm Machinery
歙县 Shexian	97.7	100.0	84.3	119.2	93.3	91.4	97.7	95.3	127.1
桐城市 Tongcheng	99.8	98.8	99.7	105.5	101.6	99.2	95.0	97.8	119.5
贵池市 Guichi	96.8	100.6	99.1		99.1	97.2	90.3	98.1	101.3
宣城市 Xuancheng	97.5	100.7	97.0	101.2	99.4	97.0	85.3	96.0	134.3
巢湖市 Chaohu	98.1	100.7	96.5	97.1	92.8	94.4	97.1	101.6	114.5
宿州市 Suzhou	101.2	100.4	89.4	148.5	97.4	95.5	88.2	91.4	131.2

9—12 调查市、县农贸市场农产品成交价格指数（2000年）
Price Indices of Farm Products in Rural Market by Surveyed City and County (2000)

（上年＝100） (preceding year＝100)

年份 Year	总指数 General Index	粮食 Grain	油脂 Oil or Fat	肉禽蛋 Meat, Poultry & Eggs	水产品 Aquatic Products	鲜菜 Fresh Vegetables	干菜 Dried Vegetables	鲜果 Fresh Fruits	干果 Dried Fruits
合肥市 Hefei	92.1	88.2	81.5	96.6	92.2	102.5	95.7	84.3	95.3
淮南市 Huainan	91.9	79.6	80.5	96.4	94.0	105.4	91.1	92.6	92.6
安庆市 Anqin	94.9	81.9	80.2	100.5	105.3	103.3	98.5	91.8	101.0
芜湖市 Wuhu	90.0	81.8	79.6	94.4	97.9	101.2	101.0	85.8	95.7
蚌埠市 Bengbu	91.7	82.3	78.5	95.1	101.8	106.0	97.0	86.1	97.0
亳州市 Bozhou	93.9	91.4	80.1	94.0	105.5	97.2	90.2	86.9	102.0
淮北市 Huaibei	94.0	88.0	78.3	96.1	115.7	96.3	97.2	89.5	98.9
马鞍山市 Maanshan	92.7	89.5	83.4	94.5	94.9	102.6	101.3	89.4	96.3
铜陵市 Tonglin	94.0	82.6	78.0	96.7	109.8	103.4	91.3	91.1	96.8
黄山市 Huangshan	94.0	82.1	92.8	95.1	102.8	98.8	96.1	97.7	78.0
阜阳市 Fuyang	97.3	89.6	84.0	96.6	103.3	102.3	95.9	96.2	96.8
滁州市 Chuzhou	91.3	81.6	82.6	91.4	101.0	101.3	108.8	97.1	94.7

9—13 分行业工业品出厂价格指数
Ex-Factory Price Indices of Industrial Products by Sector

(上年=100) (preceding year=100)

年份 Year	总指数 General Index	冶金工业 Metallurgical Industry	电力工业 Power Industry	煤炭工业 Coal Industry	石油工业 Petroleum Industry	化学工业 Chemical Industry	机械工业 Machine Buiding Industry	建筑材料工业 Building Materials Industry
1992	108.72	125.61	108.22	109.19	105.41	100.93	107.94	111.53
1993	125.33	184.67	138.76	144.23	131.84	107.00	122.58	129.23
1994	120.91	96.62	134.76	119.33	108.49	117.59	113.59	123.81
1995	117.12	94.49	110.36	111.78	99.81	125.10	107.61	114.14
1996	101.53	97.57	112.59	112.75	103.54	102.34	101.78	95.21
1997	99.34	94.51	112.94	102.16	109.82	94.42	101.83	96.09
1998	96.36	93.28	110.45	92.74	93.54	93.38	98.94	93.86
1999	95.87	95.16	100.11	93.35	108.20	93.97	96.13	101.39
2000	98.86	103.34	99.70	95.65	130.33	96.09	100.09	96.13

年份 Year	森林工业 Timber Industry	食品工业 Food Industry	纺织工业 Textile Industry	缝纫工业 Tailoring Industry	皮革工业 Leather Industry	造纸工业 Paper Industry	文教艺术用品工业 Cultural Educational & Handicrafts Articles
1992	104.48	115.29	98.72	89.32	105.34	100.73	103.77
1993	140.44	112.75	103.29	112.24	110.99	103.87	104.19
1994	108.84	125.18	139.24	119.27	143.84	114.12	102.55
1995	105.88	125.01	124.05	100.59	93.48	152.36	111.66
1996	105.61	101.83	92.46	126.74	105.19	106.41	100.61
1997	101.99	97.98	99.41	117.10	101.82	93.08	101.74
1998	97.61	96.54	96.36	103.11	103.67	89.55	94.21
1999	92.81	94.78	94.38	91.23		93.94	94.34
2000	98.21	91.74	104.07	90.77	99.46	103.38	98.55

9—14 工业品出厂价格分类指数
Ex-Factory Price Indices of Industrial Products

(上年=100) (preceding year=100)

年 份 Year	全部工业品 Total Industry Products	生产资料 Means of Production	采掘工业 Mining & Quarrying Industry	原材料工业 Raw Materials Industry	加工工业 Manufacturing Industry	生活资料 Consumer Goods	食 品 Food	衣 着 Clothing	一 般 日用品 Articles for Daily Use	耐 用 消费品 Durable Consumer Goods
1992	108.72	110.04	104.44	112.50	107.36	107.42	115.29	97.45	102.15	105.78
1993	125.33	139.95	135.10	155.28	120.42	109.03	112.75	102.94	109.50	109.01
1994	120.91	116.93	117.25	113.63	120.59	125.68	125.18	140.38	112.31	107.82
1995	117.12	113.31	116.16	108.32	118.30	121.69	125.01	121.79	117.55	109.72
1996	101.53	102.37	112.24	100.97	102.72	100.37	102.23	94.87	105.67	100.44
1997	99.34	98.55	98.61	98.49	98.63	100.48	98.77	102.94	99.93	97.60
1998	96.36	95.73	92.11	95.21	97.18	97.14	97.06	97.70	96.53	95.24
1999	95.87	96.90	94.17	97.59	96.65	94.51	95.20	92.89	94.68	95.64
2000	98.86	102.05	100.11	106.16	98.78	93.73	91.14	98.48	96.12	98.22

9—15 工业品出厂价格轻重工业分类指数
Ex-Factory Price Indices of Industrial Products by Light & Heavy Industry

(上年=100) (preceding year=100)

年 份 Year	轻 工 业 Light Industry	以农产品为原料 Using Farm Products as Raw Materials	以非农产品为原料 Using Non-Farm Products as Raw Materials	重 工 业 Heavy Industry	采掘工业 Mining and Quarrying	原料工业 Raw Materials Industry	加工工业 Manufacturing Industry
1992	106.65	108.61	98.53	111.35	104.44	114.52	108.06
1993	109.08	109.31	108.31	143.60	135.10	161.71	121.48
1994	125.34	129.04	113.19	116.29	117.25	112.64	120.07
1995	123.88	126.37	115.54	110.13	116.16	104.44	115.02
1996	99.69	100.12	98.69	103.23	112.24	102.69	101.97
1997	99.43	99.89	98.38	99.20	98.78	99.82	98.40
1998	96.45	96.66	96.09	96.14	92.11	96.04	97.04
1999	94.40	94.08	96.38	97.25	94.17	97.88	97.25
2000	95.68	95.36	97.64	102.06	101.01	106.09	97.67

9—16 原材料、燃料、动力购进价格分类指数
Purchasing Price Indices by Category of Raw Material, Fuel and Power

(上年=100) (preceding year=100)

年份 Year	全部原材料 Total Raw and Other Materials	燃料、动力类 Fuel and Power	黑色金属材料 Ferrous Metals	有色金属材料和电线类 Nonferrous Metals	化工原料 Industrial Chemicals	木材及纸浆 Timber and Paper Pulp	建筑材料及非金属矿 Building Materials and Nonmetal Mine	其他工业原材料及半成品 Other Raw Materials and Semi-finished Products	农副产品 Agricultural and Subsidiary Products	纺织原料 Textile Raw Material
1992	113.85	123.62	120.33	107.31	100.03	104.87	117.84		105.67	100.05
1993	128.75	129.57	169.41	127.29	120.30	122.18	145.62		103.07	112.51
1994	122.28	119.95	101.94	109.55	121.15	132.43	106.28		139.50	150.15
1995	117.90	107.39	94.40	129.34	127.71	121.11	115.21		146.01	117.46
1996	110.01	113.71	99.70	92.83	95.47	106.70	99.58		126.09	93.05
1997	101.65	106.51	95.42	100.66	97.69	104.92	99.72	95.34	100.67	96.08
1998	95.98	100.52	95.38	85.95	91.34	95.33	99.90	88.85	92.86	93.66
1999	94.47	96.89	94.84	89.01	94.83	93.35	98.70	92.50	91.88	93.76
2000	102.58	103.22	102.94	110.50	108.97	100.24	95.25	100.76	94.32	103.95

注：1997 年以后的建筑材料类为建筑材料及非金属矿类。1992—1996 年建筑材料及非金属矿类中不包括非金属矿类。

a) Construction materials include building materials and nonmetal mine since 1997 and nonmetal mine wasn't included from 1992 to 1996.

9—17 固定资产投资价格指数
Price indices of Investment in Fixed Assets

(上年=100) (preceding year=100)

年份 Year	固定资产投资 Investment in Fixed Assets	建筑安装工程 Construction and Installtion	设备工器具购置 Purchase of Equipment, Tools and Instruments	其他费用 Others
1991	114.81	114.70	114.40	117.40
1992	119.83	118.90	113.00	153.21
1993	123.00	124.40	119.60	122.20
1994	120.10	119.20	120.70	124.30
1995	106.50	102.40	107.70	131.10
1996	103.43	104.32	101.81	102.10
1997	101.30	101.10	101.60	101.40
1998	100.00	100.30	99.30	99.70
1999	99.30	100.80	96.10	100.10
2000	101.60	102.80	100.10	98.20

主要统计指标解释

商品零售价格指数 是反映城乡商品零售价格变动趋势的一种经济指数。零售物价的调整变动直接影响到城乡居民的生活支出和国家的财政收入，影响居民购买力和市场供需平衡，影响消费与积累的比例。因此，计算零售价格指数，可以从一个侧面对上述经济活动进行观察和分析。

居民消费价格指数 是反映一定时期内城乡居民所购买的生活消费品价格和服务项目价格变动趋势和程度的相对数，是对城市居民消费价格指数和农村居民消费价格指数进行综合汇总计算的结果。利用居民消费价格指数，可以观察和分析消费品的零售价格和服务价格变动对城乡居民实际生活费支出的影响程度。

城市居民消费价格指数 是反映城市居民家庭所购买的生活消费品价格和服务项目价格变动趋势和程度的相对数。城市居民消费价格指数可以观察和分析消费品的零售价格和服务项目价格变动对职工货币工资的影响，作为研究职工生活和确定工资政策的依据。

农村居民消费价格指数 是反映农村居民家庭所购买的生活消费品价格和服务项目价格变动趋势和程度的相对数。农村居民消费价格指数可以观察农村消费品的零售价格和服务项目价格变动对农村居民生活消费支出的影响，直接反映农民生活水平的实际变化情况，为分析和研究农村居民生活问题提供依据。

农产品收购价格指数 是反映国有商业、集体商业、个体商业、外贸部门、国家机关、社会团体等各种经济类型的商业企业和有关部门收购农产品价格的变动趋势和程度的相对数。农产品收购价格指数可以观察和研究农产品收购价格总水平的变化情况，以及对农民货币收入的影响，作为制订和检查农产品价格政策的依据。

农村工业品零售价格指数 是反映农村市场工业品零售价格水平变动趋势和程度的相对数。通过农村工业品零售价格指数，可以观察工业品零售价格变动对农民货币支出的影响。

工业品出厂价格指数 是反映工业产品出厂价格水平的变动趋势和程度的相对数。

固定资产投资价格指数 是反映固定资产投资额价格变动趋势和程度的相对数。固定资产投资额是由建筑安装工程投资完成额、设备、工器具购置投资完成额和其他费用投资完成额三部分组成的。编制固定资产投资价格指数应首先分别编制上述三部分投资的价格指数，然后采用加权算术平均法求出固定资产投资价格总指数。

编制固定资产投资价格指数可以准确地反映固定资产投资中涉及的各类商品和取费项目价格变动趋势和变动幅度，消除按现价计算的固定资产投资指标中的价格变动因素，真实地反映固定资产投资的规模、速度、结构和效益，为国家科学地制定、检查固定资产投资计划并提高宏观调控水平，为完善国民经济核算体系提供科学的、可靠的依据。

Explanatory Notes for Major Statistical Indicators

Retail Price Index reflects the general change in retail prices of commodities. The change and adjustment in retail prices directly affect the living expenditure of urban and rural residents, government revenue, purchasing power of residents and the equilibrium of market supply and demand, and the ratio of consumption to accumulation. Therefore, the calculation of retail price index is useful to analyze the changes of the above economic activities.

Consumer Price Index reflects the trend and degree of changes in prices of consumer goods and services purchased by urban and rural residents, and is a composite index derived from the urban consumer price index and the rural consumer price index. Consumer price index can be used to analyze the impact of consumer price change on actual expenditure for living cost of urban and rural residents.

Urban Consumer Price Index reflects the trend and degree of changes in prices of consumer goods and services purchased by urban households. It can be used to observe and analyze the impact of price changes in consumer goods and services on money wages of staff and workers, and provide basis for policy making concerning the living cost and wages of staff and workers.

Rural Consumer Price Index reflects the trend and degree of changes in prices of consumer goods and services purchased by rural households. It can be used to observe the impact of change in retail prices of consumer goods and service prices in rural areas on living expenditure of rural households, and to show the changes in the living standard of peasants. It provides basis for analysis and research on condition of life in rural areas.

Index of Purchasing Prices of Farm Products reflects the trend and degree of changes in purchasing prices of farm products purchased by state-owned, collective-owned, and individual commercial enterprises, foreign trade sectors, government agencies, social organizations and other units of various types of ownership. It is used to observe the impact of change in purchasing prices of farm products on the cash income of peasants, and serves as basis for the formulation and supervision of pricing policies for farm products.

Retail Price Index of Rural Industrial Products reflects the trend and degree of changes in prices of industrial products in rural market and can be used to observe the impact of the price change on farmers money expenditure.

Ex-factory Price Index of Industrial Products reflects the trend and degree of changes in general ex-factory prices of all industrial products.

Price Index of Investment in Fixed Assets reflects the trend and degree of changes in prices of investment in fixed assets. The investment in fixed assets consists of three components, namely the investment in construction and installation, the investment in purchases of equipment and instrument, and the investment in other items. Price index of investment in fixed assets is calculated as the weighted arithmetic mean of the price indices of the three components of investment in fixed assets. Removing the factor of price change in the aggregates of investment at current prices, this indicator shows the changes in the prices of commodities and fees involved in the investment of fixed assets, and can be used to observe the actual size, growth, structure, and efficiency of investment in fixed assets and provides reliable and scientific data for government planning, management, decision making, and further improving the current national accounting system.

十、城乡人民生活

LIVELIHOOD OF URBAN AND RURAL PEOPLE

简要说明

一、本篇资料反映我省城乡人民生活状况。包括就业、居民收支、消费水平、住房及主要消费品拥有量、文化、教育、卫生、公用设施等。

二、本篇中有关城镇居民生活状况的数据来源于城市住户调查资料，是对城市居民家庭抽样调查汇总的结果。主要内容包括家庭人口及其构成、家庭现金收支、主要商品购买数量及支出金额、劳动就业状况、居住状况和耐用消费品的拥有量等。

城市住户调查是由省城市社会经济调查队组织实施，各市、县城调队依据国家统计局统一制定的城市住户调查方案收集资料逐级汇总上报。

城市住户调查是采用固定样本户进行连续记帐调查方式，一般连续调查3年，每年轮换三分之一。调查户是按“多阶段”、“划类选点”、“等距抽样”随机抽选的。共抽选出调查市县15个、调查户1750户。

三、有关农村居民生活的统计资料主要来源于省农村社会经济调查队的农村居民住户调查。主要内容包括农村居民家庭基本情况、人均总收入和纯收入、生活消费支出、主要消费品消费量、耐用消费品拥有量等。

省农村社会经济调查队的农村住户调查采取多阶段、随机起点、对称等距的抽样方法。抽样时一般分为省抽县、县抽村、村抽户等几个阶段。共抽中31个调查县（市），调查户3100户。

本篇责任编辑：张尚煌、李　燚

Brief Introduction

I. Data in this chapter show the condition of urban and rural people's livelihood in Anhui, including employment, income and expenditure of the residents, standard of consumption, housing condition, possession of the consumer goods, culture, education, health care and public facilities.

II. Data on the livelihood of the urban residents in this chapter come from data collected by the sample survey on the urban households. The main content of the survey includes the population in the household and its composition, the cash income and expenditure of the household, the quantity of major commodities purchased and the expenditure for them, the employment of the household members, the housing condition and the ownership of the durable consumer goods.

The survey on the urban household is organized by the Urban Socio-economic Survey Organization, Anhui Statistical Bureau. The urban socio-economic survey organization of the cities and counties collect Data in accordance with the survey scheme stipulated by the State Statistical Bureau and report them to the higher organization.

The survey on the urban household is conducted in such a way that the selected households by sampling method should keep accounts for successive three years and be interviewed by the enumerators. By a rotation sampling scheme, one third of the old sample households should be replaced by the new sample households every year. The respondent households are selected by the two-stage stratified systematic random sampling scheme. Totally, 15 sample cities (counties) and 1750 households are selected.

III. Data on the livelihood of the rural residents come mainly from Data collected by the sample survey on the rural households, which is organized by the Rural Socio-economic Survey Organization, Anhui Statistical Bureau. The main content of the survey includes the basic condition of the rural households, the per capita total income and net income, the expenditure for the residential consumption, the consumption of major consumer goods and the quantity of durable consumer goods owned.

The sample survey on the rural households is conducted with a multi-stage balanced systematic sampling scheme with a random start. In the sampling process, the sample counties are selected by the provinces; the sample villages are selected by the sample counties; and the sample households are selected by the sample villages. Totally, 31 sample counties (cities) and 3100 households are selected.

10—1 人民物质文化生活情况
People's Material and Cultural Life

项目	Item	1985	1990	1995	1999	2000
就业	**Employment**					
每一农村劳动力负担人数 (人)	Number of Dependents per Rural Laborer (persons)		1.53	1.48	1.55	1.51
每一城镇就业者负担人数 (人)	Number of Dependents per Urban Employee (persons)	1.80	1.68	1.71	1.65	1.86
城镇登记失业率 (%)	Urban Unemployment Rate (%)		2.8	3.1	3.2	3.3
收入	**Income of Rural and Urban Residents**					
农村居民家庭人均纯收入 (元)	Annual Per Capita Net Income of Rural Residents (yuan)		539.16	1302.82	1900.29	1934.57
农村居民家庭人均纯收入指数 (1978=100)	Index of Annual Per Capita Net Income of Rural Residents (1978=100)	325.90	475.70	1149.50	1676.60	1153.86
城镇居民家庭人均可支配收入 (元)	Annual Per Capita Disposable Income of Urban Residents (yuan)	633.85	1354.60	3778.86	5064.60	5293.55
城镇居民家庭人均可支配收入指数 (1981=100)	Index of Annual Per Capita Disposable Income Urban Residents (1981=100)	149.30	319.06	890.07	1192.91	1045.21
职工年平均工资 (元)	Annual Average Wages of Staff and Workers (yuan)	950	1827	4609	5767	6145
消费水平 (元)	**Annual Per Capita Consumption (yuan)**					
全国居民	Per Capita Consumption of All Residents	365	670	1669	2523	2588
农村居民	Rural Residents	333	570	1300	1939	1922
城镇居民	Urban Residents	570	1226	3441	4985	5323
储蓄	**Savings**					
城乡居民年底储蓄存款余额 (亿元)	Balance of Savings Deposit of Rural and Urban Residents (year-end) (100 million yuan)	38.43	163.05	683.93	1302.88	1447.15
平均每人储蓄存款余额 (元)	Per Capita Balance of Saving Deposit (yuan)	74.9	288.0	1139.9	2099.4	2305.1
住房面积 (平方米)	**Per Capita Floor Space of Residential Buildings (sq.m)**					
农村平均每人居住	Rural Areas(Net)		15.83	17.82	21.37	22.16
城市平均每人使用	Urban Areas(Gross)			10.40	11.79	12.13
城市平均每人居住	Urban Areas(Net)	8.02	10.56	11.61	13.32	14.76
交通	**Traffic**					
城镇每百户拥有摩托车 (辆)	Number of Motor Cycles per 100 Households in Urban Areas		1.79	5.51	11.28	16.56
城市每万人拥有公共车辆 (辆)	Number of Buses per 10000 Persons in Cities	3.4	3.6	5.0	6.98	7.60
城市公用事业	**Public Utilities in Urban Areas**					
自来水普及率 (%)	Ratio of Access to Tap Water (%)	76.8	92.9	93.3	92.80	95.80
用气普及率 (%)	Ratio of Access to Gas (%)	11.4	26.8	55.6	73.20	77.00
每万人拥有公共绿地 (平方米)	Green Area per 10000 Persons (sq.m)	2.5	5.9	6.1	6.67	6.97
文化	**Culture**					
城镇每百户有彩色电视机 (台)	Number of Color TV Sets per 100 Households in Urban Areas	7.30	47.63	79.77	99.08	111.47
农村每百户有电视机 (台)	Number of TV sets per 100 Households in Rural Areas			78.5	78.7	68.7
广播综合人口覆盖率 (%)	Broadcast Covering Ratio of Population (%)		82.5	82.5	91.8	94.8
电视综合人口覆盖率 (%)	TV Covering Ratio of Population (%)		79.0	79.0	89.7	93.8
教育	**Education**					
学龄儿童入学率 (%)	Enrollment Ratio of School-Age Children (%)	94.8	98.2	99.7	99.6	99.7
每万人口中在校大学生数 (人)	Number of University Students per 10000 Persons (person)	11.0	11.0	14.7	21.4	29.1
卫生	**Public Health**					
每万人有医院、卫生院病床 (张)	Number of Hospital Beds per 10000 Persons	16.3	16.9	18.2	18.3	19.7
每万人有医生数 (人)	Number of Doctors per 10000 Persons (person)	9.0	10.3	11.1	11.1	11.1

10—2 全省城乡储蓄存款年末余额和年增加额
Savings Deposit in Urban and Rural Areas (Year-end)

单位：万元 (10000 yuan)

年份 Year	年末余额 Outstanding Amount 储蓄存款 Savings Deposit	城镇 Urban	农村 Rural	定期 Fixed Deposits	活期 Current Deposits	年增加额 Increased Amount 储蓄存款 Savings Deposit	城镇 Urban	农村 Rural
1978	39072	28699	10373			7788	4674	3114
1980	87577	58592	28985			30112	18300	11812
1985	384292	239460	144832			101090	65663	35427
1990	1630469	1175300	455169			433769	324200	109569
1991	2088560	1529200	559360			458091	353900	104191
1992	2610200	1938000	672200			521640	408800	112840
1993	3489200	2594800	894400			879000	656800	222200
1994	4874100	3599200	1274900			1384900	1004400	380500
1995	6839300	5124200	1715100			1965200	1525000	440200
1996	8840700	6771100	2069600			2001400	1646900	354500
1997	10365500	7888300	2477200	8329100	2036400	1524800	1117200	407600
1998	11750779	8959612	2791167	9401107	2349672	1385279	1071312	313967
1999	13028756	10050649	2978107	10185760	2842996	1277977	1091037	186940
2000	14471539	11199341	3272198	10914299	3557240	1442783	1148692	294091

10—3 城乡居民家庭人均收入及指数
Per Capita Annual Income of Urban and Rural Households and the Related Index

年份 Year	城镇居民家庭人均可支配收入 Per Capita Annual Disposable Income of Urban Households 绝对数（元） Value (yuan)	指数 (1981=100) Index	农村居民家庭人均纯收入 Per Capita Annual Net Income of Rural Households 绝对数（元） Value (yuan)	指数 (1978=100) Index
1978			113.34	100.0
1980			184.83	163.1
1985	633.85	149.3	369.41	325.9
1990	1354.60	319.1	539.16	475.7
1991	1485.14	349.8	446.05	393.6
1992	1795.54	422.9	573.38	506.1
1993	2233.89	526.2	724.50	639.2
1994	3036.18	715.1	973.20	856.7
1995	3778.86	890.1	1302.82	1149.5
1996	4493.92	1058.5	1607.72	1418.5
1997	4599.27	1083.3	1808.75	1595.9
1998	4770.47	1123.6	1863.06	1643.8
1999	5064.60	1192.9	1900.29	1676.6
2000	5293.55	1045.2	1934.57	1153.9

注：城镇居民可支配收入指数、农村居民纯收入指数按当年价格计算。

a) The indices of disposable income of urban households and net income of rural households are calculated at current prices.

10—4 城镇居民家庭基本情况
Basic Conditions of Urban Households

项目		Item		1985	1990	1995	1999	2000
调查户数	**(户)**	**Number of Households Surveyed**	**(household)**	**1000**	**1100**	**1270**	**1380**	**1750**
平均每户家庭人口	**(人)**	**Average Household Size**	**(person)**	**3.84**	**3.51**	**3.18**	**3.07**	**3.08**
平均每户就业人口	**(人)**	**Average Number of Employed Persons per Household**	**(person)**	**2.14**	**2.09**	**1.86**	**1.86**	**1.66**
平均每户就业面	**(%)**	**Percentage of Employment per Household**	**(%)**	**55.69**	**59.54**	**58.49**	**60.59**	**53.90**
平均每一就业者负担人数(包括就业者本人)	**(人)**	**Number of Persons Supported by Each Employee including the employee himself or herself**	**(person)**	**1.80**	**1.68**	**1.71**	**1.65**	**1.86**
平均每人全部年收入	**(元)**	**Per Capita Annual Income**	**(yuan)**	**641.65**	**1367.85**	**3796.93**	**5101.77**	**5331.58**
#可支配收入		Disposable Income		633.85	1354.60	3778.86	5064.60	5293.55
国有单位职工工资		Wages of Staff & Workers in State-owned Units		408.28	768.93	2223.87	2814.88	2529.40
集体单位职工工资		Wages of Staff & Workers in Collective-owned Units		100.58	185.08	480.18	457.87	385.91
职工从工作单位得到的其他收入		Other Income of Staff and Workers from Their Working Units		64.99	65.13	154.07	242.67	157.45
个体经营劳动者收入		Income of Individual Laborers		10.24	14.46	45.78	179.47	336.16
离退休人员收入		Income Retired Persons		27.73	120.14	519.91	728.06	1029.22
平均每人消费性支出	**(元)**	**Per Capita Annual Living Expenditures for Consumption**	**(yuan)**	**565.70**	**1182.12**	**3161.41**	**3901.81**	**4232.98**
#食　品		Food		323.12	683.12	1697.66	1844.78	1934.83
衣　着		Clothing		80.58	145.41	423.32	430.29	437.55
家庭设备用品及服务		Household Facilities, Articles and Service		59.52	112.71	237.37	271.28	301.43
医疗保健		Medicine and Medical Service		4.07	15.52	49.21	126.33	181.23
交通通讯		Transportation and Communications		5.51	11.82	167.55	250.26	307.87
娱乐教育文化服务		Recreation, Education & Cultural Service		44.47	111.69	263.93	513.18	508.62
居　住		Residence		25.13	41.13	212.46	314.00	370.90
杂项商品与服务		Miscellaneous Commodities and Services		23.30	60.72	109.91	151.39	190.55

10—5 城镇居民家庭平均每人全年购买的主要商品数量
Per Capita Annual Purchases of Major Commodities in Urban Households

项　目		Item		1985	1990	1995	1999	2000
粮　食	(千克)	Grain	(kg)	133.73	141.67	110.82	99.50	93.30
鲜　菜	(千克)	Fresh Vegetables	(kg)	114.76	118.63	106.68	121.30	116.40
食用植物油	(千克)	Edible Vegetable Oil	(kg)	7.14	7.58		10.00	10.20
猪　肉	(千克)	Pork	(kg)	16.16	19.67	21.64	22.20	21.40
牛羊肉	(千克)	Beef and Mutton	(kg)	1.52	2.47	2.02	2.90	2.90
家　禽	(千克)	Poultry	(kg)	5.77	4.80	5.72	7.30	8.50
鲜　蛋	(千克)	Fresh Eggs	(kg)	7.25	7.21	11.70	13.50	13.60
水产品	(千克)	Aquatic Products	(kg)	6.62	8.04	9.67	13.00	13.00
食　糖	(千克)	Sugar	(kg)	1.94	2.35	1.72	1.20	1.10
卷　烟	(盒)	Cigarettes	(case)	42.82	41.74	25.50	30.40	35.80
酒	(千克)	Liquor	(kg)	6.09	7.65	9.02	12.20	13.20
棉　布	(米)	Cotton Cloth	(m)	2.39	1.22	0.88	0.30	0.20
化纤布	(米)	Chemical Fiber Cloth	(m)	1.99	1.57	0.63	0.70	0.40
呢　绒	(米)	Woolen Fabric	(m)	0.19	2.00	0.09		
绸　缎	(米)	Silk and Satin	(m)	0.28	0.40	0.11	0.10	
皮　鞋	(双)	Leather Shoes	(pair)	0.40	0.47	0.67	0.80	0.80
煤　炭	(千克)	Coal	(kg)	236.21	205.96	181.27	177.10	196.90

10—6 城镇居民家庭平均每百户年底耐用消费品拥有量
Number of Major Durable Consumer Goods Owned Per 100 Urban Households at Year-end

项　目		Item	1985	1990	1995	1999	2000
呢大衣	(件)	Woolen Coat	98.70	164.39	197.38	189.08	173.66
毛　毯	(条)	Woolen Blanket	74.90	112.95	122.75	132.98	130.47
大衣柜	(个)	Wardrobe	86.70	95.15	88.48	89.77	80.83
沙　发	(个)	Sofa	104.40	138.38	153.68	153.81	139.67
写字台	(张)	Writing Desk	92.60	107.08	104.25	104.54	97.48
组合家具	(套)	Composite Furniture	1.10	9.59	25.00	41.24	49.66
沙发床	(个)	Soft bed	1.10	12.47	20.45	22.38	26.86
自行车	(辆)	Bicycle	100.60	150.02	167.55	164.77	142.61
缝纫机	(台)	Sewing Machine	60.90	64.61	57.26	52.80	42.23
电风扇	(台)	Electric Fan	112.20	207.72	245.50	242.02	244.60
洗衣机	(台)	Washing Machine	35.10	72.50	86.51	87.43	87.17
电冰箱	(台)	Refrigerator	4.10	45.29	69.83	78.35	83.50
彩色电视机	(台)	Color Television Set	7.30	47.63	79.77	99.08	111.47
照相机	(架)	Camera	4.90	13.97	22.54	24.49	27.82
家用汽车	(辆)	Automobile				0.28	0.65
影碟机	(台)	Video Disc Player				19.27	33.57
录放像机	(台)	Video-recorder				14.49	16.96
家用电脑	(台)	Computer				3.35	6.72
摄像机	(架)	Pickup Camera				0.28	1.12

10—7 按收入等级分城镇居民家庭基本情况（2000 年）
Basic Conditions of Urban Households by Level of Income (2000)

项　目	Item	总平均 Average	最低收入户 Lowest Income Households (first decile)	困难户 Difficult Households (first five percent)	低收入户 Low Income Households (second decile)
调查户数（户）	Number of Households Surveyed (household)	1750	175	93	175
比　重（%）	Proportion (%)	100.00	10.00	5.00	10.00
平均每户家庭人口（人）	Average Household Size (person)	3.08	3.64	3.58	3.47
平均每户就业人口（人）	Average Number of Employees per Household (person)	1.66	1.80	1.76	1.79
平均每户就业面（%）	Percentage of Employed Persons per Household (%)	53.90	49.45	49.16	51.59
平均每一就业者负担人数（包括就业者本人）（人）	Number of Persons Supported by Each Employee (including the employee himself or herself) (person)	1.86	2.02	2.03	1.94
平均每人全部年收入（元）	Per Capita Annual Income (yuan)	5331.58	2231.99	1959.79	2987.17
平均每人可支配收入（元）	Per Capita Disposable Income (yuan)	5293.55	2212.68	1940.91	2966.22
平均每人消费性支出（元）	Per Capita Annual Living Expenditure (yuan)	4232.98	2075.43	1874.72	2642.30

项　目	Item	中等偏下户 Lower Middle Insome Households (second quintile)	中等收入户 Middle Insome Households (third quintile)	中等偏上户 Upper Middle Insome Households (fourth quintile)	高收入户 High Income Households (ninth decile)	最高收入户 Highest Income Households (tenth decile)
调查户数（户）	Number of Households Surveyed (household)	350	350	350	175	175
比　重（%）	Proportion (%)	20.00	20.00	20.00	10.00	10.00
平均每户家庭人口（人）	Average Household Size (person)	3.20	3.08	2.90	2.80	2.52
平均每户就业人口（人）	Average Number of Employees per Household (person)	1.65	1.70	1.68	1.62	1.36
平均每户就业面（%）	Percentage of Employed Persons per Household (%)	51.56	55.19	57.93	57.86	53.97
平均每一就业者负担人数（包括就业者本人）（人）	Number of Persons Supported by Each Employee (including the employee himself or herself) (person)	1.94	1.81	1.73	1.73	1.85
平均每人全部年收入（元）	Per Capita Annual Income (yuan)	3920.81	5090.01	6529.12	8123.49	11355.98
平均每人可支配收入（元）	Per Capita Disposable Income (yuan)	3884.84	5054.79	6494.52	8061.91	11273.54
平均每人消费性支出（元）	Per Capita Annual Living Expenditure (yuan)	3469.34	4133.10	5197.43	5956.99	7591.54

10—8 按收入等级分的城镇居民家庭人口、就业情况（2000 年）
Household Size and Employment of Urban Households by Level of Income (2000)

项　目 Item	总平均 Average	最低收入户 Lowest Income Households (first decile)	困难户 Difficult Households (first five percent)	低收入户 Low Income Households (second decile)
调查户数 (户) Number of Households Surveyed (household)	**1750**	**175**	**93**	**175**
家庭人口数 (人) Household Size (person)	**3.08**	**3.64**	**3.58**	**3.47**
有收入者人数 Persons With Income	2.12	2.07	1.98	2.13
就业人口数 Number of Employed Persons per Household	1.66	1.80	1.76	1.79
国有经济单位职工人数 Working in State-owned Units	1.03	0.65	0.60	0.80
集体经济单位职工人数 Working in Collective-owned Units	0.27	0.51	0.54	0.48
其他经济单位职工人数 Working in Other Types of Units	0.14	0.12	0.13	0.12
个体经营者人数 Employers of Individual Economy	0.16	0.40	0.35	0.27
个体被雇者人数 Employees in Individual Economy	0.04	0.10	0.10	0.08
离退休再就业人数 Reemployed Retirees	0.01			0.01
其他就业者人数 Other Employed Persons	0.01	0.03	0.05	0.02
离退休者人数 Retired Persons	0.44	0.25	0.20	0.34
其他有收入者人数 Other Persons With Income	0.01	0.01	0.02	
无收入者人数 Persons Without Income	0.96	1.58	1.60	1.34
期末家庭人口数 (人) Household Size at Year-end (person)	**3.07**	**3.62**	**3.56**	**3.47**
附：非经常在家用饭人数 (人) Number of the persons Unusually Eating at Home (person)	0.14	0.03	0.04	0.02

项　目 Item	中等偏下户 Lower Middle Insome Households (second quintile)	中等收入户 Middle Insome Households (third quintile)	中等偏上户 Upper Middle Insome Households (fourth quintile)	高收入户 High Income Households (ninth decile)	最高收入户 Highest Income Households (tenth decile)
调查户数 (户) Number of Households Surveyed (household)	**350**	**350**	**350**	**175**	**175**
家庭人口数 (人) Household Size (person)	**3.20**	**3.08**	**2.90**	**2.80**	**2.52**
有收入者人数 Persons With Income	2.05	2.15	2.17	2.12	2.12
就业人口数 Number of Employed Persons per Household	1.65	1.70	1.68	1.62	1.36
国有经济单位职工人数 Working in State-owned Units	0.86	1.12	1.22	1.27	1.13
集体经济单位职工人数 Working in Collective-owned Units	0.28	0.29	0.20	0.14	0.08
其他经济单位职工人数 Working in Other Types of Units	0.18	0.11	0.17	0.12	0.09
个体经营者人数 Employers of Individual Economy	0.25	0.11	0.06	0.06	0.03
个体被雇者人数 Employees in Individual Economy	0.05	0.05	0.02	0.01	
离退休再就业人数 Reemployed Retirees	0.02		0.01	0.02	0.02
其他就业者人数 Other Employed Persons	0.02	0.02			
离退休者人数 Retired Persons	0.38	0.42	0.48	0.50	0.76
其他有收入者人数 Other Persons With Income	0.01	0.02			
无收入者人数 Persons Without Income	1.15	0.93	0.73	0.68	0.40
期末家庭人口数 (人) Household Size at Year-end (person)	**3.21**	**3.07**	**2.88**	**2.77**	**2.54**
附：非经常在家用饭人数 (人) Number of the persons Unusually Eating at Home (person)	0.10	0.11	0.26	0.14	0.31

10—9 城镇居民家庭平均每人全年消费性支出及构成（2000年）
Per Capita Annual Living Expenditure of Urban Households and its Composition (2000)

项目	Item	总平均 Average	最低收入户 Lowest Income Households (first decile)	困难户 Difficult Households (first five percent)	低收入户 Low Income Households (second decile)
消费性支出	**Total Living Expenditures**	**4232.98**	**2075.43**	**1874.72**	**2642.30**
食　品	Food	1934.83	1140.45	1025.65	1431.47
#粮　食	Grain	168.26	143.58	134.74	152.06
肉禽及其制品	Meat, Poultry and Related Products	420.55	263.04	228.32	315.88
蛋　类	Eggs	73.13	52.92	49.99	64.19
水产品	Aquatic Products	115.57	61.60	56.52	81.80
奶及奶制品	Milk and Dairy Products	51.99	18.31	15.63	29.99
衣　着	Clothing	437.55	148.35	133.15	234.38
#服　装	Garments	294.40	86.95	83.45	142.24
家庭设备用品及服务	Household Facilities, Articles and Services	301.43	76.32	47.58	113.73
#耐用消费品	Durable Consumer Goods	173.05	21.48	10.14	50.43
医疗保健	Medicine and Medical Services	181.23	99.64	124.72	90.71
交通通讯	Transportation and Communications	307.87	116.94	97.99	145.35
娱乐教育文化服务	Recreation, Education and Cultural Services	508.62	208.89	179.67	281.44
#文娱用耐用消费品	Durable Consumer Goods for Recreational Use	103.34	6.32	4.52	27.99
居　住	Residence	370.90	211.99	201.69	266.47
#住　房	Housing	109.01	33.83	34.66	69.77
杂项商品	Miscellaneous Commodities	190.55	72.84	64.27	78.74

项目	Item	中等偏下户 Lower Middle Insome Households (second quintile)	中等收入户 Middle Insome Households (third quintile)	中等偏上户 Upper Middle Insome Households (fourth quintile)	高收入户 High Income Households (ninth decile)	最高收入户 Highest Income Households (tenth decile)
消费性支出	**Total Living Expenditures**	**3469.34**	**4133.10**	**5197.43**	**5956.99**	**7591.54**
食　品	Food	1711.78	1945.49	2262.47	2500.98	2934.17
#粮　食	Grain	163.87	168.13	174.82	179.12	210.50
肉禽及其制品	Meat, Poultry and Related Products	394.33	447.50	478.65	512.56	557.27
蛋　类	Eggs	67.34	73.91	79.14	84.44	101.06
水产品	Aquatic Products	103.68	114.10	140.24	151.77	176.89
奶及奶制品	Milk and Dairy Products	37.57	48.68	68.02	82.18	105.24
衣　着	Clothing	316.73	438.36	566.06	707.11	845.23
#服　装	Garments	202.89	298.10	381.53	488.14	611.49
家庭设备用品及服务	Household Facilities, Articles and Services	188.28	230.91	380.84	530.39	907.66
#耐用消费品	Durable Consumer Goods	78.37	110.70	217.76	364.66	637.92
医疗保健	Medicine and Medical Services	178.55	181.66	216.68	214.14	311.49
交通通讯	Transportation and Communications	227.23	299.55	415.28	495.12	577.74
娱乐教育文化服务	Recreation, Education and Cultural Services	387.66	531.45	663.35	685.53	953.50
#文娱用耐用消费品	Durable Consumer Goods for Recreational Use	49.85	72.05	169.19	196.95	304.09
居　住	Residence	335.50	345.51	467.81	443.86	592.27
#住　房	Housing	97.37	77.01	162.60	137.69	224.19
杂项商品	Miscellaneous Commodities	123.61	160.17	224.94	379.85	469.49

10—10 按收入等级分的城镇居民家庭平均每人全年购买商品数量（2000年）
Per Capita Annual Purchases of Major Commodities of Urban Households by Level of Insome (2000)

项目 Item	总平均 Average	最低收入户 Lowest Income Households	困难户 Difficult Households	低收入户 Low Income Households	中等偏下户 Lower Middle Insome Households	中等收入户 Middle Insome Households	中等偏上户 Upper Middle Insome Households	高收入户 High Income Households	最高收入户 Highest Income Households
淀粉及薯类（千克） Starches and Tubers (kg)	8.5	7.6	7.5	8.3	8.5	8.4	8.0	8.4	11.1
大豆（千克） Soybeans (kg)	0.1	0.1	0.1	0.2	0.2	0.1	0.1	0.2	0.2
豆腐（千克） Bean Curd (kg)	10.4	8.1	7.8	9.0	10.2	10.5	10.9	11.9	13.2
食用植物油（千克） Edible Vegetable Oil (kg)	10.2	9.3	9.2	9.4	9.7	9.8	10.8	10.5	12.4
食用动物油（千克） Edible Animal Oil (kg)	0.7	0.6	0.5	0.8	0.9	0.7	0.7	0.4	0.7
猪肉（千克） Pork (kg)	21.4	15.3	13.7	17.4	20.2	22.5	23.6	25.3	26.9
牛肉（千克） Beef (kg)	2.2	1.2	1.2	1.9	2.2	2.4	2.3	2.7	2.8
羊肉（千克） Mutton (kg)	0.7	0.5	0.5	0.5	0.8	0.9	0.8	0.7	1.0
家禽（千克） Poultry (kg)	8.5	5.6	5.1	6.4	8.4	9.3	9.2	9.5	10.5
鲜蛋（千克） Fresh Eggs (kg)	13.6	10.3	9.9	12.0	12.9	13.7	14.4	15.5	17.7
鱼（千克） Fish (kg)	10.8	7.3	6.5	9.3	10.5	10.5	12.2	12.4	14.4
虾（千克） Shrimp (kg)	1.2	0.6	0.5	0.8	1.2	1.2	1.6	1.7	1.6
鲜菜（千克） Fresh Vegetables (kg)	116.4	96.1	98.1	102.8	114.0	116.8	121.9	121.2	152.0
食糖（千克） Sugar (kg)	1.1	0.8	0.9	1.1	1.2	1.1	1.1	1.0	1.1
卷烟（盒） Cigarettes (case)	35.8	31.1	25.5	35.3	39.1	33.4	33.7	38.9	41.7
白酒（千克） Liquor (kg)	3.5	2.5	2.1	3.3	3.8	3.1	4.0	3.1	4.7
啤酒（千克） Beer (kg)	9.2	6.1	6.1	6.3	10.7	8.9	9.6	11.5	10.7
其他酒（千克） Other Liquor (kg)	0.4	0.3	0.2	0.2	0.4	0.5	0.5	0.6	0.4
鲜瓜果（千克） Fresh Melons & Fruits (kg)	56.4	29.8	26.5	47.3	52.1	58.8	67.8	62.1	79.9
糕点（千克） Cake (kg)	3.4	1.3	1.1	2.5	2.7	3.4	4.2	5.0	5.2
鲜乳品（千克） Fresh Dairy Products (kg)	4.8	1.4	1.3	1.6	3.1	4.6	7.0	7.7	11.2
奶粉（千克） Milk Powder (kg)	0.7	0.3	0.2	0.6	0.5	0.7	0.8	0.9	1.1
酸奶（千克） Yogurt (kg)	1.2	0.3	0.3	0.3	0.8	0.9	1.6	2.7	2.6
男士服装（件） Men's Clothing (piece)	2.0	0.9	1.0	1.3	1.7	2.1	2.5	2.8	3.4
女士服装（件） Women's Clothing (piece)	2.7	1.1	1.1	1.5	2.3	2.9	3.4	3.7	4.4
儿童服装（件） Children's Clothing (piece)	1.4	1.0	0.9	1.2	1.2	1.3	1.5	1.6	2.2
棉布（米） Cotton Cloth (m)	0.2	0.1	0.1	0.1	0.2	0.2	0.4	0.2	0.4
棉花化纤混纺布（米） Cotton/Chemical Fiber Blend Cloth (m)	0.1			0.1	0.1	0.1	0.1	0.1	0.1
化纤布（米） Chemical Fiber Cloth (m)	0.4	0.3	0.2	0.3	0.3	0.5	0.6	0.6	0.5
呢绒（米） Woolen Fabric (m)								0.1	0.1
绸缎（米） Silk and Satin (m)								0.1	0.1
毛线（千克） Knitting Wool (kg)	0.2	0.1	0.1	0.2	0.2	0.3	0.3	0.2	0.2
皮鞋（双） Leather Shoes (pair)	0.8	0.4	0.3	0.6	0.7	0.7	0.9	1.1	1.1
布鞋（双） Cloth Shoes (pair)	0.1	0.1		0.1	0.1	0.1	0.1	0.1	0.2
其他鞋（双） Other Shoes (pair)	1.5	1.1	1.1	1.5	1.4	1.6	1.7	1.9	1.8

10—11 按收入等级分的城镇居民家庭平均每百户年底耐用消费品拥有量（2000 年）
Number of Durable Consumer Goods owned Per 100 Urban Households at Year-End by Level of Income (2000)

项 目		Item	总平均 Average	最低收入户 Lowest Income House-holds	困难户 Diffi-cult House-holds	低收入户 Low Income House-holds	中等偏下户 Lower Middle Insome House-holds	中等收入户 Middle Insome House-holds	中等偏上户 Upper Middle Insome House-holds	高收入户 High Income House-holds	最高收入户 Highest Income House-holds
毛皮大衣	（件）	Fur Coat	65.74	29.71	19.81	37.23	52.79	66.16	77.18	104.05	94.12
呢大衣	（件）	Woolen Coat	173.66	118.87	119.55	163.25	152.49	173.89	193.51	201.70	213.03
毛 毯	（条）	Woolen Blanket	130.47	95.86	84.65	109.37	113.88	124.99	146.60	160.59	167.92
地 毯	（平方米）	Carpet (sq. m)	39.45	5.26		20.91	43.06	51.47	33.90	35.06	76.41
组合家具	（套）	Composite Furniture (set)	49.66	39.52	39.16	46.98	47.81	46.71	51.26	62.01	56.51
沙发床	（个）	Soft bed	26.86	13.99	12.26	16.14	27.37	22.89	32.63	32.62	40.14
沙 床	（个）	Sofa	139.67	81.74	70.97	147.51	125.17	133.78	162.24	162.23	162.85
大衣柜	（个）	Wardrobe	80.83	75.62	70.06	79.11	73.26	85.56	85.59	79.01	85.74
写字台	（张）	Desk	97.48	80.00	76.19	93.88	94.31	95.37	108.98	105.88	97.77
摩托车	（辆）	Motorcycle	16.56	8.99	7.55	16.48	12.50	20.74	22.11	16.14	13.26
自行车	（辆）	Bicycle	142.61	134.53	113.48	167.57	148.24	137.02	144.12	141.85	123.41
家用汽车	（辆）	Automobile	0.65			1.13	0.19		1.93		1.13
缝纫机	（台）	Sewing Machine	42.23	33.37	31.36	35.89	38.25	43.54	46.32	45.26	51.52
洗衣机	（台）	Washing Machine	87.17	75.01	71.22	76.89	84.32	87.52	93.31	92.65	96.89
电风扇	（台）	Electric Fan	244.60	215.49	190.32	225.13	244.91	242.19	257.35	246.60	269.85
电冰箱	（台）	Refrigerator	83.50	62.04	59.48	74.53	77.28	84.71	90.20	96.14	97.88
冰 柜	（台）	Freezer	5.81	10.74	8.71	8.24	7.99	3.81	4.50	2.87	3.62
彩色电视机	（台）	Color TV Set	111.47	96.38	91.74	98.01	102.70	110.77	120.94	123.89	127.65
影碟机	（台）	Video Disc Player	33.57	12.89	13.22	20.75	29.38	37.81	44.81	42.77	35.27
录放像机	（台）	Video - recorder	16.96	14.74	6.12	8.14	13.19	17.57	20.27	23.38	21.26
家用电脑	（台）	Computer	6.72	0.75		0.75	2.44	5.50	11.38	12.89	14.15
组合音响	（套）	Hi-Fi Stereo Component System	19.04	11.01	11.10	10.63	13.38	21.25	25.50	24.51	24.00
录音机	（台）	Tape Recorder	26.75	17.26	15.10	27.76	23.01	23.95	30.58	32.14	35.27
摄像机	（架）	Pickup Camera	1.12			0.38	0.38	1.06	1.81	1.13	3.25
照像机	（架）	Camera	27.82	11.01	8.97	13.26	20.44	26.82	39.07	33.53	47.68
钢 琴	（架）	Piano	0.82					0.19	1.62	1.74	2.87
中高档乐器	（件）	Other Medium and High Grade Musical Instrument	5.40			1.13	2.94	1.88	11.30	13.23	7.38
微波炉	（台）	Oven	11.28	5.37	3.29	2.26	4.70	6.58	17.21	21.91	26.29
空调机	（台）	Air Conditioner	30.77	7.38	3.55	8.65	19.02	23.48	41.85	52.06	70.90
电炊具	（台）	Electric Cooking Appliances	88.28	64.51	54.26	76.00	86.39	84.97	104.86	83.06	106.79
淋浴热水器	（台）	Shower	44.36	18.01	15.10	25.15	30.97	46.90	55.97	60.91	71.79
排油烟机	（台）	Smoke Absorber	46.62	20.65	14.64	31.03	41.28	46.95	57.21	58.15	65.53
吸尘器	（台）	Dust Catcher	7.23	1.50	0.71	2.26	3.76	7.95	8.94	9.64	17.64

10—12 按收入等级分的城镇居民家庭就业人员年均收入情况（2000年）
Annual Per Capita Income of Employees of Urban Households by Level of Income (2000)

单位：元 (yuan)

指标	Item	总平均 Average	最低收入户 Lowest Income House-holds	困难户 Diffi-cult House-holds	低收入户 Low Income House-holds
国有经济单位职工收入	Income of Staff and Workers in State-owned Units	7992.63	3404.13	2671.99	4543.36
#奖金	Premium	643.09	121.07	99.11	199.57
集体经济单位职工收入	Income of Staff and Workers in Collective-owned Units	4561.82	2432.80	1988.36	3551.40
#奖金	Premium	303.21	45.68	31.76	104.03
其他经济单位职工收入	Income of Staff and Workers in Units of Other Type of Ownership	6270.66	3329.39	3359.14	5114.49
#奖金	Premium	678.48	151.06	121.44	333.41
个体经营者净收益	Net Income of Self-employed Individuals	6471.08	3830.01	3815.26	4530.28
个体被雇者收入	Income of Employees in Individual Enterprises	6025.25	3780.50	3675.59	4466.76
离退休再就业者收入	Income of Re-employed Retirees	4937.24			
其他就业者收入	Income of Other Employees	4355.12	3313.61	2981.42	2579.95

指标	Item	中等偏下户 Lower Middle Insome House-holds	中等收入户 Middle Insome House-holds	中等偏上户 Upper Middle Insome House-holds	高收入户 High Income House-holds	最高收入户 Highest Income House-holds
国有经济单位职工收入	Income of Staff and Workers in State-owned Units	5881.71	7336.07	9068.30	10528.44	12755.24
#奖金	Premium	338.49	498.27	730.70	952.71	1498.02
集体经济单位职工收入	Income of Staff and Workers in Collective-owned Units	4132.57	5067.98	6339.26	7195.20	7144.20
#奖金	Premium	220.46	481.86	446.31	807.00	638.19
其他经济单位职工收入	Income of Staff and Workers in Units of Other Type of Ownership	4330.13	5885.04	6991.90	12102.07	12011.44
#奖金	Premium	109.16	588.56	816.09	2526.77	1581.16
个体经营者净收益	Net Income of Self-employed Individuals	5495.68	7321.16	11889.52	12824.93	34646.64
个体被雇者收入	Income of Employees in Individual Enterprises	5998.72	7900.20	5156.20	4698.40	
离退休再就业者收入	Income of Re-employed Retirees	4481.60		6829.50	2307.20	5302.08
其他就业者收入	Income of Other Employees	4444.80	2072.84			

10—13 按收入等级分的城镇居民家庭年人均现金收入情况（2000 年）
Annual per Capita Cash Income of Urban Households by Level of Income (2000)

单位：元 (yuan)

指标	Item	总平均 Average	最低收入户 Lowest Income House-holds	困难户 Diffi-cult House-holds	低收入户 Low Income House-holds
期初手存现金	**Cash-in-hand at the Beginning of the Period**	**163.07**	**95.16**	**62.08**	**116.13**
可支配收入	**Disposable Income**	**5293.55**	**2212.68**	**1940.91**	**2966.22**
现金收入	**Cash Income**	**6476.66**	**2593.15**	**2278.83**	**3420.80**
实际收入	Actual Income	5331.58	2231.99	1959.79	2987.17
国有经济单位职工收入	Income of Staff and Workers in State－owned Units	2672.86	607.88	447.82	1047.46
工资性收入	Wage Income	2529.40	598.19	440.91	1019.50
#奖　金	Premium	215.06	21.62	16.61	46.01
非工资性收	Non-wage Income	143.46	9.69	6.91	27.96
集体经济单位职工收入	Income of Staff and Workers in Collective-owned Units	399.90	340.86	299.92	491.26
工资性收入	Wage Income	385.91	333.84	291.40	482.76
#奖　金	Premium	26.58	6.40	4.79	14.39
非工资性收入	Non-wage Income	13.99	7.02	8.52	8.50
其他经济单位职工收入	Income of Staff and Workers in Units of Other Type of Ownership	285.03	109.76	121.98	176.87
#奖　金	Premium	30.84	4.98	4.41	11.53
个体经营者的净收益	Net Income of Self-employed Individuals	336.16	420.88	373.00	352.50
个体被雇者收入	Income of Employees in Individual Enterprises	78.25	103.86	102.67	102.98
离退休再就业者收入	Income of Re-employed Retirees	16.03	2.79		1.08
其他就业者收入	Income of Other Employees	14.14	27.31	41.64	14.87
其他劳动收入	Part-time Income	171.15	147.75	177.64	145.13
财产性收入	Property Income	73.21	24.92	19.30	31.78
利　息	Interest	24.27	1.73	0.19	8.55
红　利	Bonus	5.29	1.03		0.75
其他财产租金	Other Property And Rent Income	43.64	22.16	19.11	22.48
转移性收入	Transfer Income	1284.06	444.65	373.27	623.24
离退休金	Pensions for Retired Persons	1013.19	314.88	235.20	482.38
价格补贴	Price Subsidy	1.08			
赡养收入	Supporting Income	44.85	27.95	19.15	27.69
赠送收入	Giving Income	126.10	51.80	60.79	63.40
亲友搭伙费	Boarding Income from Kith and Kin	48.61	13.12	15.31	12.01
记帐补贴	Account Subsidy	25.44	18.75	18.07	19.24
出售财物收入	Income from Selling Belongings	10.14	1.16	1.09	3.60
其　他	Others	14.64	16.98	23.68	14.93
家庭副业生产收入	Income from Household Sideline Production	0.78	1.33	2.55	
借贷收入	Loan Income	1145.09	361.16	319.04	433.63
提取储蓄存款	Withdraw Saving Deposit	775.88	166.41	164.82	282.07
提取储金会款	Withdraw Saving Fund	10.28			1.56
借入款	Cash Borrowed	207.41	134.32	127.43	101.70
收回借出款	Paid-back Loan	56.96	16.84	24.40	45.00
收回储蓄性保险本金	Withdraw Saving Premium	0.74			0.26
兑售有价证券	Securities Cashed and Sold	40.29	1.03		2.06
赊　购	Buying on Credit	0.02			
购买房屋从银行贷款	Loan from Bank (to Buy House)	44.56	41.26	2.38	
其他借贷收入	Other Loan Income	8.96	1.29		0.98

10—13 续表 continued

单位：元 (yuan)

指标	Item	中等偏下户 Lower Middle Insome Households	中等收入户 Middle Insome Households	中等偏上户 Upper Middle Insome Households	高收入户 High Income Households	最高收入户 Highest Income Households
期初手存现金	**Cash-in-hand at the Beginning of the Period**	**133.19**	**145.59**	**178.45**	**253.47**	**308.70**
可支配收入	**Disposable Income**	**3884.84**	**5054.79**	**6494.52**	**8061.91**	**11273.54**
现金收入	**Cash Income**	**4580.70**	**5889.57**	**8054.61**	**10329.42**	**14636.24**
实际收入	Actual Income	3920.81	5090.01	6529.12	8123.49	11355.98
国有经济单位职工收入	Income of Staff and Workers in State-owned Units	1580.71	2667.66	3814.94	4775.40	5719.61
工资性收入	Wage Income	1534.53	2578.53	3629.78	4424.00	5170.95
#奖　金	Premium	90.97	181.19	307.40	432.12	671.73
非工资性收	Non-wage Income	46.19	89.13	185.16	351.40	548.66
集体经济单位职工收入	Income of Staff and Workers in Collective-owned Units	361.60	477.18	437.19	359.76	226.80
工资性收入	Wage Income	353.12	458.13	413.37	346.78	215.06
#奖　金	Premium	19.29	45.37	30.78	40.35	20.26
非工资性收入	Non-wage Income	8.49	19.05	23.82	12.98	11.74
其他经济单位职工收入	Income of Staff and Workers in Unitsof Other Type of Ownership	243.57	210.18	409.87	518.66	428.98
#奖　金	Premium	6.14	21.02	47.84	108.29	56.47
个体经营者的净收益	Net Income of Self-employed Individuals	429.35	261.47	245.99	274.82	412.46
个体被雇者收入	Income of Employees in Individual Enterprises	93.73	128.25	35.56	16.78	12.22
离退休再就业者收入	Income of Re-employed Retirees	28.01	1.87	23.55	16.48	42.08
其他就业者收入	Income of Other Employees	27.78	13.46	4.08		
其他劳动收入	Part-time Income	170.73	149.89	134.02	249.08	292.72
财产性收入	Property Income	82.87	85.47	47.14	121.30	152.15
利　息	Interest	11.19	12.51	24.35	51.24	110.28
红　利	Bonus	0.96	3.92	2.68	29.87	10.80
其他财产租金	Other Property And Rent Income	70.72	69.04	20.11	40.20	31.07
转移性收入	Transfer Income	902.18	1093.88	1376.79	1786.49	4068.95
离退休金	Pensions for Retired Persons	702.95	900.04	1076.26	1447.69	3189.10
价格补贴	Price Subsidy			0.02	4.00	8.69
赡养收入	Supporting Income	40.09	34.40	50.72	38.77	123.74
赠送收入	Giving Income	75.00	97.44	134.98	197.75	419.51
亲友搭伙费	Boarding Income from Kith and Kin	44.84	28.52	78.25	62.49	125.39
记帐补贴	Account Subsidy	26.06	25.27	26.69	26.63	38.22
出售财物收入	Income from Selling Belongings	8.31	0.20	1.78	8.29	82.32
其　他	Others	4.94	8.00	8.08	0.88	81.99
家庭副业生产收入	Income from Household Sideline Production	0.28	0.70		4.70	
借贷收入	Loan Income	659.90	799.56	1525.48	2205.93	3280.26
提取储蓄存款	Withdraw Saving Deposit	464.73	506.32	1106.52	1706.43	1991.40
提取储金会款	Withdraw Saving Fund	2.94	29.63	13.76	0.40	11.42
借入款	Cash Borrowed	127.76	161.25	258.18	244.67	615.18
收回借出款	Paid-back Loan	54.75	53.07	61.89	98.86	88.71
收回储蓄性保险本金	Withdraw Saving Premium	0.29		2.35	0.94	1.49
兑售有价证券	Securities Cashed and Sold	4.31	16.18	74.67	92.02	163.31
赊　购	Buying on Credit		0.08			
购买房屋从银行贷款	Loan from Bank (to Buy House)		30.53		20.16	387.38
其他借贷收入	Other Loan Income	5.11	2.50	8.11	42.45	21.39

10—14 按收入等级分的城镇居民家庭年人均现金支出情况（2000 年）
Annual per Capita Expenditure of Urban Households by Level of Income (2000)

单位：元 (yuan)

指标	Item	总平均 Average	最低收入户 Lowest Income House-holds	困难户 Diffi-cult House-holds	低收入户 Low Income House-holds
现金支出	**Cash Expenditure**	**6243.38**	**2444.71**	**2118.95**	**3270.69**
实际支出	Actual Expenditure	5258.45	2279.84	1982.50	2931.89
消费性支出	Consumption Expenditure	4232.98	2075.43	1874.72	2642.30
非消费性支出	Non-consumption Expenditure	1021.26	203.97	106.97	289.38
贷款利息	Interest of Loans	0.04			
个人所得税	Individual Income Tax	8.39	0.11	0.02	1.49
其他各种税金	Other Types of Tax	0.73			1.35
各种非储蓄性保险支出	Non-saving Premium	8.81	0.96	0.87	2.19
赡养支出	Expenditure of Alimony	150.10	30.06	18.65	40.36
赠送支出	Expenditure Presented	429.37	94.28	80.05	170.88
购房与建房支出	Expenditure From Buying and Constructing House	405.62	70.01	0.44	68.31
其他非消费支出	Other Non-consumption Expenditure	18.21	8.55	6.96	4.80
家庭副业生产支出	Expenditure from Household Sideline Production	4.21	0.44	0.81	0.22
借贷支出	Loan Expenditure	984.94	164.87	136.45	338.80
存入储蓄款	Depositing Money	586.94	57.97	57.52	221.15
存入储金会款	Depositing Saving Fund	6.59	1.37		0.14
归还借款	Returning Borrowed Cash Borrowed	100.16	54.70	43.45	40.55
借出款	Cash Lent	39.79	4.02	0.99	11.21
储蓄性保险支出	Saving Premium	89.29	17.00	15.74	51.58
购买有价证券	Securities Bought	90.72	10.43	16.13	1.24
预　购	Forward Purchasing	0.26			1.08
归还购买住房银行贷款	Returning Loan From Bank (to Buy House)	19.47	12.53		
其他借贷支出	Other Expenditure	51.72	6.85	2.63	11.84
期末手存现金	**Cash-in-hand at the End of the Period**	**396.37**	**243.60**	**221.96**	**266.24**

指标	Item	中等偏下户 Lower Middle Insome House-holds	中等收入户 Middle Insome House-holds	中等偏上户 Upper Middle Insome House-holds	高收入户 High Income House-holds	最高收入户 Highest Income House-holds
现金支出	**Cash Expenditure**	**4371.29**	**5661.38**	**7795.22**	**10061.04**	**14191.87**
实际支出	Actual Expenditure	3980.90	4913.08	6579.61	7971.67	10801.92
消费性支出	Consumption Expenditure	3469.34	4133.10	5197.43	5956.99	7591.54
非消费性支出	Non-consumption Expenditure	510.35	772.87	1378.91	1997.10	3207.40
贷款利息	Interest of Loans		0.17		0.03	0.01
个人所得税	Individual Income Tax	8.70	2.83	4.64	17.37	41.24
其他各种税金	Other Types of Tax	0.11	0.39	0.27	3.75	1.01
各种非储蓄性保险支出	Non-saving Premium	4.07	11.65	13.04	9.17	24.26
赡养支出	Expenditure of Alimony	81.49	119.00	211.95	284.75	433.02
赠送支出	Expenditure Presented	286.99	368.68	595.86	684.33	1113.07
购房与建房支出	Expenditure From Buying and Constructing House	120.39	256.13	527.97	962.29	1544.66
其他非消费支出	Other Non-consumption Expenditure	8.59	14.03	25.18	35.42	50.12
家庭副业生产支出	Expenditure from Household Sideline Production	1.20	7.11	3.27	17.58	2.98
借贷支出	Loan Expenditure	390.39	748.30	1215.61	2089.37	3389.95
存入储蓄款	Depositing Money	200.69	454.82	664.44	1356.09	2125.88
存入储金会款	Depositing Saving Fund	1.52	5.81	7.65	15.17	25.85
归还借款	Returning Borrowed Cash Borrowed	68.50	69.79	143.00	162.86	234.28
借出款	Cash Lent	17.91	38.20	63.67	46.43	127.88
储蓄性保险支出	Saving Premium	59.71	73.63	115.68	156.04	224.30
购买有价证券	Securities Bought	18.53	60.32	109.04	213.16	409.33
预　购	Forward Purchasing		0.57			0.30
归还购买住房银行贷款	Returning Loan From Bank (to Buy House)	3.02	11.86	35.44	28.81	69.57
其他借贷支出	Other Expenditure	20.52	33.31	76.69	110.80	172.56
期末手存现金	**Cash-in-hand at the End of the Period**	**342.61**	**373.78**	**437.83**	**522.08**	**753.07**

10—15 各调查市、县城镇居民家庭年人均现金收支情况（2000 年）
Annual per Capita Cash Income and Expenditure of Urban Households by Surveyed County or City (2000)

单位：元 (yuan)

指标	Item	全省 Province Indices	合肥市 Hefei	淮北市 Huaibei	亳州市 Bozhou	蚌埠市 Bengbu
期初手存现金	**Cash-in-hand at the Beginning of the Period**	**163.07**	**176.91**	**129.66**	**262.35**	**141.88**
可支配收入	**Disposable Income**	**5293.55**	**6389.26**	**5311.11**	**4802.73**	**5672.24**
现金收入	**Cash Income**	**6476.66**	**7659.87**	**6431.21**	**5056.65**	**8055.53**
实际收入	Actual Income	5331.58	6447.14	5322.55	4839.54	5685.64
国有经济单位职工收入	Income of Staff and Workers in State-owned Units	2672.86	3550.17	3518.17	2140.82	2751.90
工资性收入	Wage Income	2529.40	3358.01	3294.02	2097.59	2612.08
#奖　金	Premium	215.06	337.65	285.97	80.04	176.64
非工资性收入	Non-wage Income	143.46	192.17	224.15	43.23	139.82
集体经济单位职工收入	Income of Staff and Workers in Collective-owned Units	399.90	469.67	189.68	320.71	408.97
工资性收入	Wage Income	385.91	437.82	172.45	315.85	379.79
#奖　金	Premium	26.58	41.02	14.19	15.37	35.79
非工资性收入	Non-wage Income	13.99	31.85	17.23	4.85	29.18
其他经济单位职工收入	Income of Staff and Workers in Units of Other Type of Ownership	285.03	670.49	1.32	7.47	64.19
#奖　金	Premium	30.84	141.88			2.08
个体经营者的净收益	Net Income of Self-employed Individuals	336.16	60.86	75.19	1000.80	218.94
个体被雇者收入	Income of Employees in Individual Enterprises	78.25	56.43	19.35	123.63	130.17
离退休再就业者收入	Income of Re-employed Retirees	16.03	1.90	23.49	44.63	34.43
其他就业者收入	Income of Other Employees	14.14	9.64	11.41	45.44	4.68
其他劳动收入	Part-time Income	171.15	136.53	58.87	88.88	142.81
财产性收入	Property Income	73.21	125.39	89.37	12.76	64.03
利　息	Interest	24.27	60.49	29.24	6.41	19.34
红　利	Bonus	5.29	57.74			
其他租金收入	Other Property And Rent Income	43.64	7.16	60.12	6.35	44.69
转移性收入	Transfer Income	1284.06	1366.04	1335.71	1054.41	1865.50
离退休金	Pensions for Retired Persons	1013.19	1054.02	1085.62	921.64	1522.77
价格补贴	Price Subsidy	1.08				
赡养收入	Supporting Income	44.85	32.28	79.62	43.72	127.50
赠送收入	Giving Income	126.10	216.77	72.26	66.06	128.34
亲友搭伙费	Boarding Income from Kith and Kin	48.61	35.11	52.25	0.04	42.18
记帐补贴	Account Subsidy	25.44	24.87	8.45	22.96	
出售财物收入	Income from Selling Belongings	10.14	0.13	11.70		2.16
其　他	Other	14.64	2.87	25.80		42.54
家庭副业生产收入	Income from Household Sideline Production	0.78				

10—15 续表 1 continued

单位：元 (yuan)

指标	Item	阜阳市 Fuyang	淮南市 Huainan	滁州市 Chuzhou	马鞍山市 Maanshan	芜湖市 Wuhu
期初手存现金	**Cash-in-hand at the Beginning of the Period**	**185.04**	**123.05**	**156.16**	**173.11**	**157.31**
可支配收入	**Disposable Income**	**5528.85**	**4494.82**	**5704.10**	**6904.36**	**5719.09**
现金收入	**Cash Income**	**6836.76**	**5312.18**	**6425.59**	**9436.84**	**6524.26**
实际收入	Actual Income	5563.45	4509.58	5767.13	7014.89	5760.31
国有经济单位职工收入	Income of Staff and Workers in State-owned Units	3613.57	2882.15	2719.43	1806.44	2317.60
工资性收入	Wage Income	3482.66	2803.45	2650.53	1767.56	2221.61
#奖　金	Premium	264.30	362.54	200.80	152.06	192.09
非工资性收入	Non-wage Income	130.91	78.70	68.91	38.88	95.99
集体经济单位职工收入	Income of Staff and Workers in Collective-owned Units	466.02	159.15	835.83	517.02	272.02
工资性收入	Wage Income	448.23	155.32	822.99	510.58	268.69
#奖　金	Premium	49.26	4.41	48.92	20.50	10.83
非工资性收入	Non-wage Income	17.79	3.83	12.84	6.45	3.33
其他经济单位职工收入	Income of Staff and Workers in Units of Other Type of Ownership	269.13	3.03	184.00	1871.38	201.63
#奖　金	Premium	36.54		6.51	266.62	10.45
个体经营者的净收益	Net Income of Self-employed Individuals	370.57	46.51	261.44	146.58	341.25
个体被雇者收入	Income of Employees in Individual Enterprises	47.00	48.60	18.38	35.93	221.68
离退休再就业者收入	Income of Re-employed Retirees				20.90	40.85
其他就业者收入	Income of Other Employees	12.83	8.08	58.41		21.26
其他劳动收入	Part-time Income	123.01	59.82	245.40	71.04	270.17
财产性收入	Property Income	46.65	37.09	115.69	24.23	33.38
利　息	Interest	23.02	19.27	83.04	12.25	16.25
红　利	Bonus		1.76		1.37	
其他租金收入	Other Property And Rent Income	23.63	16.06	32.65	10.62	17.13
转移性收入	Transfer Income	614.66	1263.80	1314.04	2518.09	2040.46
离退休金	Pensions for Retired Persons	401.12	1062.96	813.07	2247.26	1805.59
价格补贴	Price Subsidy				28.88	
赡养收入	Supporting Income	20.31	28.26	36.42	10.53	35.14
赠送收入	Giving Income	124.33	115.57	231.65	173.19	84.99
亲友搭伙费	Boarding Income from Kith and Kin	35.87	27.58	57.36	16.33	65.87
记帐补贴	Account Subsidy	32.81	11.21	29.77	39.98	33.72
出售财物收入	Income from Selling Belongings	0.22	1.74	145.77	0.56	1.12
其　他	Other		16.48		1.36	14.03
家庭副业生产收入	Income from Household Sideline Production		1.34	14.51	3.27	

10—15 续表2 continued

单位：元 (yuan)

指标	Item	宣城市 Xuancheng	铜陵市 Tonglin	安庆市 Anqin	桐城市 Tongcheng	黄山市 Huangshan	歙县 Shexian
期初手存现金	**Cash-in-hand at the Beginning of the Period**	**110.86**	**130.57**	**184.72**	**190.77**	**189.03**	**167.90**
可支配收入	**Disposable Income**	**5152.39**	**5591.50**	**5604.18**	**4425.30**	**5530.98**	**4660.88**
现金收入	**Cash Income**	**5960.67**	**8122.95**	**6830.31**	**5586.40**	**7173.99**	**6082.17**
实际收入	Actual Income	5191.36	5628.72	5629.04	4456.44	5576.74	4702.18
国有经济单位职工收入	Income of Staff and Workers in State-owned Units	2656.55	3755.68	2740.05	1511.25	3040.79	2470.32
工资性收入	Wage Income	2496.57	3530.75	2595.38	1288.95	2921.38	2265.29
#奖金	Premium	253.39	267.62	249.15	60.28	219.32	155.19
非工资性收入	Non-wage Income	159.98	224.93	144.67	222.30	119.41	205.02
集体经济单位职工收入	Income of Staff and Workers in Collective-owned Units	560.45	221.18	393.12	200.57	389.37	479.20
工资性收入	Wage Income	541.76	215.11	376.50	192.45	376.01	467.85
#奖金	Premium	52.03	15.68	26.99	4.00	13.48	16.03
非工资性收入	Non-wage Income	18.70	6.07	16.62	8.13	13.36	11.35
其他经济单位职工收入	Income of Staff and Workers in Units of Other Type of Ownership	20.20	20.70	375.46	1133.84	28.86	39.00
#奖金	Premium		3.23	32.55	59.96		1.96
个体经营者的净收益	Net Income of Self-employed Individuals	574.82	51.28	224.82	296.80	273.82	218.37
个体被雇者收入	Income of Employees in Individual Enterprises	60.18	14.39	84.11	124.73	89.16	47.97
离退休再就业者收入	Income of Re-employed Retirees	17.64	22.80	10.16		35.99	
其他就业者收入	Income of Other Employees	4.04	4.59		33.58	12.99	
其他劳动收入	Part-time Income	66.28	110.08	233.57	287.12	155.44	505.37
财产性收入	Property Income	105.41	15.74	142.95	28.59	45.69	111.13
利息	Interest	18.48	15.66	19.62	6.50	21.26	39.48
红利	Bonus	0.32	0.08		6.17	4.58	
其他租金收入	Other Property And Rent Income	86.62		123.33	15.93	19.85	71.64
转移性收入	Transfer Income	1125.78	1412.02	1424.80	839.95	1504.62	830.83
离退休金	Pensions for Retired Persons	905.10	1120.37	1157.60	490.85	1256.04	450.04
价格补贴	Price Subsidy						
赡养收入	Supporting Income	53.15	44.44	44.06	51.26	8.06	28.98
赠送收入	Giving Income	74.00	130.43	118.93	139.68	97.34	210.39
亲友搭伙费	Boarding Income from Kith and Kin	49.73	31.37	31.22	114.39	28.08	103.21
记帐补贴	Account Subsidy	33.95	29.85	17.92	28.78	36.63	28.49
出售财物收入	Income from Selling Belongings	9.62	46.36	1.71	1.96		0.82
其他	Other	0.23	9.20	53.37	13.02	78.46	8.89
家庭副业生产收入	Income from Household Sideline Production		0.24				

10—15 续表 3 continued

单位：元 (yuan)

指标	Item	全省 Province Indices	合肥市 Hefei	淮北市 Huaibei	亳州市 Bozhou	蚌埠市 Bengbu
储蓄借贷收入	Loan Income	1145.09	1212.73	1108.66	217.11	2369.90
提取储蓄存款	Withdraw Saving Deposit	775.88	821.72	851.67	187.35	1799.48
提取储金会款	Withdraw Saving Fund	10.28	19.12	3.35		
借入款	Cash Borrowed	207.41	129.29	185.63	11.09	454.21
收回借出款	Paid-back Loan	56.96	82.60	35.59	18.67	12.78
收回储蓄性保险本金	Withdraw Saving Premium	0.74				
兑售有价证券	Securities Cashed and Sold	40.29	153.58	24.27		56.35
赊　购	Buying on Credit	0.02				
购买房屋从银行贷款	Loan from Bank (to Buy House)	44.56				
其他借贷收入	Other Loan Income	8.96	6.43	8.14		47.09
现金支出	**Cash Expenditure**	**6243.38**	**7446.13**	**6006.02**	**4815.84**	**7628.40**
实际支出	Actual Expenditure	5258.45	5923.78	5020.79	4177.88	6597.96
消费性支出	Consumption Expenditure	4232.98	5039.75	4291.43	3284.61	4726.89
非消费性支出	Non-consumption Expenditure	1021.26	883.93	729.36	893.27	1870.09
贷款利息	Interest of Loans	0.04	0.04			
个人所得税	Individual Income Tax	8.39	32.91	2.99	13.85	12.43
其他各种税金	Other Types of Tax	0.73			1.31	6.83
各种非储蓄性保险	Non-saving Premium	8.81	8.01	0.82	0.01	32.00
赡养支出	Expenditure of Alimony	150.10	194.10	204.52	93.55	207.15
赠送支出	Expenditure presented	429.37	410.71	421.79	629.64	372.56
购房与建房支出	Expenditure From Buying and Constructing House	405.62	208.66	79.21	143.78	1215.76
其他非消费支出	Other Non-consumption Expenditure	18.21	29.51	20.03	11.12	23.37
家庭副业生产支出	Income from household Sideline Production	4.21	0.10			0.97
储蓄借贷支出	Loan Expenditure	984.94	1522.35	985.23	637.97	1030.45
存入储蓄款	Depositing Money	586.94	793.79	664.45	215.98	527.69
存入储金会款	Depositing Saving Fund	6.59	0.52	0.37		1.52
归还借款	Returning Borrowed Cash Borrowed	100.16	107.18	65.97	116.89	92.22
借出款	Cash Lend	39.79	42.68	39.14	57.58	25.60
储蓄性保险	Saving Premium	89.29	185.18	82.70	12.59	154.69
购买有价证券	Securities Bought	90.72	293.93	94.16	198.21	143.78
预　购	Forward Purchasing	0.26		3.13	1.24	
归还购买住房银行贷款	Returning Loan From Bank (to Buy House)	19.47	28.82	10.25	29.88	17.30
其他借贷支出	Other Loan Expenditure	51.72	70.25	25.04	5.59	67.64
期末手存现金	**Cash-in-hand at the End of the Period**	**396.37**	**390.64**	**554.85**	**503.15**	**569.01**

10—15 续表4 continued

单位：元 (yuan)

指标	Item	阜阳市 Fuyang	淮南市 Huainan	滁州市 Chuzhou	马鞍山市 Maanshan	芜湖市 Wuhu
储蓄借贷收入	Loan Income	1273.31	802.60	658.46	2421.95	763.95
提取储蓄存款	Withdraw Saving Deposit	889.36	669.07	263.44	1561.53	535.39
提取储金会款	Withdraw Saving Fund	3.14	0.81	3.22	4.90	6.81
借入款	Cash Borrowed	292.58	71.00	262.15	401.08	110.42
收回借出款	Paid-back Loan	41.45	30.49	51.80	31.78	79.16
收回储蓄性保险本金	Withdraw Saving Premium		5.87		3.92	
兑售有价证券	Securities Cashed and Sold	46.78	23.41	77.84	79.83	32.18
赊购	Buying on Credit				0.42	
购买房屋从银行贷款	Loan from Bank (to Buy House)				293.95	
其他借贷收入	Other Loan Income		1.95		44.53	
现金支出	**Cash Expenditure**	**6672.50**	**5150.40**	**6109.93**	**8800.66**	**6362.95**
实际支出	Actual Expenditure	5998.54	4397.12	5415.82	7558.05	5033.51
消费性支出	Consumption Expenditure	4560.80	3699.23	4225.96	5774.58	4408.64
非消费性支出	Non-consumption Expenditure	1437.74	696.79	1159.45	1716.43	624.84
贷款利息	Interest of Loans					
个人所得税	Individual Income Tax	1.79	2.45	2.85	3.51	7.48
其他各种税金	Other Types of Tax	0.03	0.81			0.02
各种非储蓄性保险	Non-saving Premium	1.27	18.38	4.80	17.70	10.82
赡养支出	Expenditure of Alimony	198.58	113.84	120.35	199.08	177.06
赠送支出	Expenditure presented	816.91	389.01	513.35	506.90	346.49
购房与建房支出	Expenditure From Buying and Constructing House	398.73	158.62	505.64	932.67	55.92
其他非消费支出	Other Non-consumption Expenditure	20.42	13.68	12.46	56.58	27.04
家庭副业生产支出	Income from household Sideline Production		1.10	30.41	67.04	0.02
储蓄借贷支出	Loan Expenditure	673.96	753.29	694.11	1242.61	1329.45
存入储蓄款	Depositing Money	439.09	426.38	350.37	854.75	746.78
存入储金会款	Depositing Saving Fund	0.77	0.06	0.20	11.20	2.63
归还借款	Returning Borrowed Cash Borrowed	108.05	69.40	85.22	71.29	156.63
借出款	Cash Lend	14.15	17.23	42.03	53.99	84.64
储蓄性保险	Saving Premium	50.78	126.46	92.20	91.72	85.28
购买有价证券	Securities Bought	35.28	40.05	57.47	77.95	134.81
预购	Forward Purchasing					
归还购买住房银行贷款	Returning Loan From Bank (to Buy House)	0.11	8.18	37.79	29.54	93.86
其他借贷支出	Other Loan Expenditure	25.73	65.53	28.83	52.16	24.83
期末手存现金	**Cash-in-hand at the End of the Period**	**349.30**	**284.82**	**471.82**	**809.28**	**318.62**

10—15 续表 5 continued

单位：元 (yuan)

指标	Item	宣城市 Xuancheng	铜陵市 Tonglin	安庆市 Anqin	桐城市 Tongcheng	黄山市 Huangshan	歙县 Shexian
储蓄借贷收入	Loan Income	769.31	2494.23	1201.27	1129.96	1597.25	1379.99
提取储蓄存款	Withdraw Saving Deposit	562.73	1297.80	928.60	726.82	1349.55	621.53
提取储金会款	Withdraw Saving Fund		191.95		6.85	0.73	
借入款	Cash Borrowed	132.17	624.19	183.80	347.66	103.66	261.71
收回借出款	Paid-back Loan	72.81	82.45	38.10	46.65	51.82	127.74
收回储蓄性保险本金	Withdraw Saving Premium		0.77		1.48		
兑售有价证券	Securities Cashed and Sold	1.60	219.66	26.88		70.61	2.62
赊购	Buying on Credit						
购买房屋从银行贷款	Loan from Bank (to Buy House)			23.89			366.40
其他借贷收入	Other Loan Income		77.42		0.50	20.88	
现金支出	**Cash Expenditure**	**5768.82**	**7782.02**	**6803.87**	**5393.22**	**6805.64**	**5918.68**
实际支出	Actual Expenditure	5029.81	6016.14	5256.45	4889.18	5477.12	4938.18
消费性支出	Consumption Expenditure	4138.59	4485.87	4457.68	4032.93	4547.74	3669.37
非消费性支出	Non-consumption Expenditure	891.22	1526.94	798.60	855.61	928.38	1266.38
贷款利息	Interest of Loans			0.01	0.40		
个人所得税	Individual Income Tax	5.02	4.03	6.78	1.71	9.12	10.38
其他各种税金	Other Types of Tax	0.86		0.03			
各种非储蓄性保险	Non-saving Premium	4.48	0.39	6.69	0.38	7.60	21.75
赡养支出	Expenditure of Alimony	105.20	132.08	163.36	178.54	129.08	162.42
赠送支出	Expenditure presented	411.86	423.09	317.72	416.17	440.55	264.27
购房与建房支出	Expenditure From Buying and Constructing House	345.72	951.60	290.18	250.57	315.92	800.53
其他非消费支出	Other Non-consumption Expenditure	18.08	15.75	13.83	7.83	26.11	7.03
家庭副业生产支出	Income from household Sideline Production		3.34	0.17	0.64	0.01	2.43
储蓄借贷支出	Loan Expenditure	739.01	1765.87	1547.42	504.04	1329.52	980.50
存入储蓄款	Depositing Money	506.38	875.03	1078.93	172.57	883.21	778.57
存入储金会款	Depositing Saving Fund	4.17	123.07		5.48	0.36	
归还借款	Returning Borrowed Cash Borrowed	64.26	192.48	128.57	173.19	102.73	41.22
借出款	Cash Lend	23.02	150.34	47.07	12.82	25.07	35.22
储蓄性保险	Saving Premium	50.14	116.44	100.61	104.99	159.95	46.78
购买有价证券	Securities Bought	6.18	143.51	134.38	4.80	64.19	27.58
预购	Forward Purchasing					0.73	
归还购买住房银行贷款	Returning Loan From Bank (to Buy House)	12.87	40.52	10.58			4.06
其他借贷支出	Other Loan Expenditure	71.99	124.48	47.29	30.18	93.28	47.07
期末手存现金	**Cash-in-hand at the End of the Period**	**302.71**	**471.51**	**211.16**	**383.95**	**557.99**	**331.40**

10—16 各调查市、县城镇居民平均每人全年家庭收入来源（2000年）
Per Capita Annual Income in Urban Residents by Source and by Surveyed City and County (2000)

单位：元 (yuan)

市 县 Surveyed City and County	可支配收入 Disposable Income	实际收入 Real Income	国有单位职工收入 Income of Staff & Workers in State-owned Units	集体单位职工收入 Income of Staff & Workers in Collective-owned Units	其他经济类型单位职工收入 Income of Staff & Workers in Other Types of Ownership	财产性收入 Income from Property	转移性收入 Transfer Income
全 省 Province Indices	**5293.55**	**5331.58**	**2672.86**	**399.90**	**285.03**	**73.21**	**1284.06**
合肥市 Hefei	6389.26	6447.14	3550.17	469.67	670.49	125.39	1366.04
淮北市 Huaibei	5311.11	5322.55	3518.17	189.68	1.32	89.37	1335.71
亳州市 Bozhou	4802.73	4839.54	2140.82	320.71	7.47	12.76	1054.41
蚌埠市 Bengbu	5672.24	5685.64	2751.90	408.97	64.19	64.03	1865.50
阜阳市 Fuyang	5528.85	5563.45	3613.57	466.02	269.13	46.65	614.66
淮南市 Huainan	4494.82	4509.58	2882.15	159.15	3.03	37.09	1263.80
滁州市 Chuzhou	5704.10	5767.13	2719.43	835.83	184.00	115.69	1314.04
马鞍山市 Maanshan	6904.36	7014.89	1806.44	517.02	1871.38	24.23	2518.09
芜湖市 Wuhu	5719.09	5760.31	2317.60	272.02	201.63	33.38	2040.46
宣城市 Xuancheng	5152.39	5191.36	2656.55	560.45	20.20	105.14	1125.78
铜陵市 Tongling	5591.50	5628.72	3755.68	221.18	20.70	15.74	1424.80
安庆市 Anqing	5604.18	5629.04	2740.05	393.12	375.46	142.95	839.95
桐城市 TongCheng	4425.30	4456.44	1511.25	200.57	1133.84	28.59	1412.02
黄山市 Huangshan	5530.98	5576.74	3040.79	389.37	28.86	45.69	1504.62
歙 县 SheXian	4660.88	4702.18	2470.32	479.20	39.00	111.13	830.83

10—17 各调查市、县城镇居民家庭平均每人全年消费性支出（2000年）
Per Capita Annual Living Expenditure of Urban Residents by Surveyed City and County (2000)

单位：元 (yuan)

市 县 Surveyed City and County	消费性支出 Living Expenditure	食品 Food	粮食 Grain	淀粉及薯类 Starches and Tubers	干豆类及豆制品 Beans and Bean Products	油脂类 Oil and Fats	肉禽及制品 Meat, poultry and Related Products	蛋类 Eggs
全 省 Province Indices	**4232.98**	**1934.83**	**168.26**	**13.22**	**43.03**	**83.62**	**420.55**	**73.13**
合肥市 Hefei	5039.75	2166.79	166.61	14.34	40.93	87.73	461.16	74.93
淮北市 Huaibei	4291.43	1831.00	144.48	21.08	32.11	79.47	409.04	84.67
亳州市 Bozhou	3284.61	1584.07	192.03	16.36	26.73	112.11	321.16	104.54
蚌埠市 Bengbu	4726.89	1985.74	161.71	19.63	35.65	88.28	428.31	69.50
阜阳市 Fuyang	4560.80	1709.95	154.86	18.48	35.41	66.31	332.60	97.49
淮南市 Huainan	3699.23	1757.43	157.87	22.71	34.86	84.91	422.03	69.55
滁州市 Chuzhou	4225.96	1907.34	162.53	13.10	42.48	92.59	459.64	73.97
马鞍山市 Maanshan	5774.58	2311.37	190.73	14.49	51.46	78.63	503.77	73.59
芜湖市 Wuhu	4408.64	2192.50	180.95	12.85	52.01	83.69	451.53	85.15
宣城市 Xuancheng	4138.59	2122.09	164.34	9.50	50.02	75.39	449.42	58.94
铜陵市 Tongling	4485.87	2004.23	163.58	12.01	41.04	83.83	455.69	85.95
安庆市 Anqing	4457.68	2057.42	165.16	11.93	38.04	99.13	502.18	62.18
桐城市 TongCheng	4032.93	1761.51	156.57	5.66	41.97	81.96	409.95	50.00
黄山市 Huangshan	4547.74	1903.06	168.91	9.48	56.09	71.23	385.13	70.77
歙 县 SheXian	3669.37	1714.25	183.35	8.24	60.33	63.03	332.59	75.91

10—17 续表 1 continued

单位：元 (yuan)

市 县 Surveyed City and County	水产品类 Aquatic Products	菜 类 Vegetables	调味品 Condiments	糖 类 Sugar	烟草类 Tobacco	酒和饮料 Liquor and Beverages	干鲜瓜果类 Dried and Fresh Melons and Fruits	坚果及果仁 Nuts and Kernels
全 省 Province Indices	**115.57**	**190.97**	**31.45**	**16.97**	**164.95**	**145.89**	**96.23**	**16.97**
合肥市 Hefei	135.29	183.25	32.21	19.21	151.51	131.11	117.66	19.10
淮北市 Huaibei	95.06	183.52	42.69	13.65	105.45	124.77	82.85	14.92
亳州市 Bozhou	48.54	162.50	33.94	20.20	88.22	136.07	59.08	7.25
蚌埠市 Bengbu	124.64	171.53	32.38	16.16	144.03	135.03	91.38	21.19
阜阳市 Fuyang	69.00	174.28	33.43	14.90	74.24	107.07	85.40	18.50
淮南市 Huainan	86.37	159.41	30.24	15.20	96.09	123.33	86.95	15.93
滁州市 Chuzhou	116.01	187.26	36.96	19.27	129.93	171.44	80.47	10.31
马鞍山市 Maanshan	192.42	217.30	35.11	18.96	200.93	133.44	122.01	22.21
芜湖市 Wuhu	156.26	206.66	32.36	18.32	205.96	132.86	105.71	20.06
宣城市 Xuancheng	151.57	223.55	32.90	16.73	213.16	194.09	103.33	12.35
铜陵市 Tongling	125.98	192.51	28.59	16.70	190.78	162.52	103.22	17.27
安庆市 Anqing	125.20	212.93	33.36	16.17	197.70	150.03	87.62	19.02
桐城市 TongCheng	84.84	153.57	20.47	17.56	243.37	157.77	88.90	21.54
黄山市 Huangshan	119.98	201.83	28.10	17.79	134.21	118.16	108.80	27.17
歙 县 SheXian	100.67	204.12	26.48	13.82	171.00	115.20	120.75	21.57

市 县 Surveyed City and County	糕点类 Cake	奶及奶制品 Milk and Dairy Products	其他食品 Other Food	在外用餐 Dining Out	食品加工服务费 Food Processing Service Fees	衣 着 Clothing	服 装 Garments	衣着材料 Clothing Materials
全 省 Province Indices	**41.13**	**51.99**	**20.20**	**240.22**	**0.48**	**437.55**	**294.40**	**22.20**
合肥市 Hefei	56.14	96.90	32.76	345.61	0.31	568.30	381.94	36.52
淮北市 Huaibei	38.13	82.80	31.84	244.19	0.27	479.28	316.44	26.64
亳州市 Bozhou	17.57	38.12	5.28	193.42	0.96	398.51	282.29	16.71
蚌埠市 Bengbu	33.20	48.69	32.39	331.37	0.62	453.35	309.47	14.11
阜阳市 Fuyang	52.09	53.88	14.72	307.07	0.22	681.24	488.34	20.70
淮南市 Huainan	38.47	44.97	19.70	221.41	0.52	434.88	283.93	20.75
滁州市 Chuzhou	18.77	54.98	16.19	248.34		410.30	289.39	17.16
马鞍山市 Maanshan	63.03	83.83	54.34	254.62	0.52	503.54	335.81	41.71
芜湖市 Wuhu	47.65	96.45	13.06	290.60	0.35	369.03	259.90	12.12
宣城市 Xuancheng	43.06	39.45	21.36	262.58	0.34	475.43	330.28	17.89
铜陵市 Tongling	45.65	39.57	15.36	223.32	0.67	434.12	286.23	27.72
安庆市 Anqing	47.03	49.97	13.15	226.10	0.51	327.66	216.43	16.46
桐城市 TongCheng	34.86	23.63	10.37	157.18	1.33	381.54	240.56	26.18
黄山市 Huangshan	50.10	52.87	39.89	242.48	0.07	406.03	257.97	28.34
歙 县 SheXian	44.40	37.52	13.75	121.49	0.02	340.91	203.19	26.01

10—17 续表 2 continued

单位：元 (yuan)

市 县 Surveyed City and County	鞋帽袜及其他衣着 Foot, Wear, Hats and Other Clothing	衣着加工服务费 Tailoring and Laundering Service Fees	家庭设备用品及服务 Houshold Facilities, Articles and Services	耐用消费品 Durable Consumer Goods	室内装饰品 Room Decorations	床上用品 Bed Articles	家庭日用杂品 Household Articles for Daily Use	家具材料 Furniture Materials
全 省 Province Indices	**112.90**	**8.06**	**301.43**	**173.05**	**10.55**	**10.72**	**63.24**	**2.64**
合肥市 Hefei	139.08	10.77	468.66	311.73	21.22	17.51	87.00	0.09
淮北市 Huaibei	128.06	8.14	413.52	323.05	10.63	6.65	61.65	3.13
亳州市 Bozhou	94.77	4.75	86.25	24.68	1.22	3.19	32.66	
蚌埠市 Bengbu	124.00	5.78	370.64	254.44	12.98	13.72	59.97	1.13
阜阳市 Fuyang	167.32	4.87	546.91	414.92	14.10	19.83	67.28	1.06
淮南市 Huainan	124.15	6.06	180.71	86.21	6.74	9.02	56.43	0.14
滁州市 Chuzhou	96.83	6.93	387.99	213.75	11.23	12.28	141.68	5.74
马鞍山市 Maanshan	115.23	10.79	694.29	225.10	73.00	19.33	98.32	3.92
芜湖市 Wuhu	90.32	6.69	239.33	143.16	5.58	9.37	56.60	0.18
宣城市 Xuancheng	121.26	6.01	183.32	100.39	1.98	8.29	45.61	1.77
铜陵市 Tongling	106.88	13.28	317.03	153.13	14.63	7.56	54.71	33.86
安庆市 Anqing	85.92	8.85	342.67	191.15	7.12	9.85	59.27	4.17
桐城市 TongCheng	103.64	11.15	449.58	292.31	16.26	11.76	70.90	0.55
黄山市 Huangshan	106.68	13.05	279.40	158.93	2.95	12.05	76.17	0.24
歙 县 SheXian	101.42	10.28	175.70	64.11	3.18	11.97	67.07	0.69

市 县 Surveyed City and County	家务服务 Household Services	医疗保健 Medicine and Medical Services	交通和通讯 Transportation and Communications	交通 Transportation	通讯 Communications	娱乐教育文化服务 Recreation Education and Cultural Services	文娱用耐用消费品 Recreational Durable Consumer Goods	教育 Education
全 省 Province Indices	**41.22**	**181.23**	**307.87**	**113.52**	**194.35**	**508.62**	**103.34**	**316.58**
合肥市 Hefei	31.10	184.11	378.41	140.43	237.98	687.49	141.66	408.01
淮北市 Huaibei	8.40	183.51	274.18	100.81	173.37	628.17	196.53	351.89
亳州市 Bozhou	24.50	186.88	185.56	62.06	123.51	377.03	77.75	242.15
蚌埠市 Bengbu	28.38	366.30	319.18	94.53	224.65	503.69	110.24	312.41
阜阳市 Fuyang	29.71	151.53	415.13	150.31	264.82	558.88	47.97	393.79
淮南市 Huainan	22.16	168.06	220.26	69.28	150.98	424.90	82.03	263.96
滁州市 Chuzhou	3.31	147.24	382.64	178.89	203.75	420.99	57.96	293.87
马鞍山市 Maanshan	274.62	275.64	479.02	176.89	302.14	728.25	138.51	472.49
芜湖市 Wuhu	24.45	228.87	317.32	100.30	217.02	487.22	75.71	311.88
宣城市 Xuancheng	25.28	119.91	326.37	119.97	206.40	378.86	88.98	205.47
铜陵市 Tongling	53.14	126.54	323.02	124.07	198.95	609.82	110.38	417.67
安庆市 Anqing	71.10	161.54	319.13	128.30	190.83	525.45	124.44	305.06
桐城市 TongCheng	57.81	111.70	273.12	77.95	195.17	606.16	160.46	366.12
黄山市 Huangshan	29.05	261.79	373.10	177.08	196.02	658.08	187.39	356.65
歙 县 SheXian	28.68	221.02	251.66	115.16	136.51	501.61	35.99	388.30

10—17 续表 3 continued

单位：元 (yuan)

市 县 Surveyed City and County	文化娱乐 Recreation	居 住 Residence	住 房 Housing	水电燃料及其他 Water, Electricity, Fuels and Others	杂项商品和服务 Miscellaneous Commodities and Services	个人消费 Personal Consumption	其他商品 Other Commodities	其他服务 Other Services
全 省 Province Indices	**88.69**	**370.90**	**109.01**	**261.89**	**190.55**	**156.54**	**8.10**	**25.91**
合肥市 Hefei	137.82	330.50	31.93	298.57	255.48	217.73	6.10	31.65
淮北市 Huaibei	79.75	289.74	71.45	218.29	192.04	171.11	11.67	9.25
亳州市 Bozhou	57.12	351.23	101.92	249.31	115.07	102.25	1.30	11.52
蚌埠市 Bengbu	81.03	522.77	270.63	252.14	205.23	188.99	2.04	14.19
阜阳市 Fuyang	117.12	267.75	28.43	239.32	229.42	214.48	1.05	13.89
淮南市 Huainan	78.91	310.37	110.91	199.46	202.61	173.59	6.96	22.07
滁州市 Chuzhou	69.17	418.40	109.81	308.59	151.06	150.07	0.07	0.91
马鞍山市 Maanshan	117.25	450.70	134.34	316.36	331.77	302.23	11.06	18.48
芜湖市 Wuhu	99.63	405.70	91.06	314.64	168.68	138.63	4.51	25.54
宣城市 Xuancheng	84.41	362.76	96.70	266.06	169.85	150.60	1.50	17.75
铜陵市 Tongling	81.77	481.55	139.84	341.72	189.56	178.40	5.64	5.52
安庆市 Anqing	95.94	533.51	250.93	282.58	190.32	134.21	30.30	25.81
桐城市 TongCheng	79.58	309.72	90.86	218.86	139.60	93.41	25.57	20.62
黄山市 Huangshan	114.04	355.81	113.29	242.52	310.46	229.47	16.99	64.00
歙 县 SheXian	77.32	274.23	30.73	243.50	189.99	96.89	2.78	90.33

10—18 各调查市、县城镇居民家庭平均每百户年底耐用消费品拥有量（2000 年）
Number of Major Durable Consumer Goods Owned Per 100 Urban Households at the Year-End by Region (2000)

市 县 Surveyed City and County	毛皮大衣 (件) Fur Coat	呢大衣 (件) Woolen Coat	毛 毯 (条) Woolen Blanket	地 毯 (平方米) Carpet (sq.m)	组合家具 (套) Composite Furniture (sets)	沙发床 (个) Soft Bed	沙 发 (个) Sofa
合肥市 Hefei	34.50	208.50	138.00	42.00	62.50	45.50	136.50
淮北市 Huaibei	68.00	196.00	138.00	32.00	66.00	28.00	140.00
亳州市 Bozhou	111.00	206.00	120.00	4.00	58.00	42.00	160.00
蚌埠市 Bengbu	66.00	136.67	131.33	21.33	61.33	15.33	112.67
阜阳市 Fuyang	44.00	167.00	114.00	30.00	58.00	45.00	175.00
淮南市 Huainan	51.50	159.50	95.50	6.00	49.00	14.50	82.00
滁州市 Chuzhou	103.00	245.00	118.00	77.00	64.00	21.00	117.00
马鞍山市 Maanshan	124.00	261.00	158.00	84.00	68.00	13.00	111.00
芜湖市 Wuhu	48.67	189.33	118.00	42.00	38.67	12.67	104.00
宣城市 Xuancheng	80.00	165.00	153.00	56.00	49.00	23.00	102.00
铜陵市 Tongling	37.00	201.00	131.00	71.00	44.00	23.00	115.00
安庆市 Anqing	55.50	174.50	146.00	10.50	46.50	45.50	123.00
桐城市 TongCheng	82.00	114.00	158.00	8.00	42.00	22.00	294.00
黄山市 Huangshan	36.00	203.00	138.00	98.00	26.00	30.00	221.00
歙 县 SheXian	28.00	114.00	80.00	68.00	30.00	20.00	130.00

10—18 续表1 continued

市 县 Surveyed City and County	大衣柜 (个) Wardrobe	写字台 (张) Desk	摩托车 (辆) Motorcycle	自行车 (辆) Bicycle	家用汽车 (辆) Automobile	缝纫机 (架) Sewing Machine	洗衣机 (台) Washing Maching
合肥市 Hefei	67.50	105.50	8.50	145.50	1.00	46.50	94.50
淮北市 Huaibei	76.00	89.00	11.00	72.00		49.00	96.00
亳州市 Bozhou	98.00	118.00	2.00	206.00		52.00	94.00
蚌埠市 Bengbu	84.67	91.33	6.00	118.67		52.67	90.67
阜阳市 Fuyang	67.00	89.00	17.00	160.00		44.00	92.00
淮南市 Huainan	76.50	90.00	7.50	121.00		45.00	87.00
滁州市 Chuzhou	95.00	99.00	26.00	197.00		42.00	104.00
马鞍山市 Maanshan	66.00	102.00	30.00	185.00	2.00	50.00	98.00
芜湖市 Wuhu	89.33	97.33	6.67	135.33	2.00	46.00	94.00
宣城市 Xuancheng	80.00	94.00	26.00	106.00		41.00	89.00
铜陵市 Tongling	87.00	93.00	14.00	95.00		31.00	95.00
安庆市 Anqing	77.00	95.00	19.50	159.50	0.50	30.50	79.50
桐城市 TongCheng	68.00	92.00	10.00	148.00	2.00	28.00	64.00
黄山市 Huangshan	91.00	111.00	25.00	195.00		42.00	79.00
歙县 SheXian	90.00	96.00	34.00	148.00	2.00	42.00	76.00

市 县 Surveyed City and County	电风扇 (台) Electric Fan	电冰箱 (台) Refrigerator	冰柜 (台) Freezer	彩色电视机 (台) Color TV Set	影碟机 (台) Video Disc Player	录放像机 (台) Video Recorder	家用电脑 (台) Computer
合肥市 Hefei	251.50	101.00	6.00	125.00	28.50	30.50	19.00
淮北市 Huaibei	225.00	95.00	5.00	120.00	41.00	19.00	10.00
亳州市 Bozhou	250.00	56.00	18.00	98.00	30.00	10.00	
蚌埠市 Bengbu	214.67	84.00	2.67	116.00	46.00	24.00	7.33
阜阳市 Fuyang	230.00	85.00	3.00	101.00	41.00	15.00	4.00
淮南市 Huainan	204.50	83.50	2.00	103.00	30.50	19.00	5.50
滁州市 Chuzhou	251.00	92.00	5.00	126.00	44.00	24.00	3.00
马鞍山市 Maanshan	255.00	101.00	2.00	132.00	39.00	32.00	6.00
芜湖市 Wuhu	230.00	90.00	4.67	109.33	28.67	14.00	10.00
宣城市 Xuancheng	251.00	86.00	8.00	121.00	36.00	18.00	6.00
铜陵市 Tongling	272.00	97.00	3.00	116.00	25.00	16.00	7.00
安庆市 Anqing	260.00	89.50	4.50	108.00	37.00	10.50	11.50
桐城市 TongCheng	256.00	66.00	2.00	92.00	30.00	10.00	4.00
黄山市 Huangshan	265.00	79.00	3.00	126.00	37.00	15.00	9.00
歙县 SheXian	246.00	78.00	6.00	100.00	24.00	10.00	2.00

10—18 续表 2 continued

市县 Surveyed City and County	组合音响（套）Hi-Fi Stereo Component System	录音机（台）Tape Recorder	摄相机（台）Pickup Camera	照相机（架）Camera	钢琴（架）Piano	其他高中档乐器（件）Other Medium and High Grade Musical Instrument
合肥市 Hefei	22.00	24.50	3.50	50.50	1.00	7.50
淮北市 Huaibei	17.00	14.00	1.00	33.00		4.00
亳州市 Bozhou	10.00	28.00		10.00	2.00	
蚌埠市 Bengbu	16.67	34.67	0.67	31.33	2.00	4.00
阜阳市 Fuyang	23.00	33.00	1.00	31.00	1.00	5.00
淮南市 Huainan	22.00	14.50	0.50	15.00		1.00
滁州市 Chuzhou	31.00	24.00	1.00	31.00		5.00
马鞍山市 Maanshan	33.00	52.00	2.00	54.00		11.00
芜湖市 Wuhu	16.67	26.67		24.67	0.67	3.33
宣城市 Xuancheng	24.00	24.00	2.00	34.00		10.00
铜陵市 Tongling	18.00	38.00	1.00	34.00		5.00
安庆市 Anqing	17.00	37.00		31.50	0.50	3.00
桐城市 TongCheng	14.00	16.00		14.00		10.00
黄山市 Huangshan	13.00	56.00	1.00	33.00		10.00
歙县 SheXian	14.00	16.00	2.00	14.00	4.00	

市县 Surveyed City and County	微波炉（台）Oven	空调器（台）Air Conditioner	电炊具（台）Electric Cooking Appliances	淋浴热水器（个）Shower	排油烟机（辆）Smoke Absorber	吸尘器（台）Dust Catcher
合肥市 Hefei	40.00	65.50	113.50	68.00	66.00	10.00
淮北市 Huaibei	14.00	53.00	72.00	72.00	57.00	12.00
亳州市 Bozhou	4.00	10.00	54.00	8.00	4.00	
蚌埠市 Bengbu	24.00	41.33	106.00	42.67	58.67	10.00
阜阳市 Fuyang	10.00	37.00	80.00	21.00	41.00	8.00
淮南市 Huainan	11.00	28.00	72.00	31.00	31.00	9.50
滁州市 Chuzhou	13.00	33.00	83.00	56.00	64.00	13.00
马鞍山市 Maanshan	16.00	69.00	135.00	93.00	66.00	16.00
芜湖市 Wuhu	12.67	30.00	129.33	52.00	44.00	4.00
宣城市 Xuancheng	7.00	24.00	95.00	42.00	46.00	6.00
铜陵市 Tongling	10.00	38.00	113.00	51.00	54.00	7.00
安庆市 Anqing	9.00	40.00	91.00	62.50	64.00	11.00
桐城市 TongCheng	2.00	20.00	76.00	26.00	38.00	4.00
黄山市 Huangshan	11.00	15.00	87.00	60.00	60.00	8.00
歙县 SheXian	2.00	8.00	56.00	38.00	48.00	4.00

10—19 城镇居民家庭居住情况（2000年）
Living Condition of Urban Households (2000)

单位：户 (household)

指标	Item	全省 Provincid Total	城市 City	县城 County
总　　计	**Total**	**1750**	**1500**	**250**
按居住面积分	**Grouped by Net Living Space**			
无房户	No House			
4平米以下	Below 4 Square Meters	9	9	1
4—6平方米	4－6 Square Meters	72	73	8
6—8平方米	6－8 Square Meters	190	214	16
8—10平方米	8－10 Square Meters	201	208	21
10—12平方米	10－12 Square Meters	241	213	33
12—14平方米	12－14 Square Meters	227	197	32
14平方米以上	Above 14 Square Meters	810	586	139
按房屋产权分	**Grouped by Property of Dwelling**			
公　房	Public House	281	223	44
租赁私房	Rented Private House	42	35	6
自有房	Private House	1264	1012	196
其　他	House Partly Owned by Privacy	163	230	4
按自来水使用情况分	**Grouped by Tap Water Supply**			
无自来水	No Tap Water	58	5	18
独用自来水	Tap Water for Sole Use	1603	1434	216
公用自来水	Public Tap Water	89	61	16
按卫生设备拥有情况分	**Grouped by Sanitary Equipment**			
无卫生设备	No Sanitary Equipment	447	192	105
有浴室厕所	With Bathroom and Toilet	921	867	115
有厕所无浴室	With Toilet But no Bathroom	333	409	21
公用卫生设备	Public Sanitary Equipment	49	32	9
按取暖设备拥有情况分	**Grouped by Heater**			
无取暖设备	No Heater	1424	1167	215
空调设备	Air Conditioner	281	278	32
暖　气	Heating Installation	30	46	
其　他	Others	15	9	3
按厨房使用情况分	**Grouped by Using of Kitchen**			
无厨房	No Kitchen	97	54	20
独用厨房	Private Kitchen	1633	1438	225
公用厨房	Public Kitchen	20	8	5
按燃料使用情况分	**Grouped by Using of Fuel**			
管道煤气	Pipeline Petroleum Gas	401	596	3
液化石油气	Liquefied Petroleum	841	661	133
煤	Coal	499	229	114
其　他	Others	9	14	
按电话拥有情况分	**Grouped by Having Telephone or Not**			
无电话	Having no Telephone	336	269	52
公费电话	Public Funded Telephone	67	42	13
自费电话	Self-funded Telephone	1317	1180	177
公用电话	Public Telephone	30	9	8
按住宅建筑式样分	**Grouped by the Type of Residential Building**			
家庭单栋配套住房	Independent House	33	4	10
单元式配套住宅	Flat	1124	1226	104
一居室	Single Room	100	114	8
二居室	Two Rooms	610	723	44
三居室	Three Rooms	390	366	49
四居室及以上	Four or More Than Four Rooms	24	23	3
普通楼房	Ordinary Stored Building	202	80	49
普通平房	Ordinary Single-store House	391	190	87

10—20 农村居民家庭基本情况
Basic Conditions of Rural Households

项目	Item	1990	1995	1999	2000
调查户数 （户）	**Number of Households Surveyed**	**3100**	**3100**	**3100**	**3100**
调查户人口 （人）	**Number of Residents Surveyed (person)**				
常住人口	Number of Permanent Residents in the Households Surveyed	15480	13777	13276	12950
平均每户常住人口	Average Number of Permanent Residents per Household	4.99	4.44	4.28	4.18
平均每户整半劳力	Average Number of Able-bodied and Semi-able-bodied Laborers per Household	3.27	3.00	2.77	2.76
平均每个劳动力负担人口（含本人）	Average Number of Persons Supported by a Laborer (including the laborer himself or herself)	1.53	1.48	1.55	1.51
平均每人年收入 （元）	**Per Capita Annual Income (yuan)**				
总收入	Total Revenue	837.26	2016.35	2524.74	2585.56
纯收入	Net Income	539.16	1302.82	1900.29	1934.57
现金收入（扣储蓄借贷）	Cash Income (deducting Deposits and Loans)	483.01	1367.72	1793.36	1901.60
按纯收入分组户数占调查户比重 （%）	**Percentage of Households Grouped by per Capita Annual Net Income (%)**				
100 元以下	Under 100 Yuan	0.03		0.03	
100－200 元	100－200 Yuan	1.84		0.03	
200－300 元	200－300 Yuan	7.29	0.45	0.03	0.06
300－400 元	200－300 Yuan	15.00	0.42	0.06	0.03
400－500 元	300－400 Yuan	21.55	1.42	0.29	0.23
500－600 元	500－600 Yuan	18.97	2.13	0.48	0.48
600－800 元	600－800 Yuan	23.29	9.65	2.32	2.39
800－1000 元	800－1000 Yuan	8.07	14.90	4.32	4.48
1000－1200 元	1000－1200 Yuan		18.42	7.48	8.16
1200－1300 元	1200－1300 Yuan		7.58	4.32	4.87
1300－1500 元	1300－1500 Yuan	3.71	14.42	11.13	10.42
1500－1700 元	1500－1700 Yuan		8.68	11.52	10.48
1700－2000 元	1700－2000 Yuan	0.19	10.13	17.87	16.42
2000－2500 元	2000－2500 Yuan	0.06	7.06	19.55	19.29
2500－3000 元	2500－3000 Yuan		3.06	10.84	10.23
3000－3500 元	3000－3500 Yuan		0.97	5.10	5.74
3500－4000 元	3500－4000 Yuan		0.42	2.23	2.87
4000－4500 元	4000－4500 Yuan		0.19	1.03	1.71
4500－5000 元	4500－5000 Yuan		0.03	0.65	0.74
5000 元以上	5000 Yuan and Over		0.06	0.71	1.39
平均每人年支出 （元）	**Per Capita Annual Expenditure (yuan)**				
总支出	Total Expenditure	822.37	1855.83	1940.82	2045.56
家庭经营费用支出	Expenditure for Household Business	231.59	568.97	431.11	452.22
生活消费支出	Expenditure for Consumption	514.93	1070.64	1302.48	1321.50
现金支出	Cash Expenditure	635.78	1421.73	1814.18	1811.14
生产费用	Productive Costs	167.94	465.40	409.01	449.11
税费支出	Taxes	43.39	94.05	124.95	91.65
生活消费支出	Expenditure for Consumption	323.01	682.54	893.96	954.93

10—21 农村居民人均收支情况
Per Capita Cash Income and Expenditure of Rural Residents

单位：元 (yuan)

指标	Item	2000
总收入	**Total Income**	2585.56
工资性收入	Wage Income	547.83
在非企业组织中得到收入	From Organizations Except Enterprises	76.27
在本地企业中得到收入	From Local Enterprises	94.29
#在本地乡企得到收入	From Local Township Enterprises	69.67
常住人口外出从业得到收入	From Insiders Working Outside	312.64
其　他	Others	64.64
家庭经营收入	Income from Household Business	1910.31
转移性和财产性收入	Transfer and Property Income	127.41
纯收入	**Net Income**	**1934.57**
按纯收入来源分	**By Source of Income**	
工资性收入	Wage Income	547.83
家庭经营收入	Income from Household Business	1298.40
农业收入	Farming	802.76
林业收入	Forest	17.38
牧业收入	Husbandry	228.52
渔业收入	Fishery	14.34
工业收入	Industry	31.81
建筑业收入	Construction	42.30
交通、运输和邮电业收入	Transportation, Postal and Telecommunication	35.78
批发零售贸易、餐饮业收入	Wholesale, Retail Sale and Catering Trade	45.03
社会服务业收入	Service Trade	26.70
文教卫生业收入	Culture, Education and Public Health	4.98
其他家庭经营收入	From Other Household Business	48.79
转移性和财产性收入	Transfer and Property Income	88.33
按收入性质分	**By Type of Income**	
生产性纯收入	Productive Income	1819.54
非生产性纯收入	Non-Productive Income	115.03

10—21 续表 1 continued

单位：元 (yuan)

指标	Item	2000
期内现金收入合计	**Total Income During the Period**	**1901.60**
工资性收入	Wage Income	547.20
在非企业组织中得到收入	From Organizations Except Enterprises	76.20
在本地企业中得到收入	From Local Enterprises	94.26
在第一产业得到的收入	From the Primary Industry	8.09
在第二产业得到的收入	From the Secondary Industry	67.13
在第三产业得到的收入	From the Tertiary Industry	19.04
常住人口外出从业得到收入	Income From Insiders Working Outside	312.30
在第一产业从业得到收入	From the Primary Industry	14.03
在第二产业从业得到收入	From the Secondary Industry	136.25
在第三产业从业得到收入	From the Tertiary Industry	162.01
其　他	Others	64.43
家庭经营收入	Cash Income from Household Business	1230.52
#出售产品的收入	Selling Products	931.47
出售农业产品收入	Selling Farming Products	568.32
出售林业产品收入	Selling Forest Products	20.06
出售牧业产品收入	Selling Husbandry Products	308.13
出售渔业产品收入	Selling Fishery Products	19.56
出售工业产品的收入	Selling Industrial Products	7.06
出售其他产品的收入	Selling Other Products	8.34
工业加工费	Industrial Processing	35.59
建筑业	Construction	50.83
交通运输	Transportation	52.80
批发和零售贸易、餐饮业	Wholesale, Retail Sale and Catering Trade	56.32
社会服务业	Service Trade	32.27
文教卫生业	Culture, Education and Public Health	6.00
其他家庭经营收入	From Other Household Business	50.96
财产性收入	Property Income	23.15
转移性收入	Transfer Income	100.74
#家庭非常住人口寄回或带回	Cash Sent back by Outsiders	42.52
亲友赠送	Cash Presented by Kith and Kin	40.84
#农村外部亲友赠送	From Kith and Kin Out of the Rural Area	5.23

10—21 续表 2 continued

单位：元 (yuan)

指 标	Item	2000
非收入所得	Got Except Income	**259.57**
期内现金支出合计	Total Cash Expenditure in the Period	**1614.69**
生产费用支出	Productive Expenditures	449.11
家庭经营费用支出	Expenditures for Household Business	395.44
农业生产支出	Farming	245.84
林业生产支出	Forest	2.94
牧业生产支出	Animal Husbandry	94.89
渔业生产支出	Fishery	7.12
工业生产支出	Industry	8.02
建筑业生产支出	Construction	5.17
交通运输支出	Transportation	13.50
批发和零售贸易、餐饮业	Wholesale, Retail Sale and Catering Trade	7.54
社会服务业支出	Service Trade	3.42
文教卫生业	Culture, Education and Public Health	0.62
其他经营支出	Others	6.39
购置生产性固定资产支出	Purchasing Productive Fixed Assets	53.66
税费支出	Tax Paid	91.65
缴纳生产税	Productive Tax	66.34
第一产业	Primary Industry	60.84
第二产业	Secondary Industry	1.68
第三产业	Tertiary Industry	3.83
村提留	Deducts to Village	9.70
乡统筹	Drawing and Apportion Cash by Township	5.63
其他各项收费	Other Expenditure	9.98
生活消费支出	Consumption Expenditure	954.93
财产性支出	Property Expenditure	6.69
#非生产性贷款利息支出	Non-productive Loan Interest	1.05
其 他	Others	5.64
转移性支出	Transfer Expenditure	112.30
#寄给或带给家庭非常住人口	Cash Sent to Outsiders	2.79
赠送亲友支出	Cash Presented to Kith and Kin	100.08
赠送农村外部亲友	To Kith and Kin Out of the Rural Area	1.40
非消费性现金支出	**Non-consumption Expenditure**	**196.45**

10—22 各县（市）农村居民人均现金收支情况（2000年）
Per Capita Income and Expenditure in Cash of Rural Households by County (City) (2000)

单位：元 (yuan)

县（市）	County (City)	期内现金收入合计 Total Cash Income in the Period	基本收入 Basic Income	劳动者报酬收入 Laborer's Remuneration	家庭经营现金收入 Cash Income From Household Business	出售产品的现金 From Selling Products	商业的现金收入 From Commerce	转移性收入 Transfer Income
合肥市辖区	HeFei Reigon of City	3448.40	2831.18	2178.91	652.27	317.23	26.34	100.76
长丰县	ChangFeng	1718.09	1471.71	376.76	1094.96	992.31	17.05	60.71
肥东县	FeiDong	1903.35	1448.39	396.13	1052.26	879.29	6.33	327.67
肥西县	FeiXi	1860.82	1679.26	591.39	1087.87	941.05	13.89	71.32
淮北市辖区	HuaiBei Reigon of City	2932.11	2405.80	1386.59	1019.20	555.55	68.43	271.62
濉溪县	SuiXi	1842.29	1679.73	266.50	1413.23	1236.98	42.58	78.45
亳州市辖区	Bozhou Reigon of City	2951.74	2730.25	514.83	2215.42	1445.52	449.11	113.60
涡阳县	GuoYang	2230.14	1852.24	545.82	1306.42	1031.93	39.37	236.83
蒙城县	MengCheng	2118.14	1726.52	547.58	1178.94	1006.64	45.34	163.72
利辛县	LiXin	1812.24	1586.26	654.07	932.19	858.10	2.80	119.54
宿州市辖区	SuZhou Reigon of City	2176.00	1525.60	255.77	1269.83	1000.47	70.05	405.22
砀山县	DangShan	2265.80	1786.04	371.38	1414.66	1275.24	26.31	123.37
萧县	XiaoXian	1947.16	1684.79	546.66	1138.13	920.22	43.23	172.47
灵璧县	LingBi	1436.93	1173.63	170.50	1003.13	877.66	38.92	176.82
泗县	SiXian	2182.01	1863.38	638.99	1224.39	944.87	12.38	152.73
蚌埠市辖区	BengBu Reigon of City	2460.21	2317.24	1251.48	1065.76	569.80	118.33	69.28
怀远县	HuaiYuan	2488.07	2055.47	235.33	1820.15	1367.70	71.48	257.56
五河县	WuHe	1978.26	1838.30	615.88	1222.42	1134.74	16.57	50.96
固镇县	GuZhen	2187.94	1859.38	226.21	1633.17	1330.93	37.87	166.44
阜阳市辖区	FuYang Reigon of City	2547.37	2237.51	903.09	1334.42	1023.59	56.54	138.68
界首市	JieShou	2369.61	2192.43	1045.98	1146.44	819.87	53.87	76.68
临泉县	LinQuan	1444.76	1258.19	567.31	690.88	577.57	23.71	115.73
太和县	TaiHe	2330.85	1955.18	904.56	1050.62	842.14	21.47	249.39
阜南县	FuNan	1714.29	1443.57	658.78	784.80	662.13	10.26	140.47
颍上县	YingShang	2115.33	1690.52	452.64	1237.88	1070.02	33.27	282.72
淮南市辖区	HuaiNan Reigon of City	3469.54	3076.25	1297.23	1779.02	979.65	143.23	190.99
凤台县	FengTai	2257.54	2118.82	694.80	1424.01	1205.94	45.60	87.82
滁州市辖区	ChuZhou Reigon of City	2071.12	1815.65	412.15	1403.50	1217.65	4.26	70.90
天长市	TianChang	2543.82	2184.91	569.86	1615.05	1476.83	4.92	86.03
明光市	MingGuang	1843.61	1606.09	177.63	1428.46	1155.08	44.67	67.45
来安县	LaiAn	1919.19	1676.38	263.14	1413.24	1105.11	29.02	76.77
全椒县	QuanJiao	2257.29	1906.03	193.18	1712.85	1546.81	12.72	231.22
定远县	DingYuan	2318.21	2108.18	179.68	1928.51	1761.06	10.22	121.31
凤阳县	FengYang	2025.84	1829.76	240.59	1589.17	1115.25	39.04	119.69
六安市辖区	LuAn Reigon of City	1665.49	1277.28	521.69	755.59	596.92	10.90	287.28
寿县	ShouXian	1745.47	1493.79	241.53	1252.26	1105.93	15.59	122.01
霍邱县	HuoQiu	1897.75	1562.01	724.92	837.09	729.32	7.76	246.52
舒城县	ShuCheng	1415.68	1136.35	281.25	855.10	518.20	104.27	187.77

10—22 续表1 continued

单位：元 (yuan)

县（市） County (City)	期内现金收入合计 Total Cash Income in the Period	基本收入 Basic Income	劳动者报酬收入 Laborer's Remuneration	家庭经营现金收入 Cash Income From Household Business	出售产品的现金 From Selling Products	商业的现金收入 From Commerce	转移性收入 Transfer Income
金寨县 JinZhai	1433.62	1208.95	416.56	792.39	652.31	55.37	187.47
霍山县 HuoShan	1551.44	1213.08	378.00	835.08	537.10	39.50	137.15
马鞍山市辖区 MaAnShan Reigon of City	3217.31	2787.40	2391.34	396.06	262.36	52.02	87.39
当涂县 DangTu	3029.43	2626.96	1042.48	1584.48	1274.50	46.12	76.30
巢湖市辖区 ChaoHu Reigon of City	2657.71	2310.09	826.44	1483.65	947.89	18.21	136.09
庐江县 LuJiang	1839.01	1519.72	904.13	615.58	515.99	12.69	83.52
无为县 WuWei	1998.31	1441.84	369.63	1072.21	804.50	17.95	357.74
含山县 HanShan	2664.72	2056.99	910.81	1146.17	974.90	28.66	195.30
和县 HeXian	3160.62	2536.89	857.84	1679.05	1573.93	9.78	214.87
芜湖市辖区 WuHu Reigon of City	3855.66	3303.77	2519.58	784.19	470.80	79.00	121.81
芜湖县 WuHu	2787.87	2547.73	1133.58	1414.15	923.23	72.76	63.12
繁昌县 FanChang	2752.58	2559.40	1163.16	1396.24	825.08	114.44	105.03
南陵县 NanLin	2972.67	2704.50	1226.99	1477.52	838.43	109.99	60.94
宣城市辖区 XuanCheng Reigon of City	2078.88	1858.18	721.97	1136.21	778.73	50.62	100.05
宁国市 NingGuo	2136.96	1729.68	583.21	1146.47	661.41	65.89	116.77
郎溪县 LangXi	1273.65	1159.60	222.86	936.74	831.17	4.38	26.64
广德县 GuangDe	2057.99	1918.49	694.24	1224.26	888.37	70.59	35.95
泾县 JingXian	2285.45	2096.90	965.42	1131.49	764.32	57.25	53.12
旌德县 JingDe	2321.83	1781.46	672.54	1108.93	682.57	69.39	296.70
绩溪县 JiXi	2109.62	1926.05	726.29	1199.76	929.83	30.17	101.47
铜陵市辖区 TongLing Reigon of City	3140.85	2734.77	1755.44	979.33	731.11	35.70	158.16
铜陵县 TongLing	2723.44	2093.44	981.25	1112.19	749.94	82.29	168.84
池州市辖区 ChiZhou Reigon of City	2399.73	2143.59	1441.14	702.45	430.50	50.60	111.60
东至县 DongZhi	2071.53	1749.45	842.23	907.22	719.39	39.86	93.99
石台县 ShiTai	1164.64	897.38	217.18	680.20	477.21	6.18	53.92
青阳县 QingYang	2237.67	1976.50	935.50	1041.00	564.05	28.82	128.45
安庆市辖区 AnQing Reigon of City	2460.39	2121.90	966.35	1155.55	723.27	42.70	183.31
桐城市 TongCheng	2398.85	2035.72	829.08	1206.64	471.60	66.46	85.41
怀宁县 HuaiNing	2191.33	1930.63	789.27	1141.36	248.74	128.21	69.95
枞阳县 ZongYang	1663.87	1185.38	397.21	788.16	421.11	36.39	249.94
潜山县 QianShan	1409.78	1110.99	447.36	663.64	245.91	17.05	133.43
太湖县 TaiHu	1578.48	1277.11	626.01	651.11	400.27	31.07	90.52
宿松县 SuSong	1759.51	1417.26	827.94	589.31	468.51	6.82	100.73
望江县 WangJiang	1710.12	1095.74	347.35	748.39	506.82	5.80	448.75
岳西县 YueXi	1445.62	1271.84	500.43	771.41	448.40	30.77	49.68
黄山市辖区 HuangShan Reigon of City	2697.37	2124.90	857.98	1266.92	873.97	54.46	134.20
歙县 SheXian	2245.42	1816.80	907.47	909.33	666.16	41.45	134.72
休宁县 XiuNing	1610.81	1317.78	477.28	840.50	575.67	17.78	122.69
黟县 YiXian	2139.61	1712.45	466.35	1246.10	1012.38	1.53	99.93
祁门县 QiMen	1856.35	1462.92	516.45	946.47	712.30	37.63	95.83

10—22 续表 2 continued

单位：元 (yuan)

县（市）		期内现金支出合计 Total Cash Expenditure in the Period	生产费用支出 Productive Expenditures	缴纳税金 Taxes	上交集体承包任务现金 Payments to the Collective Units	生活消费支出 Expenditure for Consumption	储蓄借贷现金支出 Expenditures for Savings and Credit
合肥市辖区	HeFei Reigon of City	2423.95	90.51	33.72		1977.74	154.78
长丰县	ChangFeng	1534.39	517.36	64.24	1.07	735.46	85.96
肥东县	FeiDong	1359.58	307.79	71.42	0.58	854.59	45.85
肥西县	FeiXi	1209.28	280.06	79.76	0.52	715.07	44.59
淮北市辖区	HuaiBei Reigon of City	2120.71	367.46	39.49	1.28	1230.27	307.56
濉溪县	SuiXi	1524.10	551.94	73.07	2.57	775.44	16.64
亳州市辖区	Bozhou Reigon of City	2238.25	1181.75	11.54	4.13	900.66	68.18
涡阳县	GuoYang	1593.62	389.14	52.33	5.73	872.88	163.24
蒙城县	MengCheng	1561.82	600.93	109.90		627.52	115.91
利辛县	LiXin	1367.21	589.28	85.55		607.37	34.61
宿州市辖区	SuZhou Reigon of City	2016.35	647.20	72.00		856.53	263.52
砀山县	DangShan	2182.82	623.82	91.32		981.53	355.20
萧县	XiaoXian	1791.51	447.09	59.03		873.37	314.01
灵璧县	LingBi	1219.37	369.48	86.50	2.51	565.22	65.78
泗县	SiXian	1434.32	661.98	71.99	2.41	509.72	57.39
蚌埠市辖区	BengBu Reigon of City	1827.32	278.91	53.52		1140.47	267.32
怀远县	HuaiYuan	1907.45	460.49	101.88	4.91	1067.66	135.55
五河县	WuHe	1337.86	445.25	57.98		680.44	48.42
固镇县	GuZhen	2007.62	680.87	100.86	2.15	1009.34	37.09
阜阳市辖区	FuYang Reigon of City	2039.96	657.43	91.15	0.97	961.97	234.16
界首市	JieShou	1611.75	357.95	60.87		835.72	293.62
临泉县	LinQuan	1157.29	270.27	59.63		715.06	75.18
太和县	TaiHe	1388.04	343.08	76.43	0.30	816.65	74.78
阜南县	FuNan	1397.27	397.83	67.22	0.16	648.63	249.69
颍上县	YingShang	1532.95	464.87	91.35		844.82	66.56
淮南市辖区	HuaiNan Reigon of City	2708.81	560.07	52.77	1.63	1549.30	500.70
凤台县	FengTai	1618.11	527.24	63.61		773.77	237.24
滁州市辖区	ChuZhou Reigon of City	1578.93	421.96	92.72	1.74	847.61	83.47
天长市	TianChang	2176.19	614.15	103.86	2.63	1024.73	157.18
明光市	MingGuang	1754.28	475.48	83.54	1.68	839.44	214.64
来安县	LaiAn	1870.11	501.45	97.77		1037.32	81.48
全椒县	QuanJiao	1845.11	576.01	98.06	7.95	901.04	199.60
定远县	DingYuan	1435.36	523.73	99.86	0.17	679.05	65.13
凤阳县	FengYang	1473.53	481.97	75.71	0.02	803.52	38.38
六安市辖区	LuAn Reigon of City	1412.00	251.55	90.46	2.69	678.68	223.99
寿县	ShouXian	1532.02	475.51	83.97	17.64	804.63	108.11
霍邱县	HuoQiu	1545.84	539.86	98.48	6.10	646.47	189.42
舒城县	ShuCheng	1636.70	206.70	98.55		674.19	626.84

10—22　续表3　continued

单位：元　　(yuan)

县（市）		期内现金支出合计 Total Cash Expenditure in the Period	生产费用支出 Productive Expenditures	缴纳税金 Taxes	上交集体承包任务现金 Payments to the Collective Units	生活消费支出 Expenditure for Consumption	储蓄借贷现金支出 Expenditures for Savings and Credit
金寨县	JinZhai	957.87	313.33	79.21		484.46	21.17
霍山县	HuoShan	1431.99	201.51	93.12	0.98	732.84	143.42
马鞍山市辖区	MaAnShan Reigon of City	2332.21	156.02	30.10	4.82	1637.39	305.37
当涂县	DangTu	2210.32	564.81	64.08	81.57	1171.24	171.31
巢湖市辖区	ChaoHu Reigon of City	1733.73	349.98	84.45	0.36	1055.94	96.46
庐江县	LuJiang	1390.18	246.83	89.89		833.96	96.99
无为县	WuWei	1698.35	377.86	85.79	8.44	1003.01	98.00
含山县	HanShan	2151.45	477.14	88.27		1096.97	261.96
和县	HeXian	2595.81	822.36	124.41	0.56	1057.45	341.70
芜湖市辖区	WuHu Reigon of City	2912.73	262.89	30.28	24.31	1946.18	460.97
芜湖县	WuHu	2375.83	530.23	87.37	0.43	1522.86	53.17
繁昌县	FanChang	1924.56	333.07	84.69		1328.24	47.10
南陵县	NanLin	1799.98	357.23	99.24	8.01	1084.18	77.81
宣城市辖区	XuanCheng Reigon of City	1508.30	344.42	70.01	0.17	919.41	72.37
宁国市	NingGuo	1840.97	332.92	47.62		1249.15	97.93
郎溪县	LangXi	1429.25	419.19	51.87	0.25	781.03	54.52
广德县	GuangDe	2062.28	472.66	38.39		1300.61	134.05
泾县	JingXian	1674.81	339.39	82.04	0.71	1077.71	39.15
旌德县	JingDe	2115.96	676.46	88.72		1211.97	78.80
绩溪县	JiXi	2227.74	450.24	49.31		1126.39	471.49
铜陵市辖区	TongLing Reigon of City	2311.77	231.20	15.31	3.81	1617.04	247.10
铜陵县	TongLing	2134.33	345.80	44.47		1492.89	70.76
池州市辖区	ChiZhou Reigon of City	4885.47	394.09	28.54		3640.29	305.13
东至县	DongZhi	1624.89	317.09	66.50	0.02	1006.72	94.16
石台县	ShiTai	1374.28	341.64	40.42		816.91	89.39
青阳县	QingYang	1635.48	434.18	67.60	1.53	890.78	165.58
安庆市辖区	AnQing Reigon of City	1674.51	296.84	52.79		1144.18	51.73
桐城市	TongCheng	1505.25	221.12	63.94	0.23	1148.28	54.88
怀宁县	HuaiNing	1993.19	217.72	54.43		990.84	601.11
枞阳县	ZongYang	1217.40	233.17	64.92		840.70	38.22
潜山县	QianShan	1155.93	181.71	54.84	0.06	856.91	32.38
太湖县	TaiHu	1355.47	238.79	53.01	0.40	930.71	98.40
宿松县	SuSong	1423.70	276.45	81.83	0.00	924.66	66.67
望江县	WangJiang	1361.40	317.13	42.73	0.21	882.80	67.36
岳西县	YueXi	853.04	137.13	37.63		613.73	30.02
黄山市辖区	HuangShan Reigon of City	2046.56	431.54	40.13	0.13	1194.35	233.45
歙县	SheXian	1782.88	282.95	44.74		1170.96	217.01
休宁县	XiuNing	1475.14	452.79	54.30	0.15	807.19	72.81
黟县	YiXian	2108.17	395.02	46.45	0.36	1044.84	509.01
祁门县	QiMen	1521.70	281.73	2.34		916.89	193.87

10—23 农村居民家庭平均每人生活消费支出
Per Capita Living Expenditure of Rural Households

单位：元 (yuan)

项　　目	Item	1990	1995	1999	2000
生活消费支出	**Living Expenditure**	**514.93**	**1070.64**	**1302.48**	**1321.50**
按消费类别分	**By Category of Consumption**				
食　品	Food	300.14	625.42	708.27	693.15
#主　食	Staple Food	135.98	254.11	278.29	237.95
副　食	Non-Staple Food	110.54	253.20	263.11	278.66
其他食品	Other Food	46.40	98.44	127.38	129.00
衣　着	Clothing	39.90	70.56	69.43	71.16
居　住	Residence	98.80	165.63	193.85	196.85
家庭设备用品及服务	Household Facilities, Articles and Services	27.70	57.23	64.73	57.58
医疗保健	Medicines and Medical Services	14.41	34.07	51.65	58.05
交通通讯	Transportation and Communications	4.07	21.29	38.10	58.44
文教娱乐用品及服务	Cultural, Educational and Recreational Articles and Services	25.65	79.45	146.33	145.46
其他商品及服务	Other Commodities and Services	4.26	17.00	30.12	40.81
按消费性质分	**By Source of Consumption**				
货币性消费	**Consumption Paid in Money**	**323.02**	**682.54**	**893.97**	**954.93**
食　品	Food	134.44	285.09	350.10	362.25
衣　着	Clothing	38.88	69.87	69.15	70.76
居　住	Residence	73.91	118.54	143.79	161.58
家庭设备用品及服务	Household Facilities, Articles and Services	27.57	57.23	64.73	57.58
医疗保健	Medicines and Medical Services	14.41	34.07	51.65	58.05
交通通讯	Transportation and Communications	4.07	21.29	38.10	58.44
文教娱乐用品及服务	Cultural, Educational and Recreational Articles and Services	25.55	79.45	146.33	145.46
其他商品及服务	Other Commodities and Services	4.19	17.00	30.12	40.81
实物性消费	**Consumption in kind**	**191.91**	**388.11**	**408.51**	**366.57**
食　品	Food	165.70	340.33	358.17	330.90
衣　着	Clothing	1.02	0.69	0.28	0.40
居　住	Residence	24.89	47.09	50.06	35.27

10—24 各县（市）农村居民家庭平均每人生活消费现金支出（2000年）
Per Capita Living Expenditure in Cash of Rural Households by County or City (2000)

单位：元 (yuan)

县（市） County or City	生活消费支出合计 Living Expenditure	食品 Food	衣着 Clothing	居住 Residence	医疗保健 Medicines and Medical Services	其他商品及服务 Other Commodities and Services
合肥市辖区 HeFei Reigon of City	1977.74	850.26	225.29	339.36	65.34	29.84
长丰县 ChangFeng	735.46	281.02	43.52	110.40	47.60	14.50
肥东县 FeiDong	854.59	285.69	38.48	100.64	57.49	23.79
肥西县 FeiXi	715.07	297.01	59.60	66.56	48.90	12.87
淮北市辖区 HuaiBei Reigon of City	1230.27	482.55	110.65	167.15	85.36	73.23
濉溪县 SuiXi	775.44	323.20	78.12	85.59	45.09	14.27
亳州市辖区 Bozhou Reigon of City	900.66	342.91	93.19	133.80	65.06	18.36
涡阳县 GuoYang	872.88	324.22	85.90	165.33	53.49	23.62
蒙城县 MengCheng	627.52	257.39	60.22	84.84	49.04	19.06
利辛县 LiXin	607.37	250.32	54.72	71.70	34.60	24.69
宿州市辖区 SuZhou Reigon of City	856.53	335.16	67.88	79.20	83.10	42.99
砀山县 DangShan	981.53	397.70	76.08	114.23	77.62	26.35
萧县 XiaoXian	873.37	294.85	67.37	175.96	58.92	68.10
灵璧县 LingBi	565.22	266.24	38.42	56.65	34.33	11.13
泗县 SiXian	509.72	252.44	31.70	57.71	38.11	21.81
蚌埠市辖区 BengBu Reigon of City	1140.47	445.25	82.10	323.66	52.25	38.34
怀远县 HuaiYuan	1067.66	368.17	80.77	121.31	68.67	27.61
五河县 WuHe	680.44	317.40	39.96	85.90	49.43	7.12
固镇县 GuZhen	1009.34	314.41	125.88	123.27	81.07	32.59
阜阳市辖区 FuYang Reigon of City	955.57	411.72	131.92	101.46	79.43	21.37
界首市 JieShou	835.72	288.25	98.49	88.79	54.41	19.77
临泉县 LinQuan	715.06	257.00	64.19	119.09	47.22	25.29
太和县 TaiHe	816.65	295.25	73.41	169.43	46.09	17.20
阜南县 FuNan	648.63	279.90	49.72	94.91	40.12	29.98
颍上县 YingShang	844.82	355.90	61.22	102.27	66.85	26.93
淮南市辖区 HuaiNan Reigon of City	1549.30	695.93	165.13	194.21	71.46	47.13
凤台县 FengTai	773.77	405.10	75.04	81.63	29.77	9.37
滁州市辖区 ChuZhou Reigon of City	847.61	310.45	59.52	138.55	53.94	40.43
天长市 TianChang	1024.73	322.68	70.12	246.86	51.34	25.57
明光市 MingGuang	839.44	299.85	92.70	76.29	36.14	120.64
来安县 LaiAn	1037.32	339.35	121.35	226.25	50.43	13.90
全椒县 QuanJiao	901.04	371.90	70.92	98.90	38.32	34.50
定远县 DingYuan	679.05	312.84	56.34	82.13	21.62	10.07
凤阳县 FengYang	803.52	374.74	77.15	91.37	46.57	18.13
六安市辖区 LuAn Reigon of City	678.68	264.01	48.93	122.05	26.74	16.92
寿县 ShouXian	804.63	321.27	51.95	145.24	52.47	22.64
霍邱县 HuoQiu	646.47	285.94	53.48	75.42	24.10	16.62
舒城县 ShuCheng	674.19	274.25	63.29	91.72	25.65	25.12

10—24 续表 continued

县（市） County or City	生活消费支出合计 Living Expenditure	食品 Food	衣着 Clothing	居住 Residence	医疗保健 Medicines and Medical Services	其他商品及服务 Other Commodities and Services
金寨县 JinZhai	484.46	189.54	43.61	67.84	28.17	16.17
霍山县 HuoShan	732.84	251.69	47.64	107.87	44.85	21.45
马鞍山市辖区 MaAnShan Reigon of City	1637.39	714.63	191.08	159.25	84.29	39.18
当涂县 DangTu	1171.24	428.17	79.40	233.51	78.69	21.52
巢湖市辖区 ChaoHu Reigon of City	1055.94	371.47	71.54	146.54	55.64	60.63
庐江县 LuJiang	833.96	311.93	52.80	141.63	41.71	28.22
无为县 WuWei	1003.01	463.50	66.81	115.32	48.52	49.87
含山县 HanShan	1096.97	407.27	82.13	168.15	77.56	30.09
和县 HeXian	1057.45	376.22	68.52	187.83	100.40	20.06
芜湖市辖区 WuHu Reigon of City	1946.18	669.18	218.04	346.70	61.72	31.71
芜湖县 WuHu	1522.86	552.55	115.93	281.25	48.53	74.56
繁昌县 FanChang	1328.24	432.30	122.81	264.21	41.04	77.49
南陵县 NanLin	1084.18	368.06	80.38	162.09	45.87	47.80
宣城市辖区 XuanCheng Reigon of City	919.41	343.08	82.34	128.64	73.54	23.26
宁国市 NingGuo	1249.15	355.90	92.05	247.12	88.52	67.53
郎溪县 LangXi	781.03	301.36	67.85	75.78	44.89	14.74
广德县 GuangDe	1300.61	369.09	204.82	343.30	43.95	26.06
泾县 JingXian	1077.71	390.40	90.51	154.69	61.94	33.70
旌德县 JingDe	1211.97	392.32	58.92	268.28	48.01	116.57
绩溪县 JiXi	1126.39	333.26	74.01	152.53	97.96	73.45
铜陵市辖区 TongLing Reigon of City	1617.04	674.69	130.47	252.46	55.67	57.17
铜陵县 TongLing	1492.89	461.01	99.19	425.02	71.88	63.26
池州市辖区 ChiZhou Reigon of City	1238.79	442.15	55.18	176.91	71.51	204.76
东至县 DongZhi	1006.72	393.47	60.72	106.45	51.11	36.18
石台县 ShiTai	816.91	273.92	58.13	125.58	75.07	26.86
青阳县 QingYang	890.78	342.89	56.97	133.40	36.05	31.85
安庆市辖区 AnQing Reigon of City	1144.18	397.90	89.89	180.60	38.78	117.76
桐城市 TongCheng	1148.28	371.46	51.23	229.38	57.46	41.11
怀宁县 HuaiNing	990.84	285.22	54.60	182.50	33.20	71.30
枞阳县 ZongYang	840.70	310.57	44.09	157.55	22.31	23.84
潜山县 QianShan	856.91	255.50	52.73	122.63	35.31	35.86
太湖县 TaiHu	930.71	264.69	54.03	98.77	76.96	54.28
宿松县 SuSong	924.66	296.26	42.38	80.66	53.60	45.36
望江县 WangJiang	882.80	280.76	54.65	168.37	48.99	36.28
岳西县 YueXi	613.73	218.43	48.00	54.56	46.69	28.31
黄山市辖区 HuangShan Reigon of City	1194.35	461.19	75.84	177.84	73.80	43.54
歙县 SheXian	1170.96	516.06	49.53	134.76	93.99	81.38
休宁县 XiuNing	807.19	344.57	52.21	84.27	38.86	40.09
黟县 YiXian	1044.84	337.84	66.11	137.96	86.23	21.25
祁门县 QiMen	916.89	289.85	67.86	80.45	64.81	106.49

10—25 农村居民人均粮食收支情况

Per capita Grain Received and Expenditure of Rural Residents

单位：公斤 (kg)

指标	Item	1990	1995	1999	2000
年内粮食收入合计	**Total Grain Received in the Year**	**673.37**	**662.78**	**799.11**	**808.17**
从集体统一经营中得到的	From Collective Unified Operation	0.13	0.06	0.06	
家庭经营生产的	Produced From Household Operation	651.20	636.64	770.24	737.33
购　入	Purchased	18.74	23.72	28.52	69.71
#从集市上购入	From Country Fair	4.81	9.57	11.36	
借　入	Borrowed	1.18	1.33		0.31
收回借出粮	Recall of Loaned Grain	1.09	0.83		0.36
其他粮食收入	Other Grain Income	1.03	0.21	0.29	0.45
年内粮食支出合计	**Total Expenditure**	**651.24**	**563.02**	**624.31**	**712.37**
主食用粮	Staple Food	292.78	256.50	251.14	272.42
#稻　谷	Rice	174.53	160.34	160.13	171.81
小　麦	Wheat	104.44	86.30	79.45	83.97
其他生活用粮	Other Living Expense of Grain	4.86	0.53	0.42	0.94
出　售	Sold	247.46	217.62	294.46	319.00
#出售给国家的	Sold to the State	166.58	75.59	146.92	
#稻　谷	Rice	113.80	46.44	87.88	
小　麦	Wheat	44.17	23.13	55.05	
种　籽	Seeds	30.31	13.88	11.09	12.96
饲　料	Forage	65.90	72.15	64.77	103.11
借　出	Loaned Grain	2.14	0.06	0.51	1.64
归还借粮	Returning Borrowed Grain	0.71	0.10	0.29	0.72
上交集体承包任务	Payment to the Collective Units in Accordance with Contracts	2.05	1.21	0.73	
其他粮食支出	Other Expenditure From Grain	5.02	0.97	0.90	1.59
补充资料：生产加工用粮	Grain for Processing	7.43		0.56	1.19
#食用加工用粮	For Food	6.47		0.08	0.44
饲料加工用粮	For Feed	0.95		0.47	0.67

10—26 农村居民家庭平均每人主要消费品消费量
Per Capita Consumption of Major Consumer Goods in Rural Households

品名		Item		1990	1995	1999	2000
粮食（原粮）	（公斤）	Grain（Unprocessed）	(kg)	292.78	256.50	251.14	270.24
#细粮	（公斤）	Wheat and Rice	(kg)	278.97	246.64	239.58	255.78
蔬菜	（公斤）	Fresh Vegetables	(kg)	103.44	79.41	78.67	80.28
食油	（公斤）	Edible Oil	(kg)	5.47	5.76	6.63	7.66
猪牛羊肉	（公斤）	Pork, Beef and Mutton	(kg)	7.90	8.05	8.32	9.51
家禽	（公斤）	Poultry	(kg)	1.92	2.42	2.95	3.57
蛋及制品	（公斤）	Eggs and Related Products	(kg)	1.96	3.51	4.25	5.56
鱼虾	（公斤）	Fish and Shrimp	(kg)	1.50	2.81	3.75	3.50
食糖	（公斤）	Sugar	(kg)	1.55	1.53	1.65	1.59
酒	（公斤）	Liquor	(kg)	4.15	6.12	9.26	9.99
棉布	（米）	Cotton Cloth	(m)	0.79	0.36	0.23	0.13
化纤布	（米）	Chemical Fiber Cloth	(m)	1.72	2.43	1.31	0.25
呢绒	（米）	Woolen Fabric	(m)	0.05	0.04	0.03	
绸缎	（米）	Silk and Satin	(m)	0.02	0.01	0.01	
毛线及毛线织品	（公斤）	Knitting wool and Knitwear	(kg)	0.28	0.12	0.12	
胶鞋、球鞋、皮鞋	（双）	Rubber Shoes, Gymshoes and Leather Shoes	(pair)	0.48	0.51	0.43	

10—27 农村居民家庭平均每百户年底耐用消费品拥有量
Number of Durable Consumer Goods Owned Per 100 Rural Households at the Year-end

品名		Item	1990	1995	1999	2000
自行车	（辆）	Bicycle	98.06	124.35	130.55	127.42
缝纫机	（架）	Sewing Machine	43.19	58.84	64.94	
钟	（只）	Clock	36.87	73.42	86.42	
手表	（只）	Wristwatch	148.90	136.87	114.52	
电风扇	（台）	Electric Fan	48.13	142.00	159.68	162.16
洗衣机	（台）	Washing Machine	0.52	2.29	10.03	14.74
家用电冰箱	（台）	Refrigerator	0.23	1.90	6.52	8.16
摩托车	（辆）	Motorcycle	0.16	1.19	5.29	8.65
沙发	（个）	Sofa		62.52	67.39	
大衣柜	（个）	Wardrobe		86.68	88.16	
写字台	（张）	Desk		99.06	104.29	
收音机	（台）	Radio Set		37.06	25.48	
黑白电视机	（台）	Black and White TV Set		78.45	78.68	68.65
彩色电视机	（台）	Color TV Set		9.00	28.52	39.29
收录机	（台）	Radio Cassette Player	13.77	28.06	27.74	19.65
照相机	（架）	Camera		0.94	1.10	2.03

10—28 农村家庭房屋使用情况
Housing Conditions of Rural Households

品名		Item		1990	1995	1999	2000
本年新建房屋		**Rooms Newly Built Within the Year**					
间　数	(间/户)	Number of Rooms per Household	(room)	0.28	0.19	0.14	
面　积	(平方米/人)	Per Capita Floor Space of Houses	(sq. m)	1	0.79	0.75	0.91
#砖木结构		Brick and Wood Structure		0.74	0.37	0.14	0.26
钢筋混凝土结构		Reinforced Concrete Structure		0.20	0.38	0.60	0.60
房屋价值	(元/间)	Value per Room	(yuan)	1481.92	3567.71	5868.12	
每平方米价值	(元)	Value per Square Meter	(yuan)	81.40	192.21	252.02	227.86
生活用房面积	(平方米/人)	Per Capita Living Floor Space	(sq. m)	0.87	0.70	0.70	
楼房面积	(平方米/人)	Per Capita Floor Space of Multi-floor Buildings	(sq. m)	0.17	0.06	0.30	0.60
年末使用房屋		**Rooms Used at the Year-end**					
间　数	(间/户)	Number of Rooms per Household	(room)	5.47	4.23	4.67	
居住面积	(平方米/人)	Per Capita Floor Space	(sq. m)	15.83	17.82	21.37	22.16
#砖木结构		Brick and Wood Structure		9.47	11.97	12.46	12.80
钢筋混凝土结构		Reinforced Concrete Structures		0.80	2.62	6.30	7.72
房屋价值	(元/间)	Value per Room	(yuan)	692.42	1731.92	2793.01	

主要统计指标解释

城镇居民家庭全部收入 指被调查城镇居民家庭全部的实际收入，包括经常或固定得到的收入和一次性收入。不包括周转性收入，如提取银行存款、向亲友借款、收回借出款以及其他各种暂收款。

城镇居民家庭可支配收入 指被调查的城镇居民家庭在支付个人所得税、财产税及其他经常性转移支出后所余下的实际收入。计算公式：可支配收入＝实际收入－个人所得税－家庭副业生产支出－记帐补帖

城镇居民家庭消费性支出 指被调查的城镇居民家庭用于日常生活的全部支出，包括购买商品支出和文化生活、服务等非商品性支出。不包括罚没、丢失款和缴纳的各种税款（如个人所得税、牌照税、房产税等），也不包括个体劳动者生产经营过程中发生的各项费用。

城镇居民家庭购买商品支出 指被调查的城镇居民家庭为自用或赠送亲友而购买商品的全部支出，包括从商店、工厂、饮食业、工作单位食堂、集市以及直接从农民手中购买各种商品的开支。商品支出分为以下八类：食品；衣着；家庭设备用品及服务；医疗保健；交通与通信；娱乐、教育、文化服务；居住；杂项商品和服务。

农村居民家庭纯收入 指农村常住居民家庭总收入中，扣除从事生产和非生产经营费用支出、缴纳税款和上交承包集体任务金额以后剩余的，可直接用于进行生产性、非生产性建设投资、生活消费和积蓄的那一部分收入。农村居民家庭纯收入包括从事生产性和非生产性的经营收入，取自在外人口寄回带回和国家财政救济、各种补贴等非经营性收入；既包括货币收入，又包括自产自用的实物收入。但不包括向银行、信用社和向亲友借款等属于借贷性的收入。

农村居民家庭生活消费支出 指农村常住居民家庭用于日常生活的全部开支，是反映和研究农民家庭实际生活消费水平高低的重要指标。

全省城乡居民储蓄存款余额 指某一时点城乡居民存入银行及农村信用社的储蓄金额，包括城镇居民储蓄存款和农民个人储蓄存款，不包括居民的手存现金和工矿企业、部队、机关、团体等单位存款。

Explanatory Notes for Major Statistical Indicators

Total Income of Urban Households refers to the total actual income of the sample households, including regular or fixed income and occasional income. The income of a circulating nature such as withdrawal from bank deposits, loans borrowed from relatives or friends, repayment of loans received and various temporary collection of money is excluded.

Disposable Income of Urban Households refers to the income of the sample households which can be used for daily expenses, i.e.. total income minus income tax, property tax and other current transfers.

Expenditure for Consumption of Urban Households refers to total expenditure of the sample households for consumption in daily life, including expenditure for various commodities and expenses for non－commodity items such as culture and service, etc. but excluding fines and confiscation, loss, tax payments (such as income tax, license tax, real estates tax, etc.) and various expenses by individual laborers for business purposes.

Expenditure for Purchases of Commodities of Urban Households refers to total expenses of the sample households for the purchases of commodities, for their own use or as gifts to relatives and friends, from shops, factories, catering trade, canteens, markets and from the peasants. Such expenditure is classified into eight categories: food, clothing, household appliances and services, health care and medical services, transport and communications, recreation, education and cultural services, housing, miscellaneous goods and services.

Net Income of Rural Households refers to the total income of the permanent residents of the rural households during a year after the deduction of the expenses for productive and non-productive business operation, the payment for taxes and the payment for collective units for their contracted tasks, which can then be spent for investments in productive and non－productive construction, for consumption in daily life and for savings deposit. It is a comprehensive indicator to show the actual level of the income of the peasants household. The net income of the rural households includes not only the income from the productive and non-productive business operation, but also the income from the non－business operation, such as the money remitted or brought back by the members of the household who are in other places, the government relief payment and various subsidies. It includes not only the money income, but also the income in kind. But the income from borrowing from banks, friends and relatives is excluded.

Expenditure of Rural Households for Consumption refers to total expenses of rural households on daily life, including expenses on food, clothing, housing, fuel, articles for daily use, and expenses on cultural life and services. This indicator is used to show the actual consumption level of peasants.

The Savings Deposits of Urban and Rural Residents refers to the total value of savings deposits of urban and rural households in banks and rural credit cooperatives at a given point of time, including the savings deposit of urban residents and the savings deposit of rural residents. The cash in hand by residents and the deposits of organizations such as enterprises, military units, government agencies, institutions, etc. are not included.

十一、城 市 概 况

GENERAL SURVEY OF CITIES

简要说明

一、本篇资料反映我省地级城市和县级城市社会、经济发展和城市建设的规模、效益及综合水平等基本情况，主要内容：

1. 人口、劳动力及土地面积；

2. 综合经济指标；

3. 固定资产投资；

4. 教育、科技、文化、卫生情况；

5. 财政、金融情况；

6. 人民生活情况；

7. 社会福利、劳动保险；

8. 市政公用事业情况；

二、全省城市社会经济资料由省统计局综合处根据国家统计局《市、县社会经济基本情况统计报表制度》搜集、汇总整理提供。

本篇责任编辑： 胡建民

Brief Introduction

I. Data in this chapter show the social and economic development as well as the scale, economic efficiency, overall level and other basic conditions of cities at the prefecture and county level in Anhui Province. The main content is composed of the following parts.

1. Population, labor force and area of land.

2. Comprehensive economic indicators.

3. Investment in fixed assets.

4. The conditions of education, science and technology, culture and health care.

5. The conditions of finance and banking.

6. People' s livelihood.

7. Social welfare and labor insurance.

8. The conditions of municipal public utilities.

II. Data on the social and economic conditions of the cities in the province are prepared and provided by the Division of Integrated Statistics, Anhui Statistical Bureau in accordance with the statistical reporting scheme on the basic social and economical situations of the cities and counties, which is stipulated by the State Statistical Bureau.

11—1 地级城市基本情况(2000年)
Basic Statement of Cities at Prefectural Level (2000)

指标	Item	全省 Province	市区合计 City
人口、劳动力及土地面积	**Population, Labor Force and Land Area**		
年末总人口 (万人)	Population (year-end) (10000 persons)	6278.36	1613.14
#非农业人口	Non-agricultural Population	1231.23	692.1
年末单位从业人员数 (万人)	Employed Persons in Various Units (year-end) (10000 persons)	402.76	228.03
城镇个体从业人员 (人)	Self-employed Individuals in Urban Areas (person)	1348000	793976
土地面积 (平方公里)	Land Area (sq. m)	139427	24858
#建成区面积	Developed Area		886
综合经济	**General Economy**		
国内生产总值(当年价格)(万元)	Gross Domestic Product (at Current Price) (10000 yuan)	30382400	12443288
第一产业	Primary Industry	7322000	1291840
第二产业	Secondary Industry	12963100	6199917
#工　业	Industry	11004500	5067308
第三产业	Tertiary Industry	10097300	4951531
农　业	**Agriculture**		
蔬菜产量 (吨)	Output of Vegetables (ton)	14489600	
水果产量 (吨)	Output of Fruits (ton)	1106071	
肉类产量 (吨)	Output of Meat (ton)	3115200	
奶类产量 (吨)	Output of Dairy (ton)	41204	
水产品产量 (吨)	Output of Aquatic Products (ton)	1598000	
工　业	**Industry**		
国有及销售收入500万元以上的非国有工业经济指标	Main Indicators of All State-owned and Non-state Enterprises each with an Annual Sales of Over Five Million Yuan		
企业数 (个)	Number of Enterprises	3680	1605
内资企业	Domestic Funded Enterprises	3429	1438
港、澳、台商投资企业	Funded by Entrepreneurs from Hong Kong, Macao and Taiwan	118	72
外商投资企业	Foreign Funded Enterprises	133	95
总产值(当年价格) (万元)	Gross Output Value (at Current Price) (10000 yuan)	16614365	12059288
内资企业	Domestic Funded Enterprises	14482020	10173941
港、澳、台商投资企业	Funded by Entrepreneurs from Hong Kong, Macao and Taiwan	608387	504349
外商投资企业	Foreign Funded Enterprises	1523958	1380998
流动资产年平均余额 (万元)	Annual Average Balance of Circulating Funds (10000 yuan)	11770507	7762254
固定资产净值年平均余额 (万元)	Annual Average Balance of Net Value of Fixed Assets (10000 yuan)	12261541	9039779
产品销售收入 (万元)	Sales Revenue (10000 yuan)	16880823	11587414
#产品销售税金及附加	Sales Tax and Extra Charges	423212	351072
本年应交增值税 (万元)	Value Added Tax Payable (10000 yuan)	883548	615877
利润总额 (万元)	Total Profits (10000 yuan)	382152	249867
销售收入500万元以下的非国有工业经济指标	Main Indicators of Non-State owned Enterprises each with an Annual Sales of Below Five Million Yuan		
企业数 (个)	Number of Enterprises	369969	44911
总产值(当年价格) (万元)	Gross Output Value (at Current Price) (10000 yuan)	17097835	3210130

11—1 续表 1 continued

指标		Item		全省 Province	市区合计 City
交通运输、邮电通信、电力		**Transportation, Post & Telecommunication and Electric Power**			
铁路客运量	(万人)	Passenger Traffic on Railways	(10000 persons)	2994	
铁路货运量	(万吨)	Freight Traffic on Railways	(10000 tons)	6455	
民用汽车拥有量	(辆)	Number of Civil Motor Vehicles Owned	(unit)	386706	
#私人汽车拥有量		Private-owned Vehicles		156577	
公路客运量	(万人)	Passenger Traffic on Highways	(10000 persons)	58026	
公路货运量	(万吨)	Freight Traffic on Highways	(10000 tons)	32740	
水运客运量	(万人)	Passenger Traffic on Waterways	(10000 persons)	860	
水运货运量	(万吨)	Freight Traffic on Waterways	(10000 tons)	5320	
民用航空货邮运量	(吨)	Freight Traffic on Civil Aviation	(ton)	25147.7	
民用航空客运量	(万人)	Passenger Traffic on Civil Aviation	(10000 persons)	153	
年末邮电局(所)数	(处)	Number of Post and Telecommunication Offices (year-end)	(unit)	3562	1090
邮电业务总量		Revenue of Postal and Telecommunication Services		1076432	667766
(1990 年不变价)	(万元)	(1990 Constant Prices)	(10000 yuan)		
本地电话用户	(万户)	Local Telephone Subscribers	(10000 subscribers)	483.82	209.8
年末移动电话用户数	(户)	Number of Mobile Telephone Subscribers at year-end	(subscriber)	2090715	1089213
全年用电量	(万千瓦时)	Annual Electricity Consumption	(10000 kwh)	2975792	1966115
#工业用电		Industrial Electricity Consumption		2020555	1446309
城乡居民生活用电		Residential Electricity Consumption in Urban and Rural Areas		532146	258716
批发零售贸易与外经、旅游		**Wholesale and Retail Sale, Foreign Trade and Tourism**			
限额以上批发零售贸易业		Total Sale of Enterprises above Designed Size in Wholesale		6622994	5415643
商品销售总额	(万元)	and Retail trade	(10000 yuan)		
国际旅游者人数	(人)	Number of International Tourists	(person)	318430	
#外国人		Foreigners		167850	
华侨		Overseas Chinese			
港澳台同胞		Chinese Compatriots from Hong Kong, Macao and Taiwan		150580	
国际旅游收入		Foreign Exchange Earnings from International Tourism		11096.5	
	(万美元)		(USD 10000)		
固定资产投资		**Investment in Fixed Assets**			
固定资产投资完成额	(万元)	Actually Completed Investment in Fixed Assets	(10000 yuan)	5496481	3596135
房地产开发投资完成额		Actually Completed Investment in Real Estate Development		879261	722585
	(万元)		(10000 yuan)		
#住宅		Residential buildings		575174	454995
本年施工住宅建筑面积		Floor Space of Residential buildings Under Construction		1693.36	1213.25
	(万平方米)		(10000 sq. m)		
本年竣工住宅建筑面积	(万平方米)	Floor Space of Residential buildings Completed	(10000 sq. m)	759.33	666.07
商品房屋销售建筑面积	(万平方米)	Floor Space of Selling House	(10000 sq. m)	536.20	407.73
#销售给个人		Sold to Individuals		420.11	346.62
商品房屋空置面积	(万平方米)	Vacant Space of Commercial House	(10000 sq. m)	191.89	166.7
商品房屋销售额	(万元)	Total Sales of Commercial House	(10000 yuan)	639840	539882
#销售给个人		Sold to Individuals		538329	449965

11—1 续表2 continued

指 标		Item		全 省 Province	市区合计 City
教育、科技、文化、卫生		**Education, S&T, Culture and Public Health**			
学校数	(个)	Number of Schools			
高等学校		Institutions of Higher Education		42	41
中等专业学校		Specialized Secondary Schools		138	120
普通中学		Regular Secondary Schools		3767	1009
小 学		Primary Schools		24281	4812
专任教师数	(人)	Number of Full-time Teachers	(person)		
高等学校		Institutions of Higher Education		15065	14803
中等专业学校		Specialized Secondary Schools		8815	7830
普通中学		Regular Secondary Schools		158146	47697
小 学		Primary Schools		273745	72950
在校学生数		Number of Student Enrollment			
高等学校	(人)	Institutions of Higher Education	(person)	182386	178897
中等专业学校	(人)	Specialized Secondary Schools	(person)	191891	173395
普通中学	(万人)	Regular Secondary Schools	(10000 persons)	358.31	90.21
小 学	(万人)	Primary Schools	(10000 persons)	644.24	162.04
成人高等教育学校在校学生数	(人)	Student Enrollment in Institutions of Higher education for Adults	(person)	123393	119716
各类专业技术人员数	(万人)	Number of various Scientific and Technical Personnel	(10000 person)	95.02	52.44
#中级技术职称以上人员数		Number of Persons with Middle Professional titles and Over		35.94	20.22
从事科技活动人员数	(人)	S&T Personnel	(person)	83346	61152
剧场、影剧院数	(个)	Number of Theaters and Music Halls	(unit)	298	123
公共图书馆图书藏量	(千册、件)	Total collection of Public Libraries	(1000 unit)	7874	5295
医院、卫生院数	(个)	Number of Hospitals	(unit)	2953	678
医院、卫生院床位数	(张)	Number of Hospital Beds	(unit)	114921	56548
医 生 数	(人)	Number of Doctors	(person)	69943	29916
财政、金融、保险		**Government Finance, Banking and Insurance**			
中央财政预算内收入	(万元)	Central Budgetary Financial Revenue	(10000 yuan)	1117042	891055
地方财政预算内收入	(万元)	Local Budgetary Financial Revenue	(10000 yuan)	1787187	856554
地方财政预算内支出	(万元)	Local Budgetary Financial Expenditure	(10000 yuan)	3224688	1012052
#科学事业费支出		Expenditure for Operating Expense of Department of Science		13907	4331
教育事业费支出		Expenditure for Operating Expense of Education		539913	145359
城乡居民储蓄年末余额	(万元)	Balance of Savings Deposit of Rural and Urban Residents (year-end)	(10000 yuan)	14471539	7794273
人民生活		**People's Livelihood**			
住宅建筑面积	(万平方米)	Floor Space of Residential Buildings	(10000 sq.m)		11554
住宅使用面积	(万平方米)	Gross Living Space of Residential Buildings	(10000 sq.m)		8324.31
在岗职工平均人数	(万人)	Average Number of Fully Employed Staff and Workers	(10000 persons)	391.81	229.03
在岗职工工资总额	(万元)	Total Wages of Fully Employed Staff and Workers	(10000 yuan)	2755252	1755270
社会福利、劳动保险		**Social Welfare, Labor and Insurance**			
年末离休、退休、退职人员数	(万人)	Number of Retired and Resigned Persons (year-end)	(10000 persons)	122.20	81.91
离退休退职人员保险福利费用额	(万元)	Social Insurance and Welfare Funds for Retired and Resigned Persons	(10000 yuan)	914322	660055
社会福利事业单位	(个)	Number of Social Welfare Homes	(unit)	2219	424
社会福利事业单位床位数	(张)	Number of Social Welfare Homes Beds	(unit)	49425	13969

11—2 各地级城市市区基本情况（2000年）
Basic Statement of Cities at prefectural Level by Region (2000)

指标	Item	合肥市 Hefei	淮北市 Huaibei	亳州市 Bozhou	宿州市 Suzhou
人口、劳动力及土地面积	**Population, Labor Force and Land Area**				
年末总人口 (万人)	Population (year-end) (10000 persons)	134.67	79.5	138.07	167.14
#非农业人口	Non-agricultural Population	107.5	59.6	25.01	34.86
年末单位从业人员数 (万人)	Employed Persons in Various Units (year-end) (10000 persons)	34.8	23.86	5.75	9.28
城镇个体从业人员 (人)	Self-employed Individuals in Urban Areas (person)	43636	89000	44038	85113
土地面积 (平方公里)	Land Area (sq. m)	458	326	2226	2868
#建成区面积	Developed Area	125	38	50	61
综合经济	**General Economy**				
国内生产总值（当年价格） (万元)	Gross Domestic Product (at Current Price) (10000 yuan)	2352229	685787	504709	569352
第一产业	Primary Industry	43669	24897	141021	209114
第二产业	Secondary Industry	1330000	422726	152734	161538
#工业	Industry	1161215	341141	124510	96778
第三产业	Tertiary Industry	978560	238164	210954	198700
工业	**Industry**				
国有及销售收入500万元以上的非国有工业经济指标	Main Indicators of All State-owned and Non-state Enterprises each with an Annual Sales of Over Five Million Yuan				
企业数 (个)	Number of Enterprises (unit)	286	80	46	51
内资企业	Domestic Funded Enterprises	237	78	43	49
港、澳、台商投资企业	Funded by Entrepreneurs from Hong Kong, Macao and Taiwan	21		1	1
外商投资企业	Foreign Funded Enterprises	28	2	2	1
总产值（当年价格） (万元)	Gross Output Value (at Current Price) (10000 yuan)	2779302	766072	208093	127707
内资企业	Domestic Funded Enterprises	1764156	746288	107977	120385
港、澳、台商投资企业	Funded by Entrepreneurs from Hong Kong, Macao and Taiwan	92666		691	3735
外商投资企业	Foreign Funded Enterprises	922480	19784	99425	3587
流动资产年平均余额 (万元)	Annual Average Balance of Circulating Funds (10000 yuan)	1928356	686109	185337	118473
固定资产净值年平均余额 (万元)	Annual Average Balance of Net Value of Fixed Assets (10000 yuan)	1468215	871375	93828	82049
产品销售收入 (万元)	Sales Revenue (10000 yuan)	2692776	785688	205000	101846
#产品销售金及附加	Sales Tax and Extra Charges	54247	11797	13061	1989
本年应交增值税 (万元)	Value Added Tax Payable (10000 yuan)	127481	63345	12700	4098
利润总额 (万元)	Total Profits (10000 yuan)	72760	799	27255	-113
销售收入500万元以下的非国有工业经济指标	Main Indicators of Non-State owned Enterprises each with an Annual Sales of Below Five Million Yuan				
企业数 (个)	Number of Enterprises (unit)	1496	1315	3454	4167
总产值（当年价格） (万元)	Gross Output Value (at Current Price) (10000 yuan)	256234	143295	168654	95420
交通运输、邮电通信、电力	**Transportation, Post & Telecommunication and Electric Power**				
年末邮电局（所）数 (处)	Number of Post and Telecommunication Offices (year-end) (unit)	180	31	74	65
邮电业务总量（1990年不变价） (万元)	Revenue of Postal and Telecommunication Services (1990 Constant Prices) (10000 yuan)	148422	24765	13446	29634
本地电话用户 (万户)	Local Telephone Subscribers (10000 subscribers)	40.81	6.22	5.39	10.85
年末移动电话用户数 (户)	Number of Mobile Telephone Subscribers at year-end (subscriber)	262020	51810	19960	28274
全年用电量 (万千瓦时)	Annual Electricity Consumption (10000 kwh)	324742	142378	27577	68000
#工业用电	Industrial Electricity Consumption	199264	127567	17271	54000
城乡居民生活用电	Residential Electricity Consumption in Urban and Rural Areas	57145	10004	10306	7000
批发零售贸易与外经、旅游	**Wholesale and Retail Sale, Foreign Trade and Tourism**				
限额以上批发零售贸易业商品销售总额 (万元)	Total Sale of Enterprises above Designed Size in Wholesale and Retail trade (10000 yuan)	3090205	70308	47112	24776
固定资产投资	**Investment in Fixed Assets**				
固定资产投资完成额 (万元)	Actually Completed Investment in Fixed Assets (10000 yuan)	808330	334590	137921	92366
房地产开发投资完成额 (万元)	Actually Completed Investment in Real Estate Development (10000 yuan)	227918	24827	23102	14746
#住宅	Residential Buildings	126627	20978	13855	11284

11—2 续表 1 continued

指标	Item	合肥市 Hefei	淮北市 Huaibei	亳州市 Bozhou	宿州市 Suzhou
本年施工住宅建筑面积（万平方米）	Floor Space of Residential buildings Under Construction (10000 sq. m)	345.56	118.7	29.63	12.89
本年竣工住宅建筑面积（万平方米）	Floor Space of Residential buildings Completed (10000 sq. m)	155.6	66.4	14.93	12.49
商品房屋销售面积（万平方米）	Floor Space of Selling House (10000 sq. m)	92.76	6.5	17.08	15.16
#销售给个人	Sold to Individuals	73.86	3.7	16.97	14.66
商品房屋空置面积（万平方米）	Vacant Space of Commercial House (10000 sq. m)	59.68	3	4.63	3.62
商品房屋销售额（万元）	Total Sales of Commercial House (10000 yuan)	177319	8257	17365	14837
#销售给个人	Sold to Individuals	137120	4635	17238	14297
教育、科技、文化、卫生	**Education, S&T, Culture and Public Health**				
学校数（个）	Number of Schools				
高等学校	Institutions of Higher Education	8	2		1
中等专业学校	Specialized Secondary Schools	47	4	2	5
普通中学	Regular Secondary Schools	82	71	59	121
小　学	Primary Schools	239	173	567	589
专任教师数（人）	Number of Full-time Teachers (person)				
高等学校	Institutions of Higher Education	5545	738		190
中等专业学校	Specialized Secondary Schools	2805	341	204	375
普通中学	Regular Secondary Schools	4683	3453	2866	4440
小　学	Primary Schools	5417	4902	5302	7384
在校学生数	Number of Student Enrollment				
高等学校（人）	Institutions of Higher Education (person)	58897	7117		3437
中等专业学校（人）	Specialized Secondary Schools (person)	64046	5079	3435	7065
普通中学（万人）	Regular Secondary Schools (10000 persons)	7.43	5.2	7.35	9.53
小　学（万人）	Primary Schools (10000 persons)	12.24	8.69	15.7	19
成人高等教育学校在校学生数（人）	Student Enrollment in Institutions of Higher education for Adults (person)	64637	4130	1293	2204
各类专业技术人员数（万人）	Number of various Scientific and Technical Personnel (10000 persons)	18.39	3.85	1.48	1.8
#中级技术职称以上人员数	Number of Persons with Middle Professional Titles and Over	8.19	1.53	0.36	0.46
从事科技活动人员数（人）	S&T Personnel (person)	31422	2525	745	857
剧场、影剧院数（个）	Number of Theaters and Music Halls (unit)	22	30	2	4
公共图书馆图书藏量（千册、件）	Total collection of Public Libraries (1000 unit)	2710	151	122	50
医院、卫生院数（个）	Number of Hospitals (unit)	67	48	31	40
医院、卫生院床位数（张）	Number of Hospital Beds (unit)	9233	4543	1361	3012
医生数（人）	Number of Doctors (person)	6005	2261	988	1670
财政、金融、保险	**Government Finance, Banking and Insurance**				
中央财政预算内收入（万元）	Central Budgetary Financial Revenue (10000 yuan)	165442	53195	26863	17037
地方财政预算内收入（万元）	Local Budgetary Financial Revenue (10000 yuan)	197004	48550	34824	30295
地方财政预算内支出（万元）	Local Budgetary Financial Expenditure (10000 yuan)	184658	51501	38543	45561
#科学事业费支出	Expenditure for Operating Expense of Department of Science	356	169	38	567
教育事业费支出	Expenditure for Operating Expense of Education	19509	6567	9510	10890
城乡居民储蓄年末余额（万元）	Balance of Savings Deposit of Rural and Urban Residents (year-end) (10000 yuan)	1520544	480930	232677	425162
人民生活	**People's Livelihood**				
住宅建筑面积（万平方米）	Floor Space of Residential Buildings (10000 sq. m)	1600.8	818.0	251.6	339.0
住宅使用面积（万平方米）	Gross Living Space of Residential Buildings (10000 sq. m)	1156.5	574.49	179.00	244.44
在岗职工平均人数（万人）	Average Number of Fully Employed Staff and Workers (10000 persons)	34.81	23.52	5.61	12.29
在岗职工工资总额（万元）	Total Wages of Fully Employed Staff and Workers (10000 yuan)	328316	174227	39309	83079
社会福利、劳动保险	**Social Welfare, Labor and Insurance**				
年末离休、退休、退职人员数（万人）	Number of Retired and Resigned Persons (year-end) (10000 persons)	15.36	7.92	0.37	1.5
离退休退职人员保险福利费用额（万元）	Social Insurance and Welfare Funds for Retired and Resigned Persons (10000 yuan)	142234	62719	1849	10500
社会福利院数（个）	Number of Social Welfare Homes (unit)	14	11	25	42
社会福利院床位数（张）	Number of Social Welfare Homes Beds (unit)	877	385	667	1294

11—2 续表2 continued

指　　标	Item	蚌埠市 Bengbu	阜阳市 Fuyang	淮南市 Huainan	滁州市 Chuzhou
人口、劳动力及土地面积	**Population, Labor Force and Land Area**				
年末总人口（万人）	Population (year-end) (10000 persons)	76.42	176.55	137.93	48.98
#非农业人口	Non-agricultural Population	53.14	33.3	84.2	20.02
年末单位从业人员数（万人）	Employed Persons in Various Units (year-end) (10000 persons)	15.61	12.55	27.72	7.03
城镇个体从业人员（人）	Self-employed Individuals in Urban Areas (person)	34279	40840	99000	93621
土地面积（平方公里）	Land Area (sq. m)	456	1796	1091	1404
#建成区面积	Developed Area	51	41	78	21
综合经济	**General Economy**				
国内生产总值（当年价格）（万元）	Gross Domestic Product (at Current Price) (10000 yuan)	746614	656974	984692	472485
第一产业	Primary Industry	24689	178173	88580	69268
第二产业	Secondary Industry	387194	234167	499472	215860
#工　业	Industry	319836	168556	334137	183627
第三产业	Tertiary Industry	334731	244634	396640	187357
工　　业	**Industry**				
国有及销售收入500万元以上的非国有工业经济指标	Main Indicators of All State-owned and Non-state Enterprises each with an Annual Sales of Over Five Million Yuan				
企业数（个）	Number of Enterprises (unit)	122	80	105	82
内资企业	Domestic Funded Enterprises	114	74	98	70
港、澳、台商投资企业	Funded by Entrepreneurs from Hong Kong, Macao and Taiwan	5	3	4	4
外商投资企业	Foreign Funded Enterprises	3	3	3	8
总产值（当年价格）（万元）	Gross Output Value (at Current Price) (10000 yuan)	736815	399025	853325	473794
内资企业	Domestic Funded Enterprises	703815	378535	717753	274072
港、澳、台商投资企业	Funded by Entrepreneurs from Hong Kong, Macao and Taiwan	28127	9932	126595	102361
外商投资企业	Foreign Funded Enterprises	4873	10558	8978	97361
流动资产年平均余额（万元）	Annual Average Balance of Circulating Funds (10000 yuan)	534198	278016	580768	197655
固定资产净值年平均余额（万元）	Annual Average Balance of Net Value of Fixed Assets (10000 yuan)	466533	208069	1562985	186699
产品销售收入（万元）	Sales Revenue (10000 yuan)	721909	401824	926148	443792
#产品销售金及附加	Sales Tax and Extra Charges	74099	27235	6348	15653
本年应交增值税（万元）	Value Added Tax Payable (10000 yuan)	43556	12907	61584	13808
利润总额（万元）	Total Profits (10000 yuan)	13269	12575	3820	1425
销售收入500万元以下的非国有工业经济指标	Main Indicators of Non-State owned Enterprises each with an Annual Sales of Below Five Million Yuan				
企业数（个）	Number of Enterprises (unit)	1120	3156	2048	2147
总产值（当年价格）（万元）	Gross Output Value (at Current Price) (10000 yuan)	136021	128000	147657	145003
交通运输、邮电通信、电力	**Transportation, Post & Telecommunication and Electric Power**				
年末邮电局（所）数（处）	Number of Post and Telecommunication Offices (year-end) (unit)	52	45	68	78
邮电业务总量（1990年不变价）（万元）	Revenue of Postal and Telecommunication Services (1990 Constant Prices) (10000 yuan)	81538	27200	42062	29515
本地电话用户（万户）	Local Telephone Subscribers (10000 subscribers)	16.52	12.85	18.37	11.23
年末移动电话用户数（户）	Number of Mobile Telephone Subscribers at year-end (subscriber)	125805	64977	102055	23368
全年用电量（万千瓦时）	Annual Electricity Consumption (10000 kwh)	108818	73988	224259	59884
#工业用电	Industrial Electricity Consumption	73660	32901	191037	24644
城乡居民生活用电	Residential Electricity Consumption in Urban and Rural Areas	18527	18757	22294	13649
批发零售贸易与外经、旅游	**Wholesale and Retail Sale, Foreign Trade and Tourism**				
限额以上批发零售贸易业商品销售总额（万元）	Total Sale of Enterprises above Designed Size in Wholesale and Retail trade (10000 yuan)	402060	244446	145414	97570
固定资产投资	**Investment in Fixed Assets**				
固定资产投资完成额（万元）	Actually Completed Investment in Fixed Assets (10000 yuan)	235417	301679	209812	90962
房地产开发投资完成额（万元）	Actually Completed Investment in Real Estate Development (10000 yuan)	43980	25106	31742	23238
#住　宅	Residential Buildings	26926	15160	20479	18538

11—2 续表 3 continued

指 标	Item	蚌埠市 Bengbu	阜阳市 Fuyang	淮南市 Huainan	滁州市 Chuzhou
+ 本年施工住宅建筑面积 (万平方米)	Floor Space of Residential buildings Under Construction (10000 sq. m)	144.95	51.54	11.6	16.83
本年竣工住宅建筑面积 (万平方米)	Floor Space of Residential buildings Completed (10000 sq. m)	83.18	49.25	8.58	13.4
商品房屋销售面积 (万平方米)	Floor Space of Selling House (10000 sq. m)	35.32	11.51	21.78	13.29
#销售给个人	Sold to Individuals	32.4	11	19.67	12.01
商品房屋空置面积 (万平方米)	Vacant Space of Commercial House (10000 sq. m)	3.23	7.11	15.98	3.76
商品房屋销售额 (万元)	Total Sales of Commercial House (10000 yuan)	55580	10667	26454	14418
#销售给个人	Sold to Individuals	50672	10660	23689	12086
教育、科技、文化、卫生	**Education, S&T, Culture and Public Health**				
学校数 (个)	Number of Schools				
高等学校	Institutions of Higher Education	3	1	3	2
中等专业学校	Specialized Secondary Schools	9	7	6	3
普通中学	Regular Secondary Schools	48	100	88	31
小 学	Primary Schools	142	605	282	151
专任教师数 (人)	Number of Full-time Teachers (person)				
高等学校	Institutions of Higher Education	866	367	1108	472
中等专业学校	Specialized Secondary Schools	517	546	408	336
普通中学	Regular Secondary Schools	2483	3828	4718	1492
小 学	Primary Schools	3497	8893	7273	2134
在校学生数	Number of Student Enrollment				
高等学校 (人)	Institutions of Higher Education (person)	15040	5572	13420	2820
中等专业学校 (人)	Specialized Secondary Schools (person)	10885	13847	13073	4233
普通中学 (万人)	Regular Secondary Schools (10000 persons)	3.97	9.21	7.79	2.98
小 学 (万人)	Primary Schools (10000 persons)	7.15	19.29	15.13	5.11
成人高等教育学校在校学生数 (人)	Student Enrollment in Institutions of Higher education for Adults (person)	12979	5901	3178	792
各类专业技术人员数 (万人)	Number of various Scientific and Technical Personnel (10000 persons)	2.3	2.67	5.01	1.65
#中级技术职称以上人员数	Number of Persons with Middle Professional Titles and Over	1	0.82	1.44	0.57
从事科技活动人员数 (人)	S&T Personnel (person)	1759	1600	2412	912
剧场、影剧院数 (个)	Number of Theaters and Music Halls (unit)	5	2	8	2
公共图书馆图书藏量 (千册、件)	Total collection of Public Libraries (1000 unit)	273	123	230	80
医院、卫生院数 (个)	Number of Hospitals (unit)	35	46	76	28
医院、卫生院床位数 (张)	Number of Hospital Beds (unit)	4823	3868	7184	1645
医 生 数 (人)	Number of Doctors (person)	2378	1611	2626	894
财政、金融、保险	**Government Finance, Banking and Insurance**				
中央财政预算内收入 (万元)	Central Budgetary Financial Revenue (10000 yuan)	108025	41926	54771	32038
地方财政预算内收入 (万元)	Local Budgetary Financial Revenue (10000 yuan)	55372	33325	57375	26404
地方财政预算内支出 (万元)	Local Budgetary Financial Expenditure (10000 yuan)	58656	63119	59114	44331
#科学事业费支出	Expenditure for Operating Expense of Department of Science	563	234	117	384
教育事业费支出	Expenditure for Operating Expense of Education	10147	11029	8899	6298
城乡居民储蓄年末余额 (万元)	Balance of Savings Deposit of Rural and Urban Residents (year-end) (10000 yuan)	650770	547207	799024	232751
人民生活	**People's Livelihood**				
住宅建筑面积 (万平方米)	Floor Space of Residential Buildings (10000 sq. m)	899	722	1156	318
住宅使用面积 (万平方米)	Gross Living Space of Residential Buildings (10000 sq. m)	654.87	554.66	817.27	223.37
在岗职工平均人数 (万人)	Average Number of Fully Employed Staff and Workers (10000 persons)	15.38	12.59	27.87	7.06
在岗职工工资总额 (万元)	Total Wages of Fully Employed Staff and Workers (10000 yuan)	120731	83986	188600	47984
社会福利、劳动保险	**Social Welfare, Labor and Insurance**				
年末离休、退休、退职人员数 (万人)	Number of Retired and Resigned Persons (year-end) (10000 persons)	8.4	2.58	10.3	1.21
离退休退职人员保险福利费用额 (万元)	Social Insurance and Welfare Funds for Retired and Resigned Persons (10000 yuan)	72825	17875	77115	9763
社会福利院数 (个)	Number of Social Welfare Homes (unit)	21	63	22	24
社会福利院床位数 (张)	Number of Social Welfare Homes Beds (unit)	1222	2200	867	679

11—2 续表 4 continued

指标	Item	六安市 Luan	马鞍山市 Maanshan	巢湖市 Chaohu	芜湖市 Wuhu
人口、劳动力及土地面积	**Population, Labor Force and Land Area**				
年末总人口 (万人)	Population (year-end) (10000 persons)	174.8	51.98	84.52	64.56
#非农业人口	Non-agricultural Population	30.7	41.14	29.88	51.43
年末单位从业人员数 (万人)	Employed Persons in Various Units (year-end) (10000 persons)	8.8	16.35	7.03	19.42
城镇个体从业人员 (人)	Self-employed Individuals in Urban Areas (person)	63913	22000	20697	58041
土地面积 (平方公里)	Land Area (sq. m)	3583	301	2031	230
#建成区面积	Developed Area	54	38	39	68
综合经济	**General Economy**				
国内生产总值（当年价格） (万元)	Gross Domestic Product (at Current Price) (10000 yuan)	365514	993150	543026	1104214
第一产业	Primary Industry	118343	13926	88006	19109
第二产业	Secondary Industry	117951	647293	254113	643745
#工 业	Industry	101217	554286	197021	558762
第三产业	Tertiary Industry	129220	331931	200907	441360
工 业	**Industry**				
国有及销售收入 500 万元以上的非国有工业经济指标	Main Indicators of All State-owned and Non-state Enterprises each with an Annual Sales of Over Five Million Yuan				
企业数 (个)	Number of Enterprises (unit)	59	90	103	151
内资企业	Domestic Funded Enterprises	52	81	96	126
港、澳、台商投资企业	Funded by Entrepreneurs from Hong Kong, Macao and Taiwan	3	2	1	16
外商投资企业	Foreign Funded Enterprises	4	7	6	9
总产值（当年价格） (万元)	Gross Output Value (at Current Price) (10000 yuan)	213121	1257244	308303	1306257
内资企业	Domestic Funded Enterprises	197783	1218705	283041	1140157
港、澳、台商投资企业	Funded by Entrepreneurs from Hong Kong, Macao and Taiwan	8121	7605	3728	101727
外商投资企业	Foreign Funded Enterprises	7217	30935	21534	64373
流动资产年平均余额 (万元)	Annual Average Balance of Circulating Funds (10000 yuan)	154318	884159	200351	716579
固定资产净值年平均余额 (万元)	Annual Average Balance of Net Value of Fixed Assets (10000 yuan)	111445	1536325	183388	573344
产品销售收入 (万元)	Sales Revenue (10000 yuan)	235323	1191714	267117	1157520
#产品销售金及附加	Sales Tax and Extra Charges	2707	15565	1488	67850
本年应交增值税 (万元)	Value Added Tax Payable (10000 yuan)	7591	89441	13384	65880
利润总额 (万元)	Total Profits (10000 yuan)	2665	27710	7453	61469
销售收入 500 万元以下的非国有工业经济指标	Main Indicators of Non-State owned Enterprises each with an Annual Sales of Below Five Million Yuan				
企业数 (个)	Number of Enterprises (unit)	4935	2518	3369	1594
总产值（当年价格） (万元)	Gross Output Value (at Current Price) (10000 yuan)	334348	203585	201292	360000
交通运输、邮电通信、电力	**Transportation, Post & Telecommunication and Electric Power**				
年末邮电局（所）数 (处)	Number of Post and Telecommunication Offices (year-end) (unit)	106	53	48	27
邮电业务总量（1990 年不变价） (万元)	Revenue of Postal and Telecommunication Services (1990 Constant Prices) (10000 yuan)	39024	39563	28281	55992
本地电话用户 (万户)	Local Telephone Subscribers (10000 subscribers)	9.08	14.24	9.27	17.38
年末移动电话用户数 (户)	Number of Mobile Telephone Subscribers at year-end (subscriber)	31841	83170	52853	90654
全年用电量 (万千瓦时)	Annual Electricity Consumption (10000 kwh)	75630	298319	65569	105219
#工业用电	Industrial Electricity Consumption	50583	267373	49780	64109
城乡居民生活用电	Residential Electricity Consumption in Urban and Rural Areas	16576	14629	8130	17465
批发零售贸易与外经、旅游	**Wholesale and Retail Sale, Foreign Trade and Tourism**				
限额以上批发零售贸易业商品销售总额 (万元)	Total Sale of Enterprises above Designed Size in Wholesale and Retail trade (10000 yuan)	51768	313775	105020	307139
固定资产投资	**Investment in Fixed Assets**				
固定资产投资完成额 (万元)	Actually Completed Investment in Fixed Assets (10000 yuan)	57544	186324	202481	419985
房地产开发投资完成额 (万元)	Actually Completed Investment in Real Estate Development (10000 yuan)	14309	48682	15205	82878
#住 宅	Residential Buildings	10379	43291	12994	48449

11—2 续表 5 continued

指 标	Item	六安市 Luan	马鞍山市 Maanshan	巢湖市 Chaohu	芜湖市 Wuhu
本年施工住宅建筑面积 (万平方米)	Floor Space of Residential buildings Under Construction (10000 sq. m)	24.35	116.46	60.5	120.24
本年竣工住宅建筑面积 (万平方米)	Floor Space of Residential buildings Completed (10000 sq. m)	12.15	57.37	43.2	61.38
商品房屋销售面积 (万平方米)	Floor Space of Selling House (10000 sq. m)	11.55	22.48	14.55	52.45
#销售给个人	Sold to Individuals	11.3	19.54	12.95	43.77
商品房屋空置面积 (万平方米)	Vacant Space of Commercial House (10000 sq. m)	3.63	4.57	6.12	26.88
商品房屋销售额 (万元)	Total Sales of Commercial House (10000 yuan)	9661	33217	12870	61292
#销售给个人	Sold to Individuals	9431	28776	10945	51245
教育、科技、文化、卫生	**Education, S&T, Culture and Public Health**				
学校数 (个)	Number of Schools				
高等学校	Institutions of Higher Education	2	1	1	6
中等专业学校	Specialized Secondary Schools	5	2	6	5
普通中学	Regular Secondary Schools	107	28	49	34
小 学	Primary Schools	732	47	302	98
专任教师数 (人)	Number of Full-time Teachers (person)				
高等学校	Institutions of Higher Education	304	641	196	2011
中等专业学校	Specialized Secondary Schools	303	115	288	372
普通中学	Regular Secondary Schools	4308	1789	2855	1993
小 学	Primary Schools	7217	2452	3603	2877
在校学生数	Number of Student Enrollment				
高等学校 (人)	Institutions of Higher Education (person)	8988	8681	3733	26134
中等专业学校 (人)	Specialized Secondary Schools (person)	7928	2209	7415	7707
普通中学 (万人)	Regular Secondary Schools (10000 persons)	10.81	2.64	4.89	3.3
小 学 (万人)	Primary Schools (10000 persons)	16.85	4.6	7.98	5.24
成人高等教育学校在校学生数 (人)	Student Enrollment in Institutions of Higher education for Adults (person)	580	4454	385	11376
各类专业技术人员数 (万人)	Number of various Scientific and Technical Personnel (10000 persons)	0.81	3.08	1.75	2.03
#中级技术职称以上人员数	Number of Persons with Middle Professional Titles and Over	0.53	1.51	0.4	0.84
从事科技活动人员数 (人)	S&T Personnel (person)	548	5118	1135	4539
剧场、影剧院数 (个)	Number of Theaters and Music Halls (unit)	3	15	3	10
公共图书馆图书藏量 (千册、件)	Total collection of Public Libraries (1000 unit)	90	223	147	375
医院、卫生院数 (个)	Number of Hospitals (unit)	51	17	52	34
医院、卫生院床位数 (张)	Number of Hospital Beds (unit)	2906	2518	2206	3942
医 生 数 (人)	Number of Doctors (person)	1516	1587	967	2044
财政、金融、保险	**Government Finance, Banking and Insurance**				
中央财政预算内收入 (万元)	Central Budgetary Financial Revenue (10000 yuan)	11653	82935	9650	143648
地方财政预算内收入 (万元)	Local Budgetary Financial Revenue (10000 yuan)	34510	82751	21236	72661
地方财政预算内支出 (万元)	Local Budgetary Financial Expenditure (10000 yuan)	56626	74922	33298	97005
#科学事业费支出	Expenditure for Operating Expense of Department of Science	166	173	91	753
教育事业费支出	Expenditure for Operating Expense of Education	11958	6413	7775	7209
城乡居民储蓄年末余额 (万元)	Balance of Savings Deposit of Rural and Urban Residents (year-end) (10000 yuan)	287314	530670	227560	560944
人民生活	**People's Livelihood**				
住宅建筑面积 (万平方米)	Floor Space of Residential Buildings (10000 sq. m)	380	810.29	285	864
住宅使用面积 (万平方米)	Gross Living Space of Residential Buildings (10000 sq. m)	266.78	600.9	206.09	591.7
在岗职工平均人数 (万人)	Average Number of Fully Employed Staff and Workers (10000 persons)	8.78	16.12	6.81	18.97
在岗职工工资总额 (万元)	Total Wages of Fully Employed Staff and Workers (10000 yuan)	29991	158752	51005	162442
社会福利、劳动保险	**Social Welfare, Labor and Insurance**				
年末离休、退休、退职人员数 (万人)	Number of Retired and Resigned Persons (year-end) (10000 persons)	2.79	7.32	2.17	8.82
离退休退职人员保险福利费用额 (万元)	Social Insurance and Welfare Funds for Retired and Resigned Persons (10000 yuan)	10745	68509	16828	61824
社会福利院数 (个)	Number of Social Welfare Homes (unit)	24	26	31	8
社会福利院床位数 (张)	Number of Social Welfare Homes Beds (unit)	318	775	1721	372

11—2 续表6 continued

指标	Item	宣城市 Xuancheng	铜陵市 Tongling	池州市 Chizhou	安庆市 Anqing	黄山市 Huangshan
人口、劳动力及土地面积	**Population, Labor Force and Land Area**					
年末总人口 (万人)	Population (year-end) (10000 persons)	83.06	34.82	61.51	57.79	40.84
#非农业人口	Non-agricultural Population	23.1	30.63	16.11	36.86	14.62
年末单位从业人员数 (万人)	Employed Persons in Various Units (year-end) (10000 persons)	3.6	12.71	4.16	13.86	5.5
城镇个体从业人员 (人)	Self-employed Individuals in Urban Areas (person)	16556	20300	14566	27198	21178
土地面积 (平方公里)	Land Area (sq. m)	2621	227	2432	466	2342
#建成区面积	Developed Area	18	33	16	30	18
综合经济	**General Economy**					
国内生产总值(当年价格) (万元)	Gross Domestic Product (at Current Price) (10000 yuan)	523953	573508	294750	713073	359258
第一产业	Primary Industry	118121	9077	67740	15018	63089
第二产业	Secondary Industry	197205	338135	122160	371712	103912
#工业	Industry	160810	283540	90660	325200	66012
第三产业	Tertiary Industry	208627	226296	104850	326343	192257
工业	**Industry**					
国有及销售收入500万元以上的非国有工业经济指标	Main Indicators of All State-owned and Non-state Enterprises each with an Annual Sales of Over Five Million Yuan					
企业数 (个)	Number of Enterprises (unit)	52	65	35	135	63
内资企业	Domestic Funded Enterprises	51	57	34	120	58
港、澳、台商投资企业	Funded by Entrepreneurs from Hong Kong, Macao and Taiwan	1	3		5	2
外商投资企业	Foreign Funded Enterprises		5	1	10	3
总产值(当年价格) (万元)	Gross Output Value (at Current Price) (10000 yuan)	283097	859448	95220	1275297	117167
内资企业	Domestic Funded Enterprises	281744	833428	94612	1199149	112341
港、澳、台商投资企业	Funded by Entrepreneurs from Hong Kong, Macao and Taiwan	1352	6690		7717	3302
外商投资企业	Foreign Funded Enterprises		19330	608	68431	1524
流动资产年平均余额 (万元)	Annual Average Balance of Circulating Funds (10000 yuan)	183131	531870	55368	458126	69440
固定资产净值年平均余额 (万元)	Annual Average Balance of Net Value of Fixed Assets (10000 yuan)	102936	696161	63216	779969	53242
产品销售收入 (万元)	Sales Revenue (10000 yuan)	196072	779618	96174	1281478	103415
#产品销售税金及附加	Sales Tax and Extra Charges	2509	3111	1896	51001	516
本年应交增值税 (万元)	Value Added Tax Payable (10000 yuan)	6742	31419	5188	52398	4355
利润总额 (万元)	Total Profits (10000 yuan)	1952	7401	740	5600	3087
销售收入500万元以下的非国有工业经济指标	Main Indicators of Non-State owned Enterprises each with an Annual Sales of Below Five Million Yuan					
企业数 (个)	Number of Enterprises (unit)	5445	848	3028	886	3385
总产值(当年价格) (万元)	Gross Output Value (at Current Price) (10000 yuan)	346963	77449	98883	279943	87383
交通运输、邮电通信、电力	**Transportation, Post & Telecommunication and Electric Power**					
年末邮电局(所)数 (处)	Number of Post and Telecommunication Offices (year-end) (unit)	51	76	45	35	56
邮电业务总量(1990年不变价) (万元)	Revenue of Postal and Telecommunication Services (1990 Constant Prices) (10000 yuan)	18102	23684	11286	38186	17066
本地电话用户 (万户)	Local Telephone Subscribers (10000 subscribers)	7.04	8.55	4.4	11.14	6.46
年末移动电话用户数 (户)	Number of Mobile Telephone Subscribers at year-end (subscriber)	22034	21772	20981	61511	26128
全年用电量 (万千瓦时)	Annual Electricity Consumption (10000 kwh)	28540	151358	34394	157069	20371
#工业用电	Industrial Electricity Consumption	18930	139708	27466	101581	6435
城乡居民生活用电	Residential Electricity Consumption in Urban and Rural Areas	6876	7319	4175	21384	4480
批发零售贸易与外经、旅游	**Wholesale and Retail Sale, Foreign Trade and Tourism**					
限额以上批发零售贸易业商品销售总额 (万元)	Total Sale of Enterprises above Designed Size in Wholesale and Retail trade (10000 yuan)	50582	116742	62381	220957	65388
固定资产投资	**Investment in Fixed Assets**					
固定资产投资完成额 (万元)	Actually Completed Investment in Fixed Assets (10000 yuan)	21255	160686	51164	179692	105927
房地产开发投资完成额 (万元)	Actually Completed Investment in Real Estate Development (10000 yuan)	11773	48014	18761	34751	33553
#住宅	Residential Buildings	8645	34060	15112	18669	9549

11—2 续表 7 continued

指标	Item	宣城市 Xuancheng	铜陵市 Tongling	池州市 Chizhou	安庆市 Anqing	黄山市 Huangshan
本年施工住宅建筑面积 (万平方米)	Floor Space of Residential buildings Under Construction (10000 sq. m)	15.95	3.18	44.35	76.44	20.08
本年竣工住宅建筑面积 (万平方米)	Floor Space of Residential buildings Completed (10000 sq. m)	7.99	2.68	26	38.85	12.62
商品房屋销售面积 (万平方米)	Floor Space of Selling House (10000 sq. m)	7.68	30.35	13.14	22.25	19.88
#销售给个人	Sold to Individuals	7.48	21.35	12.54	21.96	11.46
商品房屋空置面积 (万平方米)	Vacant Space of Commercial House (10000 sq. m)		8.34	3.57	7.61	4.97
商品房屋销售额 (万元)	Total Sales of Commercial House (10000 yuan)	6823	34949	11138	24501	20534
#销售给个人	Sold to Individuals	6823	24142	10549	23753	13904
教育、科技、文化、卫生	**Education, S&T, Culture and Public Health**					
学校数 (个)	Number of Schools					
高等学校	Institutions of Higher Education		2	1	1	1
中等专业学校	Specialized Secondary Schools	2	1	5	7	4
普通中学	Regular Secondary Schools	54	23	43	31	40
小　学	Primary Schools	285	61	198	130	211
专任教师数 (人)	Number of Full-time Teachers (person)					
高等学校	Institutions of Higher Education		674	188	348	282
中等专业学校	Specialized Secondary Schools	111	97	276	495	241
普通中学	Regular Secondary Schools	2131	1204	1939	1900	1615
小　学	Primary Schools	3437	1527	2694	2346	1995
在校学生数	Number of Student Enrollment					
高等学校 (人)	Institutions of Higher Education (person)		3354	3473	4419	3689
中等专业学校 (人)	Specialized Secondary Schools (person)	2358	3812	5618	9663	5022
普通中学 (万人)	Regular Secondary Schools (10000 persons)	4.35	1.89	3.45	3.14	2.28
小　学 (万人)	Primary Schools (10000 persons)	7.14	3.03	5.79	5.38	3.72
成人高等教育学校在校学生数 (人)	Student Enrollment in Institutions of Higher education for Adults (person)	801	1121	1364	2100	2421
各类专业技术人员数 (万人)	Number of various Scientific and Technical Personnel (10000 persons)	0.99	1.14	2.08	2.3	1.11
#中级技术职称以上人员数	Number of Persons with Middle Professional Titles and Over	0.31	0.5	0.54	0.81	0.41
从事科技活动人员数 (人)	S&T Personnel (person)	675	3018	879	1570	1438
剧场、影剧院数 (个)	Number of Theaters and Music Halls (unit)	2	3	3	3	6
公共图书馆图书藏量 (千册、件)	Total collection of Public Libraries (1000 unit)	69	259	95	161	137
医院、卫生院数 (个)	Number of Hospitals (unit)	41	16	29	26	41
医院、卫生院床位数 (张)	Number of Hospital Beds (unit)	1628	2310	1021	2836	1512
医生数 (人)	Number of Doctors (person)	820	1231	523	1862	933
财政、金融、保险	**Government Finance, Banking and Insurance**					
中央财政预算内收入 (万元)	Central Budgetary Financial Revenue (10000 yuan)	10130	26938	7228	91731	7845
地方财政预算内收入 (万元)	Local Budgetary Financial Revenue (10000 yuan)	21037	43447	16577	55940	25246
地方财政预算内支出 (万元)	Local Budgetary Financial Expenditure (10000 yuan)	23884	47904	26350	70251	36329
#科学事业费支出	Expenditure for Operating Expense of Department of Science	20	196	91	252	161
教育事业费支出	Expenditure for Operating Expense of Education	6797	3418	6609	7222	5109
城乡居民储蓄年末余额 (万元)	Balance of Savings Deposit of Rural and Urban Residents (year-end) (10000 yuan)	193136	276910	155721	422165	250788
人民生活	**People's Livelihood**					
住宅建筑面积 (万平方米)	Floor Space of Residential Buildings (10000 sq. m)	358	634	241	591	282
住宅使用面积 (万平方米)	Gross Living Space of Residential Buildings (10000 sq. m)	244.53	478.31	171.16	410.78	204.03
在岗职工平均人数 (万人)	Average Number of Fully Employed Staff and Workers (10000 persons)	3.54	12.66	4.05	13.54	5.43
在岗职工工资总额 (万元)	Total Wages of Fully Employed Staff and Workers (10000 yuan)	24729	99995	28567	93033	40524
社会福利、劳动保险	**Social Welfare, Labor and Insurance**					
年末离休、退休、退职人员数 (万人)	Number of Retired and Resigned Persons (year-end) (10000 persons)	1.04	4.51	0.9	4.88	1.84
离退休退职人员保险福利费用额 (万元)	Social Insurance and Welfare Funds for Retired and Resigned Persons (10000 yuan)	6948	32663	7823	46614	13221
社会福利院数 (个)	Number of Social Welfare Homes (unit)	36	9	30	9	29
社会福利院床位数 (张)	Number of Social Welfare Homes Beds (unit)	987	263	485	286	571

11—3 各地级城市公用事业基本情况（2000 年）
Basic Statistics on Urban Public Utilities by Region (2000)

指标	Item	全省 Province Total	合肥市 Hefei	淮北市 Huaibei	亳州市 Bozhou
城市及建筑物面积	**Cities Areas and Floor Space of Buildings**				
建成区面积（平方公里）	Developed Areas (sq. m)	886	125	38	50
城市人口密度（人/平方公里）	Population Density of Urban Districts (persons/sq. km)	1542	2938	2428	3042
年末实有房屋建筑面积（万平方米）	Total Floor Space of Buildings (year-end) (10000 sq. m)	20759	3162	1566	456
年末实有住宅建筑面积（万平方米）	Total Floor Space of Residential Buildings (year-end) (10000 sq. m)	11554	1600.8	818	251.6
年末实有住宅使用面积（万平方米）	Total Gross Living Space of Buildings (year-end) (10000 sq. m)	8324.31	1156.5	574.49	179
供水、供气及供热	**Water Supply, Gas Supply and Heating**				
自来水年供水量（万吨）	Annual Supply of Tap Water (10000 tons)	200918	19795	9018	3220
#生活用水量	Water Consumption for Residential use	61398	14179	2601	1030
平均每人生活用水（吨）	Per Capita Water Consumption for Residential use (ton)	89.88	131.90	51	51.24
用水普及率（%）	Percentage of Population with Access to Tap Water (%)	95.78	90.73	99.03	83.30
煤气、天然气供气量（万立方米）	Coal Gas Supply (10000 cu. m)	23596	5097	1518	
#家庭用量	Consumption of Coal Gas for Residential Use	17614	4598	1263	
液化石油气供气量（吨）	Liquefied Petroleum Gas (ton)	458621	33585	9841	2480
#家庭用量	Consumption of Liquefied Gas for Residential Use	167146	32485	9791	2106
市政工程	**Municipal Engineering**				
铺装道路面积（万平方米）	Area of Paved Roads (10000 sq. m)	6865	1264	336	312
平均每人拥有（平方米）	Area of Paved Roads per Population (sq. m)	9.62	11.76	6.53	12.93
排水管道长度（公里）	Length of Sewer Pipelines (km)	4120	828	159	168
排水管道密度（公里/平方公里）	Density of Sewer Pipelines (km/sq. km)	4.74	6.62	4.22	3.34
公共交通	**Public Traffic**				
公共汽（电）车总数（辆）	Number of Public Transportation Vehicles (Buses and Trolley Buses etc.) (unit)	6359	1548	713	72
平均每万人拥有（标台）	Number of Public Transportation Vehicles per 10000 Population (unit)	7.6	13.40	10.97	2.20
出租汽车（辆）	Taxi (unit)	31998	6500	1700	1124
城市绿化	**Afforestation in Cities**				
绿地面积（公顷）	Public Green Areas (hectare)	32852	3290	1006	352
人均公共绿地面积（平方米）	Public Green Areas per Population (sq. m)	6.97	7.65	5.58	4.78
建成区绿化覆盖面积（公顷）	Afforested Developed Areas (hectare)	23978	4006	1179	915
环境污染治理投资额（万元）	Investment on Pollution Treatment (10000 yuan)		1713	4006	
环境卫生	**Environmental Sanitation**				
生活垃圾粪便清运量（万吨）	Volume of Disposal of Excrement and Urine (10000 tons)	382	31	23	25
环境噪声达标面积（平方公里）	Area of Surrounding Noise Reaching the Standard (sq. km)	293	64	17	
工业废水处理排放达标量（万吨）	Disposal Capacity of Sewage (10000 tons)	29658	2332	349	304

11—3 续表 1 continued

指标		Item		宿州市 Suzhou	蚌埠市 Bengbu	阜阳市 Fuyang	淮南市 Huainan
城市及建筑物面积		**Cities Areas and Floor Space of Buildings**					
建成区面积	（平方公里）	Developed Areas	(sq. m)	61	51	41	78
城市人口密度	（人/平方公里）	Population Density of Urban Districts	(persons/sq. km)	3843	1715	7666	1264
年末实有房屋建筑面积	（万平方米）	Total Floor Space of Buildings (year-end)	(10000 sq. m)	503	1700	1193	2040
年末实有住宅建筑面积	（万平方米）	Total Floor Space of Residential Buildings (year-end)	(10000 sq. m)	339	899	722	1156
年末实有住宅使用面积	（万平方米）	Total Gross Living Space of Buildings (year-end)	(10000 sq. m)	244.44	654.87	554.66	817.27
供水、供气及供热		**Water Supply, Gas Supply and Heating**					
自来水年供水量	（万吨）	Annual Supply of Tap Water	(10000 tons)	5360	10470	7123	16217
#生活用水量		Water Consumption for Residential use		1554	3198	3203	7625
平均每人生活用水	（吨）	Per Capita Water Consumption for Residential use	(ton)	61.94	60.18	101.68	90.60
用水普及率	（%）	Percentage of Population with Access to Tap Water	(%)	76.22	100.00	97.70	99.88
煤气、天然气供气量	（万立方米）	Coal Gas Supply	(10000 cu. m)				2052
#家庭用量		Consumption of Coal Gas for Residential Use					1888
液化石油气供气量	（吨）	Liquefied Petroleum Gas	(ton)	2775	27061	3709	15561
#家庭用量		Consumption of Liquefied Gas for Residential Use		2485	27061	3709	13040
市政工程		**Municipal Engineering**					
铺装道路面积	（万平方米）	Area of Paved Roads	(10000 sq. m)	314	402	489	579
平均每人拥有	（平方米）	Area of Paved Roads per Population	(sq. m)	9.54	7.56	15.17	6.87
排水管道长度	（公里）	Length of Sewer Pipelines	(km)	192	312	145	430
排水管道密度	（公里/平方公里）	Density of Sewer Pipelines	(km/sq. km)	3.18	6.10	3.53	5.51
公共交通		**Public Traffic**					
公共汽（电）车总数	（辆）	Number of Public Transportation Vehicles (Buses and Trolley Buses etc.)	(unit)	108	427	366	806
平均每万人拥有	（标台）	Number of Public Transportation Vehicles per 10000 Population	(unit)	2.55	7.64	9.65	7.79
出租汽车	（辆）	Taxi	(unit)	1500	2550	1365	3000
城市绿化		**Afforestation in Cities**					
绿地面积	（公顷）	Public Green Areas	(hectare)	281	3816	1821	2654
人均公共绿地面积	（平方米）	Public Green Areas per Population	(sq. m)	1.32	6.96	11.32	3.82
建成区绿化覆盖面积	（公顷）	Afforested Developed Areas	(hectare)	551	1541	1925	1973
环境污染治理投资额	（万元）	Investment on Pollution Treatment	(10000 yuan)	4334	1222	5968	7567
环境卫生		**Environmental Sanitation**					
生活垃圾粪便清运量	（万吨）	Volume of Disposal of Excrement and Urine	(10000 tons)	13	24	16	33
环境噪声达标面积	（平方公里）	Area of Surrounding Noise Reaching the Standard	(sq. km)		24	17	41
工业废水处理排放达标量	（万吨）	Disposal Capacity of Sewage	(10000 tons)	430	1461	402	4342

11—3 续表2 continued

指标	Item	滁州市 Chuzhou	六安市 Luan	马鞍山市 Maanshan	巢湖市 Chaohu	芜湖市 Wuhu
城市及建筑物面积	**Cities Areas and Floor Space of Buildings**					
建成区面积 (平方公里)	Developed Areas (sq. m)	21	54	38	39	68
城市人口密度 (人/平方公里)	Population Density of Urban Districts (persons/sq. km)	901	1805	1823	3744	2806
年末实有房屋建筑面积 (万平方米)	Total Floor Space of Buildings (year-end) (10000 sq. m)	586	616	1561	475	1587
年末实有住宅建筑面积 (万平方米)	Total Floor Space of Residential Buildings (year-end) (10000 sq. m)	318	380	810.29	285	864
年末实有住宅使用面积 (万平方米)	Total Gross Living Space of Buildings (year-end) (10000 sq. m)	223.37	266.78	600.9	206.09	591.7
供水、供气及供热	**Water Supply, Gas Supply and Heating**					
自来水年供水量 (万吨)	Annual Supply of Tap Water (10000 tons)	2581	4131	45637	3482	17491
#生活用水量	Water Consumption for Residential use	1588	2014	5002	1402	4124
平均每人生活用水 (吨)	Per Capita Water Consumption for Residential use (ton)	85.61	78.92	121.58	62.87	80.20
用水普及率 (%)	Percentage of Population with Access to Tap Water (%)	99.47	86.86	100.00	81.09	99.98
煤气、天然气供气量 (万立方米)	Coal Gas Supply (10000 cu. m)	4581	325	4612		1397
#家庭用量	Consumption of Coal Gas for Residential Use	591	325	3673		1317
液化石油气供气量 (吨)	Liquefied Petroleum Gas (ton)	5255	7201	5500	5698	62878
#家庭用量	Consumption of Liquefied Gas for Residential Use	4893	4822	5500	5098	14300
市政工程	**Municipal Engineering**					
铺装道路面积 (万平方米)	Area of Paved Roads (10000 sq. m)	192	316	325	270	429
平均每人拥有 (平方米)	Area of Paved Roads per Population (sq. m)	10.25	10.77	7.90	9.83	8.34
排水管道长度 (公里)	Length of Sewer Pipelines (km)	129	168	201	139	274
排水管道密度 (公里/平方公里)	Density of Sewer Pipelines (km/sq. km)	6.27	3.12	5.28	3.58	4.01
公共交通	**Public Traffic**					
公共汽(电)车总数 (辆)	Number of Public Transportation Vehicles (Buses and Trolley Buses etc.) (unit)	92	213	465	116	577
平均每万人拥有 (标台)	Number of Public Transportation Vehicles per 10000 Population (unit)	3.32	6.19	10.14	3.38	9.86
出租汽车 (辆)	Taxi (unit)	1142	2100	2160	1020	2500
城市绿化	**Afforestation in Cities**					
绿地面积 (公顷)	Public Green Areas (hectare)	2065	558	4139	1003	1920
人均公共绿地面积 (平方米)	Public Green Areas per Population (sq. m)	4.01	3.93	8.90	22.06	8.38
建成区绿化覆盖面积 (公顷)	Afforested Developed Areas (hectare)	778	764	1570	1080	2323
环境污染治理投资额 (万元)	Investment on Pollution Treatment (10000 yuan)	6410	342	3827	3122	46743
环境卫生	**Environmental Sanitation**					
生活垃圾粪便清运量 (万吨)	Volume of Disposal of Excrement and Urine (10000 tons)	12	26	8	29	18
环境噪声达标面积 (平方公里)	Area of Surrounding Noise Reaching the Standard (sq. km)	8		27	8	35
工业废水处理排放达标量 (万吨)	Disposal Capacity of Sewage (10000 tons)	300	1170	10790	832	1808

11—3 续表 3 continued

指标	Item	宣城市 Xuancheng	铜陵市 Tongling	池州市 Chizhou	安庆市 Anqing	黄山市 Huangshan
城市及建筑物面积	**Cities Areas and Floor Space of Buildings**					
建成区面积（平方公里）	Developed Areas (sq. m)	18	33	16	30	18
城市人口密度（人/平方公里）	Population Density of Urban Districts (persons/sq. km)	4046	1533	1894	1068	180
年末实有房屋建筑面积（万平方米）	Total Floor Space of Buildings (year-end) (10000 sq. m)	510	889	464	1121	573
年末实有住宅建筑面积（万平方米）	Total Floor Space of Residential Buildings (year-end) (10000 sq. m)	358	634	241	591	282
年末实有住宅使用面积（万平方米）	Total Gross Living Space of Buildings (year-end) (10000 sq. m)	244.53	478.31	171.16	410.78	204.03
供水、供气及供热	**Water Supply, Gas Supply and Heating**					
自来水年供水量（万吨）	Annual Supply of Tap Water (10000 tons)	1617	20833	1600	25088	3303
#生活用水量	Water Consumption for Residential use	670	4085	1163	4191	1795
平均每人生活用水（吨）	Per Capita Water Consumption for Residential use (ton)	55.37	133.50	116.18	113.70	131.21
用水普及率（%）	Percentage of Population with Access to Tap Water (%)	94.47	99.90	97.66	100.00	94.02
煤气、天然气供气量（万立方米）	Coal Gas Supply (10000 cu. m)		2941		1073	
#家庭用量	Consumption of Coal Gas for Residential Use		2892		1067	
液化石油气供气量（吨）	Liquefied Petroleum Gas (ton)	4810	37700	4220	214843	4721
#家庭用量	Consumption of Liquefied Gas for Residential Use	4747	2887	3820	15818	4531
市政工程	**Municipal Engineering**					
铺装道路面积（万平方米）	Area of Paved Roads (10000 sq. m)	147	245	107	330	169
平均每人拥有（平方米）	Area of Paved Roads per Population (sq. m)	11.46	8.01	10.47	8.95	11.61
排水管道长度（公里）	Length of Sewer Pipelines (km)	162	85	71	223	152
排水管道密度（公里/平方公里）	Density of Sewer Pipelines (km/sq. km)	9.20	2.59	4.52	7.54	8.40
公共交通	**Public Traffic**					
公共汽（电）车总数（辆）	Number of Public Transportation Vehicles (Buses and Trolley Buses etc.) (unit)	90	218	56	220	86
平均每万人拥有（标台）	Number of Public Transportation Vehicles per 10000 Population (unit)	4.90	6.56	3.32	5.53	2.75
出租汽车（辆）	Taxi (unit)	445	1248	460	1720	330
城市绿化	**Afforestation in Cities**					
绿地面积（公顷）	Public Green Areas (hectare)	462	1555	405	5888	865
人均公共绿地面积（平方米）	Public Green Areas per Population (sq. m)	4.30	8.68	23.10	7.09	6.74
建成区绿化覆盖面积（公顷）	Afforested Developed Areas (hectare)	641	1253	383	979	788
环境污染治理投资额（万元）	Investment on Pollution Treatment (10000 yuan)	1227	2873	2230	4482	12177
环境卫生	**Environmental Sanitation**					
生活垃圾粪便清运量（万吨）	Volume of Disposal of Excrement and Urine (10000 tons)	16	8	13	21	10
环境噪声达标面积（平方公里）	Area of Surrounding Noise Reaching the Standard (sq. km)		17		14	21
工业废水处理排放达标量（万吨）	Disposal Capacity of Sewage (10000 tons)	174	1989	100	2853	22

11—4 各县级城市基本情况（2000 年）
Basic Statement of Cities at County Level (2000)

指 标	Item	界首市 Jieshou	天长市 Tianchang	明光市 Mingguang	桐城市 Tongcheng	宁国市 Ningguo
人口、劳动力及土地面积	**Population, Labor Force and Land Area**					
年末总人口 (万人)	Population (year-end) (10000 persons)	72.78	60.98	62.64	77.40	38.10
年末单位从业人员数 (万人)	Employed Persons in Various Units (year-end) (10000 persons)	2.89	3.47	3.23	2.90	3.00
土地面积 (平方公里)	Land Area (sq.m)	666	1752	2358	1644	2437
综合经济 (万元)	**General Economy (10000 yuan)**					
国内生产总值（当年价格）	Gross Domestic Product (at Current Price)	276143	409032	357916	357490	331724
第一产业	Primary Industry	80846	109447	103382	89061	65942
第二产业	Secondary Industry	90747	181973	149043	161034	149684
#工 业	Industry	71162	157104	123518	144034	132597
第三产业	Tertiary Industry	104550	117612	105491	107395	116098
农 业	**Agriculture**					
农林牧渔业总产值（当年价格） (万元)	Gross Output Value (at Current Price) (10000 yuan)	153800	178730	163820	146032	103355
粮食总产量 (吨)	Output of Grain (ton)	243714	536880	392590	285889	89758
油料产量 (吨)	Output of Oil-bearing Crops (ton)	18103	45201	45069	30110	14937
棉花产量 (吨)	Output of Cotton (ton)	5120	754	1442	1879	95
水果产量 (吨)	Output of Fruits (ton)	7048	342	3201	469	609
肉类总产量 (吨)	Output of Meat (ton)	34913	40227	40887	24419	23334
奶类产量 (吨)	Output of Dairy (ton)	64	90	30		
蔬菜产量 (吨)	Output of Vegetables (ton)	333819	125192	126890	263500	98820
水产品产量 (吨)	Output of Aquatic Products (ton)	4060	50500	53134	31051	2820
工 业	**Industry**					
国有及销售收入 500 万元以上的非国有工业经济指标	Main Indicators of All State-owned and Non-state Enterprises each with an Annual Sales of Over Five Million Yuan					
企业数 (个)	Number of Enterprises (unit)	52	70	50	71	53
大型企业	Large-sized Enterprises	4	2	1		4
中型企业	Medium-sized Enterprises	6	6	6	5	4
小型企业	Small Enterprises	42	62	43	66	45
总产值（当年价格） (万元)	Gross Output Value (at Current Price) (10000 yuan)	115380	253391	73648	190491	241466
内资企业	Domestic Funded Enterprises	111790	250172	68318	179818	204170
港、澳、台商投资企业	Funded by Entrepreneurs from Hong Kong, Macao and Taiwan	3590	3219		8630	9045
外商投资企业	Foreign Funded Enterprises			5330	2043	28251
流动资产年平均余额 (万元)	Annual Average Balance of Circulating Funds (10000 yuan)	86796	125579	57773	54050	181149
固定资产净值年平均余额 (万元)	Annual Average Balance of Net Value of Fixed Assets (10000 yuan)	56255	60771	34446	49260	157056
产品销售收入 (万元)	Sales Revenue (10000 yuan)	109556	226590	68164	182274	226970
#产品销售税金及附加	Sales Tax and Extra Charges	4124	2331	2984	1649	873
本年应交增值税 (万元)	Value Added Tax Payable (10000 yuan)	4207	10262	2989	4989	11688
利润总额 (万元)	Total Profits (10000 yuan)	4859	5809	-728	11270	17830
销售收入 500 万元以下的非国有工业经济指标	Main Indicators of Non-State owned Enterprises eachwith an Annual Sales of Below Five Million Yuan					
企业数 (个)	Number of Enterprises (unit)	1729	2570	5730	3594	1230
总产值（当年价格） (万元)	Gross Output Value (at Current Price) (10000 yuan)	97000	356185	295916	390380	196131

11—4 续表 continued

指标	Item	界首市 Jieshou	天长市 Tianchang	明光市 Mingguang	桐城市 Tongcheng	宁国市 Ningguo
交通运输、邮电通信	**Transportation, Post & Telecommunication**					
民用汽车拥有量 （辆）	Number of Civil Motor Vehicles Owned (unit)	2650	2610	2155	1485	4683
#私人汽车拥有量	Private-owned Vehicles Owned	981	205	1473	476	
邮电业务总量（1990年不变价） （万元）	Revenue of Postal and Telecommunication Services (1990 Constant Prices) (10000 yuan)	8805	10445	5933	6453	8371
本地电话用户 （万户）	Local Telephone Subscribers (10000 subscribers)	51167	60789	38334	67331	47107
年末移动电话用户数 （户）	Number of Mobile Telephone Subscribers at year-end (subscriber)	14696	33400	13126	37000	12168
批发零售贸易与外经、旅游	**Wholesale and Retail Sale, Foreign Trade and Tourism**					
限额以上批发零售贸易业商品销售总额 （万元）	Total Sale of Enterprises above Designed Size in Wholesale and Retail trade (10000 yuan)	8359	10126	16621	23556	58043
社会消费品零售总额 （万元）	Total Retail Sales of Consumer Goods (10000 yuan)	130672	102651	85398	115700	87557
国际旅游者人数 （人）	Number of International Tourists (person)				38000	243
#外国人	Foreigners				65	
国际旅游收入 （万美元）	Foreign Exchange Earnings from International Tourism (USD 10000)				2520	270
固定资产投资	**Investment in Fixed Assets**					
固定资产投资完成额 （万元）	Actually Completed Investment in Fixed Assets (10000 yuan)	39451	58266	63135	82074	85872
教育、科技、文化、卫生	**Education, S&T, Culture and Public Health**					
学校数 （个）	Number of Schools (unit)					
普通中学	Regular Secondary Schools	45	42	39	68	36
小　学	Primary Schools	233	243	248	381	169
专任教师数 （人）	Number of Full-time Teachers (person)					
普通中学	Regular Secondary Schools	1300	1667	1575	2804	1440
小　学	Primary Schools	3732	2341	2686	3523	1586
在校学生数 （万人）	Number of Student Enrollment (10000 persons)					
高　中	Senior Secondary Schools	5854	6158	3915	8235	3779
初　中	Junior Secondary Schools	32097	23156	29497	42644	18544
小　学	Primary Schools	88659	52001	55019	72258	30359
医院、卫生院数 （个）	Number of Hospitals (unit)	32	47	36	63	32
医院、卫生院床位数 （张）	Number of Hospital Beds (unit)	1179	1084	807	762	961
医生数 （人）	Number of Doctors (person)	675	739	346	554	619
财政、金融、保险	**Government Finance, Banking and Insurance**					
财政总收入 （万元）	Total Revenue (10000 yuan)	18088	22813	19317	21779	26512
地方财政预算内收入 （万元）	Local Budgetary Financial Revenue (10000 yuan)	13868	15601	15395	17850	14308
财政支出 （万元）	Total Expenditures (10000 yuan)	19183	19657	20918	24371	20745
#科学事业费支出	Expenditure for Operating Expense of Department of Science	24	24	26	94	4
教育事业费支出	Expenditure for Operating Expense of Education	4091	5666	5770	10324	4048
城乡居民储蓄年末余额 （万元）	Balance of Savings Deposit of Rural and Urban Residents (year-end) (10000 yuan)	145638	147312	85461	177824	112363
人民生活	**People's Livelihood**					
在岗职工平均人数 （人）	Average Number of Fully Employed Staff and Workers (10000 persons)	27731	33891	31135	28618	30292
在岗职工工资总额 （万元）	Total Wages of Fully Employed Staff and Workers (10000 yuan)	14727	19408	17694	19082	24230
农民人均住房面积 （平方米）	Per Capita Net Living Space in Rural Areas (sq. m)	24	28	21	29	28
社会福利	**Social Welfare**					
社会福利院数 （个）	Number of Social Welfare Homes (unit)	22	9	35	25	30
社会福利院床位数 （张）	Number of Social Welfare Homes Beds (unit)	258	88	1005	262	660

主要统计指标解释

年末自来水生产能力 指年底城建部门管理的自来水厂和自备水源的社会单位取水、净化、送水、出厂输水干管等环节的实际生产能力。

年末供水管道长度 指从送水泵到用户水表之间所有管道的长度。

全年供水总量 指公用自来水厂和自备水源的社会单位全年的供水总量，包括有效供水量及损失水量。

生活用水量 指居民日常生活与公共福利设施的用水量，包括居民、饮食店、旅馆、医院、理发店、浴池、洗衣店、游泳池、商店、学校、机关、部队等单位的用水量。

城市人口用水普及率 指城市用水的非农业人口数（不包括临时人口和流动人口）与城市非农业人口总数之比。计算公式为：

用水普及率＝城市用水的非农业人口数/城市非农业人口数×100%

人工煤气生产能力 指城市煤气厂制气、净化、输送等环节的综合实际生产能力。

输气管道长度 指由压缩机、鼓风机、储气罐的出口到用户煤气表之间的全部管道长度。

全年供气总量 指全年售给各类用户的全部煤气量，包括工业用量、家庭用量和其他用量。

城市用气普及率 指使用煤气（包括人工煤气、液化石油气、天然气）的城市非农业人口数（不包括临时人口和流动人口）与城市非农业人口总数之比。计算公式为：

城市煤气普及率＝城市用气的非农业人口数/城市非农业人口总数×100%

城市供热能力 指热电厂、热力公司和达到标准的集中采暖锅炉房向城市输送的供热源的设计能力，即每小时向城市输送蒸汽、热水的能力。

城市供热总量 指热电厂、热力公司和达到标准的集中采暖锅炉房向城市输送的全部蒸汽、热水量。

城市供热管道长度 指热电厂、热力公司和达到标准的集中采暖锅炉房管理的集中供热热源到用户之间的全部供气、供热水的管道长度。

年底实有铺装道路长度 指除土路外，路面经过铺装宽度在3．5米以上的道路，包括高级、次高级道路和普通道路。

城市桥梁 指城市范围内，修建在河道上的桥梁和道路与道路立交、道路跨越铁路的立交桥及人行天桥。包括永久性桥和半永久性桥，不包括临时性桥、铁路桥、涵洞。

城市下水道总长度 指所有排水总管、干管、支管及暗渠、检查井、连接井进出水口等长度之和。

城市污水日处理能力 指污水处理厂每昼夜处理污水量的设计能力。

年末实有公共汽（电）车 指年底可参加营运的全部车辆数，包括营运车辆数和库存查封未参加营运的车辆。不包括非营运车辆，如架线车、油罐车、工程车、货车及其他专用车辆和借入的客运车辆。

城市园林绿地面积 指城市公共绿地、专用绿地、生产绿地、防护绿地、郊区风景名胜区的全部面积。

公共绿地 指供游览休息的各种公园、动物园、植物园、陵园以及花园、游园和供游览休息用的林荫道绿地、广场绿地，不包括一般栽植的行道树及林荫道的面积。

Explanatory Notes for Major Statistical Indicators

Production Capacity of Tap Water at the Year-end refers to the actual comprehensive production capacity of the waterworks administered by the urban construction department and those owned by enterprises or institutions, taking the capacity of the main links, such as water inflow, purification, conveyance and outflow of the trunk pipelines into account.

Length of Water Supply Pipelines at the Year-end refers to the total length of all the pipelines between the water pumps and the users water meters.

Annual Volume of Water Supply refers to the total volume of water supplied by the public water-works and those owned by individual enterprises and institutions during the whole year, including both the effective water supply and loss during the water supply.

Consumption of Water for Residential Use refers to the water consumption of households for daily life and the water consumption of public welfare facilities, including the consumption of restaurants, hotels, hospitals, barber shops, public bathhouses, laundries, swimming pools, shops, schools, institutions, army units and other units.

Percentage of Urban Population with Access to Tap Water refers to the ratio of the urban non-agricultural population (excluing temporary and mobile population) with access to tap water to the total urban non-agricultural population. The formula is:

Percentage of Population with Access to Tap Water = Urban Non-agricultural Population with Access to Tap Water ÷ Urban Non-agricultural Population × 100%

Production Capacity of Gaswork Gas refers to the actual comprehensive production capacity of the urban gasworks in gas generation, purification and delivery.

Length of Gas Pipelines refers to the total length of pipelines between the outlet of the compressor, blower or gas tank and the gas meters of users.

Volume of Gas Supply refers to the total volume of gas sold to users in a year, including the volume for industrial use, residential use and other uses.

Percentage of Urban Population with Access to Gas refers to the ratio of the urban non－agricultural population with access to gas (including gas, liquefied petroleum gas and natural gas) to the urban non－agricultural population(excluding temporary and mobile population). The formula is:

Percentage of Population with Access to Gas = Urban Non-agricultural Population with Access to Gas ÷ Urban Non-agricultural Population × 100%

Heating Capacity in Urban Area refers to the capacity of hourly supply of steam and hot water to cities by thermal power plants, heating corporations and centralized heating boiler rooms which meet certain standard.

Heating Volume in Urban Area refers to the total volume of steam and hot water supplied to cities every year by thermal power plants, heating corporations and centralized heating boiler rooms which meet certain standard.

Length of Heating Pipelines refers to the total length of pipelines for centralized supply of steam and hot water from the thermal power plants, heating corporations and centralized heating boiler rooms which meet certain standard to the users.

Length of Paved Roads at the Year-end refers to the length of roads with a paved surface, and with a width of more than 3－5 meters, including high quality, medium quality and ordinary roads.

Urban Bridges refer to bridges over river courses, great separated junctions and overpasses in urban areas. Permanent bridges and semi-permanent bridges are included. Temporary bridges, railway bridges and culverts are excluded.

Length of Urban Sewage Pipes refers to the total length of general drainage, trunks. branch and blind drainage, inspection wells, connection wells, inlets and outlets, etc.

Daily Disposal Capacity of Urban Sewage refers to the designed 24 hour capacity of sewage disposal at the sewage treatment works.

Number of Public Vehicles (Buses and Trolley buses) at the Year-end refers to the total number of operational buses available at the year-end, including the year-end operational vehicles and vehicles in stock. Non-operational vehicles such as stringing cars, tank cars, machine shop cars, trucks and other special vehicles and the borrowed passenger vehicles are excluded.

Area of Urban Gardens and Green Areas refers to the total area of urban public green land, special green land, production green land, protection green land and suburban scenic spots.

Public Green Area refers to green areas of various parks, zoos, botanical gardens, cemeteries, amusement parks, tree-flanked boulevards greenland squares for tourism and relaxing. Areas with trees planted along-side the streets and boulevards are excluded.

十二、农　　业

AGRICULTURE

简要说明

一、本篇资料反映我省农业生产和农村经济的基本情况，内容主要包括乡村户数、人口与从业人员、耕地、农业机械拥有量、农林牧渔业产值、主要产品产量、水利设施与灌溉防涝、农村居民家庭拥有生产性固定资产等。

二、本篇资料来源：除农村居民家庭拥有生产性固定资产由省农村社会经济调查队提供外，其余资料均来源于省统计局农村处的农村统计调查报表制度。

农村统计调查报表制度的统计范围包括各地、市、县辖区的各种经济类型的全部农林牧渔业以及各非农行业附属的农林牧渔业生产单位。但不包括农业科学试验机构进行的农业生产。

农村统计调查报表制度是按照国家统计局统一要求，由各市、县（区）统计局收集、汇总报送，采取抽样调查、典型调查、重点调查和其他调查所取得的。部分指标及林业生产情况、渔业生产情况等指标均取自同级业务部门的统计资料。

农田水利建设和灌溉防涝情况、农作物受灾情况、农业机械和农产品加工机械拥有量、国营农场基本情况等资料由省水利厅、省民政厅、省农机局、省农垦局提供。

本篇责任编辑：汪　健、王爱兰

Brief Introduction

I. Data in this chapter show the basic conditions of agricultural production and rural economy, including mainly number of rural households, population and number of laborers, cultivated land, quantity of agricultural machinery, output of farming, forestry, animal husbandry and fishery, output of major products, facilities of water conservancy and irrigation and flood prevention, productive fixed assets owned by the rural households.

II. Source of data: Data come from the Agricultural Statistical Reporting System stipulated by the Agricultural Office of Anhui Statistical Bureau, except Data on productive fixed assets owned by the rural households, which is supplied by the Rural Socio-economic Survey Organization of Anhui.

Statistics on agriculture cover all agricultural production activities except activities undertaken by agriculture research institutions.

Data on agriculture are collected, tabulated and processed by the statistical bureau in cities and counties, with sample survey, survey on key units and typical units and other surveys. Data on forestry production, state farm are taken from the professional departments at the same level.

Data on facilities of water conservancy and irrigation and flood prevention, crops disaster, agricultural machinery and processing machinery of agricultural products and state farm are provided by the Water Conservancy Department, the Department of Civil Affairs, Bureau of Agricultural Machinery and Bureau of Agricultural Reclamation.

12—1　农村基层组织和农业基本情况
Basic Conditions of Rural Grassroots Units and Agriculture

指　标	Item	1985	1990	1995	1999	2000
乡镇数　（个）	Number of Township and Town Governments	3407	3336	1854	1840	1841
镇　数	Number of Town Governments	307	404	847	903	941
村民委员会　（个）	Number of Villagers' Committees	31495	31681	30523	30691	30658
乡村户数　（万户）	Number of Rural Households (10000 units)	992	1200.35	1244.30	1266.20	1294.62
乡村从业人员数　（万人）	Number of Rural Laborers (10000 persons)	1974.00	2301.48	2592.24	2724.29	2797.76
男	Male	1076.24	1244.96	1381.65	1452.80	1487.89
女	Female	897.76	1056.52	1210.59	1271.49	1309.87
按行业分乡村劳动力　（万人）	Number of Rural Laborers by Sector (10000 persons)					
农林牧渔业	Farming, Forestry, Animal Husbandry & Fishery	1726.71	1923.19	1930.26	1991.07	2001.82
工　业	Industry	101.60	112.19	173.34	152.16	161.52
建筑业	Construction	40.10	73.83	121.46	153.19	172.17
交通运输业、仓储及邮电通信业	Transportation, Storage, Postal and Telecommunications Services	15.90	30.03	48.78	54.56	61.27
批发零售贸易业餐饮业	Wholesale, Retail Sale and Catering Trades	20.10	37.73	61.77	87.30	103.87
其他非农行业	Other Non-agricultural Trades	69.60	124.51	256.63	286.01	297.11
年末实有耕地面积　（千公顷）	Cultivated Areas (Year-end) (1000 hectares)	4421.91	4365.50	4291.12	4242.48	4229.55
农业机械总动力　（万千瓦）	Total Agricultural Machinery Power (10000 kw)	833	1307	1836	2766.17	2975.87
农用大中型拖拉机　（台）	Number of large and Medium Agricultural Tractors (unit)	15938	13729	9622	12102	29612
农用大中型拖拉机　（万千瓦）	Capacity of Large and Medium Agricultural Tractors (10000 kw)	56.79	50.13	36.31	44.88	73.58
小型拖拉机　（万台）	Number of Mini-tractors (10000 unit)	23.89	56.70	88.12	154.61	165.78
小型拖拉机　（万千瓦）	Capacity of Mini-tractors (10000 kw)	200.03	468.24	703.85	1205.62	1297.74
大中型拖拉机机引农具　（部）	Number of Large and Medium Tractor Towing Farm Machinery (unit)	14176	12317	12365	19772	27993
小型拖拉机机引农具　（万部）	Mini-Tractor Towing Farm Machinery (10000 unit)	20.81	65.33	131.92	306.88	351.92
农用排灌柴油机　（万台）	Number of Diesel Engines (10000 unit)	28.95	46.59	67.98	26.94	31.41
农用排灌柴油机　（万千瓦）	Capacity of Diesel Engines (kw)	254.67	301.30	394.72	205.58	227.42
农用载重汽车　（辆）	Number of Trucks for Agricultural Use (unit)	14566	25813	32943	38848	38716
农用载重汽车　（万千瓦）	Capacity of Trucks for Agricultural Use (10000 kw)	104.04	183.94	236.65	275.76	
渔用机动船　（艘）	Number of Motorized Fishing Boats (unit)	4125	7484	11032	12528	
渔用机动船　（千瓦）	Capacity of Motorized Fishing Boats (kw)	35184	73180	98502	115522	
有效灌溉面积　（千公顷）	Irrigated Area (1000 hectares)	2106.00	2633.01	2933.74	3156.83	3197.35
化肥施用量　（万吨）	Consumption of Chemical Fertilizers (10000 tons)	113.57	144.54	203.28	255.70	253.15
农村用电量　（万千瓦小时）	Electricity Consumed in Rural Areas (10000 kwh)	135214	235637	373936	439215	458060
农作物总播种面积　（千公顷）	Total Sown Area (1000 hectares)	8186.11	8313.60	8354.23	8582.05	8418.01
粮　食	Grain Crops	5898.59	6246.03	5852.48	5934.85	5565.58
谷　物	Cereal	4575.06	5019.27	4806.36	4874.24	4506.56
#稻　谷	Rice	2139.75	2312.32	2156.10	2145.50	2005.49
小　麦	Wheat	1955.00	2074.31	1992.66	2057.08	1931.17
玉　米	Corn	223.91	414.87	552.37	588.46	486.61
豆　类	Beans	710.18	583.73	517.70	558.49	601.81
薯　类	Tubers	613.35	643.03	528.42	502.12	457.21
油　料	Oil-bearing Crops	1089.83	999.35	1263.47	1334.49	1457.36
棉　花	Cotton	235.06	293.17	482.72	303.21	328.84
麻　类	Fiber Crops	243.86	84.09	38.61	17.07	15.02
糖　料	Sugar Crops	2.37	2.75	4.77	7.04	8.40
烟　叶	Tobacco	41.70	44.85	20.08	23.36	19.67
蔬　菜	Vegetables	155.13	231.87	361.93	491.59	539.68

12—2 主要农林牧渔业生产情况
Output of Farming, Forestry, Animal Husbandry and Fishery

指标	Item	1985	1990	1995	1999	2000
农产品产量 (万吨)	Yield of Farm Crops (10000 tons)					
粮食	Grain	2168.00	2520.13	2652.74	2771.20	2472.01
谷物	Cereal	1880.74	2167.80	2358.97	2474.41	2202.23
#稻谷	Rice	1162.91	1379.05	1296.13	1209.73	1195.14
小麦	Wheat	605.90	568.43	757.52	948.07	730.33
玉米	Corn	65.69	174.40	265.53	286.08	247.28
豆类	Beans	77.46	70.89	74.14	97.65	114.60
薯类	Tubers	209.80	281.44	219.63	277.94	233.18
油料	Oil-bearing Crops	145.70	129.13	191.76	268.07	285.06
#花生	Peanuts	24.15	26.20	42.76	102.59	111.15
油菜籽	Rapeseeds	107.93	95.44	141.60	152.28	156.77
芝麻	Sesame	13.28	7.28	7.39	13.18	16.62
棉花	Cotton	16.67	23.60	30.12	24.10	28.50
黄红麻	Jute and Ambary Hemp	48.81	16.25	8.14	2.94	2.22
烟叶	Tobacco	8.04	7.80	4.40	5.52	3.21
#烤烟	Flue-Cured Tobacco	7.60	7.51	4.26	5.21	3.09
蚕茧	Silkworm Cocoons	0.90	1.88	4.04	2.11	2.46
茶叶	Tea	4.26	5.36	4.59	4.89	4.54
水果	Fruits	13.94	26.99	52.66	96.17	110.61
农产品单位面积产量 (公斤/公顷)	Yield of Farm Crops per Hectare (kg/hectare)					
谷物	Cereal	4111	4319	4908	5077	4887
棉花	Cotton	705	810	680	795	867
花生	Peanuts	1755	2250	2356	3731	3328
油菜籽	Rapeseeds	1387	1233	1429	1635	1625
芝麻	Sesames	785	692	831	1041	1049
黄红麻	Jute and Ambary Hemp	2115	2223	2556	2521	2623
烤烟	Flue-Cured Tobacco	1935	1740	2207	2359	1638
造林面积 (千公顷)	Afforested Area (1000 hectares)	138.23	123.70	72.50	77.55	75.70
茶园面积 (千公顷)	Area of Tea Plantations at Year-end (1000 hectares)	118.60	118.73	121.92	110.99	108.37
果园面积 (千公顷)	Area of Orchards at Year-end (1000 hectares)	28.63	78.40	97.64	82.22	84.78
大牲畜年末头数 (万头)	Number of Large Animals (year-end, 10000 heads)	450.94	536.29	723.70	604.34	559.35
#牛	Cattle and Buffaloes	398.35	501.19	701.34	595.19	552.95
马	Horses	15.66	8.09	5.35	2.29	1.58
驴	Donkeys	29.38	21.76	13.97	5.30	3.73
骡	Mules	7.55	5.26	3.04	1.57	1.09
肉猪出栏头数 (万头)	Number of Slaughtered Fattened Hogs (10000 heads)	879.01	1032.72	1674.58	2316.11	2393.18
猪年末头数 (万头)	Number of Hogs (year-end, 10000 heads)	1237.98	1284.06	1565.56	1773.31	1871.01
羊年末只数 (万只)	Number of Sheep and Goats (year-end, 10000 heads)	215.52	398.02	621.11	718.21	794.94
山羊	Goats	193.45	382.27	613.22	715.95	792.52
绵羊	Sheep	22.07	15.75	7.90	2.26	2.42
肉类产量 (万吨)	Output of Meat (10000 tons)	86.63	118.89	197.75	298.65	311.52
#猪牛羊肉	Pork, Beef and Mutton	71.39	97.58	165.78	235.23	241.59
猪肉	Pork	66.90	84.81	136.71	192.46	198.50
牛肉	Beef	2.51	9.78	23.81	32.64	31.88
羊肉	Mutton	1.98	2.99	5.26	10.13	11.21
奶类 (吨)	Milk (ton)	18502	25538	24904	35707	41204
#牛奶	Cow Milk	18482	25482	24891	35680	41194
绵羊毛 (吨)	Sheep Wool (ton)	1123	713	313	199	174
禽蛋 (万吨)	Poultry Eggs (10000 tons)	24.71	32.55	51.24	102.37	107.40
淡水产品总产量 (万吨)	Total Output of Freshwater Aquatic Products (10000 tons)	17.31	29.10	75.20	153.86	159.80

12—3 农业现代化情况
Statistics on Agricultural Modernization

指标	Item	1985	1990	1995	1999	2000
农业机械化情况 （千公顷）	**Statistics on Agricultural Machinery (1000 hectares)**					
机耕面积	Area Ploughed by Tractors	1125.28	1945.81	2769.72	3531.58	3600.94
机播面积	Seeded Area by Tractors	43.84	355.57	1463.09	1999.33	1995.52
#机播小麦面积	Wheats Area by Tractors	26.38	331.28	1302.19	1542.00	1446.61
机械植保作业面积	Plant protection Area by Tractors	898.77	902.41	1439.75	3916.17	2864.51
机械收获面积	Harvest Area by Tractors	81.73	466.67	1299.46	2345.19	2425.13
农村电气化情况	Electrification of Rural					
农村用电量 （亿千瓦时）	Electricity Consumed in Rural Area (100 miliion kwh)	13.52	23.56	37.39	43.92	45.81
农用化肥施用量 （万吨）	Used Chemical Fertilizers (10000 tons)	113.57	144.54	203.28	255.70	253.15
农用塑料薄膜使用量（万吨）	Used Plastic Film (10000 tons)		1.96	4.07	5.90	5.81
农用柴油使用量 （万吨）	Used Diesel Oil (10000 tons)			32.90	39.09	41.62
农药使用量 （万吨）	Used Agricultural Chemical Insecticides (10000 tons)		3.15	6.33	7.18	7.56
农田水利情况	**Irrigation and Water Conservancy**					
旱涝保收面积 （千公顷）	Area With Stable Yields Despite Drought or Waterlogging (1000 hectares)	1692.01	1852.43	2090.71	2345.30	2391.19
除涝面积 （千公顷）	Flooded or Waterlogged Area Under Control (1000 hectares)	1889.69	1941.98	2048.40	2129.00	2148.49
防洪耕地面积 （千公顷）	Area with Flood Prevention Measures (1000 hectares)	2281.32	2159.95	2295.28	2291.55	2293.85
有效灌溉面积 （千公顷）	Irrigated Area (1000 hectares)	2106.00	2633.01	2933.74	3156.83	3197.35
#机电排灌面积	Electrical Irrigation and Drainage Area	1758.42	2096.93	2470.60	2694.21	2735.60
机电排灌面积占有效灌溉面积的比重 （%）	Proportion of Electrical Irrigation and Drainage Area to Irrigated Area (%)	83.50	79.64	84.21	85.35	85.56
机电井数 （万眼）	Electrical Well (10000)	11.22	11.46	12.65	16.01	16.31
#已配套	Form a Complete Set	4.18	4.75	6.22	8.29	9.32

12—4 农村居民家庭平均每户生产性固定资产原值
Original value of Productive Fixed Assets of per Rural Household

单位：元 (yuan)

指标	Item	1990	1995	1999	2000
合　计	**Total**	**1222.93**	**2780.24**	**3674.88**	**4160.98**
役畜和产品畜	Draught and Commodity Animals	428.23	670.43	539.55	377.83
大中型铁木农具	Large and medium Wood and Iron Farm Tools	101.77	212.61	287.47	312.26
农林牧渔业机械	Machinery of Farming, Forestry, Animal Husbandry and Fishery	258.55	812.95	1749.32	1734.23
工业机械	Industrial Machinery	24.20	31.32	75.60	113.76
运输机械	Transport Machinery	103.21	206.45	163.66	292.19
生产用房	Buildings for Productive Purpose	242.54	695.00	730.21	994.81
其　他	Other	64.43	151.48	129.08	335.90

注：本表为农村住户抽样调查资料。
a) Data in this table are obtained from the sample surveys on rural households.

12—5 农村居民家庭每百户拥有生产性固定资产数量
Number of Productive Fixed Assets of Per 100 Rural Households

指标		Item	1990	1995	1999	2000
汽　车	(辆)	Motor Vehicles		0.34	0.36	0.47
大中型拖拉机	(台)	Large and medium Tractors	0.03	1.01	0.79	1.40
小型及手扶拖拉机	(台)	Mini and Walking Tractors	0.08	19.99	29.83	29.02
机动脱粒机	(台)	Motorized Threshing Machines	0.02	20.73	14.62	19.18
胶轮大车	(辆)	Carts With Rubber Tires	0.01	0.98	2.66	
胶轮手推车	(辆)	Hand Carts With Rubber Tires	0.49	50.27	38.39	
抽 水 机	(台)	Water Pumps	0.02	4.80	6.72	
农用水泵	(台)	Pumps for Agricultural Use	0.04	18.98	31.34	39.55
机 动 船	(条)	Motorized Boats		0.18	0.13	

注：本表为农村住户抽样调查资料。
a) Data in this table are obtained from the sample surveys on rural households.

12—6 农林牧渔业总产值及构成
Gross Output Value of Farming, Forestry, Animal Husbandry and Fishery and its Composition

本表按当年价格计算。 (Data in value terms in this table are calculated at current prices.)

年份 Year	绝对数（万元） Gross Output Value (10000 yuan)					构成（%） Composition (%)				
	农林牧渔业总产值 Total of Farming, Forestry, Animal Husbandry and Fishery	农业 Farming	林业 Forestry	牧业 Animal Husbandry	渔业 Fishery	农林牧渔业总产值 Total of Farming, Forestry, Animal Husbandry and Fishery	农业 Farming	林业 Forestry	牧业 Animal Husbandry	渔业 Fishery
1980	846344	686386	21478	131543	6937	100.00	81.10	2.54	15.54	0.82
1985	1982389	1453136	80407	408922	39924	100.00	73.30	4.06	20.63	2.01
1990	3709359	2608524	169704	819844	111287	100.00	70.32	4.58	22.10	3.00
1991	3172643	2062919	186563	795239	127922	100.00	65.02	5.88	25.07	4.03
1992	3900425	2623203	208206	928910	140106	100.00	67.25	5.34	23.82	3.59
1993	5191159	3570502	257472	1135955	227230	100.00	68.78	4.96	21.88	4.38
1994	7744269	5073640	347752	1985749	337128	100.00	65.52	4.49	25.64	4.35
1995	9802574	6379076	395940	2461908	565650	100.00	65.08	4.04	25.11	5.77
1996	11245106	6836552	438700	3026302	943552	100.00	60.80	3.90	26.91	8.39
1997	12265376	7010969	521111	3576168	1157128	100.00	57.16	4.25	29.16	9.43
1998	12022702	6796113	585207	3357000	1284382	100.00	56.53	4.87	27.92	10.68
1999	12343188	7067959	608806	3400643	1265780	100.00	57.26	4.93	27.55	10.26
2000	12199576	6752705	640199	3493827	1312845	100.00	55.35	5.25	28.64	10.76

12—7 农林牧渔业总产值及指数
Gross Output Value of Farming, Forestry, Animal Husbandry and Fishery and Related Indices

本表按1990年不变价格计算。 (Data in this table are calculated at 1990 constant prices.)

年份 Year	绝对数（万元） Gross Output Value (10000 yuan)					指数（%） Related Indices (%)				
	农林牧渔业总产值 Total of Farming, Forestry, Animal Husbandry and Fishery	农业 Farming	林业 Forestry	牧业 Animal Husbandry	渔业 Fishery	农林牧渔业总产值 Total of Farming, Forestry, Animal Husbandry and Fishery	农业 Farming	林业 Forestry	牧业 Animal Husbandry	渔业 Fishery
1980	1900053	1395632	76431	397136	30854	99.36	96.36	110.70	107.25	125.33
1985	3231291	2339345	141385	675661	74900	111.71	108.28	107.35	124.95	125.43
1990	3714061	2606244	158332	818903	130582	104.11	104.45	100.46	104.34	100.58
1991	3157879	2036119	173537	805446	142777	85.02	78.12	109.60	98.36	109.34
1992	3844427	2602113	186823	917322	138169	121.74	127.80	107.66	113.89	96.77
1993	4309404	2941272	203594	999186	165352	112.09	113.03	108.98	108.92	119.67
1994	4446276	2833304	229950	1173872	209150	103.18	96.33	112.95	117.48	126.49
1995	5079625	3160366	245429	1329409	344421	114.24	111.54	106.73	113.25	164.68
1996	5669534	3337544	283696	1528066	520228	111.61	105.61	115.59	114.94	151.04
1997	6252654	3560510	294888	1763526	633730	110.29	106.68	103.95	115.41	121.82
1998	6291171	3459332	319682	1788000	724157	100.62	97.16	108.41	101.39	114.27
1999	6807047	3834999	339892	1861308	770848	108.20	110.86	106.32	104.10	106.45
2000	6920054	3781259	365649	1963609	809537	101.66	98.60	107.58	105.50	105.02

12—8 主要农业机械年末拥有量
Agricultural Machinery at Year-end

年份 Year	农业机械总动力(万千瓦) Total power of Agricultural Machinery (10000 kw)	农用排灌动力机械(万千瓦) Irrigation and Drainage Machinery for Agricultural Use (10000 kw)	农用大中型拖拉机(台) Large and Medium Agricultural Tractors (unit)	农用小型及手扶拖拉机(台) Mini and Walking Tractors (unit)	联合收割机(台) Combine Harvester (unit)	农用载重汽车(辆) Trucks for Agricultural Use (unit)	农用机动运输船 Motorized Transportatation Boats 艘 (unit)	千瓦 (kw)
1980	664.30	364.40	17562	116992	424	4287	3494	46503
1985	833.00	254.70	15938	233886	585	14566	19031	20520
1990	1307.32	301.30	13729	567011	639	25813	25623	31722
1991	1380.20	316.69	12867	615099	607	26768	27013	344255
1992	1452.10	326.67	11890	645181	640	28002	28424	344787
1993	1552.00	342.12	11254	711300	705	28893	30126	371111
1994	1684.00	369.49	10380	788945	833	30984	29664	414001
1995	1836.00	394.72	9622	881200	978	32943	31468	447434
1996	2016.95	411.88	8959	1005408	1440	35582	30089	457782
1997	2239.62	423.79	9439	1175599	3222	35358	31205	467491
1998	2546.58	454.65	9579	1401770	4472	37435	29341	499942
1999	2766.17	477.30	12102	1546076	6902	38848	29170	530683
2000	2975.87	522.98	29612	1657766	9499	38716		

12—9 农田水利建设
Water Conservancy Construction

年份 Year	农村小型水电站年末装机容量(千瓦) Capacity of Small-scale Hydropower Station at Year-end (kw)	已建成水库(座) Number of Reservoirs (unit)	水库库容量(亿立方米) Capacity of Reservoirs (100 million cu. m)	有效灌溉面积(千公顷) Irrigated Area (1000 hectares)	旱涝保收面积(千公顷) Area With Stable Yields Despite Drought or Water-logging (1000 hectares)	除涝面积(千公顷) Flooded or Waterlogged Area Under Control (1000 hectares)	防洪耕地面积(千公顷) Area With Flood Prevention Measures (1000 hectares)	治理水土流失面积(千公顷) Area of Soil Erosion Under Control (1000 hectares)	堤防长度(公里) Total Length of Dikes (km)	堤防保护耕地面积(千公顷) Area of Land Protected by Dikes (1000 hectares)
1980	47531	4257	170.82	2437.99	1816.85	1798.11	1955.79	1492.28	16351	
1985	54532	4340	175.58	2106.00	1692.01	1889.69	2281.32	1271.95	17554	2223.48
1990	66184	4533	182.25	2633.01	1852.43	1941.98	2159.95	1428.00	19222	2144.00
1991	70833	4536	182.60	2719.39	1901.77	1939.80	2171.12	1446.12	19352	2111.64
1992	65561	4538	183.24	2768.72	1926.94	1978.68	2244.55	1483.27	19411	2138.38
1993	65268	4764	183.96	2818.30	1978.80	1994.74	2321.50	1509.90	19394	2179.42
1994	109700	4781	184.01	2871.00	2027.80	2019.71	2278.00	1542.31	19446	2186.17
1995	96892	4787	184.39	2933.74	2090.71	2048.40	2295.28	1575.33	19524	2190.24
1996	65629	4828	184.73	2971.44	2148.27	2070.45	2294.41	1602.92	19560	2173.16
1997	80700	4822	184.98	3048.98	2227.44	2086.84	2295.43	1631.53	19647	2174.29
1998	93300	4825	185.04	3100.14	2286.87	2107.15	2287.59	1672.84	19827	2178.28
1999	89983	4814	185.14	3156.83	2345.30	2129.00	2291.55	1718.24	19841	2183.13
2000	98102	4815	185.10	3197.35	2391.19	2148.49	2293.85	1765.30	19902	2184.20

12—10 农林牧渔业总产值(2000年)
Gross Output Value of Farming, Forestry, Animal Husbandry and Fishery (2000)

单位：万元 (10000 yuan)

指标	Item	按1990年不变价格计算 At 1990 Constant Prices	按当年价格计算 At current Prices
农林牧渔业总产值	**Total Gross Output Value**	**6920054**	**12199576**
一、农业产值	**I. Gross Output Value of Farming**	**3781259**	**6752705**
种植业	Planting	3354556	6134632
主产品产值	Output Value of Main Products	3175762	5804772
粮食作物合计	Grain Crops	1454841	2778644
谷物	Cereal	1223867	2247785
豆类	Beans	127930	264004
薯类	Tubers	103044	266855
油料	Oil-bearing Crops	420138	681455
棉花	Cotton	209239	411947
麻类	Fiber Crops	8819	13894
糖类	Sugar Crops	4611	20500
烟叶	Tobacco	9688	20447
药材类	Crude Drugs	106666	118551
蔬菜、瓜类	Vegetables and Melon	661001	1386327
茶、桑、果	Tea, Mulberry and Fruit	179794	214831
其他种植业	Other Planting	120965	158176
#饲料作物	Feed Crops	1459	4111
副产品产值	Output Value of Subsidiary Products	178794	329860
粮食作物副产品	Subsidiary Products of Grain Crops	147586	255155
#谷物副产品	Cereal	124439	215579
其他副产品	Other Subsidiary Products	31208	74705
其他农业	Other Farming	426703	618073
采集野生植物	Collecting Wild Plants	87792	108909
农民家庭兼营商品性工业	Family Concurrently Operated Commodity Industry	338911	509164
二、林业产值	**II. Gross Output Value of Forestry**	**365649**	**640199**
营林	Forestry Management	53577	136205
林产品	Forestry Production	196127	338297
村及村以下竹木采伐	Bamboo and Timber Lumbering at Village Level and Below	115945	165697
三、牧业产值	**III. Gross Output Value of Animal Husbandry**	**1963609**	**3493827**
牲畜	Animals	961712	2022378
大牲畜繁殖、增长、增重	Multiplying and Raising of Big Animals	95742	239697
牛	Cattle and Buffaloes	94893	238623
马	Horses	254	339
驴	Donkeys	469	565
骡	Mules	126	170
骆驼	Camels		
猪	Hogs	817020	1653745
羊	Sheep and Goats	44325	118567
其他	Others	4625	10369
家禽的饲养	Poultry Breeding	421133	671530
活的畜禽产品	Live Livestock and Poultry Products	540214	732556
捕猎野兽、野禽	Wild Animals and Poultry Hunting	4056	4634
其他动物产品	Other Animal Products	36494	62729
四、渔业产值	**IV. Gross Output Value of Fishery**	**809537**	**1312845**
淡水产品	Freshwater Aquatic Products	809537	1312845
#养殖	Cultured	574504	916229

12—11 农作物主要产品生产情况（2000 年）
Production of Major Farm Products (2000)

指标	Item	播种面积（千公顷）Sown Area (1000 hectares)	产量（万吨）Yield (10000 tons)
农作物总播种面积	**Total**	**8418.01**	
一、粮食作物合计	I. Grain Crops	5565.58	2472.01
#夏收粮食	Summer-Harvest Crops	2054.97	769.27
（一）谷　物	A. Cereal	4506.56	2202.23
1. 稻　谷	a. Rice	2005.49	1195.14
#早　稻	Early Rice	298.72	150.33
中稻和一季晚稻	Middle-season Rice and Single-crop Late Rice	1390.38	861.97
晚　稻	Late Rice	316.39	182.84
2. 小　麦	b. Wheat	1931.17	730.33
3. 玉　米	c. Corn	486.61	247.28
#杂交玉米	Hybrid Corn	472.41	243.00
4. 谷　子	d. Millet	0.25	0.08
5. 高　粱	e. Sorghum	4.57	1.41
6. 其他谷物	f. Other Cereal	78.47	27.99
#大　麦	Barley	71.98	25.43
（二）豆类合计	B. Beans	601.81	114.60
大　豆	Soybean	519.45	100.14
绿　豆	Mung Bean	40.44	6.11
红小豆	Small Red Bean	7.89	1.63
（三）薯　类	C. Tubers	457.21	233.18
#马铃薯	Potato	7.40	3.00
二、油料合计	II. Oil-bearing Crops	1457.36	285.06
#花　生	Peanuts	333.97	111.15
油菜籽	Rapeseeds	964.67	156.77
芝　麻	Sesame	158.49	16.62
向日葵籽	Sunflower Seeds	0.05	
三、棉　花	III. Cotton	328.84	28.50
四、麻类合计	IV. Fiber Crops	15.02	3.47
#黄红麻	Jute and Ambary Hemp	8.48	2.22
苎　麻	Ramie	4.01	0.67
大　麻	Hemp	2.19	0.50
五、糖料合计	V. Sugar Crops	8.40	32.06
甘　蔗	Sugarcane	8.38	32.03
甜　菜	Beetroots	0.02	0.03
六、烟叶合计	VI. Tobacco	19.67	3.21
#烤　烟	Flue-cured Tobacco	18.86	3.09
七、药材类合计	VII. Crude Drugs	56.42	16.18
八、蔬菜、瓜类	VIII. Vegetables and Melon	723.88	1978.52
蔬菜（含菜用瓜）	Vegetables (Including Gourd)	539.68	1448.96
瓜　类（果用瓜）	Melon	184.20	529.56
#西　瓜	Watermelon	157.65	438.98
甜　瓜	Muskmelon	15.13	38.38
九、其它作物	IX. Other Crops	242.84	
#青饲料	Green Feed	29.66	

12—12 各市农村基层组织情况(2000年)
Basic Conditions of Rural Grassroots Units by Region (2000)

地 区 Region		乡镇数(个) Number of Township and Town Govenments	镇数 Town Governments	村民委员会(个) Number of Villagers' Committees	乡村户数(户) Number of Households (household)	乡村人口数(人) Rural Population (person)	乡村从业人员数(人) Number of Rural Laborers (person)	男 Male	女 Female
总 计	**Total**	**1841**	**941**	**30658**	**12946158**	**50891157**	**27977627**	**14878897**	**13098730**
合肥市	Hefei	108	43	2008	737982	2963580	1662125	884157	777968
淮北市	Huaibei	32	23	630	308717	1164323	558486	285221	273265
亳州市	Bozhou	101	79	2725	1141565	4699705	2578690	1356924	1221766
宿州市	Suzhou	107	69	2930	1213706	4867454	2660072	1386322	1273750
蚌埠市	Bengbu	72	29	1669	601017	2533344	1415716	751477	664239
阜阳市	Fuyang	172	110	4056	1938001	7862630	4457553	2332649	2124904
淮南市	Huainan	40	20	556	271073	1101496	641068	345012	296056
滁州市	Chuzhou	169	86	2289	832893	3322256	1824662	968748	855914
六安市	Luan	188	110	3431	1554887	5983144	3098135	1703619	1394516
马鞍山市	Maanshan	31	16	367	189198	677852	375111	196519	178592
巢湖市	Chaohu	126	72	2129	984022	3806956	2032959	1108705	924254
芜湖市	Wuhu	70	45	724	442509	1534874	903598	489540	414058
宣城市	Xuancheng	170	62	1574	656959	2362057	1334640	733257	601383
铜陵市	Tongling	20	9	222	98460	343300	187420	100238	87182
池州市	Chizhou	95	35	986	354099	1335507	746353	396790	349563
安庆市	Anqing	204	95	3193	1270462	5126650	2771752	1468699	1303053
黄山市	Huangshan	136	38	1169	350608	1206029	729287	371020	358267

12—13 各市乡村从业人员(年末数)
Rural Labor Force by Sector and Region (Year-end)

单位:人 (persons)

地 区 Region		农林牧渔业 Farming, Forestry, Animal Husbandry and Fishery	工业 Industry	建筑业 Construction	交通运输业、仓储及邮电通信业 Transportation, Storage, Postal and Telecommunications	批发零售贸易业餐饮业 Wholesale, Retail Sale and Catering Trades	其他非农行业 Other Non-agricultural Trades
总 计	**Total**	**20018227**	**1615170**	**1721710**	**612733**	**1038704**	**2971083**
合肥市	Hefei	1181236	84660	162873	42336	78256	112764
淮北市	Huaibei	458485	25574	20733	11134	14400	28160
亳州市	Bozhou	1942759	153041	121513	58084	88971	214322
宿州市	Suzhou	2227300	83911	104930	36801	63073	144057
蚌埠市	Bengbu	1132150	69725	61495	21554	52736	78056
阜阳市	Fuyang	3105025	273676	240439	82735	177069	578609
淮南市	Huainan	421691	56992	52037	27330	38943	44075
滁州市	Chuzhou	1400505	101882	90508	41247	55434	135086
六安市	Luan	2044943	134284	209660	56935	101891	550422
马鞍山市	Maanshan	244784	44685	36761	10058	14830	23993
巢湖市	Chaohu	1394703	98609	158689	43609	88630	248719
芜湖市	Wuhu	523006	94589	64501	30725	56715	134062
宣城市	Xuancheng	930460	105766	81997	40927	48922	126568
铜陵市	Tongling	108150	24016	14867	5901	7142	27344
池州市	Chizhou	485607	39682	37735	15861	21618	145850
安庆市	Anqing	1864393	196263	227392	74977	107495	301232
黄山市	Huangshan	553030	27815	35580	12519	22579	77764

12—14 各市农、林、牧、渔业总产值及指数（2000 年）
Gross Output Value of Farming，Forestry，Animal Husbandry and Fishery and Related Indices by Region（2000）

本表绝对数按当年价格计算，指数按可比价格计算。

Data in value terms in this table are calculated at current prices，while the indices are calculated at comparable prices.

地区 Region	绝对数（万元）Gross Output Value of Farming，Forestry，Animal Husbandry and Fishery（10000 yuan）				
	农林牧渔业总产值 Total	农业 Farming	林业 Forestry	牧业 Animal Husbandry	渔业 Fishery
总计 Total	**12199576**	**6752705**	**640199**	**3493827**	**1312845**
合肥市 Hefei	644408	308870	16901	250642	67995
淮北市 Huaibei	254407	176204	3101	61270	13832
亳州市 Bozhou	1177261	706988	38351	381880	50042
宿州市 Suzhou	1342784	868410	50429	391114	32831
蚌埠市 Bengbu	715375	416974	9922	198491	89988
阜阳市 Fuyang	1618530	930519	76862	543513	67636
淮南市 Huainan	265230	145313	2320	82334	35263
滁州市 Chuzhou	1185112	657798	14960	345057	167297
六安市 Luan	1187721	538884	104627	430901	113309
马鞍山市 Maanshan	187558	79705	2039	28767	77047
巢湖市 Chaohu	967084	490823	38298	230191	207772
芜湖市 Wuhu	396409	196518	29305	100325	70261
宣城市 Xuancheng	622065	305211	96988	158450	61416
铜陵市 Tongling	79269	44637	7317	13729	13586
池州市 Chizhou	276239	147411	20058	69625	39145
安庆市 Anqing	978110	455426	84117	280626	157941
黄山市 Huangshan	294391	148097	44914	88983	12397

地区 Region	指数（上年=100）Indices of Gross Output of Farming，Forestry，Animal Husbandry and Fishery（Preceding year=100）				
	农林牧渔业总产值 Total	农业 Farming	林业 Forestry	牧业 Animal Husbandry	渔业 Fishery
总计 Total	**101.66**	**98.60**	**107.58**	**105.50**	**105.02**
合肥市 Hefei	100.43	90.49	120.58	111.64	103.55
淮北市 Huaibei	104.09	100.30	101.23	111.36	113.68
亳州市 Bozhou	95.45	91.96	110.64	101.23	94.01
宿州市 Suzhou	105.61	104.54	110.43	107.34	105.30
蚌埠市 Bengbu	99.93	94.86	120.98	109.85	107.84
阜阳市 Fuyang	93.80	89.03	104.43	101.15	93.70
淮南市 Huainan	97.38	92.64	103.70	105.59	98.36
滁州市 Chuzhou	101.40	97.77	91.50	104.20	110.60
六安市 Luan	92.99	81.53	111.47	106.83	102.82
马鞍山市 Maanshan	101.22	102.71	104.50	93.06	103.23
巢湖市 Chaohu	97.97	94.81	92.47	101.12	103.19
芜湖市 Wuhu	107.37	107.21	101.05	109.36	107.32
宣城市 Xuancheng	109.38	105.90	103.41	123.05	106.50
铜陵市 Tongling	110.16	114.69	104.43	110.76	100.98
池州市 Chizhou	103.99	103.05	104.78	106.49	103.20
安庆市 Anqing	110.54	116.02	105.44	105.13	107.88
黄山市 Huangshan	102.94	100.78	105.31	108.34	87.39

12—15　各市主要农业机械和农产品加工机械年末拥有量（2000 年）
Agricultural Machinery and Machinery for Processing Farm Products at Year-end by Region (2000)

地　区 Region		农业机械总动力（千瓦） Total Power of Agricultural Machinery (kw)	农用大中型拖拉机 Large and Medium Agricultural Tractors		小型拖拉机 Mini-Tractors		大中型拖拉机机引农具（部） Number of Large and Medium Tractor Towing Farm Machinery (unit)	小型拖拉机机引农具（部） Number of Mini-Tractor Towing Farm Machinery (unit)
			Number（台）(unit)	Capacity（千瓦）(kw)	Number（台）(unit)	Capacity（千瓦）(kw)		
总　计	**Total**	**29758688**	**29612**	**735784**	**1657766**	**12977399**	**27993**	**3519187**
合肥市	Hefei	1276369	857	22095	112358	585753	419	211441
淮北市	Huaibei	1396933	1178	36483	89193	930525	2915	251999
亳州市	Bozhou	3324736	1297	46047	126849	1221433	2633	299344
宿州市	Suzhou	3290223	1861	59013	164507	1500156	3280	267347
蚌埠市	Bengbu	2957913	1160	46645	259393	2306941	1104	616042
阜阳市	Fuyang	2979005	2992	107751	121433	1232985	5591	230664
淮南市	Huainan	1199834	621	25945	98240	811403	3033	202944
滁州市	Chuzhou	2820831	2287	71633	312189	1810363	2577	625491
六安市	Luan	3059236	6107	118173	159854	1129922	3846	446636
马鞍山市	Maanshan	421573	288	8322	10825	87273	281	16679
巢湖市	Chaohu	1744964	1564	35966	52381	314837	879	108690
芜湖市	Wuhu	771972	906	15761	21970	179818	2	32960
宣城市	Xuancheng	1433166	1355	23248	40356	323782	190	68745
铜陵市	Tongling	298391	412	10738	862	6165	170	1082
池州市	Chizhou	662557	680	10701	28645	151206	4	46752
安庆市	Anqing	1641308	5824	93551	47860	300149	1066	81132
黄山市	Huangshan	479677	223	3712	10851	84688	3	11239

12—16　各市有效灌溉面积、农用化肥施用量、农村用电情况（2000 年）
Irrigated Area, Consumption of Chemical Fertilizers and Electricity Consumption in Rural Areas by Region (2000)

地　区 Region		有效灌溉面积（千公顷） Irrigated Area (1000 hectares)	化肥施用量（吨） Consumption of Chemical Fertilizer (ton)	氮　肥 Nitrogenous Fertilizer	磷　肥 Phosphate Fertilizer	钾　肥 Potash Fertilizer	复合肥 Compound Fertilizer	农村用电量（万千瓦时） Electricity Consumed in Rural Area (10000 kwh)
总　计	**Total**	**3197.35**	**2531491**	**1183910**	**425798**	**248738**	**673045**	**458060.19**
合肥市	Hefei	271.99	183636	102199	38166	6495	36776	23432.46
淮北市	Huaibei	72.26	65702	28528	11775	7972	17427	12832.96
亳州市	Bozhou	260.03	243369	103613	53921	31895	53940	32669.00
宿州市	Suzhou	329.70	246684	103217	43231	32981	67255	24384.70
蚌埠市	Bengbu	180.62	269494	119643	45756	26587	77508	24471.00
阜阳市	Fuyang	331.52	272498	111000	50616	35955	74927	48459.00
淮南市	Huainan	88.88	73068	32856	9840	7934	22438	29198.00
滁州市	Chuzhou	337.60	260307	121074	48400	17197	73636	36453.00
六安市	Luan	372.39	227342	131331	30710	14430	50871	29796.35
马鞍山市	Maanshan	48.08	29883	13997	3023	3683	9180	9708.30
巢湖市	Chaohu	277.34	265222	122583	40383	25116	77140	48835.00
芜湖市	Wuhu	85.46	58024	32169	6382	6097	13376	40265.10
宣城市	Xuancheng	141.97	90054	39542	12057	8379	30076	20385.05
铜陵市	Tongling	24.00	17339	8780	3499	2115	2945	6452.66
池州市	Chizhou	82.60	42970	22715	2171	4794	13290	12026.98
安庆市	Anqing	246.34	152337	71330	24671	15241	41095	49903.38
黄山市	Huangshan	46.57	33562	19333	1197	1867	11165	8787.25

12—17 各市水利设施和除涝面积（2000年）
Water Conservancy Facilities and Area with Flood Prevention Measures by Region (2000)

地　区 Region	水库数（座） Number of Reservoirs	水库总库容量（万立方米） Capacity of Reservoirs (10000 cu.m)	除涝面积（千公顷） Flooded or Waterlogged Area Under Control (1000 hectares)	节水灌溉面积（千公顷） Irrigated Area With Saved Water (1000 hectares)	水土流失治理面积（千公顷） Area of Soil Erosion Under Control (1000 hectares)
总　计 Total	**4815**	**1850995**	**2148.49**	**534.86**	**1765.30**
合肥市 Hefei	581	114857	20.86	30.24	15.80
淮北市 Huaibei	5	1771	119.27	29.88	9.40
亳州市 Bozhou			399.58	18.85	
宿州市 Suzhou	83	7507	344.19	58.83	39.85
蚌埠市 Bengbu	42	3876	213.82	12.53	7.50
阜阳市 Fuyang			415.41	62.53	0.83
淮南市 Huainan	6	422	38.72	22.81	3.81
滁州市 Chuzhou	1057	297902	58.05	4.89	185.97
六安市 Luan	1130	726363	62.65	246.68	244.40
马鞍山市 Maanshan	13	663	44.44	2.93	7.10
巢湖市 Chaohu	323	34241	158.57	22.53	173.85
芜湖市 Wuhu	81	3818	59.51	3.20	29.79
宣城市 Xuancheng	340	310412	35.16	4.06	158.59
铜陵市 Tongling	40	1707	12.05	4.03	
池州市 Chizhou	377	24674	43.38	2.78	242.82
安庆市 Anqing	522	302184	106.07	4.15	395.45
黄山市 Huangshan	215	20598	0.63	3.94	250.14

12—18 各市农村居民家庭平均每人经营耕地情况（2000年）
Per Capita Area of Cultivated Land Managed by Rural Households by Region (2000)

单位：亩　　(mu)

地　区 Region	耕地面积 Area of Cultivated Land Under Management	山地面积 Hilly Area Under Management	水面面积 Water Area Under Management
合肥市 Hefei	1.51		
淮北市 Huaibei	1.46		
亳州市 Bozhou	2.19		
宿州市 Suzhou	1.78	0.01	
蚌埠市 Bengbu	2.08		0.01
阜阳市 Fuyang	1.22		
淮南市 Huainan	1.24		0.12
滁州市 Chuzhou	2.13	0.01	0.85
六安市 Luan	1.48	0.19	0.02
马鞍山市 Maanshan	1.24		0.16
巢湖市 Chaohu	1.24	0.01	0.58
芜湖市 Wuhu	1.21	0.12	0.17
宣城市 Xuancheng	1.43	0.38	0.07
铜陵市 Tongling	0.97	0.06	0.03
池州市 Chizhou	1.08	0.20	0.01
安庆市 Anqing	0.84	0.23	
黄山市 Huangshan	0.89	1.97	0.01

12—19 各市农作物总播种面积（2000年）
Total Sown Areas of Farm Crops by Region (2000)

单位：公顷 (hectares)

地 区 Region		农作物总播种面积 Total Sown Area	粮食作物播种面积 Sown Area of Grain Crops	谷 物 Cereal	稻 谷 Rice	小 麦 Wheat	玉 米 Corn	豆 类 Soybeans	薯 类 Tubers	油 料 Oil-bearing Crops	花 生 Peanuts
总 计	**Total**	**8418011**	**5565583**	**4506557**	**2005487**	**1931168**	**486611**	**601813**	**457213**	**1457364**	**333965**
合肥市	Hefei	497242	290813	265932	174945	61854	17460	12667	12214	150337	20616
淮北市	Huaibei	259942	202556	135494	2615	93496	25345	54964	12098	26029	11227
亳州市	Bozhou	955009	671836	455583	12157	325926	93581	110925	105328	76855	30134
宿州市	Suzhou	931816	658074	483327	10615	327498	141312	116524	58223	126714	89645
蚌埠市	Bengbu	573488	375667	293842	80999	180391	29840	53771	28054	108859	75026
阜阳市	Fuyang	1146407	842512	593189	59068	433262	95876	119824	129499	107112	15865
淮南市	Huainan	191306	168031	149340	66295	79591	920	14596	4095	6574	2553
滁州市	Chuzhou	844301	557123	486470	256061	187689	36123	37882	32771	190971	52582
六安市	Luan	817583	561999	518939	351685	136328	23703	24494	18566	177941	10026
马鞍山市	Maanshan	95577	55656	53877	46793	6900	45	995	784	31844	135
巢湖市	Chaohu	571536	285927	262515	220125	37853	3090	12543	10869	141475	13897
芜湖市	Wuhu	213249	111490	105425	98977	5299	1041	3312	2753	45023	1467
宣城市	Xuancheng	347547	203903	180720	162241	12485	4544	11860	11323	82975	3936
铜陵市	Tongling	44912	25291	23703	20597	2332	709	994	594	9423	477
池州市	Chizhou	188730	117100	107006	99970	5221	1482	6398	3696	42839	1678
安庆市	Anqing	606485	356742	326427	285859	33687	4925	12342	17973	104348	4172
黄山市	Huangshan	132881	80863	64768	56485	1356	6615	7722	8373	28045	529

地 区 Region		油菜籽 Rapeseeds	棉 花 Cotton	麻 类 Fiber Crops	黄红麻 Jute and Ambary Hemp	烟 叶 Tobacco	烤 烟 Fluecured Tobacco	蔬 菜 Vegetables	茶园面积 Area of Tea Plantations at Year-end	果园面积 Area of Orchards at Year-end
总 计	**Total**	**964667**	**328837**	**15023**	**8475**	**19668**	**18864**	**539675**	**108373**	**84784**
合肥市	Hefei	128194	16728	26	26			24918	119	1950
淮北市	Huaibei	7870	14051	51	50	8		12324		3822
亳州市	Bozhou	17503	41580	523	411	8332	8033	78722		4086
宿州市	Suzhou	29021	52930	653	592	2484	2471	49836		43385
蚌埠市	Bengbu	22623	19214	720	720	4220	4220	40134	2	1989
阜阳市	Fuyang	27971	29119	2348	2348	2122	1913	98573		3489
淮南市	Huainan	3448	686	97	97	7		12716		1007
滁州市	Chuzhou	119267	20337	121	73	522	522	40593	983	3211
六安市	Luan	164858	12259	6524	4015	194	194	30017	14462	2291
马鞍山市	Maanshan	31597	3088	203	1			2844	178	642
巢湖市	Chaohu	123640	43809	760	9			38910	2039	2702
芜湖市	Wuhu	43005	5838	82	63	575	575	23958	1456	1312
宣城市	Xuancheng	76651	7358	1359	70	895	895	22902	16767	3287
铜陵市	Tongling	8772	4209	169				3073	184	333
池州市	Chizhou	39209	11653	914		14		10055	13870	2773
安庆市	Anqing	95014	45778	423		74		37941	9711	3576
黄山市	Huangshan	26024	200	50		221	41	12159	48602	4929

12—20 各市主要农产品单位面积产量（2000年）
Yield of Major Farm Crops Per Hectare by Region (2000)

单位：公斤/公顷 (kg/hectare)

地 区 Region		谷 物 Cereals	棉 花 Cotton	花 生 Peanuts	油菜籽 Rapeseeds	芝 麻 Sesame	黄红麻 Jute and Ambary Hemp	烤 烟 Fluecured Tobacco
总 计	**Total**	**4886.73**	**866.69**	**3328.19**	**1625.07**	**1048.73**	**2622.54**	**1637.78**
合 肥 市	Hefei	5041.07	730.03	2768.43	1654.09	1036.02	2000.00	
淮 北 市	Huaibei	4062.00	1155.50	3241.12	1156.93	989.04	2000.00	
亳 州 市	Bozhou	4444.61	1167.39	4568.96	1561.96	1060.00	2919.71	1916.72
宿 州 市	Suzhou	4360.31	1074.74	4038.37	1189.04	1053.27	2652.03	1748.68
蚌 埠 市	Bengbu	5175.32	1070.37	3997.35	1373.43	1221.32	2537.50	1112.80
阜 阳 市	Fuyang	4634.22	780.18	2758.84	1496.51	966.86	2940.37	1070.05
淮 南 市	Huainan	5256.01	1169.10	4438.70	1212.59	1141.36	3020.62	
滁 州 市	Chuzhou	6011.89	915.13	3032.05	1764.19	1186.91	2945.21	1848.66
六 安 市	Luan	4637.00	671.18	2708.66	1060.54	878.83	2373.60	1865.98
马鞍山市	Maanshan	6393.69	589.70	1718.52	1807.26	1100.00	5000.00	
巢 湖 市	Chaohu	6238.66	1100.60	2276.82	2029.13	1452.58	1777.78	
芜 湖 市	Wuhu	6228.15	988.52	2129.52	1989.30	862.07	3873.02	2713.04
宣 城 市	Xuancheng	5594.20	1219.90	2018.80	1819.95	1096.19	3857.14	1651.40
铜 陵 市	Tongling	5690.25	1203.37	2234.80	1990.08	844.83		
池 州 市	Chizhou	5114.24	908.52	1591.18	1673.60	905.23		
安 庆 市	Anqing	5344.61	933.85	1844.44	1816.38	1125.00		
黄 山 市	Huangshan	5076.63	850.00	1075.61	1291.08	672.26		1682.93

12—21 各市主要农产品产量（2000年）
Yield of Major Farm Crops by Region (2000)

单位：吨 (ton)

地 区 Region		粮 食 Grain	谷 物 Cereal	稻 谷 Rice	小 麦 Wheat	玉 米 Corn	豆 类 Beans	薯 类 Tubers	油 料 Oil-bearing Crops
总 计	**Total**	**24720100**	**22022316**	**11951396**	**7303343**	**2472785**	**1145950**	**2331834**	**2850600**
合 肥 市	Hefei	1429767	1340582	1016582	210021	78393	24094	65091	270700
淮 北 市	Huaibei	723657	550376	22775	345424	126194	100436	72845	52349
亳 州 市	Bozhou	2787010	2024888	86319	1358561	482405	222861	539261	195991
宿 州 市	Suzhou	2755947	2107456	86157	1202075	805969	234326	414165	404994
蚌 埠 市	Bengbu	1772549	1520725	619695	734485	158660	95841	155983	344667
阜 阳 市	Fuyang	3471574	2748970	413502	1844165	476213	217176	505428	146807
淮 南 市	Huainan	832149	784933	501215	270249	4870	27951	19265	16167
滁 州 市	Chuzhou	3207622	2924602	2038794	671242	191993	74983	208037	392537
六 安 市	Luan	2533947	2406319	1929067	375930	77238	43110	84518	204666
马鞍山市	Maanshan	350817	344473	322870	21008	197	2378	3966	57459
巢 湖 市	Chaohu	1743743	1637743	1485370	133987	14361	33307	72693	288244
芜 湖 市	Wuhu	676697	656603	636826	15329	4107	6962	13132	89149
宣 城 市	Xuancheng	1077907	1010984	958015	33168	17206	19449	47474	150165
铜 陵 市	Tongling	140002	134876	126825	5370	2536	1911	3215	18670
池 州 市	Chizhou	574660	547254	531259	10360	5102	10169	17237	70058
安 庆 市	Anqing	1848883	1744625	1649810	70265	18833	22792	81466	186115
黄 山 市	Huangshan	365065	328803	318211	1704	8508	8204	28058	35190

12—21 续表 continued

单位：吨 (ton)

地　区 Region				棉　花 Cotton	麻　类 Fiber Crops		烟　叶 Tobacco	
	花　生 Peanuts	油菜籽 Rapeseeds	芝　麻 Sesame			黄红麻 Jute and Ambary Hemp		烤　烟 Fluecured Tobacco
总　计 Total	**1111500**	**1567650**	**166210**	**285000**	**34652**	**22226**	**32119**	**30895**
合肥市 Hefei	57074	212044	1582	12212	52	52		
淮北市 Huaibei	36388	9105	6856	16236	102	100	13	
亳州市 Bozhou	137681	27339	30971	48540	1570	1200	16007	15397
宿州市 Suzhou	362020	34507	8463	56886	1784	1570	4354	4321
蚌埠市 Bengbu	299905	31071	13691	20566	1827	1827	4696	4696
阜阳市 Fuyang	43769	41859	61179	22718	6904	6904	2326	2047
淮南市 Huainan	11332	4181	654	802	293	293	27	
滁州市 Chuzhou	159431	210410	22696	18611	270	215	965	965
六安市 Luan	27157	174839	2669	8228	15534	9530	362	362
马鞍山市 Maanshan	232	57104	110	1821	247	5		
巢湖市 Chaohu	31641	250882	5713	48216	1080	16		
芜湖市 Wuhu	3124	85550	475	5771	327	244	1560	1560
宣城市 Xuancheng	7946	139501	2587	8976	2583	270	1478	1478
铜陵市 Tongling	1066	17457	147	5065	213			
池州市 Chizhou	2670	65620	1767	10587	1456		14	
安庆市 Anqing	7695	172582	5688	42750	355		119	
黄山市 Huangshan	569	33599	962	170	55		198	69

地　区 Region	蚕　茧 Silkworm Cocoons		茶　叶 Tea	水　果 Fruits				
		桑蚕茧 Mulberry Silkworm Cocoons			苹　果 Apples	柑　桔 Citrus	梨 Pears	葡　萄 Grapes
总　计 Total	**24563**	**24563**	**45376**	**1106071**	**302040**	**5282**	**616192**	**56156**
合肥市 Hefei	720	720	35	15539	408		2464	5050
淮北市 Huaibei	4	4		37292	17611		7949	9976
亳州市 Bozhou	262	262		98618	71652		13768	6608
宿州市 Suzhou	618	618		793056	203823		545483	9689
蚌埠市 Bengbu	3	3	1	14476	1090		10554	810
阜阳市 Fuyang	117	117		24043	4972		5686	5119
淮南市 Huainan				5699	490		1847	1114
滁州市 Chuzhou	109	109	190	24276	1049		5153	3126
六安市 Luan	6051	6051	6884	26564	605		11274	2398
马鞍山市 Maanshan			83	3144	27	12	626	570
巢湖市 Chaohu			621	19244	148	449	5200	7691
芜湖市 Wuhu	443	443	1361	11079	102	85	823	2386
宣城市 Xuancheng	5622	5622	12186	11563	32	59	2363	586
铜陵市 Tongling	141	141	91	1664		10	40	533
池州市 Chizhou	2398	2398	5203	3278	31	245	420	63
安庆市 Anqing	3311	3311	2743	6489		3014	716	382
黄山市 Huangshan	4764	4764	15978	10047		1408	1826	55

12—22 各市主要林业生产情况（2000年）
Conditions of Forest Production by Region (2000)

地区 Region	营林情况（公顷）Management of Forest (hectares)：造林面积 Afforested Area	封山育林面积 Area of Setting Apart Mountains for Afforestation	育苗面积 Area of Growing Seedlings	幼林抚育实际面积 Area of Fending Young Forest	成林抚育面积 Area of Tending Adult Forest	油桐籽（吨）Tung-oil Seeds (ton)	油茶籽（吨）Tea-oil Seeds (ton)	板栗（吨）Chestnuts (ton)
总计 Total	**75703**	**448236**	**5933**	**379356**	**431746**	**3109**	**10419**	**45710**
合肥市 Hefei	1175		980	1613	4880			98
淮北市 Huaibei	711		110	4098	3062	1		
亳州市 Bozhou	1345		718	58300	38147			
宿州市 Suzhou	4256		899	46219	69133	34		5
蚌埠市 Bengbu	921		261	6367	7667			2
阜阳市 Fuyang	1678		1106	47096	49171			1
淮南市 Huainan	271		131	1200	4820	1		7
滁州市 Chuzhou	5687	984	620	12274	4135	14	3	812
六安市 Luan	13845	122298	373	57315	55409	365	3313	22951
马鞍山市 Maanshan	475	133	58	1515	1173	7	2	9
巢湖市 Chaohu	5475	8427	166	19549	22774	124	181	448
芜湖市 Wuhu	1601	3006	180	7861	6810	473	107	665
宣城市 Xuancheng	8417	70339	69	33053	46573	286	444	6843
铜陵市 Tongling	905	1860	37	488	2495	283		141
池州市 Chizhou	8826	72794	59	25744	30068	140	165	593
安庆市 Anqing	12478	104661	112	39471	69248	1277	3656	12750
黄山市 Huangshan	7636	63734	56	17194	16181	104	2548	384

12—23 各市牲畜饲养情况（2000年）
Number of Livestock by Region (2000)

单位：头（只） (heads)

地区 Region	大牲畜年末头数 Large Animals (year-end)	牛 Cattle and Buffaloes	马 Horses	驴 Donkeys	骡 Mules	肉猪出栏头数 Slaughtered Fattened Hogs	猪年末头数 Hogs (year-end)	羊年末只数 Sheep and Goats (year-end)	山羊 Goats
总计 Total	**5593488**	**5529516**	**15805**	**37238**	**10929**	**23931839**	**18710058**	**7949415**	**7925155**
合肥市 Hefei	192954	192049		905		1603373	1087999	78891	78891
淮北市 Huaibei	78988	75146	861	2425	556	418095	390957	362113	354046
亳州市 Bozhou	1455867	1441196	3268	7977	3426	2680159	2192469	1812417	1812206
宿州市 Suzhou	581992	549486	6790	20078	5638	2019748	1700186	2244095	2232288
蚌埠市 Bengbu	409553	407438	1021	942	152	1058112	849279	475932	475497
阜阳市 Fuyang	1218291	1210089	3144	4079	979	3718377	2958220	1712947	1712180
淮南市 Huainan	183515	183515				402088	279598	122696	122696
滁州市 Chuzhou	360608	360523	3	82		2985297	1969760	398916	397523
六安市 Luan	347005	347005				3292989	2103983	427228	426228
马鞍山市 Maanshan	14346	14319		27		212723	191965	85792	85792
巢湖市 Chaohu	141210	140862		348		1021646	842924	47693	47154
芜湖市 Wuhu	39000	38930		70		494107	401146	25441	25441
宣城市 Xuancheng	134707	134706	1			920897	747469	109347	109347
铜陵市 Tongling	10119	10119				78309	82451	2490	2490
池州市 Chizhou	69429	69429				586145	606355	8988	8988
安庆市 Anqing	284193	284193				1993296	1756335	22343	22343
黄山市 Huangshan	71711	70511	717	305	178	746478	548962	12086	12045

12—24 各市畜产品产量(2000年)
Output of Livestock Products by Region (2000)

单位：吨 (ton)

地区 Region		肉类总产量 Output of Meat	猪牛羊肉 Output of Pork, Beef and Mutton	猪肉 Pork	牛肉 Beef	羊肉 Mutton	奶类 Milk	牛奶 Cow Milk	禽蛋 Poultry Eggs	蜂蜜 Honey
总计	**Total**	**3115231**	**2415925**	**1984985**	**318794**	**112146**	**41204**	**41194**	**1074038**	**10550**
合肥市	Hefei	229040	133760	129116	3097	1547	11819	11819	79412	68
淮北市	Huaibei	57729	49023	39510	4999	4514	2276	2276	27383	75
亳州市	Bozhou	418833	386742	243955	118098	24689	2484	2474	108790	51
宿州市	Suzhou	307052	250873	191045	39446	20382	502	502	187588	106
蚌埠市	Bengbu	170384	127967	97024	23318	7625	3334	3334	35343	227
阜阳市	Fuyang	450132	412231	320711	68320	23200	614	614	101133	1544
淮南市	Huainan	66307	53507	40251	11412	1844	12730	12730	31571	
滁州市	Chuzhou	332885	256006	232917	16615	6474	2348	2348	76492	374
六安市	Luan	393392	291238	267630	15278	8330	1980	1980	122043	411
马鞍山市	Maanshan	25459	17046	15954	183	909	848	848	5359	36
巢湖市	Chaohu	180978	80473	76059	3755	659	110	110	92318	311
芜湖市	Wuhu	65486	41071	39846	918	307	1675	1675	39772	111
宣城市	Xuancheng	125089	77552	72790	3590	1172	197	197	36231	1539
铜陵市	Tongling	9812	6134	6045	50	39	210	210	3145	7
池州市	Chizhou	57762	45927	43364	2485	78			18541	115
安庆市	Anqing	190038	155549	149139	6112	298	23	23	91873	569
黄山市	Huangshan	64853	60826	59629	1118	79	54	54	17044	5006

12—25 各市农村居民家庭平均每户动物产品的出售量(2000年)
Sales of Livestock, Poultry, Small Animals and Fishery Per Rural Household by Region (2000)

地区 Region		肉猪(头) Fattened Hogs (head)	菜羊(只) Mutton Sheep and Goat (head)	牛(头/百户) Cattle (head/100 households)	家禽(只) Poultry (head)	蛋类(公斤) Poultry Eggs (kg)	蚕茧(公斤) Silkworm Cocoons (kg)	水产品(公斤) Aquatic Products (kg)
合肥市	Hefei	2.42	0.05	0.01	6.77	5.17	3.94	4.34
淮北市	Huaibei	1.19	1.05	0.06	24.04	56.03		0.32
亳州市	Bozhou	2.33	0.81	0.36	4.62	0.89		1.06
宿州市	Suzhou	1.19	1.02	0.10	3.96	12.49	3.10	0.79
蚌埠市	Bengbu	1.77	0.60	0.20	11.35	3.68	0.03	10.52
阜阳市	Fuyang	1.96	0.70	0.21	6.76	1.33		1.14
淮南市	Huainan	0.80	0.12	0.03	6.01	12.21		13.63
滁州市	Chuzhou	1.95	0.06	0.02	10.63	5.72		26.18
六安市	Luan	1.45	0.04	0.01	6.96	5.53	6.98	6.26
马鞍山市	Maanshan	0.36	0.04		1.82	1.85		48.66
巢湖市	Chaohu	0.53			9.95	2.92		16.48
芜湖市	Wuhu	0.86	0.01	0.01	10.09	2.35	1.61	28.50
宣城市	Xuancheng	0.67	0.07	0.02	4.74	5.59	13.65	11.88
铜陵市	Tongling	0.16		0.01	2.35	3.41	1.07	24.59
池州市	Chizhou	0.73		0.02	7.81	2.17	7.02	5.34
安庆市	Anqing	0.81	0.01	0.01	3.31	3.72	8.16	6.07
黄山市	Huangshan	0.69	0.01	0.02	4.29	1.48	18.34	2.81

12—26 各市受灾面积和成灾面积（2000 年）
Areas Covered and Affected by Natural Disaster by Region (2000)

单位：千公顷 (1000 hectares)

地区 Region	受灾面积 Areas Covered	成灾面积 Areas Affected	成灾面积占受灾面积% Percentage of Disaster Areas Affected to Areas Covered	水灾 Flood		旱灾 Drought	
				受灾面积 Areas Covered	成灾面积 Areas Affected	受灾面积 Areas Covered	成灾面积 Areas Affected
总计 Total	**4058.09**	**2752.88**	**67.84**	**688.14**	**405.82**	**3142.01**	**2231.88**
合肥市 Hefei	190.19	138.61	72.88			190.13	138.57
淮北市 Huaibei	147.95	105.95	71.61	18.42	11.09	129.53	94.87
亳州市 Bozhou	459.12	226.96	49.43	208.53	106.67	241.60	116.27
宿州市 Suzhou	591.36	381.04	64.43	100.80	57.21	377.00	275.40
蚌埠市 Bengbu	260.26	142.63	54.80	41.63	31.93	198.30	99.37
阜阳市 Fuyang	424.36	261.40	61.60	181.82	115.25	239.41	144.05
淮南市 Huainan	136.57	82.41	60.34	96.62	58.55	33.75	21.81
滁州市 Chuzhou	405.77	278.12	68.54	36.33	22.60	356.03	248.49
六安市 Luan	562.91	455.46	80.91	1.34	1.09	551.65	446.81
马鞍山市 Maanshan	19.67	13.53	68.79	0.03		16.79	11.88
巢湖市 Chaohu	270.69	232.03	85.72	1.45	0.71	267.75	230.50
芜湖市 Wuhu	59.66	44.29	74.24	0.03	0.03	59.27	44.03
宣城市 Xuancheng	121.27	91.89	75.77	0.07	0.07	119.57	90.77
铜陵市 Tongling	16.11	12.74	79.08			15.31	12.14
池州市 Chizhou	89.70	69.60	77.59			80.50	61.90
安庆市 Anqing	247.77	179.23	72.34	1.07	0.60	210.68	158.05
黄山市 Huangshan	54.75	36.98	67.54			54.75	36.98

12—27 各市水产品产量（2000 年）
Output of Aquatic Products by Region (2000)

单位：吨 (ton)

地区 Region	淡水产品 Freshwater Aquatic Products	天然生产 Naturally Grown	人工养殖 Artificially Cultured	鱼类 Fish	虾类 Shrimps Prawns	蟹类 Crabs	贝类 Shell-fish	其他 Others
总计 Total	**1598002**	**316896**	**1281106**	**1313639**	**107051**	**42052**	**88789**	**46471**
合肥市 Hefei	102686	33024	69662	84405	12027	1033	4405	816
淮北市 Huaibei	26063	1723	24340	25124	288	417		234
亳州市 Bozhou	65330	14152	51178	61197	1566	1137	347	1083
宿州市 Suzhou	38200	4850	33350	35959	783	361	404	693
蚌埠市 Bengbu	91630	23658	67972	78851	7207	984	3867	721
阜阳市 Fuyang	102717	13530	89187	83739	6584	2161	3770	6463
淮南市 Huainan	40525	6826	33699	34196	3900	495	1533	401
滁州市 Chuzhou	218360	46397	171963	163145	26729	9986	14150	4350
六安市 Luan	173283	35147	138136	128730	19359	3970	8696	12528
马鞍山市 Maanshan	56600	5420	51180	41264	2052	6444	5070	1770
巢湖市 Chaohu	173733	37840	135893	134480	11514	8423	10227	9089
芜湖市 Wuhu	81421	14545	66876	67851	3849	2202	6634	885
宣城市 Xuancheng	76906	22214	54692	59318	2785	2602	8880	3321
铜陵市 Tongling	18946	3585	15361	16376	654	51	1576	289
池州市 Chizhou	80015	11025	68990	75143	814	241	3615	202
安庆市 Anqing	236577	41725	194852	209572	6697	1539	15255	3514
黄山市 Huangshan	15010	1235	13775	14289	243	6	360	112

12—28 国营农场基本情况
Basic Statistics on State Farms

本表为农垦系统数据

Data in this table cover those of the land reclamation department.

指标	Item	1985	1990	1995	1999	2000
农场数 (个)	Number of Farms	25	25	26	25	25
职工人数 (人)	Number of Staff and Workers (person)	74535	71262	65699	60458	57773
耕地面积 (千公顷)	Cultivated Area (1000 hectares)	34.32	34.51	34.51	34.81	34.36
农业机械总动力 (万瓦)	Total Power of Agricultural Machinery (10000 watts)	114875	177404	200084	233810	24215
农业机械拥有量 (台、辆)	Ownership of Agricultural Machinery (unit)					
大中型农用拖拉机	Large and Medium Agricultural Tractors	815	1064	1159	1336	1349
小型及手扶拖拉机	Mini and Walking Agricultural Tractors	640	1406	2041	3506	3567
农用排灌动力机械	Machinery for Agricultural Drainage and Irrigation	1022	1010	2138	3216	3360
联合收割机	Combine Harvesters	303	346	373	512	626
农用载重汽车	Trucks for Agricultural Use	323	437	232	198	186
农用化肥施用量 (吨)	Consumption of Chemical Fertilizers (ton)	23308	38861	39986	39025	38355
农业总产值 (万元)	Gross Agricultural Output Value (10000 yuan)	10921	27036	73529	58663	59620
农作物总播种面积 (千公顷)	Sown Area of Farm Crops (1000 hectares)	58.35	61.04	59.83	60.76	58.40
粮食作物	Grain	41.18	46.27	44.78	48.42	47.54
棉 花	Cotton	3.31	4.85	7.67	3.54	3.31
油 料	Oil-bearing Crops	7.45	6.96	4.44	6.16	5.54
年末实有茶园面积	Area of Tea Plantations (year-end)	3.12	3.34	3.47	3.38	3.40
年末实有果园面积	Area of Orchards (year-end)	1.44	1.29	1.18	1.18	1.19
主要农产品产量	Yield of Major Farm Crops					
粮食作物 (吨)	Grain (ton)	106039	161380	200836	204931	222809
棉 花 (吨)	Cotton (ton)	3177	6107	8206	608	3389
油 料 (吨)	Oil-bearing Crops (ton)	7263	9496	5475	5702	7253
茶 叶 (吨)	Tea (ton)	4355	5684	3818	7814	7793
水 果 (吨)	Fruits (ton)	12099	8273	16695	17950	15937
畜牧业、渔业生产	Production of Animal Husbandry and Fishery					
大牲畜年末头数 (头)	Number of Large Animals (year-end) (head)	5863	6543	6365	5667	6022
猪年末头数 (头)	Number of Hogs (head)	37030	21284	22025	23464	17532
羊年末只数 (只)	Number of Sheep and Goats (head)	2795	3187	3924	5557	6911
畜产品产量 (吨)	Output of Livestock Products (ton)					
肉类总产量	Pork, Beef and Mutton	2323	2867	5148	7548	8204
#猪 肉	Pork	1798	1349	2067	2233	2432
牛 奶	Milk	5131	7567	10361	12088	11845
禽 蛋	Poultry Eggs	597	1541	2027	3371	3220
水产品总产量 (吨)	Total output of Aquatic Products (ton)	694	1376	1917	1197	2786

12—29 各县（市）主要年份农林牧渔业总产值
Gross Output Value of Farming, Forestry, Animal Husbandry, and Fishery in Major Years by County or City

（按 1990 年不变价格计算）单位：万元 (At 1990 Constant Price) (10000 yuan)

县（市）	County or City	1980	1985	1990	1995	1999	2000
合肥市辖区	HeFei Reigon of City	12939	16114	19994	30116	45378	49486
长丰县	ChangFeng	36397	67686	75500	86441	110862	112671
肥东县	FeiDong	40424	77218	83335	77413	126336	125748
肥西县	FeiXi	35281	64189	71725	90411	114465	110860
淮北市辖区	HuaiBei Reigon of City	7307	8708	11292	16027	24938	27059
濉溪县	SuiXi	35052	70208	73059	102048	119775	123578
亳州市辖区	Bozhou Reigon of City	39206	70913	97889	143267	207813	182284
涡阳县	GuoYang	36963	80828	94312	139118	176587	171900
蒙城县	MengCheng	34779	77142	76235	129426	184095	179979
利辛县	LiXin	30804	72176	61456	121242	151694	153240
宿州市辖区	SuZhou Reigon of City	49208	84621	92026	132764	175810	175364
砀山县	DangShan	28187	40942	54847	85021	140773	156316
萧县	XiaoXian	39029	56530	55434	88100	128480	136438
灵璧县	LingBi	40535	68779	70043	123011	174861	182163
泗县	SiXian	26023	48702	50468	98230	124244	132867
蚌埠市辖区	BengBu Reigon of City	7426	11850	17357	20853	26143	26141
怀远县	HuaiYuan	44031	90290	100007	122432	162136	157655
五河县	WuHe	23762	55289	56438	76150	112578	115967
固镇县	GuZhen	19033	49375	45327	74936	110105	110907
阜阳市辖区	FuYang Reigon of City	33349	69401	83740	144405	168722	162996
界首市	JieShou	16008	29150	35345	55672	82268	78883
临泉县	LinQuan	36664	75909	78472	126213	174506	158894
太和县	TaiHe	34601	71317	73679	142959	176510	161486
阜南县	FuNan	35073	65808	60400	120700	166992	155693
颍上县	YingShang	33796	52773	78077	139670	186152	177970
淮南市辖区	HuaiNan Reigon of City	15457	28565	34314	40721	54817	77292
凤台县	FengTai	17183	40907	44226	66487	96821	71035
滁州市辖区	ChuZhou Reigon of City	18438	31558	36887	46562	58150	60396
天长市	TianChang	33102	60076	68342	79134	104226	105314
明光市	MingGuang	24962	39556	52031	68116	101848	105401
来安县	LaiAn	23313	38640	51919	55968	78166	81620
全椒县	QuanJiao	24665	44234	53338	59365	79996	81905
定远县	DingYuan	35648	70556	92085	95874	155186	153188
凤阳县	FengYang	30176	52367	62533	96437	120532	120024
六安市辖区	LuAn Reigon of City	46650	84141	88810	95387	136497	117086
寿县	ShouXian	41462	72757	91396	139764	179233	159596
霍邱县	HuoQiu	56124	98349	90884	132183	197728	206749
舒城县	ShuCheng	27346	46250	61179	73875	106302	103244

12—29 续表 continued

单位：万元 (10000 yuan)

县（市） County or City	1980	1985	1990	1995	1999	2000
金寨县 JinZhai	18315	25233	34128	53555	81598	78189
霍山县 HuoShan	12377	16651	20689	31109	38535	37594
马鞍山市辖区 MaAnShan Reigon of City	5577	6472	7906	9657	11785	12069
当涂县 DangTu	26764	44883	48705	62049	85982	86895
巢湖市辖区 ChaoHu Reigon of City	25712	44828	50160	67433	100110	98938
庐江县 LuJiang	35601	52953	70102	96004	136075	126169
无为县 WuWei	44971	79519	88109	136686	168736	167445
含山县 HanShan	17168	25782	28732	38257	55574	56687
和县 HeXian	27612	46641	59057	76858	77421	77744
芜湖市辖区 WuHu Reigon of City	3819	6049	7670	12771	16431	16418
芜湖县 WuHu	18153	32734	35681	50584	61719	69060
繁昌县 FanChang	10809	21079	27761	36251	46277	48221
南陵县 NanLing	18016	25959	35204	46766	62388	66892
宣城市辖区 XuanCheng Reigon of City	25558	41421	53279	85180	95610	106283
宁国市 NingGuo	12157	19018	26854	44347	52205	54032
郎溪县 LangXi	9195	20338	26821	40097	39375	51655
广德县 GuangDe	19353	29199	32644	42011	49070	53977
泾县 JingXian	12702	18548	24644	32501	39984	41519
旌德县 JingDe	6909	9575	10430	17510	23135	23366
绩溪县 JiXi	6602	9285	13845	21122	26819	25951
铜陵市辖区 TongLing Reigon of City	796	1388	5259	5934	6490	7472
铜陵县 TongLing	9943	14225	18910	25379	31741	34642
池州市辖区 ChiZhou Reigon of City	19787	30364	38479	47537	60249	63718
东至县 DongZhi	22392	34631	43847	48910	55130	57913
石台县 ShiTai	4992	7292	9601	10905	9175	9232
青阳县 QingYang	10690	14972	16998	22341	25940	25653
安庆市辖区 AnQing Reigon of City	5466	10528	15982	17351	19320	21744
桐城市 TongCheng	21258	34076	46111	67600	85219	91023
怀宁县 HuaiNing	21354	35391	43500	72466	83566	85814
枞阳县 ZongYang	21899	35065	45550	51935	79555	93404
潜山县 QianShan	18341	30419	33660	47112	55516	57797
太湖县 TaiHu	16754	29481	34392	53314	68580	72462
宿松县 SuSong	25650	39275	50953	63379	49932	67362
望江县 WangJiang	19560	33144	34138	51558	54573	60103
岳西县 YueXi	11963	14460	18523	22206	33206	35569
黄山市辖区 HuangShan Reigon of City	9579	13451	29065	36086	44758	45635
歙县 SheXian	23217	33924	33497	32362	42704	43986
休宁县 XiuNing	11529	18283	23931	26138	31577	32667
黟县 YiXian	3456	5959	8766	11501	13489	13924
祁门县 QiMen	8629	10047	16077	17492	19117	19897

12—30　各县（市）农林牧渔业总产值（2000年）
Gross Output Value of Farming, Forestry, Animal Husbandry, and Fishery by County or City (2000)

（按1990年不变价格计算）单位：万元　　(At 1990 Constant Price) (10000 yuan)

县（市）	County or City	农林牧渔业 Farming, Forestry, Animal Husban and Fishery	农业 Farming	林业 Forestry	牧业 Animal Husban	渔业 Fishery
合肥市辖区	HeFei Reigon of City	49486	13155	1187	27982	7162
长丰县	ChangFeng	112671	57573	1714	41611	11773
肥东县	FeiDong	125748	58481	2738	46944	17585
肥西县	FeiXi	110860	46673	2013	48234	13940
淮北市辖区	HuaiBei Reigon of City	27059	13675	355	9791	3238
濉溪县	SuiXi	123578	81748	1955	31639	8236
亳州市辖区	Bozhou Reigon of City	182284	102528	7415	58048	14293
涡阳县	GuoYang	171900	107398	4452	56535	3515
蒙城县	MengCheng	179979	111472	4145	58840	5522
利辛县	LiXin	153240	85970	4245	56728	6297
宿州市辖区	SuZhou Reigon of City	175364	107960	8445	47693	11266
砀山县	DangShan	156316	123494	5694	26291	837
萧县	XiaoXian	136438	88474	8040	38471	1453
灵璧县	LingBi	182163	96450	5027	77703	2983
泗县	SiXian	132867	80862	4025	45312	2668
蚌埠市辖区	BengBu Reigon of City	26141	15889	221	3801	6230
怀远县	HuaiYuan	157655	103272	2152	35252	16979
五河县	WuHe	115967	67348	2104	27512	19003
固镇县	GuZhen	110907	69915	2160	35016	3816
阜阳市辖区	FuYang Reigon of City	162996	88170	4293	62481	8052
界首市	JieShou	78883	45198	8913	22486	2286
临泉县	LinQuan	158894	90032	5174	60887	2801
太和县	TaiHe	161486	105732	8478	42159	5117
阜南县	FuNan	155693	88659	6840	46860	13334
颍上县	YingShang	177970	77803	7632	73511	19024
淮南市辖区	HuaiNan Reigon of City	77292	44970	656	22302	9364
凤台县	FengTai	71035	35326	638	25601	9470
滁州市辖区	ChuZhou Reigon of City	60396	34621	1897	15570	8308
天长市	TianChang	105314	45018	1206	32314	26776
明光市	MingGuang	105401	41515	1575	31254	31057
来安县	LaiAn	81620	48209	989	25384	7038
全椒县	QuanJiao	81905	48226	1562	19940	12177
定远县	DingYuan	153188	78974	2263	64593	7358
凤阳县	FengYang	120024	74335	806	29490	15393
六安市辖区	LuAn Reigon of City	117086	58764	9361	32822	16139
寿县	ShouXian	159596	63471	6179	58213	31733
霍邱县	HuoQiu	206745	75133	7263	98774	25579
舒城县	ShuCheng	103244	74132	3938	19970	5204

12—30 续表 continued

单位：万元　　(10000 yuan)

县（市） County or City	农林牧渔业 Farming, Forestry, Animal Husban and Fishery	农业 Farming	林业 Forestry	牧业 Animal Husban	渔业 Fishery
金寨县 JinZhai	78189	38191	17853	20865	1280
霍山县 HuoShan	37594	24256	7993	4669	676
马鞍山市辖区 MaAnShan Reigon of City	12069	7370	397	3352	950
当涂县 DangTu	86895	37118	1020	12680	36077
巢湖市辖区 ChaoHu Reigon of City	98938	46390	2423	28998	21127
庐江县 LuJiang	126169	65684	4786	27266	28433
无为县 WuWei	167445	77975	5436	43432	40602
含山县 HanShan	56687	30911	2768	11254	11754
和县 HeXian	77744	44225	1562	19578	12379
芜湖市辖区 WuHu Reigon of City	16418	9285	97	4951	2085
芜湖县 WuHu	69060	30692	1709	22713	13946
繁昌县 FanChang	48221	24196	5283	7340	11402
南陵县 NanLing	66892	28730	6519	20858	10785
宣城市辖区 XuanCheng Reigon of City	106283	66016	2496	20362	17409
宁国市 NingGuo	54032	23893	13371	14879	1889
郎溪县 LangXi	51655	25401	3290	11722	11242
广德县 GuangDe	53977	19034	15525	15140	4278
泾县 JingXian	41519	16261	10150	13777	1331
旌德县 JingDe	23366	10956	4879	6194	1337
绩溪县 JiXi	25951	12554	5129	7167	1101
铜陵市辖区 TongLing Reigon of City	7472	4751	260	2149	312
铜陵县 TongLing	34642	18116	3420	5254	7852
池州市辖区 ChiZhou Reigon of City	63718	29028	3361	14229	17100
东至县 DongZhi	57913	29543	3544	13932	10894
石台县 ShiTai	9232	5141	2209	1826	56
青阳县 QingYang	25653	14452	2628	6605	1968
安庆市辖区 AnQing Reigon of City	21744	9920	835	4874	6115
桐城市 TongCheng	91023	41089	5679	27134	17121
怀宁县 HuaiNing	85814	42826	3398	23903	15687
枞阳县 ZongYang	93404	32337	6190	14878	39999
潜山县 QianShan	57797	35674	6709	14071	1343
太湖县 TaiHu	72462	29519	11275	26098	5570
宿松县 SuSong	67362	35953	4923	11837	14649
望江县 WangJiang	60103	30085	1247	14589	14182
岳西县 YueXi	35569	14896	13182	7272	219
黄山市辖区 HuangShan Reigon of City	45635	21730	8789	10617	4499
歙县 SheXian	43986	24287	4099	15044	556
休宁县 XiuNing	32667	17506	5809	8658	694
黟县 YiXian	13924	6172	3659	3990	103
祁门县 QiMen	19897	8790	7634	3337	136

12—31 各县（市）农林牧渔业总产值（2000年）
Gross Output Value of Farming，Forestry，Animal Husbandry，and Fishery by County or City（2000）

（按当年价格计算）单位：万元　　(At Current Price)（10000 yuan）

县（市） County or City		农林牧渔业 Farming, Forestry, Animal Husban and Fishery	农业 Farming	林业 Forestry	牧业 Animal Husban	渔业 Fishery
合肥市辖区	HeFei Reigon of City	84689	30848	2850	39859	11132
长丰县	ChangFeng	182587	97779	3972	65788	15048
肥东县	FeiDong	213580	100180	6688	82457	24255
肥西县	FeiXi	163552	80063	3391	62538	17560
淮北市辖区	HuaiBei Reigon of City	42392	23920	473	13875	4124
濉溪县	SuiXi	212015	152284	2628	47395	9708
亳州市辖区	Bozhou Reigon of City	244732	126202	14615	82137	21778
涡阳县	GuoYang	315944	202846	8049	99420	5629
蒙城县	MengCheng	339466	214570	9542	107341	8013
利辛县	LiXin	277119	163370	6145	92982	14622
宿州市辖区	SuZhou Reigon of City	339957	224310	13844	82557	19246
砀山县	DangShan	202198	145787	9360	45629	1422
萧县	XiaoXian	232616	152926	11680	65540	2470
灵璧县	LingBi	316756	184693	8831	118163	5069
泗县	SiXian	251257	160694	6714	79225	4624
蚌埠市辖区	BengBu Reigon of City	39719	24236	355	5639	9489
怀远县	HuaiYuan	282614	174242	3242	68365	36765
五河县	WuHe	202769	107500	2501	54832	37936
固镇县	GuZhen	190273	110996	3824	69655	5798
阜阳市辖区	FuYang Reigon of City	321491	181938	8348	120017	11188
界首市	JieShou	153800	93910	12522	44023	3345
临泉县	LinQuan	297741	175879	10803	107894	3165
太和县	TaiHe	278718	173742	17449	82034	5493
阜南县	FuNan	280640	165813	14167	81075	19585
颍上县	YingShang	286140	139237	13573	108470	24860
淮南市辖区	HuaiNan Reigon of City	135774	81418	1141	38380	14835
凤台县	FengTai	129456	66392	1097	43954	18013
滁州市辖区	ChuZhou Reigon of City	100883	60751	2620	25231	12281
天长市	TianChang	178730	79120	1719	49282	48609
明光市	MingGuang	163820	72330	2510	44483	44497
来安县	LaiAn	132572	82558	1361	37464	11189
全椒县	QuanJiao	134918	80574	2389	34038	17917
定远县	DingYuan	268698	149661	3179	106527	9331
凤阳县	FengYang	205491	132804	1182	48032	23473
六安市辖区	LuAn Reigon of City	203356	94104	19532	67386	22334
寿县	ShouXian	261819	108435	10753	93025	49606
霍邱县	HuoQiu	379943	144490	14129	192715	28609
舒城县	ShuCheng	161866	106196	10085	36515	9070

12—31 续表 continued

单位：万元 (10000 yuan)

县（市） County or City	农林牧渔业 Farming, Forestry, Animal Husban and Fishery	农业 Farming	林业 Forestry	牧业 Animal Husban	渔业 Fishery
金寨县 JinZhai	122709	51222	35669	33222	2596
霍山县 HuoShan	58028	34437	14459	8038	1094
马鞍山市辖区 MaAnShan Reigon of City	22948	14434	586	6332	1596
当涂县 DangTu	164610	65271	1453	22435	75451
巢湖市辖区 ChaoHu Reigon of City	168194	77940	4143	49120	36991
庐江县 LuJiang	230256	120658	10986	54622	43990
无为县 WuWei	319479	151341	13726	77180	77232
含山县 HanShan	109858	54580	6195	22371	26712
和县 HeXian	139297	86304	3248	26898	22847
芜湖市辖区 WuHu Reigon of City	32947	18072	154	9502	5219
芜湖县 WuHu	135233	64602	3767	37991	28873
繁昌县 FanChang	91287	50989	13364	12551	14383
南陵县 NanLing	136942	62855	12020	40281	21786
宣城市辖区 XuanCheng Reigon of City	197100	116516	4133	43647	32804
宁国市 NingGuo	103355	46844	26427	27244	2840
郎溪县 LangXi	72307	37440	6304	15147	13416
广德县 GuangDe	92209	35607	23465	27057	6080
泾县 JingXian	70893	30591	17631	20532	2139
旌德县 JingDe	36803	16324	8880	9709	1890
绩溪县 JiXi	49398	21889	10148	15114	2247
铜陵市辖区 TongLing Reigon of City	15020	9849	568	4090	513
铜陵县 TongLing	64249	34788	6749	9639	13073
池州市辖区 ChiZhou Reigon of City	110895	55071	5576	27221	23027
东至县 DongZhi	103260	57864	5685	26587	13124
石台县 ShiTai	16168	8580	4242	3280	66
青阳县 QingYang	45916	25896	4555	12537	2928
安庆市辖区 AnQing Reigon of City	34986	18451	1315	7271	7949
桐城市 TongCheng	146032	64075	9769	50148	22040
怀宁县 HuaiNing	157571	70366	5315	56969	24921
枞阳县 ZongYang	152227	60748	8973	27766	54740
潜山县 QianShan	79624	45418	10428	21752	2026
太湖县 TaiHu	117165	46776	17996	46610	5783
宿松县 SuSong	128525	65338	7856	34305	21026
望江县 WangJiang	98043	53580	2147	23248	19068
岳西县 YueXi	63937	30674	20318	12557	388
黄山市辖区 HuangShan Reigon of City	98551	50808	14345	23668	9730
歙县 SheXian	70754	37237	6126	26199	1192
休宁县 XiuNing	66997	32340	7515	25983	1159
黟县 YiXian	23270	10138	5776	7188	168
祁门县 QiMen	34819	17574	11152	5945	148

12—32 各市、县农民人均纯收入
Per Capita Net Income of Peasants by County, Prefecture or City

单位：元 (yuan)

地区	Region	1995	1999	2000
总计	**Total**	**1302.80**	**1900.29**	**1934.60**
合肥市	**HeFei**	**1300.00**	**1918.65**	**1975.24**
郊区	Suburban District	2455.93	3422.38	3571.01
长丰县	ChangFeng	984.95	1482.25	1460.93
肥东县	FeiDong	1210.83	1936.33	1953.59
肥西县	FeiXi	1325.59	1902.06	1950.29
淮北市	**HuaiBei**	**1381.74**	**2000.08**	**2084.73**
杜集区	DuJi District			2357.44
相山区	XiangShan District			2781.60
烈山区	LieShan District			3004.99
濉溪县	SuiXi	1324.72	1912.02	1977.20
亳州市	**BoZhou**		**2015.26**	**1922.26**
谯城区	QiaoCheng District	1353.00	2519.00	2160.00
涡阳县	GuoYang	1253.00	2161.00	2157.00
蒙城县	MengCheng	1336.00	2125.00	2120.00
利辛县	LiXin	996.00	1327.00	1318.00
宿州市	**SuZhou**	**1326.94**	**1744.53**	**1800.56**
埇桥区	YongQiao District	1383.16	1843.19	1866.79
砀山县	DangShan	1354.40	1757.99	1798.57
萧县	XiaoXian	1293.97	1945.06	1969.08
灵璧县	LingBi	1206.45	1702.58	1779.07
泗县	SiXian	1408.85	1524.69	1685.05
蚌埠市	**BengBu**	**1460.13**	**2145.74**	**2078.00**
郊区	Suburban District	1513.71	2355.55	2363.42
怀远县	HuaiYuan	1497.91	2108.69	2052.00
五河县	WuHe	1446.97	2183.74	2152.00
固镇县	GuZhen	1394.22	2182.90	2087.22
阜阳市	**FuYang**	**1168.00**	**1911.00**	**1834.00**
颍州区	YingZhou District		2270.00	2201.00
颍东区	YingDong District		1937.00	1901.00
颍泉区	YingQuan District		1921.00	1909.00
临泉县	LinQuan	1020.00	1798.00	1498.00
太和县	TaiHe	1298.00	2214.00	2124.00
阜南县	FuNan	996.00	1553.00	1398.00
颍上县	YingShang	968.00	1921.00	1835.00
界首市	JieShou	1257.00	2353.00	2250.00
淮南市	**HuaiNan**	**1472.37**	**2230.00**	**2186.00**
大通区	DaTong District			2597.22
田家庵区	TianJaAn District			3421.00
谢家集区	XieJiJi District			3230.07
八公山区	BaGongShan District			3302.00
潘集区	PanJi District			2028.00
凤台县	FengTai	1433.11	2068.00	1980.00
滁州市	**ChuZhou**	**1345.00**	**2181.00**	**2239.78**
琅琊区	LangYa District	1966.00	2465.00	2543.39
南谯区	NanQiao District	1301.00	2140.00	2203.43
来安县	LaiAn	1249.00	2188.00	2260.00
全椒县	QuanJiao	1500.00	2201.00	2241.00
定远县	DingYuan	1320.00	2068.00	2117.00
凤阳县	FengYang	1112.00	2151.00	2158.27
天长市	TianChang	1659.00	2396.00	2494.00
明光市	MingGuang	1351.00	2032.00	2102.23
六安市	**LuAn**	**1209.80**	**1799.25**	**1571.27**
金安区	JinAn District			1578.25
裕安区	YuAn District			1426.18

12—32 续表 continued

单位：元 (yuan)

地区	Region	1995	1999	2000
寿县	ShouXian	1257.63	1823.89	1492.00
霍邱县	HuoQiu	1300.00	1831.37	1556.00
舒城县	ShuCheng	1109.80	1782.35	1598.30
金寨县	JinZhai	1013.97	1610.74	1542.00
霍山县	HuoShan	1175.69	1781.34	1575.12
马鞍山市	**MaAnShan**	**1507.70**	**2675.00**	**2682.59**
市辖区	Reigon of City	2063.02	3343.00	3380.70
当涂县	DangTu	1410.70	2548.00	2552.00
巢湖市	**ChaoHu**	**1250.00**	**2068.45**	**2116.59**
居巢区	JuChao District	1315.75	2241.25	2270.65
庐江县	LuJiang	1241.09	2029.79	1984.09
无为县	WuWei	1195.92	1948.06	1960.37
含山县	HanShan	1278.86	2151.93	2175.64
和县	HeXian	1298.36	2079.57	2177.13
芜湖市	**WuHu**	**1560.35**	**2532.00**	**2658.00**
马塘区	MaTang District			3318.00
鸠江区	JiuJiang District			3586.00
芜湖县	WuHu	1529.82	2160.00	2625.00
繁昌县	FanChang	1608.10	2547.00	2564.36
南陵县	NanLing	1517.87	2502.00	2574.00
宣城市	**XuanCheng**	**1588.00**	**2266.23**	**2288.42**
宣州区	XuanZhou District	1668.00	2323.69	2429.62
郎溪县	LangXi	1580.00	1368.36	1393.04
广德县	GuangDe	1601.00	2374.14	2408.88
泾县	JingXian	1391.00	2345.24	2360.63
旌德县	JingDe	1504.00	2353.50	2364.50
绩溪县	JiXi	1590.00	2359.60	2114.39
宁国市	NingGuo	1644.00	2393.45	2408.35
铜陵市	**TongLing**	**1423.00**	**2310.27**	**2436.00**
郊区	Suburban District	1796.00	2970.00	3082.00
铜陵县	TongLing	1381.00	2237.00	2356.00
池州市	**ChiZhou**	**1469.90**	**2032.67**	**2071.85**
贵池区	GuiChi District	1535.10	2220.22	2267.97
东至县	DongZhi	1387.20	2009.98	2053.87
石台县	ShiTai	1474.50	1511.39	1144.77
青阳县	QingYang	1488.80	2201.69	2145.86
安庆市	**AnQing**	**1205.87**	**1705.52**	**1804.07**
郊区	Suburban District	1670.00	2395.00	2513.48
怀宁县	HuaiNing	1626.56	2237.99	2386.00
枞阳县	ZongYang	908.42	1489.36	1589.34
潜山县	QianShan	1196.00	1349.72	1390.00
太湖县	TaiHu	1058.15	1365.50	1456.49
宿松县	SuSong	995.25	1104.00	1391.48
望江县	WangJiang	1206.46	1595.19	1706.39
岳西县	YueXi	790.35	1307.34	1387.02
桐城市	TongCheng	1562.83	2394.77	2472.02
黄山市	**HuangShan**	**1075.00**	**2182.00**	**2241.00**
屯溪区	TunXi District	1343.00	2974.00	3073.00
黄山区	HuangShan District	1188.00	2339.69	2416.00
徽州区	HuiZhou District	1127.00	2352.00	2455.35
歙县	SheXian	918.00	2129.06	2190.00
休宁县	XiuNing	1145.00	2143.00	2191.00
黟县	YiXian	1119.00	2114.56	2126.32
祁门县	QiMen	1177.00	1906.00	1944.13

12—33 各县(市)主要年份粮食总产量
Output of Grain in Major Years by County or City

单位：吨 (ton)

县（市）	County or City	1980	1985	1990	1995	1999	2000
合肥市辖区	HeFei Reigon of City	75566	85120	78283	72179	68497	57148
长丰县	ChangFeng	308935	505285	531990	520970	662123	505066
肥东县	FeiDong	322664	484570	559220	390948	552891	451990
肥西县	FeiXi	359974	478023	507352	495700	558661	415563
淮北市辖区	HuaiBei Reigon of City	27962	57786	55647	55901	69352	56135
濉溪县	SuiXi	336480	507972	631325	689119	763000	667522
亳州市辖区	Bozhou Reigon of City	317722	450617	614650	734984	811355	550832
涡阳县	GuoYang	277434	526508	653655	760993	936277	803431
蒙城县	MengCheng	299481	475636	563637	846871	974663	721302
利辛县	LiXin	218200	441450	466072	741096	813489	711445
宿州市辖区	SuZhou Reigon of City	397699	640468	104311	948893	956414	756434
砀山县	DangShan	165318	220053	217537	241100	213471	181859
萧县	XiaoXian	299599	359227	388662	551122	657459	634160
灵璧县	LingBi	306980	527734	601565	768901	747275	596036
泗县	SiXian	214188	368804	398970	628304	615713	587458
蚌埠市辖区	BengBu Reigon of City	58406	78143	103196	104252	100367	85514
怀远县	HuaiYuan	369567	647203	744047	813293	1017742	857440
五河县	WuHe	183356	380003	427219	457533	538181	478320
固镇县	GuZhen	169648	373416	422166	400575	432864	351275
阜阳市辖区	FuYang Reigon of City	256444	375799	473554	673119	752886	639206
界首市	JieShou	128593	178304	204199	331219	368622	243714
临泉县	LinQuan	255383	420319	527900	708173	749013	567704
太和县	TaiHe	253581	380064	441700	682376	795671	615169
阜南县	FuNan	254832	273556	476805	650089	678189	563050
颍上县	YingShang	263587	282004	605644	850024	973495	842731
淮南市辖区	HuaiNan Reigon of City	113410	194135	268202	337779	383363	424720
凤台县	FengTai	170606	297579	443216	501769	579295	407429
滁州市辖区	ChuZhou Reigon of City	157492	280496	299152	222468	253652	228969
天长市	TianChang	292207	550405	611821	545635	575006	536880
明光市	MingGuang	203072	286798	397471	350706	423568	392590
来安县	LaiAn	202943	310267	387897	339925	388898	393842
全椒县	QuanJiao	201801	323080	365751	309447	389166	348480
定远县	DingYuan	300070	485543	728631	475436	847720	767200
凤阳县	FengYang	251235	450298	544843	564349	621321	539661
六安市辖区	LuAn Reigon of City	468568	539664	584230	603638	709658	543751
寿县	ShouXian	399416	581448	724713	870380	1008829	626833
霍邱县	HuoQiu	453008	554200	663483	950500	996287	849307
舒城县	ShuCheng	245844	302905	366580	323109	317916	308472

12—33 续表 continued

单位：吨 (ton)

县（市） County or City	1980	1985	1990	1995	1999	2000
金寨县 JinZhai	89284	97118	105510	132706	140153	103796
霍山县 HuoShan	69156	84030	90126	106506	107325	101788
马鞍山市辖区 MaAnShan Reigon of City	33789	41007	39585	34424	34243	33299
当涂县 DangTu	239440	385970	374592	321027	344249	317518
巢湖市辖区 ChaoHu Reigon of City	219131	297301	322650	272194	313609	282649
庐江县 LuJiang	296150	459979	574548	609657	586990	526309
无为县 WuWei	409269	535001	561842	448973	505206	410526
含山县 HanShan	163382	203113	207933	212866	236192	200845
和县 HeXian	239683	296234	337385	335577	334283	323414
芜湖市辖区 WuHu Reigon of City	28006	38307	37026	36662	38423	33910
芜湖县 WuHu	166816	299344	255872	245888	187773	246840
繁昌县 FanChang	106607	151728	167884	150454	133518	139780
南陵县 NanLing	149086	256965	289046	287089	268132	256167
宣城市辖区 XuanCheng Reigon of City	215395	324311	340569	395811	298323	387080
宁国市 NingGuo	77990	106927	101732	102995	104532	89758
郎溪县 LangXi	89898	151816	169702	167670	114421	160797
广德县 GuangDe	135872	165213	153946	186521	190968	178550
泾县 JingXian	91437	132216	137185	138382	150127	145289
旌德县 JingDe	53870	71634	59350	65170	73531	62577
绩溪县 JiXi	37449	50180	45271	50627	58209	53856
铜陵市辖区 TongLing Reigon of City	4699	4982	35629	41018	37267	45316
铜陵县 TongLing	64981	92715	100174	91714	90077	94686
池州市辖区 ChiZhou Reigon of City	140959	213740	227109	227865	226897	242736
东至县 DongZhi	145979	166920	200846	165378	190951	190265
石台县 ShiTai	23355	32411	31840	29305	27829	22515
青阳县 QingYang	82722	106438	123836	118415	125379	119144
安庆市辖区 AnQing Reigon of City	30489	56035	77893	67504	45216	62533
桐城市 TongCheng	189578	295107	308341	300018	245835	285889
怀宁县 HuaiNing	176433	262565	285455	319753	273576	279557
枞阳县 ZongYang	132342	251832	267853	263189	226293	298669
潜山县 QianShan	144762	209580	218338	234230	217877	215016
太湖县 TaiHu	137847	168498	175181	195120	177941	180635
宿松县 SuSong	170180	223314	231395	235834	176207	219080
望江县 WangJiang	148246	203715	212982	211756	179920	226022
岳西县 YueXi	72296	93553	94283	90377	86276	81482
黄山市辖区 HuangShan Reigon of City	56867	74468	118003	110977	119237	104132
歙县 SheXian	88182	118409	72508	71054	79154	77327
休宁县 XiuNing	66520	98333	100645	93664	109431	109330
黟县 YiXian	26152	39081	39324	32338	32877	31484
祁门县 QiMen	30587	42338	43993	40017	44953	42792

12—34 各县(市)主要年份棉花总产量
Output of Cotton in Major Years by County or City

单位：吨 (ton)

县（市） County or City	1980	1985	1990	1995	1999	2000
合肥市辖区 HeFei Reigon of City	44	40	19	135	215	226
长丰县 ChangFeng	1824	2629	3709	8737	4843	4890
肥东县 FeiDong	1904	2248	2742	4900	2007	3715
肥西县 FeiXi	755	1371	1658	4454	3355	3381
淮北市辖区 HuaiBei Reigon of City	16	488	582	701	403	481
濉溪县 SuiXi	2633	4958	12654	16774	14052	15755
亳州市辖区 Bozhou Reigon of City	1305	1329	6088	13935	10611	14439
涡阳县 GuoYang	3302	2624	8225	10733	7949	9718
蒙城县 MengCheng	3345	3951	11090	15795	12897	19219
利辛县 LiXin	1454	3320	5204	9147	5343	5164
宿州市辖区 SuZhou Reigon of City	4295	7483	13816	18038	12734	14449
砀山县 DangShan	6269	9408	8500	4650	3603	4700
萧县 XiaoXian	11809	8624	13137	13382	9360	13164
灵璧县 LingBi	4410	4004	6742	13877	8063	10162
泗县 SiXian	2542	6542	10700	14991	8663	14411
蚌埠市辖区 BengBu Reigon of City	1	22	48	32	36	44
怀远县 HuaiYuan	884	1645	2317	13843	10693	10515
五河县 WuHe	1333	2335	2694	5467	2327	2656
固镇县 GuZhen	180	297	644	2681	2757	7351
阜阳市辖区 FuYang Reigon of City	2053	2913	4572	11728	4563	5396
界首市 JieShou	2145	1229	2566	8040	4217	5120
临泉县 LinQuan	3040	1824	4197	10220	7333	4485
太和县 TaiHe	4866	2059	4482	10332	2930	3044
阜南县 FuNan	1152	1155	1689	8569	3554	3078
颍上县 YingShang	752	589	570	6237	2116	1595
淮南市辖区 HuaiNan Reigon of City	10	118	131	92	150	143
凤台县 FengTai	318	267	223	278	1108	659
滁州市辖区 ChuZhou Reigon of City				3237	2005	1916
天长市 TianChang	1559	1795	1168	1304	1024	754
明光市 MingGuang	450	808	761	1842	1864	1442
来安县 LaiAn	857	1020	970	2038	1701	1736
全椒县 QuanJiao	1754	3760	2157	4465	1697	3481
定远县 DingYuan	1118	1006	1474	6501	4631	4869
凤阳县 FengYang	474	859	1410	3554	4224	4413
六安市辖区 LuAn Reigon of City	399	687	224	1517	935	429
寿县 ShouXian	3066	2137	3488	7140	5819	4897
霍邱县 HuoQiu	3445	1682	2540	6026	2724	2177
舒城县 ShuCheng	265	198	592	536	983	664

12—34 续表 continued

单位：吨 (ton)

县（市） County or City	1980	1985	1990	1995	1999	2000
金寨县 JinZhai	10				73	30
霍山县 HuoShan	62	15	8	20	30	31
马鞍山市辖区 MaAnShan Reigon of City	9	22	115	31	65	51
当涂县 DangTu	2553	5170	4505	3580	1587	1770
巢湖市辖区 ChaoHu Reigon of City	2628	3732	5206	5040	2129	2067
庐江县 LuJiang	872	605	389	159	3680	4101
无为县 WuWei	4561	8148	14332	35839	26029	34781
含山县 HanShan	1476	1211	1360	2351	2732	5551
和县 HeXian	3457	2409	2962	2897	1763	1716
芜湖市辖区 WuHu Reigon of City				1	5	9
芜湖县 WuHu	346	23	23	1960	826	1781
繁昌县 FanChang	1581	2789	2573	3912	2214	2245
南陵县 NanLing	335	674	541	1438	1250	1736
宣城市辖区 XuanCheng Reigon of City	1245	2622	3362	7775	5374	7755
宁国市 NingGuo	5	9	12	52	148	95
郎溪县 LangXi	117	101	64	211	386	297
广德县 GuangDe	6	28	14	42	94	101
泾县 JingXian	260	413	408	612	642	672
旌德县 JingDe	3	4	1	20	25	31
绩溪县 JiXi		3	5	11	32	25
铜陵市辖区 TongLing Reigon of City	36	19	272	414	174	181
铜陵县 TongLing	1026	2175	3260	2110	2534	4884
池州市辖区 ChiZhou Reigon of City	1323	2483	2575	3274	2877	3317
东至县 DongZhi	3545	7322	7266	8578	5615	7228
石台县 ShiTai	10	6	4	34	7	3
青阳县 QingYang	19	10	19	56	42	39
安庆市辖区 AnQing Reigon of City	761	2334	2516	3634	1269	1536
桐城市 TongCheng	1576	1584	1483	1408	2082	1879
怀宁县 HuaiNing	1273	2201	2006	2200	1504	2210
枞阳县 ZongYang	2267	4123	4216	6882	912	4410
潜山县 QianShan	5	20	5	1281	906	605
太湖县 TaiHu	1173	2737	2141	4110	3248	2139
宿松县 SuSong	5222	10500	17059	21948	2317	16565
望江县 WangJiang	5790	11500	11886	22585	9610	13400
岳西县 YueXi	1	2			10	6
黄山市辖区 HuangShan Reigon of City	1	1	7	8	33	34
歙县 SheXian	6	19	15	28	62	49
休宁县 XiuNing				4	32	34
黟县 YiXian			1	13	14	9
祁门县 QiMen		3	7	25	2	44

12—35 各县(市)主要年份油料总产量
Output of Oil-bearing Crops in Major Years by County or City

单位：吨 (ton)

县（市）	County or City	1980	1985	1990	1995	1999	2000
合肥市辖区	HeFei Reigon of City	2677	8869	6189	8428	8271	8328
长丰县	ChangFeng	10276	48723	42363	50881	47030	60249
肥东县	FeiDong	31204	78646	67588	76205	120247	123303
肥西县	FeiXi	19818	69070	61095	78124	87164	78820
淮北市辖区	HuaiBei Reigon of City	127	789	791	2102	2553	2641
濉溪县	SuiXi	5160	30864	20207	33658	52938	49708
亳州市辖区	Bozhou Reigon of City	5212	12809	12236	21152	21424	24406
涡阳县	GuoYang	6712	19410	18560	19053	18928	22471
蒙城县	MengCheng	5425	38493	17389	47550	88780	123392
利辛县	LiXin	9339	31373	7768	21642	15087	25722
宿州市辖区	SuZhou Reigon of City	10373	30833	21199	39548	54031	67768
砀山县	DangShan	5040	4964	6090	10443	19510	23395
萧县	XiaoXian	5117	11270	5454	15066	15878	17536
灵璧县	LingBi	11983	25210	22977	69502	166867	209410
泗县	SiXian	6665	20164	20742	55928	63087	86885
蚌埠市辖区	BengBu Reigon of City	1332	1328	899	5751	1657	2387
怀远县	HuaiYuan	10897	52797	18592	71998	76848	97304
五河县	WuHe	8691	12173	11241	46080	77354	84670
固镇县	GuZhen	14610	33416	27286	123424	182593	160306
阜阳市辖区	FuYang Reigon of City	4153	17048	4002	13208	10865	13426
界首市	JieShou	4291	10904	2729	7219	14421	18103
临泉县	LinQuan	9129	38609	13930	30226	28814	30896
太和县	TaiHe	5753	12018	5180	23957	17213	21919
阜南县	FuNan	10374	36845	10670	36375	26196	50098
颍上县	YingShang	2711	28152	7921	22589	9688	12365
淮南市辖区	HuaiNan Reigon of City	1548	9120	4083	6954	2552	3814
凤台县	FengTai	2042	20350	6926	18581	9684	12353
滁州市辖区	ChuZhou Reigon of City				20353	26571	30334
天长市	TianChang	7765	26963	42355	48553	52675	45201
明光市	MingGuang	6718	15213	24831	39818	41886	45069
来安县	LaiAn	4915	16295	23855	45443	47097	48386
全椒县	QuanJiao	17188	43523	48930	49308	66834	68866
定远县	DingYuan	22577	68831	73350	98001	86243	91029
凤阳县	FengYang	10319	17609	23322	50776	51194	63652
六安市辖区	LuAn Reigon of City	14641	35481	39345	44620	59589	51231
寿县	ShouXian	5573	34290	52819	65872	104453	54287
霍邱县	HuoQiu	3066	20505	23873	49133	81489	58549
舒城县	ShuCheng	10109	17361	19173	24717	29884	34340

12—35 续表 continued

单位：吨 (ton)

县（市） County or City	1980	1985	1990	1995	1999	2000
金寨县 JinZhai	755	2507	3024	2803	4041	3085
霍山县 HuoShan	1224	1737	2849	3362	3851	3174
马鞍山市辖区 MaAnShan Reigon of City	918	1456	2282	4562	6111	5981
当涂县 DangTu	9940	20740	21834	28603	39425	51478
巢湖市辖区 ChaoHu Reigon of City	13594	39835	33401	37505	68830	69695
庐江县 LuJiang	14487	27293	31343	32712	48772	46834
无为县 WuWei	17757	48051	51859	69612	67120	68853
含山县 HanShan	4937	20132	16999	22155	32842	35763
和县 HeXian	13990	48139	44574	50895	59491	67099
芜湖市辖区 WuHu Reigon of City	1591	2672	2514	4154	5967	5933
芜湖县 WuHu	7467	16946	15127	29768	42330	39344
繁昌县 FanChang	3816	12240	12785	23095	24991	24610
南陵县 NanLing	4733	7676	6405	8967	15645	19262
宣城市辖区 XuanCheng Reigon of City	9405	19923	27086	34407	52982	55081
宁国市 NingGuo	1696	3578	5373	8501	14242	14937
郎溪县 LangXi	2910	10774	15201	23781	25616	29631
广德县 GuangDe	4023	9196	10212	16278	26594	28619
泾县 JingXian	2367	4455	5026	6373	9573	10616
旌德县 JingDe	1194	2483	3515	3649	4999	5407
绩溪县 JiXi	745	2504	3526	4655	5701	5874
铜陵市辖区 TongLing Reigon of City	117	243	774	1288	1271	1639
铜陵县 TongLing	2836	7643	8303	11273	15525	17031
池州市辖区 ChiZhou Reigon of City	3822	9937	10110	15465	26375	30327
东至县 DongZhi	4755	11408	14160	18308	21788	25450
石台县 ShiTai	642	2204	2303	2682	3666	3771
青阳县 QingYang	2500	4436	4337	7514	9817	10510
安庆市辖区 AnQing Reigon of City	1852	3558	4250	6325	8144	10168
桐城市 TongCheng	6743	9955	9842	14040	14719	30110
怀宁县 HuaiNing	3551	9711	7449	12633	19328	27413
枞阳县 ZongYang	3105	11051	10712	16863	20130	24870
潜山县 QianShan	2229	4015	3959	9053	7021	10125
太湖县 TaiHu	2681	4726	4850	6169	6661	11396
宿松县 SuSong	6850	15460	24444	25854	15726	38391
望江县 WangJiang	5828	14874	16185	20982	22019	32184
岳西县 YueXi	666	1044	1237	2397	1422	1458
黄山市辖区 HuangShan Reigon of City	1441	2918	5691	5807	7869	9123
歙县 SheXian	6694	9833	8039	7999	8920	8879
休宁县 XiuNing	1855	3857	4578	5309	7934	8260
黟县 YiXian	510	1477	2495	2397	3714	3838
祁门县 QiMen	490	1660	2423	2763	4280	5090

12—36 各县（市）农村基本情况（2000年）

Basic Statement of Rural Area by County or City (2000)

县（市）	County or City	乡镇数（个）Number of Township and Town Govenments	镇数 Town Govern-ments	村民委员会（个）Number of Villagers' Committees	乡村户数（户）Number of Households (house-hold)	乡村人口数（人）Rural Population (person)	乡村从业人员数（人）Number of Rural Laborers (person)	男 Male	女 Female
合肥市辖区	HeFei Reigon of City	12	9	163	79745	254939	148280	76376	71904
长丰县	ChangFeng	29	9	553	217104	902859	503296	267240	236056
肥东县	FeiDong	36	13	728	237083	970757	520939	277733	243206
肥西县	FeiXi	31	12	564	204050	835025	489610	262808	226802
淮北市辖区	HuaiBei Reigon of City	9	9	127	60313	216349	102530	51247	51283
濉溪县	SuiXi	23	14	503	248404	947974	455956	233974	221982
亳州市辖区	Bozhou Reigon of City	26	23	749	310342	1176792	717972	377429	340543
涡阳县	GuoYang	26	21	733	296266	1216120	620272	328471	291801
蒙城县	MengCheng	24	17	573	240374	1033224	549764	290271	259493
利辛县	LiXin	25	18	670	294583	1273569	690682	360753	329929
宿州市辖区	SuZhou Reigon of City	29	16	791	318898	1244355	682395	355612	326783
砀山县	DangShan	18	13	392	209164	804439	409061	212184	196877
萧县	XiaoXian	22	17	714	289249	1089637	586271	312302	273969
灵璧县	LingBi	20	12	579	223032	970914	559503	285348	274155
泗县	SiXian	18	11	454	173363	758109	422842	220876	201966
蚌埠市辖区	BengBu Reigon of City	8	2	130	66128	238066	131871	69989	61882
怀远县	HuaiYuan	28	10	695	268458	1126505	600973	318054	282919
五河县	WuHe	19	10	438	141859	612073	349030	185889	163141
固镇县	GuZhen	17	7	406	124572	556700	333842	177545	156297
阜阳市辖区	FuYang Reigon of City	32	17	691	353346	1400712	797161	421026	376135
界首市	JieShou	18	12	268	155595	600056	332406	172740	159666
临泉县	LinQuan	32	22	832	407812	1749081	918782	471460	447322
太和县	TaiHe	30	23	796	357735	1394451	889187	459098	430089
阜南县	FuNan	30	19	766	327207	1364052	775539	407940	367599
颍上县	YingShang	30	17	703	336306	1354278	744478	400385	344093
淮南市辖区	HuaiNan Reigon of City	24	16	319	153042	627845	360137	193032	167105
凤台县	FengTai	16	4	237	118031	473651	280931	151980	128951
滁州市辖区	ChuZhou Reigon of City	17	8	173	71645	251521	135094	72047	63047
天长市	TianChang	28	16	364	134814	498476	288283	148680	139603
明光市	MingGuang	26	13	347	123784	504412	255156	138031	117125
来安县	LaiAn	18	8	275	97935	381866	211721	112232	99489
全椒县	QuanJiao	17	10	197	79618	326395	173052	91660	81392
定远县	DingYuan	37	16	533	185868	770911	424578	226792	197786
凤阳县	FengYang	26	15	400	139229	588675	336778	179306	157472
六安市辖区	LuAn Reigon of City	38	23	834	386889	1517451	840281	451810	388471
寿县	ShouXian	32	22	632	305105	1175889	623433	343717	279716
霍邱县	HuoQiu	36	22	758	386729	1510603	740929	403135	337794
舒城县	ShuCheng	30	17	490	237873	903371	479602	274978	204624

12—36 续表 continued

县（市） County or City	乡镇数（个） Number of Township and Town Govenments	镇数 Town Governments	村民委员会（个） Number of Villagers' Committees	乡村户数（户） Number of Households (household)	乡村人口数（人） Rural Population (person)	乡村从业人员数（人） Number of Rural Laborers (person)	男 Male	女 Female
金寨县 JinZhai	28	12	437	155189	554962	254458	143278	111180
霍山县 HuoShan	24	14	280	83102	320868	159432	86701	72731
马鞍山市辖区 MaAnShan Reigon of City	6	3	63	37108	106780	62169	29620	32549
当涂县 DangTu	25	13	304	152090	571072	312942	166899	146043
巢湖市辖区 ChaoHu Reigon of City	24	16	266	168012	620512	345630	185044	160586
庐江县 LuJiang	32	16	558	253991	1039539	510350	280907	229443
无为县 WuWei	35	23	710	325370	1266456	709258	390930	318328
含山县 HanShan	14	9	221	97875	366349	193465	104837	88628
和县 HeXian	21	8	374	138774	514100	274256	146987	127269
芜湖市辖区 WuHu Reigon of City	5	5	78	45101	132114	74208	37886	36322
芜湖县 WuHu	24	17	243	129644	487440	280688	149386	131302
繁昌县 FanChang	20	8	215	121031	413484	248289	135784	112505
南陵县 NanLing	21	15	188	146733	501836	300413	166484	133929
宣城市辖区 XuanCheng Reigon of City	34	16	341	194762	707800	400922	220189	180733
宁国市 NingGuo	29	12	221	88932	313416	180943	99050	81893
郎溪县 LangXi	17	8	161	80103	291147	153718	83391	70327
广德县 GuangDe	29	6	280	123209	454197	273617	151615	122002
泾县 JingXian	30	9	264	90237	312667	173749	98282	75467
旌德县 JingDe	14	4	123	35051	130056	68875	37447	31428
绩溪县 JiXi	17	7	184	44665	152774	82816	43283	39533
铜陵市辖区 TongLing Reigon of City	2	1	26	11167	37865	22509	11151	11358
铜陵县 TongLing	18	8	196	87293	305435	164911	89087	75824
池州市辖区 ChiZhou Reigon of City	30	9	298	131322	507829	286990	151840	135150
东至县 DongZhi	32	11	374	124932	479330	267327	140631	126696
石台县 ShiTai	15	5	136	26053	97457	57722	31919	25803
青阳县 QingYang	18	10	178	71792	250891	134314	72400	61914
安庆市辖区 AnQing Reigon of City	7	2	104	63850	219069	121505	65595	55910
桐城市 TongCheng	24	17	445	167272	674242	363140	187765	175375
怀宁县 HuaiNing	25	15	359	175431	710829	402710	216609	186101
枞阳县 ZongYang	26	13	430	215907	880537	428059	230984	197075
潜山县 QianShan	29	12	301	133794	528277	282952	156431	126521
太湖县 TaiHu	25	8	426	126152	514839	278478	145375	133103
宿松县 SuSong	21	8	396	164837	692030	416550	216022	200528
望江县 WangJiang	20	8	360	130178	541437	296015	150261	145754
岳西县 YueXi	27	12	372	93041	365390	182343	99657	82686
黄山市辖区 HuangShan Reigon of City	29	9	238	81461	274462	162581	83362	79219
歙县 SheXian	40	12	436	133799	454044	279844	141263	138581
休宁县 XiuNing	32	8	259	69286	248053	149127	75272	73855
黟县 YiXian	11	3	84	24187	80807	47437	24327	23110
祁门县 QiMen	24	6	152	41875	148663	90298	46796	43502

12—37 各县（市）农业机械化及主要能源、物资消耗情况（2000年）

Mechanization of Agriculture and Consumption of Main Energy and Material by County or City (2000)

县（市）	County or City	农业机械总动力（千瓦）Total Power of Agricultural Machinery (kw)	农用排灌机械（台）Number of Diesel Engines (unit)	农村用电量（万千瓦时）Electricity Consumed in Rural Areas (10000 kwh)	农村化肥施用量（吨）Consumption of Chemical Fertilizers (ton)	农用塑料薄膜使用量（吨）Consumption of Plastic Film for Farm Use (ton)	农药使用量（吨）Consumption of Agricultural Pesticide (ton)
合肥市辖区	HeFei Reigon of City	106467	1796	3963	8772	509	206
长丰县	ChangFeng	458539	3724	7020	80049	1510	1459
肥东县	FeiDong	402084	9487	5508	64237	360	643
肥西县	FeiXi	309279	10252	6941	30578	758	1443
淮北市辖区	HuaiBei Reigon of City	149528	1928	9082	5866	511	355
濉溪县	SuiXi	1247405	10700	3751	59836	809	1068
亳州市辖区	Bozhou Reigon of City	934282	25125	10200	53372	1765	1521
涡阳县	GuoYang	862288	8510	7980	61716	905	1233
蒙城县	MengCheng	878062	16569	7320	77498	1156	1062
利辛县	LiXin	650104	12401	7169	50783	2171	807
宿州市辖区	SuZhou Reigon of City	665893	5543	5084	67296	3036	1701
砀山县	DangShan	772705	8271	5456	36840	972	4947
萧县	XiaoXian	623539	7584	6081	33000	888	1644
灵璧县	LingBi	581325	6381	4836	59674	1850	1128
泗县	SiXian	646761	9140	2928	49874	1046	828
蚌埠市辖区	BengBu Reigon of City	164045	1163	4322	9839	552	350
怀远县	HuaiYuan	1457534	4333	9547	147091	2507	2017
五河县	WuHe	683510	2006	5197	54732	2146	910
固镇县	GuZhen	652824	1770	5405	57832	3014	1124
阜阳市辖区	FuYang Reigon of City	361536	8838	8691	77409	1170	880
界首市	JieShou	249190	6270	5864	22692	510	408
临泉县	LinQuan	649888	138058	8633	46732	2393	532
太和县	TaiHe	607510	14192	9700	49719	707	910
阜南县	FuNan	470876	10250	7460	29703	2853	1224
颍上县	YingShang	640005	13459	8111	46243	1405	1629
淮南市辖区	HuaiNan Reigon of City	634262	7621	21798	36113	444	1219
凤台县	FengTai	565572	2896	7400	36955	304	1001
滁州市辖区	ChuZhou Reigon of City	248476	6845	3395	17417	285	387
天长市	TianChang	580362	4545	12077	41123	386	633
明光市	MingGuang	324405	2792	4868	35465	1097	587
来安县	LaiAn	294013	12077	4365	33906	551	419
全椒县	QuanJiao	305477	6943	2915	27507	420	573
定远县	DingYuan	522842	5670	3727	54202	789	1401
凤阳县	FengYang	545256	13829	5106	50687	710	1645
六安市辖区	LuAn Reigon of City	687333	26561	5733	24522	373	1176
寿县	ShouXian	796609	509825	5637	92927	393	3487
霍邱县	HuoQiu	933230	9459	8017	73833	1668	1793
舒城县	ShuCheng	400257	9560	4762	22826	717	845

12—37 续表 continued

县（市） County or City	农业机械总动力（千瓦）Total Power of Agricultural Machinery (kw)	农用排灌机械（台）Number of Diesel Engines (unit)	农村用电量（万千瓦时）Electricity Consumed in Rural Areas (10000 kwh)	农村化肥施用量（吨）Consumption of Chemical Fertilizers (ton)	农用塑料薄膜使用量（吨）Consumption of Plastic Film for Farm Use (ton)	农药使用量（吨）Consumption of Agricultural Pesticide (ton)
金寨县 JinZhai	122064	6106	4296	8027	338	212
霍山县 HuoShan	119743	6148	1352	5207	125	166
马鞍山市辖区 MaAnShan Reigon of City	65931	9999	2109	3200	119	110
当涂县 DangTu	355642	58210	7600	26683	209	1771
巢湖市辖区 ChaoHu Reigon of City	290221	13400	14010	102902	690	759
庐江县 LuJiang	541225	60932	9280	51114	341	2047
无为县 WuWei	435069	73593	10655	46935	1135	2868
含山县 HanShan	184930	32063	4620	22652	82	461
和县 HeXian	293519	48723	10270	41619	1220	994
芜湖市辖区 WuHu Reigon of City	50565	7679	3322	5517	48	90
芜湖县 WuHu	271804	47466	5323	20863	209	769
繁昌县 FanChang	208080	32995	24865	11576	780	418
南陵县 NanLing	241523	46109	6755	20068	474	677
宣城市辖区 XuanCheng Reigon of City	470243	47810	7394	35585	382	1264
宁国市 NingGuo	157183	7242	1640	9864	129	254
郎溪县 LangXi	169596	12189	1405	19409	103	542
广德县 GuangDe	413925	31334	4816	9998	201	398
泾县 JingXian	129008	10129	3209	6952	367	334
旌德县 JingDe	43054	2651	731	3474	52	91
绩溪县 JiXi	50157	9672	1190	4772	88	206
铜陵市辖区 TongLing Reigon of City	42895	749	1558	2889	35	197
铜陵县 TongLing	255496	26310	4895	14450	310	421
池州市辖区 ChiZhou Reigon of City	238450	18160	6495	15714	233	1145
东至县 DongZhi	216707	6953	2476	17798	234	1466
石台县 ShiTai	70790	1050	738	2137	20	151
青阳县 QingYang	136610	7634	2318	7321	108	522
安庆市辖区 AnQing Reigon of City	187303	10058	4073	6398	275	422
桐城市 TongCheng	277721	20730	9647	11981	493	884
怀宁县 HuaiNing	226701	13520	8752	12892	495	1143
枞阳县 ZongYang	324544	13242	8210	25073	841	1580
潜山县 QianShan	139215	2223	2420	7584	293	739
太湖县 TaiHu	88214	5746	2646	21733	418	806
宿松县 SuSong	153900	3579	8150	30346	1109	2343
望江县 WangJiang	186005	5004	4652	26332	594	1796
岳西县 YueXi	57705	376	1353	9998	214	329
黄山市辖区 HuangShan Reigon of City	149118	7015	3648	8587	386	432
歙县 SheXian	150858	4477	2321	13010	578	936
休宁县 XiuNing	90401	4780	1328	6809	338	382
黟县 YiXian	30949	1307	581	3311	82	130
祁门县 QiMen	58351	2150	910	1845	313	174

12—38 各县（市）农田水利情况（2000 年）
Statement of Water Conservancy by County or City (2000)

单位：千公顷 (1000 hectares)

县（市）	County or City	有效灌溉面积 Irrigated Areas	节水灌溉面积 Irrigated Area With Saved Water	旱涝保收面积 Area With Stable Yields Despite Drought or Waterlogging	机电排灌面积 Electrical Irrigation and Drainage Area	除涝面积 Flooded or Waterlogged Area Under Control	防洪耕地面积 Cultivated Area With Flood Prevention Measures
合肥市辖区	HeFei Reigon of City	11.14	2.95	7.52	10.67	3.43	4.00
长丰县	ChangFeng	94.30	0.95	52.37	85.23	4.92	7.24
肥东县	FeiDong	100.83	3.00	80.80	74.19	4.56	4.56
肥西县	FeiXi	65.72	23.34	40.43	28.26	7.95	8.85
淮北市辖区	HuaiBei Reigon of City	9.52	4.65	8.02	9.28	9.27	9.43
濉溪县	SuiXi	62.74	25.23	44.94	64.24	110.00	100.00
亳州市辖区	Bozhou Reigon of City	65.24	14.04	38.03	65.24	104.53	
涡阳县	GuoYang	61.78	1.33	37.07	61.78	108.79	
蒙城县	MengCheng	76.51	1.73	49.40	88.46	98.30	89.20
利辛县	LiXin	56.50	1.75	37.04	57.94	87.96	55.00
宿州市辖区	SuZhou Reigon of City	91.34	2.80	52.35	94.54	81.47	85.96
砀山县	DangShan	45.89	20.10	33.93	45.89	35.63	30.00
萧县	XiaoXian	66.83	24.15	40.65	65.10	62.31	59.28
灵璧县	LingBi	65.93	5.17	38.30	69.99	99.59	109.13
泗县	SiXian	59.71	6.61	33.06	59.65	65.19	86.67
蚌埠市辖区	BengBu Reigon of City	14.68	2.54	12.36	19.19	6.31	7.59
怀远县	HuaiYuan	85.41	3.44	72.49	94.59	89.40	128.95
五河县	WuHe	44.26	2.87	34.96	76.41	57.02	64.70
固镇县	GuZhen	36.27	3.68	23.59	37.21	61.09	75.14
阜阳市辖区	FuYang Reigon of City	67.64	3.84	45.89	77.40	85.51	102.48
界首市	JieShou	22.69	0.90	14.51	22.87	29.65	20.51
临泉县	LinQuan	56.55	7.68	27.05	59.33	66.17	18.59
太和县	TaiHe	50.90	11.47	40.02	50.90	99.81	100.29
阜南县	FuNan	55.08	2.04	28.11	82.55	57.87	20.00
颍上县	YingShang	78.66	36.60	53.66	107.77	76.40	83.16
淮南市辖区	HuaiNan Reigon of City	37.98	2.82	29.09	43.01	14.13	35.98
凤台县	FengTai	50.90	19.99	42.93	60.88	24.59	56.62
滁州市辖区	ChuZhou Reigon of City	28.37	1.08	24.24	13.70	2.88	4.71
天长市	TianChang	48.46	0.60	44.15	41.00	10.80	15.67
明光市	MingGuang	45.77	1.39	38.04	29.78	14.93	14.97
来安县	LaiAn	41.58	0.30	35.25	20.74	11.99	14.00
全椒县	QuanJiao	38.95	0.87	32.69	17.96	6.29	7.27
定远县	DingYuan	78.32	0.40	46.89	37.12	1.08	1.08
凤阳县	FengYang	56.15	0.25	41.09	45.20	9.81	14.31
六安市辖区	LuAn Reigon of City	91.26	66.67	56.23	33.12	7.67	8.04
寿县	ShouXian	96.36	76.67	82.85	52.36	17.47	89.15
霍邱县	HuoQiu	113.58	76.67	106.59	60.62	26.40	74.95
舒城县	ShuCheng	40.71	13.33	33.21	10.31	10.09	30.00

12—38 续表1 continued

县（市） County or City	有效灌溉面积 Irrigated Areas	节水灌溉面积 Irrigated Area With Saved Water	旱涝保收面积 Area With Stable Yields Despite Drought or Waterlogging	机电排灌面积 Electrical Irrigation and Drainage Area	除涝面积 Flooded or Waterlogged Area Under Control	防洪耕地面积 Cultivated Area With Flood Prevention Measures
金寨县 JinZhai	16.79	6.67	13.99	3.00	0.21	1.67
霍山县 HuoShan	13.69	6.67	8.82	2.99	0.81	1.82
马鞍山市辖区 MaAnShan Reigon of City	4.97	1.06	4.80	5.25	2.32	3.65
当涂县 DangTu	43.11	1.87	39.76	43.02	42.12	44.73
巢湖市辖区 ChaoHu Reigon of City	48.77	1.33	40.15	46.66	11.17	18.24
庐江县 LuJiang	73.25	20.74	60.77	91.90	34.97	44.64
无为县 WuWei	83.28	0.16	73.50	109.74	66.99	69.95
含山县 HanShan	22.47		18.85	19.67	8.45	13.67
和县 HeXian	49.57	0.30	44.48	57.00	36.99	51.00
芜湖市辖区 WuHu Reigon of City	5.78		5.57	5.87	4.55	5.83
芜湖县 WuHu	28.70		24.07	28.45	24.77	25.87
繁昌县 FanChang	19.97		17.60	22.31	16.05	19.63
南陵县 NanLing	31.01	3.20	27.76	26.05	14.14	22.57
宣城市辖区 XuanCheng Reigon of City	50.19	0.87	41.04	33.70	25.78	26.21
宁国市 NingGuo	12.27	0.51	10.07	3.83		5.35
郎溪县 LangXi	22.41	0.46	20.27	14.95	8.53	11.01
广德县 GuangDe	27.39	1.30	25.10	5.17	0.66	8.50
泾县 JingXian	15.38	0.65	12.95	3.05	0.19	21.40
旌德县 JingDe	8.27	0.07	4.70	0.73		2.00
绩溪县 JiXi	6.06	0.20	4.70	1.24		2.60
铜陵市辖区 TongLing Reigon of City	5.40	0.03	2.91	5.38	0.48	1.20
铜陵县 TongLing	18.60	4.00	16.09	12.17	11.57	17.48
池州市辖区 ChiZhou Reigon of City	30.77	0.74	30.31	29.75	22.56	24.05
东至县 DongZhi	33.22	1.13	27.16	24.86	18.04	26.11
石台县 ShiTai	3.40	0.43	1.86	0.33		0.77
青阳县 QingYang	15.21	0.48	11.89	3.64	2.78	2.31
安庆市辖区 AnQing Reigon of City	7.43		5.61	10.21	5.49	7.08
桐城市 TongCheng	33.86	0.70	28.30	21.86	11.54	17.06
怀宁县 HuaiNing	33.35	2.75	27.60	21.72	14.80	17.93
枞阳县 ZongYang	40.30	0.10	35.21	40.21	27.12	38.80
潜山县 QianShan	23.59	0.40	20.40	10.04	5.58	13.04
太湖县 TaiHu	20.20		15.99	4.42	2.07	2.40
宿松县 SuSong	43.74		32.94	21.40	12.88	41.80
望江县 WangJiang	31.81		29.19	19.80	26.59	36.73
岳西县 YueXi	12.06	0.20	10.59	0.06		
黄山市辖区 HuangShan Reigon of City	14.17	1.13	10.65	4.89	0.16	3.60
歙县 SheXian	8.98	0.72	8.72	2.18		2.00
休宁县 XiuNing	10.96	0.55	8.89	2.24	0.47	4.01
黟县 YiXian	5.59	0.17	4.57	0.40		0.91
祁门县 QiMen	6.87	1.37	3.56	0.98		0.70

12—38 续表2 continued

县(市) County or City	水库数(座) Number of Reservoirs	解决农村饮水人数(万人) Population With Drinkable Water in Rural Area (10000 persons)	水土流失治理(千公顷) Area of Soil Erosion Under Control (1000 hectares)	水灾成灾面积(千公顷) Area Affected by Flood (1000 hectares)	旱灾成灾面积(千公顷) Area Affected by Drought (1000 hectares)
合肥市辖区 HeFei Reigon of City	21				9.33
长丰县 ChangFeng	207	5.08			52.73
肥东县 FeiDong	231		15.80		51.68
肥西县 FeiXi	122	5.10			44.39
淮北市辖区 HuaiBei Reigon of City		6.10	1.40	2.39	8.17
濉溪县 SuiXi	5	7.80	8.00	8.70	86.70
亳州市辖区 Bozhou Reigon of City				42.00	43.00
涡阳县 GuoYang				36.67	80.00
蒙城县 MengCheng				23.33	9.33
利辛县 LiXin				31.33	13.00
宿州市辖区 SuZhou Reigon of City	29	9.39	8.30	23.33	105.33
砀山县 DangShan	3	7.11		5.88	21.73
萧县 XiaoXian	29	13.85	20.05	16.67	40.00
灵璧县 LingBi	8	3.44	4.50	11.33	45.33
泗县 SiXian	14	9.41	7.00		63.00
蚌埠市辖区 BengBu Reigon of City	5	5.30		1.27	7.23
怀远县 HuaiYuan	2	4.84	1.00	8.00	49.33
五河县 WuHe	35	27.17	6.50	11.33	23.33
固镇县 GuZhen				11.33	19.47
阜阳市辖区 FuYang Reigon of City				14.37	34.02
界首市 JieShou				10.00	6.00
临泉县 LinQuan		9.52		30.46	25.30
太和县 TaiHe				6.43	78.73
阜南县 FuNan		11.65		14.00	
颍上县 YingShang		10.36	0.83	40.00	
淮南市辖区 HuaiNan Reigon of City	5	0.41	2.46	17.91	12.08
凤台县 FengTai	1	1.97	1.35	40.65	9.73
滁州市辖区 ChuZhou Reigon of City	150	20.06	17.00		21.81
天长市 TianChang	131	22.82	3.00		13.00
明光市 MingGuang	168	23.25	48.42	11.20	51.00
来安县 LaiAn	105	26.08	31.40	0.20	17.69
全椒县 QuanJiao	87	17.53	27.65	1.00	25.67
定远县 DingYuan	303	63.12	32.00		96.00
凤阳县 FengYang	113	29.48	26.50	10.20	23.33
六安市辖区 LuAn Reigon of City	438	18.18	4.60		135.59
寿县 ShouXian	160	7.93		1.00	172.13
霍邱县 HuoQiu	366	11.67			187.00
舒城县 ShuCheng	63	4.65	68.30		30.67

12—38　续表 3　continued

县（市）　County or City	水库数（座）Number of Reservoirs	解决农村饮水人数（万人）Population With Drinkable Water in Rural Area (10000 persons)	水土流失治理（千公顷）Area of Soil Erosion Under Control (1000 hectares)	水灾成灾面积（千公顷）Area Affected by Flood (1000 hectares)	旱灾成灾面积（千公顷）Area Affected by Drought (1000 hectares)
金寨县 JinZhai	48	13.06	106.96		24.00
霍山县 HuoShan	55	5.85	64.54	0.09	9.13
马鞍山市辖区 MaAnShan Reigon of City	3				1.09
当涂县 DangTu	10	1.30	7.10		10.79
巢湖市辖区 ChaoHu Reigon of City	70	3.65	52.50		34.66
庐江县 LuJiang	98	14.99	48.75		65.10
无为县 WuWei	27	7.27	15.00		91.24
含山县 HanShan	61	6.30	30.50		44.23
和县 HeXian	67	3.71	27.10	0.71	26.70
芜湖市辖区 WuHu Reigon of City				0.03	0.19
芜湖县 WuHu		7.40	0.02		22.20
繁昌县 FanChang	26	2.07	11.00		9.00
南陵县 NanLing	55	2.92	18.77		12.64
宣城市辖区 XuanCheng Reigon of City	33	20.46	22.97		30.65
宁国市 NingGuo	78	6.65	18.95		7.29
郎溪县 LangXi	41	7.00	14.40		11.28
广德县 GuangDe	66	19.66	17.10		14.10
泾县 JingXian	50	6.07	42.15		9.50
旌德县 JingDe	37	4.90	18.78	0.07	7.88
绩溪县 JiXi	35	6.88	24.24		10.07
铜陵市辖区 TongLing Reigon of City	1	1.60			0.84
铜陵县 TongLing	39				11.30
池州市辖区 ChiZhou Reigon of City	66	8.12	23.13		24.00
东至县 DongZhi	198	2.35	172.65		23.50
石台县 ShiTai	50	4.90	26.64		3.20
青阳县 QingYang	63	0.41	20.40		11.20
安庆市辖区 AnQing Reigon of City	2	0.56			1.95
桐城市 TongCheng	57	5.80	19.50		38.40
怀宁县 HuaiNing	78	2.41	17.80		20.67
枞阳县 ZongYang	78	10.85	28.20		22.07
潜山县 QianShan	79	7.66	66.40		13.43
太湖县 TaiHu	85	8.04	67.00		11.19
宿松县 SuSong	44	5.49	16.60		21.68
望江县 WangJiang	31	8.73	9.95		18.80
岳西县 YueXi	68	5.93	170.00	0.60	9.87
黄山市辖区 HuangShan Reigon of City	62	9.95	59.87		10.64
歙县 SheXian	21	22.92	80.20		10.68
休宁县 XiuNing	70	6.83	52.95		8.09
黟县 YiXian	23	1.95	32.53		2.84
祁门县 QiMen	39	4.90	24.59		4.73

12—39 各县（市）农作物播种面积和产量（2000年）
Sown Areas and Output of Farm Crops by County or City (2000)

县（市） County or City	农作物总播种面积（公顷）Total Sown Area (hectare)	粮食 Grain 面积（公顷）Area (hectare)	粮食 Grain 产量（吨）Output (ton)	油料 Oil-bearing Crops 面积（公顷）Area (hectare)	油料 Oil-bearing Crops 产量（吨）Output (ton)
合肥市辖区 HeFei Reigon of City	22876	9096	57148	5307	8328
长丰县 ChangFeng	172015	116564	505066	38350	60249
肥东县 FeiDong	165260	88592	451990	61886	123303
肥西县 FeiXi	137091	76561	415563	44794	78820
淮北市辖区 HuaiBei Reigon of City	21559	13719	56135	1408	2641
濉溪县 SuiXi	238383	188837	667522	24621	49708
亳州市辖区 Bozhou Reigon of City	229599	124110	550832	16901	24406
涡阳县 GuoYang	263502	202104	803431	14677	22471
蒙城县 MengCheng	240647	160531	721302	33194	123392
利辛县 LiXin	221261	185091	711445	12083	25722
宿州市辖区 SuZhou Reigon of City	263428	196017	756434	26507	67768
砀山县 DangShan	93826	62039	181859	12841	23395
萧县 XiaoXian	166252	136190	634160	8963	17536
灵璧县 LingBi	231732	139327	596036	53799	209410
泗县 SiXian	176578	124501	587458	24604	86885
蚌埠市辖区 BengBu Reigon of City	31465	21116	85514	1057	2387
怀远县 HuaiYuan	245538	180565	857440	31186	97304
五河县 WuHe	147346	98941	478320	26754	84670
固镇县 GuZhen	149139	75045	351275	49862	160306
阜阳市辖区 FuYang Reigon of City	202841	157260	639206	9126	13426
界首市 JieShou	84085	52466	243714	8498	18103
临泉县 LinQuan	240726	150813	567704	34996	30896
太和县 TaiHe	212850	163757	615169	11788	21919
阜南县 FuNan	200195	135541	563050	34390	50098
颍上县 YingShang	205710	182675	842731	8314	12365
淮南市辖区 HuaiNan Reigon of City	100959	87837	424720	1942	3814
凤台县 FengTai	90347	80194	407429	4632	12353
滁州市辖区 ChuZhou Reigon of City	65611	38166	228969	17268	30334
天长市 TianChang	107529	78017	536880	23847	45201
明光市 MingGuang	125644	85998	392590	23064	45069
来安县 LaiAn	94848	54798	393842	24144	48386
全椒县 QuanJiao	82383	42747	348480	28473	68866
定远县 DingYuan	217330	152910	767200	49471	91029
凤阳县 FengYang	150956	104487	539661	24704	63652
六安市辖区 LuAn Reigon of City	177336	117131	543751	40467	51231
寿县 ShouXian	225941	159438	626833	49258	54287
霍邱县 HuoQiu	245835	170596	849307	58348	58549
舒城县 ShuCheng	101716	63725	308472	23635	34340

12—39 续表 continued

县（市） County or City	农作物总播种面积（公顷）Total Sown Area (hectare)	粮 食 Grain		油 料 Oil-bearing Crops	
		面 积（公顷）Area (hectare)	产 量（吨）Output (ton)	面 积（公顷）Area (hectare)	产 量（吨）Output (ton)
金寨县 JinZhai	39090	29802	103796	3495	3085
霍山县 HuoShan	27665	21307	101788	2738	3174
马鞍山市辖区 MaAnShan Reigon of City	9198	5194	33299	3038	5981
当涂县 DangTu	86379	50462	317518	28806	51478
巢湖市辖区 ChaoHu Reigon of City	93837	45314	282649	35589	69695
庐江县 LuJiang	170599	103602	526309	26933	46834
无为县 WuWei	171288	68331	410526	35305	68853
含山县 HanShan	41090	21077	200845	12105	35763
和县 HeXian	94722	47603	323414	31543	67099
芜湖市辖区 WuHu Reigon of City	11549	4596	33910	3446	5933
芜湖县 WuHu	71137	38776	246840	20598	39344
繁昌县 FanChang	45872	20542	139780	10937	24610
南陵县 NanLing	84691	47576	256167	10042	19262
宣城市辖区 XuanCheng Reigon of City	122485	68948	387080	29538	55081
宁国市 NingGuo	27698	16251	89758	7853	14937
郎溪县 LangXi	49465	30509	160797	14996	29631
广德县 GuangDe	58159	33807	178550	16254	28619
泾县 JingXian	51859	31560	145289	7278	10616
旌德县 JingDe	21244	11999	62577	3814	5407
绩溪县 JiXi	16637	10829	53856	3242	5874
铜陵市辖区 TongLing Reigon of City	8732	6765	45316	842	1639
铜陵县 TongLing	36180	18526	94686	8581	17031
池州市辖区 ChiZhou Reigon of City	71176	46848	242736	16264	30327
东至县 DongZhi	70466	37970	190265	17650	25450
石台县 ShiTai	9495	5637	22515	2872	3771
青阳县 QingYang	37593	26645	119144	6053	10510
安庆市辖区 AnQing Reigon of City	21098	10537	62533	4611	10168
桐城市 TongCheng	93395	54290	285889	14518	30110
怀宁县 HuaiNing	98593	55814	279557	14181	27413
枞阳县 ZongYang	86718	62594	298669	13949	24870
潜山县 QianShan	54595	35748	215016	5893	10125
太湖县 TaiHu	55231	34885	180635	8277	11396
宿松县 SuSong	97677	48740	219080	24803	38391
望江县 WangJiang	72401	34110	226022	17131	32184
岳西县 YueXi	26777	20024	81482	985	1458
黄山市辖区 HuangShan Reigon of City	34107	20026	104132	6636	9123
歙县 SheXian	34842	21532	77327	7366	8879
休宁县 XiuNing	36389	23079	109330	6691	8260
黟县 YiXian	10514	6195	31484	2978	3838
祁门县 QiMen	17029	10031	42792	4374	5090

12—40 各县（市）主要林产品生产情况（2000年）
Production of Major Forestry Products by County or City (2000)

县（市） County or City	造林面积（公顷）Afforested Hilly Area (hectare)	木材采伐量（立方米）Amount of Timber Lumbered (cu. m)	茶园面积（公顷）Area of Tea Plantations (hectare)	茶叶产量（吨）Output of Tea (ton)	果园面积（公顷）Area of Orchards (hectare)	水果产量（吨）Output of Fruits (ton)
合肥市辖区 HeFei Reigon of City	62	6567	12	3	528	2347
长丰县 ChangFeng	329	10780	17	2	307	3027
肥东县 FeiDong	462	10372	29	3	321	3383
肥西县 FeiXi	322	6461	61	27	794	6782
淮北市辖区 HuaiBei Reigon of City	138	7085			2448	25820
濉溪县 SuiXi	573	29086			1374	11472
亳州市辖区 Bozhou Reigon of City	363	89000			1530	69793
涡阳县 GuoYang	387	58000			1135	5603
蒙城县 MengCheng	141	32950			486	3703
利辛县 LiXin	454	31000			935	19519
宿州市辖区 SuZhou Reigon of City	661	80000			1069	6679
砀山县 DangShan	1338	58105			35800	700590
萧县 XiaoXian	1301	55810			4624	68841
灵璧县 LingBi	535	60000			1605	12053
泗县 SiXian	421	63000			287	4893
蚌埠市辖区 BengBu Reigon of City	48	3291			415	2538
怀远县 HuaiYuan	353	22600			247	1895
五河县 WuHe	272	35000	2	1	856	4633
固镇县 GuZhen	248	15100			471	5410
阜阳市辖区 FuYang Reigon of City	293	42581			888	1748
界首市 JieShou	142	45500			770	7048
临泉县 LinQuan	320	42420			436	7713
太和县 TaiHe	311	74200			769	2467
阜南县 FuNan	341	31500			383	2178
颍上县 YingShang	271	35000			243	2889
淮南市辖区 HuaiNan Reigon of City	127	1170			373	2580
凤台县 FengTai	144	2430			634	3119
滁州市辖区 ChuZhou Reigon of City	1728	11087	286	58	407	1061
天长市 TianChang	161	8250	40	11	16	342
明光市 MingGuang	628	15221	378	64	379	3201
来安县 LaiAn	719	8985	59	21	718	3937
全椒县 QuanJiao	759	7527	167	32	531	4555
定远县 DingYuan	867	23800	49	3	603	6351
凤阳县 FengYang	825	3199	4	1	557	4829
六安市辖区 LuAn Reigon of City	2247	68262	1911	703	674	5556
寿县 ShouXian	232	75333			689	13776
霍邱县 HuoQiu	415	63616	15	3	382	4936
舒城县 ShuCheng	2116	57000	4069	1776	436	1587

12—40 续表 continued

县（市） County or City	造林面积（公顷）Afforested Hilly Area (hectare)	木材采伐量（立方米）Amount of Timber Lumbered (cu. m)	茶园面积（公顷）Area of Tea Plantations (hectare)	茶叶产量（吨）Output of Tea (ton)	果园面积（公顷）Area of Orchards (hectare)	水果产量（吨）Output of Fruits (ton)
金寨县 JinZhai	4435	299358	4746	2086	103	621
霍山县 HuoShan	4400	115380	3721	2316	7	88
马鞍山市辖区 MaAnShan Reigon of City	207	3262	113	35	182	548
当涂县 DangTu	268	436	65	48	460	2596
巢湖市辖区 ChaoHu Reigon of City	840	7938	460	101	973	7836
庐江县 LuJiang	1290	17950	979	311	670	3827
无为县 WuWei	1044	13925	342	124	656	4652
含山县 HanShan	891	12500	217	77	352	2004
和县 HeXian	1410	10624	41	8	51	925
芜湖市辖区 WuHu Reigon of City	93	75	1		22	269
芜湖县 WuHu	225	9200	489	950	680	6977
繁昌县 FanChang	479	5035	321	114	456	2181
南陵县 NanLing	804	15762	645	297	154	1652
宣城市辖区 XuanCheng Reigon of City	1206	17481	3612	4433	1581	6616
宁国市 NingGuo	2264	90000	3287	745	85	609
郎溪县 LangXi	687	4719	2772	3472	138	917
广德县 GuangDe	1382	25691	1836	1541	173	553
泾县 JingXian	1435	41683	2771	920	223	1476
旌德县 JingDe	536	28102	813	249	458	847
绩溪县 JiXi	906	48670	1676	826	629	545
铜陵市辖区 TongLing Reigon of City	25	960	16	10	45	436
铜陵县 TongLing	880	800	168	81	288	1228
池州市辖区 ChiZhou Reigon of City	2544	21090	2797	1044	1523	1331
东至县 DongZhi	3208	31000	6661	2830	842	1067
石台县 ShiTai	1468	15762	3230	1008	76	153
青阳县 QingYang	1606	17964	1182	321	332	727
安庆市辖区 AnQing Reigon of City	515	5931	217	1	726	783
桐城市 TongCheng	1011	21485	638	60	76	469
怀宁县 HuaiNing	1135	5205	408	165	1619	2023
枞阳县 ZongYang	1310	29000	184	34	107	121
潜山县 QianShan	1717	17500	2078	560	48	184
太湖县 TaiHu	2435	28200	1685	479	406	686
宿松县 SuSong	1142	4700	692	120	257	1356
望江县 WangJiang	831	4800	54	34	329	864
岳西县 YueXi	2382	41600	3755	1290	8	3
黄山市辖区 HuangShan Reigon of City	2101	71358	6825	1927	1019	2729
歙县 SheXian	1632	44000	17673	6050	2963	5107
休宁县 XiuNing	2046	52573	12760	4621	444	751
黟县 YiXian	877	32450	2113	761	348	931
祁门县 QiMen	980	124675	9231	2619	155	529

12—41 各县（市）畜牧业、渔业生产情况（2000年）
Production of Animal Husbandry，Fishery by County or City（2000）

县（市） County or City		出栏猪（头）Slaughtered Fattened Hogs (heads)	出栏牛（头）Slaughtered Cattle and Buffaloes (heads)	出栏羊（只）Slaughtered Sheep and Goats (heads)	出栏家禽（万只）Slaughtered Poultry (10000 heads)	禽蛋产量（吨）Output of Poultry Eggs (ton)	水产品产量（吨）Output of Aquatic Products (ton)
合肥市辖区	HeFei Reigon of City	157489	116	2186	1314	6550	16806
长丰县	ChangFeng	444860	11400	37300	1125	10302	21276
肥东县	FeiDong	650900	8613	32609	1035	29950	34600
肥西县	FeiXi	350124	4522	31053	2206	32610	30004
淮北市辖区	HuaiBei Reigon of City	82390	3818	59205	201	8006	8063
濉溪县	SuiXi	335705	29504	301866	462	19377	18000
亳州市辖区	Bozhou Reigon of City	585661	129290	589276	736	39982	32870
涡阳县	GuoYang	688967	200938	613682	754	24598	8360
蒙城县	MengCheng	693705	306362	463818	604	17341	12800
利辛县	LiXin	711826	229661	483706	687	26869	11300
宿州市辖区	SuZhou Reigon of City	455572	33378	418416	861	31716	21050
砀山县	DangShan	251850	21230	412142	197	21750	2000
萧县	XiaoXian	241990	79997	623349	751	31131	2800
灵璧县	LingBi	636245	97654	481622	1116	75652	6850
泗县	SiXian	434091	94448	434894	976	27339	5500
蚌埠市辖区	BengBu Reigon of City	33598	1737	6311	111	1309	12289
怀远县	HuaiYuan	371783	70170	274051	897	9582	32334
五河县	WuHe	327305	30336	75569	737	10850	38504
固镇县	GuZhen	325426	70932	217889	1143	13602	8503
阜阳市辖区	FuYang Reigon of City	777806	86106	445843	525	17005	16466
界首市	JieShou	279858	28800	342674	283	8301	4060
临泉县	LinQuan	804698	156621	638125	717	18869	6512
太和县	TaiHe	687184	82238	163685	319	12848	7400
阜南县	FuNan	564352	75564	243274	471	18078	30079
颍上县	YingShang	604479	107507	468534	613	26032	38200
淮南市辖区	HuaiNan Reigon of City	156605	36518	47384	392	14726	18318
凤台县	FengTai	245483	57817	102041	480	16845	22207
滁州市辖区	ChuZhou Reigon of City	179274	4055	30481	497	3251	18628
天长市	TianChang	402578	1097	10560	622	21245	50500
明光市	MingGuang	409210	25051	81145	544	11540	53133
来安县	LaiAn	298440	5366	33090	896	7829	19011
全椒县	QuanJiao	192591	3179	9928	808	7040	30435
定远县	DingYuan	1120856	38889	207844	1267	15622	15453
凤阳县	FengYang	382348	45086	119172	552	9965	31200
六安市辖区	LuAn Reigon of City	466542	2585	27806	678	8165	36135
寿县	ShouXian	821980	56600	237165	1495	40688	67032
霍邱县	HuoQiu	1512515	43665	287978	2410	57653	54012
舒城县	ShuCheng	247348	2428	3166	932	11132	11685

12—41 续表 continued

县（市） County or City	出栏猪（头） Slaughtered Fattened Hogs (heads)	出栏牛（头） Slaughtered Cattle and Buffaloes (heads)	出栏羊（只） Slaughtered Sheep and Goats (heads)	出栏家禽（万只） Slaughtered Poultry (10000 heads)	禽蛋产量（吨） Output of Poultry Eggs (ton)	水产品产量（吨） Output of Aquatic Products (ton)
金寨县 JinZhai	173368	16898	18420	168	3468	2858
霍山县 HuoShan	71236	2958	3442	86	937	1561
马鞍山市辖区 MaAnShan Reigon of City	40463	264	11327	74	1759	2385
当涂县 DangTu	172260	1200	50000	730	3600	54215
巢湖市辖区 ChaoHu Reigon of City	237969	5203	13425	1272	22688	31320
庐江县 LuJiang	252108	7249	1953	1186	15400	39200
无为县 WuWei	308830	9300	6000	2292	42030	60166
含山县 HanShan	80765	1593	12558	425	5748	19830
和县 HeXian	141974	2797	10335	1121	6452	23217
芜湖市辖区 WuHu Reigon of City	36979	243	623	191	1100	2194
芜湖县 WuHu	156100	1260	14900	551	18270	29674
繁昌县 FanChang	92528	1954	2553	212	3777	23928
南陵县 NanLing	208500	4267	3200	480	16625	25625
宣城市辖区 XuanCheng Reigon of City	194595	3255	24228	842	14840	39189
宁国市 NingGuo	170086	3644	24574	708	6438	2820
郎溪县 LangXi	111892	2118	33872	532	4602	21000
广德县 GuangDe	145229	1695	28303	738	1912	8000
泾县 JingXian	125915	4666	6197	255	6310	2810
旌德县 JingDe	56126	12259	956	100	1154	1437
绩溪县 JiXi	117054	3538	488	33	975	1650
铜陵市辖区 TongLing Reigon of City	16251	112	745	118	911	800
铜陵县 TongLing	62058	204	1020	192	2234	18146
池州市辖区 ChiZhou Reigon of City	235646	5364	201	486	7072	45040
东至县 DongZhi	256200	7884	4862	340	7521	30260
石台县 ShiTai	32182	714	59	5	260	115
青阳县 QingYang	62117	2148	63	128	3688	4600
安庆市辖区 AnQing Reigon of City	43780	438	137	173	4268	12196
桐城市 TongCheng	262760	1401	494	467	28635	31051
怀宁县 HuaiNing	260833	7423	1635	336	16552	31330
枞阳县 ZongYang	188106	4328	2171	442	8254	70779
潜山县 QianShan	191824	2503	4330	162	7495	3100
太湖县 TaiHu	374520	14510	1995	340	9150	11620
宿松县 SuSong	249152	8939	3173	229	5321	40000
望江县 WangJiang	274506	5884	3820	306	11231	36001
岳西县 YueXi	147815	2419	2419	71	967	500
黄山市辖区 HuangShan Reigon of City	169151	4337	1564	161	4687	11215
歙县 SheXian	237859	1051	1371	73	6880	1226
休宁县 XiuNing	243658	1276	678	47	1678	2050
黟县 YiXian	43081	603	184	21	1293	235
祁门县 QiMen	52729	603	1015	15	2506	284

主要统计指标解释

农林牧渔业总产值 指以货币表现的农、林、牧、渔业全部产品的总量，它反映一定时期内农业生产总规模和总成果。农业总产值的计算方法通常是按农林牧渔业产品及其副产品的产量分别乘以各自单位产品价格求得；少数生产周期较长，当年没有产品或产品产量不易统计的，则采用间接方法匡算其产值；然后将四业产品产值相加即为农业总产值。1957年以前的农业总产值中包括了厩肥和农民自给性手工业（如农民自制衣服、鞋、袜，自己从事粮食初步加工等）。1958年及以后的农业总产值，林业中增加了村及村以下竹木采伐产值；牧业中取消了厩肥产值；副业中取消了农民自给性手工业产值，增加了村及村以下办的工业产值；渔业中增加了海洋捕捞水产品产值。1980年及以后的农业总产值，在副业中增加了农民家庭兼营工业商品部分的产值。从1984年起村及村以下工业产值划归工业。从1993年起取消副业，将野生动物的捕猎划入牧业、野生植物采集和农民家庭兼营商品性工业划归农业。

粮食产量 指全社会的产量。包括国有经济经营的、集体统一经营的和农民家庭经营的粮食产量，还包括工矿企业办的农场和其他生产单位的产量。粮食除包括稻谷、小麦、玉米、高粱、谷子及其他杂粮外，还包括薯类和豆类。其产量计算方法，豆类按去豆荚后的干豆计算；薯类（包括甘薯和马铃薯，不包括芋头和木薯）1963年以前按每4公斤鲜薯折1公斤粮食计算，从1964年开始改为按5公斤鲜薯折1公斤粮食计算。城市郊区作为蔬菜的薯类（如马铃薯等）按鲜品计算，并且不作粮食统计。其他粮食一律按脱粒后的原粮计算。

油料产量 指全部油料作物的生产量。包括花生、油菜籽、芝麻、向日葵籽、胡麻籽（亚麻籽）和其他油料。不包括大豆、木本油料和野生油料。花生以带壳干花生计算。

水产品产量 指人工养殖的水产品和天然生长的水产品的捕捞量。包括海水的鱼类、虾蟹类、贝类和藻类以及内陆水域的鱼类、虾蟹类和贝类，不包括淡水生植物。

猪、牛、羊肉产量 指当年出栏并已屠宰、除去头蹄下水后带骨肉（即胴体重）的重量。

期初（末）畜禽存栏头（只）数 指报告期初（末）农村各种合作经济组织和国营农场、农民个人、机关、团体、学校、工矿企业、部队等单位以及城镇居民饲养的大牲畜、猪、羊、家禽等畜禽的存栏数。

耕地面积 指可以用来种植农作物、经常进行耕锄的田地，包括熟地、当年新开荒地、连续撂荒未满三年的耕地和当年的休闲地（轮歇地），还包括以种植农作物为主并附带种植桑树、茶树、果树和其他林木的土地，以及沿海、沿湖地区已围垦利用的“海涂”、“湖田”等面积。不包括属于专业性的桑园、茶园、果园、果木苗圃、林地、芦苇地、天然或人工草地面积。

农作物播种面积 指实际播种或移植有农作物的面积。凡是实际种植有农作物的面积，不论种植在耕地上还是种植在非耕地上，均包括在农作物播种面积中。在播种季节基本结束后，因遭灾而重新改种和补种的农作物面积，也包括在内。

有效灌溉面积 指具有一定的水源，地块比较平整，灌溉工程或设备已经配套，在一般年景下当年能够进行正常灌溉的耕地面积。

农用化肥施用量 指本年内实际用于农业生产的化肥数量，包括氮肥、磷肥、钾肥和复合肥。化肥施用量要求按折纯量计算数量。折纯量是指把氮肥、磷肥、钾肥分别按含氮、含五氧化二磷、含氧化钾的百分之一百成份进行折算后的数量。复合肥按其所含主要成分折算。

农业机械总动力 指主要用于农、林、牧、渔业的各种动力机械的动力总和。包括耕作机械、排灌机械、收获机械、农用运输机械、植物保护机械、牧业机械、林业机械、渔业机械和其他农业机械〔内燃机按引擎马力折成瓦（特）计算、电动机按功率折成瓦（特）计算〕。不包括专门用于乡、镇、村、组办工业、基本建设、非农业运输、科学试验和教学等非农业生产方面用的动力机械与作业机械。

农林牧渔业劳动力 指全社会直接参加农林牧渔业生产活动的劳动力。

Explanatory Notes for Major Statistical Indicators

Gross Output Value of Farming, Forestry, Animal Husbandry and Fishery refers to the total value of products of farming, forestry, animal husbandry and fishery, which reflects the total scale and result of agricultural production during a given period. Gross output value of agriculture is obtained by first multiplying the output of each product or by product by its price, resulting in the output value of each single item. For a small number of products, annual output of which is not available or difficult to get due to the long production growing process involved, the output value is estimated through an indirect approach. The sum of output value of all products of farming, forestry, animal husbandry, and fishery is then equal to the gross output value of agriculture. Prior to 1957, Chinas gross agricultural output value included barnyard manure and handicraft products for self consumption (clothes, shoes, stockings, and initial grain processing undertaken by peasants). Since 1958, cutting and felling of bamboo and trees by villages and other cooperative organizations under villages have been included in forestry; value of barnyard manure has been excluded from animal husbandry; self consumed handicrafts has been excluded from sideline occupations, while the output value of industries run by villages and cooperative organizations under village had been included in sideline occupations and the output value of fish catches by motor fishing boats has been added to fishery. Since 1980, the value of handicraft products made for sale by individuals in households had been added to sideline occupations. Since 1984, industries run by villages and under villages have been included in the sector of industry. Since 1993, the subdivision of sideline occupations has been canceled, and the hunting of wild animals has been classified into animal husbandry, and the gathering of wild plants and commodity industry run by rural household have been included in farming.

Grain Yield refers to the yield in the whole country including grains produced by state farms, collective units, industrial enterprises and mines. Grain includes rice, wheat, corn, sorghum, millet and other miscellaneous grains as well as tubers and beans. Output of beans refers to dry beans without pods. The output of tubers (sweet potatoes and potatoes, not including taros and cassava) was converted into that of grain at the ratio 4:1, i. e. 4 kilograms of fresh tubers was equivalent to 1 kilogram of grain up to 1963. Since 1964 the ratio for conversion has been 5:1. Tubers supplied as vegetables (such as potatoes) in cities and suburbs are calculated as fresh vegetables and their output is not included in the output of grain. Output of all other grains refers to husked grain.

Yield of Oil-bearing Crops refers to the total yield of oil bearing crops of various kinds, including peanuts, (dry, in shell) rapeseeds, sesame, sunflower seeds, flax seeds, and other oil bearing crops. Soybeans, oil-bearing woody plants, and wild oil-bearing crops are not included.

Output of Aquatic Products refers to catches of both artificially cultured and naturally grown aquatic products, including fish, shrimps, crabs and shellfish in sea and inland water as well as seaweed. Freshwater plants are not included.

Output of Pork, Beef, and Mutton refers to the meat of slaughtered hogs, cattle, sheep and goats with head, feet, and offal taken away.

Number of Livestock or Poultry in Stock at Beginning (or End) refers to the total number of large animals, pigs, sheep, fowls, etc. raised by rural cooperative organizations, state farms, rural individuals, government agencies, schools, industrial and mining enterprises, army, and urban residents at the beginning (or end) of the reference period.

Cultivated Area (Area under cultivation) refers to farmland which is plowed constantly for growing crops, including cultivated land, newly cultivated land in the current year, farmland left without cultivation for less than three years and fallow land in the current year, rotation land, rotation land of grass and crops, farmland with some fruit trees, mulberry trees and other trees and cultivated seashore land, lake land, and etc. The land of mulberry fields, tea plantations, orchards, nurseries of young plants, forest land, reed land, natural and man-made grassland and other land are not included in cultivated land.

Sown Area of Crops refers to area of land sown or transplanted with crops regardless of being in cultivated area or non cultivated area. Area of land re-sown due to natural disasters is also included.

Irrigated Area refers to areas that are effectively irrigated, i. e. level land which has water source and complete sets of irrigation facilities to lift and move adequate water for irrigation purpose under normal conditions.

Consumption of Chemical Fertilizers in Agriculture refers to the quantity of chemical fertilizers applied in agriculture in the year, including nitrogenous fertilizer, phosphate fertilizer, potash fertilizer, and compound fertilizer. The consumption of chemical fertilizers is required in calculation to convert the gross weight into weight containing 100% effective component (e.g. 100% nitrogen content in nitrogenous fertilizer, 100% phosphorous pentoxide contents in phosphate fertilizer, 100% potassium oxide contents in potash fertilizer). Compound fertilizer is converted with its major component.

Total Power of Farm Machinery refers to total mechanical power of machinery used in farming, forestry, animal husbandry, and fishery, including ploughing, irrigation and drainage, harvesting, transport, plant protection, stock breeding, forestry and fishery. The power of internal combustion engines is required to convert horsepower into watts and the power of electric motors is required to be converted into watts. Machinery employed for non agricultural purposes, such as the machines used in township run and village-run industry, construction, non agricultural transport, scientific experiments and teaching, is excluded.

Labour Force Engaged in Farming, Forestry, Animal Husbandry and Fishery refers to the total laborers who are directly engaged in production of farming, forestry, animal husbandry and fishery.

十三、工　　　业

INDUSTRY

简要说明

一、本篇主要包括以下几部分汇总资料：

1. 全部工业企业按经济类型、行业分组的企业单位数和工业总产值（其中1995年后工业总产值均按新规定计算）。

2. 全部国有及年产品销售收入在500万元及以上的非国有工业企业按地区和行业分组的主要经济指标和经济效益指标，主要包括工业总产值、工业增加值、资本金、流动资产、固定资产、流动负债、所有者权益、产品销售收入、销售税金及附加、销售利润、利润总额、利税总额、工业增加率、资金利税率、产值利税率、流动资产周转次数、全员劳动生产率等指标。

3. 大中型工业企业的主要经济指标。

4. 主要工业产品产量。

二、1998年开始工业统计范围为全部国有企业及年产品销售收入在500万元及以上非国有工业企业。

三、1995年及以后年份工业总产值为调整数。

四、资料来源：由省统计局工业交通处根据国家统计局工业统计报表制度由各地、市统计局收集、汇总、整理提供。

本篇责任编辑：杨亚坚、王　维

Brief Introduction

I. Data in this chapter cover the following parts:

1. The number of industrial enterprises, the gross industrial output value of all industrial enterprises classified by economic type and industrial division. (The gross industrial output value is calculated according to the new stipulation after 1995.)

2. Main economic indicators and efficiency indicators of all state-owned industrial enterprises, and of non-state enterprises each with an annual sales of over five million yuan, classified by region and by industrial division, including gross industrial output value, industrial value-added, capital, circulating assets, fixed assets, liquid liabilities, creditors's equity, sales revenue, sales tax and extra-charges, sales profit, total profits, ratio of value-added to gross industrial output value, ratio of profits, turnover of working capital and overall labor productivity.

3. Main economic indicators of large and medium size industrial enterprises.

4. Output of key industrial products.

II. Since 1998, the coverage of industrial statistics is all state-owned industrial enterprises and non-state enterprises each with an annual sales of over five million yuan.

III. Data on gross industrial output value have been adjusted since 1995.

IV. Source of data: All data are prepared and provided by the Division of Industrial and Transport Statistics, Anhui Statistical Bureau, in accordance with the industrial statistical reporting system of SSB. Data are collected, tabulated and processed by the statistical bureau in the prefectures and cities.

13—1 工业企业单位数和总产值
Number of Industrial Enterprises and Gross Industrial Output Value by Ownership

分类	Item	1995	1996	1997	1998	1999	2000
企业单位数（个）	**Number of Industrial Enterprises (unit)**	**421662**	**359484**	**362012**	**385868**	**376059**	**373649**
在总计中：	Of the Total:						
国有及国有控股企业	State-owned Enterprises (including enterprises with controlling share hold by the state)	3965	2587	1962	1651	1414	1128
在总计中：	Of the Total:						
集体企业	Collective-owned Enterprises	86260	111342	97649	111273	111298	11839
个体企业	Individual-owned Enterprises	330552	243974	258470	260117	251752	251289
其他经济类型企业	Enterprises of Other Types of Ownership	885	764	3438	11935	11938	12710
#股份制经济	Share-holding Corporations	145	148	2230	3095	3023	3014
外商及港澳台商投资企业	Enterprises Funded by Foreigners or by Entrepreneurs from Hong Kong, Macao and Taiwan	509	391	350	350	385	414
工业总产值（亿元）	**Gross Industrial Output Value (100 million yuan)**	**2232.19**	**2694.68**	**3059.70**	**3228.41**	**3284.19**	**3371.22**
在总计中：	Of the Total:						
国有及国有控股企业	State-owned Enterprises (including enterprises with controlling share hold by the state)	857.32	1062.98	1042.06	974.90	996.23	1044.54
在总计中：	Of the Total:						
集体企业	Collective-owned Enterprises	774.78	1058.02	1148.69	1161.27	1191.95	1206.32
个体企业	Individual-owned Enterprises	395.67	421.75	584.88	597.44	609.37	656.91
其他经济类型企业	Enterprises of Other Types of Ownership	204.42	260.34	469.92	672.99	892.15	1025.97
#股份制经济	Share-holding Corporations	103.02	120.11	189.73	302.19	283.43	352.40
外商及港澳台商投资企业	Enterprises Funded by Foreigners or by Entrepreneurs from Hong Kong, Macao and Taiwan	84.01	107.75	144.76	111.11	154.33	217.48

注：1．工业总产值按当年价格计算，1995年及以后数据是调整数。
2．1995年及以前年份国有及国有控股企业为国有工业企业口径。
3．为了与以往年份可比，1998年以后年份部分经济类型的数据做了调整。
a)The gross industrial output value is calculated at current prices and the data was adiusted after 1995.
b)Data prior to 1996 on state-owned enterprises and enterprises where the state holds the controlling share refer to state-owned industrial enterprises.
c)Adjustment was made on 1998 data by different types of owership to make them comparable with data of previous years.

13—2 工业分行业职工人数
Number of Staff and Workers in Industry by Industrial Branch

单位：人 (person)

项目	Item	1995	1996	1997	1998	1999	2000
总计	**Total**	**3113653**	**3251768**	**3016177**	**1847896**	**1713082**	**1626088**
按登记注册类型分	**Grouped by Type of Registration**						
国有	State-owned	1526763	1516225	1159214	994719	912086	800067
集体	Collective-owned	1401396	1538326	1225975	586085	522722	497414
其他	Other Ownership	185494	197217	630988	267092	278274	328607
按行业分	**Grouped by Sector**						
采掘业	**Mining and Quarrying**						
煤炭采选业	Coal Mining and Processing	302167	332788	319481	280632	271872	255624
黑色金属矿采选业	Ferrous Metals Mining and Dressing	40864	42128	35423	29634	29799	28444
有色金属矿采选业	Nonferrous Metals Mining and Dressing	18832	19336	17748	11292	11116	9299
非金属矿采选业	Nonmetal Minerals Mining and Dressing	74495	115618	85545	21367	17206	17013
其他矿采选业	Other Minerals Mining and Dressing	63	228	56			
木材及竹材采运业	Logging and Transport of Timber and Bamboo	2914	2244	1642	1726	1213	1169
制造业	**Manufacturing**						
食品加工业	Food Processing	135990	154391	150005	80899	65354	59313
食品制造业	Food Production	52584	44097	42530	18866	17161	20240
饮料制造业	Beverage Production	87180	92879	90640	69653	65706	61831
烟草加工业	Tobacco Processing	16046	16353	15994	15309	16029	14905
纺织业	Textile Industry	384329	368606	372621	236446	200773	186103
服装及其他纤维制品制造	Garments and Other Fiber Products	67831	66008	47217	24835	23689	22808
皮革毛皮羽绒及其制品业	Leather, Furs, Down and Related Products	36360	35386	31714	14252	16217	16890
木材加工及竹藤棕草制品业	Timber Processing, Bamboo, Cane, Palm Fiber and Straw Products	39734	41178	35746	15184	20193	23803
家具制造业	Furniture Manufacturing	19547	20283	16028	4338	2882	4008
造纸及纸制品业	Papermaking and Paper Products	77756	81728	72198	38646	34533	30019
印刷业记录媒介的复制	Printing and Record Medium Reproduction	33039	32943	26247	14907	13750	12431
文教体育用品制造业	Cultural, Educational and Sports Goods	23987	21337	20983	12676	12976	15687
石油加工及炼焦业	Petroleum Refining and Coking	18264	18554	18674	15263	13753	8879
化学原料及化学制品制造业	Raw Chemical Materials and Chemical Products	185646	189715	178580	133164	117554	112540
医药制造业	Medical and Pharmaceutical Products	39499	42454	36309	28899	27876	26303
化学纤维制造业	Chemical Fiber	12426	12911	12340	8241	10118	15177
橡胶制品业	Rubber Products	37057	31068	30751	21943	22051	21850
塑料制品业	Plastic Products	64292	71563	67533	31456	31013	28407
非金属矿物制品业	Nonmetal Mineral Products	455413	495626	458522	156335	139307	121522
黑色金属冶炼及压延加工业	Smelting and Pressing of Ferrous Metals	113064	130439	105557	80862	76916	75381
有色金属冶炼及压延加工业	Smelting and Pressing of Nonferrous Metals	40659	42339	40397	38778	36289	36459
金属制品业	Metal Products	75232	74771	68504	31789	25256	21200
普通机械制造业	Ordinary Machinery	162994	168969	155469	98744	84569	76310
专用设备制造业	Special Purposes Equipment	96313	94398	89509	59064	67586	42924
交通运输设备制造业	Transport Equipment	102966	107477	98453	63999	4375	64632
电气机械及器材制造业	Electric Equipment and Machinery	94613	93359	93516	59769	50430	47752
电子及通信设备制造业	Electronic and Telecommunications	31797	29785	26235	22646	18728	16334
仪器仪表及文化办公机械	Instruments, Meters, Cultural and Clerical Machinery	20939	20592	18136	8192	6819	5810
其他制造业	Other Manufacturing	67725	60885	49452	20589	16967	19200
电力煤气及水生产供应业	**Production & Supply of Power, Gas & Water**						
电力蒸汽热水生产供应业	Production and Supply of Power, Steam and Hot Water	56949	53518	60838	56831	77737	83422
煤气的生产和供应业	Production and Supply of Gas	5634	5622	5772	5108	5007	5270
自来水的生产和供应业	Production and Supply of Tap Water	12653	14434	14984	11226	12673	12893

13—3 工 业 总 产 值
Gross Industrial Output Value

(本表按当年价格计算)　单位：亿元　(Data in this table are calculated at current prices.)(100 million yuan)

年份 Year	工业总产值 Total Industry	#国有及国有控股企业 State-owned or Controlling Share Hold Industry	#集体企业 Collective-owned Industry	#个体企业 Individual Owned Industry	#其他经济类型企业 Industry of Other Types of Ownership
1980	129.65	102.51	23.77	3.03	0.34
1985	277.27	184.34	75.94	16.58	0.41
1990	670.33	390.42	214.15	62.58	3.18
1995	2232.19	857.32	774.78	395.67	204.42
1996	2694.68	1062.98	1058.02	421.75	260.34
1997	3059.70	1042.06	1148.69	584.88	469.92
1998	3228.41	974.90	1161.27	597.44	672.99
1999	3284.19	996.23	1191.95	609.37	892.15
2000	3371.22	1044.54	1206.32	656.91	1025.97

13—4 工 业 总 产 值 指 数
Indices of Gross Industrial Output Value

(本表按可比价格计算，以上年为100)　(Data in this table are calculated at comparable prices.)(Preceding year=100)

年份 Year	工业总产值 Total Industry	#国有及国有控股企业 State-owned or Controlling Share Hold Industry	#集体企业 Collective-owned Industry	#个体企业 Individual Owned Industry	#其他经济类型企业 Industry of Other Types of Ownership
1980	106.84	105.68	111.74		111.62
1985	125.03	116.97	167.26	303.14	142.94
1990	107.25	104.28	108.94	115.49	110.67
1995	117.09	108.61	113.29	121.99	161.78
1996	118.90	109.64	134.73	100.80	39.56
1997	114.30	106.09	109.01	130.71	158.67
1998	109.50	100.22	104.28	116.10	122.78
1999	106.11	106.69	105.91	105.68	138.95
2000	109.89	112.24	108.34	115.40	123.11

13—5 全部国有及规模以上非国有工业企业单位数及工业总产值（2000年）
Number of All State-owned and Non-state-owned above Designated Size Industrial Enterprises and their Gross Output Value (2000)

单位：万元 (10000 yuan)

行业	Item	企业单位数(个) Number of Enterprises (unit)	工业总产值(现价) Gross Output Value (At current Prices)	新产品产值 Output Value of New Products	工业销售产值(现价) Value of Industrial Products Sales (At current Prices)	出口交货值 Delivery Value for Export
总计	Total	3680	16614365	2074578	16361701	1535838
总计中：	Of the Total					
内资企业	Domestic Funded Enterprise	3429	14482020	1588494	14237502	1140575
国有企业	State-owned Enterprise	811	5142216	288518	5093879	327082
集体企业	Collective-owned Enterprise	979	1776531	70212	1718266	211403
股份合作企业	Share Holding Cooperative Enterprises	329	625940	11742	595706	55160
联营企业	Joint Owned Enterprises	39	95717	14765	92699	1752
有限责任公司	Limited Liability Corporations	504	3487079	539340	3447130	227867
股份有限公司	Share-holding Corporations Ltd.	192	2485968	653834	2454386	204024
私营企业	Private Enterprises	533	771563	9824	738192	111570
其他企业	Other Enterprises	42	97008	260	97274	1718
港、澳、台商投资企业	Enterprises Funded by Entrepreneurs from Hong Kong, Macao and Taiwan	118	608387	89332	610487	70710
外商投资企业	Foreign Funded Enterprises	133	1523958	396752	1513712	324553
总计中：	Of the Total					
独资企业	Enterprise Owned by a Sole Investor	2028	7688221	448048	7579994	689806
合作合伙企业	Cooperative Enterprises	473	911172	27356	874776	73597
股份有限公司	Share-holding Corporations Ltd.	231	2642615	679816	2602079	208953
有限责任公司	Limited Liability Corporations	948	5372356	919357	5304852	563482
总计中：	Of the Total					
国有及国有控股企业	State Controlling Share Hold Enterprises	1128	10445439	1212547	10368115	692305
总计中：	Of the Total					
轻工业	Light Industry	1904	6909672	1074810	6750603	1003378
以农产品为原料	Using Farm Products as Raw Materials	1386	4480198	290182	4369595	649743
以非农产品为原料	Using Non-Farm Products as Raw Materials	518	2429474	784628	2381008	353635
重工业	Heavy Industry	1776	9704693	999768	9611098	532460
采掘工业	Mining and Quarrying	130	1002297	35	1008632	24256
原料工业	Raw materials Industry	560	4564789	143166	4551869	241476
加工工业	Processing Industry	1086	4137607	856567	4050597	266728
总计中：	Of the Total					
特大型企业	Extra Large-sized Enterprises	9	2916385	134247	2926890	179433
大一型企业	No.1 Large-sized Enterprises	46	1986329	521442	1971013	146327
大二型企业	No.2 Large-sized Enterprises	138	3294139	572194	3281445	206312
中一型企业	No.1 Medium-sized Enterprises	63	625254	197080	597888	53625
中二型企业	No.2 Medium-sized Enterprises	373	1843375	131472	1793131	187158
小型企业	Small Enterprises	3051	5948882	518142	5791335	762984

注：全部国有及规模以上非国有工业系指全部国有工业企业及年销售收入500万元以上的非国有工业企业。

a) All state-owned and non-state-owned industrial enterprises above designated size refer to all state-owned industrial enterprises plus the non-state-owned industrial enterprises with an annual sales income of over 5 million yuan.

13—5　续表　continued

单位：万元　(10000 yuan)

行　业	Item	企业单位数（个）Number of Enterprises (unit)	工业总产值（现价）Gross Output Value (At current Prices)	新产品产值 Output Value of New Products	工　业销售产值（现价）Value of Industrial Products Sales (At current Prices)	出口交货值 Delivery Value for Export
按行业分	**Grouped by Sector**					
煤炭采选业	Coal Mining and Dressing	45	774720	35	796156	22476
黑色金属矿采选业	Ferrous Metals Mining and Dressing	11	111426		98318	
有色金属矿采选业	Nonferrous Metals Mining and Dressing	20	49224		48167	318
非金属矿采选业	Nonmetal Minerals Mining and Dressing	49	88309		88695	1462
木材及竹材采运业	Logging and Transport of Timber and Bamboo	6	3146		3050	
食品加工业	Food Processing	437	954569	5684	916138	52569
食品制造业	Food Manufacturing	78	214372	2875	214737	70282
饮料制造业	Beverage Manufacturing	119	781391	94319	776901	2459
烟草加工业	Tobacco Processing	16	505669	50027	507907	
纺织业	Textile Industry	318	1212508	78288	1176372	277212
服装及纤维制品制造业	Garments and Other Fiber Products	87	126824	250	119671	74771
皮革毛皮羽绒及其制品业	Leather, Furs, Down and Related Products	60	173244	12102	168033	92701
木材加工及竹藤棕草制品业	Timber Processing, Bamboo, Cane, Palm Fiber and Straw Products	109	180530	1454	175541	24644
家具制造业	Furniture manufacturing	17	36849	62	36722	2617
造纸及纸制品业	Papermaking and Paper Products	91	203389	36526	195806	9038
印刷业记录媒介的复制	Printing and Record Medium Reproduction	69	71947	304	68626	
文教体育用品制造业	Cultural, Educational and Sports Goods	42	76984	15	74189	53957
石油加工及炼焦业	Petroleum Processing and Coking	8	856741	201	868716	2793
化学原料及制品制造业	Raw Chemical Materials and Chemical Products	297	1153202	44321	1119989	43947
医药制造业	Medical and Pharmaceutical Products	93	234895	25104	220622	18452
化学纤维制造业	Chemical Fiber	21	163777	16753	160810	14640
橡胶制品业	Rubber Products	38	278118	56808	269227	83827
塑料制品业	Plastic products	156	467476	151663	453067	12429
非金属矿物制品业	Nonmetal Mineral Products	362	794309	25292	770254	17185
黑色金属冶炼及压延加工业	Smelting and Pressing of Ferrous Metals	53	1093401	130862	1097456	91011
有色金属冶炼及压延加工业	Smelting and pressing of Nonferrous Metals	42	723718	2374	711489	118382
金属制品业	metal Products	118	190687	13518	188232	17482
普通机械制造业	Ordinary Machinery	215	540147	56184	522256	67913
专用设备制造业	Special Purpose Equipment	120	487069	156850	485639	12435
交通运输设备制造业	Transport Equipment	114	1051471	275562	1029609	50939
电气机械及器材制造业	Electric Equipment and machinery	165	1281926	558875	1268438	218121
电子及通信设备制造业	Electronic and Telecommunications Equipment	51	479226	268521	480458	20620
仪器仪表及文化办公用机械制造业	Instruments, Meters, Cultural and Office	20	57477	2933	58546	1336
其他制造业	Other Manufacturing	43	88972	1772	85359	50620
电力、蒸汽、热水的生产和供应业	Production and Supply of Electric Power, Steam and Hot Water	105	955335	254	957124	
煤气生产和供应业	Production and Supply of Gas	14	50859		52831	
自来水的生产和供应业	production and Supply of Tap Water	68	70117	267	66857	169

13—6 全部国有及规模以上非国有工业企业主要经济指标（2000年）

单位：万元

行业	Item	企业单位数（个）Number of Enterprises (unit)	工业总产值（现价）Gross Industrial Output Value
总计	**Total**	**3680**	16614365
总计中：	**Of the Total**		
内资企业	Domestic Funded Enterprise	3429	14482020
国有企业	State-owned Enterprise	811	5142216
集体企业	Collective-owned Enterprise	979	1776531
股份合作企业	Share Holding Cooperative Enterprises	329	625940
联营企业	Joint Owned Enterprises	39	95717
有限责任公司	Limited Liability Corporations	504	3487079
股份有限公司	Share-holding Corporations Ltd.	192	2485968
私营企业	Private Enterprises	533	771563
其他企业	Other Enterprises	42	97008
港、澳、台商投资企业	Enterprises Funded by Entrepreneurs from Hong Kong, Macao and Taiwan	118	608387
外商投资企业	Foreign Funded Enterprises	133	1523958
总计中：	**Of the Total**		
独资企业	Enterprise Owned by a Sole Investor	2028	7688221
合作合伙企业	Cooperative Enterprises	473	911172
股份有限公司	Share-holding Corporations Ltd.	231	2642615
有限责任公司	Limited Liability Corporations	948	5372356
总计中：	**Of the Total**		
国有及国有控股企业	State Controlling Share Hold Enterprises	1128	10445439
总计中：	**Of the Total**		
轻工业	Light Industry	1904	6909672
以农产品为原料	Using Farm Products as Raw Materials	1386	4480198
以非农产品为原料	Using Non-Farm Products as Raw Materials	518	2429474
重工业	Heavy Industry	1776	9704693
采掘工业	Mining and Quarrying	130	1002297
原料工业	Raw materials Industry	560	4564789
加工工业	Processing Industry	1086	4137607
总计中：	**Of the Total**		
特大型企业	Extra Large-sized Enterprises	9	2916385
大一型企业	No. 1 Large-sized Enterprises	46	1986329
大二型企业	No. 2 Large-sized Enterprises	138	3294139
中一型企业	No. 1 Medium-sized Enterprises	63	625254
中二型企业	No. 2 Medium-sized Enterprises	373	1843375
小型企业	Small Enterprises	3051	5948882

Main Indicators of All State-owned and Non-state-owned above designed Size Industrial Enterprises (2000)

(10000 yuan)

资产合计 Total Assets	流动资产合计 Circulating Funds	存货 Stock	流动资产年平均余额 Annual Average Balance of Circulating Funds	固定资产原价 Original Value of Fixed Assets	生产经营用 Used for Production	固定资产累计折旧 Accumulated Depreciation of Fixed Assets	固定资产净值年平均余额 Annual Average Balance of Net Value of Fixed Assets	工业增加值 Value Added of Industry
29778511	**12125695**	**3436999**	**11770570**	**18809518**	**17000173**	**6060821**	**12261541**	**5070817**
26749219	10816030	2952713	10498097	16900176	15158962	5499131	10973498	4515710
11830081	4671604	1040046	4532430	7576105	6789264	2828176	4686597	1710007
1920596	1100863	485695	1059963	897959	791107	271750	614196	495969
669874	315482	102802	318979	371789	340196	97196	268108	164519
141172	46699	21073	44084	52508	49336	7584	32167	25345
7061658	2461541	645170	2404173	4824311	4186364	1401178	3153967	1017356
4331028	1828346	523245	1763982	2762219	2633526	793847	1906234	850475
640198	304769	116776	293150	344950	315699	78063	261280	222406
154613	86727	17906	81337	70334	53471	21337	50949	29632
862344	314512	92153	309851	787300	770228	301475	487703	176236
2166947	995154	392133	962621	1122043	1070983	260216	800340	381870
14691850	6148320	1662215	5946404	9076186	8156397	3218766	5782466	2408659
1298008	537418	162372	553783	736854	681645	148758	477181	249301
4558277	1963077	589290	1911217	2850129	2717369	821044	1960548	925578
9230375	3476879	1023122	3359166	6146349	5444763	1872253	4041345	1490279
22910954	8656280	2109274	8473754	15283815	13804147	5087594	9705698	3404235
9143603	4661996	1587796	4385413	4622477	4170944	1389005	3225281	2060242
5901002	3103551	1124875	2934318	2915090	2559612	860534	2052334	1486072
3242601	1558445	462921	1451095	1707387	1611332	528471	1172948	574170
20634908	7463699	1849203	7385156	14187041	12829230	4671816	9036260	3013575
4134058	831021	128859	864579	2853083	2346743	795397	1893041	428955
10252116	3490910	658000	3542188	8127501	7679140	2873536	5059928	1451113
6248733	3141768	1062344	2978389	3206457	2803347	1002884	2083291	1133507
8781475	2624260	490295	2690708	6359181	5839741	2167147	4047980	921695
4441374	1887665	552867	1796026	2549620	2355458	840207	1636394	685286
5112887	2227699	587275	2178839	3228421	2932253	1116865	2033998	1100424
968889	354716	94685	336960	707948	524627	208495	452845	228240
2884233	1403988	506115	1333761	1696839	1455770	558512	1138146	548550
7589653	3627367	1205760	3434276	4267509	3892324	1169596	2952178	1589622

13—6 续表 1

单位：万元

行业	Item	企业单位数（个）Number of Enterprises (unit)	工业总产值（现价）Gross Industrial Output Value
按行业分	**Grouped by Sector**		
煤炭采选业	Coal Mining and Dressing	45	774720
黑色金属矿采选业	Ferrous Metals Mining and Dressing	11	111426
有色金属矿采选业	Nonferrous Metals Mining and Dressing	20	49224
非金属矿采选业	Nonmetal Minerals Mining and Dressing	49	88309
木材及竹材采运业	Logging and Transport of Timber and Bamboo	6	3146
食品加工业	Food Processing	437	954569
食品制造业	Food Manufacturing	78	214372
饮料制造业	Beverage Manufacturing	119	781391
烟草加工业	Tobacco Processing	16	505669
纺织业	Textile Industry	318	1212508
服装及纤维制品制造业	Garments and Other Fiber Products	87	126824
皮革毛皮羽绒及其制品业	Leather, Furs, Down and Related Products	60	173244
木材加工及竹藤棕草制品业	Timber Processing, Bamboo, Cane, Palm Fiber and Straw Products	109	180530
家具制造业	Furniture manufacturing	17	36849
造纸及纸制品业	Papermaking and Paper Products	91	203389
印刷业记录媒介的复制	Printing and Record Medium Reproduction	69	71947
文教体育用品制造业	Cultural, Educational and Sports Goods	42	76984
石油加工及炼焦业	Petroleum Processing and Coking	8	856741
化学原料及制品制造业	Raw Chemical Materials and Chemical Products	297	1153202
医药制造业	Medical and Pharmaceutical Products	93	234895
化学纤维制造业	Chemical Fiber	21	163777
橡胶制品业	Rubber Products	38	278118
塑料制品业	Plastic products	156	467476
非金属矿物制品业	Nonmetal Mineral Products	362	794309
黑色金属冶炼及压延加工业	Smelting and Pressing of Ferrous Metals	53	1093401
有色金属冶炼及压延加工业	Smelting and pressing of Nonferrous Metals	42	723718
金属制品业	metal Products	118	190687
普通机械制造业	Ordinary Machinery	215	540147
专用设备制造业	Special Purpose Equipment	120	487069
交通运输设备制造业	Transport Equipment	114	1051471
电气机械及器材制造业	Electric Equipment and machinery	165	1281926
电子及通信设备制造业	Electronic and Telecommunications Equipment	51	479226
仪器仪表及文化办公用机械制造业	Instruments, Meters, Cultural and Office	20	57477
其他制造业	Other Manufacturing	43	88972
电力、蒸汽、热水的生产和供应业	Production and Supply of Electric Power, Steam and Hot Water	105	955335
煤气生产和供应业	Production and Supply of Gas	14	50859
自来水的生产和供应业	production and Supply of Tap Water	68	70117

continued

(10000 yuan)

资产合计 Total Assets	流动资产合计 Circulating Funds	存货 Stock	流动资产年平均余额 Annual Average Balance of Circulating Funds	固定资产原价 Original Value of Fixed Assets	生产经营用 Used for Production	固定资产累计折旧 Accumulated Depreciation of Fixed Assets	固定资产净值年平均余额 Annual Average Balance of Net Value of Fixed Assets	工业增加值 Value Added of Industry
2876299	666488	98746	688598	2454312	2078523	647395	1647726	320867
1087864	117683	20544	130867	300603	189485	112469	181041	70179
69290	21301	5108	19975	38833	26459	13628	25768	16182
120944	34247	7479	32876	76662	70375	25817	53115	27057
8322	2901	184	3046	3654	2711	1265	2478	632
845007	381087	140399	368281	471921	409290	100777	364888	195844
361840	165153	38854	173002	149969	134329	32618	139002	57560
1365654	822898	303243	780105	538725	477011	152968	396106	290323
544961	257384	54909	249937	379250	358741	137215	247791	297583
1759543	969540	417506	916249	859412	736319	280982	538668	348431
131053	78282	32472	77234	51146	46855	14866	35653	35445
133318	78229	34794	74590	53288	46441	15754	38472	45722
126420	47583	20924	43176	88317	82002	24488	64932	54401
68032	16299	8398	16953	40986	39806	5009	35469	10379
327806	134232	42025	133425	201403	161823	71398	138346	58779
107257	44723	13780	42149	79295	71730	23193	53466	22843
42550	27001	9645	27000	15161	13846	4578	10801	22542
579611	168122	102781	144477	711643	707519	313280	403145	104222
1791355	717207	195250	722036	1169313	1029310	402820	656807	272466
468543	260298	55346	193967	192249	172978	53085	136067	80400
468657	157734	26581	118460	378431	370821	127696	227601	32725
468984	184960	63815	172259	299653	285680	62576	236717	89899
644978	323288	88916	256679	306393	280009	81782	216140	132576
1626840	568663	150769	524357	1197227	1087092	388390	805623	275397
2215867	693454	272451	753793	1783991	1718033	524009	1242949	351037
803346	341501	114586	331596	408997	346628	138344	270566	156242
259419	115166	41591	111503	147517	129147	37570	96181	51442
965451	557417	206361	535339	472393	392082	168327	306130	191549
664423	369283	146365	366588	318709	288995	106094	210643	113462
1313951	700781	277097	689687	521160	437787	152341	335212	262805
1581157	914230	301985	863601	544701	525040	174024	418702	353516
375489	246695	57304	222652	137827	129878	46285	90261	87460
109010	66592	20397	57582	46965	35075	15818	33106	22813
56693	35890	16452	35672	22683	21264	5799	17512	25623
4928481	1716542	33110	1771620	3926916	3713739	1478229	2292419	545371
123086	35340	4822	35938	95977	85358	23690	72972	6334
286229	61637	2563	67117	281651	261853	83037	192386	32887

13—6 续表 2

单位：万元

行业	Item	流动负债合计 Liquid Liabilities	长期负债合计 Long-term Liabilities
总计	**Total**	**11988684**	**6562418**
总计中：	**Of the Total**		
内资企业	Domestic Funded Enterprise	10770811	6061107
国有企业	State-owned Enterprise	4428765	2924150
集体企业	Collective-owned Enterprise	1204687	260414
股份合作企业	Share Holding Cooperative Enterprises	384888	122739
联营企业	Joint Owned Enterprises	59129	49348
有限责任公司	Limited Liability Corporations	2702081	2061322
股份有限公司	Share-holding Corporations Ltd.	1544223	527707
私营企业	Private Enterprises	308066	82656
其他企业	Other Enterprises	138973	32770
港、澳、台商投资企业	Enterprises Funded by Entrepreneurs from Hong Kong, Macao and Taiwan	369713	182468
外商投资企业	Foreign Funded Enterprises	848160	318843
总计中：	**Of the Total**		
独资企业	Enterprise Owned by a Sole Investor	6010028	3305646
合作合伙企业	Cooperative Enterprises	649602	352600
股份有限公司	Share-holding Corporations Ltd.	1621836	533941
有限责任公司	Limited Liability Corporations	3707219	2370231
总计中：	**Of the Total**		
国有及国有控股企业	State Controlling Share Hold Enterprises	8181338	5566919
总计中：	**Of the Total**		
轻工业	Light Industry	5037413	1101068
以农产品为原料	Using Farm Products as Raw Materials	3543702	766081
以非农产品为原料	Using Non-Farm Products as Raw Materials	1493711	334988
重工业	Heavy Industry	6951271	5461350
采掘工业	Mining and Quarrying	851787	1226921
原料工业	Raw materials Industry	3031881	3172409
加工工业	Processing Industry	3067604	1062020
总计中：	**Of the Total**		
特大型企业	Extra Large-sized Enterprises	2091927	2410028
大一型企业	No. 1 Large-sized Enterprises	1652379	915123
大二型企业	No. 2 Large-sized Enterprises	2121663	1216881
中一型企业	No. 1 Medium-sized Enterprises	450100	264703
中二型企业	No. 2 Medium-sized Enterprises	1657654	536506
小型企业	Small Enterprises	4014961	1219177

continued

(10000 yuan)

所有者权益 Creditors' Equity	实收资本 Capital Hold	产品销售收入 Sales Revenue	产品销售成本 Cost of Sales	产品销售税金及附加 Sales Tax and Extra Charges	产品销售利润 Sales Profit	利润总额 Total Profits	本年应付工资 Wages Payable in This Year	本年应付福利费 Welfare Cost Payable in This Year	本年应交增值税 Value Added Tax Payable
10962766	**7955418**	**16880823**	**13692414**	**423212**	**1678808**	**382152**	**1194571**	**165753**	**883548**
9654991	6677285	14888094	12060650	403600	1471797	288120	1111908	154793	794309
4257832	2990617	6273118	5041029	305571	436745	45294	399040	57951	345755
436818	428982	1635874	1371494	14700	162080	43774	124149	15913	60076
154292	137773	572878	464630	7316	62854	11134	37582	5158	26027
32695	22307	90752	80207	449	6387	1980	4327	543	2070
2288418	1672719	3196589	2606804	33098	384642	52378	353322	52322	190258
2257817	1179323	2311202	1826599	27741	344417	116974	139537	15703	138924
244386	221598	708971	603671	6387	65499	21852	46190	6285	24553
−17268	23966	98709	66217	8338	9174	−5265	7761	917	6646
308297	320968	599543	526841	2183	39539	20214	20787	2863	25896
999478	957165	1393186	1104923	17429	167472	73818	61877	8098	63343
5137509	3958255	8645429	7034979	330544	663105	113230	556435	77711	431530
284418	303114	847944	685655	16488	86275	7141	56643	7593	40607
2401141	1221959	2459798	1924439	37085	373180	140982	149745	17149	150078
3139699	2472090	4927652	4047340	39095	556248	120800	431748	63299	261334
8941623	5919833	11274282	9033304	362953	1135406	243381	853236	120209	665777
2964492	2255330	6320659	5000756	302196	640204	171506	371184	50520	279805
1556389	1209432	4164219	3231693	288026	405556	110407	258498	35363	194561
1408103	1045898	2156440	1769064	14169	234648	61099	112686	15157	85244
7998274	5700088	10560164	8691658	121016	1038604	210646	823388	115233	603744
1877561	1446489	1014222	754046	20718	181997	11350	255928	37107	84131
4017463	2731958	5764158	4835301	72905	402158	75514	307622	38485	362452
2103250	1521640	3781784	3102310	27393	454450	123782	259838	39642	157161
4086970	2618813	3840081	3391577	72816	306991	42166	340182	44843	255276
1869449	1191320	1862609	1419996	29905	270004	105260	110382	17688	115387
1771690	1150783	3368114	2397505	198121	342021	101723	201822	29668	187704
248343	191465	544689	434144	21027	62990	20569	34101	5239	30107
685733	566454	1705173	1357221	46084	189982	10353	144058	20112	89781
2300581	2236583	5560157	4691970	55260	506821	102081	364027	48205	205293

13—6 续表3

单位：万元

行业	Item	流动负债合计 Liquid Liabilities	长期负债合计 Long-term Liabilities
按行业分	**Grouped by Sector**		
煤炭采选业	Coal Mining and Dressing	750691	1221996
黑色金属矿采选业	Ferrous Metals Mining and Dressing	27611	－20527
有色金属矿采选业	Nonferrous Metals Mining and Dressing	29036	15147
非金属矿采选业	Nonmetal Minerals Mining and Dressing	54553	17826
木材及竹材采运业	Logging and Transport of Timber and Bamboo	2316	500
食品加工业	Food Processing	574451	131220
食品制造业	Food Manufacturing	213282	45181
饮料制造业	Beverage Manufacturing	779248	136803
烟草加工业	Tobacco Processing	264014	32669
纺织业	Textile Industry	1145076	245118
服装及纤维制品制造业	Garments and Other Fiber Products	83870	17736
皮革毛皮羽绒及其制品业	Leather, Furs, Down and Related Products	87507	22409
木材加工及竹藤棕草制品业	Timber Processing, Bamboo, Cane, Palm Fiber and Straw Products	47557	26089
家具制造业	Furniture manufacturing	13660	13888
造纸及纸制品业	Papermaking and Paper Products	185734	74855
印刷业记录媒介的复制	Printing and Record Medium Reproduction	50013	14973
文教体育用品制造业	Cultural, Educational and Sports Goods	26685	2799
石油加工及炼焦业	Petroleum Processing and Coking	365255	100666
化学原料及制品制造业	Raw Chemical Materials and Chemical Products	822047	426817
医药制造业	Medical and Pharmaceutical Products	250263	61403
化学纤维制造业	Chemical Fiber	161332	35216
橡胶制品业	Rubber Products	191519	94476
塑料制品业	Plastic products	270630	86020
非金属矿物制品业	Nonmetal Mineral Products	633634	350936
黑色金属冶炼及压延加工业	Smelting and Pressing of Ferrous Metals	603958	184240
有色金属冶炼及压延加工业	Smelting and pressing of Nonferrous Metals	309335	239010
金属制品业	metal Products	119441	38707
普通机械制造业	Ordinary Machinery	456661	140820
专用设备制造业	Special Purpose Equipment	367260	79750
交通运输设备制造业	Transport Equipment	758886	177973
电气机械及器材制造业	Electric Equipment and machinery	823672	131712
电子及通信设备制造业	Electronic and Telecommunications Equipment	216318	51357
仪器仪表及文化办公用机械制造业	Instruments, Meters, Cultural and Office	39852	21264
其他制造业	Other Manufacturing	33854	4035
电力、蒸汽、热水的生产和供应业	Production and Supply of Electric Power, Steam and Hot Water	1109767	2271367
煤气生产和供应业	Production and Supply of Gas	39380	21880
自来水的生产和供应业	production and Supply of Tap Water	60928	42152

continued

(10000 yuan)

所有者权益 Creditors' Equity	实收资本 Capital Hold	产品销售收入 Sales Revenue	产品销售成本 Cost of Sales	产品销售税金及附加 Sales Tax and Extra Charges	产品销售利润 Sales Profit	利润总额 Total Profits	本年应付工资 Wages Payable in This Year	本年应付福利费 Welfare Cost Payable in This Year	本年应交增值税 Value Added Tax Payable
903356	754792	805908	594362	11230	149270	4219	211030	31256	72428
903247	634527	95829	69934	7567	17669	7314	31964	4438	7041
25107	16926	47401	36202	688	9141	1766	5991	666	2091
48566	44844	80342	62644	2165	9029	-1074	7807	851	3861
5506	1875	2632	1710	141	402	-83	491	92	103
132594	170921	828527	746149	2681	44585	2422	28459	3587	12092
102083	44181	224821	164263	1122	30493	10401	10527	1275	10049
446692	247822	742983	483066	77361	93720	38209	38484	5321	45036
248278	155006	511833	274142	196409	39409	7594	15885	2549	43928
347395	334447	1096909	952673	4912	115239	25334	101505	14922	48810
29446	30465	102957	89186	376	8255	945	11328	1816	4148
23173	29493	162897	141727	1049	15723	6012	9104	1216	4249
52355	48333	165352	140103	1442	14795	11763	10795	1334	6450
40402	28243	36601	29456	640	4655	2612	3118	320	866
66933	73442	188779	163963	771	17764	3450	15081	1755	7522
41025	33474	62424	48789	520	10959	1999	8100	1130	4212
13066	10228	68511	53895	268	11563	1326	7805	1573	4252
99074	110998	868578	782962	47124	31756	-13991	13761	1862	31010
538678	455442	1080870	929284	5220	99659	17613	68575	8582	38040
156817	103249	224490	143502	1476	35604	6602	15285	2153	14990
271894	162522	162607	132892	986	27048	4815	13867	2042	6667
182988	179248	235615	190482	9111	25434	8205	15009	3047	10904
287057	159912	462265	379312	2731	63970	35332	18623	2342	16342
635747	506340	738380	589516	7023	75843	13560	69343	9112	45275
1427670	794893	1093585	935847	8303	134364	13658	86078	7888	83084
254549	131872	626849	576472	1400	42871	4608	34585	4831	12546
97864	93654	172768	145323	1420	17680	1357	10680	1560	6606
361741	213088	500563	382687	2125	78865	17749	49178	6347	34203
217385	151409	390268	326504	1308	45829	6175	24491	6030	12737
377092	265328	959517	791562	7875	121598	41139	61745	9394	34917
624264	525187	1083031	852869	4637	107999	32633	39047	4943	45819
107204	71133	469292	428728	840	28191	9183	14754	2299	11189
47239	28226	57130	37728	330	15377	8676	3684	477	4089
18803	13488	87541	76247	1051	7140	2859	9495	910	2916
1535619	1098730	2298309	1812635	10247	113760	53843	109677	15196	190339
61825	61752	52027	55532	99	-5729	-5160	4520	557	775
182575	135409	62911	47390	562	12824	-1020	10382	1407	3609

13—7 全部国有及规模以上非国有工业企业主要经济效益指标（2000年）

行业	Item	工业增加值率(%) Ratio of Value Added to Gross Industrial Output Value (%)	总资产贡献率(%) Ratio of Total Assets to Industrial Output Value (%)
总计	**Total**	**30.54**	**7.09**
总计中：	**Of the Total**		
内资企业	Domestic Funded Enterprise	31.18	6.96
国有企业	State-owned Enterprise	33.25	7.14
集体企业	Collective-owned Enterprise	27.92	7.96
股份合作企业	Share Holding Cooperative Enterprises	26.28	8.93
联营企业	Joint Owned Enterprises	26.48	4.10
有限责任公司	Limited Liability Corporations	29.18	5.35
股份有限公司	Share-holding Corporations Ltd.	34.21	7.87
私营企业	Private Enterprises	28.83	9.98
其他企业	Other Enterprises	30.55	9.79
港、澳、台商投资企业	Enterprises Funded by Entrepreneurs from Hong Kong, Macao and Taiwan	28.97	7.71
外商投资企业	Foreign Funded Enterprises	25.06	8.58
总计中：	**Of the Total**		
独资企业	Enterprise Owned by a Sole Investor	31.33	7.32
合作合伙企业	Cooperative Enterprises	27.36	7.00
股份有限公司	Share-holding Corporations Ltd.	35.03	8.42
有限责任公司	Limited Liability Corporations	27.74	6.10
总计中：	**Of the Total**		
国有及国有控股企业	State Controlling Share Hold Enterprises	32.59	6.84
总计中：	**Of the Total**		
轻工业	Light Industry	29.82	9.69
以农产品为原料	Using Farm Products as Raw Materials	32.07	11.55
以非农产品为原料	Using Non-Farm Products as Raw Materials	25.67	6.30
重工业	Heavy Industry	31.05	5.95
采掘工业	Mining and Quarrying	42.80	3.56
原料工业	Raw materials Industry	31.79	6.51
加工工业	Processing Industry	27.39	6.61
总计中：	**Of the Total**		
特大型企业	Extra Large-sized Enterprises	31.60	5.37
大一型企业	No.1 Large-sized Enterprises	34.50	7.29
大二型企业	No.2 Large-sized Enterprises	33.41	10.89
中一型企业	No.1 Medium-sized Enterprises	36.50	8.79
中二型企业	No.2 Medium-sized Enterprises	29.76	6.70
小型企业	Small Enterprises	26.72	6.36

Main Indicators on Economic Benefit of All State-owned and Non-state-owned Above Designated Size Industrial Eeterprises by Industrial Branch (2000)

资产负债率 (%) Assest-Liability Ratio (%)	流动资产周转次数 (次/年) Number of Times of Annual of Turnover Circulating Funds (times/year)	工业成本费用利润率 (%) Ratio of Profits to Industrial Cost (%)	每百元销售收入实现利税 (元) Profit and Tax Brought Abovt Per 100 yuan of Sales Revenue (yuan)	资金利税率 (%) Ratio of Pre-tax Profit to Funds (%)	全员劳动生产率 (元/人.年) Overall Labor Productivity (yuan/person-year)	产品销售率 (%) Proporting of Products Sold (%)
63. 19	**1. 43**	**2. 40**	**10. 02**	**7. 04**	**31202. 60**	**98. 48**
63. 91	1. 42	2. 05	10. 00	6. 93	29417. 68	98. 31
64. 01	1. 38	0. 79	11. 14	7. 58	34712. 98	99. 06
77. 26	1. 54	2. 77	7. 26	7. 09	20413. 27	96. 72
76. 97	1. 80	2. 04	7. 77	7. 58	22103. 91	95. 17
76. 84	2. 06	2. 21	4. 96	5. 90	34935. 08	96. 82
67. 59	1. 33	1. 66	8. 63	4. 96	21829. 95	98. 85
47. 87	1. 31	5. 41	12. 27	7. 73	54169. 02	98. 73
61. 83	2. 42	3. 22	7. 45	9. 52	27611. 66	95. 67
111. 17	1. 21	-5. 50	10. 51	7. 85	20893. 95	100. 27
64. 25	1. 93	3. 46	8. 06	6. 06	53985. 69	100. 35
53. 88	1. 45	5. 60	11. 10	8. 77	65377. 52	99. 33
65. 03	1. 45	1. 41	10. 16	7. 49	30846. 63	98. 59
78. 09	1. 53	0. 87	7. 58	6. 23	23303. 30	96. 01
47. 32	1. 29	6. 18	13. 34	8. 48	54590. 57	98. 47
65. 99	1. 47	2. 50	8. 55	5. 69	26204. 64	98. 74
60. 97	1. 33	2. 32	11. 28	7. 00	33568. 53	99. 26
67. 58	1. 44	2. 91	11. 97	9. 94	32638. 57	97. 70
73. 63	1. 42	2. 91	14. 31	11. 95	30980. 66	97. 53
56. 57	1. 49	2. 90	7. 45	6. 12	37228. 63	98. 01
61. 24	1. 43	2. 10	8. 86	5. 70	30291. 28	99. 04
54. 58	1. 17	1. 14	11. 46	4. 21	13866. 61	100. 63
60. 81	1. 63	1. 40	8. 86	5. 94	47103. 95	99. 72
66. 34	1. 27	3. 38	8. 15	6. 09	30030. 17	97. 90
53. 46	1. 43	1. 11	9. 64	5. 49	28046. 60	100. 36
57. 91	1. 04	6. 00	13. 45	7. 30	55718. 41	99. 23
65. 35	1. 55	3. 67	14. 48	11. 57	46394. 21	99. 61
74. 37	1. 62	4. 03	13. 16	9. 08	43099. 86	95. 62
76. 22	1. 28	0. 62	8. 57	5. 92	23352. 37	97. 27
69. 69	1. 62	1. 88	6. 57	5. 72	24477. 56	97. 35

13—7 续表

行业	Item	工业增加值率(%) Ratio of Value Added to Gross Industrial Output Value (%)	总资产贡献率(%) Ratio of Total Assets to Industrial Output Value (%)
按行业分	**Grouped by Sector**		
煤炭采选业	Coal Mining and Dressing	41.42	4.02
黑色金属矿采选业	Ferrous Metals Mining and Dressing	62.98	2.10
有色金属矿采选业	Nonferrous Metals Mining and Dressing	32.87	8.43
非金属矿采选业	Nonmetal Minerals Mining and Dressing	30.64	5.54
木材及竹材采运业	Logging and Transport of Timber and Bamboo	20.08	2.28
食品加工业	Food Processing	20.54	3.55
食品制造业	Food Manufacturing	26.85	7.80
饮料制造业	Beverage Manufacturing	37.45	12.96
烟草加工业	Tobacco Processing	58.85	46.46
纺织业	Textile Industry	28.76	6.23
服装及纤维制品制造业	Garments and Other Fiber Products	27.95	5.47
皮革毛皮羽绒及其制品业	Leather, Furs, Down and Related Products	26.40	11.20
木材加工及竹藤棕草制品业	Timber Processing, Bamboo, Cane, Palm Fiber and Straw Products	30.13	17.98
家具制造业	Furniture manufacturing	28.17	7.07
造纸及纸制品业	Papermaking and Paper Products	28.90	5.05
印刷业记录媒介的复制	Printing and Record Medium Reproduction	31.75	7.83
文教体育用品制造业	Cultural, Educational and Sports Goods	29.28	15.52
石油加工及炼焦业	Petroleum Processing and Coking	12.16	14.43
化学原料及制品制造业	Raw Chemical Materials and Chemical Products	23.63	4.77
医药制造业	Medical and Pharmaceutical Products	34.23	6.92
化学纤维制造业	Chemical Fiber	19.98	3.64
橡胶制品业	Rubber Products	32.32	7.59
塑料制品业	Plastic products	28.37	10.29
非金属矿物制品业	Nonmetal Mineral Products	34.67	5.82
黑色金属冶炼及压延加工业	Smelting and Pressing of Ferrous Metals	32.11	5.68
有色金属冶炼及压延加工业	Smelting and pressing of Nonferrous Metals	21.59	4.62
金属制品业	metal Products	26.98	5.50
普通机械制造业	Ordinary Machinery	35.46	7.33
专用设备制造业	Special Purpose Equipment	23.30	4.73
交通运输设备制造业	Transport Equipment	24.99	8.36
电气机械及器材制造业	Electric Equipment and machinery	27.58	6.60
电子及通信设备制造业	Electronic and Telecommunications Equipment	18.25	7.09
仪器仪表及文化办公用机械制造业	Instruments, Meters, Cultural and Office	39.69	12.91
其他制造业	Other Manufacturing	28.83	13.77
电力、蒸汽、热水的生产和供应业	Production and Supply of Electric Power, Steam and Hot Water	57.09	6.54
煤气生产和供应业	Production and Supply of Gas	12.46	-2.69
自来水的生产和供应业	production and Supply of Tap Water	46.90	1.81

continued

资产负债率 (%) Assest-Liability Ratio (%)	流动资产周转次数 (次/年) Number of Times of Annual of Turnover Circulating Funds (times/year)	工业成本费用利润率 (%) Ratio of Profits to Industrial Cost (%)	每百元销售收入实现利税 (元) Profit and Tax Brought Abovt Per 100 yuan of Sales Revenue (yuan)	资金利税率 (%) Ratio of Pre-tax Profitto Funds (%)	全员劳动生产率 (元/人.年) Overall Labor Productivity (yuan/person-year)	产品销售率 (%) Proporting of Products Sold (%)
68. 59	1. 17	0. 53	10. 90	3. 76	12552. 31	102. 77
16. 97	0. 73	8. 76	22. 88	7. 03	24672. 69	88. 24
63. 77	2. 37	3. 83	9. 59	9. 94	17401. 87	97. 85
59. 84	2. 44	−1. 35	6. 16	5. 76	15903. 49	100. 44
33. 84	0. 86	−3. 41	6. 12	2. 92	5404. 62	96. 95
84. 31	2. 25	0. 30	2. 10	2. 38	33056. 50	95. 97
71. 79	1. 30	4. 88	9. 59	6. 91	28438. 69	100. 17
67. 29	0. 95	6. 01	21. 93	13. 85	47328. 70	99. 43
54. 44	2. 05	2. 45	48. 44	49. 81	199653. 07	100. 44
80. 26	1. 20	2. 35	7. 23	5. 45	18734. 99	97. 02
77. 53	1. 33	0. 94	5. 31	4. 85	15541. 08	94. 36
82. 62	2. 18	3. 82	6. 95	10. 01	27078. 70	96. 99
58. 59	3. 83	7. 64	11. 89	18. 18	22854. 77	97. 24
40. 61	2. 16	7. 82	11. 25	7. 85	25896. 96	99. 66
79. 58	1. 41	1. 83	6. 22	4. 32	19581. 27	96. 27
61. 75	1. 48	3. 29	10. 78	7. 04	18375. 92	95. 38
69. 29	2. 54	1. 98	8. 53	15. 46	14369. 61	96. 37
82. 91	6. 01	−1. 66	7. 38	11. 71	117380. 67	101. 40
69. 93	1. 50	1. 64	5. 63	4. 42	24211. 12	97. 12
66. 53	1. 16	3. 04	10. 28	6. 99	30568. 19	93. 92
41. 98	1. 37	2. 84	7. 67	3. 60	21562. 50	98. 19
60. 98	1. 37	3. 61	11. 98	6. 90	41151. 29	96. 80
55. 49	1. 80	8. 30	11. 77	11. 51	46679. 30	96. 92
60. 92	1. 41	1. 86	8. 92	4. 95	22664. 58	96. 97
35. 57	1. 45	1. 27	9. 61	5. 26	46568. 30	100. 37
68. 31	1. 89	0. 72	2. 96	3. 08	42854. 33	98. 31
62. 28	1. 55	0. 80	5. 44	4. 52	24273. 59	98. 71
62. 53	0. 94	3. 78	10. 80	6. 43	25102. 03	96. 69
67. 28	1. 06	1. 60	5. 19	3. 51	26440. 99	99. 71
71. 30	1. 39	4. 47	8. 75	8. 19	40661. 75	97. 92
60. 52	1. 25	3. 12	7. 67	6. 48	74031. 68	98. 95
71. 45	2. 11	1. 99	4. 52	6. 78	53544. 81	100. 26
56. 67	0. 99	17. 85	22. 92	14. 44	39270. 96	101. 86
66. 83	2. 45	3. 43	7. 83	12. 88	13357. 60	95. 94
68. 84	1. 30	2. 75	11. 07	6. 26	65375. 00	100. 19
49. 77	1. 45	−8. 24	−8. 23	−3. 93	12024. 86	103. 88
36. 21	0. 94	−1. 57	5. 01	1. 21	25507. 33	95. 35

13—8 全部国有及国有控股工业企业主要经济指标（2000 年）

单位：万元

行业	Item	企业单位数（个）Number of Enterprises (unit)	工业总产值（现价）Gross Industrial Output Value
总　计	**Total**	**1128**	**10445439**
总计中：	**Of the Total**		
内资企业	Domestic Funded Enterprise	1080	9702452
国有企业	State-owned Enterprise	806	5133074
股份合作企业	Share Holding Cooperative Enterprises	20	24880
联营企业	Joint Owned Enterprises	6	54792
有限责任公司	Limited Liability Corporations	177	2517081
股份有限公司	Share-holding Corporations Ltd.	71	1972626
港、澳、台商投资企业	Enterprises Funded by Entrepreneurs from Hong Kong, Macao and Taiwan	24	300870
外商投资企业	Foreign Funded Enterprises	24	442117
总计中：	**Of the Total**		
独资企业	Enterprise Owned by a Sole Investor	806	5133074
合作合伙企业	Cooperative Enterprises	27	98188
股份有限公司	Share-holding Corporations Ltd.	73	2078344
有限责任公司	Limited Liability Corporations	222	3135833
总计中：	**Of the Total**		
轻工业	Light Industry	589	3394300
以农产品为原料	Using Farm Products as Raw Materials	439	2583537
以非农产品为原料	Using Non-Farm Products as Raw Materials	150	810763
重工业	Heavy Industry	539	7051139
采掘工业	Mining and Quarrying	31	860680
原料工业	Raw materials Industry	194	3895523
加工工业	Processing Industry	314	2294936
总计中：	**Of the Total**		
特大型企业	Extra Large-sized Enterprises	9	2916385
大一型企业	No. 1 Large-sized Enterprises	38	1703283
大二型企业	No. 2 Large-sized Enterprises	109	2941209
中一型企业	No. 1 Medium-sized Enterprises	38	318672
中二型企业	No. 2 Medium-sized Enterprises	215	1182980
小型企业	Small Enterprises	719	1382910

Main Indicators of State-owned and State Holding Majority Shares Industrial Enterprises (2000)

(10000 yuan)

资产合计 Total Assets	流动资产合计 Circulating Funds	存货 Stock	流动资产年平均余额 Annual Average Balance of Circulating Funds	固定资产原价 Original Value of Fixed Assets	生产经营用 Used for Production	固定资产累计折旧 Accumulated Depreciation of Fixed Assets	固定资产净值年平均余额 Annual Average Balance of Net Value of Fixed Assets	工业增加值 Value Added of Industry	流动负债合计 Liquid Liabilities
22910954	**8656280**	**2109274**	**8473754**	**15283815**	**13804147**	**5087594**	**9705698**	**3404235**	**8181338**
21760661	8256491	1965323	8026883	14321834	12862607	4768934	9166886	3193951	7857313
11790568	4649699	1031230	4511046	7560319	6776436	2819197	4679680	1710556	4388879
32529	14344	4111	14312	18156	15843	4432	13903	6329	24506
94403	27294	15026	25147	22637	21916	1686	7725	13756	32621
5996850	2001232	476173	1951844	4190373	3624912	1210988	2722562	789303	2134940
3846311	1563923	438782	1524535	2530350	2423500	732630	1743017	674007	1276367
464214	106852	26351	124189	585958	581570	254975	335987	81762	141057
686080	292937	117600	322682	376023	359971	63686	202825	128523	182968
11790568	4649699	1031230	4511046	7560319	6776436	2819197	4679680	1710556	4388879
378341	102674	29768	120943	225589	222556	12892	110925	28930	86857
4019376	1676359	497614	1651179	2586026	2479134	751605	1777645	733953	1325442
6722669	2227548	550662	2190586	4911882	4326020	1503901	3137448	930797	2380160
5481174	2711899	764298	2542688	2908880	2619033	914873	1973691	1129596	2840790
3862465	2009085	603951	1887794	1918775	1678784	605231	1323221	910728	2193983
1618709	702814	160347	654894	990106	940249	309642	650470	218867	646807
17429780	5944381	1344976	5931066	12374935	11185113	4172721	7732007	2274639	5340548
3990907	753088	109465	788837	2783563	2283771	771197	1847974	383148	764023
9376443	3182709	571650	3232625	7493920	7103304	2696152	4608644	1257982	2631461
4062431	2008585	663861	1909604	2097452	1798039	705373	1275389	633510	1945064
8781475	2624260	490295	2690708	6359181	5839741	2167147	4047980	921695	2091927
3956716	1654032	452597	1575533	2381688	2196356	782934	1478686	613222	1460220
4627499	2007430	497100	1965961	2954914	2689424	1038116	1855344	1008123	1896642
682868	208405	56441	209508	569316	396259	162618	357733	117807	284349
2003001	940485	321512	887355	1215796	1038990	404452	809727	349765	1087941
2859396	1221667	291330	1144689	1802921	1643377	532328	1156229	393623	1360260

13—8 续表1

单位：万元

行业	Item	企业单位数（个）Number of Enterprises (unit)	工业总产值 Gross Industrial Output Value
按行业分	**Grouped by Sector**		
煤炭采选业	Coal Mining and Dressing	9	725149
黑色金属矿采选业	Ferrous Metals Mining and Dressing	2	96024
有色金属矿采选业	Nonferrous Metals Mining and Dressing	8	24964
非金属矿采选业	Nonmetal Minerals Mining and Dressing	9	36262
木材及竹材采运业	Logging and Transport of Timber and Bamboo	4	2809
食品加工业	Food Processing	166	439891
食品制造业	Food Manufacturing	39	156266
饮料制造业	Beverage Manufacturing	62	602307
烟草加工业	Tobacco Processing	12	492653
纺织业	Textile Industry	79	722181
服装及纤维制品制造业	Garments and Other Fiber Products	8	14659
皮革毛皮羽绒及其制品业	Leather, Furs, Down and Related Products	6	3836
木材加工及竹藤棕草制品业	Timber Processing, Bamboo, Cane, Palm Fiber and Straw Products	10	17158
家具制造业	Furniture manufacturing	1	658
造纸及纸制品业	Papermaking and Paper Products	12	82206
印刷业记录媒介的复制	Printing and Record Medium Reproduction	36	34364
文教体育用品制造业	Cultural, Educational and Sports Goods	5	3033
石油加工及炼焦业	Petroleum Processing and Coking	4	852237
化学原料及制品制造业	Raw Chemical Materials and Chemical Products	92	638960
医药制造业	Medical and Pharmaceutical Products	37	94739
化学纤维制造业	Chemical Fiber	8	137008
橡胶制品业	Rubber Products	5	32717
塑料制品业	Plastic products	22	213131
非金属矿物制品业	Nonmetal Mineral Products	87	370329
黑色金属冶炼及压延加工业	Smelting and Pressing of Ferrous Metals	8	1000093
有色金属冶炼及压延加工业	Smelting and pressing of Nonferrous Metals	12	669829
金属制品业	metal Products	15	26898
普通机械制造业	Ordinary Machinery	61	271103
专用设备制造业	Special Purpose Equipment	40	255612
交通运输设备制造业	Transport Equipment	45	863051
电气机械及器材制造业	Electric Equipment and machinery	24	347625
电子及通信设备制造业	Electronic and Telecommunications Equipment	20	169630
仪器仪表及文化办公用机械制造业	Instruments, Meters, Cultural and Office	7	12688
其他制造业	Other Manufacturing	3	387
电力、蒸汽、热水的生产和供应业	Production and Supply of Electric Power, Steam and Hot Water	92	901076
煤气生产和供应业	Production and Supply of Gas	10	34851
自来水的生产和供应业	production and Supply of Tap Water	65	68712

continued

(10000 yuan)

资产合计 Total Assets	流动资产合计 Circulating Funds	存货 Stock	流动资产年平均余额 Annual Average Balance of Circulating Funds	固定资产原价 Original Value of Fixed Assets	生产经营用 Used for Production	固定资产累计折旧 Accumulated Depreciation of Fixed Assets	固定资产净值年平均余额 Annual Average Balance of Net Value of Fixed Assets	工业增加值 Value Added of Industry	流动负债合计 Liquid Liabilities
2791117	612742	83970	635937	2417524	2045526	633187	1624671	303294	685137
1074897	109651	19100	123196	295334	184321	110459	177935	65334	22540
55786	16501	4261	15435	32713	20627	11897	21263	9756	24737
92208	23314	5204	22435	56228	52056	19844	39333	10196	42123
5559	2481	133	2615	2745	2051	986	1859	529	1906
405850	200273	65329	193196	207532	182325	44596	164321	80948	306911
306185	136702	28651	147417	121301	106773	25815	117179	40181	183634
1146514	719177	264912	680656	420754	369439	129298	303209	226399	651138
518601	239867	51772	233489	364765	346770	129821	239840	292412	251771
1064973	500352	148229	469229	598633	508220	201041	361923	215737	535048
22127	9444	4540	8064	13208	11414	4352	8997	4183	16933
26575	12730	3559	14492	11539	9295	3626	8245	1250	24065
27107	9096	2697	8370	18695	16943	8357	10353	4991	10572
279	277	215	238	5	5	2	2	281	49
192771	76333	21612	76828	111678	83663	44963	74358	24038	125055
55065	21057	5015	21471	44180	40578	14429	27903	11308	23048
5789	3117	1507	3112	3513	2723	1577	2000	906	9448
575228	165688	101706	142063	709001	705607	312513	401265	103431	362457
1270909	455445	121738	472939	898460	775915	319654	479012	142468	552902
269519	177799	24094	111434	77687	68758	21571	54864	35862	133039
448863	151952	23799	113277	362281	356732	124399	214920	24593	159245
89800	28772	10454	27822	57891	46469	15764	44212	11504	35997
402621	208513	48662	148355	158072	147184	38573	110115	62511	164023
946363	322693	72998	283605	718405	657123	245671	472701	147965	310252
2122675	645326	254765	704805	1734707	1683039	510416	1206024	329267	546329
769616	323814	109003	315692	390889	329436	133514	257419	145059	291410
57089	33000	10992	30766	29567	26421	8911	21549	10110	35908
593531	363045	116653	348665	282775	230360	109107	173926	110849	268775
386956	234435	82831	230031	186114	172160	64711	118693	64882	211243
1113329	590103	236074	581600	433555	360676	129093	274073	212297	643671
568563	318418	90976	322731	194956	191973	63992	128004	108699	260205
209894	111397	34114	100545	102433	96226	32844	70694	33909	95295
50917	27265	11429	23459	27790	18642	10053	19282	4343	22483
2290	1559	953	1628	993	843	300	751	135	2529
4784208	1685676	31004	1740962	3795297	3586225	1445230	2197490	522452	1068852
102905	31576	4393	32616	80968	71843	21536	59720	1845	32705
283493	60829	2484	66399	279443	259645	82288	190914	32400	60513

13—8 续表 2

单位：万元

行业	Item	长期负债合计 Long-term Liabilities	所有者权益 Creditors' Equity
总计	**Total**	**5566919**	**8941623**
总计中：	**Of the Total**		
内资企业	Domestic Funded Enterprise	5260038	8422970
国有企业	State-owned Enterprise	2919938	4262417
股份合作企业	Share Holding Cooperative Enterprises	1905	6118
联营企业	Joint Owned Enterprises	46757	15025
有限责任公司	Limited Liability Corporations	1826207	2035646
股份有限公司	Share-holding Corporations Ltd.	465231	2103763
港、澳、台商投资企业	Enterprises Funded by Entrepreneurs from Hong Kong, Macao and Taiwan	149055	173701
外商投资企业	Foreign Funded Enterprises	157826	344952
总计中：	**Of the Total**		
独资企业	Enterprise Owned by a Sole Investor	2919938	4262417
合作合伙企业	Cooperative Enterprises	193663	97822
股份有限公司	Share-holding Corporations Ltd.	465848	2227136
有限责任公司	Limited Liability Corporations	1987470	2354248
总计中：	**Of the Total**		
轻工业	Light Industry	668686	1962365
以农产品为原料	Using Farm Products as Raw Materials	518147	1141577
以非农产品为原料	Using Non-Farm Products as Raw Materials	150540	820788
重工业	Heavy Industry	4898232	6979258
采掘工业	Mining and Quarrying	1213822	1835529
原料工业	Raw materials Industry	2937022	3781230
加工工业	Processing Industry	747389	1362499
总计中：	**Of the Total**		
特大型企业	Extra Large-sized Enterprises	2410028	4086970
大一型企业	No. 1 Large-sized Enterprises	896812	1595261
大二型企业	No. 2 Large-sized Enterprises	1112810	1615443
中一型企业	No. 1 Medium-sized Enterprises	227712	165092
中二型企业	No. 2 Medium-sized Enterprises	376326	537114
小型企业	Small Enterprises	543231	941744

continued

(10000 yuan)

实收资本 Capital Hold	产品销售收入 Sales Revenue	产品销售成本 Cost of Sales	产品销售费用 Sales Expenditure	产品销售税金及附加 Sales Tax and Extra Charges	产品销售利润 Sales Profit	利润总额 Total Profits	本年应付工资 Wages Payable in This Year	本年应付福利费 Welfare Cost Payable in This Year	本年应交增值税 Value Added Tax Payable
5919833	**11274282**	**9033304**	**358220**	**362953**	**1135406**	**243381**	**853236**	**120209**	**665777**
5545856	10530819	8429866	330496	353551	1043016	180564	823462	116254	626470
2983702	6265555	5033607	128851	305555	437085	49974	397555	57471	347600
6291	21621	18745	1329	60	1385	−716	1671	216	1072
8868	53706	48422	1676	121	3487	1220	2138	295	703
1468533	2308001	1839330	117880	22856	315297	45673	302507	45678	157483
1078463	1881936	1489763	80760	24959	285761	84413	119591	12594	119611
153846	312496	278188	2109	23	21757	16694	7975	1215	15843
220131	430968	325250	25615	9378	70634	46123	21799	2740	23464
2983702	6265555	5033607	128851	305555	437085	49974	397555	57471	347600
94545	91549	81659	3005	181	6602	−2201	5106	693	3803
1103463	1980375	1544165	91069	34120	310330	107565	126953	13681	128892
1738124	2936803	2373873	135296	23097	381389	88043	323623	48364	185482
1212544	3176887	2386361	170915	265527	347496	92586	192978	27561	164833
728801	2416243	1755023	135729	260933	258207	79093	146361	21430	135962
483744	760644	631339	35186	4594	89289	13493	46617	6131	28872
4707289	8097395	6646943	187306	97426	787910	150796	660258	92648	500943
1397037	868389	634962	52154	18202	162758	6014	231128	34427	76905
2445918	5145444	4299052	65768	68191	348841	67924	267736	33467	336210
864333	2083562	1712928	69383	11032	276312	76858	161394	24754	87828
2618813	3840081	3391577	58459	72816	306991	42166	340182	44843	255276
955804	1603094	1225266	95149	25697	243914	105207	98687	16397	100779
1052685	3041775	2132888	68010	192826	307682	93561	184995	27215	173012
137846	292739	234245	11445	20104	26944	300	25352	3343	16757
381488	1086700	854868	69629	35305	125243	6646	97524	13526	62588
773196	1409893	1194460	55529	16205	124632	−4498	106497	14885	57365

13—8 续表 3

单位：万元

行　　业	Item	长期负债合　计 Long-term Liabilities	所有者权益 Creditors' Equity
按行业分	**Grouped by Sector**		
煤炭采选业	Coal Mining and Dressing	1213796	892185
黑色金属矿采选业	Ferrous Metals Mining and Dressing	－21108	895931
有色金属矿采选业	Nonferrous Metals Mining and Dressing	14278	16771
非金属矿采选业	Nonmetal Minerals Mining and Dressing	14614	35471
木材及竹材采运业	Logging and Transport of Timber and Bamboo	263	3391
食品加工业	Food Processing	77318	20145
食品制造业	Food Manufacturing	40456	82096
饮料制造业	Beverage Manufacturing	119836	372892
烟草加工业	Tobacco Processing	33140	233689
纺织业	Textile Industry	180664	344837
服装及纤维制品制造业	Garments and Other Fiber Products	5066	128
皮革毛皮羽绒及其制品业	Leather, Furs, Down and Related Products	9854	－7345
木材加工及竹藤棕草制品业	Timber Processing, Bamboo, Cane, Palm Fiber and Straw Products	4650	11551
家具制造业	Furniture manufacturing	200	30
造纸及纸制品业	Papermaking and Paper Products	35512	32204
印刷业记录媒介的复制	Printing and Record Medium Reproduction	8761	23051
文教体育用品制造业	Cultural, Educational and Sports Goods	111	1230
石油加工及炼焦业	Petroleum Processing and Coking	100547	97607
化学原料及制品制造业	Raw Chemical Materials and Chemical Products	352595	365407
医药制造业	Medical and Pharmaceutical Products	23918	112562
化学纤维制造业	Chemical Fiber	32483	262135
橡胶制品业	Rubber Products	24818	28986
塑料制品业	Plastic products	42888	195710
非金属矿物制品业	Nonmetal Mineral Products	201875	434184
黑色金属冶炼及压延加工业	Smelting and Pressing of Ferrous Metals	157463	1418883
有色金属冶炼及压延加工业	Smelting and pressing of Nonferrous Metals	230436	247771
金属制品业	metal Products	8981	12201
普通机械制造业	Ordinary Machinery	72009	246553
专用设备制造业	Special Purpose Equipment	50875	124837
交通运输设备制造业	Transport Equipment	155692	313966
电气机械及器材制造业	Electric Equipment and machinery	49535	258808
电子及通信设备制造业	Electronic and Telecommunications Equipment	36621	77368
仪器仪表及文化办公用机械制造业	Instruments, Meters, Cultural and Office	18859	8919
其他制造业	Other Manufacturing	122	－362
电力、蒸汽、热水的生产和供应业	Production and Supply of Electric Power, Steam and Hot Water	2209441	1494187
煤气生产和供应业	Production and Supply of Gas	15779	54421
自来水的生产和供应业	production and Supply of Tap Water	40637	181769

continued

(10000 yuan)

实收资本 Capital Hold	产品销售收入 Sales Revenue	产品销售成本 Cost of Sales	产品销售费用 Sales Expenditure	产品销售税金及附加 Sales Tax and Extra Charges	产品销售利润 Sales Profit	利润总额 Total Profits	本年应付工资 Wages Payable in This Year	本年应付福利费 Welfare Cost Payable in This Year	本年应交增值税 Value Added Tax Payable
727779	748321	546713	49799	10266	141543	3599	194976	29395	68510
631088	80942	57876	318	7367	15382	6392	29634	4146	6101
9040	24368	18176	991	199	5002	743	4325	565	1289
34122	30335	21358	3500	1341	4136	−3818	3224	450	2295
1483	2315	1645	45	102	210	−108	324	68	103
58073	359503	330286	10730	612	13880	−4321	11761	1670	5216
23357	159892	110385	23511	666	25330	9171	7513	999	8191
162543	569441	367067	61092	58761	81411	38897	30570	4452	33302
145757	497174	263318	1812	196301	35743	6547	13767	2289	42800
243640	666353	571991	9336	3573	80748	25756	66543	10055	35290
6611	6889	5852	433	7	498	13	1155	165	201
3345	3327	2810	468	7	42	−1132	501	59	42
10526	15514	11997	879	69	2569	1586	1317	158	1131
4	619	461	64	2	92	37	58	8	23
42378	74660	63672	1944	274	8719	1730	7166	738	2805
18606	28387	21983	510	218	5285	−216	4847	684	2134
2512	2768	2383	129	17	240	−93	448	26	177
109271	864052	778905	6043	47114	31487	−13969	13668	1852	30917
306410	599085	529444	19025	1454	47617	−3909	46477	5893	21610
42520	108425	59151	29614	824	18836	6198	7048	1108	9654
153807	138712	111852	1026	912	24897	3885	12667	1893	5899
22276	28074	22339	1203	1462	3069	−66	1965	223	1574
92389	212907	169234	5258	602	37631	25007	6396	818	8406
285086	346799	258467	30224	2485	43342	16616	29892	4474	25765
773575	1005181	855235	13154	7860	128931	12713	80226	7179	80358
122296	577931	532420	5362	1155	38994	3358	32999	4610	12123
9898	20632	17009	1092	66	2376	−837	2029	255	1159
131536	253414	192916	11523	1144	47748	14004	28789	3681	19944
78001	172822	141840	7530	519	22933	728	14958	4050	5244
211933	784831	645391	20506	5655	103278	39761	49789	7854	28733
123102	329787	273676	23837	1199	29616	5614	11555	1200	11041
48186	176796	159780	2259	224	14491	3576	9188	1509	3207
9073	11525	8923	764	211	1150	−1242	2165	294	871
701	394	385	55	1	−46	−266	120	19	20
1058249	2244936	1770044	10198	9636	104352	51585	106376	14801	184992
51222	35628	38972	1195	99	−4860	−3246	4208	522	739
134922	62025	46670	2007	546	12681	−1017	10273	1378	3555

13—9 全部国有及国有控股工业企业主要经济效益指标（2000年）

行业	Item	工业增加值率（%） Ratio of Value Added to Gross Industrial Output Value（%）	总资产贡献率（%） Ratio of Total Assets to Industrial Output Value（%）
总计	**Total**	**32.59**	**6.84**
总计中：	**Of the Total**		
内资企业	Domestic Funded Enterprise	32.92	6.61
国有企业	State-owned Enterprise	33.32	7.18
股份合作企业	Share Holding Cooperative Enterprises	25.44	3.13
联营企业	Joint Owned Enterprises	25.11	3.03
有限责任公司	Limited Liability Corporations	31.36	5.14
股份有限公司	Share-holding Corporations Ltd.	34.17	7.27
港、澳、台商投资企业	Enterprises Funded by Entrepreneurs from Hong Kong, Macao and Taiwan	27.18	9.77
外商投资企业	Foreign Funded Enterprises	29.07	12.24
总计中：	**Of the Total**		
独资企业	Enterprise Owned by a Sole Investor	33.32	7.18
合作合伙企业	Cooperative Enterprises	29.46	2.02
股份有限公司	Share-holding Corporations Ltd.	35.31	7.94
有限责任公司	Limited Liability Corporations	29.68	5.87
总计中：	**Of the Total**		
轻工业	Light Industry	33.28	10.73
以农产品为原料	Using Farm Products as Raw Materials	35.25	13.60
以非农产品为原料	Using Non-Farm Products as Raw Materials	27.00	3.89
重工业	Heavy Industry	32.26	5.62
采掘工业	Mining and Quarrying	44.52	3.28
原料工业	Raw materials Industry	32.29	6.50
加工工业	Processing Industry	27.60	5.89
总计中：	**Of the Total**		
特大型企业	Extra Large-sized Enterprises	31.60	5.37
大一型企业	No. 1 Large-sized Enterprises	36.00	7.51
大二型企业	No. 2 Large-sized Enterprises	34.28	11.20
中一型企业	No. 1 Medium-sized Enterprises	36.97	6.81
中二型企业	No. 2 Medium-sized Enterprises	29.57	6.69
小型企业	Small Enterprises	28.46	3.52

Main Indicators on Economic Benefit of State-owned and State Holding Majority Shares Industrial Enterprises by Industrial Branch (2000)

资产负债率 (%) Assest-Liability Ratio (%)	流动资产周转次数 (次/年) Number of Times of Annual of Turnover Circulating Funds (times/year)	工业成本费用利润率 (%) Ratio of Profits to Industrial Cost (%)	每百元销售收入实现利税 (元) Profit and Tax Brought Abovt Per 100 yuan of Sales Revenue (yuan)	资金利税率 (%) Ratio of Pre-tax Profit to Funds (%)	全员劳动生产率 (元/人.年) Overall Labor Productivity (yuan/person-year)	产品销售率 (%) Proporting of Products Sold (%)
60.97	**1.33**	**2.32**	**11.28**	**7.00**	**33568.53**	**99.26**
61.29	1.31	1.84	11.02	6.75	32298.93	99.33
63.85	1.39	0.88	11.22	7.65	35077.61	99.05
81.19	1.51	-3.19	1.93	1.48	17650.03	93.89
84.08	2.14	2.30	3.81	6.22	51328.36	100.05
66.05	1.18	2.01	9.79	4.84	21076.29	99.52
45.30	1.23	4.77	12.17	7.01	55953.21	99.84
62.58	2.52	5.55	10.42	7.08	81282.04	99.53
49.72	1.34	12.10	18.32	15.03	84643.37	97.59
63.85	1.39	0.88	11.22	7.65	35077.61	99.05
74.14	0.76	-2.33	1.95	0.77	42264.13	98.48
44.59	1.20	5.84	13.66	7.89	57410.01	99.49
64.98	1.34	3.07	10.10	5.57	23758.33	99.47
64.20	1.25	3.24	16.46	11.58	36935.53	98.75
70.44	1.28	3.77	19.70	14.82	37426.62	98.51
49.29	1.16	1.77	6.17	3.60	35023.27	99.52
59.96	1.37	1.97	9.25	5.48	32114.70	99.51
54.01	1.10	0.70	11.64	3.83	14857.84	100.78
59.67	1.59	1.42	9.18	6.02	52824.42	100.12
66.46	1.09	3.80	8.43	5.52	29845.08	97.99
53.46	1.43	1.11	9.64	5.49	28046.60	100.36
59.68	1.02	7.03	14.45	7.59	54421.50	99.03
65.09	1.55	3.81	15.10	12.02	47875.23	100.02
75.82	1.40	0.11	12.69	6.55	32194.66	96.89
73.18	1.22	0.63	9.62	6.16	23462.21	97.45
67.06	1.23	-0.32	4.90	3.00	22293.51	97.69

13—9 续表

行　　业	Item	工业增加值率(%) Ratio of Value Added to Gross Industrial Output Value (%)	总资产贡献率(%) Ratio of Total Assets to Industrial Output Value (%)
按行业分	**Grouped by Sector**		
煤炭采选业	Coal Mining and Dressing	41.83	3.93
黑色金属矿采选业	Ferrous Metals Mining and Dressing	68.04	1.91
有色金属矿采选业	Nonferrous Metals Mining and Dressing	39.08	6.13
非金属矿采选业	Nonmetal Minerals Mining and Dressing	28.12	1.13
木材及竹材采运业	Logging and Transport of Timber and Bamboo	18.83	2.10
食品加工业	Food Processing	18.40	1.63
食品制造业	Food Manufacturing	25.71	7.82
饮料制造业	Beverage Manufacturing	37.59	12.23
烟草加工业	Tobacco Processing	59.35	48.38
纺织业	Textile Industry	29.87	7.84
服装及纤维制品制造业	Garments and Other Fiber Products	28.54	1.99
皮革毛皮羽绒及其制品业	Leather, Furs, Down and Related Products	32.59	-3.77
木材加工及竹藤棕草制品业	Timber Processing, Bamboo, Cane, Palm Fiber and Straw Products	29.09	11.62
家具制造业	Furniture manufacturing	42.76	25.78
造纸及纸制品业	Papermaking and Paper Products	29.24	3.73
印刷业记录媒介的复制	Printing and Record Medium Reproduction	32.91	5.69
文教体育用品制造业	Cultural, Educational and Sports Goods	29.88	3.59
石油加工及炼焦业	Petroleum Processing and Coking	12.14	14.52
化学原料及制品制造业	Raw Chemical Materials and Chemical Products	22.30	2.83
医药制造业	Medical and Pharmaceutical Products	37.85	7.45
化学纤维制造业	Chemical Fiber	17.95	3.33
橡胶制品业	Rubber Products	35.16	4.31
塑料制品业	Plastic products	29.33	10.04
非金属矿物制品业	Nonmetal Mineral Products	39.96	6.48
黑色金属冶炼及压延加工业	Smelting and Pressing of Ferrous Metals	32.92	5.70
有色金属冶炼及压延加工业	Smelting and pressing of Nonferrous Metals	21.66	4.47
金属制品业	metal Products	37.59	3.10
普通机械制造业	Ordinary Machinery	40.89	7.30
专用设备制造业	Special Purpose Equipment	25.38	3.15
交通运输设备制造业	Transport Equipment	24.60	8.61
电气机械及器材制造业	Electric Equipment and machinery	31.27	3.92
电子及通信设备制造业	Electronic and Telecommunications Equipment	19.99	4.90
仪器仪表及文化办公用机械制造业	Instruments, Meters, Cultural and Office	34.23	0.79
其他制造业	Other Manufacturing	34.95	-6.25
电力、蒸汽、热水的生产和供应业	Production and Supply of Electric Power, Steam and Hot Water	57.98	6.46
煤气生产和供应业	Production and Supply of Gas	5.29	-2.05
自来水的生产和供应业	production and Supply of Tap Water	47.15	1.80

continued

资产负债率 (%) Assest-Liability Ratio (%)	流动资产周转次数 (次/年) Number of Times of Annual of Turnover Circulating Funds (times/year)	工业成本费用利润率 (%) Ratio of Profits to Industrial Cost (%)	每百元销售收入实现利税 (元) Profit and Tax Brought Abovt Per 100 yuan of Sales Revenue (yuan)	资金利税率 (%) Ratio of Pre-tax Profitto Funds (%)	全员劳动生产率 (元/人.年) Overall Labor Productivity (yuan/person-year)	产品销售率 (%) Proporting of Products Sold (%)
68.03	1.18	0.48	11.01	3.64	13737.59	102.75
16.65	0.66	9.18	24.54	6.59	25636.34	86.51
69.94	1.58	3.01	9.15	6.08	14910.13	98.92
61.53	1.35	-11.88	-0.60	-0.29	16161.36	103.48
39.01	0.89	-4.95	4.17	2.16	5469.49	97.29
95.04	1.86	-1.19	0.42	0.42	30079.82	96.44
73.19	1.08	6.09	11.28	6.81	29072.43	96.46
67.48	0.84	8.15	23.00	13.31	48215.12	99.86
54.94	2.13	2.21	49.41	51.90	219726.25	100.38
67.62	1.42	3.98	9.70	7.77	19300.85	98.61
99.42	0.85	0.18	3.21	1.30	12898.55	89.26
127.64	0.23	-25.47	-32.57	-4.76	7636.53	99.20
57.39	1.85	10.59	17.96	14.88	23332.40	97.90
89.40	2.60	6.35	10.14	26.10	42000.00	94.13
83.29	0.97	2.28	6.44	3.18	17054.20	94.12
58.14	1.32	-0.74	7.53	4.33	15723.30	96.17
78.76	0.89	-3.23	3.68	1.99	9153.54	94.73
83.03	6.08	-1.67	7.41	11.79	118777.33	101.40
71.25	1.27	-0.64	3.20	2.01	18971.13	97.89
58.24	0.97	6.08	15.38	10.03	30095.67	97.05
41.60	1.22	2.65	7.71	3.26	18817.58	98.64
67.72	1.01	-0.25	10.58	4.12	35232.77	99.70
51.39	1.44	13.13	15.98	13.16	79774.12	97.78
54.12	1.22	4.90	12.94	5.93	32400.88	97.48
33.16	1.43	1.29	10.04	5.28	50414.49	100.70
67.81	1.83	0.57	2.88	2.90	43557.19	98.36
78.63	0.67	-3.81	1.88	0.74	27684.01	104.72
58.46	0.73	5.86	13.85	6.71	27582.54	96.14
67.74	0.75	0.42	3.76	1.86	27286.36	99.41
71.80	1.35	5.31	9.45	8.67	44942.02	98.32
54.48	1.02	1.74	5.41	3.96	70478.57	101.47
63.14	1.76	2.06	3.96	4.09	31892.87	98.49
82.48	0.49	-9.67	-1.38	-0.37	10648.85	93.58
115.80	0.24	-36.10	-62.32	-10.33	7083.77	102.71
68.77	1.29	2.70	10.97	6.25	64776.17	100.33
47.11	1.09	-7.34	-6.76	-2.61	3687.19	105.26
35.88	0.93	-1.58	4.97	1.20	25639.31	95.47

13—10　全部规模以上集体工业企业主要经济指标（2000年）

单位：万元

行　　业	Item	企业单位数（个）Number of Enterprises (unit)	工业总产值（现价）Gross Industrial Output Value
总　　计	**Total**	**979**	**1776531**
总计中：	**Of the Total**		
轻工业	Light Industry	532	1018138
以农产品为原料	Using Farm Products as Raw Materials	408	708120
以非农产品为原料	Using Non-Farm Products as Raw Materials	124	310018
重工业	Heavy Industry	447	758393
采掘工业	Mining and Quarrying	61	95768
原料工业	Raw materials Industry	119	197935
加工工业	Processing Industry	267	464690
总计中：	**Of the Total**		
大一型企业	No. 1 Large-sized Enterprises	3	50785
大二型企业	No. 2 Large-sized Enterprises	8	125527
中一型企业	No. 1 Medium-sized Enterprises	9	46176
中二型企业	No. 2 Medium-sized Enterprises	52	211337
小型企业	Small-sized Enterprises	907	1342706
按行业分	**Grouped by Sector**		
煤炭采选业	Coal Mining and Dressing	30	39916
黑色金属矿采选业	Ferrous Metals Mining and Dressing	6	9801
有色金属矿采选业	Nonferrous Metals Mining and Dressing	8	19930
非金属矿采选业	Nonmetal Minerals Mining and Dressing	17	26121
食品加工业	Food Processing	89	112384
食品制造业	Food Manufacturing	5	10929
饮料制造业	Beverage Manufacturing	17	28674
烟草加工业	Tobacco Processing	4	13017
纺织业	Textile Industry	162	302163
服装及纤维制品制造业	Garments and Other Fiber Products	23	27169
皮革毛皮羽绒及其制品业	Leather, Furs, Down and Related Products	29	103803
木材加工及竹藤棕草制品业	Timber Processing, Bamboo, Cane, Palm Fiber and Straw Products	23	32391
家具制造业	Furniture manufacturing	2	5924
造纸及纸制品业	Papermaking and Paper Products	46	44445
印刷业记录媒介的复制	Printing and Record Medium Reproduction	5	4814
文教体育用品制造业	Cultural, Educational and Sports Goods	8	19703
石油加工及炼焦业	Petroleum Processing and Coking	2	550
化学原料及制品制造业	Raw Chemical Materials and Chemical Products	69	145769
医药制造业	Medical and Pharmaceutical Products	19	37150
化学纤维制造业	Chemical Fiber	2	2101
橡胶制品业	Rubber Products	7	16725
塑料制品业	Plastic products	51	116361
非金属矿物制品业	Nonmetal Mineral Products	111	141027
黑色金属冶炼及压延加工业	Smelting and Pressing of Ferrous Metals	28	64989
有色金属冶炼及压延加工业	Smelting and pressing of Nonferrous Metals	13	19702
金属制品业	metal Products	44	73293
普通机械制造业	Ordinary Machinery	34	59818
专用设备制造业	Special Purpose Equipment	23	38947
交通运输设备制造业	Transport Equipment	19	49909
电气机械及器材制造业	Electric Equipment and machinery	58	167184
电子及通信设备制造业	Electronic and Telecommunications Equipment	2	1769
仪器仪表及文化办公用机械制造业	Instruments, Meters, Cultural and Office	3	2470
其他制造业	Other Manufacturing	17	34466
电力、蒸汽、热水的生产和供应业	Production and Supply of Electric Power, Steam and Hot Water	2	2350
自来水的生产和供应业	production and Supply of Tap Water	1	768

Main Indicators of All Collective-owned Above Designated Size Industrial Enterprises (2000)

(10000 yuan)

资产合计 Total Assets	流动资产合计 Circulating Funds	存货 Stock	流动资产年平均余额 Annual Average Balance of Circulating Funds	固定资产原价 Original Value of Fixed Assets	生产经营用 Used for Production	固定资产累计折旧 Accumulated Depreciation of Fixed Assets	固定资产净值年平均余额 Annual Average Balance of Net Value of Fixed Assets	工业增加值 Value Added of Industry	流动负债合计 Liquid Liabilities
1920596	**1100863**	**485695**	**1059963**	**897959**	**791107**	**271750**	**614196**	**495969**	**1204687**
1167345	695230	344847	664836	514818	451600	149301	347420	278955	796084
799159	521392	280158	497690	322723	280553	99727	222702	194459	626931
368186	173838	64689	167145	192095	171048	49574	124718	84497	169152
753250	405633	140848	395127	383141	339506	122449	266776	217014	408603
102213	59942	15485	58139	45731	41418	16563	29542	31173	69104
178061	74226	31546	73873	132876	121667	42724	92913	50069	87072
472976	271465	93817	263115	204534	176422	63163	144320	135772	252427
58340	25651	7498	25659	26768	24429	9165	17952	11646	27255
166107	88648	30905	81700	68713	53323	19209	44732	33911	72954
60621	30721	7753	30942	37739	30142	14642	24730	12446	28282
261888	150623	75672	144997	135748	116685	45426	90871	70465	164145
1373640	805220	363867	776664	628991	566527	183308	435911	367501	912051
75177	48019	13383	46796	32636	29268	12634	20477	13784	60198
8477	4809	724	4495	3715	3667	1225	2301	3581	2671
12864	4611	766	4357	5658	5394	1627	4056	5213	4195
5695	2502	612	2492	3723	3089	1076	2709	8595	2041
68538	29466	13277	30711	47132	41172	11811	36179	28237	34744
7967	3825	2484	3775	4753	4355	1674	2721	2665	3917
38669	22522	7740	22729	18031	15403	5588	12391	8163	24014
26361	17517	3137	16447	14485	11971	7395	7952	5171	12243
499651	366265	219548	344382	149553	131776	46213	102055	82744	478253
29559	14769	6625	14894	14680	14125	4012	10604	6483	18297
49289	31230	13727	28689	21152	17942	7494	14230	25800	26015
16442	6537	2956	6076	10593	9512	2161	8553	9797	4771
4664	1117	316	1092	3553	3551	34	3518	1627	127
50219	22327	8706	22175	35456	28624	11516	23440	13467	21092
4897	2984	721	3375	2340	2054	573	1829	2004	1258
10655	6441	1989	6335	4170	4049	1196	3032	5601	6433
907	625	404	581	385	355	116	246	173	818
130937	71691	24209	70285	57254	51795	18181	38999	36103	70973
27953	12404	3877	12094	17794	16056	3758	13747	17408	13010
4116	1199	458	975	2358	2343	132	2216	448	1666
15077	7689	3010	7926	7831	7019	2374	5474	5045	8945
103471	51384	17440	46475	61105	53223	14803	45420	31095	38219
176618	65138	25048	64555	132173	120101	39603	93416	41330	87203
44640	26928	13527	26853	23039	20916	8528	15526	14151	23555
12936	5511	1466	5482	8165	7829	2448	5636	4339	6798
98125	42325	16740	41806	57444	47446	17616	25451	18260	37914
100282	52240	22040	50519	41798	33821	15187	27914	21398	46856
39378	23175	10909	23982	18060	16076	6401	11843	9148	23391
49551	32806	13369	32352	16270	13211	5094	11370	15472	28150
164660	98214	26512	91371	64926	58431	16193	48272	47981	90792
6206	1973	1074	2326	1541	1255	621	899	516	1198
3265	1453	302	1519	2384	1996	896	1487	774	2103
30150	19420	8431	20457	12102	11592	3069	9025	8635	21179
1804	1592	110	1462	457	443	263	200	569	1513
1394	155	59	124	1246	1246	235	1011	191	134

13—10 续表

单位：万元

行业	Item	长期负债合计 Long-term Liabilities	所有者权益 Creditors' Equity
总计	**Total**	**260414**	**436818**
总计中：	**Of the Total**		
轻工业	Light Industry	143952	210839
以农产品为原料	Using Farm Products as Raw Materials	84672	71559
以非农产品为原料	Using Non-Farm Products as Raw Materials	59279	139280
重工业	Heavy Industry	116463	225980
采掘工业	Mining and Quarrying	8891	23968
原料工业	Raw materials Industry	47923	43054
加工工业	Processing Industry	59649	158958
总计中：	**Of the Total**		
大一型企业	No. 1 Large-sized Enterprises	1748	29337
大二型企业	No. 2 Large-sized Enterprises	25807	67346
中一型企业	No. 1 Medium-sized Enterprises	13428	18884
中二型企业	No. 2 Medium-sized Enterprises	41114	54446
小型企业	Small-sized Enterprises	178318	266806
按行业分	**Grouped by Sector**		
煤炭采选业	Coal Mining and Dressing	7370	7358
黑色金属矿采选业	Ferrous Metals Mining and Dressing	191	5616
有色金属矿采选业	Nonferrous Metals Mining and Dressing	745	7924
非金属矿采选业	Nonmetal Minerals Mining and Dressing	585	3069
食品加工业	Food Processing	10970	22758
食品制造业	Food Manufacturing	1674	2376
饮料制造业	Beverage Manufacturing	7042	7613
烟草加工业	Tobacco Processing	－472	14589
纺织业	Textile Industry	38819	－32949
服装及纤维制品制造业	Garments and Other Fiber Products	3994	7268
皮革毛皮羽绒及其制品业	Leather, Furs, Down and Related Products	6212	16833
木材加工及竹藤棕草制品业	Timber Processing, Bamboo, Cane, Palm Fiber and Straw Products	1982	9625
家具制造业	Furniture manufacturing		4537
造纸及纸制品业	Papermaking and Paper Products	13503	15514
印刷业记录媒介的复制	Printing and Record Medium Reproduction	637	3002
文教体育用品制造业	Cultural, Educational and Sports Goods	339	3883
石油加工及炼焦业	Petroleum Processing and Coking	9	80
化学原料及制品制造业	Raw Chemical Materials and Chemical Products	11436	48214
医药制造业	Medical and Pharmaceutical Products	3987	10956
化学纤维制造业	Chemical Fiber	1030	1420
橡胶制品业	Rubber Products	2548	3583
塑料制品业	Plastic products	15050	48981
非金属矿物制品业	Nonmetal Mineral Products	45852	42713
黑色金属冶炼及压延加工业	Smelting and Pressing of Ferrous Metals	8981	12104
有色金属冶炼及压延加工业	Smelting and pressing of Nonferrous Metals	4118	2018
金属制品业	metal Products	21398	38813
普通机械制造业	Ordinary Machinery	19650	33776
专用设备制造业	Special Purpose Equipment	4914	11046
交通运输设备制造业	Transport Equipment	3688	17713
电气机械及器材制造业	Electric Equipment and machinery	18180	55672
电子及通信设备制造业	Electronic and Telecommunications Equipment	3371	1637
仪器仪表及文化办公用机械制造业	Instruments, Meters, Cultural and Office	91	1070
其他制造业	Other Manufacturing	1583	7389
电力、蒸汽、热水的生产和供应业	Production and Supply of Electric Power, Steam and Hot Water	42	249
自来水的生产和供应业	production and Supply of Tap Water	894	366

continued

(10000 yuan)

实收资本 Total Capital Hold	产品销售收入 Sales Revenue	产品销售成本 Cost of Sales	产品销售费用 Sales Expenditure	产品销售税金及附加 Sales Tax and Extra Charges	产品销售利润 Sales Profit	利润总额 Total Profits	本年应付工资 Wages Payable in This Year	本年应付福利费 Welfare Cost Payable in This Year	本年应交增值税 Value Added Tax Payable
428982	**1635874**	**1371494**	**74196**	**14700**	**162080**	**43774**	**124149**	**15913**	**60076**
235059	924152	785560	33805	7939	88689	23948	61587	8059	30825
138720	624934	535950	21384	5231	57077	12134	44368	5988	20249
96338	299217	249611	12422	2709	31612	11815	17220	2071	10575
193924	711723	585934	40391	6760	73390	19825	62562	7855	29251
32548	102959	84261	2553	1837	13552	3819	19999	2134	5685
52655	178078	155943	5775	1533	14230	2534	12231	1336	5767
108720	430686	345730	32063	3390	45608	13472	30332	4385	17799
17938	47813	39863	2807	29	5114	2791	2925	281	1885
24806	117322	94835	8140	278	14069	4791	6171	759	4773
16701	44883	37617	1089	198	5979	1085	2799	345	1961
63151	184292	149772	10714	2620	20446	2714	14916	2052	6989
306386	1241565	1049407	51447	11575	116471	32393	97339	12477	44668
21169	49170	40904	968	868	6363	835	14482	1667	3537
2090	9757	7904	243	134	1477	692	1767	213	627
7371	18703	14516	305	440	3443	379	1547	96	660
1919	25329	20937	1037	395	2270	1914	2204	158	861
21906	103416	88608	3420	815	8153	4639	3323	418	2022
685	10690	9344	207	56	1083	573	518	61	262
10359	25240	19439	2285	1636	1880	1032	1724	216	1201
9249	14659	10824	45	109	3666	1047	2118	260	1128
51130	259928	230562	7101	874	20315	-4384	21042	2975	7701
7863	24193	21832	499	140	1542	-245	2703	512	941
15623	95870	82283	1978	676	10695	4903	5568	668	2750
6147	30806	25477	954	524	3431	2519	1590	125	860
1540	6086	5039	280	101	667	512	118	10	85
13476	41548	36185	1246	229	3596	589	3170	466	1713
1914	4633	3175	378	181	732	521	269	12	221
2028	14644	11714	640	58	2231	287	1360	196	1327
106	589	474	86		28	10	47	5	8
38318	131656	110913	7436	472	11964	5759	7173	874	4037
6662	31818	21697	4787	399	4215	1866	1508	154	1883
1377	1059	756	127	19	157	14	49	1	
4514	11084	9587	615	56	819	-255	1412	180	523
25199	117257	97567	3601	1615	12865	6188	5574	683	3605
46280	130438	108851	5877	1776	13159	776	14703	1704	5735
13567	59524	55103	882	290	3006	807	3761	428	1784
4041	17469	15737	247	73	1391	328	647	79	173
36105	71432	62204	2274	302	6617	1182	3985	525	2071
17007	55719	42369	3587	274	8548	1787	5741	761	4303
7769	29706	26145	802	201	2521	26	2157	635	844
12207	48054	39233	2650	571	5600	1953	3583	514	1243
33894	158697	120179	18803	1038	16190	6608	5936	795	7141
1400	1384	896	123	11	354	54	217	26	94
100	2591	1883	146	13	464	223	155	20	17
5566	30590	27166	541	330	2544	580	3889	462	911
179	1732	1647	20	11	54	16	71	10	22
224	405	347	6	14	38	44	36	5	12

13—11 全部规模以上集体工业企业主要经济效益指标（2000年）

行业	Item	工业增加值率（%）Ratio of Value Added to Gross Industrial Output Value（%）	总资产贡献率（%）Ratio of Total Assets to Industrial Output Value（%）
总计	**Total**	**27.92**	**7.96**
总计中：	**Of the Total**		
轻工业	Light Industry	27.40	7.14
以农产品为原料	Using Farm Products as Raw Materials	28.00	6.48
以非农产品为原料	Using Non-Farm Products as Raw Materials	26.12	8.59
重工业	Heavy Industry	28.61	9.23
采掘工业	Mining and Quarrying	32.55	11.71
原料工业	Raw materials Industry	25.30	7.76
加工工业	Processing Industry	29.22	9.24
总计中：	**Of the Total**		
大一型企业	No.1 Large-sized Enterprises	22.93	8.97
大二型企业	No.2 Large-sized Enterprises	27.01	7.93
中一型企业	No.1 Medium-sized Enterprises	26.95	6.93
中二型企业	No.2 Medium-sized Enterprises	33.34	6.77
小型企业	Small-sized Enterprises	27.37	8.19
按行业分	**Grouped by Sector**		
煤炭采选业	Coal Mining and Dressing	34.53	7.34
黑色金属矿采选业	Ferrous Metals Mining and Dressing	36.54	18.42
有色金属矿采选业	Nonferrous Metals Mining and Dressing	26.15	12.19
非金属矿采选业	Nonmetal Minerals Mining and Dressing	32.91	58.28
食品加工业	Food Processing	25.13	13.04
食品制造业	Food Manufacturing	24.38	13.95
饮料制造业	Beverage Manufacturing	28.47	11.21
烟草加工业	Tobacco Processing	39.73	8.67
纺织业	Textile Industry	27.38	2.54
服装及纤维制品制造业	Garments and Other Fiber Products	23.86	4.21
皮革毛皮羽绒及其制品业	Leather, Furs, Down and Related Products	24.85	20.57
木材加工及竹藤棕草制品业	Timber Processing, Bamboo, Cane, Palm Fiber and Straw Products	30.25	25.86
家具制造业	Furniture manufacturing	27.46	15.13
造纸及纸制品业	Papermaking and Paper Products	30.30	6.86
印刷业记录媒介的复制	Printing and Record Medium Reproduction	41.63	19.77
文教体育用品制造业	Cultural, Educational and Sports Goods	28.43	18.87
石油加工及炼焦业	Petroleum Processing and Coking	31.49	2.60
化学原料及制品制造业	Raw Chemical Materials and Chemical Products	24.77	9.38
医药制造业	Medical and Pharmaceutical Products	46.86	17.36
化学纤维制造业	Chemical Fiber	21.30	2.47
橡胶制品业	Rubber Products	30.16	3.92
塑料制品业	Plastic products	26.72	12.84
非金属矿物制品业	Nonmetal Mineral Products	29.31	7.22
黑色金属冶炼及压延加工业	Smelting and Pressing of Ferrous Metals	21.77	7.11
有色金属冶炼及压延加工业	Smelting and pressing of Nonferrous Metals	22.02	7.26
金属制品业	metal Products	24.91	5.56
普通机械制造业	Ordinary Machinery	35.77	8.78
专用设备制造业	Special Purpose Equipment	23.49	4.41
交通运输设备制造业	Transport Equipment	31.00	9.73
电气机械及器材制造业	Electric Equipment and machinery	28.70	10.47
电子及通信设备制造业	Electronic and Telecommunications Equipment	29.19	2.56
仪器仪表及文化办公用机械制造业	Instruments, Meters, Cultural and Office	31.34	10.69
其他制造业	Other Manufacturing	25.05	7.03
电力、蒸汽、热水的生产和供应业	Production and Supply of Electric Power, Steam and Hot Water	24.22	2.82
自来水的生产和供应业	production and Supply of Tap Water	24.90	5.04

Main Indicators on Economic Benefit of All Collective-owned Above Designated Size Industrial Enterprises (2000)

资产负债率 (%) Assest-Liability Ratio (%)	流动资产周转次数 (次/年) Number of Times of Annual of Turnover Circulating Funds (times/year)	工业成本费用利润率 (%) Ratio of Profits to Industrial Cost (%)	每百元销售收入实现利税 (元) Profit and Tax Brought Abovt Per 100 yuan of Sales Revenue (yuan)	资金利税率 (%) Ratio of Pre-tax Profit to Funds (%)	全员劳动生产率 (元/人.年) Overall Labor Productivity (yuan/person-year)	产品销售率 (%) Proporting of Products Sold (%)
77.26	**1.54**	**2.77**	**7.26**	**7.09**	**20413.27**	**96.72**
81.94	1.39	2.68	6.81	6.22	23003.79	95.73
91.05	1.26	1.99	6.02	5.22	21201.57	95.29
62.17	1.79	4.16	8.46	8.67	28598.36	96.67
70.00	1.80	2.89	7.85	8.44	17832.00	98.05
76.55	1.77	3.89	11.01	12.93	7276.51	101.69
75.82	2.41	1.45	5.52	5.90	21375.87	97.22
66.39	1.64	3.26	8.05	8.51	24492.04	97.65
49.71	1.86	6.17	9.84	10.79	42520.26	96.07
59.46	1.44	4.25	8.39	7.78	37150.09	100.02
68.85	1.45	2.48	7.23	5.83	30077.82	98.84
79.21	1.27	1.51	6.69	5.23	26617.76	95.69
80.58	1.60	2.70	7.14	7.31	18330.49	96.53
90.21	1.05	1.74	10.66	7.79	4287.43	106.90
33.75	2.17	7.69	14.89	21.39	16009.39	99.78
38.40	4.29	2.12	7.91	17.58	21137.47	96.05
46.11	10.16	8.20	12.51	60.93	14354.38	98.74
66.79	3.37	4.80	7.23	11.18	36796.06	95.29
70.18	2.83	5.70	8.33	13.71	28286.62	98.00
80.31	1.11	4.37	15.33	11.02	25407.10	96.27
44.65	0.89	7.49	15.58	9.36	32380.71	102.88
106.59	0.75	-1.65	1.61	0.94	17797.02	94.37
75.41	1.62	-1.01	3.45	3.28	12637.62	95.17
65.85	3.34	5.38	8.69	19.41	29152.09	96.31
41.46	5.07	9.13	12.67	26.68	14551.17	95.44
2.73	5.57	9.34	11.47	15.14	123242.42	96.13
69.11	1.87	1.44	6.09	5.55	19540.05	96.76
38.69	1.37	13.28	19.93	17.74	39604.74	96.11
63.55	2.31	1.99	11.41	17.84	17641.57	98.17
91.20	1.01	1.54	3.11	2.21	17484.85	112.93
63.18	1.87	4.55	7.80	9.40	31930.04	94.90
60.81	2.63	6.47	13.04	16.05	61512.72	91.02
65.51	1.09	1.40	3.15	1.05	49722.22	97.86
76.23	1.40	-2.24	2.92	2.42	17515.63	91.55
52.66	2.52	5.72	9.73	12.41	37319.49	97.72
75.82	2.02	0.61	6.35	5.25	14111.20	97.54
72.88	2.22	1.36	4.84	6.80	22476.33	97.21
84.40	3.19	1.92	3.28	5.16	30515.47	99.71
60.45	1.71	1.68	4.98	5.29	18554.62	98.19
66.32	1.10	3.35	11.42	8.11	21962.02	99.13
71.95	1.24	0.09	3.60	2.99	20207.86	96.43
64.25	1.49	4.27	7.84	8.61	32649.08	98.10
66.19	1.74	4.42	9.32	10.59	52918.39	99.16
73.62	0.60	4.09	11.48	4.93	34198.68	74.90
67.22	1.71	9.80	9.73	8.39	24419.56	103.25
75.49	1.50	1.95	5.95	6.17	11248.01	94.97
86.22	1.18	0.94	2.80	2.92	47831.93	100.00
73.74	3.27	11.59	17.32	6.19	31866.67	100.00

13—12 全部规模以上“三资”工业企业主要经济指标（2000年）

单位：万元

行业	Item	企业单位数（个）Number of Enterprises (unit)	工业总产值（现价）Gross Industrial Output Value
总　　计	**Total**	**251**	**2132345**
总计中：	**Of the Total**		
港、澳、台商投资企业	Enterprises Funded by Entrepreneurs from Hong Kong, Macao and Taiwan	118	608387
外商投资企业	Foreign Funded Enterprises	133	1523958
总计中：	**Of the Total**		
国有控股企业	State Controlling Share Hold Enterprises	48	742987
总计中：	**Of the Total**		
轻工业	Light Industry	146	1054892
以农产品为原料	Using Farm Products as Raw Materials	93	395414
以非农产品为原料	Using Non-Farm Products as Raw Materials	53	659479
重工业	Heavy Industry	105	1077452
采掘工业	Mining and Quarrying	1	793
原料工业	Raw materials Industry	30	259468
加工工业	Processing Industry	74	817190
总计中：	**Of the Total**		
特大型企业	Extra Large-sized Enterprises	1	123587
大一型企业	No. 1 Large-sized Enterprises	3	270765
大二型企业	No. 2 Large-sized Enterprises	11	401339
中一型企业	No. 1 Medium-sized Enterprises	4	23293
中二型企业	No. 2 Medium-sized Enterprises	15	89461
小型企业	Small-sized Enterprises	217	1223899
按行业分	**Grouped by Sector**		
非金属矿采选业	Nonmetal Minerals Mining and Dressing	1	793
食品加工业	Food Processing	12	63155
食品制造业	Food Manufacturing	5	15666
饮料制造业	Beverage Manufacturing	6	122959
烟草加工业	Tobacco Processing	1	5479
纺织业	Textile Industry	17	45393
服装及纤维制品制造业	Garments and Other Fiber Products	26	47666
皮革毛皮羽绒及其制品业	Leather, Furs, Down and Related Products	11	22626
木材加工及竹藤棕草制品业	Timber Processing, Bamboo, Cane, Palm Fiber and Straw Products	8	30147
造纸及纸制品业	Papermaking and Paper Products	1	8963
印刷业记录媒介的复制	Printing and Record Medium Reproduction	3	10749
文教体育用品制造业	Cultural, Educational and Sports Goods	3	2229
化学原料及制品制造业	Raw Chemical Materials and Chemical Products	18	122720
医药制造业	Medical and Pharmaceutical Products	11	25390
化学纤维制造业	Chemical Fiber	3	12118
橡胶制品业	Rubber Products	5	175230
塑料制品业	Plastic products	26	85998
非金属矿物制品业	Nonmetal Mineral Products	10	28764
黑色金属冶炼及压延加工业	Smelting and Pressing of Ferrous Metals	1	1693
有色金属冶炼及压延加工业	Smelting and pressing of Nonferrous Metals	4	16361
金属制品业	metal Products	6	19676
普通机械制造业	Ordinary Machinery	10	45761
专用设备制造业	Special Purpose Equipment	5	111457
交通运输设备制造业	Transport Equipment	11	248068
电气机械及器材制造业	Electric Equipment and machinery	18	458124
电子及通信设备制造业	Electronic and Telecommunications Equipment	14	188422
仪器仪表及文化办公用机械制造业	Instruments, Meters, Cultural and Office	2	23849
其他制造业	Other Manufacturing	6	24068
电力蒸汽热水的生产和供应业	Production and Supply of Electric Power, Steam and Hot Water	4	153096
煤气生产和供应业	Production and Supply of Gas	3	15725

Main Indicators of All Foreign-funded Above Designated Size Industrial Enterprises by Industrial Branch (2000)

(10000 yuan)

资产合计 Total Assets	流动资产合计 Circulating Funds	存货 Stock	流动资产年平均余额 Annual Average Balance of Circulating Funds	固定资产原价 Original Value of Fixed Assets	生产经营用 Used for Production	固定资产累计折旧 Accumulated Depreciation of Fixed Assets	固定资产净值年平均余额 Annual Average Balance of Net Value of Fixed Assets	工业增加值 Value Added of Industry	流动负债合计 Liquid Liabilities
3029291	**1309665**	**484286**	**1272472**	**1909343**	**1841211**	**561691**	**1288043**	**558106**	**1217873**
862344	314512	92153	309851	787300	770228	301475	487703	176236	369713
2166947	995154	392133	962621	1122043	1070983	260216	800340	381870	848160
1150293	399789	143951	446871	961981	941540	318661	538812	210284	324025
1335104	694370	299412	669365	588266	560746	173953	454740	271715	659964
559286	287613	131138	292240	273472	253202	67903	200876	142965	250318
775818	406757	168274	377125	314793	307544	106050	253864	128751	409646
1694188	615296	184874	603108	1321077	1280465	387738	833303	286391	557909
3777	930	174	894	1669	1600	304	1304	346	393
740645	159737	21610	193182	803856	798436	264761	459173	87951	163177
949766	454629	163091	409032	515553	480429	122673	372825	198094	394339
301793	31753		52811	494058	494058	225555	273036	44491	55354
542175	296773	137895	295477	169439	168986	61788	151996	97405	190123
295856	134896	59179	129899	166829	150694	49938	97969	71549	139339
31212	15846	4168	16065	14589	14287	6275	8134	7328	14498
92346	58553	15238	53239	41331	38499	16131	26937	25648	41919
1765909	771844	267807	724981	1023096	974687	202004	729972	311685	776640
3777	930	174	894	1669	1600	304	1304	346	393
65469	25217	10945	24146	46229	38068	11070	32393	14528	42524
23172	12108	4212	10279	11424	11402	1785	9768	5476	9767
239511	123890	64975	136836	109507	106461	22823	84187	59476	61079
18630	6100	2647	6652	11995	10969	3494	8756	3081	8209
46389	23745	9397	23261	28801	25319	8971	20209	16762	28776
54965	38256	14154	37842	15303	14562	5050	9511	13697	33736
26814	17692	7359	16264	5445	5086	1684	4035	8301	24136
34031	10056	3580	9639	28796	27412	7435	22270	10698	11952
12860	6691	1835	6870	10221	10120	4594	5786	2664	5463
16135	7306	2267	5088	10328	9162	1651	7827	1463	7497
2690	1773	637	1903	1015	1011	336	678	775	1513
127667	59540	11940	52238	81549	79433	22342	51080	29748	53862
78464	33493	13628	33358	40952	38035	11189	29706	7825	44119
21963	4408	3242	4830	18425	18425	4276	14337	1793	11186
282939	113734	38937	102896	194563	193262	35834	156667	52368	98582
112652	52953	17786	50811	73675	67952	22812	52317	25924	48657
66940	17137	6366	14610	55803	46400	13918	43386	7390	23067
2959	820	558	1084	2339	2339	333	1971	286	331
41489	16048	2330	13487	19785	19514	5683	14887	4818	30623
34440	9732	3622	8270	19744	19100	2450	17292	4569	10880
60225	37203	15584	36209	25799	23473	7824	18160	11930	25035
112061	52263	25059	49472	39707	35353	8890	29842	21563	48010
192863	90192	36687	85105	97312	84444	29932	48756	43041	89408
628214	355252	147899	320136	204612	202235	72946	184822	91456	332879
94586	67138	18763	58151	30389	29191	10213	19444	39735	63676
24807	19253	5301	15409	6235	5510	1857	4362	10305	6252
9530	5108	3274	4034	4465	3960	1407	3695	7480	2850
574756	98004	10756	139493	699563	699216	238504	378295	56237	88301
18293	3625	374	3211	13694	12200	2084	12300	4373	5114

13—12 续表

单位：万元

行业	Item	长期负债合计 Long-term Liabilities	所有者权益 Creditors' Equity
总计	**Total**	**501311**	**1307775**
总计中：	**Of the Total**		
港、澳、台商投资企业	Enterprises Funded by Entrepreneurs from Hong Kong, Macao and Taiwan	182468	308297
外商投资企业	Foreign Funded Enterprises	318843	999478
总计中：	**Of the Total**		
国有控股企业	State Controlling Share Hold Enterprises	306881	518653
总计中：	**Of the Total**		
轻工业	Light Industry	72627	600983
以农产品为原料	Using Farm Products as Raw Materials	34591	273910
以非农产品为原料	Using Non-Farm Products as Raw Materials	38036	327073
重工业	Heavy Industry	428684	706793
采掘工业	Mining and Quarrying		3384
原料工业	Raw materials Industry	309683	267051
加工工业	Processing Industry	119001	436358
总计中：	**Of the Total**		
特大型企业	Extra Large-sized Enterprises	133497	112541
大一型企业	No. 1 Large-sized Enterprises	11350	340702
大二型企业	No. 2 Large-sized Enterprises	27073	129396
中一型企业	No. 1 Medium-sized Enterprises	4796	11918
中二型企业	No. 2 Medium-sized Enterprises	14068	36340
小型企业	Small-sized Enterprises	310527	676878
按行业分	**Grouped by Sector**		
非金属矿采选业	Nonmetal Minerals Mining and Dressing		3384
食品加工业	Food Processing	6712	15799
食品制造业	Food Manufacturing		13393
饮料制造业	Beverage Manufacturing	281	178151
烟草加工业	Tobacco Processing	1440	8982
纺织业	Textile Industry	1886	15728
服装及纤维制品制造业	Garments and Other Fiber Products	6292	14937
皮革毛皮羽绒及其制品业	Leather, Furs, Down and Related Products	1222	1456
木材加工及竹藤棕草制品业	Timber Processing, Bamboo, Cane, Palm Fiber and Straw Products	11977	9748
造纸及纸制品业	Papermaking and Paper Products	4575	2822
印刷业记录媒介的复制	Printing and Record Medium Reproduction	2079	6560
文教体育用品制造业	Cultural, Educational and Sports Goods	544	634
化学原料及制品制造业	Raw Chemical Materials and Chemical Products	6460	67345
医药制造业	Medical and Pharmaceutical Products	13864	20481
化学纤维制造业	Chemical Fiber	1100	9677
橡胶制品业	Rubber Products	62742	121615
塑料制品业	Plastic products	12480	51466
非金属矿物制品业	Nonmetal Mineral Products	11098	32775
黑色金属冶炼及压延加工业	Smelting and Pressing of Ferrous Metals		2628
有色金属冶炼及压延加工业	Smelting and pressing of Nonferrous Metals	7794	3073
金属制品业	metal Products	1375	22120
普通机械制造业	Ordinary Machinery	9247	25923
专用设备制造业	Special Purpose Equipment	149	63901
交通运输设备制造业	Transport Equipment	11192	92264
电气机械及器材制造业	Electric Equipment and machinery	38650	255687
电子及通信设备制造业	Electronic and Telecommunications Equipment	1642	29268
仪器仪表及文化办公用机械制造业	Instruments, Meters, Cultural and Office		18555
其他制造业	Other Manufacturing	1911	4769
电力蒸汽热水的生产和供应业	Production and Supply of Electric Power, Steam and Hot Water	278498	207557
煤气生产和供应业	Production and Supply of Gas	6102	7076

continued

(10000 yuan)

实收资本 Total Capital Hold	产品销售收入 Sales Revenue	产品销售成本 Cost of Sales	产品销售费用 Sales Expenditure	产品销售税金及附加 Sales Tax and Extra Charges	产品销售利润 Sales Profit	利润总额 Total Profits	本年应付工资 Wages Payable in This Year	本年应付福利费 Welfare Cost Payable in This Year	本年应交增值税 Value Added Tax Payable
1278133	**1992729**	**1631764**	**108701**	**19612**	**207011**	**94032**	**82664**	**10960**	**89239**
320968	599543	526841	16991	2183	39539	20214	20787	2863	25896
957165	1393186	1104923	91711	17429	167472	73818	61877	8098	63343
373976	743464	603438	27724	9402	92391	62817	29774	3954	39307
577811	943072	755586	71009	11877	92730	35188	43869	5487	37539
187990	378496	287949	27817	10613	47303	26186	24450	3108	18649
389821	564576	467637	43192	1264	45426	9002	19420	2379	18890
700322	1049657	876178	37693	7736	114281	58844	38794	5474	51701
3700	774	726	83	4	-39		86		30
268184	245630	205082	4391	179	23905	14863	6857	1278	19728
428438	803253	670371	33219	7553	90415	43981	31852	4195	31943
97000	119405	95771			13396	13412	2253	639	11987
231596	243380	161795	34853	9465	37097	18916	12902	1889	17442
117981	423975	372289	10235	88	40380	18610	15364	1805	11008
12234	23359	17075	2907	8	2825	1100	811	110	1401
27435	93045	74523	2876	659	14934	8806	4991	572	3454
791886	1089567	910311	57829	9393	98379	33189	46344	5945	43947
3700	774	726	83	4	-39		86		30
24648	62508	56085	1679		3810	-1881	1532	160	426
14876	25456	22369	2265		690	-823	691	41	835
86528	114802	66259	14058	9348	24818	22205	7340	1157	9807
4935	6856	3707	539		2610	1453	829	88	815
11418	40283	35919	765	5	2822	963	3505	401	1633
11048	35791	30640	1897	45	2868	843	4327	772	783
5443	19492	17173	711	136	1464	525	1193	120	446
13931	27625	21036	873	465	1109	3175	2766	101	2053
2834	8880	7658	380	15	827	180	409	57	363
6967	9263	7245	3		2015	754	376	49	625
570	2588	2087	166		334	61	262	36	94
54423	120142	96601	3582	14	19945	12305	3196	431	5313
35815	22328	14976	4093	6	3255	-3033	1948	294	1536
11489	11677	11687	141		-151	-649	437	40	323
139614	152625	126444	5870	7140	13119	4983	9514	1569	6552
52144	86935	74100	2110	102	9899	5829	2667	368	3047
43746	25603	23190	2455	27	-710	-2110	1416	105	1357
2976	1622	1474	116		32	-87	65	9	60
9654	15660	15738	153	21	-253	-521	285	29	539
28904	18547	15499	1626	86	1246	-2011	1180	290	1036
23229	44323	35323	3384	119	5415	2805	2327	336	2662
39856	115418	100854	3236		11328	6800	1489	160	3770
76178	255192	211851	9101	86	34064	16544	12608	1233	9068
328643	353142	270471	42988	1222	31547	3145	12943	1558	15058
22273	196834	185900	3081	38	7814	4807	3268	414	3216
9667	26573	17059	345		9010	7098	285	34	1958
3160	29138	23909	1764	598	2866	1546	1416	189	1046
199114	146463	119455	546	137	16087	10958	4013	887	14749
10350	16189	16329	689		-829	-1833	291	34	40

13—13 全部规模以上“三资”工业企业主要经济效益指标（2000年）

行　业	Item	工业增加值率（%） Ratio of Value Added to Gross Industrial Output Value（%）	总资产贡献率（%） Ratio of Total Assets to Industrial Output Value（%）
总　计	**Total**	**26.17**	**8.33**
总计中：	**Of the Total**		
港、澳、台商投资企业	Enterprises Funded by Entrepreneurs from Hong Kong, Macao and Taiwan	28.97	7.71
外商投资企业	Foreign Funded Enterprises	25.06	8.58
总计中：	**Of the Total**		
国有控股企业	State Controlling Share Hold Enterprises	28.30	11.24
总计中：	**Of the Total**		
轻工业	Light Industry	25.76	7.54
以农产品为原料	Using Farm Products as Raw Materials	36.16	10.43
以非农产品为原料	Using Non-Farm Products as Raw Materials	19.52	5.45
重工业	Heavy Industry	26.58	8.95
采掘工业	Mining and Quarrying	43.66	0.89
原料工业	Raw materials Industry	33.90	7.15
加工工业	Processing Industry	24.24	10.40
总计中：	**Of the Total**		
特大型企业	Extra Large-sized Enterprises	36.00	11.81
大一型企业	No. 1 Large-sized Enterprises	35.97	8.67
大二型企业	No. 2 Large-sized Enterprises	17.83	11.65
中一型企业	No. 1 Medium-sized Enterprises	31.46	10.66
中二型企业	No. 2 Medium-sized Enterprises	28.67	15.06
小型企业	Small-sized Enterprises	25.47	6.68
按行业分	**Grouped by Sector**		
非金属矿采选业	Nonmetal Minerals Mining and Dressing	43.66	0.89
食品加工业	Food Processing	23.00	-0.67
食品制造业	Food Manufacturing	34.95	0.59
饮料制造业	Beverage Manufacturing	48.37	16.24
烟草加工业	Tobacco Processing	56.24	14.81
纺织业	Textile Industry	36.93	7.40
服装及纤维制品制造业	Garments and Other Fiber Products	28.74	3.91
皮革毛皮羽绒及其制品业	Leather, Furs, Down and Related Products	36.69	4.88
木材加工及竹藤棕草制品业	Timber Processing, Bamboo, Cane, Palm Fiber and Straw Products	35.49	20.64
造纸及纸制品业	Papermaking and Paper Products	29.72	6.20
印刷业记录媒介的复制	Printing and Record Medium Reproduction	13.61	9.13
文教体育用品制造业	Cultural, Educational and Sports Goods	34.74	7.66
化学原料及制品制造业	Raw Chemical Materials and Chemical Products	24.24	14.75
医药制造业	Medical and Pharmaceutical Products	30.82	1.29
化学纤维制造业	Chemical Fiber	14.79	0.25
橡胶制品业	Rubber Products	29.89	8.44
塑料制品业	Plastic products	30.14	10.09
非金属矿物制品业	Nonmetal Mineral Products	25.69	0.30
黑色金属冶炼及压延加工业	Smelting and Pressing of Ferrous Metals	16.89	-1.18
有色金属冶炼及压延加工业	Smelting and pressing of Nonferrous Metals	29.45	1.73
金属制品业	metal Products	23.22	-1.67
普通机械制造业	Ordinary Machinery	26.07	11.80
专用设备制造业	Special Purpose Equipment	19.35	10.48
交通运输设备制造业	Transport Equipment	17.35	14.60
电气机械及器材制造业	Electric Equipment and machinery	19.96	4.92
电子及通信设备制造业	Electronic and Telecommunications Equipment	21.09	9.80
仪器仪表及文化办公用机械制造业	Instruments, Meters, Cultural and Office	43.21	36.59
其他制造业	Other Manufacturing	31.08	35.99
电力蒸汽热水的生产和供应业	Production and Supply of Electric Power, Steam and Hot Water	36.73	7.05
煤气生产和供应业	Production and Supply of Gas	27.81	-6.17

Main Indicators on Economic Benefit of All Foreign-funded Above Designated Size Industrial Enterprises by Industrial Branch (2000)

资产负债率 (%) Assest-Liability Ratio (%)	流动资产周转次数 (次/年) Number of Times of Annual of Turnover Circulating Funds (times/year)	工业成本费用利润率 (%) Ratio of Profits to Industrial Cost (%)	每百元销售收入实现利税 (元) Profit and Tax Brought Abovt Per 100 yuan of Sales Revenue (yuan)	资金利税率 (%) Ratio of Pre-tax Profit to Funds (%)	全员劳动生产率 (元/人.年) Overall Labor Productivity (yuan/person-year)	产品销售率 (%) Proporting of Products Sold (%)
56.83	**1.57**	**4.95**	**10.18**	**7.92**	**61293.33**	**99.62**
64.25	1.93	3.46	8.06	6.06	53985.69	100.35
53.88	1.45	5.60	11.10	8.77	65377.52	99.33
54.91	1.66	9.21	15.00	11.31	83303.93	98.38
54.99	1.41	3.90	8.97	7.53	44618.12	99.63
51.02	1.30	7.61	14.65	11.24	35953.30	98.01
57.84	1.50	1.61	5.16	4.62	60921.12	100.60
58.28	1.74	5.88	11.27	8.23	94966.67	99.61
10.40	0.87	0.00	4.37	1.54	50941.18	86.66
63.94	1.27	6.31	14.16	5.33	130374.44	99.00
54.06	1.96	5.76	10.39	10.68	84862.27	99.81
62.71	2.26	12.42	21.27	7.79	212775.71	100.00
37.16	0.82	8.58	18.83	10.24	74742.56	98.56
56.26	3.26	4.58	7.01	13.04	64412.32	99.32
61.82	1.45	4.94	10.74	10.37	46382.28	99.24
60.65	1.75	10.59	13.89	16.11	38643.36	100.53
61.67	1.50	3.13	7.94	5.95	55061.26	99.85
10.40	0.87		4.37	1.54	50941.18	86.66
75.87	2.59	-3.00	-2.33	-2.57	74768.91	102.31
42.20	2.48	-3.11	0.05	0.06	62223.86	150.18
25.62	0.84	25.46	36.03	18.71	61837.91	92.91
51.79	1.03	26.68	33.07	14.72	35212.57	101.28
66.10	1.73	2.42	6.46	5.98	26109.35	96.34
72.83	0.95	2.42	4.67	3.53	17925.93	93.30
94.57	1.20	2.79	5.68	5.45	30847.64	97.45
71.35	2.87	12.71	20.61	17.84	26805.56	100.01
78.06	1.29	2.07	6.28	4.41	42617.60	97.04
59.35	1.82	9.17	14.89	10.68	25274.61	99.12
76.44	1.36	2.41	6.01	6.02	11290.09	99.25
47.25	2.30	11.35	14.68	17.07	126425.84	98.01
73.90	0.67	-11.87	-6.68	-2.36	20197.47	91.51
55.94	2.42	-4.97	-2.80	-1.71	34738.37	98.54
57.02	1.48	3.36	12.24	7.19	55427.39	96.52
54.31	1.71	7.17	10.33	8.71	62679.40	97.04
51.04	1.75	-7.66	-2.84	-1.25	54615.67	96.28
11.18	1.50	-5.09	-1.72	-0.91	30425.53	100.00
92.59	1.16	-2.90	0.26	0.14	62092.78	95.93
35.77	2.24	-10.27	-4.79	-3.48	44317.17	103.67
56.96	1.22	6.62	12.61	10.28	44119.45	96.54
42.98	2.33	6.19	9.16	13.33	217591.32	104.02
52.16	3.00	6.90	10.07	19.20	74944.28	99.33
59.30	1.10	0.90	5.50	3.85	91055.26	101.24
69.06	3.38	2.49	4.10	10.39	98671.96	101.43
25.20	1.72	36.24	34.08	45.80	691637.58	111.42
49.96	7.22	5.86	10.95	41.28	16721.44	96.74
63.89	1.05	7.98	17.65	4.99	181820.89	99.88
61.32	5.04	-10.13	-11.08	-11.56	187678.11	100.98

13—14 大中型工业企业主要经济指标（2000年）

单位：万元

行业	Item	企业单位数（个）Number of Enterprises (unit)	工业总产值（现价）Gross Industrial Output Value
总计	**Total**	**629**	**10665483**
总计中：	**Of the Total**		
内资企业	Domestic Funded Enterprise	595	9757037
国有企业	State-owned Enterprise	270	4335114
集体企业	Collective-owned Enterprise	72	433825
股份合作企业	Share Holding Cooperative Enterprises	32	198896
联营企业	Joint Owned Enterprises	4	42601
有限责任公司	Limited Liability Corporations	135	2536081
股份有限公司	Share-holding Corporations Ltd.	68	2110566
私营企业	Private Enterprises	7	32176
其他企业	Other Enterprises	7	67777
港、澳、台商投资企业	Enterprises Funded by Entrepreneurs from Hong Kong, Macao and Taiwan	14	285169
外商投资企业	Foreign Funded Enterprises	20	623277
总计中：	**Of the Total**		
独资企业	Enterprise Owned by a Sole Investor	351	4815353
合作合伙企业	Cooperative Enterprises	44	312335
股份有限公司	Share-holding Corporations Ltd.	70	2211957
有限责任公司	Limited Liability Corporations	164	3325837
总计中：	**Of the Total**		
国有控股企业	State Controlling Share Hold Enterprises	409	9062529
总计中：	**Of the Total**		
轻工业	Light Industry	297	3782678
以农产品为原料	Using Farm Products as Raw Materials	207	2452583
以非农产品为原料	Using Non-Farm Products as Raw Materials	90	1330094
重工业	Heavy Industry	332	6882805
采掘工业	Mining and Quarrying	10	828791
原料工业	Raw materials Industry	91	3683244
加工工业	Processing Industry	231	2370769
总计中：	**Of the Total**		
特大型企业	Extra Large-sized Enterprises	9	2916385
大一型企业	No. 1 Large-sized Enterprises	46	1986329
大二型企业	No. 2 Large-sized Enterprises	138	3294139
中一型企业	No. 1 Medium-sized Enterprises	63	625254
中二型企业	No. 2 Medium-sized Enterprises	373	1843375

Main Indicators of Large-scale and Medium-scale Industrial Enterprises (2000)

(10000 yuan)

资产合计 Total Assets	流动资产合计 Circulating Funds	存货 Stock	流动资产年平均余额 Annual Average Balance of Circulating Funds	固定资产原价 Original Value of Fixed Assets	生产经营用 Used for Production	固定资产累计折旧 Accumulated Depreciation of Fixed Assets	固定资产净值年平均余额 Annual Average Balance of Net Value of Fixed Assets	工业增加值 Value Added of Industry	流动负债合计 Liquid Liabilities
22188857	**8498328**	**2231238**	**8336294**	**14542009**	**13107849**	**4891226**	**9309364**	**3484195**	**7973723**
20925475	7960507	2014759	7788802	13655762	12241325	4531539	8751292	3237774	7532490
10184018	3953065	870902	3841082	6536341	5871706	2493327	3988947	1501488	3524449
546955	295643	121829	283298	268968	224579	88442	178286	128468	292636
245090	104063	35153	105154	145762	135027	39472	102286	49516	141049
89704	23146	12775	21988	22116	21966	1444	7584	11773	30348
6006798	2014890	505548	1966318	4178183	3599783	1195409	2711425	791176	2171178
3739715	1505532	454281	1514275	2452511	2348978	698976	1722235	721345	1284596
43029	22419	9166	21811	24038	22681	9170	15306	11806	28153
70166	41750	5106	34872	27844	16606	5299	25224	22201	60082
465673	95571	24143	114565	601494	594745	248070	357856	76570	116189
797710	442250	192337	432926	284752	271779	111618	200216	169851	325044
10820225	4281185	1002992	4152369	6863842	6154083	2590913	4217406	1641716	3838538
408831	170762	53464	163885	198011	175878	47397	136107	84468	232940
3912078	1615191	512426	1638384	2507805	2404072	717076	1757209	775356	1334509
7047724	2431191	662357	2381654	4972351	4373816	1535840	3198642	982655	2567736
20051558	7434612	1817944	7329065	13480895	12160770	4555267	8549469	3010612	6821078
5579378	2874669	878601	2715302	2692438	2416689	852024	1870433	1269490	2833572
3659982	1932620	598776	1818267	1796187	1581508	566317	1230059	893684	1974985
1919396	942049	279826	897035	896250	835182	285707	640374	375806	858588
16609479	5623660	1352637	5620991	11849572	10691160	4039202	7438931	2214705	5140150
3883688	726186	104351	761526	2719347	2231989	743337	1809006	372189	713354
8552168	2850397	542178	2908004	6962765	6598022	2572054	4308376	1174097	2424720
4173624	2047077	706108	1951460	2167460	1861149	723811	1321549	668419	2002077
8781475	2624260	490295	2690708	6359181	5839741	2167147	4047980	921695	2091927
4441374	1887665	552867	1796026	2549620	2355458	840207	1636394	685286	1652379
5112887	2227699	587275	2178839	3228421	2932253	1116865	2033998	1100424	2121663
968889	354716	94685	336959	707948	524627	208495	452845	228240	450100
2884233	1403988	506115	1333761	1696839	1455770	558512	1138146	548550	1657654

13—14 续表1

单位：万元

行业	Item	企业单位数（个）Number of Enterprises (unit)	工业总产值（现价）Gross Industrial Output Value
按行业分	**Grouped by Sector**		
煤炭采选业	Coal Mining and Dressing	4	714107
黑色金属矿采选业	Ferrous Metals Mining and Dressing	2	96023
有色金属矿采选业	Nonferrous Metals Mining and Dressing	4	18660
非金属矿采选业	Nonmetal Minerals Mining and Dressing	1	24527
食品加工业	Food Processing	26	186918
食品制造业	Food Manufacturing	8	137145
饮料制造业	Beverage Manufacturing	51	663955
烟草加工业	Tobacco Processing	9	463784
纺织业	Textile Industry	63	744737
服装及纤维制品制造业	Garments and Other Fiber Products	7	32544
皮革毛皮羽绒及其制品业	Leather, Furs, Down and Related Products	5	32543
木材加工及竹藤棕草制品业	Timber Processing, Bamboo, Cane, Palm Fiber and Straw Products	3	8246
家具制造业	Furniture manufacturing	2	8500
造纸及纸制品业	Papermaking and Paper Products	20	120875
印刷业记录媒介的复制	Printing and Record Medium Reproduction	6	19082
文教体育用品制造业	Cultural, Educational and Sports Goods	2	7261
石油加工及炼焦业	Petroleum Processing and Coking	3	849676
化学原料及制品制造业	Raw Chemical Materials and Chemical Products	67	725627
医药制造业	Medical and Pharmaceutical Products	25	116431
化学纤维制造业	Chemical Fiber	5	47643
橡胶制品业	Rubber Products	9	73761
塑料制品业	Plastic products	16	286520
非金属矿物制品业	Nonmetal Mineral Products	58	351815
黑色金属冶炼及压延加工业	Smelting and Pressing of Ferrous Metals	6	1006601
有色金属冶炼及压延加工业	Smelting and pressing of Nonferrous Metals	7	640697
金属制品业	metal Products	9	28954
普通机械制造业	Ordinary Machinery	61	321513
专用设备制造业	Special Purpose Equipment	24	262268
交通运输设备制造业	Transport Equipment	34	856376
电气机械及器材制造业	Electric Equipment and machinery	27	723995
电子及通信设备制造业	Electronic and Telecommunications Equipment	12	164602
仪器仪表及文化办公用机械制造业	Instruments, Meters, Cultural and Office	6	31825
其他制造业	Other Manufacturing	3	14796
电力、蒸汽、热水的生产和供应业	Production and Supply of Electric Power, Steam and Hot Water	28	779653
煤气生产和供应业	Production and Supply of Gas	4	28633
自来水的生产和供应业	production and Supply of Tap Water	9	44828

continued

(10000 yuan)

资产合计 Total Assets	流动资产合计 Circulating Funds	存货 Stock	流动资产年平均余额 Annual Average Balance of Circulating Funds	固定资产原价 Original Value of Fixed Assets	生产经营用 Used for Production	固定资产累计折旧 Accumulated Depreciation of Fixed Assets	固定资产净值年平均余额 Annual Average Balance of Net Value of Fixed Assets	工业增加值 Value Added of Industry	流动负债合计 Liquid Liabilities
2771576	604962	81764	627559	2401343	2034002	624109	1616949	299613	674114
1074897	109651	19100	123196	295334	184321	110459	177935	65334	22541
37215	11573	3488	10770	22670	13666	8770	14122	7241	16699
28661	11600	3202	10782	20982	20810	5176	17086	5961	12420
213525	92985	41576	91644	114498	100127	18363	94592	26261	125495
253774	117926	21268	128548	86806	76676	17151	91279	33338	151239
1185623	740483	270616	703357	437496	386319	121845	318453	256589	655895
431116	199064	36530	193503	319883	303735	122297	202001	276743	186149
1088798	535902	165299	502145	597529	514275	201972	358281	215946	582043
59762	36713	16132	35134	20613	18705	6309	14449	8998	39967
22904	13604	5978	13704	12320	11104	4562	8034	7456	11436
17747	4810	1414	4184	13722	12242	7549	6443	2886	7336
14989	3797	1095	4106	9952	9113	1339	7952	2231	4928
240048	92759	28843	92360	145457	115563	54729	100656	35683	126474
30318	11607	2460	11720	25876	24926	9444	15919	7038	10540
7472	4737	1380	4662	3241	2649	1713	1651	1949	5692
571147	164270	101662	140644	706854	703460	312504	401051	102357	360795
1367015	483763	132743	498947	950970	828977	334807	514629	164919	577153
300790	179312	23133	116247	117296	106584	34296	78482	46099	163970
99262	25900	9135	25090	55056	48405	14849	41605	9318	36653
159184	55088	19458	54304	94362	82536	23790	72353	27766	80031
404498	206263	54792	158008	188911	173950	52022	127443	83962	170645
847793	269742	75849	248766	652821	600306	231187	434139	133450	291787
2145081	656318	253814	715827	1746487	1684753	509367	1219016	329799	565181
717745	302878	104923	298168	366434	305207	126969	238788	137395	260308
61730	28819	12863	30097	37033	29997	10021	27313	7317	34762
707485	410244	147741	392742	342449	283124	125237	219049	128166	307147
394134	235635	84753	230426	188046	173681	66762	118914	62027	230638
1118299	592517	236588	584136	436044	363981	127928	272898	213368	643575
999411	578862	190282	555349	296916	289075	113983	226992	231205	479854
197786	104000	30222	92204	97599	92973	31843	63300	33045	80401
70482	43650	15533	36409	31466	21593	11104	21829	13475	26341
22520	14626	7064	15056	7653	7619	2000	6737	4669	18663
4186056	1465554	16955	1498848	3390853	3205864	1357632	1970979	471700	934699
71022	22017	3631	22691	53587	46117	12707	40153	918	21096
198212	40838	504	46760	211264	195273	63228	141211	22062	37665

13—14 续表2

单位：万元

行业	Item	长期负债合计 Long-term Liabilities	所有者权益 Creditors' Equity
总计	**Total**	**5343241**	**8662186**
总计中：	**Of the Total**		
内资企业	Domestic Funded Enterprise	5152457	8031288
国有企业	State-owned Enterprise	2617828	3836180
集体企业	Collective-owned Enterprise	82096	170013
股份合作企业	Share Holding Cooperative Enterprises	48572	55069
联营企业	Joint Owned Enterprises	45619	13737
有限责任公司	Limited Liability Corporations	1869024	1966596
股份有限公司	Share-holding Corporations Ltd.	468721	1985331
私营企业	Private Enterprises	4081	10795
其他企业	Other Enterprises	16515	-6432
港、澳、台商投资企业	Enterprises Funded by Entrepreneurs from Hong Kong, Macao and Taiwan	152807	196228
外商投资企业	Foreign Funded Enterprises	37977	434669
总计中：	**Of the Total**		
独资企业	Enterprise Owned by a Sole Investor	2706258	4067636
合作合伙企业	Cooperative Enterprises	110882	64608
股份有限公司	Share-holding Corporations Ltd.	468970	2107534
有限责任公司	Limited Liability Corporations	2057131	2422407
总计中：	**Of the Total**		
国有控股企业	State Controlling Share Hold Enterprises	5023688	7999879
总计中：	**Of the Total**		
轻工业	Light Industry	683350	2053138
以农产品为原料	Using Farm Products as Raw Materials	480990	1194750
以非农产品为原料	Using Non-Farm Products as Raw Materials	202360	858388
重工业	Heavy Industry	4659891	6609047
采掘工业	Mining and Quarrying	1201234	1791567
原料工业	Raw materials Industry	2667482	3444888
加工工业	Processing Industry	791175	1372593
总计中：	**Of the Total**		
特大型企业	Extra Large-sized Enterprises	2410028	4086970
大一型企业	No.1 Large-sized Enterprises	915123	1869449
大二型企业	No.2 Large-sized Enterprises	1216881	1771690
中一型企业	No.1 Medium-sized Enterprises	264703	248343
中二型企业	No.2 Medium-sized Enterprises	536506	685733

continued

(10000 yuan)

实收资本 Total Capital Hold	产品销售收入 Sales Revenue	产品销售成本 Cost of Sales	产品销售费用 Sales Expenditure	产品销售税金及附加 Sales Tax and Extra Charges	产品销售利润 Sales Profit	利润总额 Total Profits	本年应付工资 Wages Payable in This Year	本年应付福利费 Welfare Cost Payable in This Year	本年应交增值税 Value Added Tax Payable
5718834	**11320666**	**9000443**	**408462**	**367952**	**1171987**	**280071**	**830545**	**117549**	**678255**
5232588	10417503	8278991	357590	357732	1063356	219228	794225	112534	632962
2593704	5407177	4287995	99536	293145	373419	67222	324944	47647	316717
122597	394310	322087	22750	3125	45609	11381	26810	3437	15611
46117	192313	154692	10215	3321	20510	489	10894	2003	10334
11770	41547	37051	1386	112	2998	943	1724	241	623
1399566	2308646	1841799	123645	25363	315938	47704	303687	45558	158853
1045206	1970514	1565900	85527	24801	294087	92123	118843	12797	122745
7200	30174	25537	1420	149	2734	49	2615	321	2151
6429	72822	43932	13113	7715	8062	−683	4707	531	5928
188990	295036	262580	1516	153	20379	14536	6903	1323	13914
297257	608127	458872	49356	10067	88253	46308	29417	3692	31379
2779464	5843549	4647367	123902	296455	420852	77620	353822	51272	333564
65822	309507	238091	24766	11193	31828	762	17816	2838	17077
1068817	2066138	1617813	95745	33967	318080	114909	125647	13879	132058
1804732	3101472	2497173	164050	26338	401228	86780	333260	49559	195556
5146637	9864389	7838844	302691	346748	1010774	247880	746740	105324	608412
1281851	3542996	2644409	232363	271424	390123	117166	197241	28044	189329
721378	2344321	1661525	150569	264461	263717	85444	143035	20608	140401
560472	1198675	982884	81794	6963	126406	31722	54205	7436	48928
4436984	7777670	6356034	176100	96528	781865	162906	633304	89505	488926
1358031	836391	609255	50194	17658	159285	10679	224371	33359	74710
2207433	4802026	3991840	51407	67434	329335	69659	244686	30027	319897
871520	2139252	1754939	74499	11437	293244	82568	164247	26119	94319
2618813	3840081	3391577	58459	72816	306991	42166	340182	44843	255276
1191320	1862609	1419996	129467	29905	270004	105260	110382	17688	115387
1150783	3368114	2397505	89114	198121	342021	101723	201822	29668	187704
191465	544689	434144	25983	21027	62990	20569	34101	5239	30107
566454	1705173	1357221	105439	46084	189982	10353	144058	20112	89781

13—14 续表3

单位：万元

行业	Item	长期负债合计 Long-term Liabilities	所有者权益 Creditors' Equity
按行业分	**Grouped by Sector**		
煤炭采选业	Coal Mining and Dressing	1212259	885203
黑色金属矿采选业	Ferrous Metals Mining and Dressing	－21108	895931
有色金属矿采选业	Nonferrous Metals Mining and Dressing	10083	10433
非金属矿采选业	Nonmetal Minerals Mining and Dressing	8021	8220
食品加工业	Food Processing	43020	45010
食品制造业	Food Manufacturing	30967	71568
饮料制造业	Beverage Manufacturing	115963	411161
烟草加工业	Tobacco Processing	26856	218111
纺织业	Textile Industry	173700	326458
服装及纤维制品制造业	Garments and Other Fiber Products	10558	9237
皮革毛皮羽绒及其制品业	Leather, Furs, Down and Related Products	5049	6418
木材加工及竹藤棕草制品业	Timber Processing, Bamboo, Cane, Palm Fiber and Straw Products	3389	7023
家具制造业	Furniture manufacturing	705	9356
造纸及纸制品业	Papermaking and Paper Products	61466	52053
印刷业记录媒介的复制	Printing and Record Medium Reproduction	3708	16071
文教体育用品制造业	Cultural, Educational and Sports Goods	726	1054
石油加工及炼焦业	Petroleum Processing and Coking	100547	95187
化学原料及制品制造业	Raw Chemical Materials and Chemical Products	371935	417926
医药制造业	Medical and Pharmaceutical Products	32202	104558
化学纤维制造业	Chemical Fiber	25671	36939
橡胶制品业	Rubber Products	26396	52757
塑料制品业	Plastic products	62220	171585
非金属矿物制品业	Nonmetal Mineral Products	183175	372770
黑色金属冶炼及压延加工业	Smelting and Pressing of Ferrous Metals	175750	1404151
有色金属冶炼及压延加工业	Smelting and pressing of Nonferrous Metals	224588	232850
金属制品业	metal Products	10400	16568
普通机械制造业	Ordinary Machinery	107208	287094
专用设备制造业	Special Purpose Equipment	47040	116427
交通运输设备制造业	Transport Equipment	158018	316706
电气机械及器材制造业	Electric Equipment and machinery	67903	451255
电子及通信设备制造业	Electronic and Telecommunications Equipment	39438	77338
仪器仪表及文化办公用机械制造业	Instruments, Meters, Cultural and Office	18796	24689
其他制造业	Other Manufacturing	1437	2421
电力、蒸汽、热水的生产和供应业	Production and Supply of Electric Power, Steam and Hot Water	1968632	1282324
煤气生产和供应业	Production and Supply of Gas	12942	36983
自来水的生产和供应业	production and Supply of Tap Water	19647	140900

continued

(10000 yuan)

实收资本 Total Capital Hold	产品销售收入 Sales Revenue	产品销售成本 Cost of Sales	产品销售费用 Sales Expenditure	产品销售税金及附加 Sales Tax and Extra Charges	产品销售利润 Sales Profit	利润总额 Total Profits	本年应付工资 Wages Payable in This Year	本年应付福利费 Welfare Cost Payable in This Year	本年应交增值税 Value Added Tax Payable
720950	737046	537239	49290	10137	140379	4199	191574	28772	67749
631088	80942	57876	318	7367	15382	6392	29634	4146	6101
5993	18404	14140	586	154	3524	89	3163	440	860
6474	17890	10805	2498	1072	3515	793	1356	198	1392
36373	153109	137648	4414	94	9914	-306	4219	529	657
8963	143464	97041	22282	610	23532	10083	5405	676	7424
199230	635368	401467	78061	69041	85413	38769	32121	4519	41639
132740	469550	247291	468	189020	32771	5023	12262	1796	40179
239374	684836	588957	9584	3564	82440	25152	67219	10342	35156
12674	28140	23160	982	36	2815	-104	3222	666	1436
5517	29935	26907	713	74	2241	76	1860	212	1031
5483	7901	5882	444	51	1523	923	800	94	568
10028	8733	8082	66	285	300	120	519	42	26
50062	113012	97835	3301	396	11479	2270	10098	1078	4636
9844	16255	12204	239	146	3667	279	3008	443	1371
2290	5901	4960	200	23	717	-78	507	536	739
107271	861491	777783	5906	47060	30742	-14420	13637	1847	30867
327586	681303	586306	27549	3611	62759	3487	52082	6546	26725
46994	128718	71315	34218	946	22055	4622	8481	1268	10879
26690	44757	41412	437	113	2770	1286	2815	390	1457
33980	59682	46137	2785	1761	8947	2292	3606	1268	3043
84601	281301	229710	7539	1458	41501	24196	8332	1088	10012
257694	337990	255418	25978	3017	41270	14879	30132	4097	24354
773306	1012249	861907	13179	7917	129246	12252	80616	7233	80561
112543	547619	504726	4467	1105	37320	2721	31925	4474	11087
14886	28683	23875	1388	55	3364	-812	2118	366	1294
149796	303906	233324	12762	1111	54553	14587	33076	4147	23042
76252	179016	148599	7594	473	22349	-1751	14325	4267	5159
210169	767489	638300	20452	5787	102544	39673	49376	7866	28447
292403	624487	495810	61862	1466	65343	19326	18903	2120	27898
43384	171224	155858	1893	211	13221	3620	9074	1510	3049
16675	34108	22994	804	202	9632	5737	2162	295	2685
3468	19738	15491	1306	596	2346	931	1202	42	279
887335	1987494	1536654	1659	8658	90396	55912	88827	12401	173201
33283	28103	29608	1031	83	-2620	-1333	3122	411	627
108917	41303	31045	1423	250	8585	-918	5448	756	2268

13—15 大中型工业企业主要经济效益指标（2000 年）

行业	Item	工业增加值率（%）Ratio of Value Added to Gross Industrial Output Value (%)	总资产贡献率（%）Ratio of Total Assets to Industrial Output Value (%)
总计	**Total**	**32.67**	**7.35**
总计中：	**Of the Total**		
内资企业	Domestic Funded Enterprise	33.18	7.15
国有企业	State-owned Enterprise	34.64	7.93
集体企业	Collective-owned Enterprise	29.61	7.37
股份合作企业	Share Holding Cooperative Enterprises	24.90	8.59
联营企业	Joint Owned Enterprises	27.63	2.62
有限责任公司	Limited Liability Corporations	31.20	5.28
股份有限公司	Share-holding Corporations Ltd.	34.18	7.72
私营企业	Private Enterprises	36.69	7.30
其他企业	Other Enterprises	32.76	22.45
港、澳、台商投资企业	Enterprises Funded by Entrepreneurs from Hong Kong, Macao and Taiwan	26.85	8.91
外商投资企业	Foreign Funded Enterprises	27.25	11.64
总计中：	**Of the Total**		
独资企业	Enterprise Owned by a Sole Investor	34.09	7.84
合作合伙企业	Cooperative Enterprises	27.04	9.64
股份有限公司	Share-holding Corporations Ltd.	35.05	8.38
有限责任公司	Limited Liability Corporations	29.55	5.88
总计中：	**Of the Total**		
国有控股企业	State Controlling Share Hold Enterprises	33.22	7.32
总计中：	**Of the Total**		
轻工业	Light Industry	33.56	11.69
以农产品为原料	Using Farm Products as Raw Materials	36.44	14.76
以非农产品为原料	Using Non-Farm Products as Raw Materials	28.25	5.83
重工业	Heavy Industry	32.18	5.89
采掘工业	Mining and Quarrying	44.91	3.39
原料工业	Raw materials Industry	31.88	6.87
加工工业	Processing Industry	28.19	6.20
总计中：	**Of the Total**		
特大型企业	Extra Large-sized Enterprises	31.60	5.37
大一型企业	No.1 Large-sized Enterprises	34.50	7.29
大二型企业	No.2 Large-sized Enterprises	33.41	10.89
中一型企业	No.1 Medium-sized Enterprises	36.50	8.79
中二型企业	No.2 Medium-sized Enterprises	29.76	6.70

Main Indicators on Economic Benefit of Large-scale and Medium-scale Industrial Enterprises (2000)

资产负债率 (%) Assest-Liability Ratio (%)	流动资产周转次数 (次/年) Number of Times of Annual of Turnover Circulating Funds (times/year)	工业成本费用利润率 (%) Ratio of Profits to Industrial Cost (%)	每百元销售收入实现利税 (元) Profit and Tax Brought Abovt Per 100 yuan of Sales Revenue (yuan)	资金利税率 (%) Ratio of Pre-tax Profit to Funds (%)	全员劳动生产率 (元/人.年) Overall Labor Productivity (yuan/person-year)	产品销售率 (%) Proporting of Products Sold (%)
60. 96	**1. 36**	**2. 67**	**11. 72**	**7. 52**	**35674. 30**	**99. 11**
61. 62	1. 34	2. 27	11. 61	7. 32	34363. 25	99. 09
62. 33	1. 41	1. 39	12. 52	8. 65	40713. 25	99. 10
68. 92	1. 39	2. 98	7. 64	6. 52	30243. 49	97. 32
77. 53	1. 83	0. 27	7. 35	6. 82	24726. 06	93. 99
84. 69	1. 89	2. 29	4. 04	5. 68	59397. 58	100. 79
67. 26	1. 17	2. 09	10. 05	4. 96	21122. 24	99. 51
46. 91	1. 30	4. 97	12. 16	7. 41	58532. 68	99. 37
74. 91	1. 38	0. 16	7. 79	6. 33	27097. 54	95. 52
109. 17	2. 09	−1. 04	17. 80	21. 57	32779. 27	100. 69
57. 86	2. 58	5. 13	9. 69	6. 05	72270. 22	98. 52
45. 51	1. 40	8. 31	14. 43	13. 86	71207. 31	99. 66
62. 41	1. 41	1. 48	12. 11	8. 45	39453. 99	98. 96
84. 20	1. 89	0. 26	9. 38	9. 68	28509. 65	96. 35
46. 13	1. 26	5. 99	13. 60	8. 27	59489. 48	99. 03
65. 63	1. 30	2. 85	9. 95	5. 53	24529. 82	99. 64
60. 10	1. 35	2. 73	12. 20	7. 58	35945. 42	99. 50
63. 20	1. 30	3. 68	16. 31	12. 60	42261. 67	98. 34
67. 36	1. 29	4. 25	20. 91	16. 08	39945. 29	98. 38
55. 28	1. 34	2. 70	7. 31	5. 70	49021. 77	98. 28
60. 21	1. 38	2. 23	9. 62	5. 73	32748. 35	99. 53
53. 87	1. 10	1. 30	12. 32	4. 01	15140. 20	100. 70
59. 72	1. 65	1. 58	9. 52	6. 33	54801. 11	100. 05
67. 11	1. 10	3. 97	8. 80	5. 75	30916. 00	98. 31
53. 46	1. 43	1. 11	9. 64	5. 49	28046. 60	100. 36
57. 91	1. 04	6. 00	13. 45	7. 30	55718. 41	99. 23
65. 35	1. 55	3. 67	14. 48	11. 57	46394. 21	99. 61
74. 37	1. 62	4. 03	13. 16	9. 08	43099. 86	95. 62
76. 22	1. 28	0. 62	8. 57	5. 92	23352. 37	97. 27

13—15 续表

行　业	Item	工业增加值率(%) Ratio of Value Added to Gross Industrial Output Value (%)	总资产贡献率(%) Ratio of Total Assets to Industrial Output Value (%)
按行业分	**Grouped by Sector**		
煤炭采选业	Coal Mining and Dressing	41.96	3.95
黑色金属矿采选业	Ferrous Metals Mining and Dressing	68.04	1.91
有色金属矿采选业	Nonferrous Metals Mining and Dressing	38.81	5.04
非金属矿采选业	Nonmetal Minerals Mining and Dressing	24.30	14.17
食品加工业	Food Processing	14.05	1.80
食品制造业	Food Manufacturing	24.31	9.19
饮料制造业	Beverage Manufacturing	38.65	13.61
烟草加工业	Tobacco Processing	59.67	55.19
纺织业	Textile Industry	29.00	7.67
服装及纤维制品制造业	Garments and Other Fiber Products	27.65	3.55
皮革毛皮羽绒及其制品业	Leather, Furs, Down and Related Products	22.91	8.79
木材加工及竹藤棕草制品业	Timber Processing, Bamboo, Cane, Palm Fiber and Straw Products	34.99	9.30
家具制造业	Furniture manufacturing	26.24	2.95
造纸及纸制品业	Papermaking and Paper Products	29.52	4.31
印刷业记录媒介的复制	Printing and Record Medium Reproduction	36.88	7.51
文教体育用品制造业	Cultural, Educational and Sports Goods	26.84	11.20
石油加工及炼焦业	Petroleum Processing and Coking	12.05	14.52
化学原料及制品制造业	Raw Chemical Materials and Chemical Products	22.73	3.85
医药制造业	Medical and Pharmaceutical Products	39.59	7.39
化学纤维制造业	Chemical Fiber	19.56	4.70
橡胶制品业	Rubber Products	37.64	5.53
塑料制品业	Plastic products	29.30	10.94
非金属矿物制品业	Nonmetal Mineral Products	37.93	6.85
黑色金属冶炼及压延加工业	Smelting and Pressing of Ferrous Metals	32.76	5.63
有色金属冶炼及压延加工业	Smelting and pressing of Nonferrous Metals	21.44	4.45
金属制品业	metal Products	25.27	4.04
普通机械制造业	Ordinary Machinery	39.86	7.06
专用设备制造业	Special Purpose Equipment	23.65	2.95
交通运输设备制造业	Transport Equipment	24.92	8.59
电气机械及器材制造业	Electric Equipment and machinery	31.93	5.80
电子及通信设备制造业	Electronic and Telecommunications Equipment	20.08	5.00
仪器仪表及文化办公用机械制造业	Instruments, Meters, Cultural and Office	42.34	12.97
其他制造业	Other Manufacturing	31.55	8.70
电力、蒸汽、热水的生产和供应业	Production and Supply of Electric Power, Steam and Hot Water	60.50	7.07
煤气生产和供应业	Production and Supply of Gas	3.21	-0.70
自来水的生产和供应业	production and Supply of Tap Water	49.22	1.38

continued

(10000 yuan)

资产负债率 (%) Assest-Liability Ratio (%)	流动资产周转次数(次/年) Number of Times of Annual of Turnover Circulating Funds (times/year)	工业成本费用利润率 (%) Ratio of Profits to Industrial Cost (%)	每百元销售收入实现利税(元) Profit and Tax Brought Abovt Per 100 yuan of Sales Revenue (yuan)	资金利税率 (%) Ratio of Pre-tax Profit to Funds (%)	全员劳动生产率(元/人.年) Overall Labor Productivity (yuan/person-year)	产品销售率 (%) Proporting of Products Sold (%)
68. 06	1. 17	0. 57	11. 14	3. 66	13928. 94	102. 66
16. 65	0. 66	9. 18	24. 54	6. 59	25636. 34	86. 51
71. 97	1. 71	0. 48	5. 99	4. 43	13814. 19	98. 40
71. 32	1. 66	4. 96	18. 21	11. 69	27034. 92	105. 00
78. 92	1. 67	−0. 20	0. 29	0. 24	38236. 60	94. 58
71. 80	1. 12	7. 58	12. 63	8. 24	35874. 64	96. 18
65. 32	0. 90	7. 26	23. 52	14. 63	52553. 95	99. 93
49. 41	2. 43	1. 82	49. 88	59. 22	244753. 25	99. 96
70. 02	1. 36	3. 78	9. 33	7. 42	19591. 72	98. 44
84. 54	0. 80	−0. 39	4. 86	2. 76	17878. 80	96. 41
71. 98	2. 18	0. 25	3. 94	5. 43	23512. 46	97. 45
60. 43	1. 89	11. 96	19. 53	14. 52	28626. 98	97. 82
37. 58	2. 13	1. 43	4. 93	3. 57	13811. 15	96. 45
78. 32	1. 22	2. 00	6. 46	3. 78	18766. 49	95. 29
46. 99	1. 39	1. 73	11. 05	6. 50	21372. 61	92. 51
85. 89	1. 27	−1. 32	11. 60	10. 84	12469. 61	94. 64
83. 33	6. 13	−1. 73	7. 37	11. 72	117922. 47	101. 40
69. 43	1. 37	0. 51	4. 96	3. 34	20787. 66	97. 43
65. 24	1. 11	3. 73	12. 78	8. 45	29949. 71	96. 83
62. 79	1. 78	2. 74	6. 38	4. 28	26806. 10	96. 11
66. 86	1. 10	4. 02	11. 89	5. 60	30203. 31	97. 46
57. 58	1. 78	9. 39	12. 68	12. 49	85171. 74	96. 67
56. 03	1. 36	4. 53	12. 50	6. 19	27687. 79	98. 31
34. 54	1. 41	1. 24	9. 95	5. 21	49795. 23	100. 71
67. 56	1. 84	0. 49	2. 72	2. 78	43240. 09	98. 34
73. 16	0. 95	−2. 70	1. 87	0. 94	22104. 83	101. 80
59. 42	0. 77	5. 09	12. 75	6. 33	27128. 55	97. 00
70. 46	0. 78	−0. 97	2. 17	1. 11	28392. 84	100. 32
71. 68	1. 31	5. 36	9. 63	8. 62	45564. 21	98. 41
54. 85	1. 12	3. 18	7. 80	6. 22	97922. 54	99. 29
60. 90	1. 86	2. 15	4. 02	4. 42	32195. 05	99. 00
64. 97	0. 94	20. 09	25. 28	14. 81	34648. 50	107. 19
89. 25	1. 31	5. 27	9. 15	8. 29	28075. 17	91. 41
69. 37	1. 33	3. 40	11. 96	6. 85	74176. 06	99. 81
47. 93	1. 24	−4. 02	−2. 22	−0. 99	2863. 96	101. 07
28. 91	0. 88	−2. 18	3. 87	0. 85	39524. 18	95. 84

13—16 各市全部国有及规模以上非国有工业企业单位数和总产值（2000年）

Number of all State-owned and Non-state-owned Above Designated Size Industrial Enterprises and Gross Industrial Output Value by Region

单位：万元 (10000 yuan)

地区 Region	企业单位数（个） Number of Enterprises		工业总产值 Gross Industrial Output Value		
	全部国有及规模以上非国有 All Stata-owned and Non-state-owned Above Designated Size	国有及国有控股企业 State-owned or Controlling Share Hold Industry	全部国有及规模以上非国有 All Stata-owned and Non-state-owned Above Designated Size		国有及国有控股企业1990年不变价 State-owned or Controlling Share Hold Industry at 1990 Constant Prices
			1990年不变价 At 1990 Constant Prices	当年价格 At Current Prices	
总计 Total	**3680**	**1128**	**14422974**	**16614365**	**7924351**
合肥市 Hefei	366	142	3134944	2968552	1538978
淮北市 Huaibei	101	24	440701	818343	342893
亳州市 Bozhou	161	47	326369	477951	143099
宿州市 Suzhou	202	79	331804	393814	199096
蚌埠市 Bengbu	176	67	781144	861284	539242
阜阳市 Fuyang	298	73	655564	759772	353817
淮南市 Huainan	131	39	565273	974453	425782
滁州市 Chuzhou	367	124	1347208	1180433	671881
六安市 Luan	233	73	657434	757478	321126
马鞍山市 Maanshan	120	40	854130	1324101	703628
巢湖市 Chaohu	285	52	605443	669344	216807
芜湖市 Wuhu	230	62	1525598	1475645	688032
宣城市 Xuancheng	245	42	764110	752257	392999
铜陵市 Tongling	84	33	770244	904464	640673
池州市 Chizhou	84	32	133063	160362	75506
安庆市 Anqing	448	131	1189711	1866946	565358
黄山市 Huangshan	149	68	340235	269167	105434

13—17 各市全部国有及规模以上非国有工业总产值（2000年）

Gross Industrial Output Value of All State-owned and Non-state-owned Industrial Enterprises Above Deginated Size by Region (2000)

本表按当年价格计算。 单位：万元 Data in value terms in this table are calculated at current prices. (10000 yuan)

地市 Region	工业总产值合计（当年价） Gross Industrial Outpnt Value	国有及国有控股企业 State-owned or Controlling Share Hold Industry	集体企业 Collective-owned Enterprises	股份有限公司 Share Holding Enterprises	外商投资企业 Foreign Funded Enterprises	港澳台商投资企业 Enterprises Funded by Entrepreneurs Form Hong Kong, Macao and Taiwan	轻工业 Light Industry	重工业 Heavy Industry
总计 Total	**16614365**	**10445439**	**1776531**	**2485968**	**1523958**	**608387**	**6909672**	**9704693**
合肥市 Hefei	2968552	1692157	75480	565639	930276	120155	1263555	1704997
淮北市 Huaibei	818343	698788	49545	6446	19784	2051	229030	589313
亳州市 Bozhou	477951	247008	80082	31675	109926	5141	362555	115396
宿州市 Suzhou	393814	218010	99341	16706	5945	4057	267082	126732
蚌埠市 Bengbu	861284	583080	92790	146077	4873	31053	656890	204395
阜阳市 Fuyang	759772	428319	153124	60746	16758	15778	558033	201739
淮南市 Huainan	974453	823184	65016	92954	8978	126595	157544	816909
滁州市 Chuzhou	1180433	548648	196617	74061	104789	107968	685431	495002
六安市 Luan	757478	408796	120679	96907	44071	24245	512868	244610
马鞍山市 Maanshan	1324101	1160049	88714	806288	30935	11089	121863	1202238
巢湖市 Chaohu	669344	240562	183551	90138	23755	9562	309740	359604
芜湖市 Wuhu	1475645	811709	72197	266255	74525	102726	638042	837603
宣城市 Xuancheng	752257	390970	73423	80316	39424	11340	218276	533981
铜陵市 Tongling	904464	793449	30942	43240	32811	6690	114004	790461
池州市 Chizhou	160362	97507	11026	29604	608	428	60300	100062
安庆市 Anqing	1866946	1197148	296557	44564	70474	19947	62484	1242462
黄山市 Huangshan	269167	106056	87448	34353	6024	9562	129975	139192

注：辖区内全部国有及年产品销售收入在500万元及以上的非国有工业企业，下同。

a) Au State-owned and non-state-owned industrial enterprises above designsted size refer to all state-owned industrial enterprises plus the non-state-owned industrial enterprises with annual sales income of over five million yuan. The same as following tables.

13—18　各市全部国有及规模以上非国有工业企业主要经济指标（2000年）
Main Indicators of All State-owned and Non-state-owned above Designated Size Industrial Enterprises by Region (2000)

单位：万元　(10000 yuan)

地区 Region		企业单位数（个）Number of Enterprises (unit)	工业总产值（现价）Gross Industrial Output Value	资产合计 Total Assets	流动资产合计 Circulating Funds	存货 Stock	工业增加值 Value Added of Industry
总　计	**Total**	**3680**	**16614365**	**29778511**	**12125695**	**3436999**	**5070817**
合肥市	Hefei	366	2968551	6820675	3246358	690680	860238
淮北市	Huaibei	101	818343	1904442	710436	123411	312212
亳州市	Bozhou	161	477950	819123	497715	223173	168247
宿州市	Suzhou	202	393814	762264	391106	134406	119429
蚌埠市	Bengbu	176	861284	1371341	613660	148900	283953
阜阳市	Fuyang	298	759771	1005979	532630	161331	239910
淮南市	Huainan	131	974452	3253070	644631	149902	310202
滁州市	Chuzhou	367	1180433	1347411	617189	182316	362603
六安市	Luan	233	757478	816651	389888	117993	218141
马鞍山市	Maanshan	120	1324101	3501239	871813	291170	493745
巢湖市	Chaohu	285	669343	1134835	555969	173856	199382
芜湖市	Wuhu	230	1475644	1865567	932009	296802	498851
宣城市	Xuancheng	245	752257	1046944	512991	169403	226803
铜陵市	Tongling	84	904464	1651006	566906	168869	256980
池州市	Chizhou	84	160361	237933	105280	45961	42275
安庆市	Anqing	448	1866945	1938067	781209	305612	392989
黄山市	Huangshan	149	269167	301965	155906	53214	84857

地区 Region		流动资产年平均余额 Annual Average Balance of Circlating Funds	固定资产原价 Original Value of Fixed Assets	生产经营用 Used for Production	固定资产累计折旧 Accumulated Depreciation of Fixed Assets	固定资产净值年平均余额 Annual Average Balance of Net Value of Fixed Assets	流动负债合计 Liquid Liabilities
总　计	**Total**	**11770570**	**18809518**	**17000173**	**6060821**	**12261541**	**11988684**
合肥市	Hefei	3158323	3535741	3342296	1199914	2323547	2525346
淮北市	Huaibei	720529	1485416	1275892	492202	898032	771201
亳州市	Bozhou	448819	328399	313414	84423	230128	457236
宿州市	Suzhou	363339	415384	367047	105029	306100	485557
蚌埠市	Bengbu	607042	775382	674546	234873	547716	716872
阜阳市	Fuyang	529288	518328	479503	150795	378090	484283
淮南市	Huainan	716897	3089054	2798234	994810	1849051	849477
滁州市	Chuzhou	627612	711769	628527	206034	492195	752590
六安市	Luan	360821	483407	412976	149224	328363	431302
马鞍山市	Maanshan	914560	2287635	2123587	681155	1556406	666843
巢湖市	Chaohu	476941	637224	579042	203703	400991	589582
芜湖市	Wuhu	818984	974744	875761	307063	661972	900999
宣城市	Xuancheng	505251	628237	572988	244907	393925	483315
铜陵市	Tongling	568800	1080671	830712	307455	723824	529394
池州市	Chizhou	99284	155657	130038	55295	101792	128965
安庆市	Anqing	702686	1546624	1462534	585937	968967	1078087
黄山市	Huangshan	151392	155848	133078	58006	100444	137635

13—18 续表 continued

单位：万元 (10000 yuan)

地区 Region	长期负债合计 Long-term Liabilities	所有者权益 Creditors Equity	实收资本 Total Capital Hold	产品销售收入 Sales Revenue	产品销售成本 Cost of Sales	产品销售费用 Sales Expenditure
总计 Total	**6562418**	**10962766**	**7955418**	**16880823**	**13692414**	**651461**
合肥市 Hefei	1557795	2734163	1717507	3945022	3178512	124112
淮北市 Huaibei	460365	672875	543050	831640	676141	34491
亳州市 Bozhou	65780	296107	139551	444553	341925	29330
宿州市 Suzhou	176413	100156	125670	342980	283690	11242
蚌埠市 Bengbu	226968	427157	345589	831023	602082	53187
阜阳市 Fuyang	148660	345621	216986	784473	630740	39999
淮南市 Huainan	1647579	755008	820905	1043901	789703	39275
滁州市 Chuzhou	165416	425188	387200	1080907	900411	48008
六安市 Luan	167621	212506	160560	700958	588097	26192
马鞍山市 Maanshan	338923	2317919	1514437	1249565	1034491	18832
巢湖市 Chaohu	146955	397752	267627	609752	493854	42088
芜湖市 Wuhu	290456	667318	514516	1316922	1028803	69217
宣城市 Xuancheng	156552	403514	238687	638993	518301	34266
铜陵市 Tongling	608295	513317	377552	820313	724016	17181
池州市 Chizhou	50742	58225	59678	160856	136122	5427
安庆市 Anqing	313654	514425	448272	1836453	1563968	46764
黄山市 Huangshan	40247	121515	77630	242514	201558	11851

地区 Region	产品销售税金及附加 Sales Tax and Extra Charges	产品销售利润 Sales Profit	利润总额 Total Profits	本年应付工资 Wages Payable in This Year	本年应付福利费 Welfare Cost Payable in This Year	本年应交增值税 Value Added Tax Payable
总计 Total	**423212**	**1678808**	**382152**	**1194571**	**165753**	**883548**
合肥市 Hefei	59188	306886	97439	203133	27390	218456
淮北市 Huaibei	11967	109041	-662	144847	21825	64692
亳州市 Bozhou	16065	56165	32074	26852	4005	15428
宿州市 Suzhou	8719	35274	4425	26175	3134	16070
蚌埠市 Bengbu	81781	92254	13133	51465	6723	48961
阜阳市 Fuyang	37825	70278	30063	43004	3970	22573
淮南市 Huainan	9018	120505	5322	132793	21644	71419
滁州市 Chuzhou	25011	90796	16843	55996	7707	55531
六安市 Luan	14250	65577	16396	50818	6650	29379
马鞍山市 Maanshan	15856	179975	28695	121454	13251	91706
巢湖市 Chaohu	6362	67048	11661	48950	7392	29330
芜湖市 Wuhu	68804	145614	65154	62835	8977	72907
宣城市 Xuancheng	4630	63503	20873	40511	6914	27312
铜陵市 Tongling	3278	75838	8526	65267	9271	32265
池州市 Chizhou	2271	16109	852	14354	1938	8119
安庆市 Anqing	56562	157262	21583	88989	12799	70163
黄山市 Huangshan	1626	26685	9775	17130	2164	9229

13—19　各市国有及国有控股工业企业主要经济指标（2000年）
Main Indicators of State-owned and State Holding Majority Shares Industrial Enterprises by Region (2000)

单位：万元　　(10000 yuan)

地区 Region	企业单位数（个）Number of Enterprises (unit)	工业总产值（现价）Gross Industrial Output Value	资产合计 Total Assets	流动资产合计 Circulating Funds	存货 Stock	工业增加值 Value Added of Industry
总　计 Total	**1128**	**10445439**	**22910954**	**8656280**	**2109274**	**3404235**
合肥市 Hefei	142	1692157	5241342	2417465	375584	602013
淮北市 Huaibei	24	698788	1766373	645093	97345	279756
亳州市 Bozhou	47	247008	535744	341749	161381	105450
宿州市 Suzhou	79	218009	446228	223167	62586	60676
蚌埠市 Bengbu	67	583079	970940	424551	90335	203542
阜阳市 Fuyang	73	428319	665362	378335	99344	147349
淮南市 Huainan	39	823184	2975757	518778	103297	266261
滁州市 Chuzhou	124	548647	783409	338453	84847	179547
六安市 Luan	73	408795	537122	260558	61424	114436
马鞍山市 Maanshan	40	1160048	3307877	768701	256629	458259
巢湖市 Chaohu	52	240561	623931	291498	56489	80294
芜湖市 Wuhu	62	811708	1258967	599620	183229	280780
宣城市 Xuancheng	42	390970	575214	284922	79124	119291
铜陵市 Tongling	33	793449	1533816	497581	149009	228704
池州市 Chizhou	32	97507	146646	69736	31309	25373
安庆市 Anqing	131	1197147	1369421	510785	188065	212780
黄山市 Huangshan	68	106055	172807	85287	29280	39724

地区 Region	流动资产年平均余额 Annual Average Balance of Circlating Funds	固定资产原价 Original Value of Fixed Assets	生产经营用 Used for Production	固定资产累计折旧 Accumulated Depreciation of Fixed Assets	固定资产净值年平均余额 Annual Average Balance of Net Value of Fixed Assets	流动负债合计 Liquid Liabilities
总　计 Total	**8473754**	**15283815**	**13804147**	**5087594**	**9705698**	**8181338**
合肥市 Hefei	2396093	2824724	2679422	994753	1782743	1733542
淮北市 Huaibei	655659	1414126	1211214	473552	846198	677406
亳州市 Bozhou	308208	196299	186587	56481	132381	279356
宿州市 Suzhou	203674	237524	203463	62101	176302	261714
蚌埠市 Bengbu	426443	565962	492974	180587	405023	490473
阜阳市 Fuyang	374934	309247	283916	100199	220591	341626
淮南市 Huainan	592080	2939332	2659755	949366	1744298	655122
滁州市 Chuzhou	344728	405047	349384	123857	269393	447139
六安市 Luan	242493	319124	270775	100965	214644	293970
马鞍山市 Maanshan	819895	2190582	2040198	650431	1489404	568128
巢湖市 Chaohu	223540	349269	323838	124790	190852	252845
芜湖市 Wuhu	512163	691583	628110	235000	451383	584222
宣城市 Xuancheng	279559	385656	358676	169478	226130	236569
铜陵市 Tongling	492378	1028257	782248	290669	691138	469483
池州市 Chizhou	67875	89243	70820	35046	55132	73761
安庆市 Anqing	448257	1232936	1174983	498439	744698	745556
黄山市 Huangshan	85775	104904	87787	41882	65390	70428

13—19 续表 continued

单位：万元 (10000 yuan)

地 区 Region	长期负债合计 Long-term Liabilities	所有者权益 Creditors Equity	实收资本 Total Capital Hold	产品销售收入 Sales Revenue	产品销售成本 Cost of Sales	产品销售费用 Sales Expenditure
总 计 Total	**5566919**	**8941623**	**5919833**	**11274282**	**9033304**	**358220**
合肥市 Hefei	1415233	2091799	1126646	2809942	2238486	52501
淮北市 Huaibei	432807	656160	513718	726432	584171	31110
亳州市 Bozhou	36651	219737	82223	227755	156520	21623
宿州市 Suzhou	108996	75518	78219	196465	159945	7888
蚌埠市 Bengbu	164960	315508	203468	577387	409762	30650
阜阳市 Fuyang	90802	225620	102526	457373	360901	23667
淮南市 Huainan	1600360	719874	744020	896484	664951	33707
滁州市 Chuzhou	98837	236772	146377	501708	425441	18302
六安市 Luan	106814	133825	98031	364548	304848	14330
马鞍山市 Maanshan	316073	2246142	1441238	1109558	911461	13882
巢湖市 Chaohu	63889	307151	177426	216356	167224	12851
芜湖市 Wuhu	221912	447118	335985	729351	536833	38536
宣城市 Xuancheng	56110	282535	148171	334625	267427	19176
铜陵市 Tongling	591598	472735	344857	715756	636472	12946
池州市 Chizhou	27250	45634	32951	102957	87282	3397
安庆市 Anqing	204835	392914	300502	1215171	1049394	18609
黄山市 Huangshan	29791	72582	43478	92414	72188	5045

地 区 Region	产品销售税金及附加 Sales Tax and Extra Charges	产品销售利润 Sales Profit	利润总额 Total Profits	本年应付工资 Wages Payable in This Year	本年应付福利费 Welfare Cost Payable in This Year	本年应交增值税 Value Added Tax Payable
总 计 Total	**362953**	**1135406**	**243381**	**853236**	**120209**	**665777**
合肥市 Hefei	47832	195414	70755	152037	20223	176307
淮北市 Huaibei	11190	99962	1033	135192	20803	61025
亳州市 Bozhou	13888	35447	23801	15908	3013	12454
宿州市 Suzhou	7648	20213	2408	16051	1948	9337
蚌埠市 Bengbu	70948	65636	13267	32756	4421	35368
阜阳市 Fuyang	32942	39367	13150	25316	2505	15382
淮南市 Huainan	7167	105690	7950	110499	18603	64172
滁州市 Chuzhou	20147	37662	8463	26245	3501	27615
六安市 Luan	9250	35528	714	25734	3322	13782
马鞍山市 Maanshan	15236	168979	30784	108122	11499	86850
巢湖市 Chaohu	2632	33439	9197	23018	3969	13250
芜湖市 Wuhu	66468	84381	36136	39475	5895	48018
宣城市 Xuancheng	2649	29982	14806	18147	2842	14266
铜陵市 Tongling	2359	63979	3764	57433	8256	28754
池州市 Chizhou	638	11640	2547	8426	1163	5308
安庆市 Anqing	50781	94648	-379	49921	7035	49592
黄山市 Huangshan	1177	13443	4989	8957	1211	4298

13—20 各市全部规模以上集体工业企业主要经济指标（2000年）
Main Indicators of All Collective-owned Above Designated Size Industrial Enterprises by Region (2000)

单位：万元 (10000 yuan)

地区 Region		企业单位数（个）Number of Enterprises (unit)	工业总产值（现价）Gross Industrial Output Value	资产合计 Total Assets	流动资产合计 Circulating Funds	存货 Stock	工业增加值 Value Added of Industry
总计	Total	**979**	**1776531**	**1920596**	**1100863**	**485695**	**495969**
合肥市	Hefei	58	75480	116291	74673	35649	18565
淮北市	Huaibei	27	49545	57348	33292	15235	13566
亳州市	Bozhou	37	80082	105685	71739	36720	21998
宿州市	Suzhou	67	99341	146177	101790	55111	32920
蚌埠市	Bengbu	50	92790	128781	63615	21230	25172
阜阳市	Fuyang	137	153124	139323	69698	27173	49983
淮南市	Huainan	41	65016	99382	59780	19836	17430
滁州市	Chuzhou	55	196617	162664	98738	32353	59704
六安市	Luan	63	120679	77172	32195	14692	31539
马鞍山市	Maanshan	48	88714	89322	51045	21547	22139
巢湖市	Chaohu	108	183551	233022	142279	62144	52009
芜湖市	Wuhu	46	72197	75144	44122	21518	20370
宣城市	Xuancheng	45	73423	117219	58720	24164	19228
铜陵市	Tongling	18	30942	38428	22403	7547	6824
池州市	Chizhou	9	11026	14795	8687	4580	3081
安庆市	Anqing	140	296557	240558	128551	71951	80596
黄山市	Huangshan	30	87448	79286	39535	14247	20845

地区 Region		流动资产年平均余额 Annual Average Balance of Circlating Funds	固定资产原价 Original Value of Fixed Assets	生产经营用 Used for Production	固定资产累计折旧 Accumulated Depreciation of Fixed Assets	固定资产净值年平均余额 Annual Average Balance of Net Value of Fixed Assets	流动负债合计 Liquid Liabilities
总计	Total	**1059963**	**897959**	**791107**	**271750**	**614196**	**1204687**
合肥市	Hefei	74637	44458	39731	16686	27826	74753
淮北市	Huaibei	33644	24307	22534	6093	17603	36963
亳州市	Bozhou	68095	37988	35463	8949	28894	74172
宿州市	Suzhou	95408	51208	44035	14011	38679	131653
蚌埠市	Bengbu	64840	68489	59070	23213	31171	67506
阜阳市	Fuyang	68249	80841	74746	18676	63954	49422
淮南市	Huainan	59253	49308	44650	18542	31058	75014
滁州市	Chuzhou	92536	76091	64823	21909	49605	88265
六安市	Luan	29451	44745	38303	13524	32437	34996
马鞍山市	Maanshan	50017	48570	39507	18317	30520	50260
巢湖市	Chaohu	133583	107382	97558	27687	80206	174991
芜湖市	Wuhu	44712	39319	36095	13307	26116	50166
宣城市	Xuancheng	58120	52825	41373	17628	36259	54734
铜陵市	Tongling	21719	18630	16460	6994	11643	23138
池州市	Chizhou	7782	7620	6137	2690	5129	12744
安庆市	Anqing	119883	114774	102558	33518	81390	166365
黄山市	Huangshan	38034	31404	28066	10009	21710	39546

13—20 续表 continued

单位：万元 (10000 yuan)

地区 Region	长期负债合计 Long-term Liabilities	所有者权益 Creditors Equity	实收资本 Total Capital Hold	产品销售收入 Sales Revenue	产品销售成本 Cost of Sales	产品销售费用 Sales Expenditure
总计 Total	**260414**	**436818**	**428982**	**1635874**	**1371494**	**74196**
合肥市 Hefei	9995	31543	26604	63958	55457	2000
淮北市 Huaibei	9613	10771	8685	41878	38041	473
亳州市 Bozhou	5870	25643	21965	76998	64957	3098
宿州市 Suzhou	12401	2123	20481	76742	64646	1764
蚌埠市 Bengbu	23763	37168	37910	79628	65409	2634
阜阳市 Fuyang	15963	60360	47378	156739	123287	8688
淮南市 Huainan	12116	11820	33408	72245	61844	1684
滁州市 Chuzhou	21455	52943	27225	173489	143756	9670
六安市 Luan	19169	22928	17595	116470	98784	3222
马鞍山市 Maanshan	11585	27476	21992	81690	72815	1950
巢湖市 Chaohu	30335	27596	37209	173810	142677	15602
芜湖市 Wuhu	6419	18559	19542	65391	56403	2618
宣城市 Xuancheng	29667	32520	17245	68854	55371	3834
铜陵市 Tongling	6882	8408	10149	29100	24590	1136
池州市 Chizhou	593	1458	3340	10448	8394	593
安庆市 Anqing	40286	32237	56387	268796	227215	11447
黄山市 Huangshan	4302	33265	21868	79637	67849	3784

地区 Region	产品销售税金及附加 Sales Tax and Extra Charges	产品销售利润 Sales Profit	利润总额 Total Profits	本年应付工资 Wages Payable in This Year	本年应付福利费 Welfare Cost Payable in This Year	本年应交增值税 Value Added Tax Payable
总计 Total	**14700**	**162080**	**43774**	**124149**	**15913**	**60076**
合肥市 Hefei	281	6135	-912	6369	932	3123
淮北市 Huaibei	236	3127	171	4367	419	1446
亳州市 Bozhou	710	8201	3997	4213	435	1690
宿州市 Suzhou	566	7624	1740	5922	713	2347
蚌埠市 Bengbu	730	9937	2221	7800	932	3436
阜阳市 Fuyang	2788	17307	12039	7285	541	3985
淮南市 Huainan	1181	7360	177	14212	2062	4034
滁州市 Chuzhou	1264	17898	5215	7983	930	7875
六安市 Luan	1177	11781	6439	8717	1170	4033
马鞍山市 Maanshan	507	6407	-398	8871	1102	2893
巢湖市 Chaohu	1384	13988	-431	10218	1548	7395
芜湖市 Wuhu	757	5589	199	5044	644	2691
宣城市 Xuancheng	392	7232	1144	4451	491	2799
铜陵市 Tongling	160	3214	152	3383	475	949
池州市 Chizhou	48	1226	71	1025	135	564
安庆市 Anqing	2273	27358	8390	19467	2911	8124
黄山市 Huangshan	246	7695	3559	4823	476	2918

13—21　各市“三资”工业企业主要经济指标（2000年）
Main Indicators of Foreign-funded Industrial Enterprises by Region (2000)

单位：万元　(10000 yuan)

地区 Region		企业单位数（个）Number of Enterprises (unit)	工业总产值（现价）Gross Industrial Output Value	资产合计 Total Assets	流动资产合计 Circulating Funds	存货 Stock	工业增加值 Value Added of Industry
总　计	**Total**	**251**	**2132345**	**3029291**	**1309665**	**484286**	**558106**
合肥市	Hefei	56	1050431	1293668	651581	261419	205209
淮北市	Huaibei	3	21834	254915	62313	11076	9806
亳州市	Bozhou	7	115067	195192	119346	61065	57427
宿州市	Suzhou	6	10001	14684	9959	2711	2833
蚌埠市	Bengbu	11	35926	118479	37648	13953	10698
阜阳市	Fuyang	10	32535	58304	26736	7249	10328
淮南市	Huainan	7	135572	332730	46940	9437	48329
滁州市	Chuzhou	22	212757	137907	50860	25874	42657
六安市	Luan	15	68316	57972	28256	14084	27305
马鞍山市	Maanshan	10	42024	76389	36559	6158	6997
巢湖市	Chaohu	14	33317	31989	14406	7329	9766
芜湖市	Wuhu	27	177251	197410	103533	24613	56661
宣城市	Xuancheng	22	50764	89648	50643	19962	17110
铜陵市	Tongling	9	39500	28370	15542	3407	10016
池州市	Chizhou	2	1036	1421	831	294	275
安庆市	Anqing	21	90421	133144	50566	14903	38189
黄山市	Huangshan	9	15586	7072	3945	753	4501

地区 Region		流动资产年平均余额 Annual Average Balance of Circlating Funds	固定资产原价 Original Value of Fixed Assets	生产经营用 Used for Production	固定资产累计折旧 Accumulated Depreciation of Fixed Assets	固定资产净值年平均余额 Annual Average Balance of Net Value of Fixed Assets	流动负债合计 Liquid Liabilities
总　计	**Total**	**1272472**	**1909343**	**1841211**	**561691**	**1288043**	**1217873**
合肥市	Hefei	586360	567835	538103	157584	429784	610962
淮北市	Huaibei	82526	187116	187017	7370	90843	31279
亳州市	Bozhou	133068	68836	68801	18142	44206	64195
宿州市	Suzhou	9037	6816	6714	2696	4127	9356
蚌埠市	Bengbu	34255	82257	77836	12085	69455	37476
阜阳市	Fuyang	27601	38808	37743	11590	29864	31826
淮南市	Huainan	67079	509762	508691	229351	285302	73565
滁州市	Chuzhou	59502	96241	94753	27143	76068	82273
六安市	Luan	22929	31801	29636	10774	21230	24897
马鞍山市	Maanshan	29981	35022	32762	6398	28874	32160
巢湖市	Chaohu	14029	23130	19716	6636	16440	20002
芜湖市	Wuhu	88358	101911	87991	22365	81468	87421
宣城市	Xuancheng	51323	44997	42201	16671	28394	44942
铜陵市	Tongling	13509	13588	12733	2787	9894	14875
池州市	Chizhou	834	932	932	344	654	1243
安庆市	Anqing	48362	97701	93096	28777	69843	47271
黄山市	Huangshan	3720	2591	2487	977	1598	4132

13—21 续表 continued

单位：万元 (10000 yuan)

地 区 Region	长期负债合计 Long-term Liabilities	所有者权益 Creditors Equity	实收资本 Total Capital Hold	产品销售收入 Sales Revenue	产品销售成本 Cost of Sales	产品销售费用 Sales Expenditure
总 计 Total	**501311**	**1307775**	**1278133**	**1992729**	**1631764**	**108701**
合 肥 市 Hefei	108459	572801	543803	948560	780128	68591
淮 北 市 Huaibei	145016	78619	80459	18507	16377	49
亳 州 市 Bozhou	2462	128535	26827	105996	61089	10410
宿 州 市 Suzhou	1391	3937	3802	10198	8637	511
蚌 埠 市 Bengbu	9405	71598	78912	32248	24834	1248
阜 阳 市 Fuyang	15903	10575	32780	32249	25719	2481
淮 南 市 Huainan	140558	118207	107266	129630	103641	1031
滁 州 市 Chuzhou	4141	51493	133757	226272	209533	2361
六 安 市 Luan	8833	23888	16708	67159	58148	2139
马鞍山市 Maanshan	9471	34739	44883	34621	30190	2146
巢 湖 市 Chaohu	951	11036	12070	27082	23282	1503
芜 湖 市 Wuhu	18908	90969	92685	176514	149307	8554
宣 城 市 Xuancheng	7598	37107	36739	43979	35947	2525
铜 陵 市 Tongling	1512	11982	6333	39410	32982	1006
池 州 市 Chizhou	914	−736	498	988	798	57
安 庆 市 Anqing	25020	60853	58664	89110	61919	3787
黄 山 市 Huangshan	770	2170	1950	10205	9231	304

地 区 Region	产品销售税金及附加 Sales Tax and Extra Charges	产品销售利润 Sales Profit	利润总额 Total Profits	本年应付工资 Wages Payable in This Year	本年应付福利费 Welfare Cost Payable in This Year	本年应交增值税 Value Added Tax Payable
总 计 Total	**19612**	**207011**	**94032**	**82664**	**10960**	**89239**
合 肥 市 Hefei	8647	90659	32901	35110	4070	33963
淮 北 市 Huaibei		2081	−2461	1543	207	2152
亳 州 市 Bozhou	9171	24687	23386	6988	1112	8985
宿 州 市 Suzhou		373	280	316	17	295
蚌 埠 市 Bengbu	184	5770	509	2457	308	2303
阜 阳 市 Fuyang	729	3313	883	2737	247	942
淮 南 市 Huainan	1	14719	12424	2821	710	12536
滁 州 市 Chuzhou	48	6969	91	6733	890	5024
六 安 市 Luan	498	3460	2959	5332	359	3320
马鞍山市 Maanshan	3	2282	−2280	2434	400	936
巢 湖 市 Chaohu	31	2266	795	1965	250	1349
芜 湖 市 Wuhu	5	17524	8148	3415	469	6560
宣 城 市 Xuancheng	62	5440	881	4325	1078	2363
铜 陵 市 Tongling	128	5294	3869	1073	115	1213
池 州 市 Chizhou		133	−105	98	2	99
安 庆 市 Anqing	103	21375	11594	4659	641	7041
黄 山 市 Huangshan	3	668	158	657	85	159

13—22　各市大中型工业企业主要经济指标（2000 年）
Main Indicators of Large-scale and Medium-scale Industrial Enterprises by Region (2000)

单位：万元　　(10000 yuan)

地区 Region	企业单位数（个）Number of Enterprises (unit)	工业总产值（现价）Gross Industrial Output Value	资产合计 Total Assets	流动资产合计 Circulating Funds	存货 Stock	工业增加值 Value Added of Industry
总计 Total	**629**	**10665482**	**22188857**	**8498328**	**2231238**	**3484195**
合肥市 Hefei	77	1691686	5347603	2495407	422835	599556
淮北市 Huaibei	22	676941	1470235	583321	92347	265943
亳州市 Bozhou	21	256050	513902	340573	174792	103182
宿州市 Suzhou	30	159173	246079	122849	45202	40837
蚌埠市 Bengbu	44	612074	1034014	453962	90130	226556
阜阳市 Fuyang	38	450966	655613	360386	101211	156540
淮南市 Huainan	35	818863	2981130	521574	104905	268431
滁州市 Chuzhou	64	586951	807900	371332	96501	188354
六安市 Luan	40	342356	447885	217628	60736	96820
马鞍山市 Maanshan	32	1190683	3341961	791704	264649	465385
巢湖市 Chaohu	44	200317	430704	190643	70569	52511
芜湖市 Wuhu	62	1071745	1454703	707524	215030	379493
宣城市 Xuancheng	31	414655	647496	315330	102939	129778
铜陵市 Tongling	25	796468	1510920	497464	154355	227472
池州市 Chizhou	9	76300	89004	46429	26233	18347
安庆市 Anqing	41	1207656	1065437	402264	180113	229003
黄山市 Huangshan	14	112591	144274	79941	28692	35988

地区 Region	流动资产年平均余额 Annual Average Balance of Circlating Funds	固定资产原价 Original Value of Fixed Assets	生产经营用 Used for Production	固定资产累计折旧 Accumulated Depreciation of Fixed Assets	固定资产净值年平均余额 Annual Average Balance of Net Value of Fixed Assets	流动负债合计 Liquid Liabilities
总计 Total	**8336294**	**14542009**	**13107849**	**4891226**	**9309364**	**7973723**
合肥市 Hefei	2472638	2786602	2658579	999910	1781702	1784139
淮北市 Huaibei	571442	1162141	960003	437430	716906	659546
亳州市 Bozhou	293115	180396	174054	58539	115863	274606
宿州市 Suzhou	122059	150869	126627	44673	106796	150558
蚌埠市 Bengbu	446560	600858	519402	182484	440608	522931
阜阳市 Fuyang	359479	322828	297668	105478	225125	317894
淮南市 Huainan	595384	2941752	2661659	951371	1744480	682060
滁州市 Chuzhou	369065	409952	351121	126206	268001	426398
六安市 Luan	208890	270178	232886	87868	178674	262262
马鞍山市 Maanshan	840789	2202491	2048542	657746	1495331	588288
巢湖市 Chaohu	170319	241001	207528	77006	157103	191619
芜湖市 Wuhu	606792	775332	698800	254545	515099	667689
宣城市 Xuancheng	308663	408021	384763	171065	243083	283798
铜陵市 Tongling	489123	1003096	758736	284648	677045	463508
池州市 Chizhou	43557	54212	47993	23713	30571	54918
安庆市 Anqing	359073	968047	924974	399496	574481	581055
黄山市 Huangshan	79345	64234	54514	29050	38498	62454

13—22 续表 continued

单位：万元 (10000 yuan)

地区 Region		长期负债合计 Long-term Liabilities	所有者权益 Creditors Equity	实收资本 Total Capital Hold	产品销售收入 Sales Revenue	产品销售成本 Cost of Sales	产品销售费用 Sales Expenditure
总计	**Total**	**5343241**	**8662186**	**5718834**	**11320666**	**9000443**	**408462**
合肥市	Hefei	1397297	2166067	1216064	2779966	2205663	70451
淮北市	Huaibei	281694	528995	386308	709376	567358	31189
亳州市	Bozhou	33415	205880	74693	205946	137748	21206
宿州市	Suzhou	82056	13463	37110	125089	103684	4581
蚌埠市	Bengbu	169077	342006	251887	615614	418832	45633
阜阳市	Fuyang	104935	226657	104518	466381	357860	28711
淮南市	Huainan	1596184	702486	740024	888591	657270	33244
滁州市	Chuzhou	102744	278099	149580	542906	447001	20158
六安市	Luan	69802	114821	83654	302726	247903	14089
马鞍山市	Maanshan	327647	2248472	1447820	1135409	934054	14553
巢湖市	Chaohu	75197	163488	100681	183048	150304	8939
芜湖市	Wuhu	256290	524959	375014	942631	703335	50011
宣城市	Xuancheng	76166	287495	146389	326207	253193	22143
铜陵市	Tongling	572050	475362	347214	720287	641562	12452
池州市	Chizhou	9292	24794	19860	71594	61788	1112
安庆市	Anqing	176625	292266	200764	1204472	1034228	23126
黄山市	Huangshan	12770	66876	37255	100424	78659	6864

地区 Region		产品销售税金及附加 Sales Tax and Extra Charges	产品销售利润 Sales Profit	利润总额 Total Profits	本年应付工资 Wages Payable in This Year	本年应付福利费 Welfare Cost Payable in This Year	本年应交增值税 Value Added Tax Payable
总计	**Total**	**367952**	**1171987**	**280071**	**830545**	**117549**	**678255**
合肥市	Hefei	47476	190916	55656	150017	19814	178312
淮北市	Huaibei	11089	99739	4704	132945	20491	57252
亳州市	Bozhou	10613	36379	24583	13707	2596	11215
宿州市	Suzhou	3003	12713	685	11437	1485	6310
蚌埠市	Bengbu	79871	71107	9570	36519	4847	41516
阜阳市	Fuyang	34207	44533	16916	25342	2479	15360
淮南市	Huainan	6966	106143	6371	110864	18592	64203
滁州市	Chuzhou	20703	51449	14994	28216	4103	31749
六安市	Luan	11434	28990	−29	22191	2674	14730
马鞍山市	Maanshan	15293	171509	31312	110182	11735	87862
巢湖市	Chaohu	1477	22122	3197	19872	3043	7886
芜湖市	Wuhu	66619	120614	63975	42489	6469	59531
宣城市	Xuancheng	3020	35970	18803	17284	3728	15922
铜陵市	Tongling	2726	63548	3391	56494	8146	28315
池州市	Chizhou	212	8482	2109	5859	796	3681
安庆市	Anqing	52338	93779	16159	39759	5725	50119
黄山市	Huangshan	906	13995	7674	7368	826	4292

13—23　500万元以下非国有工业企业主要经济指标（2000年）
Main Economic Indicators of Non-state-owned Industrial Enterprises Under Five million yuan (2000)

指　标	Item	企业单位数（个）Number of Enterprises (unit)	工业总产值（当年价）（万元）Gross Industrial Output Value (at current prices) (10000 yuan)	上交税金（万元）Taxation (10000 yuan)	实收资本（万元）Capital Hold (10000 yuan)	年末全部从业人员（人）Number of Staff and Workers (Year-end) (person)
总　计	**total**	**369969**	**15597836**	**294950**	**2288286**	**2240752**
在总计中：轻工业	Of the total: Light Indnstry	223432	9299084	168218	1335457	1321598
重工业	Heavy Industry	146537	6298752	126732	952829	919154
在总计中：集体企业	Of the total: Collective-owned Enterprises	35860	4278447	84617	666100	719322
股份制企业	Share-holding Enterprises	2493	412135	10642	104211	76465
私营企业	Private Enterprises	62609	5736696	99617	765418	711725
联营企业	Joint Enterprises	3492	250030	1935	27271	22548
个体经营	Individual Enterprises	256289	4652079	89316	648488	506567
外商投资企业	Foreign Funded Enterprises	163	42394	1182	22193	38277
其它企业	Others	9063	226056	7641	54606	165848
在总计中：农村工业	Of the total: Industry in Rural Area	243898	18763770	251983	1867107	1873134

13—24 主要工业产品产量
Output of Major industrial Products

产品名称		Item		1990	1995	1999	2000
原　煤	（万吨）	Raw Coal	(10000 tons)	3205.39	4444	4677	4789.8
洗　煤	（万吨）	Coal Washing	(10000 tons)			449	464
铁矿石原矿量	（万吨）	Iron Ore Products	(10000 tons)				836
铜金属含量	（吨）	Amount contained of Copper	(ton)	29576	43442	42000	45564
工业木材	（万立方米）	Industrial Timber	(10000 cu. m)	50.76	36	1.14	2.64
混合饲料	（万吨）	Blending Feed	(10000 tons)		125.0	82.2	102.91
原　盐	（吨）	Raw Salt	(ton)			328000	328413
大　米	（吨）	Rice	(ton)			1252000	951857
食用植物油	（吨）	Edible Vegetable Oil	(ton)		952678	371000	397199
乳制品	（吨）	Dairy Products	(ton)		4575	12432	14970
罐　头	（吨）	Can (Tin)	(ton)		126847	25683	24897
鲜、冻畜肉	（万吨）	Fresh and Frozen Meat	(10000 tons)			13.5	10.19
糖　果	（吨）	Candy	(ton)			4146	6740
方便主食品	（吨）	Instant Stable Food	(ton)			18161	16407
酱　油	（吨）	Soy Sauce	(ton)			19876	22367
发酵酒精	（万吨）	Fermented Alcohol	(10000 tons)			9.8	9.51
白　酒	（万吨）	Liquor	(10000 tons)		46.1	46.50	46.70
啤　酒	（万吨）	Beer	(10000 tons)		56.65	127	119.3
精制茶	（吨）	Refined Tea	(ton)		25296	10718	9951
卷　烟	（万箱）	Cigarettes	(10000 cases)	216.1	194.0	179.7	157.7
纱	（吨）	Yarn	(ton)	175240	223024	262000	275052
布	（万米）	Cloth	(10000 m)	67311	87501	67518	74047
棉　布	（万米）	Cotton Cloth	(10000 m)	38290	50040	32545	35778
印染布	（万米）	Printing and Dyeing Cloth	(10000 m)	26148	26163	12583	14377
绒线（毛线）	（吨）	Knitting Wool	(ton)	3815	4496	348	31
麻袋（混合数）	（万条）	Gunny Sack	(10000 pieces)	5493	7653	1209	1238.2
丝	（吨）	Silk	(ton)	1771	5520	2235	2117.6
丝织品	（万米）	Silk Fabrics	(10000 m)	3303	8928	3733	3445.8
皮　棉	（万吨）	Lint Cotton	(10000 tons)			12.2	11.9
服　装	（万件）	Clothing	(10000 units)	5223	24225	5740	6283
梭织服装		Shuttled Clothing				2908.0	3799
针织服装		Knit Clothing				2744.2	2433
锯　材	（立方米）	Wood Sawn	(cu. m)			18848	20212
人造板	（万立方米）	Man-made Board	(10000 cu. m)	3.8	81.2	40.8	65.38
机制纸及纸板	（万吨）	Machine-made Paper and Paperboard	(10000 tons)	38.4	108.2	45.7	55
纸制品	（吨）	Paper Products	(ton)			41527	53876
单色印刷品	（万令）	Single-color Printed Matter	(10000)			191.1	380.8
多色印刷品	（万对开色令）	Diversified-color Printed Matter	(10000)			268.8	237.0
原油加工量	（万吨）	Volume of Processed Crude Oil	(10000 tons)			288.7	344.8
汽　油	（万吨）	Gasoline	(10000 tons)	57.8	74.1	69.8	79.4
柴　油	（万吨）	Diesel Oil	(10000 tons)	80.8	98.9	129.9	151.9

13—24 续表 1 continued

产品名称		Item		1990	1995	1999	2000
燃料油	（万吨）	Fuel Oil	(10000 tons)	60.65	48.48	13.6	10.7
液化石油气	（万吨）	Liquefied Petroleum	(10000 tons)			18.4	20.4
焦　炭	（万吨）	Coke	(10000 tons)	262.3	293.5	304.2	330.2
硫酸（折 100%）	（万吨）	Sulfuric Acid (100%)	(10000 tons)	66.3	135.3	158.7	143.1
浓硝酸（折 100%）	（万吨）	Enriched Nitric Acid (100%)	(10000 tons)	4.8	8.3	12.9	13.6
氢氧化钠（烧碱）（折 100%）	（万吨）	Caustic Soda (100%)	(10000 tons)	7.83	11.44	13.17	10.83
碳酸钠（纯碱）	（万吨）	Soda Ash	(10000 tons)	4.57	9.76	6.67	8.06
合成氨	（万吨）	Synthetic Ammonia	(10000 tons)	117.3	164.2	186.5	179.4
农用氮磷钾化学肥料总计	（万吨）	Chemical Fertilizers	(10000 tons)	106.6	165.7	182.2	157.6
氮肥（折含 N100%）	（万吨）	Nitrogen Fertilizers	(10000 tons)	83.7	110.9	144.4	120.9
磷　肥	（万吨）	Phosphate Fertilizers	(10000 tons)	22.9	54.7	40.1	36.5
化学农药	（万吨）	Chemical Pesticide	(10000 tons)	0.6	0.8	2.3	1.8
塑料树脂及共聚物	（吨）	Plastics	(ton)	29511	51434	45898	71687
肥　皂	（吨）	Soap	(ton)	56171	38473	21794	20326
合成洗涤剂	（万吨）	Synthetic Detergents	(10000 tons)	7.5	26.4	36.0	39.8
牙膏（自然支）	（万支）	Toothpaste	(10000 units)	11837	14351	9531	6941
化学原料药	（吨）	Chemical Medicine	(ton)	5316	6914	3506	4807
中成药	（吨）	Traditional Chinese Medicine	(ton)	6688	38923	7383	9371
化学纤维	（万吨）	Chemical Fiber	(10000 tons)	1.2	2.0	9.3	12.35
轮胎外胎	（万条）	Tires	(10000 units)	110.4	145.0	405.8	573.93
塑料制品	（吨）	Plastic Products	(ton)	88560	690481	280195	321435
塑料簿膜	（吨）	Plastic Film	(ton)	25867	100923	34987	28057
水　泥	（万吨）	Cement	(10000 tons)	886	1983	2133	2135.6
大理石板材	（万平方米）	Marble Plate	(10000 sq.m)	26.28	159.53	2.85	2.01
花岗石板材	（万平方米）	Granite Plate	(10000 sq.m)	3.41	115.77	3.12	4.07
平板玻璃	（万重量箱）	Plate Glass	(10000 weight Cases)	157.4	242.5	181.9	181.46
生　铁	（万吨）	Pig Iron	(10000 tons)	285.6	428.0	494.7	524.26
钢	（万吨）	Steel	(10000 tons)	248.1	325.5	424.3	460.63
普通碳素钢		Ordinary Carbon Steel				276.6	240.46
普通低合金钢		Ordinary Low-alloy Steel				97.9	143.68
合金钢		Alloy Steel				4.0	3.84
其它优质钢		Other High-quality Steel				45.8	72.65
成品钢材	（万吨）	Steel Products	(10000 tons)	188.3	267.6	388.8	431.72
铁道用钢材		Steel Use for Railway				7.6	9.02
普通中型钢材		Ordinary Rolled-steel, Medium				63.6	65.80
普通小型钢材		Ordinary Rolled-steel, Small				92.8	119.51
无缝钢管		Seamless Steel Pipe				2.5	2.99
线　材		Wire Rod		66.3	98.2	126.0	105.76
铜	（万吨）	Copper	(10000 tons)	5.0	8.2	21.0	22.78
铅	（吨）	Lead	(ton)	3204	33286	18926	15468

13—24 续表2 continued

产 品 名 称		Item		1990	1995	1999	2000
锌	(吨)	Zinc	(ton)	96	3499	3801	7587
铝	(吨)	Aluminum	(ton)	9652	20471	11263	10977
铜加工材	(吨)	Processed Copper	(ton)	10887	25536	37486	52607
铝 材	(吨)	Rolled Aluminum	(ton)	2337		8772	10707
工业锅炉	(蒸吨)	Industrial Boilers	(ton)	727	2318	728	779
内燃机	(万千瓦)	Internal Combustion Engines	(10000 kw)	191.28	442	234	265.67
金属切削机床	(台)	Metal-cutting Machine Tools	(units)	3743	4003	1180	4743
锻压设备	(吨)	Forging and Pressing Equipment	(ton)		15613	13506	10271
起重设备	(吨)	Derrick Equipment	(ton)	15632	14291	2560	2761
叉 车	(台)	Forklift	(unit)	1169	4273	4376	10017
泵	(台)	Pump	(unit)	206600	467846	74399	97578
轴 承	(万套)	Bearing	(10000 sets)			2595	3212
矿山设备	(吨)	Mining Equipment	(ton)	6773	14245	33840	39769
小型拖拉机	(台)	Mini-tractors	(unit)	88523	220967	160450	168271
农业运输机械	(辆)	Machinery for Agricultural transportation	(unit)			254807	250987
汽 车	(辆)	Motor Vehicles	(unit)	2837	30250	91573	107187
载货汽车		Trucks				26507	37441
公路客车		Coach				64944	69452
摩托车	(辆)	Motorcycles	(unit)	1075	73320	53685	70991
自行车	(万辆)	Bicycles	(10000 units)	70.52	105.0	0.54	0.49
交流电动机	(万千瓦)	Alternating Current Motor	(10000 kw)	85.4	208.9	97.1	164.38
变压器	(万千伏安)	Transformer	(10000 KVA)	212.7	487.0	687.3	520.3
电 线	(公里)	Wire	(km)	45400	367895	36208	49530
蓄电池	(千伏安时)	Storage Battery	(KVA.h)	14692100	487745	94951	143046
家用洗衣机	(万台)	Household Washing Machines	(10000 units)	34.0	127.7	145.7	131.70
家用电冰箱	(万台)	Household Refrigerators	(10000 units)	34.5	150.4	138.2	169.9
电风扇	(万台)	Electric Fans	(10000 units)	117.67	134.7	18.19	11.0
房间空气调节器	(万台)	Air conditioners	(10000 units)	1.22	12.20	62.79	115.80
排油烟机	(台)	Smoke Absorbers	(unit)		1931	20437	31008
电视机	(万部)	TV Sets	(10000 units)	72.6	79.0	93.2	159.67
#彩色电视机		Color TV		9.0	20.3	85.9	156.13
电话单机	(部)	Telephone Sets	(unit)		171688	29083	1157
雷 达	(部)	Radar	(unit)			399	554
微型电子计算机	(部)	Micro-computers	(unit)			80767	141777
电子元件	(亿只)	Electron Component	(100 million units)			37.0	41.96
发电量	(亿千瓦时)	Electricity	(100 million kwh)	194.2	310.3	319.3	368.10
火 电		Thermal Power		180.9	297.9	300.4	363.52
水 电		Hydropower		13.3	12.4	18.9	4.58
煤 气	(亿立方米)	Gas	(100 million cu.m)			86.4	90.86
自来水供应量	(亿吨)	Volume of Tap Water Supply	(100 million tons)			9.8	10.09
供热量	(万百万千焦)	Volume of Heat Supply	(10 billion kilo-joule)			475	737

13—25 各县（市）工业总产值
Gross Output Value of Industry by County or City

按 1990 年不变价格计算 （单位：万元） At 1990 Constant Price (10000 yuan)

县（市） County or City	1985	1990	1995	1999	2000
合肥市辖区 HeFei Reigon of City	423792	752548	1626149	2411302	2945888
长丰县 ChangFeng	12904	25268	47658	36641	39482
肥东县 FeiDong	19480	39380	81006	52786	58879
肥西县 FeiXi	14772	30779	79817	71028	90695
淮北市辖区 HuaiBei Reigon of City	100261	242567	377842	369416	405641
濉溪县 SuiXi	15761	28569	48122	37995	35060
亳州市辖区 Bozhou Reigon of City	16458	55344	236342	156053	139205
涡阳县 GuoYang	19005	38674	124337	84672	86631
蒙城县 MengCheng	18885	34792	228575	108775	81412
利辛县 LiXin	4739	10667	89612	47003	19121
宿州市辖区 SuZhou Reigon of City	36187	65585	194995	152491	181179
砀山县 DangShan	17156	30270	60454	48488	45915
萧县 XiaoXian	16209	36694	106352	43663	45794
灵璧县 LingBi	11608	27495	70620	32750	33717
泗县 SiXian	11408	35000	44461	26633	25199
蚌埠市辖区 BengBu Reigon of City	339000	429350	652263	608446	676981
怀远县 HuaiYuan	18151	29291	73813	57309	42679
五河县 WuHe	15813	22894	63656	28490	30137
固镇县 GuZhen	9368	16494	44435	34119	31347
阜阳市辖区 FuYang Reigon of City	75225	138441	346464	357774	342754
界首市 JieShou	17206	36266	222644	110986	92714
临泉县 LinQuan	8467	20604	153760	79984	64284
太和县 TaiHe	9509	24991	129228	102496	98917
阜南县 FuNan	8228	12410	83234	42034	30207
颍上县 YingShang	6824	12689	54077	31265	26708
淮南市辖区 HuaiNan Reigon of City	280105	390906	614297	461608	498614
凤台县 FengTai	11062	21883	61658	62810	66659
滁州市辖区 ChuZhou Reigon of City	67968	104784	535399	472785	625161
天长市 TianChang	26114	71839	235682	236610	254457
明光市 MingGuang	15515	44897	180954	62028	66767
来安县 LaiAn	13414	40448	184595	77177	85572
全椒县 QuanJiao	17038	73784	257017	158197	173003
定远县 DingYuan	12060	39910	169182	70127	77171
凤阳县 FengYang	19007	45934	175263	66552	65077
六安市辖区 LuAn Reigon of City	50037	91382	332692	195020	216735
寿县 ShouXian	13089	25471	171067	102956	95052
霍邱县 HuoQiu	12688	18423	150507	102835	110284
舒城县 ShuCheng	18408	31147	175453	96504	92667

注：1995 年以前为乡以上统计范围，1999 年、2000 年是规模以上统计范围。

a) Data in this table were calculated above the township level before 1995 and in 1999 and 2000, they were calculated above designated size.

13—25 续表 continued

单位：万元 (10000 yuan)

县（市） County or City	1985	1990	1995	1999	2000
金寨县 JinZhai	10171	21553	104092	34573	35564
霍山县 HuoShan	8706	16117	135387	88844	106854
马鞍山市辖区 MaAnShan Reigon of City	278136	418503	614057	714410	793496
当涂县 DangTu	34642	58927	172483	43342	60634
巢湖市辖区 ChaoHu Reigon of City	44227	79100	220865	226179	269084
庐江县 LuJiang	21426	38004	123030	70873	65370
无为县 WuWei	30436	49107	147724	138958	152495
含山县 HanShan	14029	24691	78610	52684	44637
和县 HeXian	14160	25206	104981	77643	78948
芜湖市辖区 WuHu Reigon of City	370283	463227	693104	1132746	1383924
芜湖县 WuHu	12612	24141	90790	41848	39440
繁昌县 FanChang	18792	42487	173125	82312	72237
南陵县 NanLing	8031	13038	55188	24418	29996
宣城市辖区 XuanCheng Reigon of City	14928	60793	293689	287111	296745
宁国市 NingGuo	15138	57166	411531	206762	226515
郎溪县 LangXi	8069	13867	60488	25319	28451
广德县 GuangDe	10452	15853	46881	34957	50631
泾县 JingXian	16911	32466	112973	78537	87453
旌德县 JingDe	3451	8890	58011	45831	2558
绩溪县 JiXi	7776	17620	102112	72627	61762
铜陵市辖区 TongLing Reigon of City	111572	210252	607904	623173	713215
铜陵县 TongLing	10450	23253	80611	54154	57029
池州市辖区 ChiZhou Reigon of City	11868	40954	102401	71188	78099
东至县 DongZhi	13870	24643	57502	31037	34904
石台县 ShiTai	2775	4392	12900	3698	4630
青阳县 QingYang	4954	11360	35229	13243	15431
安庆市辖区 AnQing Reigon of City	239708	367256	470822	614010	662488
桐城市 TongCheng	12419	39793	120765	170166	186236
怀宁县 HuaiNing	12459	19562	111182	76073	76760
枞阳县 ZongYang	7269	13671	41023	54116	50862
潜山县 QianShan	7492	12320	49608	65732	76143
太湖县 TaiHu	6239	10487	21065	23050	20592
宿松县 SuSong	11173	20494	42127	19253	25648
望江县 WangJiang	13329	22133	57602	32808	36482
岳西县 YueXi	4266	9937	25467	48047	54502
黄山市辖区 HuangShan Reigon of City	1133	25820	50873	92117	103515
歙县 SheXian	18315	25258	79660	92156	106007
休宁县 XiuNing	7394	15530	45563	24166	28926
黟县 YiXian	3733	6234	14926	10006	13812
祁门县 QiMen	8999	14636	35484	23262	28767

13—26 各县（市）工业企业单位数和总产值（2000 年）
Number and Output Value of Industrial Enterprises by County or City (2000)

单位：万元 (10000 yuan)

县（市）	County or City	企业单位数（个） Number of Enterprises (unit)	工业总产值（不变价） Gross Industrial Output Value (at Constant Prices)	工业总产值（当年价） Gross Industrial Output Value (at Gurrent Prices)	工业增加值 Value Added of Industry
合肥市辖区	HeFei Reigon of City	286	2945888	2779302	814696
长丰县	ChangFeng	23	39482	52413	12439
肥东县	FeiDong	29	58879	64969	20041
肥西县	FeiXi	27	90695	71851	16456
淮北市辖区	HuaiBei Reigon of City	80	405641	766072	295613
濉溪县	SuiXi	21	35060	52271	16599
亳州市辖区	Bozhou Reigon of City	46	139205	208093	82923
涡阳县	GuoYang	43	86631	142773	44153
蒙城县	MengCheng	41	81412	97047	35239
利辛县	LiXin	31	19121	30039	7876
宿州市辖区	SuZhou Reigon of City	65	181179	201290	61157
砀山县	DangShan	28	45915	54117	18300
萧县	XiaoXian	49	45794	57078	17296
灵璧县	LingBi	27	33717	46944	11998
泗县	SiXian	33	25199	34385	10678
蚌埠市辖区	BengBu Reigon of City	122	676981	736815	249367
怀远县	HuaiYuan	19	42679	57878	18185
五河县	WuHe	20	30137	30791	7877
固镇县	GuZhen	15	31347	35800	8524
阜阳市辖区	FuYang Reigon of City	80	342754	399028	131779
界首市	JieShou	52	92714	115380	46472
临泉县	LinQuan	38	64284	74877	16820
太和县	TaiHe	55	98917	102551	2994
阜南县	FuNan	38	30207	36487	8132
颍上县	YingShang	35	26708	31453	7036
淮南市辖区	HuaiNan Reigon of City	107	498614	854667	272459
凤台县	FengTai	24	66659	119786	37743
滁州市辖区	ChuZhou Reigon of City	82	625161	473793	140806
天长市	TianChang	70	254457	253391	72775
明光市	MingGuang	50	66767	73648	21208
来安县	LaiAn	35	85572	90216	25496
全椒县	QuanJiao	53	173003	143014	572930
定远县	DingYuan	40	77171	89363	26899
凤阳县	FengYang	37	65077	57008	18126
六安市辖区	LuAn Reigon of City	59	216735	242121	74957
寿县	ShouXian	51	95052	125821	28522
霍邱县	HuoQiu	29	110284	122117	30106
舒城县	ShuCheng	43	92667	104670	33465

13—26 续表 continued

单位：万元 (10000 yuan)

县（市） County or City	企业单位数（个） Number of Enterprises (unit)	工业总产值（不变价） Gross Industrial Output Value (at Constant Prices)	工业总产值（当年价） Gross Industrial Output Value (at Gurrent Prices)	工业增加值 Value Added of Industry
金寨县 JinZhai	22	35564	36464	9560
霍山县 HuoShan	27	106854	125784	41271
马鞍山市辖区 MaAnShan Reigon of City	90	793496	1257244	480181
当涂县 DangTu	30	60634	66857	13564
巢湖市辖区 ChaoHu Reigon of City	104	269084	308303	99441
庐江县 LuJiang	40	65370	76866	21420
无为县 WuWei	73	152495	157948	45685
含山县 HanShan	30	44637	57023	17933
和县 HeXian	39	78948	78923	17827
芜湖市辖区 WuHu Reigon of City	151	1383924	1306257	450986
芜湖县 WuHu	18	39440	52339	12719
繁昌县 FanChang	45	72237	77899	23544
南陵县 NanLing	16	29996	39150	11603
宣城市辖区 XuanCheng Reigon of City	52	296745	283097	71732
宁国市 NingGuo	53	226515	241466	84398
郎溪县 LangXi	19	28451	28824	7683
广德县 GuangDe	36	50631	47099	15185
泾县 JingXian	28	87453	83798	27352
旌德县 JingDe	22	2558	26099	7388
绩溪县 JiXi	36	61762	54931	17730
铜陵市辖区 TongLing Reigon of City	65	713215	859448	245992
铜陵县 TongLing	19	57029	45016	10988
池州市辖区 ChiZhou Reigon of City	35	78099	95220	23309
东至县 DongZhi	20	34904	42127	12893
石台县 ShiTai	12	4630	5187	1687
青阳县 QingYang	17	15431	17828	4385
安庆市辖区 AnQing Reigon of City	135	662488	1275297	234281
桐城市 TongCheng	71	186236	190491	52400
怀宁县 HuaiNing	62	76760	85866	22561
枞阳县 ZongYang	42	50862	59062	15059
潜山县 QianShan	20	76143	91002	20740
太湖县 TaiHu	22	20592	22874	6188
宿松县 SuSong	40	25648	36155	10053
望江县 WangJiang	34	36482	51044	15245
岳西县 YueXi	22	54502	55155	16461
黄山市辖区 HuangShan Reigon of City	18	103515	64120	19337
歙县 SheXian	37	106007	85630	29475
休宁县 XiuNing	19	28926	25675	8183
黟县 YiXian	19	13812	14798	3799
祁门县 QiMen	11	28767	25897	9291

13—27 全省主要大中型工业企业基本情况（2000年）

Basic Statement of Main Large and Medium-sized Enterprises (2000)

单位：千元 (1000 yuan)

企业名称	Name of Enterprises	产品销售收入 Sales Revenue	工业总产值（当年价）Gross Industrial Output Value (At Current Prices)	新产品产值 Output Value of New Products	工业销售产值 Value of Industrial Products Sales	出口交货值 Delivery Value of Export
安徽省电力公司	Anhui Electric Power Company	9775733	473897		473897	
中国石化安庆分公司	China Petrochemical Company Anqing Branch	8361511	8250640		8360610	26440
马鞍山钢铁股份有限公司	Maanshan Iron and Steel Co., Ltd.	7932824	8041900	1299171	8070450	701150
铜陵有色金属集团公司	Tongling Nonferrous Metals Group Company	4069929	4254900		4178310	870580
淮南矿业（集团）有限责任公司	Huainan Coal Co., Ltd.	2770720	2549640		2488080	
淮北矿业（集团）有限责任公司	Huaibei Coal Co., Ltd.	2700120	2659924		2871178	176300
合肥江淮汽车有限公司	Hefei Jianghuai Auto Mobile Co., Ltd.	2189603	2140014	641715	2134028	47369
合肥美菱集团公司	Hefei Meiling Group Company	2188647	2345939	2002186	2419537	135684
合肥发电厂	Hefei Power Plant	1701330	380551		380551	
合肥荣事达集团有限责任公司	Hefei R. Shida Group Co., Ltd.	1510217	1703642	1413086	1750656	36656
合肥钢铁集团有限公司	Hefei Iron and Steel Group Co., Ltd.	1483991	1278930		1331430	
蚌埠卷烟厂	Bengbu Cigarette Plant	1470854	1480990	500265	1470855	
芜湖卷烟厂	Wuhu Cigarette Plant	1386755	1390966		1386755	
江西昌河汽车股份公司合肥分公司	Jiangxi Changhe Automobile Co., Ltd Hefei Branch	1299055	1666237		1643907	299
合肥供电局	Hefei Power Supply Bureau	1293859	172490		172490	
广东美的集团芜湖制冷设备有限公司	Meide Wuhu Cool-maker Company	1213819	1657540	1657540	1517600	
安徽金种子集团有限公司	Anhui Jin Zhongzi Group Co., Ltd.	1206000	963817	291321	1072281	
安徽丰原生物化学集团有限公司	Anhui Fengyuan Biochemistry Group Company	1198038	1146420	9468	1104380	544334
安徽淮南平圩发电有限公司	Anhui Huainan Pingwei Power Co., Ltd.	1194045	1235871		1235871	
安徽康佳电子有限公司	Anhui Konka Electronic Co., Ltd.	1151431	996350	85676	993387	
皖北煤电集团有限责任公司	Wanbei Coal and Electric Group Company	1033297	1092431		1080459	48455
安徽飞彩（集团）有限公司	Anhui Feicai Co., Ltd.	971725	1716020	1115820	1716630	1398
淮南田家庵发电厂	Huainan Tianjiaan Power Plant	962831	962831		962831	
安徽古井贡酒股份有限公司	Anhui Old Well Liguor Co., Ltd.	912556	984250	234654	906947	
国投新集能源股份有限公司	Xingji Energy Co., Ltd.	866319	839080		891595	
铜陵市化学工业集团有限公司	Tongling Chemical Industry Group Co., Ltd.	803074	753936	43301	774823	19856
淮南洛河发电厂	Huainan Luohe Power Plant	801259	801259		801259	
马钢（集团）控股有限公司	Maansan Steel Group Share-controlling Company	792850	943140		815680	
合肥卷烟厂	Hefei Cigarette Plant	771592	757145		773131	
淮南供电局	Huainan Power Supply Bureau	749499	126420		126420	
安徽国风集团有限公司	Anhui Guofeng Group Co., Ltd.	721526	736676	230578	713872	
安庆纺织厂	Anqing Textile Plant	703587	712105	23764	740281	100593
芜湖海螺塑料型材有限公司	Wuhu Hailuo Plastic Co., Ltd.	631731	635493	635493	628047	
安徽全力集团	Anhui Quanli Group	609897	630000		588000	
芜湖发电厂	Wuhu Power Plant	596548	596548		596548	
淮北发电厂	Huaibei Power Plant	585681	585681		585681	
马鞍山万能达发电有限责任公司	Manshan Wannengda Power Co., Ltd.	581692	580791		580791	
芜湖恒鑫铜业有限公司	Wuhu Hengxin Copper Co., Ltd.	565763	1264430		1273770	219880
安徽合力股份有限公司	Anhui Heli Co., Ltd.	540900	541210	69733	528430	98481
安徽安凯汽车集团有限公司	Anhui Ankai Automobile Group Co., Ltd.	536234	535313	323086	525873	
安徽省宁国水泥厂	Anhui Ningguo Cement Works	526145	517489		517389	
安徽全柴集团有限公司	Anhui Quanchai Group Co., Ltd.	526080	561098	101403	521375	51871

注：按年产品销售收入排序，安徽省电力公司财务数据含网内供电企业。

a) The enterises are arranged in order of sales revenue. The data of Anhui Electric Power Company include those of power supply enterprises in the network.

13—27 续表 1 continued

单位：千元 (1000 yuan)

企业名称	Name of Enterprises	产品销售收入 Sales Revenue	工业总产值（当年价）Gross Industrial Output Value (At Current Prices)	新产品产值 Output Value of New Products	工业销售产值 Value of Industrial Products Sales	出口交货值 Delivery Value of Export
淮北供电局	Huaibei Power Supply Bureau	523788	85102		85102	
安徽阜阳纺织集团有限公司	Anhui Fuyang Textile Group Co., Ltd.	522882	440329		434240	77809
安徽天大企业（集团）公司	Anhui Tianda Group Company	495731	508526	163382	497330	18717
安徽淮化集团有限公司	Anhui Huaihua Group Co., Ltd.	495710	499780		486800	
阜阳卷烟厂	Fuyang Cigarette Plant	485745	504448		496054	
安徽省沙河酒厂	Anhui Shahe Distillery	442681	443600	296580	442800	
中国扬子集团有限公司	China Yangzi Group Co., Ltd.	421664	760833	71100	718994	2400
滁州卷烟厂	Chuzhou Cigarette Plant	419192	419193		419193	
黄山市化工总厂	Huangshan Chemical Works	416383	427736	88041	416259	23074
淮北印染厂	Huaibei Printing and Dyeing Plant	416051	450923	156715	449135	425413
安徽迎驾酒业股份有限公司	Anhui Yingjia Liquor Co., Ltd.	405593	487073	46715	472539	
安徽飞亚纺织集团公司	Anhui Feiya Textile Group Company	404087	378916	41274	404087	51270
安徽八一化工集团有限公司	Anhui Bayi Chemistry Industry Group Company	396578	298358		299004	34084
芜湖裕中产业（集团）有限公司	Wuhu Yuzhong Business Company	370338	371500		370338	50163
安徽氯碱化工集团有限责任公司	Anhui Chlorin and Alkali Co., Ltd.	361867	407217	3880	408907	8323
池州有色金属（集团）有限公司	Chizhou Nonferrous Metals Group Company	360035	368342		357365	93358
铜陵市华源麻业有限公司	Tongling Huayuan Fibre Co., Ltd.	353549	376235	77405	369302	317873
安徽省纸业股份有限公司	Anhui Paper Co., Ltd.	345696	354045	95066	347660	
海螺集团芜湖白马山水泥厂	Hailuo Group Wuhu Baimashan Cement Plant	332644	325698		322941	
安徽新集煤电（集团）有限公司	Anhui Xinji Coal and Electrcity Co., Ltd.	325735	347490		332020	
安徽华康粮油食品集团	Anhui Huakang Grain and Oil Group Company	324903	334683	32894	326894	
芜湖钢铁厂	Wuhu Iron and Steel Plant	324467	364390		358190	138734
合肥四方化工集团有限公司	Hefei Sifang Chemical Industry Group Company	318596	349072	73331	336302	75323
宣城地区供电局	Xuancheng Power Supply Bureau	310732	59043		59043	
马鞍山发电厂	Maanshan Power Plant	306458	336612		332654	
安徽省蚌埠酒厂	Anhui Bengbu Distillery	301385	241354		255369	
安徽口子集团公司	Anhui Kouzi Group Company	300482	327248		321148	
国营芜湖造船厂	Wuhu Dockyard	297191	304220		303390	228860
铜陵市精达特种电磁线股份公司	Tongling Jingda Special Electromagnetic Line Co., Ltd.	274738	225496		216387	
马鞍山市三维建材集团	Maanshan Sanwei Construction Material Group Company	273624	280672		268833	
				143245		
淮北第一纺织有限责任公司	Huaibei NO.1 Textile Co., Ltd.	271653	278592	27980	276608	6931
铜陵海螺水泥有限公司	Tongling Hailuo Cement Co., Ltd.	268646	269790		267980	
安庆帝伯格茨活塞环有限公司	Anqing Dibogeci Piston Ring Limited Company	266495	241277	216490	234470	772
芜湖威迪欧汽车仪表有限公司	Wuhu Weidiou Automobile-instrument Co., Ltd.	261177	233941		261178	1364
芜湖张恒春药业有限公司	Wuhu Zhanghengchun Medicine Co., Ltd.	258561	57750	5043	56230	
圣泉集团啤酒有限公司	Shengquan Beer Group Company	254071	254927		254071	
国营芜湖机械厂	Wuhu Mechinery Plant	248623	270633		254220	3662
芜湖县金田集团有限公司	Wuhu Jintian Group Company	240501	239670		234541	35000
蚌埠灯芯绒集团有限公司	Bengbu Corduroy Group Company	238462	241847	23740	244155	181783
安徽省天长市仪表厂	Anhui Tianchang Instrument Plant	234059	250170	8102	247986	
临泉县化工股份有限公司	Linquan Chemical Industry Co., Ltd.	233080	232167		218361	

13—27　续表 2　continued

单位：千元　　　　　　　　　　　　　　　　　　　　　　　　　　(1000 yuan)

企　业　名　称	Name of Enterprises	产品销售收入 Sales Revenue	工业总产值（当年价） Gross Industrial Output Value (At Current Prices)	新产品产值 Output Value of New Products	工业销售产值 Value of Industrial Products Sales	出口交货值 Delivery Value of Export
芜湖有色金属压延厂	Wuhu Nonferrous Metals Rolling Plant	223230	227210		223230	
安徽省涡阳县化肥厂	Anhui Guoyang Chemical Fertilizer Plant	215152	259420		261342	
宿州鸿鹏纺织集团有限责任公司	Shuzhou Hongpeng Textile Co., Ltd.	211538	322050	123851	313801	62623
安徽铜峰电子（集团）公司	Anhui Tongfeng Electronic Group Company	207606	257086		251944	
黄山金马股份有限公司 黄山仪表厂	Huangshan Jinma Co., Ltd. Huangshan Instrument Plant	206885	209927	106944	207828	3744
安徽宁国中鼎（股份）集团	Anhui Ningguo Zhongding Group Company	201612	265200	142600	258200	63500
安庆南风日化有限责任公司	Anqing Nanfeng Daily Chemical Products Co., Ltd.	199901	204600		200777	
铜陵车辆厂	Tongling Automobile Plant	197571	205289	177836	198200	2629
安徽六安手扶拖拉机厂	Anhui Luan Hand-tractor Plant	197101	171390	37563	200089	1936
安徽天马纺织（集团）有限公司	Anhui Tianma Textile Group Company	195294	190175	45752	195442	100645
安徽省六安纺织厂	Anhui Luan Textile Company	192396	202896		196874	12059
安徽阜阳化工总厂	Anhui Fuyang Chemical Works	190836	167395		159413	
铜陵钢铁股份有限公司	Tongling Iron and Steel Co., Ltd.	186838	192889		191639	69525
安徽华光玻璃集团有限公司	Anhui Huaguang Glass Co., Ltd.	184498	203452		207418	27949
芜湖邦妮洗涤用品有限公司	Wuhu Bangni Detergent Co., Ltd.	180014	281649		273522	15640
定远县盐矿	Dinyuan Salt Mine	178904	245276		257539	
安徽双津集团	Anhui Shuangjin Group Company	177845	208700	69638	185888	1920
安徽龙津啤酒有限责任公司	Anhui Longjin Beer Co., Ltd.	176076	175664	29928	176076	
安徽高炉酒厂	Anhui Gaolu Distillery	175406	476810		486050	
铜陵市化纤厂	Tongling Chemical Fibre Plant	173359	181646	27319	172776	
安徽华源生物药业有限公司	Anhui huayuan Biopharrmaceutical Co., Ltd.	172110	184433		173890	64663
蚌埠热电厂	Bengbu Heat and Power Plant	171303	171303		171303	
马鞍山市纺织厂	Maanshan Textile Mill	170105	173474	53354	169762	
芜湖光华集团有限公司	Wuhu Guanghua Group Company	168817	179166		172045	4715
安徽省皖北铝业公司	Anhui Wanbei Aluminium Company	168730	190191	481	167167	
安徽开元轮胎有限责任公司	Anhui Kaiyuan Tyres Co., Ltd.	167370	199655		191202	56995
安徽东方纸业有限公司	Anhui Dongfang Paper Co., Ltd.	162985	172354	136689	149214	
安徽安利合成革有限公司	Anhui Anli Synthetic Leather Co., Ltd.	160834	163723	48250	160834	39196
合肥汽车制造厂	Hefei Automobile Plant	159632	156264	77753	158861	
蚌埠市皖酒制造有限公司	Bengbu Wan Jiu Distillery Co., Ltd.	158636	221252		208088	
中国长江航运集团 江东船厂	China Changjiang Shipping Company Jiangdong Ship Plant	156726	161334		161334	126246
安徽省荣兴油脂有限公司	Anhui Rongxing Oil Co., Ltd.	155270	171822		165807	
安徽蚌埠聚星酿造公司	Anhui Bengbu Juxing Brewage Company	154007	140515	5334	150150	
蚌埠神风工业用布集团责任公司	Bengbu Shenfeng Cloth for Industrial Use Group Co., Ltd.	153697	154178	871	146552	
正大（芜湖）有限公司	Zhengda (Wuhu) Co., Ltd.	149384	129801		149703	
安徽双阳集团	Anhui Shuangyang Group Company	148360	136000		136581	
安徽省宁国市耐磨材料总厂	Anhui Ningguo Wear-resisting Material Mill	148196	182040	74950	188850	8200
芜湖一汽扬子汽车厂	Wuhu No. 1 Automobile Gronp Yangzi Auto Mobile Plant	145231	146928	146928	156463	
淮北焦化厂	Huaibei Charcoal Plant	144315	139308		150383	

13—27 续表3 continued

单位：千元 (1000 yuan)

企业名称	Name of Enterprises	产品销售收入 Sales Revenue	工业总产值（当年价）Gross Industrial Output Value (At Current Prices)	新产品产值 Output Value of New Products	工业销售产值 Value of Industrial Products Sales	出口交货值 Delivery Value of Export
安徽省湖滨机械厂	Anhui Hubin Machinery Plant	142192	161281	103588	157321	10859
霍邱县中华玉泉酒业有限公司	Huoqiu Zhonghua Yuquan Liquor Co., Ltd.	139205	172790		139205	
安徽省皖西机械厂	Anhui Wanxi machinery Plant	138760	144679	45255	138763	66669
肥东县纺织厂	Feidong Textile Mill	138122	146464		137610	64954
安徽亚邦化工有限公司	Anhui Yabang Chemical Industry Co., Ltd.	135481	134805		129063	
合肥市自来水总公司	Hefei Tap Water Company	135245	135244		135244	
安徽省朝阳微电机厂	Anhui Zhaoyang Miro Electric Machine Plant	131259	156464	55780	152356	14129
华亚芜湖塑胶有限公司	Wuhu Huaya Plastic-rubber Co., Ltd.	128505	113300	69990	97490	
安徽文王酿酒股份有限公司	Anhui Wenwang Distillery Co., Ltd.	127984	102390		126100	
安徽省赛华电缆厂	Anhui Saihua Cable Plant	127615	139913	1613	134315	
安徽王冠摩托车集团有限公司	Anhui Wangguan Motor Group Co., Ltd.	126453	264277	238603	264675	
桐城玻纤总公司	Tongcheng Glassfibre Company	124805	129780		127040	11674
合肥常青纺织有限责任公司	Hefei Changqing Textile Co., Ltd.	122310	137005		121859	39104
淮北市杭淮集团	Huaibei Hanghuai Group	122226	134876	60960	131948	113053
安徽冶山水泥股份有限公司	Anhui Yieshan Cement Co., Ltd.	120364	120364		120364	
蒙城棉麻纺织集团总公司	Mongchen Cambric Group Company	120063	127475		108500	
安徽省爱利德纺织工艺制品公司	Anhui Anlide Textile Handiwork Company	119530	62000		61000	1500
安徽省皖东机械有限公司	Anhui Wandong Machinery Co., Ltd.	119162	77300		73300	
铜陵市燃气总公司	Tongling Gas Company	118183	110550		110550	
安徽绩溪丝业有限公司	Anhui Jixi Silk Co., Ltd.	117639	135618		134423	23230
安徽省金光钢厂	Anhui Jingguang Steel Plant	116849	105280	686	101210	
安徽省汽车齿轮箱总厂	Anhui Auto Mobile Gear Case Plant	116651	112105		115908	
安徽古井雪地啤酒有限公司	Anhu Gujing Xuedi Beer Co., Ltd.	116590	90428		96439	
安徽新力药业股份有限公司	Anhui Xinli Pharmaceutical Co., Ltd.	114146	59150	22410	101020	493
安徽省东至纺织股份有限公司	Anhui Dongzhi Textile Co., Ltd.	113625	147948		143571	
安徽省明光酒厂	Anhui Mingguang Distillery	113470	96388		117803	
安庆市曙光化工有限公司	Anqing Shuguang Chemical Industry Limited Company	111937	120004		113731	37127
安徽巢湖铸造厂有限责任公司	Anhui Chaohu Foundry Plant Co., Ltd.	111415	123143	5679	114197	
蚌埠滤清器总厂	Bengbu Filter Plant	110537	92878	25537	96116	7712
无为县官镇羽绒总厂	Wuwei Guanzhen Town Feather Plant	110132	110630		110130	104620
安庆市玻璃有限责任公司	Anqing Glass Co., Ltd.	110050	105770		110000	3220
安徽豪顿啤酒厂	Anhui Haodun Brewery	109231	110080		110080	
铜陵市焦化厂	Tongling Charcaol Plant	109081	106812		104970	1488
合肥轴承总厂	Hefei Bearing Plant	107796	96295	6698	97795	9005
皖南电机股份有限公司	Waunan Electric machinery Co., Ltd.	107005	161042		160853	8800
安庆白鳍豚水泥有限公司	Anqing Baiqitun Cement Co., Ltd.	106615	102690		102965	
安徽华星化工股份有限公司	Anhui Huaxing Chemical Industry Co., Ltd.	106275	110310	11331	107820	12600
安徽金光机械股份有限公司	Anhui Jinguang machinery Co., Ltd.	106116	111268	10031	106897	11424
安丰油脂股份有限公司	Anfeng Oil Co., Ltd.	104120	195827		174178	
桐城市轴瓦厂	Tongcheng Axle Bush Plant	103731	109200	11545	121365	13536
宿州市化纤总厂	Suzhou Chemical Fibre Plant	102347	108777		105375	
金寨县丝绸总厂	Jinzhai Silk Plant	101948	135002		142471	

13—27　续表 4　continued

单位：千元　　(1000 yuan)

企业名称	Name of Enterprises	产品销售收入 Sales Revenue	工业总产值（当年价）Gross Industrial Output Value (At Current Prices)	新产品产值 Output Value of New Products	工业销售产值 Value of Industrial Products Sales	出口交货值 Delivery Value of Export
安徽宏晶新材料股份有限公司	Anhui Hongjin Hewly-mateial Co., Ltd.	101263	105295		101263	
安徽省江坝油脂化工总厂	Anhui Jiangba Oil Chemical Works	101212	104620		104696	
安徽芳草日化股份有限公司	Anhui Fangcao Daily Chemical Goods Co., Ltd.	101045	118579	97662	113799	443
亳州市白酒饮料酿造集团公司	Bozhou Distillery Group Company	100880	103680		100880	
安徽华阳纺织集团	Anhui Huayang Textile Group Company	99403	99273		96163	
来安县化肥厂	Laian Chemical Fertilizer Plant	98443	114220		110793	
马鞍山市鼎泰金属制品公司	Maanshan Dingtai Metal Product Company	97122	96442	13279	97810	
安徽省天井啤酒厂	Anhui Tianjing Brewery	97102	100934		100067	
马鞍山海狮巾被集团	Maanshan Haishi Towelling Coverlet Group	95516	96301	10579	96100	65717
安徽省客车总厂	Anhui Coach Plant	95329	97498	74704	96706	
芜湖广夏华东玻璃制品股份公司	Wuhu Guangxia Huadong Glassware Co., Ltd.	95006	96992		92268	
国营长安机器总厂	Changan Machinery Plant	93455	105166	26894	105271	2185
阜阳拖拉机制造有限公司	Fuyang Tractor Manufacturing Co., Ltd.	92507	101817		102334	
安庆威狮啤酒有限公司	Anqing Weishi Beer Co., Ltd.	91062	87838		86838	
安徽高森造纸集团	Anhui Gaosen Paper Group Company	88800	89626	62759	86969	22370
安徽车桥厂	Anhui Cheqiao Plant	87812	81677		82306	
安徽省古泉啤酒厂	Anhui Guquan Brewery	86219	92412		94093	
安徽亚珠集团有限公司	Anhui Yazhu Group Co., Ltd.	86204	89000	26700	84200	
皖北制药厂	Wanbei Pharmaceutical Factory	85973	100212	8544	98168	4840
淮南乳品厂	Huainan Milk Plant	85235	39553		43865	
安徽省天岛啤酒股份有限公司	Anhui Tiandao Beer Company	85027	73108		73108	
阜阳轴承股份有限公司	Fuyang Bearing Co., Ltd.	84723	89850	500	87600	27590
安徽省汽车制动器厂	Anhui Automobile Brake Plant	84596	89862	54968	86559	
凤台县化肥厂	Fengtai Chemical Fertilizer Plant	84489	99406		93597	
淮北市热电厂	Huaibei Heat and Power Plant	84275	84275		84275	
合肥东方室内装饰集团	Hefei orient Interior Decoration Group	83803	81004		77749	30
铜陵市三佳电子集团有限公司	Tongling Sanjia Electronic Group Co., Ltd.	82456	108943	61592	106504	510
青岛啤酒（芜湖）有限公司	Qingdao Beer (Wuhu) Co., Ltd.	81542	84227		82010	
滁州市羽绒总厂	Chuzhou Feather Plant	80612	97018		92319	92012
金锺纸业股份有限公司	Jinzhong paper Co., Ltd.	80368	92171	31000	94031	
马鞍山市马钢合力金属制品公司	Maanshan Magang Heli Metals Product Company	79632	74553		81034	11201
合肥东风化工厂	Hefei Dongfeng Chemical Works	79525	78009		80535	21203
安徽省东风机械总厂	Anhui Dongfeng Machinary Plant	78420	80010		80010	23650
安徽省江北机械厂	Anhui Jiangbei Machinary Plant	78039	78740		78180	
安徽省无为县纺织总厂	Anhui Wuwei Textile Plant	77574	79317		78182	
马鞍山市马钢江东轧钢厂	Maanshan Jiangdong Rolling Mill	77517	82627		84149	
巢湖棉纺厂	Chaohu Cotton Mill	77429	104860		100764	
马鞍山市金星化工集团有限公司	Maanshan Jinxing Chemical Industry Co., Ltd.	76430	89643	640	83750	19047
芜湖万通电机有限责任公司	Wuhu Wantong Electrical Machinery Co., Ltd.	76270	100290	75480	103650	5740
安徽省六安淠河化肥厂	Anhui Luan Pihe Chemical fertilizer Plant	76075	75920	1678	74687	
芜湖山江化学有限公司	Wuhu Shanjiang Chemistry Co., Ltd.	75802	76523	2516	77480	
界首市天安集团	Jieshou Tianan Group	75721	95964	32665	86878	
安徽省贵池发电厂	Anhui Guichi Power Plant	75677	75677		75677	
滁州市富爵集团有限公司	Chuzhou Fujue Group Co., Ltd.	75569	48500		48650	23756

13—27 续表 5 continued

单位：千元 (1000 yuan)

企业名称	Name of Enterprises	产品销售收入 Sales Revenue	工业总产值（当年价）Gross Industrial Output Value (At Current Prices)	新产品产值 Output Value of New Products	工业销售产值 Value of Industrial Products Sales	出口交货值 Delivery Value of Export
安徽寿春水泥（集团）有限公司	Anhui Shouchun Cement Co., Ltd.	75416	85982		85982	
安徽省宿州色织印染总厂	Anhui Suzhou Color-weaving, Printing and Dyeing Mill	75113	82796		74563	
合肥锻压机床股份有限公司	Hefei Forging Press Co., Ltd.	75002	68994	50977	72052	8679
安徽电子计算机厂	Anhui Computer Plant	74565	26701		27028	
安徽省阜南县化工总厂	Anhui Funan Chemical Works	74246	77982	1906	73044	
安徽省安庆汽车钢板弹簧厂	Anhui Anqing Automobile Steel-pan and Spring Plant	71770	89807	21197	86971	
巢湖市金猴渔具集团	Chaohu Jinhou Fishing Gear Group	71580	79860		79060	29150
安徽新华印刷厂	Anhui Xinghua printing House	70324	61335		62562	
安徽双永装饰材料有限公司	Anhui Shuangyorg Furnishing Materials Co., Ltd.	70120	71120	47120	70120	
蚌埠市液化气公司	Bengbu Liguefied Petroleum Gas Company	69908	76182		78996	
合肥市煤气总公司	Hefei Gas Company	69128	66094		66358	
蚌埠宝兴面粉有限公司	Bengbu Baoxing Flour Co., Ltd.	68828	84433		81728	
安徽圣泉集团滁州酿酒有限公司	Anhui Shengquan (Chuzhou) Brewery Co., Ltd.	68477	67499		73332	
界首生物工程药业有限公司	Jieshou Biological Engineering Pharmaceutical Co., Ltd.	67844	89551		66907	
安徽省六安造纸厂	Anhui Luan Paper Plant	67542	55817	39068	56108	
砀山润达纺织集团有限公司	Dangshan Runda Textile Group Co., Ltd.	67140	86327		84650	
合肥神鹿集团公司	Hefei Shenlu Group Company	66990	69530	6212	72775	2205
蚌埠烟叶复烤厂	Bengbu Tobacco Leaf Refluecuring Plant	66583	2265		7451	
安徽省安庆香皂厂	Anhui Anqing Scented Soap Factory	65424	87462		78175	190
界首市化肥厂	Jieshou Chmemical Fertilizer Plant	64810	56643		65610	
合肥玻璃总厂	Hefei Glassworks	64070	77752	10176	75910	
安徽省琅琊山矿业总公司	Anhui Langyashan Mining Industry Company	63996	63613		61294	
安徽省蚌埠第一制药厂	Anhui Bengbu No. 1 Pharmaceutical Factory	63982	72760	17690	63982	
安庆英德利发展总公司	Anqing Yingdeli Development Company	62804	66061		62804	23000
砀山棉花联合加工厂	Dangshan Cotton Processing Factory	62711	62740		62100	
涡阳县超伦纸业有限责任公司	Guoyang Chaolun Paper Co., Ltd.	62690	61385		61648	
马鞍山黄池食品集团公司	Maanshan Huangchi Food Group Company	62180	62180		62180	2000
滁州华能人造板有限责任公司	Chazhou Huaneng Man-made Board Co., Ltd.	61831	63727		63036	
寿县棉麻工贸集团公司	Shouxian Cambric Group Company	61491	53905		51447	
安徽省红星机械厂	Anhui Red Star Machinery Plant	61438	72718	26306	64463	16311
马鞍山天平纺织服装有限公司	Maanshan Tianping Textile and Clothing Co., Ltd.	61388	98517		98517	98517
安徽省安庆市化工总厂	Anhui Anqing Chemical Works	61347	66833		67357	
蒙城县安驰汽车集团公司	Mongchen Anchi Automobile Group Co., Ltd.	60868	91729		86564	
定远县化肥厂	Dingyuan Chemical Fertilizer Plant	60651	67839		57246	
安徽天石水泥集团有限公司	Anhui Tianshi Cement Group Co., Ltd.	60620	64658		62491	
安徽省宣州市天羽有限公司	Anhui Xuanzhou Tianyu Co., Ltd.	60599	61785		58894	49090
国药集团国怡药业公司	Guoyao Group Guoyi Pharmaceutical Co., Ltd	60311	67361	28255	64225	37527
安徽特酒总厂	Anhui Tejiu Distillery	60234	62606		60685	
芜湖供水总公司	Wuhu Water Supply Company	59996	77867		67248	
蚌埠柴油机厂	Bengbu Diesel Engine Plant	59168	58720	32020	59380	

13—27　续表 6　continued

单位：千元　(1000 yuan)

企业名称	Name of Enterprises	产品销售收入 Sales Revenue	工业总产值（当年价）Gross Industrial Output Value (At Current Prices)	新产品产值 Output Value of New Products	工业销售产值 Value of Industrial Products Sales	出口交货值 Delivery Value of Export
安徽江南机械股份有限公司	Anhui Jiangnan Machinery Co., Ltd.	59008	63851	21176	59064	
芜湖市天华塑业有限责任公司	Wuhu Tianhua Plastic Co., Ltd.	58691	58600		58680	
安庆市月山铜矿	Anqing Yueshan Copper Mine	58634	40065		38586	3180
淮北市玻璃厂	Huaibei Glassworks	58294	65567	9270	63275	
安徽飞彩黄山链传动有限公司	Anhui Feicai Huangshan Chain Transmission Co., Ltd.	57784	58070		58087	30775
芜湖县围山机械集团公司	Wuhu Weishan machinery Group Company	57483	58672	6301	58035	
合肥江淮化肥总厂	hefei Jianghuai Chemical Fertilizer Plant	56965	57700		55837	
滁州扬子包装有限公司	Chuzhou Yangzi Packing Co., Ltd.	56579	58660		56579	
淮北市啤酒厂	Huaibei Brewery	56462	57543		56462	
蚌埠隆华机器厂	Bengbu Longhua Machinery Plant	56323	65275		59975	752
濉溪县棉麻公司	Suixi Cambric Company	56109	60547		49388	
安徽省白湖阀门厂	Anhui Baihu Valve Plant	55466	56378	16354	58054	11264
蚌埠卷烟材料厂	Bengbu Cigarette Material Plant	55257	43189		43275	
泾县丝织厂	Jingxian Silk Plant	55014	57050		55720	
界首市碧泉纸业集团有限公司	Jieshou Bi Quan Paper Co., Ltd.	54971	52820		45662	
飞建化工有限责任公司	FiJian Chemical Lndustry Co., Ltd.	54964	64870		63102	
亳州热电厂	Buozhou Heat and Power Plant	54684	67190		57108	
安徽新科电器电缆总厂	Anhui Xinke Electric Appliance and Cable Plant	54520	56130	1100	54520	52100
滁州建民化纤有限公司	Zhuzhou Jianmin Chemical Fiber Co., Ltd.	54455	56410		55334	
安徽省碧绿春酒业有限公司	Anhui Biluchun Distillery Co., Ltd.	54165	56934		52247	
铜陵县黄狮涝金矿	Tongling Huangshiliao Gold Mine	53981	54725		53981	
安徽省三联泵业股份有限公司	Anhui Sanlian Pump Co., Ltd.	53385	76880	26710	75250	14870
安徽安庆变压器有限责任公司	Anhui Anqing Transformer Co., Ltd.	53042	47070		49660	
江淮航空仪表厂	Jianghuai Aviation Instrument Plant	52796	50730	9470	46550	7850
安徽省颍上县化肥厂	Anhui Yingshang Chemical Fertilizer Plant	52712	51325		50716	
当涂县棉纺织厂	Dangtu Cotton Mill	52567	76628		69448	
芜湖三益制药有限公司	Wuhu Sanyi Pharmaceutical Co., Ltd.	52122	70760		70000	
芜湖市红光针织集团	Wuhu Hongguang Textile Group	51445	69613		69917	38633
安徽双鹤药业有限责任公司	Anhui Shuanghe Medicine Co., Ltd.	51344	56380		54240	
安徽朝阳药业有限责任公司	Anhui Zhaoyang Medicine Co., Ltd.	51214	43824		39399	679
安徽省安庆市化肥厂	Anhui Anqing Chemical Fertilizer Plant	51167	59600		56000	
芜湖造纸网厂	Wuhu Paper net Plant	51108	71134	4999	66998	657
淮北市橡胶管带厂	Huaibei Rubber Pipe and Band Plant	51060	50340		52109	
宣州森泰化工有限责任公司	Xuanzhou Sentai Chemical Industty Co., Ltd.	50782	54319		55152	
安徽省太和县化肥厂	Anhui Taihe Chemical Fertilizer Plant	50713	52231		52425	
安徽省黄山华盛丝绸集团	Anhui huangshan Huasheng Silk Group	50493	63067		62027	11402
六安轴承厂	Luan Bearing Plant	50418	44905	1067	44884	108
安徽省涡阳县棉麻公司	Anhui Guoyang Cambric Company	50339	50065		50378	
淮南市第三玻璃厂	Huainan NO.3 Glassworks	49660	61720		58750	
寿州富康有限责任公司	Shouzhou Fukang Co., Ltd.	49215	80230		76230	47760
安徽省宿州市朱仙庄纺织厂	Anhui Suzhou Zhuxianzhuang Textile Plant	49112	77099		76332	291
宁国市甲路通用机械厂	Ningguo Jialu General Machinery Plant	48029	55368		56006	

13—27 续表 7 continued

单位：千元 (1000 yuan)

企业名称	Name of Enterprises	产品销售收入 Sales Revenue	工业总产值（当年价）Gross Industrial Output Value (At Current Prices)	新产品产值 Output Value of New Products	工业销售产值 Value of Industrial Products Sales	出口交货值 Delivery Value of Export
蚌埠市供水总公司	Bengbu Water Supply Company	47362	47417		49460	
滁州康来油脂工业有限公司	Chuzhou Kanglai Oil Industry Company	47207	57054		52680	
合肥长源液压件股份有限公司	Hefei Changyuan Hydraulic Appliances Co., Ltd.	46844	53772	14220	46553	1662
安徽省汽缸套厂	Anhui Cylinder Jacket Plant	46795	46646		43987	
皖西雪莲面粉有限责任公司	Wanxi Xuelian Flour Co., Ltd.	46650	54564		52381	
安徽省阜南县焦陂酒厂	Anhui Funan Jiaopo Distillery	46621	25058		24767	
安徽省肥西县化肥厂	Anhui Feixi Chemical Fertilizer Plant	46117	43197		44996	
合肥炭素有限责任公司	Hefei Charcoal Co., Ltd.	45987	42662	3435	42339	
安徽省维尼纶厂	Anhui Vinylon Plant	45824	49746		45378	
泾县茧丝绸集团公司	Jingxian Silk Group Company	45588	98652		99538	29861
芜湖永年针织有限公司	Wuhu Yongnian Textile Co., Ltd.	45272	34614		33822	33568
安徽省新业纺织公司	Anhui Xinyie Textile Company	45212	46950		41470	
安徽省海韵服饰有限公司	Anhui Haiyun Trappings Co., Ltd.	44887	49142		45654	45564
蚌埠盛通玻璃有限公司	Bengbu Shengtong Glass Co., Ltd.	44884	46508		48701	
芜湖轴承厂	Wuhu Bearing Plant	44529	56450		54550	2330
安徽霍山东风纸业有限公司	Anhui Huoshan Dongfeng Paper Co., Ltd.	44454	45289		44454	9810
安徽省滁州热电厂	Anhui Chuzhou Heat and Power Plant	44180	50444		49940	
淮南特种水泥厂	Huainan Special Cement Plant	44025	42894		43893	
长江超硬材料集团公司	Changjiang Super-hard Material Group Company	43683	29660		24000	
安徽庐江化学工业集团公司	Anhui Lujiang Chemical Industry Group Company	43130	42562		45892	
安徽省池州黄山岭铅锌矿	Anhui Chizhou Huangshanling Lead and Zinc Mine	43015	36335		40039	
淮北天力橡胶有限责任公司	Huaibei Tianli Rubber Co., Ltd.	42367	44485		57094	
安徽省全椒圣炬齿轮有限公司	Anhui Quanjiao Shengju Gear Co., Ltd.	42333	20915		18276	
安徽省全椒玩具有限公司	Anhui Quanjiao Toy Co., Ltd.	42091	54124		51811	51811
安徽省宿州市百通集团	Anhui Suzhou Baitong Group	42027	35874	4175	32931	
淮南市山河药业公司	Huainan Shanhe Pharmaceutical Company	41959	45625		41156	10083
寿县第一缫丝厂	Shouxian NO.1 Filatere	41501	41000		40500	13511
芜湖市益新面粉股份有限公司	Wuhu Yixin Flour Co., Ltd.	41081	55006		43478	
合肥皖安机械厂	Hefei Wanan Mechinery Plant	40837	42462	11175	42154	2340
砀山宴嬉台集团有限公司	Dangshan Yanxitai Group Co., Ltd.	40654	40679		40651	
灵璧化肥厂	Lingbi Chemical Fertilizer Plant	40557	42631	567	43568	
安徽省寿县化肥厂	Anhui Shouxian Chemical Fertilizer Plant	40454	40641	2314	38579	
六安市化肥厂	Luan Chemical Fertilizer Plant	40311	47324		46936	
马鞍山市高性能磁性材料厂	Maanshan High Performance Magnetic Material Factory	40095	44953	17344	41308	9286
东洋铁球（马鞍山）有限公司	Dongyang Iron Ball (Maanshan) Co., Ltd.	39511	41285		39375	38056
中国宣纸集团公司	China Xuan Paper Group Company	39402	98420		79400	34970
安徽省蚌埠市玻璃厂	Anhui Bengbu Glass Works	39315	45162		40753	129
淮南煤矿机械厂	Huainan Coal Mine Machinery Plant	39100	31317	1590	25640	
巢湖市橡胶厂	Chaohu Rubber Plant	38725	51370	15280	47690	20050
凤阳县散热器有限公司	Fangyang Radiator Co., Ltd.	37895	39532		38693	
安徽宿州呵泉啤酒总厂	Anhui Suzhou Kequan Brewery	37811	38746		38128	
安徽省宁国市工业泵厂	Anhui Ningguo Industrial Bump Plant	37204	45411		45366	18796

13—27　续表 8　continued

单位：千元　　　　(1000 yuan)

企业名称	Name of Enterprises	产品销售收入 Sales Revenue	工业总产值（当年价）Gross Industrial Output Value (At Current Prices)	新产品产值 Output Value of New Products	工业销售产值 Value of Industrial Products Sales	出口交货值 Delivery Value of Export
安徽省安庆皖西水泥厂	Anhui Anqing Wanxi Cement Plant	36952	36900		36550	
芜湖锅炉厂	Wuhu Boiler Factory	36391	48270		41330	1530
合肥轻工业机械厂	Hefei Light-industrial Machinery Plant	36321	45584		34625	
马鞍山市自来水公司	Maanshan Tap Water Company	35916	37992		37992	
铜陵市供水总公司	Tongling Water Supply Company	35573	45657		35571	
国药集团国瑞药业有限公司	Guorui Pharmaceutical Co., Ltd.	35521	41340	18630	39300	
滁州市化肥厂	Chuzhou Chemical Fertilizer Plant	35382	37001		37044	
合肥四方磷复肥有限责任公司	Hefei Sifang Compound Phosphate Fertilizer Co., Ltd.	35223	70260		71355	
安徽泗州酒厂	Anhui Sizhou Distillery	35216	35520		36180	
皖东水泥厂	Wandong Cement Plant	34745	31383		33807	
芜湖县南亚集团有限公司	Wuhu Nanya Group Co., Ltd.	34681	32753		30198	
淮南市供水有限公司	Huainan Water Supply Co., Ltd.	34583	39748		39748	
铜陵恒兴电缆有限责任公司	Tongling Hengxing Cable Co., Ltd.	34517	47181		46626	
宿州市煤矿电器厂	Suzhon Coal Mine Appliance Plant	34201	35652		35130	
安庆船用柴油机厂	Anqing Diesel Engine for Ship Use Plant	34121	36447	13176	33356	2340
安徽省含山瓷业股份有限公司	Anhui Hanshan China Co., Ltd.	33929	36515		33928	4368
安徽省安庆市向阳化工厂	Anhui Anqing Xiangyang Chemical Works	33925	27543		25965	408
安徽亳州佳禾化工有限公司	Anhui Bozhou Jiahe Chemical Industry Co., Ltd.	33612	39208		39000	
明光市荣兴油脂有限公司	Mingguang Rongxing Oil Company	33601	31216		33601	
合肥杏花印务股份有限公司	Hefei Xinghua Printing Co., Ltd.	33400	41468		34290	
陈村水电站	Chencun Hydro Power Station	33240	42616		42616	
安徽省当涂县化工厂	Anhui Dangtu Chemical Works	33178	34611		34085	
蚌埠中元玻璃有限责任公司	Bengbu Zhongyuan Glass Co., Ltd.	32691	32692		30026	
安徽省合肥小汽车修配厂	Anhui Hefei Car Repair and Replacement Factory	32391	32799		32391	
蚌埠塑料厂	Bengbu Plastic Plant	32055	35059		33968	77
滁州卷烟材料厂	Chuzhou Cigarette Material Plant	31664	29764		31467	
安庆市自来水公司	Anqing Tap Water Company	31318	31318		31318	
岳西县缸套厂	Yuexi Cylinder Jacket Plant	31258	30701		30328	
合肥三益电机电泵股份有限公司	Hefei Sanyi Electric Machinery and Pump Co., Ltd.	31074	31592	27775	32663	11510
三木特纸（芜湖）有限公司	Sanmu Special Sheet Company, Wuhu	30854	32234	32234	32078	18744
芜湖重型机床股份有限公司	Wuhu Heavy Machine Tool Co., Ltd.	30596	30933	2920	30711	1859
安庆毛毯厂	Anqing Woolen Blanket Plant	30252	33956		31592	26760
安徽省东齿机械股份有限公司	Anhui Dongchi Machinery Co., Ltd.	30249	34500	6300	34300	
安徽中江丝绸有限公司	Anhui Zhongjiang Silk Co., Ltd.	30037	30037		30037	
黄山市天目药业有限公司	Huangshan Tianmu Pharmaceutical Co., Ltd.	30006	32707	4826	31685	216
芜湖仪表厂	Wuhu Instrument and Meter Plant	29850	32880	12570	29480	
芜湖电工材料厂	Wuhu Electrical Appliances Plant	29745	32720		32930	
郎溪县古南丰酒业有限公司	langxi Gunanfeng Wine Co., Ltd.	29572	30344		29572	
安徽省蚌埠橡胶厂	Anhui Bengbu Rubber Plant	29515	31170		30300	
安徽省合肥仪表总厂	Anhui Hefei Instrument and Meter Plant	29475	32402	8952	31285	
天龙鞋业有限公司	Tianlong Shoes Co., Ltd.	29070	29237		29074	25326
芜湖市燃气用具总厂	Wuhu Gas Utensils Plant	28665	31223		31919	28309

13—27 续表9 continued

单位：千元 (1000 yuan)

企业名称	Name of Enterprises	产品销售收入 Sales Revenue	工业总产值(当年价) Gross Industrial Output Value (At Current Prices)	新产品产值 Output Value of New Products	工业销售产值 Value of Industrial Products Sales	出口交货值 Delivery Value of Export
安徽黄山电器总厂	Anhui Huangshan Electric Appliance Plant	28634	34087	36	32364	
安徽省砀山化工有限公司	Anhui Dangshan Chemical Industry Co., Ltd.	28581	31674		32394	
繁昌县环城水泥厂	Fanchang Huancheng Cement Plant	28471	34485		31293	
巢湖冷冻厂	Chaohu Freezing Plant	28451	23370		28400	28400
上海大中华橡胶三厂滁州分厂	Shanghai Dazhonghua No. 3 Rubber Plant Chuzhou Branch	28247	30616		28120	16790
安徽省粮油食品进出口集团公司	Anhui Grain and Oil Food Import & Export Group Company	28221	45420	1156	43620	25130
天长市千秋水泥有限责任公司	Tianchang Qian Qiu Cement Co., Ltd.	28182	39243		39243	
安徽省自强化工股份有限公司	Anhui Ziqiang Chemical Industry Co., Ltd.	28133	33807		33364	
芜湖市新华印刷厂	Wuhu Xinhua Printing House	27945	47720		47720	
安徽叉车集团蚌埠液力机械厂	Anhui Fork Truck Group Bengbu Hydraulic Machinery Plant	27928	28150	169	32820	1333
黄山皖机集团有限公司	Huangshan Wanji Group Co., Ltd.	27704	32666	1005	32483	13226
安庆市胡玉美酿造食品有限公司	Anqing Huyumei Food Co., Ltd.	27660	36366	10001	29104	
安徽省安庆制药有限公司	Anhui Anqing Pharmaceutical Co., Ltd.	27591	29741		29299	
安徽池州家用机床股份有限公司	Anhui Chizhou Domestic Machine Tool Co., Ltd.	27587	25028	4744	24887	23903
安徽全椒国光机械有限公司	Anhui Quanjiao Guoguang Machinery Co., Ltd.	27375	46317		45535	3104
马鞍山金姿纺织装饰用品公司	Maanshan Jinzi Textile Product Company	27258	34845		33460	19390
马鞍山市马钢巨龙有限责任公司	Maanshan Magang Julong Co., Ltd.	27000	28766		29874	1446
安徽黄山酒业有限责任公司	Anhui Huangshan Liquor Co., Ltd.	26720	49100	3028	45708	
安徽舒城瓷厂	Anhui Shucheng China Plant	26575	23243	14288	30925	10878
广德明通机械制造有限公司	Guangde Mingtong Machinery Co., Ltd.	26573	28660		29332	
安徽东兴水泥有限公司	Anhui Dongxing Cement Co., Ltd.	26500	27800		26500	
安徽跃华纸业有限公司	Anhui Yuehua Paper Co., Ltd.	26433	26378		25476	
芜湖荣事达塑胶有限责任公司	Wuhu Rongshida Plastic and Rubber Co., Ltd.	26416	24648	11093	26945	
安徽省安庆市第一制药厂	Anhui Anqing No. 1 Pharmaceutical Factory	26087	31428	120	30256	709
淮南市橡胶管带厂	Huainan Rubber Pipe and Band Factory	25987	42010		40240	
安徽省华龙机电化工股份公司	Anhui Hualong Chemical Industry Co., Ltd.	25722	28540		26770	
安庆市造漆厂	Anqing Paint Mill	25577	39580		38400	628
蚌埠市白云保温瓶厂	Bengbu Baiyun Thermos Plant	25280	26980		25970	20100
太和县油厂	Taihe Oil Plant	24855	23865		26845	
安徽省安庆市白水泥厂	Anhui Anqing White Cement Plant	24779	25750		25500	
巢湖油泵油嘴厂	Chaohu Oil Pump Factory	24635	32393		31091	
安徽新力药业股份公司马鞍山分厂	Anhui Xinli Medicine Co., Ltd. Maanshan Branch Plant	24528	20975		19605	
淮北市第一针织厂	Huaibei No. 1 Knitwear Mill	24400	28497		28497	28497
风台县啤酒厂	Fengtai Brewery	24393	32880		32880	
安徽庆龙机械股份有限公司	Anhui Qinglong Machinary Co., Ltd.	24100	57288	1812	56486	
安徽省太和色织总厂	Anhui Taihe Color textile Plant	23961	26043		23966	
繁昌县第二水泥厂	Fanchang No. 2 Cement Plant	23956	23700		23956	
芜湖市红花山水泥有限责任公司	Wuhu Honghuashan Cement Co., Ltd.	23900	28640		28640	
合肥精细化工厂	Hefei Meticulous Chemical Works	23899	35554	2808	27219	6435
马鞍山市燃气总公司	Maanshan Gas Company	23806	33509		33509	

13—27　续表 10　continued

单位：千元　　　　(1000 yuan)

企业名称	Name of Enterprises	产品销售收入 Sales Revenue	工业总产值(当年价) Gross Industrial Output Value (At Current Prices)	新产品产值 Output Value of New Products	工业销售产值 Value of Industrial Products Sales	出口交货值 Delivery Value of Export
合肥建筑材料一厂	Hefei No. 1 Construction Material Plant	23238	24824		23598	
安徽安庆市肉联厂	Anhui Anqing Meat Packing Plant	23046	37910		36173	
巢湖市丝绸厂	Chaohu Silk Plant	23019	28740		23950	
淮南华联机械总公司	Huainan Hualian Machinery Company	23003	29190		28320	
铜陵运输机器有限责任公司	Tongling Transportation Machine Co., Ltd.	22923	15827		15067	2180
休宁县啤酒厂	Xiuning Brewery	22593	22138		22138	
滁州市面粉厂	Chuzhou Flour Plant	22558	23019		22558	1872
涡阳县佳华塑料制品有限公司	Guoyang Jiahua Plastic Product Co., Ltd.	22488	23299		22488	
合肥万方矿山机器股份有限公司	Hefei Wanfang Mine-Machine Co., Ltd.	22327	18837	13313	26863	
安徽古井双喜葡萄酒有限公司	Anhui Gujing Double-happy Wine Co., Ltd.	22262	30293	2704	29154	628
太和县酿酒有限公司	Taihe Distillery Co., Ltd.	22200	19928		17323	
泗县化肥厂	Sixian Chemical Fertilizer Plant	22143	24031		24509	614
黄山安太集团有限责任公司	Huangshan Antai Group Co., Ltd.	22041	19187	4344	18634	10135
蚌埠市第三棉织厂	Bengbu No. 3 Cotton Mill	21900	23320		22790	
安徽省皖东化工有限公司	Anhui Wandong Chemlical Industry Co., Ltd.	21854	30358		26270	
黄山银龙实业有限公司	Huangshan Yinlong Industrial Co., Ltd.	21819	35062		21819	
六安江淮电机有限公司	Luan Jianghuai Electric Machine Co., Ltd.	21801	29568	170	29420	
芜湖市工艺美术厂	Wuhu Arts and Crafts Plant	21741	25419		24866	
滁州报社印刷厂	Chuzhou Newspaper Office printing House	21207	20916	3041	20916	
安徽永青集团公司	Anhui Yongqing Group Company	21180	23533		21180	
阜阳市同力实业有限责任公司	Fuyang Tongli Industrial Co., Ltd.	21155	24582		22407	
池州秋浦纸业有限责任公司	Chizhou Qiupu Paper Co., Ltd.	21077	22611		21946	
肥东县水泥厂	Feidong Cement Plant	21050	21200		21050	
安徽天兔股份有限公司	Anhui Tiantu Co., Ltd.	20986	49840	5286	48996	1295
安徽省白暨豚啤酒有限责任公司	Anhui Baiqitun Beer Co., Ltd.	20981	25220		22219	
安徽省活塞厂	Anhui Piston Plant	20791	24711		22583	
来安县医药玻璃总厂	Laian Medical Glass Plant	20680	25890		28260	
东风造纸厂	Dongfeng Paper Plant	20583	21805		22777	
芜湖猴王电焊条厂	Wuhu Monkey-king Electrode Plant	20511	24070		23170	1650
繁昌轴承有限责任公司	Fanchang Bearing Co., Ltd.	20415	24149		21684	1123
芜湖市九华电子集团	Wuhu Jiuhua Electronic Group	20052	44010	120	43390	
安徽省明光啤酒厂	Anhui Mingguang Brewery	19768	32904		31238	
全椒化学工业有限公司	Quanjiao Chemical Industry Co., Ltd.	19697	19211		18375	
安徽龙全塑料制品有限公司	Anhui Longquan Plastic product Co., Ltd.	19650	16921		16423	
安徽龙舒酒厂	Anhui Longshu Brewery	19624	25634		31425	
铜陵市玛钢厂	Tongling Steel Plant	19236	19589		21170	
安徽省星球电瓷厂	Anhui Xingqiu Electric China Plant	19013	19120	29	19468	
蚌埠新光皮件服装总厂	Bengbu Xinguang Fur Clothing Company	18933	26769		26727	26727
岳西县新翔茧丝绸公司	Yueshi Xingxiang Silk Company	18872	21140		19970	
安徽皖纸纸业有限公司	Anhui Wanzhi Paper Co., Ltd.	18780	12875		17641	
安徽省黄山区钼矿	Anhui Huangshan Molybdenum Mine	18396	46590		43700	
安徽省巢湖化建矿	Anhui Chaohu Huajian Mine	17980	20430		20030	

13—27 续表 11 continued

单位：千元 (1000 yuan)

企业名称	Name of Enterprises	产品销售收入 Sales Revenue	工业总产值（当年价）Gross Industrial Output Value (At Current Prices)	新产品产值 Output Value of New Products	工业销售产值 Value of Industrial Products Sales	出口交货值 Delivery Value of Export
马鞍山机床总厂	Maanshan Machine Tool Plant	17685	20417		18870	2235
蚌埠天成集团有限责任公司	Bengbu Tiancheng Group Co., Ltd.	17492	25175		24710	
安徽宏大阀门股份有限公司	Anhui Hongda Valve Co., Ltd.	17100	26110	3440	25500	17520
合肥锅炉总厂	Hefei Boiler Plant	17079	13447	4510	11835	
皖西绿源化工有限公司	Wanxi Luyuan Chemical Industry Co., Ltd.	17068	25348		17197	
滁州市自来水公司	Chuzhou Tap Water Company	17004	17004		17004	
安徽省涡阳县牛羊肉加工厂	Anhui Guoyang Beef and Mutton Processing Plant	16933	30002	1079	16591	798
安徽省庐江矾矿	Anhui Lujiang Alum Mine	16927	21360		20970	
中国第一铅笔蚌埠有限公司	China No. 1 Pencil Bengbu Co., Ltd.	16914	18491		16914	6359
安徽省轴承锻造厂	Anhui Bearing Forging Plant	16843	20780	3690	21350	
合肥安能热电有限责任公司	Hefei Anneng Heat and Power Co., Ltd.	16798	16798		16798	
马鞍山市传动机械厂	Maanshan Driving Machinery Plant	16754	16084	3439	16229	
马鞍山黄梅山铁矿	Maanshan Huangmeishan Iron Mine	16567	17095		15022	
庐江县石山水泥厂	Lujiang Shishan Cement Plant	16540	17060		16536	
安徽省池州水泥有限公司	Anhui Chizhou Cement Co., Ltd.	16537	18754		18799	
安庆染织厂	Anqing Dyeing and Textile Plant	16480	21590		22520	14662
马鞍山市通达机械总厂	Maanshan Tongda Machinery Plant	16448	19984		19984	560
安徽省黄山台钻厂	Anhui Huangshan Drill Plant	16358	15865		18962	
安徽东方机械制造股份有限公司	Anhui Dongfang Machinery Co., Ltd.	16334	22181		19302	
合肥开关电气有限责任公司	Hefei Switch Co., Ltd.	16307	14780	10574	14190	1160
淮北市供水公司	Huaibei Water Supply Company	16035	16035		16035	
淮南双维纺织有限公司	Huainan Shuangwei Textile Co., Ltd.	16032	30312		29145	
安徽省全椒力能机械有限公司	Anhui Quanjiao Lineng Machinery Co., Ltd.	15748	17557		17091	
通惠化工有限责任公司	Tonghui Chemical Industry Co., Ltd.	15682	19328		15713	
六安市精工齿轮总厂	Luan Delicate Gear Plant	15620	16000		15620	
皖淮机械厂	Wanhuai Machinery Plant	15491	13445		13840	
安徽省全椒儒林酿酒有限公司	Anhui Quanjiao Rulin Distillery Company	15164	16980	7998	16300	
寿州华祥食品有限公司	Shouzhou Huaxiang Food Co., Ltd.	15090	13560		10960	6300
界首市东亚照明电器集团	Jieshou Dongya Lighting Appliance Group	14532	27682		23000	
东南茧丝绸实业总公司缫丝二厂	Dongnan Silk Business Company No. 2 Filafuer	14460	19090		17130	100
安徽英路工业集团	Anhui Yinglu Industry Group Company	14387	15909		15751	14403
芜湖电工机械有限公司	Wuhu Electric Machinery Co., Ltd.	14311	10239	2738	14515	
安徽金王电池有限公司	Anhui Jingwang battery Co., Ltd.	13982	12920		13982	5980
合肥搪瓷厂	Hefei Porcelain Enamel Plant	13894	18377	1118	17946	4227
黄山第一机床厂	Huangshan No. 1 Machine Tool Plant	13724	13748		13521	248
安徽运酒集团有限公司	Anhui Yunjiu Liquor Co., Ltd.	13613	16800	6820	14620	
合肥柴油机制造有限责任公司	Hefei Diesel Engine Co., Ltd.	13607	18240		17159	
合肥天力汽车油泵有限责任公司	Hefei Tianli Automobile Oil Pump Plant	13556	14580		13678	
安徽省绩溪县红星丝绸厂	Anhui Jixi Red Star Silk Plant	13544	23954		23600	
安徽省宿州化工总厂	Anhui Suzhou Chemical Works	13500	18999		17959	
泾县建华造纸厂	Jingxian Jianhua Paper Plant	13351	14440		15300	
安徽省振玻集团	Anhui Zhenbo Group Company	13250	11853	674	13838	

13—27 续表 12 continued

单位：千元 (1000 yuan)

企业名称	Name of Enterprises	产品销售收入 Sales Revenue	工业总产值（当年价）Gross Industrial Output Value (At Current Prices)	新产品产值 Output Value of New Products	工业销售产值 Value of Industrial Products Sales	出口交货值 Delivery Value of Export
阜阳青峰机电有限公司	Fuyang Qingfeng Mechanical and Electrical Product Co., Ltd	13233	89156	13287	88127	8927
国营永达机械厂	Yongda Machinery Plant	13220	13980	1396	14027	
安徽省肥东县磷矿	Anhui Feidong Phosphor Wine	13203	18390		18276	
凤台县天河化工总厂	Fongtai Tianhe Chemical Works	13188	12341		14008	
安徽省蒙城县化肥厂	Anhui Mengcheng Chemical Ferilizer Plant	13104	16816	1175	16660	
临泉县淀粉厂	Linquan Amylum Plant	12994	15070		12990	
庐江维尔油脂有限公司	Lujiang Waure Oil Co., Ltd.	12750	28210		14730	
霍山县人造板厂	Huoshan Artificial Board Plant	12671	13500		12671	
界首市安徽省芬格欣药业公司	Anhui Jieshou Function Pharmaceutical Company	12634	22616	20558	18847	
五河县机械厂	Wuhe Machinery Plant	12561	18140		19460	
芜湖市荻港水泥有限公司	Wuhu Digang Cement Co., Ltd.	12500	12500		12800	
界首市制药厂	Jieshou Pharmaceutical Factory	12481	14175		17500	
安徽省凤阳县酿酒有限公司	Anhui Fengyang Distillery Co., Ltd.	12210	17826		12210	
安庆机床有限公司	Anqing Machine Tool Company	12194	12180	5760	12080	1260
凤阳县三泰水泥有限责任公司	Fengyang Santai Cement Co., Ltd.	12032	24939		21438	
合肥橡塑总厂	Hefei Rubber-plastic Plant	11932	22770		13960	
来安县阀门总厂	Laian Valve Plant	11779	16668		16834	990
安徽华翔电子（集团）公司	Anhui Huaxiang Electroic Group Company	11718	16418		15877	
合肥市缸套厂	Hefei Cylinder Jacket Plant	11682	15446		11392	
太和县食品厂	Taihe Bakery and Confectionary	11654	15108		12587	
巢湖百胜水泥厂	Chaohu Baisheng Cement Plant	11600	12100		11600	
凤阳县龙阳光学玻璃有限公司	Fongyang Longyang Optical Glass Co., Ltd.	11600	11600		11600	
巢湖东风石灰石矿	Chaohu Dongfeng Limestone Mine	11540	14900		14580	
安徽量具厂	Anhui Measuring Tools Plant	11500	11714		10896	10762
芜湖锦隆搪铝有限公司	Wuhu Jinlong Enamel and Aluminum Co., Ltd.	11443	11120	90	12130	
舒城县纺织厂	Shucheng Textile Plant	11093	13406		11488	3911
安徽省屯溪高压阀门厂	Tunxi High-pressure Valve Plant	11078	17015		15085	
安徽华润啤酒公司蚌埠分公司	Anhui Huarun Beer Company Bengbu Branch	11024	19757		11024	
安徽省潜山县汉皮纸厂	Anhui Qianshan Hanpi paper Plant	11000	13000		11000	
安徽省蚌埠市火柴厂	Anhui Bengbu Match Plant	10931	11376		13742	1134
滁州市被单厂	Chuzhou Sheet Plant	10623	14260		11868	7846
安徽省东方面粉厂	Anhui Dongfang Flour Plant	10595	37740		37520	
安徽强力新型模具总厂	Anhui Qiungli New Type Pattern Plant	10388	10668		10612	
淮北市启明蓄电池厂	Huaibei Qiming Storage Cell Plant	10300	13665		12804	
安徽省风机厂	Anhui Air Machinery Plant	10300	10863		8869	
安徽省无为县油化厂	Anhui Wuwei Oil Chemical Plant	10279	43050		16570	
合肥神马电工股份有限公司	Hefei Shenma Electric Technical Co., Ltd.	10110	3716		3207	
巢湖砂轮有限公司	Chuohu Grinding Wheel Co., Ltd.	10087	10120	330	11000	51
定远县靠山水泥有限公司	Dingyuan Kaoshan cement Co., Ltd.	9385	16650		10154	
淮南玉兔日用化学品有限公司	Huainan Yutu Daily Chemical Products Co., Ltd.	9198	9999		9198	
马鞍山市华东金刚石工业公司	Maanshan Hua-dong Diamond Industrial Company	9099	9510		8327	
合肥建筑材料三厂	Hefei No.3 Construction Materail Plant	9067	12299		1147	

13—27 续表 13 continued

单位：千元 (1000 yuan)

企 业 名 称	Name of Enterprises	产品销售收入 Sales Revenue	工业总产值（当年价）Gross Industrial Output Value (At Current Prices)	新产品产值 Output Value of New Products	工业销售产值 Value of Industrial Products Sales	出口交货值 Delivery Value of Export
淮南金宇蓄电池有限公司	Huainan Jinyu Storage Cell Co., Ltd.	9046	10759		10245	
铜陵市晶华电子有限公司	Tongling Jinghua Electronic Co., Ltd.	8847	7525		8788	1991
蚌埠明星果糖厂	Bengbu Mingxing Fructose Plant	8660	11341		10394	
皖南制药厂	Wannan Pharmaceutical Factory	8627	14693		8627	
安徽省全椒华耘机械有限公司	Anhui Quanjiao Huayun Machinery Co., Ltd.	8616	10570		10046	
和县金智纸业有限责任公司	Hexian Jinzhi Paper Co., Ltd.	8603	10668		8605	
合肥高压开关总厂	Hefei High-pressure Switch Plant	8449	17509		13093	
芜湖飞鹰木材化工有限责任公司	Wuhu Feiying Wood and Chemical Industry Co., Ltd.	8387	10064		9921	
利辛县四季青化工有限责任公司	Lixin Sijiqing Chemical Industry Co., Ltd.	8106	2660		580	
马鞍山市面粉厂	Maanshan Flour Plant	8050	7792		7712	
定远县酿酒总厂	Dingyuan Distillery	7984	21569		7402	
安徽省大泽酒厂	Anhui Daze Distillery	7901	8966		9386	
安徽烟用滤嘴丝束总厂	Anhui Filter Wire (for Tobacco) Plant	7854	9886		7874	
芜湖市锦华被单厂	Wuhu Jinhua Sheet Plant	7846	7110		7890	6700
国营安庆船用电器厂	Anqing Electric Appliances (for Ship Use) Plant	7832	5850		6910	
安徽省皖东车辆股份有限公司	Anhui Wandong Automobile Co., Ltd.	7093	25287		22663	
安徽省合肥砂轮厂	Anhui Hefei Grinding Wheel Plant	7084	8473	7074	7120	
无为县通力齿轮有限责任公司	Wuwei Tongli Gear Co., Ltd.	6902	10518		8736	
铜陵市矿山机械厂	Tongling Mining Machinery Plant	6836	6523	140	6855	1363
巢湖市万达实业有限责任公司	Chaohu Wanda Industrial Co., Ltd.	6816	14900	50	13900	5910
中国轻骑集团合肥摩托车厂	China Light Motor Group Hefei Motar Plant	6759	9992	214	8768	
马鞍山正棱压缩机有限责任公司	Maanshan Zhengling Compressor Co., Ltd.	6577	9321	609	7579	105
旌德县药业有限公司	Jingde Pharmaceutical Co., Ltd.	6494	15145		8120	
巢湖市酒业有限责任公司	Chaohu Liquor Co., Ltd.	6456	5929		9300	
安徽华贝皮革服饰有限公司	Anhui Huabei Leather Clothing Co., Ltd.	6329	17001		13251	303
安徽天长市肉类加工厂	Anhui Tianchang Meat Processing Plant	6168	17300		16900	
马鞍山市皖通电工有限公司	Maanshan Wantong Electronics Co., Ltd.	6021	7437		5566	
安徽四通生物医药有限公司	Anhui Sitong Biomedical Co., Ltd.	6010	6780	950	7190	1120
砀山县天力面粉实业有限公司	Dangshan Tianli Flour Co., Ltd.	5991	6091		6001	
六安英瑞针织服装有限公司	Luan Yingrui Knitwear Co., Ltd.	5897	11230		11230	11230
芜湖市新型建材厂	Wuhu New Construction Material Plant	5871	7712		6810	
安徽省皖北化工有限责任公司	Anhui Wanbei Chemical Industry Co., Ltd.	5830	22601		21902	
明光市固美建材有限责任公司	Mingguang Gumei Construction Material Co., Ltd.	5649	6140		5307	
安徽省合肥粮食机械厂	Anhui Hefei Grain Machinery Plant	5545	9097		7601	
合肥晶体管厂	Hefei Transistor Plant	5500	20914		18018	
安徽省无为电器总厂	Anhui Wuwei Electric Appliances Plant	5499	6499		5499	
淮南乐方陶瓷有限公司	Huainan Lefang China Co., Ltd.	5442	4902		3774	
界首市毛纺厂	Jieshou Woolen Mill	5362	5243		5362	
淮南轴承有限公司	Huainan Bearing Co., Ltd.	5309	5938		6605	
安徽省黄山屯溪茶厂	Anhui Huangshan Tunxi Tea Plant	5143	505		5143	4367
安徽省全椒制药有限公司	Anhui Quanjiao Pharmaceutical Co., Ltd.	5110	6091		5110	
铜陵皖江机械总厂	Tongling Wanjiang Machinary Plant	5081	18634		17314	

主要统计指标解释

工业　指从事自然资源的开采，对采掘品和农产品进行加工和再加工的物质生产部门。具体包括：(1) 对自然资源的开采，如采矿、晒盐、森林采伐等（但不包括禽兽捕猎和水产捕捞）；(2) 对农副产品的加工、再加工，如粮油加工、食品加工、轧花、缫丝、纺织、制革等；(3) 对采掘品的加工、再加工，如炼铁、炼钢、化工生产、石油加工、机器制造、木材加工等，以及电力、自来水、煤气的生产和供应等；(4) 对工业品的修理、翻新，如机器设备的修理、交通运输工具（包括小卧车）的修理等。

1984 年以前农村的村及村以下办工业归属农业，1984 年以后划归工业。

工业统计调查单位　工业统计调查单位分为两类：独立核算法人工业企业和工业活动单位。

(1) 独立核算法人工业企业　是指从事工业生产经营活动的单位。独立核算法人工业企业应同时具备以下条件：①依法成立，有自己的名称、组织机构和场所，能够承担民事责任；②独立拥有和使用资产，承担负债，有权与其他单位签订合同；③独立核算盈亏，并能够编制资产负债表。

(2) 工业活动单位　是指在一个场所从事一种或主要从事一种工业生产活动的经济单位。它包括独立核算工业企业按主营业务活动（即工业生产活动）划分的主营业务活动单位和非工业企业所属的工业生产活动单位（即原非独立核算工业生产单位）。工业活动单位，一般应同时具备以下三个条件：①具有一个场所，从事一种或主要从事一种工业活动；②单独组织工业生产、经营或业务活动；③单独核算收入和支出。

本年鉴中涉及的企业登记注册类型：

⑴**国有及国有控股企业**　指国有企业加上国有控股企业。国有企业（即过去的全民所有制工业或国营工业）是指企业全部资产归国家所有，并按《中华人民共和国企业法人登记管理条例》规定登记注册的非公司制的经济组织。包括国有企业、国有独资公司和国有联营企业。1957 年以前的公私合营和私营工业，后均改造为国营工业，1992 年改为国有工业，这部分工业的资料不单独分列时，均包括在国有企业内。国有控股企业是对混合所有制经济的企业进行的“国有控股”分类。它是指这些企业的全部资产中国有资产（股份）相对其他所有者中的任何一个所有者占资（股）最多的企业。该分组反映了国有经济控股情况。

⑵**集体企业**　指企业资产归集体所有，并按《中华人民共和国企业法人登记管理条例》规定登记注册的经济组织。是社会主义公有制经济的组成部分。包括城乡所有使用集体投资举办的企业，以及部分个人通过集资自愿放弃所有权并依法经工商行政管理机关认定为集体所有制的企业。

⑶**股份有限公司**　指根据《中华人民共和国企业法人登记管理条例》规定登记注册，其全部注册资本由等额股份构成并通过发行股票筹集资本，股东以其认购的股份对公司承担有限责任，公司以其全部资产对其债务承担责任的经济组织。

⑷**港、澳、台商投资企业**　指企业注册登记类型中的港、澳、台资合资、合作、独资经营企业和股份有限公司之和。

⑸**外商投资企业**　指企业注册登记类型中的中外合资、合作经营企业、外资企业和外商投资股份有限公司之和。

⑹**本年鉴中涉及的名为“其他”的企业**　均指除国有企业、集体企业、个体经营以外的其他类型工业企业（单位）。包括联营企业、私营企业、股份有限公司，有限责任公司；外商投资企业（中外合资经营、中外合作经营、外资企业）；港、澳、台投资企业（与大陆合资经营、与大陆合作经营、港、澳、台独资企业）及其他企业。

轻工业　指主要提供生活消费品和制作手工工具的工业。按其所使用的原料不同，可分为两大类：(1) 以农产品为原料的轻工业，是指直接或间接以农产品为基本原料的轻工业。主要包括食品制造、饮料制造、烟草加工、纺织、缝纫、皮革和毛皮制作、造纸以及印刷等工业；(2) 以非农产品为原料的轻工业，是指以工业品为原料的轻工业。主要包括文教体育用品、化学药品制造、合成纤维制造、日用化学制品、日用玻璃制品、日用金属制品、手工工具制造、医疗器械制造、文化和办公用机械制造等工业。

重工业　是指为国民经济各部门提供物质技术基础的主要生产资料的工业。按其生产性质和产品用途，可以分为下列三类：(1) 采掘（伐）工业，是指对自然资源的开采，包括石油开采、煤炭开采、金属矿开采、非金属矿开采和木材采伐等工业；(2) 原材料工业，指向国民经济各部门提供基本材料、动力和燃料的工业。包括金属冶炼及加工、炼焦及焦炭、化学、化工原料、水泥、人造板以及电力、石油和煤炭加工等工业；(3) 加工工业，是指对工业原材料进行再加工制造的工业。包括装备国民经济各部门的机械设备制造工业、金属结构、水泥制品等工业，以及为农业提供的生产资料如化肥、农药等工业。

根据上述划分原则，修理业中以重工业产品为修理作业对象的划为重工业，反之划为轻工业。

工业总产值 是以货币表现的工业企业在一定时期内生产的已出售或可供出售工业产品总量，它反映一定时间内工业生产的总规模和总水平。它包括：在本企业内不再进行加工，经检验、包装入库（规定不需包装的产品除外）的成品价值，对外加工费收入，自制半成品、在产品期末初差额价值。工业总产值采用“工厂法”计算，即以工业企业作为一个整体，按企业工业生产活动的最终成果来计算，企业内部不允许重复计算，不能把企业内部各个车间（分厂）生产的成果相加。但在企业之间、行业之间、地区之间存在着重复计算。

轻重工业总产值的划分也是按“工厂法”计算的，即一个工业企业在正常情况下生产的主要产品的性质属于轻工业，产的主要产品的性质属于重工业，则该企业的全部总产值作为重工业总产值。

工业增加值 是指工业行业在报告期内以货币表现的工业生产活动的最终成果。

实收资本 指企业实际收到的投资人投入的资本。按投资主体可分为国家资本、集体资本、法人资本、个人资本、港澳台资本和外商资本等。

资产合计 指企业拥有或控制的能以货币计量的经济资源。包括各种财产、债权和其他权利。资产按其流动性划分为流动资产、长期投资、固定资产、无形及递延资产和其他资产。

（1）**流动资产** 指企业可以在一年内或者超过一年的一个生产周期内变现或耗用的资产合计。包括现金及各种存款、短期投资、应收及预付款项、存货等。

（2）**固定资产** 指企业固定资产净值、固定资产清理、在建工程、待处理固定资产损失所占用的资金合计。

（3）**无形资产** 指企业长期使用而没有实物形态的资产。包括专利权、非专利技术、商标权、著作权、土地使用权、商誉等。

负债合计 指企业承担的能以货币计量，将以资产或劳务偿付的债务。负债一般按偿还期长短分为流动负债和长期负债、递延税项等。

（1）**流动负债** 指企业在一年内或者超过一年的一个营业周期内需要偿还的债务合计，其中包括短期借款、应付及预收款项、应付工资、应交税金和应交利润等。

（2）**长期负债** 指企业在一年以上或者超过一年的一个营业周期以上需要偿还的债务合计，其中包括长期借款、应付债务、长期应付款项等。

所有者权益 指企业投资人对企业净资产的所有权。企业净资产等于企业全部资产减去全部负债后的余额，其中包括投资者对企业的最初投入，以及资本公积金、盈余公积金和未分配利润，对股份制企业即为股东权益。

固定资产原价 指企业在建造、购置、安装、改建、扩建、技术改造某项固定资产时所支出的全部货币总额。它一般包括买价、包装费、运杂费和安装费等。

固定资产净值 是指固定资产原价减去历年已提折旧额后的净额。

流动资产 是指可以在一年或者超过一年的一个营业周期内变现或者耗用的资产，包括现金及各种存款、短期投资、应收及预付货款、存货等。

产品销售收入 指企业销售产品和提供劳务等主要经营业务取得的业务总额。

产品销售成本 指企业销售产品和提供劳务等主要经营业务的实际成本。

产品销售税金及附加 指企业销售产品和提供工业性劳务等主要经营业务应负担的城市维护建设税、消费税、资源税和教育费附加。

产品销售利润 指企业销售产品和提供工业性劳务等主要经营业务收入扣除其成本、费用、税金后的利润。

利润总额 指企业实现的利润。

应交增值税 指企业在报告期内应交纳的增值税额。

总资产贡献率 反映企业全部资产的获利能力，是企业经营业绩和管理水平的集中体现，是评价和考核企业盈利能力的核心指标。计算公式为：

总资产贡献率（%）＝（利润总额＋税金总额＋利息支出）/平均资产总额×100%

资产负债率 该指标既反映企业经营风险的大小，也反映企业利用债权人提供的资金从事经营活动的能力。计算公式为：

资产负债率（%）＝负债总额/资产总额×100%

工业成本费用利润率 指在一定时期内实现的利润与成本费用之比，是反映工业生产成本及费用投入的经济效益指标，同时也是反映降低成本的经济效益的指标。计算公式为：

工业成本费用利润率（%）＝利润总额/成本费用总额×100%

工业增加值率 指在一定时期内工业增加值占同期工业总产值的比重，反映降低中间消耗的经济效益。计算公式为：

工业增加值率（%）＝工业增加值（现价）/工业总产值（现价）×100%

流动资产周转次数　指在一定时期内流动资产完成的周转次数，反映流动资产的周转速度。计算公式为：

流动资金周转次数＝产品销售收入/全部流动资产平均余额

产品销售率　指报告期工业销售产值与同期全部工业总产值之比，是反映工业产品已实现销售的程度，分析工业产销衔接情况，研究工业产品满足社会需求程度的指标。计算公式为：

产品销售率（%）＝工业销售产值/工业总产值（现价）×100%

全员劳动生产率　指根据产品的价值量指标计算的平均每一个从业人员在单位时间内的产品生产量。是考核企业经济活动的重要指标，是企业生产技术水平、经营管理水平、职工技术熟练程度和劳动积极性的综合表现。目前我国的全员劳动生产率是将工业企业的工业增加值除以同一时期全部从业人员的平均人数来计算的。计算公式为：

全员劳动生产率＝工业增加值/全部从业人员平均人数

为了使各年度的全员劳动生产率数字可以比较，1990年以前各年的全员劳动生产率均按指数换算成1990年不变价。

Explanatory Notes for Major Statistical Indicators

Industry refers to the material production sector which is engaged in extraction of natural resources and processing and reprocessing of minerals and agricultural products, including (1) extraction of natural resources, such as mining, salt production, logging (but not including hunting and fishing); (2) processing and reprocessing of farm and sideline produces, such as rice husking, flour milling, wine making, oil pressing, cotton ginning, silk reeling, spinning and weaving, and leather making; (3) manufacture of industrial products, such as steel making, iron smelting, chemicals manufacturing, petroleum processing, machine building, timber processing; water and gas production and electricity generation and supply; (4)repairing of industrial products such as the repairing of machinery and means of transport (including cars).

Prior to 1984, the rural industry run by villages and cooperative organizations under village was classified into agriculture. Since 1984, it has been grouped into industry.

Units of Industrial Statistics and Inquiry They are classified into two categories (1) corporate industrial enterprises with independent accounting system (2) industrial establishments.

(1) Corporate industrial enterprises with independent accounting system refer to enterprises engaging in industrial production activities, which meet the following requirements: ①They are established legally, having their own names, organizations, location, able to take civil liability; ②They possess and use their assets independently, assume liabilities, and are entitled to sign contracts with other units; ③They are financially independent and compile their own balance sheets.

(2)Industrial establishments refer to economic units which located in one single place and engaged entirely or primarily in one kind of industrial activity, including financially independent industrial enterprises and units engaged in industrial activities under the non industrial enterprises (or financially dependent). Industrial establishments generally meet the following requirements: ① They have each one location and are engaged in one kind of industrial activity each; ② They operate and manage their industrial production activities separately;③ They have accounts of income and expenditures separately.

(1)State-owned and state holding majority shares enterprises refer to state-owned enterprises and the enterprises which state holds majority shares. State-owned enterprises (industry ownership by the whole people or state-run industry) refers to non-corporation economic units, where the entire assets are owned by the state and which have registered in accordance with the Regulation of the People's Republic of China on the Management of Registration of Corporate Enterprises, including the state-owned enterprise, sole state-funded corporation and state-owned joint ownership enterprise. Joint state-private industries and private industries, which existed before 1957, have been transformed into state-run industries. Since 1992, those were named state-owned industries. Statistics on these enterprises has been included in the state-industries since 1957 when separation of data was no longer necessary.

(2)Collective-owned Enterprises refers to industrial enterprises where the means of production are owned collectively, including urban and rural enterprises invested by collectives and some enterprises which were formerly owned privately but have been registered in industrial and commercial administration agency as collective units through raising fund from the public.

(3)Share-holding Corporations Ltd. Refer to economic units registered in accordance with the Regulation of the People's Republic of China on the Management of Registration of Corporate Enterprises, with total registered capitals divided into equal shares and raised throught issuing stocks. Each investor hears limited liability to the corporation depending on the holding of shares, and the corporation bears liability to its debt to the maximum of its total assets.

Light Industry refers to the industry that produces consumer goods and hand tools. It consists of two categories, depending on the materials used:

(1)Industries using farm products as raw materials. These are branches of light industry which directly or indirectly use farm products as basic raw materials, including the manufacture of food and beverages, tobacco processing, textile, clothing, fur and leather manufacturing, paper making, printing, etc.

(2)Industries using non farm products as raw materials. These are branches of light industry which use manufactured goods as raw materials, including the manufacture of cultural, educational articles and sports goods, chemicals, synthetic fiber, chemical products for daily use, glass products for daily use, metal products for daily use, hand tools, medical apparatus and instruments, and the manufacture of cultural and clerical machinery.

Heavy Industry refers to the industry which produces capital goods, and provides various sectors of the national economy with necessary material and technical basis. It consists of the following three branches according to the purpose of production or the use of products:

(1) Mining, quarrying and logging industry refers to the industry that extracts natural resources, including extraction of petroleum, coal, metal and non – metal ores and logging.

(2)Raw materials industry refers to the industry that proides various sectors of the national economy with raw materials, fuels and power. It includes smelting and processing of metals, coking and coke chemistry, chemical materials and building materials such as cement, plywood, and power, petroleum refining and coal dressing.

(3)Manufacturing industry refers to the industry that processes raw materials. It includes machine building industry which equips sectors of the national economy, industries of metal structure and cement products, industries producing means of agricultural production, such as chemical fertilizers and pesticides. According to the above principle of classification, the repairing trades which are engaged primarily in repairing products of heavy industry are classified into heavy industry while these engaged in repairing products of light industry are classified into light industry.

Gross Industrial Output Value is the total volume of industrial products sold or available for sale in value terms which reflects the total achievements and overall scale of industrial production during a given period. It includes the value of the finished products, which are not to be further processed in the enterprises and have been inspected, packed and put in storage, the value of industrial services rendered to other units, and the changes in the value of the semi-finished products and products in process between the beginning and closing of the period. The gross industrial output value is calculated with factory method. No double calculations are to be made within the same enterprise. However, double counting does occur among different enterprises.

Output value of light and heavy industries is also classified with the factory method. Under normal conditions, if the major products of an industrial enterprise belong to light industry products, the gross output value of that enterprise is classified wholly into light industry; the same principle applies to heavy industry.

Value-added of Industry refers to the final results of industrial production of the industrial trade in money terms during the reference period.

Capital Obtained refers to capital actually received by the enterprise from investors. It can be further classified by investors as state capital, collective capital, corporate capital, individual capital, capital from Hong Kong, Macau and Taiwan and foreign capital.

Total Assets refer to all economic resources, owned or controlled by enterprises, that could be measured in monetary terms, including properties, creditors equity and other economic rights of all forms. Classified by the degree of equitability, total assets include circulating assets, long term investment, fixed assets, intangible assets and deferred assets, and other assets.

(1)**Circulating assets (working capital)** refer to assets which can be cashed in or spent or consumed in an operating cycle of one year or over one year, including cash, all kinds of deposits, short term investment, receivables, advance payment, stock, etc.

(2)**Fixed assets** refer to the net value of fixed assets, clearance of fixed assets, project under construction, fixed assets losses in suspense. These are corporations fund holdings.

(3)**Intangible assets** refer to the assets without material form used by enterprises over a long time, such as patents, non－patent technologies, trade marks, copyright, land use right, business reputation, etc.

Total Liabilities refer to the debts, measured in monetary terms, that enterprises are responsible for repayment in the form of cash, assets or labour. Classified by terms of repayment, liability include liquid liabilities and long-term liabilities.

(1)**Liquid liabilities (also called quick liabilities or immediate liabilities)** refer to enterprises total debt payable within an operating cycle of one year or over one year, including short term loans, payables and advance payments, wages payable, taxes payable and profit payable, etc.

(2)**Long term liabilities** refers to total debt payable within an operating cycle of one year or over one year, including long-term loans, payable liabilities, long-term payables, etc.

Creditors Equity refers to investors ownership of net assets of the enterprise. It is equal to the total assets of the enterprise minus its total liabilities, including the primary input from investors, capital accumulation fund, surplus accumulation fund and undistributed profit. It is the shareholders equity in share-holding companies.

Original Value of Fixed Assets refers to the original value of all fixed assets owned by industrial enterprises, calculated at the cost paid at the time of purchase, installation, reconstruction, expansion, and technical innovation and transformation of the said assets, which includes expenses on purchase, package, transportation, and installation, etc.

Net Value of Fixed Assets is obtained by deducting depreciation over years from the original value of fixed assets.

Working Capital (Circulating Assets) refers to assets which can be cashed in or spent or consumed in an operating cycle of one year or over one year, which includes cash, various deposits, short term investment, and receivable payments, and advance payments, stock, etc.

Sales Revenue of Industrial Products refers to the revenue from the sales of products by industrial enterprises and the revenue from services provided and etc.

Sales Cost of Industrial Products refers to the actual cost of products of industrial enterprises and industrial services provided, etc..

Tax and Extra Charges on Sales of Products refer to the tax on city maintenance and construction, consumption tax, resources tax and extra charges for education, which should be borne by the enterprises in selling products and providing industrial services.

Sales Profit of Products refers to the profit gained by the enterprises by deducting cost, charges and taxes from the business income of the enterprises obtained in selling products and providing industrial services.

Total Profits refer to the profits gained by the enterprises.

Value－added Tax Payable refers to the amount of the value added tax which should be paid by the enterprises in the reporting period.

Ratio of Profits, Taxes and Interests to Average Assets reflects the profit-making capability of all assets of the enterprise and is a key indicator manifesting the performance and management and evaluating the profit-making potential of the enterprise. It is calculated as follows:

Ratio of profits, taxes and interests to average assets (%) = [(Total profits + total Taxes + interest payment) ÷ average assets] × 100%

Ratio of Debts to Assets reflect both the operation risk and the capability of the enterprise in making use of the capital from the creditors. It is calculated as follows:

Ratio of debts to assets (%) = (Total debts ÷ total assets) × 100%

Ratio of Profits to Total Industrial Costs refers to the ratio of profits realized in a given period to the total costs in the same period, which reflects the economic efficiency of input cost and is calculated as follows:

Ratio of Profits to Total Industrial Cost(%) = (Total Profits ÷ Total Costs) × 100%

Value-added Rate of Industry refers to the ratio of value added of industry in a given period to the gross output value in the same period, which reflects the economic efficiency of cutting down the intermediate input and is calculated as follows:

Value-added Rate of Industry(%) = [Value-added of Industry (at current prices)] ÷ [Gross Output Value (at Current Prices)] × 100%

Turnover of Working Capital refers to the number of times of turnover of working capital in a given period of time, which reflects the speed of the turnover of working capital and is calculated as follows:

Turnover of Working Capital(%) = (Sales Revenue of Products) ÷ (Average Balance of Total Working Capital) × 100%

Ratio of Sales to Gross Output Value refers to the sales of industrial products to the gross industrial output value during the reference period, and is important in reflecting the linkage between production and sales and the extent of the needs of the society that has been met by the supply of industrial products. It is calculated as follows:

Ratio of Sales to Gross Output Value = Industrial sales ÷ Gross industrial output value (at current prices) × 100%

Overall Labour Productivity of Industrial Enterprises refers to the average output per employed person in industrial enterprises in value terms. At present, the value added and the average number of staff and workers of an industrial enterprises in a given period are used to calculate the overall labour productivity. The formula used is:

Overall Labour Productivity = (Value Added of Industry) ÷ (Average Number of Staff and Workers)

For the purpose of comparison of the overall labour productivity among different years, the data on the overall labour productivity of the years prior to 1990 have been adjusted on the basis of 1990 constant prices.

十四、建 筑 业

CONSTRUCTION

简要说明

一、本篇资料反映我省建筑业概况和发展情况。主要包括建筑业企业生产经营情况，指标有企业个数、从业人员数、建筑业总产值、建筑业增加值、房屋建筑面积、机械设备价值、资本金、资产负债、利润税金、劳动生产率、工程质量优良品率、技术装备率等。此外，还包括农村建筑队主要指标。

二、建筑业企业资料由省统计局固定资产投资处提供。建筑业统计范围从 1996 年年报起由原城镇及城镇以上各种经济类型的建筑业企业扩大到凡具有建筑业资质等级四级及四级以上的各种经济类型的建筑业企业，资料来源依据国家统计局制定的“建筑业统计报表制度”收集的有关年报资料。农村建筑队主要指标的数据由乡镇企业管理局提供，资料来源依据农业部制定的“乡镇企业统计报表制度”规定收集的有关年报资料。

本篇责任编辑：牛继武

Brief Introduction

I. Data in this chapter show the general situation and the development of the construction in the province. They cover mainly the situation of production and management of the enterprises of construction, including number of enterprises number of employed persons, gross output value and value added of construction, floor space of the building, value of buildings, machinery and equipment, capital, assets and liabilities, profits and taxes, labor productivity, percentage of high quality projects, per capita machinery, etc. They also cover the main indicators of the rural construction teams.

II. Data on the enterprises of construction in this chapter are provided by the Division of Statistics in Investment in Fixed Assets, Anhui Statistical Bureau. The coverage of construction statistics has been enlarged since 1996 when the annual statistical reports were submitted. The original coverage includes all the construction enterprises of various types of ownership at and above town level. The new coverage includes all the construction enterprises of various types of ownership with qualification criteria at or above Class 4. Data are collected in accordance with the "reporting scheme of construction statistics" stipulated by the National Bureau of Statistics. Data about main indicators of the rural construction teams are provided by the Provincial Administration of Township Enterprises, in accordance with the "Statistical Report System of Township Enterprises" stipulated by the Ministry of Agriculture.

14—1 建筑业企业概况
Main Indicators on Construction Enterprises

年 份 Year	总 计 Total	国 有 State-owned	城镇集体 Urban Collective-owned	农村建筑队 Rural Construction Teams
企业单位数（个） **Number of Enterprises**				
1978	2080	75	104	1901
1980	2136	81	125	1932
1985	3701	111	199	3391
1990	57797	125	213	57459
1991	63395	112	214	63069
1992	67240	112	217	66911
1993	77543	134	297	77104
1994	78323	148	315	77848
1995	75321	146	317	74843
1996	56740	249	484	55977
1997	47124	244	447	46376
1998	46431	239	434	45687
1999	46793	257	457	45982
2000	40785	258	439	39945
从业人员（万人） **Number of Persons Engaged（10000 persons）**				
1978	30.39	16.50	5.70	8.19
1980	43.08	21.90	7.60	13.58
1985	70.40	23.60	13.60	33.20
1990	104.92	24.30	11.10	69.52
1991	109.47	23.70	11.70	74.07
1992	122.32	24.80	12.30	85.22
1993	146.49	23.80	14.30	108.09
1994	160.40	25.70	13.00	121.20
1995	177.31	24.23	14.20	138.51
1996	194.46	26.08	18.89	148.64
1997	163.50	22.23	17.69	120.63
1998	140.14	21.57	17.63	98.75
1999	133.91	23.57	19.70	87.26
2000	125.62	21.66	18.73	79.84
总产值（万元） **Gross Output Value（10000 yuan）**				
1978	78821	55943	15363	7515
1980	116552	75873	24791	15888
1985	319386	151114	61480	106792
1990	816033	269692	80768	465573
1991	967340	306782	95374	565184
1992	1148640	414281	127228	607131
1993	2027435	573265	179417	1268143
1994	4108671	913903	219322	2963433
1995	5821071	1078593	309454	4420098
1996	7281005	1111967	441744	5700393
1997	5886110	1103513	444440	4261844
1998	5837630	1136727	485558	4146992
1999	5737744	1372594	586538	3649527
2000	5320294	1349050	658684	3085511

注：①自 1993 年开始“从业人员”由“计算劳动生产率平均人数”代替。
②附营施工单位的生产活动在整个建筑生产活动中所占份额极小，加之资料不全，因而在总计中已略去。
③根据农业部的“乡镇企业统计报表制度”规定，1978 年至 1986 年农村建筑队中的个体建筑户不作统计。

a) Since 1993, “Persons Engaged” has been replaced by “Average Number of Persons in calculating labor productivity”.
b) The production activity of subsidiary construction units is omitted in the total because the portion is very small and the data are incomplete.
c) According to the “Reporting Scheme of Township Enterprises” stipulated by the Ministry of Agriculture, The rural construction teams excluded individuals from 1978 to 1986.

14—2 建筑业企业主要经济指标
Main Economic Indicators on Construction Enterprises

指标		Item		1990	1995	1999	2000
建筑业企业个数	（个）	Number of Construction Enterprises	(unit)	338	478	1520	1571
年平均人数	（万人）	Staff and Workers (Annual Average)	(10000 persons)	31.67	38.83	70.01	71.41
自有固定资产原价	（万元）	Fixed Assets Owned (original value)	(10000 yuan)	215159	507546	1003873	1135784
自有固定资产净价	（万元）	Fixed Assets Owned (net value)	(10000 yuan)	147220	361527	689641	783712
自有机械设备台数	（台）	Number of Machinery and Equipment Owned	(set)	80862	91742	220975	237822
自有机械设备净价	（万元）	Net Value of Machinery and Equipment Owned	(10000 yuan)	79133	165092	287433	326347
自有机械设备总功率	（万千瓦）	Total Power of Machinery and Equipment Owned	(10000 kw)	133.31	169.97	255.35	250.57
建筑业总产值	（万元）	Gross Output Value of Construction	(10000 yuan)	350460	1400973	2773364	3028240
#建筑工程		Construction Projects		300803	1193521	2432524	2621894
安装工程		Installation Projects		41181	186860	282712	331987
房屋、构筑物修理		Buildings and Structures Repairing		6994	12348	40373	621315
非标准设备制造		Non-Standard Equipment Manufacturing		1482	8244	17755	12044
建筑业增加值	（万元）	Value Added of Construction	(10000 yuan)	122093	400670	783765	837928
#固定资产折旧	（万元）	Depreciation of Fixed Assets	(10000 yuan)	11012	24803	50466	55430
应付工资	（万元）	Wages Payable	(10000 yuan)	72363	173855	364727	409707
应付福利费	（万元）	Welfare Expenses Payable	(10000 yuan)	5516	17285	37346	45175
工程结算税金及附加	（万元）	Taxes and Extra Charges on Project Settle Accounts	(10000 yuan)	9555	38038	81404	89526
管理费用中的税金	（万元）	Taxes in Management Expenses	(10000 yuan)		2666	8214	8423
工程结算利润	（万元）	Profits of Project Settle Accounts	(10000 yuan)	5140	134355	205693	231345
施工面积	（万平方米）	Floor Space of Buildings Under Construction	(10000 sq.m)	1075.30	1985.43	4243.57	4631.27
竣工面积	（万平方米）	Floor Space of Buildings Completed	(10000 sq.m)	512.60	853.33	2249.67	2595.33
利润总额	（万元）	Total Profits	(10000 yuan)	4153	943	15905	28123
利税总额	（万元）	Total Taxes	(10000 yuan)	13534	41646	105523	126073
劳动生产率		Overall Labor Productivity					
按总产值计算	（元/人）	In Terms of Gross Output Value	(yuan/person)	11066	36080	39614	42406
按增加值计算	（元/人）	In Terms of Value-added	(yuan/person)	3855	10319	11195	11734
技术装备率	（元/人）	Value of Machines per Laborer	(yuan/person)	2499	4252	4106	4570
动力装备率	（千瓦/人）	Power of Machines per Laborer	(kw/person)	4.21	4.38	3.65	3.51
房屋建筑面积竣工率	（%）	Ratio of Floor Space of Buildings Completed	(%)	47.67	42.98	53.01	56.04
工程质量优良品率	（%）	Ratio of High Quality Projects	(%)	28.01	34.00	28.19	33.45
产值利润率	（%）	Ratio of Profit to Gross Output Value	(%)	1.19	0.06	0.57	0.93
产值利税率	（%）	Ratio of Pre-tax Profit to Gross Output Value	(%)	3.86	2.97	3.80	4.16

14—3 国有经济建筑业企业主要经济指标
Main Economic Indicators on State-owned Construction Enterprises

指标		Item		1990	1995	1999	2000
建筑业企业个数	(个)	Number of Construction Enterprises	(unit)	125	146	257	258
年平均人数	(万人)	Staff and Workers (Annual Average)	(10000 persons)	21.78	24.23	23.57	21.66
自有固定资产原价	(万元)	Fixed Assets Owned (original value)	(10000 yuan)	189013	416972	592742	636476
自有固定资产净价	(万元)	Fixed Assets Owned (net value)	(10000 yuan)	128450	291809	378591	403625
自有机械设备台数	(台)	Number of Machinery and Equipment Owned	(set)	53779	47796	60984	63023
自有机械设备净价	(万元)	Net Value of Machinery and Equipment Owned	(10000 yuan)	70868	129661	144873	160000
自有机械设备总功率	(万千瓦)	Total Power of Machinery and Equipment Owned	(10000 kw)	115.95	137.59	132.26	127.93
建筑业总产值	(万元)	Gross Output Value of Construction	(10000 yuan)	269692	1078593	1372594	1349050
#建筑工程		Construction Projects		229658	910192	1212078	1199993
安装工程		Installation Projects		36250	155217	142062	128402
房屋、构筑物修理		Buildings and Structures Repairing		2507	5258	8708	17367
非标准设备制造		Non-Standard Equipment Manufacturing		1277	7926	9746	3288
建筑业增加值	(万元)	Value Added of Construction	(10000 yuan)	98314	350522	384481	374672
#固定资产折旧	(万元)	Depreciation of Fixed Assets	(10000 yuan)	9230	20951	32221	34460
应付工资	(万元)	Wages Payable	(10000 yuan)	57792	157735	150857	155296
应付福利费	(万元)	Welfare Expenses Payable	(10000 yuan)	4211	15773	17790	20689
工程结算税金及附加	(万元)	Taxes and Extra Charges on Project Settle Accounts	(10000 yuan)	7162	29677	40481	39416
管理费用中的税金	(万元)	Taxes in Management Expenses	(10000 yuan)		1682	3673	3070
工程结算利润	(万元)	Profits of Project Settle Accounts	(10000 yuan)	4834	116337	106857	117387
施工面积	(万平方米)	Floor Space of Buildings Under Construction	(10000 sq. m)	602.70	1053.50	1226.90	1166.52
竣工面积	(万平方米)	Floor Space of Buildings Completed	(10000 sq. m)	261.00	409.30	500.84	566.55
利润总额	(万元)	Total Profits	(10000 yuan)	3761	630	-11333	-5159
利税总额	(万元)	Total Taxes	(10000 yuan)	10818	31989	32821	37327
劳动生产率		Overall Labor Productivity					
按总产值计算	(元/人)	In Terms of Gross Output Value	(yuan/person)	12383	44515	58383	62283
按增加值计算	(元/人)	In Terms of Value-added	(yuan/person)	4514	14466	16354	17298
技术装备率	(元/人)	Value of Machines per Laborer	(yuan/person)	3254	5351	6162	7387
动力装备率	(千瓦/人)	Power of Machines per Laborer	(kw/person)	5.32	5.38	5.63	5.91
房屋建筑面积竣工率	(%)	Ratio of Floor Space of Buildings Completed	(%)	43.30	38.90	40.82	48.57
工程质量优良品率	(%)	Ratio of High Quality Projects	(%)	42.90	53.36	41.11	50.34
产值利润率	(%)	Ratio of Profit to Gross Output Value	(%)	1.40	0.10	-0.83	-0.38
产值利税率	(%)	Ratio of Pre-tax Profit to Gross Output Value	(%)	4.00	3.00	2.39	2.77

14—4 集体经济建筑业企业主要经济指标
Main Economic Indicators on Collective Construction Enterprises

指标		Item		1990	1995	1999	2000
建筑业企业个数	（个）	Number of Construction Enterprises	(unit)	213	317	1041	983
年平均人数	（万人）	Staff and Workers (Annual Average)	(10000 persons)	9.89	14.17	39.76	37.20
自有固定资产原价	（万元）	Fixed Assets Owned (original value)	(10000 yuan)	26146	85112	329739	340764
自有固定资产净价	（万元）	Fixed Assets Owned (net value)	(10000 yuan)	18770	65977	245781	256869
自有机械设备台数	（台）	Number of Machinery and Equipment Owned	(set)	27083	42308	133630	134122
自有机械设备净价	（万元）	Net Value of Machinery and Equipment Owned	(10000 yuan)	8265	33944	115120	119608
自有机械设备总功率	（万千瓦）	Total Power of Machinery and Equipment Owned	(10000 kw)	17.36	31.10	99.16	91.52
建筑业总产值	（万元）	Gross Output Value of Construction	(10000 yuan)	80768	309454	1178840	1222373
#建筑工程		Construction Projects		71145	273710	1025313	1029445
安装工程		Installation Projects		4931	30815	120885	154211
房屋、构筑物修理		Buildings and Structures Repairing		4487	4611	25824	32394
非标准设备制造		Non-Standard Equipment Manufacturing		205	318	6818	6323
建筑业增加值	（万元）	Value Added of Construction	(10000 yuan)	23779	47453	335755	337867
#固定资产折旧	（万元）	Depreciation of Fixed Assets	(10000 yuan)	1782	3569	14764	14553
应付工资	（万元）	Wages Payable	(10000 yuan)	14571	15120	180733	184525
应付福利费	（万元）	Welfare Expenses Payable	(10000 yuan)	1305	1372	16522	17445
工程结算税金及附加	（万元）	Taxes and Extra Charges on Project Settle Accounts	(10000 yuan)	2393	8035	34027	36180
管理费用中的税金	（万元）	Taxes in Management Expenses	(10000 yuan)		947	3711	4458
工程结算利润	（万元）	Profits of Project Settle Accounts	(10000 yuan)	306	17542	83507	84433
施工面积	（万平方米）	Floor Space of Buildings Under Construction	(10000 sq. m)	472.60	905.20	2567.27	2556.99
竣工面积	（万平方米）	Floor Space of Buildings Completed	(10000 sq. m)	251.60	430.60	1511.75	1539.42
利润总额	（万元）	Total Profits	(10000 yuan)	392	1301	23629	26275
利税总额	（万元）	Total Taxes	(10000 yuan)	2716	10283	61367	66913
劳动生产率		Overall Labor Productivity					
按总产值计算	（元/人）	In Terms of Gross Output Value	(yuan/person)	8167	21839	29649	32859
按增加值计算	（元/人）	In Terms of Value-added	(yuan/person)	2404	3349	8445	9082
技术装备率	（元/人）	Value of Machines per Laborer	(yuan/person)	836	2395	2895	3215
动力装备率	（千瓦/人）	Power of Machines per Laborer	(kw/person)	1.76	2.19	2.49	2.46
房屋建筑面积竣工率	（%）	Ratio of Floor Space of Buildings Completed	(%)	53.20	47.60	58.89	60.20
工程质量优良品率	（%）	Ratio of High Quality Projects	(%)	7.40	12.89	21.94	27.75
产值利润率	（%）	Ratio of Profit to Gross Output Value	(%)	0.50	0.40	2.00	2.15
产值利税率	（%）	Ratio of Pre-tax Profit to Gross Output Value	(%)	3.40	3.30	5.21	5.47

14—5 建筑业企业技术装备情况
Number and Power of Machinery and Equipment Owned by Construction Enterprises

年份 Year	自有机械设备总台数（台） Number of Machinery and Equipment Owned	自有机械设备总功率（万千瓦） Total Power of Machinery and Equipment Owned (10000 kw)	施工机械功率 Power of Construction Machines	自有机械设备净值（万元） Net Value of Machinery and Equipment Owned (10000 yuan)	技术装备率（元/人） Value of Machines per Laborer (yuan/person)	动力装备率（千瓦/人） Power of Machines per Laborer (kw/person)
1990	80862	133.31	96.35	79133	2499	4.21
1991	78437	131.79	92.91	80698	3782	6.40
1992	73553	137.85	101.57	87893	3968	6.30
1993	69193	117.00	85.30	88796	2638	3.50
1994	75644	162.50	125.00	111114	2836	4.10
1995	91742	169.97	139.66	165092	4252	4.38
1996	180950	250.73	198.50	289441	3901	3.38
1997	168510	234.89	183.55	227886	3374	3.48
1998	191244	220.05	172.34	245283	3800	3.41
1999	220975	255.35	200.25	287433	4106	3.65
2000	237822	250.57	197.56	326347	4570	3.51

14—6 国有建筑业企业技术装备情况
Number and Power of Machinery and Equipment of State-owned Construction Enterprises

年份 Year	自有机械设备总台数（台） Number of Machinery and Equipment Owned	自有机械设备总功率（万千瓦） Total Power of Machinery and Equipment Owned (10000 kw)	施工机械功率 Power of Construction Machines	自有机械设备净值（万元） Net Value of Machinery and Equipment Owned (10000 yuan)	技术装备率（元/人） Value of Machines per Laborer (yuan/person)	动力装备率（千瓦/人） Power of Machines per Laborer (kw/person)
1990	53779	115.95	84.24	70868	3254	5.32
1991	53823	113.01	79.40	71943	3031	4.80
1992	48058	119.10	88.38	77474	3124	4.80
1993	38201	89.00	65.50	62892	3367	4.80
1994	45245	138.00	107.20	93304	3625	5.40
1995	47796	137.59	113.70	129661	5351	5.38
1996	55421	139.68	113.00	175930	6746	5.36
1997	44059	125.63	95.67	126577	5694	5.65
1998	55220	125.62	95.76	139448	6465	5.82
1999	60984	132.26	102.55	144873	6162	5.63
2000	63023	127.93	94.08	160000	7387	5.91

14—7 建筑业施工企业主要生产指标（2000年）

指标		Item		合计 Total
施工企业个数	（个）	Number of Enterprises in Charge of Construction	（unit）	1571
建筑业总产值	（万元）	Gross Output Value of Construction	（10000 yuan）	3028240
#建筑工程		Construction Projects		2621894
安装工程		Installation Projects		331987
建筑业增加值		Value-added of Construction		837928
#固定资产折旧		Depreciation on Fixed Assers		55430
应付工资		Wages payable		409707
应付福利、		Walfare Costs payable		45175
工程结算税金及附加		Taxes and Added Taxes of Settle Accounts		89526
竣工产值	（万元）	Output Value of Buildings Completed	（10000 yuan）	2431927
单位工程施工个数	（个）	Number of Projects Under Construction	（unit）	31186
#本年新开工		Newly Started Projects in this Year		20263
投标承包个数		Projects Through Tender for the Construction		14624
单位工程竣工个数	（个）	Number of Projects Completed	（unit）	20435
#优良工程个数		High Quality		5852
房屋建筑施工面积	（万平方米）	Floor Space of Buildings Under Construction	（10000 sq. m）	4631.27
#本年新工工		Newly Started Projects in this year		2595.36
投标承包的面积		Floor Space Through Tender for the Construction		2801.00
房屋建筑竣工面积	（万平方米）	Floor Space of Buildings Completed	（10000 sq. m）	2595.33
#优良工程面积		Floor Space of High Quality Projects		868.02
自有机械设备总台数	（台）	Number of Machinery Owned	（set）	237822
自有机械设备总功率	（万千瓦）	Capacity of Machinery Owned	（10000 kw）	250.57
自有机械设备净值	（万元）	Net Value of Machinery Owned	（10000 yuan）	326347
职工工平均人数	（万人）	Average Number of Staff and Workers	（10000 persons）	71.41
全员劳动生产率	（元/人）	Overall Labor Productivity	（yuan/person）	42406
技术装备率	（元/人）	Per Capita Machinery Value	（yuan/person）	4570
动力装备率	（元/人）	Per Capita Machines Power	（kw/person）	3.51
房屋建筑面积竣工率	（%）	Rate of Floor Space of Buildings Completed	（%）	56.04
工程质量优良品率	（%）	Rate of High Quality Projects	（%）	33.45

Main Production Indicators on Construction Enterprises (2000)

内资企业 Domestic Funded	国有 State-owned	集体 Collective-owned	港澳台商投资经济 Funded by Entrepreneurs from Hong Kong, Macao and Taiwan	土木工程建筑业 Civil Engineering	房屋建筑业 Building	线路管道设备安装业 Pipes, Lines and Equipment Installation	装修装饰业 Building Decoration
1560	258	983	9	1399	1205	112	60
3016537	1349050	1222373	5587	2780888	1982285	224136	23216
2613120	1199993	1029445	3172	2533202	1797591	81476	7215
329117	128402	154211	2401	181273	125623	140694	10019
834409	374672	337867	1426	755863	535937	75849	6216
54960	34460	14553	226	49329	27437	5666	435
408171	155296	184525	511	375231	292302	31544	2932
45001	20689	17445	36	40756	28297	4081	338
89069	39416	36180	153	82154	60926	6583	789
2427528	1153447	928932	3270	2246943	1644435	168285	16698
31078	11573	14465	71	25988	19169	4985	213
20172	6813	9919	56	16324	12275	3770	169
14585	6296	6133	10	13229	9404	1359	36
20345	6711	10172	61	16415	12239	3835	185
5785	2802	2238	46	4685	2913	1153	14
4619. 71	1166. 52	2556. 99	5. 01	4550. 70	4387. 86	71. 94	8. 63
2589. 11	482. 32	1544. 07	3. 00	2555. 65	2486. 34	32. 24	7. 47
2796. 54	725. 56	1538. 56	1. 89	2766. 31	2659. 81	32. 05	2. 64
2590. 48	566. 55	1539. 42	3. 20	2548. 96	2463. 03	39. 07	7. 31
867. 66	285. 22	427. 25		848. 05	808. 91	19. 77	0. 20
236862	63023	134122	396	219056	182963	15719	3047
250. 14	127. 93	91. 52	0. 25	229. 92	134. 00	18. 33	2. 32
325375	160000	119608	608	300591	177318	22784	2973
71. 04	21. 66	37. 20	0. 10	66. 37	54. 94	4. 48	0. 56
42462	62283	32859	55870	41900	36081	50030	41457
4580	7387	3215	6080	4529	3227	5086	5309
3. 52	5. 91	2. 46	2. 50	3. 46	2. 44	4. 09	4. 14
56. 07	48. 57	60. 20	63. 87	56. 01	56. 13	54. 31	
33. 50	50. 34	27. 75		33. 27	32. 84	50. 60	

14—8 各市按登记注册类型分的建筑业企业单位数（2000年）
Number of Construction Enterprises by Registration Status and Region (2000)

单位：个 (unit)

地区 Region	合计 Total Enterprises	内资企业 Domestic Funded	国有 State-owned	集体 Collective-owned	港澳台商投资经济 Funded by Entrepreneurs from Hong Kong, Macao and Taiwan	外商投资企业 Foreign Funded	土木工程建筑业 Civil Engineering	线路管道设备安装业 Pipes, Lines and equipment Installation	建筑物装修装饰业 Building Decoration
总计 Total	**1571**	**1560**	**258**	**983**	**9**	**2**	**1399**	**112**	**60**
合肥市 Hefei	229	226	52	89	3		184	28	17
淮北市 Huaibei	46	46	20	22			35	5	6
亳州市 Bozhou	32	32	6	23			32		
宿州市 Suzhou	67	66	8	53	1		52	14	1
蚌埠市 Bengbu	67	67	27	35			63	2	2
阜阳市 Fuyang	66	66	15	41			63	2	1
淮南市 Huainan	94	92	11	60	1	1	79	14	1
滁州市 Chuzhou	73	73	15	34			71	2	
六安市 Luan	136	136	13	115			134	1	1
马鞍山市 Maanshan	77	77	9	50			62	6	9
巢湖市 Chaohu	138	137	13	99	1		130	4	4
芜湖市 Wuhu	98	98	10	72			86	11	1
宣城市 Xuancheng	53	51	2	38	1	1	51	1	1
铜陵市 Tongling	74	74	8	45			66	4	4
池州市 Chizhou	71	71	7	46			61	5	5
安庆市 Anqing	173	172	18	120	1		166	5	2
黄山市 Huangshan	67	66	14	41	1		54	8	5
不分地区 Not Classified by Region	10	10	10				10		

14—9 各市按经济类型分的建筑施工企业施工产值（2000年）
Output Value of Enterprises in Charge of Construction by Ownership and Region (2000)

单位：万元 (10000 yuan)

地区 Region	合计 Total Enterprises	内资企业 Domestic Funded	国有 State-owned	集体 Collective-owned	港澳台商投资经济 Funded by Entrepreneurs from Hong Kong, Macao and Taiwan	外商投资企业 Foreign Funded	土木工程建筑业 Civil Engineering	线路管道设备安装业 Pipes, Lines and equipment Installation	建筑物装修装饰业 Building Decoration
总计 Total	**3028240**	**3016537**	**1349050**	**1222373**	**5587**	**6117**	**2780888**	**224136**	**23216**
合肥市 Hefei	641544	637826	298967	195771	3718		566078	65092	10374
淮北市 Huaibei	134601	134601	80140	42433			125315	5918	3369
亳州市 Bozhou	19105	19105	1804	16215			19105		
宿州市 Suzhou	134748	134413	24435	108076	335		77784	56862	101
蚌埠市 Bengbu	169910	169910	93824	57318			164768	4953	190
阜阳市 Fuyang	86254	86254	34678	42489			84588	1630	37
淮南市 Huainan	236411	235643	164083	45694	300	469	173728	62493	190
滁州市 Chuzhou	104962	104962	32405	47592			104561	401	
六安市 Luan	173773	173773	37978	123837			171221	420	2132
马鞍山市 Maanshan	178392	178392	90832	53156			168799	5985	3609
巢湖市 Chaohu	156108	156028	21301	115472	80		149641	5345	1122
芜湖市 Wuhu	222968	222968	80044	115232			217155	5434	380
宣城市 Xuancheng	61110	55422	3624	38781	40	5648	59602	1468	40
铜陵市 Tongling	81942	81942	15197	35304			76897	4321	725
池州市 Chizhou	46844	46844	8447	22575			44677	1663	504
安庆市 Anqing	221116	220216	36793	138362	900		220214	792	110
黄山市 Huangshan	60445	60231	26490	24067	214		58751	1360	334
不分地区 Not Classified by Region	298006	298006	298006				298006		

14—10 各市建筑业企业生产情况（2000年）
Production Indicators on Construction Enterprises by Region (2000)

地区 Region		企业个数（个）Number of Enterprises (unit)	总产值（万元）Total Output Value (10000 yuan) 建筑工程 Construction	安装工程 Installation	房屋建筑物修理 Building Repair and Maintenance	非标准设备制造 Non-Standard Equipment Manufactured	单位工程施工个数（个）Number of Projects Under Construction	单位工程竣工个数（个）Number of Projects Completed	优良品 High Quality
总计	**Total**	**1571**	**2621894**	**331987**	**62315**	**12044**	**31186**	**20435**	**5852**
合肥市	Hefei	229	560992	71745	7861	946	4982	3408	1156
淮北市	Huaibei	46	113811	15782	3920	1087	1398	849	355
亳州市	Bozhou	32	17783	1262	60		227	174	33
宿州市	Suzhou	67	79499	52598	2214	437	1456	1156	527
蚌埠市	Bengbu	67	156107	10702	2834	268	1990	1411	298
阜阳市	Fuyang	66	84404	1393	131	326	744	432	112
淮南市	Huainan	94	161857	72074	1975	506	2712	1525	724
滁州市	Chuzhou	73	98682	3637	2533	110	1021	642	108
六安市	Luan	136	147949	15010	8791	2023	1686	1235	312
马鞍山市	Maanshan	77	150991	19824	7466	111	2766	1877	245
巢湖市	Chaohu	138	133687	17723	3791	906	1878	1414	330
芜湖市	Wuhu	98	201675	14948	5794	552	1980	1314	210
宣城市	Xuancheng	53	57327	2942	600	241	718	415	100
铜陵市	Tongling	74	70821	6950	2832	1340	979	694	105
池州市	Chizhou	71	42082	3785	722	256	768	507	55
安庆市	Anqing	173	191673	16939	10291	2213	2760	1887	440
黄山市	Huangshan	67	55092	4358	270	724	1092	689	98
不分地区	Not Classified by Region	10	297461	315	230		2029	806	644

地区 Region		房屋建筑施工面积（万平方米）Floor Space of Building Under Construction (10000 sq.m)	房屋建筑竣工面积（万平方米）Floor Space of Building Completed (10000 sq.m)	优良品 High Quality	自有机械设备 Machinery and Equipment Owned 总台数（台）Number	总功率（万千瓦）Total Power (10000 kw)	净值（万元）Net Value (10000 yuan)	年平均人数（万人）Staff and Workers (Annual Average) (10000 persons)
总计	**Total**	**4631.27**	**2595.33**	**868.02**	**237822**	**250.57**	**326347**	**71.41**
合肥市	Hefei	1018.83	531.42	228.59	42289	34.10	42817	15.92
淮北市	Huaibei	176.82	98.01	45.19	13193	33.09	32038	3.59
亳州市	Bozhou	49.25	31.62	6.72	6083	3.55	2239	0.77
宿州市	Suzhou	195.97	81.79	31.60	12206	10.20	17988	3.86
蚌埠市	Bengbu	304.32	127.29	66.40	10555	14.76	18422	3.03
阜阳市	Fuyang	230.29	114.68	24.55	9968	8.68	11207	2.53
淮南市	Huainan	268.90	159.58	74.47	14198	20.48	25548	4.67
滁州市	Chuzhou	193.37	110.45	26.41	7595	5.85	8079	2.25
六安市	Luan	325.71	208.58	69.71	17004	13.56	16103	5.39
马鞍山市	Maanshan	177.79	108.40	27.84	15293	27.54	23275	4.32
巢湖市	Chaohu	277.51	188.79	53.31	16596	9.90	16203	4.59
芜湖市	Wuhu	368.73	203.63	47.64	21001	12.37	19140	4.42
宣城市	Xuancheng	139.87	67.42	21.90	7862	4.77	6001	1.73
铜陵市	Tongling	143.25	90.09	20.75	7178	9.33	12088	2.49
池州市	Chizhou	113.95	75.02	15.21	4761	2.77	5276	1.30
安庆市	Anqing	474.42	307.80	77.15	21465	15.97	23828	6.50
黄山市	Huangshan	130.17	76.36	25.45	5385	4.38	4407	1.53
不分地区	Not Classified by Region	42.11	14.41	5.14	5190	19.25	41690	2.53

14—11 各市国有建筑业企业生产情况（2000 年）
Production of State-owned Construction Enterprises by Region (2000)

地区 Region		企业个数（个）Number of Enterprises (unit)	总产值（万元）Total Output Value (10000 yuan) 建筑工程 Construction	安装工程 Installation	房屋建筑物修理 Building Repair and Maintenance	非标准设备制造 Non-Standard Equipment Manufactured	单位工程施工个数（个）Number of Projects Under Construction	单位工程竣工个数（个）Number of Projects Completed	优良品 High Quality
总　计	**Total**	**258**	**1199993**	**128402**	**17367**	**3288**	**11573**	**6711**	**2802**
合肥市	Hefei	52	276786	18226	3584	371	2042	1375	616
淮北市	Huaibei	20	66761	12074	246	1058	932	573	296
亳州市	Bozhou	6	1782	22			39	30	11
宿州市	Suzhou	8	24177	231	28		134	74	46
蚌埠市	Bengbu	27	89506	3101	1217		1333	1035	166
阜阳市	Fuyang	15	34066	612			281	197	68
淮南市	Huainan	11	100328	63326		429	1665	732	519
滁州市	Chuzhou	15	29699	1735	972		238	145	37
六安市	Luan	13	31139	3557	3282		169	114	59
马鞍山市	Maanshan	9	79920	8490	2419	3	774	395	139
巢湖市	Chaohu	13	20298	815	131	57	301	220	26
芜湖市	Wuhu	10	74505	5377	162		525	342	45
宣城市	Xuancheng	2	3124	500			26	17	10
铜陵市	Tongling	8	11131	3212	813	42	134	67	19
池州市	Chizhou	7	8193	146	93	15	79	49	1
安庆市	Anqing	18	26825	4476	4180	1313	355	201	57
黄山市	Huangshan	14	24293	2188	10		517	339	43
不分地区	Not Classified by Region	10	297461	315	230		2029	806	644

地区 Region		房屋建筑施工面积（万平方米）Floor Space of Building Under Construction (10000 sq.m)	房屋建筑竣工面积（万平方米）Floor Space of Building Completed (10000 sq.m)	优良品 High Quality	自有机械设备 Machinery and Equipment Owned 总台数（台）Number	总功率（万千瓦）Total Power (10000 kw)	净值（万元）Net Value (10000 yuan)	年平均人数（万人）Staff and Workers (Annual Average) (10000 persons)
总　计	**Total**	**1166.52**	**566.55**	**285.22**	**63023**	**127.93**	**160000**	**21.66**
合肥市	Hefei	325.89	154.56	87.92	12631	15.00	17458	4.94
淮北市	Huaibei	61.63	30.47	16.12	7609	26.63	21482	2.06
亳州市	Bozhou	2.59	2.07	0.92	1238	1.65	684	0.10
宿州市	Suzhou	23.60	12.77	6.59	1361	1.33	5247	0.43
蚌埠市	Bengbu	117.09	50.75	28.59	4325	9.53	10367	1.50
阜阳市	Fuyang	50.95	26.47	6.83	3094	4.01	5304	0.73
淮南市	Huainan	147.03	78.30	52.89	6339	13.03	15961	2.56
滁州市	Chuzhou	46.11	19.17	9.14	1644	2.00	3435	0.63
六安市	Luan	38.00	20.41	7.97	1927	3.10	3397	0.90
马鞍山市	Maanshan	61.30	43.10	13.45	4422	14.66	11849	1.69
巢湖市	Chaohu	30.47	21.38	8.05	3050	2.11	4088	0.50
芜湖市	Wuhu	60.35	17.85	7.88	2489	5.01	5816	0.94
宣城市	Xuancheng	4.89	0.86	0.30	784	0.45	1322	0.12
铜陵市	Tongling	12.27	8.81	2.98	1745	3.97	3000	0.48
池州市	Chizhou	5.23	1.26	0.03	1049	1.14	2426	0.11
安庆市	Anqing	85.01	39.71	17.67	2149	2.48	3853	0.92
黄山市	Huangshan	51.99	24.20	12.75	1977	2.57	2621	0.53
不分地区	Not Classified by Region	42.11	14.41	5.14	5190	19.25	41690	2.53

14—12 各市集体建筑业企业生产情况(2000年)
Production of Collective-owned Construction Enterprises by Region (2000)

地区 Region		企业个数(个) Number of Enterprises (unit)	总产值(万元) Total Output Value (10000 yuan): 建筑工程 Construction	安装工程 Installation	房屋建筑物修理 Building Repair and Maintenance	非标准设备制造 Non-Standard Equipment Manufactured	单位工程施工个数(个) Number of Projects Under Construction	单位工程竣工个数(个) Number of Projects Completed	优良品 High Quality
总计	**Total**	**983**	**1029445**	**154211**	**32394**	**6323**	**14465**	**10172**	**2338**
合肥市	Hefei	89	166705	24893	3836	337	1883	1269	303
淮北市	Huaibei	22	36622	3708	2074	29	328	196	36
亳州市	Bozhou	23	15015	1140	60		172	133	18
宿州市	Suzhou	53	53444	52267	1929	437	1305	1067	479
蚌埠市	Bengbu	35	48578	7085	1617	38	577	350	118
阜阳市	Fuyang	41	41486	618	59	326	366	177	37
淮南市	Huainan	60	39141	4705	1771	77	668	503	136
滁州市	Chuzhou	34	46359	738	474	20	432	264	49
六安市	Luan	115	105549	10815	5451	2023	1336	977	211
马鞍山市	Maanshan	50	43258	7338	2465	96	916	696	57
巢湖市	Chaohu	99	95491	15701	3431	848	1340	1032	283
芜湖市	Wuhu	72	105698	6978	2556		1243	837	138
宣城市	Xuancheng	38	35943	2350	336	152	571	345	76
铜陵市	Tongling	45	31020	2628	1510	146	537	402	57
池州市	Chizhou	46	20248	1785	353	190	487	343	31
安庆市	Anqing	120	122637	10484	4360	881	1826	1293	266
黄山市	Huangshan	41	22252	978	112	724	478	288	43

地区 Region		房屋建筑施工面积(万平方米) Floor Space of Building Under Construction (10000 sq.m)	房屋建筑竣工面积(万平方米) Floor Space of Building Completed (10000 sq.m)	优良品 High Quality	自有机械设备 Machinery and Equipment Owned: 总台数(台) Number	总功率(万千瓦) Total Power (10000 kw)	净值(万元) Net Value (10000 yuan)	年平均人数(万人) Staff and Workers (Annual Average) (10000 persons)
总计	**Total**	**2556.99**	**1539.42**	**427.25**	**134122**	**91.52**	**119608**	**37.20**
合肥市	Hefei	394.44	239.46	82.01	17576	9.64	12959	6.13
淮北市	Huaibei	89.25	47.97	18.97	4680	5.45	8733	1.30
亳州市	Bozhou	41.12	27.01	5.06	4519	1.77	1399	0.61
宿州市	Suzhou	165.64	62.60	24.71	10744	8.78	12247	3.30
蚌埠市	Bengbu	144.43	67.96	33.29	5082	4.28	7128	1.25
阜阳市	Fuyang	157.67	76.14	15.23	5788	3.54	4979	1.38
淮南市	Huainan	78.29	49.98	9.97	6429	6.38	6018	1.47
滁州市	Chuzhou	90.31	58.61	14.24	4092	2.47	3092	1.03
六安市	Luan	268.14	175.82	55.73	14282	9.25	11152	4.17
马鞍山市	Maanshan	64.82	37.29	5.61	7971	9.44	6634	1.73
巢湖市	Chaohu	205.08	139.24	40.68	10378	6.46	10672	3.40
芜湖市	Wuhu	262.53	159.86	33.29	14455	5.34	9832	3.00
宣城市	Xuancheng	101.40	51.61	18.41	3971	2.94	3252	1.04
铜陵市	Tongling	80.11	51.64	10.82	3209	3.04	4745	1.34
池州市	Chizhou	56.41	42.21	5.35	2769	1.08	1578	0.82
安庆市	Anqing	298.33	212.42	47.38	15415	10.15	13866	4.48
黄山市	Huangshan	59.02	39.60	6.50	2762	1.53	1321	0.73

14—13 建筑业企业主要财务指标（2000 年）
Main Financial Indicators on Construction Enterprises (2000)

单位：万元 (10000 yuan)

指标	Item	合计 Total Enterprises	内资企业 Domestic Funded	国有 State-owned	集体 Collective-owned	其他 Other
流动资产合计	Circulating Funds	2341906	2329472	1249915	755411	324146
#存 货	Stock	637487	635760	255722	271521	108517
固定资产合计	Total Fixed Assets	783712	779470	403625	256869	118976
固定资产原价合计	Total Original Value of Fixed Assets	1135784	1129403	636476	340764	152163
#生产经营用	Used for Production	840264	834976	453551	265049	116376
累计折旧	Total Depreciation Drawn Accumulated	355314	353174	236092	83895	33187
#本年折旧	Depreciation Drawn This Year	55430	54960	34460	14553	5947
资产合计	Total Assets	3286569	3268923	1738486	1064115	466322
流动负债	Circulating Liability	2117966	2108927	1221820	621743	265364
长期负债	Long-term Liability	233244	231434	117675	80562	33197
所有者权益合计	Creditors' Equity	935359	928562	398991	361811	167760
实收资本	Total Capital Hold	864098	858036	390341	315066	152629
工程结算收入	Revenue of Project Settlement Accounts	2653369	2643407	1247067	1010529	385811
工程结算成本	Costs of Project Settlement Accounts	2332498	2323862	1090263	889916	343683
工程结算税金及附加	Taxes and Extra Charges on Project Settlement Accounts	89526	89069	39416	36180	13473
工程结算利润	Profits of Project Settlement Accounts	231345	230476	117387	84433	28656
其他业务收入	Other Operational Income	136549	136128	86286	39852	9990
其他业务利润	Other Profit	8230	8227	3960	2679	1588
管理费用	Management Fee	186799	186077	113333	52412	20332
#税 金	Taxes	8423	8411	3070	4458	883
财务费用	Financial Expenses	25758	25634	13567	8499	11218
利润总额	Total Profits	28123	28096	-5159	26275	6980
本年应付工资总额	Wages Payable This Year	409707	408171	155296	184525	68350
本年应付福利费	Welfare Expenses Payable This Year	45175	45001	20689	17445	6867
劳动生产率	Overall Labor Productivity					
按总产值计算 （元/人）	In Terms of Gross Output Value (yuan/person)	42406	42462	62283	32859	36545
按增加值计算 （元/人）	In Terms of Value-added (yuan/person)	11734	11746	17298	9082	10006
产值利润率 (%)	Ratio of Profit to Gross Output Value (%)	0.93	0.93	-0.38	2.15	1.57
产值利税率 (%)	Ratio of Pre-tax Profit to Gross Output Value (%)	4.16	4.16	2.77	5.47	4.79

14—13 续表 continued

单位：万元 (10000 yuan)

指标	Item	港澳台商投资经济 Funded by Entrepreneurs from Hong Kong, Macao and Taiwan	外商投资企业 Foreign Funded	土木工程建筑业 Civil Engineering	线路管道设备安装业 Pipes, Lines and equipment Installation	建筑物装修装饰业 Building Decoration
流动资产合计	Circulating Funds	7652	4782	2130919	192728	18259
#存货	Stock	1613	113	599194	32211	6082
固定资产合计	Total Fixed Assets	2261	1981	715042	60379	8291
固定资产原价合计	Total Original Value of Fixed Assets	3557	2824	1031840	93507	10437
#生产经营用	Used for Production	3305	1983	757249	75277	7738
累计折旧	Total Depreciation Drawn Accumulated	1297	843	320039	33128	2147
#本年折旧	Depreciation Drawn This Year	226	244	49329	5666	435
资产合计	Total Assets	10300	7347	2984282	274383	27904
流动负债	Circulating Liability	4185	4854	1937375	168748	11844
长期负债	Long-term Liability	1398	411	210600	19147	3497
所有者权益合计	Creditors' Equity	4716	2082	836307	86489	12563
实收资本	Total Capital Hold	4494	1568	777167	72913	14018
工程结算收入	Revenue of Project Settlement Accounts	4267	5695	2416686	216173	20510
工程结算成本	Costs of Project Settlement Accounts	3615	5021	2129554	184992	17952
工程结算税金及附加	Taxes and Extra Charges on Project Settlement Accounts	153	305	82154	6583	789
工程结算利润	Profits of Project Settlement Accounts	499	370	204978	24598	1769
其他业务收入	Other Operational Income		422	101813	34378	358
其他业务利润	Other Profit		3	6798	1385	48
管理费用	Management Fee	472	250	165715	19545	1539
#税金	Taxes	1	11	7292	1099	32
财务费用	Financial Expenses	28	96	23566	1961	231
利润总额	Total Profits	-2	30	23430	4704	-10
本年应付工资总额	Wages Payable This Year	511	1026	375231	31544	2932
本年应付福利费	Welfare Expenses Payable This Year	36	138	40756	4081	338
劳动生产率	Overall Labor Productivity					
按总产值计算 (元/人)	In Terms of Gross Output Value (yuan/person)	55870	22789	41900	50030	41457
按增加值计算 (元/人)	In Terms of Value-added (yuan/person)	14260	7798	11389	16931	11100
产值利润率 (%)	Ratio of Profit to Gross Output Value (%)	-0.36	0.48	0.84	2.10	-0.04
产值利税率 (%)	Ratio of Pre-tax Profit to Gross Output Value (%)	2.72	5.65	4.06	5.53	3.49

14—14　各市建筑业企业主要财务指标（2000 年）
Main Financial Indicators on Construction Enterprises by Region (2000)

单位：万元　　(10000 yuan)

地　区 Region	资本金合计 Total Capital Assets	流动资产合计 Circulating Funds	存货 Stock	固定资产合计 Total Fixed Assets	固定资产原价合计 Original Value of Fixed Asseds	生产经营用 Used for Production	累计折旧 Depreciation Drawn Accumulated	本年 This Year	资产合计 Total Assets	流动负债合计 Liquid Liabilities
总　计 Total	**864098**	**2341906**	**637487**	**783712**	**1135784**	**840264**	**355314**	**55430**	**3286569**	**2117966**
合肥市 Hefei	165800	481402	116235	149742	214437	152110	64694	9547	662748	388202
淮北市 Huaibei	71261	127007	22144	67634	108761	74682	41127	3925	201789	117754
亳州市 Bozhou	9125	20457	9804	8656	10091	6507	1436	248	29313	17878
宿州市 Suzhou	32418	61166	14992	33115	45607	37965	12492	2379	97628	51584
蚌埠市 Bengbu	44963	116089	24858	41878	57427	48845	15549	2361	162482	97873
阜阳市 Fuyang	29296	65697	25057	22455	28389	24490	5934	1183	93413	54387
淮南市 Huainan	85114	223932	46495	50022	83566	61190	33545	4800	285506	204141
滁州市 Chuzhou	28549	74249	35711	24148	31770	20670	7622	2065	103345	63285
六安市 Luan	40074	107546	40735	39961	50287	35215	10326	2862	154901	81064
马鞍山市 Maanshan	79473	202771	50085	73709	120008	89781	46299	5682	292947	192517
巢湖市 Chaohu	38124	104781	45747	31375	42055	34071	10679	1972	139689	93976
芜湖市 Wuhu	48290	149821	42240	43325	63087	49129	19763	2583	201091	135431
宣城市 Xuancheng	20880	99802	35876	23222	30038	16338	6816	859	128463	106867
铜陵市 Tongling	30091	93519	15188	26547	37782	28996	11235	1536	128656	97240
池州市 Chizhou	11678	39519	12812	8570	13348	8962	4778	318	50448	34090
安庆市 Anqing	59216	129186	49149	52967	72596	54487	19628	3210	190651	110840
黄山市 Huangshan	14760	52166	15004	12387	17216	12342	4829	623	71479	46533
不分地区 Not Classified by Region	54988	192798	35357	74000	109321	84486	38562	9278	292021	224304

地　区 Region	长期负债合计 Long-term Liabilities	负债合计 Total Liabilities	所有者权益合计 Creditors Equity	工程结算收入 Revenue of Project Settlement Accounts	工程结算成本 Costs of Project Settlement Accounts	工程结算税金附加 Taxes and Extra Charges on Project Settlement Accounts	管理费用 Management Expenses	税金 Taxes	利润总额 Total Profits	本年应付工资总额 Total Wages Payable This Year
总　计 Total	**233244**	**2351210**	**935359**	**2653369**	**2332498**	**89526**	**186799**	**8423**	**28123**	**409707**
合肥市 Hefei	71537	459740	203009	544784	487945	17995	31869	1101	8078	85596
淮北市 Huaibei	30006	147760	54028	125303	109598	3904	12114	524	−2623	25795
亳州市 Bozhou	1041	18918	10395	16383	13864	665	1064	160	582	3310
宿州市 Suzhou	4184	55768	41860	131070	112544	4308	6470	1013	5939	15987
蚌埠市 Bengbu	19434	117306	45175	137001	124113	4226	9109	249	−3037	18841
阜阳市 Fuyang	6641	61028	32385	67592	60040	2407	3448	337	1016	12639
淮南市 Huainan	12150	216291	69214	232340	201430	7551	21685	707	−363	34339
滁州市 Chuzhou	3579	66863	36482	75095	66116	3089	4415	222	1920	12373
六安市 Luan	19256	100320	54581	158441	137641	6084	7578	560	5918	26092
马鞍山市 Maanshan	16666	209183	83764	174338	151189	5253	18898	904	471	28955
巢湖市 Chaohu	3943	97919	41770	119735	104156	4561	6016	804	3899	22876
芜湖市 Wuhu	5186	140617	60474	192462	173920	6626	8475	368	2196	25282
宣城市 Xuancheng	1384	108251	20212	50388	44383	1984	3079	72	268	10323
铜陵市 Tongling	4098	101338	27319	74988	63786	2390	9270	532	−744	15642
池州市 Chizhou	2586	36676	13772	33990	29825	1190	2138	136	841	6054
安庆市 Anqing	21379	132218	58433	212797	188232	7398	11859	547	3302	34666
黄山市 Huangshan	7226	53759	17720	42963	37675	1526	3641	134	−108	7379
不分地区 Not Classified by Region	2951	227255	64766	263700	226043	8371	25672	54	569	23559

14—15 各市国有建筑业企业主要财务指标（2000 年）

Main Financial Indicators of State-owned Construction Enterprises by Region (2000)

单位：万元 (10000 yuan)

地区 Region	资本金合计 Total Capital Assets	流动资产合计 Circulating Funds	存货 Stock	固定资产合计 Total Fixed Assets	固定资产原价合计 Original Value of Fixed Asseds	生产经营用 Used for Production	累计折旧 Depreciation Drawn Accumulated	本年 This Year	资产合计 Total Assets	流动负债合计 Liquid Liabilities
总计 Total	**390341**	**1249915**	**255722**	**403625**	**636476**	**453551**	**236092**	**34460**	**1738486**	**1221820**
合肥市 Hefei	64553	327367	79241	73370	116259	75740	42889	5660	416343	291589
淮北市 Huaibei	52295	84453	12888	51152	85641	55967	34489	2840	140365	84597
亳州市 Bozhou	2073	5023	2223	1901	2072	1353	171	35	6940	4748
宿州市 Suzhou	5063	21245	2495	8166	11791	9852	3625	652	29457	22837
蚌埠市 Bengbu	25223	66583	10312	21899	33443	28672	11543	1725	91295	62533
阜阳市 Fuyang	11290	24219	4994	9370	11834	10335	2464	441	36176	20060
淮南市 Huainan	58702	146014	13305	32697	59496	41526	26799	3601	185146	136979
滁州市 Chuzhou	10006	20703	9281	9806	13452	7533	3646	1209	32097	16026
六安市 Luan	9801	45771	15418	15020	19073	12218	4053	1657	63974	37894
马鞍山市 Maanshan	43453	127115	22926	46127	82547	58797	36420	3627	183618	124710
巢湖市 Chaohu	7644	24020	9321	7408	9954	8919	2546	357	31661	25218
芜湖市 Wuhu	14143	64821	11554	16153	29867	22506	13713	1572	85576	63754
宣城市 Xuancheng	3115	11076	4565	4020	5548	4779	1528	67	15117	13790
铜陵市 Tongling	9040	21399	4449	8962	13572	9469	4610	709	30988	20608
池州市 Chizhou	2713	6971	716	2770	3564	3302	794	68	9985	7130
安庆市 Anqing	11184	35899	9289	14642	20800	12413	6158	679	53782	41291
黄山市 Huangshan	5056	24439	7389	6160	8243	5685	2083	281	33946	23754
不分地区 Not Classified by Region	54988	192798	35357	74000	109321	84486	38562	9278	292021	224304

地区 Region	长期负债合计 Long-term Liabilities	负债合计 Total Liabilities	所有者权益合计 Creditors Equity	工程结算收入 Revenue of Project Settlement Accounts	工程结算成本 Costs of Project Settlement Accounts	工程结算税金附加 Taxes and Extra Charges on Project Settlement Accounts	管理费用 Management Expenses	税金 Taxes	利润总额 Total Profits	本年应付工资总额 Total Wages Payable This Year
总计 Total	**117675**	**1339495**	**398991**	**1247067**	**1090263**	**39416**	**113333**	**3070**	**-5159**	**155296**
合肥市 Hefei	41538	333127	83215	269922	241745	8922	20329	522	1066	33087
淮北市 Huaibei	22764	107361	33004	72981	62566	1918	9611	354	-3386	16294
亳州市 Bozhou	118	4865	2075	1880	1470	80	279	28	16	381
宿州市 Suzhou	432	23268	6188	28217	25299	915	1004	25	291	1850
蚌埠市 Bengbu	6322	68855	22440	80612	71538	2394	6417	157	-2147	8667
阜阳市 Fuyang	3434	23494	12682	28744	25521	915	1513	85	386	4160
淮南市 Huainan	6627	143606	41540	176010	153023	5521	16111	467	-493	24383
滁州市 Chuzhou	586	16612	15484	25762	22957	1332	1215	28	446	3541
六安市 Luan	8210	46104	17870	35698	31152	1165	2858	176	172	6641
马鞍山市 Maanshan	12946	137656	45962	95896	83728	2615	12022	590	-1374	14388
巢湖市 Chaohu	415	25633	6029	17411	14808	661	1405	133	314	2049
芜湖市 Wuhu	1432	65186	20390	75562	67309	2432	4603	151	727	4168
宣城市 Xuancheng	300	14090	1027	3146	2964	94	393	6	-415	983
铜陵市 Tongling	10	20618	10370	17292	13113	511	3979	133	-602	4207
池州市 Chizhou	116	7246	2740	5505	5012	105	333	16	45	353
安庆市 Anqing	6030	47320	6462	32847	28152	982	3859	121	-502	4499
黄山市 Huangshan	3444	27198	6748	15882	13865	485	1730	25	-272	2087
不分地区 Not Classified by Region	2951	227255	64766	263700	226043	8371	25672	54	569	23559

14—16 各市集体建筑业企业主要财务指标（2000年）

Main Financial Indicators of Collective-owned Construction Enterprises by Region (2000)

单位：万元 (10000 yuan)

地区 Region		资本金合计 Total Capital Assets	流动资产合计 Circulating Funds	存货 Stock	固定资产合计 Total Fixed Assets	固定资产原价合计 Original Value of Fixed Asseds	生产经营用 Used for Production	累计折旧 Depreciation Drawn Accumulated	本年 This Year	资产合计 Total Assets	流动负债合计 Liquid Liabilities
总　计	**Total**	**315066**	**755411**	**271521**	**256869**	**340764**	**265049**	**83895**	**14553**	**1064115**	**621743**
合肥市	Hefei	42388	75577	22564	34234	44579	33726	10345	1656	118963	51300
淮北市	Huaibei	15406	38247	8866	13399	18846	15499	5447	888	53991	31000
亳州市	Bozhou	6353	14036	6427	6370	7526	4730	1157	165	20590	12390
宿州市	Suzhou	25001	37478	11812	23789	32007	26894	8219	1647	64473	27872
蚌埠市	Bengbu	13056	47038	13729	13071	16614	12902	3543	538	61473	32830
阜阳市	Fuyang	13864	33183	15145	9448	12345	10575	2897	543	44869	28915
淮南市	Huainan	16716	38700	11605	11055	16081	12417	5027	757	53983	33866
滁州市	Chuzhou	11472	33761	18199	8065	10349	7879	2284	412	43012	28974
六安市	Luan	27244	56085	21994	23109	28958	21085	5849	912	83088	38968
马鞍山市	Maanshan	23493	46838	17669	17124	24612	21276	7489	1337	68670	45377
巢湖市	Chaohu	24690	59475	28133	20970	28114	22192	7144	1446	83057	50673
芜湖市	Wuhu	26132	70351	24496	20862	25675	19773	4813	858	93956	60580
宣城市	Xuancheng	12786	66407	26496	9633	13158	8302	3525	471	80641	66824
铜陵市	Tongling	12388	36710	5204	9722	13471	10108	3749	430	49917	34834
池州市	Chizhou	4738	19487	5828	3751	4816	3423	1065	188	24322	17149
安庆市	Anqing	33406	58380	26464	27450	37054	29458	9604	2087	88410	39759
黄山市	Huangshan	5934	23659	6891	4819	6560	4810	1741	217	30701	20430

地区 Region		长期负债合计 Long-term Liabilities	负债合计 Total Liabilities	所有者权益合计 Creditors Equity	工程结算收入 Revenue of Project Settlement Accounts	工程结算成本 Costs of Project Settlement Accounts	工程结算税金附加 Taxes and Extra Charges on Project Settlement Accounts	管理费用 Management Expenses	税金 Taxes	利润总额 Total Profits	本年应付工资总额 Total Wages Payable This Year
总　计	**Total**	**80562**	**702304**	**361811**	**1010529**	**889916**	**36180**	**52412**	**4458**	**26275**	**184525**
合肥市	Hefei	15642	66943	52020	142831	128624	4665	4910	354	4159	26893
淮北市	Huaibei	5360	36360	17632	41879	37544	1570	1944	112	630	7309
亳州市	Bozhou	830	13220	7370	13250	11321	541	704	121	526	2632
宿州市	Suzhou	3577	31450	33023	100627	85332	3322	5327	967	5560	13707
蚌埠市	Bengbu	12636	45467	16006	40506	37423	1411	2466	89	-912	7374
阜阳市	Fuyang	2796	31711	13158	30895	27267	1226	1658	200	527	6776
淮南市	Huainan	4494	38360	15623	34467	29288	1259	3984	220	-106	6419
滁州市	Chuzhou	1145	30120	12892	31964	28000	1104	2318	159	562	5544
六安市	Luan	10699	49667	33421	111952	96787	4414	4398	345	5396	18663
马鞍山市	Maanshan	1049	46426	22244	45689	39643	1462	4355	175	684	9506
巢湖市	Chaohu	2850	53523	29534	87740	76395	3367	3893	630	3237	17834
芜湖市	Wuhu	3309	63889	30067	92810	84304	3285	3232	189	1334	17896
宣城市	Xuancheng	536	67360	13281	32315	28809	1137	1702	54	385	6143
铜陵市	Tongling	627	35461	14456	30960	26404	1086	3113	312	239	7503
池州市	Chizhou	1183	18332	5989	18553	16203	689	1244	93	496	3542
安庆市	Anqing	10319	50078	38332	136060	120579	4919	6056	351	3471	23244
黄山市	Huangshan	3509	23939	6763	18031	15993	723	1108	88	89	3541

14—17 大中型建筑施工企业主要经济指标（2000年）
Main Economic Indicators of Large and Medium Sized Construction Enterprises (2000)

单位：万元 (10000 yuan)

部门	Sector	施工产值 Output Value of Buildings Under Constr-uction	工程结算收入 Income from Settlement of Project Avenue	利税总额 Total Pre-tax Profit	资金利税率（%） ratio of Pre-tax Profit to Fund
安徽送变电工程公司	Anhui Power Distribution and Transformation Engineering Company	25505	21035	1383	6.60
华东勘察基础工程总公司	Hua-dong Investigation Company	5307	5037	231	7.41
中港二航局四公司	No.4 Company of No.2 Shipping Bureau	35582	35582	1464	7.14
中国建筑第七工程局第二建筑公司	No.2 Construction Company of China Construction No.7 Engineering Bureau	24788	22592	1014	5.18
上铁总公司第一工程公司	No.1 Engineering Company of Shanghai Railway Company	11800	10316	527	8.22
安徽电力建设第二工程公司	No.2 Engineering Company of Anhui Electric Power Coustruction Company	28699	28699	1173	4.22
中国化学工程第三建设公司	No.3 Coustruction Company of Chinese Chemical Engineering	57170	46834	1572	3.23
中国建筑第四工程局第六建筑工程公司	No.6 Coustruction Company of China Construction No.4 Engineering Bureau	42330	64743	3058	5.65
中国十七冶金建设公司	No.17 Metallargy Coustruction Company	45386	50935	1645	1.64
中煤第七十二处	No.72 Section of Chinese Coal Company	8778	8778	246	2.90
铜陵市有色建安公司	Tongling Coustruction and Installation Company	4785	5438	-542	-3.63
铜陵有色金属(集团)公司井巷公司	Tongling Nonferrous Metals Company Jingxiang Company	5195	6806	155	3.22
安庆石化建筑安装工程公司	Anqing Petrochemical Construction and Installation Company	10274	10274	-105	-1.65
铁四局一处	No.1 Section of No.4 Railway Engineering Bureau	28015	24601	761	3.91
铁四局二处	No.2 Section of No.4 Railway Engineering Bureau	42351	37894	1055	3.28
铁四局三处	No.3 Section of No.4 Railway Engineering Bureau	44382	32189	110	0.33
铁四局四处	No.4 Section of No.4 Railway Engineering Bureau	43077	43196	1610	5.07
铁四局六处	No.6 Section of No.4 Railway Engineering Bureau	52707	53013	1688	4.67
铁四局运输工程处	Transportation Engineering Section of No.4 Railway Engineering Bureau	23632	24844	1168	3.25
铁四局电气化处	Electrification Section of No.4 Railway Engineering Bureau	19550	11109	406	3.76
铁四局建筑处	Coustruction Section of No.4 Railway Engineering Bureau	21170	20350	612	4.06
铁四局机械工程处	Machinery Engineering Section of No.4 Railway Engineering Bureau	15112	13984	598	10.91
安徽省建筑第一工程公司	Anhui No.1 Coustruction Engineering Company	11000	13119	-1643	-8.61
安徽三建集团公司	Anhui No.3 Coustruction Engineering Company	29177	32682	933	1.93
安徽省工业设备安装公司	Anhui Industrial Equipment Installation Company	9407	8510	182	0.93
安徽省二建筑工程公司	Anhui No.2 Coustruction Engineering Company	17808	10260	289	1.26
省公路桥梁公司	Anhui Highway and Bridge Company	19659	17297	160	0.39
省水安总公司	Anhui Shuian Company	23455	23682	790	5.59
安徽省外经建设集团公司	Anhui Foreign Trade Construction Group Company	22302	16759	3931	11.46
安徽省公路工程公司	Anhui Highway Engineering Company	11200	9333	345	3.97
安徽广厦建筑(集团)股份公司	Anhui Guangsha Construction Group company	8510	8510	310	3.14
合肥建工集团	Hefei Construction Engineering Group Company	29616	26030	1580	3.65

14—17 续表 continued

单位：万元 (10000 yuan)

部门	Sector	施工产值 Output Value of Buildings Under Constr-uction	工程结算收入 Income from Settlement of Project Avenue	利税总额 Total Pre-tax Profit	资金利税率(%) ratio of Pre-tax Profit to Fund
合肥市市政工程总公司	Hefei Municipal Engineering Company	11122	6093	260	1.52
合肥市二建总公司	Hefei No.2 Construction Company	14261	10014	256	1.41
安徽路港公司	Anhui Lugang Company	13888	15395	202	2.00
合肥市公路桥梁工程有限公司	Hefei Highway and Bridge Engineering Co., Ltd.	7860	5658	-65	-0.62
合肥市第五建筑公司	Hefei No.5 Construction Company	18156	1603	80	1.85
安徽省湖滨建筑安装工程公司	Anhui Hubin Construction and Installation Company	15026	15026	1649	14.19
芜湖市一建公司	Wuhu No.1 Construction Company	4887	4887	220	1.39
芜湖市安装建筑总公司	Wuhu Construction and Installation Company	1556	958	-388	-5.38
芜湖县第四建安有限公司	Wuhu County No.4 Construction and Installation Company	5500	4832	281	9.69
蚌埠第一建筑安装工程总公司	Bengbu No.1 Construction and Installation Company	10441	3324	-1898	-26.65
蚌埠第五建筑安装工程公司	Bengbu No.5 Construction and Installation Company	11000	8360	369	3.19
安徽省疏浚工程总公司	Anhui Dredging Engineering Company	9385	6494	511	6.28
安徽两淮地质基础工程公司	Anhui Double-huai Geological Basic Engineering Company	4019	4996	176	2.62
蚌埠第二建筑安装工程总公司	Bengbu No.2 Construction and Installation Company	7609	2483	26	0.49
蚌埠第七建筑安装工程总公司	Bengbu No.7 Construction and Installation Company	12097	12345	324	4.72
安徽省水利建筑工程总公司	Anhui Water Conservancy Construction Company	29625	29625	1758	6.54
淮南国能建设工程有限责任公司	Huainan Guoneng Construction Engineering Co., Ltd.	25436	26182	-743	-2.14
马鞍山马钢总公司建设公司	Maanshan Steel Co., Ltd. Construction Company	29010	28210	-315	-0.65
中煤三建公司	No.3 Construction Company of Chinese Coal Company	33851	26695	-646	-1.01
淮北煤矿工程总公司	Huaibei Coal Mine Engineering Company	14784	14784	317	2.51
淮北口子集团建筑开发公司	Huaibei Kouzi Construction and Development Company	8277	8277	313	2.90
铜陵市政建设(集团)公司	Tongling Municipal Construction Group Company	6100	6077	-728	-5.83
铜陵营造集团股份有限公司	Tongling Yingzao Group Co., Ltd.	9886	8895	383	2.48
安庆市第三建筑安装工程公司	Anqing No.3 Construction and Installation Company	2690	158	-104	-3.69
安庆市环城建筑安装工程公司	Anqing Round-the-city Construction and Installation Company	6910	6910	231	4.20
黄山市屯溪建工总公司	Huangshan Tunxi Construction Company	7277	7824	74	0.62
滁州市建筑安装工程有限公司	Chuzhon Construction and Installation Company	8197	8197	303	4.68
阜阳市建筑(集团)有限责任公司	Fuyang Construction Co., Ltd.	12362	12564	444	2.97
安徽阜阳天筑(集团)公司	Anhui Fuyang Tianzhu Group	6318	2355	91	2.50
宿州市防腐保温工程总公司	Suzhou Antirot and Insulation Engineering Company	8632	8632	681	20.91
安徽宿州市路桥工程公司	Anhui Suzhou Highway and Bridge Engineering Company	13200	13200	746	6.11
安徽省防腐工程总公司	Anhui Antirot Engineering Company	5080	5080	428	16.73
安徽同利防腐安装总公司	Anhui Tongli Antirot Installation Company	5500	5500	1169	62.08
安徽省萧县建筑工程总公司	Anhui Xiaoxian Construction Company	9200	9200	1346	13.93
六安市建筑安装公司	Luan Construction and Installation Company	25716	25710	1087	3.54
皖西建安总公司	Wanxi Construction and Installation Company	9615	4384	244	7.12

主要统计指标解释

建筑业统计单位 指从事房屋、构筑物建造和设备安装活动的法人企业。建筑业法人企业应同时具备的条件是：①依法成立，有自己的名称、组织机构和场所，能够承担民事责任；②独立拥有和使用资产，承担负债，有权与其他单位签订合同；③独立核算盈亏，能够编制资产负债表。

建筑业总产值（即自行完成施工产值） 是以货币表现的建筑安装企业在一定时期内生产的建筑业产品的总和。建筑业总产值包括：

⑴建筑工程产值：指列入建筑工程预算内的各种工程价值。

⑵设备安装工程产值：指设备安装工程价值，不包括被安装设备本身价值。

⑶房屋、构筑物修理产值：指房屋、构筑物修理所完成的价值，但不包括被修理房屋、构筑物本身的价值和生产设备的修理价值。

⑷非标准设备制造产值：指加工制造没有定型的、非标准的生产设备的加工费和原材料价值，以及附属加工厂为本企业承建工程制作的非标准设备的价值。

建筑业增加值 指建筑业企业在报告期内以货币表现的建筑业生产经营活动的最终成果。目前建筑业增加值采用分配法（收入法）计算，即从收入的角度出发，根据生产要素在生产过程中应得的收入份额计算。具体计算公式为：

建筑业增加值＝本年提取的固定资产折旧＋应付工资＋应付福利费＋管理费用中的劳动待业保险金、税金＋工程结算税金及附加＋工程结算利润

房屋建筑施工面积 指在报告期内施工的全部房屋建筑面积，包括本期新开工的房屋面积、上期施工跨入本期继续施工的房屋面积、上期停缓建在本期恢复施工的房屋面积、本期竣工的房屋面积及本期施工后又停缓建的房屋面积。

房屋建筑竣工面积 指在报告期内房屋建筑按照设计要求全部完工，达到了住人和使用条件，经验收鉴定合格，正式移交使用单位的房屋建筑面积。

自有机械设备年末总台数 指归本企业所有，属于本企业固定资产的生产性机械设备年末总台数。包括施工机械、生产设备、运输设备以及其他设备。

自有机械设备年末总功率 指本企业自有施工机械、生产设备、运输设备以及其他设备等列为在册固定资产的生产性机械设备年末总功率，按设定能力或查定能力计算。包括机械本身的动力和为该机械服务的单独动力设备，如电动机等。计算单位用千瓦，动力换算可按1马力＝0.735千瓦折合成千瓦数。电焊机、变压器、锅炉不计算动力。

工程结算收入 指企业承包工程实现的工程价款结算收入，以及向发包单位收取的除工程价款以外的按规定列作营业收入的各种款项，如临时设施费、劳动保险费、施工机械调迁费等以及向发包单位收取的各种索赔款。

工程结算利润 指已结算工程实现的利润，如亏损以“－”号表示。计算公式为：

工程结算利润＝工程结算收入－工程结算成本－工程结算税金及附加

企业总收入 指与企业生产经营直接有关的各项收入，包括工程结算收入和其他业务收入。计算公式为：

企业总收入＝工程结算收入＋其他业务收入

Explanatory Notes for Major Statistical Indicators

Statistical Unit in Construction refers to corporate enterprise engaged in the construction of buildings and structures and in the installation of equipment. A corporate construction enterprise should meet the following 3 requirements: ①being set up in line with relevant legal basis, having its full name, organization and location, and capable of taking civil liabilities; ②independently possessing and using its assets and assuming its liabilities, and entitled to sign contracts with other institutions; and ③ making independent accounts of its profits and losses, and capable of compiling its own balance sheet.

Gross Output Value of Construction (Output Value of Projects Under Construction) refers to total of construction products, expressed in money terms, completed by construction and installation enterprises during a given period of time. It includes:

(1)Output value of construction projects, that is the value of projects covered by the project budgets;

(2)Output value of installation projects, that is the value of the installation of equipment, (excluding the value of the equipment to be installed);

(3)Output value of repair of buildings and structures, that is the value created through the repairs of buildings or structures, but does not include the value of buildings or structures being repaired and the value of the repair of production equipment;

(4)Output value of manufactured non－standard equipment, that is the value of non-standard production equipment (including raw materials and manufacturing cost) made for the construction project, and the equipment manufactured by subsidiary workshops.

Value-added of Construction refers to the final result of the activities of production and management of construction in monetary terms in the reference period. At present, the value-added of construction is calculated with the income approach. In other words, it is the sum of income of various production factors in the production process. The formula is as follows:

Value-added of construction = depreciation of fixed assets in the year + wages payable + welfare expenses payable + insurance premium and tax for waiting for employment in the administrative expenses + taxes and surcharges on project settlement + profit gained from project settlement.

Floor Space of Buildings Under Construction refers to floor space of buildings under construction during the reference period, including newly started buildings, buildings started earlier and continued during the reference period, and buildings suspended earlier but restarted during the reference period, buildings completed during the reference period, and buildings under construction and then suspended during the reference period.

Floor Space of Buildings Completed refers to the floor space of buildings that are completed in the reference period in accordance with the requirements of the design, up to the standard for putting them into use, and have been checked and accepted by concerned departments as qualified ones.

Total Number of Machinery and Equipment Owned by the End of Year refers to the number of machines and equipment owned by the enterprises, and listed as the fixed assets of the enterprises by the end of the year, including machinery and equipment for construction, production and transportation.

Total Power of Machinery and Equipment Owned by the End of Year refers to the total power of machinery and equipment owned by the enterprises, and listed as the fixed assets of the enterprises by the end of the year, including machinery and equipment for construction, production and transportation. The power of the machinery is calculated on basis of the designed or verified capacity, covering the power of the machinery/equipment and the separate power equipment serving the machinery/equipment (such as electric motors), but excluding welders, transformers and boilers. The unit used for the calculation of power is kilowatt, with horsepower converted to kilowatt by 1 horsepower = 0.735 kilowatt.

Income from Settlement of Projects refers to the income received by the construction enterprise from the contracted project through settlement procedures, and other charges to the contractoree as operational costs in addition to the value of the project, such as temporary facility fee, labour insurance premium, moving cost of construction equipment, as well as various types of claims to the contractee.

Profit from Settlement of Projects refers to profit realized through settled projects. It is calculated with the following formula:

Profit from Settlement of Projects = Income from Settlement of Projects − Settled Cost − Settled Taxes and Other Cost

Total Revenue of Enterprises refers to the sum of income from production and operation of enterprises, including income from settlement of projects and other operational income, namely:

Total Revenue of Enterprises = Income from Settlement of Projects + Other Operational Income

十五、交通运输、邮电通信业

TRANSPORTATION, POSTAL AND TELECOMMUNICATION SERVICES

简要说明

一、本篇资料反映我省交通运输业和邮电通信业发展的基本状况。

交通运输业资料主要包含：铁路、公路、水路、民航四种运输方式的线路里程、运输设备拥有量，各种运输方式完成的货物运输量等。

邮电通信业资料主要包含：全省邮电局（所）及邮路情况，邮电通信主要电路及设备拥有量，主要邮电业务完成情况，邮电通信发展水平等资料。

二、本篇资料由省统计局工业交通处负责整理提供。有关交通运输资料分别来源于蚌埠、南京、徐州、杭州铁路分局，合九铁路公司，省交通厅，省民航局，省公安厅及本局有关年报资料。邮电通信业资料来源于省邮电通信管理部门。

三、各部门资料调查范围及统计单位。

1. 铁路资料：包括国家、地方铁路运营情况，资料来源于有关铁路分局和合九铁路公司。

2. 公路、水运、港口资料：公路和水运线路里程为年末通车和通航里程数（不含在建和未正式投入使用的公路和航道）由省交通厅提供。民用和公路车辆拥有量分别由省公安厅和省交通厅提供。

3. 民航运输资料：民航运输统计对象为我省境内从事民用航空运输飞行和通用飞行的东方航空公司合肥分公司。

4. 邮电通信资料：邮电通信包括邮政和电信业务。邮电业务量按业务范围分为国内业务量和国际及港澳业务量（对台业务量统计在港澳中）。

本篇责任编辑：陈正报

Brief Introduction

I. Data in this chapter cover mainly the basic conditions of the development of transportation, post and telecommunication in Anhui.

Data of transport cover mainly the length of the routes of railways, highways, waterways and civil aviation transport, the ownership of the transport equipment, the freight traffic and passenger traffic accomplished by various means of transportation.

Data of post and telecommunications cover mainly the situation of post and telecommunications offices and postal routes, the telephone lines, telegraph lines and the ownership of the telecommunication facilities, the principal postal and telecommunications services rendered, and the level of the development of the postal and telecommunications services, etc.

II. Data in this chapter are prepared and edited by the Division of Industrial and Transport Statistics, Anhui Statistical Bureau. Data on transport come from Bengbu, Nanjing, Xuzhou, Hangzhou Railway Sub-Bureau, Hejiu Railway Company, the Department of Transportation, the Civil Aviation Administration, the Department of Public Security and related annual report of Anhui Statistical Bureau. Data on post and telecommunications come from the provincial administrative department of post and telecommunications.

III. The statistical coverage and statistical units of the various data:

1. Data on railways cover the operation and management of the national and local railways. Data come from the related railway sub-bureaus and Hejiu Railway Company.

2. Data on highways, waterways and ports: The length of highways and waterways refer to the length open to traffic or navigation at the end of the year (not including the mileage of highways and waterways under construction but not officially put into use.) and Data are provided by the Department of Communication. Data on the stock of the highway civilian vehicles are provide by the Department of Public Security.

3. Data on the civil aviation transport: The statistical units of the civil aviation transport include the enterprises registered in Anhui and engaged in the civil aviation transport flights and flights for general purpose, including the enterprises directly under the Civil Aviation Administration of Anhui Province or not under it.

4. Data on post and telecommunications: The post and telecommunications statistics cover postal and telecommunication services. The business volume of post and telecommunications is classified by business area into the domestic volume, the volume between China mainland and Hong Kong and Macao (including Taiwan) and the international volume.

15—1 交通运输业基本情况
Basic Conditions of Transportation

指标	Item	1990	1995	1999	2000
运输线路长度 (公里)	Length of Transportation Routes (km)				
铁路营业里程	Railways in Operation	1540	1756	2154	2164
公路	Highways	30126	35178	40857	44493
内河	Navigable Inland Waterways	6652	6737	6736	7362
民航	Total Civil Aviation Routes			58596	60553
#国际航线	International Routes			12311	14226
客运量总计 (万人)	Total Passenger Traffic (10000 persons)	39530	57881	61004	62033
铁路	Railways	2342	2537	2855	2994
国家	National Railways	2342	2537	2710	2808
地方	Local Railways			145	186
公路	Highways	35706	54153	57120	58026
水运	Waterways	1470	1098	882	860
民用航空	Civil Aviation	12	93	147	153
旅客周转量总计(万人公里)	Total Passenger-kilometers (10000 passenger-km)	2526008	3827628	5041372	5368953
铁路	Railways	1117543	1498866	1859216	2040820
国家	National Railways	1117543	1498866	1801916	1945470
地方	Local Railways			57300	95350
公路	Highways	1340964	2205313	3008870	3141134
水运	Waterways	61097	49231	35993	36408
民用航空	Civil Aviation	6404	74218	137293	150591
货运量总计 (万吨)	Total Freight Traffic (10000 tons)	44643	40462	41123.5	44517.5
铁路	Railways	4189	5103	5856	6455
国家	National Railways	4189	5103	5471	6026
地方	Local Railways			385	429
公路	Highways	35427	30236	29894	32740
水运	Waterways	5027	5122	5371	5320
民用航空	Civil Aviation	0.1	1.0	2.5	2.5
货物周转量总计(万吨公里)	Total Freight Ton-kilometers (10000 ton-km)	6622989	9067545	9774992	10761170
铁路	Railways	4339647	5605254	5748592	6185192
国家	National Railways	4339647	5605254	5665092	6106612
地方	Local Railways			83500	78580
公路	Highways	1220654	1909684	2229686	2747117
水运	Waterways	1062644	1551569	1794261	1826251
民用航空	Civil Aviation	44	1038	2453	2610
民用汽车拥有量 (辆)	Number of Civil Vehicles Owned (unit)	153655	244639	325676	386706
载客汽车辆数 (辆)	Number of Buses and Cars (unit)	45680	93088	153952	187940
载客汽车客位 (客位)	Number of Seats in Buses and Cars (unit)	913600	1207004	2069691	2903900
载货汽车辆数 (辆)	Number of Trucks (unit)	101549	135548	166818	192348
#普通载货汽车	Ordinary Trucks	101549	135548	164351	190219
载货汽车吨位 (吨)	Trucks Capacity (ton)	406196	542192	658639	712567
#普通载货汽车	Ordinary Trucks	406196	519496	642372	698296
其他机动车 (辆)	Number of Other Motor Vehicles (unit)	40497	63603	99877	106596
私人汽车拥有量 (辆)	Number of Motor Vehicls Owned by Individuals (unit)		57202	143154	156577
民用运输船舶拥有量 (艘)	Number of Civil Transport Vessels (unit)				
机动船	Motor Vessels	31761	30700	20954	21692
驳船	Barges	5053	4474	3805	3946
私人运输船舶拥有量 (艘)	Number of Private-owned Transport Vessels (unit)				
机动船	Motor Vessels		21410	11291	12350
驳船	Barges		53	190	445

15—2 运　输　路　线　长　度
Length of Transportation Routes

单位：公里　　(km)

指标	Item	1990	1995	1999	2000
铁　路	Railways				
正线延展里程（省境内）	Extention Length of the Trunk Lines (within the boundaries of the province)	2091	2620	3135	3199
蚌埠铁路分局	BengBu Railway Sub-bureau	1379	1795	1976	2031
南京铁路分局	NangJing Railway Sub-bureau	494	607	616	624
徐州铁路分局	XuZhou Railway Sub-bureau	218	218	218	218
杭州铁路分局	HangZhou Railway Sub-bureau			5	5
合九铁路公司	HeJiu Railway Company			320	321
营业里程（省境内）	Length of Railways in Operation (within the boundaries of the province)	1540	1756	2154	2163
蚌埠铁路分局	BengBu Railway Sub-bureau	949	1083	1161	1166
南京铁路分局	NangJing Railway Sub-bureau	482	564	558	563
徐州铁路分局	XuZhou Railway Sub-bureau	109	109	109	109
杭州铁路分局	HangZhou Railway Sub-bureau			5	4
合九铁路公司	HeJiu Railway Company			321	321
公　路	Highways				
公路里程	Total Length of Highways	30126	35178	40857	44493
干线公路	Main Routes	9186	9897	10289	10497
县公路	County Routes	12632	12847	15083	17494
乡公路	Village Routes	7967	12176	15215	16226
专用公路	Special Highways	341	258	270	276
高速公路	Express-way		123	404	470
一级公路	First Class	28	197	211	264
二级公路	Second Class	2167	4160	5869	6347
三级公路	Third Class	4626	5277	6935	9050
四级公路	Forth Class	19051	22345	25282	26448
等外公路	Highway Below Class IV	4254	3076	2156	1914
有路面里程	Paved Highways	28652	33893	39701	43377
高级及次高级	High-grade and Next-high-grade	9484	14398	21119	23453
中　级	Middle-Grade	13664	14442	14315	16029
低　级	Low-Grade	5504	5053	4267	3895
在公路里程中：	Of the Total Length of Highnays:				
晴雨通车里程	Length of Highways Opened to Traffic Despite Rain or Shine	27116	33403	39177	43252
绿化里程	Length of Afforestation Highways	18624	21924	26490	29512
水　运	Waterways				
内河航道通航里程	Lengh of Navigable Inland Waterways	6652	6737	6736	7362
长航（干线）	Main Routes	1125	1125	1125	1751
地方交通	Local Transportation	5527	5612	5611	5611
民　航	Total Civil Aviation Routes				
国际航线	International Routes			12311	14226
国内航线	Domestic Routes	14061	34590	46285	46327

15—3 运　输　线　路　质　量
Quality of Transportation Routes

指标	Item		1990	1995	1999	2000
铁路营业里程（公里）	**Length of Railways in Operation**	**(km)**	**1540.0**	**1756.0**	**2154.0**	**2163.0**
#复线里程（公里）	Double-Tracking Length	(km)	516.7	823.2	905.4	947.0
复线里程比重（%）	Proportion	(%)	34	47	42	44
#自动闭塞里程（公里）	Automatic Blocking Length	(km)	381	601	690	699
自动闭塞里程比重（%）	Proportion	(%)	25	34	32	32
公路线路里程（公里）	**Length of Highways**	**(km)**	**30126**	**35178**	**40857**	**44493**
#有路面里程（公里）	Paved Highways	(km)	28652	33893	39701	43377
有路面里程比重（%）	Proportion	(%)	95.11	96.35	97.17	97.49
内河航道里程（公里）	**Length of Navigable Inland Waterways**	**(km)**	**6652**	**6737**	**6736**	**7362**
#水深一米以上（公里）	Depths of One Meter and Over	(km)	4365.0	4450.0	4978.5	
水深一米以上比重（%）	Proportion	(%)	65.6	66.0	73.9	

15—4 旅客、货物运输量、周转量
Passenger and Freight Traffic, Passenger-kilometers, Freight-kilometers

指标		Item		1990	1995	1999	2000
客运量总计	**（万人）**	**Total Passenger Traffic**	**(10000 persons)**	**39530**	**57881**	**61004**	**62033**
铁路		Railways		2342	2537	2855	2994
蚌埠铁路分局		BengBu Railway Sub-bureau		1794	1900	1965	2144
南京铁路分局		NangJing Railway Sub-bureau		474	572	673	590
徐州铁路分局		XuZhou Railway Sub-bureau		73	65	57	56
杭州铁路分局		HangZhou Railway Sub-bureau				15	18
合九铁路公司		HeJiu Railway Company				145	186
公路		Highways		35706	54153	57120	58026
水运		Waterways		1470	1098	882	860
民用航空		Civil Aviation		12	93	147	153
旅客周转量总计	**（万人公里）**	**Total Passenger-kilometers**	**(10000 passenger-km)**	**2526008**	**3827628**	**5041372**	**5368953**
铁路		Railways		1117543	1498866	1859216	2040820
蚌埠铁路分局		BengBu Railway Sub-bureau		831262	1093000	1331089	1458406
南京铁路分局		NangJing Railway Sub-bureau		99964	162711	224467	232894
徐州铁路分局		XuZhou Railway Sub-bureau		186317	243155	246360	254170
合九铁路公司		HeJiu Railway Company				57300	95350
公路		Highways		1340964	2205313	3008870	3141134
水运		Waterways		61097	49231	35993	36408
民用航空		Civil Aviation		6404	74218	137293	150591
货运量总计	**（万吨）**	**Total Freight Traffic**	**(10000 tons)**	**44643**	**40462**	**41123.5**	**44517.5**
铁路		Railways		4189	5103	5856	6455
蚌埠铁路分局		BengBu Railway Sub-bureau		3293	4100	4432	4955
南京铁路分局		NangJing Railway Sub-bureau		840	931	958	976
徐州铁路分局		XuZhou Railway Sub-bureau		56	72	66	79
杭州铁路分局		HangZhou Railway Sub-bureau				15	16
合九铁路公司		HeJiu Railway Company				385	429
公路		Highways		35427	30236	29894	32740
水运		Waterways		5027	5122	5371	5320
民用航空		Civil Aviation		0.1	1.0	2.5	2.5
货物周转量总计	**（万吨公里）**	**Total Freight Ton-kilometers**	**(10000 ton-km)**	**6622989**	**9067545**	**9774992**	**10761170**
铁路		Railways		4339647	5605254	5748592	6185192
蚌埠铁路分局		BengBu Railway Sub-bureau		3165502	3943000	4273526	4599656
南京铁路分局		NangJing Railway Sub-bureau		525407	877421	782745	813277
徐州铁路分局		XuZhou Railway Sub-bureau		648738	784833	608821	693679
合九铁路公司		HeJiu Railway Company				83500	78580
公路		Highways		1220654	1909684	2229686	2747117
水运		Waterways		1062644	1551569	1794261	1826251
民用航空		Civil Aviation		44	1038	2453	2610

15—5 全社会客货运输量（2000 年）
Passenger Traffic and Freight Traffic (2000)

指标 Item		客运量（万人）Passenger Traffic (10000 persons)	旅客周转量（万人公里）Passenger-kilometers (10000 passenger-km)	货运量（万吨）Freight Traffic (10000 tons)	货物周转量（万吨公里）Freight Ton-kilometers (10000 ton-km)
总　计	**Total**	**62033**	**5368953**	**44517.5**	**10761170**
公路运输	Highway Transportation	58026	3141134	32740	2747117
#国有经济	State-owned	11421	821559	4079	260794
个体经济	Individual Owned	30790	1662171	20656	1481200
水上运输	Waterway Transportation	860	36408	5320	1826251
#个体经济	Individual Owned	568	9907	1695	460287
铁路运输	Railway Transportation	2994	2040820	6455	6185192
国家铁路	National Railways	2808	1945470	6026	6106612
地方铁路	Local Railways	186	95350	429	78580
航空运输	Air Transportation	153	150591	2.5	2610

15—6 内河港口码头吞吐量
Volume of Passenger and Freight Handled in Ports of Inland Rivers

年份 Year	旅客吞吐量（万人）Passenger Handled (10000 persons)	旅客离港量 Out-port	货物吞吐量（万吨）Cargo Handled (10000 tons)	集装箱（万标准箱）Container (10000 standard cases)
1990	995.1	992.8	4434.2	
1995	559.9	284.1	4764.9	
1998	345		5771.8	
1999	263.8	128.9	6862.3	1.3
2000	164	77	7114	2.4

15—7 主要年份公路线路年底到达数（按技术等级分）
Length of Highway Routes in Major Years (Classified by Technical Level)

单位：公里 (km)

年份 Year	公路里程总计 Total Length of Highways	等级路 Express-way and Class I to IV Highway	高速 Express-way	一级 First Class	二级 Second Class	一般公路 Common Way	等外公路 Highway Below Class Iv
1980	23984	16341		6	715	15620	7643
1985	26988	20246		15	1196	19035	6742
1990	30126	25872		28	2167	23677	4254
1991	30448	26375		28	2408	23939	4073
1992	30571	26562		28	2806	23728	4009
1993	30723	26794	92	11	3052	23639	3929
1994	30876	27025	92	11	3685	23237	3851
1995	35178	32102	123	197	4160	27622	3076
1996	36182	33285	123	227	4283	28652	2897
1997	37481	34806	123	286	4878	29519	2675
1998	39264	36851	294	152	5548	30857	2413
1999	40857	38701	404	211	5869	32217	2156
2000	44493	42579	470	264	6347	35498	1914

15—8 主要年份公路密度及通达情况
Density and Reaching Status of Highway in Major Years

指标		1985	1990	1995	1999	2000
公路密度	**Density of Highway**					
以国土面积计算（公里/百平方公里）	By Area of Territory (km/100 sq. m)	19.36	21.61	25.24	29.31	31.87
以人口数量计算（公里/万人）	By Population (km/10000 persons)	5.23	5.32	5.86	6.55	7.17
公路通达	**Reaching Status of Highways**					
乡镇数量 （个）	Number of Townships	3407	3336	1854	1840	1923
#不通公路 （个）	Without Highway Communication	321	93	8	4	3
不通公路乡镇所占比重 （%）	Proportion of Townships Without Highway Communication	9.42	2.79	0.43	0.21	0.20
行政村数量 （个）	Number of Villages	31495	31681	30523	30691	29820
#不通公路 （个）	Without Highway Communication	9174	7928	5000	3730	4303
不通公路行政村所占比重 （%）	Proportion of Villages Withont Highway Communication	29.13	25.02	16.38	12.15	14.40

15—9 公路线路年底到达数（按技术等级分）（2000年）
Length of Highway Routes at the Year-end (Classified by Technical Level) (2000)

单位：公里　　　　(km)

	公路里程总计 Total Length of Highways	等级公路 Expressway and Class I to TV Highway						等外公路
		合计 Total	汽车专用公路 Highway Specified for Motor Vehicles					Highway Below Class IV
			高速 Express-way	一级 First Class	二级 Second Class	三级 Third Class	四级 Forth Class	
上年年底到达数 End of Last Year	40857	38701	404	211	5869	6935	25282	2156
国道 National Routes	3161	3161	316	167	1764	455	459	
省道 Provincial Routes	7128	7113	88	44	3661	1756	1564	15
县道 County Routes	15083	14349			389	3698	10262	734
乡道 Village Routes	15215	13814			31	1001	12782	1401
专用公路 Highways for Special Use	270	264			24	25	215	6
本年新建数 Newly Built in This Year	3627	3627	66	25	161	1876	1499	
国道 National Routes	54	54		22	32			
省道 Provincial Routes	151	151	66	3	82			
县道 County Routes	2411	2411			42	1449	920	
乡道 Village Routes	1011	1011			5	427	579	
专用公路 Highways for Special Use								
本年改建变更数 Changed in This Year	9	251		28	317	239	-333	-242
国道 National Routes	2	2			78	-51	-25	
省道 Provincial Routes	1	1		28	135	1	-163	
县道 County Routes		85			74	138	-127	-85
乡道 Village Routes		157			24	151	-18	-157
专用公路 Highways for Special Use	6	6			6			
本年年底到达数 End of This Year	44493	42579	470	264	6347	9050	26448	1914
国道 National Routes	3217	3217	316	189	1874	404	434	
省道 Provincial Routes	7280	7265	154	75	3878	1757	1401	15
县道 County Routes	17494	16845			505	5285	11055	649
乡道 Village Routes	16226	14982			60	1579	13343	1244
专用公路 Highways for Special Use	276	270			30	25	215	6

15—10 地方营业铁路基本情况
Basic Statistics on Local Railways in Operation

指　标		Item	1995	1999	2000
营业里程	**(公里)**	**Length of Railways in Operation (km)**	**321.4**	**321.4**	**321.4**
正式营业		In Formal Operation	321.4	321.4	321.4
正式营业里程比重	(%)	Proportion of the Length in Formal Operation	100	100	100
内燃机牵引线路里程	**(公里)**	**Length of Diesel Engine Routes (km)**	**321.4**	**321.4**	**321.4**
占营业里程比重	(%)	As Percentage of Railways in Operation	100	100	100
半自动闭塞里程	**(公里)**	**Semi-automatic Blocking Length (km)**	**98.30**	**321.4**	**321.4**
占营业里程比重	(%)	As Percentage of Railways in Operation	30.58	100	100

15—11 民用汽车拥有量
Number of Civil Motor Vehicles Owned

指　标		Item		1990	1995	1999	2000
民用汽车总计	**(万辆)**	**Total Civil Motor Vehicles Owned**	**(10000 units)**	**15.37**	**24.46**	**32.57**	**38.67**
#载客汽车		Buses and Cars					
辆　数	(万辆)	Number	(10000 units)	4.57	9.31	15.40	18.79
客　位	(万客位)	Number of Seats	(10000 seats)	91.36	120.70	206.91	290.39
载货汽车		Trucks					
辆　数	(万辆)	Number	(10000 units)	10.15	13.55	16.68	19.23
吨　位	(万吨)	Number of Seats	(10000 seats)	40.62	54.22	65.86	71.26
#普通载货汽车	(万辆)	Ordinary Trucks	(10000 units)	10.15	13.55	16.44	19.02
其他机动车	**(万辆)**	**Other Motor Vehicles**	**(10000 units)**	**4.05**	**6.36**	**9.99**	**10.66**
私人汽车合计	**(万辆)**	**Total Private-owned Vehicles**	**(10000 units)**	**2.71**	**5.72**	**14.32**	**15.66**
载客汽车		Buses and Cars					
辆　数	(万辆)	Number	(10000 units)	0.55	2.81	6.40	7.92
客　位	(万客位)	Number of Seats	(10000 seats)	9.38	36.69	78.32	103.90
载货汽车		Trucks					
辆　数	(万辆)	Number	(10000 units)	2.15	2.90	7.87	7.69
吨　位	(万吨)	Number of Seats	(10000 seats)	8.43	12.00	17.61	26.78

15—12 各市民用汽车拥有量（2000 年）
Number of Civil Motor Vehicles Owned by Region (2000)

单位：辆 (unit)

地区 Region		民用汽车总计 Total Number	载客汽车 Buses and Cars	载货汽车 Trucks	专用汽车 Special Vehicles	其他专用汽车 Other Special Vehicles	特种汽车 Special Motor Vehicles	农用汽车 Vehicles for Agricultural Use	摩托车 Motorcycle
总计	**Total**	**386706**	**187940**	**190219**	**2129**	**3644**	**2774**	**108540**	**686782**
合肥市	Hefei	46558	25419	20136	46	823	134	1874	49614
淮北市	Huaibei	12793	7568	4801	62	140	222	5592	15799
亳州市	Bozhou	6805	4372	2086	36	290	21	1245	11058
宿州市	Suzhou	27196	12207	14676	57	210	46	22901	86055
蚌埠市	Bengbu	24767	14282	9925	223	127	210	292	15160
阜阳市	Fuyang	57352	24297	31415	477	108	1055	11656	54799
淮南市	Huainan	20735	9646	10187	293	271	338	1814	13333
滁州市	Chuzhou	29971	14381	15336	30	33	191	236	12720
六安市	Luan	22089	9510	12425	1	144	9	6843	42669
马鞍山市	Maanshan	17089	8255	8202	299	256	77	379	42154
巢湖市	Chaohu	20094	9655	10248	52	116	23	19201	38695
芜湖市	Wuhu	18951	9798	8601		541	11	330	12934
宣城市	Xuancheng	22076	9147	12535	176	142	76	12567	39133
铜陵市	Tongling	10148	5172	4716	109	46	105	2274	20099
池州市	Chizhou	8684	4642	3940	23	79		1392	26198
安庆市	Anqing	27679	13269	13591	245	318	256	13926	142595
黄山市	Huangshan	13719	6320	7399				6018	63767

15—13 各市私人汽车拥有量（2000 年）
Number of Private-owned Vehicles by Region (2000)

地区 Region		民用汽车总计 Total Number	载客汽车 Buses and Cars	载货汽车 Trucks	专用汽车 Special Vehicles	其他专用汽车 Other Special Vehicles	特种汽车 Special Motor Vehicles	农用汽车 Vehicles for Agricultural Use	摩托车 Motorcycle
总计	**Total**	**156577**	**79225**	**76691**	**211**	**391**	**59**	**105262**	**681185**
合肥市	Hefei	11544	5655	5822	44	23		1655	47024
淮北市	Huaibei	5634	4348	1271	1	7	7	5592	19243
亳州市	Bozhou	3401	2894	432	4	69	2	1151	10958
宿州市	Suzhou	15161	5023	10003	36	93	6	22901	85951
蚌埠市	Bengbu	11178	6582	4572	14	6	4	267	13899
阜阳市	Fuyang	13895	7465	6360	68	2		11097	53779
淮南市	Huainan	5352	3639	1683	8	12	10	1337	16638
滁州市	Chuzhou	17969	7218	10708	9	8	26	179	12498
六安市	Luan	16384	5810	10425	1	144	4	6843	42669
马鞍山市	Maanshan	3521	2587	928	4	2		150	40463
巢湖市	Chaohu	8801	5708	3092	1			19201	38695
芜湖市	Wuhu	4338	2228	2095		15		236	12494
宣城市	Xuancheng	11926	5034	6892				12217	38580
铜陵市	Tongling	4370	2733	1633	3	1		1726	18965
池州市	Chizhou	3694	1927	1767				2392	25483
安庆市	Anqing	11508	5605	5876	18	9		12518	140246
黄山市	Huangshan	7901	4769	3132				5800	63600

15—14 营 运 汽 车 拥 有 量
Number of Vehicles for Business Transportation

年份 Year	汽车总计（辆）Total Number (unit)	载客汽车 Buses and Cars		载货汽车 Trucks			
		辆数（辆）Number (unit)	客位（客位）Number of Seats (seat)	辆数（辆）Number (unit)	普通载货汽车 Ordinary Trucks	吨位（吨）Capacity (ton)	普通载货汽车 Ordinary Trucks
1995	125127	24417	468558	100710	99257	455623	58488
1996	132050	22696	499415	109354	108335	494931	486217
1997	133892	24387	510658	109505	108385	470600	463795
1998	143320	30178	531760	113142	111871	452406	444967
1999	192038	37486	626612	154552	152804	604041	592497
2000	195800	41083	634782	154717	152711	574050	560603

15—15 各市民用运输船舶拥有量（2000年）
Number of Civil Transport Vessels Owned by Region (2000)

地区 Region	机动船 Motor Vessels				驳船 Barges	
	艘数（艘）Number (unit)	净载重量（吨）Dead Weight Tonnage (ton)	载客量（客位）Passenger Capacity (seat)	功率（千瓦）Drawing Power (kw)	艘数（艘）Number (unit)	净载重量（吨）Dead Weight Tonnage (ton)
总计 Total	**21692**	**2887461**	**33325**	**1339521**	**3946**	**834343**
合肥市 Hefei	232	33538	480	3129	11	1262
淮北市 Huaibei	687	83256		29417	14	3255
亳州市 Bozhou	1018	147447		32990	225	21541
宿州市 Suzhou	854	132585		45627	43	3225
蚌埠市 Bengbu	1791	272887		171497	497	66568
阜阳市 Fuyang	1921	286086		127561	1097	195323
淮南市 Huainan	1151	90247		45617	313	28219
滁州市 Chuzhou	1113	127588	100	37255	166	18282
六安市 Luan	2882	298752	4550	194816	19	2170
马鞍山市 Maanshan	855	222828	620	85084	44	4826
巢湖市 Chaohu	2498	428455	3685	174349	126	20079
芜湖市 Wuhu	2769	182647	4666	83891	369	21057
宣城市 Xuancheng	1640	306743	618	163780	28	3126
铜陵市 Tongling	301	37487	1249	16132	154	19551
池州市 Chizhou	437	51945	4835	18658	190	39515
安庆市 Anqing	1215	164746	6773	70968	436	109344
黄山市 Huangshan	289	3474	5749	8321		
省远洋公司 The Provincial Oceangoing Company	2	12200		5663		
省海运公司 The Provincial Ocean Shipping Company	2	4550		2059		
芜湖长航公司 Wuhu Changjiang Shipping Company	35			22707	214	277000

15—16 各市私人运输船舶拥有量（2000年）
Number of Private-owned Transport Vessels by Region (2000)

地区 Region	机动船 Motor Vessels				驳船 Barges	
	艘数（艘）Number (unit)	净载重量（吨）Dead Weight Tonnage (ton)	载客量（客位）Passenger Capacity (seat)	拖船功率（千瓦）Drawing Power (kw)	艘数（艘）Number (unit)	净载重量（吨）Dead Weight Tonnage (ton)
总计 Total	**12350**	**1820756**	**16282**	**781347**	**445**	**100306**
合肥市 Hefei	208	28323	480	1668		
淮北市 Huaibei	687	83256		29417	14	3255
亳州市 Bozhou	1008	147447		31560	30	2374
宿州市 Suzhou	336	49800		8220		
蚌埠市 Bengbu						
阜阳市 Fuyang	76	7897		2804	85	12743
淮南市 Huainan						
滁州市 Chuzhou	310	39797		11494	18	1970
六安市 Luan	2880	298752	4550	194588		
马鞍山市 Maanshan	851	222828	620	84548		
巢湖市 Chaohu	2397	428193		169663		
芜湖市 Wuhu	188	12713		5052		
宣城市 Xuancheng	1493	287425	618	155608		
铜陵市 Tongling	122	14823		5502		
池州市 Chizhou	336	40545	200	8633		
安庆市 Anqing	1183	155623	5233	65382	298	79964
黄山市 Huangshan	275	3334	4581	7208		

15—17 民用航空基本情况
Basic Statement of Civil Aviation

指标	Item	1990	1995	1999	2000
民用航空航线条数（条）	Number of Civil Aviation Routes	22	39	58	64
#国内航线	Domestic Routes	22	39	47	53
民用航空线里程（公里）	Length of Civil Aviation Routes (km)	14061	34590	58596	60553
#国内航线	Domestic Routes	14061	34590	46285	46327
民用航班飞行机场（个）	Number of Civil Airports	2	3	32	34
民用飞机架数（架）	Number of Civil Aircraft	17	18	9	13
客运量（万人）	Passenger Traffic (10000 persons)	12	93	147	153.42
旅客周转量（万人公里）	Passenger-kilometers (10000 passenger-km)	6404	74218	137293	150591.19
货（邮）运量（吨）	Freight Traffic (ton)	1000	10000	24768	25147.7
货（邮）周转量（万吨公里）	Freight Ton-kilometers (10000 ton-km)	44	1038	2453	2610.46
总周转量（万吨公里）	Total Air Traffic Ton-kilometers (10000 ton-km)	505	6364	12666	13824
#国际航线	International Routes		16	701	836
国内航线	Domestic Routes	505	6348	9028	10050
通用飞行时间（小时）	Flying Time of General Aviation (hr)	770	426		
#农林业飞行	Flight for Agriculture and Forestry	696	326		
播种造林	Afforestation	59	73		

15—18 民航机场吞吐量
Volume of Passenger and Freight Handled in Civil Airports

		旅客吞吐量（万人）Passenger Handled (10000 persons)	发运量 Delivered	货物吞吐量（万吨）Cargo Handled (10000 tons)	发运量 Delivered
全省合计	**Provincial Total**	**97.56**	**47.32**	**1.43**	**0.73**
合肥机场	Hefei Airport	61.22	29.38	1.15	0.59
黄山机场	Huangshan Airport	33.43	16.38	0.26	0.13
安庆机场	Anqing Airport	2.24	1.21	0.02	0.01
阜阳机场	Fuyang Airport	0.67	0.35		

15—19 邮电业务基本情况
Basic Conditions of Post and Telecommunications Services

指　标		Item	1990	1995	1999	2000
邮电业务总量	**（万元）**	**Business Volume of Post and Telecommunications Service (10000 yuan)**	**33968**	**226453**	**821886**	**1201398**
函　件	（万件）	Number of Letters (10000 pcs)	16495.1	24345.5	16815.29	19270.14
包　件	（万件）	Number of Parcels (10000 pcs)	273.3	563.2	394.97	355.54
特快专递	（万件）	Pieces of Express Mail Services (10000 pcs)	3.9	130.8	211.91	309.64
报刊期发数	（万份）	Number of Newspapers and Magazines Circulation (10000 copies)			787.34	929.81
电　报	（万份）	Number of Telegrams (10000 pcs)	851.3	429.1	106.5	87.35
传　真	（万份）	Number of Faxes (10000 pcs)	0.2	8.7	20.4	24.25
长途电话	（万张）	Number of Long-distance Calls	2243.9	25655.5	48914.9	107424.7
本地电话年末用户	（户）	Local Telephone Subscribers at Year-end (10000 subscribers)	168757	1240454	3416972	4838188
年末市内电话用户	（户）	Local (Urban) Telephone Subscribers at Year-end (10000 subscribers)	136150	1029614	2222475	2729901
#住宅电话用户		Residential Telephone Subscribers	25904	821158	1844170	2304420
年末无线寻呼用户	（户）	Number of Subscribers of Paging Service at Year-end (subscriber)	2035	469765	1716781	2829243
年末移动电话用户	（户）	Number of Mobile Telephone Subscribers at Year-end (subscriber)		59844	1006122	2090715
年末农村电话用户	（户）	Number of Rural Telephone Subscribers at Year-end (subscriber)	32607	210840	1194497	2108287
邮电局所	（处）	Number of Post & Telecommunications Offices	2541	2717	4448	3562
邮路及农村投递路线总长度	（公里）	Length of Postal Routes and Rural Delivery Routes (km)	178575	189502	202805	205887
#汽车邮路		Highway Routes	17894	23123	30093	30061
铁路邮路		Railway Routes	3619	2974	3287	2320
长话电路	（路）	Number of Long-distance Telephone Lines (line)	3306	21232	97080	129687
电报电路	（路）	Number of Telegraph Lines (line)	441	404	112	53
邮电通信工具拥有量		**Telecommunications Facilities**				
局用交换机容量	（万门）	Capacity of Office Telephone Exchanges (10000 lines)			498.7	717.05
中央国有		Central State-owned			314.36	376.20
地方国有		Local State-owned			184.34	340.85
电话机	（万部）	Number of Telephone Sets (10000 units)			303.81	505.72
中央国有		Central State-owned			184.24	293.80
地方国有		Local State-owned			119.57	211.92

15—20 邮 电 业 务 量
Post and Telecommunication Services

年 份 Year	邮电业务总量 (万元) Business Volume of Post and Telecommunications (10000 yuan)	邮政业务总量 Business Volume of Post	电信业务总量 Business Volume of Telecommunications	函 件 (万件) Number of Letters (10000 pcs)	报刊期发数 (万份) Newspapers and Magazines Circulation (10000 copies)	特快专递 (万件) Pieces of Express Mail Services (10000 pcs)	集邮业务 (万枚) Philately (10000 pcs)	长途电话 (万次) Number of Long Distance Telephone Calls (10000 times)	无线寻呼用户 (户) Number of Subscribers of Pageing Service (subscribers)
1980	3849.8			9974.0				626.1	
1985	8322.4			14205.3				1051.8	
1990	33967.7	13553.7	20414.0	16495.1		3.9		2243.9	2035
1995	226452.8	35946.8	190506.0	24345.5		130.8	11896.6	25655.5	469765
1998	573314.2	55351.4	517962.8	14442.1		156.3	28860.6	43950.9	1476127
1999	821885.9	68415.5	720762.9	16815.3	787.3	211.9	29802.9	48914.3	1716781
2000	1201397.5	80707.6	1120690.0	19270.1	929.8	309.6	27645.2	107424.7	2829243

年 份 Year	移动电话用户 (户) Number of Mobile Telephone Subscribers (subscriber)	电子信箱用户 (户) Number of Subscribers of E-mail Service (subscriber)	国际互联网络用户 (户) Number of Subscribers of Internet Service (subscriber)	本地电话年末用户 (户) Number of Local Telephone Subscribers Year-end (subscriber)	城市电话用户 Number of Urban Telephone Subscribers	住宅电话 Residencial Telephone Subscribers	乡村电话用户 Rural Telephone Subscribers	住宅电话 Residencial Telephone Subscribers	公用电话 (户) Public Telephone (subscriber)
1980				61176	41177		19999		
1985				86652	64571		22081		
1990				168757	136150	25904	32607		
1995	59844			1240454	1029614	821158	210840		
1998	583030			2744040	1908910	1626184	835130		
1999	866099	939	35364	3416972	2222475	1844170	1194497	1073310	83311
2000	2090715	688	274053	4838188	2729901	2304420	2108287	1899122	109335

15—21 各 市 邮 电 业 务 量(2000 年)
Post and Telecommunication Services by Region (2000)

地 区 Region		邮政业务总量(万元) Business Volume of Post (10000 yuan)	电信业务总量(万元) Business Volume of Telecommunications (10000 yuan)	函件(万件) Number of Letters (10000 pcs)	特快专递(万件) Pieces of Express Mail Services (10000 pcs)	报刊期发数(万份) Newspapers and Magazines Circulation (10000 copies)	集邮业务(万枚) Philately (10000 pcs)	长途电话(万次) Number of Long Distance Telephone Calls (10000 times)
总　计	**Total**	**80707.56**	**1120689.97**	**19270.14**	**309.64**	**929.81**	**27645.19**	**107424.74**
合肥市	Hefei	12608.04	78376.42	5264.25	67.15	134.65	4720.73	20763.38
淮北市	Huaibei	2909.42	11304.14	469.38	8.08	36.70	1781.61	3120.05
亳州市	Bozhou	3821.46	4688.50	1167.75	25.45	38.97	463.37	2123.68
宿州市	Suzhou	4310.72	21103.68	983.00	15.92	61.36	1030.95	6281.42
蚌埠市	Bengbu	4882.74	27454.89	1235.52	22.60	62.54	570.81	6977.32
阜阳市	Fuyang	7561.34	40824.91	1215.22	61.56	46.75	1735.72	9754.11
淮南市	Huainan	3603.65	17022.71	702.13	8.17	34.14	1648.24	4257.23
滁州市	Chuzhou	3654.49	29845.13	707.69	9.81	42.03	845.21	7776.01
六安市	Luan	3508.61	26538.40	1072.23	13.07	45.10	676.61	7287.50
马鞍山市	Maanshan	4677.65	15425.14	502.82	6.87	32.97	3480.06	4305.96
巢湖市	Chaohu	4224.03	24281.94	793.46	10.30	40.26	479.31	6941.36
芜湖市	Wuhu	5177.00	27707.47	805.68	16.16	86.97	3414.91	7941.09
宣城市	Xuancheng	3109.32	19446.61	769.88	8.58	43.53	983.40	4860.30
铜陵市	Tongling	2101.35	9406.90	322.30	4.46	24.37	587.80	2279.70
池州市	Chizhou	1991.56	9388.83	497.42	3.27	31.45	1239.45	2887.12
安庆市	Anqing	8909.32	30262.22	1588.54	19.37	138.46	2931.40	6963.07
黄山市	Huangshan	3595.89	11552.11	1172.88	8.83	29.55	1055.62	2905.43
其　他	Other	61.00	7000.00					

地 区 Region		本地电话年末用户(万户) Number of Local Telephone Subscribers Year-end (10000 subscribers)	城市电话用户 Number of Urban Telephone Subscribers	住宅电话 Residencial Telephone Subscribers	乡村电话用户 Rural Telephone Subscribers	住宅电话 Residencial Telephone Subscribers	公用电话(户) Public Telephone (subscriber)
总　计	**Total**	**483.82**	**273.00**	**230.44**	**210.81**	**189.89**	**109335**
合肥市	Hefei	68.09	47.06	36.00	21.04	20.38	16564
淮北市	Huaibei	12.35	9.75	8.41	2.60	2.31	2657
亳州市	Bozhou	25.63	11.07	10.05	14.57	13.63	5140
宿州市	Suzhou	28.06	12.85	11.31	15.21	13.81	6239
蚌埠市	Bengbu	33.21	21.90	19.29	11.31	10.67	7835
阜阳市	Fuyang	40.65	19.34	16.16	21.31	14.31	8292
淮南市	Huainan	22.68	20.07	17.54	2.61	2.33	5427
滁州市	Chuzhou	32.59	15.53	13.22	17.06	15.87	5428
六安市	Luan	34.15	13.61	12.22	20.54	19.49	7047
马鞍山市	Maanshan	18.80	13.93	11.93	4.87	4.72	4485
巢湖市	Chaohu	29.44	11.82	10.44	17.62	16.15	8835
芜湖市	Wuhu	30.64	20.99	17.51	9.65	8.89	7262
宣城市	Xuancheng	24.36	10.66	9.10	13.69	12.80	5244
铜陵市	Tongling	10.93	9.28	7.49	1.65	1.53	2865
池州市	Chizhou	11.39	5.06	4.29	6.32	5.70	3116
安庆市	Anqing	47.43	21.48	18.81	25.95	22.80	8988
黄山市	Huangshan	13.42	8.60	6.67	4.82	4.50	3911

注：分市电信业务量不含移动电话和无线寻呼业务总量。

a) Business volume of telecommunications by city excludes that of mobile phones and paging services.

15—22 邮电局所数及邮递线路（年底数）
Postal and Telecommunication Services Facilities (Year-end)

年 份 Year	邮电局所（处） Numer of Post and Telecommunications Offices	信筒信箱（处） Number of Post Boxes	邮路总长度（公里） Length of Postal Routes (km)			农村投递线路（公里） Rural Delivery Routes (km)
				汽车邮路 Highway Routes	铁路邮路 Railway Routes	
1980	2160	5832	11591	7561	2779	135475
1985	2473	6345	36319	17293	3370	146256
1990	2541	6696	36880	17894	3619	141695
1995	2717	6646	53088	23123	2974	136414
1998	3422	6655	52791	24466	2871	137098
1999	4448	5965	60525	30093	3287	142280
2000	3562	6333	63445	30061	2320	142442

15—23 各市邮电局所数及邮递线路（2000年）
Postal and Telecommunication Services Facilities by Region (2000)

地 区 Region	邮政局所（处） Numer of Post and Telecommunications Offices	电信局所（处） Numer of Post and Telecommunications Offices	信筒信箱（处） Number of Post Boxes	邮路总长度（公里） Length of Postal Routes (km)			农村投递线路（公里） Rural Delivery Routes (km)
					汽车邮路 Highway Routes	铁路邮路 Railway Routes	
总 计 Total	**2188**	**1374**	**6333**	**63445**	**30061**	**2320**	**142442**
合肥市 Hefei	185	118	428	3354	2625		8968
淮北市 Huaibei	76	34	133	397	358		2510
亳州市 Bozhou	116	80	1055	1033	966		13340
宿州市 Suzhou	123	107	195	1604	1401		14724
蚌埠市 Bengbu	99	76	258	3160	1830	987	6068
阜阳市 Fuyang	170	132	331	2975	2390	223	18529
淮南市 Huainan	60	42	66	555	410		2577
滁州市 Chuzhou	221	109	453	2555	1774		13228
六安市 Luan	204	142	469	2898	1768		12758
马鞍山市 Maanshan	40	23	209	447	306		1347
巢湖市 Chaohu	157	104	357	3666	2645		12260
芜湖市 Wuhu	84	30	247	1810	1709		2274
宣城市 Xuancheng	174	108	670	3078	1311		6253
铜陵市 Tongling	34	20	89	361	256		756
池州市 Chizhou	83	23	241	1139	481		4801
安庆市 Anqing	228	190	560	3298	2977		16177
黄山市 Huangshan	133	36	572	3994	535		5872
其 他 Other	1			27121	6319	1110	

15—24 各市邮电通信电路及长途线路（2000年）
Telecommunication Facilities by Region (2000)

地区 Region		长途业务电路（路） Long Distance Lines (line)	光缆电路 Optical Cable Lines	微波电路 Micro Wave Lines	长途光缆线路长度（公里） Length of Long Distance Optical Cable Lines (km)	长话业务电路（路） Number of Long-distance Telephone Lines (line)
总　计	**Total**	**326524**	**313467**	**12277**	**7969**	**129687**
合肥市	Hefei	128977	120997	7200	1036	55069
淮北市	Huaibei	8438	8438		195	3392
亳州市	Bozhou	94	94			2
宿州市	Suzhou	10812	10812		209	5192
蚌埠市	Bengbu	28126	27670	456	599	4772
阜阳市	Fuyang	20021	19301	720	576	10982
淮南市	Huainan	8949	8949		36	3272
滁州市	Chuzhou	8737	8737		252	3422
六安市	Luan	10327	10327		831	5102
马鞍山市	Maanshan	8923	8353	570		3934
巢湖市	Chaohu	10271	10271		642	4834
芜湖市	Wuhu	31706	30985	721	639	4832
宣城市	Xuancheng	10390	9700	690	739	5223
铜陵市	Tongling	8554	8434	120		3587
池州市	Chizhou	8462	7982	480	594	3707
安庆市	Anqing	14291	13811	480	1091	7892
黄山市	Huangshan	9446	8606	840	530	4473

15—25 邮电通信设备年末拥有量
Telecommunication Facilities at Year-end

指标		Item		1999	2000
长途自动交换机容量	（路端）	Capacity of Long-distance Telephone Exchanges	(circuit)	145160	185549
本地电话局用交换机容量	（万门）	Capacity of Local Office Telephone Exchanges	(10000 lines)	498.70	717.05
中央国有		Central State-owned		314.36	376.20
地方国有		Local State-owned		184.34	340.85
电　话　机	（万部）	Number of Telephone	(10000 sets)	303.81	505.72
中央国有		Central State-owned		184.24	293.80
地方国有		Local State-owned		119.57	211.92

15—26 各市邮电通信电路及长途线路（2000 年）
Telecommunication Facilities by Region (2000)

地　区 Region	长途自动交换机容量（路端）Capacity of Long-distance Telephone Exchanges (circuit)	本地电话局用交换机容量（万门）Capacity of Local Office Telephone Exchanges (10000 lines)			电话机（万部）Number of Telephone (10000 sets)		
			中央国有 Central State-owned	地方国有 Local State-owned		中央国有 Central State-owned	地方国有 Local State-owned
总　计 Total	**185549**	**717.05**	**376.20**	**340.85**	**505.72**	**293.80**	**211.92**
合 肥 市 Hefei	60000	96.82	67.64	29.18	72.83	51.79	21.04
淮 北 市 Huaibei	7564	17.31	13.60	3.71	16.59	13.66	2.93
亳 州 市 Bozhou		17.10	14.71	2.39	25.63	11.07	14.56
宿 州 市 Suzhou	7500	47.30	19.51	27.79	29.25	13.89	15.36
蚌 埠 市 Bengbu	8000	48.14	30.05	18.09	34.32	23.01	11.31
阜 阳 市 Fuyang	30000	83.92	25.29	58.63	41.77	20.46	21.31
淮 南 市 Huainan	9000	29.39	25.09	4.30	24.66	21.82	2.84
滁 州 市 Chuzhou	4000	47.01	20.06	26.95	33.32	16.22	17.10
六 安 市 Luan	7000	48.38	18.19	30.19	34.42	13.85	20.57
马鞍山市 Maanshan	6000	29.04	19.96	9.08	20.33	15.41	4.92
巢 湖 市 Chaohu	4965	38.28	14.98	23.30	29.78	12.16	17.62
芜 湖 市 Wuhu	10000	48.47	28.34	20.13	31.67	21.95	9.72
宣 城 市 Xuancheng	10770	41.24	16.98	24.26	24.88	11.10	13.78
铜 陵 市 Tongling	4000	16.42	13.86	2.56	11.84	10.19	1.65
池 州 市 Chizhou	4000	17.12	7.21	9.91	11.56	5.22	6.34
安 庆 市 Anqing	9500	72.74	29.44	43.30	48.38	22.38	26.00
黄 山 市 Huangshan	3250	18.37	11.29	7.08	14.49	9.62	4.87

15—27 邮　电　通　信　水　平
Level of Postal and Telecommunication Services

指　标		Item	1990	1995	1999	2000
全省邮电通信水平		**Provincial Level**				
平均每人每年发函件数	（件）	Annual Average Number of Letters Mailed per Capita	2.91	4.00	2.89	3.07
平均每百人每年订报刊数	（份）	Annual Average Number of Newspaper and Magazine Subscribed per 100 Persons	11.85	15.47	13.1	14.81
平均每百人拥有电话机部数	（部）	Number of Telephone Sets Owned per 100 Persons	0.53	1.73	6.92	11.38
农村邮电通信水平		**Rural Level**				
设有邮电局、所乡(镇)的比重	(%)	Percentage of Townships with Post and Telecommunications Offices	59.9	88.7	85.52	87.25
通邮路的乡(镇)比重	(%)	Percentage of Townships With Postal Routes Communication	100.00	100.00	100.00	100.00
通邮路的行政村比重	(%)	Percentage of Villages With Postal Routes Communication	100.00	99.80	100.00	100.00
通电话的行政村比重	(%)	Percentage of Villages With Telephone Communication		42.27	98.00	100.00

主要统计指标解释

铁路营业里程 又称营业长度（包括正式营业和临时营业里程），指办理客货运输业务的铁路正线总长度。凡是全线或部分建成双线及以上的线路，以第一线的实际长度计算；复线、站线、段管线、岔线和特殊用途线以及不计算运费的联络线都不计算营业里程。铁路营业里程是反映铁路运输业基础设施发展水平的重要指标，也是计算客货周转量、运输密度和机车车辆运用效率等指标的基础资料。

铁路正线延展里程 指正线第一线、第二线、第三线和其他正线建筑里程之和，不包括站线、段管线、岔线及特殊用途线的延展里程。它是作为计算铁路线上钢轨、枕木及路基砂石需要量的主要依据。

铁路自动、半自动闭塞里程 为保证列车安全运行，在一个区间、同一时间内，一般只允许一列列车运行，这种保证列车在这个区间安全间隔运行的技术方法称为“闭塞”。自动和半自动闭塞里程是指装有列车自动或人工完成闭塞状态的铁路设备里程。自动或半自动闭塞里程占铁路营业里程的比重是反映铁路现代化的重要标志之一。

公路里程 指在一定时期内实际达到《公路工程技术标准 JTJ01－88》规定的等级公路，并经公路主管部门正式验收交付使用的公路里程数。包括大中城市的郊区公路以及通过小城镇街道部分的公路里程和桥梁、渡口的长度，不包括大中城市的街道、厂矿、林区生产用道和农业生产用道的里程。两条或多条公路共同经由同一路段，只计算一次，不得重复计算里程长度。它是反映公路建设发展规模的重要指标，也是计算运输网密度等指标的基础资料。

内河航道里程 也称内河通航里程，指在一定时期内，能通航运输船舶及排筏的天然河流、湖泊水库、运河及通航渠道的长度。包括全年季节性通航累计三个月以上的航道，不包括仅供零散流放竹、木排的河道。它是反映内河水运网规模、水平和发展情况的主要指标。

民用航空航线里程 指民航运输定期班机飞行的航线长度的总和。航线长度按机场之间的距离计算，通常有两种计算方法：一是将每条航线长度相加称为重复计算航线里程；一是将两线或两条以上航线经过同一区段里程，只计算一次航线长度称为不重复计算航线里程。一般常用的是后者，它能确切反映民航运输网的规模，是表明民航事业为国民经济服务和方便人民生活程度的主要指标。

货（客）运量 指在一定时期内，各种运输工具实际运送的货物（旅客）数量。它是反映运输业为国民经济和人民生活服务的数量指标，也是制定和检查运输生产计划、研究运输发展规模和速度的重要指标。货运按吨计算，客运按人计算。货物不论运输距离长短、货物类别，均按实际重量统计。旅客不论行程远近或票价多少，均按一人一次客运量统计；半价票、小孩票也按一人统计。

货（客）运密度 指在一定时期内某种运输方式在营运线路的某一区段平均每公里线路通过的货物（旅客）运输周转量。计算公式为：

货（客）运密度＝货物（旅客）周转量/营业线路长度

货（客）运密度是反映交通运输线路上货物（旅客）运输量运输繁忙程度的主要指标，是平衡运输线路运输能力和通过能力，规划线路建设及改造、配备技术设备，研究运输网布局的重要依据。

货物（旅客）周转量 指在一定时期内，由各种运输工具运送的货物（旅客）数量与其相应运输距离的乘积之总和。它是反映运输业生产总成果的重要指标，也是编制和检查运输生产计划，计算运输效率、劳动生产率以及核算运输单位成本的主要基础资料。计算货物周转量通常按发出站与到达站之间的最短距离，也就是计费距离计算。计算公式为：

货物（旅客）周转量＝∑货物（旅客）运输量×运输距离

铁路货车平均静载重 指铁路货车在始发站静止状态下平均每车装载的货物重量，用以分析货车完成装车时车辆载重力的利用情况。计算公式为：

货车平均静载重＝货物发送吨数/装车数

静载重的多少取决于运送货物的性质、种类、车辆的类型和装载技术的高低。根据货车的平均标记载重与静载重进行对比，可以反映货车载重能力的利用程度。计算公式为：

货车载重力利用率（%）＝货车平均静载重/货车平均标记载重×100%

铁路货运机车日产量 指在一定时期内，平均每台货运机车在一昼夜内所完成的总重吨公里数，包括载运货物的重量和车辆本身的自重。它从时间和牵引能力两方面反映了机车运用效率。计算公式为：

货运机车平均日产量＝货运总重吨公里数/货运机车台日数**邮电业务总量** 指以价值量形式表现的邮电通信企业为社会提供各类邮电通信服务的总数量。邮电业务量按专业分类包括函件、包件、汇票、报刊发行、邮政快件、特快专递、邮政储蓄、集邮、公众电报、用户电报、传真、长途电话、出租电路、市话无线寻呼、移动电话、分组交换数据通信、出租代维等。计算方法为各类产品乘以相应的平均单价（不变价）之和，再加上出租电路和设备、代用户维护电话交换机和线路等的服务收入。它综合反映了一定时期邮电业务发展的总成果，是研究邮电业务量构成和发展趋势的重要指标。计算公式为：

邮电业务总量＝∑（各类邮电业务量×不变单价）＋出租代维及其他业务收入

无线寻呼电话用户 指携带小型寻呼机，接收市话用户通过无线寻呼中心，在规定范围内向其发出声音、数字或文字显示信息的用户。在寻呼台办理登记手续的无线寻呼用户，每一部寻呼机按一户计算。

移动电话用户 指在移动电话营业部门登记，通过移动电话交换机进入移动电话网、占有移动电话号码的电话用户。用户数量以实际办理登记手续进入邮电部门移动电话网的户数进行计算，一部或一台移动电话统计为一户。

电话用户 指接入国家公众固定电话网，并按固定电话业务进行经营管理的电话用户。1997年以前，电话用户分为市内电话用户和农村电话用户。市内电话用户是指接入县城及县以上城市电话网上的电话用户；农村电话用户是指接入县邮电局农话台及县以下农村电话交换点，以县城为中心（除市话用户外）联通县、乡（镇）、行政村、村民小组的用户。从1997年起，电话用户数分组调整为以用户所在区域划分为“城市电话用户”和“乡村电话用户”，与过去的按市内电话和农村电话划分方法不同。而电话用户数、电话机部数统计方法不变。

住宅电话 指话机装在居民住宅里的电话，包括私人付费、公费和免费三个部分。

私人付费电话 指住宅居民自费安装并自己缴纳通话费的电话。

Explanatory Notes for Major Statistical Indicators

Length of Railways in Operation refers to the total length of the trunk line under passenger and freight transportation (including both full operation and temporary operation). The calculation is based on the actual length of the first line even if this line has a full or partial double track or more tracks, excluding double tracks, station sidings, tracks under the charge of stations, branch lines, special-purpose lines and the non-payable connecting lines. The length of railways in operation is an important indicator to show the development of the infrastructure for the railway transport, and also the essential data to calculate volume of passenger freight transport, traffic density and utilization efficiency of the locomotives and carriages.

Extenuation Length of Trunk Lines refers to the sum of the first, the second, the third lines and other constructed length of the trunk railways, excluding the extenuation length of the station lines, lines under the jurisdiction of depots, sidings and lines for special purpose. It provides important information for the calculation of the needs for rails, sleepers, sand and stone for the construction of railways.

Automatic-blocking and Semi-automatic-blocking Length of Railways Blocking is a spacing technique by which a section of the railway only allows one train to pass at a time, in order to ensure the traffic safety. Automatic (semi-automatic) blocking length of railways refers to railways installed with equipment to perform automatic or manual blocking of trains, the proportion of automatic/semi-automatic blocking length to the total length of railways in operation is an important indicator to show the modernization of railways.

Length of Highways refers to the length of highways which are built in conformity with the grades specified by the highway engineering standard formulated by the Ministry of Communications, and have been formally checked and accepted by the departments of highways and put into use. The length of highways includes that of the suburb highways at large and medium-sized cities, highways passing through streets at small cities and towns, and also the length of bridges and ferries. It does not include the length of streets in big and medium-sized cities and highways built for the production purpose at factories, mines, forest areas and agricultural areas. If two or more highways go the same section of the way, the length of the section is only calculated for once and no duplication is allowed. The length of highways is an important indicator to show the development of the highway construction and to provide essential information to calculate the transport network density.

Length of Navigable Inland Waterways an indicator reflecting the size and development of inland water network, it refers to the length of the natural rivers, lakes, reservoirs, canals, and ditches open to navigation during a given period, which enables the transport by ships and rafts. It includes the channels open to navigation for over an accumulative 3 months in a year, yet this does not include the river courses which are only used to float odd logs and bamboo rafts.

Length of Civil Aviation Routes refers to the length of all routes for regular civil aviation flights. There are usually two ways to calculate the distance between airports connected by the route length: One is to put the length of all air routes together, called duplicated calculation of the length of the routes; the other is not to allow the duplication in calculation when two or more routes passing the same section of aviation routes. The latter is usually used, as it can precisely show the size of the civil aviation network and indicate the extent of civil aviation serving the national economy and the people.

Freight (Passenger) Traffic refers to the volume of freight (passenger) transported with various means. Freight transport is calculated in tons and passenger traffic is calculated in the number of persons. Despite the type of freight and travelling distance, the freight transport is calculated in the actual weight of the goods: and despite the travelling distance and ticket price, the passenger traffic is calculated by the principle that one person can be counted only once in one travel. The passenger who travel with a half price ticket or a child ticket is also calculated as one person. The freight (passenger) traffic provides a quantitative measure to show how the transport industry serves the national economy and people, and is also an important indicator for planning the transport industry and for studying the development scale and speed of the transport industry.

Freight (Passenger) Traffic Density refers to the freight (passenger) traffic volume carried by a particular means of transportation during a given period through one kilometer of a specific section of transportation route. The formula is as follows:

Freight (Passenger) Traffic Density = [Freight Ton-kilometers (Passenger-kilometers)] ÷ (Length of Route in Operation)

Freight (passenger) traffic density reflects the degree of business of freight (passenger) traffic on transportation routes, and therefore provides important information for balancing transport capability, planning construction and upgrading of transport routes and studying the distribution of transport network.

Freight Ton-kilometers (Passenger-kilometers) refer to the sum of the products of the volume of transported cargo (passengers) multiplying by the transport distance, usually using ton-kilometer and passenger-kilometer as units for measurement. Normally, the shortest distance between the departure station and the destination station (i. e., the payable distance) is the basis to calculate the freight ton-kilometers. This is an important indicator to show the total results of the transport industry, to prepare and examine the transport plan and to measure the efficiency, the labour productivity and the unit cost of transport. The formula is as follows:

Freight Ton-kilometers (Passenger-kilometers) = ∑{Freight (Passenger) Traffic x Distance of Transportation}

Measuring unit: ton-kilometer (person-kilometer)

Static Load of Freight Cars refers to the average cargo weight as loaded by each freight car under the static condition at the departure station. It is used to show the utilization extent of the loading capacity of the freight cars. The formula is:

Static Load(ton) of Freight Car = (Tonnage of Goods Dispatched) ÷ (Number of Freight Cars Loaded)

The static load of freight cars is determined by the nature and type of goods loaded, the type of vehicles, and the technique of loading. The difference between the average marked load and the static load of freight cars reflects the utilization of loading capacity of freight cars. For its calculation the following formula is applied:

Utilization Rate of Capacity of Freight Cars(%) = [(Average Static Load) × 100%] ÷ (Average Marked Load)

Average Daily Haul of Freight Locomotives refers to the average total ton-kilometers accomplished by each freight transport locomotive over day and night during a given period of time. It includes both the weight of the goods carried and the dead weight of the train itself. It is a comprehensive indicator reflecting the locomotive efficiency in terms of both time and the pulling force.

Average Daily Haul of Freight Transport Locomotive (ton-kilometer) = [(Total Ton (Kilometers of Freight)] ÷ (Daily Number of Freight Transport Locomotive)

Business Volume of Post and Telecommunications refers to the total amount of post and telecommunications services, expressed in value terms, provided by the post and telecommunications departments for the society. Post and telecommunication services can be classified as letters, parcels, remittance, issue of newspapers and magazines, fast mail service, express mail service, savings deposits, stamps for collection, public and individual telegraph service, facsimiles, long-distance telephone service, leasing of telephone lines, urban paging service, mobile telephone service, data transfer and transmission, etc. The accounting approach is to multiply the service products of all types with their average unit price (constant price) to get sum of business value, plus income from other services such as leasing of telephone lines and equipment, maintenance of telephone switchboards and lines on behalf of customers. This indicator reflects the overall results of post and telecommunications service during a given period, and is important to study the composition of business service and the development of post and telecommunications service.

The formula is as follows:

Business Volume of Post and Telecommunications = ∑(Transaction of Post and Telecommunication Service × Constant Price) + Income from Leasing, Maintenance and other Services

Subscribers of Paging Services refer to subscribers who carry small-size pagers and receive audio signals, digital signals or character signals sent out by city telephone through wireless paging center within assigned area. Each pager is counted as a subscriber.

Mobile Telephone Subscribers refer to the persons who own mobile telephone number connected with the mobile telephone communication network and have registered in mobile communication enterprises. The number of subscribers is calculated only when the subscribers who have gone through all the register formalities and entered into the mobile telephone network. One mobile telephone is treated as a subscriber.

Telephone Subscribers refer to subscribers that are connected to the public line telephone network provided with telephone services. Before 1997, telephone subscribers were classified as city subscribers and village subscribers. City subscribers referred to those connected to city telephone networks in county towns and cities, while village subscribers referred to those connected to village telephone stations at and below counties. Since 1997, the classification of telephone subscribers was modified on the basis of physical location of the subscribers as "urban telephone subscribers" and "rural telephone subscribers", which is different from the previous classification of categorizing "local telephones" and "rural telephones", while the definition of total subscribers and total number of telephones remain unchanged.

Household telephone subscribers refer to telephone sets installed in the dwelling units of residents, include 3 types of payment for the service: private payment, public payment and free service.

Private-paid telephone subscribers refer to subscribers of households who pay for the installation and service of telephones.

十六、批发、零售贸易和餐饮业

WHOLESALE, RETAIL TRADE AND CATERING

简要说明

一、本篇资料反映我省国内市场发展情况和批发零售贸易业、餐饮业商品经营情况。主要内容有批发零售贸易业商品流通，限额以上批发零售贸易企业、餐饮企业财务状况，社会消费品零售总额、国内集市贸易等。

二、本篇资料除城乡集市贸易情况和农业生产资料销售量是由省工商局和省供销社、省农机公司提供外，其余部分均是根据国家统计局的批发零售贸易、餐饮业统计报表制度进行搜集和加工整理。

本资料的调查范围：财务状况报表为各种经济类型的限额以上批发、零售贸易法人企业和餐饮业法人企业。社会消费品零售总额报表为有零售业务的各种经济类型的企业、行政事业单位以及农民。以上统计报表从基层起报，自下而上逐级综合上报，主要采取全面调查方法，局部资料有的以抽样调查推断，有的利用工商、税务等部门的有关资料推算。

本篇责任编辑：许成宝

Brief Introduction

I. Data in this chapter show the development of Anhui's domestic market and the sales of the commodities in wholesale and retail sale trade as well as catering trade, including mainly the circulation of commodities in the wholesale and retail sale trades, the financial condition of the wholesale, retail and catering trade enterprises, the total sales of the consumer goods in the whole country and the domestic fair trade, etc.

II. Data in this chapter are collected and processed in accordance with the statistical reporting scheme on wholesale and retail sale trades as well as catering trade, stipulated by the National Bureau of Statistics, except that Data on the urban and rural fair trade and the sales of agricultural means of production are provided respectively by the Provincial Administration for Industry and Commerce, the Provincial Supply and Marketing Cooperative and the Provincial Agricultural Machinery Corporation.

Statistical coverage: Statistics on financial conditions include all corporate enterprises of wholesale, retail and catering trade that are above the designated size. Statistics on retail sales of consumer goods include all enterprises, institutional units and peasants engaged in retail sale business. The method used in data collection is a complete enumeration, under which all units are covered in the survey and data are reported from lower to higher level statistical offices. For local data, sample surveys are used, and in some cases, administrative registers from industrial and commercial administration and taxation administration are used in the estimation.

16—1 国内贸易基本情况
Basic Conditions of Domestic Trade

指标	Item	1990	1995	1999	2000
法人机构 (个)	**Number of Corporation Unit**				
批发零售贸易业	Engaged in Wholesale and Retail Trades		21644	687	651
餐饮业	Engaged in Catering Trade		2670	22	15
从业人员 (人)	**Persons Engaged (person)**				
批发零售贸易业	In Wholesale and Retail Trades	1128618	1891165	147272	132172
餐饮业	In Catering Trade	187185	337515	6057	5853
批发零售贸易业 (万元)	**Wholesale and Retail Trade (10000 yuan)**				
商品购进总额	Total Purchases	2682827	10262650	10604358	19010858
商品销售总额	Total Saled	2564718	10784298	10503249	17640237
商品库存总额	Total Inventory	1409609	2266263	2256867	3937858
社会消费品零售总额 (万元)	**Total Retail Sales of Consumer Goods (10000 yuan)**	**2265253**	**5865189**	**9791390**	**10542618**
按销售单位所在地分	By Location of Establishments				
市	City	1011529	2837053	4607569	4989671
县	County	509410	1311770	2187311	2345217
县以下	Under County Level	744314	1716366	2996510	3207730
按行业分	By Sector				
批发零售贸易业	Wholesale and Retail Trade	1566391	3865107	6200331	6662035
餐饮业	Catering Trade	105631	364462	923704	1170318
制造业	Manufacturing	221918	598018	838838	852844
农业生产者	Farm Producers	303873	872823	1612936	1638191
其　他	Others	67440	164779	215581	219230

注：1、1999 年及以后法人机构和从业人员为限额以上企业。

2、批发零售贸易业商品购、销、存总额 1990 年为国合商业口径，1995、1999 年为批发零售贸易业口径（不含个体），2000 年为包含个体的批发零售贸易业口径。

a) Corporation unit and persons engaged refer to statistics for enterprises above designated size after 1995.

b) Total purchases, saled and inventory of wholesale and retail trade refered to statistics for state cooperative trade in 1990 and wholesale and ratail trade (excluding Individual) in 1995 and 1999, while in 2000 those inclued individual trade.

16—2 城乡集市贸易情况
Free Markets in Urban and Rural Areas

指标	Item	1990	1995	1999	2000
集市数 (个)	**Number of Markets**	**4083**	**4218**	**4073**	**4060**
城市市场	Urban Areas	688	1033	1052	1121
农村市场	Rural Areas	3395	3185	3021	2939
集市贸易成交额 (万元)	**Transaction Value (10000 yuan)**	**998774**	**4112482**	**9131263**	**9677324**
城市市场	Urban Areas	372983	2234842	5015493	5606410
农村市场	Rural Areas	625791	1877640	4115770	4070914
在成交额中	**Of the Transaction Value:**				
#粮油类	Grain and Oil	89021	409493	837941	962680
肉禽蛋类	Meat, Poultry and Eggs	308882	800109	1582017	1591640
水产品类	Aquatic Products	79634	221724	443915	478773
蔬菜类	Vegetables	110839	350373	850241	788820
干鲜果类	Dried and Fresh Fruits	77481	242429	333243	348297
农业生产资料类	Agricultural Means of Production		81312	128132	195826
大牲畜类	Large Domestic Animals		74804	99178	92933

16—3 社会消费品零售总额
Total Retail Sale of Consumer Goods

单位：万元 (10000 yuan)

年份 Year	社会消费品零售总额 Total Retail Sales of Consumer Goods	市 City	县 County	县以下 Under County Level	批发零售贸易业 Wholesale and Retail Sale Trade	餐饮业 Catering Trade	制造业 Manufacturing	农业生产者 Agricultural Producers	其他行业 Others
1978	467105	140642	95261	231202	412746	14760	16498	20308	2793
1980	624952	201863	124183	298906	522843	19389	42627	32926	7167
1985	1199476	424477	285514	489485	911255	48272	107237	108774	23938
1990	2265253	1011529	509410	744314	1566391	105631	221918	303873	67440
1991	2474960	1101566	549036	824358	1726907	117924	233264	325221	71644
1992	2850412	1271521	639319	939572	1959645	136772	289458	365805	98732
1993	3438371	1665081	771372	1001918	2359498	176792	367360	453729	80992
1994	4532377	2114293	1015790	1402294	3018379	277952	482088	614693	139265
1995	5865189	2837053	1311770	1716366	3865107	364462	598018	872823	164779
1996	7270576	3412426	1614636	2243514	4688505	496981	721947	1127917	235226
1997	8598031	4031027	1914181	2652823	5491066	674885	806755	1330537	294788
1998	9248223	4301864	2071038	2875321	5889298	778632	822853	1512156	245284
1999	9791390	4607569	2187311	2996510	6200331	923704	838838	1612936	215581
2000	10542618	4989671	2345217	3207730	6662035	1170318	852844	1638191	219230

16—4 各市社会消费品零售总额（2000 年）
Total Retail Sale of Consumer Goods by Region (2000)

单位：万元 (10000 yuan)

地区 Region	社会消费品零售总额 Total Retail Sales of Consumer Goods	市 City	县 County	县以下 Under County Level	批发零售贸易业 Wholesale and Retail Sale Trade	餐饮业 Catering Trade	制造业 Manufacturing	农业生产者 Agricultural Producers	其他行业 Others
总计 Total	**10542618**	**4989671**	**2345217**	**3207730**	**6662035**	**1170318**	**852844**	**1638191**	**219230**
合肥市 Hefei	1482673	1252677	80470	149526	1088102	115408	65179	207655	6329
淮北市 Huaibei	322057	241886	45275	34896	203716	27645	26316	48884	15496
亳州市 Bozhou	655888	129251	226337	300300	396785	92796	95753	36470	34084
宿州市 Suzhou	534402	115509	156896	261997	295748	38377	82707	98137	19433
蚌埠市 Bengbu	707893	415331	128668	163894	423281	103634	81776	97983	1219
阜阳市 Fuyang	1021969	346155	328384	347430	702735	137123	96071	61009	25031
淮南市 Huainan	445010	389793	28795	26422	233906	24711	16885	158946	10562
滁州市 Chuzhou	656041	235965	168777	251299	413619	86129	81761	68629	5903
六安市 Luan	734838	134801	227319	372718	387292	64176	91459	187938	3973
马鞍山市 Maanshan	355374	265213	42272	47889	235535	33356	14160	69423	2900
巢湖市 Chaohu	633656	141529	228009	264118	371638	71184	52208	101521	37105
芜湖市 Wuhu	705868	399286	135993	170589	469952	68027	35719	117716	14454
宣城市 Xuancheng	560394	182917	134505	242972	361674	43275	26347	112620	16478
铜陵市 Tongling	234417	187296	18983	28138	162252	15758	5302	49453	1652
池州市 Chizhou	203849	55962	54088	93799	138314	16011	8106	31347	10071
安庆市 Anqing	886455	321321	242877	322257	605623	83366	49158	137376	10932
黄山市 Huangshan	280919	115476	73467	91976	180477	43273	12072	42918	2179

16—5 各县（市）主要年份社会消费品零售总额
Total Retailsale of Consumer Goods in Major Years by County or City

单位：万元 (10000 yuan)

县（市） County or City	1980	1985	1990	1995	1999	2000
合肥市辖区 HeFei Reigon of City	38680	82795	236408	637504	1129232	1252677
长丰县 ChangFeng	6024	10776	15457	33942	48857	51041
肥东县 FeiDong	9430	15708	28694	65387	89913	97348
肥西县 FeiXi	8358	19153	21647	47569	76138	81607
淮北市辖区 HuaiBei Reigon of City	13497	27105	57962	139751	224456	241886
濉溪县 SuiXi	8407	13494	21722	46556	75070	80171
亳州市辖区 Bozhou Reigon of City	9502	16436	33365	89567	215173	226878
涡阳县 GuoYang	8161	17520	26915	60397	170042	173348
蒙城县 MengCheng	6941	12010	18857	74050	155310	155496
利辛县 LiXin	7059	10839	15821	40003	96157	100166
宿州市辖区 SuZhou Reigon of City	16185	32892	56642	150094	190271	198316
砀山县 DangShan	5536	9839	17920	45488	70932	73807
萧县 XiaoXian	7909	14976	33143	91476	132367	138191
灵璧县 LingBi	5978	10202	21347	43100	66578	70273
泗县 SiXian	4292	9207	17573	39630	52031	53815
蚌埠市辖区 BengBu Reigon of City	24206	49030	98938	223276	390462	415331
怀远县 HuaiYuan	7363	15325	24690	72976	130154	139167
五河县 WuHe	5433	8679	18357	49262	77400	82375
固镇县 GuZhen	4279	12052	15462	40092	66660	71020
阜阳市辖区 FuYang Reigon of City	17087	32254	64777	177774	302334	323746
界首市 JieShou	5147	8401	12774	42340	124420	130672
临泉县 LinQuan	9543	11270	18796	63200	150069	155745
太和县 TaiHe	8810	13328	19956	58611	156939	165961
阜南县 FuNan	6790	11224	15519	53324	109956	113191
颍上县 YingShang	8019	12751	19515	48781	126429	132654
淮南市辖区 HuaiNan Reigon of City	26559	51326	112142	248668	368382	389793
凤台县 FengTai	5425	10309	13533	34086	52416	55217
滁州市辖区 ChuZhou Reigon of City	5973	15543	43727	106288	144437	154315
天长市 TianChang	5826	12218	27398	61549	95072	102651
明光市 MingGuang	6072	9687	17279	45694	77948	85398
来安县 LaiAn	4459	8510	18771	46120	73721	79020
全椒县 QuanJiao	7351	11844	24431	57934	77047	78792
定远县 DingYuan	5782	10463	24916	48746	78138	83856
凤阳县 FengYang	6224	11128	17602	46030	66788	72009
六安市辖区 LuAn Reigon of City	14901	31686	53046	121499	195941	219302
寿县 ShouXian	10625	17089	19565	67113	126379	134458
霍邱县 HuoQiu	9977	14924	26207	99703	143776	150725
舒城县 ShuCheng	9095	15861	24854	63595	93311	96296

16—5 续表 continued

单位：万元 (10000 yuan)

县（市）	County or City	1980	1985	1990	1995	1999	2000
金寨县	JinZhai	6034	10935	16475	48709	72741	77555
霍山县	HuoShan	4711	8418	12743	27827	55139	56502
马鞍山市辖区	MaAnShan Reigon of City	13289	28385	62353	163829	248295	265213
当涂县	DangTu	7190	12782	26417	58251	85070	90161
巢湖市辖区	ChaoHu Reigon of City	9804	22445	36315	103313	171299	194371
庐江县	LuJiang	10755	21251	31438	77259	118322	116301
无为县	WuWei	10725	23501	34013	74210	149270	160614
含山县	HanShan	4688	11122	16092	39525	65519	68222
和县	HeXian	6414	13925	22971	66843	90014	94148
芜湖市辖区	WuHu Reigon of City	22891	50594	87139	232901	369904	399286
芜湖县	WuHu	5333	8698	18879	58449	97745	104651
繁昌县	FanChang	5153	9855	20044	54606	104145	108115
南陵县	NanLing	5346	8421	13013	44164	88201	93816
宣城市辖区	XuanCheng Reigon of City	10954	18001	36285	130157	200029	205605
宁国市	NingGuo	5472	9785	20501	64643	85542	87557
郎溪县	LangXi	4282	8460	15361	34860	48032	50729
广德县	GuangDe	6458	12242	26564	65146	84086	89054
泾县	JingXian	5291	9879	15885	40346	61844	63478
旌德县	JingDe	2256	4038	7571	19805	25663	25936
绩溪县	JiXi	2489	4228	6731	30622	38300	38035
铜陵市辖区	TongLing Reigon of City	6963	13663	37287	102792	174049	187296
铜陵县	TongLing	4252	5617	10416	25116	43886	47121
池州市辖区	ChiZhou Reigon of City	6580	12614	25172	61602	85939	91160
东至县	DongZhi	5884	9745	16776	41136	57466	60397
石台县	ShiTai	1478	2960	4670	9390	11281	11494
青阳县	QingYang	2709	5079	11001	23703	38267	40798
安庆市辖区	AnQing Reigon of City	15374	32316	61781	164090	293578	321321
桐城市	TongCheng	6599	11720	22063	67650	107350	115700
怀宁县	HuaiNing	5742	13098	25042	62839	92990	99169
枞阳县	ZongYang	6776	11182	11182	54470	73904	80110
潜山县	QianShan	4590	9042	14080	33983	61340	65630
太湖县	TaiHu	4991	8550	13831	28821	45620	48676
宿松县	SuSong	6445	9899	17825	38586	61824	66108
望江县	WangJiang	5094	7478	17476	37421	52855	55872
岳西县	YueXi	3136	7497	9846	23418	32166	33869
黄山市辖区	HuangShan Reigon of City	5864	13501	30159	86677	125630	136880
歙县	SheXian	7525	14229	17147	36148	63138	68225
休宁县	XiuNing	3327	6616	10694	24120	34990	37830
黟县	YiXian	1539	3230	4514	7070	10756	11516
祁门县	QiMen	2473	4950	9317	19517	24923	26468

16—6 各县（市）社会消费品零售总额（2000 年）
Total Retailsale of Consumer Goods in Major Years by County or City (2000)

单位：万元 (10000 yuan)

县（市）	County or City	社会消费品零售总额 Total Retail Sales of Consumer Goods	市 City	县 County	县以下 Under County Level	批发零售贸易业 Wholesale and Retail Sale Trade	餐饮业 Catering Trade	制造业 Manufacturing	农业生产者 Agricultural Producers	其他行业 Others
合肥市辖区	HeFei Reigon of City	1252677	1252677			968727	108105	39991	133618	2236
长丰县	ChangFeng	51041		15007	36034	33124	1645	6478	9474	320
肥东县	FeiDong	97348		37260	60088	41444	1522	13500	38843	2039
肥西县	FeiXi	81607		28203	53404	44807	4136	5210	25720	1734
淮北市辖区	HuaiBei Reigon of City	241886	241886			142245	20828	24483	42661	11669
濉溪县	SuiXi	80171		45275	34896	61471	6817	1833	6223	3827
亳州市辖区	Bozhou Reigon of City	226878	129251		97627	149726	34908	22144	12995	7105
涡阳县	GuoYang	173348		93177	80171	98981	23520	30275	10196	10376
蒙城县	MengCheng	155496		81966	73530	88122	26789	21623	9143	9819
利辛县	LiXin	100166		51194	48972	59956	7579	21711	4136	6784
宿州市辖区	SuZhou Reigon of City	198316	115509		82807	115288	6520	24690	50013	1805
砀山县	DangShan	73807		34987	38820	29397	13385	10185	8195	12645
萧县	XiaoXian	138191		57482	80709	74139	8657	23668	26744	4983
灵璧县	LingBi	70273		35205	35068	40235	5397	18456	6185	
泗县	SiXian	53815		29222	24593	36689	4418	5708	7000	
蚌埠市辖区	BengBu Reigon of City	415331	415331			255843	72291	12124	75013	60
怀远县	HuaiYuan	139167		56928	82239	74478	10871	43667	10036	115
五河县	WuHe	82375		39012	43363	49104	10124	15503	6610	1034
固镇县	GuZhen	71020		32728	38292	43856	10348	10482	6324	10
阜阳市辖区	FuYang Reigon of City	323746	261982		61764	205518	46915	35018	28804	7491
界首市	JieShou	130672	84173		46499	80107	23521	15681	6133	5230
临泉县	LinQuan	155745		63308	92437	129748	14523	6118	4682	674
太和县	TaiHe	165961		127492	38469	128937	13198	9245	10170	4411
阜南县	FuNan	113191		65261	47930	78669	23753	4649	5570	550
颍上县	YingShang	132654		72323	60331	79756	15213	25360	5650	6675
淮南市辖区	HuaiNan Reigon of City	389793	389793			202864	21522	11511	146045	7851
凤台县	FengTai	55217		28795	26422	31042	3189	5374	12901	2711
滁州市辖区	ChuZhou Reigon of City	154315	122496		31819	110022	15712	5459	20734	2388
天长市	TianChang	102651	59582		43069	69187	10883	8446	12892	1243
明光市	MingGuang	85398	53887		31511	52295	11087	11967	9625	424
来安县	LaiAn	79020		40076	38944	43235	11801	14383	8960	641
全椒县	QuanJiao	78792		40550	38242	49033	12735	13293	2876	855
定远县	DingYuan	83856		49446	34410	55070	15851	4978	7605	352
凤阳县	FengYang	72009		38705	33304	34777	8060	23235	5937	
六安市辖区	LuAn Reigon of City	219302	134801	14295	70206	126989	17028	24206	50362	717
寿县	ShouXian	134458		72381	62077	59855	15172	28914	30517	
霍邱县	HuoQiu	150725		45977	104748	61434	8782	17944	62565	
舒城县	ShuCheng	96296		31294	65002	66635	6626	7831	14508	696

16—6 续表 continued

单位：万元 (10000 yuan)

县（市）	County or City	社会消费品零售总额 Total Retail Sales of Consumer Goods	市 City	县 County	县以下 Under County Level	批发零售贸易业 Wholesale and Retail Sale Trade	餐饮业 Catering Trade	制造业 Manufacturing	农业生产者 Agricultural Producers	其他行业 Others
金寨县	JinZhai	77555		37275	40280	34734	11602	11423	17587	2209
霍山县	HuoShan	56502		26097	30405	37645	4966	1141	12399	351
马鞍山市辖区	MaAnShan Reigon of City	265213	265213			180368	28101	1267	52577	2900
当涂县	DangTu	90161		42272	47889	55167	5255	12893	16846	
巢湖市辖区	ChaoHu Reigon of City	194371	141529		52842	97472	24685	21295	38467	12452
庐江县	LuJiang	116301		60136	56165	70352	12767	12911	15675	4596
无为县	WuWei	160614		88358	72256	100362	14172	11644	24447	9989
含山县	HanShan	68222		33272	34950	39140	6690	4564	11979	5849
和县	HeXian	94148		46243	47905	64312	12870	1794	10953	4219
芜湖市辖区	WuHu Reigon of City	399286	399286			275258	48327	5564	60129	10008
芜湖县	WuHu	104651		44023	60628	67133	7444	7400	20868	1806
繁昌县	FanChang	108115		48489	59626	64872	5381	14249	23613	
南陵县	NanLing	93816		43481	50335	62689	6875	8506	13106	2640
宣城市辖区	XuanCheng Reigon of City	205605	123651		81954	130618	14623	9741	47580	3043
宁国市	NingGuo	87557	59266		28291	63865	3252	2892	13596	3952
郎溪县	LangXi	50729		24085	26644	24524	3637	4330	14799	3439
广德县	GuangDe	89054		35997	53057	54373	9257	5393	14414	5617
泾县	JingXian	63478		35410	28068	45559	7930	1405	8247	337
旌德县	JingDe	25936		16118	9818	16324	1816	916	6790	90
绩溪县	JiXi	38035		22895	15140	26411	2760	1670	7194	
铜陵市辖区	TongLing Reigon of City	187296	187296			130896	11716	3083	40450	1151
铜陵县	TongLing	47121		18983	28138	31356	4042	2219	9003	501
池州市辖区	ChiZhou Reigon of City	91160	55962		35198	62381	5492	3170	16521	3596
东至县	DongZhi	60397		24305	36092	39155	3501	3330	8153	6258
石台县	ShiTai	11494		7974	3520	6499	595	900	3500	
青阳县	QingYang	40798		21809	18989	30279	6423	706	3173	217
安庆市辖区	AnQing Reigon of City	321321	321321			228767	34050	16390	40320	1794
桐城市	TongCheng	115700		56593	59107	75881	7215	6705	25380	519
怀宁县	HuaiNing	99169		27209	71960	66346	13935	4128	14760	
枞阳县	ZongYang	80110		29657	50453	56429	5816	5180	9964	2721
潜山县	QianShan	65630		29280	36350	40351	10842	6295	6874	1268
太湖县	TaiHu	48676		18430	30246	33056	4029	3882	5754	1955
宿松县	SuSong	66108		34726	31382	43930	2726	1636	17816	
望江县	WangJiang	55872		28985	26887	38117	2103	3935	9465	2252
岳西县	YueXi	33869		17997	15872	22746	2650	1007	7043	423
黄山市辖区	HuangShan Reigon of City	136880	115476		21404	78062	30445	4899	21719	1755
歙县	SheXian	68225		26347	41878	51056	6746	1012	9411	
休宁县	XiuNing	37830		23513	14317	24683	3424	4582	5141	
黟县	YiXian	11516		7172	4344	6984	857	262	3295	118
祁门县	QiMen	26468		16435	10033	19692	1801	1317	3352	306

16—7 限额以上批发零售贸易、餐饮业基本情况（2000年，按登记注册类型分）
Basic Conditions of Enterprises above Designated Size in Wholesale and Retail Sale and Catering Trade by Registration (2000)

指标	Item	法人企业（个）Number of Corporation Unit	产业活动单位数（个）Number of Active Unit	从业人数（人）Persons Engaged (person)
总计	**Total**	**666**	**3442**	**138025**
一、批发业合计	**Wholesale Trade**	**463**	**2489**	**77595**
内资企业	**Domestic-Funded Enterprises**	**463**	**2489**	**77595**
国有企业	State-owned Enterprises	289	1727	49991
集体企业	Collective-owned Enterprises	87	421	14214
股份合作企业	Cooperative Enterprises	11	52	1243
联营企业	Joint Ownership Enterprises	5	6	240
国有联营企业	State Joint Ownership Enterprises	5	6	240
有限责任公司	Limited Liability Corporations	40	158	5944
国有独资公司	State-funded Corporations	10	64	2578
其他有限责任公司	Other Limited Liability Corporations	30	94	3366
股份有限公司	Share-holding Corporations Ltd.	27	120	5651
私营企业	Private Enterprises	3	4	152
私营有限责任公司	Private Limited Liability Corporations	3	4	152
其他企业	Other Enterprises	1	1	160
二、零售业合计	**Retail Trade**	**188**	**882**	**54577**
内资企业	**Domestic-Funded Enterprises**	**187**	**881**	**53969**
国有企业	State-owned Enterprises	100	599	24239
集体企业	Collective-owned Enterprises	25	90	4565
股份合作企业	Cooperative Enterprises	10	40	1755
联营企业	Joint Ownership Enterprises	1	1	159
国有联营企业	State Joint Ownership Enterprises	1	1	159
有限责任公司	Limited Liability Corporations	26	82	11492
国有独资公司	State-funded Corporations	2	34	421
其他有限责任公司	Other Limited Liability Corporations	24	48	11071
股份有限公司	Share-holding Corporations Ltd.	20	53	11152
私营企业	Private Enterprises	5	16	607
私营有限责任公司	Private Limited Liability Corporations	5	16	607
港、澳、台商投资企业	**Enterprises With Investment from Hong Kong, Macao and Taiwan**	**1**	**1**	**608**
合资经营企业（港或澳、台资）	Joint-venture Enterprises (With Funds from Hong Kong, Macao and Taiwan)	1	1	608
三、餐饮业合计	**Catering Trade**	**15**	**71**	**5853**
内资企业	**Domestic-Funded Enterprises**	**13**	**58**	**4544**
国有企业	State-owned Enterprises	1	10	923
集体企业	Collective-owned Enterprises		4	264
股份合作企业	Cooperative Enterprises	1	11	607
有限责任公司	Limited Liability Corporations		2	476
其他有限责任公司	Other Limited Liability Corporations		2	476
股份有限公司	Share-holding Corporations Ltd.		9	864
私营企业	Private Enterprises	11	22	1410
私营独资企业	Private-funded Enterprises	3	4	376
私营有限责任公司	Private Limited Liability Corporations	8	18	1034
其他企业	Other Enterprises			
港、澳、台商投资企业	**Enterprises With Investment from Hong Kong, Macao and Taiwan**	**2**	**7**	**853**
合资经营企业（港或澳、台资）	Joint-venture Enterprises (With Funds from Hong Kong, Macao and Taiwan)	2	4	298
合作经营企业（港或澳、台资）	Cooperative Enterprises (With Funds from Hong Kong, Macao and Taiwan)		1	195
港、澳、台商独资经营企业	Enterprises with Sole Investment from Hong Kong, Macao and Taiwan		1	80
港、澳、台商投资股份有限公司	Share-holding Corporations Ltd. with Investment from Hong Kong, Macao and Taiwan		1	280
外商投资企业	**Enterprises With Foreign Investment**		**6**	**456**
中外合资经营企业	Joint-venture Enterprises		1	80
中外合作经营企业	Cooperation Enterprises		1	40
外资企业	Enterprises with Sole Foreign Investment		4	336

16—8 限额以上批发、零售贸易业商品购、销、存总额（2000年，按行业分）
Total Purchases, Sales and Inventory of Enterprise above Designated Size in Wholesale and Retail Trade by Sector (2000)

单位：万元 (10000 yuan)

指标	Item	购进总额 Total Purchases	销售总额 Total Sales	批发 Wholesale Trade	零售 Retail Trade	年末库存总额 Inventory (year-end)
总计	**Total**	**6169905**	**6622994**	**5567182**	**1055812**	**965836**
一、批发企业	**Wholesale**					
食品、饮料、烟草批发业	Wholesale of Food, Beverages and Tobaccos	1413326	1664222	1639042	25180	388107
#粮食、食用油批发业	Wholesale of Grains and Edible Oil	287237	329467	327981	1486	268686
烟草及其制品批发业	Whole of Tobaccos	1025713	1215601	1212434	3167	105892
棉、麻、土畜产品批发业	Wholesale of Cotton, Ambery and Animal Products	121919	138291	137734	557	128951
纺织品、服装和鞋帽批发业	Wholesale of Textiles, Garments, Shoes and Hats	242513	246338	246225	113	5870
日用百货批发业	Wholesale of Daily Consumer Goods	131091	132195	129686	2509	8828
日用杂品批发业	Wholesale of Daily Sundry Articles	2882	2758	2758		124
五金、交电、化工批发业	Wholesale of Hardware, Transport, Electric and Chemical Products	183657	188113	157413	30700	26938
药品及医疗器械批发业	Wholesale of Medicines and Medical Appliances	273448	327802	172970	154832	34021
能源批发业	Wholesale of Energy Products	1509313	1535482	1462433	73049	82904
#石油及制品批发业	Wholesale of Petroleum and Related Products	1416758	1440591	1377223	63368	76868
煤炭及制品批发业	Wholesale of Coal and Related Products	92556	94891	85210	9681	6036
化工材料批发业	Wholesale of Chemical Materials	171843	157400	157371	29	12106
木材批发业	Wholesale of Timber					
建筑材料批发业	Wholesale of Building Materials	37929	37181	37045	136	5649
矿产品批发业	Wholesale of Mineral Products	3668	3668	3668		311
金属材料批发业	Wholesale of Metal Materials	459103	476805	472417	4388	14886
机械、电子设备批发业	Wholesale of Machinery and Electronic Equipment	176743	174808	172542	2266	5280
汽车、摩托车及零配件批发业	Wholesale of Motor Vehicles, Motorcycles and Parts	161081	165195	127694	37501	20282
#汽车批发业	Wholesale of Motor Vehicles	144134	149257	115030	34227	15066
再生物资回收批发业	Wholesale of Recycled Materials	30434	31592	31592		1693
工艺美术批发业	Wholesale of Arts and Handicraft Products	6854	7945	7945		65
图书报刊批发业	Wholesale of Books, Newspapers and Magazines	151815	148653	139971	8682	8852
农业生产资料批发业	Wholesale of Means of Agricultural Production	306322	319633	318527	1106	42038
其他类未包括的批发业	Other Wholesale not Classified	41577	71345	71345		1188
二、零售企业	**Retail**					
食品、饮料、烟草零售业	Retail of Food, Beverages and Tobaccos	46477	46922	10315	36607	10257
#粮油食品零售业	Retail of Grains and Edible Oil	14298	11915	5168	6747	6341
副食品零售业	Retail of Non-staple Food	30071	32484	4848	27636	3530
日用百货零售业	Retail of Daily Consumer Goods	537423	583528	43687	539841	137807
#百货零售业	Retail of Consumer Goods	517127	563097	42141	520956	132358
文化体育用品零售业	Retail of Cultural and Sports Goods	4609	3280	456	2824	115
纺织品、服装和鞋帽零售业	Retail of Textiles, Garments, Shoes and Hats	9356	10391	1265	9126	1830
日用杂品零售业	Retail of Daily Sundry Articles	17274	4153	356	3797	1011
五金、交电、化工零售业	Retail of Hardware, Transport, Electric and Chemical Products	24575	24102	2077	22025	4297
药品及医疗器械零售业	Retail of Medicines and Medical Appliances	28515	38200	9409	28791	6226
图书报刊零售业	Retail of Books, Newspapers and Magazines	68138	72078	9332	62746	13884
其他零售业	Other Retail Trade	12629	14194	2363	11831	2431
#汽车、摩托车及其零配件零售业	Retail of Motor Vehicles, Motorcycles and Parts	1800	2091	43	2048	794

16—9 限额以上批发零售贸易、餐饮业从业人数（2000年，按市分）
Number of Persons Engaged in Enterprises above Designated Size in Wholesale and Retail Sale, Catering Trade by Region (2000)

单位：人 (person)

地 区 Region		合 计 Total	批发业 Wholesale Trade	零售业 Retail Trade	餐饮业 Catering Trade
总 计	**Total**	**138025**	**77595**	**54577**	**5853**
合 肥 市	Hefei	26752	12884	11396	2472
淮 北 市	Huaibei	4149	2175	1974	
亳 州 市	Bozhou	6150	5991	159	
宿 州 市	Suzhou	9388	3888	5500	
蚌 埠 市	Bengbu	10295	6222	4073	
阜 阳 市	Fuyang	10731	6470	4261	
淮 南 市	Huainan	7394	4258	3136	
滁 州 市	Chuzhou	17109	12907	3540	662
六 安 市	Luan	3799	2189	1610	
马鞍山市	Maanshan	6087	1582	3886	619
巢 湖 市	Chaohu	4958	2985	1702	271
芜 湖 市	Wuhu	5880	2585	1916	1379
宣 城 市	Xuancheng	3870	1228	2642	
铜 陵 市	Tongling	4700	1702	2998	
池 州 市	Chizhou	2206	1561	645	
安 庆 市	Anqing	10732	6608	3674	450
黄 山 市	Huangshan	3825	2360	1465	

16—10 限额以上批发、零售贸易业商品购、销、存总额(2000年,按市分)
Total Sales and Inventory of Enterprise above Designated Size in Wholesale and Retail Sale Trade by Region (2000)

单位:万元 (10000 yuan)

地 区 Region		购进总额 Total Goods Purchases	销售总额 Total Sales	批 发 Wholesale Trade	零 售 Retail Trade	年末库存总额 Inventory (year-end)
总 计	**Total**	**6169905**	**6622994**	**5567182**	**1055812**	**965836**
合 肥 市	Hefei	2915985	3090205	2695501	394704	216485
淮 北 市	Huaibei	86720	92507	74326	18181	12278
亳 州 市	Bozhou	167028	165742	147060	18682	35652
宿 州 市	Suzhou	207428	234749	193636	41113	53685
蚌 埠 市	Bengbu	402313	471076	417486	53590	106937
阜 阳 市	Fuyang	333548	351998	256346	95652	60744
淮 南 市	Huainan	142954	158985	106514	52471	35466
滁 州 市	Chuzhou	282004	315409	269410	45999	180527
六 安 市	Luan	79012	97387	72208	25179	12021
马鞍山市	Maanshan	316518	326765	258116	68649	17948
巢 湖 市	Chaohu	176246	179701	146076	33625	25545
芜 湖 市	Wuhu	313124	339375	284322	55053	28052
宣 城 市	Xuancheng	142166	152932	123163	29768	24966
铜 陵 市	Tongling	131696	133578	101329	32249	28972
池 州 市	Chizhou	86111	89178	80250	8928	25377
安 庆 市	Anqing	307959	336629	270497	66132	81752
黄 山 市	Huangshan	79093	86778	71042	15836	19429

16—11 限额以上批发零售贸易业主要商品分类销售额
Total Sales of Enterprises above Designated Size in Wholesale and Retail Sale by Category of Main Commodities

单位：万元 (10000 yuan)

指标	Item	合计 Total		批发 Wholesale		零售 Retail Sale	
		1999	2000	1999	2000	1999	2000
合计	**Total**	**4750221**	**6622994**	**3928963**	**5567182**	**821258**	**1055812**
食品、饮料、烟酒类	Food, Beverages, Tobacco and Liquor	1810755	1780653	1706461	1640313	104294	140340
肉禽蛋类	Meat, Poultry and Eggs	45943	45870	21456	20312	24487	25558
其他食品类	Other Food	407371	415920	358782	345436	48589	70484
饮料类	Beverages	25806	25869	18314	15062	7492	10807
烟酒类	Tobacco and Liquor	1331635	1292995	1307909	1259502	23726	33493
服装鞋帽、针、纺织品类	Garments, Footwear, Hats, Kintwear and Textiles	343699	531635	219394	355782	124305	175853
服装类	Garments	171395	256581	105110	159619	66285	96962
鞋帽类	Footwear and Hats	40289	88705	15452	51570	24837	37135
针、纺织品类	Kintwear and Textiles	132015	186349	98831	144592	33184	41757
化妆品类	Cosmetics	20285	25925	4668	4622	15617	21303
金银珠宝类	Gold, Silver and Jewelry	33158	37390	88	163	33070	37227
日用品类	Articles for Daily Use	87937	173581	41540	123525	46397	50056
洗涤用品类	Washing Articles	18837	20769	9731	10238	9106	10531
儿童玩具类	Toys	3879	13035	49	9140	3830	3895
五金、电料类	Hardware and Electrical Materials	14049	21302	6714	12910	7335	8392
体育、娱乐用品类	Sports and Recreation Articles	10367	12314	3081	3674	7286	8640
书报杂志类	Newspapers and Magazines	96103	214201	28210	143380	67893	70821
电子出版物及音像制品类	E-journal and Video Products	2338	6343	1117	4628	1221	1715
家用电器和音像器材类	Household Appliances and Video Appliances	221258	299043	69958	100332	151300	198711
中西药品类	Traditional Chinese and Western Medicines	311525	371247	153166	187715	158359	183532
西　药	Western Medicines	238559	293988	123112	155869	115447	138119
中草药及中成药	Chinese Herbal Medicine and Proprietary Chinese Medicine	66818	74813	28436	31631	38382	43183
文化、办公用品类	Cultural and Official Goods	16362	44504	7407	32923	8955	11581
家具类	Furniture	3692	4123	442	1189	3250	2934
通讯器材类	Communication Appliances	3231	13993	1615	3968	1616	10025
煤炭及制品类	Coal and Related Product	28118	45241	23837	40437	4281	4804
木材及制品类	Wood and Wooden Product	1896	1606	1860	1580	36	26
石油及制品类	Petroleum and Related Product	620701	1495367	584034	1423885	36667	71482
化工材料类	Raw Chemical Materials	292807	443144	292353	442711	454	433
化肥类	Chemical Fertilizer	163553	190472	163553	190472		
金属材料类	Metal Materials	315739	528840	312038	524738	3701	4102
建筑及装潢材料类	Building and Decoration Materials	5509	22862	5104	22453	405	409
机电产品及设备类	Mechanical and Electrical Products	305086	358351	274622	317892	30464	40459
农机类	Agricultural Machinery	71670	64484	71562	64446	108	38
汽车类	Automobile	145216	161721	124041	128169	21175	33552
种子饲料类	Seed and Feedstuff	26128	17046	26116	17046	12	
棉麻类	Cotton, Hemp	101609	101685	101609	101684		1
其他类	Other	77869	72598	63529	59632	14340	12966

16—12 限额以上批发零售贸易业商品销售数量
Total Sales Number of Enterprises above Designated Size in Wholesale and Retail Sale Trade by Commodities

指标	Item	合计 Total		批发 Wholesale		零售 Retail Sale	
		1999	2000	1999	2000	1999	2000
粮食（吨）	Grain (ton)	2041794	2258560	1973933	2205480	67861	53080
食用植物油（吨）	Edible Vegetable Oil (ton)	34603	41808	31428	38861	3175	2947
食糖（吨）	Sugar (ton)	42037	25137	40918	24292	1119	845
棉花（吨）	Cotton (ton)	74385	85834	74385	85833		1
鞋（百双）	Shoes (100 pairs)	372277	576902	345095	542654	27182	34248
布（百米）	Clothes (100 m)	309383	372212	301296	367478	8087	4734
电视机（台）	Television Set (unit)	367011	688156	156455	430841	210556	257315
#彩色电视机	Color TV	284107	362927	76343	110781	207764	252146
#29英寸及以上	29 Inches and Over	54023	74262	11663	17931	42360	56331
组合音响（台）	Hi-Fi Stereo Component System (unit)	2381	4917	118	941	2263	3976
摄像机（台）	Pickup Camera (unit)	586	916	4		582	916
录像机（台）	Video-recorder (unit)	578	149	6	11	572	138
影碟机（台）	Video Disc Player (unit)	68657	89129	4226	6328	64431	82801
家用电冰箱（台）	Household Refrigerator (unit)	313433	364869	182066	206521	131367	158348
家用洗衣机（台）	Household Washing Machine (unit)	279956	295010	130804	101531	149152	193479
#全自动洗衣机	Automatic Washing Machine	89502	101031	31014	20907	58488	80124
房间空调器（台）	Room Air Conditioner (unit)	71279	102516	23681	23801	47598	78715
微波炉（台）	Micro-oven (unit)	80137	126537	17253	34193	62884	92344
微型计算机（台）	Personal Computer (unit)	28	353			28	353
普通电话机（台）	Telephone (unit)	75631	58253	38589	5445	37042	52808
移动电话机（台）	Hand Telephone (unit)	1079	48402	558	5171	521	43231
寻呼机（台）	Beep-Pager (unit)	13580	34819	6712		6868	34819
化学肥料（吨）	Chemical Fertilizers (ton)	1501286	1900283	1501286	1900283		
化学农药（吨）	Chemical Pesticide (ton)	28277	44514	28277	44514		
农用薄膜（吨）	Farming Pellicle (ton)	509	387	509	387		
煤炭（吨）	Coal (ton)	1446152	2729180	1232108	2473522	214044	255658
木材（立方米）	Wood (cu. m)	1097	524	851	322	246	202
汽油（吨）	Gasoline (ton)	904206	1563163	813490	1427979	90716	135184
煤油（吨）	Kerosene (ton)	8377	56428	8218	52412	159	4016
柴油（吨）	Diesel Oil (ton)	1606311	3261230	1574741	3200821	31570	60409
钢材（吨）	Steel Products (ton)	925311	1527944	915102	1516250	10209	11694
铜（吨）	Copper (ton)	24285	15605	24285	15605		
铝（吨）	Aluminum (ton)	1030	2864	1030	2864		
水泥（吨）	Cement (ton)	150272	169539	149032	168967	1240	572
汽车（辆）	Motor Vehicles (unit)	13156	16738	11230	13559	1926	3179
#轿车	Car (unit)	4135	5973	3374	3959	761	2014
摩托车（辆）	Motor (unit)	29724	15167	11814	3509	17910	11658
拖拉机（台）	Tractors (unit)	41612	35479	41612	35479		

16—13 限额以上批发零售贸易企业主要财务指标情况(2000年,按登记注册类型分)

Main Financial Indicators of Enterprises above Designated Size in Wholesale and Retail Sale by Registration (2000)

单位:万元 (10000 yuan)

指标	Item	商品销售收入 Sales Revenue	商品销售成本 Cost of Sales	经营费用 Management Cost	商品销售税金及附加 Sales Tax and Extra Changes	商品销售利润 Total Profits
批发零售贸易业总计	**Total**	**5854128**	**5326635**	**215659**	**8204**	**260281**
一、批发业合计	**Wholesale Trades**	**5121258**	**4702392**	**170452**	**5036**	**210081**
内资企业	**Domestic-Funded Enterprises**	**5121258**	**4702392**	**170452**	**5036**	**210081**
国有企业	State-owned Enterprises	3515282	3214163	114345	4025	150251
集体企业	Collective-owned Enterprises	410956	383234	12225	327	15171
股份合作企业	Cooperative Enterprises	31690	29825	829	20	1016
联营企业	Joint Ownership Enterprises	26876	25582	524	19	752
国有联营企业	State Joint Ownership Enterprises	26876	25582	524	19	752
有限责任公司	Limited Liability Corporations	211730	195452	9984	218	5274
国有独资公司	State-funded Corporations	90593	82731	5514	81	2266
其他有限责任公司	Other Limited Liability Corporations	121138	112721	4470	137	3008
股份有限公司	Share-holding Corporations Ltd.	882321	813092	31746	414	37069
私营企业	Private Enterprises	36172	35266	572	13	321
私营有限责任公司	Private Limited Liability Corporations	36172	35266	572	13	321
其他企业	Other Enterprises	6231	5778	227		227
二、零售企业合计	**Retail Sale Trades**	**732870**	**624243**	**45207**	**3168**	**50200**
内资企业	**Domestic-Funded Enterprises**	**712268**	**607043**	**44331**	**3132**	**47711**
国有企业	State-owned Enterprises	215101	175002	18097	1029	14010
集体企业	Collective-owned Enterprises	35580	30022	2651	183	1608
股份合作企业	Cooperative Enterprises	19205	16716	1267	143	1079
联营企业	Joint Ownership Enterprises	3198	2799	227	2	171
国有联营企业	State Joint Ownership Enterprises	3198	2799	227	2	171
有限责任公司	Limited Liability Corporations	282180	247281	12527	1081	20080
国有独资公司	State-funded Corporations	5754	5674	185		-105
其他有限责任公司	Other Limited Liability Corporations	276425	241607	12342	1081	20185
股份有限公司	Share-holding Corporations Ltd.	144032	123016	9062	688	10503
私营企业	Private Enterprises	12972	12207	500	6	260
私营有限责任公司	Private Limited Liability Corporations	12972	12207	500	6	260
港、澳、台商投资企业	**Enterprises With Investment from Hong Kong, Macao and Taiwan**	**20602**	**17200**	**876**	**36**	**2489**
合资经营企业(港或澳、台资)	Joint-venture Enterprises (With Funds from Hong Kong, Macao and Taiwan)	20602	17200	876	36	2489

16—14 限额以上批发、零售贸易企业主要财务指标情况(2000年,按行业分)
Main Financial Indicators of Enterprises above Designated Size in Wholesale and Retail by Sector (2000)

单位:万元 (10000 yuan)

指标	Item	商品销售收入 Sales Revenue	商品销售成本 Cost of Sales	经营费用 Management Cost	商品销售税金及附加 Sales Tax and Extra Changes	商品销售利润 Total Profits
总计	**Total**	**5854128**	**5326635**	**215659**	**8204**	**260281**
一、批发企业合计	**Wholesale Trade**	**5121258**	**4702392**	**170452**	**5036**	**210081**
食品、饮料、烟草批发业	Wholesale of Food, Beverages and Tobaccos	1371141	1235409	57623	1986	73837
#粮食、食用油批发业	Wholesale of Grains and Edible Oil	313195	307035	22750	65	-17655
烟草及其制品批发业	Whole of Tobaccos	949612	831788	28886	1433	86230
棉、麻、土畜产品批发业	Wholesale of Cotton, Ambery and Animal Products	140416	122428	6933	173	10882
纺织品、服装和鞋帽批发业	Wholesale of Textiles, Garments, Shoes and Hats	248295	225448	12099	10	10740
日用百货批发业	Wholesale of Daily Consumer Goods	140380	131099	4891	30	4360
日用杂品批发业	Wholesale of Daily Sundry Articles	3673	3509	69	2	93
五金、交电、化工批发业	Wholesale of Hardware, Transport, Electric and Chemical Products	170570	160393	6529	502	3083
药品及医疗器械批发业	Wholesale of Medicines and Medical Appliances	301022	272838	12223	428	15413
能源批发业	Wholesale of Energy Products	1407987	1321461	34792	1195	50290
#石油及制品批发业	Wholesale of Petroleum and Related Products	1323805	1244530	30558	1152	47341
煤炭及制品批发业	Wholesale of Coal and Related Products	84182	76931	4234	43	2949
化工材料批发业	Wholesale of Chemical Materials	153706	146944	3854	93	2814
建筑材料批发业	Wholesale of Building Materials	34809	33530	722	3	554
矿产品批发业	Wholesale of Mineral Products	3204	3058	19		126
金属材料批发业	Wholesale of Metal Materials	247244	235754	5014	85	6391
机械、电子设备批发业	Wholesale of Machinery and Electronic Equipment	183373	172699	5000	87	5586
汽车、摩托车及零配件批发业	Wholesale of Motor Vehicles, Motorcycles and Parts	147142	142233	3511	63	1332
#汽车批发业	Wholesale of Motor Vehicles	131492	127559	2800	53	1079
再生物资回收批发业	Wholesale of Recycled Materials	32882	32299	377	105	100
工艺美术批发业	Wholesale of Arts and Handicraft Products	9578	8245	786		546
图书报刊批发业	Wholesale of Books, Newspapers and Magazines	133900	90470	4473	187	8197
农业生产资料批发业	Wholesale of Means of Agricultural Production	312705	291061	8646	51	12947
其他类未包括的批发业	Other Wholesale not Classified	79231	73514	2891	36	2790
二、零售企业合计	**Retail Sales Trade**	**732870**	**624243**	**45207**	**3168**	**50200**
食品、饮料、烟草零售业	Retail of Food, Beverages and Tobaccos	41964	37516	3158	294	992
#粮油食品零售业	Retail of Grains and Edible Oil	11301	10609	957	11	-277
副食品零售业	Retail of Non-staple Food	28505	25057	2057	279	1112
日用百货零售业	Retail of Daily Consumer Goods	544767	469658	29992	2255	39478
#百货零售业	Retail of Consumer Goods	525501	453588	28599	2150	37899
文化体育用品零售业	Retail of Cultural and Sports Goods	3830	2886	392	4	429
纺织品、服装和鞋帽零售业	Retail of Textiles, Garments, Shoes and Hats	9736	8556	512	27	641
日用杂品零售业	Retail of Daily Sundry Articles	4153	3686	256	40	171
五金、交电、化工零售业	Retail of Hardware, Transport, Electric and Chemical Products	20733	19925	736	55	17
药品及医疗器械零售业	Retail of Medicines and Medical Appliances	35674	29860	2673	117	2713
图书报刊零售业	Retail of Books, Newspapers and Magazines	63545	43806	7202	249	5935
其他零售业	Other Retail Trade	12298	11236	678	131	253
#汽车、摩托车及其零配件零售业	Retail of Motor Vehicles, Motorcycles and Parts	1804	1620	120	4	60

16—15 限额以上餐饮企业主要财务指标情况(2000年,按登记注册类型和行业分)
Main Financial Indicators of Enterprises above Designated Size in Catering Trades by Status of Registration and by Sector (2000)

单位:万元 (10000 yuan)

指标	Item	营业收入 Sales Revenue	营业成本 Cost of Sales	营业费用 Management Cost	商品销售税金及附加 Sales Tax and Extra Changes	经营利润 Profits
总计	**Total**	**13336**	**7983**	**4184**	**746**	**423**
一、按登记注册类型分	**By Status of Registration**					
内资企业	**Domestic-Funded Enterprises**	**11565**	**7285**	**2826**	**654**	**801**
国有企业	State-owned Enterprises	503	190	263	28	23
股份合作企业	Cooperative Enterprises	944	545	267	49	83
私营企业	Private Enterprises	10118	6550	2296	577	695
私营独资企业	Private-funded Enterprises	3851	2217	954	216	464
私营有限责任公司	Private Limited Liability Corporations	6267	4333	1342	362	230
港、澳、台商投资企业	**Enterprises With Investment from Hong Kong, Macao and Taiwan**	**1771**	**698**	**1358**	**92**	**-378**
合资经营企业(港或澳、台资)	Joint-venture Enterprises (With Funds from Hong Kong, Macao and Taiwan)	1771	698	1358	92	-378
二、按国民经济行业分	**By Sector**					
正餐	Dinner	13336	7983	4184	746	423

16—16 限额以上批发零售贸易企业主要财务指标情况(2000年,按市分)
Main Financial Indicators of Enterprises above Designated Size in Wholesale and Retail Trade by Region (2000)

单位:万元 (10000 yuan)

地区	Region	商品销售收入 Sales Revenue	商品销售成本 Cost of Sales	经营费用 Management Cost	商品销售税金及附加 Sales Tax and Extra Changes	商品销售利润 Total Profits
总计	**Total**	**5854128**	**5326635**	**215659**	**8204**	**260281**
合肥市	Hefei	2794798	2573920	82101	2702	105565
淮北市	Huaibei	80122	68932	3483	181	6953
亳州市	Bozhou	165829	150153	6824	242	7649
宿州市	Suzhou	217555	196349	7995	584	11905
蚌埠市	Bengbu	424278	383799	16375	400	23136
阜阳市	Fuyang	321724	290030	11455	478	16075
淮南市	Huainan	129535	114910	7475	343	6667
滁州市	Chuzhou	308709	287840	18477	402	-228
六安市	Luan	86220	74807	4601	200	6184
马鞍山市	Maanshan	121277	106867	6251	324	7619
巢湖市	Chaohu	164517	148496	6595	194	8824
芜湖市	Wuhu	304882	272151	12391	181	19846
宣城市	Xuancheng	139347	126931	4894	273	7165
铜陵市	Tongling	124820	112307	6075	280	5907
池州市	Chizhou	78631	71434	3440	152	3427
安庆市	Anqing	310925	275810	14010	785	19071
黄山市	Huangshan	80959	71899	3217	483	4516

16—17 国有商业和供销合作社农业生产资料销售量
Total Selling of Agricultural Productive Material by State-owned Commercial Enterprises and Trade Cooperatives

年份 Year	化学肥料（万吨）Chemical Fertilizers (10000 tons)	化学农药（吨）Chemical Pesticide (ton)	大中型拖拉机（台）Large and Medium Tractors (unit)	小四轮拖拉机（台）Four-wheel-Tractor (unit)	手扶拖拉机（台）Walking Tractors (unit)	农用动力机械（千瓦）Dynamic Machinery for Agricultural Use (kw)	农药械（百架）Agricultural Pesticide Instrument (100 units)
1980	263	52596	1212		13331	183150	
1985	377	20825	231	12090	18590	196296	
1990	495	20065	89	32910	47462	471060	2956
1991	475	23379	273	32408	41527	604749	3475
1992	436	18783	459	26719	35071	646034	2814
1993	394	17269	312	27218	30337	598284	2829
1994	344	15915	226	37124	60689	910775	3165
1995	453	20145	504	41913	79368	1213948	2161
1996	500	18505	539	37677	95692	1296872	3122
1997	507	20584	511	45702	75021	1762103	1790
1998	563	21123	417	25487	48927	1199860	2021
1999	546	12720	436	18981	32828	608362	1667
2000	435	13952	283	11747	17557	321364	

16—18 亿元商品交易市场情况（2000年）
Market Above 100 million Yuan (2000)

项目	Item	市场个数（个）Number of Markets (unit)	摊位数量（个）Number of Booths (unit)	总成交额（万元）Transaction Value (10000 yuan)	零售额 Volume of Rtetail Sales
合计	**Total**	**113**	**68690**	**5533445**	**1047309**
综合市场合计	**Comprehensive Markets**	**78**	**52980**	**2753099**	**897068**
工业品综合市场	Markets for Manufactured Goods	14	12364	1393814	213008
农业品综合市场	Markets for Agricultural Goods	50	29527	1042776	539778
其它综合市场	Other Comprehensive Markets	14	11089	316509	144282
专业市场合计	**Specialized Markets**	**35**	**15710**	**2780346**	**150241**
纺织品服装鞋帽市场	Markets for Textile Products, Garments, Shoes and hats	3	1160	108991	24444
食品饮料烟酒市场	Markets for Food, Beverage, Tobacco and Liquor	5	2044	884634	17144
药材药品及医疗器材市场	Markets for Medicines and Medical Appliances	2	5010	731971	1493
家具市场	Markets for Furnitures	1	338	19430	316
小商品市场	Markets for Small Articles	3	1260	133500	13950
机动车市场	Markets for Motor Vehicles	3	25	35755	12260
金属材料市场	Markets for Metals	1	69	500000	
煤炭市场	Markets for Coal	1	277	7718	2404
木材市场	Markets for Timber	2	163	25959	6430
建材装饰材料市场	Markets for Building and Furnishing Materials	5	1415	135777	65954
粮油市场	Markets for Grain and Oil	2	176	69367	510
水产品市场	Markets for Aquatic Products	1	400	6665	465
蔬菜市场	Markets for Vegetables	2	581	26910	
土畜产品市场	Markets for Local and Livestock Products	1	2503	31062	1
农业生产资料市场	Markets for Agricultural Means of Production	2	49	27380	2489
其它专业市场	Other Specialized markets	1	240	35227	2381

16—19 重点批发零售贸易企业主要经济指标
（2000年，按商品销售收入3000万元以上排序）
Main Economic Indicators of Wholesale and Retailsale Enterprises
（2000，Arranged by Sales Revenue of 30 Million Yuan and Over）

单位：万元 (10000 yuan)

名称		商品销售收入 Sales Revenue	利税总额 Profit and Tax	资产负债率（%） Ratio of Libilities to Assets	销售利润率（%） Ratio of Profits to Sales Revenue
安徽省石油总公司	Anhui Petroleum Company	576061	14592	99.04	3.28
蚌埠烟草分公司（本级）	Bengbu Cigarette Company	198251	258	76.15	7.67
安徽省徽商股份有限公司	Anhui Huishang Co., Ltd.	190546	3463	72.22	2.73
安徽省烟草公司芜湖分公司	Anhui Cigarette Company Wuhu Branch	172951	7392	65.96	7.05
安徽省服装进出口公司股份有限公司	Anhui Clothing Import and Export Co., Ltd.	117653	4617	80.57	5.27
安徽省轻工业品进出口公司	Anhui Light Industrial Products Import and Export Company	115349	2792	68.91	3.57
安徽省粮油食品进出口（集团）公司	Anhui Grain and Oil Import and Export Company	111665	68	77.03	0.24
安徽省新华书店	Anhui Xinhua Bookstore	106264	5029	62.45	6.27
安徽省技术进出口股份有限公司	Anhui Technology Import and Export Co., Ltd.	92431	2922	62.59	4.41
安徽商之都有限责任公司	Anhui Shangzhidu Co., Ltd.	84352	900	83.46	6.24
合肥市百货大楼股份有限公司	Hefei Department Mansion Co., Ltd.	79211	6621	38.17	8.92
安徽省化工轻工总公司	Anhui Chemical and Light-industry Company	79163	564	90.75	2.27
安徽省农业生产资料公司	Anhui Agricultural Means of product Company	77069	1148	81.64	2.31
中国石化股份有限公司安徽安庆石油分公司	China Petrochemical Company Anqing Branch	71949	237	92.10	5.70
安徽省进出口股份有限公司	Anhui Import and Export Co., Ltd.	62280	1859	88.14	4.33
安徽省化工进出口股份有限公司	Anhui Chemistry Iudustry Import and Export Co., Ltd.	61488	287	94.85	1.55
安徽省石油总公司合肥公司	Anhui Petroleum Company Hefei Branch	55233	1046	95.67	4.69
安徽省燃料总公司	Anhui Fuel Company	54631	1384	80.35	2.96
合肥市医药公司	Hefei Pharmaceutical Company	52502	407	77.18	5.62
安徽物资集团汽车贸易有限公司	Anhui Material Group Automobile Business Company	51013	280	86.69	1.60
宿县地区石油公司	Suxian Petroleum Company	50267	1007	94.09	3.59
安徽省石油公司阜阳分公司	Anhui Petroleum Company Fuyang Branch	46668	1052	99.40	5.34
安徽省滁州市石油集团	Anhui Chuzhou Petroleum Group	45222	304	96.69	2.58
安徽省石油总公司芜湖公司	Anhui Petroleum Company Wuhu Branch	44603	555	96.23	3.58
蚌埠市石油公司	Bengbu Petroleum Company	41750	1004	94.31	5.10
安徽省淮南石油分公司	Anhui Petroleum Company Huainan Branch	41260	-297	93.35	1.59
铜陵市石油公司	Tongling Petroleum Company	38940	280	98.85	3.50
省丝绸进出口公司	Anhui Silk Import and Export Company	38625	1207	66.95	4.54
合肥鼓楼商厦有限责任公司	Hefei Gulou Mansion Co., Ltd.	38288	1200	63.61	9.56
安徽乐普生百货有限责任公司	Anhui Lepusheng Emporium Co., Ltd.	34732	466	64.32	9.96
省机械设备进出口公司	Anhui Maehinary Import and Export Co., Ltd.	34138	342	90.54	2.10
安徽省畜产发展进出口股份有限公司	Anhui Animal Product Import and Export Co., Ltd.	31877	-3091	344.68	1.97
合肥中建工程机械有限责任公司	Hefei Zhongjian Machinary Co., Ltd.	29459	53	93.99	0.81
安徽省五交化公司	Anhui Hardware Company	27696	177	93.04	1.66
巢湖地区石油公司	Chaohu Petroleum Company	26805	237	96.54	3.68
安徽省粮油储运公司	Anhui Grain and Oil Storing and Transporting Company	25702	593	36.62	-13.30
安徽省合肥市医药采购供应站	Anhui Hefei Medicine Purchasing Station	24779	272	83.90	7.50
安徽省医药保健品进出口股份有限公司	Anhui Medicine and Health Articles Import and Export Co., Ltd.	24460	202	85.34	4.74

16—19 续表 1 continued

单位：万元 (10000 yuan)

名称		商品销售收入 Sales Revenue	利税总额 Profit and Tax	资产负债率（%） Ratio of Libilities to Assets	销售利润率（%） Ratio of Profits to Sales Revenue
宁国亚夏集团	Ningguo Yaxia Group	24415	27	88.23	1.68
安徽省石油公司淮北分公司	Anhui Petroleum Company Huaibei Branch	24189	181	95.94	4.04
安徽省阜阳商厦股份有限公司	Anhui Fuyang Department Mansion Co., Ltd.	22935	410	83.42	10.31
安徽省再生资源公司	Anhui Reclaimed Resource Company	22542	－100	91.90	－1.08
蚌埠市百货大楼股份有限公司	Bengbu Department Mansion Co., Ltd.	22502	151	98.42	8.20
宿地烟草公司	Suxian Cigarette Company	22374	1237	46.70	13.25
铜陵市物资集团总公司建筑材料公司	Tongling Material Group Construction Material Company	22274	13	89.03	1.22
亳州市烟草公司	Bozhou Cigarette Company	22106	－796	83.80	7.91
安徽省石油公司马鞍山分公司	Anhui Petroleum Company Maanshan Branch	22099	246	95.95	3.97
安徽省石油公司宣城分公司	Anhui Petroleum Comany Xuancheng Branch	21597	219	96.67	4.05
安徽省石油公司池州分公司	Anhui Petroleum Company Chizhou Branch	20687	139	96.49	2.42
芜湖南京新百大厦有限公司	Nanjing Xinbai Mansion Co., Ltd. Wuhu Branch	20602	448	80.22	12.08
蚌埠市机电设备总公司	Bengbu Mechanical and Electrical Equipment Company	20484	－4575	121.51	－3.02
固镇县烟草公司	Guzhen Cigarette Company	20171	－3463	96.97	－2.12
安徽省皮革塑料工业公司	Anhui Leather and Plastic Industry Company	20169	335	47.47	1.71
安徽省合肥丰乐种业股份有限公司	Anhui Hefei Fengle Seed Co., Ltd.	20078	6003	21.86	40.34
安庆石化庆达石油化工联合开发公司	Anqing Petroleum Company Qingda petrochemical Joint Development Company	19450	－48	17.71	5.21
淮南市烟草公司	Huainan Cigarette Company	19020	773	54.38	10.70
中国化工建设安徽公司	China Chemical Industry Company Anhui Branch	19017	68	84.60	2.69
安徽省土产进出口公司	Anhui Local Product Import and Export Co., Ltd.	18877	－3381	306.60	1.34
安徽省医药公司	Anhui Medicine Company	18838	155	87.21	6.42
上海汽车工业供销公司安徽联营公司	Anhui Joint Company of Shanghai Automobile Industry Supply and Marketing Company	17892	230	78.96	3.33
马鞍山市医药总公司	Maanshan Medicine Company	17848	253	61.49	6.09
安徽省淮南市医药集团有限公司	Anhui Huainan Medicine Group Co., Ltd.	17654	28	82.13	8.65
安徽省烟草公司阜阳分公司	Anhui Cigaette Company Fuyang Branch	17652	819	58.91	8.44
黄山市石油公司	Huangshan Petroleum Company	16363	386	97.04	2.32
涡阳县石油公司	Guoyang Petroleum Company	16216	53	66.92	1.22
马鞍山市烟草专卖局（公司）	Maanshan Cigarette Monopoly Bureau (Company)	16117	1333	35.99	11.95
安徽华联综合超市有限公司	Anhui Hua-lian Supermarket Co., Ltd.	15882	8	32.56	－0.06
巢湖地区金属总公司	Chaohu Metals Company	15692	57	87.49	2.41
中国土产畜产安徽茶叶进出口公司	China Local and Animal Product Anhui Tea Import & Export Company	15469	113	58.45	5.77
安徽省纺织品进出口公司	Anhui Fabrics Import and Export Co., Ltd.	15149	－3245	202.33	5.18
安徽省烟草公司涡阳县分公司	Anhui Cigarette Company Guoyang Branch	15076	－934	100.33	5.25
安徽省池州烟草公司	Anhui Cigarette Company Chizhou Branch	15012	1167	26.93	10.05
铜陵市百货（集团）公司	Tongling Department Mansion Co., Ltd.	14832	－49	87.37	6.04
安徽省五金矿产进出口公司	Anhui Five-metals Minerals Import and Export Co., Ltd.	14781	363	194.95	5.22
安徽省烟草公司淮北市公司	Anhui Cigarette Company Huaibei branch	14736	1832	16.94	15.46
安徽省合肥市对外贸易五矿医保公司	Anhui Hefei Foreign Trade Five Metals Minerals and Medical Health Articles Company	14617	7	103.24	0.95
安徽省烟草公司宣城市分公司	Anhui Cigarette Company Xuancheng Branch	14300	950	12.08	10.90

16—19 续表2 continued

单位：万元 (10000 yuan)

名 称		商品销售收入 Sales Revenue	利税总额 Profit and Tax	资产负债率(%) Ratio of Libilities to Assets	销售利润率(%) Ratio of Profits to Sales Revenue
安徽省农业生产资料公司安庆分公司	Anhui Agriacltural Material Company Anqing Branch	14173	-63	68.99	1.79
蚌埠市化工轻工总公司	Bengbu Chemical and Light Industry Company	14158	-172	90.48	1.74
巢湖地区化轻总公司	Chaohu Chemical and Light Industry Company	14084	98	99.45	2.66
六安市烟草局	Luan Cigarette Bureau	14052	411	45.99	9.36
安徽省烟草公司安庆市公司	Anhui Cigarette Company Anqing Branch	13165	960	50.03	12.04
涡阳县食品公司	Guoyang Food Company	12901	43	79.87	0.90
合肥速达燃料公司	Hefei Suda Fuel Company	12809	459	22.53	5.27
巢湖地区烟草公司	Chaohu Cigarette Company	12697	550	44.11	10.04
安徽省合肥市轻工工艺品有限责任公司	Anhui Hefei Light Industrial Handiworks Co., Ltd.	12265	58	124.41	1.86
蒙城县棉麻公司	Mongchen Cambric Company	12006	24	94.10	15.98
安徽省阜阳国贸商城有限公司	Anhui Fuyang Guomao Mansion Co., Ltd.	11988	-308	93.66	7.96
安徽省机械进出口公司	Anhui Machinary Import and Export Co., Ltd.	11867	44	117.01	0.77
固镇县石油支公司	Guzhen Petroleum Company	11784	379	95.96	3.65
天长市铜城镇粮油公司	Tianchang Tongcheng Grain and Oil Company	11731	-3528	124.50	-19.61
华联商厦有限责任公司	Hua-lian Mansion Co., Ltd.	11712	108	94.13	8.19
太和县烟草公司	Taihe Cigarette Company	11594	-248	91.54	8.45
安徽省烟草公司黄山市公司	Anhui Cigarette Company Huangshan branch	11549	672	22.40	10.47
阜阳轮胎贸易中心	Fuyang Tires Trade Center	11052	1	94.23	0.49
石油公司萧县支公司	Xiaoxian Petroleum Company	11022	62	89.82	6.03
安徽省进出口公司蚌埠分公司	Anhui Import and Export Company Bengbu Branch	10847	-446	114.62	1.15
寿县烟草公司	Shouxian Cigarette Company	10307	485	36.88	11.13
合肥市药品医疗器械公司	Hefei Pharmaceuticals and Medical Instruments Company	10248	77	99.28	3.90
蚌埠药材采购供应站（康民）	Bengbu Crude Drugs Purchasing and Supply Station (Kangmin)	10119	37	93.16	7.47
阜阳市石油有限责任公司	Fuyang Petroleum Co., Ltd.	9965	64	46.69	7.50
合肥市安远进出口有限责任公司	Hefei Anyuan Import and Export Co., Ltd.	9887	14	59.76	0.43
安徽省电力物资总公司	Anhui Electric Power Material Company	9881	251	89.85	7.49
阜阳市新特药有限责任公司	Fuyang Special New Medicine Co., Ltd.	9618	-50	57.23	-0.06
安徽省工艺品进出口公司	Anhui Handiwork Import and Export Co., Ltd.	9578	-4148	386.87	5.70
临泉县烟草公司	Linquan Cigarette Company	9572	348	59.07	8.28
安徽省濉溪县烟草公司	Anhui Suixi Cigarette Company	9567	977	35.85	15.96
阜阳市第一医药总公司	Fuyong No.1 Pharmaceutical Company	9508	-11	111.66	1.83
枞阳烟草公司	Zongyang Cigarette Company	9468	342	43.96	7.79
灵璧县烟草公司	Lingbi Cigarette Company	9364	484	46.12	12.54
宁国市农业生产资料公司	Ningguo Agricultural Means of Product Company	9278	94	61.31	1.57
安徽省烟草公司滁州分公司	Anhui Cigarette Company Chuzhou Branch	9256	726	35.50	10.78
萧县烟草公司	Xiaoxian Cigarette Company	9146	693	32.45	11.37
芜湖百货大楼股份有限公司	Wuhu Department Mansion Co., Ltd.	9102	46	93.80	9.55
合肥百货大楼集团商业大厦有限责任公司	Hefei Commercial Mansion Co., Ltd.	9039	-253	27.83	5.13
无为县烟草公司	Wuwei Cigarette Company	9028	412	34.65	10.77

16—19 续表 3 continued

单位：万元

(10000 yuan)

名称		商品销售收入 Sales Revenue	利税总额 Profit and Tax	资产负债率（%）Ratio of Libilities to Assets	销售利润率（%）Ratio of Profits to Sales Revenue
霍邱县烟草公司	Huoqiu Cigarette Company	8967	218	49.29	8.95
安徽省物资集团进出口贸易有限责任公司	Anhui Materials Group Import and Export Co., Ltd.	8938	96	74.34	2.86
利辛县烟草公司	Lixin Cigarette Company	8926	115	75.68	10.27
宿州市第一棉麻公司	Shuzhou No. 1 Cambric Company	8921	4	95.60	3.01
桐城市烟草公司	Tongcheng Cigarette Company	8812	607	48.44	11.29
阜南县烟草公司	Funan Cigarette Company	8743	112	61.93	8.78
舒城县烟草公司	Shucheng Cigarette Company	8656	514	54.30	9.92
安徽省安庆医药（站）有限公司	Anhui Anqing Pharmaceutical Company	8651	27	91.98	5.62
天长市市郊粮油集团公司	Tianchang Suburb Grain and Oil Group Company	8536	-799	112.33	-11.69
铜陵市烟草公司	Tongling Cigarette Company	8432	494	27.60	10.96
蚌埠市农机公司	Bengbu Farm Machinery Company	8248	9	88.46	0.91
广德县烟草公司	Guangde Cigarette Company	8205	433	17.38	8.48
庐江县烟草公司	Lujiang Cigarette Company	8137	454	44.73	11.18
合肥市进出口公司	Hefei Import and Export Company	8093	18	97.08	2.75
安徽省烟草公司芜湖县公司	Anhui Cigarette Company Wuhu County Branch	8030	609	27.77	11.48
怀宁县烟草公司	Huaining Cigarette Company	7985	612	43.43	11.98
合肥市新华书店	Hefei Xinhua Bookstore	7952	382	57.45	10.82
蒙城县农资公司	Mengcheng Agricultural Material Company	7935		78.18	3.01
宿州华夏商社	Suzhou Hua-xia Commercial Center	7895	24	103.11	10.56
安徽省阜阳市农业生产资料总公司	Anhui Fuyang Agricultural Means of Product Company	7828	5	85.11	2.27
安徽阜阳和华百货有限公司	Anhui Fuyang Hehua Sundry Goods Co., Ltd.	7813	-647	67.93	1.25
上海市医药股份有限责任公司安庆公司	Shanghai Pharmaceutical Co., Ltd. Anqing Branch	7682	103	80.27	7.38
砀山县石油公司	Dangshan Petroleum Company	7653	30	94.51	1.02
天长市石油公司	Tianchang Petroleum Company	7642	112	72.04	2.22
天长市烟草公司	Tianchang Cigarette Company	7504	473	26.38	10.61
蒙城县烟草公司	Mengcheng Cigarette Company	7486	-34	69.15	9.05
阜阳百货大楼（集团）股份有限公司	Fuyang Department Mansion Co., Ltd.	7446	-369	163.47	6.88
安徽省物资集团机电设备有限公司	Anhui Materials Group Mechanical and Electrical Equipment Co., Ltd.	7433	82	82.72	3.36
合肥市棉麻总公司	Hefei Cambric Company	7426	37	95.21	8.40
烟草公司宁国市分公司	Ningguo Cigarette Company	7347	518	0.65	9.80
安徽省烟草公司颍上县公司	Anhui Cigarette Company Yingshang Branch	7320	346	56.80	5.42
安徽省阜阳永诚医药有限公司	Anhui Fuyang Yongcheng Medicine Co., Ltd.	7289	1	99.99	0.07
安庆药业有限公司	Anqing Medicine Company	7099	-42	130.21	3.30
凤阳县烟草公司	Fengyang Cigarette Company	7080	300	76.80	13.34
芜湖市化工医药保健品公司	Wuhu Chemical and Health Articles Company	7033	-88	98.84	1.36
合肥市糖业烟酒有限责任公司	Hefei Sugar, Tobacco and Liquor Co., Ltd.	7016	47	70.69	3.90
合肥市曙光商厦	Hefei Shuguang Manison	6934	10	82.68	5.32
砀山县烟草公司	Dangshan Cigarette Company	6924	212	23.24	11.47
安徽省烟草公司明光市公司	Anhui Cigarette Company Mingguang Branch	6922	87	71.47	10.83

16—19 续表 4 continued

单位：万元 (10000 yuan)

名 称		商品销售收入 Sales Revenue	利税总额 Profit and Tax	资产负债率(%) Ratio of Libilities to Assets	销售利润率(%) Ratio of Profits to Sales Revenue
定远县粮食局藕塘粮油中心站	Dingyuan Outang Grain and Oil Station	6866	-468	132.17	-4.71
怀远县农业生产资料公司	Huaiyuan Agricultural Means of product Company	6853	10	58.14	2.24
安徽省和县烟草专卖局	Anhui hexian Cigarette Monopoly Bureau	6796	235	44.75	9.54
安徽省烟草公司泗县公司	Anhui Cigarette Company Sixian Branch	6744	489	33.75	11.37
中国烟草总公司定远县公司	Dingyuan Cigarette Company	6738	61	82.23	10.08
亳州农业机械供应公司	Bozhou Agricultural Machinery Supply Company	6690	32	87.15	1.98
阜阳华联超市有限公司	Fuyang Hua-lian Supermarket Company	6626	18	80.25	2.73
惠州 TCL 电器有限公司阜阳经营部	Huizhou TCL Company Fuyang Branch	6570	25	95.93	0.22
当涂县烟草公司	Dangtu Cigarette Company	6567	407	33.89	11.80
望江县棉麻公司	Wangjiang Cambric Company	6565	537	106.75	24.92
亳州市石油集团总公司	Bozhou Petroleum Company	6480	49	139.72	4.04
黄山市农业生产资料公司	Huangshan Agricultural Means of product Company	6459	6	57.66	3.24
淮北市金属材料总公司	Huaibei Metal Materials Company	6429	-416	105.18	-0.71
蚌埠医药采购供应站	Bengbu Medicine Purchasing and Supply Station	6428	-65	76.64	7.93
安庆市化工总厂工贸公司	Anqing Chemical Works Industry-trade Company	6413		97.89	1.21
马鞍山市汽车配件公司	Maanshan Automobile Fittings Company	6368	-50	65.91	2.05
石油集团华润商贸公司	Huarun Petroleum Company	6354	-20	110.00	3.64
怀远县烟草公司	Huaiyuan Cigarette Company	6248	37	90.31	13.68
合肥第二粮食库	Hefei No. 2 Grain Store House	6240	-180	105.46	-3.58
康佳集团股份有限公司阜阳分公司	Konka Co., Ltd. Fuyang Branch	6231		100.00	3.64
繁昌县烟草公司	Fanchang Cigarette Company	6208	314	22.39	11.89
来安县水口粮油中心站	Laian Shuikou Grain and Oil Station	6193	-576	148.11	-11.09
安徽省农业机械公司	Anhui Agricultural Machinery Company	6103	-201	74.01	-0.88
宁国市石油公司	Ningguo Petroleum Company	6091	65	95.61	2.37
安徽省盐业公司	Anhui Salt Company	6009	115	66.08	5.94
宿地粮库	Suxian Grain Store House	5992	25	80.61	-6.36
天长市汊涧镇粮油集团公司	Tianchang Chajian Town Grain and Oil Company	5972	-797	109.53	-14.46
铜陵市医药公司	Tongling Medincine Company	5966	-318	82.14	10.75
巢湖地区供销社生资公司	Chaohu Supply and Marketing Cooperative Means of product Company	5846	-28	66.69	1.63
合肥金网通信技术有限责任公司	Hefei Jinwang Commnuication Co., Ltd.	5798	425	40.43	-1.87
望江县烟草公司	Wangjiang Cigarette Company	5704	220	52.66	14.07
安徽省外文书店	Anhui Foreign Language Bookstore	5626	44	65.75	3.19
马鞍山市华联商厦	Maanshan Hua-lian Mansion	5623	-42	99.41	8.08
庐江县安德利贸易中心	Lujiang Andeli Commercial Center	5610	152	69.16	7.14

16—19 续表 5 continued

单位：万元 (10000 yuan)

名称		商品销售收入 Sales Revenue	利税总额 Profit and Tax	资产负债率（%）Ratio of Libilities to Assets	销售利润率（%）Ratio of Profits to Sales Revenue
芜湖医药采购供应站	Wuhu Medicine Purchasing and Supply Station	5557	−155	112.89	5.14
贵池市农资公司	Guichi Agricultural Material Company	5547	4	75.34	1.47
安徽省石油公司定远分公司	Anhui Petroleum Company Dingyuan Branch	5522	76	94.87	1.62
合肥市燃料总公司	Hefei Fuel Comapny	5499	−5	27.82	4.80
潜山县烟草公司	Qianshan Cigarette Company	5481	397	15.75	12.01
滁州市南谯区粮食局乌衣中心粮站	Chuzhou Nanqiao Distrit Wuyi Grain Station	5476	−339	109.20	−5.06
六安市华侨友谊公司	Luan Overseas Chinese Friendship Company	5438	22	93.46	13.09
安徽省烟草公司南陵县公司	Anhui Cigarette Company Nanling Branch	5434	333	22.48	11.07
贵池市粮食购销公司	Guichi Grain Purchase and Sale Company	5399	−943	103.29	−14.00
安庆市化工轻工有限责任公司	Anqing Chemical and Light Industry Co., Ltd.	5369	−38	94.96	1.16
休宁县烟草公司	Xiuning Cigarette Company	5366	332	29.90	10.70
马鞍山市糖酒公司新亚百货大楼	Maanshng Xinya Department Mantion	5327	15	94.65	8.97
砀山县芒砀商场	Dangshan Mangdang Department Store	5286	−130	254.30	−1.42
太和县医药总公司销售科	Taihe Medicine Company Selling Section	5283	5	71.58	0.31
凤台县烟草公司	Fengtai Cigarette Company	5251	203	43.76	11.46
东至县石油公司	Dongzhi Petroleum Company	5238	4	95.99	0.82
安徽明光石油公司	Mingguang Petroleum Company	5236	70	90.53	1.98
太和县新特药公司经营部	Taihe Special New Medicine Company	5235	10	78.48	0.29
蒙城县物兴轻微汽车销售公司	Mengcheng Wuxing Micro Auto Mobile Company	5191	−17	76.15	−0.05
蒙城县石油公司	Mengcheng Petroleum Company	5182	−126	66.43	0.30
安徽古井赛特购物有限责任公司	Anhui Gujing Saite Shopping Co., Ltd.	5158	−474	101.90	9.44
歙县烟草公司	Shexian Cigarette Company	5121	449	29.86	13.19
马鞍山市珍味南北货有限责任公司	Maanshan Zhenwei Sundry Goods Co., Ltd.	5108	9	92.25	6.03
安徽省二轻供销公司	Anhui No.2 Light Industry Supply and Marketing Company	5107	14	49.40	1.56
天长市秦楠镇粮油集团公司	Tianchang Qinnan Town Grain and Oil Company	5086	−1006	111.78	−10.35
五河县烟草公司	Wuhe Cigarette Company	5077	−1	76.84	11.82
临泉县棉麻公司	Linquan Cambric Company	5069	2	132.08	7.76
黄山市医药总公司	Huangshan Medicine Company	5043	39	85.56	7.33
涡阳县棉麻公司	Guoyang Cambric Company	5034	16	109.71	6.85
安徽省烟草公司泾县烟草公司	Anhui Cigarette Company Jingxian Branch	4872	322	22.30	10.69
界首市烟草公司	Jieshou Cigarette Company	4834	37	68.55	7.68
安徽省濉溪县棉麻公司	Anhui Suixi Cambric Company	4811	−46	92.41	10.07
安庆市东方进出口公司	Anqing Orient Import and Export Company	4795	1	119.68	1.97
安徽省纺织物资公司	Anhui Textlie Material Company	4774	27	62.75	4.03
马鞍山市通宇百货股份有限公司商业大厦	Maanshan Tongyu Department Company Commercial Mansion	4757	−566	141.01	6.13
黄山区粮食收储有限责任公司	Huangshan Grain purchasing and Storing Company	4725	−129	94.85	−2.27
国投药业安徽有限公司	Anhui Guotou Pharmaceutical Company	4690	−98	84.24	6.44
安徽省烟草公司太湖县公司	Anhui Cigarette Company Taihu Branch	4668	308	26.74	11.46
定远县池河粮油中心站	Dingyuan Chihe Grain and Oil Station	4649	−419	116.86	−9.85

16—19 续表6 continued

单位：万元 (10000 yuan)

名称		商品销售收入 Sales Revenue	利税总额 Profit and Tax	资产负债率(%) Ratio of Libilities to Assets	销售利润率(%) Ratio of Profits to Sales Revenue
安徽省交通物资供应公司	Anhui Transportation Material Supply Company	4638	17	76.76	3.12
全椒县二郎口镇中心粮站	Quanjiao Erlangkou Town Grain and Oil Station	4638	-293	130.38	-5.95
凤台县石油公司	Fengtai Petroleum Company	4631	-1	86.42	3.09
安徽泗县石油公司	Anhui Sixian Petroleum Company	4616	4	83.03	3.88
六安市三十铺粮油中心站	Luan Shanshipu Grain and Oil Station	4602	-65	100.95	-1.69
来安县烟草公司	Laian Cigarette Company	4534	266	56.34	11.24
无为县农业生产资料公司	Wuwei Agricultural Means of Product Company	4529	-115	82.77	2.14
砀山县食品公司	Dangshan Food Company	4524	46	62.09	1.64
全椒县古河镇中心粮站	Quanjiao Guhe Town Grain and Oil Station	4510	-400	134.94	-5.47
五河县农资公司	Wuhe Agricultural Means of Product Company	4508	-4	111.73	2.68
滁州市南谯区粮油局滁城中心粮站	Chuzhou Nanqiao District Chucheng Grain and Oil Station	4446	-328	112.41	-5.86
合肥市纺织进出口公司	Hefei Texile Import and Export Company	4440	-2	106.32	2.06
东至县农资公司	Dongzhi Agricultural Material Company	4437	-39	49.76	2.04
砀山县宏达农机商场	Dangshan Hongda Agricultural Mechinery Market	4430	16	149.42	-0.03
屯溪五交化公司	Tunxi Hardwares Company	4411	-157	72.99	-4.62
全椒县农业生产资料公司	Quanjiao Agricultural Material Company	4401	-7	92.02	2.59
含山县烟草公司	Hanshan Cigarette Company	4364	83	56.49	9.85
太和县西药公司第一批发部	Taihe Western Medincine Company No.1 Wholesale Department	4360	16	43.06	0.39
东至县烟草公司	Dongzhi Cigarette Company	4359	268	22.25	11.50
安徽省淮北市副食品大楼	Anhui Huaibei Foodstaffs Mansion	4348	59	85.46	7.99
定远县粮油食品局定城中心站	Dingyuan Dingcheng Grain and Oil Station	4339	-382	153.18	-7.16
合肥市金属材料总公司	Hefei Metal Material Company	4326	-355	186.12	0.25
宿地新华书店	Suzhou Xinhua Bookstore	4277	183	56.36	7.51
天长市百货公司	Tianchang Department Store	4275	6	105.62	4.52
铜陵市机电设备公司	Tongling Mechanical and Electrical Equipment Company	4258	-172	121.80	1.90
合肥龙图集团有限责任公司	Hefei Longtu Group Co., Ltd.	4224	-473	102.52	0.42
古井集团进出口贸易公司	Gujing Group Import and Export Company	4172	-37	102.48	2.28
安徽省阜阳市纺织品原料有限责任公司	Anhui Fuyang Textile Material Co., Ltd.	4157		90.76	2.81
定远县粮油食品局吴圩粮油中心站	Dingyuan Wuwei Grain and Oil Station	4124	-600	173.10	-10.67
蚌埠市金属材料供应站	Bengbu Metals Materials Supply Station	4120	-30	94.31	3.06
合肥市物资回收总公司	Hefei Material Reclamation Company	4119	30	159.03	0.12
安徽省物资集团建筑材料有限公司	Anhui Construction Material Co., Ltd.	4094	101	59.19	2.03
合肥市经济技术合作公司	Hefei Economic and Technology Cooperative Company	4085	81	122.32	3.46
芜湖县糖酒日杂有限公司	Wuhu Sugar, Liquor and Daily Goods Company	4078	-135	98.83	1.57
和县石油支公司	Hexian Petroleum Company	4072	-106	86.36	-0.90
安徽省印刷物资公司	Anhui Printing Material Company	4062	49	59.07	4.89
宿州市第一食品公司	Shuzhou No.1 Food Company	4030	194	102.29	1.15
安徽省淮南市新华书店	Anhui Huainan Xinhua Bookstore	4009	147	46.82	11.89
无为县燃料公司	Wuwei Fuel Company	3992	9	61.70	6.67

16—19 续表 7 continued

单位：万元 (10000 yuan)

名称		商品销售收入 Sales Revenue	利税总额 Profit and Tax	资产负债率(%) Ratio of Libilities to Assets	销售利润率(%) Ratio of Profits to Sales Revenue
天长市棉麻公司	Tianchang Cambric Company	3983	23	86.93	10.31
定远县粮油食品局张桥粮油中心站	Dingyuan Zhangqiao Grain and Oil Station	3979	-679	159.26	-10.92
安徽省农业生产资料公司蚌埠分公司	Anhui Bengbu Agricultural Material Company	3935	5	53.80	2.64
安徽省烟草公司青阳县公司	Anhui Cigarette Company Qingyang Branch	3924	235	16.61	10.86
安徽省蚌埠市化工总公司	Anhui Bengbu Chemicial Industry Company	3924	-24	117.12	5.16
安徽新华书店图书音像发行有限公司	Anhui Xinhua Bookstore Book and Andio-video Distribution Company	3916	-24	96.36	0.94
马鞍山市花山区鸿泰五金交电有限责任公司	Maanshan Huashan District Hongtai Hardware Co., Ltd.	3915	-34	59.51	0.61
芜湖市天成轻纺进出口有限公司	Wuhu Tiancheng Light and Textile Industry Import and Export Company	3914	1	95.64	3.61
安庆市工业供销有限责任公司	Anqing Industry Supply and Marketing Company	3865	4	127.83	3.28
来安县城郊中心站	Laian Suburb Grain Station	3860	-513	182.07	-14.00
岳西县烟草公司	Yuexi Cigarette Company	3856	204	19.61	12.56
定远县粮油食品局永康分公司	Dingyuan Yongkang Grain and Oil Company	3854	-696	203.81	-8.63
桐城市食品公司	Tongcheng Food Company	3845	255	131.10	3.01
安庆百货站有限公司	Anqing Departement Station Co., Ltd.	3839	-297	162.53	-2.03
六安市新华书店	Luan Xinhua Bookstore	3830	107	50.75	11.19
阜阳市新华书店	Fuyang Xinhua Bookstore	3820	90	63.64	6.09
天长市金集镇粮油集团公司	Tianchang Jinji Town Grain and Oil Company	3802	-290	116.62	-1.18
绩溪县烟草公司	Jixi Cigarette Company	3785	159	48.47	7.03
安徽省农资公司合肥分公司	Anhui Agricultural Material Company Hefei Branch	3777	4	91.62	0.15
安徽省石油公司无为县支公司	Anhui Petroleum Company Wuwei Branch	3770	-82	93.38	-0.66
安徽省淮南百货有限责任公司	Anhui Huainan Department Co., Ltd.	3736	-243	90.79	1.04
霍山县烟草公司	Huoshan Cigarette Company	3726	171	-1.81	10.84
歙县石油公司	Shexian Petroleum Company	3711	112	93.89	4.42
贵池市棉麻公司	Guichi Cambric Company	3695	310	41.84	17.63
滁州商之都有限责任公司	Chuzhou Shangzhidu Commercial Center Co., Ltd.	3693	26	99.57	9.26
安徽省土产日杂贸易公司	Anhui Local Products Company	3673	19	123.88	2.52
芜湖药材采购供应站	Wuhu Crude Drugs Purchasing and Supply Station	3669	-76	103.81	2.11
上海汽车工业安庆销售有限责任公司	Shanghai Automobile Industry Company Anqing Branch	3655	-360	256.00	-1.82
太和县新特药公司批发部	Taihe Special New Medincine Station Wholesale Section	3646	2	98.47	0.43
庐江县生产资料公司	Lujiang Means of Product Company	3644	-67	116.67	-0.24
安庆市农业生产资料公司	Anqing Agricultural Means of product Company	3632		140.61	0.01
安徽省烟草公司旌德县公司	Anhui Cigarette Company Jingde Branch	3630	161	10.05	8.42
滁州市南谯区粮油食品局沙河中心粮站	Chuzhou Nanqiao District Shahe Grain Station	3619	-336	114.88	-7.72
蒙城县一汽联合贸易公司	Mengchen No.1 Automobile Joint Company	3615	2	94.62	-1.49
怀远县棉麻公司	Huaiyuan Cambric Company	3603	29	125.88	15.42
巢湖地区医药公司	Chaohu Pharmaceutical Company	3588	25	93.18	7.74
蚌埠市华联商厦	Bengbu Hua-lian Mansion	3581	8	84.65	3.30
铜陵县燃料公司	Tongling County Fuel Company	3579	3	83.53	4.82

16—19 续表8 continued

单位：万元 (10000 yuan)

名称		商品销售收入 Sales Revenue	利税总额 Profit and Tax	资产负债率(%) Ratio of Libilities to Assets	销售利润率(%) Ratio of Profits to Sales Revenue
安庆商都	Anqing Commercial Center	3578	24	99.58	4.85
阜南县农资公司	Funan Agricultural Material Company	3561	-13	89.01	2.20
巢湖地区糖酒公司	Chaohu Sugar and Liquor Company	3552	1	83.85	3.59
全椒县烟草公司	Quanjiao Cigarette Company	3542	211	38.36	11.20
郎溪县烟草公司	Langxi Cigarette Company	3539	184	23.09	12.15
安徽省农业机械公司蚌埠分公司	Anhui Agricultural mechinary Company Bengbu Branch	3533	2	61.75	1.97
阜阳市聚信百货有限公司	Fuyang Juxin Departement Store	3514	-13	83.49	0.21
凤阳县石油有限公司	Fengyang Petroleum Company	3499	65	95.78	9.18
淮南高科技器材公司	Huainan High Scientific and Technical Equipment Company	3494	-302	102.71	-4.03
安徽省物资集团再生资源开发利用公司	Anhui Material Group Reclaimed resource Development and Utilization Company	3483	123	80.07	6.76
六安国祯燃气有限责任公司	Luan Guozhen Gas Co., Ltd.	3450	206	90.29	-0.79
来安县施官粮油中心站	Laian Shiguan Grain and Oil Station	3442	-396	116.39	-12.53
安庆市建筑材料有限责任公司	Anqing Construction Material Company	3436	-44	111.95	1.20
灵璧县石油公司	Lingbi Petroleum Company	3425	281	108.73	12.30
马鞍山市锦华百货有限公司	Maanshan Jinhua Department Store	3424	2	86.02	0.97
合肥市蔬菜副食品公司	Hefei Vegetable and Foodstaffs Company	3422	24	62.87	4.35
六安新星工贸有限公司	Luan Xinxing Industrial Co., Ltd.	3417	-52	105.30	-0.09
合肥大伟空调器销售服务有限责任公司	Hefei Dawei Air-condition Selling and Service Company	3397	8	67.48	2.45
宣州商业大厦股份有限公司	Xuanzhou Commericial Mansion Co., Ltd.	3394	30	72.93	5.72
黄山区卷烟销售部	Huangshan Cigaratte Sale Company	3381	8	58.78	10.10
安徽省丝绸公司绩溪县公司	Anhui Silk Company Jixi Branch	3370	50	69.72	8.08
滁州市棉麻公司	Chuzhou Cambric Company	3347	18	94.95	7.25
桐城市供销大厦	Tongcheng Supply and marketing Manison	3344	28	99.04	11.40
省华电超市股份有限公司	Anhui Huadian Supermarket Co., Ltd.	3343	-41	27.35	5.66
全椒县马厂镇中心粮站	Quanjiao Machang Town Grain Station	3297	-705	156.51	-11.75
阜阳市农业机械有限责任公司	Fuyang Agricultural Machintry Co., Ltd.	3270	-145	84.95	1.07
枞阳棉麻公司	Zongyang Cambric Company	3213	3	131.10	13.13
全椒县城关中心粮站	Quanjiao Chengguan Grain Company	3213	-305	150.03	-1.30
中国冶金进出口安徽公司	China Metallurgy Import and Export Company Anhui branch	3204	-229	119.19	3.94
亳州（安徽商之都）商场	(Anhui Commercial Center) Bozhou Branch Company	3198	5	73.72	5.33
宿州市石油支公司	Suzhou Petroleum Company	3195	3	98.89	3.86
六安市糖酒公司	Luan Sugar and Liquor Company	3160	4	91.05	-0.77
安徽省泗县食品公司	Anhui Sixian Food Company	3149	25	89.31	2.11
庐江县百货有限公司	Lujiang Department Store	3136	-120	127.29	6.07
巢湖市医药总公司	Chaohu Medicine Company	3134	26	81.93	10.88
安徽省安庆市供销大厦	Anhui Anqing Supply and Marketing Manison	3095	20	95.80	8.58
宿地农资公司	Suxian Agricutural Material Company	3090	-141	134.48	1.16
宣城医药药材站	Xuancheng Crude Drugs Station	3048	-114	91.57	8.35
安徽省宣城市农业生产资料公司	Anhui Xuancheng Agricultural Means of Product Company	3028	-15	58.11	2.17
霍邱县新华书店	Huoqiu Xinhua Bookstore	3023	93	49.49	8.60
安徽省石油公司阜阳支公司	Anhui Petroleum Company Fuyang Branch	3004	23	96.60	2.39
阜南县药材公司	Funan Crude Drugs Company	3004	9	125.42	3.85

主要统计指标解释

社会消费品零售总额 指国民经济各行业直接售给城乡居民和社会集团的消费品总额。它是反映各行业通过多种商品流通渠道向居民和社会集团供应的生活消费品总量，是研究国内零售市场变动情况、反映经济景气程度的重要指标。

社会消费品零售总额包括：⑴售给城乡居民作为生活用的商品和修建房屋用的建筑材料；⑵售给社会集团的各种办公用品和公用消费品；⑶售给机关、团体、学校、部队、企业、事业单位的职工食堂和旅店（招待所）附设专门供本店旅客食用，不对外营业的食堂的各种食品、燃料；企业、单位和国营农场直接售给本单位职工和职工食堂的自己生产的产品；⑷售给部队干部、战士生活用的粮食、副食品、衣着品、日用品、燃料；⑸售给来华的外国人、华侨、港澳台同胞的消费品；⑹居民自费购买的中、西药品、中药材及医疗用品；⑺报社、出版社直接售给居民和社会集团的报纸、图书、杂志，集邮公司出售的新、旧纪念邮票、特种邮票、首日封、集邮册、集邮工具等；⑻旧货寄售商店自购、自销部分的商品；⑼煤气公司、液化石油气站售给居民和社会集团的煤气灶具和罐装液化石油气；⑽农民售给非农业居民和社会集团的商品。不包括售给国民经济各部门企业、事业单位（包括国有经济的农场）生产经营用的各种原材料、燃料、设备、工具等和售给批发零售贸易业、餐饮业作为转卖用的商品，旧货寄售商店受托寄售卖出的商品，服务业的营业收入，邮局出售邮票的收入，自来水、电力、煤气生产（供应）单位的产品供应收入，也不包括农民之间的商品销售。

批发零售贸易业商品购、销、存总额 指各种登记注册类型的批发、零售贸易业（不包括个体）企业（单位）以本企业（单位）为总体的商品购进、销售、库存总额。

商品购进总额 指从本企业（单位）以外的单位和个人购进（包括从境外直接进口）作为转卖或加工后转卖的商品总额。它反映批发零售贸易业从国内、国外市场上购进商品的总量。商品购进总额包括：⑴从工农业生产者购进的商品；⑵从出版社、报社的出版发行部门购进的图书、杂志和报纸；⑶从各种登记注册类型的批发零售贸易企业（单位）购进的商品；⑷从其他单位购进的商品，如从机关、团体、企业等单位购进的剩余物资，从餐饮业、服务业购进的商品，从海关、市场管理部门购进的缉私和没收的商品，从居民手中收购的废旧商品等；⑸从国（境）外直接进口的商品。不包括企业（单位）为自身经营用和未通过买卖行为而收入的商品以及销售退回、商品升溢等。

商品销售总额 指对本企业（单位）以外的单位和个人出售（包括对境外直接出口）的商品总额。它反映批发零售贸易业在国内市场上销售商品以及出口商品的总量。商品销售总额包括：⑴售给城乡居民和社会集团消费用的商品；⑵售给工业、农业、建筑业、运输邮电业、批发零售贸易业、餐饮业、服务业等作为生产、经营使用的商品；⑶售给批发零售贸易业作为转卖或加工后转卖的商品；⑷对国（境）外直接出口的商品。不包括出售本企业（单位）自用的废旧包装用品；未通过买卖行为付出的商品；经本单位介绍，由买卖双方直接结算，本单位只收取手续费的业务；购货退出的商品以及商品损耗和损失等。

批发零售贸易业库存 指报告期末各种登记注册类型的批发零售贸易企业（单位）已取得所有权的商品。它反映批发零售贸易企业（单位）的商品库存情况和对市场商品供应的保证程度。期末库存包括：⑴存放在批发零售贸易业经营单位（如门市部、批发站、经营处）仓库、货场、货柜和货架中的商品；⑵挑选、整理、包装中的商品；⑶已记入购进而尚未运到本单位的商品，即发货单或银行承兑凭证已到而货未到的部分；⑷寄放他处的商品，如因购货方拒绝承付而暂时存放在购货方的商品和已办完加工成品收回手续而未提回的商品；⑸委托其他单位代销（未作销售或调出）尚未售出的商品；(6)代其他单位购进尚未交付的商品。不包括所有权不属于本单位的商品、拨付除批发零售贸易业以外的其他行业所属独立核算加工厂等加工生产尚未收回成品的商品、代国家物资储备部门保管的商品等。

库存总额采用的计算价格是：农副产品采购单位按购进价计算；批发单位按进货价计算；零售单位按核算价格计算，即按什么价格核算就按什么价格计算。

Explanatory Notes for Major Statistical Indicators

Total Retail Sales of Consumer Goods refer to the sum of retail sales of consumer goods sold by all sectors of the national economy to urban and rural residents and social groups. This indicator is used to show the supply of consumers goods through various channels to households and institutions, and is very important for the study on changes at the domestic retail market, and on economic cycles.

The retail sales of consumer goods include: (1) commodities sold to urban and rural residents for their daily use and building materials sold to them for the construction or repair of houses; (2) office appliances and supplies sold to institutions; (3) food and fuels sold to canteens of institutions, enterprises , schools, military units and to canteens of hotels and hostels that only serve their guests, and commodities produced by enterprises, institutions or state farms and sold directly to their employees or their canteens; (4) grain and non-staple food, clothing, daily articles and fuels sold to military personnel; (5)consumer goods sold to foreigners, overseas Chinese, and Chinese compatriots from Taiwan, Hong Kong and Macao during their stay in the mainland of China; (6) Chinese and western medicines, herbs and medical facilities purchased by residents; (7) newspapers, books and magazines directly sold to residents and social groups by publishers, new and old commemorative stamps, special stamps, first-day covers, stamp albums and other stamp-collection articles sold by stamp companies; (8) consumer goods purchased and then sold by second-hand shops; (9) stoves and other heating facilities and liquefied gas sold by gas companies to households and institutions; and (10) commodities sold by farmers to non-agricultural residents and social groups. Excluded under this heading are: raw materials, fuels, equipment, tools sold to enterprises, institutions and state farms for production purpose; commodities sold to trade establishments for re-selling; commissioned sales at second-hand shops; operational income of urban public utilities; stamps sold at post offices; income of water, power, gas production and supply establishments from the supply of their products; and sales of commodities among farmers.

Purchase, Sales and Stock of Commodities by Wholesale and Retail Trade refer to the purchase, sales and stock of commodities by wholesale and retail establishments of different status of registration (excluding individual sellers).

Total Purchases of Commodities refer to the total value of purchases of commodities by the establishments from other establishments or individuals (including direct import from abroad) for the purpose of re－selling, either with or without further processing of the commodities purchased. This indicator is used to show the total value of purchases of commodities by wholesale and retail establishments from domestic and overseas markets. The total purchases include: (1) agricultural and industrial products purchased from producers; (2) books, magazines and newspapers purchased from distribution departments of the publishers; (3) commodities purchased from wholesale and retail establishments of different status of registration; (4) commodities purchased from other units, such as surplus materials purchased from government agencies, enterprises or institutions, commodities purchased from catering and service establishments, confiscated goods purchased from customs authorities or market management agencies, second-hand goods and wastes purchased from residents; and (5) commodities directly imported from abroad. Excluded are commodities purchased by establishments (units) for use in their own business operation, commodities obtained without buying or selling procedures, rejected commodities, etc.

Total Sales of Commodities refer to value of commodities sold by the establishments to other establishments and individuals (including direct export). This indicator is used to show the total value of sales of commodities at domestic markets and export. The total sales include: (1) commodities sold to urban and rural residents and social groups for their consumption; (2) commodities sold to establishments in industry, agriculture, construction, transportation, post and telecommunications, wholesale and retail trades, catering trade and public utility for their production and operation; (3) commodities sold to wholesale and retail establishments for re selling, with or without further processing; and(4)commodities for direct export to other countries. Excluded are selling of waste packaging materials used by the establishments (units) themselves, commodities transferred without buying or selling procedures, commission income from brokerage in transactions whose settlement is directly handled by buyers and sellers, rejected commodities in the purchase, loss in commodities, etc.

Commodity Stock of Wholesale and Retail Enterprises refers to total commodities possessed by wholesale and retail enterprises (units)of various types of registration status at the end of the reference period, which reflects the commodity stock level of various wholesale and retail enterprises and the potential for market supply. It includes: (1) commodities located in storage, garages, counters, and shelves of operating units (such as sale stores, wholesale centers, and operating offices) of wholesale and retail enterprises; (2) commodities in the process of selecting, sorting, and packing; (3)commodities not arrived but recorded as purchase in the account, i.e.. commodities not arrived but pay ment receipts for the commodities from the sellers or the banks arrived; (4) commodities deposited in other places rather than places mentioned above, for instance: commodities in the hold of purchasers temporarily due to the refusal of payment and commodities not taken back after going through the formalities; (5) commodities entrusted to other units to sell but not sold yet; (6) commodities purchased for other units but not delivered yet. Commodities not included as stock are those not owned by the enterprises (units), those allocated to financially independent factories rather than wholesale and retail enterprises for processing but not taken back yet, and finally those put in stock by wholesale and retail enterprises on behalf of the state material reserves units.

For the calculation of the value of commodities stock, the value is calculated at purchasing prices in agricultural goods purchasing units and wholesale units, and at the accounting prices in retail units.

十七、对外经济贸易和旅游业

FOREIGN TRADE AND TOURISM

简要说明

一、本篇资料综合反映全省对外经济贸易、利用外资、对外承包工程和劳务合作的主要年份概况数据，以及旅游情况。

二、我省进出口贸易的规模、进出口商品结构、贸易伙伴国的进出口总额以及三资企业的进出口变化情况，根据合肥海关资料加工整理。

三、利用外资资料。来源于省对外贸易经济合作厅，是根据对外贸易经济合作部和国家统计局共同制订的《利用外资统计制度》加工、整理而成。该制度统计范围为我省所有的利用外资单位和部门，以及以批准在我省设立的中外合资经营企业、合作经营企业、外资企业、外商投资股份制企业、合作开发项目等具有法人资格的独立核算企业（包括港澳台地区投资企业）。

四、外商投资企业注册登记情况。资料来源于省工商行政管理局，是根据国家工商行政管理局制订的《工商行政管理系统统计报表制度》进行统计、加工、整理而得。凡以工商行政管理机关核准注册，在我省的中外合资经营企业、中外合作经营企业、外商独资企业、中外股份公司、在华从事经营活动的外国及港澳台地区企业及外国公司在我省境内设立的分支机构均列入统计范围。

五、对外承包工程和劳务合作的发展状况。资料来源于省对外贸易经济合作厅，是根据对外贸易经济合作部与国家统计局共同制订的《对外承包工程和劳务合作统计制度》通过全面调查方法进行加工、整理而得。

六、旅游业发展情况。入境国际旅游者（外国人、华侨、港澳同胞和台湾同胞）人数、不同经济类型的涉外饭店数量及规模情况的资料来源于省旅游局。

七、我省境内国家级旅游景点黄山、九华山风景区旅游基本情况，由省统计局汇总提供。黄山、九华山旅游区域主要经济指标由黄山市、池州市统计局提供。

八、全省及各市国内旅游资料，是安徽省统计局、安徽省旅游局根据国家旅游局的抽样调查方案和工作要求，组织调查取得。

本篇责任编辑：许成宝

Brief Introduction

I. Data in this chapter show the summary data of Anhui's foreign trade, utilization of foreign capital, contracted projects and labor cooperation with the foreign countries or territories over the main years and data on tourism.

II. Data on scale of import and export, commodity structure, total volume of import and export to trade partner and change in import and export of joint, cooperative or exclusively foreign-funded ventures are collected in accordance with the data provided by the Hefei Customs.

III. Data on overall situation of the utilization of foreign capital in Anhui come from the Commission of Foreign Trade and Economic Cooperation and are tabulated in accordance with the "Statistical Scheme on the Utilization of Foreign Capital" designed by the Ministry of Foreign Trade and Economic Cooperation and the National Bureau of Statistics. The statistical coverage includes all the units and departments which have utilized foreign capital and all the Sino-foreign joint ventures, Sino-foreign cooperative enterprises, ventures exclusively with foreign investment, foreign-funded stock companies, Sino – foreign cooperative development projects and other corporate enterprises (including the enterprises funded by the entrepreneurs from Hong Kong, Macao and Taiwan) with independent accounting system which have been approved to set up in Anhui Province.

IV. Data on the registration of the foreign-funded enterprises in various regions come from the Provincial Administration for Industry and Commerce and are tabulated in accordance with the "Statistical Reporting Scheme in the Administrative System of Administration for Industry and Commerce" stipulated by the State Administration for Industry and Commerce. The statistical coverage includes all the Sino-foreign joint ventures, Sino-foreign cooperative enterprises, ventures exclusively with foreign investment, Sino-foreign shareholding companies, foreign enterprises and enterprises of Hong Kong, Macao and Taiwan engaged in commercial activities and the branch offices of the foreign companies, which have been approved by and registered at the Administration for Industry and Commerce to set up in boundary of Anhui Province.

V. Data on development of the contracted projects, labor services cooperation and design and consultation service with foreign countries come form the Commission of Foreign Trade and Economic Cooperation and are collected with the method of complete enumeration and are tabulated in accordance with the "Statistical Reporting Scheme on the Contracted Projects and Labor Services Cooperation with Foreign Countries" jointly stipulated by the Ministry of Foreign Trade and Economic Cooperation and the National Bureau of Statistics.

VI. Development of tourism: Data on total number of international tourists received (foreigners, overseas Chinese, Chinese compatriots from Hong Kong, Macao and Taiwan), number of tourist hotel in various types and their scale come from the Provincial Tourism Administration.

VII. Data on the basic conditions of national scenic spot-Mount Huang and Mount Jiuhua are provided by the Provincial Statistical Bureau. The main indicators of the two scenic spot are provided by Statistical Bureau in Huangshan and Chizhou respectively.

VIII. Data on domestic tourism in the province and all cities are collected by the Provincial Statistical Bureau and the Provincial Tourism Administration in accordance with the sample survey scheme stipulated by the State Tourism Administration.

17—1 对外经济贸易和国际旅游
Foreign Economic Trade and International Tourism

指标	Item	1990	1995	1999	2000
进出口总额 （万美元）	**Total Imports and Exports (USD 10000)**		**200739**	**264894**	**334689**
出口总额	Total Exports		139358	167657	217206
进口总额	Total Imports		61381	97237	117483
进出口差额	Balance		+77977	+70420	+99723
对外签订利用外资（合同）项目 （个）	**Number of Projects for Utilization of Foreign Capital in the Signed Agreements & Contracts (unit)**	**70**	**757**	**208**	**250**
对外借款	Foreign Loans	10	4	9	3
外商直接投资	Foreign Direct Investments	53	753	199	247
对外签订利用外资（合同）金额 （万美元）	**Total Amount of Foreign Capital to Be Utilized in the Signed Agreements & Contracts (USD 10000)**	**8721**	**133856**	**85506**	**75154**
对外借款	Forign Loans	6667	13216	25638	8800
外商直接投资	Foreign Direct Investments	1920	120640	55868	63602
外商其他投资	Other Foreign Investments	134		4000	2752
实际利用外资额 （万美元）	**Total Amount of Foreign Capital Actually Used (USD 10000)**	**5027**	**76749**	**65661**	**41521**
对外借款	Forign Loans	3673	28493	25529	6922
外商直接投资	Foreign Direct Investments	961	48256	36132	31847
外商其他投资	Other Foreign Investments	393		4000	2752
外商投资企业基本情况	**Registered Foreign-funded Enterprises**				
年底登记户数 （户）	Number of Registered Enterprises (unit)		2949	2439	2216
投资总额 （万美元）	Total Investment (USD 10000)		610297	906091	914400
注册资本 （万美元）	Registered Capital (USD 10000)		422852	582506	586788
#外　方	Capital from Foreign Partners		232027	320714	341328
对外承包工程和劳务合作合同金额 （万美元）	**Contracted Value of Contracted Projects and Lobor Cooperation (USD 10000)**	**3042**	**1689**	**8550**	**17609**
对外承包工程	Contracted Projects	2312	866	6309	11768
对外劳务合作	Labor Cooperation	730	745	2116	5350
入境旅游人数 （人次）	**Total Number of International Tourists Inbound (person)**	**114504**	**142855**	**251183**	**318430**
外国人	Foreigners	31282	72795	138292	167850
华　侨	Oversea Chinese	1387	1831	4116	
港澳和台湾同胞	Compatriots from Hong Kong, Macao and Taiwan	81835	68229	108775	150580
旅游外汇收入总额（万美元）	**Total Foreign Exchange Income from Tourism (USD 10000)**	**620.0**	**4435.9**	**9015.79**	**11096.45**
涉外饭店个数 （个）	**Total Number of Tourist Hotel (unit)**	**50**	**118**	**198**	**241**

17—2 海关历年出口商品分类金额

Value of Exports by Category of Commodities (Customs Statistics)

单位：万美元 (USD 10000)

指 标	Item	1999	2000
总 额	**Total**	**167657**	**217206**
初级产品	Primary Goods	25958	28988
食品及主要供食用的活动物	Food and Live Animals Used Chiefiy for Food	17267	18098
饮料及烟类	Beverages and Tobacco	32	29
非食用原料	Non-Edibla Raw Materials	8287	10246
矿物燃料、润滑油及有关原料	Mineral Fuels, Lubricants and Related Materials	348	596
动、植物油脂及蜡	Animal and Vegetable Oils, Fats and Wax	24	19
工业制成品	Manufactured Goods	141699	188218
化学品及有关产品	Chemicals and Related Products	19102	22855
轻纺产品、橡胶制品、矿冶产品及其制品	Light and Textile Industrial Products, Rubber Products, Minerals Metallurgical Products	51178	72552
机械及运输设备	Machinery and Transport Equipment	18181	25386
杂项制品	Miscellaneous products	53238	67425

17—3 海关历年进口商品分类金额

Value of Imports by Category of Commodities (Customs Statistics)

单位：万美元 (USD 10000)

指 标	Item	1999	2000
总 额	**Total**	**97237**	**117483**
初级产品	Primary Goods	30311	45718
食品及主要供食用的活动物	Food and Live Animals Used Chiefiy for Food	1188	941
饮料及烟类	Beverages and Tobacco		
非食用原料	Non-Edibla Raw Materials	28538	43747
矿物燃料、润滑油及有关原料	Mineral Fuels, Lubricants and Related Materials	326	577
动、植物油脂及蜡	Animal and Vegetable Oils, Fats and Wax	259	453
工业制成品	Manufactured Goods	66926	71765
化学品及有关产品	Chemicals and Related Products	7675	12448
轻纺产品、橡胶制品、矿冶产品及其制品	Light and Textile Industrial Products, Rubber Products, Minerals Metallurgical Products	13891	14791
机械及运输设备	Machinery and Transport Equipment	42886	41439
杂项制品	Miscellaneous products	2474	3087

17—4 海关进出口商品分类金额
Value of Imports and Exports by Category of Commodities (Customs Statistics)

单位：万美元 (USD 10000)

品名	Item	1999 出口 Exports	1999 进口 Imports	2000 出口 Exports	2000 进口 Imports
总值	**Total**	**167657**	**97237**	**217206**	**117483**
一、初级产品	**I. Primary Goods**	**25958**	**30311**	**28988**	**45718**
食品及活动物	Food and Live Animals	17267	1188	18098	941
活动物	Live Animals	99	16	91	10
肉及肉制品	Meat and related Products	719	134	754	
乳品及蛋品	Dairy Products and Eggs	1	27	1	10
鱼、甲壳及软体类动物及其制品	Fish, Shellfish and Molluscs and related Products	209	18	239	1
谷物及其制品	Cereals and related Products	8302	594	7902	10
蔬菜及水果	Vegetables and Fruits	5027	8	5882	21
糖、糖制品及蜂蜜	Sugar, Sugar Products and Honey	874	45	957	173
咖啡、茶、可可、调味料及其制品	Coffee, Tea, Coco, Spices and related Products	1708	2	1694	2
饲料（不包括未碾磨谷物）	Feed (Excluding ungrinded Cereal)	48	324	264	698
杂项食品	Miscellaneous Food	224	19	313	15
饮料及烟类	Beverages and Tobacco	32		29	
饮料	Beverages	32		29	
非食用原料（燃料除外）	Inedible Material (Excluding Fuel)	8287	28538	10246	43747
生皮及生毛皮	Raw Hides and Raw Furs	8	163		297
油籽及含油果实	Oil Seeds and Fruits Containing Oil	4277	8	4266	12
生橡胶（包括合成橡胶及再生橡胶）	Raw Rubber (including Synthetic Rubber and Reclaimed Rubber)	4	2096	50	3454
软木及木材	Cork and Timber	402	171	403	81
纸浆及废纸	Paper Pulp and Waste Paper	1	1342	1	1924
纺织纤维（羊毛条除外）及其废料	Textile Fibers (Excluding Wool Taps) and Related Waste Material	1223	989	1267	2205
天然肥料及矿物(煤、石油及宝石除外)	Natural Fertilizer and Mineral (Excluding Coal, Petroleum and Precious Stone)	600	31	689	196
金属矿砂及金属废料	Metal Ore and Metal Waste Material	3	23641	46	35489
其他动、植物原料	Other Animal and Plant Material	1769	96	3524	90
矿物燃料、润滑油及有关原料	Mineral Fuel, Lubrication Oil and related Raw Material	348	326	596	577
煤、焦炭及煤砖	Coal, Coke and Briquet	67	326	206	
石油、石油产品及有关原料	Petroleum, Petroleum Products and related Material	260		295	533
天然气及人造成气	Natural Gas and Man-made Gas				44
电流	Electricity	21		95	
动植物油、脂及腊	Animal Fat, Vegetable Oil and Wax	24	259	19	453
动物油、脂	Animal Fat	2		2	
植物油、脂	Vegetable Oil	13	224	13	310
已加工的动植物油、脂及动植物蜡	Processed Animal Fat, Vegetable Oil and Wax	9	35	4	143
二、工业制品	**II. Industrial Products**	**141699**	**66926**	**188218**	**71765**
化学成品及有关产品	Chemical Products and Related Products	19102	7675	22855	12448
有机化学品	Organic Chemical Products	11007	2157	14221	3328
无机化学品	Inorganic Chemical Products	1372	106	1746	164

17—4 续表 continued

单位：万美元 (USD 10000)

品名	Item	1999 出口 Exports	1999 进口 Imports	2000 出口 Exports	2000 进口 Imports
染料、鞣料及着色料	Dyestuff, Tanning Material and Coloring Material	601	232	751	434
医药品	Medical and Pharmaceutical Products	4312	100	4157	83
精油、香料及盥洗、光洁制品	Essential Oil, Perfume, Sanitary and Surface Finishing Articles	500	60	515	81
制成废料	Produced Wasted Material	18		67	
初级形状的塑料	Primary shaped Plastics	510	4136	533	7364
非初级形状的塑料	Non-primary shaped Plastics	352	155	308	161
其他化学原料及产品	Other Chemical Material and Products	429	730	558	832
按原料分类的制成品	Products by Raw Material	51178	13891	72552	14791
皮革、皮革制品及已鞣毛皮	Leather and Its Products and Tan Hide	230	180	538	235
橡胶制品	Rubber Products	6045	1058	7991	142
软木及木制品(家具除外)	Cork and Wooden Products (Excluding Furniture)	515	841	757	575
纸及纸板、纸浆、纸及纸板制品	Paper, Paperboard, Paper Pulp and Paper Products	1360	1510	2784	1222
纺纱、织物、制成品及有关产品	Spinning, Fabric and Related Products	20895	4061	27890	5102
非金属矿物制品	Nonmetal Mineral Products	1162	294	2111	592
钢 铁	Iron and Steel	4668	2459	10300	3870
有色金属	Nonferrous Metal	11345	2999	14215	2411
金属制品	Metal Products	4958	490	5967	643
机械及运输设备	Machinery and Transportation Equipment	18181	42886	25386	41439
动力机械及设备	Dynamic Machinery and Equipment	1423	12871	971	6436
特种工业专用机械	Special Industrial Machinery	650	11924	933	12563
金工机警	Metalworking	466	2216	681	1603
通用工业机械设备及零件	General Industrial Machinery Equipment and Accessories	4102	8005	5814	7761
办公用机械及自动数据处理设备	Office Machinery and Automatic data Processing Equipment	314	780	698	1210
电信及声音的录制及重放装置设备	Telecommunication, Sound Recording and Playing Equipment	947	1846	1956	6918
电力机械、器具及其电气零件	Electric Machinery, Implements and Spare Parts	6672	3198	9623	2630
陆路车辆(包括气垫式)	Land Route Vehicles (Including Hover-motor)	3101	1888	4026	2274
其他运输设备	Other Transportation Equipment	505	157	683	44
杂项制品	Miscellaneous Manufactured Articles	53238	2474	67425	3087
活动房屋、卫生、水道、供热及照明装置	Prefabricated House, Sanitation, Water Pipe, Heating and Lighting Installation	777	12	1017	56
家具及其零件、褥垫及类似填充制品	Furniture and Accessories, Mattress, Bedding Articles	3320	64	5453	27
旅行用品、手提包及类似品	Box and Bag, Travel Goods	2748		4079	1
服装及衣着附件	Garments, Clothing Accessories	28936	331	34157	165
鞋 靴	Footwear	6986	96	8818	73
专业、科学及控制用仪器装置	Professional, Scientific and Dominating Instrument	475	1444	817	2053
摄影器材、光学物品及钟表	Photographic Equipment, Optical Goods, Clocks and Watches	127	100	177	120
杂项制品	Miscellaneous Manufactured Articles	9868	426	12902	597

17—5 安徽省同各国(地区)进出口总额
Anhui's Foreign Trade with Related Countries and Territories

单位：万美元 (USD 10000)

国 别 (地区)	Country (Territory)	1999 进出口总额 Total	1999 出口总额 Exports	1999 进口总额 Imports	2000 进出口总额 Total	2000 出口总额 Exports	2000 进口总额 Imports
合 计	**Total**	**264894**	**167657**	**97237**	**334689**	**217206**	**117483**
亚 洲	**Asia**	**116708**	**74717**	**41991**	**146732**	**97454**	**49278**
香 港	Hong Kong	10459	9539	920	10201	9103	1098
澳 门	Macao	61	58	3	28	28	
台 湾	Taiwan	9392	4522	4870	11235	6951	4284
文 莱	Brunei	7	7		21	21	
印度尼西亚	Indonesia	4791	1868	2924	9344	6162	3182
马来西亚	Malaysia	3321	1792	1529	4535	2600	1935
菲律宾	The Philippines	2537	1827	710	2136	2115	21
新加坡	Singapore	3027	2662	365	3098	2568	530
泰 国	Thailand	1913	785	1128	3273	925	2348
越 南	Viet Nam	988	908	80	1992	1801	191
缅 甸	Myanmar	340	340		139	139	
阿富汗	Afghanistan	12	12		7	7	
巴 林	Bahrain	102	102		129	129	
孟加拉国	Bangladesh	1681	1681		1877	1866	11
柬埔寨	Cambodia	566	429	137	256	256	
塞浦路斯	Cyprus	161	161		236	236	
朝 鲜	Democratic People's Republic of Korea	7	7		53	53	
印 度	India	2033	1021	1012	3417	1764	1653
伊 朗	Iran	244	244		847	442	405
伊拉克	Iraq	815	815		314	314	
以色列	Israel	857	857		1491	1489	1
日 本	Japan	37663	21410	16253	49101	28031	21070
约 旦	Jordan	840	840		907	907	
科威特	Kuwait	363	333	30	443	385	58
黎巴嫩	Lebanon	613	613		738	738	
马尔代夫	Maldives	7	7		4	4	
蒙 古	Mongolia	3375	15	3360	535	1	534
尼泊尔	Nepal	134	134		368	368	
阿 曼	Oman	70	70		49	49	
巴基斯坦	Pakistan	766	766		913	908	5
巴勒斯坦	Palestine	2	2		4	4	
卡塔尔	Qatar	81	62	19	190	169	21
沙特阿拉伯	Saudi Arabia	2131	2076	55	2585	2364	221
韩 国	Republic of Korea	20127	11848	8279	26099	14743	11356
斯里兰卡	Sri Lanka	424	417	7	515	509	6
叙利亚	Syria	609	609		903	903	
土耳其	Turkey	1262	988	274	2328	2138	190
阿联酋	United Arab Emirates	4261	4259	2	5616	5616	
也门共和国	Arab Republic of Yemen	577	577		650	650	
非 洲	**Africa**	**16482**	**15859**	**623**	**18196**	**17048**	**1148**
阿尔及利亚	Algeria	518	518		697	697	
安哥拉	Angola	68	68		182	182	
贝 宁	Benin	259	259		460	460	
博茨瓦那	Botswana	45	45		70	70	
布隆迪	Burundi				52	52	
喀麦隆	Cameroon	62	62		62	62	
加那利群岛	Canary Islands	153	153		122	122	

17—5 续表1 continued

单位：万美元 (USD 10000)

国别（地区）	Country (Territory)	1999 进出口总额 Total	1999 出口总额 Exports	1999 进口总额 Imports	2000 进出口总额 Total	2000 出口总额 Exports	2000 进口总额 Imports
佛得角	Cape Verde	3	3		7	7	
中　非	Central Africa				1	1	
科摩罗	Comoros	1	1				
刚　果	The Congo	27	27		87	87	
吉布提	Djibouti	491	491		459	459	
埃　及	Egypt	2124	2124		2961	2960	1
赤道几内亚	Equatorial Guinea						
埃塞俄比亚	Ethiopia	193	193		182	182	
加　蓬	Gabon	28	28		30	30	
冈比亚	Gambia	180	180		117	117	
加　纳	Ghana	411	411		729	728	1
几内亚	Guinea	40	40		33	33	
几内亚比绍	Guinea-Bissau				1	1	
科特迪瓦	Cote D'ivoire	4812	4812		2841	2841	
肯尼亚	Kenya	360	360		667	667	
利比里亚	Liberia	54	54		63	63	
利比亚	Libya	158	158		154	154	
马达加斯加	Madagascar	165	165		134	134	
马拉维	Malawi	42	42		62	62	
马　里	Mali	80	80		13	13	
毛里塔尼亚	Mauritania	4	4		276	276	
毛里求斯	Mauritius	351	351		296	296	
摩洛哥	Morocco	1049	1049		972	972	
莫桑比克	Mozambique	119	119		203	203	
纳米比亚	Namibia	5	5		23	23	
尼日尔	Niger				15	15	
尼日利亚	Nigeria	1260	1260		1732	1732	
留尼汪	Reunion	4	4		7	7	
卢旺达	Rwanda	3	3		6	6	
塞内加尔	Senegal	136	136		110	110	
塞拉利昂	Sierra Leone	61	61		126	126	
南　非	South Africa	1790	1167	623	2750	1607	1143
苏　丹	Sudan	279	279		307	307	
坦桑尼亚	Tanzania	284	284		375	375	
多　哥	Togo	478	478		252	252	
突尼斯	Tunisia	222	222		261	261	
乌干达	Uganda	48	48		67	67	
布基纳法索	Burkina Faso	3	3		8	8	
扎伊尔	Zaire	21	21		102	102	
赞比亚	Zambia	17	17		49	49	
津巴布韦	Zimbabwe	67	67		54	54	
斯威士兰	Swaziland				8	4	4
莱索托	Lesotho	4	4				
非洲其他国家	Other African Countries	3	3		8	8	
欧　洲	**Europe**	**62970**	**36107**	**26863**	**68347**	**43617**	**24730**
比利时	Belgium	3280	2906	374	4795	3856	939
丹　麦	Denmark	1052	750	302	1038	827	211
英　国	United Kingdom	4041	2962	1079	5338	4153	1185
德　国	Germany	21859	6639	15220	20113	6692	13421

17—5 续表 2 continued

单位：万美元 (USD 10000)

国别（地区）	Country (Territory)	1999 进出口总额 Total	1999 出口总额 Exports	1999 进口总额 Imports	2000 进出口总额 Total	2000 出口总额 Exports	2000 进口总额 Imports
法国	France	3042	2505	537	3906	2908	998
爱尔兰	Ireland	216	192	24	203	185	18
意大利	Italy	6404	4488	1916	7545	6015	1530
卢森堡	Luxembourg	425	3	422	610	11	599
荷兰	Netherlands	4544	3828	716	4681	3898	783
希腊	Greece	1490	1480	9	1714	1711	3
葡萄牙	Portugal	625	621	4	760	759	1
西班牙	Spain	2454	2243	211	3218	2792	426
奥地利	Austria	3109	209	2900	797	199	598
芬兰	Finland	1381	830	551	1210	989	221
瑞典	Sweden	1966	1060	906	1697	1256	441
冰岛	Iceland	6	6		9	9	
挪威	Norway	396	391	5	624	543	81
瑞士	Switzerland	723	267	456	997	362	635
阿尔巴尼亚	Albania	34	34		9	9	
安道尔	Andorra	1	1				
保加利亚	Bulgaria	218	218		306	301	5
匈牙利	Hungary	411	385	26	433	406	27
马耳他	Malta	223	223		202	202	
摩纳哥	Monaco	4	4		5	5	
波兰	Poland	1345	1344	1	1767	1719	48
罗马尼亚	Romania	933	930	3	1301	1005	296
爱沙尼亚	Estonia	16	16		5	5	
拉脱维亚	Latvia	44	44		89	89	
立陶宛	Lithuania	124	124		78	69	9
格鲁吉亚	Georgia				10	10	
亚美尼亚	Armenia				16	16	
阿塞拜疆	Azerbaijan				12	12	
白俄罗斯	Byelorussia				4	4	
哈萨克	Kazakhstan	179	12	167	80	47	33
吉尔吉斯	Kirghiz	9	9		11	11	
俄罗斯	Russia	1033	515	518	2865	1290	1575
塔吉克	Tadzhikstan	3	3				
土库曼	Turkmenistan	21	21		44	44	
乌克兰	Ukraine	241	240	1	787	267	520
乌兹别克	Uzbekistan	191	191		170	165	5
南斯拉夫	Yugoslavia	44	44		77	77	
斯洛文尼亚	Slovenia	90	87	3	212	153	59
克罗地亚	Croatia	34	32	2	48	48	
捷克共和国	Czech	736	225	511	493	429	64
斯洛伐克	Slovak	20	20		36	36	
前南马其顿	Macedonia	3	3		4	4	
波黑	Bosnia				26	26	
拉丁美洲	**Latin America**	**23727**	**10166**	**13561**	**38738**	**13298**	**25440**
安提瓜	Antigua	1	1		1	1	
阿根廷	Argentina	888	879	9	951	951	
阿鲁巴岛	Aruba Island				18	18	
巴哈马	The Bahamas	19	19		28	28	
巴巴多斯	Barbados	35	35		32	32	

17—5 续表3 continued

单位：万美元 (USD 10000)

国别（地区）	Country (Territory)	1999 进出口总额 Total	1999 出口总额 Exports	1999 进口总额 Imports	2000 进出口总额 Total	2000 出口总额 Exports	2000 进口总额 Imports
伯利兹	Belize	3	3		2	2	
玻利维亚	Bolivia	69	69		49	33	16
巴　西	Brazil	3522	1619	1903	9418	2598	6820
开曼群岛	Cayman Islands				1	1	
智　利	Chile	11510	1608	9902	19578	2540	17038
哥伦比亚	Colombia	53	53		143	143	
多米尼加	Commonwealth of Dominica	80	80		133	133	
哥斯达黎加	Costa Rica	94	94		131	131	
古　巴	Cuba	1303	1303		602	602	
库腊索岛	Curacao	57	57		211	211	
多米尼加	Dominican	163	163		78	78	
厄瓜多尔	Ecuador	70	70		58	58	
格林纳达	Grenada	3	3				
瓜德罗普	Guaderopu	6	6		3	3	
危地马拉	Guatemala	96	96		176	176	
圭亚那	Guyana	25	25		20	20	
海　地	Haiti	19	19		24	24	
洪都拉斯	Honduras	94	94		120	120	
牙买加	Jamaica	142	142		150	150	
马提尼克	Matinik	5	5		8	8	
墨西哥	Mexico	1337	1335	2	1377	1357	20
尼加拉瓜	Nicaragua	6	6		30	30	
巴拿马	Panama	1197	1197		1666	1666	
巴拉圭	Paraguay	258	258		487	487	
秘　鲁	Peru	1849	111	1738	1777	301	1476
波多黎各	Puerto Rico	46	46		71	71	
圣马丁岛	Sant Martin Island	9	9		6	6	
萨尔瓦多	El Salvador	81	81		216	216	
苏里南	Surinam	22	22		20	20	
特立—巴哥	Trinidad and Tobago	176	176		220	220	
乌拉圭	Uruguay	260	253	7	419	349	70
委内瑞拉	Venezuela	228	228		516	516	
拉美其他国家	Other Latin American countries	2	2				
北美洲	**North America**	**36006**	**28158**	**7848**	**53550**	**42293**	**11257**
加拿大	Canada	2470	1453	1017	6849	3097	3752
美　国	United States	33535	26704	6831	46700	39195	7505
百慕大	Bermuda Is.	2	2				
大洋洲	**Oceanic**	**9001**	**2650**	**6351**	**9126**	**3496**	**5630**
澳大利亚	Australia	8502	2176	6326	8476	2948	5528
库克群岛	Cook Islands				5	5	
斐　济	Fiji	36	36		23	23	
新喀里多尼	New Karidoni	4	4		9	9	
瓦努阿图	Vanuatu	4	4		3	3	
新西兰	New Zealand	377	352	25	481	379	102
巴布亚新几	Papua New Guinea	58	58		90	90	
社会群岛	Society Islands	1	1		5	5	
所罗门群岛	Solomon Is.	3	3		14	14	
萨摩亚	Samoa	9	9		16	16	
基里巴斯	Kiribati	7	7		5	5	

17—6 安徽省主要商品出口数量和金额
Volume and Value of Main Export Commodifies of Anhui Province

单位：万美元 (USD 10000)

品名	Item	1999 数量 Volume	1999 金额 Value	2000 数量 Volume	2000 金额 Value
总值	**Total**		**167657**		**217206**
活猪（种猪除外）	(头) Live Hogs (Excluding Stud Hogs) (head)	4864	62	4784	62
鲜、冻猪肉	(吨) Fresh and Frozen Pork (ton)	452	55	232	30
冻鸡	(吨) Frozen Chicken (ton)	3574	509	3836	472
水海产品	(吨) Aquatic Products (ton)	401	165	348	140
冻鱼、冻鱼片	Frozen Fish and Frozen Slices of Fish	131	60	75	36
谷物及谷物粉	(吨) Cereal and Cereal Flour (ton)	391802	8279	474571	7869
大米	Rice	391691	8272	474220	7862
蔬菜	(吨) Vegetable (ton)	28487	2627	26971	2591
鲜蔬菜	Fresh Vegetable	8687	369	5644	288
干的食用菌类	Dried Edible Funguses	142	96	149	80
干豆	(吨) Dried Beans (ton)	5533	187	9950	375
鲜、干水果及坚果	(吨) Fresh and Dried Fruits and Nuts (ton)	4629	231	5544	438
鲜苹果	Apples	20	1	39	2
栗子	Chestnut	1438	176	2624	353
白果	Gingko Nuts	1		13	7
松子仁	Pine Nut Kernels	13	7	27	23
食用油籽	(吨) Edible Oil Seeds (ton)	56231	4265	62652	4244
大豆	Soybean	188	4	158	3
花生、花生仁	Peanut	23192	1338	26496	1504
食用植物油（包括棕榈油）	(吨) Edible Vegetable Oil (ton)	65	13	71	13
烘焙花生	(吨) Roasted Peanuts (ton)	77	6	1833	121
天然蜂蜜	(吨) Natural Honey (ton)	10556	845	11265	919
茶叶	(吨) Tea (ton)	10127	1612	13136	1531
辣椒干	(吨) Dried Chilies (ton)	81	13	37	6
猪肉罐头	(吨) Canned Pork (ton)	529	75	365	48
蘑菇罐头	(吨) Canned Mushroom (ton)	1178	106	2594	169
啤酒	(升) Beer (ton)			1200	
植物榨油后的剩余物	(吨) Surplus Material of Plants after Pressing Oil (ton)	918	8	24691	189
猪鬃	(吨) Bristle (ton)	152	121	137	109
肠衣	(吨) Casings (ton)	293	147	362	176
填充用羽毛、羽绒	(吨) Feathers and Dawn for Stuffing (ton)	2018	988	2875	2826
药材	(吨) Crude Drugs (ton)	3945	250	3231	211
原木	(立方) Logs (Cu. m)	861	27	811	22
锯材	(立方米) Wood Sawn (Cu. m)	7658	355	7642	339
生丝	(吨) Raw Silk (ton)	153	319	53	115
兔毛	(吨) Rabbit Hair (ton)	61	74	70	110
黍土及其他耐火矿物	(吨) Glutinous Earth and Other Fire-Resistant Mineral (ton)	153782	165	184129	217
天然石墨	Natural Graphite			20	2
氟石	(吨) Fluorite (ton)	27629	261	21960	219
滑石	(吨) Talcum (ton)	5651	40	2098	13
氧化铝	(吨) Aluminum Oxide (ton)	58	1	98	2
焦炭、半焦炭	(吨) Cokeand Semi-coke (ton)	12862	67	48847	206
成品油	(吨) Petroleum Products Refined (ton)	233	14	168	9
电流	(千瓦) Electric Current (kw)		21	10	95
氧化锌及过氧化锌	(吨) Zinc Oxide and Zinc Peroxide (ton)	239	20	385	25
合成有机染料	(吨) Synthetic Organic Dyestuffs (ton)	968	234	790	208
锌钡白（立德粉）	(吨) Lithopone (ton)	60	2	65	2
医药品	(吨) Medical and Pharmaceutical Products (ton)	33239	4312	4049	4157
抗菌素（制剂除外）	Antibiotic (Excluding Pharmaceutical Preparations)	29820	1003	534	1073
中式成药	Medicaments of Chinese Type	184	88	239	129
医用敷料	Pharmaceutical Goods	615	275	671	274

17—6 续表 1 continued

单位：万美元 (USD 10000)

品名	Item	1999 数量 Volume	1999 金额 Value	2000 数量 Volume	2000 金额 Value
美容化妆品及护肤品 (吨)	Cosmetics and Skin Moisturizer (ton)		1	10	10
口腔及牙齿清洁剂 (吨)	Sanitation Agent to Oral Cavity and Teeth (ton)			261	40
洗衣粉 (吨)	Detergent (ton)	1703	57	751	23
初级形状的聚氯乙烯 (吨)	Primary Shaped Polyvinyl Chloride (ton)	7	1	25	2
轮　胎 (条)	Rubber Tires (unit)	2698133	5560	3377669	7480
家用或装饰用木制品 (吨)	Wooden Products for Domestic Use or Decoration (ton)	1424	357	1024	305
纸及纸板（未切成形的）(吨)	Paper and Paperboard in Rolls (ton)	9331	1153	27870	2409
纺织纱线、织物及制品	Spinning, Fabric and Related Products		20895		27889
棉纱线	Cotton Yarn	1863	610	1034	349
亚麻及苎麻纱线	Flax or Ramie Yarn	647	170	871	294
含合成短纤 85%及以上	Containing 85% of Synthetic Short-Staple Fiber and over	206	34	196	38
合成短纤与棉混纺纱线	Mixed Yarn of Synthetic Short-Staple Fiber and Cotton	197	36	192	37
人造短纤线（缝纫线除外）	Artificial Short-Staple Thread (Excluding Sewing Thread)	39	57	76	144
丝　绸 (米)	Silk (m)	1329955	337	4309205	1204
坯　绸	Grey Silk	1175184	285	3846505	1018
其他丝绸	Other Silk	154771	52	462700	186
毛纺机织物 (米)	Wool Spinning Woven Fabrics (m)	5174	2	343388	116
棉机织物 (米)	Cotton Woven Fabrics (m)	46303866	4020	47014510	4227
棉坯布	Cotton Grey Cloth	11667753	759	12743681	920
棉与化纤绲纺坯布	Mixed Grey Cloth of Cotton and Chemical Fiber	380546	20	25973	2
其他棉机织物	Other Cotton Woven Fabrics	34255567	3241	34244856	3305
亚麻及苎麻机织物 (米)	Flax and Ramie Woven Fabrics (m)	3975608	638	6342493	1027
合成短纤与棉混纺机织物 (米)	Mixed Woven Fabrics of Synthetic Short-Staple and Cotton (m)	36291757	1594	42624893	2146
聚酯短纤与棉绲纺坯布 (米)	Mixed Grey Cloth of Polyester Short-Staple and Cotton (m)	16456864	549	20602052	769
其他合成短纤与棉绲纺 (米)	Other Mixed Cloth of Synthetic Short-Staple and Cotton (m)	19834893	1044	22022841	1377
人造纤维短纤机织物 (米)	Woven Fabrics of Artificial Synthetic Short-Staple Fiber (m)	2558304	124	2808201	175
地　毯 (平方)	Carpets (sq. m)	1416710	1860	1929205	2184
棉浴巾 (条)	Cotton Bath Towels (unit)	16510358	1727	22268969	2049
针织或钩编的台布、盘垫 (件)	Knitted or Crocheted Table Cloth and Tray Cushion (unit)	46944	15	1380373	127
塑料编织袋（周转袋除外）(条)	Bags of PP or PE Strip (unit)	19245142	274	14591320	233
水　泥 (吨)	Cement (ton)	222	3	5260	24
花岗岩石材及制品 (吨)	Granite and Related Products (ton)			258	6
平板玻璃 (平方)	Plate Glass (sq. m)	139416	52	354488	108
玻璃制品	Glass Products		554		925
家用陶瓷制品 (吨)	Porcelain and Pottery Ware for Household Use (ton)	4274	231	7590	399
装饰用陶瓷制品 (吨)	Porcelain and Pottery Ware for Decoration (ton)	128	11	76	6
珍珠、宝石及半宝石 (千克)	Pearl, Jewel and Semi-jewel (kg)			292	1
生铁及镜铁 (吨)	Pig Iron and Spiegeleise (ton)	170467	1957	204282	2511
钢　材 (吨)	Rolled Steel (ton)	109862	2660	284164	7693
钢材棒材	Stick	28784	607	7877	171
角钢及型钢	Angle Steel and Section Steel	3317	70	121001	3810
钢铁板材	Plate	69806	1466	146065	3176
钢铁线材	Wire	5653	313	4493	239
钢铁管配件	Fittings of Steel and Iron Pipe	1941	188	1890	174
未锻造的铜及铜材 (吨)	Unwrought Copper and Rolled Copper (ton)	67673	10608	75030	13503
未锻造的铜（包括铜合金）	Unwrought Copper and its Alloys	65967	10258	72704	12953
铜　材	Rolled Copper	1705	351	2325	551
未锻造的铝及铝材 (吨)	Unwrought Aluminum and Rolled Aluminum (ton)	37	12	54	15
铝　材	Rolled Aluminum	37	12	54	15
未锻造的锌及锌合金 (吨)	Unwrought Zinc and its Alloys (ton)	2647	280	3991	442
钢铁或铜制标准紧固件 (吨)	Nails, Bolts, etc Made by Steel or Copper (ton)	713	96	864	150
不锈钢厨具、餐具等家用器具 (吨)	Stainless Steel Kitchen Utensils and Table ware for Domestic Use (ton)	59	32	92	41
餐桌、厨房及其它家用搪瓷器 (吨)	Enamelware Used for Dining Table, Kitchen and so on (ton)	4803	715	6384	841

17—6 续表 2 continued

单位：万美元 (USD 10000)

品　名	Item	1999 数　量 Volume	1999 金　额 Value	2000 数　量 Volume	2000 金　额 Value
手用或机用工具 (吨)	Hand Tools and Tools for Machines (ton)	2961	515	4071	636
锁 (吨)	Locks (ton)	1960	368	1750	340
电　扇 (台)	Fans (ton)	292071	262	551135	408
纺织机械	Textile Machinery		102		272
普通缝纫机 (台)	Ordinary Sewing Machine (unit)	116739	204	26609	43
工业用缝纫机 (台)	Industrial Sewing Machine (unit)	882	11	1210	19
金属加工机床 (台)	Machine Tools (unit)	10457	396	12342	553
车　床 (台)	Lather	4449	204	4045	184
铣　床 (台)	Miller	77	6	199	23
电子计算器（包括具有计算功能的袖珍数据记）(台)	Electronic Calculator (Including Mini Calculator with the Function of Calculation) (unit)	18650	5	105930	11
自动数据处理设备及其部件 (台)	Automatic data Processing Equipment and Accessories (unit)	101807	89	417260	271
数字式自动数据处理设备 (台)	Digital Automatic data Processing Equipment (unit)	23	2	1	
输入或输出部件 (台)	Input or Output assembly (unit)	70611	20	267591	69
显示器	Screen Devices	1		18	
键盘、鼠标器	Keyboard and Mouse	58410	15	239771	63
自动数据处理设备的零件 (吨)	Spare Parts of Automatic data Processing Equipment (ton)	54	13	497	123
轴　承 (套)	Bearings (set)	2592400	59	4210820	125
电动机及发电机 (台)	Electric Motors and Generators (unit)	401773	382	618543	297
变压器 (个)	Transformers (unit)	191692	123	60140	27
静止式变流器 (个)	Static Converters (unit)	2474553	475	489954	121
原电池 (个)	Primary Cells and Batteries (unit)	172260128	503	272787904	711
蓄电池 (个)	Electric Accumulators (unit)	646405	18	49015	29
手电筒 (个)	Electric (unit)	754166	23	2783271	67
有线电话机（包括无绳电话机）(台)	Line Telephone Sets (Including Wireless Telephone) (unit)	8500	6	3500	2
扬声器 (个)	Loudspeakers (unit)	928469	38	645118	90
激光唱机 (台)	Laser Phonograph (unit)			2200	6
录、放像机 (台)	Video Recorder (unit)	1700	6	14835	59
录音机及收录（放）音组合机 (台)	Radio, Recorder and Component Sets (unit)	39252	31	184537	110
收音机 (台)	Radio (unit)	26860	4	179780	25
电视机（包括整套散件）(台)	TV sets (Including Parts of Completer Set) (unit)	206763	541	418128	1195
彩色电视机（包括整套散件）	Color TV sets (Including Parts of Completer Set)	4923	55	49896	445
黑白电视机（包括整套散件）	Black and White TV sets (Including Parts of Completer Set)	201840	486	368232	750
录放音、像机及唱机的零附件 (吨)	Spare Parts of Recorder, Video and Phonograph (ton)	749	24		
电视、收音机及无线电讯设备的零附件 (吨)	Spare Parts of TV, Radio and Telecommunication Equipment (ton)	542	111	998	298
电容器 (吨)	Electric Capacitors (ton)	135	191	158	238
印刷电路 (吨)	Printed Circuit (ton)			14	
通断及保护电路装置	Protection Fixtures of Circuit		157		237
二极管及类似半导体器件 (个)	Diode and Similar Parts of Semi-conductor Devices (unit)	13344620	6	29296500	14
集成电路及微电子组件 (个)	Integrated Circuit and Microelectronics Devices (unit)	30470	7	21050	2
电线和电缆 (吨)	Electric Wire, Cable (ton)	532	375	701	507
汽车和汽车底盘 (辆)	Motor Vehicles and Chassis (unit)	173	119	607	516
汽车零件	Parts of Motor Vehicles		336		473
摩托车 (辆)	Motorcycles (unit)	55	1201	118	6
自行车 (辆)	Bicycles (unit)	717283	1417	834371	1410
摩托车及自行车的零件	Parts of Motorcycles and Bicycles		1201		1484
船　舶 (艘)	Vessels (unit)			6	186
照相机 (架)	Cameras (unit)			2080	2
医疗仪器及器械	Medical Instruments and Appliances		220		266
手　表 (只)	Wrist Watches (unit)	35844	4	123951	14
机械手表	Mechanical Watches	6744	1	22281	2
电动手表	Electric Watches	29100	3	101670	12
日用钟 (只)	Clocks (unit)	1644968	85	1136466	43
家　具	Furniture		238		458

17—6 续表3 continued

单位：万美元 (USD 10000)

品名	Item	1999 数量 Volume	1999 金额 Value	2000 数量 Volume	2000 金额 Value
床垫、寝具及类似品	Mattress, Bedding Articles		3082		4996
灯具、照明装置及类似品	Lamp, Lighting Apparatus		1212		1355
旅行用品及箱包	Box and bag, Travel Goods		2747		4078
服装及衣着附件	Garments, Clothing Accessories		28855		34035
织物制服装	Textile Garment		25333		28261
非针织或钩编织物制服装	Garments (Excluding Knitwear and Crochet)		16820		18796
针织或钩编的服装	Garments, Knitted or Crocheted		8513		9466
皮革服装 (件)	Leather Garment (unit)	987866	1773	1415527	2950
裘皮服装 (吨)	Fur Garment (ton)	8	37	30	111
皮革手套 (双)	Leather Gloves (pair)	3430042	170	3605834	172
织物制手套 (双)	Textile Gloves (pair)	10659216	251	16822647	428
织物制袜子 (双)	Textile Hose (pair)	1718286	39	17463362	594
手帕 (条)	Handkerchief (unit)	6385170	54	7216771	47
帽类 (个)	Headwear (unit)	8767354	372	11883497	555
鞋类	Footwear		13871		8818
鞋 (双)	Shoes (pair)	55633697	13871	67708939	8683
外底及鞋面均以橡胶或塑料制的鞋 (双)	Both Sole and Vamp Being Made of Rubber or Plastics (pair)	19014632	2466	26563432	3398
皮面鞋 (双)	With Leather vamp (pair)	3428468	1276	6230350	1728
橡胶或塑料底纺织材料为面的鞋 (双)	With Rubber or Plastic Sole and Textile vamp (pair)	26732984	2610	30691482	3076
鞋靴零件、护腿及类似品 (吨)	Spare Parts of Shoes, Shin Pad and Similar Goods (ton)	310	102	558	135
塑料制品 (吨)	Plastic Articles (ton)	7817	1307	10578	1749
玩具	Toys		2939		3896
游戏机 (台)	Game-machine (unit)	17176	6	2150	1
圣诞用品	Christmas Articles		128		172
足球、篮球、排球 (个)	Football, Basketballs and Volleyballs (unit)	352781	41	570875	57
铅笔 (吨)	Pencils (ton)	2586	532	3049	591
艺术珍藏品及古董	Works of Art, Collection Pieces and Antiques		3		3
伞 (把)	Umbrellas (unit)	405158	156	745384	197
竹编结品 (吨)	Bamboo Products (ton)	1290	211	2012	315
藤编结品 (吨)	Rattan Products (ton)	5		18	3
草编结品 (吨)	Straw Products (ton)	135	16	192	23
柳编结品 (吨)	Wickerwork (ton)	2523	395	2416	439
鬃刷 (吨)	Bristle Brushes (ton)	8237958	138	6771439	102
人造花 (吨)	Artificial Flowers (ton)	49	6	205	22
热水瓶 (个)	Vacuum Flasks (unit)	2953652	345	3600955	389
机电产品	Mechanical and Electrical Products		26597		36622
#金属制品	Metal Products				6486
机械及设备	Machinery and Equipment				12198
电器及电子产品	Electric Appliances and Electric Products				8317
运输工具	Conveyance				4841
仪器仪表	Instrument				1010
其他	Others				3770
高新技术产品	New High Technical Products				5989
#生物技术	Biological Technique				1067
生命科学技术	Life Scientific Technique				2601
光电技术	Photoelectric Technique				21
计算机与通信技术	Computer and Communication Technique				1194
电子技术	Electronic Technique				194
计算机集成制造技术	Integrated Manufacture Technique				837
材料技术	Material Technique				19
航空航天技术	Aerospace Technique				9
其他技术	Other Technique				49

17—7 对外签订利用外资协议（合同）额

Utilization of Foreign Capital Through Signed Contracts (Agreements)

单位：万美元 (USD 10000)

指标	Item	1990	1995	1999	2000
总　计	**Total**	**8721**	**133856**	**85506**	**75154**
对外借款	**Foreign Loans**	**6667**	**13216**	**25638**	**8800**
外国政府贷款	Government Loans	3822	600	5358	5000
国际金融组织贷款	Loans from International Financial Organizations	2455	5076	20280	3800
外国银行商业贷款	Commercial Loans of Foreign Banks				
出口信贷	Export Credit	390	7540		
外商直接投资	**Foreign Direct Investments**	**1920**	**120640**	**55868**	**63602**
合资经营	Joint Ventures Enterprises	1689	77780	30326	5974
合作经营	Cooperative Operation Enterprises	5	4047	11949	20784
合作开发	Cooperative Development				
独资经营	Foreign Own Investment Enterprises	226	38813	13593	36844
外商其他投资	**Other Foreign Investment**	**134**		**4000**	**2752**
补偿贸易	Compensation Trade	134			
加工装配	Processing Assembly			4000	2752

17—8 实　际　利　用　外　资　额

Foreign Capital Actually Used

单位：万美元 (USD 10000)

指标	Item	1990	1995	1999	2000
总　计	**Total**	**5027**	**76749**	**65661**	**41521**
对外借款	**Foreign Loans**	**3673**	**28493**	**25529**	**6922**
外国政府贷款	Government Loans	446	10647		
国际金融组织贷款	Loans from International Financial Organizations	2837	11073		
外国银行商业贷款	Commercial Loans of Foreign Banks	390	6773		
出口信贷	Export Credit				
外商直接投资	**Foreign Direct Investments**	**961**	**48256**	**36132**	**31847**
合资经营	Joint Ventures Enterprises	937	31112	29458	11921
合作经营	Cooperative Operation Enterprises	7	1619	2835	6965
合作开发	Cooperative Development				
独资经营	Foreign Own Investment Enterprises	17	15525	3839	12961
外商其他投资	**Other Foreign Investment**	**393**		**4000**	**2752**
补偿贸易	Compensation Trade	383			
加工装配	Processing Assembly	10		4000	2752

17—9 主要年份对外承包工程和劳务合作
Contracted Projects and Labor Services Cooperation With Foreign Countries in Major Years

年 份 Year	签订合同的国家（地 区） 数（个） Number of Countries or Territories with Contracts Signed	合 同 数 （份） Number of Contracts	合同金额 （万美元） Contracted Value （USD 10000）	完成营业额 （万美元） Value of Businness Fulfilled （USD 10000）
总 计 Total				
1985	4	4	20	267
1990	7	16	3042	634
1991	15	23	2484	778
1992	12	21	2903	1004
1993	17	12	607	390
1994	9	28	3382	1329
1995	38	93	1689	3621
1996		84	3419	3319
1997		129	7185	7004
1998		134	6864	4926
1999		73	8550	9920
2000		126	17609	10344
对外承包工程 Contracted Projects				
1985	1	1	11	69
1990	4	6	2312	507
1991	7	8	2023	719
1992	8	15	2613	699
1993		6	566	381
1994		5	2575	1081
1995	6	9	866	3180
1996		18	1647	2231
1997		18	4787	5336
1998		27	2436	2800
1999		23	6309	7114
2000		44	11768	7308
对外劳务合作 Labour Cooperation				
1985	3	3	9	198
1990	6	10	730	127
1991	8	15	461	59
1992	4	6	290	305
1993		6	41	9
1994		18	458	150
1995	14	78	745	299
1996		55	1240	814
1997		93	1835	1416
1998		97	4347	1852
1999		42	2116	2654
2000		69	5350	2922
实际咨询 Design Consultation				
1994		5	349	98
1995	5	6	78	142
1996		11	532	274
1997		18	563	252
1998		10	81	274
1999		8	125	152
2000		13	491	114

注：签订合同的国家（地区）是指表中所列年份同我省签订有承包工程和劳务合作的国家、地区数。

a) Countries or territories with contracts signed refers to the countries or territories having contracted projects and labor cooperation with Anhui province.

17—10 外商投资企业年末企业数、投资总额及注册资本（2000年）
Number, Investment and Registered Capital of Foreign-funded Enterprises (2000)

项目	Item	企业数（户）Number of Registered Enterprises	投资总额（万美元）Total Investment (USD 10000)	注册资本（万美元）Registered Capital (USD 10000)	外方 Capital Invested by Foreign Partner
总计	**Total**	**2216**	**914400**	**586788**	**341328**
#中外合资	Joint Ventures Enterprises	1470	523546	310115	149948
中外合作	Cooperative Operation Enterprises	142	129882	66178	40791
外资企业	Foreign Investment Share Enterprises	600	178431	127954	127954

17—11 外国和港澳台地区直接投资（按行业）（2000年）
Direct Investment of Foreign Countries, Hong Kong, Macao and Taiwen by Sector (2000)

指标	Item	新签协议 Newly Signed Agreement		实际投资合计（万美元）Total Actual Investment (USD 10000)		期末实有企业数（个）Number of Enterprises at the End of the Period	
		合同数（个）Number of Contracts	投资额（万美元）Investment (USD 10000)		现金 Cash		本期新增企业 Newly Increased In this Period
总计	**Total**	**247**	**63602**	**31847**	**31847**	**2216**	**223**
按投资方式分	**Grouped by Type of Investment**						
#合资企业	Joint Ventures Enterprises	106	5974	11921	11921	1470	85
合作企业	Cooperative Operation Enterprises	27	20784	6965	6965	142	25
外资企业	Foreign Investment Enterprises	114	36844	12961	12961	600	113
按国民经济行业分	**Grouped by Sector**						
农林牧渔业	Farming, Forestry, Animal Husbandry and Fishery	7	1644	124	124	54	8
采掘业	Mining and Quarrying	6	660	139	139	24	4
制造业	Manufacturing	155	34593	18567	18567	1489	138
电力、煤气及水的生产和供应业	Electric Power, Gas and Water Production and Supply	4	2140	3762	3762	25	4
建筑业	Construction	10	3958	172	172	85	13
地质勘查业、水利管理业	Geological Prospecting and Water Conservancy					3	1
交通运输、仓储及邮电通讯业	Transport, Storage, Post and Telecommunications	5	6013	4828	4828	27	
批发和零售贸易、餐饮业	Wholesale and Retail Trade & Catering Services	6	294	85	85	52	5
金融、保险业	Finance and Insurance						
房地产业	Real Estate Trade	24	8372	1657	1657	217	22
社会服务业	Social Services	28	5377	2385	2385	213	24
卫生、体育和社会福利业	Health Care, Sporting and Social Welfare	1	401			6	
教育、文化艺术及广播电影电视业	Education, Culture and Arts, Radio, Film and Television					3	
科学研究和综合技术服务业	Scientific Research and Polytechnical Services		100			12	3
其他行业	Others	1	50	128	128	6	1

17—12 外国和港澳台地区直接投资（按国别和地区）（2000 年）
Direct Investment of Foreign Countries and Hong Kong, Macao and Taiwan by Countries and Regions (2000)

指标	Item	新签协议 Newly Signed Agreement		实际投资合计（万美元） Total Actual Investment (USD 10000)		期末实有企业数（个） Number of Enterprises at the End of the Period	
		合同数（个） Number of Contracts	投资额（万美元） Investment (USD 10000)		现金 Cash		本期新增企业 Newly Increased In this Period
合　计	**Total**	**247**	**63602**	**31847**	**31847**	**2216**	**223**
亚　洲	Asia	152	30693	17744	17744	1647	140
#香　港	Hong Kong	69	11621	8201	8201	953	59
澳　门	Macao	3	1763	20	20	23	3
台　湾	Taiwan	52	7580	875	875	360	50
日　本	Japan	9	478	1760	1760	126	3
马来西亚	Malaysia	2	1126	568	568	20	2
菲律宾	Philippines	1	256	14	14	8	1
新加坡	Singapore	6	2805	5736	5736	84	5
韩　国	Republic of Korea	6	769	542	542	26	6
泰　国	Thailand	2	1850			32	4
非　洲	Africa					2	
欧　洲	Europe	21	9932	7213	7213	121	19
#比利时	Belgium			45	45	1	
英　国	United Kingdom	5	684	1563	1563	28	5
德　国	Federal Republic of Germany	1	4670	2569	2569	20	1
法　国	France	1	12			15	1
意大利	Italy	2	253	1550	1550	14	2
荷　兰	Netherlands		55	387	387	9	
葡萄牙	Portugal			45	45	1	
西班牙	Spain	2	82	88	88	5	2
瑞　士	Switzerland	2	2714	863	863	5	2
拉丁美洲	Latin America	3	105	17	17	6	1
北美洲	North America	63	21093	6762	6762	387	56
#加拿大	Canada	8	5881	114	114	45	8
美　国	United States	43	7094	1359	1359	326	39
大洋洲	Oceanic	8	1779	111	111	53	7
#澳大利亚	Australia	6	1729	61	61	43	6
新西兰	New Zealand	1	40	40	40	6	1

17—13 各市商品进出口总额(2000年)
Import and Export Commodities by Region (2000)

单位：万美元 (USD 10000)

地区 Region	1999			2000		
	进出口总额 Total	出口总额 Exports	进口总额 Imports	进出口总额 Total	出口总额 Exports	进口总额 Imports
总计 Total	**264894**	**167657**	**97237**	**334689**	**217206**	**117483**
合肥市 Hefei	159447	106801	52646	192501	133335	59166
淮北市 Huaibei	3020	2406	614	3175	3107	68
亳州市 Bozhou	902	902		691	682	9
宿州市 Suzho	446	303	143	1014	673	341
蚌埠市 Bengbu	9211	7723	1488	11767	10644	1123
阜阳市 Fuyang	2705	1897	808	3699	2395	1304
淮南市 Huainan	2596	2225	371	2165	1950	215
滁州市 Chuzhou	5855	3443	2412	8597	5111	3486
六安市 Luan	3075	2598	477	5355	4999	356
马鞍山市 Maanshan	11440	5495	5945	24699	11338	13361
巢湖市 Chaohu	2505	2287	218	3255	2901	354
芜湖市 Wuhu	21188	10293	10895	20233	11487	8746
宣城市 Xuancheng	2243	1658	585	4387	3021	1366
铜陵市 Tonglin	28613	10866	17747	36785	13341	23444
池州市 Chizhou	1751	1448	303	2891	2196	695
安庆市 Anqin	6892	5588	1304	10232	8162	2070
黄山市 Huangshan	3005	1724	1281	3243	1864	1379

17—14 各市外商直接投资(2000年)
Foreign Direct Investment by Region (2000)

地区 Region	项目(个) Number of Projects		协议外资额(万美元) Agreement and Contract Value (USD 10000)		实际利用外资额(万美元) Used Value (USD 10000)	
	1999	2000	1999	2000	1999	2000
总计 Total	**199**	**247**	**55868**	**63602**	**36131**	**31847**
合肥市 Hefei	32	67	6914	21037	15061	12743
淮北市 Huaibei	1	5	1626	860	410	417
亳州市 Bozhou	6	5	531	200	162	32
宿州市 Suzho	10	14	1607	2622	250	653
蚌埠市 Bengbu	9	14	2416	3930	188	1317
阜阳市 Fuyang	22	20	2933	6224	2470	122
淮南市 Huainan	5	5	7114	728	2040	2527
滁州市 Chuzhou	13	14	2708	5953	878	1774
六安市 Luan	9	7	1669	1618	206	1443
马鞍山市 Maanshan	4	6	2930	1549	616	1889
巢湖市 Chaohu	10	7	1998	774	778	1004
芜湖市 Wuhu	35	41	14070	11461	8620	4416
宣城市 Xuancheng	10	7	1086	954	219	799
铜陵市 Tonglin	14	7	6486	2415	3751	1320
池州市 Chizhou	3	11	131	932	7	212
安庆市 Anqin	9	9	997	2038	192	780
黄山市 Huangshan	7	8	652	307	283	399

17—15 "三资"企业经营情况(2000年)
Operation of Joint, Cooperative or Exclusively Foreign Funded Enterprises (2000)

单位：万元 (10000 yuan)

指　　标	Item	销售收入 Revenue	资产总计 Total Assets	负债合计 Total Liabilities	应交税金及附加 Tax and Extra Charges	利润总额 Total Profits
总　计	**Total**	**3680700**	**6814823**	**3502610**	**234150**	**108681**
按投资方式分	**Grouped by Type of Investment**					
合资企业	Joint Ventures Enterprises	2042269	3244623	2045251	93827	58992
合作企业	Cooperative Operation Enterprises	89062	495376	323691	7670	3871
外资企业	Foreign Investment Enterprises	523147	918422	453014	26748	10567
外商投资股份制企业	Foreign Investment Share Enterprises	1026222	2156402	680654	105905	35251
按国民经济行业分	**Grouped by Sector**					
农、林、牧、渔业	Farming, Forestry, Animal Husbandry and Fishery	5217	9061	5887	6	−531
采掘业	Mining and Quarrying	5251	28811	11675	344	196
制造业	Manufacturing	3288515	5362468	2659905	202305	93036
电力、煤气及水的生产和供应业	Electric Power, Gas and Water Production and Supply	209484	705902	431533	22985	16163
建筑业	Construction	8081	15290	9317	265	−103
交通运输、仓储及邮电通信业	Transport, Storage, Post and Telecommunications	27126	157988	60429	1972	9959
批发和零售贸易、餐饮业	Wholesale and Retail Trade & Catering Services	28408	61096	43351	513	454
房地产业	Real Estate Trade	61852	316343	192239	3351	−2904
社会服务业	Social Services	46617	155021	86198	2392	−7330
卫生、体育和社会福利业	Health Care, Sporting and Social Welfare	56	1099	464	9	−83
科学研究和综合技术服务业	Scientific Research and Polytechnical Services	93	1744	1612	8	−176

17—16 旅游事业发展情况
Development of Tourism

指标	Item		1990	1995	1999	2000
旅行社总数（个）	Total Number of Travel Agencies	(unit)		142	200	332
国际旅行社	International Travel Agencies			29	32	35
国内旅行社	Domestic Travel Agencies			113	168	297
旅行社职工人数（人）	Number of Staff and Workers of Travel Agencies	(person)		2389	2873	3848
国际旅行社	International Travel Agencies			677	838	873
国内旅行社	Domestic Travel Agencies			1712	2035	2975
涉外饭店总数（个）	Total Number of Tourist Hotel		65	111	196	241
入境旅游人数（人）	Total Number of International Tourists Inbound	(person)	114504	142855	251183	318430
外国人及华侨	Foreigners and Overseas Chinese		32669	74626	142408	167850
港澳和台湾同胞	Compatriots from Hong Kong, Macao and Taiwan		81835	68229	108775	150580
国内居民出境总人数（人）	Total Number of Domestic Resident Outbound	(person)				5140
国内旅游人数（万人）	Total Number of Domestic Tourists	(10000 persons)	1015	1782	2666	2974
旅游收入	Income of Tourism					
国际旅游收入（万美元）	Earnings from International Tourism	(USD 10000)	620.00	4435.90	9015.79	11296.45
国内旅游收入（亿元）	Earnings from Domestic Tourism	(100 million yuan)	1.85	8.38	134.40	150.48

17—17 旅游部门基本情况
Basic Statement of Tourism Departments

指标		Item		1990	1995	1999	2000
旅游管理机构	（个）	Number of Tourism Administrative Setups	(unit)	10	42	60	91
职工人数	（人）	Number of Staff and Workers	(person)	9294	28547	44956	50881
旅游涉外饭店（宾馆）	（个）	Number of Tourist Hotel	(unit)	65	111	196	241
#四星级		Four Star Class				1	6
三星级		Three Star Class			10	35	52
二星级		Two Star Class			42	53	90
一星级		One Star Class			8	9	15
旅游涉外饭店（宾馆）		Lodging Facilities					
客房	（间）	Number of Rooms	(unit)	5943	11818	20056	22824
床位	（张）	Number of Beds	(unit)	14912	27415	42622	48318
客房出租率	（%）	Room Occupancy	(%)	54.7	52.27	48.27	50.98
旅游车辆	（辆）	Number of Touring Vehicles			758	1013	
#大型车辆		Large Size			142	109	
中型车辆		Middle Size			149	189	
小型车辆		Small Size			185	451	
经营情况		Business Status					
营业收入	（亿元）	Business Income	(100 million yuan)		11.39	24.26	38.83
外汇收入	（万美元）	Foreign Exchange Income	(USD 10000)	620	4435.9	9015.79	11296.45
利润总额	（万元）	Total Profits	(10000 yuan)		6281.6	-3638.81	-2125.56
利润率	（%）	Ratio of Profits to Income	(%)		5.56		

17—18 各市涉外饭店（宾馆）住宿设施情况（2000年）
Accommodation Facilities of Hotels Concerning Foreign Affairs by Region (2000)

地 区 Region	饭 店（宾馆）（个）Number of Hotels	四星级 Four Star Class	三星级 Three Star Class	二星级 Two Star Class	一星级 One Star Class	客 房（间）Number of Rooms	床 位（张）Number of Beds	客房出租率（%）Room Occupancy
总 计 Total	**241**	**6**	**52**	**90**	**15**	**22824**	**48318**	**50.98**
合 肥 市 Hefei	26	3	8	8		3560	7012	61.45
淮 北 市 Huaibei	5		2	2		638	1447	55.76
亳 州 市 Bozhou	6			3		371	861	48.92
宿 州 市 Suzho	4		2			1314	2730	77.83
蚌 埠 市 Bengbu	14		3	4	1	1335	2558	65.55
阜 阳 市 Fuyang	12		3	5		716	1288	33.58
淮 南 市 Huainan	8		2	3		536	1043	
滁 州 市 Chuzhou	13		3	5		1255	2415	55.71
六 安 市 Luan	10			4		790	1812	35.16
马鞍山市 Maanshan	9	1	1	5	1	1142	2454	45.65
巢 湖 市 Chaohu	10		3	3		595	1330	39.97
芜 湖 市 Wuhu	17		4	5	3	1478	3011	58.07
宣 城 市 Xuancheng	19		4	4	3	1059	2258	49.70
铜 陵 市 Tonglin	8		2	4		678	1260	48.49
池 州 市 Chizhou	14		1	3		940	2125	39.32
安 庆 市 Anqin	24		3	14	5	2100	4567	
黄 山 市 Huangshan	42	2	11	18	2	4317	10147	41.88

注：本表星级宾馆（酒店）指2000年底止已得到国家旅游局或省旅游局批准的，不包括已报未批部分。

a) The star class of hotel in this table refer to be approved by the National Tourism Administration or Anhui Tourism Administration up to the year-end of 2000 excluding those had been reported but unapproved.

17—19 国际旅游外汇收入及构成
Foreign Exchange Earnings and It's Composition

指 标	Item	1999 数 额（美元）Value (USD)	1999 比 重（%）Percentage (%)	2000 数 额（美元）Value (USD)	2000 比 重（%）Percentage (%)
总 计	**Total**	**6708.29**	**100.00**	**8621.45**	**100.00**
长途交通	Long Distance Transportation	2079.57	31.00	1888.10	21.90
民 航	Air	1656.95	24.70	1215.62	14.10
铁 路	Railway	207.96	3.10	327.62	3.80
汽 车	Highway	187.83	2.80	284.51	3.30
轮 船	Waterway	26.83	0.40	60.35	0.70
游 览	Visiting	389.08	5.80	293.13	3.40
住 宿	Accommodation	1093.45	16.30	1207.00	14.00
餐 饮	Cater	664.12	9.90	1077.68	12.50
商品销售	Commodity Sale	1214.20	18.10	1681.18	19.50
娱 乐	Entertainment	322.00	4.80	560.39	6.50
邮电通讯	Postal and Communication	201.25	3.00	456.94	5.30
市内交通	Local Transportation	315.29	4.70	344.86	4.00
其他服务	Other Service	429.33	6.40	1112.17	12.90

17—20 接待外国人旅游人数（按国别分）
Number of Foreign Tourists by Country

单位：人 (person)

指标	Item	1990	1995	1999	2000
总计	**Total**	**31282**	**72795**	**138292**	**167850**
#日本	Japan	21005	18725	38918	47272
韩国	Republic of Korea		5578	17233	21659
新加坡	Singapore	1160	12589	15293	16568
美国	United States	1700	7060	15113	18456
英国	United Kingdom	535	964	2598	3111
法国	France	497	1692	2885	5836
德国	Federal Republic of Germany	617	2115	5241	4699
俄罗斯	Russia	261	195	456	832

17—21 国内旅游情况人数结构（按年龄、身份和职业分）(2000年)
Number of Domestic Tourists by Age, Identity and Occupation (2000)

单位：% (%)

年份 Year		按身份分组 By identity			按职业分组 By Occupation								
		人数合计(人) Total (person)	城镇居民 Urban Residents	非城镇居民 Unurban Residents	公务员 Public Servicers	企管人员 Business Managerial Staff	军人 Soliders	工人 Workers	服务销售人员 Salesmen	农民 peasants	专业人员 Professional Staff	离退休人员 Retirees	学生 Students
合计	**Total**	**5858**	**89.2**	**10.8**	**21.4**	**25.4**	**1.3**	**10.5**	**20.5**	**4.7**	**9.0**	**4.3**	**2.9**
65岁以上	65 and over	206	86.0	14.0	7.3	3.4	1.5	4.4	36.8	6.8	1.5	38.3	
45—64岁	45－64	1416	87.4	12.6	19.8	28.0	1.1	8.5	15.8	6.0	9.0	11.8	
25—44岁	25－44	3560	90.5	9.5	23.6	28.3	1.2	11.5	21.0	4.3	9.8		0.3
15—24岁	15－24	672	86.6	13.4	18.1	11.8	2.1	11.3	22.9	3.9	7.3		22.6
14岁以下	14 and under	4	75.0	25.0									100.0

17—22 各市国内旅游主要经济指标（2000年）
Main Economic Indicators of Domestic Tourism by Region (2000)

地区 Region	人数（万人次）Total Number (10000 person-times)	总收入（万元）Total Income (10000 yuan)	一日游 One-day Tour		过夜旅游 Overnight Tour	
			人数（万人次）Total Number (10000 person-times)	收入（万元）Income (10000 yuan)	人数（万人次）Total Number (10000 person-times)	收入（万元）Income (10000 yuan)
总计 Total	**2974**	**1504750**	**630**	**50361**	**2344**	**1454389**
合肥市 Hefei	343	216400	65	4691	278	211709
淮北市 Huaibei	73	20524	9	434	64	20090
亳州市 Bozhou	73	30547	2	182	71	30365
宿州市 Suzho	115	36315	16	834	99	35481
蚌埠市 Bengbu	142	44801	58	2477	84	42324
阜阳市 Fuyang	236	85094	45	3110	191	81984
淮南市 Huainan	90	37279	36	2592	54	34687
滁州市 Chuzhou	157	51339	24	1608	133	49731
六安市 Luan	135	41571	24	2008	111	39563
马鞍山市 Maanshan	125	64978	41	2309	84	62669
巢湖市 Chaohu	138	54017	32	3082	106	50935
芜湖市 Wuhu	227	119958	78	9707	149	110251
宣城市 Xuancheng	172	52338	29	2475	143	49863
铜陵市 Tonglin	65	24832	4	142	61	24690
池州市 Chizhou	204	133407	29	3180	175	130227
安庆市 Anqin	333	170874	90	8375	243	162499
黄山市 Huangshan	346	320476	48	3155	298	317321

17—23 国内旅游人均花费（2000 年）
Per Catita Costs of Domestic Tourism (2000)

单位：元 (yuan)

指标 Item		平均每人花费 Per Capita Expenditure	交通费 Local Transportation	住宿费 Accommodation	餐饮费 Cater	购物费 Commodity Sale	平均逗留天数（天） Average Number of Days (day)
总花费	Total Expenditure	505.60	53.42	120.52	98.17	90.98	2.32
一日游	One-day Tour	79.72	7.32	0.28	16.81	22.34	1.00
过夜花费	Overnight Tour	572.79	60.69	139.47	111.01	101.82	2.53
#宾馆饭店	Living in Hotel	589.32	61.91	148.26	115.36	102.24	2.49
#住亲友家	Living in Relative's or Friend's Home	319.34	44.07	5.18	43.21	98.44	3.18

17—24 各市国内旅游人均花费（2000 年）
Per Catita Costs of Domestic Tourism by Region (2000)

单位：元 (yuan)

地区 Region		平均每人花费 Per Capita Expenditure	交通费 Local Transportation	住宿费 Accommodation	餐饮费 Cater	购物费 Commodity Sale	平均逗留天数（天） Average Number of Days (day)
总计	**Total**	**505.60**	**53.42**	**120.52**	**98.17**	**90.98**	**2.32**
合肥市	Hefei	614.73	93.10	158.62	111.01	98.41	2.93
淮北市	Huaibei	272.29	29.85	99.85	62.09	38.41	1.97
亳州市	Bozhou	409.21	55.86	112.19	79.36	44.32	1.82
宿州市	Suzho	307.24	23.33	120.15	70.79	48.64	1.73
蚌埠市	Bengbu	307.38	38.90	106.96	69.64	55.67	2.19
阜阳市	Fuyang	351.58	36.18	81.88	84.29	85.13	2.17
淮南市	Huainan	402.64	39.36	118.86	106.77	67.98	2.16
滁州市	Chuzhou	318.29	21.68	87.08	79.26	50.34	2.13
六安市	Luan	300.62	24.21	60.00	55.27	57.88	2.56
马鞍山市	Maanshan	508.20	42.58	153.13	117.25	89.07	2.24
巢湖市	Chaohu	382.16	18.85	95.37	97.17	86.30	2.11
芜湖市	Wuhu	514.95	51.01	134.66	106.79	104.94	2.00
宣城市	Xuancheng	296.65	36.46	67.16	66.45	34.06	2.46
铜陵市	Tonglin	372.81	37.31	112.81	76.56	56.94	1.99
池州市	Chizhou	638.31	35.52	110.70	111.29	107.09	2.04
安庆市	Anqin	500.19	54.56	132.63	116.14	75.31	2.46
黄山市	Huangshan	902.34	100.97	164.22	134.42	185.25	2.63

17—25 国家级黄山风景区旅游事业发展情况
Development of Tourism of Huang Shan Scenic at National Level

指标		Item		1990	1995	1999	2000
接待人数	（人次）	Tourists Received	(person-time)	669770	831058	1190855	1172871
接待海外游客		Overseas Tourists		42261	41562	35484	73485
国内游客		Domestic Tourists		627509	789496	1155371	1099386
营业收入	（万元）	Business Income	(10000 yuan)	4962.3	18382.3	46058	47881
#游览设施		Touring Facilities		1811.1	10140.0	17132	18040
住宿设施		Lodging Facilities		1397.2	5248.4	9936	9655
娱乐设施		Entertainment Facilities		246.3	93.4		
餐饮设施		Catering Facilities		982.8	2523.9	3786	4004
商业设施		Commercial Facilities		524.9	376.6	44	182
外汇收入	（万美元）	Foreign Exchange Earnings	(USD 10000)	286.73	1042.9		
利润总额	（万元）	Total Profits	(10000 yuan)	1107.8	6111.1	11226	8317
#管委会所属企事业利润总额		Total Profits of Enterprises or Institntion Under the Board of Management		1107.8	6111.1	11226	8317
涉外宾馆（酒店）住宿设施		Lodging Facilities of Tourist Hotels					
宾馆（酒店）	（个）	Number of Hotels	(unit)	7	11	15	15
#三星级		Three Star Class			4	5	5
二星级		Two Star Class			2	4	1
一星级		One Star Class					
客房	（间）	Number of Rooms	(unit)	1630	1420	2109	1781
床位	（张）	Number of Beds	(unit)	5050	4050	4106	5775
客房出租率	（%）	Room Occupancy	(%)	51.25	48.64	68	42.3
旅游车辆	（辆）	Number of Touring Vehicles	(unit)	45	64	188	191
#大型车辆		Large-sized Vehicles		19	19	29	25
中型车辆		Middle-sized Vehicles		16	30	49	50
小型车辆		Small-sized Vehicles		10	15	62	62

17—26 国家级九华山风景区旅游事业发展情况
Development of Tourism of Jiu Hua Shan Scenic at National Level

指　　标		Item		1990	1995	1999	2000
接待人数	（人次）	Tourists Received	(person-time)	265000	438000	437300	565400
接待海外游客		Overseas Tourists		6264	10019	11606	13569
国内游客		Domestic Tourists		258736	427981	425694	551831
营业收入	（万元）	Business Income	(10000 yuan)	1500	10940	10491	12000
#游览设施		Touring Facilities		201	1130	2932	3579
住宿设施		Lodging Facilities		298	2990	2064	2493
娱乐设施		Entertainment Facilities		150	350	277	293
餐饮设施		Catering Facilities		550	4010	2354	2860
商业设施		Commercial Facilities		301	2460	2864	2775
外汇收入	（万美元）	Foreign Exchange Earnings	(USD 10000)	70	1047	280.60	334
利润总额	（万元）	Total Profits	(10000 yuan)	116	288	306	227
#管委会所属企事业利润总额		Total Profits of Enterprises or Institntion Under the Board of Management		78	192	220	216
涉外宾馆（酒店）住宿设施		Lodging Facilities of Tourist Hotels					
宾馆（酒店）	（个）	Number of Hotels	(unit)	2	3	3	3
#三星级		Three Star Class				1	1
二星级		Two Star Class		2	2	2	2
一星级		One Star Class					
客　房	（间）	Number of Rooms	(unit)	110	216	288	299
床　位	（张）	Number of Beds	(unit)	280	545	576	625
客房出租率	（%）	Room Occupancy	(%)	53	59	50	45
旅游车辆	（辆）	Number of Touring Vehicles	(unit)	57	78	60	59
#大型车辆		Large-sized Vehicles		12	19		19
中型车辆		Middle-sized Vehicles		28	37	20	30
小型车辆		Small-sized Vehicles		17	22	40	10

17—27　黄山旅游区域主要经济指标（2000年）
Main Economic Indicators of Tourist Region of Mount Huang (2000)

指　标	Item	黄山市市区 HuangShan Reigon of City	歙　县 SheXian	休宁县 XiuNing	黟　县 YiXian	祁门县 QiMen
土地面积　（平方公里）	Total Land Area　(sq. km)	2342	2236	2125	847	2257
年末总人口　（万人）	Population at the Year-end　(10000 persons)	40.84	50.23	27.37	9.74	18.49
#非农业人口	Non-agricultural Population	14.62	5.79	3.33	1.71	3.85
年末从业人员数　（万人）	Employment at the Year-end　(10000 persons)	25.6	31.4	18.7	6.3	11.5
国内生产总值　（万元）	Gross Domestic Product　(10000 yuan)	359258	223833	112774	38733	88787
第一产业	Primary Industry	63089	44821	41510	14254	22772
第二产业	Secondary Industry	103912	88376	27347	12439	27653
第三产业	Tertiary Industry	192257	90616	42917	13924	38362
农业总产值（1990年不变价）　（万元）	Gross Agricultural Output Value (at 1990 Constant Prices)　(10000 yuan)	45605	43986	32667	53124	19897
全社会工业总产值（1990年不变价）　（万元）	Gross Industrial Output Value (at 1990 Constant Prices)　(10000 yuan)	241511	245000	70190	25500	67303
公路通车里程　（公里）	Length of Highways	927	682	576	602	492
邮电业务总量（1990年不变价）　（万元）	Business Volume of Post and Telecommunications (at 1990 Constant Prices)　(10000 yuan)	17402	2499	1402	1338	2178
全社会固定资产投资额　（万元）	Total Investment in Fixed Assets　(10000 yuan)	160993	39892	26010	9050	16247
#基本建设投资	Investment in Capital Construction	85680	4577	5012	1680	2490
更新改造投资	Investment in Innovation	18067	4191	5089	2013	7718
社会消费品零售总额　（万元）	Total Retail Sales of Consumer Goods　(10000 yuan)	136880	68225	37830	11516	26468
年末职工人数（在岗）　（万人）	Number of Staff and Workers at the Year-end (Fully Employed)　(10000 persons)	5.4	2.1	1.4	0.7	1.5
职工工资总额（在岗）　（万元）	Total Wages of Staff and Workers (Fully Employed)　(10000 yuan)	40524.9	14335.3	8490.7	4199.3	9523.7
财政收入（不含基金）　（万元）	Government Revenue (Excluding Fund)　(10000 yuan)	33091	16667	8597	3851	7211
财政支出（不含基金）　（万元）	Government Expenditure (Excluding Fund)　(10000 yuan)	36329	20936	11149	5560	9651
城乡居民储蓄存款年末余额　（万元）	Outstanding Amount of Saving Deposits in Urban and Rural Areas at the Year-end　(10000 yuan)	250788	148783	73073	35859	68695
农民人均纯收入　（元）	Per Capita Net Income of Rural Residents　(yuan)	2566	2190	2191	2126	1764
接待旅游人数　（人）	Tourists Received　(person)	4128500	566000	305000	442500	118000
#国际游客	International Tourists	210500	500	2000	7500	
国内游客	Domestic Tourists	3918000	565500	303000	435000	108000
旅游营业收入　（万元）	Income of Tourism　(10000 yuan)	151705	8490	5020	9200	2566
旅游外汇收入　（万美元）	Foreign Exchange Earnings from Tourism　(USD 10000)	4114				

17—28 九华山旅游区域主要经济指标（2000年）
Main Economic Indicators of Tourist Region of Mount Jiu Hua (2000)

指标 Item	池州市辖区 ChiZhou Reigon of City	青阳县 QingYang	石台县 ShiTai	东至县 DongZhi
土地面积（平方公里）Total Land Area (sq. km)	2432	1181	1403	3256
年末总人口（万人）Population at the Year-end (10000 persons)	61.5	27.7	11.1	53.1
#非农业人口 Non-agricultural Population	16.11	4.00	1.85	5.66
年末从业人员数（万人）Employment at the Year-end (10000 persons)	34.8	17.3	6.7	34.1
国内生产总值（万元）Gross Domestic Product (10000 yuan)	294750	98755	24000	179894
第一产业 Primary Industry	67740	29763	10312	65894
第二产业 Secondary Industry	122160	36752	5200	56000
第三产业 Tertiary Industry	104850	32240	8488	58000
农业总产值（1990年不变价）（万元）Gross Agricultural Output Value (at 1990 Constant Prices) (10000 yuan)	63701	25653	9232	57913
全社会工业总产值（1990年不变价）（万元）Gross Industrial Output Value (at 1990 Constant Prices) (10000 yuan)	161146	85130	10155	77675
公路通车里程（公里）Length of Highways	776	676	640	746
邮电业务总量（1990年不变价）（万元）Business Volume of Post and Telecommunications (at 1990 Constant Prices) (10000 yuan)	11286	5192	1528	6324
全社会固定资产投资额（万元）Total Investment in Fixed Assets (10000 yuan)	84042	32470	8202	44705
#基本建设投资 Investment in Capital Construction	21144	3293	2585	10858
更新改造投资 Investment in Innovation	20154	3974	1579	6125
社会消费品零售总额（万元）Total Retail Sales of Consumer Goods (10000 yuan)	91160	35164	11494	60397
年末职工人数（在岗）（万人）Number of Staff and Workers at the Year-end (Fully Employed) (10000 persons)	4.1	1.1	0.7	2.7
职工工资总额（在岗）（万元）Total Wages of Staff and Workers (Fully Employed) (10000 yuan)	28567	8078	3949	14744
财政收入（不含基金）（万元）Government Revenue (Excluding Fund) (10000 yuan)	23146	6766	2028	11278
财政支出（不含基金）（万元）Government Expenditure (Excluding Fund) (10000 yuan)	25778	9831	4750	14997
城乡居民储蓄存款年末余额（万元）Outstanding Amount of Saving Deposits in Urban and Rural Areas at the Year-end (10000 yuan)	155721	82701	29161	89693
农民人均纯收入（元）Per Capita Net Income of Rural Residents (yuan)	2268	2146	1144	2054
接待旅游人数（人）Tourists Received (person)	480900	357900	166700	167800
#国际游客 International Tourists	2218	2108		98
国内游客 Domestic Tourists	478682	355792	166700	167702
旅游营业收入（万元）Income of Tourism (10000 yuan)	10061	4554	361	2316
旅游外汇收入（万美元）Foreign Exchange Earnings from Tourism (USD 10000)	422	150		6

主要统计指标解释

进出口总额、海关进出口总额 指实际进出我国国境的货物总金额。包括对外贸易实际进出口货物，来料加工装配进出口货物，国家间、联合国及国际组织无偿援助物资和赠送品，华侨、港澳台同胞和外籍华人捐赠品，租赁期满归承租人所有的租赁货物，进料加工进出口货物，边境地方贸易及边境地区小额贸易进出口货物(边民互市贸易除外)，中外合资企业、中外合作经营企业、外商独资经营企业进出口货物和公用物品，到、离岸价格在规定限额以上的进出口货样和广告品(无商业价值、无使用价值和免费提供出口的除外)，从保税仓库提取在中国境内销售的进口货物，以及其他进出口货物。进出口总额用以观察一个国家在对外贸易方面的总规模。我国规定出口货物按离岸价格统计，进口货物按到岸价格统计。

商品经营单位所在地进、出口额 指所在地海关注册登记的有进出口经营权的企业实际进、出口额。

商品目的地进口额和商品货源地出口额、目的地进口额 指进口货物的消费、使用或最终抵运地的实际进口额，货源地出口额是指出口货物的产地或原始发货地的实际出口额。

利用外资 指我国各级政府、部门、企业和其他经济组织通过对外借款、吸收外商直接投资以及用其他方式筹措的境外现汇、设备、技术等。

对外借款 是我国利用外资的重要部分。指通过对外正式签订借款协议，从境外筹措的资金，包括外国政府贷款、国际金融组织贷款、外国银行商业贷款、出口信贷以及对外发行债券等。1996年及以前还包括对外发行股票。

外商直接投资 指外国企业和经济组织或个人(包括华侨、港澳台胞以及我国在境外注册的企业)按我国有关政策、法规，用现汇、实物、技术等在我国境内开办外商独资企业、与我国境内的企业或经济组织共同举办中外合资经营企业、合作经营企业或合作开发资源的投资(包括外商投资收益的再投资)，以及经政府有关部门批准的项目投资总额内企业从境外借入的资金。

外商其他投资 指除对外借款和外商直接投资以外的各种利用外资的形式。包括企业在境内外股票市场公开发行的以外币计价的股票(目前主要是在香港证券市场发行的H股和在境内证券市场发行的B股)发行价总额，国际租赁进口设备的应付款，补偿贸易中外商提供的进口设备、技术、物料的价款，加工装配贸易中外商提供的进口设备、物料的价款。

对外承包工程 指各对外承包公司以招标议标承包方式承揽的下列业务：⑴承包国外工程建设项目，⑵承包我国对外经援项目，⑶承包我国驻外机构的工程建设项目，⑷承包我国境内利用外资进行建设的工程项目，⑸与外国承包公司合营或联合承包工程项目时我国公司分包部分，⑹对外承包兼营的房屋开发业务。对外承包工程的营业额是以货币表现的本期内完成的对外承包工程的工作量，包括以前年度签订的合同和本年度新签订的合同在报告期内完成的工作量。

对外劳务合作 指以收取工资的形式向业主或承包商提供技术和劳动服务的活动。我国对外承包公司在境外开办的合营企业，中国公司同时又提供劳务的，其劳务部分也纳入劳务合作统计。劳务合作营业额按报告期内向雇主提交的结算数(包括工资、加班费和奖金等)统计。

对外设计咨询 指以服务成果向业主收费的技术服务项目。包括承担地形地貌测绘，地质资源勘探与普查，建设区域规划，提供设计文件、图纸、生产工艺技术资料和工程技术经济咨询，工程项目的可行性考察、研究和评估，进行技术指导和培训人员等；也包括承担国(境)内利用外资进行建设的工程项目的上述规定的设计咨询项目的收取外币部分。

旅游者人数 包括入境国际旅游者人数、出境居民人数和国内旅游者人数。

⑴入境国际旅游者人数：指来中国参观、访问、旅行、探亲、访友、休养、考察、参加会议和从事经济、科技、文化、教育、宗教等活动的外国人、华侨、港澳同胞和台湾同胞的人数。不包括外国在我国的常驻机构，如使领馆、通讯社、企业办事处的工作人员；来我国常住的外国专家、留学生以及在岸逗留不过夜人员。

⑵出境居民人数：指大陆居民因公务活动或私人事务短期出境的人数。公务活动出境居民人数包括在国际交通工具上的中国服务员工，因私出境居民人数不包括在国际交通工具上的中国服务员工。

⑶国内旅游者人数：指我国大陆居民和在我国常住1年以上的外国人、华侨、港澳台同胞离开常住地在境内其他地方的旅游设施内至少停留一夜，最长不超过6个月的人数。

国际旅游(外汇)收入 指入境旅游的外国人、华侨、港澳同胞和台湾同胞在中国大陆旅游过程中发生的一切旅游支出，对于国家来说就是国际旅游(外汇)收入。

国际旅行社 指经营对外招徕并接待外国人、华侨、港澳同胞和台湾同胞来中国、归国或回内地旅游业务的旅行社。

国内旅行社 指负责经营招徕、组团、接待国内旅客的旅游业务，以及不对外招徕，负责经营接待国际旅行社或其它涉外部门组织的外国人、华侨、港澳同胞和台湾同胞来中国、归国或回内地的旅游业务的旅行社。

涉外饭店 指经有关部门批准，允许接待外国人、华侨、港澳同胞和台湾同胞的饭店。

Explanatory Notes for Major Statistical Indicators

Total Imports and Exports at Customs refer to the value of commodities imported into and exported from the boundary of China. They include the actual imports and exports through foreign trade, imported and exported goods under the processing and assembling trades and materials, supplies and gifts as aid given gratis between governments and by the United Nations and other international organizations, and contributions donated by overseas Chinese, compatriots in Hong Kong and Macao and Chinese with foreign citizenship , leasing commodities owned by tenant at the expiration of leasing period, the imported and exported commodities processed with imported materials, commodities trading in border areas (excluding mutual exchange goods), the imported and exported commodities and articles for public use of the Sino-foreign joint ventures, cooperative enterprises and ventures exclusively with foreign own investment. Also included are import or export of samples and advertising goods for whose CIF or FOB value are beyond the permitted ceiling (excluding goods of no trading or use value and free commodities for export), imported goods sold in China from bonded warehouses and other imported or exported goods. The indicator of the total imports and exports at customs can be used to observe the total size of external trade in a country. In accordance with the stipulation of the Chinese government, imports are calculated at CIF, while exports are calculated at FOB.

Import Export Value by Location of China's Foreign Trade Managing Units refers to actual value of imports and exports carried out by corporations which have been registered by the local customhouse and are vested with right to run import export business.

Import Value of Commodities by the Places of their Destination and Export Value of Commodities by the Places of their Origin in China: The former indicator refers to the value of import commodities of the places of their consumption, utilization or the places of their final destination. The latter indicator refers to the value of export commodities of the places of their origin or the places of the commodities dispatched.

Utilization of Foreign Capital refers to remittance, equipment and technology financed from abroad, by loans, foreign direct investment and other forms undertaken by the Chinese governments at all levels, by various departments, enterprises and other economic units.

Foreign Borrowings an important part of China's utilization of foreign capital, it refer to funds borrowed from abroad through formal signing of borrowing agreements with foreign institutions, including loans of foreign governments, loans of international financial institutions, commercial loans of foreign banks, export credit, and funds raised by Chinese bonds (and shares before 1996) issued abroad.

Direct Investment by Foreign Entrepreneurs refers to the investments inside China by foreign enterprises and economic organizations or individuals (including overseas Chinese, compatriots from Hong Kong and Macao, and Chinese enterprises registered abroad), following the relevant policies and laws of China, for the establishment of ventures exclusively with foreign own investment, Sino-foreign joint ventures and cooperative enterprises or for co-operative exploration of resources with enterprises or economic organizations in China. It includes the re investment of the foreign entrepreneurs with the profits gained from the investment and the funds that enterprises borrow from abroad in the total investment of projects which are approved by the relevant department of the government.

Other Investment by Foreign Entrepreneurs refers to all forms of utilization of foreign capitals other than foreign borrowings and foreign direct investment. It includes the total value of stock shares in foreign currencies issued by enterprises at domestic or foreign stock exchanges (now mainly consisting of H shares issued at Hong Kong Security Market and B shares issued at domestic security markets), rent payable for the imported equipment through international leasing arrangement, cost of imported equipment, technology and materials provided by foreign counterparts in compensation trade and processing and assembly trade.

Contracted Projects with Foreign Countries refer to projects undertaken by Chinese contractors (project contracting companies) through bidding process. They include: (1)overseas civil engineering construction projects financed by foreign investors; (2)overseas projects financed by the Chinese government through its foreign aid programs; (3)construction projects of Chinese diplomatic missions, trade offices and other institutions stationed abroad; (4)construction projects in China financed by foreign investment; (5) sub-contracted projects to be taken by Chinese contractors through a joint umbrella project with foreign contractor(s); (6)housing development projects. The business income from international contracted projects is the work volume of contracted projects completed during the reference period, expressed in monetary terms, including completed work on projects signed in previous years.

Service Cooperation with Foreign Countries refers to the activities of providing technology and labour services to employers or contractors in the forms of receiving salaries and wages. Labour services providing by contractual joint ventures of Chihe statistics of service co operation with foreign countries. The business income of labour service co operation is the income in the form of wages and salaries, overtime pay, bonuses and other remuneration received from the employers during the reference period.

Overseas Design and Consultation Service refers to projects with charges for technical services from overseas operators. It includes geographic and topographic mapping, geological resource prospecting and survey, planning of construction areas, provision of design documents, blueprints, materials on production process and techniques, as well as engineering, technical and economic consultation, and feasibility study, research and evaluation of projects. Also included under this category are the above-mentioned services of foreign-financed projects in China that are paid in foreign currencies.

Number of Tourists include international tourists entering into China, Chinese residents going abroad and domestic tourists.

(1)International tourists refer to foreigners, overseas Chinese, Chinese compatriots from Hong Kong, Macao and Taiwan coming to China for sightseeing, visits, tours, family reunions, vacations, study tours, conferences and other activities of a business, scientific and technological, cultural, educational and religious nature. It does not include representatives and employees of resident institutions of foreign countries in China such as embassies, consulates, news agencies and offices of foreign companies and organizations, nor does it include long-term foreign experts or students residing in China, or persons in transition without spending a night in China.

(2)Chinese residents going abroad refer to Chinese residents going abroad for short terms for either public business or private purposes. Chinese employees working on international transport carriers are included in those going abroad for public business purpose, not in those for private purpose.

(3)Domestic tourists refer to residents of the mainland of China who stay for one night at least but no more than 6 months at tourist facilities in other places than their permanent residence within the territory of the mainland China, including foreigners, overseas Chinese and Chinese compatriots from Hong Kong, Macao and Taiwan who have resided in China for over one year.

Foreign Exchange Earnings from International Tourism refer to the total expenditures of foreigners, overseas Chinese, Chinese compatriots from Hong Kong, Macao and Taiwan during their stay in the mainland of China, which are earnings of foreign exchange from international tourism from the point of view from China.

International Travel Agencies refer to travel agencies engaged in the promotion, solicitation, organization and reception of tours to the mainland of China by foreigners, overseas Chinese, Chinese compatriots from Hong Kong, Macao and Taiwan.

Domestic Travel Agencies refer to travel agencies engaged in the promotion, solicitation, organization and reception of domestic tourists, and in the reception of foreigners, overseas Chinese, Chinese compatriots from Hong Kong, Macao and Taiwan organized by international travel agencies or other departments concerned, without their own promotion and solicitation programmes.

Tourist Hotels refer to hotels that are able, with the approval of departments concerned, to accommodate foreigners, overseas Chinese, Chinese compatriots from Hong Kong, Macao and Taiwan.

十八、教育、科技、文化

EDUCATION, SCIENCE AND CULTURE

简要说明

一、本篇反映我省的教育文化事业的发展情况和科学技术活动基本情况。

二、教育部分包括高等教育（大专院校及研究生院）、中等教育（中等专业学校、技工学校、普通中学和职业中学）、初等教育（小学）、幼儿教育、特殊教育（盲聋哑和弱智儿童学校等）和各种类型的各级成人教育（成人高校、成人中等学校和初等学校）等，主要指标有各级各类学校的校数、在校学生数、招生数、毕业生数、教职工数、教师数等。

教育统计资料主要由省教委提供，资料来源是通过教委制定的教育统计报表制度搜集加工整理而成。另外，技工学校的资料来源于劳动厅。

三、文化部分主要包括艺术、图书馆、群众文化、文物、广播、电视、新闻出版等文化事业的机构、人员及业务活动情况。

1. 艺术事业、图书馆事业、群众文化事业的资料主要来自省文化厅。

2. 广播、电视资料主要来源于省广播电影电视局。

3. 新闻出版有关资料主要来自省新闻出版社。

四、科学技术部分主要包括了我省科技活动的规模、构成、布局和发展状况的资料，收录了全省有关部门1997年度的科技统计数据。

全省科技活动基本情况，综合地反映科技机构、大中型工业企业和高等学校三大科技活动主体单位的机构数、人员数和经费收支等情况，根据省科委、省教委、省国防工办、省统计局科技统计综合年报汇总。

专利申请受理量和批准量由省专利局提供。

本篇责任编辑：李道培、张成美

Brief Introduction

I. Data in this chapter show the development of Anhui's education and culture as well as the basic conditions of the activities of science and technology.

II. Data on education cover the situations on higher education (universities and colleges as well as college of postgraduates), secondary education (specialized secondary schools, regular secondary schools, vocational secondary schools and technical training schools), primary education (primary schools), kindergartens and special education (schools for blind, deaf, mute and retarded children) and all kinds of adult education (universities and colleges for adults, secondary schools for adults and primary schools for adults) etc. The main indicators cover the number of schools of various levels and categories, students enrolled, new students enrolled, graduates, staff and workers and number of teachers etc.

The statistical data on education are mainly provided by the Provincial Commission of Education. Data are collected and tabulated in accordance with the reporting scheme on educational statistics stipulated by the Provincial Commission of Education. In addition, data on the technical training schools are provided by the Department of Labor and Social Security.

III. Data on culture cover mainly the situations on institutions, personnel and business activities of arts, libraries, mass culture, cultural relics, broadcasting, films, televisions, news and publication etc.

1. Data on the causes of arts, libraries, mass culture are provided by the Provincial Department of Culture.

2. Data on broadcasting, film and television are mainly provided by the Provincial Administration of Broadcasting, film and Television.

3. Data on news and publication are mainly provided by the Provincial Press and Publication House.

IV. Data on science and technology cover mainly the scale, composition, distribution and development of the scientific and technological activities, including the statistical data of the departments concerned under the provincial government on science and technology in 1997.

The table on the basic conditions of the scientific and technological activities show in a summary way the number of institutions and personnel in scientific and technological institutions, large and medium-sized industrial enterprises and universities and colleges, the three main bodies engaged in the scientific and technological activities as well as their income and expenditure. Data are collected and tabulated in accordance with the annual reporting scheme on science and technology statistics of the Provincial Commission of Science, Provincial Commission of Education, Provincial Office of Science, Technology and Industry for National Defence and the provincial Statistical Bureau.

Data on the number of patent applications examined and certified are provided by Anhui Patent Office.

18—1 教育事业基本情况
Basic Statistics on Education

指标	Item	1990	1995	1999	2000
学校数 (所)	Number of Schools				
普通高等学校	Regular Institutions of Higher Education	37	35	37	42
普通中等学校	Secondary Schools	5069	5059	4693	4621
#中等专业学校	Specialized Secondary Schools	135	152	159	138
中等技术学校	Technical Secondary Schools	90	111	118	104
中等师范学校	Teacher Secondary Schools	45	41	41	34
普通中学	Regular Secondary Schools	4375	4170	3792	3767
高　中	Senior Secondary Schools	619	617	653	674
初　中	Junior Secondary Schools	3756	3553	3139	3093
职业中学	Vocational Secondary Schools			742	716
小　学	Primary Schools	35054	29343	25476	24281
幼儿园	Kindergartens	1763	2243	3314	3932
特殊教育	Special Schools	15	44	69	70
专任教师 (万人)	Number of Full-time Teachers (10000 persons)				
普通高等学校	Regular Institutions of Higher Education	1.17	1.16	1.24	1.51
普通中等学校	Secondary Schools	14.58	16.53	18.27	18.63
#中等专业学校	Specialized Secondary Schools	0.78	0.85	0.99	0.88
中等技术学校	Technical Secondary Schools	5.29	6.26	0.75	0.68
中等师范学校	Teacher Secondary Schools	2.51	2.21	0.24	0.21
普通中学	Regular Secondary Schools	12.71	14.03	15.29	15.81
高　中	Senior Secondary Schools	2.05	2.04	2.61	2.92
初　中	Junior Secondary Schools	10.66	11.98	12.67	12.90
职业中学	Vocational Secondary Schools	1.09	1.65	1.99	1.94
小　学	Primary Schools	27.09	26.73	27.66	27.37
幼儿园	Kindergartens	1.76	2.21	2.42	2.65
特殊教育	Special Schools	0.03	0.06	0.09	0.09
招生数 (万人)	New Student Enrollment (10000 persons)				
普通高等学校	Regular Institutions of Higher Education	1.98	2.94	5.17	7.62
普通中等学校	Secondary Schools	86.07	124.11	148.08	150.27
#中等专业学校	Specialized Secondary Schools	2.67	4.41	8.47	4.92
中等技术学校	Technical Secondary Schools	1.84	3.52	7.17	4.41
中等师范学校	Teacher Secondary Schools	0.82	0.90	1.30	0.51
普通中学	Regular Secondary Schools	77.13	105.23	122.87	129.75
高　中	Senior Secondary Schools	9.45	11.44	17.08	21.96
初　中	Junior Secondary Schools	67.68	93.78	105.79	107.78
职业中学	Vocational Secondary Schools	6.27	14.47	16.73	15.59
小　学	Primary Schools	98.51	119.94	113.99	116.60
幼儿园	Kindergartens			83.52	84.29
特殊教育	Special Schools	0.04	0.40	0.23	0.22
在校学生 (万人)	Student Enrollment (10000 persons)				
普通高等学校	Regular Institutions of Higher Education	6.24	8.80	13.30	18.24
普通中等学校	Secondary Schools	242.67	328.76	407.07	422.79
#中等专业学校	Specialized Secondary Schools	8.22	12.08	20.52	19.19
中等技术学校	Technical Secondary Schools	5.67	9.50	16.79	16.60
中等师范学校	Teacher Secondary Schools	2.55	2.59	3.73	2.59
普通中学	Regular Secondary Schools	218.18	281.53	339.85	358.32
高　中	Senior Secondary Schools	27.45	28.94	45.38	54.14
初　中	Junior Secondary Schools	190.73	252.58	294.47	304.18
职业中学	Vocational Secondary Schools	16.77	35.14	46.70	45.28
小　学	Primary Schools	633.22	606.88	641.92	644.24
幼儿园	Kindergartens	49.61	103.48	111.61	116.19
特殊教育	Special Schools	0.18	1.54	1.95	1.83
毕业生数 (万人)	Graduates (10000 persons)				
普通高等学校	Regular Institutions of Higher Education	2.15	2.90	2.31	2.59
普通中等学校	Secondary Schools	69.81	81.48	118.20	123.18
#中等专业学校	Specialized Secondary Schools	2.38	3.20	4.80	6.04
中等技术学校	Technical Secondary Schools	1.52	2.39	3.75	4.37
中等师范学校	Teacher Secondary Schools	0.86	0.81	1.05	1.68
普通中学	Regular Secondary Schools	62.75	71.26	98.50	102.31
高　中	Senior Secondary Schools	8.82	7.37	11.15	13.15
初　中	Junior Secondary Schools	53.93	63.89	87.35	89.16
职业中学	Vocational Secondary Schools	4.68	7.02	14.90	14.83
小　学	Primary Schools	102.99	103.24	120.02	121.20
幼儿园	Kindergartens				
特殊教育	Special Schools	0.02	0.07	0.19	0.20

18—2 研　究　生　数
Number of Postgraduates

单位：人　(person)

年　份 Year	研究生数 Number of Postgraduates 在学人数 Student Enrollment	招生数 New Student Enrollment	毕业生数 Graduates
1985	1604	1009	384
1990	1950	598	779
1995	2828	1051	588
1999	4495	1877	1168
2000	5357	2341	1041

18—3 高等学校分科在校学生数
Student Enrollment in Institutions of Higher Education by Field of Study

单位：人　(person)

项　目	Item	1999			2000		
		合　计 Total	本　科 Regular College Course	专　科 Specialized Subject (Three Years)	合　计 Total	本　科 Regular College Course	专　科 Specialized Subject (Three Years)
合　计	**Total**	**133025**	**85877**	**47148**	**182386**	**109062**	**73324**
哲　学	Philosophy	572	210	362	592	230	362
经济学	Economics	18511	10327	8184	25033	13371	11662
法　学	Law	2798	1914	884	4896	2857	2039
教育学	Education	6763	3136	3627	13170	4451	8719
文　学	Literature	17728	7863	9865	25021	10811	14210
历史学	history	3122	2076	1046	3722	2586	1136
理　学	Science	19103	11894	7209	25422	16061	9361
工　学	Engineering	47005	33241	13764	60267	38869	21398
农　学	Agriculture	4543	3956	587	6117	4943	1174
医　学	Medicine	12880	11260	1620	18146	14883	3263

18—4 高等学校分科招生数
New Student Enrollment in Institutions of Higher Education by Field of Study

单位：人　(person)

项　目	Item	1999			2000		
		合　计 Total	本　科 Regular College Course	专　科 Specialized Subject (Three Years)	合　计 Total	本　科 Regular College Course	专　科 Specialized Subject (Three Years)
合　计	**Total**	**51726**	**29688**	**22038**	**76186**	**37716**	**38470**
哲　学	Philosophy	242	80	162	160	60	100
经济学	Economics	6944	3507	3437	10257	4439	5818
法　学	Law	1181	742	439	2504	1138	1366
教育学	Education	3420	1131	2289	7632	1754	5878
文　学	Literature	7272	3010	4262	11316	4341	6975
历史学	history	1172	737	435	1191	820	371
理　学	Science	7303	4030	3273	9782	6020	3762
工　学	Engineering	17590	10969	6621	24004	12634	11370
农　学	Agriculture	1750	1430	320	2445	1742	703
医　学	Medicine	4852	4052	800	6895	4768	2127

18—5 高等学校分科毕业生数
Graduates of Institutions of Higher Education by Field of Study

单位：人 (person)

项目 Item		1999			2000		
		合计 Total	本科 Regular College Course	专科 Specialized Subject (Three Years)	合计 Total	本科 Regular College Course	专科 Specialized Subject (Three Years)
合计	**Total**	**23101**	**12516**	**10485**	**25923**	**13927**	**11996**
哲学	Philosophy	87	30	57	123	40	83
经济学	Economics	3510	1527	1983	4276	2006	2270
法学	Law	402	197	205	396	202	194
教育学	Education	1092	313	679	1211	432	779
文学	Literature	2305	1154	1151	4021	1385	2636
历史学	history	523	272	251	587	305	282
理学	Science	2832	1689	1143	3698	2024	1674
工学	Engineering	9550	5536	4014	9193	5809	3384
农学	Agriculture	723	655	68	813	593	220
医学	Medicine	2077	1143	934	1605	1131	474

18—6 高等学校分科专任教师数（2000年）
Number of Full-Time Teachers by Field of Study in Regular Higher Educational Institutions (2000)

单位：人 (person)

项目 Item		合计 Total	教授 Professors	副教授 Asso. Prof.	讲师 Lecturers	助教 Assistants	教员 Instructors
合计	**Total**	**15065**	**1222**	**4413**	**4989**	**3054**	**1387**
哲学	Philosophy	528	29	194	185	98	22
经济学	Economics	1288	61	347	409	254	217
法学	Law	403	11	81	163	107	41
教育学	Education	1395	20	322	547	346	160
文学	Literature	2536	98	610	844	668	316
历史学	history	246	10	81	91	55	9
理学	Science	3405	451	1094	1029	599	232
工学	Engineering	3600	334	1133	1253	625	255
农学	Agriculture	589	65	224	151	92	57
医学	Medicine	1075	143	327	317	210	78

18—7 中等专业学校分科学生数（2000年）
Number of Students by Field of Study in Specialized Secondary Schools (2000)

单位：人 (person)

项目 Item		1999			2000		
		毕业生数 Graduates	招生数 New Student Enrollment	在校学生数 Student Enrollment	毕业生数 Graduates	招生数 New Student Enrollment	在校学生数 Student Enrollment
合计	**Total**	**48023**	**84723**	**205217**	**60437**	**49191**	**191891**
工科	Engineering	15061	32004	75427	18418	19935	75375
农科	Agriculture	1294	3392	7547	1464	778	6462
林科	Forestry	196	837	1637	320	428	1586
医药卫生科	Health	3716	7276	17487	4191	6745	19060
财经	Economics and Finance	8519	8422	24298	8191	4346	21515
管理	Administration	4863	12643	26599	6585	5727	25079
政法	Politics and Law	1776	2501	4903	2089	1955	5017
艺术	Art	1559	2549	5924	1775	2244	6544
体育	Physical	544	1802	3713	660	1879	5102
师范	Teachers' School	10495	13297	37682	16744	5154	26151

18—8 中等专业学校分类别专任教师数(2000 年)

Full-Time Teachers in Specialized Secondary Schools by Field of Study (2000)

单位:人 (person)

项目	Item	合计 Total	高级讲师 Senior Lecturers	讲师 Lecturers	助理讲师 Assistant Lecturers	教员 Instructors
合计	**Total**	**8815**	**1891**	**3674**	**2951**	**299**
中等技术学校	Secondary Technical Schools	6757	1518	2789	2236	214
工业学校	Industry	3128	659	1359	1011	99
农业学校	Agriculture	630	90	282	242	16
林业学校	Forestry	67	19	23	25	
医药学校	Health	1146	344	455	321	26
财经学校	Economics and Finance	1192	258	432	433	69
政法学校	Politics and Law	101	13	32	56	
体育学校	Physical Culture	209	48	88	69	4
艺术学校	Art	252	73	109	70	
其他学校	Others	32	14	9	9	
中等师范学校	Secondary Normal Schools	2058	373	885	715	85

18—9 技工学校数和学生数

Number of Technical Schools, Students, Staff and Teachers

年份 Year	学校数(所) Schools	在校学生数(人) Student Enrollment (person)	毕业生数(人) Graduates (person)	招生数(人) New Student Enrollment (person)	教职工数(人) Staff and Teachers (person)
1980	45	15477			
1985	83	22126			
1990	116	44255	15087	17221	7053
1995	130	91661	28998	33435	8687
1999	139	49126	29281	13492	6584
2000	114	42628	24532	13583	6359

18—10 初中毕业生和小学毕业生升学率及小学学龄儿童入学率

Percentage of Graduates of Junior Secondary Schools and Primary Schools Entering Higher Level Schools, Percentage of School-Age Children Enrolled

年份 Year	初中毕业生升学率 Percentage of Graduates of Junior Secondary Schools Entering Senior Secondary Schools			小学毕业生升学率 Percentage of Graduates of Primary Schools Entering Junior Secondary Schools			小学学龄儿童入学率 Percentage of School-Age Children Enrolled		
	初中毕业生数(万人) Graduates of Junior Secondary Schools (10000 persons)	高级中等学校招生数(万人) Students Entering Senior Secondary Schools (10000 persons)	升学率(%) Percentage of Graduates of Junior Secondary Schools Entering Senior Secondary Schools	小学毕业生数(万人) Graduates of Primary Schools (10000 persons)	初级中等学校招生数(万人) Students Entering Junior Secondary Schools (10000 persons)	升学率(%) Percentage of Graduates of Primary Schools Entering Junior Secondary Schools	学龄儿童数(万人) School-Age Children (10000 persons)	已入学学龄儿童数(万人) School-Age Children Enrolled in Schools (10000 persons)	入学率(%) Enrollment Ratio (%)
1980	65.66	13.74	20.93	92.36	61.65	66.75	689.69	613.13	88.90
1985	47.74	13.51	28.30	102.51	63.38	61.83	522.26	495.27	94.80
1990	56.00	14.88	26.57	102.99	70.54	68.49	475.14	466.50	98.20
1995	67.36	21.26	31.56	103.24	101.95	98.76	554.98	553.28	99.70
1999	95.68	30.47	31.85	120.02	116.42	97.00	623.91	621.13	99.55
2000	97.60	32.66	33.46	121.20	118.22	97.55	620.02	617.94	99.67

18—11 平均每万人口在校学生数和大中小学学生构成
Student Enrollment per 10000 Population and Composition of Students Enrolled

年份 Year	各级学校在校学生数占全省人口% Students as Percentage of Total Population	平均每万人口中 Number of Students per 10000 Population			大中小学学生占学生总数（%） Students of Different Level as Percentage of Total Students (%)		
		大学生（人） University and College Students	中学生（人） Secondary School Students	小学生（人） Primary School Students	大学生 University and College Students	中学生 Secondary School Students	小学生 Primary School Students
1980	21.81	8.07	505.08	1651.40	0.37	23.16	75.72
1985	18.71	10.91	412.58	1411.66	0.59	22.05	75.45
1990	15.67	11.03	385.40	1118.56	0.70	24.60	71.40
1991	15.27	10.74	388.89	1074.74	0.70	25.47	70.39
1992	14.99	11.34	391.29	1039.23	0.76	26.11	69.33
1993	14.98	13.79	393.61	1023.94	0.92	26.27	68.34
1994	15.34	14.77	420.05	1019.76	0.96	27.39	66.49
1995	15.93	14.67	469.22	1011.47	0.92	29.46	63.51
1996	16.43	14.77	491.05	1029.35	0.90	29.89	62.66
1997	16.90	15.72	507.83	1052.57	0.93	30.04	62.27
1998	17.13	17.06	524.07	1054.22	1.00	30.59	61.54
1999	17.23	21.43	547.61	1034.35	1.24	31.79	60.04
2000	17.38	29.05	574.05	1032.11	1.67	32.83	59.03

18—12 各级学校教师负担学生数
Student-Teacher Ratio by Level of School

年份 Year	高等学校 Institutions of Higher Education		中等学校 Secondary Schools		小学 Primary Schools	
	教师数（万人） Number of Teachers (10000 persons)	平均每个教师负担学生数（人） Student-Teacher Ratio	教师数（万人） Number of Teachers (10000 persons)	平均每个教师负担学生数（人） Student-Teacher Ratio	教师数（万人） Number of Teachers (10000 persons)	平均每个教师负担学生数（人） Student-Teacher Ratio
1980	9033	4.37	123780	20.61	285049	28.35
1985	10325	5.49	116400	19.85	264708	27.50
1990	11691	5.34	145809	16.64	270876	23.38
1991	11586	5.35	149634	16.59	270066	22.86
1992	11389	5.79	152200	16.72	268443	22.52
1993	11395	7.10	154656	16.95	265947	22.60
1994	11616	7.54	159599	17.95	266486	22.72
1995	11566	7.61	165255	19.89	267271	22.71
1996	11499	7.78	170683	20.57	269859	23.09
1997	11592	8.28	174119	21.23	274667	23.41
1998	11573	9.07	177999	21.68	275393	23.55
1999	12375	10.75	182670	22.28	276616	23.21
2000	15065	12.11	186323	22.69	273745	23.53

18—13 各级学校女学生和女教师数
Number of Female Students and Teachers by Level of School

单位：万人 (10000 persons)

指标	Item	1990	1995	1999	2000
女学生数	**Number of Female Students**	**370.87**	**423.59**	**493.82**	**504.95**
高等学校	Institutions of Higher Education	1.52	2.17	4.22	5.96
中等专业学校	Specialized Secondary Schools	3.03	5.05	11.19	10.94
普通中学	Regular Secondary Schools	75.31	116.23	151.95	161.20
职业中学	Vocational Secondary Schools	5.74	15.20	21.16	20.37
小　学	Primary Schools	285.27	284.94	305.30	306.48
女学生占学生总数的百分比	**Percentage of Female Students to Total Students**	**42.04**	**44.85**	**46.49**	**46.45**
高等学校	Institutions of Higher Education	24.40	24.63	31.76	32.67
中等专业学校	Specialized Secondary Schools	36.91	41.80	54.51	56.99
普通中学	Regular Secondary Schools	34.52	41.28	44.71	44.99
职业中学	Vocational Secondary Schools	35.29	43.26	45.32	44.98
小　学	Primary Schools	45.05	46.05	47.56	47.57
女教师数	**Number of Female Teachers**	**12.06**	**13.16**	**14.87**	**15.36**
高等学校	Institutions of Higher Education	0.27	0.30	0.38	0.48
中等专业学校	Specialized Secondary Schools	0.25	0.29	0.35	0.31
普通中学	Regular Secondary Schools	2.74	3.14	3.77	4.05
职业中学	Vocational Secondary Schools	0.20	0.32	0.46	0.45
小　学	Primary Schools	8.60	9.10	9.92	10.06
女教师占教师总数的百分比	**Percentage of Female Teachers to Total Teachers**	**28.30**	**29.63**	**31.53**	**32.33**
高等学校	Institutions of Higher Education	23.12	26.00	30.35	32.05
中等专业学校	Specialized Secondary Schools	31.56	34.65	35.56	32.05
普通中学	Regular Secondary Schools	21.03	22.38	24.65	35.17
职业中学	Vocational Secondary Schools	18.40	19.61	22.92	23.29
小　学	Primary Schools	31.77	34.06	35.86	36.76

18—14 各级各类成人学校基本情况（2000年）
Student Enrollment in Adult Schools by Level and Type (2000)

指标	Item	学校数（所）Schools (unit)	毕业生数（人）Graduates (person)	招生数（人）New Student Enrollment (person)	在校学生数（人）Student Enrollment (person)	教职工工数（人）Teachers and Staff (person)	专任教师 Full-time Teachers
总计	**Total**	**20056**	**4397859**	**4055298**	**3945007**	**23342**	**7001**
成人高等学校	**Adult Education Schools**	**18**	**28802**	**61701**	**95393**	**4398**	**2219**
广播电视大学	Radio and TV Universities	1	4839	4922	11573	1285	620
职工、农民高等学院	Schools of Higher Education for Staff, Workers and Peasants	8	1880	3670	7465	1348	778
管理干部学院	Colleges for Management Cadres	2	1332	969	2926	542	193
教育学院	Pedagogical Colleges	7	3580	6374	14543	1223	628
独立函授学院	Independent Correspondence Colleges						
普通高等学校办函授部或夜大学、干部专修科	Correspondence Department or Evening Universities Run by Institution of Higher Education		17171	45766	86886		
成人中等学校	**Secondary Schools for Adults**	**13929**	**4085021**	**3756973**	**3569883**	**17069**	**4488**
中等专业学校	Specialized Secondary Schools for Adults	148	25827	15411	44018	4856	2522
广播电视中等专业学校	Radio and TV Specialized Secondary Schools	10	6326	1725	8113	422	195
干部中等专业学校	Specialized Secondary Schools for Cadres	19	2962	1303	5459	824	385
职工中等专业学校	Specialized Secondary Schools for Staff	69	9751	8108	19176	2224	1176
农民中等专业学校	Specialized Secondary Schools for Peasants	4	663	559	1885	88	56
函授中等专业学校	Specialized Corrspondence Secondary Schools	6	1927	2140	5602	208	93
教师进修学校	Teacher Training Schools	40	4198	1576	3783	1090	617
成人中学	Secondary Schools for Adults	52	1445	2374	3955	500	246
职工中学	Secondary Schools for Staff and Workers	36	1305	2192	3590	489	237
农民中学	Secondary Schools for Peasants	16	140	182	365	11	9
成人技术培训学校	Technical Training Schools for Adults	13729	4057749	3739188	3521910	11713	1720
职工技术培训学校	Technical Training Schools for Staff and Workers	45	11745	6914	6625	455	230
农民技术培训学校	Technical Training Schools for Peasants	13684	4046004	3732274	3515285	11258	1490
成人初等学校	**Primary Schools for Adults**	**6109**	**284036**	**236624**	**279731**	**1875**	**294**
职工初等学校	Primary Schools for Staff and Workers		82	66	67		
农民初等学校	Primary Schools for Peasents	6109	283954	236558	279664	1875	294
#扫盲班	Literacy Courses	4537	204287	185391	228018	1768	247

18—15 各市中等专业学校情况（2000年）
Number of Specialized Secondary Schools by Region and Type (2000)

地区 Region	学校数（所）Number of Schools (unit)	毕业生数（人）Number of Graduates (person)	招生数（人）New Student Enrollment (person)	在校学生数（人）Student Enrollment (person)
总计 Total	**138**	**60437**	**49191**	**191891**
合肥市 Hefei	47	18993	17527	64046
淮北市 Huaibei	4	1246	1130	5079
亳州市 Bozhou	4	1855	1046	6118
宿州市 Suzhou	7	2647	3454	9570
蚌埠市 Bengbu	10	3851	3302	11838
阜阳市 Fuyang	11	6224	4331	17926
淮南市 Huainan	6	4034	3236	13073
滁州市 Chuzhou	5	2659	1215	6313
六安市 Luan	8	3512	2575	10586
马鞍山市 Maanshan	2	398	688	2209
巢湖市 Chaohu	8	2476	2052	8543
芜湖市 Wuhu	5	2948	1540	7707
宣城市 Xuancheng	2	1152	339	2358
铜陵市 Tongling	1	1202	918	3878
池州市 Chizhou	5	1870	1020	5618
安庆市 Anqing	9	3972	3571	12007
黄山市 Huangshan	4	1398	1247	5022

18—16 各市特殊教育情况（2000年）
Basic Statistics on Special Education by Region (2000)

单位：人 (person)

地区 Region	学校数（所）Number of Schools (unit)	毕业生数 Number of Graduates	招生数 New Student Enrollment	在校学生数 Student Enrollment	教职工数 Number of Staff and Teachers	专任教师 Full-time Teachers
总计 Total	**70**	**1907**	**2223**	**18346**	**1262**	**960**
合肥市 Hefei	5	81	104	2316	110	91
淮北市 Huaibei	1	49	68	409	43	34
亳州市 Bozhou	3	111	99	457	91	53
宿州市 Suzhou	7	41	116	2103	239	155
蚌埠市 Bengbu	4	70	128	690	62	51
阜阳市 Fuyang	5	85	140	984	74	56
淮南市 Huainan	2	56	11	193	42	30
滁州市 Chuzhou	4	285	207	1626	64	58
六安市 Luan	7	344	413	2756	104	84
马鞍山市 Maanshan	3	17	38	271	74	65
巢湖市 Chaohu	4	126	59	1064	35	33
芜湖市 Wuhu	4	62	75	782	82	64
宣城市 Xuancheng	6	125	153	1054	68	50
铜陵市 Tongling	1	19	35	149	27	25
池州市 Chizhou	3	133	270	993	31	27
安庆市 Anqing	9	299	255	1793	106	77
黄山市 Huangshan	2	4	52	706	10	7

18—17 各市普通中学分城乡学校和在校学生数（2000 年）
Number of Regular Secondary Schools and Student Enrollment by Urban and Rural Areas and by Region (2000)

地区 Region	学校数（所） Number of Regular Secondary Schools (unit)							
	合计 Total	高中 Senior Secondary Schools	城市 Urban Areas	高中 Senior Secondary Schools	县镇 Counties and Towns	高中 Senior Secondary Schools	农村 Rural Areas	高中 Senior Secondary Schools
总计 Total	**3767**	**674**	**499**	**224**	**399**	**190**	**2869**	**260**
合肥市 Hefei	245	70	60	31	39	21	146	18
淮北市 Huaibei	138	31	71	25	8	3	59	3
亳州市 Bozhou	251	29	13	4	33	12	205	13
宿州市 Suzhou	407	48	18	7	40	14	349	27
蚌埠市 Bengbu	186	36	48	16	16	9	122	11
阜阳市 Fuyang	408	56	46	19	37	16	325	21
淮南市 Huainan	125	31	67	23	2	2	56	6
滁州市 Chuzhou	284	54	18	10	25	16	241	28
六安市 Luan	334	56	13	5	26	15	295	36
马鞍山市 Maanshan	65	18	23	12	2	2	40	4
巢湖市 Chaohu	238	57	17	11	25	18	196	28
芜湖市 Wuhu	119	27	29	13	20	10	70	4
宣城市 Xuancheng	208	28	18	8	16	11	174	9
铜陵市 Tongling	45	20	23	17	9	3	13	
池州市 Chizhou	115	15	5	4	41	10	69	1
安庆市 Anqing	457	78	14	11	49	21	394	46
黄山市 Huangshan	142	20	16	8	11	7	115	5

地区 Region	在校学生数（人） Student Enrollment (person)							
	合计 Total	高中 Senior Secondary Schools	城市 Urban Areas	高中 Senior Secondary Schools	县镇 Counties and Towns	高中 Senior Secondary Schools	农村 Rural Areas	高中 Senior Secondary Schools
总计 Total	**3583191**	**540214**	**489656**	**158018**	**527912**	**201021**	**2565623**	**165483**
合肥市 Hefei	258138	49551	55945	18355	55727	19889	146466	11307
淮北市 Huaibei	126359	21013	52009	12593	10049	4361	64301	4059
亳州市 Bozhou	296958	28965	19759	7013	39821	5237	237378	
宿州市 Suzhou	386569	52640	23682	8732	53648	22957	309239	20951
蚌埠市 Bengbu	203020	27002	44357	9552	23994	11345	134669	6105
阜阳市 Fuyang	456290	49043	46762	19751	52644	21361	356884	7931
淮南市 Huainan	119945	19571	60541	14648	6658	3032	52746	1891
滁州市 Chuzhou	239243	37670	27418	9225	36484	14806	175341	13639
六安市 Luan	339198	55653	15309	6219	46040	19528	177849	29906
马鞍山市 Maanshan	59863	11569	23447	7024	5126	2697	31290	1668
巢湖市 Chaohu	254320	41688	14223	6220	32746	15446	207351	20022
芜湖市 Wuhu	114864	19148	29607	9195	25385	8536	59872	2620
宣城市 Xuancheng	145543	23848	18565	8355	23575	10484	103403	5009
铜陵市 Tongling	35615	7870	18862	5788	6451	2082	10302	
池州市 Chizhou	85773	15960	7467	3691	37446	11403	40860	866
安庆市 Anqing	386744	68247	18010	7237	60071	22452	308663	38558
黄山市 Huangshan	74749	10776	13693	4420	12047	5405	49009	951

18—18 各市普通中学分城乡招生数和毕业生数（2000年）
Number of New Student Enrollment and Graduates of Regular Secondary Schools by Urban and Rural Areas and Region (2000)

单位：人 (person)

地区 Region		招生数 New Student Enrollment							
		合计 Total	高中 Senior Secondary Schools	城市 Urban Areas	高中 Senior Secondary Schools	县镇 Counties and Towns	高中 Senior Secondary Schools	农村 Rural Areas	高中 Senior Secondary Schools
总计	**Total**	**1297505**	**219633**	**183680**	**62593**	**202738**	**86876**	**911087**	**70164**
合肥市	Hefei	96750	20240	21550	7398	20649	7720	54546	5122
淮北市	Huaibei	44371	8086	18790	4937	3505	1612	22081	1537
亳州市	Bozhou	103290	12031	7483	3182	15748	7039	80059	1810
宿州市	Suzhou	148263	22748	9460	3928	22346	10466	116457	8354
蚌埠市	Bengbu	73699	10670	16560	3831	9818	4451	47321	2388
阜阳市	Fuyang	150294	21609	18737	8919	21800	9708	109757	2982
淮南市	Huainan	45405	7131	22378	5356	2534	902	20493	873
滁州市	Chuzhou	90368	15073	10123	3607	13465	5688	66780	5778
六安市	Luan	124250	23426	5527	2357	17209	8080	101514	12989
马鞍山市	Maanshan	22363	4108	8529	2504	1887	947	11947	657
巢湖市	Chaohu	91165	16791	5000	2130	12938	6548	73227	8113
芜湖市	Wuhu	42060	8111	10800	3348	9390	3449	21870	1314
宣城市	Xuancheng	54095	9565	7171	3237	8863	4207	38061	2121
铜陵市	Tongling	13198	2968	7092	2211	2398	757	3708	
池州市	Chizhou	31079	6346	2826	1423	14121	4531	14132	392
安庆市	Anqing	139604	26596	6487	2544	21567	8685	111550	15367
黄山市	Huangshan	27251	4134	5167	1681	4500	2086	17584	367

地区 Region		毕业生数 Number of Graduates							
		合计 Total	高中 Senior Secondary Schools	城市 Urban Areas	高中 Senior Secondary Schools	县镇 Counties and Towns	高中 Senior Secondary Schools	农村 Rural Areas	高中 Senior Secondary Schools
总计	**Total**	**1023077**	**131453**	**126839**	**37544**	**137378**	**51907**	**758860**	**42002**
合肥市	Hefei	70931	11986	14253	4524	15441	5293	41237	2169
淮北市	Huaibei	35347	5370	14589	3243	2835	1123	17923	1004
亳州市	Bozhou	92491	5880	4292	1176	8874	3370	79325	1334
宿州市	Suzhou	107375	11503	5682	1923	13949	4707	87744	4873
蚌埠市	Bengbu	57863	6985	11612	2024	6405	3289	39846	1672
阜阳市	Fuyang	136656	8655	10778	3292	12247	3903	113631	1460
淮南市	Huainan	36315	4806	15927	3417	1965	1024	18423	365
滁州市	Chuzhou	65681	10204	7628	2463	9954	3856	48099	3885
六安市	Luan	98656	14037	4281	1630	11666	4452	82709	7955
马鞍山市	Maanshan	14548	3164	6159	1942	1372	768	7017	454
巢湖市	Chaohu	77855	10068	4110	1794	8210	3512	65535	4762
芜湖市	Wuhu	30559	4998	8177	2280	6547	2126	15835	592
宣城市	Xuancheng	39393	5900	4637	2358	5933	2542	28823	1000
铜陵市	Tongling	9879	2222	4621	1494	2070	728	3188	
池州市	Chizhou	24508	4610	2053	1117	10712	3327	11743	166
安庆市	Anqing	105747	17904	4831	1820	15835	6161	85081	9923
黄山市	Huangshan	19273	3161	3209	1047	3363	1726	12701	388

18—19 各市小学分城乡学校数和在校学生数（2000 年）
Basic Statistics on Primary Schools by Urban and Rural Areas and by Region (2000)

地　　区 Region		学校数（所） Number of Primary Schools (unit)	城　市 Urban Areas	县　镇 Counties and Towns	农　村 Rural Areas	在校学生数（人） Student Enrollment (person)	城　市 Urban Areas	县　镇 Counties and Towns	农　村 Rural Areas
总　计	**Total**	**24281**	**1026**	**1431**	**21824**	**6442405**	**666678**	**587830**	**5187897**
合肥市	Hefei	1564	107	252	1205	432103	75578	74549	281976
淮北市	Huaibei	666	173	21	472	198864	86908	11622	100334
亳州市	Bozhou	2119	40	34	2045	582262	27586	31258	523418
宿州市	Suzhou	2181	23	114	2044	695130	22561	52765	619804
蚌埠市	Bengbu	1160	142	30	988	361088	71498	21777	267813
阜阳市	Fuyang	3269	77	73	3119	941591	60894	56632	824065
淮南市	Huainan	519	93	4	422	228382	78385	5358	144639
滁州市	Chuzhou	1792	55	62	1675	455675	37340	43998	374337
六安市	Luan	2929	23	110	2796	659937	17807	48624	593506
马鞍山市	Maanshan	272	37	4	231	114022	34870	4122	75030
巢湖市	Chaohu	1441	24	80	1337	420200	15506	35588	369106
芜湖市	Wuhu	485	59	80	346	193186	38646	36450	118090
宣城市	Xuancheng	1081	37	52	992	222517	20227	23637	178653
铜陵市	Tongling	154	61	33	60	61749	30343	9858	21548
池州市	Chizhou	664	9	262	393	133155	9553	54024	69578
安庆市	Anqing	2968	24	192	2752	605059	24348	64953	515758
黄山市	Huangshan	1017	42	28	947	137485	14628	12615	110242

地　　区 Region		毕业生数（人） Number of Graduates (person)	城　市 Urban Areas	县　镇 Counties and Towns	农　村 Rural Areas	招生数（人） New Student Enrollment (person)	城　市 Urban Areas	县　镇 Counties and Towns	农　村 Rural Areas
总　计	**Total**	**1211986**	**111460**	**109573**	**990370**	**1166034**	**106748**	**107720**	**951566**
合肥市	Hefei	80757	12301	13453	55003	73972	12500	13868	47604
淮北市	Huaibei	37552	13911	1758	21300	33135	13898	1748	17489
亳州市	Bozhou	116558	4788	6368	105402	111137	4905	6235	99997
宿州市	Suzhou	128444	5174	9547	113723	137361	4122	11267	121972
蚌埠市	Bengbu	69084	12792	4838	51454	66240	10347	4687	51206
阜阳市	Fuyang	181428	9476	10455	161497	187513	10191	11722	165600
淮南市	Huainan	39018	14150	1302	23566	37268	11165	889	25214
滁州市	Chuzhou	77885	5373	7971	64541	86862	6931	8350	71581
六安市	Luan	129930	3058	9341	117531	119120	2883	8205	108032
马鞍山市	Maanshan	18963	5543	892	12528	19786	5326	876	13584
巢湖市	Chaohu	74751	2312	6051	66388	74343	2460	6695	65188
芜湖市	Wuhu	33949	6980	6017	20952	31134	5818	6248	19068
宣城市	Xuancheng	44785	3101	4295	37389	34555	3177	3609	27769
铜陵市	Tongling	10263	4647	1691	3925	9414	4768	1478	3168
池州市	Chizhou	27253	1453	10886	14914	21869	1616	8897	11356
安庆市	Anqing	117525	4014	12414	101097	100360	4058	10917	85385
黄山市	Huangshan	23841	2387	2294	19160	21956	2583	2029	17353

18—20 各市职业中学基本情况(2000年)
Basic Statistics on Vocational Secondary Schools by Region (2000)

单位:人 (person)

地 区 Region	学校数(所) Number of Schools (unit)	毕业生数 Number of Graduates	招生数 New Student Enrollment	在校学生数 Student Enrollment	教职工数 Number of Staff and Teachers	专任教师 Full-time Teachers
总 计 Total	**716**	**148326**	**155988**	**452846**	**23915**	**19362**
合肥市 Hefei	57	13858	9886	33194	1894	1189
淮北市 Huaibei	21	2474	2687	7440	493	350
亳州市 Bozhou	95	20602	24274	74164	2992	2641
宿州市 Suzhou	35	5091	4399	11865	1046	812
蚌埠市 Bengbu	21	7493	6498	20150	1204	949
阜阳市 Fuyang	179	38071	45035	124423	5316	4650
淮南市 Huainan	20	2973	1551	5966	310	226
滁州市 Chuzhou	31	3967	3254	9465	794	593
六安市 Luan	106	27948	32847	95711	4095	3596
马鞍山市 Maanshan	11	1466	755	2677	382	274
巢湖市 Chaohu	29	2162	1594	5314	630	458
芜湖市 Wuhu	15	3055	2436	7819	668	448
宣城市 Xuancheng	19	3386	4761	10395	899	738
铜陵市 Tongling	4	1533	842	3534	142	89
池州市 Chizhou	14	3370	4148	10879	774	632
安庆市 Anqing	40	8405	8421	23943	1764	1331
黄山市 Huangshan	19	2472	2600	5907	512	386

18—21 各市幼儿园基本情况(2000年)
Basic Statistics on Kindergartens by Region (2000)

地 区 Region	园数(所) Number of Kindergartens (unit)	幼儿数(人) Student Enrollment (person)	教职工数(人) Number of Staff and Teachers (person)	教师 Teachers
总 计 Total	**3932**	**1161911**	**31676**	**26470**
合肥市 Hefei	231	51952	1539	1272
淮北市 Huaibei	137	61358	1401	1250
亳州市 Bozhou	333	115492	3696	3314
宿州市 Suzhou	309	112525	2320	1907
蚌埠市 Bengbu	162	65780	1485	1156
阜阳市 Fuyang	456	156994	3323	2904
淮南市 Huainan	100	33467	1637	1193
滁州市 Chuzhou	396	119091	3170	2674
六安市 Luan	465	91415	1710	1407
马鞍山市 Maanshan	95	28047	1225	851
巢湖市 Chaohu	155	87567	961	828
芜湖市 Wuhu	458	42910	1958	1468
宣城市 Xuancheng	177	47109	1990	1691
铜陵市 Tongling	57	12821	902	528
池州市 Chizhou	78	24245	623	556
安庆市 Anqing	213	82211	3093	2871
黄山市 Huangshan	110	28927	643	600

18—22 各级各类学校教育经费情况表（2000年）
Basic Statistics on Educational Funds in Various Schools (2000)

单位：万元 (10000 yuan)

学校类别	Type of Schools	合计 Total	预算内事业性教育经费拨款 Budgetary Government Appro-priation for Education	教育附加拨款 Extra Appro-priation for Education	事业收入 Cause Income	集资收入 Income From Fund－raising	其他收入 Other Income	基建拨款 Appropria-tion for Capital Construc-tion
总计	**Total**	**965851**	**577482**	**35264**	**293066**	**13144**	**26602**	**20293**
高等学校	Institutions of Higher Education	241426	127200	852	94467	855	5863	12189
普通高等学校	Regular Institutions of Higher Education	229850	123677	675	87046	855	5464	12133
成人高等学校	Institutions of Higher Education for Adults	11576	3523	177	7421		399	56
中等专业学校	Specialized Secondary Schools	59427	23169	2577	30522	568	1816	775
中等技术学校	Tecnical Schools	38586	14837	724	20961	13	1276	775
中等师范学校	Teachers' Schools	16090	6383	1722	7138	519	328	
成人中专学校	Specialized Secondary Schools for Aults	4751	1949	131	2423	36	212	
技工学校	Technical Schools	293	160		124		9	
中学	Secondary Schools	261680	150842	14686	79869	5294	7192	3797
普通中学	Regular Secondary Schools	224509	129645	13086	67443	4650	6235	3450
#高级中学	Senior Secondary Schools	50452	20098	2566	23237	2080	1463	1008
初级中学	Junior Secondary Schools	174057	109547	10520	44206	2570	4772	2442
#农村	Rural Areas	122820	81220	2993	32567	1379	2592	2069
成人中学	Secondary Schools for Adults	431	280		139	8	4	
职业中学	Vocational Schools	36740	20917	1600	12287	636	953	347
小学	Primary Schools	337676	243528	8908	70228	5869	6148	2995
普通小学	Regular Primary Schools	337615	243487	8908	70221	5857	6147	2995
#农村	Rural Areas	257344	186407	4249	57473	3493	3378	2344
成人小学	Primary Schools for Adults	61	41		7	12	1	
特殊教育学校	Schools for Special Education	2776	1796	545	197	29	118	91
幼儿园	Kindergartens	17117	9291	347	6511	480	363	125
其它	Others	45456	21496	7349	11148	49	5093	321

18—23 全省科技活动基本情况
Basic Statistics on Scientific and Technological Activities

指标		Item	1995	1999	2000
科技活动		**Scientific and Technological Activities**			
科技机构数	(个)	Number of Scientific Technological Research Institutions	882	733	637
#大中型工业企业		Large and Medium Industrial Enterprises	483	435	262
科技活动人员	(万人)	Number of Persons Engaged in Scientific and Technological Activities (10000 persons)	67720	68504	83346
科技经费筹集额	(万元)	Funding for Scientific and Technological Activities (10000 yuan)	153400	330048	368716
科技经费内部支出	(万元)	Expenditures for Scientific and Technological Activities (10000 yuan)	133648	282295	273913
技术成果和国家奖励		**Achievements in Scientific and Technological Research and National Prizes Won**			
重大科学技术成果	(项)	Number of Major Achievements in Science and Technology	556	540	511
国家发明奖	(项)	Number of National Invention Prizes Awarded			
国家科学技术进步奖	(项)	Number of National Scientific and Technological Progress Prizes Awarded	1	3	1
获国家自然科学奖	(项)	Number of National Natural Sciences Prize Awarded		1	
技术市场成交额	**(万元)**	**Transaction Value in Technical Market (10000 yuan)**		**48626**	**61011**
专　利		**Patent**			
专利申请受理量	(件)	Total Patent Applications Examined	1026	1729	2381
发　明		Creation and Inventions	152	281	301
实用新型		Utility Models	734	938	1080
外观设计		Designs	140	510	496
专利申请授权量	(件)	Total Patent Applications Authorized	574	1522	1482
发　明		Creation and Inventions	18	48	104
实用新型		Utility Models	469	917	894
外观设计		Designs	87	457	484

注：2000 年科技活动未包括国防科工委系统资料。

a) The scientific and technological activities in 2000 didn't cover the data of commission of Science, Technology and Industry for National Defence.

18—24 县以上政府部门属研究与开发机构及科技信息与文献机构机构数、人员数
State-Owned Research and Development Institutions and Information and Literature Institutions at and Above County Level and Persons Engaged

年 份 Year	合 计 Total		自然科学技术领域 Field of Natural Sciences and Technology			社会、人文科学技术领域 Field of Social Sciences and Humanities			科技信息和文献机构 Scientific-Technical Information and Literature Institutions		
	机 构（个）Institutions (unit)	从业人员（人）Employees (person)	机 构（个）Institutions (unit)	从业人员（人）Employees (person)	科技活动人员 S & T Personnel	机 构（个）Institutions (unit)	从业人员（人）Employees (person)	科技活动人员 S & T Personnel	机 构（个）Institutions (unit)	从业人员（人）Employees (person)	科技活动人员 S & T Personnel
1990	206	19397	178	18652	7917	9	351	241	19	394	260
1991	199	13446	171	12697	5969	9	344	239	19	405	266
1992	197	13486	169	12749	5817	9	337	241	19	400	252
1993	200	13428	172	12694	6067	9	345	264	19	389	276
1994	198	13153	169	12386	6019	10	381	293	19	386	270
1995	196	12881	167	12127	5874	10	383	290	19	371	251
1996	195	12435	165	11674	5009	11	391	236	19	370	222
1997	193	12035	164	11276	5539	10	398	258	19	361	233
1998	198	16824	169	16042	6632	10	418	286	19	364	216
1999	190	16694	161	15917	6760	10	411	280	19	366	233
2000	167	7373	139	6690	4523	10	369	289	18	314	229

18—25 县级以上政府部门属研究与开发机构及科技信息与文献机构科技经费筹集和支出总额
Total Funds and Total Expenditures of State-Owned Research and Development Institutions and Information and Literature Institutions at and above County Level

单位：万元 (10000 yuan)

年 份 Year	合 计 Total		自然科学技术领域 Field of Natural Sciences and Technology				社会、人文科学技术领域 Field of Social Sciences and Humanities				科技信息和文献机构 Scientific-Technical Information and Literature Institutions			
	经费筹集总额 Funds	经费支出总额 Expenditures	经费筹集总额 Funds	政府拨款 Government Appropriations	经费支出总额 Expenditures	基本建设支出 For Capital Construction	经费筹集总额 Funds	政府拨款 Government Appropriations	经费支出总额 Expenditures	基本建设支出 For Capital Construction	经费筹集总额 Funds	政府拨款 Government Appropriations	经费支出总额 Expenditures	基本建设支出 For Capital Construction
1990	31449	28487	30089	12907	27093	5280	1044	1032	1082	105	306	234	312	112
1991	19275	16837	18624	6928	16230	3940	281	256	280	126	370	284	327	110
1992	26928	25624	26173	8853	24813	5229	316	290	378	217	433	301	433	153
1993	33716	35052	32883	9592	33998	7083	406	351	627	182	427	290	427	181
1994	40684	40346	38973	11283	38372	9358	1155	572	1409	316	556	387	565	281
1995	49598	47068	48239	12430	45784	10253	776	566	727	347	583	424	557	300
1996	56086	51581	54512	13605	50102	10791	837	572	771	403	737	548	708	334
1997	64262	60273	61955	15370	57829	12351	1338	1027	1521	772	969	693	923	404
1998	111742	98263	108670	29516	95936	17439	1227	808	1326	562	1795	1479	1001	489
1999	113140	111998	109934	50583	109065	22418	1839	1210	1712	618	1367	877	1221	591
2000	106202	57975	98004	26988	48804		1871	1231	1741		1513	955	1363	

18—26 大中型工业企业技术开发基本情况
Basic Statistics on Technical Development of Large and Medium-sized Industrial Enterprises

指标	Item	1990	1995	1999	2000
有技术开发机构的企业 （个）	Number of Enterprises Having Institutions for Technical Development	236	483	435	262
企业技术开发人员总计 （万人）	Number of Personnel Engaged in Technical Development in Enterprises (10000 persons)	13262	30217	41634	55063
#科学家和工程师	Scientists and Engineers	5076	10252	13203	20020
技术开发经费筹集额 （万元）	Funds of Technical Development (10000 yuan)	24649	75954	168344	222248
#企业自筹	Funds Self-raised by Enterprises	13796	49504	131980	173835
技术开发经费支出额 （万元）	Expenditures for Technical Development (10000 yuan)	22087	64353	157723	190578
#开发新产品用款	Expenditure for New Product Development	10567	30480	848043	84728
技术开发经费支出占产品销售收入的比重 （%）	Technical Development Funds as Percentage of Sales Revenue (%)	0.86	0.80	1.61	1.92
技术开发项目数 （项）	Number of Projects for Technical Development		2795	3303	3649
#新产品项目	Projects for New Product Development		1833	1926	1873

18—27 高等学校科技活动情况
Basic Statistics on Higher Education for Scientific and Technological Activities

指标	Item	1995	1999	2000
科技活动人员 （人）	**S&T Personnel (person)**	**19457**	**22619**	**23242**
#科学家工程师	Scientists and Engineers	18619	21098	22366
研究与发展人员全时当量 （万人年）	**Full-time Equivalent of R&D Personnel (10000 man. year)**	**0.40**	**0.44**	**0.71**
#科学家工程师	Scientists and Engineers	0.39	0.42	0.68
#基础研究	Fundamental Research	0.10	0.10	0.13
应用研究	Applied Research	0.10	0.12	0.15
实验发展	Experimental Development	0.29	0.30	0.40
科技经费筹集额 （万元）	**Sources of Funds for S&T (10000 yuan)**	**12087**	**24791**	**40266**
#政府拨款	Government Funds	3019	14344	29000
自筹资金	Self-raised	124	3236	964
银行贷款	Bank Loans	36	914	130
科技经费内部支出额 （万元）	**Intramural Expenditure for S&T (10000 yuan)**	**12235**	**18029**	**26816**
#劳务费	Labor Expenses	2824	1203	3309
业务费	Operating Expenses	6542	10209	12442
固定资产购建费	Expenses on Fixed Assets	2627	4954	7401
#研究与发展经费支出	R&D Expenditure	6246	10380	17259
基础研究	Fundamental Research	1234	2433	5608
应用研究	Applied Research	3173	6026	5234
实验发展	Experimental Development	1839	1921	6417

18—28 开发区企业主要经济指标
Main Economic Indicators of Enterprises in Development Areas

指标	Item	合肥高新技术产业开发区 Hefei New High Technology Industry Devlopment District	合肥经济技术开发区 Hefei Economy and Technology Development District	合肥新站综合开发试验区 Hefei New Railway Comprehensive Development District	芜湖经济技术开发区 Wuhu Economy and Technology Development Distrit
全区企业经营收入（万元）	Business Income (10000 yuan)	1093678	383000	250000	1000000
工业总产值（万元）	Gross Industrial Output Value (10000 yuan)	1033400	430000	12000	700000
财政收入（万元）	Financial Revenue (10000 yuan)	17352	25673	12238	73900
税收总额（万元）	Total Tax (10000 yuan)	57694	20595	2300	68300
固定资产投资总额（万元）	Investment in Fixed Assets (10000 yuan)	45573.9	98000	31900	133000
#基础设施投资额	In Infrastructure Projets	36155.9	12017	10000	26000
开发区土地面积（平方公里）	Land Area of Development Areas (sq. km)			8	2
建成土地面积（平方公里）	Developed Land Area (sq. km)			6.5	1
开工建筑面积（平方米）	Floor Space of Started Building Under Construction (sq. m)		57.5	45.5	24.8
竣工建筑面积（平方米）	Floor Space of Buildings Completed (sq. m)		22.2	2.5	14.5
出口总额（万美元）	Total Export (USD 10000)	6211	7904	195	1433
进口总额（万美元）	Total Import (USD 10000)		12833		3326
新批外商投资企业项目数（个）	New Approved Projects of Foreign Funded Enterprises (unit)	13	13	7	18
合同总投资额（万美元）	Total Investment Through Contracts (USD 10000)	6760.36	2831	9525	8185
#合同外资额	Foreign Capital	4517	705.4	7144	6226
外商实际投资（万美元）	Foreign Investment Actually Used (USD 10000)				
新批准内资企业项目数（个）	Newly Approved projects of Domestic Funded Enterprises (unit)	95	46	24	133
投资总额（万元）	Total Investment (10000 yuan)	135489	74696	32906	163000
注册资本（万元）	Registered Capital (10000 yuan)	116454		8027	55000

指标	Item	蚌埠高新技术产业开发区 Bengbu New High Technology Industry Development District	铜陵经济技术开发区 Tongling Economy and Technology Development District	安庆经济技术开发区 Anqing Economy and Technology Development District	滁州经济技术开发区 Chuzhou Economy and Technology Development District
全区企业经营收入（万元）	Business Income (10000 yuan)	116000	46000	418540	48000
工业总产值（万元）	Gross Industrial Output Value (10000 yuan)	94000	80000	140320	46000
财政收入（万元）	Financial Revenue (10000 yuan)	2187	3649	8347	1535
税收总额（万元）	Total Tax (10000 yuan)	2183	3649	6325	1450
固定资产投资总额（万元）	Investment in Fixed Assets (10000 yuan)	8667	22000	23687	13660
#基础设施投资额	In Infrastructure Projets	7655	13200	7304	600
开发区土地面积（平方公里）	Land Area of Development Areas (sq. km)	1.1	2	4	0.79
建成土地面积（平方公里）	Developed Land Area (sq. km)	0.4		3.5	0.2
开工建筑面积（平方米）	Floor Space of Started Building Under Construction (sq. m)	5.12		24.2	15.0
竣工建筑面积（平方米）	Floor Space of Buildings Completed (sq. m)	4.82		16.3	5
出口总额（万美元）	Total Export (USD 10000)	3073	493	800	717
进口总额（万美元）	Total Import (USD 10000)	121		527.9	358
新批外商投资企业项目数（个）	New Approved Projects of Foreign Funded Enterprises (unit)	3		6	2
合同总投资额（万美元）	Total Investment Through Contracts (USD 10000)	184		2457	150
#合同外资额	Foreign Capital	74		1919	150
外商实际投资（万美元）	Foreign Investment Actually Used (USD 10000)				
新批准内资企业项目数（个）	Newly Approved projects of Domestic Funded Enterprises (unit)	15	26	15	23
投资总额（万元）	Total Investment (10000 yuan)	14708	51460	45922	86647
注册资本（万元）	Registered Capital (10000 yuan)	6173	1890	3402	9707

18—29 合肥国家高新技术产业开发区企业经营状况（2000年）
Enterprises Business of Hefei State High and New Technology Development District (2000)

经济类型 Ownership	企业数（家）Enterprises (unit)	总产值（千元）Gross Output Value (1000 yuan)	总收入（千元）Total Revenue (1000 yuan)	技术性收入 Technical Revenue	利税总额（千元）Total Pre-Tax Profit (1000 yuan)	税收 Tax	出口创汇（千美元）Foreign Exchange Earned Through Export (USD 1000)	年末职工人数（人）Number of Staff and Norkers at Year-end (person)	全员劳动生产率（千元/人）Overall Labor productivity (1000 yuan/person)
总计 Total	**138**	**12270063**	**10936775**	**164000**	**1237116**	**576938**	**62110**	**42160**	**291.04**
#三资企业 Joint, Cooperative or Exclusively Foreign-funded Ventures	38	3805330	3112103	9194	335787	214559	25726	9128	416.89
国有经济 State-owned	40	5515926	4910689	69275	528236	237474	33146	18233	302.52
集体经济 Collective-owned	5	99378	92262	2421	36631	11929		428	232.19
私营经济 Private	22	123065	99965	17354	18183	7219		871	141.29
联营经济 Jointly-operated	2	1480	1480		-59	21		17	87.06
股份制经济 Share Holding	30	1279014	1300296	65756	187138	45946	2008	2806	411.03
中外合资 Sino-foreign Joint Venture	17	3427931	2748071	6566	241812	164124	22207	7591	451.58
中外合作 Sino-foreign Cooperative									
外资企业 Solely Foreign-funded Enterprises	5	933	933	74	-342	18		38	24.55
港澳台侨与大陆合资经营 China-Hong Kong/Macao/Taiwan Joint Venture	11	348887	335461	1729	94053	48753	1938	1368	255.03
港澳台独资企业 H. K/Macao/Taiwan Funded	5	27579	27638	825	264	1664	1581	131	210.53
其他经济 Others	1	1445870	1419980		131200	59790	1230	10677	135.42

18—30 合肥国家高新技术产业开发区研究与开发项目投资（2000年）
Research and Development Items Investment of Hefei State High and New Technology Development District (2000)

单位：千元 (1000 yuan)

技术领域 Items	项目数（个）Number of Projects	累计经费支出 Accumulated Expenditure	本年经费支出 Expenditure in This Year	累计经费筹集 Accumnlative Total of Funds Collected	本年经费筹集 Funds Collected in This Year	政府拨款 Government Appropriation	贷款 Loan	自筹资金 Funds Raised by Oneself	其他资金 Other Funds
合计 Total	**75**	**122476**	**85815**	**1037103**	**100839**	**4578**	**12940**	**80035**	**3142**
电子与信息 Electronics and Information Industry	29	17943	14462	21305	14833	100	2000	11903	730
生物医药技术 Biology and Medicine	17	22075	12223	25281	14337	728		13329	280
新材料 New Materials	3	8106	8076	9106	9086		2300	6786	
光机电一体化 Photoelectric, Mechanical and Electrical Products	16	15707	13767	18807	17857	2000	2000	14193	-380
新能源高效节能 New Energy Sources and Energy Saving Devices	2	8671	7671	8700	8700		2560	4380	1760
环境保护 Environmental Protection	2	35205	17605	66015	22015		4080	17935	
其他高技术 Others	6	14769	12011	887889	14011	1750		11509	752

18—31 省级监督抽查产品质量情况
Results of Sampling Check on Product Quality Under Provincial Supervision

年 份 Year	抽查企业（个） Number of Enterprises Selected	无不合格品企业数(个) Number of Enterprises without Products Unqualified	抽查产品 Products Selected in Sampling		合格产品（种） Number of Products Qualified (kind)	样品合格率（%） Rate of Sample Products Qualified (%)
			（类） Number of Types	（种） Number of Kinds		
1994	781	548	32	1167	877	75.2
1995	714	427	47	1083	716	66.1
1996	562	375	40	856	621	72.5
1997	552	457	27	627	521	83.1
1998	411	325	32	440	325	73.9
1999	985	818	57	1346	818	60.8
2000	34063	94204	12	102		

注：2000年的34063、94204均为产品品种数。

a) Data “34062、94204” of 2000 are number of Kinds of Products.

18—32 “星火”计划项目情况
Basic Statistics on “Spark Plan”

单位：项 (item)

年 份 Year	国家级 Country Level		省级 Province Level		地县级 Prefectures and County level	
	立项 Programmmes	验收 Checked and Accepted	立项 Programmmes	验收 Checked and Accepted	立项 Programmmes	验收 Checked and Accepted
1996	24		40	4	102	46
1997	41		48	4	202	67
1998	34	4	92	6	193	98
1999	32	6	70	8	203	121
2000	25	6	30	9	320	180

18—33 产品、商品质量监督检查情况（2000 年）
Results of Sampling Check on The Quality of Products and Commodities under State Supervision (2000)

项 目	Item	产 品 质 量 Product Quality			商 品 质 量 Commodity Quality	
		监督检验企业数（个）Number of Enterprises Supervised & Checked	有不合格产品企业所占比例（%）Proportion of Enterprises with Products Unqualified	批次合格率（%）Rate of Batch-time Qualified (%)	检查商业企业数（个）Number of Commercial Enterprises	批次合格率（%）Rate of Batch-time Qualified (%)
总 计	**Total**	**12028**	**21.65**	**80.17**	**22035**	**44.89**
农用产品	**Agricultural Products**	**894**	**27.52**	**76.40**	**5129**	**51.46**
拖拉机	Tractors	5		100.00	32	33.33
农用化肥	Chemical Fertilizers	687	27.51	75.37	2194	52.88
化学农药	Chemical Pesticides	23	26.09	63.64	979	54.29
饲 料	Forages	81	22.22	83.02	409	63.07
农用薄膜	Agricultural Films	12	16.67	86.67	138	36.91
种 子	Seeds	54	48.15	74.42	529	71.93
加工食品和饮料	**Food and Beverage**	**4342**	**29.18**	**72.94**	**6258**	**47.19**
食用植物油	Edible Vegetable Oil	881	16.69	83.59	171	57.06
糕点糖果	Cake	1206	33.75	66.90	538	40.67
乳制品	Dairy Products	41	21.95	81.67	181	61.86
罐 头	Canned Food	15	13.33	87.50	104	29.60
白 酒	White Spirit	278	29.86	82.50	1904	46.34
啤 酒	Beer	77	2.60	96.67	507	60.36
冷冻饮料	Frozen Beverage	99	47.47	52.73	296	40.34
家用电器	**Household Electric Appliances**	**30**	**6.67**	**94.12**	**635**	**33.96**
收录机、音响设备	Radio and Casset Players, Hi-Fi Stereo Component Systems				12	50.00
电视机、录像机	TV Sets, Video Recorders				51	33.90
洗衣机	Washing Machines	5		100.00	91	31.96
电风扇	Electric Fans					
电话机	Telephone Sets				146	29.30
冰箱、冷藏冷冻箱	Refrigerators, Freezers	4		100.00	1	
电热器具	Electric Heating Appliances	8		100.00	94	42.86
厨房电器具	Electric Cooking Utensils	6	16.67	83.33	36	21.62
抽油烟机	Smoke Absorbers					
轻工产品	**Light Industrial Products**	**635**	**23.78**	**79.52**	**1715**	**46.96**
纸	Paper	35	20.00	85.42	24	62.50
纸制品	Paper Products	105	24.76	76.52	36	65.12
玩 具	Toys	1		100.00	14	42.86
家 具	Furniture				111	23.42
铝制品压力锅	Pressure Cooker Made of Aluminum				5	20.00

18—33 续表 continued

项目	Item	产品质量 Product Quality 监督检验企业数（个）Number of Enterprises Supervised & Checked	有不合格产品企业所占比例（%）Proportion of Enterprises with Products Unqualified	批次合格率（%）Rate of Batch-time Qualified (%)	商品质量 Commodity Quality 检查商业企业数（个）Number of Commercial Enterprises	批次合格率（%）Rate of Batch-time Qualified (%)
眼镜（架、片）	Spectacles (Glass & Frame)	164	25.61	79.90	134	65.09
灯泡灯管	Electric Bulbs & Fluorescence Tubes	4		100.00	65	30.77
镇流器	Ballast				4	25.00
燃气灯具	Gas Lamps and Lanterns	8		100.00	257	28.36
纺织、鞋类产品	**Textile and Shoes**	**117**	**14.53**	**87.50**	**1336**	**40.57**
布（印染、色织、坯布）	Cloth	13		100.00	15	40.00
毛织品	Wool Fabrics	11	9.09	92.31	182	34.01
丝麻织品	Silk & Fabrics	5		100.00	43	46.25
针织品	Knit Goods	14	7.14	95.24	27	65.63
鞋	Shoes	38	31.58	68.29	507	37.87
化工产品	**Chemical Products**	**179**	**18.99**	**79.81**	**459**	**36.94**
涂料、油漆	Paint	66	33.33	65.79	431	36.02
化学试剂	Chemical Reagent	31	3.23	97.06	2	
建材产品	**Building Raw Materials**	**4278**	**10.12**	**90.90**	**145**	**40.90**
水　泥	Cement	839	5.13	96.29	438	59.30
水泥预制构件	Cement Prefabricated Components	1504	10.11	90.10	67	84.51
砖　瓦	Bricks & Tiles	1756	12.64	87.40	53	25.45
油毡油纸	Asphalt Felts & Oilpaper	8	25.00	78.57	54	26.56
平板玻璃	Plate Glass					
水暖管件	Waterpipe					
机械、电器产品	**Mechanical and Electrical Products**	**355**	**17.46**	**82.60**	**2196**	**30.18**
轴　承	Bearings	6		100.00	275	42.58
阀门、泵	Valves	33	3.03	97.14	224	30.74
电　线	Electric Wire	145	20.00	81.66	608	30.76
低压电器元件	Low-voltage Electric Elements	18		100.00	128	20.13
电动工具	Electric Tools	5		100.00		
消防器材	Fire-fighting Equipment & Materials	38	28.00	23.91	25	52.78
电动机柴油机	Motors & Diesel Engines	2		100.00	2	
冶金产品及金属制品	**Metallurgical and Metal Products**	**257**	**30.35**	**71.76**	**711**	**37.29**
线　材	Wire Rod	61	24.59	75.00	200	28.90
型　材	Section Steel	30	63.33	47.22	400	43.22
其他产品	**Others**	**166**	**26.51**	**75.12**	**242**	**46.09**

18—34 三种专利申请受理、授权量
Three Types of Patent Applications Examined and Authorized

单位：项 (item)

指标	Item	2000
申请受理量合计	**Total Applications Examined**	**2381**
1. 发　明	**Creations and Inventions**	**301**
国　内	Domestic	301
职　务	Service	103
大专院校	Universities and Colleges	48
科研单位	Research Institutions	25
工矿企业	Industrial and Mineral Enterprises	29
机关团体	Government Agencies and Organizations	1
非职务	Non-service	198
2. 实用新型	**Utility Models**	**1080**
国　内	Domestic	1080
职　务	Service	221
大专院校	Universities and Colleges	24
科研单位	Research Institutions	50
工矿企业	Industrial and Mineral Enterprises	142
机关团体	Government Agencies and Organizations	5
非职务	Non-service	859
3. 外观设计	**Designs**	**496**
国　内	Domestic	496
职　务	Service	130
大专院校	Universities and Colleges	
科研单位	Research Institutions	
工矿企业	Industrial and Mineral Enterprises	129
机关团体	Government Agencies and Organizations	1
非职务	Non-service	366
申请授权量合计	**Total Applications Authorized**	**1482**
1. 发　明	**Creations and Inventions**	**104**
国　内	Domestic	104
职　务	Service	35
大专院校	Universities and Colleges	9
科研单位	Research Institutions	18
工矿企业	Industrial and Mineral Enterprises	6
机关团体	Government Agencies and Organizations	2
非职务	Non-service	69
2. 实用新型	**Utility Models**	**894**
国　内	Domestic	894
职　务	Service	191
大专院校	Universities and Colleges	21
科研单位	Research Institutions	40
工矿企业	Industrial and Mineral Enterprises	125
机关团体	Government Agencies and Organizations	5
非职务	Non-service	703
3. 外观设计	**Designs**	**484**
国　内	Domestic	482
职　务	Service	171
大专院校	Universities and Colleges	
科研单位	Research Institutions	
工矿企业	Industrial and Mineral Enterprises	171
机关团体	Government Agencies and Organizations	
非职务	Non-service	311

18—35 技术市场成交情况
Business of Technological Markets

项目	Item	成交项目（项）Transaction Projects (item) 1999	2000	成交金额（万元）Transaction Value (10000 yuan) 1999	2000
总计	**Total**	**2794**	**3184**	**48626**	**61011**
按卖方分	**By Selling Party**				
工业企业	Industrial Enterprises	21	98	1710	7592
科研机构	Institutions of Scientific Research	2040	1999	27436	29452
技术贸易机构	Institutions of Technological Trade	361	412	10863	14359
大中专院校	Universities, Colleges and Specialized Secondary Schools	369	628	8603	9495
个人及合伙	Individuals and Partnership	2	6	6	9
其他	Others	1	41	7	102
按买方分	**By Buying Party**				
工业企业	Industrial Enterprises	2092	2359	38685	48021
科研机构	Institutions of Scientific Research	175	261	2171	2146
技术贸易机构	Institutions of Technological Trade	278	228	5148	7125
大中专院校	Universities, Colleges and Specialized Secondary Schools	26	27	270	251
个人及合伙	Individuals and Partnership	2	9	5	26
其他	Others	221	300	2344	3440

18—36 文化艺术和文物事业机构、人员情况（2000 年）
Number of Institutions and Personnel in Culture, Art and Cultural Relics (2000)

机构类别	Catetory of Institution	机构数（个）Number of Institutions	从业人员（人）Number of Persons Engaged (person)
文化事业合计	**Culture**	**2266**	**14213**
艺术事业	Art Institutions	196	6946
艺术表演团体	Art Performance Troupes	92	4610
话剧、儿童剧、滑稽剧团	Drama, Children, Plays and Comedy Troupes	3	172
歌剧、舞剧、歌舞剧团	Opera, Ballet and Dance Troupes	1	44
歌舞团、轻音乐团	Song and Dance Troupe, Light Muscic Troupe	9	775
文工团、文宣队、乌兰牧骑	Cultural and Performance Troupes and Ulanmuchi (equestrain art troupes)	1	26
戏曲剧团	Local Opera Troupes	73	3202
#京　剧	Beijing Opera Troupes	7	394
曲艺、杂技、木偶、皮影团	Recitation and Ballad Troupes, Acrobatics and Circus Troupes, Puppet Show Troupes and Shadow Play Troupes	5	391
艺术表演场所	Art Centers	104	2336
剧场、影剧院	Theaters and Music Halls	103	2332
书场、曲艺场	Storytelling Places, Recitation and Ballad Places	1	4
图书馆事业	Libraries	84	1241
群众文化事业	Mass Culture	1898	4945
群众艺术馆	Mass Art Centers	14	337
文化馆	Cultural Centers	103	1380
文化站	Cultural Stations	1781	3228
#乡文化站	Township Cultural Stations	1673	2428
艺术教育事业	Culture and Education	7	483
其他文化事业	Other Cultural Units	81	598
艺术创作机构	Art Creation Institutions	44	204
艺术研究机构	Art Research Institutions	6	72
文化艺术经纪与代理业	Brokers and Agents for Cultureal and Arts Activities	8	33
其　他	Others	23	289
文物事业合计	**Cultural Relics**	**132**	**1339**
文物保护管理机构	Agency of Historical Relics Preservation	86	585
文物科研机构	Scientific and Research Historical Relics Agency	1	49
其他文物机构	Other Historical Relics Agency		21
博物馆	Museums	37	551
综合性博物馆	Comprehensive Museum	26	451
专门性博物馆	Special Museum	4	14
纪念性博物馆	Memorial Museum	7	86
文物商店	Cultural Relics Agencies	8	133

18—37 艺术表演团体演出情况（2000年）
Basic Statistics on Performance of Art Troupes (2000)

种 类	Item	演出场数（场）Number of Performances (shows)	到农村演出 Shows in Rural Areas	观众人数（千人次）Number of Spectators (1000 person-times)
总 计	**Total**	**13696**	**3000**	**8408**
国有剧团	Troupes Sponsored by State-owned Units	5696	2000	5101
集体经营剧团	Troupes Sponsored by Collective Units	8000	1000	3307
按剧种分	**Art Troupes**			
话剧、儿童剧、滑稽剧团	Drama, Children's Play and Comedy Troupes	106		94
歌剧、舞剧、歌舞剧团	Song and Dance Drama Troupes			6
歌舞团、轻音乐团	Song and Dance Troupes, Light Music Troupes	768		949
文工团、文宣队、乌兰牧骑	Cultural and Performance Troupes and Ulanmuchi (equestrian art troupes)	390		320
戏曲剧团	Local Opera Troupes	6000	3000	5571
#京 剧	Beijing Opera Troupes	432		627
曲艺、杂技、木偶、皮影团	Recitation and Ballad Troupes, Acrobatics and Circus Troupes, Puppet Show Troupes, and Shadow Play Troups	6000		1468

18—38 群众艺术馆、文化馆站业务活动及经费情况（2000年）
Basic Statistics on Activities and Expenditures of Mass Art Centers and Cultural Centers (2000)

项 目		Item		总 计 Total	群众艺术馆 Mass Art Centers	文化馆 Cultural Centers	文化站 Cultural Stations
单位数	（个）	Number of Units	(unit)	1898	14	103	1781
举办展览	（个）	Number of Exhibitions	(unit)	2791	58	543	2190
组织文艺活动	（次）	Art Performances and Story-Telling Sessions	(times)	5181	348	1280	3553
举办训练班		Training Courses					
班 次	（次）	Number of Classes	(times)	2132	225	587	1320
结业人次	（人次）	Number of Persons Completing Courses	(person-times)	70000	5000	18000	47000
群众艺术馆、文化馆负责指导单位		Units Responsible for Guiding Mass Art Centers and Cultural Centers					
农村集体镇文化中心	（个）	Cultural Centers in County Towns	(unit)	672	16	656	
文化俱乐部、室	（个）	Cultural Clubs	(unit)	1268		1268	
文化户	（户）	Households Specializing in Cultural Activities	(household)	1962	5	1957	
群众业余演出团（队）	（个）	Part-time Art Groups	(unit)	1229	27	1202	
总支出	（万元）	Total Expenditures	(10000 yuan)	4302	834	2041	1427
#业务费		Professional Expenditures		316	72	178	66
修缮费		Maintenance Expenses		141	19	38	84

18—39 公共图书馆业务活动及经费情况（2000 年）
Facilities, Services and Expenditures of Public Libraries (2000)

项　目	Item	总　计 Total	省级公共图书馆 Public Libraries at Provincial Level	地市级公共图书馆 Public Libraries at Prefectural Level	县级公共图书馆 Public Libraries at County Level
公共图书馆　（个）	Number of Public Libraries　(unit)	84	1	16	67
总藏量　（千册）	Total Collections　(1000 volumes)	7874	2267	2704	2903
#古　籍	Ancient Works	710	409	172	129
图　书	Books	5801	1391	2113	2297
报　刊	Newspapers and Periodicals	1297	464	411	422
书架总长度　（千米）	Total Length of Bookshelves　(1000 m)	217	56	112	49
发放借书证数　（千个）	Number of Library Cards Distributed　(1000 units)	106	3	41	62
图书流通情况	Circulation of books				
总流通人次　（千人次）	Total Number of Circulation　(1000 person-times)	5606	156	1356	4094
书刊外借册次　（千册次）	Number of Books Borrowed by the Readers　(1000 volume-times)	4554	141	1827	2586
为读者服务举办各种活动	Service Activities Provided for Readers				
次　数　（次）	Number of Activities	1572	4	154	1414
参加人数　（千人次）	Number of Readers Involved　(1000 person-times)	133		32	101
总支出　（万元）	Total Expenditures　(10000 yuan)	2641	551	1039	1051
#事业费支出	Expenditure for Operating Expenses	2458	551	966	941
#藏量购置费	Purchase Expenses	416	144	195	77
本年新购藏量　（千册）	Number of Books Purchased During the Year　(1000 volumes)	132	46	49	37
公用房屋建筑面积　（千平方米）	Floor Space of Public Buildings　(1000 sq. m)	95	14	37	44
#书　库	Stack Rooms	25	8	9	8
阅览室	Reading Rooms	16	1	7	8
阅览室坐席数　（千个）	Seating Capacity of Reading Rooms　(1000 seats)	8		3	5

18—40 博物馆、文物机构业务活动及经费情况（2000 年）
Facilities, Services and Expenditures of Museums and Cultural Relic Agencies (2000)

项　目	Item	文物保护管理机构 Protection and Management Agencies	文物科研机　构 Scientific and Research Historical Relics Preservation	其　他文物机构 Other Agencies	博物馆 Museums
藏　品　（件）	Number of Collections　(piece)	76462	1657		354266
#一级品	Grade One		3		797
业务活动	Operations				
陈列展览　（个）	Number of Displays and Exhibitions				151
参观人数　（千人次）	Number of Visitors　(1000 person-times)	230			1973
经费支出　（万元）	Total Expenditures　(10000 yuan)	1175	393		1104
#业务费	Professional Expenditures	163	46		147
#考古发掘费	Archaeology and Excavation Expenses	26	209		
修缮费	Maintenance Expenses	120			42
增加值　（万元）	Value Added　(10000 yuan)	575	558		586

18—41 广播、电视事业发展情况
Basic Statistics on Broadcasting and Television Stations

指标		Item		1999	2000	2000年为1999年% 2000 as Percentage of 1999
职工人数	(人)	Number of Staff and Workers	(person)	15168	15655	103.21
广播电台	(座)	Number of Broadcasting Stations	(set)	15	15	100.00
广播发射台及转播台	(座)	Number of Broadcast Transmission Stations and Relaying Stations	(set)	23	23	100.00
广播发射机功率	(千瓦)	Broadcast Power of Transmitters	(kw)	469	472	100.64
县有线广播站	(座)	Number of Wire Broadcast Stations in Counties and Cities	(set)	50	50	100.00
广播人口覆盖率	(%)	Listener Rating	(%)	91.82	94.8	103.25
电视台	(座)	Number of Television Stations	(set)	17	17	100.00
电视发射台及转播台	(座)	Television Transmission Stations and Relaying Stations	(set)	380	350	92.11
电视发射机功率	(千瓦)	Power of Trandmitters	(kw)	322.539	320.142	99.26
电视人口覆盖率	(%)	Viewer Rating	(%)	89.72	93.82	104.57

18—42 广播、电视覆盖率
Listeners and Viewers Rate

指标	Item	覆盖人口（万人） Covered Population (10000 persons)		覆盖率（%） Covering Ratio (%)	
		1999	2000	1999	2000
广播	**Broadcasting**	**5648.93**	**5882.66**	**91.82**	**94.80**
中央台第一套节目	Program I of China National Broadcasting	4724.27	5480.71	76.79	88.32
省台第一套节目	Program I of Provincial Broadcasting	4802.22	5485.37	78.06	88.40
地市台第一套节目	Program I of Prefectural (city) Broadcasting	3156.50	3370.19	51.31	54.31
县级台节目	Programs of County Broadcasting	3757.46	3877.68	61.08	62.49
电视	**Television**	**5519.84**	**5821.76**	**89.72**	**93.82**
专转中央电视台第一套节目	Relaying Program I of CCTV	5029.83	5396.84	81.76	86.97
省电视台第一套节目	Program I of Provincial Television	4922.76	5405.26	80.02	87.10
地市级电视台节目	Programs of Prefectural (city) Television	2996.51	3081.23	48.71	49.65
县级电视台节目	Programs of County Television	3069.77	3536.95	49.90	57.00

18—43 广播、电视节目制作时间
Basic Statistics on Broadcasting and Television

单位：小时 (hour)

指标	Item	1990	1995	1999	2000
广播节目制作	Production of Broadcasting	15878:21	91384:23	117227	122582
#新闻	News Programs	3360:04	14911:11	14836	16955
专题	Special Subject Programs	2038:09	19367:30	23921	24304
教育	Educational Programs	1178:55	3811:44	1549	3325
文艺	Programs of Entertainment	5574:26	33121:26	49080	47048
服务性	Service Programs	3726:47	20172:32	27841	30950
电视节目制作	Production of TV Programs	2428:52	13719:31	21781	24833
#新闻	News Programs	912:32	2948:33	4958	5715
专题	Special Subject Programs	379:22	1966:33	3056	4196
教育	Educational Programs		271:08	538	346
文艺	Programs of Entertainment	342:47	4140:22	4569	4205
服务性	Service Programs	794:11	4392:55	8660	10371

18—44 广播、电视宣传基本情况(2000 年)
Basic Statistics on Broadcasting and Television (2000)

项目	Item	节目套数(套) Number of Programs (set)	平均每日(周)播出时间 Broadcasting Hours per Day/Week (hour)	自办节目时间(小时) Self-produced Programs (hour)	新闻节目 News Programs	专题节目 Special Subject Programs	教育节目 Educational Programs	文艺节目 Entertainment Programs	服务性节目 Service programs
无线广播合计	**All Radio Broadcasting Stations**	**74**	**648:50**	**470:01**	**63:43**	**104:11**	**19:22**	**177:32**	**105:13**
安徽台	Anhui Broadcasting Station	3	55:10	52:49	5:06	10:38	1:55	20:40	14:30
地方台	Local Station	71	593:40	417:12	58:37	93:33	17:27	156:52	90:43
电视播映合计	**All Television Stations**	**69**	**4245:12**	**3121:32**	**235:32**	**187:09**	**27:22**	**2204:47**	**466:42**
安徽电视台	Anhui Television Station	2	295:42	292:12	20:24	33:05		201:18	37:25
地方台	Local Television Station	67	3949:30	2829:20	215:08	154:04	27:22	2003:29	429:17

18—45 图书、杂志和报纸出版数量
Number of Books, Magazines and Newspaper Published

年份 Year	图书 Books Published				杂志 Magazines Publised				报纸 Newspapers Publised			
	种类(种) Number of Publications (kind)	新出版 New Publications	总印数(万册) Printed Copies (10000 copies)	总印张数(万印张) Printed Sheets (10000 sheets)	种数(种) Number of Publications (kind)	每期平均印数(万册) Average Printed Copies Per Issue (10000 copies)	总印数(万册) Printed Copies (10000 copies)	总印张数(万印张) Printed Sheets (10000 sheets)	种数(种) Number of Publications (kind)	每期平均印数(万册) Average Printed Copies Per Issue (10000 copies)	总印数(万份) Printed Copies (10000 copies)	总印张数(万印张) Printed Sheets (10000 sheets)
1978	184	133	10286	35538								
1980	211	204	12026	49007	40		1118	3550	13	178	22956	21329
1985	788	702	20708	67570	88	284	2375	9342	52	422	43826	31309
1990	1514	1107	22117	75645	79	215	1825	4735	38	239	32258	22527
1991	1465	1011	21776	77806	83	219	2126	5611	40	285	37575	25362
1992	1597	1109	24004	86024	99	251	2347	6382	40	285	37680	25450
1993	1566	1122	20030	82547	113	289	2707	7336	53	356	41394	27969
1994	2007	1069	23699	96153	117	358	3290	8679	53	323	46141	46557
1995	1926	1069	27555	109340	123	347	3197	8076	52	361	47569	49024
1996	1773	944	28131	118058	126	412	4104	10284	62	383	50825	51930
1997	1970	928	31427	127303	137	393	4172	11471	60	399	51688	54480
1998	2106	1031	36936	144643	138	421	4411	11112	56	390	53906	68712
1999	2321	1121	34952	141926	147	421	4685	13075	62	406	62682	90871
2000	2125	1002	30992	156767	150	621	7736	19538	84	416	76083	114736

主要统计指标解释

普通高等学校 指按照国家规定的设置标准和审批程序批准举办，通过国家统一招生考试，招收高中毕业生为主要培养对象，实施高等教育的全日制大学、独立设置的学院和高等专科学校、短期职业大学。

成人高等学校 指按照国家有关规定审批，招收通过全国成人高教统一招生考试的具有高中毕业或同等学历的在职从业人员，利用脱产、半脱产、业余或函授等多种形式对其实施高等学历教育，培养高等教育专科或本科毕业水平的专门人才，修业年限、课程设置和总学时数均按高等学历教育要求付诸实施的学校。包括广播电视大学、职工高等学校、农民高等学校、管理干部学院、教育学院、独立设置的函授学院等。

小学学龄儿童入学率 指调查范围内已入小学学习的学龄儿童占校内外学龄儿童总数（包括弱智儿童，不包括盲聋哑儿童）的比重。计算公式为：

小学学龄儿童入学率＝已入学的小学学龄儿童数/校内外小学学龄儿童总数×100％

独立研究与开发机构 指有明确的任务和研究方向，有一定学术水平的业务骨干和一定数量的研究人员，具有研究、开发、开展学术工作的基本条件，主要进行科学研究与技术开发活动，并且在行政上有独立的组织形式，财务上独立核算盈亏，有权与其他单位签订合同，在银行有单独户头的单位。包括国务院各部门、中国科学院、中国社会科学院和各省、自治区、直辖市以及地（市）以上〔含地（市）〕各部门所属的国有科学研究与技术开发机构。

独立研究与开发机构职工 指在独立研究与开发机构工作，并由其支付工资的人员。包括长期职工、临时职工和招聘人员，不包括编制以外的离休、退休人员和停薪留职人员。

研究与发展经费支出 指用于研究与发展课题活动（基础研究、应用研究、实验发展）的全部实际支出，包括用于研究与发展课题活动的直接支出和间接用于研究与发展活动的支出（如研究院、所管理费，维持研究院、所正常运转的必需费用和与研究发展有关的基本建设支出）。

科学家和工程师 指具有大学本科及以上学历和不具备上述学历但有高、中级职称的人员。

其他科技人员 指大专、中专毕业和具有初级职称的从事科技活动人员。

专业技术人员 指已取得科学技术职称，或大学、中专的理、工、农、医科系毕业，以及国民经济各部门从工作实践中提拔，从事理、工、农、医等自然科学技术的研究、教学、生产的专业人员和在机关、企业、事业中从事科学技术业务管理工作的专业人员。

工程技术人员 指在国民经济各行业中从事工程技术工作的自然科学技术专业人员，包括高级工程师、工程师、助理工程师、技术员和未评定职称的技术人员。

农业技术人员 指在国民经济各行业中从事农业技术工作的自然科学技术专业人员，包括高级农艺师、农艺师、助理农艺师、技术员和未评定职称的技术人员。

卫生技术人员 指在国民经济各行业中从事卫生医务工作的自然科学技术专业人员，包括正副主任医师、主治医师、医师、医（护）士和未评定职称的技术人员。

科学研究人员 指在国民经济各行业中从事科学技术活动的自然科学技术专业人员，包括正副研究员、助理研究员、研究实习员、技术员和未评定职称的技术人员。

自然科学教学人员 指在国民经济各行业中从事自然科学技术教学活动的专业人员，包括正副教授、讲师、助教、教师和在中学从事自然科学技术教学活动的人员。

发明 是专利法及其实施细则所称的发明，指对有关产品、方法或其改进所提出的新的技术方案。

实用新型 是专利法及其实施细则所称的实用新型，指对产品的形状、构造或者其结合所提出的适于实用的新的技术方案。

外观设计 是专利法及其实施细则所称的外观设计，指对产品的形状、图案、色彩或者其结合所作出的富有美感并适于工业上应用的新设计。

文化事业机构 指从事专业文化工作和为专业文化工作服务的独立建制的单位。不包括这些单位另外举办独立核算的其他机构和各部门的业余文化组织。

艺术表演团体 指从事戏曲、音乐、舞蹈、杂技等专业艺术表演，有独立帐户的单位，不包括半工半艺、半农半艺和民间职业剧团。

电影放映单位 指具有放映机器设备、固定或不固定的放映场所与专职或兼职的放映技术人员，经有关部门登记批准，经常为一定的观众对象放映电影的机构。包括经批准对外开放进行营业，并与电影发行放映管理机构分帐的专用放映单位和军委系统租片单位。

艺术表演观众人数（人次） 指售票、包场演出或民族地区免费演出的艺术表演观众人次数，不包括彩排审查和内部观摩演出的观看人次数。

图书纯销售 指向读者直接销售的图书以及直接向国外出口的图书。

书刊排字 指用手工排字和激光排版生产的、可供印刷的排字产量。

书刊印刷 指铅印和胶印印书。

胶印印刷 指用胶印机完成的单色或多色印刷产品。

零件印刷 指单张小件印品。

Explanatory Notes for Major Statistical Indicators

Regular Institutions of Higher Learning refer to educational establishments set up according to the government evaluation and approval procedures, enrolling graduates from senior secondary schools and providing higher education courses and training for senior professionals. They include full-time universities, colleges, high professional schools and short-term professional universities.

Institutions of Higher Learning for Adults refer to educational establishments, set up in line with relevant rules approved by the government, enrolling staff and workers with senior secondary school or equivalent education, and providing higher education courses in many forms of full time, part time, spare time, or correspondence for adults. Professionals thus trained receive a qualification equivalent to graduates studying regular courses at regular universities, colleges and professional colleges. Institutions of higher learning for adults include Radio and TV universities, schools of high education for staff and workers and peasants, colleges for management cadres, pedagogical colleges, independent correspondence colleges.

Enrollment Rate of Primary School age Children refers to the proportion of school age children enrolled at schools to the total number of school age children both in and outside schools (including retarded children, but excluding blind, deaf and mute children). The formula is:

Enrollment Rate of Primary School age Children = (Total Primary School age Children at Schools) ÷ (Total Primary School age Children Both at and Outside Schools) × 100%

Independent Research and Development Institutions refer to the state owned institutions which have direct mission and research purpose, a certain number of core member with higher research level and a certain number of research personnel, necessary conditions for R & D activities and engaging in scientific research and technological development. The institutions also have their own independent organization and finance, authority to sign contracts with other units, with their own accounts in banks. Independent research and development institutions include the institutions attached to central government agencies, Chinese Academy of Sciences. Chinese Academy of Social Sciences and the institutions attached to local governments.

Personnel of Independent Research and Development Institutions refers to the persons working in and receiving payment from research and development institutions. It includes regular full-time and temporary staff and workers and employees working on contracts, but excludes retirees and persons leaving their work without payment but still retaining their posts, who are not on the employee list.

Total Expenditure on Research and Development refers to all actual expenditure made for R&D (basic research, applied research and experimental development) in reference period. It includes direct expenditure on R&D and indirect expenditure on R&D (including management and necessary administrative expenses of research institutes, investment in capital construction relating to R&D).

Scientists and Engineers refer to persons who have completed university or higher education or obtained titles of senior and middle level professional positions.

Other Technical Personnel refers to persons involved in science and technology with secondary specialized education or three-year college education and persons with junior professional titles.

Natural Scientific and Technical Personnel refers to those professionals holding scientific and technical titles or taking such positions, or being graduated from departments of science, engineering, agriculture and medicine, and/or having been promoted in practice in different sectors of the national economy and working on research, teaching and production technique in the scientific and technological fields such as science, engineering, agriculture and medicine, etc. and the professionals doing administrative work related to science and technology in government agencies, enterprises and institutions.

Engineering Professionals refer to the persons who are engaged in engineering science and technology in different sectors of the national economy, including senior engineers, engineers, assistant engineers, technicians and technical personnel without professional titles.

Agricultural Professionals refer to the persons who are working on the science of agriculture in different sectors of the national economy, including senior agronomists, agronomists, assistant argonomists, technicians and technical personnel without professional titles.

Public Health Professionals refer to the persons who are engaged in medical and health work in different sectors of the national economy, including director doctors and their deputies, doctors in charge, doctors, paramedics, nurses and technical personnel without professional titles.

Scientific Research Personnel refers to those personnel engaged in scientific and technical activities in different sectors of the national economy, including research fellows and their deputies, assistant research fellows, research trainees, technicians and technical personnel without professional titles.

Teaching Personnel of Natural Sciences refers to those professionals engaged in the teaching of natural science and technology in different sectors of the national economy, including professors, associate professors, lecturers, teaching assistants, teachers and teaching personnel in science and technology in middle schools.

Inventions refer to the inventions as specified by the patent law and its detailed rules and regulations for implementation. They refer to the new technical proposals to the products or methods or their modifications.

Utility Models refer to the utility models as specified by the patent law and its detailed rules and regulations for implementation. They refer to the practical and new technical proposals on the shape and structure of the product or the combination of both.

Designs refer to the designs as specified by the patent law and its detailed rules and regulation for implementation. They refer to the aesthetics and industry applicable new designs for the shape, pattern and color of the product, or their combinations.

Cultural Institutions refer to units which have their own organizational system and independent accounting system and specialize in or serve cultural development. They exclude other establishments run by these cultural institutions and amateur cultural groups established by various departments.

Art Troupe refers to the troupe which is engaged in drama, opera, music, dance, acrobatics or other art performance, opens independent accounts with banks and has self-supporting accounting system; excluding the troupes which are engaged partly in industrial or agricultural activities, partly in art performance and the professional troupes organized by the people.

Film Projection Units refer to units with film projection equipment, full or part time projectionists, permanent or non permanent places, approved by related administrative departments to show films regularly for certain groups of audience, including those film projection units which have been approved to give commercial shows and run business with independent accounting system as well as those filmrenting units of the military system.

Number of Spectators at Art Performance refers to the number of attendants at commercial shows, completely booked shows or free shows given in minority national areas, and does not include the number of spectators at rehearsals for examination and internal shows for study.

Net Sales of Books refers to books sold directly to readers and directly exported.

Typesetting of Books refers to the volume of work (characters) of manual or laser typesetting ready for printing.

Printing of Books refers to printing of books by stereotype or offset printing method.

Offset Printing refers to mono or multi color materials printed by offset press.

Small Piece Printing refers to printing of single-sheet products in small quantity.

十九、体育、卫生、社会福利和其他

SPORTS, PUBLIC HEALTH, SOCIAL WELFARE AND OTHERS

简要说明

一、本篇主要反映我省体育、卫生、社会福利及其他事业发展情况。

体育：包括群众体育和竞技体育，主要内容有体育系统职工、运动员、教练员和裁判员等人数，体育场地数等。

卫生：主要内容为卫生机构、人员、床位数，医院诊疗人次及入院人数。

社会福利：主要包括社会福利事业的机构人员、社会福利救济、婚姻状况等情况。

其他：主要包括历届省人大、政协基本情况、司法情况、交通事故、火灾事故情况等。

二、上述资料分别由省体委、卫生厅、民政厅、公安厅等部门提供，是根据有关部门制定的统计报表制度进行统计、汇总整理而成的。这些统计报表制度包括体育事业统计报表制度，卫生事业统计报表制度，民政事业统计报表制度，公安统计报表制度等，一般都是逐级汇总上报。

三、环境保护统计资料由省环保局提供。统计资料是依据国家环保局制定的环境统计报表制度，由各地、市的环境统计年报汇总整理而成。主要包括“三废”排放与处理，反映各工业行业有关“三废”排放与处理的情况。

本篇责任编辑：李道培、程　钢

Brief Introduction

I. Data in this chapter show the development of sports, public health, social welfare and other undertakings.

Sports: Data cover mass sports (sports for all) and athletics sports, including mainly the number of staff and workers in sports departments, number of athletes, coaches and referees, number of stadiums and gymnasiums etc.

Public health: Data include mainly the number of institutions, personnel, hospital beds, number of patients treated and in-patients.

Social welfare: Data include mainly the number of institutions and personnel, social welfare relief, and marital status etc.

Others: Data cover mainly the number of deputies of the Provincial People's Political Consultative Conferences over the sessions, the judicial conditions, basic statistics on traffic accidents and fires.

II. The above-mentioned data are provide by the Provincial Commission of Sports, Department of Public Health, Department of Civil Affairs and the Department of Public Security, etc. Data are collected and tabulated in accordance with the statistical reporting schemes stipulated by the departments concerned, including the statistical reporting schemes on sports, public health, civil administration, organization of trade unions and public security. Data are generally reported to the higher authorities level by level.

III. Data on environmental protection are provided by the Provincial Environment Protection Bureau. Data are collected and tabulated by the prefectures and cities in accordance with the annual environmental protection reporting scheme stipulated by the State Environment Protection Administration. Data include mainly the discharge and treatment of waste water, waste gas and solid wastes, which show various indicators abot the discharge and treatment of waste water, waste gas and solid wastes in various regions and various industrial sectors.

19—1 体育活动基本情况
Basic Statement of Sports

指标	Item	1990	1995	1999	2000
《国家体育锻炼标准》达标人数（人）	Number of Persons Who Have Come up to the State Physical Training Standards (person)	1759967	4332084	6005088	6933057
优秀	Excellent	233372	554305	746788	905798
良好	Good	601187	1332724	1883147	2144412
及格	Pass	925408	2445055	3375153	3882847
县以上体委举办运动会次数（次）	Number of Sports Meets Held by Sports Commissions at and Above County Level (time)	848	514	731	373
参加运动会的运动员人数（人）	Number of Athletes Attending Sports Meets (person)	301005	152496	235382	118179
等级运动员人数（人）	Number of Athletes in Grades (person)	469	436	1338	1345
一级运动员	First Grade Sportsman	92	39	182	139
二级运动员	Second Grade Sportsman	85	96	416	428
三级运动员	Third Grade Sportsman	138	272	319	398
少年运动员	Juvenile Athletes	154	29	421	380
等级裁判员人数（人）	Number of Referees in Grades (person)	798	1091	1181	1288
一级裁判员	First Grade Referees	110	101	241	173
二级裁判员	Second Grade Referees	355	274	542	247
三级裁判员	Third Grade Referees	333	716	398	868
在国内外比赛中获奖牌数（枚）	Number of Medals Won in the Matches Both Inside and Outside the Country	107	74	41	92
金牌	Gold Medals	49	28	9	25
银牌	Silver Medals	38	21	11	31
铜牌	Bronze Medals	20	25	21	36

注：等级运动员和等级裁判员人数中不包括运动健将和国际、国家级裁判。

a) Thu number of Ahletes in Grades and Referees in Grades doesn 't include international master of sports and international or national refrees.

19—2 全省体育场地数（2000年）
Number of Stadiums and Gymnasiums (2000)

单位：个 (unit)

指标	Item	总计 Total	体委系统 Physical Culture and Sports Commissions	工矿系统 Industry and Mining	农业系统 Organizations Affiliated With Agricnlture	学校系统 Schools	其他系统 Others
总计	**Total**	**14090**	**450**	**1083**	**447**	**11314**	**796**
#体育场	Stadiums	32	19	1		12	
体育馆	Gymnasiums	41	32	7		2	
游泳跳水馆	Swimming and Diving Centers	1	1				
室内外游泳池	Indoor and Outdoor Swimming Pools	90	50	15		15	10
有固定看台的灯光球场	Illuminated Fields with Fixed Seating	116	51	55	2	3	5
运动场	Playground	139	38	6		94	1
小运动场	Small Playground	1709	13	28	8	1646	14
篮、排球场	Basketball and Volleyball Ground	11351	66	832	434	9411	608

19—3 体委系统职工人数（2000年）
Number of Staff and Workers in Sports Commissions (2000)

单位：人 (person)

人员分类	Category of Personnel	合计 Total	优秀运动队 Excellent Sports Teams	体育运动学校 Physical Education and Sports Schools	重点业余体校 Key Sparetime Sports Schools	体育中学 Physical Education Middle Schools	普通业余体校 Popular Sparetime Sports Schools	公共体育场馆 Public Stadiums and Gymnasiums	机关人员 Office Workers
总计	Total	**3449**	**871**	**300**	**135**	**185**	**595**	**313**	**802**
运动员	Athletes	412	412						
专职教练员	Full-Time Coaches	743	120	77	82	67	397		
专职文化教师	Full-Time Teachers	179		88	3	64	24		
科技人员	Scientific and Technical Personnel	25	3					5	
医务人员	Medical Personnel	35	25	5		3	2		
管理人员	Administrative Personnel	1387	225	64	34	21	97	195	601
其他	Others	668	86	66	16	30	75	113	201

19—4 等级运动员、等级裁判员人数（2000年）
Number of Athletes and Referees in Grades by Type of Sports (2000)

单位：人 (person)

运动项目	Item	等级运动员 Number of Athletes in Grades	运动健将 International Master of Sports	一级 First Grade Sportsman	二级 Second Grade Sportsman	等级裁判员 Number of Referees in Grades	国际、国家级 International National Referees	一级 First Grade Referees	二级 Second Grade Referees
总计	**Total**	**1376**	**31**	**139**	**428**	**1298**	**10**	**173**	**247**
#田径	Track and Field	526	2	10	126	302	4	18	63
游泳	Swimming	121	4	9	45	45		4	9
体操	Gymnastics	12	5	6	1	3	1		2
举重	Weightlifting	11		8	3	21			9
拳击	Boxing	38		5	3	17		4	13
国际式摔跤	Wrestling	27	3	13	11	4			4
中国式摔跤	Chinese Wrestling	20			20				
柔道	Judo	14	1	7	5	1			1
击剑	Fencing	6	1	5		2		2	
赛艇	Rowing								
射击	Shooting	15	2	8	5	5		5	
足球	Football	42		18	33	50	3	21	16
篮球	Basketball	164			31	347		55	65
乒乓球	Table Tennis	120			26	93			23
手球	Handball	37	5	12	20				
技巧	Acrobatic Gymnastics	17	4	8	5	37		37	
武术	Wu Shu	173	2	16	88	29	1	1	25
国际象棋	International Chess	1		1					
中国象棋	Chinese Chess	6				105	1		1
围棋	Weiqi	7			2	103			
跆拳道	Taiquandao	3		2	1	3			3
其他	Others	16	2	11	3	131		26	13

19—5 卫 生 机 构 数
Number of Health Institutions

单位：个 (unit)

年份 Year	总计 Total	医院卫生院 Hospitals	县及县以上医院 At and Above County Level	疗养院、所 Sanatoriums	门诊部、所 Clinics	专科防治所、站 Specialized Prevention & Treatment Centers or Stations	卫生防疫机构 Sanitation and Antiepi-demic Agencies	妇幼保健所、站 Maternity and Child Care Centers	药品检验所、站 Medicines and Chemical Reagent Test Labs	医学科学研究机构 Research Institutes of Medical Science	其他卫生机构 Other Institutions
1978	6466	2953	223	7	3142	50	104	106	13	7	84
1980	6639	3083	253	7	3160	54	113	113	14	9	86
1985	7113	3098	321	9	3538	57	126	116	17	7	145
1990	7336	3128	346	11	3659	66	126	110	61	10	165
1991	7359	3158	354	10	3648	67	128	109	63	10	166
1992	7035	3049	359	10	3425	67	128	109	64	11	172
1993	6637	3059	485	10	3006	66	132	109	64	15	176
1994	6585	3253	469	10	2754	66	132	109	66	15	180
1995	6593	3243	466	10	2772	68	132	109	67	15	177
1996	6261	3276	476	11	2411	66	134	111	66	15	171
1997	7911	3203	478	11	4104	67	162	108	69	15	172
1998	7515	2992	482	11	3914	67	164	108	69	15	175
1999	6778	2972	486	11	3204	66	164	107	69	15	170
2000	6705	2953	482	11	3156	63	166	110	67	15	164

19—6 卫 生 机 构 的 人 员 数
Number of Persons Engaged in Health Institutions

单位：人 (person)

年份 Year	专业卫生技术人员 Medical Technical Personnel	医生 Doctors	中医 Doctors of Traditional Chinese Medicine	西医师 Doctors of Western Medicine	西医士 Paramedics of Western Medicine	护师、护士 Senior and Junior Nurses	每万人口卫生技术人员数 Number of Medical Technical Personnel per 10000 Population
1978	96030	41651	11918	13358	16375	13013	20.38
1980	104838	42169	10524	16629	15016	14518	21.43
1985	122776	46452	9936	22776	13740	21433	23.81
1990	135698	58580	10767	37170	10643	31566	23.97
1991	137868	59620	10828	37361	11431	32708	24.00
1992	142349	60046	10534	37099	12413	33439	24.47
1993	144712	62382	10397	38689	13296	33873	24.65
1994	147819	64606	10451	41198	12957	35350	24.89
1995	150619	66714	10423	42851	13440	36308	25.05
1996	152486	67009	10374	42532	14103	37301	25.12
1997	152205	66802	9709	43252	13841	38404	24.84
1998	153716	67571	9467	43500	14604	39366	24.86
1999	152988	68951	9404	44728	14819	40056	24.53
2000	153808	69943	9204	45530	15209	41226	24.64

19—7 卫生机构、床位、人员数（2000年）
Number of Health Units, Beds and Staff (2000)

指标		机构数（个）Health Institutions (unit)	床位数（张）Beds (unit)	人员数（人）Persons Engaged (person)	卫生技术人员 Medical Technical Personnel
总计	**Total**	**6705**	**123873**	**188278**	**153808**
市	City	3314	66656	104182	81480
县	County	3391	57217	84096	72328
医院、卫生院合计	Hospitals	2953	114921	154608	127457
市	City	899	61927	82043	64922
县	County	2054	52994	72565	62535
医院	Hospitals	492	73784	98264	76827
县及县以上医院	At and Above County Level	482	73507	97996	76595
市	City	322	50895	67933	52447
县	County	160	22612	30063	24148
综合医院	Comprehensive Hospitals	353	54273	74383	58109
县医院	County Hospitals	64	15157	20869	16544
其他综合医院	Other Comprehensive Hospitals	289	39116	53514	41565
中医医院	Hospitals of Traditional Chinese Medicine	81	7507	10484	8717
医学院附属医院	Affiliated Hospitals of Medical College	5	3619	5442	4240
综合医院	Comprehensive Hospitals	3	2928	4495	3514
中医医院	Hospitals of Traditional Chinese Medicine	2	691	947	726
传染病院	Infection Hospitals	6	1260	1162	840
精神病院	Mental Hospitals	14	3460	2546	1715
结核病院	Tubercle Hospitals	1	56	74	51
妇幼保健院	Hospitals for Women and Children	9	1245	1900	1493
儿童医院	Children's Hospitals	1	200	280	204
麻疯病院	Leprosy Hospitals	1	50	24	10
职业医院	Occupational Hospitals	2	853	757	498
康复医院	Rehabilitation Hospitals	4	702	518	378
口腔医院	Stomatological Hospitals	1	4	129	96
眼科医院	Ophthalmology Hospitals	1	20	20	14
骨科医院	Orthopaedic Hospitals	2	228	247	207
其他专科医院	Other Specialized Hospitals	1	30	30	23
其他医院	Other Hospitals	10	277	268	232
卫生院	Commune Hospitals	2461	41137	56344	50630
疗养院	Sanatoriums	11	1927	1021	576
门诊部	Outpatient Departments	144	1017	2153	1848
专科防治所、站	Specialized Prevention & Treatment Centers or Stations	63	3989	3029	2327
#结核病防治所、站	Prevention & Treatment Centers or Stations to Tuberculosis	6	180	269	190
职业病防治所、站	Prevention & Treatment Centers or Stations to Occupational Disease	4	150	231	167
口腔病防治所、站	Prevention & Treatment Centers or Stations to Oral Disease	1		22	15
眼病防治所、站	Prevention & Treatment Centers or Stations to Eye Disease	1	50	14	12
血吸虫病防治所、站	Prevention & Treatment Centers or Stations to Schistosomiasis	32	3136	1909	1486
地方病防治所、站	Prevention & Treatment Centers or Stations to Endemic Disease	13	273	463	371
性病防治所、站	Prevention & Treatment Centers or Stations to Venereal Disease	1		13	12
其他	Other	5	200	108	74
卫生防疫站	Sanitation and Anti-epidemic Agencies	166	42	7015	5624
妇幼保健所、站	Maternity and Child Care Centers	110	876	2810	2330
药品检验所、室	Medicines and Chemical Reagent Test Labs	67		772	565
医学科学研究机构	Research Institutes of Medical Science	15	75	334	214
高等医学教育机构	Institution of Higher Learning of Medical Science	5	20	2745	1263
中等医药卫生学校	Secondary Medical School	78	166	2947	1287
其他卫生事业机构	Other Institutions	81	840	1611	1084
诊所、卫生保健所室等	Clinic and Health Center	3012		9233	9233
#个体办	Run by Individuals	998		1672	1672

19—8 卫生机构各类人员数（2000年）
Persons Engaged in Health Care Institutions by Type of Occupation (2000)

单位：人 (person)

指标	Item	合计 Total	卫生部门 Health Departments	工业及其他部门 Industrial and Other Departments	集体所有制 Collective Owned Units	其他 Others	诊所保健所 Clinics
总计	**Total**	**188278**	**99356**	**29230**	**50166**	**293**	**9233**
卫生技术人员	Medical Technical Personnel	153808	77378	21805	45192	200	9233
其他技术人员	Other Technical Personnel	4769	3138	1011	619	1	
管理人员	Managerial Personnel	14143	8353	2847	2915	28	
工勤人员	Logistics Workers	15558	10487	3567	1440	64	
卫生技术人员	**Medical Technical Personnel**						
中医师	Doctors of Traditional Chinese Medicine	7235	3775	577	2456	1	426
西医师	Doctors of Western Medicine	45530	25319	7557	9529	48	3077
中西医结合	Senior Doctors Who Integrate Traditional	153	44	15	44		50
护师	Senior Nurses	26626	17878	5040	2581	65	1062
中药师	Pharmacists of Chinese Medicine	2852	1701	181	926		44
西药师	Pharmacists of Western Medicine	4711	2990	896	648	6	171
检验师	Laboratory Technicians	4885	3414	708	636	6	121
其他技师	Other Technicians	3052	1910	552	523	7	60
中医士	Paramedics of Chinese Medicine	1588	530	68	784		206
西医士	Paramedics of Western Medicine	15209	4391	1207	8446		1165
护士	Junior Nurses	14600	7093	2691	3839	48	929
助产士	Midwives	2663	726	181	1678		78
中药剂士	Junior Pharmacists of Chinese medicine	914	398	55	436		25
西药剂士	Junior Pharmacists of Western medicine	2324	1047	320	779	9	169
检验士	Junior Laboratory Technicians	2094	963	251	777	3	100
其他技士	Other Junior Technicians	1469	575	148	606	7	133
其他中医	Other Doctors of Chinese Medicine	228	63	7	97		61
护理员	Assistant Nurses	3322	719	630	1687		286
中药剂员	Assistant Pharmacists of Chinese Medicine	488	144	23	306		15
西药剂员	Assistant Pharmacists of Western Medicine	1317	270	118	830		99
检验员	Assistant Laboratory Technicians	812	185	72	513		42
其他初级卫生技术人员	Other Junior Medical Technical Personnel	11736	3243	508	7071		914
平均每千人口有卫生技术人员	**Number of Medical Technical Personnel per 1000 Population**	**2.45**	**1.23**	**0.35**	**0.72**		**0.15**
#医生	Doctors	1.11	0.54	0.15	0.34		0.08

19—9 医院、卫生院诊疗人次及入院人数（2000 年）
Number of Hospital Patients (2000)

医院类别	Type of Hospital	诊疗人次（万人次）Total Number of Patients Treated (10000 person-times)	门、急诊 Out-patients and Emergency Patients	入院人数（万人）Hospital Admissions (10000 persons)	每百诊次的入院人数（人）Hospital Amissions per 100 Patient-Times (person)	每百门、急诊入院人数（人）Hospital Admissions per 100 Out-Patient times and Emergency Patient-Times (person)
医院、卫生院合计	Total	**7914.61**	**6758.85**	**255.80**	**3.23**	**3.78**
县及县以上医院合计	Hospitals at Above County Level	3364.16	3147.01	121.96	3.63	3.88
#卫生部门	Health Departments	2243.29	2199.07	98.20	4.38	4.47
工业及其他部门	Industrial and Other Departments	1041.21	874.79	19.96	1.92	2.28
集体所有制	Collective Owned Units	76.24	70.03	3.27	4.29	4.67
私人开业及其他	Private Units and Others	3.42	3.12	0.53	15.50	16.95
其他医院	Other Hospitals	10.67	10.62	0.18	1.73	1.74
卫生院	Rural Township Hospitals	4539.79	3601.23	133.62	2.94	3.71

19—10 县及县以上医院病床使用情况（2000 年）
Utilization of Hospital Beds at and above County Level (2000)

医院类别	Type of Hospital	病床周转次数（次）Turnover of Beds (times)	病床工作日（日）Number of Days per Bed in Use in a year (days)	病床使用率（%）Utilization Rate of Beds (%)	出院者平均住院日（日）Average Hospitalization Period (days)
医院、卫生院合计	Total	**23.72**	**184.49**	**50.54**	**8.02**
县及县以上医院合计	Hospitals at Above County Level	17.69	212.39	58.19	11.61
#卫生部门	Health Departments	19.61	209.81	57.48	10.40
工业及其他部门	Industrial and Other Departments	11.96	223.36	61.19	17.73
集体所有制	Collective Owned Units	18.42	197.48	54.11	10.47
私人开业及其他	Private Units and Others	12.40	149.16	40.90	12.32
其他医院	Other Hospitals	7.16	60.70	16.62	8.41
卫生院	Rural Township Hospitals	34.75	134.89	36.95	4.71

19—11 各市卫生机构、床位数(2000年)
Number of Health Institutions, Beds and Persons Engaged by Region (2000)

地 市 Region		机构合计(个) Health Institutions	医院、卫生院 Hospital	诊所、医务室 Clinics	卫生防疫站 Sanitation and Antiepidemic Agencies	妇幼保健所、站 Maternity and Child Care Centers	床位合计(张) Beds Total	医院、卫生院 Hospital
总 计	**Total**	**6705**	**2953**	**3012**	**166**	**110**	**123873**	**114921**
合肥市	Hefei	585	231	240	11	9	12844	12164
淮北市	Huaibei	248	124	108	8	1	6613	6554
亳州市	Bozhou	169	148	2	5	4	4801	4779
宿州市	Suzhou	308	135	142	6	6	6831	6640
蚌埠市	Bengbu	389	110	234	9	8	8908	8498
阜阳市	Fuyang	327	215	37	37	9	10825	10594
淮南市	Huainan	554	111	414	9	8	8647	8402
滁州市	Chuzhou	522	286	183	9	9	7864	7555
六安市	Luan	293	217	33	9	6	9199	8885
马鞍山市	Maanshan	246	49	172	8	5	3344	3260
巢湖市	Chaohu	521	285	186	6	6	8134	6452
芜湖市	Wuhu	435	121	272	11	7	7162	6794
宣城市	Xuancheng	373	199	114	8	8	6503	5808
铜陵市	Tongling	198	37	142	6	1	3134	2765
池州市	Chizhou	329	107	201	5	5	3490	2540
安庆市	Anqing	757	403	301	11	11	11390	9741
黄山市	Huangshan	451	175	231	8	7	4184	3490

19—12 各市卫生机构人员数(2000年)
Number of Persons Engaged in Health Institutions by Region (2000)

单位：人 (person)

地 市 Region		人员合计 Total	卫生技术人员 Medical Technical Personnel	医 生 Doctors	医 师 Physician	护师、士 Senior and Junior Nurses
总 计	**Total**	**188278**	**153808**	**69943**	**52918**	**41226**
合肥市	Hefei	21691	16653	7862	6949	5066
淮北市	Huaibei	11037	9125	4129	3012	2810
亳州市	Bozhou	8047	6918	2839	1896	1089
宿州市	Suzhou	12463	10627	4465	2916	2352
蚌埠市	Bengbu	14199	11085	4755	3752	3299
阜阳市	Fuyang	16448	13929	6144	4194	2610
淮南市	Huainan	12875	10332	4230	3405	3499
滁州市	Chuzhou	10724	9184	4346	3115	2067
六安市	Luan	13372	11146	5773	4167	2371
马鞍山市	Maanshan	6090	4867	2106	1720	1838
巢湖市	Chaohu	11038	8789	3980	2677	2155
芜湖市	Wuhu	10356	8125	3790	3115	2549
宣城市	Xuancheng	8977	7571	3806	2677	2014
铜陵市	Tongling	5160	4027	1644	1382	1416
池州市	Chizhou	4359	3688	1826	1360	1020
安庆市	Anqing	15420	12819	5797	4724	3508
黄山市	Huangshan	6022	4923	2451	1857	1563

19—13 各市农村设置的医疗点（2000年）
Rural Medical Spots by Region (2000)

单位：个 (unit)

地市 Region	行政村数 Number of Villages	无医疗点村数 Without Medical Spots	农村设置的医疗点数 Number of Medical Spots in Rural Area	村或群众集体办 Set Up by Villiage or the Masses	乡村医生或卫生员联合办 Jointly Set Up by Rural Doctors and Health Workers	乡卫生院设点 Spot of Township Commune Hospital	个体办 Individual Medical Spot	其他 Others
总计 Total	**30274**	**1758**	**29937**	**9473**	**8014**	**979**	**11043**	**428**
合肥市 Hefei	1969	141	1826	1023	59	47	665	32
淮北市 Huaibei	676	23	605	216	229	53	91	16
亳州市 Bozhou	2713	165	2713	196	1764	41	606	106
宿州市 Suzhou	2849	88	2838	1309	520	210	773	26
蚌埠市 Bengbu	1583	175	1506	159	766	69	502	10
阜阳市 Fuyang	3952	161	3864	718	1907	84	1130	25
淮南市 Huainan	553	8	545	172	116	16	241	
滁州市 Chuzhou	2204	159	1813	842	851	19	97	4
六安市 Luan	3324	108	3542	979	805	22	1682	54
马鞍山市 Maanshan	410	14	511	76	1	7	427	
巢湖市 Chaohu	2180	145	2008	352	421	68	1101	66
芜湖市 Wuhu	709	18	803	501	28	24	249	1
宣城市 Xuancheng	1573	114	1485	673	84	84	636	8
铜陵市 Tongling	220	17	195	106	41	2	41	5
池州市 Chizhou	937	52	1049	238	26	8	777	
安庆市 Anqing	3266	158	3640	1467	391	173	1552	57
黄山市 Huangshan	1156	212	994	446	5	52	473	18

19—14 各市乡村医生、卫生员、接生员人数（2000年）
Number of Doctors, Health Workers and Midwives Working in Rural Area by Region (2000)

单位：人 (person)

地市 Region	合计 Total	乡村医生 Rural Doctors	会接生 Being Able to Practise Midwifery	卫生员 Health Workers	会接生 Being Able to Practise Midwifery	农村接生员 Rural Midwives
总计 Total	**67659**	**45254**	**5533**	**22405**	**3931**	**7694**
合肥市 Hefei	3260	2164	261	1096	115	84
淮北市 Huaibei	1988	1472	106	516	53	23
亳州市 Bozhou	7561	3274	452	4287	821	630
宿州市 Suzhou	5955	4555	451	1400	131	323
蚌埠市 Bengbu	3445	1900	169	1545	112	127
阜阳市 Fuyang	9622	5701	1008	3921	875	1560
淮南市 Huainan	1608	1118	158	490	52	81
滁州市 Chuzhou	5701	4122	430	1579	170	144
六安市 Luan	8552	6012	509	2540	399	928
马鞍山市 Maanshan	536	505	7	31		9
巢湖市 Chaohu	3817	2507	416	1310	295	630
芜湖市 Wuhu	1439	1266	80	173	35	84
宣城市 Xuancheng	2635	1938	258	697	134	276
铜陵市 Tongling	340	224	12	116	12	17
池州市 Chizhou	2024	1744	215	280	70	582
安庆市 Anqing	7723	5691	789	2032	519	1630
黄山市 Huangshan	1453	1061	212	392	138	566

19—15 历届全省人民代表大会代表人数
Number of Deputies to All the Previous People's Congress of Anhui Province

单位:人 (person)

			代表总数 Total Number of All Deputies	女代表 Female Deputies	占代表总数 % As Percentage to Total	少数民族代表 Depeputies from National Minorities	占代表总数 % As Percentage to Total
一届	First Congress	(1954)	448	69	15.40	8	1.79
二届	Second Congress	(1958)	496	68	13.71	9	1.81
三届	Third Congress	(1964)	497	96	19.32	9	1.81
五届	Fifth Congress	(1978)	998	196	19.64	28	2.81
六届	Sixth Congress	(1983)	813	167	20.54	34	4.18
七届	Seventh Congress	(1988)	729	157	21.54	28	3.84
八届	Eighth Congress	(1993)	729	164	22.50	27	3.70
九届	Ninth Congress	(1998)	728	195	26.79	35	4.71

19—16 历届政治协商会议的委员人数
Number of Deputies to All the Previous People's Political Consultative Conferences of Anhui Province

单位:人 (person)

			代表总数 Total Number of All Deputies	中国共产党代表 Deputies from the Communist Party of China	占代表总数 % As Percentage to Total	少数民族代表 Depeputies from National Minorities	占代表总数 % As Percentage to Total
一届	First Congress	(1955)	171	53	30.99	6	3.51
二届	Second Congress	(1958)	308	88	28.57	8	2.60
三届	Third Congress	(1964)	372	108	29.03	18	4.84
四届	Fourth Congress	(1978)	506	297	58.70	21	4.15
五届	Fifth Congress	(1983)	724	231	31.91	30	4.14
六届	Sixth Congress	(1988)	694	234	33.72	40	5.76
七届	Seventh Congress	(1993)	705	245	34.75	40	5.67
八届	Eighth Congress	(1998)	730	273	37.40	37	5.07

19—17 工 会 组 织 情 况
Basic Statistics on Trade Unions

年份 Year	工会基层组织数（个） Number of Grassroots Unions (unit)	全省已建工会组织的基层单位的职工与会员人数（万人） Membership and Number of Staff and Workers in Grassroots Unions (10000 yuan)				工会专职工作人员人数（人） Number of Full-time personnel of Unions (person)
		职工人数 Number of Staff and Workers	女职工 Female	会员人数 Membership	女职工 Female	
1980	14877	2215417	626033	1722784		8100
1985	15020	2813889	970942	2465414	827297	29312
1990	20961	3386225	1208966	3052457	1078502	21500
1995	17956	3615203	1373288	3141831	1164309	20775
1996	15832	3396472	1287524	3001795	1131672	21620
1997	15649	3329057	1250435	2967470	1093953	19475
1998	15886	3397945	1266752	3052568	1145055	19138
1999	15874	3147326	1092576	2837900	980241	1832
2000	15882	3147667	1178513	2822227	1054534	

19—18 妇联组织及干部情况（2000年）
Basic Statistics of Women's Federations and Cadres (2000)

单位：个 (unit)

指标	Item	合计 Total	省级 Provincial level	地、市级 Prefectural level	县级 County level	乡、镇及基层妇代会 Town, Township and Grassroots Women's Congress
妇联组织数	Number of Women's Federations	33355	1	17	106	33231
机关及事业单位妇委会	Women's Commitees of Organs and Institutions					
直属机关妇工委	Women's Commitees of Organs Directly Under the Government	93	1	10	82	
直属机关所属部门(单位)妇委会	Women's Commitees of Departments Belonged the Organs Directly Under the Government	1986	93	447	1446	
高等院校妇女组织	Women's Associations in Institutions of Higher Learning	16	3	12	1	
团体会员(组织)数	Number of the Members (Organizations)					
女职工委员会	Female Staff and Workers Commission					
各类妇女组织	Women's Organizations	78	5	45	28	

注：在乡镇及基层妇代会中，乡（街）一级妇代会为2132个，不含乡镇企业及其他领域妇代会等1204个。

a) Among the town, township amd grassroots women's congresses, there are 2132 at township level and 1204 in the fields excluding township enterprises.

19—19 妇联工作情况(2000年)
Basic Statistics of Women's Associations (2000)

指标		Item		合计 Total	省级 Provincial Level	地、市级 Prefectural Level	县级 County Level
双学双比参赛情况		Status of "Double-Study and Double-Emulation"					
实用技术培训	(人)	Practical Technique trainees	(person)	649955	4000	2421	643534
获绿色证书人数	(人)	Number of Persons got Green Certificates	(person)	25280			25280
获农民技术员称号	(人)	Number of Persons Being Entitled Peasant Technician	(person)	22681			22681
先进女能手	(人)	Advanced Female Deft Hand	(person)	11735			11735
巾帼建功活动情况		Basic Statistics of Women's Performing Meritorious Services					
评选巾帼国文明示范岗数	(人)	Number of Civilized Women Model Post	(person)	777		128	649
巾帼国建功标兵数	(人)	Women Pacesetters in Performing Meritorious Services	(person)	1894		649	1245
培训下岗女工人数	(人)	Number of Laid-off Female Workers Trained	(person)	16211		2672	13539
建立培训基地	(个)	Number of Training Bases	(unit)	34		6	28
"三、八"绿色工程情况		Basic Statistics of March 8th Green Project					
建"三、八"绿色基地	(个)	Number of March 8th Green Bases	(unit)				
基地面积	(亩)	Area of the Bases	(mu)				
妇女儿童活动中心	(个)	Activity Centers for Women and Children	(unit)	30	2	6	22
家庭教育情况		Status on Family Education		74		23	50
家庭教育研究会	(所)	Research Union of Family Education	(unit)				
家长学校	(所)	Schools for Parents	(unit)	18696		1857	16839
家长人数	(人)	Number of Parents	(person)	3233698		187185	3046513
广播电视父母学校	(所)	Broadcast and Television Schools for Parents	(unit)	1554		54	1500
妇联办托幼园数	(所)	Number of Nursery and Kindergarten Run by the Women's Federation	(unit)	83		17	66
入托儿童数	(人)	Children Enrollment	(person)	11156		2952	8204
实施春蕾计划情况		Status of Implementing of "Spring Bud" Project					
资助女童入学或返校人数	(人)	Number of Sponsored Female Children Starting or Returning School	(person)	15003	605	4630	9768
社会捐资总数	(万元)	Total Amount of Social Donation	(10000 yuan)				

19—20 婚姻登记和离婚情况
Number of Marriage and Divorces

指　标		Item		1990	1995	1999	2000
内地居民登记结婚	（对）	Registered Marriages	（couple）	465834	609626	546359	491959
初　婚	（人）	First Marriages	（person）	910948	1202392	1068404	956554
再　婚	（人）	Remarriages	（person）	20720	16860	24314	27358
离　婚	（对）	Divorces	（couple）	23325	29877	37589	42723
离婚率	（‰）	Divorce Rate	（‰）	0.84	1.00	1.21	1.37

19—21 各市婚姻登记和离婚情况（2000年）
Number of Marriage and Divorces by Region (2000)

地区 Region	内地居民登记结婚（对） Registered Marriages (couple)	初婚（人） First Marriages (person)	再婚（人） Remarriages (person)	离婚（对） Divorces (couple)	离婚率（‰） Divorce Rate (‰)
总　计 Total	**491959**	**956554**	**27358**	**11762**	**0.58**
合肥市 Hefei	40021	76843	3199	1319	1.20
淮北市 Huaibei	15627	30481	773	439	0.41
亳州市 Bozhou	41080	79581	2573	688	0.42
宿州市 Suzhou	37549	72002	3096	234	0.09
蚌埠市 Bengbu	18647	35435	1859	988	0.60
阜阳市 Fuyang	79245	157281	1209	657	0.12
淮南市 Huainan	16730	32145	1315	421	0.39
滁州市 Chuzhou	36156	71191	1121	1050	0.50
六安市 Luan	50199	98297	2101	888	0.27
马鞍山市 Maanshan	8598	15965	1231	1000	1.69
巢湖市 Chaohu	38453	75264	1642	755	0.34
芜湖市 Wuhu	12710	24096	1324	683	0.64
宣城市 Xuancheng	19187	36617	1757	870	0.62
铜陵市 Tongling	5889	11012	766	269	0.73
池州市 Chizhou	12746	24867	625	200	0.26
安庆市 Anqing	48279	94776	1782	863	0.28
黄山市 Huangshan	10843	20701	985	438	0.61

注：本表数据由省民政厅提供，离婚人数不包括法院的调解和判决离婚数。

a) Data in this table are provided by the provincial department of civil affairs. The number of divorces excludes those mediated and iudged by courts.

19—22 律师、公证、调解工作基本情况
Basic Statistics on Lawyers, Notarization and Mediation

指标		Item		1990	1995	1999	2000
律师工作		**Lawyers**					
律师事务所	(个)	Number of Law Offices		119	265	317	326
律师工作人员	(人)	Number of Lawyers	(person)	1090	3284	3663	3073
#专职律师	(人)	Full-time Lawyers	(person)	850	2012	1657	1972
兼职律师	(人)	Part-time Lawyers	(person)	240	1272	2006	1101
聘请担任常年法律顾问的单位	(处)	Number of Units with Permanent Legal Advisors		4458	12390	8824	8713
民事诉讼代理	(件)	Agent of Civil Cases	(case)	12013	14301	42814	29106
经济诉讼代理	(件)	Agent of Economic Cases	(case)				13298
刑事辩护	(件)	Defender of Criminal Cases	(case)	10118	10420	15684	16549
行政诉讼代理	(件)	Agent of Administrative Action	(case)				1957
非诉讼法律事务	(件)	Number of Non-Litigious Legal Affairs	(case)	1451	18850	15613	12477
涉外及涉港澳台法律事务	(件)	Number of Foreign-related, Hong Kong, Macao & Taiwan Legal Affairs	(case)				272
解答法律询问	(件)	Number of Legal Advisory Services	(case)	107045	120808	198466	32165
代写法律事务文书	(件)	Number of Legal Documents Written on Behalf of Clients	(case)		44111	38065	40189
公证工作		**Notarization**					
公证处	(个)	Number of Notary Offices	(unit)	87	104	112	113
公证人员	(人)	Notarial Personnel	(person)	472	533	549	590
#公证员	(人)	Notaries	(person)				396
公证员助理	(人)	Assistant Notaries	(person)				
办理公证文书	(件)	Number of Notarized Documents	(case)	174855	560614	635618	336817
人民调解工作		**Number of People's Mediation**					
专职司法助理员	(人)	Number of Full-Time Judicial Assistants	(person)	2142	2311	2412	2564
人民调解委员会	(个)	Number of People's Mediation Committees	(unit)	37050	36988	38254	38180
调解人员	(人)	Number of Mediators	(person)	218217	337279	287779	282420
调解民间纠纷	(件)	Number of Civil Disputes Mediated	(case)	443067	350946	280606	288952

19—23 劳动争议仲裁委员会受理及处理案件情况(2000 年)
Labour Disputes Accepted and Handled by Labour Dispute Arbitration Committees (2000)

项目	Item	合计 Total	国有企业 State-owned Enterprises	城镇集体企业 Urban Collective-owned Enterprises	乡村集体企业 Rarul Collective Owned Enterprises	外商投资及港澳台投资企业 Foreign Funded and Hong Kong, Macao and Taiwan Chinese Funded Enterprises
上期未结案件数 (件)	**Number of Cases Left Over from Last Period (case)**	**101**	**61**	**14**	**3**	**3**
案件受理情况	**Cases Accepted**					
案件数 (件)	Number of Cases (case)	1275	694	272	47	17
劳动者当事人数 (人)	Number of Persons Involved (person)	7557	4477	955	433	152
#集体争议案件数	Number of Collective Disputes	140	67	36	7	6
集体争议劳动者当事人数	Number of Persons Involved in Collective Disputes	6196	3741	720	291	141
用人单位申诉案件数	Number of Cases Appealed by Units	127	63	35	5	1
劳动者申诉案件数	Number of Cases Appealed by Labourers	1148	631	237	42	16
案件处理情况	**Cases settled**					
结案件数 (件)	Number of Cases Settled (case)	1240	687	263	46	17
处理方式	**by Manners of Settlement**					
仲裁调解	by Mediation	357	182	94	17	3
仲裁裁决	by Arbitrition Lawsuit	638	375	131	19	10
其他方式	Others	245	130	38	10	4
处理结果	**by Result of Settlement**					
用人单位胜诉	Won by Units	138	98	19	2	4
劳动者胜诉	Lawsuit Won by Labourers	756	397	160	30	9
双方部分胜诉	Lawsuit Partly by Both Parties	346	192	84	14	4
不服裁决向法院起诉 (件)	**Number of Cases Prosecuted for Refusing to Accept the Result Arbitrated (case)**	**160**	**93**	**28**	**7**	**3**
本期未结案数 (件)	**Number of Cases Dissettled (case)**	**136**	**68**	**23**	**4**	**3**
其他方式调解案件数 (件)	**Number of the Arbitrated cases throught Other Forms (case)**	**171**	**58**	**55**	**1**	
用人单位调解	**Mediated by Units**					
受理争议案件数 (件)	Number of Cases Accepted (case)	465	356	91	3	
调解成功案件数 (件)	Number of Cases Successfully Mediated (case)	62	28	23	3	

19—23 续表 continued

项目 Item	私营企业 Private Enterprises	联营及股份制企业 Joint Owned and Share-Holding Enterprises	个体工商户 Individual Economy	机关社团事业单位 State Organs and Institutions	其他 Others
上期未结案件数（件） Number of Cases Left Over from Last Period (case)	**11**	**1**	**1**	**5**	**2**
案件受理情况 Cases Accepted					
案件数（件） Number of Cases (case)	101	41	9	86	8
劳动者当事人数（人） Number of Persons Involved (person)	738	269	9	474	50
#集体争议案件数 Number of Collective Disputes	9	4		9	2
集体争议劳动者当事人数 Number of Persons Involved in Collective Disputes	627	234		398	44
用人单位申诉案件数 Number of Cases Appealed by Units	14	2	1	3	3
劳动者申诉案件数 Number of Cases Appealed by Labourers	87	39	8	83	5
案件处理情况 Cases settled					
结案件数（件） Number of Cases Settled (case)	99	37	5	78	8
处理方式 by Manners of Settlement					
仲裁调解 by Mediation	25	13	1	21	1
仲裁裁决 by Arbitrition Lawsuit	41	17	2	41	2
其他方式 Others	33	7	2	16	5
处理结果 by Result of Settlement					
用人单位胜诉 Won by Units	6	5		4	
劳动者胜诉 Lawsuit Won by Labourers	71	25	5	55	4
双方部分胜诉 Lawsuit Partly by Both Parties	22	7		19	4
不服裁决向法院起诉（件） Number of Cases Prosecuted for Refusing to Accept the Result Arbitrated (case)	**12**	**2**	**4**	**8**	**3**
本期未结案数（件） Number of Cases Dissettled (case)	**13**	**5**	**5**	**13**	**2**
其他方式调解案件数（件） Number of the Arbitrated cases throught Other Forms (case)	**25**	**16**	**4**	**12**	
用人单位调解 Mediated by Units					
受理争议案件数（件） Number of Cases Accepted (case)	1	10		4	
调解成功案件数（件） Number of Cases Successfully Mediated (case)	1	4		3	

19—24 公安机关立案的刑事案件情况
Criminal Cases Registered in Public Security Organs

案件类别	Category of Cases	立案（起） Number of Cases Registered (case) 1999	2000	构成（%） Composition (%) 1999	2000
合计	**Total**	**87479**	**122149**		
杀人	Homicide	865	852	0.99	0.70
伤害	Injury	4341	4513	4.96	3.69
抢劫	Robbery	5978	7600	6.83	6.22
强奸	Rape	1913	1491	2.19	1.22
拐卖人口	Kidnapping and Selling people	377	770	0.43	0.49
盗窃	Larceny	59289	82495	67.78	67.54
诈骗	Fraud	3787	4244	4.33	3.47
走私	Smuggling				
伪造、变造货币，持有使用伪造货币	Forging and Fabricating Bills or Using Forged Bills	195	239	0.22	0.20
其他	Others	10734	19945	12.27	16.33

19—25 公安机关受理、查处治安案件情况
Offense Cases Against Public Order Handled by Public Security Organs

单位：起 (case)

案件类别	Category of Cases	1999 受理 Number of Cases Accepted to be Treated	1999 查处 Number of Cases Investigated and Treated	2000 受理 Number of Cases Accepted to be Treated	2000 查处 Number of Cases Investigated and Treated
合计	**Total**	**90587**	**82551**	**197884**	**167045**
扰乱工作、公共秩序	Disturbing Work or Public Order	4323	4230	4447	4113
结伙斗殴、寻衅滋事	Gang Fighting or Picking Quarrels and Making Troubles	4446	4155	6760	5681
侮辱妇女及其他流氓活动	Acting Indecently Towards Women	1110	1074	1106	971
阻碍国家工作人员执行职务	Obstructing the Government Workers to Perform Their Duty	2360	2284	2738	2488
违反枪支管理规定	Violating Regulations on Management of Firearms	902	879	1037	990
违反爆炸物品管理规定	Violating Regulations on Management of Explosives	1402	1374	2556	2444
殴打他人	Beating Other Body	20566	17838	42987	31514
偷窃财物	Robbing Other People of Their Valuables	11339	7997	23446	12268
骗取、抢夺、敲榨勒索财物	Defrauding, Snatching or Extorting and Racketeering Valuables	2841	2428	4605	3066
哄抢公私财物	Making Stirs and Then Robbing Public or Private Valuables	178	160	344	278
故意损坏公私财物	Intentionally Damaging Public or Private Valuables	2203	1960	4976	3670
伪造倒卖票券、证件	Forging and Fraudulently Selling Bills or Certificates	103	102	154	146
利用迷信扰乱秩序或骗财	Disturbing Public Order or Defrauding People of Their Valuables by Making Use of Their Superstition	232	227	451	412
卖淫、嫖娼	Prostitution or Going Whoring	4260	4188	5122	5061
赌博	Gambling	13354	13221	17749	17154
违反户口、居民身份证管理	Violating Regulations on Management of Residence or Identity Cards	8416	8408	46219	45645
其他	Others	12552	12026	33187	31144

19—26 检察机关直接立案侦查案件情况（2000 年）
Cases Under Direct Investigation by Procurator's Offices (2000)

案件分类	Case Item	受案（起） Cases Accepted (case)	立案合计 Total Number of Cases Registered 件 (case)	人 (person)	大案（件） Large Cases (case)	要案（人） Key Cases (person)	结案合计 Total Number of Cases Settled 件 (case)	人 (person)
合　计	**Total**	**3077**	**1693**	**1861**	**503**	**62**	**1466**	**1603**
贪污贿赂案件小计	**Sub-total of Cases on Corruption and Bribery**	**2624**	**1476**	**1613**	**465**	**59**	**1301**	**1410**
贪　污	Corruption	1503	726	807	206	12	622	677
贿　赂	Bribery	483	262	271	74	34	234	244
挪用公款	Misappropriation of Public Funds	537	477	521	184	12	436	470
集体私分	Collectve Illegal Possession of Public Funds	13	7	10	1	1	6	16
巨额财产来源不明	Unstated Source of Large Properties	8	1	1			1	1
其　他	Others	80	3	3			2	2
渎职案件小计	**Sub-total of Cases on Abuse and Dereliction of Duty**	**453**	**217**	**248**	**38**	**3**	**165**	**193**
滥用职权	Abuse of Power	86	32	37	5		27	32
玩忽职守	Dereliction of Duty	102	76	83	25	1	53	56
徇私舞弊	Fraudulent practice	123	44	45	7	2	29	32
其　他	Others	142	65	83	1		56	73

19—27 检察机关处理申诉案件情况（2000 年）
Appeals Handled by Procurator's Offices (2000)

案件分类	Case Item	受理 Cases Accepted	立案复查 Cases Registered of Reinvestigation	结案 Cases Settled	改变原决定 Original Decision Changed
合　计	**Total**	**4789**	**695**	**249**	**49**
不服刑事拘留	Appeals Against Criminal Detention	80		1	
不服不立案	Appeals Against Rejection of the Case	377	99	51	15
不服逮捕	Appeals Against Arrest	123	6	3	2
不服不批准	Appeals Against Rejection of Arrest	110	33	12	1
不服不起诉	Appeals Against Rejection of Prosecute	235	145	55	10
不服撤案	Appeals Against Withdrawal of the Case	34	12	5	1
不服原免于起诉	Appeals Against Original Exemption of Lawsuit	59	17	9	2
不服刑事判决	Appeals Against Judgment of Criminal Case	843	96	8	
不服劳教	Appeals Against Judgment of Reeducation Through Labor	10	1	1	
其　他	Other	2918	286	104	18

19—28 人民法院刑事一审案件收结案情况(2000年)
First Trial Criminal Cases Accepted and Settled by Courts (2000)

单位:件 (case)

案件分类	Case Item	收案 Cases Accepted	结案 Cases Settled
合计	**Total**	**17463**	**17709**
危害公共安全罪	Offences Against Public Security	1417	1417
破坏社会主义市场经济秩序罪	Offences Against Socialist Economic Order	458	457
侵犯公民人身权利民主权利利罪	Offences Against Citizens' Personal and Democratic Rights	7576	7807
侵犯财产罪	Offences Against Properties	5701	5705
妨碍社会管理秩序罪	Offences Against Social Management of Order	1365	1371
危害国防利益罪	Offences Against National Defense	7	8
贪污贿赂罪	Offences on Corruption and Bribery	894	899
渎职罪	Offences on Dereliction of Duty	45	45
其他	Others		
合计中含自诉案件	Private Prosecution of Total	2530	2590

19—29 人民法院经济纠纷一审案件收结案情况(2000年)
First Trial Cases of Economic Disputes Accepted and Settled by Courts (2000)

单位:件 (case)

项目	Item	收案 Cases Accepted	结案 Cases Settled	调解 Mediation	判决 Judgement	驳回 Reject	撤诉 Withdrwal	其他 Other
合计	**Total**	**44269**	**44862**	**16536**	**17289**	**400**	**9624**	**1013**
经济合同	Economic Contracts	39527	40171	14825	15702	361	8456	827
损害赔偿	Compensation for Damages	260	248	18	186	7	28	9
经济权属	Economic Rights	10	9	1	8			
企业破产	Bankruptcy of Enterprises	169	137		8	1	5	123
铁路运输	Railway Transport	18	19	5	10		3	1
航空运输	Aviation Transport	9	10	2	4		4	
公路运输	Highway Transport	80	81	19	46		15	1
水路运输	Waterway Transport	15	16	6	7		3	
海事海商	Maritime Affairs							
其他	Others	4181	4171	1660	1318	31	1110	52

19—30 人民法院行政一审案件收结案情况(2000 年)
First Trial Administrative Cases Accepted and Settled by Courts (2000)

单位:件 (case)

项 目	Item	收 案 Cases Accepted	结 案 Cases Settled	维 持 Affirmation of Original Judgement	撤 消 Cancella-tion	驳 回 Reject	撤 诉 Withdrwal	单独赔偿 Separate Compensa-tion	其 他 Other
合 计	**Total**	**6057**	**6056**	**516**	**711**	**887**	**2572**	**281**	**1089**
土 地	Land	817	808	129	98	83	245	62	191
公 安	Public Security	768	772	132	109	59	317	59	96
城 建	City Construction	471	461	46	120	39	161	39	56
交通运输	Traffic and Transportation	115	113	18	14	7	42	11	21
工 商	Industry and Commerce	127	126	11	16	29	61	4	5
环 保	Environmental Protection	32	31	10	3	1	8	2	7
林 业	Forest	246	245	5	110	7	115	4	4
税 务	Tax	358	359	6	6	73	223	11	40
卫 生	Health	42	48	5	6	6	17	3	11
其 他	Others	3081	3093	154	229	583	1383	86	658

19—31 人民法院民事一审案件收结案情况(2000 年)
First Trial Civil Cases Accepted and Settled by Courts (2000)

单位:件 (case)

项 目	Item	收 案 Cases Accepted	结 案 Cases Settled	调 解 Mediation	判 决 Judgement	驳 回 Reject	撤 诉 Withdrwal	其 他 Other
合 计	**Total**	**134710**	**135543**	**54606**	**50962**	**1473**	**26826**	**1676**
婚姻家庭	Marriages and Family Affairs	48820	48847	21071	16773	196	10444	363
继 承	Inheritance	336	346	99	177	5	61	4
房 屋	Housing	4636	4589	1088	1972	86	1384	59
土地等不动产	Real Estates (Land etc)	2075	2064	948	461	40	513	102
相邻关系	Neighbourhood Affairs	1065	1088	279	551	14	237	7
赔 偿	Compensation	11002	11154	3149	5851	93	1928	133
债	Debts	63192	63994	27032	23764	967	11500	731
知识产权	Intellectual Rights	2	2		1		1	
人身权	Personal Rights	397	383	72	160	9	131	11
特别程序	Special Proceedings	220	217		62		7	148
其 他	Others	2965	2859	868	1190	63	620	118

19—32 交通和火灾事故发生情况
Basic Statistics on Traffic Accidents and Fires

指 标	Item		1990	1995	1999	2000
交通事故发生数（起）	Number of Traffic Accidents	(unit)	7399	4137	8235	25809
特 大	Extraordinarily Serious		21	51	51	57
重 大	Serious		1741	2097	2702	3669
一 般	ordinary		5637	1989	5482	22083
交通事故损失（万元）	Losses of Traffic Accidents	(10000 yuan)	949	1698	3446	7970
特 大	Extraordinarily Serious		40	197	191	304
重 大	Serious		119.6	683	1247	1589
一 般	ordinary		789.4	818	2008	6077
火灾事故发生数（起）	Number of Fires	(unit)	1334	2012	6289	6099
特 大	Extraordinarily Serious		3	5	1	2
重 大	Serious		34	72	10	8
一 般	ordinary		1297	1935	6278	6089
火灾事故损失（万元）	Losses of Fires	(10000 yuan)	1217	2946	3754	5704
特 大	Extraordinarily Serious		220	312	130	2373
重 大	Serious		403	1167	412	358
一 般	ordinary		594	1467	3212	2973

19—33 交通事故情况（2000年）
Basic Statistics on Traffic Accidents (2000)

指 标	Item	发生数（起）Number of Traffic Accidents (case)	死亡人数（人）Number of Deaths (person)	受伤人数（人）Number of Injuries (person)	损失折款（万元）Losses Coverted into Cash (10000 yuan)
总 计	**Total**	**25809**	**3782**	**20096**	**7970**
#重大事故	Extraordinarily Serious	3669	3532	2612	1589
特大事故	Serious	57	218	220	304
机动车	Motor-driven Vehicles	21769	3470	19270	6891
#汽 车	Automobiles	17392	397	2397	6319
摩托车	Motorcycles	5160	742	5922	169
拖拉机	Tractors	1598	268	1818	1112
非机动车	Nin-motor-driven Vehicles	8272	2035	8156	481
#自行车	Bicycles	3541	701	3557	121
行人乘车人	Pedestrians and Passengers	4035	1206	3763	280

注：机动车其中数的损失折款有重复计算。

a) There is repeated calculation in the losses coverted into cash of motor-driven vehicles.

19—34 火灾事故发生情况（2000年）
Basic Statistics on Fires (2000)

项目 Item		合计 Total	按事故发生程度分 By Serious Degree of Fires 特大 Extraordinarily Serious	重大 Serious	一般 Ordinary
发生 (起) Fires	(case)	6099	2	8	6089
死亡 (人) Deaths	(person)	79	1	7	71
受伤 (人) Injuries	(person)	148		1	147
损失折款 (万元) Losses Converted into Cash	(10000 yuan)	5704	2373	358	2973
平均每起事故损失 (元) Average Loss per Fire	(yuan)	9352	11864721	447169	4883

19—35 灾害情况（2000年）
Statistics on Disasters (2000)

项目 Item		自然灾害直接经济损失(亿元) Direct Losses of Natural Disasters (100 million yuan)	农业经济损失 Agricultural Losses	农作物灾害（公顷）Area of Crop Disaster (hectare) 受灾面积 Areas Covered	成灾面积 Areas Affected	绝收面积 Areas of Total Crop Failure	成灾人口(万人) Population Affected (10000 persons)
合计	**Total**	**94.25**	**86.06**	**4058093**	**2752880**	**626367**	**3071.08**
旱灾	Drought	69.34	64.49	3142013	2231880	484187	2448.30
洪涝灾	Floods	16.99	14.28	688140	405820	124867	464.84
其他	Others	7.92	7.29	227940	115180	17313	157.94

19—36 救灾情况
Statistics on Disaster Relief

单位：万元 (10000 yuan)

项目 Item		财政资金投入 Investment of Financial Fund 1999	2000	救灾物资投入（折款）Investment of Relief to Disaster Areas 1999	2000	接受捐赠下拨 Appropriation to Lower Levels From Donation 1999	2000
合计	**Total**	**15155**	**17671**	**2770**	**1627**	**7126**	**797**
中央	Central Government	10800	13900	310		706	
省级	Provincial-level	2000	2000	680	110	4462	
地市	Prefectural-level	435	234	420	306	690	233
县级	County-level	1920	1537	1360	1211	1268	564

19—37 各市交通事故情况(2000年)
Basic Statistics on Traffic Accidents by Region (2000)

地区 Region	合计 Total 发生数(起) Number of Traffic Accidents (case)	死亡人数(人) Number of Deaths (person)	受伤人数(人) Number of Injuries (person)	损失折款(万元) Losses Coverted into Cash (10000 yuan)	城区 Urban Areas 发生数(起) Number of Traffic Accidents (case)	死亡人数(人) Number of Deaths (person)	受伤人数(人) Number of Injuries (person)
总计 Total	**25809**	**3782**	**20096**	**7970**	**10797**	**743**	**6244**
合肥市 Hefei	4668	387	2468	1382	3579	130	1530
淮北市 Huaibei	1659	104	1242	292	1177	25	816
亳州市 Bozhou	894	192	824	179	329	21	239
宿州市 Suzhou	757	113	861	211	95	8	111
蚌埠市 Bengbu	1731	215	1385	491	848	58	649
阜阳市 Fuyang	1659	295	1354	482	659	60	459
淮南市 Huainan	1718	144	931	427	1362	89	681
滁州市 Chuzhou	2242	400	1786	898	365	40	216
六安市 Luan	1451	415	1623	508	172	51	179
马鞍山市 Maanshan	542	57	370	134	347	38	218
巢湖市 Chaohu	1402	198	1376	341	196	22	173
芜湖市 Wuhu	1182	234	856	290	626	84	269
宣城市 Xuancheng	1663	241	1608	541	236	11	216
铜陵市 Tongling	489	46	207	102	319	23	49
池州市 Chizhou	711	136	487	172	82	5	56
安庆市 Anqing	1558	386	1497	508	165	46	160
黄山市 Huangshan	1163	131	1044	334	298	28	229

注：总计中包含高速公路事故情况。

a) The data of "Total" include the accidents on express highway.

19—38 各市火灾事故情况(2000年)
Basic Statistics on Fires by Region (2000)

地区 Region	发生数(起) Number of Fires (case)	死亡人数(人) Number of Deaths (person)	受伤人数(人) Number of Injuries (person)	直接经济损失(万元) Direct Losses (10000 yuan)	人口火灾发生率(1/10万人) Average Number of Fires per 100 Thousand People
总计 Total	**6099**	**79**	**148**	**5704**	**9.83**
合肥市 Hefei	1033	8	2	2468	24.02
淮北市 Huaibei	218	3	8	53	11.48
亳州市 Bozhou	168	2	4	112	12.23
宿州市 Suzhou	323	2	7	169	5.66
蚌埠市 Bengbu	637	5	9	118	19.30
阜阳市 Fuyang	690	15	27	526	5.52
淮南市 Huainan	449	12	19	184	22.14
滁州市 Chuzhou	483	3	9	182	11.53
六安市 Luan	374		1	341	5.70
马鞍山市 Maanshan	213	1	1	92	18.03
巢湖市 Chaohu	298	7	9	249	6.69
芜湖市 Wuhu	270	6	4	187	12.49
宣城市 Xuancheng	151	3	9	294	5.51
铜陵市 Tongling	139	2	7	109	20.29
池州市 Chizhou	158	4	7	65	10.32
安庆市 Anqing	244	5	11	303	4.08
黄山市 Huangshan	251	1	14	251	17.13

19—39 社会福利事业、企业单位和工作人员数
Number of Social Welfare Institutions and Enterprises and Persons Engaged

项目	Item	机构（个） Number of Institutions or Enterprises		工作人员（人） Number of Persons Engaged (person)	
		1999	2000	1999	2000
总计	**Total**	**3679**	**4025**	**32600**	**35408**
收养性福利事业单位	Adopting Social Welfare Institutions	2245	2179	9055	7881
国家办	Run by Governments	95	96	2105	2137
集体和民办	Run by Communities or Privates	2150	2083	6950	5744
社会福利企业	Social Welfare Enterprises	647	824	16219	17637
国有	State-owned	34	32	1440	1573
集体和其他	Collective-owned and Others	613	792	14779	16064
优抚事业单位	Administration Agencies for Martyrs	118	124	1827	1785
收容遣送单位	Collecting and Repatriation Units	34	38	552	578
殡葬事业单位	Funeral and Interment Institutions	100	114	1893	2109
募捐单位	Cllecting Purse Units	46	51	127	176
社区服务单位	Community Service Institutions	489	695	2927	5242

19—40 社会福利事业单位基本情况（2000年）
Basic Statistics on Social Welfare Institutions (2000)

项目	Item	院数（个） Number of Homes (unit)	工作人员（人） Number of Staff and Workers (person)	床位（张） Number of Beds	年末收养人数（人） Number of Persons Housed (year-end)
总计	**Total**	**2341**	**10244**	**50444**	**41208**
收养性福利事业单位	Adopting Social Welfare Institutions	2179	7881	50444	41208
国家办	Run by Government	96	2137	6582	5573
集体办	Run by Collective Units	2083	5744	43862	35635
优抚休、疗养院	Convalescent Homes	2	463	490	438
光荣院	Homes for Disabled Veterans	33	310	992	684
社会福利院	Social Welfare Homes	49	719	2917	2371
儿童福利院	Baby Welfare Homes	12	645	2183	2080
城镇老年性福利机构	Urban Elderly Welfare Units	721	1981	14489	11280
农村老年性福利机构	Rural Elderly Welfare Units	1362	3763	29373	24355
优抚安置单位	Units for Arranging the Family Members of Matryrs and Disabled Veterans	124	1785		
收容遣送安置单位	Collecting and Repatriation Units	38	578		

19—41 社会福利救济主要费用情况
Basic Statsitics on Social Welfare Relief Funds

单位：万元 (10000 yuan)

项目	Item	1990	1995	1999	2000
总计	**Total**	**20692.3**	**41792.4**	**77903.5**	**81751.9**
国家支出	Government Funds	8497.5	13482.9	29291.3	34226.4
集体供给	Collective Funds	12194.8	28309.5	48612.2	47525.5
优抚对象补助金额	Funds for Family Members of Martyrs and Disabled Veterans	10415.3	19759.0	40492.4	39372.4
国家支出	Government Funds	6947.2	9915.0	18747.6	21314.6
集体供给	Collective Funds	3468.1	9844.0	21744.8	18057.8
困难户得救济金额	Funds for Poor Households	1380.2	1386.4	6147.8	9539.6
国家支出	Government Funds	203.2	370.7	4744.7	8404.2
集体供给	Collective Funds	1177.0	1015.7	1403.1	1135.4
社会散居孤老残幼供养金额	Funds for Orphans, Disabled, Elderly and Young persons in Society	7054.9	15028.5	22076.9	25044.1
国家支出	Government Funds	610.5	1553.1	2679.4	1385.3
集体供给	Collective Funds	6444.4	13475.4	19397.5	23658.8
城乡各种福利院支出	Funds for Urban and Rural Welfare Homes of All Types	1841.9	5618.5	9186.4	7795.8
光荣院	Homes for the Disabled Veterans	149.3	357.3	652.5	659.1
国家支出	Government Funds	149.3	347.0	627.6	659.1
集体供给	Collective Funds		10.3	24.9	
城乡社会福利院	Social Welfare Homes	1692.6	5261.2	8533.9	7136.7
国家支出	Government Funds	587.3	1297.1	2492.0	2463.2
集体供给	Collective Funds	1105.3	3964.1	6041.9	4673.5

19—42 享受补助、救济人员情况
Persons Receiving Subsidies or Relief Funds

单位：人、户 (person household)

项目	Item	1990	1995	1999	2000
城乡居民最低生活保障人数	**Number of Persons Receiving Lowest Cost-of-living in Urban Area and Rural Area**			167334	229433
城镇居民最低生活保障人数	Number of Persons Receiving Lowest Cost-of-living in Urban Area			67648	126460
农村居民最低生活保障人数	Number of Persons Receiving Lowest Cost-of-living in Rural Area			99686	102973
传统救济情况	**Traditional Relief**				
农村贫困户得到救济人数	Number of Persons in Rural Poor Households Receiving Relief Funds		1018896	542528	81688
农村散居五保户人数	Number of Persons in Rural Households with Livelihood Guaranteed in Five Aspects	250646	194678	198730	250288
#得到国家定期定量救济人数	Number of Persons Receiving Periodical and Fixed Government Relief Funds	30008	24252	18871	16417
#得到集体给予补助人数	Number of Persons Receiving Collective Subsidies	170030	170426	179859	193590
城镇困难户得到救济和补助人数	Number of Persons in Urban Poor Households Receiving Relief Funds and Subsidies		75567	106603	24823
#得到国家定期定量救济人数	Number of Persons Receiving Periodical and Fixed Government Relief Funds		7338	18174	16836
精减退职老弱残职工得到救济人数	Number of Laid-Off, Retired, Elderly and Disabled Staff and Workers Receiving Relief Funds	41480	42572	40022	39657
享受原工资40%救济人数	Persons Receiving 40% of Their Original Wages	22756	17435	16243	16216
享受定期定量救济人数	Persons Receiving Periodical and Fixed Government Relief Funds	519000	25137	23779	23441

19—43 社会福利企业基本情况
Basic Statsitics on Social Welfare Enterprises

年份 Year	国有和集体 State-owned and Collective-owned		
	单位（个） Number of Units (unit)	职工（人） Number of Staff and Workers (person)	残疾职工 Disabled Persons
1985	141	4764	1250
1990	585	15718	9074
1995	1300	31738	13906
1996	1223	29788	13767
1997	1138	26885	12476
1998	1053	23992	10889
1999	647	16219	7145
2000	824	17637	8136

19—44 各市城镇社区服务设施和农村社会保障网络基本情况（2000年）
Basic Statistics on Urban Welfare Facilities and Rural Social Security Network (2000)

单位：个　(unit)

地区 Region		城镇社区服务设施数 Number of Urban Welfare Facilities	社区服务单位个数 Number of Community Service	城镇便民、利民服务网点 Number of Urban Service Points for Civilian	农村社会保障网络数 Rural Social Security Network
总计	**Total**	**7868**	**695**	**17334**	**660**
合肥市	Hefei	1441	99	2703	11
淮北市	Huaibei	302	77	1526	8
亳州市	Bozhou	8	8	345	26
宿州市	Suzho	298	133	155	65
蚌埠市	Bengbu	376	5	2145	28
阜阳市	Fuyang	95	23	290	115
淮南市	Huainan	11	1	973	38
滁州市	Chuzhou	658	1	1567	13
六安市	Luan	532	34	355	78
马鞍山市	Maanshan	991	11	375	31
巢湖市	Chaohu	168	12	597	21
芜湖市	Wuhu	983	10	1647	5
宣城市	Xuancheng	705	268	731	81
铜陵市	Tonglin	158	1	251	
池州市	Chizhou	51	1		78
安庆市	Anqin	726	8	3461	53
黄山市	Huangshan	365	3	213	9

19—45 企业参加基本养老保险基金收支（2000 年）
Income and Expenditure of Old-age Pension and Insurance System Enforced by Enterprises (2000)

单位：人、万元 (person、10000 yuan)

项目	Item	总计 Total	国有企业 State-owned Enterprises	集体企业 Collective-owned Enterprises	外商投资企业 Foreign Funded Enterprises	其他企业 Other Enterprises
参保职工	Staff and Workers Participated	2978757	2132196	639959	36283	170319
离退休退职人员	Retired and Resigned personnel	889930	673235	200172	1205	15318
单位缴费基数总额	Total	1540678	1226910	245332	22445	45991
基金收入	Income of Funds	370305	300348	55896	5580	8481
单位缴纳	Paid by Units	283043	238181	36981	4308	5465
个人缴纳	Paid by Individnals	50298	36969	10322	1090	1917
其　他	Others	35072	25198	8593	182	1099
基金支出	Expenditure of Funds	512600	412899	87010	669	12022

19—46 企业单位离休、退休、退职人员保险福利费
Social Insurance and Welfare Funds for Retired and Resigned Persons in Enterprises Units

单位：万元 (10000 yuan)

项目	Item	1990	1995	1999	2000
总　计	**Total**	**123349**	**428422**	**832212**	**914322**
离休金	Pensions for Retired Veterans	11116	38991	73803	73875
退休金	Pensions for Retired Persons	68920	283286	602993	679021
退职生活费	Resignation Allowances for Living Expenses	1420	4354	9520	8588
医疗卫生费	Expenses for Medical Care	18423	59477	115500	122104
丧葬抚恤救济费	Funeral Expenses and Pensions for Family of the Deceased	3045	8654		
交通费补贴	Transportation Subsidies	911	4216	30396	30734
冬季取暖补贴	Subsidies for Heating in Winter		1651		
其　他	Other	19514	27793		

19—47 离休、退休、退职人员人数及保险福利费用构成
Number and Social Insurance and Welfare Funds for Retired and Resigned Persons

单位：人、万元 (person、10000 yuan)

项目	Item	合计 Total	女性 Female	离休人员 Retired Veterans	退休人员 Retired Persons	领取定期生活费的退职人员 Resigned Persons with Regular Allowance for Living Expenses
总计	**Total**	**122200**	**37388**	**6234**	**113390**	**2576**
企业	Enterprises	91046	28985	2967	85862	2217
#地方	Local	76750	23279	2379	72335	2036
内资企业	Domestic-funded	90620	28792	2952	85456	2213
国有	State-owned	60415	17586	2389	57125	902
集体	Collective－owned	22036	8725	333	20504	1200
其他	Other	8169	2482	230	7828	111
港澳台投资企业	With Investment From H. K/Macao/Taiwan	139	39	6	130	3
外商投资企业	Foreign-funded	286	154	9	276	2
事业	Institutions	20945	6399	1408	19340	197
#地方	Local	17757	5245	1135	16436	186
机关	Organs	10209	2004	1859	8189	162
#地方	Local	9066	1787	1566	7354	145

项目	Item	合计 Total	离休金 Pensions for Retired Veterans	退休金 Pensions for Retired Persons	退职生活费 Resignation Allowances for Living Expenses	医疗卫生费 Expenses for Medical Care	其他 Other
总计	**Total**	**914322**	**73875**	**679021**	**8588**	**122104**	**30734**
企业	Enterprises	598357	36271	468515	6407	68592	18572
#地方	Local	473338	28730	376668	5587	48083	14270
内资企业	Domestic-funded	595898	36090	466730	6384	68158	18536
国有	State-owned	438890	28602	339099	3437	52216	15536
集体	Collective－owned	96412	4472	79830	2540	7596	1973
其他	Other	60596	3016	47801	407	8346	1027
港澳台投资企业	With Investment From H. K/Macao/Taiwan	996	80	772	10	132	2
外商投资企业	Foreign-funded	1463	100	1014	13	302	35
事业	Institutions	201347	15556	144974	798	32241	7778
#地方	Local	158528	12224	117718	707	22268	5612
机关	Organs	114618	22049	65532	1383	21271	4384
#地方	Local	97217	18492	57195	1323	16561	3646

19—48 各市离休、退休、退职人员人数（2000年）
Number of Retired and Resigned Persons by Region (2000)

单位：人 (person)

地区 Region	总计 Total	离休 Retired Veterans	退休 Retired persons	退职 Resigned Persons	企业合计 Total of Enterprises	离休 Retired Veterans	退休 Retired persons	退职 Resigned Persons
总计 Total	**1222001**	**62337**	**1133903**	**25761**	**910458**	**29670**	**858620**	**22168**
合肥市 Hefei	180606	11069	167745	1792	129402	5420	122562	1420
淮北市 Huaibei	73657	1757	69856	2044	71758	1481	68233	2044
亳州市 Bozhou	33162	2699	30087	376	16681	774	15715	192
宿州市 Suzhou	45852	4246	40851	755	26040	1546	23945	549
蚌埠市 Bengbu	104561	5233	97486	1842	84669	2635	80248	1786
阜阳市 Fuyang	57937	4871	52724	342	29370	1656	27553	161
淮南市 Huainan	108259	3959	98220	6080	96552	2814	87796	5942
滁州市 Chuzhou	50316	4004	45510	802	37434	1948	34851	635
六安市 Luan	69729	3721	65196	812	43636	1523	41563	550
马鞍山市 Maanshan	80239	2318	76921	1000	71955	1547	69433	975
巢湖市 Chaohu	56024	3343	50995	1686	32725	1335	30389	1001
芜湖市 Wuhu	103590	3316	98831	1443	86325	1803	83211	1311
宣城市 Xuancheng	40824	2515	37458	851	24372	831	22962	579
铜陵市 Tongling	45136	1470	39775	3891	39725	1093	35141	3491
池州市 Chizhou	20044	996	18855	193	11798	391	11322	85
安庆市 Anqing	96519	4612	90372	1535	67901	1899	64778	1224
黄山市 Huangshan	38077	1912	35848	317	22646	678	21745	223
其他 Others	17469	296	17173		17469	296	17173	

19—49 环保系统机构、人员数
Environmental Protection Agencies and Persons Engaged

年份 Year	机构总数（个） Number of Agencies (unit)	人员总数（人） Total Number of Staff & Workers (person)	科技人员 Scientific and Technical Personnel	监测人员 Monitoring Personnel	监理人员 Supervising and Administrative Personnel
1980		665	330		
1985		1178	742		
1990		1849	1350		
1995	240	2376	1687	1220	179
1996	325	3026	1709	1355	308
1997	318	3306	1641	1382	443
1998	332	3457	1707	1400	563
1999	362	3872	1754	1437	825
2000	361	4104	1934	1442	957

19—50 环境综合整治情况
Environmental Improvement

指　　标	Item	1990	1995	1999	2000
环境质量	**Environment Quality**				
大气总悬浮微粒日平均值（毫克/立方米）	The Average Daily Indicators of Airborne Dust (mg/cu.m)	0.295	0.225	0.203	0.215
二氧化硫日平均值（毫克/立方米）	The Average Daily Indicators of Sulfur Dioxide (mg/cu.m)	0.035	0.028	0.023	0.023
氮氧化物日平均值（毫克/立方米）	The Average Daily Indicators of Nitrogen oxide (mg/cu.m)	0.033	0.032	0.043	0.036
饮用水源水质达标率（%）	Up-to-Satndard Rate of Drinking Water Quality (%)		94.4	97.4	99.6
城市地面水质达标率（%）	Up-to-Standard Rate of Urban Surface Water Quality (%)			82.3	84.4
区域环境噪声平均值（分贝）	The Average Indicator of Urban Noise (decibel)		56.8	55.1	55.6
交通干线噪声平均值（分贝）	The Average Indicator of Traffic main Line Noise (decibel)		70.8	68.8	68.6
污染控制	**Pollution Control**				
烟尘控制区覆盖率（%）	The Coverage Rate of Soot Control (%)		80.2	89.7	94.4
环境噪声达标区覆盖率（%）	Rate of Reach Standard of Noise Control (%)		22.3	42.8	51.1
工业废水排发达标率（%）	Up-to-Standard Rate of Industrial Waste Water Discharge (%)	36.2	46.8	79.2	84.6
汽车尾气达标率（%）	Up-to-Standard Rate of Automobile Exhaust Discharge (%)		77.9	81.3	83.9
工业固体废物综合利用率（%）	rate of Comprehensive Utilization of Solid Industrial Waste (%)	35.3	55.4	70.0	71.6
危险废物处置率（%）	Rate of treatment of Hazardous Waste (%)			4.0	2.2
环境建设	**Environment Improvement**				
城市污水处理率（%）	Rate of Treatment of City Waste Water (%)		27.0	44.1	38.8
城市气化率（%）	Rate of Gas Utilization in the City (%)	26.8	55.6	73.2	77.5
建成区绿化覆盖率（%）	Green Coverage Rate in Constructed Areas (%)	24.1	26.8	26.3	27.1
自然保护区覆盖率（%）	Coverage Rate of Nature preservation Areas (%)	0.8	1.8	2.2	3.5
环境处理	**Environment Treatment**				
城市环境保护投资指数	Indexes of Investment in City Environment Protection				
“三同时”合格执行率（%）	Up-to-Standard Rate of the “Three-Simultaneous” Implementation (%)	77.0	75.0	91.9	98.3
排污费征收面（%）	Scale of Sewage Discharge Levy (%)				
污染防治设施运行率（%）	Operation Rate of Pollution Prevention Facilities (%)			76.0	70.0

注：“三同时”是指防治污染设施必须与主体工程同时设计、同时施工、同时投产。

a) The “Three-Simultaneous” means that pollution prevention measures shall be adopted simultaneously with construction, production and designing.

19—51 环境污染与破坏事故情况
Pollution Accidents

年份 Year	破坏污染与破坏事故次数（次） Number of Pollution Accidents (times)	按事故类别分（次） Pollution Accidents by Type (times)					污染直接经济损失（万元） Losses Coverted into Cash (10000 yuan)	污染事故赔、罚款总额（万元） Amount of Reparations and Fines (10000 yuan)
		水污染 Water Pollution	大气污染 Air Pollution	固体废物污染 Solid Wastes Pollution	噪声与振动危害 Noise and Vibration Pollution	其他 Others		
1997	101	45	29	6	18	3	123.7	102.3
1998	51	29	20		2		62.2	52.0
1999	51	39	10	2			1049.0	62.5
2000	66	43	23				802.0	170.3

19—52 生活污染物排放情况
Discharge of Pollutants from Daily Life

年份 Year	生活污水排放量（万吨） Volume of Waste Water Discharged From Daily Life (10000 tons)	生活污水中化学需氧量排放量（吨） Absorption of oxygen by Waste Water From Daily Life (ton)	生活二氧化硫排放量（吨） Emission of Sulfur Dioxide From Daily Life (ton)	生活烟尘排放量（吨） Emission of Dust From Daily Life (ton)
1997	69802	269434		
1998	71688	283923	44474	32516
1999	71389	277300	45545	34860
2000	80189	275104	44639	37166

19—53 县及县以上工业企业“三废”排放及治理情况
Discharge and Treatment of Waste Water, Waste Gas and Solid Wastes by Industry Enterprises at and Above County Level

指　　标	Item	1990	1995	1999	2000
废　水	**Waste Water**				
工业废水排放总量（万吨）	Total Volume of Industrial Waste Water Discharged (10000 tons)	98620	87006	63616	63106
工业废水排放达标量（万吨）	Volume of Industrial Waste Water up to the Standards for Discharge (10000 tons)	35662	40745	50407	53355
工业废水排放达标率（%）	Percentage of Industrial Waste Water up to the Standards for Discharge (%)	36.2	46.8	91.8	84.6
工业废水处理量（万吨）	Total Volume of Industrial Waste Water Treated (10000 tons)	32312	83142	127526	133507
工业废水处理率（%）	Percentage of Industrial Waste Water Treated (%)	41.1	72.3	92.2	94.1
工业废水处理排放达标量（万吨）	Volume of Treated Industrial Waste Water up to the Standards for Discharge (10000 tons)	15551	14947	26423	29638
废　气	**Waste Gas**				
工业废气排放总量（亿标立方米）	Total Volume of Industrial Waste Gas Emission (100 million cu. m)	2328	3559	3682	3945
工业二氧化硫排放量（万吨）	Volume of Sulphur Dioxide Emission (10000 tons)	38	35	36	35
烟尘排放量（万吨）	Volume of Soot Emission (10000 tons)	31	26	32	24
工业粉尘排放量（万吨）	Volume of Industrial Dust Emission (10000 tons)	29	22	45	29
固体废物	**Solid Wastes**				
工业固体废物产生量（万吨）	Volume of Industrial Solid Wastes Produced (10000 tons)	2552	2749	2973	2815
工业固体废物综合利用量（万吨）	Volume of Industrial Solid Wastes Utilized (10000 tons)	901	1522	2080	2014
工业固体废物综合利用率（%）	Percentage of Industrial Solid Wastes Utilized (%)	35.3	55.4	70.0	71.6
工业固体废物贮存量（万吨）	Volume of Industrial Solid Wastes Accumulated (10000 tons)	108	600	484	489
工业固体废物处置量（万吨）	Volume of Industrial Solid Wastes Treated (10000 tons)	1449	829	719	949
工业固体废物排放量（万吨）	Volume of Industrial Solid Wastes Discharged (10000 tons)	116	10	37	2
工业固体废物历年贮存占地面积（万平方米）	Areas Occupied by Industrial Solid Wastes Accumulated (10000 sq. m)	1772	2539	1849	2230
“三废”综合利用产品产值（万元）	Output Value of Products Made from Waste Gas, Waste Water and Solid Wastes (10000 yuan)	19401	51373	77884	74921
“三废”综合利用产品利润（万元）	Profits Obtained from Use of Waste Gas, Waste Water and Solid Wastes (10000 yuan)	3978	12066	17333	14553
污染治理	**Pollution Treatment**				
当年安排污染治理项目数（个）	Number of Projects for Pollution Treatment in the Year	1044	722	666	861
污染治理项目本年完成投资额（万元）	Actual Investment in Implementation of the Project for Pollution Treatment in the Year (10000 yuan)	12021	44948	43542	56470
#治理废水	Treatment of Waste Water	6638	25724	23885	26389
治理废气	Treatment of Waste Gas	3404	11599	14897	25621
治理固体废物	Treatment of Solid Wastes	436	3535	2532	2165
治理噪声	Noise Abatement	233	698	209	375
治理其他	Others	1311	3391	2020	1920
排污收费及使用	**Fee for Discharging Waste and Fines for Pollution**				
排污费交纳单位（个）	Number of Units Charged	2508	3932		
排污费征收额（万元）	Amount of Pollution Charges (10000 yuan)	5512	10752	13828	13215
排污费支出额（万元）	Outlays of Pollution Levy Charges (10000 yuan)	3296	8377	12985	14159

19—54 工业分行业废水排放及处理情况（2000年）

Discharge and Treatment of Waste Water by Branch of Industry (2000)

单位：万吨 (10000 tons)

行业 Branch	汇总工业企业个数（个） Number of Industrial Enterprises (unit)	工业废水排放总量 Total Volume of Industrial Waste Water Discharged	工业废水排放达标量 Volume of Industrial Waste Water up to the Discharge Standards	废水治理设施数（套） Number of Facilities for Treatment of Waste Water (set)	工业废水处理量 Volume of Industrial Waste Water Treated	工业废水处理回用量 Volume of Industrial Waste Water Recovered After Treatment	工业废水处理排放达标量 Volume of Treated Industrial Waste Water up to the Discharge Standards
采掘业 Mining and Quarrying	139	4088.30	3920.13	193	14768.02	11863.11	2847.30
食品、饮料和烟草制造业 Food, Beverage and Tobacco Industry	266	5417.81	3854.30	223	3240.14	652.94	2505.37
纺织业 Textile Industry	153	4422.15	1859.16	107	1054.34	54.35	972.35
皮革毛皮羽绒及其制品业 Leather, Furs, Down and Related Products	21	205.02	75.02	14	56.96	3.03	53.94
造纸及纸制品业 Papermaking & Paper Products	127	5642.78	3985.04	143	4940.98	2228.54	2438.08
印刷业记录媒介的复制 Printing & Record medium Reproduction	5	115.57	115.07				
石油加工及其炼焦业 Petroleum Processing & Coking	3	1718.68	1612.68	41	1865.25	248.22	1511.03
化学原料及化学制品制造业 Raw Chemical Materials and Chemical Products	224	13233.34	12218.49	341	63604.07	54050.77	9319.31
医药制造业 Medical and Pharmaceutical Products	49	2096.49	1993.53	29	1595.07	150.03	1407.04
化学纤维制造业 Chemical Fiber	4	1090.50	895.00	8	652.56	63.36	550.00
橡胶制品业 Rubber Products	20	200.36	197.85	11	109.68	75.03	32.41
塑料制品业 Plastic Products	19	92.50	92.10	5	54.97	20.61	34.36
非金属矿物制造业 Nonmetal Mineral Products	337	1425.87	1313.53	88	1275.39	893.38	358.58
#水泥制造业 Cement Manufacturing	110	843.71	823.39	33	928.15	867.12	57.81
黑色金属冶炼及压延加工业 Smelting and Pressing of Ferrous Metals	35	13030.73	12186.65	79	25148.04	21258.67	3647.71
有色金属冶炼及压延加工业 Smelting and Pressing of Nonferrous Metals	15	2550.68	1446.45	26	9071.75	8553.77	356.98
金属制品业 Metal Products	89	290.76	283.72	46	168.35	62.73	99.91
机械、电气、电子设备制造业 Machine Building, Electric Machinery, & Electronic Equipment Manufacturing	207	1782.17	1685.08	151	716.80	87.46	578.24
电力煤气及水生产供应业 Production & Supply of Electric Power, Gas & Water	30	5398.05	5353.11	57	4996.08	2205.31	2767.46
其他行业 Other Industries	69	304.30	268.48	50	188.69	15.87	158.14

19—55 工业分行业废气排放及处理情况(2000 年)
Emission and Treatment of Waste Gas by Branch of Industry (2000)

行业 Branch	汇总工业企业个数(个) Number of Industrial Enterprises (unit)	工业废气治理设施数(套) Number of Facilities for Treatment of Waste Gas (set)	工业废气排放总量(万标立方米) Total Volume of Industrial Waste Gas Emission (10000 cu. m)	燃料燃烧过程中废气排放量 Volume of Waste Gas in the Process of Fuel Burning	经过消烟除尘的 Volume of Gas with Soot & Dust Removed	生产工艺过程中废气排放量 Volume of Waste Gas from the Process of Production	经过净化处理的 Volue of Gas Purified
采掘业 Mining and Quarrying	139	259	587065	266002	253909	321063	303693
食品、饮料和烟草制造业 Food, Beverage and Tobacco Industry	266	409	534157	507313	476482	26844	26178
纺织业 Textile Industry	153	186	318079	318057	292589	22	
皮革毛皮羽绒及其制品业 Leather, Furs, Down and Related Products	21	18	5178	5178	3097		
造纸及纸制品业 Papermaking & Paper Products	127	159	327643	321206	307625	6437	
印刷业记录媒介的复制 Printing & Record medium Reproduction	5		1245	1245	1245		
石油加工及其炼焦业 Petroleum Processing & Coking	3	21	1732461	1108694	846781	623767	198557
化学原料及化学制品制造业 Raw Chemical Materials and Chemical Products	224	426	2353571	1170803	1163074	1182768	1104461
医药制造业 Medical and Pharmaceutical Products	49	52	137490	134490	121751	3000	3000
化学纤维制造业 Chemical Fiber	4	12	168480	141203	141203	27277	27277
橡胶制品业 Rubber Products	20	17	27739	27479	26047	260	260
塑料制品业 Plastic Products	19	10	22368	22368	19189		
非金属矿物制造业 Nonmetal Mineral Products	337	1244	9042701	1239023	961075	7803678	7263277
#水泥制造业 Cement Manufacturing	110	1121	8027713	788009	757044	7239704	6881478
黑色金属冶炼及压延加工业 Smelting and Pressing of Ferrous Metals	35	135	8660687	2765214	1027926	5895473	5399510
有色金属冶炼及压延加工业 Smelting and Pressing of Nonferrous Metals	15	29	1921944	1317019	1316659	604925	582326
金属制品业 Metal Products	89	52	108209	70625	54259	37584	36566
机械、电气、电子设备制造业 Machine Building, Electric Machinery, & Electronic Equipment Manufacturing	207	244	297728	257480	229870	40248	31549
电力煤气及水生产供应业 Production & Supply of Electric Power, Gas & Water	30	80	13117649	13089210	13060377	28439	8000
其他行业 Other Industries	69	96	82819	53272	49199	29547	27797

19—55 续表 continued

行 业 Branch	工业二氧化硫排放量（吨） Volume of Sulphur Dioxide Emission (ton)	工业二氧化硫去除量（吨） Volume of Sulphur Dioxide Removed (ton)	工业烟尘排放量（吨） Volume of Industrial Soot Emission (ton)	工业烟尘去除量（吨） Volume of Industrial Soot Removed (ton)	工业粉尘排放量（吨） Volume of Industrial Dust Emission (ton)	工业粉尘去除量（吨） Volume of Industrial Dust Romoved (ton)
采掘业 Mining and Quarrying	3335.75	940.60	1839.66	19730.59	3715.25	25197.43
食品、饮料和烟草制造业 Food, Beverage and Tobacco Industry	6169.03	1928.90	5620.96	15355.63	272.26	2186.09
纺织业 Textile Industry	4708.34	356.79	3417.13	9807.21	9.10	3700.59
皮革毛皮羽绒及其制品业 Leather, Furs, Down and Related Products	83.91	5.92	102.77	134.56	0.50	
造纸及纸制品业 Papermaking & Paper Products	3738.62	842.23	3071.48	14677.30		48.99
印刷业记录媒介的复制 Printing & Record medium Reproduction	25.08		19.20			
石油加工及其炼焦业 Petroleum Processing & Coking	6390.67	15217.00	4410.61	230955.78	328.54	
化学原料及化学制品制造业 Raw Chemical Materials and Chemical Products	20436.31	97943.24	10321.03	105587.19	3000.11	6123.94
医药制造业 Medical and Pharmaceutical Products	1362.11	789.64	1422.30	3555.99	9.60	
化学纤维制造业 Chemical Fiber	2146.30		8909.34	49067.47	475.59	1902.35
橡胶制品业 Rubber Products	502.90	8.00	266.25	605.49		
塑料制品业 Plastic Products	261.99	43.20	1115.43	861.77		
非金属矿物制造业 Nonmetal Mineral Products	78908.56	2440.68	100633.28	31702.59	241018.76	900837.60
#水泥制造业 Cement Manufacturing	29093.72	2005.20	16086.43	17044.76	212236.12	871728.90
黑色金属冶炼及压延加工业 Smelting and Pressing of Ferrous Metals	36848.52	12703.57	4747.06	28478.43	18214.68	411638.13
有色金属冶炼及压延加工业 Smelting and Pressing of Nonferrous Metals	37564.62	407686.28	31362.04	198496.75	403.45	
金属制品业 Metal Products	7338.28	15.23	782.72	1595.23	10262.20	1.64
机械、电气、电子设备制造业 Machine Building, Electric Machinery, & Electronic Equipment Manufacturing	2763.84	217.19	2190.88	4616.14	396.77	63.28
电力煤气及水生产供应业 Production & Supply of Electric Power, Gas & Water	131178.89	11476.09	50910.35	2646208.87	7.03	
其他行业 Other Industries	6861.11	69.22	12350.49	1453.05	6863.36	753.12

19—56 工业分行业固体废物产生及处理利用情况（2000 年）
Production, Treatment and Utilization of Industrial Solid Wastes by Branch of Industry (2000)

行业 Branch	汇总工业企业个数（个） Number of Industrial Enterprises (unit)	工业固体废物产生量（万吨） Volume of Industrial Solid Wastes Produced (10000 tons)	危险废物产生量 Dangerous Wastes	工业固体废物综合利用量（万吨） Volume of Industrial Solid Wastes Utilized in a Comprehensive Way (10000 tons)	工业固体废物贮存量（万吨） Volume of Industrial Solid Wastes Accumulated (10000 tons)	工业固体废物处置量（万吨） Volume of Industrial Solid Wastes Treated (10000 tons)
采掘业 Mining and Quarrying	139	1528.39	0.80	831.70	317.67	941.35
食品、饮料和烟草制造业 Food, Beverage and Tobacco Industry	266	61.56		61.12	0.01	0.40
纺织业 Textile Industry	153	8.99		8.92	0.01	0.05
皮革毛皮羽绒及其制品业 Leather, Furs, Down and Related Products	21	0.18		0.18		
造纸及纸制品业 Papermaking & Paper Products	127	13.69	1.24	12.44		1.25
印刷业记录媒介的复制 Printing & Record medium Reproduction	5	0.10		0.10		
石油加工及其炼焦业 Petroleum Processing & Coking	3	28.52		13.99	14.54	
化学原料及化学制品制造业 Raw Chemical Materials and Chemical Products	224	203.72	67.12	213.58	2.46	0.36
医药制造业 Medical and Pharmaceutical Products	49	5.92		4.60	1.26	2.31
化学纤维制造业 Chemical Fiber	4	17.08		18.08		
橡胶制品业 Rubber Products	20	1.02		1.02		
塑料制品业 Plastic Products	19	0.76	0.10	0.72		
非金属矿物制造业 Nonmetal Mineral Products	337	45.23		40.36	2.50	2.33
#水泥制造业 Cement Manufacturing	110	30.09		26.98	1.00	2.08
黑色金属冶炼及压延加工业 Smelting and Pressing of Ferrous Metals	35	356.00	0.01	339.35	16.60	0.12
有色金属冶炼及压延加工业 Smelting and Pressing of Nonferrous Metals	15	92.66	0.15	93.24	2.74	0.01
金属制品业 Metal Products	89	4.48		4.26	0.01	0.21
机械、电气、电子设备制造业 Machine Building, Electric Machinery, & Electronic Equipment Manufacturing	207	10.21	0.52	9.88	0.02	0.25
电力煤气及水生产供应业 Production & Supply of Electric Power, Gas & Water	30	392.37		357.95	131.86	
其他行业 Other Industries	69	44.27	0.02	3.12		0.02

19—56 续表 continued

行业 Branch	工业固体废物排放量（万吨） Volume of Industrial Solid Wastes Discharged (10000 tons)	危险废物排放量 Dangerouse Wastes	工业固体废物历年贮存量（万吨） Total Volume of Industrial Solid Wastes Accumulated (10000 tons)	工业固体废物占地面积（万平方米） Areas Occupied by Industrial Solid Wastes (10000 sq. m)	"三废"综合利用产品产值（万元） Output Value of Products Made from Comprehensive Utilization of Waste Gas, Waste Water & Solid Wastes (10000 yuan)	"三废"综合利用产品利润（万元） Profits Obtained from Comprehensive Utilization of Waste Gas, Waste Water & Solid Wastes (10000 yuan)
采掘业 Mining and Quarrying	0.95		21694.41	1028.10	3589.9	978.9
食品、饮料和烟草制造业 Food, Beverage and Tobacco Industry	0.02		0.01	0.05	11491.3	3412.0
纺织业 Textile Industry					920.7	298.4
皮革毛皮羽绒及其制品业 Leather, Furs, Down and Related Products					11.7	6.0
造纸及纸制品业 Papermaking & Paper Products			3.57	0.70	3114.6	868.0
印刷业记录媒介的复制 Printing & Record medium Reproduction					3.0	3.0
石油加工及其炼焦业 Petroleum Processing & Coking			187.93	84.66	5970.0	
化学原料及化学制品制造业 Raw Chemical Materials and Chemical Products	0.12		431.95	71.04	8406.0	3265.7
医药制造业 Medical and Pharmaceutical Products	0.02		2.10	0.21	462.0	22.0
化学纤维制造业 Chemical Fiber			8.20	3.20	5.0	0.5
橡胶制品业 Rubber Products					54.6	19.5
塑料制品业 Plastic Products					121.5	10.5
非金属矿物制造业 Nonmetal Mineral Products	0.03		6.70	6.58	14144.8	2670.9
#水泥制造业 Cement Manufacturing	0.03		6.00	6.00	10153.5	2238.8
黑色金属冶炼及压延加工业 Smelting and Pressing of Ferrous Metals	0.02		511.00	22.30	5455.7	1358.5
有色金属冶炼及压延加工业 Smelting and Pressing of Nonferrous Metals			38.28	44.42	12755.5	86.1
金属制品业 Metal Products	0.01			0.01	20.5	9.3
机械、电气、电子设备制造业 Machine Building, Electric Machinery, & Electronic Equipment Manufacturing	0.06		11.28	1.74	3970.2	728.2
电力煤气及水生产供应业 Production & Supply of Electric Power, Gas & Water			1764.94	967.60	4374.6	779.2
其他行业 Other Industries	0.72			0.01	49.2	36.9

19—57 各市环境污染与破坏事故情况（2000年）
Pollution Accidents by Region (2000)

地区 Region		破坏污染与破坏事故次数（次）Number of Pollution Accidents (times)	按事故类别分（次）Pollution Accidents by Type (times) 水污染 Water Pollution	大气污染 Air Pollution	污染直接经济损失（万元）Losses Coverted into Cash (10000 yuan)	污染事故赔、罚款总额（万元）Amount of Reparations and Fines (10000 yuan)
总计	**Total**	**66**	**43**	**23**	**802.21**	**170.29**
合肥市	Hefei					
淮北市	Huaibei	2	2		7.00	6.00
亳州市	Bozhou	5	5		648.00	95.40
宿州市	Suzhou	1	1		100.00	
蚌埠市	Bengbu	7	7		7.40	6.50
阜阳市	Fuyang	1	1			
淮南市	Huainan	3	2	1	1.00	
滁州市	Chuzhou	8	5	3	16.60	
六安市	Luan	1	1		0.20	0.12
马鞍山市	Maanshan	10	6	4	19.39	19.39
巢湖市	Chaohu	1	1			0.50
芜湖市	Wuhu					
宣城市	Xuancheng					
铜陵市	Tongling	23	8	15		41.26
池州市	Chizhou	2	2		1.53	0.03
安庆市	Anqing	2	2		1.09	1.09
黄山市	Huangshan					

19—58 各市工业废水排放及处理情况（2000年）
Discharge and Treatment of Industrial Waste Water by Region (2000)

单位：万吨 (10000 tons)

地区 Region		汇总工业企业个数（个）Number of Industrial Enterprises (unit)	工业废水排放总量 Total Volume of Industrial Waste Water Discharged	工业废水排放达标量 Volume of Industrial Waste Water up to the Discharge Standards	废水治理设施数（套）Number of Facilities for Treatment of Waste Water (set)	工业废水处理量 Volume of Industrial Waste Water Treated	工业废水处理回用量 Volume of Industrial Waste Water Recovered After Treatment	工业废水处理排放达标量 Volume of Treated Industrial Waste Water up to the Discharge Standards
总计	**Total**	**1812**	**63106.06**	**53355.38**	**1612**	**133507.14**	**102487.18**	**29638.21**
合肥市	Hefei	178	8423.50	5536.53	182	11498.16	8851.72	2646.44
淮北市	Huaibei	67	2148.06	2079.39	74	4138.86	3559.01	579.85
亳州市	Bozhou	33	933.16	916.16	45	10345.36	9429.27	916.09
宿州市	Suzhou	63	1324.46	848.46	59	3477.13	2662.69	814.44
蚌埠市	Bengbu	136	4708.65	4298.34	115	2788.97	543.93	2245.04
阜阳市	Fuyang	69	1536.32	1468.28	111	22359.10	21109.24	1248.63
淮南市	Huainan	107	7765.29	7534.28	129	9693.09	4986.67	4665.42
滁州市	Chuzhou	148	2311.31	1664.54	85	5590.73	4685.41	811.01
六安市	Luan	125	3011.71	2797.50	96	8347.11	6138.30	2187.66
马鞍山市	Maanshan	151	11408.71	10790.48	97	26177.25	21734.54	4089.72
巢湖市	Chaohu	78	1873.32	1688.14	93	1996.76	807.82	1145.37
芜湖市	Wuhu	114	4514.40	4243.88	89	6001.89	4137.50	1849.77
宣城市	Xuancheng	161	1692.82	683.88	83	906.60	489.53	275.42
铜陵市	Tongling	66	6250.50	4354.57	97	15461.75	12604.90	2490.98
池州市	Chizhou	45	548.85	434.36	50	356.10	2.82	341.06
安庆市	Anqing	160	4082.26	3886.90	143	4024.25	596.84	3296.13
黄山市	Huangshan	111	572.74	129.69	64	344.03	146.99	35.18

19—59 各市工业废气排放及处理情况(2000 年)
Emission and Treatment of Industrial Waste Gas by Region (2000)

地区 Region	汇总工业企业个数(个) Number of Industrial Enterprises (unit)	工业废气治理设施数(套) Number of Facilities for Treatment of Waste Gas (set)	工业废气排放总量(亿标立方米) Total Volume of Industrial Waste Gas Emission (100 million cu. m)	燃料燃烧过程中废气排放量 Volume of Waste Gas in the Process of Fuel Burning	经过消烟除尘的 Volume of Gas with Soot & Dust Removed	生产工艺过程中废气排放量 Volume of Waste Gas from the Process of Production	经过净化处理的 Volue of Gas Purified
总计 Total	**1812**	**3449**	**3945**	**2282**	**2035**	**1663**	**1501**
合肥市 Hefei	178	389	278	188	182	90	82
淮北市 Huaibei	67	271	278	231	228	48	45
亳州市 Bozhou	33	77	34	20	20	15	15
宿州市 Suzhou	63	86	23	23	21	…	…
蚌埠市 Bengbu	136	164	72	66	59	6	6
阜阳市 Fuyang	69	115	57	44	41	13	13
淮南市 Huainan	107	248	770	742	733	29	10
滁州市 Chuzhou	148	158	135	54	46	82	81
六安市 Luan	125	383	50	19	18	32	32
马鞍山市 Maanshan	151	157	869	335	166	534	485
巢湖市 Chaohu	78	391	239	33	29	206	180
芜湖市 Wuhu	114	177	367	194	192	172	171
宣城市 Xuancheng	161	261	183	63	62	120	120
铜陵市 Tongling	66	198	306	108	106	197	195
池州市 Chizhou	45	120	43	15	14	29	24
安庆市 Anqing	160	185	230	141	110	89	44
黄山市 Huangshan	111	69	11	8	8	3	1

地区 Region	工业二氧化硫排放量(吨) Volume of Sulphur Dioxide Emission (ton)	工业二氧化硫去除量(吨) Volume of Sulphur Dioxide Removed (ton)	工业烟尘排放量(吨) Volume of Industrial Soot Emission (ton)	工业烟尘去除量(吨) Volume of Industrial Soot Removed (ton)	工业粉尘排放量(吨) Volume of Industrial Dust Emission (ton)	工业粉尘去除量(吨) Volume of Industrial Dust Romoved (ton)
总计 Total	**350624.83**	**552683.77**	**243492.98**	**3362890.04**	**284977.20**	**1352453.15**
合肥市 Hefei	24366.57	1808.27	27076.39	197524.82	12268.08	14254.11
淮北市 Huaibei	21177.38	2095.07	23120.94	709115.94	8217.87	54257.49
亳州市 Bozhou	3774.64	5115.17	1795.27	16920.82	188.05	21.18
宿州市 Suzhou	2877.46	639.03	8826.57	74793.36	3986.73	0.02
蚌埠市 Bengbu	16727.71	2553.68	12835.16	76524.05	24233.46	880.87
阜阳市 Fuyang	11353.51	2559.75	7563.24	32468.56		
淮南市 Huainan	91473.55	6316.94	27249.02	858211.40	6620.11	21630.64
滁州市 Chuzhou	11560.38	1933.36	14472.12	30091.99	45607.30	48229.37
六安市 Luan	12423.84	253.08	8516.83	8553.73	11589.68	77457.30
马鞍山市 Maanshan	42249.05	6647.75	9482.90	256518.51	18424.74	396642.74
巢湖市 Chaohu	21026.81	1.60	27190.37	49604.05	45210.50	37843.52
芜湖市 Wuhu	14639.83	409.97	6395.47	552074.09	11100.00	224329.31
宣城市 Xuancheng	13674.79	4160.53	10111.46	6158.73	16425.56	347546.35
铜陵市 Tongling	38643.40	488186.59	7668.96	227939.98	29552.87	50626.81
池州市 Chizhou	9320.88	14278.58	36778.91	13056.53	26704.81	38267.42
安庆市 Anqing	12975.70	15621.94	12727.34	250297.70	18494.59	40466.02
黄山市 Huangshan	2359.33	102.46	1682.04	3035.79	6352.88	

19—60 各市工业固体废物产生及处理利用情况(2000年)
Discharge, Treatment and Utilization of Industrial Solid Wastes by Region (2000)

地区 Region		汇总工业企业个数(个) Number of Industrial Enterprises (unit)	工业固体废物产生量(万吨) Volume of Industrial Solid Wastes Produced (10000 tons)	危险废物产生量 Dangerous Wastes	工业固体废物综合利用量(万吨) Volume of Industrial Solid Wastes Utilized in a Comprehensive Way (10000 tons)	工业固体废物贮存量(万吨) Volume of Industrial Solid Wastes Accumulated (10000 tons)	工业固体废物处置量(万吨) Volume of Industrial Solid Wastes Treated (10000 tons)
总　　计	**Total**	**1812**	**2815.14**	**69.95**	**2014.65**	**489.67**	**948.66**
合肥市	Hefei	178	105.42	0.31	101.01	0.92	0.03
淮北市	Huaibei	67	434.63	…	401.89	75.85	70.80
亳州市	Bozhou	33	16.01		15.94		
宿州市	Suzhou	63	68.07		66.91	1.16	
蚌埠市	Bengbu	136	41.82	0.15	34.73	6.92	0.17
阜阳市	Fuyang	69	50.34		48.12	1.98	331.50
淮南市	Huainan	107	506.90	1.25	426.72	78.86	1.25
滁州市	Chuzhou	148	57.88	0.05	52.20	5.92	0.60
六安市	Luan	125	35.33	…	10.58		7.70
马鞍山市	Maanshan	151	734.33	0.10	372.06	85.74	470.02
巢湖市	Chaohu	78	53.37		37.99	1.67	
芜湖市	Wuhu	114	93.67	0.50	77.81	14.72	0.60
宣城市	Xuancheng	161	85.70		26.54	2.00	38.40
铜陵市	Tongling	66	469.82	66.79	303.31	191.08	27.56
池州市	Chizhou	45	13.28	0.80	6.96	6.31	0.01
安庆市	Anqing	160	43.12	…	28.55	14.54	0.02
黄山市	Huangshan	111	5.44		3.35	2.00	0.01

地区 Region		工业固体废物排放量(万吨) Volume of Industrial Solid Wastes Discharged (10000 tons)	危险废物排放量 Dangerouse Wastes	工业固体废物历年贮存量(万吨) Total Volume of Industrial Solid Wastes Accumulated (10000 tons)	工业固体废物占地面积(万平方米) Areas Occupied by Industrial Solid Wastes (10000 sq.m)	"三废"综合利用产品产值(万元) Output Value of Products Made from Comprehensive Utilization of Waste Gas, Waste Water & Solid Wastes (10000 yuan)	"三废"综合利用产品利润(万元) Profits Obtained from Comprehensive Utilization of Waste Gas, Waste Water & Solid Wastes (10000 yuan)
总　　计	**Total**	**1.94**		**24660.37**	**2230.62**	**74920.8**	**14553.6**
合肥市	Hefei	0.04		133.42	41.39	3895.9	1387.1
淮北市	Huaibei			1123.09	208.22	7332.2	1029.3
亳州市	Bozhou	0.07				1694.6	382.1
宿州市	Suzhou					2573.3	621.8
蚌埠市	Bengbu			74.75	10.26	6129.2	1330.4
阜阳市	Fuyang			331.09	4.25	2592.2	1118.3
淮南市	Huainan			2260.66	621.15	4727.8	1358.8
滁州市	Chuzhou	0.04		174.13	93.69	3378.2	758.0
六安市	Luan					5565.4	1166.4
马鞍山市	Maanshan	0.01		11953.19	427.48	2231.0	635.7
巢湖市	Chaohu	0.82		54.21	24.33	2009.5	117.2
芜湖市	Wuhu	0.41		180.58	90.55	6391.6	2267.0
宣城市	Xuancheng	0.45		66.95	6.03	1893.6	681.7
铜陵市	Tongling			7965.67	597.57	14523.9	1138.5
池州市	Chizhou			80.40	6.60	2142.5	94.0
安庆市	Anqing	0.02		188.26	84.72	7617.7	447.2
黄山市	Huangshan	0.09		73.97	14.37	222.2	20.1

19—61 各市工业污染治理项目及投资情况（2000 年）
Investment in Anti-Industrial Pollution Projects by Region (2000)

地 区 Region	汇总工业企业个数（个）Number of Industrial Enterprises (unit)	施工项目数（个）Projects Under Construction (unit)	治理废水 Treatment of Waste Water	治理废气 Treatment of Waste Gas	治理固体废物 Treatment of Solid Wastes	治理噪声 Treatment of Noise Pollution	治理其他 Treatment of Other Pollution
总 计 Total	**673**	**861**	**444**	**368**	**15**	**12**	**22**
合 肥 市 Hefei	89	104	20	83		1	
淮 北 市 Huaibei	23	35	4	22		6	3
亳 州 市 Bozhou	33	49	33	16			
宿 州 市 Suzhou	38	45	34	10	1		
蚌 埠 市 Bengbu	23	28	11	16	1		
阜 阳 市 Fuyang	12	13	7	4	1	1	
淮 南 市 Huainan	16	26	10	10	1	1	4
滁 州 市 Chuzhou	39	48	19	25	2		2
六 安 市 Luan	22	23	18	5			
马鞍山市 Maanshan	32	61	20	25	3	3	10
巢 湖 市 Chaohu	78	91	63	27	1		
芜 湖 市 Wuhu	31	31	20	10	1		
宣 城 市 Xuancheng	44	45	36	8	1		
铜 陵 市 Tongling	32	45	30	11	2		2
池 州 市 Chizhou	45	55	30	24			1
安 庆 市 Anqing	31	33	24	8	1		
黄 山 市 Huangshan	85	129	65	64			

地 区 Region	污染治理项目本年完成投资（万元）Investment Completed in Anti-pollution Projects (10000 yuan)	治理废水 Treatment of Waste Water	治理废气 Treatment of Waste Gas	治理固体废物 Treatment of Solid Wastes	治理噪声 Treatment of Noise Pollution	治理其他 Treatment of Other Pollution	本年竣工项目数（个）Number of Projects Completed (unit)
总 计 Total	**56470.2**	**26388.7**	**25621.2**	**2165.0**	**375.0**	**1920.3**	**576**
合 肥 市 Hefei	1712.5	454.7	1256.8		1.0		65
淮 北 市 Huaibei	4006.0	135.6	3639.0		69.4	162.0	32
亳 州 市 Bozhou	398.8	202.0	196.8				7
宿 州 市 Suzhou	671.5	421.5	145.0	105.0			7
蚌 埠 市 Bengbu	1221.9	786.1	135.8	300.0			26
阜 阳 市 Fuyang	776.0	488.0	242.2	45.0	0.8		11
淮 南 市 Huainan	7566.7	2125.7	4364.0	405.0	286.0	386.0	26
滁 州 市 Chuzhou	11090.9	2405.1	7456.0	1009.5		220.3	44
六 安 市 Luan	1619.8	1325.1	294.7				22
马鞍山市 Maanshan	3826.6	2162.2	456.1	76.5	17.8	1114.0	61
巢 湖 市 Chaohu	2488.9	1671.8	802.1	15.0			66
芜 湖 市 Wuhu	2168.2	1606.3	511.9	50.0			29
宣 城 市 Xuancheng	3427.6	3082.8	294.8	50.0			43
铜 陵 市 Tongling	3928.3	3052.1	769.2	74.0		33.0	41
池 州 市 Chizhou	5414.9	1467.0	3942.9			5.0	49
安 庆 市 Anqing	4482.0	3541.0	906.0	35.0			33
黄 山 市 Huangshan	1669.6	1461.7	207.9				14

主要统计指标解释

等级运动员人数　指经考核正式批准授予等级运动员称号的人数。运动员等级分为国际级运动健将、运动健将、一级运动员、二级运动员、三级运动员、少年级运动员。

等级裁判员人数　指经考核正式批准授予等级裁判员称号的人数。裁判员等级分为国际裁判、国家级裁判、一级裁判、二级裁判、三级裁判。

体育场　指有400米跑道（中心含足球场），有固定道牙，跑道6条以上，并有固定看台的室外田径场地。体育场按看台容纳观众人数分为：甲级25000人以上，乙级15000－25000人，丙级5000－15000人，丁级5000人以下。

体育馆　指有固定看台，可供篮球、排球、羽毛球、乒乓球、体操等项目训练比赛活动用的室内运动场地。体育馆按看台容纳观众人数分为：甲级6000人以上，乙级4000－6000人，丙级2000－4000人，丁级2000人以下。

医院　指设有固定床位，能收容病人住院并能为病人提供医疗、护理服务的医疗机构，包括县及县以上医院、农村乡卫生院和其他医院三部分。医院按所属性质不同分为卫生部门、工业及其他部门和集体经济单位三类。县及县以上医院按业务性质不同分为综合医院和专科医院。

卫生技术人员　指卫生事业机构支付工资的全部职工中现任职务为卫生技术工作的专业人员，包括中医师、西医师、中西医结合高级医师、护师、中药师、西药师、检验师、其他技师、中医士、西医士、护士、助产士、中药剂士、西药剂士、检验士、其他技士、其他中医、护理员、中药剂员、西药剂员、检验员和其他初级卫生技术人员。

医生　指经卫生部门审查合格，从事医疗工作的专业人员。分为中医医生和西医医生。包括卫生技术人员中的中医师、西医师、中西医结合高级医师、中医士、西医士和其他中医。

社会福利事业单位　指集中收养社会孤老、残、幼的机构，包括由民政部门管理的社会福利院、儿童福利院、精神病人福利院和城镇集体举办的福利院及农村集体举办的敬老院。

社会福利事业单位收养人数　包括民政部门管理和城镇、农村集体举办的社会福利事业单位中收养的老人、少年儿童、缺乏生活自理能力的残疾人员和精神病人。

社会福利企业单位　指以安置城镇有一定劳动能力的盲、聋、哑和肢体残疾人员就业为目的，享受国家减免税待遇的国有或集体企业。包括福利工厂、福利商业和服务业、假肢厂和安置农场等单位。

农村五保户　指农村中既无劳动能力，又无经济来源的老、弱、孤、残的农民，其生活由集体供养，实行保吃、保穿、保住、保医、保葬（孤儿保教），简称“五保”。享受五保待遇的家庭叫五保户。

双扶户　包括被扶持的优抚户和贫困户。主要是对具有一定劳动能力且生活困难的两户给予一定的救济金以扶持其通过生产自救达到脱贫的目的。

律师　指受聘参加法律顾问处工作，担任法律顾问、刑（民）事代理人、刑事辩护人，办理非诉讼事件、解答法律询问，代写法律事务文书等主要从事律师业务的专职法律工作者和兼职律师。

公证人员　指在国家公证机关依法办理公证事务的司法人员，包括公证员、助理公证员和在公证处工作的其他人员。

办理公证文书　指公证处在一定时期内办结的公证文书件数。公证文书按司法部规定或批准的格式制作，包括国内公证和涉外公证两部分。国内公证分为经济合同公证和民事法律关系公证两大类。

调解人员　指在人民调解委员会担负调解民间一般民事纠纷和轻微违法行为引起纠纷的工作人员，包括调解委员会的委员和调解小组的调解员。

调解民间纠纷　指调解委员会依照法律规定，根据自愿原则，用说服教育的方法调解民间发生的有关民事权利和义务的争执，促成当事双方达到协议和谅解，解决纠纷。包括婚姻家庭纠纷，财产权益纠纷等，不包括法院受理调解的民事案件数。

受理劳动争议案件数　指劳动争议仲裁委员会根据国家有关规定，对劳动争议当事人的申请予以审查，符合受理条件而正式立案、准备处理的劳动争议案件数。

立案　指检察机关对犯罪线索进行初步调查后，认为存在职务犯罪事实并需要追究刑事责任时，依法决定作为刑事案件进行侦查的诉讼活动，是追究犯罪的开始。

大案　贪污贿赂犯罪案件指贪污、贿赂数额在5万元以上，挪用公款案在10万元以上，其他案件在50万元以上。渎职犯罪大案一般为直接经济损失5万元以上，死亡1人以上或者重伤3人以上的案件；或虽然没有造成经济损失和伤亡，但犯罪情节恶劣或造成严重后果的案件。

要案　指县、处级以上干部的犯罪案件。

决定逮捕　指检察机关对直接受理、自行侦查的案件，认为需要逮捕犯罪嫌疑人时，依据法律作出的逮捕决定。

批准逮捕　指检察机关对公安机关、国家安全机关、监狱管理机关提出逮捕的犯罪嫌疑人进行审查，根据事实，依法作出逮捕决定。

决定起诉　指检察机关对公安机关、国家安全机关、监狱管理机关和检察机关内设机构反贪污贿赂部门移送起诉的刑事犯罪嫌疑人进行审查，根据事实，依法向人民法院提起公诉。

离休、退休、退职人员　指正式办理了离休、退休、退职手续，并享受相应的离休、退休、退职待遇的人员。

保险福利费用　指企业、事业、机关单位在工资以外实际支付给职工和离休、退休、退职人员个人以及用于集体的劳动保险和福利费用。

（1）职工保险福利费用包括：

①医疗卫生费：指实行公费医疗企业的职工及其供养的直系亲属的医疗费、医务经费、职工因工负伤就医路费以及住院伙食补助费等；卫生部门开支的事业及机关单位职工的公费医疗经费；未参加公费医疗的企业、事业和机关单位职工的医药费。

②文体宣传费：指企业、事业和机关单位实际支付的文体宣传费，不包括学习费。

③集体福利事业补贴费：指对职工浴室、理发室、洗衣房、哺乳室、托儿所等集体福利设施各项支出与收入相抵后的差额补助费。

④集体福利设施费：指按照国家规定开支的集体福利设施费用，如职工食堂炊事用具的购置费、修理费、职工宿舍的修缮费用。不包括由企业、事业、机关单位自筹经费开支的职工福利设施的基本建设费用。

⑤其他：指上述费用以外，单位支付给职工的保险福利费。

（2）离休、退休、退职人员保险福利费用包括：

①离休金：指发给离休人员的工资和按1982年国务院发布的“关于老干部离职休养制度的几项规定”，发给符合规定的离休干部相当于1－2个月标准工资的生活补贴及1988年增发的生活补贴费。

②退休金：指按照国家有关规定发给退休人员的退休费及1988年增发的生活补贴费。

③退职生活费：指按照1978年国务院《关于工人退休、退职的暂行办法》规定，定期发给退职人员的生活费及1988年增发的生活补贴费。

④其他：指上述费用以外，单位支付给离休、退休、退职人员的保险福利费。

工业废水排放量 指经过企业厂区所有排放口排到企业外部的工业废水量。包括生产废水、外排的直接冷却水、超标排放的矿井地下水和与工业废水混排的厂区生活污水，不包括外排的间接冷却水（清污不分流的间接冷却水应计算在内）。

工业废水排放达标量 指各项指标都达到国家或地方排放标准的外排工业废水量，包括未经处理外排达标和经过处理后外排达标两部分。

工业废水处理量 指报告期内各种水治理设施实际处理的工业废水量，包括处理后外排和处理后回用的工业废水量和虽经处理但未达到国家或地方排放标准的废水量。如车间和厂排放口均有治理设施，并对同一废水分级处理时，不应重复计算工业废水处理量。

工业废气排放量 指企业厂区内燃料燃烧和生产工艺过程中产生的各种排入空气的含有污染物的气体总量，按标准状态〔273K，101325Pa〕计算。

工业二氧化硫排放量 指企业在燃料燃烧和生产工艺过程中排入大气的二氧化硫数量。

烟尘排放量 指企业厂区内燃料燃烧产生的烟气中夹带的颗粒物数量。

工业粉尘排放量 指企业在生产工艺过程中排放的颗粒物重量，如钢铁企业的耐火材料粉尘、焦化企业的筛焦系统粉尘、烧结机的粉尘、石灰窑的粉尘、建材企业的水泥粉尘等。不包括电厂排入大气的烟尘。

工业固体废物产生量 指企业在生产过程中产生的固体状、半固体状和高浓度液体状废弃物的总量，包括危险废物、冶炼废渣、粉煤灰、炉渣、煤矸石、尾矿、放射性废物和其他废物等；不包括矿山开采的剥离废石和掘进废石（煤矸石和呈酸性或碱性的废石除外）。酸性或碱性废石指采掘的废石其流经水、雨淋水的pH值小于4或pH值大于10.5者。

危险废物 指列入国家危险废物名录或根据国家规定的危险废物鉴别标准和鉴别方法认定的，具有爆炸性、易燃性、易氧化性、毒性、腐蚀性、易传染疾病等危险特性之一的废物。

工业固体废物综合利用量 指通过回收、加工、循环、交换等方式，从固体废物中提取或者使其转化为可以利用的资源、能源和其他原材料的固体废物量（包括当年利用往年的工业固体废物累计贮存量），如用作农业肥料、生产建筑材料、筑路等。综合利用量由原产生固体废物的单位统计。

工业固体废物贮存量 指以综合利用或处置为目的，将固体废物暂时贮存或堆存在专设的贮存设施或专设的集中堆存场所内的数量。专设的固体废物贮存场所或贮存设施必须有防扩散、防流失、防渗漏、防止污染大气、水体的措施。

工业固体废物处置量 指将固体废物焚烧或者最终置于符合环境保护规定要求的场所，并不再回取的工业固体废物量（包括当年处置往年的工业固体废物累计贮存量）。处置方法有填埋（其中危险废物应安全填埋）、焚烧、专业贮存场（库）封场处理、深层灌注、回填矿井等。

工业固体废物排放量 指将所产生的固体废物排到固体废物污染防治设施、场所以外的数量，不包括矿山开采的剥离废石和掘进废石（煤矸石和呈酸性或碱性的废石除外）。

“三废”综合利用产品产值 指利用“三废”（废液、废气、废渣）作为主要原料生产的产品价值（现行价）；已经销售或准备销售的应计算产品价值，留作生产自用的不应计算产品价值。

“三废”综合利用产品利润 指利用“三废”（废液、废气、废渣）生产的产品，销售后所得到的利润。

环境污染与破坏事故 指由于违反环境保护法规的经济、社会活动与行为，以及意外因素的影响或不可抗拒的自然灾害等原因，致使环境受到污染，国家重点保护的野生动植物、自然保护区受到破坏，人体健康受到危害，社会经济和人民财产受到损失，造成不良社会影响的突发性事件。

Explanatory Notes for Major Statistical Indicators

Number of Athletes in Grades refers to the number of athletes who have been given titles through examination. The titles of athletes include international masters of sports, masters of sports, first-grade, second-grade and third-grade sportsmen and young athletes.

Number of Referees in Grades refers to the number of referees who have been given titles after examination. They are classified as international referees, national referees and referees of the first, second and third grades.

Stadiums refer to stadiums for track and field events with six lane 400-meter tracks around soccer fields, permanent track marks and permanent bleachers. Stadiums are classified according to seating capacity. They include: Class A stadiums seating 25000 people each. Class B stadiums seating 15000 to 25000 people each. Class C stadiums seating 5000 to 15000 people each, and Class D stadiums seating fewer than 5000 people.

Gymnasiums refer to indoor sports grounds with permanent seats in which basketball, volleyball. badminton, table tennis and gymnastics competitions can be held. Gymnasiums are classified according to seating capacity. They include Class A gymnasiums seating over 6000 people. Class B gymnasiums seating 4000 to 6000 people. Class C gymnasiums seating 2000 to 4000 people, and Class D gymnasiums seating fewer than 2000 people.

Hospitals refer to medical institutions with permanent hospital beds, which are able to take in patients and provide them with medical and nursing services. Hospitals are classified into three categories: hospitals at or above the county level, hospitals of rural townships, and other hospitals. According to their ownership, hospitals can be classified into three categories: hospitals under the public health departments, hospitals under industrial and other departments and collective-owned hospitals. Hospitals at or above county level are divided into comprehensive and specialized hospitals.

Medical Technical Personnel refers to all medical staff and workers employed by medical institutions, including doctors of Chinese and Western medicine, senior doctors who integrate traditional Chinese therapeutics with Western therapeutics in practice, senior nurses, pharmacists of Chinese and Western medicine, laboratory specialists, other specialists, paramedics of Chinese and Western medicine, nurses, midwives, druggists in Chinese and Western medicine, laboratory technicians, other technicians, other practitioners of Chinese medicine, nursing attendants, pharmacological workers of Chinese and Western medicine, laboratory workers, and other primary medical personnel.

Doctors refer to qualified professional medical workers approved to practice by public health departments. They are classified into doctors of Chinese medicine, doctors of Western medicine, senior doctors who integrate traditional Chinese therapeutics with Western therapeutics in practice, paramedics of Chinese medicine and Western medicine, and other specialists of Chinese medicine.

Social Welfare Institutions refer to institutions taking care of old people without children, handicapped people and orphans. They include social welfare institutions run by civil affairs departments, children welfare institutions, social welfare institutions for mental patients, and collective-owned old peoples homes in rural areas.

Number of People Taken in by Social Welfare Institutions refers to the number of old people, children, totally dependent handicapped people and mental patients taken in by social welfare institutions run by civil affairs departments and those run by collective units in urban and rural areas.

Social Welfare Enterprises are collective owned enterprises which employ the blind, deaf-mute, and other handicapped people who are able to work in cities and towns and enjoy exemption from state taxes, including welfare plants, welfare commercial services, artificial limb plants and farms, etc.

Rural Households with Livelihood Guaranteed in Five Aspects refer to the households in which there are old people without child, orphans and handicapped people who are unable to work and without financial resources in rural areas. They are taken care of by the collective units and their food, clothing, housing, medical care, funeral expenses (or schooling for orphans) are guaranteed to be provided for.

Households in the Poor Household Support Program refer to the households of martyrs and disabled servicemen, and poor households, who are able to work but in poor conditions, receiving government or collective relief funds. In this way, the households can get to work and make themselves break away from poverty.

Lawyers are legal workers who are employed full time by legal counseling firms to act as legal advisers, agents in criminal or civil lawsuits, or defenders in criminal lawsuits, or to handle non-litigious legal affairs, to advise on matters of law or to write legal papers for others. Both full-time and part time lawyers are included.

Notary Personnel refers to judicial workers of the state notary offices handling notarization work according to law. They include notaries, assistant notaries, and other people working for notary offices.

Notarized Documents refer to the documents settled by notary offices in a year. The notary documents are drawn up in accordance with the regulations of the Ministry of Justice, including domestic documents and foreign-related documents. Domestic documents are divided into two major categories, documents on economic contracts and documents on civil legal relations.

Mediators refer to workers on peoples mediation committees responsible for mediating in civil disputes and cases of slight infraction of the law. They include members of the mediation committees and mediators of mediation groups.

Mediation of Civil Disputes refers to mediation committeeswork in mediating in civil disputes concerning civil rights and duties through persuasion and education in accordance with the provisions of law on a voluntary basis, so as to solve disputes by helping the parties involved come to an agreement and understanding. These disputes include divorce cases and disputes over property ownership, but exclude the civil cases to be handled by the court.

Number of Labour Dispute Cases Accepted refers to the number of cases of labour dispute submitted that, after being reviewed by the labour dispute arbitration committees in line with the relevant state regulations, are accepted and registered for treatment.

Acceptance of Case refers to the decision made by the procurators office to confirm the act of crime after initial investigation and to start legal proceedings of the case as criminal case.

Large Case In case of corruption and bribery, it refers to the case involves a bribery of over 50000 yuan, or a misappropriation of over 100000, or other cases involving 500000 yuan. In case of offence on dereliction of duty, it refers to the case that causes an economic loss of over 50000, loss of one life, or severe injury of 3 persons; or a case that displays extremely disgusting behavior of the offender or results in grave aftermath.

Key Case refers to a case committed by government officials with a ranking of division director or county administrator.

Decision on Arrest refers to decision made by procurators office, in accordance with laws, to arrest the suspect(s) in the cases that are accepted and to be investigated by procurators office.

Approval for Arrest refers to the decision made by procurators office, in accordance with laws and relevant facts, to approve the arrest of the suspect(s) that is proposed by the public security departments, state security departments or authority of prisons.

Decision on Prosecution refers to the decision made by procurators office, in accordance with laws and relevant facts, to institute proceedings to the peoples court against the suspect(s) of criminal cases handed over by the public security departments, state security departments or authority of prisons, or by the anti-corruption departments within the procurators office.

Retired or Resigned Personnel refers to the persons who have formally gone through the formalities for their retirement or quitting work and enjoy the corresponding treatments.

Insurance and Welfare Funds refers to labour insurance and welfare fund paid by enterprises, organizations and institutions to their staff and workers as well as retired and resigned persons in addition to their wages and salaries.

(1) Insurance and Welfare Funds for Staff and Workers include:

Medical Care Allowance: It refers to the cost of medical care of staff and workers and their dependent family members who are covered by the medicare system of enterprises, travelling expenses of injured employees to hospital and their per diem subsidies during hospitalization, cost of medical care of employees who are covered by the medicare system of institutions and organizations, as well as cost of medicine of employees of enterprises and institutions who are not covered by the medicare system.

Expenses for Recreational, Sports and Publicity Activities: They refer to actual payment made by enterprises and institutions in recreational, sports and publicity activities, excluding training cost.

Subsidies to Collective Welfare Undertakings: They refer to subsidies to the operation of welfare undertakings that can not fully cover their cost, such as public bath rooms, barbershops, laundries, nurseries and kindergartens.

Expenses for Collective Welfare Facilities: They refer to expenses for collective welfare facilities that are spent in line with state regulations, such as the purchase and repair of cooking utensils for canteens, and repair of living quarters of staff and workers, but excluding the expenses for welfare projects that are constructed with self-raised funds.

Others: They refer to their insurance and welfare funds paid to staff and workers.

(2) **Insurance and Welfare Funds for Retired and Resigned Staff and Workers**

Pensions for retired veteran cadres: They refer to pensions, other subsidies, and additional allowances paid to retired in line with relevant government documents.

Pensions for Retirement: They refer to living allowance, other subsidies and additional allowances paid to retired staff and workers in line with the relevant government documents.

Resignation Allowances for Living Expenses: They refer to living allowance, and additional allowances subsidies paid to resigned staff and workers in line with relevant government instructions.

Others: They refer to other expenses, including moving and settlement allowance, allowance for difficult families, book and newspaper allowance, subsidy for non staple foods, housing subsidy, water and electricity subsidy, special allowance for staff and workers of national minorities, travelling cost for senior retired staff, etc.

Volume of Industrial Waste Water Discharged refers to the volume of industrial waste water discharged, through all outlets, to the outside of industrial enterprises, including waste water produced, direct-cooling water, underground water from mines that does not meet the standard of discharge, and the domestic sewage mixed up with industrial waste water when discharged, but excluding discharged indirect-cooling water.

Volume of Waste Water up to the Standard for Discharge refers to the volume of discharged industrial waste water that, with or without treatment, has come up to the national or local standards for discharge.

Volume of Treated Industrial Waste Water refers to the volume of industrial waste water after being treated and purified through various water treatment facilities in the reference period, including the volume discharged or recovered after being treated. The volume of waste water that fails to meet the national or local standards after treatment is also included. If there are treatment facilities both at the outlets of workshops and at the outlets of the factory, and the same volume of waste water has been treated twice, duplication should be avoided in the calculation of the volume of treated industrial waste water.

Volume of Waste Industrial Gas Emission refers to waste gas emitted from burning of fuels and from production process in the area of the factory, and is measured by 10000 standard cubic meters each year under normal condition.

Volume of Industrial Sulphur Dioxide Discharged refers to the volume of sulphur dioxide discharged to the air in the process of fuel burning or in the production process.

Volume of Industrial Soot Discharged refers to the volume of solid soot in the smoke discharged in the process of fuel burning in the area of the factory.

Industrial Dust Discharged refers to the total weight of solid dust discharged by industrial enterprises in the production process, such as dust of refractory materials from iron plants, dust from coke-screening system or from sintering machines of coking plants, dust from lime kilns, cement dust from building material enterprises, etc., but excluding smoke and dust discharged by power plants.

Volume of Industrial Solid Wastes Produced refers to the total volume of solid, semi-solid or high concentration liquid residue produced by industrial enterprises in their production process, including dangerous wastes, residues from melting, slag, powdered coal ash, gangue, chemical residues, tailings, radioactive residues and other residues, but excluding stripped or dug stones in mining (except gangue and acid or alkali stones which are stones washed or soaked by water with a pH value smaller than 4 or larger than

10.5)

Dangerous Wastes refers to the wastes which are listed by the government as the dangerous wastes or the wastes which are explosive, inflammable, oxidizable, poisonous, corrosive or liable to cause infectious diseases or have other dangerous characteristics specified in accordance with the standards or methods stipulated by the government for identifying the dangerous wastes.

Volume of Industrial Solid Wastes Utilized in a Comprehensive Way refers to the volume of solid wastes from which useful materials can be extracted or which can be changed to be utilizable resources, energy or other materials, including the volume of industrial solid wastes stored up in the previous years and utilized in the current year, such as the solid wastes utilized as fertilizers, building materials, for making roads or for other purpose. Statistical data on utilization of industrial solid wastes are collected by solid wastes producing units.

Volume of Industrial Stored up Solid Wastes refers to the volume of industrial solid wastes temporarily stored up or piled with special facilities or piled in the special sites for the purpose of utilization or treatment in future. The special facilities or special sites for storing up solid wastes should have the measures against spreading or being washed away to other places, permeating the soil or causing air pollution or water contamination.

Volume of Industrial Solid Wastes Treated refers to solid wastes disposed of in a non-recoverable place that meet the requirement of environmental protection, such as burying (The dangerous wastes should be buried safely), burning, piling in designated sites, pouring water into the deep strata, filling of old mines, etc. (including treatment of solid wastes piled up in the previous years).

Volume of Industrial Solid Wastes Discharged refers to the volume of industrial solid wastes produced and discharged at the places outside the special facilities or special sites for preventing against pollution, excluding stripped or dug stones in mining (except gangue and acid or alkali waste stones).

Output Value of Products Made from Utilization of Waste Gas, Waste Water and Industrial Solid Wastes refers to the value of products (calculated at current prices) made by industrial enterprises using recovered waste water, waste gas or solid wastes as main raw materials. Only the value of the products which have been sold or are ready to be sold should be included. The value of the products which will be used in the production of the enterprises should not be included.

Profit Obtained from Utilization of Waste Gas, Waste Water and Industrial Solid Wastes refers to profit obtained from selling or own-consumption of products made by industrial enterprises using recovered waste water, waste gas or solid wastes as main raw materials.

Accidents of Environment Pollution and Destruction refer to sudden accidents, due to economic and social behavior or activities in contrast with environment protection legislation, unexpected factors or irresistible natural disasters, that cause the pollution of environment, the destruction of natural protection zones, wild plants and animals, the danger to the health of people, and the loss in the property of the society and people.

二十、现代企业制度、集团、企业景气调查

MODERN ENTERPRISE SYSTEM，ENTERPRISE GROUP AND BUSINESS SURVEY OF ENTERPRISES

简要说明

一、根据国家统计局《关于印发〈建立现代企业制度跟踪监测统计制度〉的通知》（国统字［1997］362 号）和国家统计局、国家计委、国家经贸委、国家体改委《关于印发〈企业集团统计报表制度〉的通知》（国统字［1997］391 号）以及国家统计局《关于印发〈企业景气调查制度〉的通知》（国统字 381 号）文件精神，安徽省企业调查队决定对全省建立现代企业制度试点企业、企业集团、1000 户重点景气调查企业进行定期统计调查。

二、统计范围：

现代企业制度：一是国务院确定的建立现代企业制度原试点企业；二是省政府及主管部门确定的现代企业制度原试点企业；三是国家重点联系企业；四是国家试点企业集团及省政府确定的大型企业集团母公司；五是境内外上市公司。

企业集团：一是由国务院批准的国家试点企业集团；二是由国务院主管部门批准的企业集团；三是由省、自治区、直辖市人民政府批准的企业集团；四是主营业务收入和资产总计均在 5 亿元以上的其他各类企业集团；五是其他在册的各类企业集团。企业集团内部的统计范围包括企业集团的母公司、在中国境内和境外的全资子公司、绝对控股子公司和相对控股子公司，不包括参股企业、协作企业和子公司下属的二级公司。

企业景气调查：是适应社会主义市场经济发展的新形势，借鉴市场经济国家的经验而建立的一项统计调查制度。它是通过对部分企业家进行定期问卷调查，搜集企业家对企业经营状况及宏观经济形势的判断和预期资料，据以编制企业景气指数的一种统计调查方法。

三、本资料由安徽省企业调查队提供。

本篇责任编辑：郑福林、陶　炯

Brief Introduction

I. According to the " Notice about Setting up the Statistical System of Observation and Survey of Modern Enterprise System" (NBS [1997] No. 362) stipulated by National Bureau of Statistics (NBS), the " Notice of Reporting System of Enterprise Group" (NBS [1997] No. 391) stipulated by NBS, State Planning Commission, National Economic and Commercial Commission and National Committee of System Reform and the " Notice of the System of Enterprise Business Survey" (NBS No. 381), the Enterprise Survey Organization of Anhui decided to conduct regular survey on experimental enterprises of modern enterprise system, enterprise group and 100 key enterprises received business survey.

II. Statistical Coverage

Modern Enterprise System: 1. Original experimental enterprises defined by the State Council; 2. Original experimental enterprises defined by the Provincial Government and departments responsible for the work; 3. National key contact enterprises; 4. National experimental enterprise group defined by the Provincial Government; 5. Listed companies both inside and outside the borders.

Enterprise Group: 1. National experimental enterprise group approved by the State Council; 2. Enterprise group approved by departments under the State Council being responsible for the work; 3. Enterprise group approved by the Government of Province, autonomous region or municipality directly under the central government; 4. Other types of enterprise group with both business income and capital over 500 million yuan; 5. Other registered enterprise group. The internal statistics of enterprise group cover maternal company of the group, whole funded subsidiary company both inside and outside the borders of China, subsidiary companies absolutely or relatively holding the majority of shares. The share-holding enterprises, cooperative enterprises and second-level companies under the subsidiary companies are excluded.

Business Survey of Enterprise is a survey system set up adapted to the new situation of socialist market economy and drawing on the experience of the countries with market economy. The business indices of enterprise are drawn up through giving out regular questionaire to some entrepreneurs and collecting their judgement and anticipation to the operation status of enterprise and macro economical situation.

III. The data are provided by the Enterprise Survey Organization of Anhui.

20—1 建立现代企业制度企业主要经济指标（2000 年）
Main Economical Indicators of Enterprise With Establishment of Modern Enterprise System (2000)

单位：万元 (10000 yuan)

指标	Item	单位数（个） Number of Enterprises (unit)	主营业务收入 Main Business Income	出口额 Total Export	主营业务成本 Main Business Cost	主营业务税金及附加 Main Business Tax and Extra Charges
总　　计	**Total**	**134**	**7021418.2**	**411275.5**	**5608990.9**	**259184.3**
#国家重点联系企业	National Key Contact Enterprises	14	3491252.6	144961.5	2836724.9	136445.6
按企业改制主管部门分	**Grouped by the Departments Responsible for the Structural Reform of Enterprises**					
国家经贸委	National Economic and Commercial Committee	2	80932.0	5699.5	70323.1	1626.0
国家体改委	National Committee of Structural Reform					
省经贸委	The Economic and Commercial Committee of the Province	57	2832748.3	165164.0	2290361.6	39757.0
省体改委	The Committee of Structural Reform of the Province	31	1188833.4	180169.5	929306.0	14688.4
企业主管部门	Competent Authorities	28	2391570.5	53405.6	1969115.4	72774.7
其　　他	Others	16	527334.1	6837.0	349884.9	130338.2
按控股情况分	**Grouped by the Status of Holding Shares**					
国有绝对控股	The State Absolutely Holding the Majority of Shares	111	6580026.8	385121.0	5271361.0	249883.4
国有相对控股	The State Relatively Holding the Majority of Shares	12	306318.4	21068.5	241154.9	7449.9
集体绝对控股	The Collective Absolutely Holding the Majority of Shares	3	28380.0	50.0	20527.0	80.0
集体相对控股	The Collective Relatively Holding the Majority of Shares					
其　　他	Others	8	106693.0	5036.0	75948.0	1771.0
按企业规模分	**Grouped by the Scale of Enterprises**					
特大型	Extra Large-sized	5	2672112.0	117784.0	2276074.0	61992.0
大　型	Large-sized	89	3832027.5	268937.5	2945720.3	179496.6
中　型	Middle-sized	38	481554.7	24054.0	372910.7	15831.7
小　型	Small-sized	1	1572.0	500.0	1642.0	3.0
其　他	Others	1	34152.0		12644.0	1861.0
按主营行业分	**Grouped by Main Sector**					
农、林、牧、渔业	Farming, Forestry, Animal Husbandry and Fishery					
采掘业	Mining and Quarrying	6	864366.8	32897.0	636359.5	12554.6
制造业	Manufacturing	119	5910444.5	377378.5	4801529.8	241980.1
电气水的生产和供应业	Electric Power, Gas and Water Production and Supply	3	79919.0		61630.0	1245.0
建筑业	Construction					
运输邮电业	Transportation, Postal & Telecommunication	1	34152.0		12644.0	1861.0
批发零售贸易餐饮业	Wholesale & Retail Trade and Catering Services	2	99288.8	1000.0	79642.7	327.6
金融保险业	Finance and Insurance					
房地产业	Real Estate Trade	1	1579.0		1357.0	13.0
其　他	Others	2	31668.0		15828.0	1203.0
按登记注册类型分	**Grouped by the Type of Registration**					
国有企业	State-owned Enterprises	12	1292969.9	4872.0	1020681.3	178316.0
国有独资企业	State-funded Enterprises	27	1291467.6	141254.0	1033472.9	16429.9
其他有限责任公司	Limited Liability Companies	40	1381242.8	64071.0	1143211.7	22506.5
股份有限公司	Company Limited with Share Holding	51	2889334.5	197082.0	2264400.4	41931.9
中外合资企业	Chinese-foreign Joint Ventures	1	26650.0	77.0	11347.0	
港澳台合资企业	Chinese -H. K/Macao/Taiwan Joint Ventures	3	139753.5	3919.6	135877.6	

20—1 续表1 continued

单位：万元 (10000 yuan)

指　　标	Item	其他业务收入 Other Business Income	营业外收入 Extra Income of Business	存货跌价损失和营业管理财务费用 Loss of Dropping in Price of Stock and Financial Expenses	投资收益 Profits of Investment	利润总额 Total Profits
总　　计	**Total**	**216403.3**	**28971.7**	**919055.7**	**48298.8**	**318115.0**
#国家重点联系企业	National Key Contact Enterprises	149239.3	14529.6	492243.6	12514.0	72894.7
按企业改制主管部门分	**Grouped by the Departments Responsible for the Structural Reform of Enterprises**					
国家经贸委	National Economic and Commercial Committee	1271.2	809.0	12717.1	1.0	357.0
国家体改委	National Committee of Structural Reform					
省经贸委	The Economic and Commercial Committee of the Province	52324.0	7662.2	384454.6	20668.9	138663.9
省体改委	The Committee of Structural Reform of the Province	9486.3	2030.0	137382.2	13666.4	121806.1
企业主管部门	Competent Authorities	151462.4	17045.3	344353.4	13792.2	47717.7
其　　他	Others	1859.5	1425.2	40148.5	170.3	9570.3
按控股情况分	**Grouped by the Status of Holding Shares**					
国有绝对控股	The State Absolutely Holding the Majority of Shares	208451.3	26087.6	852922.1	45001.4	282058.4
国有相对控股	The State Relatively Holding the Majority of Shares	6015.0	2236.1	39532.2	3208.4	23402.6
集体绝对控股	The Collective Absolutely Holding the Majority of Shares	372.0	458.0	5508.4	49.0	3686.0
集体相对控股	The Collective Relatively Holding the Majority of Shares					
其　　他	Others	1565.0	190.0	21093.0	40.0	8968.0
按企业规模分	**Grouped by the Scale of Enterprises**					
特大型	Extra Large-sized	135814.0	13136.0	371712.0	2648.0	-968.0
大　型	Large-sized	71684.1	14657.7	477837.1	38664.6	272657.7
中　型	Middle-sized	8842.2	1165.0	66755.6	3632.2	25703.3
小　型	Small-sized	1.0	3.0	311.0		-452.0
其　他	Others	62.0	10.0	2440.0	3354.0	21174.0
按主营行业分	**Grouped by Main Sector**					
农、林、牧、渔业	Farming, Forestry, Animal Husbandry and Fishery					
采掘业	Mining and Quarrying	162889.6	8984.8	203046.4	7230.0	9711.9
制造业	Manufacturing	50286.4	19379.4	688900.7	23360.6	241433.7
电气水的生产和供应业	Electric Power, Gas and Water Production and Supply	1592.0	9.0	3683.0	10895.0	26210.0
建筑业	Construction					
运输邮电业	Transportation, Postal & Telecommunication	62.0	10.0	2440.0	3354.0	21174.0
批发零售贸易餐饮业	Wholesale & Retail Trade and Catering Services	1366.3	20.5	10692.7	3179.2	13061.5
金融保险业	Finance and Insurance					
房地产业	Real Estate Trade		9.0	526.0		-307.0
其　他	Others	207.0	559.0	9767.0	280.0	6831.0
按登记注册类型分	**Grouped by the Type of Registration**					
国有企业	State-owned Enterprises	2741.1	2696.0	113396.5	454.3	-9542.7
国有独资企业	State-funded Enterprises	73075.0	3230.5	217067.2	4301.0	26125.8
其他有限责任公司	Limited Liability Companies	107217.2	13199.6	215483.0	14517.1	40394.7
股份有限公司	Company Limited with Share Holding	32416.7	9785.2	364689.8	29026.4	252881.0
中外合资企业	Chinese-foreign Joint Ventures	73.0	40.0	6026.0		5953.0
港澳台合资企业	Chinese -H.K/Macao/Taiwan Joint Ventures	880.4	20.5	2393.3		2303.2

20—1 续表 2 continued

单位：万元 (10000 yuan)

指标	Item	应缴增值税 Payable Added Value Tax	资产总计 Total Assets	固定资产净值 Net Value of Fixed Assets	累计对外投资 Total Investment Abroad	本年对境外投资 Investment to Out of the Confines of the Homeland
总计	**Total**	**369802.0**	**14360562.3**	**6185601.5**	**1411633.9**	**186959.0**
#国家重点联系企业	National Key Contact Enterprises	211249.4	6869981.1	3852227.1	214500.5	47071.9
按企业改制主管部门分	**Grouped by the Departments Responsible for the Structural Reform of Enterprises**					
国家经贸委	National Economic and Commercial Committee	2669.0	208826.3	68891.2	23373.8	42.2
国家体改委	National Committee of Structural Reform					
省经贸委	The Economic and Commercial Committee of the Province	167255.8	6534076.5	2565443.1	989454.6	108015.9
省体改委	The Committee of Structural Reform of the Province	44687.5	2507719.8	799284.0	130057.5	61288.9
企业主管部门	Competent Authorities	121160.0	4602351.6	2587234.7	250519.0	5460.0
其他	Others	34029.8	507588.2	164748.5	18229.0	12152.0
按控股情况分	**Grouped by the Status of Holding Shares**					
国有绝对控股	The State Absolutely Holding the Majority of Shares	350450.2	13515925.0	5990512.4	1370129.4	156326.1
国有相对控股	The State Relatively Holding the Majority of Shares	12929.8	609949.3	155756.1	25891.5	17662.9
集体绝对控股	The Collective Absolutely Holding the Majority of Shares	306.0	86050.0	13140.0	12872.0	11225.0
集体相对控股	The Collective Relatively Holding the Majority of Shares					
其他	Others	6116.0	148638.0	26193.0	2741.0	1745.0
按企业规模分	**Grouped by the Scale of Enterprises**					
特大型	Extra Large-sized	154565.0	5068294.0	3099044.0	95630.0	4791.0
大型	Large-sized	197509.7	8229869.8	2698997.7	1268652.4	166099.0
中型	Middle-sized	17695.3	774319.5	255742.9	25167.5	8310.0
小型	Small-sized	32.0	4045.0	1288.0		
其他	Others		284034.0	130529.0	22184.0	7759.0
按主营行业分	**Grouped by Main Sector**					
农、林、牧、渔业	Farming, Forestry, Animal Husbandry and Fishery					
采掘业	Mining and Quarrying	75174.2	3885235.5	1985071.8	703429.0	2697.0
制造业	Manufacturing	291047.0	9593998.6	3939742.0	514692.7	165698.0
电气水的生产和供应业	Electric Power, Gas and Water Production and Supply	2039.0	299427.0	60781.0	138799.0	
建筑业	Construction					
运输邮电业	Transportation, Postal & Telecommunication		284034.0	130529.0	22184.0	7759.0
批发零售贸易餐饮业	Wholesale & Retail Trade and Catering Services	1523.8	182899.2	29538.7	29364.2	9718.0
金融保险业	Finance and Insurance					
房地产业	Real Estate Trade		11282.0	6576.0	2118.0	60.0
其他	Others	18.0	103686.0	33363.0	1047.0	1027.0
按登记注册类型分	**Grouped by the Type of Registration**					
国有企业	State-owned Enterprises	64451.1	1213812.4	671413.4	20909.0	2094.0
国有独资企业	State-funded Enterprises	74631.5	3420955.8	1752991.7	200674.4	44436.9
其他有限责任公司	Limited Liability Companies	65878.4	3460964.4	1140880.0	832047.2	38362.0
股份有限公司	Company Limited with Share Holding	160665.5	6156697.1	2572525.3	357485.3	101548.1
中外合资企业	Chinese-foreign Joint Ventures	3445.0	42698.0	20608.0	518.0	518.0
港澳台合资企业	Chinese -H.K/Macao/Taiwan Joint Ventures	730.6	65434.7	27183.2		

20—1 续表3 continued

单位：万元 (10000 yuan)

指标	Item	流动资产年均余额 Average Annual Balance of Circulating Funds	负债合计 Total Liabilities	流动负债 Circulating Liabilities	所有者权益 Creditors' Equity	股本 Capital Stock
总计	**Total**	**5101092.2**	**7109419.1**	**4730531.1**	**7251143.2**	**4008181.6**
#国家重点联系企业	National Key Contact Enterprises	2175770.7	3680212.7	2024618.4	3189768.4	1837156.2
按企业改制主管部门分	**Grouped by the Departments Responsible for the Structural Reform of Enterprises**					
国家经贸委	National Economic and Commercial Committee	71933.6	152049.1	128487.0	56777.2	39496.0
国家体改委	National Committee of Structural Reform					
省经贸委	The Economic and Commercial Committee of the Province	2285450.1	2851349.8	2171747.8	3682726.7	2166532.8
省体改委	The Committee of Structural Reform of the Province	1267707.0	979225.3	818980.6	1528494.5	495064.7
企业主管部门	Competent Authorities	1257727.9	2872759.6	1402788.2	1729592.0	1169235.8
其他	Others	218273.6	254035.4	208527.6	253552.8	137852.2
按控股情况分	**Grouped by the Status of Holding Shares**					
国有绝对控股	The State Absolutely Holding the Majority of Shares	4669389.7	6698863.6	4413947.1	6817061.4	3829655.4
国有相对控股	The State Relatively Holding the Majority of Shares	329284.5	288751.5	222227.0	321197.8	122208.3
集体绝对控股	The Collective Absolutely Holding the Majority of Shares	34418.0	35497.0	33712.0	50553.0	12140.0
集体相对控股	The Collective Relatively Holding the Majority of Shares					
其他	Others	68000.0	86307.0	60645.0	62331.0	44177.9
按企业规模分	**Grouped by the Scale of Enterprises**					
特大型	Extra Large-sized	1364663.0	2770007.0	1464965.0	2298287.0	1485254.0
大型	Large-sized	3249277.1	3916756.0	2921548.2	4313113.8	2189217.5
中型	Middle-sized	446418.1	406712.1	328312.9	367607.4	192339.1
小型	Small-sized	2778.0	4253.0	4014.0	-208.0	510.0
其他	Others	37956.0	11691.0	11691.0	272343.0	140861.0
按主营行业分	**Grouped by Main Sector**					
农、林、牧、渔业	Farming, Forestry, Animal Husbandry and Fishery					
采掘业	Mining and Quarrying	784213.6	2107160.7	905045.1	1778074.8	1473126.0
制造业	Manufacturing	4021942.5	4835950.3	3683331.9	4758048.3	2238798.5
电气水的生产和供应业	Electric Power, Gas and Water Production and Supply	88831.0	62870.0	50322.0	236557.0	82955.0
建筑业	Construction					
运输邮电业	Transportation, Postal & Telecommunication	37956.0	11691.0	11691.0	272343.0	140861.0
批发零售贸易餐饮业	Wholesale & Retail Trade and Catering Services	124574.1	61065.1	61014.1	121834.1	30924.1
金融保险业	Finance and Insurance					
房地产业	Real Estate Trade	3181.0	6349.0	6349.0	4933.0	5227.0
其他	Others	40394.0	24333.0	12778.0	79353.0	36290.0
按登记注册类型分	**Grouped by the Type of Registration**					
国有企业	State-owned Enterprises	392723.1	761459.0	625327.0	452353.4	210327.2
国有独资企业	State-funded Enterprises	1113654.1	2355175.2	1180316.0	1065780.6	781906.0
其他有限责任公司	Limited Liability Companies	1050905.0	1573225.7	1154505.4	1887738.7	1292068.8
股份有限公司	Company Limited with Share Holding	2498037.1	2370312.7	1729143.4	3786384.4	1680959.0
中外合资企业	Chinese-foreign Joint Ventures	17688.0	11004.0	11004.0	31694.0	23267.0
港澳台合资企业	Chinese -H.K/Macao/Taiwan Joint Ventures	28084.9	38242.6	30235.3	27192.1	19653.5

20—1 续表 4 continued

单位：万元 (10000 yuan)

指 标	Item	固定资产投资完成额 Investment in Fixed Assets	研究开发费 用 R & D Expenses	从业人员年末人数(人) Number of Employed Persons (Year-end) (person)	在岗职工(人) Staff and Workers at their Posts (person)	其他从业人员人数(人) Other Employed Persons (person)
总 计	**Total**	**624511.9**	**92791.2**	**566371.0**	**557047.0**	**9324.0**
#国家重点联系企业	National Key Contact Enterprises	264318.8	43973.2	299811.0	298066.0	1745.0
按企业改制主管部门分	**Grouped by the Departments Responsible for the Structural Reform of Enterprises**					
国家经贸委	National Economic and Commercial Committee	1330.0	135.9	6068.0	6068.0	
国家体改委	National Committee of Structural Reform					
省经贸委	The Economic and Commercial Committee of the Province	219903.4	50987.0	220014.0	217664.0	2350.0
省体改委	The Committee of Structural Reform of the Province	181050.6	20087.6	66236.0	61438.0	4798.0
企业主管部门	Competent Authorities	196531.1	19489.9	259215.0	257134.0	2081.0
其 他	Others	25696.8	2090.8	14838.0	14743.0	95.0
按控股情况分	**Grouped by the Status of Holding Shares**					
国有绝对控股	The State Absolutely Holding the Majority of Shares	594385.5	90301.7	544396.0	535711.0	8685.0
国有相对控股	The State Relatively Holding the Majority of Shares	12506.6	518.5	13544.0	12977.0	567.0
集体绝对控股	The Collective Absolutely Holding the Majority of Shares	6695.8	1080.0	1837.0	1817.0	20.0
集体相对控股	The Collective Relatively Holding the Majority of Shares					
其 他	Others	10924.0	891.0	6594.0	6542.0	52.0
按企业规模分	**Grouped by the Scale of Enterprises**					
特大型	Extra Large-sized	224040.0	32824.0	254753.0	253054.0	1699.0
大 型	Large-sized	372886.9	57289.3	273606.0	267829.0	5777.0
中 型	Middle-sized	26870.0	2677.9	36623.0	34775.0	1848.0
小 型	Small-sized			404.0	404.0	
其 他	Others	715.0		985.0	985.0	
按主营行业分	**Grouped by Main Sector**					
农、林、牧、渔业	Farming, Forestry, Animal Husbandry and Fishery					
采掘业	Mining and Quarrying	199419.2	11227.4	235090.0	234063.0	1027.0
制造业	Manufacturing	418765.7	80475.9	319491.0	311274.0	8217.0
电气水的生产和供应业	Electric Power, Gas and Water Production and Supply	383.0	420.0	4726.0	4673.0	53.0
建筑业	Construction					
运输邮电业	Transportation, Postal & Telecommunication	715.0		985.0	985.0	
批发零售贸易餐饮业	Wholesale & Retail Trade and Catering Services	4972.0	262.0	2796.0	2796.0	
金融保险业	Finance and Insurance					
房地产业	Real Estate Trade			786.0	759.0	27.0
其 他	Others	257.0	406.0	2497.0	2497.0	
按登记注册类型分	**Grouped by the Type of Registration**					
国有企业	State-owned Enterprises	19737.0	4300.8	26998.0	25486.0	1512.0
国有独资企业	State-funded Enterprises	244169.6	17475.8	191590.0	187713.0	3877.0
其他有限责任公司	Limited Liability Companies	121127.8	19078.9	191872.0	190260.0	1612.0
股份有限公司	Company Limited with Share Holding	236128.5	51659.8	152072.0	149819.0	2253.0
中外合资企业	Chinese-foreign Joint Ventures	2932.0	275.0	1192.0	1149.0	43.0
港澳台合资企业	Chinese -H. K/Macao/Taiwan Joint Ventures	417.1	1.0	2647.0	2620.0	27.0

20—1 续表 5 continued

单位：万元 (10000 yuan)

指 标	Item	离开本单位保留劳动关系职工人数（人） Number of Workers Left Self Units But Still Remained Labor Rlelation (person)	从业人员劳动报酬 Remuneration Payment to Employed Persons	在岗职工劳动报酬 Remuneration Payment to Staff and Workers at their Posts	其他从业人员劳动报酬 Remuneration Payment to Other Employed Persons	离开本单位保留劳动关系职工生活费 Living Expenses of Workers Left Self Units But Still Remained Labor Relation
总 计	**Total**	**51963.0**	**534631.6**	**528785.4**	**5846.2**	**14928.3**
#国家重点联系企业	National Key Contact Enterprises	28510.0	306805.6	304873.4	1932.2	7904.6
按企业改制主管部门分	**Grouped by the Departments Responsible for the Structural Reform of Enterprises**					
国家经贸委	National Economic and Commercial Committee	508.0	3294.8	3294.8		205.6
国家体改委	National Committee of Structural Reform					
省经贸委	The Economic and Commercial Committee of the Province	13227.0	221930.9	220757.1	1173.8	3953.4
省体改委	The Committee of Structural Reform of the Province	3307.0	50080.2	47687.2	2393.0	1285.5
企业主管部门	Competent Authorities	32130.0	244513.9	242314.4	2199.6	8684.1
其 他	Others	2791.0	14811.8	14731.9	79.9	799.8
按控股情况分	**Grouped by the Status of Holding Shares**					
国有绝对控股	The State Absolutely Holding the Majority of Shares	50356.0	516458.1	510946.3	5511.8	14413.4
国有相对控股	The State Relatively Holding the Majority of Shares	847.0	11331.0	11037.0	294.0	417.4
集体绝对控股	The Collective Absolutely Holding the Majority of Shares	33.0	1052.0	1044.0	8.0	16.0
集体相对控股	The Collective Relatively Holding the Majority of Shares					
其 他	Others	727.0	5790.5	5758.1	32.4	81.6
按企业规模分	**Grouped by the Scale of Enterprises**					
特大型	Extra Large-sized	27787.0	261308.0	259424.0	1884.0	7651.0
大 型	Large-sized	20254.0	244855.7	241810.5	3045.3	6237.5
中 型	Middle-sized	3729.0	26919.9	26002.9	917.0	1006.8
小 型	Small-sized	193.0	238.0	238.0		33.0
其 他	Others		1310.0	1310.0		
按主营行业分	**Grouped by Main Sector**					
农、林、牧、渔业	Farming, Forestry, Animal Husbandry and Fishery					
采掘业	Mining and Quarrying	27664.0	224661.3	224174.1	487.2	7047.7
制造业	Manufacturing	24265.0	295506.1	290184.1	5322.0	7880.6
电气水的生产和供应业	Electric Power, Gas and Water Production and Supply		7385.0	7358.0	27.0	
建筑业	Construction					
运输邮电业	Transportation, Postal & Telecommunication		1310.0	1310.0		
批发零售贸易餐饮业	Wholesale & Retail Trade and Catering Services	34.0	2744.7	2744.7		
金融保险业	Finance and Insurance					
房地产业	Real Estate Trade		330.0	320.0	10.0	
其 他	Others		2694.5	2694.5		
按登记注册类型分	**Grouped by the Type of Registration**					
国有企业	State-owned Enterprises	3427.0	32843.9	31088.9	1755.0	972.5
国有独资企业	State-funded Enterprises	29479.0	153682.8	151990.7	1692.1	7251.9
其他有限责任公司	Limited Liability Companies	15138.0	180033.5	179090.1	943.5	5275.3
股份有限公司	Company Limited with Share Holding	3902.0	164654.0	163242.3	1411.7	1415.7
中外合资企业	Chinese-foreign Joint Ventures	4.0	1670.0	1642.0	28.0	4.0
港澳台合资企业	Chinese -H.K/Macao/Taiwan Joint Ventures	13.0	1747.5	1731.5	16.0	9.0

20—2 企业集团主要经济指标（2000年）
Main Indicators of Enterprise Group (2000)

单位：万元 (10000 yuan)

指标	Item	单位数（个）Number of Enterprises (unit)	主营业务收入 Main Business Income	出口额 Total Export	主营业务成本 Main Business Cost	主营业务税金及附加 Main Business Tax and Extra Charges
总计	**Total**	**72**	**7931639.6**	**525318.9**	**6736768.8**	**128729.7**
按审批部门分	**Grouped by Approving Departments**					
国务院	The State Council	1	284567.6	19.4	224044.0	1464.9
国务院主管部门	Relevant Departments Under the State Council	4	2199419.0	118577.0	1915695.0	55754.0
省级人民政府	The People's Government at Provincial Level	27	2760931.4	229208.2	2219637.7	40028.5
省级政府主管部门	Provincial Departments Responsible for the Work	24	1256427.6	169287.8	1028726.2	23329.3
其他	Others	16	1430294.0	8226.4	1348665.9	8153.0
按母公司控股情况分	**Grouped by the Status of Holding Shares of Maternal Companies**					
国有绝对控股	The State Absolutely Holding the Majority of Shares	56	7408676.4	510901.5	6331570.6	114826.8
国有相对控股	The State Relatively Holding the Majority of Shares	4	82936.0	1650.0	57697.0	7809.0
集体绝对控股	The Collective Absolutely Holding the Majority of Shares	5	289723.2	11442.4	230700.8	755.4
集体相对控股	The Collective Relatively Holding the Majority of Shares	2	34412.0	1325.0	27472.4	1650.6
其他	Others	5	115892.0		89328.0	3688.0
按母公司主营行业分	**Grouped by Main Sector of Maternal Companies**					
农、林、牧、渔业	Farming, Forestry, Animal Husbandry and Fishery					
采掘业	Mining and Quarrying	4	1389388.0	28212.0	1101589.0	14279.0
制造业	Manufacturing	50	4496687.0	277929.5	3762897.8	99401.8
电气水的生产和供应业	Electric Power, Gas and Water Production and Supply	2	1067110.0		1028277.0	6839.0
建筑业	Construction	4	120640.0		108694.0	3602.0
运输邮电业	Transportation, Postal & Telecommunication					
批发零售贸易餐饮业	Wholesale & Retail Trade and Catering Services	8	430169.0	216642.0	394481.0	710.0
金融保险业	Finance and Insurance					
房地产业	Real Estate Trade					
其他	Others					
按母公司登记注册类型分	**Grouped by the Type of Registration of Maternal Companies**					
国有企业	State-owned Enterprises	7	1018681.0	3759.0	900950.0	49375.1
国有独资企业	State-funded Enterprises	38	5678747.7	299918.6	4823628.6	61963.9
其他有限责任公司	Limited Liability Companies	11	603002.0	39477.8	512042.8	6037.6
股份有限公司	Company Limited with Share Holding	14	520635.7	180192.0	410341.6	9115.8
中外合资企业	Chinese-foreign Joint Ventures					
港澳台合资企业	Chinese-H. K. /Macao/Taiwan Joint Ventures					
其他	Other	2	110573.2	1971.4	89805.8	2237.4
按是否建立母子公司体制分	**Grouped by Having Set up Maternal and Subsidiary Company System or Not**					
已建立	Already	64	5817384.6	505462.9	4776935.8	72715.7
未建立	Not Yet	7	1136682.0	19856.0	994531.0	51402.0
按母公司职能分	**Grouped by the Function Type of Maternal Companies**					
纯粹管理型公司	Sole Administration	14	1437503.5	30329.2	1173638.9	21338.9
混合经营型公司	Mixed Operation	57	5516563.1	494989.7	4597827.9	102778.8

20—2 续表1 continued

单位：万元 (10000 yuan)

指标	Item	其他业务收入 Other Business Income	营业外收入 Extra Income of Business	存货跌价损失和营业管理财务费用 Loss of Dropping in Price of Stock and Financial Expenses	投资收益 Profits of Investment	利润总额 Total Profits
总计	**Total**	**200192.2**	**30822.9**	**1094349.4**	**84299.8**	**220733.4**
按审批部门分	**Grouped by Approving Departments**					
国务院	The State Council	1032.4	624.5	43047.1	4556.1	22984.9
国务院主管部门	Relevant Departments Under the State Council	138207.0	12801.0	286653.0	2987.0	-18308.0
省级人民政府	The People's Government at Provincial Level	17886.8	8932.4	403693.9	36129.2	120806.8
省级政府主管部门	Provincial Departments Responsible for the Work	18431.0	3367.6	262920.3	9688.8	61989.0
其他	Others	24635.0	5097.5	98035.1	30938.8	33260.7
按母公司控股情况分	**Grouped by the Status of Holding Shares of Maternal Companies**					
国有绝对控股	The State Absolutely Holding the Majority of Shares	189675.9	30075.8	916750.1	78343.8	201377.5
国有相对控股	The State Relatively Holding the Majority of Shares	5362.0	427.0	8772.0		5002.0
集体绝对控股	The Collective Absolutely Holding the Majority of Shares	3397.3	283.0	144154.6	1748.0	3587.6
集体相对控股	The Collective Relatively Holding the Majority of Shares	57.0	28.0	3358.7		1901.3
其他	Others	1700.0	9.1	21314.0	4208.0	8865.0
按母公司主营行业分	**Grouped by Main Sector of Maternal Companies**					
农、林、牧、渔业	Farming, Forestry, Animal Husbandry and Fishery					
采掘业	Mining and Quarrying	131134.0	9050.0	259310.0	1169.0	12614.0
制造业	Manufacturing	41830.8	13139.4	676218.2	27361.3	115328.5
电气水的生产和供应业	Electric Power, Gas and Water Production and Supply	20952.0	2968.0	34956.0	44983.0	64013.0
建筑业	Construction	3426.0	2238.0	12847.0	32.0	-583.0
运输邮电业	Transportation, Postal & Telecommunication					
批发零售贸易餐饮业	Wholesale & Retail Trade and Catering Services	745.0	735.0	40543.0	1935.4	2135.0
金融保险业	Finance and Insurance					
房地产业	Real Estate Trade					
其他	Others					
按母公司登记注册类型分	**Grouped by the Type of Registration of Maternal Companies**					
国有企业	State-owned Enterprises	2788.0	2803.0	95862.0	360.0	-11343.0
国有独资企业	State-funded Enterprises	182115.0	24376.5	731338.2	75840.8	182507.1
其他有限责任公司	Limited Liability Companies	6156.7	541.6	182793.8	7636.0	11314.9
股份有限公司	Company Limited with Share Holding	9086.1	3061.8	70307.8	463.0	33223.8
中外合资企业	Chinese-foreign Joint Ventures					
港澳台合资企业	Chinese-H. K. /Macao/Taiwan Joint Ventures					
其他	Other	46.3	40.0	14047.6		5030.6
按是否建立母子公司体制分	**Grouped by Having Set up Maternal and Subsidiary Company System or Not**					
已建立	Already	174282.2	22765.9	950220.4	58066.8	205222.4
未建立	Not Yet	6575.0	5108.0	114330.0	2914.0	-6155.0
按母公司职能分	**Grouped by the Function Type of Maternal Companies**					
纯粹管理型公司	Sole Administration	5640.7	4195.6	202488.6	26265.2	70887.3
混合经营型公司	Mixed Operation	175216.5	23678.4	862061.7	34715.6	128180.1

20—2 续表 2 continued

单位：万元 (10000 yuan)

指标	Item	应缴增值税 Payable Added Value Tax	资产总计 Total Assets	固定资产净值 Net Value of Fixed Assets	累计对外投资 Total Investment Abroad	本年对境外投资 Investment to Out of the Confines of the Homeland
总　　计	**Total**	**380067.3**	**16145554.6**	**7064945.7**	**2010395.3**	**249614.5**
按审批部门分	**Grouped by Approving Departments**					
国务院	The State Council	15127.5	618650.9	272949.3	22886.8	10541.6
国务院主管部门	Relevant Departments Under the State Council	93874.0	3707529.0	2725197.0	95630.0	6602.0
省级人民政府	The People's Government at Provincial Level	114864.2	6640020.3	2464816.7	1423551.4	100769.5
省级政府主管部门	Provincial Departments Responsible for the Work	60186.9	2079542.1	653552.7	165280.5	41852.0
其　他	Others	96014.7	3099812.3	948430.0	303046.6	89849.4
按母公司控股情况分	**Grouped by the Status of Holding Shares of Maternal Companies**					
国有绝对控股	The State Absolutely Holding the Majority of Shares	353254.2	15372626.9	6844647.1	1978718.8	244821.5
国有相对控股	The State Relatively Holding the Majority of Shares	6944.0	68172.0	25863.0	208.0	10.0
集体绝对控股	The Collective Absolutely Holding the Majority of Shares	12314.6	482388.7	134011.5	13495.4	
集体相对控股	The Collective Relatively Holding the Majority of Shares	1119.4	36925.0	10484.1		
其　他	Others	6435.0	185442.0	49940.0	17973.0	4783.0
按母公司主营行业分	**Grouped by Main Sector of Maternal Companies**					
农、林、牧、渔业	Farming, Forestry, Animal Husbandry and Fishery					
采掘业	Mining and Quarrying	99682.0	4204613.0	2603127.0	641176.0	2697.0
制造业	Manufacturing	174663.8	7263094.7	3180422.4	443986.5	80268.9
电气水的生产和供应业	Electric Power, Gas and Water Production and Supply	81806.0	3078782.0	758450.0	852902.0	149741.0
建筑业	Construction	437.0	235901.0	31945.0	1787.0	
运输邮电业	Transportation, Postal & Telecommunication					
批发零售贸易餐饮业	Wholesale & Retail Trade and Catering Services	4131.0	417689.0	107165.0	22817.0	1583.0
金融保险业	Finance and Insurance					
房地产业	Real Estate Trade					
其　他	Others					
按母公司登记注册类型分	**Grouped by the Type of Registration of Maternal Companies**					
国有企业	State-owned Enterprises	31850.0	1013222.0	570651.1	16986.0	2094.0
国有独资企业	State-funded Enterprises	292078.6	13169425.3	5919081.5	1892903.7	191255.6
其他有限责任公司	Limited Liability Companies	29144.6	1018721.6	335992.1	66811.2	31818.0
股份有限公司	Company Limited with Share Holding	23047.4	851330.0	203900.5	33683.9	24446.9
中外合资企业	Chinese-foreign Joint Ventures					
港澳台合资企业	Chinese-H. K. /Macao/Taiwan Joint Ventures					
其　他	Other	3946.6	92855.7	35320.5	10.4	
按是否建立母子公司体制分	**Grouped by Having Set up Maternal and Subsidiary Company System or Not**					
已建立	Already	258607.3	12656625.6	5749519.7	1704922.3	162130.5
未建立	Not Yet	40492.0	1163962.0	618863.0	44897.0	4771.0
按母公司职能分	**Grouped by the Function Type of Maternal Companies**					
纯粹管理型公司	Sole Administration	64346.5	2562195.7	892104.9	234054.2	28138.2
混合经营型公司	Mixed Operation	234752.8	11258392.0	5476277.8	1515765.0	138763.3

20—2 续表3 continued

单位：万元 (10000 yuan)

指　标	Item	流动资产年均余额 Average Annual Balance of Circulating Funds	负债合计 Total Liabilities	流动负债 Circulating Liabilities	所有者权益 Creditors' Equity	股本 Capital Stock
总　计	**Total**	**6097575.3**	**9093640.2**	**5666236.9**	**5968395.5**	**3734930.9**
按审批部门分	**Grouped by Approving Departments**					
国务院	The State Council	136525.2	319354.3	178557.7	164955.2	92616.0
国务院主管部门	Relevant Departments Under the State Council	932035.0	2564345.0	1284524.0	1062380.0	929711.0
省级人民政府	The People's Government at Provincial Level	2601319.1	3157319.9	2351523.4	2902891.7	1647906.4
省级政府主管部门	Provincial Departments Responsible for the Work	985405.7	1089243.9	882444.6	770227.4	533359.7
其　他	Others	1442290.3	1963377.1	969187.2	1067941.2	531337.9
按母公司控股情况分	**Grouped by the Status of Holding Shares of Maternal Companies**					
国有绝对控股	The State Absolutely Holding the Majority of Shares	5721502.1	8687854.6	5344636.3	5608475.4	3456813.8
国有相对控股	The State Relatively Holding the Majority of Shares	35731.0	47175.0	41546.0	17432.0	10167.0
集体绝对控股	The Collective Absolutely Holding the Majority of Shares	247379.3	225167.6	194186.6	257221.1	203868.0
集体相对控股	The Collective Relatively Holding the Majority of Shares	22252.9	25143.0	21245.0	11782.0	9678.7
其　他	Others	70710.0	108300.0	64623.0	73485.0	54403.4
按母公司主营行业分	**Grouped by Main Sector of Maternal Companies**					
农、林、牧、渔业	Farming, Forestry, Animal Husbandry and Fishery					
采掘业	Mining and Quarrying	1097838.0	2180268.0	1118336.0	1638434.0	1251067.0
制造业	Manufacturing	3091332.1	4281734.9	3132936.2	2551980.3	1424748.0
电气水的生产和供应业	Electric Power, Gas and Water Production and Supply	1199810.0	1530282.0	619038.0	1451339.0	812561.0
建筑业	Construction	190480.0	210860.0	192845.0	25038.0	31612.0
运输邮电业	Transportation, Postal & Telecommunication					
批发零售贸易餐饮业	Wholesale & Retail Trade and Catering Services	219659.0	323494.0	242609.0	61884.0	64149.0
金融保险业	Finance and Insurance					
房地产业	Real Estate Trade					
其　他	Others					
按母公司登记注册类型分	**Grouped by the Type of Registration of Maternal Companies**					
国有企业	State-owned Enterprises	298283.0	688549.0	553330.0	324673.0	129839.5
国有独资企业	State-funded Enterprises	4874868.9	7382077.6	4317048.8	4889337.4	3119021.4
其他有限责任公司	Limited Liability Companies	451684.7	537299.4	409673.9	394344.2	351267.0
股份有限公司	Company Limited with Share Holding	432148.4	437989.6	355608.6	314909.8	122954.1
中外合资企业	Chinese-foreign Joint Ventures					
港澳台合资企业	Chinese-H. K. /Macao/Taiwan Joint Ventures					
其　他	Other	40590.3	47724.6	30575.6	45131.1	11849.0
按是否建立母子公司体制分	**Grouped by Having Set up Maternal and Subsidiary Company System or Not**					
已建立	Already	4620130.3	6890989.2	4477998.9	4682875.5	3167727.9
未建立	Not Yet	427469.0	792445.0	648921.0	370759.0	177842.0
按母公司职能分	**Grouped by the Function Type of Maternal Companies**					
纯粹管理型公司	Sole Administration	1041158.7	1364947.5	1010395.7	889388.7	457603.0
混合经营型公司	Mixed Operation	4006440.6	6318486.7	4116524.2	4164245.8	2887967.0

20—2 续表 4 continued

单位：万元 (10000 yuan)

指标	Item	固定资产投资完成额 Investment in Fixed Assets	研究开发费用 R & D Expenses	从业人员年末人数（人） Number of Employed Persons (Year-end) (person)	在岗职工（人） Staff and Workers at their Posts (person)	其他从业人员人数（人） Other Employed Persons (person)
总　　计	**Total**	**694578.5**	**72247.7**	**638168.0**	**631514.0**	**6654.0**
按审批部门分	**Grouped by Approving Departments**					
国务院	The State Council	6090.5	200.0	9616.0	9303.0	313.0
国务院主管部门	Relevant Departments Under the State Council	172967.0	15005.0	210996.0	209014.0	1982.0
省级人民政府	The People's Government at Provincial Level	310081.2	30360.3	259905.0	257169.0	2736.0
省级政府主管部门	Provincial Departments Responsible for the Work	84493.7	22673.4	83964.0	83773.0	191.0
其　他	Others	120946.1	4009.0	73687.0	72255.0	1432.0
按母公司控股情况分	**Grouped by the Status of Holding Shares of Maternal Companies**					
国有绝对控股	The State Absolutely Holding the Majority of Shares	664658.5	59610.5	605427.0	600100.0	5327.0
国有相对控股	The State Relatively Holding the Majority of Shares	1962.0	389.0	4195.0	3495.0	700.0
集体绝对控股	The Collective Absolutely Holding the Majority of Shares	23783.0	10762.2	11530.0	11450.0	80.0
集体相对控股	The Collective Relatively Holding the Majority of Shares	1145.0	286.0	1827.0	1827.0	
其　他	Others	3030.0	1200.0	15189.0	14642.0	547.0
按母公司主营行业分	**Grouped by Main Sector of Maternal Companies**					
农、林、牧、渔业	Farming, Forestry, Animal Husbandry and Fishery					
采掘业	Mining and Quarrying	215791.0	12598.0	249507.0	249507.0	
制造业	Manufacturing	347958.0	56331.7	236965.0	231807.0	5158.0
电气水的生产和供应业	Electric Power, Gas and Water Production and Supply	101255.0	945.0	36206.0	36192.0	14.0
建筑业	Construction	353.0		17554.0	17525.0	29.0
运输邮电业	Transportation, Postal & Telecommunication					
批发零售贸易餐饮业	Wholesale & Retail Trade and Catering Services	4129.0	428.0	13016.0	12363.0	653.0
金融保险业	Finance and Insurance					
房地产业	Real Estate Trade					
其　他	Others					
按母公司登记注册类型分	**Grouped by the Type of Registration of Maternal Companies**					
国有企业	State-owned Enterprises	18041.0	3331.0	25996.0	24421.0	1575.0
国有独资企业	State-funded Enterprises	539572.5	46087.4	528693.0	526663.0	2030.0
其他有限责任公司	Limited Liability Companies	38054.2	13391.4	41214.0	40703.0	511.0
股份有限公司	Company Limited with Share Holding	91410.9	9306.7	37042.0	34546.0	2496.0
中外合资企业	Chinese-foreign Joint Ventures					
港澳台合资企业	Chinese-H. K. /Macao/Taiwan Joint Ventures					
其　他	Other	7500.0	131.2	5223.0	5181.0	42.0
按是否建立母子公司体制分	**Grouped by Having Set up Maternal and Subsidiary Company System or Not**					
已建立	Already	559872.5	66666.7	522801.0	517713.0	5088.0
未建立	Not Yet	33451.0	4636.0	82641.0	81089.0	1552.0
按母公司职能分	**Grouped by the Function Type of Maternal Companies**					
纯粹管理型公司	Sole Administration	83443.6	10730.8	133312.0	131860.0	1452.0
混合经营型公司	Mixed Operation	509879.9	60571.9	472130.0	466942.0	5188.0

20—2 续表5 continued

单位：万元 (10000 yuan)

指标	Item	离开本单位保留劳动关系职工人数（人）Number of Workers Left Self Units But Still Remained Labor Rlelation (person)	从业人员劳动报酬 Remuneration Payment to Employed Persons	在岗职工劳动报酬 Remuneration Payment to Staff and Workers at their Posts	其他从业人员劳动报酬 Remuneration Payment to Other Employed Persons	离开本单位保留劳动关系职工生活费 Living Expenses of Workers Left Self Units But Still Remained Labor Relation
总计	**Total**	**66402.0**	**591024.0**	**586513.7**	**4510.3**	**18355.2**
按审批部门分	**Grouped by Approving Departments**					
国务院	The State Council	239.0	9847.2	9722.9	124.4	76.4
国务院主管部门	Relevant Departments Under the State Council	27789.0	201871.0	199783.0	2088.0	7652.0
省级人民政府	The People’s Government at Provincial Level	22445.0	221542.6	220213.2	1329.4	4388.3
省级政府主管部门	Provincial Departments Responsible for the Work	7491.0	74505.1	74377.6	127.5	4225.5
其他	Others	8438.0	83258.0	82417.0	841.0	2013.0
按母公司控股情况分	**Grouped by the Status of Holding Shares of Maternal Companies**					
国有绝对控股	The State Absolutely Holding the Majority of Shares	66168.0	563910.5	560019.1	3891.4	18207.2
国有相对控股	The State Relatively Holding the Majority of Shares	148.0	6383.0	6114.0	269.0	135.0
集体绝对控股	The Collective Absolutely Holding the Majority of Shares	86.0	11818.7	11752.8	65.9	13.0
集体相对控股	The Collective Relatively Holding the Majority of Shares		1280.8	1280.8		
其他	Others		7631.0	7347.0	284.0	
按母公司主营行业分	**Grouped by Main Sector of Maternal Companies**					
农、林、牧、渔业	Farming, Forestry, Animal Husbandry and Fishery					
采掘业	Mining and Quarrying	24885.0	248262.0	248262.0		6308.0
制造业	Manufacturing	21159.0	215107.7	211432.9	3674.9	9020.8
电气水的生产和供应业	Electric Power, Gas and Water Production and Supply	664.0	63677.0	63649.0	28.0	201.0
建筑业	Construction	11972.0	10849.0	10835.0	14.0	1922.0
运输邮电业	Transportation, Postal & Telecommunication					
批发零售贸易餐饮业	Wholesale & Retail Trade and Catering Services	3011.0	8316.0	7910.0	406.0	461.0
金融保险业	Finance and Insurance					
房地产业	Real Estate Trade					
其他	Others					
按母公司登记注册类型分	**Grouped by the Type of Registration of Maternal Companies**					
国有企业	State-owned Enterprises	1510.0	26221.0	24454.0	1767.0	402.6
国有独资企业	State-funded Enterprises	57581.0	497184.4	496006.1	1178.4	13999.1
其他有限责任公司	Limited Liability Companies	4497.0	36361.9	36077.9	284.0	3329.5
股份有限公司	Company Limited with Share Holding	2814.0	27164.9	25923.9	1241.0	624.0
中外合资企业	Chinese-foreign Joint Ventures					
港澳台合资企业	Chinese-H. K. /Macao/Taiwan Joint Ventures					
其他	Other		4091.7	4051.8	39.9	
按是否建立母子公司体制分	**Grouped by Having Set up Maternal and Subsidiary Company System or Not**					
已建立	Already	58781.0	477393.0	474681.7	2711.3	16883.2
未建立	Not Yet	6957.0	56242.0	54471.0	1771.0	1271.0
按母公司职能分	**Grouped by the Function Type of Maternal Companies**					
纯粹管理型公司	Sole Administration	9821.0	89754.8	88967.9	786.9	3864.9
混合经营型公司	Mixed Operation	55917.0	443880.2	440184.8	3695.3	14289.3

20—3 全省企业景气指数(2000年)
Business Indices of Enterprises in Anhui Province (2000)

指标	Item	一季度 The First Quarter	二季度 The Second Quarter	三季度 The Third Quarter	四季度 The Fourth Quarter
总体状况	**Total**	**103.5**	**108.8**	**101.4**	**102.6**
按行业门类分	**By Sector**				
工业	Industry	106.7	116.1	109.9	108.6
采掘业	Mining and Quarrying	84.2	68.2	104.9	101.5
制造业	Manufacturing	108.3	118.2	108.3	106.9
电力、煤气及水生产供应	Electric Power, Gas and Water Production and Supply	116.9	137.0	142.4	135.1
建筑业	Construction	89.0	103.6	105.9	106.4
交通、仓储及邮电通信	Transportation, Storage, Postal & Telecommunication	99.8	99.3	86.8	75.5
批发和零售贸易、饮食业	Wholesale & Retail Trade and Catering Services	95.6	79.4	80.2	88.3
房地产业	Real Estate Trade	125.8	130.7	100.4	122.5
社会服务业	Social Service	91.7	109.7	80.6	94.4
按企业登记注册类型分	**By Type of Registration**				
#国有企业	State-owned Enterprises	99.3	105.5	100.2	104.1
集体企业	Collective-owned Enterprises	94.2	102.0	91.4	98.6
股份合作企业	Share Holding Cooperative Enterprises	100.0	102.8	77.8	69.4
有限责任公司	Limited Liability Companies	106.2	105.3	103.0	98.0
股份有限公司	Company Limited with Share Holding	134.4	138.7	130.0	118.1
私营企业	Private owned Enterprises	106.7	107.1	92.9	107.1
外商及港、澳、台投资企业	Foreign Funded Enterprises and Enterprises Funded by Entrepreneurs from H.K./Macao/Taiwan	110.6	131.1	107.8	123.1
按企业规模分	**By Scale of Enterprises**				
总大型	Total of Large-sized	128.4	134.2	126.1	129.1
特大型	Extra Large-sized	98.8	108.5	123.3	117.6
大型	Large-sized	138.3	142.0	127.0	132.6
中型	Middle-sized	97.3	100.9	95.9	97.5
小型	Small-sized	88.9	96.0	86.1	86.5
特殊分类	**Specially Classified**				
现代企业制度试点企业	Experimental Enterprises of Moden Enterprise System	119.3	123.8	118.9	123.4
高新技术企业	New High Technology Enterprises	138.4	147.5	129.4	136.8
乡镇企业	Township Enterprises	118.5	133.9	117.8	117.7
上市公司	Listed Companies	153.1	158.4	155.2	138.0

20—4 全省企业家信心指数(2000年)
Faith Indices of Entrepreneurs in Anhui Province (2000)

指标	Item	一季度 The First Quarter	二季度 The Second Quarter	三季度 The Third Quarter	四季度 The Fourth Quarter
总体状况	**Total**	**99.6**	**99.7**	**102.4**	**100.1**
按行业门类分	**By Sector**				
工　业	Industry	98.7	101.6	108.1	100.9
采掘业	Mining and Quarrying	71.2	82.4	107.7	87.3
制造业	Manufacturing	101.7	104.0	108.2	101.9
电力、煤气及水生产供应	Electric Power, Gas and Water Production and Supply	106.2	108.7	118.6	113.1
建筑业	Construction	104.6	97.6	100.4	98.8
交通、仓储及邮电通信	Transportation, Storage, Postal & Telecommunication	93.6	92.6	86.4	85.5
批发和零售贸易、饮食业	Wholesale & Retail Trade and Catering Services	91.3	82.6	84.4	94.6
房地产业	Real Estate Trade	131.8	135.1	126.4	136.0
社会服务业	Social Service	101.4	108.3	91.7	100.0
按企业登记注册类型分	**By Type of Registration**				
#国有企业	State-owned Enterprises	97.8	98.6	105.1	98.8
集体企业	Collective-owned Enterprises	95.2	98.3	95.0	96.1
股份合作企业	Share Holding Cooperative Enterprises	72.9	105.4	86.0	83.2
有限责任公司	Limited Liability Companies	100.5	104.5	106.0	100.5
股份有限公司	Company Limited with Share Holding	116.4	111.3	113.3	118.9
私营企业	Private owned Enterprises	120.0	100.0	92.9	100.0
外商及港、澳、台投资企业	Foreign Funded Enterprises and Enterprises Funded by Entrepreneurs from H.K./Macao/Taiwan	120.7	112.8	109.0	125.2
按企业规模分	**By Scale of Enterprises**				
总大型	Total of Large-sized	109.4	106.1	125.7	114.6
特大型	Extra Large-sized	99.9	69.8	140.4	87.8
大　型	Large-sized	112.5	117.1	121.3	122.7
中　型	Middle-sized	96.2	96.8	96.6	97.7
小　型	Small-sized	95.7	98.0	90.5	92.5
特殊分类	**Specially Classified**				
现代企业制度试点企业	Experimental Enterprises of Moden Enterprise System	105.3	106.5	124.8	113.0
高新技术企业	New High Technology Enterprises	114.7	133.5	110.7	121.3
乡镇企业	Township Enterprises	121.5	133.0	128.2	115.1
上市公司	Listed Companies	129.7	94.5	126.0	141.9

主要统计指标解释

所属公司、企业 指企业集团的母公司、全资子公司、绝对控股子公司、相对控股子公司，不包括参股企业、协作企业和子公司的二级公司。但如果企业集团的子公司是一个纯粹管理型的公司，那么该子公司的二级控股子公司也应作为企业集团所属公司、企业进行统计。上述企业集团的各类子公司中应包括在中国境内和境外的子公司。

所属公司、企业营业收入 指企业集团所属各公司、企业在年度内从事生产经营活动所取得的营业收入，包括主营业务收入和其他业务收入。

主营业务收入 指企业（集团）从事某种主要生产、经营活动所取得的营业收入。本项指标在各行业会计制度中的名称叫法不同，但一律按各行业会计制度或报表定义的口径进行填报，其中农业企业是指“主管业务收入”；工业企业是指“产品销售收入”；交通运输企业指“主管业务收入”；建筑企业指“工程结算收入”；批发零售贸易企业指“商品销售收入”；房地产企业指“房地产经营收入”；其他企业指“经营（营业）收入”。本项指标应按企业集团各成员企业相加汇总的数据填报。

审批部门 指本企业集团由哪一级政府部门批准成立的。包括：

①国务院批准的 指由国务院批准组建的国家试点企业集团。

②国务院主管部门批准的 指由国务院授权的部门批准组建的企业集团。

③省级政府批准的 指由各省、自治区、直辖市政府批准组建的企业集团。不包括各省、自治区、直辖市政府的主管部门批准组建的企业集团。

④其他 指上述部门范围以外的部门批准组建的企业集团。

控股情况 指按所有制性质和控股状况划分的企业情况，包括：

国有绝对控股 指国有资本占全部资本份额的51%及以上；

国有相对控股 指国有资本占全部资本份额的51%以下，但实际掌握企业的控制权；

集体绝对控股 指集体资本占全部资本份额的51%及以上；

集体相对控股 指集体资本占全部资本份额的51%以下，但实际掌握企业的控制权；

其他 指国有绝对控股、国有相对控股、集体绝对控股、集体相对控股以外的控股情况。

经营组织形式 指企业的财产组织形式，分为已按《公司法》改制的有限责任公司、股份有限公司、国有独资公司和尚未按《公司法》改制的国有企业以及其他组织形式的企业。

国家重点联系企业 指经国务院批准确定的国家重点联系企业。

国家试点企业集团母公司 指国务院批准成立的国家试点企业集团的母公司（核心企业）。

企业家信心指数 也称“宏观经济景气指数”。是根据企业家对企业外部市场经济环境与宏观政策的认识、看法、判断与预期（通常为对“乐观”、“一般”、“不乐观”的选择）而编制的指数，用以综合反映企业家对宏观经济环境的感受与信心。

企业景气指数 也称“企业综合生产经营景气指数”。是根据企业家对本企业综合生产经营情况的判断与预期（通常为对“好”、“一般”、“不佳”的选择）而编制的指数，用以综合反映企业的生产经营状况。

景气指数用纯正数表示，数值范围为0～200之间。100为景气指数的临界值；当景气指数大于100时，表明经济状况趋于上升或改善，处于景气状况；当景气指数小于100时，表明经济状况趋于下降或恶化，处于不景气状态。

景气指数表示形式自2000年起进行了调整，调整方法为：将原景气指数加100。如1999年四季度企业家信心指数为－14.9，用新方法即为85.1。

Explanatory Notes for Major Statistical Indicators

Companies and Enterprises under the Group refer to maternal company, whole funded subsidiary company, subsidiary companies absolutely or relatively holding the majority of shares, excluding share-holding enterprises, cooperative enterprises and second-level companies under the subsidiary companies. But if the function type of the subsidiary company is sole administration, then the second-level companies under the subsidiary companies should be included. The above-mentioned subsidiary companies include those both inside and outside the borders of China.

Income of Companies and Enterprises under the Group refer to business income of the companies and enterprises under the group during the year, including main business income and other business income.

Main Business Income refer to the income of enterprises (group) from main production or operation activities. The names of this indicator are different in various sectors, but always be filled in according to the accounting system of every sector. Of which, in agricultural enterprises, it is called "responsible business income"; in industrial enterprises: "sales revenue"; transportation: "responsible business income"; construction: "project settlement income"; wholesale and retail sale trade: " sales revenue"; real estate " real estate business income" and in other enterprises: "receipts from business". This amount should be the sum of every enterprise of the group.

Approving Department refer to the department that approve the establishment of the enterprise group, including:

1) State Council: means that the enterprise group was approved by the State Council.

2) Government at Provincial level: means that the enterprise group was approved by the the Government of Province, autonomous region or municipality directly under the central government, excluding enterprise group approved by departments authorized by them.

3) Others: means that the enterprise group was approved by other departments.

Status of Controlling Shares refer to the enterprises grouped by ownership and status of controlling shares.

State Absolutely Controlling Shares: means that state capital makes up 51% or over of the total capital.

State Relatively Controlling Shares: means that state capital makes up less than 51% of the total capital but keeps the enterprise under control.

Collective Absolutely Controlling Shares: means that collective capital makes up 51% or over of the total capital.

Collective Relatively Controlling Shares: means that collective capital makes up less than 51% of the total capital but keeps the enterprise under control.

Others: refers to other controlling shares except above-mentioned status.

Management and Organization Form means the organization form of property, devided into those reorganized enterprises according to "Enterprise Law" (such as limited liability companies, companies limited with share holding, state sole funded companies) and sate-owned and other types of enterprises that have not reorganized according to "Enterprise Law".

National-key-contact Enterprises refers to those national-key-contact enterprises approved by the State Council.

Faith Index of Entrepreneur also called "macro business index". It is usually drawn up according to the entrepreneurs' judgement and anticipation to the external market economic environment and macro policy (including "optimistic", "ordinary", "not optimistic"), so as to reflect the entrepreneurs' feeling and faith about macro economy.

Business Index of Enterprise also called "comprehensive production and management index of enterprise". It is usually drawn up according to the entrepreneurs' judgement and anticipation to the operation status of enterprise, so as to reflect the status of production and operation of enterprises.

This index is always positive and between 0 and 200. 100 is the critical value. If the index is more than 100, it reflects that the economic situation is improving, and if the index is less than 100, it reflects that the economic situation is worsening.

This index has been adjusted since 2000, namely that plus 100 to original index. For instance, the Faith Index of Entrepreneur of the fourth season in 1999 was −14.9, the index becomes 85.1 adopting the new method.

二十一、省级和县级主要经济指标及位次

MAIN ECONOMIC INDICATORS AND THEIR ORDERS OF PRECEDENCE OF PROVINCE AND COUNTY

简要说明

一、本篇包括全国分省（市）主要年份经济指标及位次和本省县级主要经济指标及位次。

二、1998 年全国分省（市）主要经济指标均为统计部门公布的初步统计数或预计数。

三、各县资料均来自本年鉴各篇。

四、人均指标依据年平均人数计算。

本篇责任编辑：田　野

Brief Introduction

I. This chapter includes main economic indicators and their orders of precedence of provinces and counties of Anhui in major years.

II. Data of provinces in 1998 are primary or expected data announced by statistical department.

III. Data of counties are extracted from the concerned data in other chapters in this yearbook.

IV. Per capita indicators are calculated in accordance with annual average population.

21—1 全国分省（市）第五次人口普查常住人口数及位次

Number of Permanent Residents of the Fifth Population Census and Their Orders of Precedence by Province or City

单位：万人 (10000 persons)

省（市） Province or City	总人口 Total Number of Permanent Residents	位次 Order of Precedence	比重（%） Proportion (%)
全国 National Total	**126583**		
北京 Beijing	1382	26	1.09
天津 Tianjin	1001	27	0.79
河北 Hebei	6744	6	5.33
山西 Shanxi	3297	19	2.60
内蒙古 Inner Mongolia	2376	23	1.88
辽宁 Liaoning	4238	13	3.35
吉林 Jilin	2728	21	2.16
黑龙江 Heilongjiang	3689	15	2.91
上海 Shanghai	1674	25	1.32
江苏 Jiangsu	7438	5	5.88
浙江 Zhejiang	4677	10	3.69
安徽 Anhui	**5986**	**9**	**4.73**
福建 Fujian	3471	18	2.74
江西 Jiangxi	4140	14	3.27
山东 Shandong	9079	2	7.17
河南 Henan	9256	1	7.31
湖北 Hubei	6028	8	4.76
湖南 Hunan	6440	7	5.09
广东 Guangdong	8642	3	6.83
广西 Guangxi	4489	11	3.55
海南 Hainan	787	28	0.62
重庆 Chongqing	3090	20	2.44
四川 Sichuan	8329	4	6.58
贵州 Guizhou	3525	17	2.78
云南 Yunnan	4288	12	3.39
西藏 Tibet	262	31	0.21
陕西 Shaanxi	3605	16	2.85
甘肃 Gansu	2562	22	2.02
青海 Qinghai	518	30	0.41
宁夏 Ningxia	562	29	0.44
新疆 Xinjiang	1925	24	1.52

21—2 全国分省（市）主要年份国内生产总值及位次
Gross Domestic Product and Their Orders of Precedence in Main Years by Province or City

本表按当年价格计算。（单位：亿元） Data in value terms in this table are calculated at current prices. (100 million yuan)

省（市） Province or City	1985	位次 Order of Precedence	1990	位次 Order of Precedence	1995	位次 Order of Precedence	1999	位次 Order of Precedence	2000	位次 Order of Precedence
全　国 National Total	**8964**		**18548**		**58261**		**81910.90**		**89421.82**	
北　京 Beijing	257.12	14	500.82	15	1394.89	16	2174.46	15	2460.52	15
天　津 Tianjin	175.71	21	310.95	23	920.11	22	1450.06	23	1639.41	22
河　北 Hebei	396.75	9	896.33	8	2849.52	7	4569.19	6	5076.31	6
山　西 Shanxi	218.99	15	429.27	18	1092.48	20	1506.78	20	1640.10	21
内蒙古 Inner Mongolia	163.83	23	319.31	22	681.92	24	1268.20	24	1403.86	24
辽　宁 Liaoning	518.59	5	1061.91	5	2793.37	8	4171.69	7	4668.27	7
吉　林 Jilin	200.44	18	425.28	20	1129.20	19	1669.56	19	1831.09	19
黑龙江 Heilongjiang	355.04	11	715.23	12	2014.53	13	2897.41	14	3252.01	13
上　海 Shanghai	466.75	6	756.45	10	2462.57	9	4034.96	8	4551.15	8
江　苏 Jiangsu	641.82	2	1416.50	3	5155.25	2	7697.82	2	8584.68	2
浙　江 Zhejiang	427.50	8	897.99	7	3524.79	5	5364.89	4	6024.29	4
安　徽 Anhui	**331.24**	**13**	**658.02**	**13**	**2003.58**	**14**	**2908.59**	**13**	**3030.21**	**14**
福　建 Fujian	200.48	17	523.30	14	2160.52	12	3550.24	11	3920.00	11
江　西 Jiangxi	207.89	16	428.62	19	1205.11	18	1962.98	16	2000.00	17
山　东 Shandong	680.46	1	1511.19	1	5002.34	3	7662.10	3	8542.44	3
河　南 Henan	451.74	7	934.65	6	3002.74	6	4576.10	5	5126.08	5
湖　北 Hubei	396.26	10	824.38	9	2391.42	10	3857.99	9	4276.32	9
湖　南 Hunan	349.95	12	744.44	11	2195.70	11	3326.75	12	3688.89	12
广　东 Guangdong	553.05	4	1471.84	2	5381.72	1	8464.31	1	9506.04	1
广　西 Guangxi	180.97	19	449.06	17	1606.15	15	1953.27	17	2035.55	16
海　南 Hainan	43.26	27	102.49	27	364.17	27	471.23	28	518.48	28
重　庆 Chongqing							1479.71	22	1589.60	23
四　川 Sichuan	606.40	3	1186.22	4	3534.00	4	3711.61	10	4016.75	10
贵　州 Guizhou	123.92	24	260.14	25	630.07	25	911.86	27	993.32	26
云　南 Yunnan	164.96	22	451.67	16	1206.68	17	1855.74	18	1955.28	18
西　藏 Tibet							105.61	31		
陕　西 Shaanxi	180.87	20	374.05	21	1000.03	21	1487.61	21	1660.96	20
甘　肃 Gansu	123.39	25	242.80	26	553.35	26	931.98	26	983.00	27
青　海 Qinghai	33.01	28	69.94	28	165.31	29	238.39	30	263.12	30
宁　夏 Ningxia	30.27	29	64.84	29	169.75	28	241.49	29	265.30	29
新　疆 Xinjiang	112.24	26	274.01	24	834.57	23	1168.55	25	1364.65	25

21—3 全国分省（市）主要年份国内生产总值第一产业及位次

Gross Domestic Product of Primary Industry and Their Orders of Precedence by Province or City

本表按当年价格计算。 （单位：亿元） Data in value terms in this table are calculated at current prices. (100 million yuan)

省（市） Province or City	1985	位次 Order of Precedence	1990	位次 Order of Precedence	1995	位次 Order of Precedence	1999	位次 Order of Precedence	2000	位次 Order of Precedence
全国 National Total	**2542**		**5017**		**11993**		**14457.20**		**14212.01**	
北京 Beijing	17.81	26	43.88	25	81.44	25	87.48	26	90.00	26
天津 Tianjin	12.95	27	27.32	27	63.21	26	71.01	28	73.50	28
河北 Hebei	120.34	10	227.89	9	631.34	7	805.97	6	824.60	6
山西 Shanxi	42.26	22	80.81	22	168.69	22	159.96	25	168.00	25
内蒙古 Inner Mongolia	53.54	18	112.57	18	208.53	21	342.91	18	351.83	18
辽宁 Liaoning	74.90	14	168.57	13	292.17	13	520.80	13	510.00	13
吉林 Jilin	55.74	17	124.99	17	303.99	17	423.48	15	399.74	16
黑龙江 Heilongjiang	77.06	13	160.34	15	388.15	14	377.23	17	353.00	17
上海 Shanghai	19.53	25	32.60	26	61.68	27	80.00	27	81.65	27
江苏 Jiangsu	195.66	3	355.17	4	848.35	4	1003.51	4	1028.00	3
浙江 Zhejiang	123.88	9	225.04	10	559.80	10	631.94	10	650.00	10
安徽 Anhui	**140.97**	**8**	**246.17**	**8**	**581.24**	**9**	**741.14**	**8**	**732.19**	**8**
福建 Fujian	68.13	15	148.03	16	479.42	12	628.86	11	638.00	11
江西 Jiangxi	84.06	11	175.96	11	374.64	15	464.40	14	485.00	14
山东 Shandong	235.96	1	425.29	1	1010.13	1	1221.00	1	1268.57	1
河南 Henan	173.43	4	325.77	5	762.99	5	1123.14	2	1160.00	2
湖北 Hubei	144.44	7	289.45	6	619.38	8	653.99	9	662.30	9
湖南 Hunan	147.72	6	279.09	7	685.30	6	778.25	7	781.22	7
广东 Guangdong	171.87	5	384.59	3	868.99	3	1021.30	3	990.30	4
广西 Guangxi	77.18	12	175.61	12	488.97	11	554.48	12	536.64	12
海南 Hainan	21.80	24	46.02	24	130.86	23	176.42	24	196.56	23
重庆 Chongqing							284.28	19	283.26	20
四川 Sichuan	224.59	2	417.71	2	976.96	2	941.02	5	935.16	5
贵州 Guizhou	50.45	20	100.10	20	227.06	20	267.57	21	270.26	22
云南 Yunnan	66.07	16	168.13	14	305.27	16	412.17	16	436.20	15
西藏 Tibet							34.19	31		
陕西 Shaanxi	53.39	19	105.56	19	227.25	19	267.51	22	279.12	21
甘肃 Gansu	33.08	23	64.06	23	110.53	24	191.21	23	193.00	24
青海 Qinghai	8.64	29	17.67	28	38.85	28	40.54	30	38.50	30
宁夏 Ningxia	8.90	28	16.84	29	35.39	29	48.01	29	46.30	29
新疆 Xinjiang	42.89	21	94.61	21	250.17	18	268.51	20	288.00	19

21—4 全国分省（市）主要年份国内生产总值第二产业及位次

Gross Domestic Product of Secondary Industry and Their Orders of Precedence in Main Years by Province or City

本表按当年价格计算。 （单位：亿元） ata in value terms in this table are calculated at current prices. (100 million yuan)

省（市） Province or City	1985	位次 Order of Precedence	1990	位次 Order of Precedence	1995	位次 Order of Precedence	1999	位次 Order of Precedence	2000	位次 Order of Precedence
全国 National Total	**3867**		**7717**		**28173**		**40417.90**		**45506.06**	
北京 Beijing	153.66	12	262.39	12	615.17	15	840.23	15	935.80	15
天津 Tianjin	114.23	16	179.51	17	501.22	19	711.93	19	811.49	18
河北 Hebei	184.26	9	387.52	8	1322.77	9	2243.59	5	2551.83	5
山西 Shanxi	120.06	14	210.17	15	545.13	17	760.72	17	835.70	17
内蒙古 Inner Mongolia	56.95	23	102.43	23	261.79	24	515.46	24	559.69	25
辽宁 Liaoning	328.11	2	540.84	4	1390.00	8	2001.48	7	2307.27	7
吉林 Jilin	97.21	17	182.15	16	479.46	20	671.74	21	791.96	19
黑龙江 Heilongjiang	205.07	7	362.68	9	1054.77	10	1587.76	10	1885.01	10
上海 Shanghai	325.63	3	482.68	5	1409.85	7	1953.98	8	2186.90	8
江苏 Jiangsu	339.56	1	492.59	1	2715.26	2	3920.15	2	4439.02	2
浙江 Zhejiang	198.91	8	408.18	7	1834.47	4	2902.81	4	3194.29	4
安徽 Anhui	**117.84**	**15**	**251.48**	**13**	**938.72**	**12**	**1278.91**	**14**	**1296.64**	**14**
福建 Fujian	72.56	20	174.47	18	910.56	13	1507.29	12	1711.00	12
江西 Jiangxi	76.05	19	133.56	21	451.12	21	758.15	18	695.00	22
山东 Shandong	293.07	4	635.98	2	2372.67	3	3705.44	3	4226.57	3
河南 Henan	170.07	11	331.85	10	1420.25	6	2070.88	6	2410.00	6
湖北 Hubei	174.35	10	313.39	11	1030.70	11	1887.93	9	2123.70	9
湖南 Hunan	127.08	13	249.88	14	815.82	14	1297.74	13	1463.17	13
广东 Guangdong	225.44	6	587.04	3	2786.05	1	4264.32	1	4853.06	1
广西 Guangxi	54.69	24	118.45	22	605.12	16	695.83	20	741.51	20
海南 Hainan	9.30	29	20.12	29	78.64	27	94.95	30	101.69	30
重庆 Chongqing							604.39	23	656.62	23
四川 Sichuan	242.33	5	428.56	6	1486.63	5	1556.68	11	1715.90	11
贵州 Guizhou	49.88	25	92.83	25	234.10	26	348.59	27	385.68	27
云南 Yunnan	65.41	21	157.80	19	536.63	18	825.12	16	840.21	16
西藏 Tibet							24.00	31		
陕西 Shaanxi	80.09	18	157.15	20	405.53	22	641.90	22	731.94	21
甘肃 Gansu	58.81	22	98.33	24	258.51	25	423.79	26	439.88	26
青海 Qinghai	13.39	27	26.89	27	65.46	29	97.88	29	113.16	29
宁夏 Ningxia	12.12	28	25.34	28	74.14	28	102.68	28	120.00	28
新疆 Xinjiang	40.50	26	83.50	26	302.56	23	460.71	25	586.98	24

21—5 全国分省（市）主要年份国内生产总值第三产业及位次

Gross Domestic Product of Tertiary Industry and Their Orders of Precedence in Main Years by Province or City

本表按当年价格计算。 （单位：亿元） Data in value terms in this table are calculated at current prices. (100 million yuan)

省（市） Province or City	1985	位次 Order of Precedence	1990	位次 Order of Precedence	1995	位次 Order of Precedence	1999	位次 Order of Precedence	2000	位次 Order of Precedence
全 国 National Total	**2556**		**5814**		**18094**		**27035.80**		**29703.76**	
北 京 Beijing	85.65	10	194.55	13	698.28	12	1246.75	12	1434.72	12
天 津 Tianjin	48.53	19	104.10	23	335.68	21	667.12	18	754.42	18
河 北 Hebei	92.15	9	280.00	6	895.41	8	1519.63	7	1699.88	7
山 西 Shanxi	56.67	16	138.39	17	378.66	18	586.10	21	636.40	23
内蒙古 Inner Mongolia	53.34	17	104.31	22	211.60	24	409.83	25	492.34	24
辽 宁 Liaoning	115.58	6	353.33	4	1011.22	6	1649.41	6	1851.00	6
吉 林 Jilin	47.49	21	118.14	20	345.75	22	574.34	23	639.39	22
黑龙江 Heilongjiang	72.91	13	192.21	14	571.61	14	932.42	14	1014.00	14
上 海 Shanghai	121.59	4	241.17	9	991.04	7	2000.98	4	2282.60	4
江 苏 Jiangsu	116.60	5	368.74	3	1591.64	3	2774.16	2	3117.66	2
浙 江 Zhejiang	104.71	8	264.77	8	1130.52	4	1830.14	5	2180.00	5
安 徽 Anhui	**72.43**	**14**	**160.37**	**15**	**483.62**	**16**	**888.54**	**15**	**1001.38**	**15**
福 建 Fujian	59.79	15	200.80	12	770.54	10	1414.09	8	1571.00	8
江 西 Jiangxi	47.78	20	119.10	19	379.35	17	740.43	16	820.00	16
山 东 Shandong	151.43	2	449.92	2	1619.54	2	2735.66	3	3047.30	3
河 南 Henan	108.24	7	277.03	7	819.50	9	1382.08	9	1556.08	9
湖 北 Hubei	77.47	11	221.54	10	741.34	11	1316.07	10	1490.32	10
湖 南 Hunan	75.15	12	215.37	11	694.58	13	1250.76	11	1444.50	11
广 东 Guangdong	155.74	1	500.21	1	1726.28	1	3178.69	1	3662.68	1
广 西 Guangxi	49.10	18	155.00	16	512.06	15	702.96	17	757.40	17
海 南 Hainan	12.16	27	36.35	27	154.67	27	199.86	28	220.23	28
重 庆 Chongqing							591.04	20	649.72	21
四 川 Sichuan	139.48	3	339.96	5	1070.41	5	1213.91	13	1365.69	13
贵 州 Guizhou	23.59	26	67.21	26	168.91	26	295.70	27	337.38	27
云 南 Yunnan	33.48	23	125.74	18	364.78	20	618.45	19	678.87	19
西 藏 Tibet							47.42	31		
陕 西 Shaanxi	46.59	22	111.34	21	367.25	19	578.20	22	649.90	20
甘 肃 Gansu	31.50	24	80.41	25	184.31	25	316.98	26	350.12	26
青 海 Qinghai	10.98	28	25.38	28	61.00	29	99.97	29	111.46	29
宁 夏 Ningxia	9.25	29	22.66	29	60.22	28	90.80	30	99.00	30
新 疆 Xinjiang	28.85	25	95.89	24	281.84	23	439.33	24	489.67	25

21—6 全国分省（市）主要年份固定资产投资及位次
Investment in Fixed Assets and Their Orders of Precedence in Main Years by Province or City

单位：亿元 (100 million yuan)

省（市） Province or City	1985	位次 Order of Precedence	1990	位次 Order of Precedence	1995	位次 Order of Precedence	1999	位次 Order of Precedence	2000	位次 Order of Precedence
全国 National Total	**2543.19**		**4516.97**		**20019.26**		**29854.71**		**24243**	
北京 Beijing	94.51	12	196.53	9	864.85	9	1171.16	10	1186	6
天津 Tianjin	66.95	16	88.65	19	396.55	17	576.45	19	526	17
河北 Hebei	113.12	8	183.70	10	907.75	6	1770.47	6	1048	7
山西 Shanxi	88.56	13	121.58	14	270.64	23	477.57	23	457	22
内蒙古 Inner Mongolia	51.20	20	65.58	24	251.32	24	348.22	26	347	24
辽宁 Liaoning	139.02	5	228.76	6	865.49	8	1119.47	11	1028	8
吉林 Jilin	62.90	17	93.22	18	320.29	20	500.02	22	485	20
黑龙江 Heilongjiang	110.53	9	164.02	11	517.62	14	751.66	15	741	13
上海 Shanghai	118.77	7	359.76	2	1597.89	3	1855.76	5	1679	2
江苏 Jiangsu	149.98	3	262.57	4	1764.76	2	2441.88	2	1645	3
浙江 Zhejiang	105.45	10	262.99	5	1482.62	4	1958.05	4	1445	5
安徽 Anhui	**80.51**	**15**	**125.32**	**13**	**476.10**	**15**	**773.88**	**14**	**576**	**15**
福建 Fujian	55.00	19	112.98	16	683.02	12	1084.66	12	810	12
江西 Jiangxi	43.73	23	71.63	22	282.54	22	454.44	24	322	26
山东 Shandong	193.42	2	338.53	3	1308.62	5	2220.57	3	1564	4
河南 Henan	126.89	6	208.16	8	783.14	11	1206.83	9	885	11
湖北 Hubei	101.64	11	142.81	12	785.09	10	1239.14	7	988	10
湖南 Hunan	80.78	14	121.24	15	523.00	13	883.94	13	634	14
广东 Guangdong	196.59	1	417.11	1	2315.83	1	2937.02	1	2536	1
广西 Guangxi	42.07	24	68.84	23	403.15	16	578.76	18	398	23
海南 Hainan	15.31	28	43.33	27	182.08	25	194.78	28	150	28
重庆 Chongqing							525.26	21	459	21
四川 Sichuan	144.66	4	224.96	7	901.42	7	1224.40	8	1016	9
贵州 Guizhou	33.13	25	45.96	26	161.79	26	311.93	27	288	27
云南 Yunnan	48.36	21	83.18	21	390.45	18	663.97	16	504	19
西藏 Tibet	7.09	30	9.59	30	35.13	30	53.56	31	49	31
陕西 Shaanxi	56.95	18	101.11	17	310.18	21	587.79	17	529	16
甘肃 Gansu	32.61	26	57.00	25	145.76	27	355.51	25	322	25
青海 Qinghai	16.13	27	21.40	28	53.11	29	117.15	30	132	29
宁夏 Ningxia	12.51	29	20.66	29	62.17	28	128.10	29	124	30
新疆 Xinjiang	44.55	22	88.21	20	331.97	19	526.65	20	520	18

21—7 全国分省（市）主要年份农林牧渔业总产值及位次
Gross Output Value of Farming, Forestry, Animal Husbandry, and Fishery and Their Orders of Precedence in Main Years by Province or City

本表按当年价格计算。 （单位：亿元） Data in value terms in this table are calculated at current prices. (100 million yuan)

省（市）Province or City	1985	位次 Order of Precedence	1990	位次 Order of Precedence	1995	位次 Order of Precedence	1999	位次 Order of Precedence	2000	位次 Order of Precedence
全国 National Total	**3619.49**		**7662.1**		**20340.90**		**24519.10**		**24777**	
北京 Beijing	25.94	25	70.2	24	164.47	26	184.34	27	195	27
天津 Tianjin	20.44	26	54.9	27	133.25	27	150.11	28	156	28
河北 Hebei	167.33	10	357.6	9	1147.83	6	1539.77	5	1549	5
山西 Shanxi	62.92	21	124.8	22	299.68	22	305.34	24	302	25
内蒙古 Inner Mongolia	73.20	19	156.9	19	373.59	20	532.32	18	518	18
辽宁 Liaoning	118.05	11	273.8	11	761.80	12	977.05	12	967	12
吉林 Jilin	85.89	17	189.1	17	490.28	16	675.31	15	598	17
黑龙江 Heilongjiang	114.31	13	245.4	14	670.03	14	660.52	16	625	16
上海 Shanghai	31.38	24	68.2	26	182.47	25	206.90	26	216	26
江苏 Jiangsu	288.55	3	580.5	4	1686.78	2	1837.43	3	1874	3
浙江 Zhejiang	174.05	9	336.8	10	891.71	10	1005.22	11	1040	10
安徽 Anhui	**198.24**	**7**	**370.9**	**8**	**980.26**	**9**	**1234.32**	**7**	**1220**	**7**
福建 Fujian	99.05	15	228.7	15	765.38	11	1010.82	10	1029	11
江西 Jiangxi	114.50	12	255.2	12	631.71	15	750.29	14	760	14
山东 Shandong	335.42	1	647.5	1	1857.48	1	2203.00	1	2294	1
河南 Henan	241.54	5	502.0	5	1304.25	5	1906.75	2	1981	2
湖北 Hubei	192.32	8	402.2	6	988.53	8	1126.10	9	1126	9
湖南 Hunan	198.44	6	397.4	7	1046.97	7	1173.27	8	1219	8
广东 Guangdong	275.99	4	600.7	3	1445.48	4	1653.41	4	1632	4
广西 Guangxi	108.02	14	252.2	13	743.50	13	844.78	13	827	13
海南 Hainan			68.7	25	202.10	24	279.23	25	309	24
重庆 Chongqing							416.95	21	413	21
四川 Sichuan	313.06	2	637.1	2	1520.26	3	1376.90	6	1370	6
贵州 Guizhou	70.23	20	145.5	20	344.85	21	407.12	22	412	22
云南 Yunnan	88.88	16	211.7	16	474.46	17	642.47	17	680	15
西藏 Tibet	10.58	29	17.2	30	35.90	30	48.22	31		
陕西 Shaanxi	79.57	18	170.0	18	381.65	19	452.47	20	472	20
甘肃 Gansu	48.82	23	103.1	23	289.37	23	320.56	23	323	23
青海 Qinghai	12.25	27	24.5	29	55.10	29	59.02	30	58	30
宁夏 Ningxia	12.02	28	24.7	28	56.55	28	77.95	29	78	29
新疆 Xinjiang	58.50	22	144.7	21	415.19	18	461.15	19	487	19

21—8 全国分省（市）主要年份工业总产值及位次

Gross Industrial Output Value and Their Orders of Precedence in Main Years by Province or City

本表按当年价格计算。 （单位：亿元） Data in value terms in this table are calculated at current prices. （100 million yuan）

省（市） Province or City	1985	位次 Order of Prece-dence	1990	位次 Order of Prece-dence	1995	位次 Order of Prece-dence	1999	位次 Order of Prece-dence	2000	位次 Order of Prece-dence
全　国 National Total	**9717**		**23924**		**91894**				**85673.66**	
北　京 Beijing	324.19	12	743.35	12	1665.43	16	1999.97	12	2565.38	12
天　津 Tianjin	319.47	13	679.94	14	1879.67	15	2261.49	10	2606.38	11
河　北 Hebei	435.82	9	1123.23	8	3688.16	10	2994.58	8	3426.05	8
山　西 Shanxi	237.51	17	538.39	17	1620.06	17	1096.83	18	1216.86	18
内蒙古 Inner Mongolia	112.93	24	263.33	24	700.76	24	640.68	25	748.97	26
辽　宁 Liaoning	774.60	3	1606.90	5	4889.52	5	3390.14	6	4249.46	6
吉　林 Jilin	256.75	16	552.36	16	1265.79	19	1366.92	17	1679.91	15
黑龙江 Heilongjiang	391.95	11	863.51	11	1978.78	14	1854.57	14	2460.88	13
上　海 Shanghai	862.73	2	1642.75	4	4416.05	6	5452.91	4	6204.52	5
江　苏 Jiangsu	1036.67	1	2764.10	1	9807.84	1	8915.04	2	10452.87	2
浙　江 Zhejiang	550.63	5	1434.16	6	7237.33	4	5191.56	5	6603.65	4
安　徽 Anhui	**277.27**	**15**	**670.33**	**15**	**2895.62**	**11**	**1533.90**	**15**	**1661.44**	**16**
福　建 Fujian	165.33	20	406.64	20	2638.52	12	2210.28	11	2616.12	10
江　西 Jiangxi	181.10	19	425.75	19	1170.13	20	854.65	23	932.21	23
山　东 Shandong	682.78	4	2200.85	2	7661.71	3	6944.52	3	8311.53	3
河　南 Henan	401.32	10	1036.73	9	4393.87	7	3109.18	7	3494.96	7
湖　北 Hubei	467.22	8	1008.19	10	3733.84	9	2834.35	9	3064.43	9
湖　南 Hunan	314.68	14	712.67	13	2254.10	13	1414.12	16	1627.94	17
广　东 Guangdong	548.78	6	1902.25	3	8849.90	2	10538.17	1	12480.93	1
广　西 Guangxi	139.39	21	353.43	21	1532.87	18	911.00	21	1003.24	21
海　南 Hainan	16.51	29	44.32	29	176.81	27	188.67	29	202.87	29
重　庆 Chongqing							858.55	22	962.32	22
四　川 Sichuan	531.51	7	1222.95	7	3938.10	8	1895.82	13	2076.96	14
贵　州 Guizhou	98.19	25	218.16	26	512.96	26	551.93	27	631.64	27
云　南 Yunnan	136.26	22	345.26	22	1079.54	21	988.53	20	1063.36	20
西　藏 Tibet	2.12	30	3.72	30	8.26	30	14.98	31	16.43	31
陕　西 Shaanxi	192.08	18	442.58	18	1068.71	22	1035.88	19	1184.58	19
甘　肃 Gansu	126.41	23	278.70	23	736.08	23	667.53	24	840.58	25
青　海 Qinghai	22.65	28	55.25	28	129.32	29	160.77	30	196.08	30
宁　夏 Ningxia	24.30	27	64.75	27	173.49	28	197.66	28	239.11	28
新　疆 Xinjiang	66.78	26	219.92	25	593.43	25	631.84	26	852.01	24

注：1999 年、2000 年工业总产值是规模以上统计范围。

a) Gross industrial output value of 1999 and 2000 covered the enterprises above designated size.

21—9 全国分省（市）主要年份社会消费品零售总额及位次
Total Retail Sales of Consumer Goods and Their Orders of Precedence in Main Yers by Province or City

本表按当年价格计算。 （单位：亿元） Data in value terms in this table are calculated at current prices. (100 million yuan)

省（市） Province or City	1985	位次 Order of Precedence	1990	位次 Order of Precedence	1995	位次 Order of Precedence	1999	位次 Order of Precedence	2000	位次 Order of Precedence
全 国 National Total	**3801**		**7250**		**20620**		**31134.7**		**34152.6**	
北 京 Beijing	127.90	13	307.66	12	826.98	12	1313.3	11	1443.3	11
天 津 Tianjin	64.12	23	139.88	23	375.64	20	657.3	18	736.6	18
河 北 Hebei	204.45	7	380.83	8	852.06	10	1458.8	9	1613.9	9
山 西 Shanxi	89.44	19	158.04	20	375.95	19	587.1	21	629.1	21
内蒙古 Inner Mongolia	82.70	21	146.21	21	295.02	23	437.4	24	484.0	24
辽 宁 Liaoning	195.46	9	421.10	5	1122.00	6	1696.1	5	1847.6	5
吉 林 Jilin	124.90	14	225.46	16	481.54	17	734.0	17	810.9	17
黑龙江 Heilongjiang	172.61	12	341.02	11	682.72	13	1016.2	14	1094.0	14
上 海 Shanghai	183.16	10	353.11	10	970.04	7	1590.4	8	1722.3	8
江 苏 Jiangsu	262.57	3	515.43	3	1650.00	2	2394.1	2	2604.1	2
浙 江 Zhejiang	197.82	8	408.94	6	1395.70	4	2075.8	4	2298.8	4
安 徽 Anhui	**119.95**	**15**	**226.53**	**15**	**586.52**	**15**	**979.1**	**15**	**1054.3**	**15**
福 建 Fujian	107.09	16	231.97	14	670.37	14	1246.3	12	1372.8	12
江 西 Jiangxi	98.33	18	181.75	18	410.86	18	650.5	19	704.9	19
山 东 Shandong	227.03	4	460.13	4	1442.67	3	2310.1	3	2545.9	3
河 南 Henan	220.49	5	397.43	7	906.67	9	1616.0	7	1786.7	7
湖 北 Hubei	205.82	6	375.11	9	931.80	8	1617.1	6	1789.4	6
湖 南 Hunan	177.30	11	294.92	13	837.40	11	1229.2	13	1364.7	13
广 东 Guangdong	319.73	1	732.25	1	2304.10	1	3656.0	1	4071.9	1
广 西 Guangxi	101.12	17	206.45	17	535.50	16	791.3	16	859.2	16
海 南 Hainan	21.58	27	37.19	27	109.20	27	157.7	28	172.5	28
重 庆 Chongqing							596.3	20	643.4	20
四 川 Sichuan	274.30	2	545.34	2	1300.51	5	1382.6	10	1523.7	10
贵 州 Guizhou	52.25	26	85.90	26	197.60	26	313.8	27	343.7	27
云 南 Yunnan	84.45	20	145.59	22	369.55	21	539.0	23	583.2	23
西 藏 Tibet									42.9	31
陕 西 Shaanxi	80.02	22	159.67	19	369.46	22	557.0	22	607.6	22
甘 肃 Gansu	58.45	24	109.58	24	229.91	25	331.6	26	362.7	26
青 海 Qinghai	17.63	28	30.69	28	57.83	28	75.2	30	82.1	30
宁 夏 Ningxia	13.15	29	25.30	29	57.19	29	82.7	29	90.2	29
新 疆 Xinjiang	57.38	25	104.30	25	253.65	24	347.4	25	374.5	25

21—10 全省分县（市）主要经济指标及位次（2000年）

Main Economic indicators and Their Orders of Precedence of All Counties (2000)

县（市） County or City	国内生产总值（亿元） Gross Demestic Product (100 million yuan)		人均国内生产总值（元） Per Capita Gross Demestic Product (yuan)		财政收入（万元） Government Revenue (10000 yuan)		人均财政收入（元） Per Capita Government Revenue (yuan)		财政支出（万元） Government Expenditure (10000 yuan)	
	指标 Amount	位次 Order of Prece-dence	指标 Amount	位次 Order of Prece-dence	指标 Amount	位次 Order of Prece-dence	指标 Amount	位次 Order of Prece-dence	指标 Amount	位次 Order of Prece-dence
长丰县 Changfeng	19.90	40	2057	57	12975	26	134.10	48	21331	16
肥东县 Feidong	30.57	17	2792	41	18383	7	167.93	35	27800	4
肥西县 Feixi	20.40	39	2138	55	15435	16	161.69	38	24010	10
濉溪县 Suixi	30.37	18	2648	44	16805	11	146.50	43	24286	9
涡阳县 Guoyang	36.79	5	2730	42	17148	10	127.30	52	20144	21
蒙城县 Mengcheng	26.01	28	1915	59	20740	3	180.18	29	25137	7
利辛县 Lixin	35.59	8	3092	35	11606	31	85.45	58	19028	28
砀山县 Dangshan	28.24	22	3184	33	12401	28	139.85	45	20656	19
萧　县 Xiaoxian	31.43	14	2495	49	15812	12	125.28	53	21701	15
灵璧县 Lingbi	32.18	12	2912	39	14105	22	127.64	51	19200	25
泗　县 Sixian	23.53	34	2837	40	9462	46	114.12	55	12881	51
怀远县 Huaiyuan	38.62	3	3060	36	14662	19	116.19	54	18856	30
五河县 Wuhe	23.61	33	3437	30	10817	35	157.53	40	15397	43
固镇县 guzhen	22.77	35	3620	26	10540	39	167.54	36	15514	42
界首市 Jieshou	27.61	23	3807	23	13868	24	191.16	23	19183	26
临泉县 Lingquan	30.89	15	1681	61	12724	27	69.24	61	21940	13
太和县 Taihe	33.54	10	2246	52	15714	13	105.26	57	22541	12
阜南县 Funan	26.44	27	1829	60	11262	34	77.91	60	18960	29
颍上县 Yingshang	30.69	16	2097	56	12130	29	82.92	59	18118	31
凤台县 Fengtai	27.53	24	4970	10	14189	21	211.18	15	16975	34
天长市 Tianchang	40.90	2	6754	4	15601	14	257.57	7	19657	23
明光市 Minguang	35.79	6	5778	5	15395	17	248.63	11	20918	18
来安县 Laian	27.40	25	5734	6	8974	48	187.88	25	13817	49
全椒县 Quanjiao	32.13	13	7127	3	15507	15	344.06	2	20160	20
定远县 Dingyun	38.44	4	4324	18	18436	6	207.48	16	23473	11
凤阳县 Fengyang	33.81	9	4866	11	13604	25	195.70	21	19411	24
寿　县 Shouxian	29.11	21	2317	51	21342	2	169.87	34	28315	3
霍邱县 Huoqiu	29.95	19	2049	58	21821	1	135.30	47	29738	2
舒城县 Shucheng	24.64	32	2513	47	18010	8	183.71	27	27199	5
金寨县 Jinzhai	16.01	50	2519	46	10816	36	170.87	33	19823	22

21—10 续表 1 continued

县（市） County or City	国内生产总值（亿元） Gross Demestic Product (100 million yuan) 指标 Amount	位次 Order of Prece-dence	人均国内生产总值（元） Per Capita Gross Demestic Product (yuan) 指标 Amount	位次 Order of Prece-dence	财政收入（万元） Government Revenue (10000 yuan) 指标 Amount	位次 Order of Prece-dence	人均财政收入（元） Per Capita Government Revenue (yuan) 指标 Amount	位次 Order of Prece-dence	财政支出（万元） Government Expenditure (10000 yuan) 指标 Amount	位次 Order of Prece-dence
霍山县 Huoshan	16.43	49	4507	15	9801	44	268.96	6	15845	40
当涂县 Dangtu	25.65	30	3859	22	11570	32	172.89	32	15359	44
庐江县 lujiang	27.36	26	2243	53	18668	5	158.15	39	25361	6
无为县 Wuwei	43.69	1	3190	32	19771	4	144.39	44	30223	1
含山县 Hanshan	17.83	46	4083	20	9507	45	217.65	14	14131	48
和县 Hexian	20.41	38	3168	34	11472	33	178.14	31	14882	46
芜湖县 Wuhu	18.55	44	3460	28	10312	41	192.28	22	16383	38
繁昌县 Fanchng	20.70	37	4530	14	11649	30	254.90	8	15831	41
南陵县 Nnlin	16.51	48	3053	37	10591	38	195.79	20	16873	35
宁国市 Ninguo	33.17	11	8707	2	14308	20	375.59	1	19140	27
郎溪县 Langxi	12.11	53	3637	25	4453	57	133.76	49	8599	57
广德县 guangde	25.77	29	5081	8	9045	47	178.35	30	14498	47
泾县 Jingxian	19.42	43	5408	7	7344	52	204.09	17	12276	53
旌德县 Jingde	6.10	59	4616	13	3059	59	201.25	18	5964	59
绩溪县 Jixi	9.23	57	5056	9	4422	58	242.24	12	8112	58
铜陵县 Tonglin	15.42	51	4497	16	8575	51	250.04	9	13189	50
东至县 Dongzhi	17.99	45	3387	31	8886	49	167.44	37	14997	45
石台县 Shitai	2.40	61	2166	54	1547	61	139.06	46	4839	61
青阳县 Qingyang	9.88	56	3569	27	5589	56	199.82	19	10131	55
桐城市 Tongcheng	35.75	7	4623	12	17850	9	230.78	13	24371	8
怀宁县 Huainin	29.12	20	3727	24	14713	18	188.22	24	21846	14
枞阳县 Zongyang	24.91	31	2621	45	10042	43	105.65	56	17505	32
潜山县 Qianshan	19.58	42	3456	29	8776	50	154.93	42	16213	39
太湖县 Taihu	16.87	47	2991	38	10470	40	185.56	26	16829	37
宿松县 Susong	19.81	41	2508	48	10105	42	127.98	50	16990	33
望江县 Wangjiang	14.54	52	2416	50	10781	37	180.86	28	16861	36
岳西县 Yuexi	10.94	55	2729	43	6258	54	156.08	41	12440	52
歙县 Shexian	22.38	36	4457	17	13882	23	276.48	5	20936	17
休宁县 Xiunin	11.28	54	4116	19	6815	53	248.72	10	11149	54
黟县 Yixian	3.87	60	3959	21	3037	60	311.17	4	5687	60
祁门县 Qimen	8.88	58	4804	1	5857	55	316.85	3	9651	56

21—10 续表2 continued

县（市）County or City	职工平均工资（元）Average Wage of Staff and Workers (yuan)		乡及乡以上工业总产值（万元）Gross Industrial Output Value at and Above Township Level (10000 yuan)		人均工业总产值（元）Per Capita Gross Industrial Output Value (yuan)		农林牧渔业总产值（万元）Gross Output Value of Farming, Forestry, Animal Husbandry and Fishery (10000 yuan)	
	指标 Amount	位次 Order of Precedence	指标 Amount	位次 Order of Precedence	指标 Amount	位次 Order of Precedence	指标 Amount	位次 Order of Precedence
长丰县 Changfeng	5865	12	39482	39	408.06	49	182587	23
肥东县 Feidong	6301	5	58879	30	537.86	43	213580	17
肥西县 Feixi	5351	27	90695	13	950.08	25	163552	27
濉溪县 Suixi	4647	54	35060	43	305.64	55	212015	18
涡阳县 Guoyang	4943	43	86631	15	643.12	37	315944	5
蒙城县 Mengcheng	4920	45	81412	17	707.25	33	339466	2
利辛县 Lixin	3910	60	19121	57	140.79	61	277119	11
砀山县 Dangshan	4722	53	45915	35	517.79	45	202198	21
萧　县 Xiaoxian	4071	59	45794	36	362.84	51	232616	15
灵璧县 Lingbi	4569	55	33717	45	305.12	56	316756	4
泗　县 Sixian	3867	61	25199	55	303.93	57	251257	14
怀远县 Huaiyuan	5133	36	42679	38	338.20	53	282614	8
五河县 Wuhe	5141	35	30137	48	438.90	47	202769	20
固镇县 guzhen	5048	40	31347	46	498.28	46	190273	22
界首市 Jieshou	4890	46	92714	11	1278.02	16	153800	30
临泉县 Lingquan	4396	56	64284	27	349.83	52	297741	6
太和县 Taihe	5055	38	98917	9	662.58	35	278718	10
阜南县 Funan	4248	58	30207	47	208.97	58	280640	9
颍上县 Yingshang	4286	57	26708	53	182.57	59	286140	7
凤台县 Fengtai	6420	3	66659	24	992.10	23	129456	38
天长市 Tianchang	5379	26	254457	1	4201.04	2	178730	24
明光市 Minguang	4805	49	66767	23	1078.28	19	163820	26
来安县 Laian	4940	44	85572	16	1791.52	9	132572	37
全椒县 Quanjiao	4839	48	173003	4	3838.54	3	134918	36
定远县 Dingyun	4858	47	77171	19	868.50	29	268698	12
凤阳县 Fengyang	4766	50	65077	26	936.16	27	205491	19
寿　县 Shouxian	5244	31	95052	10	756.57	31	261819	13
霍邱县 Huoqiu	5581	21	110284	6	683.83	34	348723	1
舒城县 Shucheng	5049	39	92667	12	945.24	26	161866	28
金寨县 Jinzhai	4748	51	35564	42	561.83	39	122709	40

21—10 续表3 continued

县（市） County or City	职工平均工资（元） Average Wage of Staff and Workers (yuan)		乡及乡以上工业总产值（万元） Gross Industrial Output Value at and Above Township Level (10000 yuan)		人均工业总产值（元） Per Capita Gross Industrial Output Value (yuan)		农林牧渔业总产值（万元） Gross Output Value of Farming, Forestry, Animal Husbandry and Fishery (10000 yuan)	
	指标 Amount	位次 Order of Precedence	指标 Amount	位次 Order of Precedence	指标 Amount	位次 Order of Precedence	指标 Amount	位次 Order of Precedence
霍山县 Huoshan	5199	33	106854	7	2932.33	5	58028	55
当涂县 Dangtu	5167	34	60634	29	906.07	28	164610	25
庐江县 lujiang	4733	52	65370	25	553.80	41	230256	16
无为县 Wuwei	5514	24	152495	5	1113.71	18	319479	3
含山县 Hanshan	5648	17	44637	37	1021.91	21	109858	42
和　县 Hexian	5058	37	78948	18	1225.90	17	139297	33
芜湖县 Wuhu	6058	9	39440	40	735.41	32	135233	35
繁昌县 Fanchng	6255	6	72237	22	1580.68	11	91287	47
南陵县 Nnlin	6110	8	29996	49	554.51	40	136942	34
宁国市 Ninguo	7590	1	226515	2	5946.06	1	103355	43
郎溪县 Langxi	5337	29	28451	52	854.64	30	72307	49
广德县 guangde	6328	4	50631	34	998.34	22	92209	46
泾　县 Jingxian	6174	7	87453	14	2430.26	6	70893	50
旌德县 Jingde	5586	20	2558	61	168.29	60	36803	58
绩溪县 Jixi	5916	11	61762	28	3383.29	4	49398	56
铜陵县 Tonglin	5553	23	57029	31	1662.90	10	64249	53
东至县 Dongzhi	5234	32	34904	44	657.70	36	103260	44
石台县 Shitai	6484	2	4630	60	416.18	48	16168	61
青阳县 Qingyang	4961	42	15431	58	551.70	42	45916	57
桐城市 Tongcheng	5989	10	186236	3	2407.86	7	146032	32
怀宁县 Huainin	5787	13	76760	20	981.96	24	157571	29
枞阳县 Zongyang	5778	14	50862	33	535.11	44	152227	31
潜山县 Qianshan	5631	18	76143	21	1344.21	15	79624	48
太湖县 Taihu	5674	15	20592	56	364.94	50	117165	41
宿松县 Susong	5332	30	25648	54	324.84	54	128525	39
望江县 Wangjiang	5026	41	36482	41	612.01	38	98043	45
岳西县 Yuexi	5560	22	54502	32	1359.32	14	63937	54
歙　县 Shexian	5657	16	106007	8	2111.27	8	70754	51
休宁县 Xiunin	5619	19	28926	50	1055.69	20	66997	52
黟　县 Yixian	5384	25	13812	59	1415.16	13	23270	60
祁门县 Qimen	5344	28	28767	51	1556.23	12	34819	59

21—10 续表4 continued

县（市） County or City	人均农林牧渔业总产值（元） Per Capita Gross Outpnt Value of Farming, Forestry, Animal Husbandry and Fishery (yuan) 指标 Amount	位次 Order of Precedence	农民人均纯收入（元） Annual per Capita Net Income of Rural Residents (yuan) 指标 Amount	位次 Order of Precedence	社会消费品零售总额（万元） Total Retail Sale of Consumer Goods (10000 yuan) 指标 Amount	位次 Order of Precedence	人均社会消费品零售总额（元） Per Capita Total Retail Sale of Consumer Goods (yuan) 指标 Amount	位次 Order of Precedence
长丰县 Changfeng	1887.11	43	1460.93	53	51041	50	527.53	61
肥东县 Feidong	1951.04	36	1953.59	38	97348	20	889.27	47
肥西县 Feixi	1713.30	50	1950.29	39	81607	30	854.88	49
濉溪县 Suixi	1848.27	47	1977.20	35	80171	31	698.90	58
涡阳县 Guoyang	2345.45	21	2157.00	21	173348	1	1286.87	26
蒙城县 Mengcheng	2949.06	8	2120.00	26	155496	5	1350.85	24
利辛县 Lixin	2040.42	31	1318.00	60	100166	18	737.52	57
砀山县 Dangshan	2280.21	23	1798.57	42	73807	36	832.33	54
萧　县 Xiaoxian	1843.09	48	1969.08	36	138191	8	1094.93	37
灵璧县 Lingbi	2866.44	9	1779.07	43	70273	39	635.93	60
泗　县 Sixian	3030.48	1	1685.05	45	53815	49	649.08	59
怀远县 Huaiyuan	2239.50	24	2052.00	32	139167	7	1102.79	36
五河县 Wuhe	2953.02	6	2152.00	22	82375	29	1199.67	29
固镇县 guzhen	3024.53	2	2087.22	30	71020	38	1128.91	34
界首市 Jieshou	2120.06	28	2250.00	14	130672	11	1801.25	5
临泉县 Lingquan	1620.27	55	1498.00	51	155745	4	847.55	50
太和县 Taihe	1866.96	46	2124.00	25	165961	2	1111.67	35
阜南县 Funan	1941.47	39	1398.00	55	113191	14	783.06	56
颍上县 Yingshang	1955.98	35	1835.00	41	132654	10	906.79	46
凤台县 Fengtai	1926.72	41	1980.00	34	55217	48	821.80	55
天长市 Tianchang	2950.80	7	2494.00	5	102651	17	1694.75	11
明光市 Minguang	2645.67	13	2102.23	29	85398	27	1379.17	21
来安县 Laian	2775.51	10	2260.00	13	79020	33	1654.35	12
全椒县 Quanjiao	2993.52	4	2241.00	15	78792	34	1748.21	8
定远县 Dingyun	3024.01	3	2117.00	27	83856	28	943.74	43
凤阳县 Fengyang	2956.07	5	2158.27	20	72009	37	1035.88	39
寿　县 Shouxian	2083.97	29	1492.00	52	134458	9	1070.23	38
霍邱县 Huoqiu	2162.29	27	1556.00	49	150725	6	934.58	45
舒城县 Shucheng	1651.10	51	1598.30	46	96296	21	982.26	42
金寨县 Jinzhai	1938.53	40	1542.00	50	77555	35	1225.20	28

21—10 续表 5 continued

县（市） County or City	人均农林牧渔业总产值（元）Per Capita Gross Outpnt Value of Farming, Forestry, Animal Husbandry and Fishery (yuan)		农民人均纯收入（元）Annual per Capita Net Income of Rural Residents (yuan)		社会消费品零售总额（万元）Total Retail Sale of Consumer Goods (10000 yuan)		人均社会消费品零售总额（元）Per Capita Total Retail Sale of Consumer Goods (yuan)	
	指标 Amount	位次 Order of Precedence	指标 Amount	位次 Order of Precedence	指标 Amount	位次 Order of Precedence	指标 Amount	位次 Order of Precedence
霍山县 Huoshan	1592.43	58	1575.12	48	56502	46	1550.55	14
当涂县 Dangtu	2459.80	17	2552.00	4	90161	24	1347.30	25
庐江县 lujiang	1950.66	37	1984.09	33	116301	12	985.27	41
无为县 Wuwei	2333.24	22	1960.37	37	160614	3	1173.01	31
含山县 Hanshan	2515.06	16	2175.64	19	68222	41	1561.86	13
和　县 Hexian	2163.00	26	2177.13	18	94148	22	1461.93	17
芜湖县 Wuhu	2521.59	15	2625.00	1	104651	16	1951.35	4
繁昌县 Fanchng	1997.53	33	2564.36	3	108115	15	2365.75	1
南陵县 Nnlin	2531.51	14	2574.00	2	93816	23	1734.28	9
宁国市 Ninguo	2713.09	11	2408.35	8	87557	26	2298.39	2
郎溪县 Langxi	2172.03	25	1393.04	56	50729	51	1523.85	15
广德县 guangde	1818.18	49	2408.88	7	89054	25	1755.97	7
泾　县 Jingxian	1970.07	34	2360.63	11	63478	44	1764.01	6
旌德县 Jingde	2421.25	19	2364.50	10	25936	59	1706.32	10
绩溪县 Jixi	2706.00	12	2114.39	28	38035	55	2083.54	3
铜陵县 Tonglin	1873.42	45	2356.00	12	47121	53	1373.99	22
东至县 Dongzhi	1945.73	38	2053.87	31	60397	45	1138.06	33
石台县 Shitai	1453.30	59	1144.77	61	11494	61	1033.17	40
青阳县 Qingyang	1641.62	53	2145.86	23	40798	54	1458.63	18
桐城市 Tongcheng	1888.06	42	2472.02	6	115700	13	1495.90	16
怀宁县 Huainin	2015.75	32	2386.00	9	99169	19	1268.63	27
枞阳县 Zongyang	1601.55	56	1589.34	47	80110	32	842.82	52
潜山县 Qianshan	1405.67	61	1390.00	58	65630	43	1158.62	32
太湖县 Taihu	2076.47	30	1456.49	54	48676	52	862.67	48
宿松县 Susong	1627.83	54	1391.48	57	66108	42	837.29	53
望江县 Wangjiang	1644.74	52	1706.39	44	55872	47	937.29	44
岳西县 Yuexi	1594.64	57	1387.02	59	33869	57	844.72	51
歙　县 Shexian	1409.16	60	2190.00	17	68225	40	1358.79	23
休宁县 Xiunin	2445.15	18	2191.00	16	37830	56	1380.66	20
黟　县 Yixian	2384.22	20	2126.32	24	11516	60	1179.92	30
祁门县 Qimen	1883.64	44	1944.13	40	26468	58	1431.86	19

附　录

APPENDIX

简要说明

一、安徽农村小康评价资料由省农村小康监测中心提供。确定农村小康指标体系的原则：农村小康是指全面发展农村经济的基础上，使农民生活在温饱的水平上进一步提高的阶段性标志，逐步实现生活比较宽裕、精神生活比较充实、生活环境改善、人口素质提高、公益事业发展、社会治安良好。

二、贫困县监测情况由省农村贫困监测办公室提供。贫困概念是指绝对贫困，又叫生存贫困。指在一定的社会方式和生活方式下，个人家庭所得不能维持基本生存要求状况。确定贫困线的基本方法是食物份额法。

三、企业简介由企业提供。

Brief Introduction

I. Data on assessment of well-to-do in rural areas of Anhui is provided by the Rural Well-to-do Observation and Survey Center of Anhui Province. The principle of defining the indicator system is: rural well-to-do is the phase mark of the peasants' living standard over the well-fed and well-groomed on the basis of the overall development of agricultural economy. In rural area, it will progressively come true: well-off living, substantial cultural life, improved living environment and population quality, the public welfare is developed and with good social security.

II. Data on observation and survey of counties are provided by the Rural Poverty Observation and Survey Office of Anhui Province. Poverty means absolute poverty or living poverty. It means that the income of the persons in the family can't meet the basic living demand in certain social and living style. The basic method to determine the poverty line is food-share method.

III. The brief introductions of enterprises are provided by the enterprises.

附录1　安徽省省级农村小康综合评价情况
Estimation of Being Well-to-do in Anhui Rural Areas

指　标　Item			温饱值 The Value of Being Well-fed and Well-groomed	小康值 The Value of Being Well-to-do	权数 Weight
合　计		Total			**100**
农民人均纯收入	（元）	Per Capita Annual Net Income of Rural Residents （yuan）	300	1100－1200	30
基尼系数	（%）	Gini Coefficient （%）	20	30－40	5
恩格尔系数	（%）	Engel Coefficient （%）	60	≤50	6
蛋白质摄入量	（克/人日）	Protein Assimilated （g/person-day）	47	≥75	9
衣着消费支出	（元/人年）	Consumer Expenditure for Clothing （yuan/person-year）	27	≥70	3
钢混、砖木结构住房比重	（%）	Proportion of Reinforced Concrete, Brick and Wooden Houses （%）	43	≥80	7
高档机电消费品拥有量	（台件/百户）	High-grade Mechanical and Electrical Consumer Goods Owned （unit/100 Households）	11	≥200	6
人均文化生活服务消费支出占生活消费支出比重	（%）	Proportion of Per Capita Consumer Expenditure for Cultural Services to Total Consumption Expenditure （%）	2	≥10	6
人口平均预期寿命	（岁）	Average Life Expectancy （Year）	68	≥70	4
适龄青年平均受教育程度	（年）	Average Education Level of Youth of School Age （year）	6	≥9	5
已通公路行政村比重	（%）	Percentage of Villages With Highway Communication （%）	50	≥85	3
已通电话行政村比重	（%）	Percentage of Villages With Telephone Communication （%）	50	≥70	2
安全卫生水普及率	（%）	Percentage of Population with Access to Safe and Clear Water （%）	50	≥90	3
用电户比重	（%）	Percentage of Households With Electricity （%）	50	≥95	3
享受社会保障人口比重	（%）	Proportion of the Persons Enjoying Social Protection （%）	50	≥90	4
万人刑事案件立案件数	（件）	Filed Criminal Cases for Investigation and Prosecution per 10000 Persons （case）	5	≤20	4

指　标　Item			1999年评价结果 Estimation of 1999 Result		
			实际值 Actual Value	实际程度（%） Actual Level（%）	得分 Score
合　计		Total			**88.38**
农民人均纯收入	（元）	Per Capita Annual Net Income of Rural Residents （yuan）	925.44	78.18	23.45
基尼系数	（%）	Gini Coefficient （%）	28.00	80.00	4.00
恩格尔系数	（%）	Engel Coefficient （%）	54.38	56.20	3.37
蛋白质摄入量	（克/人日）	Protein Assimilated （g/person-day）	76.06	100.00	9.00
衣着消费支出	（元/人年）	Consumer Expenditure for Clothing （yuan/person-year）	69.43	98.67	2.96
钢混、砖木结构住房比重	（%）	Proportion of Reinforced Concrete, Brick and Wooden Houses （%）	87.79	100.00	7.00
高档机电消费品拥有量	（台件/百户）	High-grade Mechanical and Electrical Consumer Goods Owned （unit/100 Households）	94.71	100.00	6.00
人均文化生活服务消费支出占生活消费支出比重	（%）	Proportion of Per Capita Consumer Expenditure for Cultural Services to Total Consumption Expenditure （%）	13.23	100.00	6.00
人口平均预期寿命	（岁）	Average Life Expectancy （Year）	70.00	100.00	4.00
适龄青年平均受教育程度	（年）	Average Education Level of Youth of School Age （year）	7.44	72.00	3.60
已通公路行政村比重	（%）	Percentage of Villages With Highway Communication （%）	97.74	100.00	3.00
已通电话行政村比重	（%）	Percentage of Villages With Telephone Communication （%）	96.13	100.00	2.00
安全卫生水普及率	（%）	Percentage of Population with Access to Safe and Clear Water （%）	98.80	100.00	3.00
用电户比重	（%）	Percentage of Households With Electricity （%）	99.39	100.00	3.00
享受社会保障人口比重	（%）	Proportion of the Persons Enjoying Social Protection （%）	96.15	100.00	4.00
万人刑事案件立案件数	（件）	Filed Criminal Cases for Investigation and Prosecution per 10000 Persons （case）	8.60	100.00	4.00

附录2—1 全省农村贫困监测调查情况（2000年）
Observation and Survey of Poverty in Rural Areas (2000)

	贫困户 Poor Peasant Families				贫困人口 Poor Population			
	1999		2000		1999		2000	
	绝对数（万户）Total (10000 households)	比重（%）Proportion (%)	绝对数（万户）Total (10000 households)	比重（%）Proportion (%)	绝对数（万人）Total (10000 persons)	比重（%）Proportion (%)	绝对数（万人）Total (10000 persons)	比重（%）Proportion (%)
总计 Total	**19.1**	**100**	**11.53**	**100**	**78.1**	**100**	**46.37**	**100**
贫困县 Poor Counties	14.2	74.3	8.24	71.47	60.1	76.9	34.23	73.82
国家级贫困县 At National Level	13.5	70.7	7.87	68.26	57.8	74.0	33.04	71.25
省级贫困县 At Provincial Level	0.7	3.6	0.37	3.21	2.3	2.9	1.19	2.57
非贫困县 Unpoor Counties	4.9	25.7	3.29	28.53	18.0	23.1	12.14	26.18

附录2—2 各市农村贫困监测调查情况
Observation and Survey of Poverty in Rural Areas by Region

地区 Region	贫困户（户）Poor Peasant Families (household)		贫困人口（人）Poor Population (person)	
	1999	2000	1999	2000
总计 Total	**190694**	**115268**	**780786**	**463726**
合肥市 Hefei	14395	9925	61021	41695
淮北市 Huaibei	492	115	1852	410
亳州市 Bozhou	7808	4852	32857	20539
宿州市 Suzhou	7799	3306	28889	10949
蚌埠市 Bengbu	3463	2592	14430	10605
阜阳市 Fuyang	23745	14945	103289	65690
淮南市 Huainan	1783	415	7351	1718
滁州市 Chuzhou	879	2241	3338	9129
六安市 Luan	25956	17824	107313	71869
马鞍山市 Maanshan	259	113	902	393
巢湖市 Chaohu	21820	14268	86941	59059
芜湖市 Wuhu	466	273	1733	1030
宣城市 Xuancheng	5881	4613	18709	14544
铜陵市 Tongling	343	128	1222	444
池州市 Chizhou	8953	8500	31566	29940
安庆市 Anqing	60912	28485	259864	116911
黄山市 Huangshan	5740	2673	19509	8801

附录2—3　贫　困　县　监　测　调　查　情　况
Observation and Survey of Poor County

地　　区 Region	贫　困　户　（户） Poor Peasant Families (household)		贫困人口　（人） Poor Population (person)	
	1999	2000	1999	2000
合　　计　Total	**142200**	**82371**	**600663**	**342297**
国家级贫困县　At National Level	**135480**	**78673**	**578094**	**330371**
岳西县　Yuexi	14111	7380	60953	30214
无为县　Wuwei	17785	11771	71654	49125
金寨县　Jinzhai	10675	6024	45065	24430
太湖县　Taihu	10052	4509	45291	19794
枞阳县　Zongyang	10833	2595	49219	11220
长丰县　Changfeng	9982	6970	43212	29753
潜山县　Qianshan	10866	5859	43083	23091
阜南县　Funan	7312	4838	31589	20756
临泉县　Lingquan	6752	3954	30630	18008
宿松县　Susong	9563	4281	40749	17964
利辛县　Lixin	6153	4349	26971	18628
颍上县　Yingshang	6121	4347	27438	19955
霍邱县　Huoqiu	4244	2442	17080	9711
舒城县　Shucheng	3138	2450	13235	10145
寿　县　Shouxian	2643	2121	10985	8773
霍山县　Huoshan	2705	2399	10695	9312
六安市（县级）　Luan City (At County Level)	2545	2384	10245	9492
省级贫困县　At Provincial Level	**6720**	**3698**	**22569**	**11926**
歙　县　Shexian	2085	322	7316	1049
泾　县　Jingxian	1429	538	4543	1582
绩溪县　Jixi	1324	1217	4823	4445
凤台县　Fengtai	395	177	1611	729
郎溪县　Langxi	1487	1444	4276	4121

附录2—4 山区、库区县贫困监测调查情况
Observation and Survey of Counties in Mountain Area and Reservoir Area

地　　市 Region	贫困户（户） Poor Peasant Families (household)		贫困人口（人） Poor Population (person)	
	1999	2000	1999	2000
合　　计 Total	**85865**	**52146**	**346882**	**203379**
金寨县 Jinzhai *	10675	6024	45065	24430
太湖县 Taihu *	10052	4509	45291	19794
舒城县 Shucheng *	3138	2450	13235	10145
霍山县 Huoshan *	2705	2399	10695	9312
歙　县 Shexian *	2085	322	7316	1049
石台县 Shitai *☆	5587	5509	19347	19133
黄山区 Reigon Huangshan *☆	749	255	2517	854
桐城市 Tongcheng ☆	3123	2518	12058	9773
东至县 Dongzhi ☆	2023	2023	7429	7429
休宁县 Xiunin ☆	1788	1188	6134	4048
贵池区 Reigon Guichi ☆	934	787	3446	2851
青阳县 Qingyang ☆	409	181	1344	527
宣州区 Reigon Xuanzhou ☆	744	724	2347	2299
祁门县 Qimen ☆	468	384	1432	1148
徽州区 Huizhou Distric ☆	356	284	1192	952
宁国市 Ninguo ☆	225	124	650	332
广德县 Guangde ☆	529	442	1611	1354
黟　县 Yixian ☆	274	240	866	750
旌德县 Jingde ☆	143	124	459	411
屯溪区 Tunxi District ☆	20		52	
岳西县 Yuexi	14111	7380	60953	30214
潜山县 Qianshan	10866	5859	43083	23091
宿松县 Susong	9563	4281	40749	17964
六安市（县级） Luan City (At County Level)	2545	2384	10245	9492
泾　县 Jingxian	1429	538	4543	1582
绩溪县 Jixi	1324	1217	4823	4445

注：*号为库区的县（区），☆为非贫困县（区）。
a) " * " Means the county (district) in reservoir area and "☆" means unpoor county.

附录2—5　全省分县（市）农村贫困人口监测调查结果
Monitor and Census of Rural Poor Population by County or City

地　区 Region		贫困户数 （户） Poor Peasant Families (household)		贫困人数 （人） Poor Population (person)		贫困发生率 （%） Arising Ratio of Poverty (%)	
		1999	2000	1999	2000	1999	2000
全省合计	**Total**	**190694**	**115268**	**780786**	**463726**	**1.56**	**0.92**
合肥郊区	Suburban District of Hefei						
蜀山镇	Shushanzhen						
长丰县	Changfeng	9982	6970	43212	29753	4.97	3.43
肥东县	Feidong	2603	1654	10951	6954	1.16	0.74
肥西县	Feixi	1810	1301	6858	4988	0.81	0.59
淮北市辖区	HuaiBei Reigon of City	181	93	703	319	0.36	0.17
濉溪县	Suixi	311	22	1149	91	0.12	0.01
亳州市	Bozhou	746	157	2302	543	0.21	0.05
涡阳县	Guoyang	628	165	2497	656	0.21	0.05
蒙城县	Mengcheng	281	181	1087	712	0.11	0.07
利辛县	Lixin	6153	4349	26971	18628	2.12	1.47
埇桥区	Yongqiao District	4051	1804	14433	5891	1.10	0.45
砀山县	Dangshan	2601	1256	9994	4107	1.26	0.52
萧县	Xiaoxian	228	30	859	103	0.08	0.01
灵璧县	Lingbi	603	157	2448	630	0.24	0.06
泗县	Sixian	316	59	1155	218	0.15	0.03
蚌埠郊区	Suburban District of Bengbu	348	145	1265	493	0.59	0.21
怀远县	Huaiyuan	2409	2235	10294	9306	0.92	0.83
五河县	Wuhe	89	10	406	33	0.07	0.01
固镇县	Guzhen	617	202	2465	773	0.45	0.14
阜阳市辖区	Fuyang Reigon of City	1733	967	6752	3713	0.48	0.26
临泉县	Linquan	6752	3954	30630	18008	1.79	1.05
界首市	Jieshou	1265	600	4644	2214	0.75	0.36
太和县	Taihe	562	239	2236	1044	0.16	0.08
阜南县	Funan	7312	4838	31589	20756	2.36	1.55
颍上县	Yingshang	6121	4347	27438	19955	2.07	1.51
淮南市辖区	Huainan Reigon of City	1388	238	5740	989	1.65	0.19
凤台县	Fengtai	395	177	1611	729	0.28	0.13
滁州市辖区	Chuzhou Reigon of City	111	65	370	224	0.13	0.08
天长市	Tianchang	46	30	144	98	0.03	0.02
明光市	Mingguang	499	292	1952	1131	0.39	0.23
来安县	Laian	101	53	361	178	0.09	0.04
全椒县	Quanjiao		194		707		0.22
定远县	Dingyuan		1532		6459		0.88
凤阳县	Fengyang	122	75	511	332	0.09	0.06
六安市	Luan	2545	2384	10245	9492	0.72	0.66
寿县	Shouxian	2643	2121	10985	8773	1.03	0.82
霍邱县	Huoqiu	4244	2442	17080	9711	1.20	0.68

附录 2—5 续表 continued

地 区 Region		贫困户数 (户) Poor Peasant Families (household)		贫困人数 (人) Poor Population (person)		贫困发生率 (%) Arising Ratio of Poverty (%)	
		1999	2000	1999	2000	1999	2000
舒 城 县	Shucheng	3138	2450	13235	10145	1.60	1.23
金 寨 县	Jinzhai	10675	6024	45065	24430	8.10	4.39
霍 山 县	Huoshan	2705	2399	10695	9312	3.39	2.96
叶 集 区	Yeji District	6	4	8	6		
向 山 区	Xiangshan District	31	18	95	58	0.09	0.05
当 涂 县	Dangtu	228	95	807	335	0.14	0.06
居 巢 区	Juchao District	1465	911	5267	3546	0.96	0.65
庐 江 县	Lujiang	1492	940	5942	3861	0.57	0.37
无 为 县	Wuwei	17785	11771	71654	49125	5.81	3.99
含 山 县	Hanshan	266	250	1039	1004	0.29	0.28
和 县	Hexian	812	396	3039	1523	0.55	0.28
芜湖市辖区	Wuhu Reigon of City	1		3			
芜 湖 县	Wuhu	256	170	920	619	0.19	0.13
繁 昌 县	Fanchang	127	41	482	160	0.13	0.04
南 陵 县	Nanling	82	62	328	251	0.07	0.05
宣 州 市	Xuanzhou	744	724	2347	2299	0.39	0.38
宁 国 市	Ningguo	225	124	650	332	0.23	0.12
郎 溪 县	Langxi	1487	1444	4276	4121	1.50	1.45
广 德 县	Guangde	529	442	1611	1354	0.36	0.30
泾 县	Jingxian	1429	538	4543	1582	1.52	0.53
旌 德 县	Jixi	143	124	459	411	0.35	0.31
绩 溪 县	Jingde	1324	1217	4823	4445	3.27	3.01
铜陵郊区	Suburban District of Tongling	24	9	83	42	0.26	0.03
铜 陵 县	Tongling	319	119	1139	402	0.39	0.14
贵 池 区	Guichi District	934	787	3446	2851	0.78	0.65
东 至 县	Dongzhi	2023	2023	7429	7429	1.56	1.56
石 台 县	Shitai	5587	5509	19347	19133	20.76	20.53
青 阳 县	Qingyang	409	181	1344	527	0.56	0.22
安庆郊区	Suburban District of Anqing	275	228	1008	841	0.49	0.40
桐 城 市	Toancheng	3123	2518	12058	9773	1.78	1.44
怀 宁 县	Huaining	1379	405	4815	1326	0.69	0.19
枞 阳 县	Zongyang	10833	2595	49219	11220	5.71	1.30
潜 山 县	Qianshan	10866	5859	43083	23091	8.31	4.45
太 湖 县	Taihu	10052	4509	45291	19794	8.77	3.83
宿 松 县	Susong	9563	4281	40749	17964	5.71	2.52
望 江 县	Wangjiang	710	710	2688	2688	0.49	0.49
岳 西 县	Yuexi	14111	7380	60953	30214	16.87	8.36
黄山市辖区	Huangshan Reigon of City	1125	539	3761	1806	1.39	0.67
歙 县	Shexian	2085	322	7316	1049	1.65	0.24
休 宁 县	Xiuning	1788	1188	6134	4048	2.54	1.68
黟 县	Yixian	274	240	866	750	1.07	0.92
祁 门 县	Qimen	468	384	1432	1148	0.97	0.78

主要统计指标解释

小康生活水平　是指国际上对年人均收入在600美元到2400美元之间中等收入阶段的社会生活质量的综合评价。由于各国国情不同，小康生活的内涵也有差异。所谓小康水平，是指在温饱的基础上，生活质量进一步提高，达到丰衣足食。这个要求既包括物质生活的改善，也包括精神生活的充实；既包括居民个人消费水平的提高，也包括社会福利和劳动环境的改善。

农村小康指标体系　包括（一）收入分配（1）水平：人均纯收入；（2）差异：基尼系数；（二）物质生活（3）消费：恩格尔系数；（4）营养：每人每日蛋白质摄入量；（5）衣着：人均衣着消费支出；（6）住房：钢筋砖木结构住房比例；（三）精神生活（7）文娱：电视机普及率；（8）服务：文化生活服务支出比重；（四）人口素质（9）健康：平均预期寿命；（10）知识：平均受教育年限；（五）生活环境（11）饮水：农村安全卫生水普及率；（12）用电：农村用电户比重；（13）交通：已通公路的行政村比重；（14）通讯：已通电话的行政村的比重；（六）保障安全（15）保障：农村享受五保人口比重；（16）安全：农村每万人刑事案件立案件数。六个方面全面系统地反映了农村小康的特征和要求，是具有内在联系的不可分割的统一整体。收入水平是实现小康的决定因素，收入差异则体现了小康社会共同富裕的程度；物质生活的宽裕，包括消费结构、吃穿住用等方面，是小康的核心内容，精神生活的充实，则是实现小康的重要标志；人口素质，无论是健康状况的改善，还是知识水平的提高，都是小康社会实现人的全面发展的必然要求，而生活环境的改善则是实现人的全面发展的基本条件；社会保障体系的完善与否以及社会治安状况的好坏，直接影响居民能否安居乐业、安康度日。

基尼系数　是国际上通用的反映居民之间收入差异程度的比较精确的指标。其经济含义是：在全部居民收入中用于进行不平均分配的百分比。农民收入的基尼系数用来说明农民收入分配“平等”程度的指标。根据洛伦斯曲线计算收入分配平等程度的指标即基尼系数。

恩格尔系数　食品支出总额占个人消费支出总额的比重。一个家庭收入中用于购买食物的费用比例的大小，可以衡量其家庭收入状况。计算公式为：

$$恩格尔系数=\frac{食品支出总额}{生活消费品支出总额}\times 100\%$$

$$或=\frac{食品支出总额}{居民支出总额}\times 100\%$$

国外一些专家根据恩格尔系数，提出了如下数量界限：恩格尔系数在59%以上为生活贫困，50—59%为温饱，40—50%为小康水平，20—40%为富裕，20%以下为最富裕。

Explanatory Notes for Major Statistical Indicators

Living Standard of Well-to-do It is an international comprehensive assessment about the living standard of per capita annual income between USD 600 and USD 2400. The intensions of Well-to-do are different because of the different conditions of every country. Well-to-do means that on the basis of well-fed and well-groomed, there has been further improvement on the living quality and people have ample food and clothing. It demands not only improvement on material life but also enrichment on cultural life. It includes raise of individual consumption standard of residence as well as the improvement of social welfare and labor environment.

Quota System of Well-to-do in Rural Areas It includes the following: (A) Income distribution. (1) Standard: Per Capita Annual Net Income. (2) Unlikeness: Gini Coefficient. (B) Material life. (3) Consumption: Engel Coefficient. (4) Protein Assimilated Daily. (5) Clothing: Consumer Expenditure for Clothing. (6) Housing: Proportion of Reinforced Concrete, Brick and Wooden Houses. (C) Cultural life. (7) Amusement: Percentage of households with TV sets. (8) Service: Proportion of Expenditure for Cultural Articles Services. (D) Population Quality. (9) Health: Average Life Expectancy. (10) Knowledge: Average Education Level; (E) Living Environment. (11) Water Drinking: Percentage of Population with access to Safe and Clear Water; (12) Electricity: Percentage of Households With Electricity; (13) Transportation: Percentage of Villages With Highway Communication; (14) Communication: Percentage of Villages With Telephone Communication; (F) Safeguard: (15) Protection: Percentage of households enjoying the five guarantees in rural area; (16) Security: Filed Criminal Cases for Investigation and Prosecution per 10000 Persons. These six aspects reflect the characters and demands of Well-to-do and they are an indivisible whole. Income standard is the determinant of Well-to-do. The unlikeness of income embodies the degree of common prosperity. Well-to-do material life includes consumption structure, food, clothing, lodging and appliance etc. and it is the key content of Well-to-do. Enrichment of cultural life is an important mark of Well-to-do. Population Quality is an essential demand of the development of people in the Well-to-do society. And the improvement of living Environment is a basic condition of the development of people. The condition of safeguard and social security directly influence whether the people could live and work in peace and contentment.

Gini Coefficient It is an accurate indicator reflecting the degree of income unlikeness. The economic meaning is: the percentage of income used to un-average distribution to the income of total residence. It is used to calculate the extent of equality of income distribution according to Lorance Curve.

Engel Coefficient It is the proportion of the consumption expenditure of food to the total expenditure. The proportion of expense of food could be used to judge the condition of household. The formula is:

$$\text{Engel Coefficient} = \frac{\text{consumption expenditure of food}}{\text{total consumption expenditure}} \times 100\%$$

$$\text{or Engel Coefficient} = \frac{\text{consumption expenditure of food}}{\text{total expenditure}} \times 100\%.$$

Some foreign experts put forward the following quantitative limits in accordance with Engel Coefficient: Engel Coefficient being over 59%, it is poverty; Engel Coefficient being 50 – 59%, it is well-fed and well-groomed; Engel Coefficient being 40 – 50%, it is well-to-do; Engel Coefficient being 20 – 40%, it is prosperous; Engel Coefficient being under 20%, it is the most prosperous.

安徽省省直机关事务管理局

单位简介： 近年来，省行管局认真落实国务院、省政府确定的深化房改政策，加大省直单位住房公积金归集力度，实施公积金单位 738 个，年新增 45 个，实行公积金制度的职工8.34 万人，归集率达 90%；全年归集公积金 6404 万元，累计归集公积金达1.59 亿元，超额完成了年初确定的目标任务。省直单位继续稳步出售公有住房，回收售房资金1.8 亿元，全年拨出房改资金1.7646 亿元，支持省直机关购建房 37 万平方米，维修住房 120 万平方米。完成省直单位“安居工程”小区建设 25000 余平方米，完成了北京人民大会堂安徽厅装修改造方案，省政府会议中心设计方案文件征集。圆满完成了省人事厅委托的初、中、高级专业技术人员培训考核任务，为社会培训各类服务人员 500 多人。加强了全省后勤体制改革业务指导工作，提出了我省各级政府机关后勤下一步改革的基本思路和设想。继续抓好省直机关小汽车管理，出台了“离退休省级干部用车实行车公里包干的办法”，对省级老同志用车制度进行了改革。在接待服务方面，圆满完成了江泽民总书记、朱镕基总理等党和国家领导人来皖接待任务 12 批，完成省部级领导接待任务 183 批，接待来皖调查调研团组 21 批，同时还参与接待了也门总统、法国总理、加拿大国际发展署署长等任务。局属稻香楼宾馆、庐阳饭店、花园宾馆在完成政治接待任务、基础建设和经营创收三方面均取得了可喜的成绩，全年接待宾客近 30 万人次，营业收入4218.39 万元。

安徽省民族宗教委员会

单位简介：2000年，我省民族工作在省委、省政府正确领导下，深入贯彻落实党的十五届五中全会和中央民族工作会议精神，加强民族团结，促进全省少数民族经济和社会发展，取得了显著成绩。

一、认真贯彻中央民族工作会议精神

我委根据中央民族工作会议精神，结合我省实际起草了《中共安徽省委、安徽省人民政府关于加强民族工作的若干意见》（代拟稿），以皖发［2000］17号文件下发各地、各部门，并在《安徽日报》上全文刊登。该《意见》的出台，为我省民族地区的发展创造了有利条件。2000年9月，省委、省政府召开了全省民族工作会议暨民族团结进步表彰大会。这次会议是我省历史上一次规模最大、规格最高的民族工作会议，标志我省民族工作进入了一个新的阶段。

二、围绕团结、进步主题，把一年一度的“民族团结宣传月”活动办出特色，办出成效。

我委召开全省民族团结宣传月动员会，采取多种形式，开展了有声有色的宣传活动。我委与《安徽日报》联合举办“全省民族知识竞赛”活动，有力地推动了党的民族政策和民族知识宣传教育活动进一步开展。

三、大力发展民族经济，加快脱贫致富步伐，完成2000年全省民族乡任期目标。

（一）顺利完成2000年民族乡任期目标。

（二）积极开展扶贫调研。

（三）积极争取国家和省市政府及有关部门对民族乡村的扶持。

四、继续推进少数民族文化、教育、卫生等事业的发展。

一是充分发挥协调职能，争取民委委员单位支持，为少数民族办实事、办好事。二是积极协助各民族大学在我省普通高校招生，大力发展民族教育。

五、认真妥善处理好民族关系方面出现的矛盾，积极做好稳定工作。

六、加大民族工作宣传力度，扩大影响，促进民族工作再上新台阶。

七、召开第三次省民委委员会议。

八、开展民族理论研讨活动，加强民族法制建设。起草了《安徽省民族教育情况调查报告》、《安徽省民族干部情况汇报》等，形成了《安徽省清真寺饮食管理办法》。

安徽省广播电视设备器材公司

单位简介：该公司隶属安徽省广播电影电视局，公司专业从事广播电视设备和器材的生产设计和经营。公司所属的安徽广播器材厂，专业生产、设计有线广播设备，其产品为275系列扩音机；98B系列综合播控台；AGFM系列调频广播发射机；ABS—3中短波发射机智能测试仪；有线广播配电柜系列；有线电视前端柜、屏幕柜和控制台系列产品。公司所属的安徽宏昌广播电视设备经销有限责任公司，是专业经营和代理国内外广播电视专业器材、演播室专业设备；舞台灯光、音响器材、卫星电视器材；广播电台、电视台、有线台音频设备及技术服务；有线电视前端及传输设备、器材；光发射机、接收机及传输设备、器材；记者采访机系列；摄录编系列；非线型编辑系统等。公司所属的安徽省宏达广播电视技术工程部专业从事广播电视工程设计、安装和施工。

公司技术力量雄厚，具有五十多年专业从事广播技术服务的丰富经验。公司本着“为广播电视事业服务，信誉第一，质量至上，用户是上帝”的宗旨开展各项工作，我们热忱欢迎各地新老用户前来洽谈业务，建立友谊，加强合作。

总经理（法人代表）：何成付

地址：安徽省合肥市屯溪路239号

邮政编码：230001

销售电话：（0551）4652885、4654377

工程部电话：（0551）4657342

技术服务电话：（0551）4653976、4654252

安徽省电力设计院

单位简介：该院是从事电力建设工程勘测设计的专业设计院，是国家首批颁发的甲级电力工程勘测设计证书单位，同时还持有甲级电力工程咨询证书、甲级电力工程总承包证书、甲级兼承监理证书、甲级建筑装饰工程设计证书、乙级建筑工程设计证书、乙级建设项目环境影响评价证书、乙级通用勘测证书等；获得对外贸易经济合作部颁发的进出口企业证书、国外承包工程劳务合作经营许可证。

主要承担单机容量300mw及以下的大、中、小型火力发电、燃气发电工程，500kv及以下电压等级的输变电工程的勘测设计；岩土工程；建筑工程；环境影响评价及环境工程治理；电力系统及其继电保护、远动通信、调度自动化、微波通信等规划和设计；并承担上述范围内的技术咨询、技术服务、工程总承包、工程监理等业务。承包境外电力工程及境内国际招标工程；承包上述境外工程的勘测、咨询、设计和监理项目；上述境外工程所需的设备、材料出口；对外派遣实施上述境外工程所需的劳务人员。

现有职工410余人，各类专业技术人员占85%，高中级技术人员占60%以上。已建成拥有300多个网络节点的企业级计算机网络，含有CAD网和MIS网。配有一台集工程图纸扫描归档、复印、网络CAD出图于一体的数字化一体机；拥有全钻仪、红外测距仪、卫星定位仪等先进、齐全的勘探、测量、土工试验仪器设备及工程钻机；数字化的打印、出版、装帧等印务设备。

安徽万友汉堡包有限公司

单位简介：该公司集食品加工、餐饮、教学培训为一体，下辖万友食品厂、商之都万友美食城、万友大酒店、万友烘焙学校、万友科大星座餐厅、舒城商之都万友美食广场。其主导产品有法港式面包、蛋糕、西点、绿豆糕、广式月饼、合肥传统四大名点、中西式快餐、销售网点遍布全省各地，是合肥市卫生局卫生先进单位。万友系列产品是合肥市技术监督局推荐产品。万友月饼99、2000年连续两年荣获中国月饼节“国家质量信誉产品”称号，万友小笼汤包荣获“中华名小吃”称号，万友快餐荣获全国第四届烹饪大赛快餐团体赛优胜奖。

万友烘焙学校是全省第一家集专业烘焙教学、食品原材料销售、人员管理培训为一体的综合性技术学校，师资力量雄厚，教学水平一流，是快速成材致富的好去处。

万友科大星座餐厅是万友人参与高校后勤社会化改革的积极成果和实力体现。不仅让优秀的莘莘学子品尝到一流的万友美食，也为能效力于祖国的教育大业而感欣慰。

以美食之珍，与万众为友。万友人将更加努力，奉献出更多更好的产品。

地址：合肥市红星路29号

电话：(0551) 2647634

安徽省合肥林业学校

单位简介：该校创办于1952年冬，是部属七所重点林校之一。校园占地面积136亩，校舍建筑面积3．5万平方米，教学设施方面有：植物、树木、植物生理、森林病虫害防治、气象、土壤、物理、化学、林木育种、造林测量、食用菌、军体、刑事技术、刑事照相、微机修理、财会模拟等21个实验室和一个综合实验室，拥有先进的微机室、多媒体教室和语音室。

该校与省林干校实行两块牌子，一套班子的领导体制，同时设有南京林业大学合肥函授站，省直电大自考教学点和省林业厅自学考试办公室。学校实行校长负责制，现有校级领导5人，学校中层机构设有：校办公室、教务处、总务处、学生科、干训处、工会、团委、产业办、保卫科、膳食科、教研室等十一个部门。学校设有：林业、财务会计、计算机应用、多种经营、林业公安、经济林、环境生态、果树与林业专业，为省级重点中专学校。

近50年来，始终坚持社会主义办学方向，形成了“学林、爱林、务林”，“勤奋、严谨、求实、创新”的优良校风。建校以来，已为国家输送毕业生5600多人，培训林业干部职工3000多名。这些毕业生分布于全国十九个省（市）、自治区和我省各地（市）县。大多数毕业生政治业务过硬，能扎根林业基层，许多人已成为林业战线的骨干。

安　徽　水　产　学　校

单位简介：该校是安徽省唯一的一所省级全日制培养水产人才及渔业科技研究的中等专业学校。校园位于合肥市农科南路48号。学校创办于1986年，占地面积70亩，建筑面积约17000平方米，拥有鱼类学、鱼病学、生物学、捕捞及养殖工程、微机五个标准实验室和一个占地面积为200亩的实习基地。现开设有淡水养殖、渔业经济管理、渔业财务会计、特种水产品养殖、水产品贸易、环境生态、生物制品技术、畜牧兽医、、渔政管理等九个专业，目前在校生逾1000人。学校还设有一个成人培训部、上海水产大学大专函授站及安徽省水产养殖职业技能鉴定站。学校师资力量雄厚，具有丰富的教学和实践经验。建校14年来每年向全省输送200余名毕业生，同时还承担了全省500多名水产行业干部的培训工作。该校已成为安徽省水产技术、管理人才培养的主要基地。为安徽省渔业致富工程和安徽从农业大省向农业强省跨越作出了重要贡献。

合　肥　联　合　大　学

单位简介：该校创建于1980年，是一所以专科为主，本、专科兼有，以理科为主，文科、经济、师范兼设的多学科全日制综合性普通高等学校。

学校设有化学与生物工程、计算机工程、信息工程、机械工程、建筑工程、中文、外文、经济、旅游、基础部及外语部共11个系（部）23个专业，还设有成人高等教育学院。

2000年普通全日制在校生已达4878人。建校以来，学校为国家培养输送了各类专门人才近2万名，其中百分之五十在合肥市工作，为安徽省和合肥市的建设和发展作出了重要贡献，1999年我校毕业生就业率在省属高校名列前茅。

学校目前有教职工632名（含外聘），专任教师441名（含外聘），其中教授、副教授、高级职称170多名（含外聘）。有70多名中青年教师被派赴国外进修，攻读硕士博士学位，现多已学成返校工作，成为教学第一线的骨干力量。

学校1982年接受世界银行贷款156万美元，1985年接受德国资助400万马克，先后建立了物理、化学、机械、电子、建筑、计算机等30多个实验室及电教中心和实验中心，教学仪器设备1000余台套。价值2000多万元，学校图书馆藏书20万册，各系（部）均建有资料室。

八十年代以来，学校先后与德、美、韩、日、英、加、澳等国家的高等学校和研究机构建立了合作办学、学术交流、人员交往的友好关系。学校先后聘请30多名外籍教师来校任教，常年接受德国、韩国等国留学生来校学习汉语和中国文化，在对外交往中，中外代表团互访达42次，签定友好协议及意向书22项，与国外23所高校和研究机构建立友好交流关系。从1999年起，学校每年从经济系、机械系选派品学兼优的学生赴德深造，今年中文系、旅游系也选派学生去韩国留学，2001年将扩大到其它各系。

马鞍山职业教育中心

单位简介：该中心始建于1958年，1984年被省教育厅确定为职业教育中心，1990年被认定为安徽省重点职业高级中学，1996年被国家教委命名为“国家级重点职业高级中学”。学校开设宾馆、旅游服务、汽车维修、机电、家电维修、计算机、财会等骨干专业，共有35个教学班，在校学生2000多人，教职工125人。学校设有中国科大马鞍山函授站，省成人中专函授部，全国、省计算机水平考试点以及客房、餐饮服务、财会、电工、装璜、服装等10多个职业技能鉴定站。初步形成了集职业高中、职业中专、地方中专、成人高等、中等教育和短期技术培训于一体的多学科、多形式、多层次、多功能的办学格局，办职业教育20年来，已向社会输送了近万名实用技术人才，为地方经济建设作出了重大贡献。学校先后获得“国家级重点职业高级中学”、“省现代教育技术实验学校”、“省中小学校长培训考察基地”、“省职业教育先进单位”、“省贯彻《体卫工作条例》先进单位”、“省花园式学校”等多项殊荣。

一、办学目标明确，办学思路清晰

马鞍市职业教育中心自1996年被国家教委首批命名为“国家级重点职业高级中学”以来，形成了清晰的办学基本思路；采取了“以质量求生存，以适应求发展”的办学策略；明确了“五个一流”的办学目标；确定了新形式下学生的培养目标；实施了”双优、双良、两多、两健”工程。

二、开展多种形式办学，深化“一校多制”，学校在五办和四结合及高、中兼顾，长短互补等方面取得了明显成绩。

三、加强师资队伍建设，鼓励“一师多能”，使每位教师都能掌握并逐步胜任两门以上的文化课或专业课教学。

四、以技能为本位，实行“一生多证”。全校毕业生除已获“双证”外，有60%以上的学生获得两张以上不同专业技能证书。

五、开展教研产销四结合教改，创办名牌和明星专业，教研产销四结合课程模式的研究和实验课题已列入联合国教科文组织协会立项课题。

六、加快现代教育技术建设步伐，营造先进的校园教学环境。

安徽省马鞍山师范附属小学

单位简介：该校创建于1963年8月，是安徽省实验小学，省级文明单位。1997年被授于“联合国教科文组织俱乐部”称号。2000年被评为安徽省唯一的全国首届“绿色学校”。

1991年11月20日，江泽民总书记来校视察题词“热爱祖国、热爱人民、热爱社会主义”。同年6月12日李鹏委员长来校视察题词：“少年是祖国的未来，共产主义事业接班人。”

学校座落于风景秀丽的雨山湖畔，地处市中心。校园占地1.5公顷，建筑面积近万平方米，徽、苏派风格的建筑，古朴，典雅，错落有致，与现代化的科技大楼，塑胶跑道融为一体，学校拥有设施齐全，水平一流的语音室、闭路电视主控室、多媒体教室、微机室、电子备课室、藏书室近5万册的图书室、阅览室、音乐教室、档案室、劳动、自然、美术等馆室，先进的校园网覆盖全校。

该校现有33个教学班，2200名学生。教师106名，其中大专以上学历占40%以上。有100多篇论文在20余种省级报刊上发表，4人著书，多篇论文在各级各类评比中获大奖。

学校提出“打好基础，培养能力，发挥特长，全面发展”的育人目标，围绕素质教育对创新人才培养的总要求，转变观念，突出学生的主体地位，进行了一系列的教育教学改革。创立了“电教窗口”、“教改窗口”。各学科有国家、省、市级实验课题七个，构建了“教师引导学生学会提问——帮助学生探索问题——让学生自己得出结论”的创新性课堂教学新模式。

该校各项活动丰富多彩，开展了评比“八百小小家”活动，在此基础上又开展以“四百”评比活动，成立了“小红花管乐队”等多个兴趣小组，培养了大批人才。2000年又有3名学生被评为“少年科学院小院士”。学校被授于“全国科技教育示范基地”。

学校讲究科学管理，注重中层、教师、学生三支队伍的建设，德育工作在全市处于领先地位，率先设立了“红领巾文明监督岗”、“家长学校”、“社区共建”网络，形成以“一校一品”，“一人一品”的鲜明特色。

近年来，学校多次荣获“先进基层党组织”、“省语言文字先进单位”、“安徽省花园式学校”、“全国体育达标先进集体”、“全国红旗大队”等光荣称号，涌现出了以“全国三八红旗手”杨燕校长为代表的一批先进群体。

教育改革的点点甘露，浇灌着素质教育的朵朵之花，结出了创新教育的丰硕成果。附小为争创“名牌学校”，塑“名牌教师”，培育“名牌学生”再创辉煌。

地　　址：马鞍山市沙塘路15号
校　　长：杨燕
电　　话：（0555）2471337
邮　　编：243000

芜湖市价格事务所

单位简介：该所是市物价局下属的事业单位。于1992年8月经市编委批准正式成立，主要从事价格鉴定、评估、论证、信息服务等工作。现已获取国家颁发的《涉案物品价格评估资格证书》和省建设厅颁发的《工程造价咨询单位资质证书》、《房地产价格评估机构资格证书》。

该所现有正式职工16人，其中能胜任各类鉴定、评估工作的专业技术人员13人，包括注册会计师2人，注册房地产评估师2人，经济师6人，建筑、机械工程师3人，除此之外，还聘请了兼职专业技术人员5人。该所下设四部二室：基建审核部、价格评估部、价格信息部、价格事务部和办公室及车物损失价值评估办公室。主要业务范围：

1、接受国家司法、行政执法机关委托，对各类涉案物品进行价格鉴定、评估，主要包括公、检、法、司、工商、税务、海关等机关办理行政、刑事、民事、经济案件涉及的扣押、没收、追缴物品及纠纷财物等物品的鉴定、评估。

2、接受委托方各类有形资产和无形资产、各种劳务进行价格评估，对抵押物、拍卖物、过期无主物、汽车交易价格、道路交通事故车物损失价格及保险理赔等物品价格的鉴定、评估。

3、接受委托承担建设项目的可行性研究投资估算、项目经济评价、工程概算、预算、工程结算、竣工决算的编制和审核。

4、为企事业单位提供价费调整前的可行性研究、论证服务。为各级政府和社会提供价格信息服务。

通讯地址：安徽省芜湖市九华山路316－3号
邮政编码：241001
电　　话：(0553) 3850731、3850732
　　　　　3874165
传　　真：(0553) 3850721

贵 池 市 自 来 水 公 司

单位简介：该公司始建于1996年，公司总占地面积75.7亩，75mm以上供水主管道全长约70公里，供水面积12平方公里，绿化覆盖面积达97%以上。现有职工157人，其中各类高、中、初级专业技术人员20余名；拥有两座水厂，日供水能力8.5万立方米。公司拥有一家股份制公司和一家纯净水厂，共拥有固定资产4500万元。长期以来公司党、政、工领导统一思想，顾全大局，发扬自力更生，艰苦奋斗的精神，以“团结进取，锐意改革，艰苦奋斗，务实创新”的企业精神，真抓实干，一步一个脚印，为促进本市的经济发展和改善居民生活作出以积极贡献。97年公司荣获安徽省“文明单位”、省“花园式单位”，98年被省建设厅授予“职工道德建设先进单位”、“推进社会服务承诺制试点先进单位”，99年获省建设厅“创最佳优质服务单位”，“创建设文明行业达标单位”、“推进社会服务承诺先进单位”、“创文明行业十佳单位”。2000年公司再次获得省级文明单位光荣称号。从96年开始公司连续四年获得“贵池市最佳经济效益单位”、“纳税大户”、“市创建文明城市先进单位”、“文明安全小区”等多项荣誉。

该公司广大职工在罗祥学经理一班人带领下，紧紧围绕经济建设这个中心，走以水为主，综合发展之路，以坚定的信念，不屈的意志，积极开拓，锐意进取，迎接21世纪的到来。

法人代表：罗祥学
书　　记：石德刚
地　　址：贵池市长江北路33号
电　　话：(0556) 2121789

芜湖轴承厂经销公司

单位简介：该公司是芜湖轴承厂的对外窗口，全民企业。省人大代表、省劳模佘荣泰同志任本公司的法人代表、厂长。公司于99年通过ISO9001—94认证，又于2000年9月再次复检通过。公司现有各类国产、进口轴承库存计1000多个品种，400多万元现货。公司的经营宗旨是：质量第一、用户第一、服务第一。

公司多年来一直以市场与企业的需求为最大追求。我公司将严格遵照客户的要求把供货方面的各项工作做得更细、更好，并严格按照招标条款履行合同，为客户提供服务将是我公司的一大光荣。公司销售网点遍布华东各省。

公司经理杜其鸣携全体员工竭诚为广大客户服务。热忱欢迎省内外广大客户光临指导。

地　　址：芜湖市五一广场西侧团结西路小赭山庄1号楼9—10号

电　　话：0553－3868108、3875964

传　　真：0553—3875964

纳 税 号：340204149403481

开 户 行：市建行建龙办

帐　　号：27308293

邮　　编：241000

电　　挂：6519

芜湖市新兴水泥制品有限责任公司

单位简介：该公司始建于1966年，前身为芜湖市建筑材料制品厂。现拥有五大系列产品，生产能力达2000万元，是一个潜力大充满希望和活力的企业。

公司地理条件优越，水陆交通和运输十分便利。谢正保同志担任董事长兼总经理。公司现有员工303人，其中高级工程师职称2人，中级工程技术职称36人。公司后勤机关现设四科一室，车间部门现设六个车间一室。

企业占地面积100亩，厂区占地面积5万平方米，厂房面积1.5万平方米。公司共有七条生产流水线。即年产2.2万根“芜”字牌混凝土电力电杆生产线；年产1.2万砼电杆生产线；年产1200立方米建筑予制构件生产线；年产60万张石棉瓦生产流水线；年产500万块混凝土空心砌块生产流水线；年产60万张彩色砼瓦生产线；PVC塑管生产线一条。

安徽铜峰电子股份有限公司

单位简介： 该公司系国家大型一档企业、国家重点高新技术企业（集团）、原电子工业部认定的中国“电子三膜”（电工薄膜、金属化薄膜、薄膜电容器）的研究、开发和生产基地，连续十年位列中国电子元件百强企业。

公司坚持“科技兴企”方针，自主开发与引进、消化、吸收、创新并举，走出了一条具有自我特色的成功之路，形成了具有自主知识产权的主导产品——“电工三膜”，其中电工薄膜年生产能力3700吨，位居全国第一，世界第三，国内市场占有率44%；金属化膜年生产能力2000吨，市场占有率20%，位居全国第一；交流电力电容器年生产能力1.6亿微法，市场占有率10%，位居全国第二。综合实力位居同行业首位。

公司四大类主导产品均为高新技术产品，技术含量高，属国内先进水平，经过不断的技术改造与创新，目前有三项国家重点新产品，三项省优秀新产品，一项国家优秀节能新产品，主导产品均为省名牌产品。1993年首批通过ISO9002国际质量体系认证、中国长城认证，1997年通过美国“UL”认证、德国“VDE”认证，是安徽省百家质量最佳企业，注册商标“铜峰”是安徽省著名商标。

面向新世纪，安徽铜峰电子股份有限公司正励精图治、群策群力，依托科学管理、高新技术、崭新理念、充分自信，不断走向卓越，为振兴中国的民族电子信息工业创造更大的辉煌！

安徽省铜陵华夏建筑安装有限责任公司

单位简介： 该公司始建于 1963 年，具有省交通厅兼营公路工程二级资质，省水利厅兼营水利水电工程施工二级资质，建材产品的生产和商贸销售的资质，已经通过国家 GB/T19002－1994 idt ISO9002 标准质量体系认证工作。

1994 年被中国人民建设银行安徽省分行评为企业信用等级（AAA）企业。1995 年被评为安徽省建筑业 50 强之一。

公司 1990 年以来连年获得安徽省工商行政管理局授予的省级“重合同守信用企业”称号。近年来先后荣获安徽省建设厅、建设建材工会授予的安徽省建设行业安全生产“先进集体”、铜陵市人民政府 1999 年度建设工程质量“铜都杯”奖、铜陵市“文明单位”“文明工地”、铜陵市建筑业企业“先进单位”、铜陵市安全生产“先进单位”等荣誉称号。

公司年施工能力：建安产值亿元以上，竣工面积 15 万平方米。公司现有职工 2200 余人，各类专业技术人员 299 人，其中具有中高级职称的工程技术人员 58 人。具有项目经理资质证书的高、中级管理人员 118 人。拥有技术工人 1400 人，平均技术等级7.2 级。

公司拥有固定资产 2600 万元，注册资产 1080 万元，现有各类机械设备 440 台（件），总功率 5680 千率。

公司下设 16 个项目经理部，11 个专业工程公司、16 个专业管理处室，实行总公司分公司(子公司）或项目部施工班组三级管理体制。总公司为企业法人代表。

公司坚持质量第一、信誉至上的宗旨，竭诚为广大用户服务。先后承建了一批在铜陵及周边地区有影响的工业和民用建筑。比较有代表性的工程项目有：原铜陵市市委市政府办公大楼，铜陵市邮电大楼，蓝天大市场，铜陵华源集团生产厂房，铜陵天井湖宾馆梅园 2# 别墅，铜陵市供电大厦，池州地区供电局大楼。工程质量和施工进度获得业主和上级主管部门的好评，多次获得省市优良工程荣誉。铜陵国家粮食储备库 4# 粮库荣获省建设厅特别“黄山怀”奖。

安徽金豪房地产有限责任公司

单位简介：该公司系古井集团在肥投资的专业从事房地产开发建设的全资子公司，自成立以来，以“追求第一，追求卓越”的古井精神，凭借自身雄厚的实力，积极参与合肥市旧城改造和整体规划建设。“和顺花园”是古井集团继“古井假日酒店”这个世纪经典之后，投资2.2亿元开发的又一扛鼎之作。

和顺花园位于合肥市一环路内的淝滨路北侧，东临市政府新规划的合肥市最大的广场，南与逍遥津公园隔河相望，占地总面积约7万平方米，建筑总面积约10万平方米。

和顺花园融欧式现代主义及徽派建筑风格为一体。户型多达几十种，处处体现人性化的设计风格，和顺花园分为多层区、高层区、别墅区；花圃、绿地、喷泉、人工湖、各种园林雕塑、玲珑山石点缀其间，天地园林、人文雅居浑然一体，是集园林式、智能化、地板式采暖、24小时供热的园宅合一的环保型住宅小区。

安徽省芜湖皖江物资协调公司

单位简介：该公司组建于1990年12月，年销售额500万元左右，上缴税收25万元，仓库备有现货300万元左右，在化学试剂、玻璃仪器、医疗器械行业中，本公司是皖南地区最大的经销商。经营范围有：金属材料，建筑材料，五金交化，玻璃仪器，易燃液体、固体、氧化剂等。目前主要经营各类化学试剂、玻璃仪器、医疗器械、实验器材、实验仪器等。

公司与全国一级调拨站和全国各大试剂、玻璃仪器厂家有密切的业务关系。如上海化玻站、广州化玻站、北京化玻站、西安化玻站、成都化玻站、武汉化玻站，所供商品均确保质量。商品来源均系全国名优厂家，如：无水乙醇，是上海振兴化工厂生产；PH试纸和小三类品种均是上海试剂三厂生产；各种滤纸是全国知名企业杭州新华集团公司生产；各种玻璃仪器均是上海玻璃仪器厂、成都玻璃仪器厂、天津玻璃仪器厂，三大玻璃仪器厂生产。由于公司商品品种齐全，确保质量，价格合理，在芜湖和周边城市有广泛的销售渠道．商品主要销往：芜湖医药站、市恒鑫集团公司、白马山水泥厂、朱家桥水泥有限公司、市第三药厂、市张恒春药厂、自来水公司、铜陵医药站、铜陵设计院、黄山医药公司、马鞍山医药公司、安庆医药公司等。

法人代表：梁有泉

办公地点：芜湖市利民路375号

电　　话：(0553) 4817527

鸠　江　饭　店

单位简介：该饭店始建于一九五七年，建筑面积近2万平方米，可同时接待400多位来宾，曾多次荣获全国及省市政府的各种表彰和嘉奖，是享有盛誉的国有老字号饭店。

该饭店座落于芜湖市最繁华的闹市中心区，与全国一流的中山路商业步行街和镜湖广场紧邻，与市委、安师大、镜湖风景区、赭山公园仅数百米距离，市内三十余条公交线路在此设站，通向客轮码头、火车站、汽车站、机场，交通十分方便。

为适应市场经济发展的需要，近期又重新装璜改造成新颖典雅、设备齐全的高中低档标准客房、会议室，能向旅客提供商务、购物、餐饮娱乐、桑拿休闲、美容美发、停车洗车等多方位优质服务，是商务活动和旅客观光休闲的理想选择。

"诚待东西南北客，宾至如归献真情"，鸠江饭店总经理汪世和携全体员工竭诚欢迎光临惠顾。

法人代表：汪世和

地　　址：安徽省芜湖市北京路10号

电　　话：(0553) 3831041

传　　真：(0553) 3829025

邮　　编：241000

安徽省芜湖市盛隆搪瓷厂

单位简介：该厂建于1997年7月，位于市区九华南路，占地面积4500平方米，注册资金50万元。现有职工130人，固定资产600万元。以生产各种民用搪瓷为主，外资加工为辅的私营企业。厂长王盛贤热忱欢迎新老客户到我厂光临指导，共搏商潮。

厂　　址：安徽省芜湖市九华南路

法人代表、厂长：王盛贤

经营厂长：牛小红

电　　话：(0553) 4825769

邮　　编：241000

安徽省芜湖市师范附属小学

单位简介：该校创建于1964年，原名黄果山小学，1979年定名为芜湖市师范附属小学，为市教委直属小学，现有25个教学班，1538名学生，教职员工73人。

近年来，学校为改善办学条件，实施素质教育，在市教委等有关部门的关心支持下，建有德育、图书、微机、语音、自然、电教、音乐舞蹈、体育、美术、音像、档案、缝纫、卫生等20多个辅助教室。学校紧紧围绕素质教育这一中心，以陶行知的“全面教育”思想为指导，重视开发环境课，优化学科课程，强化活动课程。强调“心、脑、手”并用、“教、学、做”合一，提出了“德育注重自治，智育注重自学，体育注重自强，美育注重自养，劳育注重自能”的“五育”目标，开展创造性活动，把学生培养成“合格+特长”的创造性新型人才。特别注重加强师资队伍的建设，强化教师继续和职后培训，全校形成了“团结、求实、勤奋、创新”的校风。从1993年以来，该校师生素质不断提高，教师获市级100余项、学生获市级或市级以上成果170余项，被授予“省示范家长学校”“省全民健身先进单位”“市教代会民主管理先进单位”“德育先进单位”“市普法教育先进单位”“市实施行为规范示范学校”“市文明单位”等光荣称号

芜湖市国防教育学校

单位简介：该校成立于1994年10月，是在第37中学的基础上建立起来的。它是市国防教育基地、市首批命名的市爱国主义教育基地、省教育厅确定的军警民共建典型单位和评授的国防教育先进单位。学校的任务是负责全市在校高中学生（含职高、中专）的国防教育、初一学生人防教育和部分企事业单位、人员的军事训练。

该校创办七年来，成绩显著。迄今共承训了近170余期，训练人数达3.7万人。广大学员在学校学政治学军事学纪律，从而进一步激发了学员爱国热情，增强了国防意识和组织纪律性，密切了军民关系，促进了社会主义精神文明建设。

鸣　　谢：合肥市社保局
安庆市殡仪馆

安徽统计资料发行站最新书目